U0920754

2014

上海工业年鉴

SHANGHAI
INDUSTRIAL YEARBOOK

上海市经济和信息化委员会编

上 海 社 会 科 学 院 出 版 社

上海工业年鉴
编纂委员会

主　　任：艾宝俊　周　波

副 主 任：肖贵玉　徐逸波　戴海波　李耀新

委　　员：尚玉英　吴　磊　刘　健　傅新华
邵志清　周敏浩　马　静　徐子瑛
戎之勤　李明福　原清海　张华芳
伍继宏　沈庭忠　陈跃华　史文军
杨　莉
林　晶　张建明　吴金城

主　　编：李耀新

副 主 编：卢力英　陆栋生

编辑部人员：汪文英　贾国富

编纂说明

由上海市经济和信息化委员会主编的《上海工业年鉴》是一部全面系统反映上海产业发展、经济运行、技术进步和各类所有制工业企业情况的资料性工具书。

2014年版《上海工业年鉴》反映的是2013年上海工业经济的发展情况，设置11个栏目：(1) 特载，刊有市领导及市经济信息化委领导关于上海产业发展的讲话和文章；(2) 综述，概述了2013年上海工业发展的特点；(3) 专题，记述了全市经济运行、战略性新兴产业发展、"四新"经济、生产性服务业、软件和信息服务业、文化创意产业、都市产业、中小企业、工业投资、技术进步、能源节约、环保治理、对外经济合作、国防科技工业、国资国企改革等方面的发展情况；(4) 区县工业，反映了2013年各区县工业的发展情况；(5) 企业简介，介绍了一批大中型工业企业2013年的发展情况；(6) 上市股份公司，介绍了2013年上海工业类上市股份公司的资产运作、股本结构以及全年主要经济指标；(7) 行业协会简介，介绍了90多个工业行业协会2013年的工作；(8) 大事记；(9) 经济法规，刊载了2013年上海市颁布的有关工业的主要经济法规；(10) 统计资料，刊载了2013年上海工业经济发展的重要统计数据；(11) 企业形象，以彩色版面展示了170多户各类企业形象。

《上海工业年鉴》编纂委员会

2014年7月

上海市委书记韩正在首届上交会体验馆参加体验活动

上海市市长杨雄等领导按动激光触摸球启动第 15 届工博会开幕式

上海市副市长周波等出席第一届上海（国际）中小企业精品展开幕式

上海市中小企业发展服务志愿团走进产业园区服务中小微企业

闸北区经委在大宁易园组织走进园区、服务中小微企业系列活动

中国航天科技集团公司“神舟十号”飞船返回舱实物荣获第 15 届中国国际工业博览会特别荣誉奖

上海 ABB 工程有限公司机器人自动焊接机获得第 15 届中国国际工业博览会金奖

上海机床厂有限公司数控立式内外圆磨床获得第 15 届中国国际工业博览会银奖

上海电气核电设备有限公司全球首台 AP1000 堆芯补水箱获得第 15 届中国国际工业博览会铜奖

上海中医药大学中药质量控制综合评价技术创新及其应用获得第15届中国国际工业博览会创新金奖

上海交通大学水下机器人获得第15届中国国际工业博览会创新奖

上海临港燃气电厂蒸汽联合循环发电机组

美钻能源科技（上海）有限公司研制的水下连接器正在作业安装

中国商飞 C919 大型客机飞控液压系统综合试验台架（简称“铁鸟试验台”）于 2013 年 12 月 30 日正式投入使用

中国商飞 ARJ21-700 新支线飞机于 2013 年 5 月 13 日在陕西阎良完成最高难度的最小离地速度局方审定试飞

上海外高桥造船有限公司建成
国内首台自升式钻井平台
为海洋工程提供大型钻探设备

沪东中华造船（集团）有限公司建造的国内第一艘双燃料电力推进型液化天然气（LNG）船

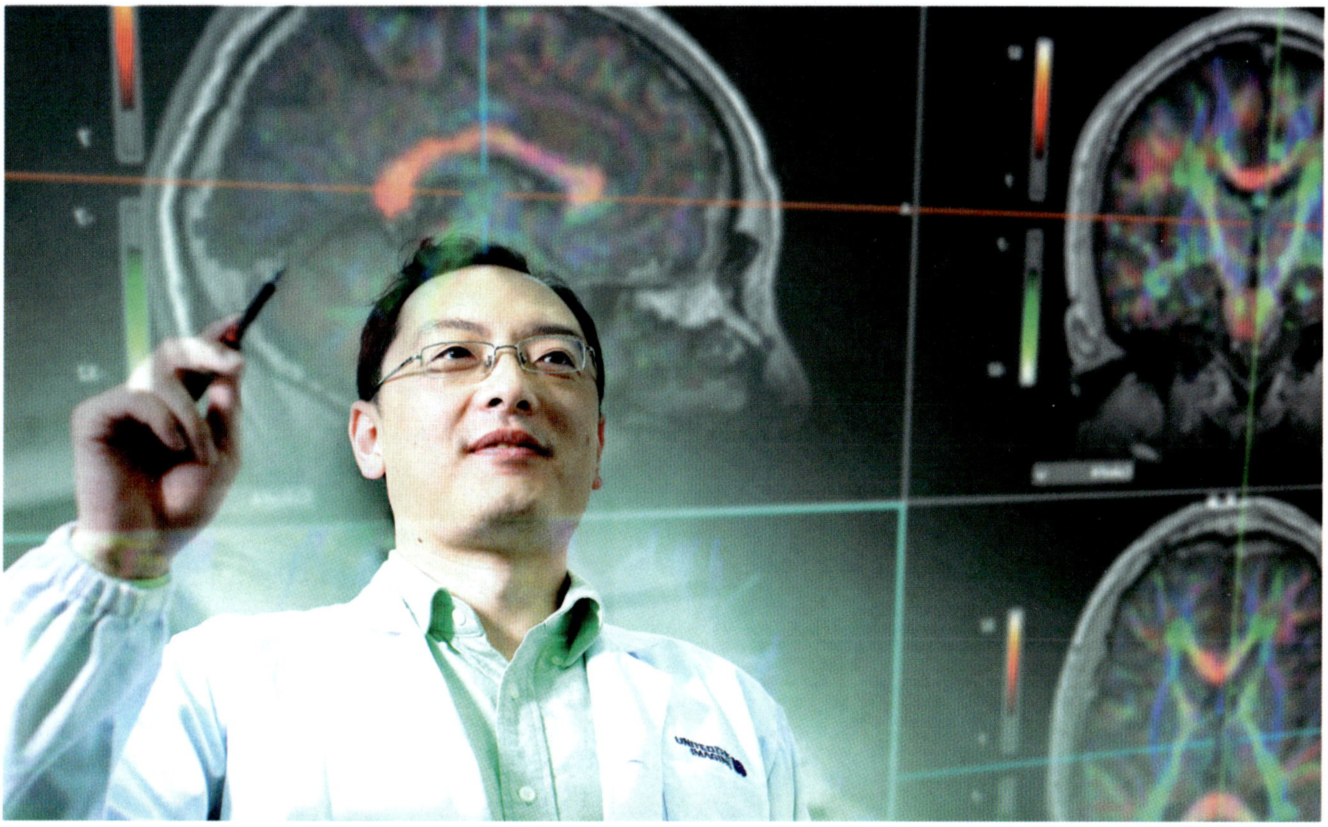

上海联影医疗科技有限公司制造世界首台96环超高速PET-CT

上海睿智化学研究有限公司实验室人员正在操作进口生物设备

上海高桥石化总公司年产40万吨苯酚丙酮系统装备在化工区建成投产

中国石化上海石油化工股份有限公司——“超仿棉”聚酯纤维生产线

上海海立（集团）股份有限公司建成空调压缩机机器人生产自动线

仪电控股（集团）为物联网系统应用提供一揽子解决方案

中国联通在医疗、教育等领域研发的网络产品

2013“设计之都”活动周于9月5日在上海展览中心举行

2013“设计之都”活动周工业设计展区场景

2013大学优秀作品(工业设计)在8号桥文化创意集聚区成功举办

(本栏图片由蔡钧等提供)

目　录

特　载

综　述

专　题

区县工业

企业简介

上市股份公司

行业协会简介

大事记

经济法规

统计资料

2014·上海工业年鉴

SHANGHAI INDUSTRIAL YEARBOOK

促进上海产业发展和信息化建设转型升级

杨 雄

（2013年4月25日）

从上海经济转型发展来看，基本上还只是开局，还没有找到一条创新驱动、转型发展的顺畅道路，当前思想认识、观念和工作方式仍然处在转变过程中。要在前一阶段工作基础上按照市委、市政府要求，总结经验，拓展思路，以利再战，转变发展方向，促进产业发展和信息化建设转型升级，为全市改革发展工作作出更大贡献。

一、吸引和培育新兴领域企业在上海发展

上海要转型升级成功，必须要有一批新的企业，一批新的产业，甚至一批新的行业、新的业态来做强做大。转型发展要以市场为导向，如果没有一批引领行业、掌握最新技术和商业模式的企业，上海的创新驱动发展、经济转型升级就会受到影响。

进入后工业化时代，上海需要在高新技术领域，在战略性新兴产业领域，在一些新兴服务业领域做大一批领军企业。产业部门要勇于面对、扶持新经济、新业态的发展。在实际工作中，与抓传统产业不同，要加强思路的拓展，完善环境的塑造、参与市场的竞争，培育和吸引此类企业到上海发展，推动此类企业成长壮大。要能够提出问题，组织研究，协调其他部门一起解决新业态发展问题。

二、制造业发展要聚焦调结构、促转型

上海制造业发展要聚焦转型。要按照“十二五”规划中产业结构调整的目标和任务，全力做好“三化一融合”工作。要重视发展高端制造业和现代服务业，高端制造业对于地方的财政收入、中产阶级的成长、收入的均衡化非常重要。制造业的创新能力、新技术都有一定周期，上海土地资源有限，面对制造业向高端转移的趋势，一定要加大推进力度。

在工业领域，我们希望涌现一批创新型、科技型、有技术含量的中小企业。中小企业不一定都需要变成大企业，但要在某一个领域里做到技术与产品领先，占有较大的市场份额。“专、精、特、新”中小企业要大力培育，以形成企业结构和制造业结构相互配合的局面。要高度重视，坚定不移地推进制造业调整、转型发展。在实际工作中，需要进一步解放思想，抓好两头，抓住高精尖，同时发挥好市场作用。

三、解放思想，利用各方资源推动产业发展

产业部门要进行国内外产业结构比较研究，抓紧拾遗补缺，敢于支持像高端医疗设备等填补产业空白的产业。同时，要善于利用世界各国的资源和力量，推动各种所有制企业参与合作。培育新型制造业企业要利用全国、全世界的资源，可以先从销售渠道、产品服务突破，再完善研发，逐步推进国产化。从发达国家的经验看，也是利用社会资源等各方面力量，包括外部采购、外包加工，甚至委托设计来推动产业发展。产业部门需要思考如何组织、调动各方资源开展工作。工业、制造业的问题必须紧抓不放，下决心支持上海的工业向高端制造业集中。通过政策倾斜来推进企业利用国际人力资源，提高零部件配套等能力，来寻找适合新形势的发展模式和道路。上海要围绕创新转型，根据新情况敢于突破，以新思路、新模式、新方法来支持制造业发展。

四、抓住机遇、先行先试，推进信息化发展

发展信息化要抓住机会，做大应用项目。企业层面要创新理念，敢于投入、通过信息化提高管理水平和效率，降低成本和风险。政府层面要加强规划设计，通过智慧城市建设继续推进人口库、法人库等应用，通过一些大的应用项目来推动政府工作效率的提高。可以主动提出一些解决应用和管理的问题，通过这些问题，进一步统一思想，提高大家对信息化工作的认识。信息化工作首先要打基础，可能需要几年时间推进如光纤到户等基础性工作，一些基础性工作不到位会影响整体突破，一定要坚定不移地推进。信息化工作事关全市大局，得到了国家工信部大力支持，上海要争取先行先试，通过智慧城市建设继续推进信息化发展，利用信息化手段加强舆论宣传，推动上海经济社会发展。

上海一直没有大的软件企业，需要认识并研究存在的差距。思想不够解放，对新事物不敏感或知识条件不够，可能就会错过发展机遇期。当前，上海要抓住机遇发展软件信息服务业，特别是抓住无线互联网的技术，谋划无线互联网发展，关注先导性企业，带动相关互联网企业和服务业。教育和现代产业发展已日益紧密，推动产业发展要通盘考虑包括教育、人才培养的完整产业链。

五、完善工作体系，更好服务企业

很多国家有中小企业局，专门为中小企业提供服务。上海扶持中小企业要形成一个良好的服务体系，充分利用社会组织，购买服务，解决中小企业发展中面临的问题。科委已经在运作企业孵化器、苗圃、加速器，要一起参与融合协作，和各部门形成合力、建立一套工作机制。对于中小企业的扶持还要发挥民营企业的特点，调动民营企业的积极性，把民营企业吸引到创新转型工作中来。

六、勇于探索，进一步发挥社会信用体系作用

上海发展服务经济和新经济离不开社会诚信体系，只有好的法律环境和诚信环境才会营造好的市场环境。建立和健全社会信用体系对政府自身建设要求很高，对整个社会建设也会起到很大的导向作用。在这方面碰到问题要正确引导和疏导，敢于提出不同意见。今后涉及全市性社会信用体系工作，要调动市征信办等相关部门的资源来共同推进。

七、推动政府职能转变，发挥行业协会作用

政府职能转变工作艰巨，但决心也很大。行政审批要根据国家有关规定进行简化和备案。职能转变不能泛泛而谈，要结合上海的创新，把社会的创新热情调动起来。职能转变涉及思想理念、工作方式，我们过去熟悉的一套流程，包括内部形成的一套工作机制，要敢于下决心进行流程再造才能够促进职能转变。流程再造涉及实际分工、调整，需要认识到位、态度坚决、工作扎实，按照新型工业化以及“两化融合”的要求，按照建立高效政府的要求，下决心转变政府职能。

当前面临新形势、新环境，需要在坚持好传统的基础上研究新思路、新方法。上海在进行行业管理过程中，要更多通过服务，更多通过市场化机制，发挥行业协会的作用。要采用新方式、新手段加强行业管理工作，完善行业标准、行业规范和行业淘汰机制。要开展行业管理新理念、新思路和新途径的研究。

此外，经信工作党委要加强党的领导，为相关挂靠央企等企业做好服务，及时进行协调和沟通，为企业解决困难和问题。

（摘自在市经信委机关调研时的讲话）

抓住产业重点环节　打造核心竞争力

徐　麟

（2013 年 6 月 7 日）

这些年来，在市委、市政府的坚强领导下，全市上下齐心协力，共同奋斗，文化创意产业发展取得了很好的成绩。一是形成了良好的协同体制和工作机制。市区两级分别建立了文化创意推进领导小组及办公室，编制了“十二五”规划，修订形成统一的产业目录，产业发展势头良好。二是产业融合越发紧密。文化创意与科技、金融、贸易、制造、旅游、体育、教育等融合发展，提升了创新活力和开放力度。三是市场主体不断壮大。大量新办和转型企业源源不断进入文化创意产业领域，企业创新能力不断提升，已经形成了多种所有制力量共同发展的良好局面。四是产业发展环境持续优化，文化创意产业部分门类已经完成“营改增”试点，总体情况良好。市、区都出台了一系列政策，营造了良好的产业发展环境。五是市区联动形成了合力。尤其是区县的作用越发凸显，以规划实施、资金扶持、政策制定项目推进等为纽带，形成了市区协作、各方协同、合力推进的良好局面。

总之，上海文化创意产业在很多方面发挥了先行者和排头兵的作用，为全市创新转型发展，作出了重要的贡献。

一、围绕奋斗目标，积极推进持续发展

上海“十二五”确定的文化创意产业发展目标，其中有一项指标就是在全市的经济总量占比要达到 12%。2012 年，在大家的努力下，已经达到了 11.29%。应该说经过这几年的努力，按照“十二五”规划的目标，还是能够实现的，而且应该可以完成得更好一些。当然这是一个相对的概念，因为在结构中的占比，不仅取决于我们的努力，还有其他产业发展共同形成的总量。所以，在这个结构中，文化创意产业到底占有多少比重，还带有诸多不确定性。但是整体发展的增长速度不仅快于经济总量的增长，特别是在服务业领域中，继续保持高出服务业增长速度一定的量，我们还是能够在整个发展格局中提升文化创意产业的比重。同时，文化创意产业发展一定要在上海建设国际文化大都市的大格局中，找准自己的定位，发挥自己的作用。此外，还要在建设“设计之都”的战略定位中体现我们的作为。所以在这方面，大家要对标“十二五”规划中期的评估，对各项指标的完成情况，还要细化项目规划指标和评价体系。特别是“设计之都”建设，有些指标还要再细化，以体现文化创意产业工作推进的成果。

二、抓住重点环节，打造核心竞争力

文化创意产业是以人的创造力为核心，以文化为元素，以创新为动力，以新技术和新模式为支撑的一种新型业态。所以，下一步的发展，我们要抓住重点环节，全力打造核心竞争力。上海文化创意产业的核心竞争力体现在哪些方面，大家要进一步研究。就是要聚焦到创意、创作和创新上来，或者创意和创新应该成为上海文化创意产业发展核心竞争力的具体体现。它不仅能够直接体现文化创意产业的质量水平，而且直接反映文化创意产业的经济实力和发展效率。上海就是中国电影、唱片、出版、广告等产业的发祥地和重镇，有些是在中国首创、原创。上海也是中西方文化交融交汇的中心，正是丰富的文化创意产品在上海诞生、传播和输出，才让上海这座城市充满了魅力和国际化特色。所以，上海既要体现码头的功能，在文化发展中也是一个大码头；同时还要发挥源头

的作用，许多原创、首创、首发都应该在上海。我们要以创意、创新为引领，来推进国际文化大都市和设计之都建设。

具体而言，可以从两个方面加以推进。第一，要注重创意创新的内容。上海要创造更多优秀的文化产品、创意产品和创新技术。让人们能够从中得到更好的感受，体现上海的城市精神和城市的魅力实力，让人们找到热爱上海、向往上海的理由。第二，要注重创意创新的影响力和带动力。当前，文化创意产品的传播力和感染力，比以往任何年代都更为突出，对相关的产业带动力也越发明显。所以，当前不仅要注重规模和数量，更要注重质量和影响，只有这样才能够更好地发挥创意创新的引领作用，使上海的文化创意产业能够更好走在前列。

三、要注重创新、创意的产业融合

文化创意产业的发展必须与科技、金融、贸易有机结合。在与其他产业的融合发展中，不断孕育创新的动力。上海文化创意产业在很多方面发挥了先行者和排头兵的作用，走在了全国前列。上海是改革开放的排头兵，理应在当前深化改革开放的进程中，扮演更为重要的角色。李克强总理在视察上海期间，希望上海要用勇气和智慧推动转型发展，打造中国经济的升级版。要依靠改革促进转型，进一步激发社会、企业、个人的活力和创造力，要用开放来带动改革。韩正书记多次强调，开放是上海的最大优势。所以，我们一定要在坚守文化意识形态底线的前提下，倡导开放和多元，把它作为上海加快建设国际文化大都市和设计之都的自觉追求，以开放促改革、以开放促发展，使之贯穿于上海整个文化创意产业工作的始终。具体要把握三条：

1．要进一步丰富多元市场主体。一方面是贯彻好中央的“两个毫不动摇”的精神，体现坚持以公有制为主体、多种所有制共同发展的文化创意产业的发展格局。国有文化企业和整个社会多种所有制进入文化产业领域，都是主体。我们讲主体，一个是格局主体，在整个产业发展格局中公有制为主体，多种所有制构成的共同发展局面。另一方面，我们更多讲的是市场主体，就是多元的来自各个方面的，都应该成为我们的主体。按照韩正书记的要求，上海在推进国际文化大都市建设中，必须做到主体更丰富。另外，国有文化企业能够发挥什么作用？要凸显优势，在各类主体中成为主力，特别是在优势领域和具有相当基础的领域，应该成为主力。所以应该是主体更丰富，主力的作用更明显。

2．要抓紧政策试点的良好机遇。当前最大的契机就是推进自由贸易试验区的相关工作，进一步涉及文化创意产业领域的外商投资和贸易流动。另外，一部分文化创意产业的“营改增”，原来已经在上海试点的要拓展到全国。涉及广播影视作品制造播映和发行的有关行业，在上海继续扩大“营改增”试点中还会纳入。这又是一次新的契机，我们必须抓住有利时机，打通上下游产业链，加强文化创意产业发展。上海必须要应对新的情况，做好前瞻的研究和对策准备。

3．加快文化“走出去”的发展步伐。我们要立足上海，聚焦长三角，服务全中国，放眼全世界。未来上海更要发挥好区域中心城市的作用，坚定不移地推动文化创意产业，更好服务全国，加快“走出去”步伐。我们要看到上海虽然有许多成绩值得肯定，但是也要找到存在的不足。我们要丰富“走出去”的模式，形成出口竞争的优势；还要在文化技术、资本输出等方面鼓励探索。在文化服务外包、版权贸易、艺术品保税交易等业态上，上海要加以扶持，更好地推进上海的文化创意产业，加快“走出去”的步伐。

（摘自在市文化创意产业推进工作会议上的讲话）

以制度建设为核心　全面推进新一轮社会信用体系建设

艾宝俊

（2013 年 4 月 26 日）

一、把握机遇全面推进新一轮社会信用体系建设

信用体系是发展市场经济、构建和谐社会最重要的制度安排之一。党的十八大把诚信作为社会主义核心价值观的重要内容，强调把诚信建设摆在突出位置，标志着国家社会信用体系建设进入了全面推进的新时期。加强信用体系建设，治理诚信缺失，是规范市场经济秩序，实现社会公平正义，推动经济持续健康发展、社会和谐稳定的重要手段。

上海市委、市政府一直将社会信用体系建设作为推动本市行政管理体制改革、促进政府职能转变、创新社会管理、提升城市软实力和竞争力的重要举措。韩正书记多次要求大力推进社会诚信体系建设，并强调要在应用中完善和突破。杨雄市长多次召开专题会议研究推进，全面部署新一轮社会信用体系建设工作。市政府连续两年将社会信用体系建设列入年度重点工作。上海市委通过《关于进一步加强上海市社会信用体系建设的意见》和《上海市社会信用体系建设 2013−2015 年行动计划》，确立了比较完整的社会信用体系运行框架。应该说，上海的社会信用体系建设起步早、基础好，工作较扎实。

我们必须清醒地看到，在国务院部际联席会议的大力推动下，各省市社会信用体系建设力度不断加大，在一些方面走得很快，如浙江在信用信息的归集上，陕西在地方信用立法上都走在前面，北京、深圳也将全面推进社会信用体系建设。为此，我们一定要珍惜全国推进社会信用体系建设的大好时机，全面贯彻《意见》、落实《三年行动计划》，咬住节点、聚焦重点、突破难点、扎实推进。

二、以改革的思路推进各项建设任务

在社会主义市场经济体制下建设社会信用体系没有太多经验可循，必须以改革的精神创造性地开展工作，通过建立和完善社会信用制度，处理好政府、市场和社会的关系，保障信用体系有效运行，进而发挥其在经济社会发展中的重要支撑作用。当前，要着重做好三项工作。

（一）促进市场主体和行业发展

社会信用体系建设工作，必须要打破思维定势。必须充分发挥各类市场主体和信用专业服务机构的主体作用；必须综合运用法律、经济等各种手段协同推进。一要抓好诚信建设示范达标试点。注意发挥企业、园区、平台、社会组织等参与主体的积极性和主动性，引导市场主体开展诚信经营，强化信用管理，防范市场风险，不仅要试出工作模式、试出流程规范，更要引导市场主体将信用管理的理念和手段自觉融入自身经营发展之中，使之成为社会信用体系建设的主力军。二要做大做强信用服务机构。发展信用服务行业是完善社会信用体系、保障体系健康运行的必然要求。在美国，政府建立了信息公开、应用和保护方面的法律制度，市场主体信用建设的发动，主要靠邓白氏这类信用服务机构完成。虽然国情不同，但我们依然要创新工作思维，将工作重点放到完善产业发展环境上来，通过公共信用信息服务平台建设、政府示范应用等工作，增加社会信用信息供给，创造部分市场需求，发挥市场机制在资源配置中的基础性作用，使上海成为国内信用服务产业集聚的高地，为中国“邓白氏”的出现

创造条件，进而通过骨干机构对客户的培育，促进市场信用体系的长远发展。

（二）切实抓好公共信用信息服务平台建设

公共平台建设是关系社会信用体系建设全局的基础性工作，是为了解决政府、市场、社会之间存在的信息不对称问题，有利于推动一对一的行政管理向多对一的社会管理转变。这是近期工作的重中之重，各部门要克服工作惯性，抓紧完成数据确认和数据提供，登记类、资质类信息全覆盖，监管类信息尽可能提供，保证公共平台面向政府部门开通试运行。此外，为保证公共平台的长期运行并发挥作用，一要调整完善部门工作的流程规范，保证相关数据采得到、拿得出、说得清、用得上。二要探索扩大部门信息向社会披露的程度，让信息主体和符合条件的机构通过平台能够比较容易地获得必要的信用信息，为实现行政、市场和社会的联动奖惩提供支撑。三要在平台数据的应用上下功夫，各部门要仔细梳理可能运用跨部门信用记录的管理点，研究运用相关记录的必要措施并加以落实，以应用带动信用信息的梳理和归集。

（三）将政府示范应用抓出实效

政府示范应用是本市社会信用体系建设的一项重要举措，也是政府管理中的创新实践，必然会与现有管理依据、管理模式、管理手段、流程规范有不相适应之处。各部门要突破条条框框，结合工作实际想办法、找路子，统一认识，为政府使用信用记录、信用产品创造有利条件。比如，各部门在推进试点专项实施中遇到了惩戒难、信用产品付费难等问题，就需要我们从制度安排、操作细则、工作模式等多方面大胆探索。与此同时，各部门都要将信用管理作为管理创新的重要抓手，抓住部门的管理需求推进示范应用，切实提升管理水平和服务效能，并以此带动社会讲信用、用信用。

改革是最大的红利，创新是最重要的动力。社会信用体系建设中的许多重点、难点问题，都需要以改革创新的精神研究解决，为促进信用信息的有序流动、形成联动奖惩的社会氛围造桥铺路。

三、紧紧抓住制度建设这个核心

信用体系建设中，制度建设是关键，是核心。首先，这是一条重要的国际经验，如美国从20世纪60年代开始，不断推出和完善信用专门立法，目前有效的有16部，为美国发达的市场化信用体系提供了基础和规则。其次，制度建设是上海社会信用体系建设的迫切需要。市统计局社情民意调查中心近期开展的诚信意识调查显示，逾半数市民认为诚信缺失与相关法律和规范不健全有关，54.9%的市民认为应从完善与诚信相关的法律法规入手提高社会诚信水平。

为此，一要加快推进地方性信用立法。这是本市信用制度建设的一项全局性任务，今年已列入人大立法预备项目。市经济信息化委、市政府法制办等有关部门要抓紧研究有关重点问题，如信用体系建设中各类主体的关系、信息查询授权机制、社会信用惩戒制度等，划清政府与市场、公开与保护的法律界限，广泛吸纳各方意见，积极推进立法进程，为上海的社会信用体系建设提供基础性、主干性的法规支撑。二要细化落实《上海市企业失信信息查询和使用办法》，办法于今年4月1日开始实施，为政府部门加强信用信息记录和使用提供了原则、依据，各部门、各区县务必认真学习、细化落实，制定查询、使用信息的具体规定或实施方案，将《办法》转化为相关工作的操作性依据。三要在各项推进工作中突出制度建设的要求，用制度固化形成的经验和做法，保障信用体系的顺利运行。12个重点领域13个试点专项都应该在信用信息记录、共享与披露，信用信息加工存储，信用信息与信用产品使用三个关键环节中建立必要的制度性安排。要加快制订公共信用信息服务平台的配套管理办法，保障平台顺利开通。

社会信用体系建设是一项长期而艰巨的任务。各部门、各区县要进一步增强责任感和紧迫感，进一步完善社会信用体系建设联席会议工作制度，明确具体任务的责任分工，落实必要的资金保障，建立健全工作考核机制，通力合作，开拓创新，深入开展诚信主题宣传活动，形成“知信用、守信用、用信用”的社会氛围，提升市民素质和城市文明程度，推动上海社会信用体系建设不断取得新进展，为“诚信上海”建设发挥应有的作用。

（摘自在市社会信用体系建设工作推进会议上的讲话）

用改革的思路统领和推动全局工作

艾宝俊

（2014 年 1 月 27 日）

一、2013 年的党建和业务工作取得的新成绩

过去的一年，在市委、市政府领导下，市经济和信息化系统各级党组织紧紧围绕创新驱动发展、经济转型升级，坚持稳中求进、稳中提质，抓改革、促发展，发挥党的政治保证作用，圆满完成了各项工作任务。特别是党的建设方面，更是成绩显著。去年年初，中央出台了八项规定，市委出台了 30 项规定，得到党内外的一致拥护，党员干部的作风建设得到了加强。同时，精心组织开展党的群众路线教育实践活动，进一步巩固了作风建设成效。

这次教育实践活动的第一批单位已经基本结束，有很多做法可圈可点，比如，你们提出开展“四大四新”活动，很有单位特色。专项治理和建章立制工作，都很务实。市委对经济和信息化系统开展的教育实践活动是肯定的。另外，班子建设、干部队伍、党员队伍和基层党组织建设等都能够按照市委部署要求，扎实推进。不仅党建工作，业务工作方面也取得新成绩。特别是去年在全市转型背景下，工业增加值增长 6% 以上，远远超出预期目标，为全市 GDP 增长 7.7% 作出了重要贡献。

二、改革是 2014 年的头等大事和重中之重

2014 年是上海完成“十二五”规划，深入推进创新驱动发展、经济转型升级的关键一年，各项工作任务繁重而艰巨。我们要发挥党委总揽全局、协调各方的领导核心作用，把改革作为今年的头等大事和重中之重的任务，用改革的思路统领全局，用改革的举措推动全局。

（一）要带好队伍，提升引领改革的能力

1．在作风建设上下功夫。优良作风是改革事业成功的保证。要认真学习贯彻习近平总书记在党的群众路线教育实践活动第一批总结暨第二批部署会议上的讲话精神，扩大活动成果，狠抓整改事项落实，推进作风建设常态化、长效化、制度化，以作风建设新成效汇聚起推动改革发展的正能量。要贯彻从严治党要求，落实党风廉政建设责任制，强化惩治和预防腐败体系建设，坚持不懈地抓好反腐倡廉建设。

2．在选优配强干部上下功夫。深化干部人事制度改革，是建设高素质领导班子和干部队伍的动力之源。要认真贯彻执行新修订的《党政领导干部选拔任用工作条例》，把信念坚定、为民服务、勤政务实、敢于担当、清正廉洁的干部选出来并用起来；对畏首畏尾、不敢碰硬、惧怕改革的干部要及时调整，还要高度重视年轻干部培养选拔，始终坚持面向实践、面向基层、面向人民群众，确保党的事业薪火相传。

3．在人才工作上下功夫。坚持党管人才，广开进贤之路。要根据形势需求，进一步明确本市产业和信息化领域的人才发展战略布局，统筹抓好技术、管理、技能等各类人才队伍建设，把优秀的人才发现出来、吸引过来、集聚起来，为他们提供展示才华、实现价值的舞台，为上海改革创新提供智力支撑。

（二）要做好基础工作，夯实改革发展的根基

1．进一步扩大组织覆盖和工作覆盖。要积极适应新形势下产业布局、行业分工、党员流向的新变化，因地制宜地推进基层党的建设。经信系统要在抓好传统领域党建的同时，结合自身职能定位，以产业园区为突破口，加

大园区党建工作力度。这项工作我们已经有了很好的基础，市里也出台了文件，今年要继续深化，抓出实效，看见成果。

2．**进一步提高党员发展质量。**先锋模范作用的发挥，更多取决于党员的质量。要正确处理好数量和质量的关系，一方面要打破身份限制，把生产骨干、科技精英、管理人员，甚至劳务派遣工统一纳入培养考察计划；另一方面要严格党员日常教育管理，疏通出口，及时处置不合格党员，确保队伍的先进性和纯洁性。

3．**进一步把握“服务型”党组织的内在要求。**把基层党组织的工作重心转到服务发展、服务民生、服务群众、服务党员上来。要贴近民心、顺应民意，用群众工作的理念和方法推进各项事业，解决好涉及群众切身利益的问题，维护系统和谐稳定大局。要注重发挥工青妇组织的桥梁纽带作用，拓宽服务群众的渠道，汇聚各方力量，合力推动改革。

（摘自在市经济和信息化系统党的工作会议暨党的群众路线教育实践活动总结会上的讲话）

聚焦突破　落实责任
推进上海文化创意产业迈上新台阶

周　波

(2013年6月7日)

一、把握特征，分类推进上海文化创意产业发展

上海文化创意产业总体上呈稳步发展态势，过去几年中一直保持着两位数以上增长，并且高于全市服务业平均增幅。2012年产业增加值增幅达10.8%，这为完成“十二五”规划目标奠定了良好的基础。

从文化创意产业十大门类来看，发展尚不均衡。咨询服务、广告会展、艺术、工业设计等行业增长强劲；建筑设计、休闲娱乐、软件与计算机服务、网络信息发展稳健；而时尚创意业、媒体业则相对缓慢。实践中发现，专业服务业、新兴服务业发展迅猛，而传统产业正处于转型升级阶段。下一步，根据行业特征和发展趋势，对于文化创意产业要加强分类指导、有序推进。对于优势行业要集中资源、加快发展；对于新兴行业要聚焦政策、扶持发展；对于传统行业要突破瓶颈、转型发展。

二、落实责任，合力推进上海文化创意产业发展

1．落实文化创意产业十大门类产业主体部门的责任。十大门类都已明确了推进责任主体，要将产业发展目标和任务分解到各责任单位，坚持不懈抓好落实。

2．落实区县作为文化创意产业发展主战场的责任。要特别重视发挥区县作用，推进全市文化创意产业工作重心向区县下移。企业、项目、园区都在区县落地，区县也有各具特色的文化、土地、环境和政策资源，这些都是全市文化创意产业得以繁荣发展的基础。要及时总结、提炼和推广区县发展文化创意产业的经验，鼓励区县在产业发展政策上先行先试。

3．充分发挥社会组织的产业推动和服务作用。目前，上海文化创意产业已有20多个相关行业协会，要充分发挥行业协会等社会组织的作用，通过对专业优势、平台资源、活动策划、对接渠道等功能的整合，加强行业自律，促进产业融合发展。

三、融入全局，发挥文化创意产业对上海转型发展的先导作用

文化创意产业要有大作为，就必须主动融入上海转型发展大局。虹桥商务区、世博园区、上海国际旅游度假区、临港地区、前滩地区和黄浦江两岸等六大重点功能区域是上海转型发展的重要载体。在这些重点区域的发展过程中，广告会展业、休闲娱乐业、网络信息业、工业设计业等文化创意产业都可以大显身手、大有作为；此外，文化创意还应在这些大项目建设中起先导和支撑作用，提升能级、提高品位、引领市场。因此，文化创意产业要主动对接大规划、融入大项目，参与重点区域的开发建设，争取取得更快发展，为上海转型发展发挥更大的作用。

四、聚焦突破，推进“设计之都”建设迈上新台阶

2010年，上海正式加入联合国教科文组织“创意城市网络”、被授予“设计之都”称号。3年多来，上海各级

政府部门和社会组织从政策扶持、平台搭建、国际合作、人才培育等方面开展了大量卓有成效的工作，“设计之都”建设硕果累累，得到了联合国教科文组织和中国全委会的高度肯定。“设计之都”正逐步成为上海城市发展的一张新名片。

新时期，上海的“设计之都”建设也面临新的要求和挑战。首先，党的十八大对中国新时期的发展提出了新的要求，并提出“要提高文化产业规模化、集约化、专业化水平”的重要目标。上海的文化创意产业发展以及“设计之都”建设，应为服务国家战略、推动全国文化产业的发展繁荣，为在中国经济升级的大背景下打造上海经济的升级版作出更大的贡献。其次，上海的设计之都建设也面临着许多新的竞争和挑战，我们要在与兄弟省市的全面竞争合作中更加奋发有为，坚持以创新转型发展为主线，坚持发挥“先行者、排头兵”的作用，更快更好地推动文化创意产业实现突破发展。

在此背景下，我们要借着文化创意产业蓬勃发展的“东风”，进一步在以下三方面聚焦突破，加快推进设计之都建设迈上新的台阶。

（一）切实提高企业为主体的设计创新水平

产业创新活力是衡量“设计之都”建设水平的重要指标，这就要充分发挥企业的市场主体作用，激发企业设计创新的内生动力。要重点关注以下三类企业：

1．面临转型升级压力的传统企业，要引导其提升设计创新能力。设计是企业塑造品牌、保持竞争力的核心。例如，老凤祥等企业能够成为经久不衰的百年老字号品牌，正是因为企业具备不断适应市场需求设计新产品的能力。因此，要提升传统企业设计创新能力，要引导鼓励有条件的龙头企业建立设计中心，提升整体能级水平。

2．具备一定规模和实力的专业设计企业，要引导其做优做强。上海目前已经涌现了一批优秀的设计企业，广大的中小企业可以通过委托设计来提高创新能力，实现差异化、特色化发展。

3．拥有新技术、新商业模式和新业态的创新型企业，这类企业导入设计往往可以产生巨大的撬动效应。一项新的技术发明，可以通过设计转化为划时代的新产品，不仅能够推动经济发展，改变人们的行为方式，甚至可以改变世界的发展进程。当前，要结合上海促进“三网融合”、建设“智慧城市”等新机遇，发掘和培育这种类型的设计创新型企业。

（二）拓展对内、对外开放合作

1．加强对内开放与合作。“服务长三角、服务长江流域、服务全国”是国家对上海的要求，也是上海的责任。长三角地区实力雄厚的工业基础和制造业集群，为上海发展设计产业提供了广阔的市场空间。为此，上海要积极开展与国内产业集群地，特别是长三角地区的交流合作，构建优势互补、合作共赢的产业链合作模式，提高上海设计服务全国的能力；同时，要积极承接国家项目，争取成为全国设计产业发展的战略高地。

2．加强对外开放与合作。上海一直是全国开展国际合作交流的前沿阵地。加入“创意城市网络”、建设中国（上海）自由贸易试验区为上海设计的国际合作交流创造了条件和机遇。去年，上海和意大利佛罗伦萨市签约共建“上海佛罗伦萨－中意设计交流中心”项目，引起了国际广泛关注。下一步，重点是“走出去”和“引进来”相结合，通过建立基地、项目合作、交流培训、拓展渠道等各种方式推动上海设计“走出去”，同时将全世界优秀的设计机构、团队和设计师“引进来”。

（三）加强政策引导，构筑良好环境

设计产业具有知识、人才密集的特征，具有不同于传统企业的组织形式和人才结构，仍处于培育发展阶段，需要加强政策引导，营造更好的产业和社会发展环境。

1．要积极鼓励公共服务平台建设，利用专业化服务为产业发展创造良好环境。去年，通过文化创意支持资金扶持了很多与设计相关的公共服务平台，下一步要做好公共服务平台的建设管理和推广工作。

2．要加强政策研究和创新。目前，市经信委联合相关部门正着手编制本市“设计之都”建设新一轮三年行动计划，需要抓紧研究完善，争取尽快发布。“十二五”的后3年，“设计之都”建设应成为上海文化创意产业工作中的一项核心任务，需要持续、深入地予以推进，为上海创新转型发展探索新的模式。各级政府部门要借这次制定“设计之都”三年行动计划的机会，思考和创新政策，特别是在土地规划、人才培育和知识产权保护等方面的政策，为设计之都建设创造更好的政策环境。

3．要加强宣传推广。以“设计之都活动周”为重要平台和引领，整合集聚各方资源，开展各类宣传推广活动，帮助文化创意产业企业进行展示、宣传、推介和交流，加深全社会对文化创意产业的了解、认识和支持，促进文化创意产业集聚发展。

（在市文化创意产业推进工作会议上的讲话）

尊重市场规律　提升政府能力
全面做好2014年产业和信息化工作

周　波

（2014年1月3日）

一、2013年上海产业和信息化发展的工作成绩来之不易

2013年，面对错综复杂的国际国内经济环境和自身发展转型的双重考验，以及市经济和信息化“两委”整合搬迁、干部队伍调整等多种因素影响，“两委”领导班子认真贯彻落实市委、市政府各项决策部署，凝心聚力、攻坚克难，创造性地开展工作，全面完成全年各项目标任务，在产业经济和信息化创新转型发展的道路上取得了扎扎实实的进展，取得了来之不易的成绩。

（一）为全市经济社会发展作出了应有贡献

市委、市政府对全市产业经济和信息化工作高度重视，对产业调结构、促转型以及加快信息化发展等提出明确要求。从全年来看，产业经济工作取得了显著成效，工业增加值计划增长3%，通过大家共同努力实现增长6%，为全市GDP完成增长目标以及财税增长等都作出了积极贡献；经信委负责推进的生产性服务业、信息服务业实现20%左右增速，快于全市服务业增长，文化创意产业增长10%左右；战略性新兴产业实现总规模、产值占工业总产值比重、投资占工业投资比重“三个提升”，调整淘汰落后产能、工业节能降耗都超额完成年度任务。同时，信息化建设进一步体现对经济社会发展的渗透带动效应，光纤到户覆盖和实际用户数、“i-Shanghai”覆盖均超过预期目标，3G建设及应用有力推进；智慧社区、智慧园区、“两化融合”深化推进，电子政务、电子商务、数字证书“一证通”、网格化管理等应用都体现了信息化建设对城市和经济社会发展的重要支撑和促进作用。

（二）产业和信息化创新驱动、转型发展取得重要进展

在市委、市政府各种会议场合，都可以感受到市领导、区县领导对产业经济和信息化工作中的新气象、新局面比较认同。比如，经信委跟踪欧美新一轮产业和技术革命、再工业化战略等发展趋势，创新提出了培育发展新产业、新业态、新技术、新模式，已经上升为全市战略部署，成为上海产业的创新转型的重要方向和支撑。在对接自贸区工作中，经信委跨前一步，主动作为，争取7项增值电信业务开放，其中5项放开外资股比限制，扩大了产业开放度。又如，我们为落实国务院促进信息消费扩内需的若干意见，制定了上海促进信息消费行动纲要，协同16个部门的力量共同推进，体现了协调联动机制的突破。再如，在全国率先探索的光纤到户第三方专业维护模式逐步深化，优化了市场竞争机制；产业结构、投资结构、能耗结构和布局结构进一步优化，工业区转型和“区区合作、联动发展”取得重要进展等。

（三）政府职能转变和党的建设取得积极成效

围绕营造产业和信息化发展环境，加快行政审批制度改革，坚持处理好政府与市场、企业的关系，更加注重发挥市场力量，更加注重服务基层、服务企业，更加突出运用规划、法制、政策创新等方式进行管理。特别是这次党的群众路线教育实践活动以经信委为联系点，能感到党建工作围绕中心、服务大局，开展得深入扎实、确实

很有成效，提出的“四大四新”自选活动载体很有特点；党政班子带头查摆问题，实实在在进行整改，细化廉洁从政规定，体现了班子转变作风的决心和能力，机关干部队伍建设成效明显。大家始终注重保持工作的连续性、主动性和实效性，巩固了依托委办、联动区县的传统优势，工作凝聚力、战斗力进一步提升。

此外，经信委在保持经济运行平稳方面付出了很多。在上海这样一个特大城市，保持水电及天然气平稳供应，也没有因为经济运行的问题而出现一些大的事故，这是相当不容易的。

对于更深层次的经济运行，我们要对发展形势有正确的把握和准确的定位，真正地增强我们的使命感和责任感。2014 年的中央经济工作会议已经召开，总基调十分明确，在“稳中求进”的基础上，坚持“改革创新”，大家要充分认识到这四个字的背景和含义的重要性。

二、政府部门工作着力解决三个问题

关于政府部门的工作，要解决三个力的问题：压力传递的问题、活力不足的问题和动力不够的问题，解决了这三个问题，整个社会才会充满活力。我们要让各种要素迸发激情、活力，实现它的价值，这些才是我们政府真正需要做的。

要解决这三个力的问题，就要从思想观念上，从方法上，从制度上都要有设计，要有创新和突破。英文讲是 Vision（视野），有了 Vision 才会有 Mission（使命感），才会有 Passion（激情）。如果一个人缺乏国际视野，就没有良好的远景。没有了使命感，一个面临各种各样的问题而亟需创新转型的社会，想要在创新、突破以及攻坚克难上有所作为则是难上加难，也就不会有所谓的激情和动力。

（一）认真学习十八届三中全会精神

我们要认真学习十八届三中全会精神，找出我们的不足，拓展我们的视野，最后形成我们共同的愿景。2014 年，市委、市政府已经在考虑政府职能、观念以及理念的转变，要引进市场机制。所以，希望经信委长期和企业、产业打交道，要率先在这方面有所突破。现在，我们到了不改革就没有出路、不创新就没有办法前进的时候，所以我们要用改革的办法把我们面临的压力变成动力。这需要我们从我们自身的定位考虑，现在产业发展走向融合，二产、三产和一产的界限模糊。所以，我们不要把自己局限在工业，否则就不会有“四新”和两化融合。

（二）树立部门合作力求共赢的理念

当下的社会中，在合作和竞争中建立共赢的关系是一个大的趋势，我们一定要有和所有部门共同合作的理念。如果这个理念不转变，就很难实现更大的突破。就如在我们经信委的内部，每个处室的分工不同，但是却有一个共同的目标，我们一定是要力求共赢。很多时候，只有形成合力才能成功，很多工作要协作完成，不要互相推脱，各部门之间要相互扮演好红花绿叶的角色。

（三）明确政府与市场之间的关系

十八届三中全会确定了市场在配置资源中的决定性作用，同时能够更好地发挥政府的作用。这就说明，如果政府作用发挥得不好，市场也要失灵。政府要做市场缺位的东西，要起引领的作用。以产业发展为例，闭门造车出来的想法是没有用的。经信委提出的“四新”被市委采纳，也是你们努力的结果。

同时，从经信委内部定位的责任管理来说，我认为有几项工作要做好。

第一项工作是对标。对标分两个方面，一是产业的对标，包括信息化工作和你们各项工作的对标；二是我们的管理水平和能力的对标，要真正虚心地向兄弟省市学习，向区县学习，向企业学习。政府可以借鉴企业好的做法，以及兄弟省市好的做法。一定要用开放来倒逼改革，自贸区就是最好的例子。

第二项工作就是提高效率。市场经济讲究效率，但是我们在做很多事情的时候都投入了大量的时间。在“四新”工作中，更多的是注重研究平台和经济问题，不要忘记效率同样重要，尤其是我们服务企业的效率。同样不要忘记改革的目的是下放权力。

第三项工作是形成合力。内部的组织架构、职责分工都要能够合力形成制度。今年，市政府要进行管理流程再造，以使流程更加高效，更加透明，更加规范，最起码要做到职责明确，只要感觉方向正确就放手去尝试。除了效率要提高以外，我们要对这种尝试有一个宽容的氛围，要宽容失败，用好容错机制，人无完人，孰能无过，既要讲究一些做事的方法，也要做到心胸开阔，不怕犯错，因为我们是为了一个共同的目标：把对的事情做好。

经信委去年干部工作做得很有成效。我们要有动力、压力和活力，一定要继续保持良好的氛围和机关文化，要营造这样的氛围，鼓励人才辈出，鼓励大家做实事。同时，也要有机制上的保证，比如有了创新举措，还要提出好的改革意见，要确保形成合理的推进机制。

三、2014 年的工作安排

第一是政府职能转变中的行业监管问题。促进企业自律，政府可以运用税收、行政、法律多种手段，那行业协会应该发挥怎么样的作用？有效监管不能缺位。经信委必须承担行业职能，对产业发展负责，所以希望把这个作为重要工作去抓。

第二是负面清单。一个是自贸区的负面清单，还有政府将来管理产业和信息化时可供参照的负面清单。我们不能再像计划经济一样限定产业，但是为了利用并发挥上海的优势，要对资源禀赋型和要素禀赋型的产业进行管理。如码头、岸线是资源禀赋型的，利用了上海的优势。再如交通枢纽也要限定它的功能，还有限制高污染、高能耗的行业等。其他的行业则交由市场规律支配，不需要我们进行控制和限制。另外，在监管方面，无论是管理还是审批，我们都要适当放权。因为资源在第一线的配置效率最高，距离会导致信息不对称。所以要做到适当放权，尽量减少审批。

第三是推进信息化。这件事情是重中之重，也是上海的优势所在。上海转型的成功与否就取决于信息化的推进，因为信息共享依赖信息化发展的推进。鼓励政府对相关服务的采购和购买，以及服务的推广运用，一定要把信息化和信息消费、智慧城市建设结合起来。

第四是“十三五”规划。评估“十二五”规划和制定“十三五”规划，都希望大家能花精力进行研究。特别要考虑“十二五”规划的不足之处，如何在后两年进一步地完善。同时，如何合理地规划“十三五”也非常重要。

第五是如何服务企业、服务产业。服务企业关键在于制度，希望经信委第一个形成制度。其中的关键是要把区县、行业协会、还包括工商联等各个部门融合在一起。要真正解决企业提出的需求，在帮助企业解决瓶颈和问题的过程中提高“四新”、“五新”工作，在服务的过程中解决一些问题，这能够为我们的经济社会发展打下良好基础。

最后是人才的问题。工作推进的关键在人才，关键靠人才的培养和人才作用的发挥。我非常高兴地看到经信委去年在党委的重视下，很多人才脱颖而出，也形成了交流、轮岗等制度。这里再补充一些想法：一是当一些同志思想上有苦恼找到党委的时候，我们能有一个类似于员工之家的地方得到倾诉；二是组织要关心员工生活上的困难。我们可以通过感情留人，通过事业留人。特别要创造一个好的环境和条件，让大家能够脱颖而出。我感觉这方面还是可以做很多工作。当然人才工作还需要广开门路、广开言路，更重要的是我们要输送一批人才出去学习和锻炼，这样才可以不断增强活力。

（摘自在中共上海市经济和信息化工作委员会、上海市经济和信息化委员会 2014 年度工作会议上的讲话）

坚定信心　开拓创新　转变作风
全力做好服务企业工作

徐逸波

（2014 年 1 月 3 日）

一、2013 年市经信委的工作卓有成效

（一）推动发展有新成效

这个发展成效在现在讲来似乎轻而易举，但是在去年 3 月份的时候，工业的各项指标都不尽如人意。最后，我们不仅完成了目标，而且还超过了预期，这个成绩来之不易。这是市委、市政府的领导，周波副市长的关心指导以及经信委各个相关部门共同研究努力的结果。经信委推动发展的新成效，不仅体现在工业指标的增长速度上，还体现在经信委培育和发展“四新”工作上，当然还有经信委在推动工业区的区区联动上所取得的成效。前不久，我参观了漕河泾和松江区的智慧城市建设，深感经信委在这方面的工作确实取得了很好的成绩。

（二）政府职能转变有新提升

这些提升确确实实地反映到了经信委的实际工作中，以下几件事情是最好的例子。第一件事情是自贸区的电信增值业务的开放。最后出台的自贸区政策中，真正超出预期的自贸区政策只有几项，经信委在整个过程中做了很多工作。第二件事情是工博会。2013 年的工博会办得比较成功，不仅体现在规模上，关键是结构和质量都有很大的提升，中央相关部门也认为工博会胜过国内的同类会展。第三件事情是服务企业。我看到了经信委在服务中小企业和央企方面所做的大量的工作，这些工作也得到了企业的普遍好评，这很不容易。

（三）作风建设上有新气象

作风建设的新气象在我们这次群众路线教育实践活动环节体现得最为明显。参加经信委的民主生活会学到不少东西。领导做了自我批评，这些批评比较有特点，而且很中肯。在建章立制方面，有机关群众工作手册上的“十要十不要”，还有进一步改进作风的若干意见，以及服务和指导对口单位加强管理等方面的规章制度。去年，经信委的满意度测评在全市 17 个部门排名第 6，比上年提升了两位。这说明经信“两委”过去一年的工作是有成效的，值得我们学习。

二、对于 2014 年工作要点的建议

（一）要进一步坚定信心、抓住机遇

回顾上海工业发展历程，1984 年是上海工业发展的黄金期，上海产的电视机、缝纫机、手表受到全国消费者的青睐。2000 年，上海工业仍然保持优势，上海工业企业的改革走在全国的前列。当时，上海还先于全国提出培育六大支柱产业，所以那时的上海工业红红火火，是大干快上的时候。

现在的上海正好处在工业结构调整的阵痛期，当前经济处于增长速度的换挡期、结构调整的阵痛期，前期政策的消化期。现在上海面临艰巨的淘汰落后产能的任务，上海工业的结构调整处于阵痛期，而且将持续一段时间。

为什么说要坚定信心抓住机遇？因为未来产业发展的好坏与发展后劲并不取决于政府，而取决于企业。企业

兴才能产业兴，企业强才能产业强。所以产业发展的兴衰，关键在于企业的发展活力和发展动力，我们对未来发展的信心取决于企业的积极性。当前，全球经济缓慢复苏、国内经济整体下滑，上海面临着各种各样的机遇，但是也面临着改革这一最大的问题。这次改革正是企业的机遇，会给我们企业带来更大的发展空间，更大的发展活力和更大的发展舞台。

所以从这个角度来看，我们应该对上海产业发展的未来有信心。比如十八届三中全会的相关改革出台后，外资、民企、国资都意识到市场在资源配置中发挥的决定性作用。相关部门也在考虑简政放权，为企业发展作贡献。对于企业而言，这将是一次很好的机遇。市政府出台的国资国企改革20条，也会加强企业的竞争力，促进企业释放活力。

（二）要进一步开拓创新、破解难题

不久前，上海在工信部会议上就负面清单作了交流发言。这个负面清单不再是狭义的自贸区的负面清单，实际上是我们的产业部门在研究和推动产业发展的时候，要利用负面清单的思路来做事。我们鼓励由市场来决定发展的思路，能够通过各种市场信息作出准确的选择。

对于上海而言，就是要掌握负面清单中规定上海不发展的产业，其他的产业就交由市场来决定。无论是美国还是日本，都没有在产业发展过程中对产业发展作出限制，而是依靠IT产业和互联网产业的兴起引导了产业革命。因此，政府不要去主导现在的“四新”工作，要让企业自己去做。我们在研究产业“四新”工作时，只要按照负面清单来进行指导，其他交由市场中的企业来决定。

至于如何破解瓶颈，工业用地开发是上海工业产业结构调整中面临的巨大的制约因素，也是决定工业产业结构调整成败的重要因素。现在碰到的问题是用地增量的控制和存量的优化，工业用地的二次开发需要整套的政策设计和机制，能够使企业、乡镇和区县更有积极性，更符合我们用地的导向。

对中心城区的创意产业如火如荼发展印象很深，各区都很重视创意产业的发展，都有很高的积极性。一些中心城区的厂房既不适合发展房地产，又不适合发展商业地产。对于房地产、商业地产两者皆不可的现象，政府给了一个“三变三不变”政策。“三不变”，就是土地性质不变，还是工业用地，产权关系不变和房屋结构不变；“三个变”，是现在产业发展变新，蓝领变白领，建筑风貌变好。这个政策提高了企业发展文化创意产业的积极性。最后的结果是“三得利”，原来的业主得利，来参与改造合作的企业得利，所在区域也得利；产业发展起来了，人才也引进来了。因此我认为，要找到一个土地二次开发的关键点，由点带面。

（三）要进一步转变作风、强化服务

经信委的作风建设总体不错，和未来发展的要求来比，还是有努力的空间。转变职能是转变的一个方面，也要和我们推动发展的方式相结合。

强化服务是指政府的服务一定要围绕企业的发展。我们现在服务央企方面做得不错，而在市属国企和外企方面的服务，经信委可以分别和国资委及商务委联手来做。民企方面，主要是中小企业，我们可以和工商联联手服务。实行市场经济的国家，不论是发达还是不发达国家，政府为企业服务，通过为企业服务推动发展不会错。所以，我们在为民企服务这个方面还有努力的空间。

十八届三中全会提出了发展混合所有制经济。实际上对于民企的发展，我们不要光看创造的净利润和税收，还要看到民企因没有各种束缚而展现出的活力和创新能力，民企的发展会增加上海经济的活力。总之，我们要给企业的发展提供更大的空间、更大的平台、更大的活力、更大的动力，这才是我们发展经济最重要的动因。

（摘自中共上海市经济和信息化工作委员会、上海市经济和信息化委员会2014年度工作会议上的讲话）

积极汇聚正能量　共同实现中国梦

周国雄

（2013 年 6 月 24 日）

一、进一步深入学习贯彻党的十八大精神，汇聚实现中国梦的正能量

当前上海正处于创新转型发展的关键期，要以党的十八大精神武装好党员干部头脑，提高战略思维和创新意识，更好地跟上形势发展、适应工作需要，汇聚起推动实现中国梦的正能量。

一要进一步坚定理想信念，始终保持先进性。我们要准确分析世情国情党情的新变化，以坚定理想信念为重点，抓好党员干部的党性修养与党性锻炼，把中国特色社会主义的道路自信、理论自信、制度自信，落实到脚踏实地推进具体工作中，践行在具体岗位上，转化为经济和信息化工作的新思路、新探索、新举措。

二要进一步加强学习宣传，凝心聚力促发展。我们要继续深入开展各类学习宣传贯彻活动，促进活动向纵深发展。要不断创新学习贯彻活动的形式载体、方式手段，使其成为加强基层党的建设的最有力抓手，凝心聚力，创先争优，为实现中国梦贡献最大力量。

三要进一步推动务实创新，攻坚克难谋突破。我们要在全系统形成鼓励实干、倡导实干、崇尚实干的浓厚氛围，在构建以战略性新兴产业为引领、先进制造业为支撑、现代服务业协同发展的现代工业体系过程中，进一步发挥基层党组织的战斗堡垒作用和广大党员的先锋模范作用，不为困难所惑，不为问题所扰，勇于突破，善于创新，关键时刻冲得出，危难关头豁得出，在平凡中树立不凡的形象。

二、在学习型、服务型、创新型党组织建设上下功夫，切实加强基层党的工作

建设学习型、服务型、创新型执政党，是党的十八大作出的重大战略部署。当前基层党建面临很多新情况、新挑战，需要我们继续发扬党的光荣传统和政治优势，在学习型、服务型、创新型党组织建设上下功夫，不断夯实党的执政基础。

一要着力推进学习型党组织建设。要抓好思想理论建设这个根本、党性教育这个核心、道德建设这个基础，深入开展理想信念教育、形势政策教育、国情党情教育、革命传统教育和改革开放教育，推动党员干部深入学习中国特色社会主义理论体系，引导党员干部带头践行社会主义核心价值体系，坚定对马克思主义的信仰、对社会主义和共产主义的信念。健全务实管用的学习制度，提高学习实效。

二要着力推进服务型党组织建设。要把各级党组织的工作重心转移到服务发展、服务民生、服务群众上来，把增强基层党组织服务功能作为推进基层党建科学化的重要任务。结合开展党的群众路线教育实践活动，认真研究服务型党组织建设的内涵、目标、内容、机制和方法。要强化基层党组织服务群众职能，积极主动帮助群众解决实际困难和问题。完善党员干部直接联系群众制度，拓宽社情民意反映渠道，强化基层组织服务群众的基础保障，在服务群众的实践中，努力提高做群众工作的能力。

三要着力推进创新型党组织建设。要积极应对党的工作遇到的新形势、新情况和新问题，以改革创新精神推进基层党的建设。进一步总结、提炼、推广和运用党建工作有效途径、经验做法，鼓励与时俱进、不断探索与创新，使系统各级党组织的活动内容更加贴近党员需求，活动形式更为党员喜闻乐见，活动成果更具针对性和实效

性，增强基层党组织的创造力、凝聚力、战斗力。

三、保持党的先进性和纯洁性，扎实开展党的群众路线教育实践活动

开展群众路线教育实践活动是密切联系群众、坚持党的群众路线的重要举措。我们要按照中央和市委部署，紧紧联系实际，确保这次活动在全系统有序开展、取得实效。

一要充分准备、深入调研。对这次党的群众路线教育实践活动指出的“四风”现象，要经过调研，找一找在系统的表现形式。在我们系统到底是什么，在各个行业和单位是什么，要深入调研，用事实和数据说话。针对调研情况，抓紧明确本单位活动的总体安排，在思想、组织和保障等方面作好充分准备。

二要借鉴经验、强化教育。开展主题教育实践活动，是我们党的优良传统。我们要认真借鉴保持共产党员先进性教育、深入学习实践科学发展观、创先争优等重大集中教育活动的宝贵经验，在从严要求、创新方法、务求实效上下功夫。同时要避免新瓶装旧酒、千篇一律走过场这一做法，准确把握这次活动的主题，把握中央和市委“为民、务实、清廉”要求的精神实质，在活动目标设定、环节设置、成效评估等方面都要突出系统特色，提出有针对性的方法和举措。

三要解决问题、完善制度。解决领导干部存在的脱离群众问题，关键在制度。对问题要即知即改，自觉接受群众评议和监督。对已有的制度要进行梳理，不合时宜的及时调整完善；行之有效的，坚决执行，不搞变通。对一些新情况新问题，要主动研究，及时制定政策，增强制度体系的科学性、时代性和可行性。领导干部要带头执行，切实负起领导和管理责任，抓好本单位的制度执行力。

开展群众路线教育实践活动是全体党员的一次马克思主义自我教育活动。这次活动的重点是县处级以上领导机关、领导班子和领导干部，希望大家高度重视，把自己摆在普通党员的位置。系统全体党员也要自觉地参与这次教育实践活动，实现自我净化、自我完善、自我革新、自我提高。

（摘自在市经济和信息化工作系统庆祝建党 92 周年座谈会上的讲话）

关于本市产业布局调整和结构优化升级的若干思考

李耀新

（2013年7月）

近几年围绕全市创新转型发展，坚持新型工业化发展主线，一手抓产业布局调整，一手抓结构优化升级，体现产业创新转型与城市发展、功能提升、生态建设、人口优化等相结合，创建新机制、打造新平台、培育新经济，加速提升上海先进制造业和现代服务业发展能级。

一、开展本市产业布局调整，要体现存量增量变量对接、进退转有序结合

当前，上海在全国发展格局中呈现“一个非典型、一个最典型”的特征：一是非典型发展阶段，在商务成本、城市安全、环境保护、社会稳定、人力资源等方面面临更高约束要求，未来需着力提高地均产出率、人均产出率、单位能耗产出率。二是最典型的转型阶段，上海从20世纪80年代的适应性调整，到90年代的战略性调整，到今天的创新性调整，逐步迈向后工业化，向产业高端化、智慧化、绿色化转型。因此，我们考虑上海的产业发展不在于总量有多大、在全国比重有多少、发展速度有多高，而在于如何创新转型、如何引领带动、如何大有作为；要把产业布局调整和结构优化升级作为我们的工作抓手和主攻方向，善于调动利用全国甚至全球资源，为上海经济社会发展服务，为全国工业化、信息化作贡献。

1．明确发展导向和发展定位。坚持将产业布局调整放在全市发展大局中去把握，将调整与发展、制造业与服务业、引进来与走出去等结合起来考虑，为上海发展创造新一轮的优势和奇迹。我们当前最大的资源在于存量土地、存量业态和优质项目，下一步发展方向，一是104区块要坚持高端工业、提升定位，195调整转型发展生产性服务业和创意产业，坚持有进有出、加强动态管理；二是统筹推进品牌开发区输出品牌、招商、管理等优势资源，用信息化改造园区，提高产出水平；三是198区块在满足郊野公园建设基础上，可先选一块作为公益性项目用地，如发展高端养老服务业，实现发展社会事业和推进生态用地相结合。

2．加强具体分析开展分类指导。工业用地布局调整要根据区位、层次、成熟度、紧迫性等进一步细分，仔细深入研究调整的可操作性和优先发展的价值。一是由近及远调整好产业布局，先鼓励新城周边的园区放大，远郊地区不具备条件的慢慢做；城郊结合部外环线周边区域环保跟居住的矛盾、商居矛盾、稳定问题突出，要重点研究调整方案；二是要与中外环经济圈的发展对接，虹桥商务区、迪士尼、宝山等大的节点都在这个经济圈上，搞产业要利用区域优势，抓几个点形成产业组团发展，切实取得效果；三是对于乡镇一级低水平的园区，调整工作力度要大一点，对园区里的现有企业进行评估，低于基准线门槛的就要调整；具备自我改造调整条件的要支持，不具备条件的要通过招商政策腾笼换鸟。

3．坚持“有立有破”形成发展新态势。当前阶段上海产业进行深化调整，要讲求存量、增量和变量相对接，新经济和传统经济对接，国有和民营对接，产业组织创新和产业政策对接等。要“有立有破、先立后破”，如在吴泾等工业区调整中要规划新的项目，考虑其成为上海东南部的城市副中心，建设城市综合体，在“十三五”、“十四五”期间沿江一带形成浦江镇、吴泾、沿江装备产业基地等。不仅要形成推动力更要提升拉动力，通过产业结构调整、节能减排资金使落后产能退出，解决推动力问题；在退出地块要研究推动新经济新业态发展，通过产业

定位、政策跟进、容积率调整等解决拉动力的问题，这是长远发展的事情。推进工业区二次开发，引入新的建设主体，创新合作开发利用机制，采用多种补偿方式推进存量工业用地盘活利用，在财税、土地政策等方面加大对工业区二次开发利用的支持。

二、积极打造产业生态系统，推动产业链资源优化配置

我们推进产业布局和结构优化调整，要统筹考虑区域功能、产业定位、空间形态、招商引资等因素，以新思路、新办法体现事半功倍和放大效应。产业布局和结构调整的结果应包括三个方面：一是提高生态安全性；二是提升产业区块功能；三是提高环境贡献率。按照这一发展思路，下阶段重点考虑推进三方面工作：

1．打造产业生态系统，形成榕树效应。我们要对产业、行业、大类产品和产业链企业进行细分研究，推动形成依托基地园区的产业生态系统。目前园区的产业发展呈现单个项目化（盆景）的形态，园区内企业门类众多，园区没有清晰功能和主打产业。下一步围绕打造产业生态园区，要积极导入产业链龙头企业和关键项目，引进上下游配套项目，并完善金融、商务和生活服务配套，形成项目之间的供应链支配关系和服务支撑关系。刚开始看一个行业可能不大，但一旦把产业链上下游打通，形成榕树效应，形成服务链条，园区的产业集聚优势和核心竞争力就会显现出来。

2．推进区块动态统筹，增强空间活力。一是要围绕产业与城市融合发展，通过建立区块调整专项的方式，把创意园区等因素植入发展，甚至开发地下空间，将区块发展从静态转向动态，这样才能有生命力。二是可以借鉴香港、新加坡综合用地的模式，开展土地综合开发，实现功能复合和统筹。今后上海也要搞一个工业用地战略功能规划，实现城市、土地利用、产业发展“三规合一”，功能土地形态“三合一”。三是选择普陀桃浦工业区等重点区域及一批195转型区域，由市区联合组织国际一流咨询团队进行总体策划，明确目标招商对象，引导战略投资者提前介入前期调整和规划编制，实现区域调整与后续招商同步推进，加快调整转型步伐。

3．打造外环生态经济圈，提升城市功能。195里面很大一块就是外环线的工作，这是存量调整的主战场，必须要整体规划战略提升，打造产业综合体和城市功能集聚区。坚持减重加绿强基融合，大力发展总部经济，发展资源节约型、环境友好型产业，完善基础设施建设，促进二、三产业融合发展。坚持点线面结合，梳理提出一批调整转型升级的亮点区域（如高化地区自由贸易试验区配套服务产业综合体等）、一批线型发展的重点区域（如军工路沿线生产性服务业集聚区等）、以功能性大项目带动形成的战略辐射扇面（在东西南北四面发挥国际旅游度假区、虹桥商务区、国际邮轮港等重大项目的引领带动作用）。

三、加强统筹推进综合协调，提升全市整体工作合力

目前，全市产业布局和结构调整工作中还存在一些突出问题和挑战，我们要注重统筹各方面力量，理顺合力推进机制，争取在全市形成领域丰富、业态多元、各具特色、效益显著的产业发展布局体系。

1．以项目化推进开创工作局面。上海推进产业发展要用开放的观点，把国际国内的事情、上海自身的优势想清楚，要综合考虑资金、载体、项目、主体、政策，以及金融配套、股权整合等各方面因素，谋划一批、协调推进一批、具体操作一批重点项目。

一是结合104提升和195转型，推出一批功能性的产业综合体，导入龙头企业、关键性项目，重点吸引高端制造业、功能性机构、新经济企业等项目落户。二是注重动态调整，推进先进制造业、生产性服务业等项目在104和195区块的动态配置，注意调整与填空的关系，旧的项目调整出去了，要及时引进替代性、成长性的项目，保持经济发展的延续性。三是创新推进机制，将原先前期编制产业定位规划、中期进行投资建设、后期开展招商

引资的传统方法，转变为规划、建设、招商同步实施；探索在国资国企发展中通过资源重组建立新公司，让其承担大项目，创造新优势。

2．**以基地化建设形成集聚优势。**一是要推进园区基地化，就是在同一个园区内建立不同的细分行业基地，或在多个园区发展同一个产业类别。如目前战略性新兴产业15个专项要继续深入细分，在现有园区内搞小类专项的产业基地做深做强；二是鼓励产业区块定位提升，鼓励每个产业区块内做强一个基地，把产业链上业态有关联的企业、机构等集聚在一起，一个基地一个政策，一个基地一个综合体；三是争取加挂国家牌子，区县和园区要根据行业细分，明确发展定位。

3．**以联动式发展提升工作合力。**一是加强市区协作，资金、项目、领导机制等做实主要靠区里，鼓励区县完善产业载体、基础设施、工作生活等各方面配套环境；结合开展大调研、大讨论、大协作、大转变“四大”活动，推进与区县、基地园区的合作签约；二是加强资源统筹，探索建立包括产业、规划、土地、财税、环保、人口等部门在内的统筹推进机制，协调解决调整所涉及的规划和用地政策创新等问题；三是运用政府引导和市场主导相结合机制，推进金融机构与市、区政府加强合作，设立重点区域调整发展基金，支持落后产能退出、土地收储、后续项目引进等事项。

（摘自在工业区转型发展工作会议上的讲话）

积极探索负面清单管理方式
促进创新转型和政府职能转变

李耀新

（2013 年 12 月）

党的十八届三中全会提出，要处理好政府和市场的关系，使市场在资源配置中起决定性作用、更好发挥政府作用，同时提出实行统一的市场准入制度，在制定负面清单基础上，各类市场主体可依法平等进入清单之外领域。上海按照国家要求，在以中国（上海）自由贸易试验区投资领域负面清单放开前端关口管理的同时，通过公共信用负面清单加强事中事后监管，以具有互补效应的“两个负面清单”促进产业创新转型、政府职能转变，推动制造业和服务业高端化、国际化、市场化、智能化、集约化发展，努力探索打造“经济升级版”之路。

一、负面清单管理是发挥市场和政府力量共同推进产业信息化发展的重要举措

负面清单是国际上通行的投资准入管理方式，即明确禁止、限制开放领域的清单，其他行业、领域的活动都默认许可。一般来说，负面清单包括行业负面清单、企业负面清单，以及产品、工艺或生产线负面清单。负面清单管理按照“非禁即入”的原则，规定市场主体不能做什么，而能做什么、该做什么由市场主体根据发展形势变化作出判断。从 20 世纪 90 年代以来，负面清单模式逐渐成为国际投资规则发展的趋势，目前，有 70 多个国家采用此种模式，并逐渐向税收管理、金融管理、环境保护等领域延伸拓展。

长期以来，我们在经济管理领域采用规划、政策、指导目录等管理方式，形成管理思维路径依赖，负面清单管理加大了政府部门监管范围和责任风险，使事中事后管理的难度和压力加大。近期，我们积极落实中国（上海）自贸试验区工作任务，制订制造业领域负面清单，通过制度创新减少对微观领域的直接干预，将权力交给企业、放给市场，从而进一步激发市场主体活力，拓展经济增长新空间；同时也为全国探索可复制的创新管理模式，为中国进一步融入经济全球化开展先行先试。

负面清单管理有助于推动简政放权和政府职能转变。负面清单管理不是完全不要审批，而是在减少审批的过程中推动政府部门转变管理思路，变“行业准入”为“行业禁入”，变“指导目录”为“禁止目录”，打造有限政府、服务政府，提高行政效能。企业投资不需要跟着政府产业指导目录和优惠目录走，给了企业更明确预期和更多发展机会，营造了改革开放新环境，形成了政府与市场及企业新关系。

二、加快推动公共信用负面清单建设，以强化事中事后监管促进政府职能转变

负面清单管理关键在于“宽进严管”，事中和事后监管的方式和效果，直接关系到管理方式改革的成败。上海一方面以投资领域负面清单放开前端关口管理，同时以公共信用负面清单加强对失范行为的记录和惩戒，提供了从事前监管转向事中事后过程和结果监管的条件和路径，以新思维新方式加强规范管理、促进职能转变。

1．加强顶层规划设计，统筹推进公共信用负面清单管理。上海自 1999 年起在国内率先开展社会信用体系建设探索实践，一直得到党中央、国务院和市委、市政府的高度重视。2003 年和 2012 年市委、市政府印发了两个加强社会信用体系建设的实施意见，先后印发实施三个“三年行动计划”，以信用信息的记录共享、披露和应用为

主线，通过“技术＋平台＋制度”的方式，探索推进信用领域的负面清单管理，推动广大市民、企事业单位、各级政府部门及其他各类社会主体共建“诚信上海”。市政府专门建立了社会信用体系建设联席会议制度，涉及的相关经济发展、城市建设和社会管理职能部门及单位参加；将上海市公共信用信息服务平台建设列为市政府重点工作着力加以推动，为实施公共信用负面清单管理创造了有效载体，也成为促进各级政府部门完善行政管理方式、加快职能转变的重要平台。

2．加强信用平台建设，促进负面清单信息共享应用。上海市围绕信用信息的记录、公开和使用，先后制定实施企业信用信息数据规范、个人信用信息数据标准、政府信息公开规定、商业征信准则等，为公共信用负面清单提供技术支撑和标准规范。为促进公共部门掌握的正负面信用信息有序流动、更好地为社会所用，我们依托有关部门加强公共信用信息服务平台建设，主要收集行政、司法、公用事业单位等公共部门生成或掌握，并与法人和自然人信用相关的登记类、资质类、监管类及违约类信息，形成公共信用负面清单，在保证信息安全、处理好信息保护和使用关系的前提下，依法面向社会提供相关信息服务。2013 年 6 月 3 日，市公共信用信息服务平台面向政府部门试运行，12 月 31 日进一步向信息主体开放试运行，2014 年 4 月正式开通运行。

3．加强信用制度建设，推动形成失信联动惩戒机制。近年来，上海通过实施政府部门使用信用报告指南、企业失信信息查询与使用办法等制度安排，促进各级政府部门记录、形成和使用公共信用负面清单，并对失信企业依法实施限制，努力营造“守信受益、失信惩戒”的社会氛围。目前，上海在政务、金融、公用事业、商业等领域，围绕市场监管、社会管理、公共资源分配、行政审批、风险防范等方面，建立了 100 多项信用制度安排。相关部门和区县积极探索在政府采购、专项资金管理、市场监管、社会管理等工作中主动加强信用信息记录、示范使用信用产品，形成了负面信用信息联动惩戒机制，在减少前端行政审批事项的同时，以事中监管、事后评价确保政府部门监管效能。如在中国（上海）自贸试验区探索开展事前诚信承诺、事中信用预警、事后联动奖惩的信用管理模式，推广使用电子信用标签，支撑在线信用服务；在社区管理领域，探索开展社会治理信用动态预警应用服务；在食品药品、文化发展、网络空间安全治理、碳交易排放等市场监管工作中，建立企业公共信用信息核查机制；在银行信贷、人才就业、居住证积分管理中，建立个人公共信用信息核查机制等。

三、促进“两个负面清单”相互匹配和衔接，探索更有效、可复制的市场和政府协同新模式

下一步，将会同有关部门进一步探索建立投资管理与公共信用“两个负面清单”相互匹配、产业导向目录正面清单与技术能耗信用负面清单相互印证和修正的机制，促进相关部门统筹联动、协同监管，推动制造业高端化、服务业现代化“双轮驱动”，努力塑造可复制推广、市场和政府协同促进经济和信息化升级发展的新模式。

1．探索扩大“行业禁入”负面清单应用的范围和领域。进一步缩小制造业领域“负面清单”范围，落实推进中国（上海）自贸试验区负面清单管理要求，进一步提高制造业领域开放度；在产业投资项目管理方面，探索基于产业限制类、淘汰类目录建立“负面清单”管理机制，促进项目审批向核准和备案制转变；在调整淘汰落后产能领域，每年聚焦 3–5 个重点区域，500 项左右落后企业、项目和生产线，实施减与增、进与退、推与拉“三个结合”，促进产业、城市、生态融合；在节能减排领域，每年聚焦一批高能耗、高污染的企业和项目，加大减与压的力度。

2．加强与负面清单相衔接的事中事后监管体系建设。以公共信用负面清单促进事前监管转向事中事后监管，提高政府部门工作效能。建立负面清单动态调整机制，加强对市场主体全生命周期的信用管理，加强项目验收、

后评估等环节信用信息的记录使用，扩大公共信用信息服务平台开放应用范围；深化公共信用负面清单处罚机制，推动相关职能部门将公共信用负面清单与日常监管和服务结合起来，加强负面清单在政府采购、招投标、资金管理等领域应用，对失信主体采取更为严格监管方式、从严处罚，促进公共资源向信誉好的市场主体集中；完善综合监管协调机制，将信用领域负面清单与产业规划布局、工业区转型升级、生态环境保护等结合起来，构建全面的风险防御和优胜劣汰管理体系；形成区域信用联合监管机制，推动长三角信用服务机构相互合作、备案互认和规范服务，进一步扩大公共信用负面清单联合监管的范围。

3．**努力推动产业经济和信息化创新转型发展、摸索改革之路。**以中国（上海）自由贸易试验区作为推动产业经济和信息化创新转型发展的试验田，努力探索可复制、可推广的经验模式。强化产业经济、贸易经济、信息经济叠加带动效应，通过负面清单管理等制度创新试点，为企业发展突破制度性条件限制打开通路；推动制造业提升能级、扩大开放贸易，促进增值电信业务开放，大力发展信息服务、大宗商品交易、文化创意品牌、电子商务等生产性服务业，完善与产业结构调整相适应的配套政策与发展环境。促进自贸区内外经济联动发展，加快推进临港产业集中监管区等建设，积极培育新产业新业态、新技术、新模式，促进企业联动、产业链整合，努力为经济发展增添新的动力与活力。

（摘自在全国工业和信息化工作会议上的讲话）

加快改革创新转型升级
努力开创上海产业经济发展新局面

李耀新

一、2013 年上海工业发展取得显著成效

2013 年，上海经济和信息化系统在市委、市政府的领导下，坚定不移转变经济发展方式，坚定不移推进经济结构战略性调整，产业经济稳中有进，发展质量和效益同步提高，智慧城市建设取得突破，全年各项任务顺利完成。

（一）主要指标基本完成

2013 年年初提出的产业发展和信息化建设各项重点工作有序推进，主要指标基本完成，呈现以下特点：

一是工业经济质量效益优化。工业经济稳步增长，全年工业增加值增长 6.6%，超额完成 3% 的年度增长目标。运行质量逐步提升，全年工业投资与上年基本持平，其中，战略性新兴产业投资占工业投资比重约 40%，技术改造投资占工业投资比重约 56%；全市工业利润增长 13.1%；工业 R&D 投入占主营业务收入比重同比提高 0.1 个百分点。资源利用水平进一步改善，全年规模以上工业单位增加值能耗下降 4% 左右，超额完成下降 3.6% 的年度目标；工业固废综合利用率达 97% 以上；完成产业结构调整项目 680 项，减少能源消耗量 60 万吨标准煤；市级以上开发区单位土地产出达 68 亿元 / 平方公里。

二是生产性服务业快速增长。全年生产性服务业重点领域营业收入 1.6 万亿元，同比增长 20%；信息服务业营业收入 4300 亿元，同比增长 18%，其中互联网信息服务业营业收入 850 亿元，同比增长 30%；文化创意产业增加值同比增长 10.1%。

（二）重点工作有序推进

1．切实做好稳增长工作。加强运行监测分析，把握行业发展态势和异动情况，对本市产业链和新产业、新业态、新技术、新模式（以下简称“四新”）企业运行情况开展分析。保障能源供应，顺利完成沪Ⅴ标准成品油升级置换，加强气电联调运行机制，保障电煤迎峰度夏（冬）。积极应对 H7N9 禽流感疫情、极端高温天气和空气质量重度污染应急预警，迅速落实应对举措。加强电力生产安全管理，确保电网运行安全。

2．持续培育战略性新兴产业。编制完成高端软件等 4 个专项工程实施方案，新能源汽车与汽车电子等 11 个已发布专项有序推进，工业机器人、新型显示、超导带材等产业技术创新重大投资项目取得阶段性进展，E50 纯电动汽车、980Mpa 级别 Q&P 钢实现批量生产。44 个战略性新兴产业项目通过“绿色通道”落地。金山新型显示、长宁电子商务等首批 6 家战略性新兴产业基地获命名。国家级企业技术中心累计达 51 家，市级 453 家，区级超 900 家。规模以上工业企业 R&D 投入占主营业务收入比重超过 1.1%，高于全国平均水平。

3．推动制造业能级提升。有序推进重点项目，轻工、纺织等行业加快服务化转型，钢铁、石化等行业向新材料领域延伸产业链，汽车、装备等行业突破关键技术瓶颈，提升自主创新能力。加强金融与产业对接，建立产业项目与风投机构对接平台，形成风投机构与政府的互动机制。深入实施技术改造，推动出台《关于进一步促进本市技术改造实施意见》（沪府发〔2013〕59 号），汽车、装备制造、新材料、轻工、电子信息等领域涌现一批投资

规模大、带动作用强的技术改造项目。推动出台《关于统筹优化全市工业区块布局的若干意见》(沪府发〔2013〕33号)和《上海市工业区转型升级三年行动计划(2013−2015年)》,在外环沿线开展乡镇老工业区转型升级试点,对104区块外重点工业企业实施目录管理。浦东软件园、莘庄工业区获批国家新型工业化产业示范基地。品牌工业区与区县开展产业园区“区区合作”。分类指导存量工业用地二次开发,推进研发总部类用地试点区域转型升级。

4.促进生产性服务业快速发展。重点领域生产性服务业快速增长,其中总集成总承包服务增长15%,供应链管理服务增长7%;创意产业集聚区营业收入保持两位数增长。深化实施电子商务“双推”工程,获得支持的本市中小企业累计达1.4万家,完成4家生产性服务业功能区复评工作,成立生产性服务业促进会和生产性服务业功能区联盟。围绕“设计之都”建设,成功举办2013上海设计之都活动周,推进中国工业设计研究院以及江南智造、中意佛罗伦萨设计交流中心等重点基地建设,编制完成“设计之都”三年行动计划。成功创建“中国软件名城”,培育发展“名企、名人、名品、名园”,形成了较完整的基础软件产业链,金融、电信、政务、医疗卫生等领域涌现出一批龙头企业和产品,累计登记软件产品超过2万个。信息服务业高速增长,网络游戏收入增长19.8%,网络视听收入增长超过100%,第三方支付收入增长近40%,移动互联网服务消费规模扩张,预计全年营业收入突破400亿元。

5.加大结构调整和工业节能降耗力度。聚焦“三高”企业、低效益劳动密集型企业,以及浦东高桥、宝山南大、普陀桃浦、青浦华新等重点区域,结构调整取得成效。聚焦能效提升工程,实施节能技改项目71项,节能量23.7万吨标准煤。燃煤(重油)锅炉和工业窑炉清洁能源替代或关停822台。推进143家重点用能企业开展能源审计、433家企业开展清洁生产审核。发布了27项地方能耗限额标准。白龙港获国家批准建设上海首个大型建材资源综合利用示范基地。在国内率先建立合同能源管理未来收益权质押绿色融资平台,已为近200个项目发放贷款9.8亿元。

6.切实做好服务企业工作。发挥部门联动机制,主动对接新松、天马等领军企业,布局3D打印等产业前沿,聚焦汽车、LED等产业链打造,吸引企业研发、生产、营运展示等功能性机构落沪。配合市人大常委会做好《上海市促进中小企业发展条例》贯彻实施情况后评估。推动中小企业服务体系向街镇、园区、楼宇延伸,全覆盖的中小企业服务网络体系基本建成。起草《上海市扶持专精特新中小企业发展三年行动计划》和《专精特新中小企业扶持举措》,举办第一届上海(国际)中小企业精品展,发布《上海智造》。现有“专、精、特、新”中小企业1008家,全国细分市场占有率第一位的企业达到101家。新认定167家中小企业服务机构,全年开展1050场“关注小微企业,发展专精特新”主题活动。支持2家商业银行设立“上海市小额票据贴现中心”,帮助300多家企业融资50亿元。加大改制上市培育力度,13家中小企业递交IPO申请,40多家企业在全国中小企业股份转让系统挂牌,30家企业在上海股权托管交易中心挂牌。完善央企走访制度和联络员制度,推动央企与地方加强合作,推进世博园A片区招商和B片区服务,中电投、中电科入驻A片区。扩大人才优惠政策受益面,做好全市经济信息化领域领军人才选拔等人才服务工作。跟踪全市重大工业外资项目推进节点,推进康宁光纤预制棒项目签约、默克液晶材料工厂开工。

此外,全面完成本市工业发展“十二五”规划中期评估,加强规划落实推进。对接中国(上海)自由贸易试验区建设,落实涉及我委的增值电信业务开放等重点工作,探索负面清单应用。落实行政审批制度改革要求,确定取消、转移行政审批事项四项,并优化保留事项流程。成功举办第十五届中国国际工业博览会,办展方式不断创新,参展企业来源渠道进一步拓展,专业观众数量保持增长。有力推进军民结合,深入推进军民结合产业发展体系建设。对口支援与国内合作交流取得新进展。

二、2014 年上海工业发展重点任务

全面贯彻党的十八大、十八届三中全会、中央经济工作会议和十届市委五次全会精神，围绕市委、市政府总体部署要求，积极应对产业和信息化发展最新趋势和要求，以“改革、创新、转型、提升”为主线，充分发挥市场配置资源的决定性作用，着力消除瓶颈障碍，营造良好市场环境，激发市场主体活力，加强政府自身建设，提高公共行政效能，坚持稳中求进，探索突破，坚持转型升级、提质增效，努力做到：聚焦产业结构优化调整，在新产业、新技术、新业态、新模式发展上实现突破；聚焦智慧城市建设，在以信息化促转方式上实现突破；聚焦服务各类企业，在发挥市场决定性作用上实现突破；聚焦政府职能转变，在推进体制机制创新上实现突破。

（一）促进高端制造业发展

1．培育发展战略性新兴产业。组织实施“11+4”个专项工程实施方案，发布年度项目指南。加大重大项目发掘和组织实施力度，聚焦支持原创型项目和有风险投资资本进入的项目，推进上下游配套项目和示范工程；完善产业链，形成产业集群。推动集成电路生产线建设项目，完善民用航空产业布局，谋划通用航空产业发展路径，构建民机产业链。加快组建上海云计算促进中心，建设崇明智慧岛数据产业园和洋山云海数据中心，在大数据等领域形成具有竞争力的产品和解决方案。组织推进 P2P 全程交通信息服务等物联网应用示范工程、停车场智能化改造和交通信息的开放利用。协调推进 MEMS 和智能传感器，在晶振、压力等传感器产业化方面取得突破。打造国内主要的金融 IC 卡芯片产业基地。推进国家下一代互联网示范城市建设，落实国家 TD-LTE 商用部署，推进移动终端 SoC 芯片、小型化基站与天线、信号分析仪、光接入（PON）的终端、跨阻放大器芯片等重点项目。研发各类新型信息消费电子产品，促进终端与服务一体化发展。拓展 LED 在智能控制系统、灯具设计等领域的应用。培育发展激光显示产业，推广大屏显示市场化应用，促进新型显示与智能终端、汽车电子、集成电路产业联动发展。建成虹桥商务区核心区等智能电网示范基地。关注行业动态，促进光伏产业健康发展，继续推动核电领域的国家重大专项，支持企业发展关键技术、平台项目和拓展市场。聚焦机器人、数控机床等领域，加快突破机器人本体及伺服电机、减速器、控制器关键技术；加快浦东、宝山机器人产业基地建设。大力推广荣威 E50 等纯电动轿车车型，推动荣威 550 插电式混合动力轿车作好进入小批量产业化的准备。提升发动机在线控制能力，车载终端技术朝网关集成化、智能化方向发展，推动驾驶辅助系统的研发和产业化。

2．提升发展先进制造业。汽车产业持续提升研发设计和创新能力，推进自主品牌建设，根据市场需求变化及时调整生产计划，加大节能产品应用力度。装备产业进一步突破关键领域、关键技术瓶颈，加快临港产业基地建设，改造提升闵行产业基地。大力开发高技术船舶和海洋工程装备，进一步提升市场占有率，促进配套产业向长兴海洋装备岛和临港产业区集聚发展。电子信息制造业加快转型升级步伐，计算机代工制造占比进一步下降。消费品工业以品牌建设为引领，加强与创意设计产业、时尚产业的有机融合，轻纺产业保持平稳增长。钢铁、石化等行业加快技术改造和转型升级。新材料产业推动新一代高性能闪烁晶体材料 LYSO 项目实施，

（二）加快生产性服务业发展

支持制造业和服务业联动融合发展，鼓励企业开展总集成总承包业务，关注企业在剥离重组中的瓶颈和需求。深化推动电子商务“双推”工程，不断发掘和培育上海创新型电子商务平台企业，发展平台经济。促进现代物流与供应链管理领域的交流研讨和知识更新，促进制造业和物流业两业联动与供应链管理提升。推动“两头在沪”企业发展，支持企业整合服务业产业链，提供社会化服务，发展总部经济。促进企业业务流程再造，围绕“营改

增”试点的进一步扩围，推动生产性服务业企业业务创新、模式创新、管理创新。开展本市生产性服务业功能区空间布局规划研究，深入推进功能区建设。

1．创新发展文化创意产业。继续推进“设计之都”建设，发布《上海“设计之都”三年行动计划》。加快重点项目进展，完成“中国工业设计研究院”项目一期建设，佛罗伦萨中意设计交流中心完成首批设计师和企业入驻，加快实施环东华时尚创意产业集聚区建设。制定发布《工艺美术三年行动计划》，启动工艺美术产业基地方案规划，探索建立工艺美术产业基地。开展第二批设计创新示范企业评定。加快推进国际创意城市网络智库建设，策划办好2014上海“设计之都”活动周。加快推进“i”综合服务平台应用试点，提升文化创意产业园区服务能级，深化江南智造、昌平路集聚带等项目建设，开展创意设计街区、社区试点。启动“上海品牌”提升工程、区域品牌建设专项试点和“品牌之星”打造计划，分层分类推进品牌建设工作，梳理新一批重点推进品牌，继续推进长三角品牌建设合作。

2．高水平推进软件和信息服务业。把握“中国软件名城”建设和在自由贸易试验区率先开放“增值电信业务”的契机，继续发展高端软件业，鼓励创建中国软件名城示范区（基地），在基础软件、应用软件和工业软件领域培育并形成一批龙头企业。促进信息服务业能级提升，培育壮大移动互联网、互联网金融、车联网等规模。积极扩大信息消费，落实国务院《关于促进信息消费扩大内需的若干意见》，发布本市贯彻落实的行动纲要，在新增重大项目、新育业态模式、新建基础设施和载体等方面突破，实现信息消费总量和水平全国领先，在长宁区和杨浦区开展“全国信息消费示范区”试点。提升信息服务业企业国际化水平，建立市级公共服务平台，推动本市自主知识产权的软件产品和解决方案走向国际市场。

（三）提升服务企业能力水平

1．积极服务企业稳增长。拓展服务范围，将服务对象向服务业企业拓展，向民营、外资等各种所有制企业拓展。坚持做好制造业企业产业链对接，进一步开展服务业企业产业链对接。

2．提升服务中小企业民营企业水平。完善中小企业服务体系，按照“1+17+X+N”（“X”指街镇、园区、楼宇中小企业服务分中心或联络点，“N”指社会化服务机构）组织架构，加大政府购买服务力度，重点集聚“N”级社会化服务机构，强化“中小企业服务云”功能，制定中小企业服务规范和评价标准，发布2014年上海中小企业服务清单和服务指南，试点中小企业服务示范区和示范园区创建。实施本市扶持“专、精、特、新”三年行动计划和“专、精、特、新”企业人才建设专项规划，启动新一轮“专、精、特、新”中小企业培育工程。强化品牌推广和人才服务，举办第二届上海（国际）中小企业精品展，组建“专、精、特、新”企业家俱乐部。创新中小企业融资实践，支持小额票据贴现中心运行，推进融资服务联盟建设，以培育上市、发行集优票据、担保扶持等方式，拓宽小微企业融资渠道。做好民营企业服务工作，争取设立相应工作机构。

3．加大央企服务力度。进一步完善市区两级政府联手的央企服务机制，探索央企与民企、外企等所有制主体建立有效沟通渠道，发挥沟通交流平台、企业服务平台、政策宣讲平台、医疗服务平台、人才服务平台、银企合作平台的作用，助推央企与地方发展对接。

4．做好外资企业服务。营造服务外资企业的良好氛围，做到重点机构有常态机制、重点企业有沟通机制、重大项目有推进机制。

5．鼓励企业升级为功能性总部机构。鼓励制造业企业提升能级，成立功能性总部机构，重点发展具有决策、营销、物流、采购、研发、结算和数据处理等综合型或职能型总部。

（四）强化产业发展支撑体系建设

1．积极培育新产业、新业态、新技术、新模式。围绕“四新”发展，积极跟踪把握最新发展趋势，开展各项专题研究，逐步完善“四新”发展统计体系，通过多种形式展示“四新”发展成果。聚焦整合相关资源，营造良好发展环境，促进“四新”领域加快攻克关键技术、推进成果转化、扩大市场需求、完善发展载体，鼓励支持企业、金融机构和社会资本加大对“四新”的投入和运用，促进“四新”逐步发展壮大。

2．提升经济运行监测水平和保障能力。更加注重反映产业结构和质量效益情况，加强对产业链的运行分析，整体反映工业和生产性服务业发展情况，全口径反映战略性新兴产业发展情况。建立“四新十百千”监测分析机制，梳理新产业新技术新业态新模式中的平台经济、互联网金融、电子商务、研发设计与服务、第N方物流、智慧产业、总集成总承包、专业服务、节能环保专业服务、品牌运作模式等十大领域，重点监测百家企业，服务1000家潜力企业，形成跟踪监测和培育企业库。加强要素保障，确保电煤长期稳定供应，做好煤炭、成品油日常监测、市场监管和供应，推进新型封闭煤仓建设，探索建立区域性煤炭市场和服务中心。完善能源应急协调体系，继续做好迎峰度夏（冬）期间电煤运输协调。发挥综合协调作用，加强药品协调、食盐市场管理等工作。继续加强电力能源供应保障，完善电力安全应急保障体系，统筹市内发电与市外来电，全力完成电力迎峰度夏（冬）工作，确保本市电网运行安全和电力供需平衡。

3．强化规划引导。启动“十三五”规划前期研究，同步推动杭州湾北岸先进制造业发展规划等专项规划加快落地、外环生态经济圈发展战略研究等课题成果加速应用转化，继续开展郊区新城“产城融合”发展规划研究。借鉴负面清单管理模式，发布上海产业转型升级导向目录与布局指南。

4．推进产业投融资机制创新。创新重大项目和原创性项目投融资体制。探索在集成电路设计、品牌设计等重点领域组建产业基金和并购基金，加速重点产业发展。搭建本市战略性新兴产业投融资平台、工业用地二次开发和园区转型升级投融资平台，在部分园区探索开展投贷联动试点，鼓励专业投资机构参投项目，建立委内统一的产业金融综合服务信息化平台，实现基于产业投融资体系创新的资源大循环、资本大循环和要素大循环。产业投资向重点领域和关键项目倾斜，在沿外环线区域导入一批重点项目，探索产城融合发展新模式。

5．促进产业技术改造和创新。发挥技术改造对本市产业升级的推进效应。修订《上海市重点技术改造专项资金管理办法》，探索新时期本市重点技术改造政策扩围。实施上海市重点新产品攻关及产业化专项计划。支持创新型企业发展壮大，实施企业技术中心扩围计划，将市级以上企业技术中心范围从制造业、建筑业进一步向信息服务业、高技术服务业等领域拓展，加快培育区级企业技术中心。

6．推进示范工程和推广应用。实施“以机代人”工程，扩大光伏和LED应用，在机器人、新能源汽车、太阳能以及智能电网等领域选择5-10个带动全局和影响力大的示范工程。推进物联网、云计算、大数据等应用示范。加大行业动态研究并借鉴成功经验，更加关注制造业服务化发展趋势，力争在新兴技术的示范和推广应用上实现新突破。

7．推进产业基地和园区建设。进一步优化全市产业布局结构，面向未来产业发展空间需求，严格控制总量，积极盘活存量，开展外环生态经济圈建设。重点实施工业区升级、改造、转型、联动“四大工程”，104区块以升级为导向，重点发展战略性新兴产业和先进制造业，实现高端发展；195区域以转型为导向，重点发展与新城建设相融合、与产业链相配套的生产性服务业，引导向城市生活功能转变，实现转型发展；198区域以复垦为导向，重点实施生态修复和整理复垦。整合政策资源，进一步提高工业用地节约集约利用水平，以增加持有成本的方式控制存量闲置工业土地。深化“区区合作、联动发展”，力求点上突破，推进乡镇工业点转型升级试点和园区工业土地二次开发利用，探索土地复合利用模式。推进建立本市产业园区基地建设三级管理体系，结合外环沿线生态圈、郊区新城、杭州湾北岸等区域建设，命名推进20个左右战略性新兴产业示范基地，完善生产性服务业功能区和创意产业园区建设。

8．**加大结构调整和节能降耗力度**。聚焦钢铁、化工、建材、有色金属等行业的“三高一低”企业，2014年实施产业结构调整项目500项左右。继续深化推进吴淞、桃浦、吴泾、高化、青浦华新镇、奉贤星火等6个重点区域的转型升级，同步启动后续开发工作。有序推进石化、钢铁产业布局优化。开展本市新增项目产业政策符合性认定试点工作。以绿色产业园区创建为抓手，构建绿色产业园区指标体系，强化试点园区智慧能效监控数据深度处理，推进天然气分布式能源供应、公共区域LED照明、既有建筑太阳能光热光伏技术应用、地源水源热泵改造等重点工程，实施既有建筑维护结构节能改造，建设园区网格化建设回收体系。完善能源监控管理平台、节能环保产业融资平台、再制造产业平台，探索工业节能减排和产业发展新经验、新模式，全年工业综合能源效率提升至44%，工业固废综合利用率保持在97%以上，节能环保产业规模达到700亿元。

（五）推进国防科技工业和军民结合产业发展

1．**确保国防科技工业任务全面完成**。进一步推进民口军品配套核心能力体系化建设，积极争取国家重点配套项目落户。

2．**全面推进军民结合产业发展**。完善军民结合产业发展总体规划和6个重点发展领域的专业规划编制工作，组织完成军民结合创新体系、产业体系、保障体系等6个体系建设研究。

（六）完善综合服务保障

1．**积极转变政府职能**。进一步推进行政审批制度改革，简化流程，推进行政审批信息共享。综合运用网站、微博、微信、12315等平台，加大政府信息公开力度，及时获得行政行为的效果反馈。进一步提升对书面意见和提案的办理水平，加强对承办的12315市民服务热线工单情况的跟踪监督力度。规范外事管理，服务好项目推进、国际交流合作。

2．**加强前瞻研究**。围绕产业和信息化重大问题开展战略前瞻研究，加强研究成果应用转化。筹备成立上海经济和信息研究机构，探索采用部市合作模式，围绕市委市政府中心任务，开展相关研究工作，为产业和信息化发展提供全面支撑和服务。

3．**夯实法制保障**。围绕《上海市社会信用体系建设条例》、《上海市供用电条例》、《上海市公共信用信息归集和使用管理办法》、《上海市公共信息系统个人信息保护管理办法》做好法规、规章项目的立法准备。加强经济信息化系统的行政执法和执法监督，推进行政执法规范化和制度化。

4．**优化人才培养**。加强机关队伍建设，完善公务员培训制度，提升公务员自身能力。提升人才服务工作能力，优化特殊人才绿色通道，健全人才开发选拔机制。加强实训基地建设，建立健全人才培养机制。做好企事业单位人事服务工作，稳妥推进事业单位分类改革。落实继续教育、职称改革和智力引进等工作。

5．**深化协作创新**。做好中国（上海）自由贸易试验区开放增值电信业务、自贸区内信息共享平台信用子系统建设、投资服务信息共享平台建设等各项任务，与洋山保税港区深度联动，拓展国际中转集拼业务，进一步提升自贸区的区域综合竞争能力，推动本市产业创新转型升级。深化与国家部委、市级各部门联动协作和创新发展，建立跨部门的协作创新合作机制，加强与各区县合作对接，与部分区县签订框架协议。

6．**开展合作交流**。建立展会管理机制，全力办好工博会、信博会等重大会议和展览，使之成为工业和信息化领域全国性的标志展。确保完成对口支援和国内合作交流任务，做好新疆、西藏、贵州遵义、青海果洛等对口支援工作，推进长三角区域合作。以自贸区建设为契机，大力推进上海制造业企业加快“走出去”步伐，扩大对外投资，拓展国际技术合作。

2014·上海工业年鉴

SHANGHAI INDUSTRIAL YEARBOOK

产业经济运行情况

2013年，本市工业和信息化系统按照市委市政府“稳增长、调结构、促改革、惠民生”的总体部署，紧紧围绕“创新驱动发展、经济转型升级”，主动服务企业、培育“四新”经济，产业运行呈现了稳中求进、稳中向好的良好态势。全年完成工业总产值32089亿元，比上年增长4.4%；工业增加值6770亿元，增长6.6%。

一、运行基本特点

2013年本市工业经济主要指标完成情况

指标	绝对值（亿元）	增幅(%)
工业增加值	6770	6.6
工业总产值	32089	4.4
出口交货值	7728	−3.5
工业投资	1236	−4.4
工业利润	2415	13.1
单位工业增加值能耗（吨标煤／万元）	−	−4.0

（一）生产稳中有进

从轻重工业来看，轻工业完成产值7163亿元，增长5.3%；重工业24926亿元，增长4.1%。轻工业增速比重工业快1.2个百分点。

从中央、市属和区县来看，市属工业完成产值6112亿元，增长9.7%，实现较快增长；区县和中央工业分别完成31173亿元和6480亿元，分别增长4.2%和4.6%。

从不同所有制经济来看，外商及港澳台投资企业完成产值20056亿元，增长5.2%；股份制经济完成9822亿元，增长2.8%；国有经济完成1346亿元，增长2.7%。

从主要行业来看，医药、汽车、烟草行业实现了两位数增长；石化、轻工、机械、电力、建材、有色行业保持增长，且增幅比上年均有不同程度扩大；钢铁、纺织、船舶行业下降，但降幅比上年收窄；电子行业继续下降，降幅与上年基本一致。

从六大重点行业来看，共完成工业总产值21586亿元，增长4.5%，具体呈现“三增三降”格局，汽车制造、生物医药、石油化工及精细化工制造业分别增长15.9%、14.9%、8.4%，电子信息、精品钢材、成套设备制造业分别下降1.8%、1.5%、0.6%。

（二）效益继续向好

全年实现工业利税5029亿元，增长7.7%，其中，工业税收增长3.2%，工业利润增长13.1%。工业销售利润率为7%，好于上年0.6个百分点。产品产销率99.06%，高于全国标准值3个百分点。电力、石化、有色、建材、汽车、机械等6个行业利润实现两位数增长；烟草、电子、医药、轻工等4个行业利润实现增长；纺织、钢铁行业利润下滑；船舶行业继续亏损，比上年减亏9亿元。

从市税务局公布的2013年全市工业纳税前100名（纳税百强）情况来看，工业纳税百强合计贡献税收1527.25亿元，工业百强贡献的税收占据全市工业税收的58.4%。工业百强中，烟草、汽车、石化行业税收金额占比较高；轻工行业进入榜单的企业数量最多，为21家，其次是汽车行业18家，石化、机械、电力行业入选企业均超过10家。

	纳税收入（亿元）	企业数量	占比（%）
工业百强	1527.25	100	−
其中：烟草	658.03	2	43.1
汽车	306.28	18	20.1
石化	230.25	13	15.1
轻工	98.89	21	6.5
电力	75.35	12	4.9
机械	55.33	12	3.6

（三）战略性新兴产业加快培育

战略性新兴产业整体上处于布局和培育阶段，全年战略性新兴产业总产出增长5.3%，其中服务业营业收入增长19.0%，制造业产值可比增长1.4%。医药市场繁荣促使生物产业保持了快速发展，增长14.9%。推进节能减排、加大节能环保投入、发展循环经济等措施推动节能环保产业增长6.9%。太阳能产品市场持续低迷、风电及智能电网投资项目减少，导致新能源产业下降12.8%。

本市大力推进大规模集成电路、新型显示、物联网等11个已发布的专项工程，完善高端软件、海洋工程装备、新型功能性材料、节能环保等4个新专项工程方案；同时不断推进产业基地建设，先后完成了浦东、金山、嘉定、闸北等基地的评估，对6家基地正式授牌。

二、主要行业运行情况

（一）汽车、医药、烟草、石化行业增速加快，且好于全国

行业	生产数据			效益数据		
	本市产值（亿元）	本市增速（%）	全国增速（%）	本市利润（亿元）	本市增速（%）	全国增速（%）
汽车	4884	15.9	14.9	913	17.7	25.0
医药	596	19.0	12.7	74	8.4	17.3
烟草	879	13.0	7.2	212	9.8	14.9
石化	4275	8.4	8.0	147	71.2	5.6

1. 汽车行业：上海大众扩产，带动增长

汽车行业保持快速增长，产值和利润同步大幅增长。主

要是受上海大众“朗逸”生产线扩产带动。全年汽车产量为226.9万辆，同比增长15.5%。上汽集团在沪轿车产量同比增长15.3%，其中上海大众朗逸生产线扩产，产量增长21.5%；上海通用产量小幅增长6.1%；上汽乘用车产量下降10.6%。

在整车市场快速增长的带动下，汽车产业链相关服务业年营业收入预计可达1万亿元左右。其中汽车销售快速增长，上海大众销量增长约22%，上海通用销量增长约13%；受节假日小客车免收高速公路通行费等政策影响，租车出游、租车返乡增多，汽车租赁行业营业收入增幅达15%左右。

2．医药行业：得益于市场扩容，大幅增长

得益于国家新医改政策带来的市场扩容，医药行业继续快速增长。重点企业中，上药集团增长26.9%。全年行业利润增长8.4%，低于产值增速，主要是由于重点企业施贵宝加大新药研发投入，成本大幅度上升。主要子行业中，化学药品制剂制造业生产增长30.6%，利润增长20.8%；化学药品原药制造业生产增长11.4%，利润增长12.7%。

3．烟草行业：提升产品结构，快速增长

烟草行业产值和利润均保持快速增长。烟草公司卷烟产量同比增长1.7%，其中，中华烟产量增长15.9%，中华烟占比达80.6%，同比提高了9.9个百分点。

4．石化行业：产能释放，带动增长

石化行业保持较快增长，比上年提高6.1个百分点。原油加工量2609万吨，增长18.2%；汽油产量499万吨，增长63.7%。主要原因是上海石化六期工程达产，释放新增产能。上海石化产值增长32.8%，高桥石化受化工品市场低迷影响，产值下降10.2%，在聚氨酯产业链带动下，化工区增长12.3%，华谊集团小幅增长5.1%。2013年，石化行业利润大幅增长71.2%。主要是上海石化六期工程提升了加工低价的高硫原油能力，原油加工成本下降，扭亏为盈，实现利润24.34亿元（去年同期亏损19.07亿元）。主要子行业中，石油加工和炼焦生产增长12.2%，利润由亏损25亿元转为盈利20亿元；专用化学品制造生产增长9.3%，利润增长25.6%；基础化学原料制造行业，生产增长10.1%，利润增长17.7%。

（二）轻工、机械、电力、建材、有色行业向好，实现增长

1．轻工行业

行业	生产数据			效益数据		
	本市产值（亿元）	本市增速（%）	全国增速（%）	本市利润（亿元）	本市增速（%）	全国增速（%）
轻工	5040	4.4	9.9	338	1.5	14.6
机械	5661	2.1	9.2	378	14.3	10.5
电力	1128	4.5	6.3	102	74.2	42.3
建材	344	6.7	12.1	12	18.0	18.2
有色	471	6.0	13.5	12	52.9	−5.9

由2012年的持平转为增长。轻工行业产值、利润保持平稳增长。主要子行业中，工艺美术品制造行业增长20.0%，重点企业亚一金厂、老凤祥等企业受金饰品旺销带动大幅增长。上海家化、伽蓝集团等日化企业品牌价值提升带动日用化学品制造行业增长11.5%。与汽车相关企业如国利真皮、同舟零部件、小糸车灯均实现了两位数增长。光明集团产值小幅下降0.4%，主要是大金空调下降5.1%（产能向外地转移），光明乳业仍然保持稳定增长，增长6.4%。

2．机械行业

由2012年的下降转为增长。机械行业产值由2012年的下降4.8%转为增长2.1%，利润大幅增长14.3%。其中，电梯制造企业受房地产市场持续上涨带动，保持快速增长，如三菱、永大、蒂森克虏伯和日立等主要电梯企业产值和利润均实现了两位数的大幅增长。机器人制造企业受到企业降低人工成本、提高劳动生产率的需求带动，实现了较快增长，如安川电机、ABB工程产值和利润实现大幅增长。由于国内电力建设投资放缓，电气集团的电站板块和输配电板块下降，但在三菱电梯强劲增长带动下，电气集团增长1.6%。航天局加快参与国内光伏电站建设，拥有比较完整的产业链，在出口形势不佳的情况下，逆势增长14.4%。主要子行业中，物料搬运设备制造业产值增长7.9%，利润增长1.2倍；化工、木材、非金属加工专用设备制造业产值增长12.7%，利润增长56.2%。

3．电力行业

受工业用电回升及今夏高温用电量上升因素影响，增长4.5%，增幅比去年扩大0.5个百分点。利润大幅增长74.2%，主要是煤炭价格下跌及低价外来电占比提高带动企业利润大幅上升。

4．有色行业

受汽车零部件市场增长带动，增长6.0%，增幅比2012年扩大5.8个百分点。重点企业中，生产汽车发动机缸体的皮尔博格和生产汽车散热片的萨帕铝热均达到两位数增长，大昌铜业大幅减亏，带动行业利润增长52.9%。

5．建材行业

受汽车玻璃需求增长带动，由2012年的下降2.3%转为增长6.7%，利润增长18.0%。重点企业福耀玻璃大幅增长，建材集团受到水泥市场低迷的影响，产值下降11.1%。

（三）钢铁、电子、船舶、纺织行业降幅收窄

行业	生产数据			效益数据		
	本市产值（亿元）	本市增速（%）	全国增速（%）	本市利润（亿元）	本市增速（%）	全国增速（%）
钢铁	1555	−1.4	10.9	70	−45.5	28.9
电子	5444	−3.6	11.3	106	9.7	19.7
纺织	787	−4.2	8.3	38	−23.9	15.8
船舶	505	−8.6		−8	亏损	

1．钢铁行业：降幅收窄，实际利润增长

受结构调整、节能减排及市场疲软的影响，钢铁行业延续下降趋势，但降幅比上年收窄2.6个百分点。利润下降45.5%，主要是宝钢资产交易增利90亿元，基数较高，剔除资产因素，受煤炭等原材料价格下跌影响，实际利润增长约9.6%。从钢材产量看，全市钢材产量2323万吨，下降3.2%；宝钢集团在沪钢材产量2091.8万吨，下降1.3%。

2．电子行业：产值下降，利润增长

电子行业因出口需求低迷，生产同比下降3.6%，降幅与上年基本持平。主要子行业中，计算机制造业受达功、昌硕等重点企业将部分产能向外地转移影响，下降4.1%。通信设备制造因需求不振，下降15.8%，宏达和威宏由于HTC手机市场份额下滑，出现大幅下降，贝尔公司因4G网络建设带动增长9.0%。视听设备制造因先锋高科技、先锋电子2012年基数较高，下降21.8%。集成电路制造保持增长，增速为7.9%，华虹集团与宏力合并后，受宏力产品价格较高影响，小幅增长2.4%。受索广映像产值下降及三星广电产能向外地转移影响，仪电集团下降2.5%。

电子行业利润增长9.7%，高于生产增速13.3个百分点。主要是由于电子行业向高附加值产品转型，如达功将笔记本电脑生产线转移至外地，在沪生产苹果一体机及网络基站周边设备等高附加值产品；昌硕承接了利润率较高的苹果手机的维修业务。重点企业达功、昌硕均实现利润翻番。

3．船舶行业：降幅收窄，亏损减少

受国际航运市场低迷影响，船舶行业延续下降走势，降幅8.6%，比上年收窄1.7个百分点。由于目前交船均为2011年船市最低迷时所接订单，船价处于低谷，而钢材等大宗原材料采用协议价，价格略高，全年亏损8亿元，但比上年减亏9亿元。

船舶公司手持订单出现回升，承接新船订单约1200万吨，同比增长近3倍。同时液化天然气船、大型液化气体运输船、大型集装箱船等高端船舶占比（按载重吨计算）约20%，比去年同期提高3个百分点，高端船舶和海工装备等高附加值产品价值总量占比已超过50%。

4．纺织行业同比下降4.2%，降幅比上年收窄0.6个百分点。

由于部分企业停产及涤纶短丝市场低迷影响，纺控集团产值下降11.4%。由于人工成本、门店租金等经营成本较快上涨，衣恋、美特斯邦威等重点企业利润出现下滑，全年纺织行业利润下降23.9%。

三、区县工业运行情况

2013年，本市区县工业总产值由下降转为增长。9个郊区县中金山、嘉定、青浦、闵行、松江、宝山等6个区实现增长，崇明、浦东、奉贤等3个区县出现下降。其中，金山区在日铭电脑、紫荆花涂料、胜瑞电子等新入统企业带动下，实现两位数增长；嘉定区受汽车产业带动，保持了较快增长。奉贤区由于区内的重点企业先锋电子和先锋高科技2012年承接了泰国洪水期间的大量订单而基数较高，超日等光伏企业不景气，生产下滑。

规模以上属地口径区县工业主要指标完成情况

指标	1—12月	
	绝对值（亿元）	增幅（%）
工业总产值	19200	2.2
出口交货值	6683	−2.8
利润	994	9.8
12月末应由账款	4037	11.9
12月末产成品库存	996	3.4

2013年，区县实现利润994亿元。主要郊县中，金山、闵行、宝山、奉贤、嘉定、松江等6个区工业利润增长快于区县平均水平。2013年，本市区县工业产销率保持较高水平，其中，徐汇、长宁、静安、杨浦、宝山等5个区的产销率均高于100%。

2013年，本市区县工业出口交货值降幅收窄。其中金山、崇明出口增长，青浦、浦东、松江、闵行、奉贤、嘉定、宝山等7个区出口继续下降。其中金山受新入统企业日铭电脑出口带动，大幅增长25.3%。

（吴　畅）

战略性新兴产业发展情况

2013年，全市战略性新兴产业总体上呈平稳发展态势，战略性新兴产业总规模达13000亿元。其中，规模以上制造业总产值达7744亿元，实现可比价增长1.4%；服务业板块继续保持较快增长，软件和信息服务产业规模达到4317亿元，同比增长19%；研发、设计、检测等专业服务业规模达1076亿元，同比增长9.8%。

一、战略性新兴产业各重点领域，取得了一批重要创新成果

1．电子信息制造业领域。中芯国际45/40nm先进工艺已进入量产，32/28nm工艺也开发成功；上海华力微电子55nm CMOS工艺进入量产，45/40nm CMOS工艺已通过质量认定；物联网应用示范工程初具规模，已累计培育出5

个百万终端规模的应用示范工程。

2．软件和信息服务业领域。国家工信部正式授予上海市“中国软件名城称号”。Windows Azure 中国运营已正式上线，首批2000多名Office 365用户试运行；上海54家企业获得54张第三方支付牌照；建立移动互联网产业联盟，举行联盟成立大会，共有成员单位150家。

3．智能制造装备领域。新松机器人公司总部园项目已落户金桥开发区及临港金桥园区；新时达公司发挥全球电梯控制器龙头及控制、驱动技术方面的积累和竞争优势，拓展进入工业机器人领域；卡斯柯公司已完成CBTC信号系统的自主研发，这是国内第一个最高安全等级证书，获得了进入国际市场的资格。

4．海洋工程装备领域。外高桥造船公司签订了16000 TEU世界第七代集装箱船的建造合同，打破了韩国船厂在该领域的垄断地位；上海船厂已将12缆物理勘探船打造为全国领先的拳头产品，总包建造的Tiger系列钻井船在设计和建造中尝试多项技术创新和国产设备的突破；振华重工自主研发的自升式平台升降机构、起重铺管设备等海工核心配套设备不断取得市场突破。

5．民用航空制造领域。中国商飞公司总部基地和“五大中心”建设，研发中心周边配套设施已完成建设，人员入驻启用。中航商发公司闵行研发基地一期完成建设并入驻启用，全力支持民用涡扇发动机科研装配试车项目加快实施；全力支持中国航空研究院上海分院开展航空发动机相关的预研和工程研究工作。

6．卫星导航领域。举办上海首届以“创新、融合、发展”为主题的“上海国际导航产业与科技发展论坛暨展览会”。上海华测中标高精度全球卫星导航定位系统接收机国外订单520台套；远景、申贝、泰坦等公司在开发基于北斗/GPS的多模卫星同步时钟系统、高精度同步时间测试仪、高精度同步授时信号仿真系统、同步时间实时在线监控系统等方面走在全国的前列。

7．新能源领域。上海森松研制成功36对棒高效多晶硅还原炉系统，还原棒数增加便利还原能耗大幅下降。凯世通研制成功高效太阳能电池制程量产用离子注入机，使上海太阳能晶硅电池制造设备处于国内领先。艾郎风电研制成功6MW风电叶片。上海重型机器厂有限公司研制成功首个CAP1400主泵项目电机壳样机锻件；上海电机厂自主研制成功大型核电发电机集电环装置，打破了国外垄断。

8．新材料领域。宝钢汽车用先进超高强钢项目上半年已完成980Mpa级别Q&P钢的首次批量生产并实现供货；晶盟硅材料有限公司的8英寸低温CAP硅外延片项目上半年共销售了70多万片相关产品，产品已被广泛用于华虹NEC、华润微电子、台积电等国内外多家知名半导体公司。

9．新能源汽车领域。荣威550插电式轿车在广州车展上市，采用世界领先的全时全混系统，以三核驱动、EDU智能电驱变速箱实现了2.3L/百公里油耗以及长达500公里的续驶里程。上海申沃已经实现纯电动客车的批产和销售，国内市场占有率位于前三列。捷新电池加强系统集成能力，已形成年产3000套系统产能。上海电驱动产能规模达到年产3万套以上。

10．节能环保领域。举办国际再制造产业（上海）高峰论坛，扩大中美再制造对话效果，提升上海再制造产业影响力。合同能源管理方面，上半年推进实施43个重点项目，年节约标煤2.3万吨。

二、战略性新兴产业推进工作取得的重要进展

1．在政策规划方面，一是制定和实施相关政策。参与完善《上海市战略性新兴产业发展专项资金管理细则》，落实《软件企业和集成电路设计人员专项奖励办法》和《核心团队专项奖励办法》的内容。二是推动现有政策集聚战略性新兴产业发展。形成了产业用地、人才落户等支持战略性新兴产业发展的机制。三是加强产业基地建设。按照“园区基地化、基地项目化”的要求，开展了高新技术产业化基地的更名及战略性新兴产业示范基地的认定工作，认定了第一批战略性新兴产业示范基地。四是加大示范应用支持力度。完成了TD-LTE规模技术试验任务，初步构建了涵盖设备、芯片、终端、测试仪器的产业链。荣威750混合动力轿车获得了政府采购的进一步支持，全力推进嘉定国际电动车示范区建设。

2．在专项工程推进方面，一是深入推进已明确的专项。为落实前期已发布的11个专项工程的实施方案（大规模集成电路、新型显示、下一代网络＜互联网、通信网、广电网＞、物联网、云计算、智能制造装备、民用航空、卫星导航、新能源高端装备、智能电网、新能源汽车与汽车电子），年初各专项都制定了年度工作计划，明确了重点工作。年内发布了各专项的年度项目指南，征集、评估和推进了一批重大项目，服务了一批重点企业。二是启动新专项。经市领导同意，2013年又先后启动了高端软件、新型功能性材料、海洋工程装备、节能环保等4个新专项实施方案的编制工作，形成了《实施方案》和《项目指南》，基本摸清了重点领域的发展现状，明确了下一步发展的指导思想、基本原则和主要目标，确定了发展重点和产业布局，提出了推进的主要举措。三是启动产业链分析工作。围绕各专项的重点，在工业机器人、核电装备、3D打印、LED、AM-OLED等重点方向进行了产业链分析，加强产业的组织，梳理和发掘了一批项目。

3．在项目组织实施方面，一是跟踪服务了一批面上重点项目。梳理和汇总了2013年重点拟建、在建和新建成项目，加强跟踪服务、协调推进工作。二是推进一批重大项目的落地和实施。重点推进了1213、大规模集成电路、新松机器人、质子刀、大型客机强度试验、北斗地面增强网等项目的落地和实施。三是做好专项资金扶持项目的日常管理工作，重点是做好项目框架协议的签署、资金拨付、跟踪服务、调整验收、成效总结工作。

4．在基地建设方面，按照“园区基地化、基地项目化”的要求，开展了高新技术产业化基地的更名及战略性新兴产业示范基地的认定工作，认定了第一批战略性新兴产业示范基地。积极推动康桥、金桥、松江工业园区等促进通信制造业向智能制造和再制造服务转型升级。推进闵行区和青浦区卫星导航产业基地功能区规划，加大核心功能区开发力度，吸引更多国内外卫星导航优势企业入驻。推动嘉定、闵行等地区开展新能源汽车综合性示范。

5．在投融资平台方面，重点征集一批投资机构推荐项目，引导各类投资机构参与战略性新兴产业发展，推动产业与资本的合作；启动产业基金筹建的前期论证工作；推动了一批企业与VC、PE等机构的对接。深化落实与国家开发银行等金融机构签署的战略合作协议，为本市实体产业经济发展提供融资支持。积极协调市金融办、闵行区经委、中行市分行及浦东分行等为上海尚德的贷款展期，避免企业因资金枯竭而停产。召开主题为“资本对接产业、促进创新创业”首届新材料产业创新投融资交易会，研究发起成立上海股权投资协会新材料投融资分会。举办合同能源管理未来收益权百亿绿色融资银企对接活动，协调中国银行上海分行、浦发银行等13家银行承诺在“十二五”期间以未来收益权质押形式为合同能源管理项目提供总额130亿元绿色信贷，全年预计对接成功约50个项目，企业融资约10亿元。

6．在优化环境方面，积极落实产业政策，落实首轮流片、首次突破、集成电路设计人员专项奖励工作。鼓励和支持相关企业和大学、研究机构围绕智能制造、机器人等领域，打造产业技术创新服务平台，集聚产学研、产业链上下游、制造商与用户等多方资源，加强共性技术攻关和人才培养，研究推进相关标准制定。举办了上海首届以“创新、融合、发展”为主题的“上海国际导航产业与科技发展论坛暨展览会”，进一步增进了行业内的相互了解和合作。发布《上海市政府贯彻〈国务院关于促进光伏产业健康发展的若干意见〉实施方案》，指导本市光伏企业健康发展。制定的《上海市鼓励电动汽车充换电设施发展暂行办法》，对符合本市建设（布局）原则的充换电设施给予财政、土地、供电、用电价格等方面的支持。

附件表

序号	名称	时间
1	上海市推进战略性新兴产业“新能源汽车与汽车电子”专项工程实施方案(2012—2015年)	沪府办(2012)53号
2	上海市推进战略性新兴产业“卫星导航”专项工程实施方案（2012—2015年）	沪府办(2012)120号
3	上海市推进战略性新兴产业“大规模集成电路”专项工程实施方案	沪府办(2012)2号
4	上海市推进战略性新兴产业“新型显示”专项工程实施方案	沪府办(2012)2号
5	上海市推进战略性新兴产业“下一代网络（互联网、通信网、广电网）”专项工程实施方案	沪府办(2012)2号
6	上海市推进战略性新兴产业“物联网”专项工程实施方案	沪府办(2012)2号
7	上海市推进战略性新兴产业“云计算”专项工程实施方案	沪府办(2012)2号
8	上海市推进战略性新兴产业“智能制造装备”专项工程实施方案	沪府办(2012)2号
9	上海市推进战略性新兴产业“民用航空”专项工程实施方案	沪府办(2012)2号
10	上海市推进战略性新兴产业“新能源高端装备”专项工程实施方案	沪府办(2012)2号
11	上海市推进战略性新兴产业“智能电网”专项工程实施方案	沪府办(2012)2号

（吴绪成）

智慧城市建设情况

2013年，上海围绕智慧城市建设第一轮三年行动计划目标，全面推进信息基础设施、智能应用、信息产业和信息安全四大体系建设，被中国智慧城市论坛授予“中国智慧城市杰出贡献奖”，并在中国信息产业研究院组织的全国信息化发展水平评估中排名第一。

一、信息基础设施建设进一步深化

2013年，是上海推进智慧城市建设第一轮三年行动计划的完成年。围绕宽带城市、无线城市及通信枢纽建设，第三代移动通信（3G）网络、光纤到户、NGB网络、无线局域网（WLAN）、TD-LTE试验网等各项基础设施建设进展顺利，绝大多数指标已经或超额完成“宽带中国”战略第一阶段和智慧城市建设三年行动计划的各项目标。

在宽带城市建设方面，截至年底，全市光纤到户覆盖总量达803万户，基本覆盖城镇化地区，实际使用用户达到360万，家庭光纤宽带普及率42%，居全国首位。光纤接入用户平均带宽达到20M。下一代广播电视网（NGB）覆盖

500 万户家庭，基本实现中心城区和郊区部分城镇的覆盖。

在无线城市建设方面，3G 网络实现全市域覆盖，3G 用户已超过 1100 万户。城市公共区域 WLAN 接入热点累计达 2.2 万余处，AP 数接近 16.5 万个。完成 TD-LTE 扩大规模试验网建设，建成 700 处宏基站和 300 处室内分布系统，覆盖中心城区 190 平方公里，完成 49 路、926 路等公交线路以及浦东滨江大道的 4G 体验区建设。

在通信枢纽及功能设施建设方面，互联网国际和省际出口宽带分别达 650G 和 3500G，继续保持城域网出口带宽国内首位。各类互联网数据中心（IDC）机架总量超过 3 万个。集约化信息管线累计建设 7866 沟公里，集约化信息管线接入商务大楼 4882 栋。

在三网融合方面，全面完成国家三网融合试点任务。目前 IPTV 用户达 195 万户，数字电视用户超过 450 万，全市高清 IPTV 用户和高清电视用户共达 205 万户。

二、推进惠及市民生活的智能化公共服务应用

医疗健康方面，建设基于市民电子健康档案的卫生信息化工程，完成市级平台、医联平台、市公卫平台和 17 个区县平台的建设和互联互通，建立 3000 多万份动态采集和维护的健康档案。食品安全方面，建立综合的食品安全信息服务平台以及统一的食品安全投诉举报热线“12231”，实现全市食品安全投诉举报办结的平均时间从 30 天缩减到 19 天。教育培训方面，建设“上海学习网”，已覆盖社区教育、学历教育、职业教育、党员干部教育、中小学教师教育、老年教育等领域；面向中小学生推广电子书包试点，开通“家校互动”平台。交通出行方面，建设公共交通综合信息服务平台，通过高架情报板、网站、车载导航、声讯热线、手机 APP 和电视广播等多种渠道，为公众提供道路通行状况等动态交通信息服务。社区生活方面，上海在全市 16 个社区试点开展以生活服务、智能家居、智能小区、公共服务为应用重点的“智慧社区”建设。

三、提升城市建设管理运行各领域的信息化水平

城市建设管理方面，网格化管理系统在实现中心城区全覆盖的基础上，闵行、宝山、奉贤、青浦、崇明、金山 6 个郊区县的 44 个街镇，200 平方公里范围已纳入网格化管理系统。“智能水网”系统已基本完成苏州河干流水文水质自动监测，水情遥测系统升级改造，以及市区下立交积水监测和防汛视频会商系统扩容改造。虹桥商务区“智能电网”示范应用基地建设初具规模，近 3 万用户通过电力光纤到户实现宽带业务和视频业务。此外，启动建设安全生产综合管理信息系统、智能化消防数字平台、多灾种早期预警系统等一批面向城市安全运行和应急处置的重要信息系统，保障了城市安全有序。城市功能提升方面，结合航运中心建设，建设并开通国际航运中心门户网站，进一步整合了航运口岸服务资源，促进了部门协同和系统对接。上海电子口岸“一单两报”（分报海关、检验检疫）试点企业扩大到 23 家，提高了通关作业效率。结合贸易中心建设，上海与商务部合作推动建设中国（上海）国际贸易中心平台，平台整合了国内贸易及信息服务资源，将有效促进商贸信息服务和电子商务的快速发展。

四、加快信息化与工业化融合进程和战略性新兴产业发展

传统产业改造提升方面，发挥政府专项的引导和杠杆作用，以骨干企业信息化为典范，促进产业链上下游信息化水平提升。如上海电气下属电站集团、三菱电梯等企业围绕风电装备、电梯等关键产品，部署产品生命周期管理系统（PLM），打通从研发设计到生产制造、销售管理等环节的信息通道，加快企业从生产型制造向服务型制造转变。新兴信息产业发展壮大方面，通过实施“云海计划”，健康云、金融云、中小企业服务云等示范项目进展顺利；物联网技术在水质监测、智能消防、环境监测、公共安全和智能照明等方面取得了应用突破；集成电路设计能力大幅提升，产品领域遍及移动智能终端 SoC、数字音视频及多媒体芯片、北斗卫星导航芯片等；互联网信息服务业在数字出版、游戏娱乐、金融服务、生活资讯等行业集聚了一批龙头企业，全市布局 4 个移动互联网产业基地。智慧产业园区建设方面，制定发布了作为上海市地方标准，涵盖园区信息化规划、基础设施、管理和运维等内容的《智慧园区信息化建设与管理通用规范》。积极推动“智慧园区”试点。筹建上海市智慧园区建设促进会，通过行业组织推进智慧园区的建设。

五、打造信息化环境下的责任、服务、法治、廉洁政府信息资源的开发共享

按照“一数一源，一源多用”原则，重点围绕人口、法人及空间地理信息，形成准确、一致的基础数据库。实有人口信息库汇聚了全市 2500 万人口的基础类、就业类、医疗类、房产类、教育类等信息。法人数据库已涵盖全市范围内各类企事业单位、机关、社会团体和其他市场主体，共计 142 万户法人单位的登记、资质、监管信息。空间地理信息库完成覆盖全市陆域的高分辨率数码航空遥感摄影，影像的地面分辨率达到 0.25 米。在此基础上，完成上海市信息资源服务平台（一期）建设，实现对政府信息资源部门间共享和对外服务的统一管理，建成试运行上海市政府数据服务门户，完成《政务信息资源共享与交换实施技术规范——目录元数据》地方标准立项。行政审批流程优化方面，网上行政审批平台已初步形成为全市统一部署、分级管理的审批平台框架和互联互通、条块结合的电子政务基础性平台，单部门行政审批事项全部上网，内资企业设立并联审批系统和建设工程并联审批等重点协同应用已在全市 17 个区县和相关部门全面运行。开展法人网上身份统一认证工作，在全市17个区县行政办事大厅、企业服务中心等设立19个服务网点，开通962600服务热线和服务门户（www.962600.com）。年底前，将实现涉及对法人开展管理和服务的政府部门全面实现法人数字证书“一证通用”。重点业务协同系统建设方面，整合政府各部门的便民服务热线，建立统一的上海市“12345”市民服务热线，并于2013年1月7日正式开通运行，提供7×24小时全天候服务。热线受理的各类咨询、投诉和建议类事项通过政务外网实现网上转交和分发，全市各区县、各委办局和公共事业服务类企业通过网络进行各类事项的办理和反馈，同时实现了与市网格化平台的数据交换和协同处理。

六、信息安全保障能力显著提升

全年没有发生特重大信息安全事故，城市信息安全态势总体可控，为上海“四个中心”和智慧城市建设提供安全可靠保障。

信息安全统筹协调方面：市网络与信息安全协调小组办公室组织协同公安、保密、密码、通信管理、工商和信息化等主管部门，结合各自职责，有效推进了责任制落实、等级保护、分级保护、密码监管、安全测评和风险评估、应急管理、工控系统安全管理等重点工作。2013年完成市网安小组成员调整，定期组织召开全市信息安全保障工作会议，加强了相关职能部门协同、重点行业配合以及市区两级信息安全保障体系有效联动。

重点领域安全监管方面：根据国家2013年重点领域信息安全检查工作部署和市领导批示要求，组织本市涉及国计民生重点领域共96家单位实施安全检查。市公安局、市密码管理局、市经济信息化委等单位针对备案信息系统组织实施分级分类测评，并督促其对测评中发现的问题进行整改。完成区县级政府信息系统互联网接入安全管理，逐步实现市级层面接入口的整合归并。

应急管理体系建设方面：在市应急办指导下，完成《上海市网络与信息安全事件专项应急预案》的执行评估和修订工作。组织开展网站安全监测、应用保障等专题培训，并委托市网络与信息安全应急管理事务中心对全市210家重点网站开展实时监测预警和应急处置，共发布风险预警提示342份，处置重点网站潜在安全风险681个。联合人民银行上海总部和太平洋保险集团在金融和保险领域分别开展网络与信息安全示范性应急演练。

工业控制系统信息安全管理方面：石化领域，在高桥石化开展大型石化控制系统信息安全加固示范工程，形成可复制推广的评估检查方法和信息安全解决方案。电力领域，初步梳理了电力行业系统二次防护和工业控制系统安全监管相关工作经验。轨交领域，形成并落实本市轨交系统信息安全管理制度体系，启动构建地铁自动售检票系统的模拟测试环境。核电领域，启动第三代自主核电技术CAP1000信息安全管理体系标准的研究制定。

网络空间综合治理方面：积极推动官方网站认证、假冒网站发现与阻断等网络可信服务平台建设，并在易迅、一号店、携程等2万家知名网站中应用推广；联合道路运输、物流等行业协会，为德邦物流、公兴搬场、永兴搬场等提供官网认证和假冒网站识别服务，发现并阻断假冒网站超过1万个。市通信管理局推广实施短信“一键退订”功能，充分依托12321投诉举报平台，开展垃圾短信专项整治。市公安局等单位加强互联网信息清理整治工作，处罚违法违规网站2390家（次），关停违法栏目2449个，指导全市网站自行清理违法违规信息14万余条；开展网络“打防严保”专项行动，全年共侦破各类案件12197起，抓获各类犯罪嫌疑人14883人。市无线电管理局等单位开展无线电安全执法，侦破和查处“黑电台”案件4起、“伪基站”案件3起。市工商局制定出台《关于加强网络交易监管执法工作的实施意见》，完善网络交易监管平台，共查处网络交易违法案件1784起。

信息安全基础支撑建设方面：推动网络与信息安全应急基础平台项目可行性研究报告的编制。组织完成市政府300号电子认证系统的配套建设，并启动数字电视机顶盒证书等相关应用研究。截至2013年年底，上海数字证书认证中心已累计发放各类证书388.2万张。开展云计算、大数据、移动互联网等安全风险与对策研究课题项目，制定移动电子政务安全保障指南草案，推进《上海市政府网站安全保障指南》地方标准编制工作。开展市区两级电子政务领域信息安全产品应用情况调研，发布电子政务领域国产信息安全产品使用排名。根据工业和信息化部试点要求，组织启动政府部门云计算服务安全审查试点工作。进一步加大对信息安全产业及重点项目的资金支持，培育UCloud等安全可信的云计算服务企业，打造安全可控信息安全产业链。组织开展信息安全服务机构推荐及能力评估，发布信息安全服务机构推荐名单。

信息安全保障环境方面：贯彻落实全国人大常委会《关于加强网络信息保护的决定》，针对重点行业和互联网信息服务业企业开展个人信息保护国家标准宣贯活动。联合市公安局、市网信办、市通信管理局等部门组织五大行业协会发布个人信息保护联盟倡议。启动《公共信息系统个人信息保护管理办法》立法调研，组织市信息安全测评认证中心编制《公共信息系统个人信息保护测评准则（试行）》，并在卫生、证券等行业开展个人信息保护安全测评试点。11月1–7日，举办以“我身边的信息安全”为主题的第三届信息安全活动周和第五届信息安全技能竞赛，向全社会普及信息安全知识，提升信息安全意识。推进本市信息安全教育培训工作，加强信息安全专业人才培养，推动涉及国计民生重要信息系统关键岗位实行人员持证上岗制度。

七、智慧城市体验周活动成效显著

2013年10月25—31日，上海市智慧城市建设领导小组办公室、上海市经济和信息化委员会举办2013上海市智慧城市体验周。本次体验周围绕“智慧城市，开启美好生活”主题，开展“八个一”活动：汇编一本智慧城市新闻集、发行一本智慧城市宣传手册、播放一期智慧城市对话节目、组织一次市民为智慧城市献计策活动、举办一场智慧城市大讲坛、开展一轮智慧社区成果展示、汇编一本智慧城市建设案例集、组织一系列面向老百姓生活的智慧城市体验活动。同时，围绕智慧交通、智慧医疗、智慧教育、智慧政务、智慧产业、智慧社区、信息安全和信息消费8个主题日，开展了21个活动。17个区县围绕自身特色，开展38个智慧城市体验宣传活动，形成全民参与、全社会支持智慧城市建设的良好氛围。

（陆　森、章　蕾、吴南竹）

国家新型工业化产业示范基地建设情况

上海在加快“四个中心”建设过程中，积极推进国家新型工业化产业示范基地创建工作，先后有13家国家新型工业化产业示范基地（以下简称示范基地）获工信部批准和授牌，示范基地积极推进先进制造业和战略性新兴产业发展，已成为上海推进产业结构转型升级的重要载体。

一、创建国家产业示范基地的总体情况

本市获批的13家示范基地分别是：临港装备产业基地、民用航空产业基地、上海化学工业区产业基地、长兴岛船舶与海洋工程装备产业基地、张江高科技园区生物医药产业基地、嘉定汽车产业基地、漕河泾开发区电子信息产业基地、金桥开发区电子信息产业基地、闵行区军民结合（民用航天）产业基地、浦东软件园软件和信息服务产业基地、莘庄工业区装备制造产业基地、紫竹高新技术产业开发区区软件和信息服务业产业基地、浦东康桥工业区电子信息（移动智能终端）产业基地。2013年，上海首批4家（临港产业区、民用航空、上海化学工业区、长兴岛）示范基地各项指标均达到申报时提出的发展目标，并通过工信部复核，实现了产业集约、集聚和集群发展。

1．示范基地经济运行情况

2013年，13家国家新型工业化产业示范基地实现工业总产值11185.9亿元，同比增长27.2%，首次突破万亿元大关，占全市工业区的40.7%，平均工业总产值860.5亿元。产值突破1000亿元的示范基地主要是嘉定汽车城2856.3亿元、金桥开发区1962.77亿元、康桥工业区1584.5亿元、漕河泾开发区1043.9亿元。实现销售收入22548.1亿元，同比增长25%，占全市工业区的39.4%。超过5000亿元以上的分别是嘉定汽车城5378.3亿元、金桥开发区5284.59亿元。实现利润1763.4亿元，同比增长37.4%，占全市工业区的50.7%。上缴税金1179.9亿元，同比增长54.4%，占全市工业区的28.6%。示范基地经济运行始终保持良好的发展势头，充分显示了示范基地在全市开发区中的示范引领作用。

2．示范基地主导产业集聚情况

上海以示范基地为主战场，紧扣做强主业，发挥产业集聚效应，打造一批规模大、创新能力强、产业能级高的特色产业集群。同时，积极探索产业链招商、绿色招商等新型引资方式，推进一批高新技术产业化项目落地。2013年，13家示范基地实现工业总产值11185.9亿元，主导（示范）产业完成工业总产值8211.61亿元，同比增长26.7%，产业集聚度达81.6%。

本市13家示范基地主导产业发展情况：

——临港装备制造产业示范基地。2013年，示范基地完成工业总产值460.01亿元，主导（示范）产业产值401.29亿元，产业集聚度87.2%。2013年，临港地区“双特”政策正式向社会公布，加快集聚了以清洁高效发电及输变电设备、大型船舶关键件、海洋工程设备、自主品牌汽车整车及零部件、航空装备产业等装备制造主导产业。在项目引进方面，坚持产业发展导向，创新招商模式，再制造、LED、航空配套产业项目在数量和规模上稳步提高，以节能、智能和新材料为特点的诸如康佳、亚斯、西安国仪、上飞装备、晋飞等战略性新兴产业项目相继落户。

——上海民用航空产业示范基地。以航空电子制造为主导产业，2013年，示范基地完成工业总产值103.6亿元，同比增长3.1%；主导（示范）产业产值103.6元，产业集聚度100%。形成了浦东张江高科技园区、浦东祝桥地区、闵行紫竹科学园区、浦东临港产业区和青浦出口加工区为重点布局等产业集聚。重点企业有中国商飞、中航商用航空发动机、中航通用民用航电、中国航空无线电电子研究所、航空测控技术研究所、航空电器、普惠飞机发动机维修、波音航空改装维修等公司。

——上海化学工业区产业示范基地。2013年，示范基地完成工业总产值 862.5 亿元，主导（示范）产业产值 862.5 亿元，产业集聚度 100%。初步形成以上海赛科年产 109 万吨乙烯项目为龙头的石油化工深加工、异氰酸酯、聚碳酸酯等三大系列产品，乙烯生产能力达到 109 万吨 / 年，异氰酸酯中 MDI 为 59 万吨 / 年、TDI 为 41 万吨 / 年、HDI 为 3 万吨 / 年，聚碳酸酯生产能力为 28 万吨 / 年，示范基地达到世界级规模。

——长兴岛船舶与海洋工程装备产业示范基地。2013 年，示范基地完成工业总产值 452.89 亿元，主导（示范）产业产值 452.89 亿元，产业集聚度 100%，着力发挥大企业集聚作用和市场资源配置功能，引导特色资源和高端产业向岛屿集中，集聚了中船集团、中海工业、振华重工旗下 6 家大型海洋装备企业，船舶企业积极拓展市场，承接 LNG 船、化学品船、大型集装箱船等高附加值船型。通过对长兴造船、长兴重工、江南造船、中船股份、外高桥造船、沪东中华间的整合重组，促进产业结构升级。

——嘉定汽车产业示范基地。以新能源汽车制造和研制为主导产业。2013 年，示范基地完成工业总产值 2856.3 亿元，主导（示范）产业产值 2616.9 亿元，产业集聚度 91.6%。深入推进上海电动汽车国际示范区建设，以新车体验和商业推广为重点，完成电动汽车数据采集与监控平台、维保基地和展示交易中心的建设。推进新能源汽车及关键零部件基地建设，精进、西上海、奇瑞等一批重点项目投产。

——张江高科技园区产业示范基地。以生物医药为主导产业，2013 年，示范基地完成工业总产值 706.08 亿元，主导（示范）产业产值 231.18 亿元，产业集聚度 32.7%，形成了从新药探索、药物筛选、药理评估、中试放大、注册认证到量产上市的完整产业链。集聚了跨国药业研发中心、大型医药生产企业、中小型创新企业、CRO 研发外包企业、精细化工研发中心，聚集了国内外生命科学领域企业、科研院所及配套服务机构，已成为由“二校、一所、一院、十八个公共服务平台、40 多个中心”和 400 多家创新企业组成的企业、高校、科研院所的研发创新产业集群。

——漕河泾开发区产业示范基地。以电子信息为主导产业，2013 年，示范基地完成销售收入 2778.3 亿元，主导（示范）产业销售收入 1693 亿元；完成工业总产值 1043.9 亿元，主导（示范）产业产值 917 元，产业集聚度 87.8%。以“战略性新兴产业和先进制造业为引领、现代服务业为支撑”的产业布局，全面提升产业能级。以新材料、生物医药、高端装备、汽车研发配套、环保新能源为重点产业。在项目引进方面，注重从生产性、制造型项目的引进，向重点引进国内外著名企业集团的“一部三中心”（地区总部、研发设计中心、运营结算中心、管理服务中心）项目转变。不仅引进世界 500 强以及外资项目，更着力引进行业内具有话语权或制定标准的领军企业以及战略性新兴产业，促进“从生产升总部”转型。

——金桥开发区产业示范基地。以电子信息为主导产业，已形成集研发、制造、应用于一体的战略性、复合型产业，成为目前上海规模最大、产业链最完善、技术水平最高的产业集群。2013 年，示范基地完成工业总产值 1962.77 元，主导（示范）产业产值 548.44 元，产业集聚度 27.9%。目前，电子信息龙头企业集聚三大产业集群、八大重点领域。形成“通信与网络产品研发制造，集成电路设计、封装、测试，网络文化应用”三大细分产业集群。重点发展“产业环境、知识产权服务、新技术标准研究，核心芯片研发及生产，网络及系统设备和关键配套件研发、制造，应用和嵌入式软件研发，智能终端研发、制造，平板显示研发及生产，多媒体视频，网络文化”等细分重点领域。

——闵行区军民结合（民用航天）产业示范基地。主导产业涉及航天运输器、卫星应用、新能源、新材料、载人航天和探月工程、深空探测等多个领域。2013 年，示范基地完成工业总产值 114.76 元，主导（示范）产业产值 114.76 元，产业积聚度 100%。目前，已初步形成卫星导航应用产业链，已有一批卫星导航领域的龙头企业落户航天产业基地。核心芯片方面，复旦控股的多用途、高性能北斗多模多频 SoC 专用基带处理芯片的研发及系统应用解决方案。高精度板卡方面，合众思壮通过并购美国 Hemisphere（半球）公司，一跃成为世界领先的高精度板卡设计、制造企业。授时守时方面，远景数字科技的北斗 /GPS 精确时钟、时间同步监测系统、高精度时间测试仪等产品技术水平国内领先，并在逐步开拓国际市场；国智恒、汉鼎科技的电力全网授时监管系统在国家电网等被广泛运用。国家北斗导航应用上海产业基地总参管理中心也将于 2014 年 10 月正式投入使用。

——浦东软件园产业示范基地。以软件和信息服务为主导产业，2013 年，示范基地实现销售收入 552 亿元，比上年同期增长 20.3%。园区企业涵盖服务外包、移动互联、芯片设计、电子商务及互联网、文化创意和行业应用等多个领域，聚集了花旗软件、群硕软件等大批业界领先的服务外包及软件出口企业，为客户提供贯穿 IPO、BPO 和 KPO 的全方位服务。

——莘庄工业区产业示范基地。以装备制造为主导产业，2013 年，示范基地完成工业总产值 894.6 亿元，同比增长 5.1%；主导（示范）产业产值 757.4 亿元，产业集聚度 84.7%。形成了重大装备制造、机械及汽车零部件、新材料及精细化工、电子信息四大产业集群。以上海电气电站设备、加冷松芝汽车空调、三菱电机上海机电电梯等龙头企业为代表的通用设备制造业；以太阳能科技等龙头企业为代表的电气机械及电器材料制造产业，产业集群、集约和创新发

中国（上海）自由贸易试验区设立对本市引进内资具有重大拉动作用，自9月设立后，内资项目大幅增长。2013年，全市开发区引进内资项目17164个，增长40.29%；落户内资企业注册资本金为1822亿元，增长102.6%。其中国家级开发区为1376.86亿元，增长186.19%。

六、开发区工业投资规模稳中有降

2013年，开发区完成固定资产投资金额为1667.88亿元，下降7.5%。其中市级以上开发区完成1243.6亿元，下降3%，国家级开发区投资增长6.8%。金山石化基地、宝山钢铁基地、市北和松江试点园区等园区投资下降。

据不完全统计，开发区累计完成工业固定资产投资964.09亿元，下降9.4%，占全市工业投资的78%。市级以上开发区完成工业固定资产投资金额666.96亿元，下降1%。产业基地工业投资为215.85亿元，下降25.1%。

七、开发区上缴税金有所增长，区域经济发展平稳

2013年，开发区上缴税金3962.91亿元，增长7.04%，高于全市税收增幅，占全市税收的36.28%。其中市级以上开发区上缴税收3415.49亿元，增长4.52%；产业基地税收为417.43亿元，增长34.97%。

（亓书理）

产业投资情况

2013年，上海市工业投资呈现如下特点：

一、工业投资保持适度规模，继续支撑全社会固定资产投资

全年本市工业固定资产投资完成1236.4亿元，占全社会固定资产投资的21.1%。但继续保持1300亿元左右的规模，有力保障了产业发展后劲。其中制造业完成投资1072.19亿元，占工业总投资的86.7%，电力、自来水、煤气生产和供应业完成投资164亿元。各级政府积极推进产业项目落地、开工、投产，注重产业转型升级，有效遏制了年初以来制造业投资的快速下降。同时，崇明燃气电厂一期工程、110千伏输变电等大型电力项目的建设为制造业发展提供了基础保障（见表1）。

表1 2012年、2013年上海工业投资情况

项目名称		2012年数值（亿元）	占比（%）	2013年数值（亿元）	占比（%）
工业投资		1292.6	100	1236.4	100
其中	制造业	1122.2	86.8	1072.2	86.7
	电煤水生产和供应业	170	13.2	164	13.3
	采矿业	0.4	/	0.2	/

二、技术改造投资稳步上升，质量与带动力不断提高

全年全市完成技术改造投资达705亿元，占工业投资的57%，同比提高1个百分点。列入市级以上重点技术改造项目共有172项，涉及总投资200亿元，其中，国家重点技改项目和中小企业技改项目共58项，总投资26亿元，市级重点技改项目114个，总投资174亿元。在技术改造补贴资金的有序引导下，企业在技改投资项目的选择上不断瞄准一些投资额大、推动产品升级换代和工艺流程改造的优质项目。全市获得技改补贴的项目涉及电子信息、汽车、装备、生物医药等先进制造业，如蒂森克房伯普里斯坦公司新建项目总投资达到8.9亿元，预计达纲后，将大幅提高汽车零部件的生产能力，大大提高其高端产品行业竞争力（见表2）。

表2 2013年上海工业重点技术改造项目分类情况

项目名称		项目数	总投资（亿元）	占比（%）
部分重点行业	汽车	38	6.6	32.8
	钢铁	2	5.6	2.8
	装备	40	30.4	15.1
	电子信息	16	8.7	4.4
	轻工	26	19.9	9.9
	石油化工	12	15.0	7.5
	生物医药	11	5.0	2.5

三、市场化投资活跃，国有经济投资止跌回升

外商、私营经济投资积极性较高，全年完成投资额占工业投资的50.8%，继续充当推动工业投资的主要力量。其中外商投资完成342.8亿元，同比增长4.2%；私营经济完成投资284.9亿元，同比增长3%，增幅比上年上升10.8个百分点（见表3）。

表3 2013年上海经济体类别投资情况

项目名称		数值（亿元）	同比增长（%）
国有经济投资		361	-4.1
非国有经济投资		875.4	-4.4
其中	外商投资	342.8	4.2
	民营投资	284.9	3
	股份制经济	189.3	-21.1

四、资金来源持续紧张，自筹资金支撑投资作用增强

全年上海工业投资资金来源1411.3亿元，同比下降16.2%，增幅比上年下降23.3个百分点。资金来源中，自筹资金997.74亿元，同比下降13.4%，占全部资金来源的70.7%，比上年上升2个百分点；国内银行贷款投入93.09亿元，同比下降34.3%，增幅比上年下降28个百分点；利用外资88.3亿元，同比下降30.9%，增幅比上年下降58个百分点。资金来源紧张特别是自筹资金、银行贷款和利用外资都下降，主要原因是上海商务成本的高企，以及房地产投资和产业投资回报率的明显差异，导致资金更多流向外地和房地产项目（见表 4）。

表 4　2013 年上海工业投资到位建设资金情况

项目名称		数值（亿元）	同比（%）	占比（%）
资金来源合计		1411.3	−16.2	100
其中	自筹资金	997.74	−13.4	70.7
	国内贷款	93.09	−34.3	6.6
	利用外资	88.3	−30.9	6.3

五、重点产业支撑地位显著

六大重点产业投资平稳增长，全年共完成投资 741.73 亿元，同比增长 0.2%，占工业投资的 60%，同比提高 2.7 个百分点。生物医药、汽车行业规模实现较大提升，其中生物医药制造业完成投资 74.8 亿元，同比增长 14.5%，投资规模已超越钢铁行业；汽车制造业完成投资 143.9 亿元，同比增长 7.3%；成套设备制造业完成投资 168.4 亿元，同比下降 4.8%；石油化工及精细化工制造业完成投资 94.6 亿元，同比下降 0.9%；精品钢材制造业完成投资 54 亿元，同比下降 13.2%。电子信息产品制造业完成投资 208.9 亿元，同比增长 0.8%，但仍然是投资的最重要组成部分（见表 5）。

表 5　2012 年、2013 年上海工业支柱产业投资情况

产业类别	2012 年	2013 年	
	投资量（亿元）	投资量（亿元）	同比增长（%）
电子信息	207.3	208.9	0.8
汽车制造	134	143.9	7.3
石油化工	95.5	94.6	−0.9
精品钢材	62.2	54	−13.2
成套设备	176.9	168.4	−4.8
生物医药	65.3	74.8	14.5
合计	740.3	741.73	0.2

（许振华）

产业技术进步情况

2013 年，按照市委、市政府的要求，根据工作总体部署，围绕《上海市产业技术创新“十二五”发展规划》，大力推动以企业为主体的产业技术创新体系建设，在企业技术中心建设、知识产权推进、产学研合作、前瞻性研究等多个方面加大工作力度，实现了一系列的工作突破。

一、加强企业技术中心建设

对市级企业技术中心能力建设的支持方式进行修订完善，加大支持力度，启动了市级企业技术中心的复审评价、申报及创新能力建设项目的组织实施工作，54 家企业被认定为上海市企业技术中心，46 个项目获得能力建设项目专项资金支持。对生产性服务业企业技术中心认定标准进行调研，修订市级企业技术中心管理办法，加大对软件业、检验检测、咨询业等服务业领域的政策倾斜。形成《区县级企业技术中心建设指导意见（初稿）》，加强对区级企业技术中心建设的指导和培训工作。组织推荐上海天马、中信国健、中船九院等 3 家企业获得国家级企业技术中心认定；组织推荐三菱电梯获得国家认定企业技术中心创新能力项目支持。

表 1　上海市第十九批企业技术中心名单

1	宝钢工程技术集团有限公司
2	中冶天工上海十三冶建设有限公司
3	上海相宜本草化妆品股份有限公司
4	上海宝田新型建材有限公司
5	上海海利生物技术股份有限公司
6	伽蓝（集团）股份有限公司
7	上海开维喜阀门集团有限公司
8	上海机动车检测中心
9	网宿科技股份有限公司
10	美建建筑系统（中国）有限公司
11	上海胜华波汽车电器有限公司
12	上海新安汽车隔音毡有限公司
13	上海坦达轨道车辆座椅系统有限公司
14	上海德福伦化纤有限公司
15	上海东方雨虹防水技术有限责任公司
16	上海神舟新能源发展有限公司
17	上海鸣志电器股份有限公司
18	索尔维投资有限公司
19	上海申龙客车有限公司
20	上海三思电子工程有限公司
21	上海紫江彩印包装有限公司
22	上海紫泉标签有限公司
23	上海瀚氏模具成型有限公司
24	上海众力汽车部件有限公司
25	上海汇友精密化学品有限公司
26	科博达技术有限公司
27	上海光明荷斯坦牧业有限公司
28	格科微电子（上海）有限公司
29	上海仪电物联技术股份有限公司
30	上海奥达科股份有限公司
31	上海大西洋焊接材料有限责任公司
32	上海摩恩电气股份有限公司
33	上海索广映像有限公司
34	中路股份有限公司
35	上海亿通国际股份有限公司
36	花旗软件技术服务（中国）有限公司
37	京西重工（上海）有限公司
38	快钱支付清算信息有限公司
39	上海斯瑞科技有限公司
40	先尼科化工（上海）有限公司

41	上海永利带业股份有限公司
42	上海科大重工集团有限公司
43	上海萨克斯动力总成部件系统有限公司
44	上海昊海生物科技股份有限公司
45	上海斐讯数据通信技术有限公司
46	上海晋拓金属制品有限公司
47	上海新农饲料有限公司
48	国核工程有限公司
49	上海倍安实业有限公司
50	上海同捷科技股份有限公司
51	上海市政建设有限公司
52	上海星宇建设集团有限公司
53	国药集团化学试剂有限公司
54	舜杰建设（集团）有限公司

二、引进技术的吸收与创新工作

对接国家工信部实施的“百项技术创新工程推进计划”，组织开展2013年上海市引进技术的吸收与创新计划项目征集工作，按照产业化关键技术研发、新产品创新开发、创新产品的示范应用等三个方向，主动与战略性新兴产业项目衔接，优先选择对完善产业链具有支撑作用的项目，安排14个专题，对一批项目进行支持，重点突出对产业升级关键技术和前沿技术的布局，加大对行业骨干企业自主创新能力提升的支持。

三、推进产学研工作

从产学研合作基地建设、重点领域产业化联合攻关、中小企业产学研合作三个方面，会同市教委对复旦大学、上海交通大学、同济大学、东华大学等高校和部分重点企业开展联合调研，组织本市高校和企业对接；组织开展产学研合作计划项目征集，聚焦国产大飞机碳纤维主承力件、智能喷涂机器人、3D打印装备产业化、支付数据挖掘分析平台等一批产学研合作重要项目进行联合支持，积极推进了碳纤维预浸料、石墨烯粉体、铝锂合金机身壁板激光焊接技术等高校和科研院所技术成果产业化转化。

四、推进企业知识产权工作

2013年，对接工信部知识产权能力建设项目，承担了工信部“产业知识产权风险评估与预警工程”重点课题，组建知识产权协同创新共同体，开展多种形式的研讨和培训。组织实施了2013年知识产权优势企业创建工程，认定了22家知识产权优势企业。持续推进企业知识产权成果产业化，认定了45项上海市专利新产品。

表2 2013年知识产权优势企业名单

序号	单位名称
1	上海大众汽车有限公司
2	上海长丰智能卡有限公司
3	上海宏源照明电器有限公司
4	上海爱数软件有限公司
5	上海安诺其纺织化工股份有限公司
6	中国建材国际工程集团有限公司
7	上海华峰超纤材料股份有限公司
8	上海凡清环境工程有限公司
9	上海电力设计院有限公司
10	上海华勤通讯技术有限公司
11	海隆石油工业集团有限公司
12	延锋百利得（上海）汽车安全系统有限公司
13	上海马陆日用友捷汽车电气有限公司
14	上海启元空分技术发展股份有限公司
15	上海大亚科技有限公司
16	上海海优威电子技术有限公司
17	上海船厂船舶有限公司
18	上海雷博司电气股份有限公司
19	上海汇益控制系统股份有限公司
20	上海亨通光电科技有限公司
21	上海迪赛诺药业有限公司
22	上海斐讯数据通信技术有限公司
23	延锋伟世通汽车饰件系统有限公司
24	上海精益电器厂有限公司
25	中石化上海工程有限公司
26	上海晨兴希姆通电子科技有限公司

（吴绪成）

附件1：上海市产业技术创新“十二五”发展规划

“十二五”期间是上海推进“四个率先”、建设“四个中心”的关键5年，也是创新驱动、转型发展的攻坚阶段。加强产业技术创新，是加快转变经济发展方式的重要支撑，是落实科学发展观、建设创新型城市的重要内容，是提升上海产业综合竞争力的核心环节。

为贯彻落实中共中央、国务院《关于深化科技体制改革加快国家创新体系建设的意见》（中发〔2012〕6号）和《国务院办公厅关于进一步支持企业技术创新的通知》（国办发〔2011〕51号）以及工业和信息化部《关于印发〈“十二五”产业技术创新规划〉的通知》（工信部规〔2011〕505号）要求，加快构建以企业为主体、市场为导向、产学研用相结合的产业技术创新体系，促进上海产业结构优化升级，特制定本规划。

一、“十一五”发展回顾

“十一五”期间，上海大力推进高新技术产业化，积极培育战略性新兴产业，努力提升发展先进制造业，积极推动产业技术进步，加快构建和完善产业技术创新体系，取得了一定进展。主要表现在：

1．企业研发投入逐年增加

2010 年，规模以上工业企业研究与试验发展（R&D）经费投入为 274 亿元，是“十五”期末的 2.3 倍，占全市研发投入的 57.1%，研发投入强度（R&D 经费占主营业务收入的比重）达到 0.85%。其中，六大支柱工业 R&D 经费投入达 233 亿元，占全市工业的 85%，研发投入强度为 1.08%，比全市工业高 0.2 个百分点。规模以上工业企业 R&D 人员达 10.03 万人，比“十一五”末期增加了 33%。

2．企业研发能力不断增强

2010 年，规模以上工业企业共有研发机构 1085 个。基本建立了以国家级企业技术中心为引领、市级企业技术中心为骨干、区县级（集团级）企业技术中心为基础的产业技术研发机构体系。累计建成国家认定企业技术中心（及分中心）42 家，市认定企业技术中心 323 家，区县级（集团级）企业技术中心约 600 家。全市认定高新技术企业近 3000 家。振华重工、光明乳业、电气电站等 3 家企业获得国家首批技术创新示范企业授牌。

3．技术创新成果不断涌现

“十一五”期间，特别是 2009 年本市全面启动推进高新技术产业化以来，产业技术能级逐步提升，创新成果不断涌现。2010 年全市登记重大科技成果 2318 项，其中工业企业为 1041 项，占全市比重达到 45%。近年来，通过承担“核高基”、极大规模集成电路、新一代宽带无线通信、高档数控机床、大型客机等上百个国家重大科技专项任务，提升了产业技术能级。在大力推进高新技术产业化过程中，取得了一批重大自主创新成果，如薄膜太阳能电池关键设备、等离子体刻蚀机、高端 SOI 材料、取向硅钢、3000 米深水钻井平台、7500 吨全回转浮吊、大型地铁复合盾构等先后推向市场。“十一五”期间，全市工业新产品产值率一直保持在 23%–25% 左右，2010 年全市工业新产品产值达到 5870 亿元，新产品产值率为 23.2%，高技术产品出口呈逐步上升趋势，2010 年占商品出口总额比重达到 46.53%。

4．开放式创新取得新突破

“十一五”期间，上海企业加快“走出去”的步伐，上海汽车、上海电气、振华重工、天马微电子等龙头企业先后收购国外技术先进企业或到海外设立研发机构。上海积极吸纳国内外优势企业来沪设立研发机构，集聚了跨国公司研发机构 319 家，技术和人才的溢出效应逐步显现。根据《上海市引进技术的吸收与创新条例》，“十一五”期间本市“吸收与创新计划”专项累计支持项目 700 个，投入财政扶持资金超过 5 亿元。AP1000 机组核岛主设备制造技术、MW 级光伏建筑一体化（BIPV）并网发电技术、新型钻井平台建造关键技术研究等一批研发成果，为培育发展战略性新兴产业提供了支撑。

5．技术创新平台加速集聚

依托优势企业和研究院所等创新主体，新建了一批国家级创新平台，如数字电视、宽带无线移动通信、核电仪表等国家级研发中心，智能电网终端产品、新能源车辆、工程软件等国家级检测中心。“十一五”末期，上海累计建有国家重点实验室 40 家、国家工程实验室 7 家、国家工程技术中心 18 家、国家工程技术研究中心 15 家。联合上海交通大学、复旦大学等高校和各类科研院所，推进产学研合作，依托市级以上企业技术中心建立了 200 多家各类产学研合作机构，形成了项目联合攻关、共建研发机构、组建产业创新联盟、建立产业技术研究院、孵化科技型企业等多种模式，积极探索适应不同产业特点的产学研用相融合的发展模式。

6．知识产权和标准化工作持续推进

2010 年，企业申请专利 4.55 万件，占全市的 63.9%；授权专利 3.42 万件，占全市的 70.8%。“十一五”期间，累计全市创建了“上海市知识产权示范企业”100 家。积极鼓励优势企业积极参与国际、国家标准制定，每年支持 20 项左右新兴产业和信息化领域的重要标准制定，积极争取国家标委会工作组落户上海。全市现有国际标准化组织（ISO）和国际电工委员会（IEC）下属技术委员会（TC）/ 分技术委员会（SC）秘书处 5 个，全国专业标准化技术委员会 / 分技术委员会秘书处 101 个，地方标准化技术委员会 34 个。

7．创新的外部环境不断改善

认真落实国家关于研发费用税前加计扣除等鼓励自主创新的各项政策，制定了《上海市企业自主创新和高新技术产业发展重大项目专项资金管理办法》、《张江国家自主创新示范区企业股权和分红激励试行办法》等支持新兴产业发展和技术创新的针对性政策，把本市用地、人才等政策资源向战略性新兴产业、创新型企业和研发人员倾斜，加大示范应用、创新产品市场准入等力度，优化完善创新服务体系。

尽管上海产业技术创新工作不断取得进展，但是与实现“创新驱动、转型发展”的要求相比，尚存在一定差距，主要表现在：一是研发投入力度需要进一步加大。企业用于科技活动经费的投入总量，难以支撑超过 3 万亿元产业规模的技术进步需要。上海工业涉及的 29 个中类行业中有 1/3 左右研发投入与全国平均水平相当，优势不够明显。兄弟省市发展步伐加快，在多项创新指标上已形成赶超之势，竞争压力加大。二是重点发展行业与国际先进水平的差距亟待缩小。产业核心关键技术对外依存度较高，拥有自主知识产权的技术和产品数量仍较少。本市重点发展的支柱工业研发投入与国际领先水平差距较大。引进技术之后的消化吸收再创新需进一步加强。三是企业对创新人才的吸引力仍需加强。研发人员占工业从业人员的比例在 3% 左右，与全国平均水平基本相当。企业对技术创新人才的吸引力总体上不如高校和科研院所，企业拥有的技术领军人才较少。相当部分的企业缺乏有效激励自主创新的机制。四是支撑产业技术创新的环境仍需优化。产业链上下游之间的技术创新结合不够紧密，点上的技术突破难以融入产业链之中。鼓励企业技术创新的政策比较分散，缺少聚焦、衔接和统筹。技术创新政策与产业政策、投资政策、消费政策之间的衔接还不够紧密。

二、“十二五”发展环境和趋势

“十二五”时期是上海推进“四个率先”、建设“四个中心”的关键5年。国内外产业发展和技术进步的形势正发生着深刻变化，对上海产业技术创新工作提出了新的挑战和机遇。

1．国际经济走势和竞争格局发生重大变化，给产业技术创新既带来挑战又带来机遇

国际金融危机后，世界经济进入相对低速增长期，其影响在一段时期内仍将持续。金融危机催生了新技术革命，全球科技创新及新兴产业发展加速。各主要经济体纷纷调整创新战略，采取多种措施提升创新能力，竞相把争夺技术制高点作为发展战略的核心。美、英等发达国家推出了“再工业化”战略，纷纷在新兴产业和高科技领域的前沿布局，力图抢占高科技和新兴产业发展的制高点，给我国的产业技术创新带来了挑战。与此同时，尽管受出口增速减缓、人民币汇率上升压力增大等影响，中国经济仍然在国际金融危机中平稳着陆，国内经济继续平稳增长，城镇化和居民消费结构升级速度加快，扩大内需的压力增大，迫切希望依靠创新驱动，加快培育发展战略性新兴产业，争创产业发展新优势，为产业技术创新带来了良好的机遇。

2．国家更加注重依靠科技创新、加快产业转型升级，给产业技术创新提出了新要求

《国务院关于加快培育和发展战略性新兴产业的决定》把知识密集度高、引领带动作用强、发展潜力大、综合效益好的节能环保及新一代信息技术、生物产业、高端装备制造、新能源、新材料、新能源汽车等作为现阶段发展的重点加以推进，明确要求把坚持创新驱动、加强技术集成和联合攻关，掌握关键和核心技术作为发展路径。国家工业和信息化部明确提出把产业技术创新作为转变产业发展方式、实现工业转型升级的重要支撑。目前，国内经济运行基本面总体良好，但发展趋势出现波动，内需市场有效启动比较困难，民生诉求更加多样化。加上由于受经济全球化和国际金融危机的双重影响，国际产业转移更加注重东道国市场的需求。中国跨地区产业转移和区域产业一体化进程加快，中西部地区承接国际产业转移和国内东部地区产业转移的能力增强。产业技术创新与经济形势密切相关，外部环境的复杂多变，给转型发展增加了压力，也使产业技术创新更具挑战性。

3．上海建设国际大都市的“创新驱动、转型发展”战略对产业技术创新提出了新任务

国际大都市转型发展的成功经验表明，产业转型升级与城市功能转型升级相辅相成。只有加快产业结构调整和升级，才能推进“四个中心”和国际化大都市的功能建设。在本市土地、能源、劳动力等要素的竞争力不断弱化的同时，必须加大城市发展对新兴产业、技术进步、人才资源、质量品牌的依赖，整合上海的产业、科教、金融、信息等优势，走出一条高端要素支撑发展的创新之路。

总之，“十二五”期间，上海产业技术创新必须立足于建设创新型城市和现代化国际大都市的大背景，立足于实现“创新驱动、转型发展”的总要求，紧紧抓住我国科学发展主题下转方式、调结构、扩内需的机遇，紧紧抓住长三角世界级城市群加快形成、上海改革开放先行先试、国家重大项目落户和后世博的机遇，积极应对各种风险和挑战，提高产业技术创新能力，加强产业创新基础设施建设，不断推进原始创新、集成创新和消化吸收再创新，突破重点发展产业关键核心技术，完善产业技术创新体系，为产业持续发展注入新的动力。

三、“十二五”发展思路和目标

1．“十二五”指导思想

全面贯彻落实科学发展观，把产业技术创新作为实现“创新驱动、转型发展”的重要支撑，紧密对接国家战略任务和规划，放眼国际视野抢抓重大技术创新机遇，以促进上海产业优化升级为主攻方向，以提升企业技术创新能力为核心，充分发挥上海产业、金融、科技、人才等综合优势，将技术创新与充分利用资本、智力、土地、信息等要素资源相结合，推进聚焦创新、协同创新、开放创新，不断完善产业技术创新体系，显著提升原始创新、集成创新、引进消化吸收再创新能力，为上海产业持续健康发展提供主要驱动力。

2．“十二五”发展原则

——战略优先。把产业技术创新作为培育发展战略性新兴产业的内生动力，积极争取承担国家重大创新任务，组织实施本市重点产业关键核心技术攻关和重大专项，通过国家和本市战略任务牵引带动重点行业的技术突破。

——企业主体。强化企业在产业技术创新体系中的主导地位，推动各类创新资源向企业集聚，使企业真正成为技术创新决策的主体、研发投入的主体、研发活动的主体、成果转化和产业化的主体、获取创新效益和承担创新风险的主体。

——市场导向。创造公平开放的市场环境，使各类企业公平获得创新资源。营造良好的创新环境，运用市场机制推进产业技术创新，扩大创新产品的市场应用。充分发挥高校、科研院所在创新和转型中的重要作用，引导鼓励其与企业开展深度合作，完善产业支撑技术体系，为最具创新活力

的中小微型企业的发展创造更有利的条件。

——集聚资源。整合全市资源，完善组织体系和配套政策，市区联手、部门联动、条块结合，形成合力，推动资金、土地、人才等各类要素向产业技术创新活动集聚，在政策上最大限度地支持产业技术创新。

——开放合作。放眼全球和全国配置创新要素和资源。支持跨国公司在上海从事研发活动，鼓励创新成果在本地实现产业化。争取包括央企、民企在内各类企业在上海加大创新发展力度。鼓励本市企业实施技术创新“走出去”战略，支持企业开展国际科技交流与合作。加强知识产权保护，推动建设规范的知识产权市场。

——协调发展。坚持发展新兴产业与提升传统产业并重，应用先进适用技术改造提升传统产业；坚持重点突破带动总体提升，加强重大技术创新成果的推广和产业化；加强对不同规模、不同所有制、不同行业企业创新的分类指导。

3．“十二五”发展目标

到2015年，通过实施上海产业技术创新工程，增强骨干企业的技术创新能力，提升重点产业的整体技术水平，逐步完善产业技术创新体系，为上海产业持续健康发展提供强大驱动力。

“十二五”产业技术创新主要引导性目标

主要指标			“十一五”末期（2010年）	“十二五”末期（2015年）预期目标
研发投入	规模以上工业企业R&D投入占主营业务收入比重	%	0.85	1.50
研发投入	大中型工业企业R&D投入占主营业务收入比重	%	1.00	1.80
	规模以上工业企业技术开发人员占全市科技活动人员比例	%	45	50以上
研发机构	国家认定企业技术中心（含分中心）	个	42（5）	60左右
	市（省）认定企业技术中心	个	323	600左右
	区（县）认定企业技术中心	个	600	3000
创新成果	工业企业开展科技项目数	项	1.6万	3万以上
	新产品产值率	%	23%	30%左右
	全市发明专利申请量		6867	10000

（1）企业技术创新能力明显增强。推进“十、百、千”发展计划。支持发展10家左右具有国际竞争力的龙头企业，打造百家具有国内领先水平的技术创新示范企业，培育上千家战略性新兴产业的骨干企业，带动一批“专、精、特、新”创新型中小企业发展。

（2）重点产业技术能级显著提升。实施“双百”攻关计划。每年组织重点产业百项技术攻关和百项专利新产品开发。加大产业技术创新投入，力争规模以上工业企业研发投入占主营业务收入比重每年提高0.1个百分点，到2015年达到1.5%左右，大中型工业企业和战略性新兴产业重点领域企业研发投入强度达到1.8%以上。

（3）产业技术创新体系不断完善。突出企业技术中心的核心地位，到2015年，国家级、市级、区县级企业技术中心分别达到60、600、3000家左右。在新兴产业和支柱产业重点领域建设20家左右产学研用融合的产业技术创新平台，争取新增20家左右国家级创新平台和行业重点实验室。

四、“十二五”发展重点

按照落实国家战略要求和本市产业发展实际，“十二五”期间，将以支撑产业升级为主攻方向，围绕培育发展战略性新兴产业、提升先进制造业和促进生产性服务业协同发展，突破一批关键技术、工艺、产品和装备，带动上海产业技术创新整体水平的提升。

1．优先支持战略性新兴产业关键核心技术突破

围绕落实国家和本市战略性新兴产业规划部署，积极培育发展新一代信息技术、高端装备制造、生物、新能源、新材料、节能环保和新能源汽车等七大领域，推进产业高端化发展。在新一代信息技术领域，重点攻关新一代集成电路设计制造封装测试等关键技术与工艺、有机发光显示器（OLED）产业化关键技术、下一代基础网络（IPv6）技术、微机械系统（MEMS）产品与器件产业化关键技术、高功率半导体照明（LED）芯片与装备制造技术、高端软件和技术软件研发等；在高端装备制造领域，重点攻关智能机器人产业化关键技术、高效高速加工关键技术、高端电子装备关键技术、深海资源钻采设备关键技术、大型客机及商用飞机发动机研发关键支撑技术、卫星导航系统应用关键技术、轨道交通车辆及控制技术、关键基础零部件核心技术、仪器仪表及工业自动化技术等；在新能源领域，重点攻关第三代核电关键设备制造技术、新一代太阳能电池及装备技术、高温超导产业化关键技术、电力储能系统关键技术等；在新材料领域，重点攻关特种合金材料关键技术和工艺、高模量纤维材料及应用关键技术和工艺、功能膜产业化关键技术等；在生物产业领域，重点攻关医学影像国产化核心部件及关键技术、生物制药关键技术等；在新能源汽车领域，重点攻关汽车电子应用芯片及系统关键技术、动力电池及关键材料产业化技术；在节能环保领域，重点攻关高效节能、先进环保和资源综合利用的技术与装备等。

2．持续提升先进制造业的核心竞争力

加大技术创新力度，促进电子信息产品制造业转型升级，提升汽车、成套装备等产业核心竞争力，优化钢铁、石化等产品结构。电子信息产品制造业，鼓励加工制造企业提高本地化产品研发和工业设计能力，重点突破数字电视与数字内容产品与技术、新型智能移动终端产品和技术。成套装备制造业，鼓励装备制造企业向设计与服务产业链两端延

伸，重点突破新一代高效清洁火电装备、工程机械以及冶金、化工、煤炭等行业先进成套设备的设计、制造、服务关键技术，加快发展仪器仪表及自动化控制关键技术，促进整机与关键核心部件协同发展。汽车制造业，重点突破自主品牌汽车整车以及发动机、变速器、汽车电子等关键零部件设计制造核心技术，逐步建立完善的自主品牌汽车研发体系。精品钢材制造业，支持优势企业优化产品结构，提高附加值，重点提升宽厚板、高档汽车板、硅钢、电工钢、不锈钢等高端产品的制造工艺水平，积极开发重大工程与重大装备用关键材料。石化和精细化工业，结合行业布局调整，围绕“装置大型化、产品高端化、产业基地化”目标，积极培育化工新材料，支持开发精细化工产品，延伸产业链，提高附加值。同时，围绕时尚、科技、创意、品牌等主题，支持企业开发新技术、新产品，用先进实用技术改造提升都市型工业，促进轻工、纺织、食品等都市型工业优化升级。重点支持家用电器变频技术、家电绿色设计及回收利用技术、多功能纤维产业化技术、绿色食品制造技术等发展。

3．以新技术新模式支撑生产性服务业协同发展

围绕总集成总承包、供应链管理、专业维修、检验检测等生产性服务业重点领域发展，重点支持基于知识工程的信息资源应用技术、服务型制造信息化支撑技术、基于物联网的工业品管控技术、产业链及产业集群发展的支持技术、企业信息化管理与综合集成技术等。

结合贯彻落实国家《“十二五”产业技术创新规划》和《产业关键共性技术发展指南》，定期组织编制并向社会发布本市产业技术创新指南，引导各行业加快技术创新步伐，提高技术能级和水平。

五、“十二五”主要任务

“十二五”期间，要努力形成“企业创新主体地位基本确立、创新支撑条件基本完善、创新外部环境明显优化”的上海产业技术创新体系的基本构架，为上海新兴产业发展和产业转型升级提供支撑。围绕上述目标，重点推进以下工作：

1．加强企业技术创新能力建设

（1）建设技术创新示范企业。鼓励创新能力达到或基本达到国际同行业领先水平，能够在国际上发挥引领作用的企业，争创国家技术创新示范企业；比照国家认定示范企业的要求，开展市级技术创新示范企业创建工作，为进入国家级技术创新示范企业建立后备队。

（2）推进企业技术中心建设。强化企业技术中心在产业技术创新体系中的核心作用，力争各级企业技术中心数量明显增加，高新技术企业和大中型工业企业基本建立企业研发机构，鼓励有条件的企业建立各类高水平的技术中心，支持企业技术中心承担国家和本市研究和试验开发任务，主持或参与重大技术攻关和行业共性技术研发，选择创新方向和技术路线，牵头组织技术研发、产品创新、利用和转化科技成果等产学研用活动。

（3）支持大型企业集团发挥技术引领作用。充实本市与中央企业战略合作内容，发挥中央企业在承担国家重大技术攻关和实施国家战略任务中的龙头作用，为争取各类国家技术创新项目落户上海提供支持条件。发挥地方国有企业的骨干作用。对正在推行的研发投入视同利润考核的实施效果进行总结，进一步改进和完善国有资产管理的考核办法，引导地方国有企业不断加大研发投入。支持地方国有大集团建设中央研究院和集团级研发平台，支持骨干企业建设具有国际水平、国内领先的技术研发机构。鼓励中央企业、上海和国内大型民营企业在沪设立企业研发中心，增强技术创新实力，实施创新成果产业化。

（4）打造中小企业技术创新体系。把激发企业创新活力与创造公平竞争环境结合起来，注重发挥中小企业的独特作用，形成龙头企业、骨干企业和一大批中小企业融合发展的产业技术创新企业生态链，打造一批适合不同行业特点的技术创新服务平台。支持有条件的区县和园区为有志创业者提供包括物质和生活条件在内的必要的创业创新条件，吸引国内外优秀人才来上海创业。

（5）支持外资企业开展技术创新活动。坚持国际化、开放式创新发展战略，鼓励国际先进企业设立研发机构和高端产业基地，从本地制造向研发设计和品牌管理延伸，引进国际先进技术和经营模式，进一步融入上海技术创新体系，力争2015年跨国公司研发中心达到400家以上，支持外资企业与本土企业的技术交流与合作，促进上海产业转型升级。

2．加强产业技术创新支撑服务体系建设

（1）建设面向重点产业的公共技术创新服务平台。加大公共技术创新服务平台建设力度，支持科技资源开放共享，根据上海产业发展导向，积极争取建设国家重点实验室、国家工程实验室、国家工程技术（研究）中心等创新平台，争取新增一批国家行业重点实验室，建设面向新兴产业和支柱产业的国家级检验检测中心，增强技术服务和辐射能力，充实部市合作、市院合作工作内容。

（2）支持产学研用合作发展。发挥本市产业、科技、教育、人才的综合优势，坚持以企业为主体，支持各种类型的产学研合作模式，每年推进一批产学研示范项目，建设一批产学研合作创新基地，发展一批产学研用相结合的产业技术创新联盟，支持各类产业应用技术研发机构建设，形成适应上海产业特点的产业应用技术研发体系，加强产业共性关键技术研发攻关和推广应用，加速技术成果的工程化、产业化和商品化，推进行业技术水平的整体提升。

（3）实施知识产权和标准化战略。强化知识产权创造、运用、保护和管理作用，推进上海市知识产权优势企业创建

工程，争取创建100家左右知识产权优势企业，加大企业知识产权工作的宣传、培训力度，做好重点产业知识产权监测和预警工作。做好年度专利新产品的认定工作，对于拥有自主专利技术、符合国家和本市产业导向、通过新产品技术鉴定、技术达到国际先进或国内领先水平、具有良好的市场前景的新产品给予认定，并给予一定的研发资助。支持优势企业积极参与制定国际、国家及行业标准，每年支持20项左右重要标准制定。支持国际和国家标准化机构落户上海。

（4）组建上海市产业技术专家委员会。由国内外相关产业领域的企业、科研院所、高等院校、专业服务机构的专家组成，负责对本市产业技术领域中带有长远性、全局性和前瞻性的重大问题开展调查研究，提出意见和建议；对全市重要产业规划、产业技术发展方向、产业技术政策的制定工作提供咨询建议等。

3．优化产业技术创新外部环境

（1）促进金融资本与技术创新的结合。探索技术与金融结合的发展渠道，发挥各类金融投资机构作用，引导金融机构综合运用买方信贷、卖方信贷、融资租赁等方式，加大对产业技术创新活动的信贷支持。充分发挥资本市场支持科技型中小企业创新创业的重要作用。加大科技投入力度，创新政府投入方式，鼓励各类天使投资、风险投资和创业基金等集聚发展，促进投贷联动、知识产权质押等科技金融产品创新，搭建本市产业技术创新服务机构与金融机构的信息互动平台，引导社会资本投入技术创新成果的转化和产业化。

（2）引导技术创新人才向企业集聚。进一步完善人才发展机制，加快培育和使用好符合产业技术创新需求的高层次科技人才队伍，增加“千人计划”、“领军人才计划”等各类创新人才计划对企业人才的支持比例。进一步落实对企业科技人员的收入分配和激励机制，加大奖励力度，支持企业吸引和凝聚创新人才。总结和不断扩大张江国家自主创新示范区股权激励政策。加强技能型队伍建设，鼓励企业开展职工群众性技术创新活动。

（3）加大新技术新产品的市场拓展支持力度。发挥需求引导与应用导向作用，落实好重大技术装备首台业绩突破、政府采购优先购买本地创新产品、促进节能环保产品应用、支持中小企业发展等政策措施，进一步扩大政策适用范围。结合当前战略性新兴产业、先进制造业的发展瓶颈和发展急需，组织实施产业重大技术开发，解决制造产业发展中的技术瓶颈，实施一批重大应用示范工程，推进新兴产业发展和新技术新产品的生产使用。

（4）进一步推进产业技术的开放式创新。充分利用上海先行先试、不断拓展、率先发展的优势，立足全球科技资源，积极拓展国内外科技合作渠道，引进国内外先进技术和研发装备。加快国外先进标准向国内转化，开展国际标准对标活动。加强与国外有关科技发展计划的交流与合作，参与和组织产业技术创新的重大国际合作项目，在更大范围、更高水平上积极参与国际科技合作。

（5）建设产业技术创新集聚区。围绕张江国家自主创新示范区、杨浦创新型试点城区建设，鼓励产业技术创新机构集聚发展，培育和发展战略性新兴产业和高新技术企业。围绕本市先进制造业基地的转型升级，支持引入国内外研发机构，建设产业技术创新平台。

六、“十二五”发展政策措施

1．强化推进产业技术创新的统筹协调机制

建立市政府分管产业工作副市长为召集人的市产业技术创新工作联席会议制度，完善促进产业技术创新工作的统筹协调机制，定期研究部署推进本市产业技术创新工作的重大事项。发挥产业、科技、教育、财政等主管部门以及行业协会等在推动产业技术创新中的重要作用，市产业主管部门牵头建立本市产业技术创新工作服务体系，并向区县、开发区延伸，抓好现有政策的贯彻落实，做好对各类市场主体的服务。

2．加强对推进产业技术创新的政策支持

进一步落实研发费用加计扣除、固定资产加速折旧等税收政策的作用。落实本市支持新兴产业的用地、规划、人才等政策。继续争取国家关于技术创新政策试点先行先试，逐步扩大试点范围。加快研究制定促进产业技术创新的新政策，对在产业技术创新和先进制造业优化升级中的重大成果给予奖励，对卓有成效的产业技术创新产品应纳入政府优先采购范畴。

3．加大产业技术创新投入力度

加强统筹协调，调整和优化投入结构，确保市级财力对产业技术创新投入逐年增加。扩大现有上海市企业自主创新专项资金规模，用于支持企业技术中心能力建设、引进先进技术和先进研发设备、新产品新技术攻关、创新技术和产品的首台业绩风险补贴。对本市企业承担国家技术创新任务给予配套支持。鼓励和支持企业加大研发投入，加大技术创新成果产业化的投入力度。对于研发投入达到国际先进或国内领先水平的企业给予奖励。组织实施一批产业技术创新重大投资项目，带动重点领域突破。

4．加快建立多层次的创新人才培养和使用体系

加快培育中青年产业技术创新人才，注重从国家科技重大专项和上海市战略性新兴产业项目实施过程中发现和培养创新型科技人才。支持企业引进和使用好高端紧缺人才，大力发展职业教育，加强专业化人才培养，重视企业员工岗位培训。探索建立和健全技术要素参与分配的机制，健全与岗位责任、工作业绩、实际贡献紧密联系的激励机制，使各类科技创新人才的创造性劳动获得与其价值相称的认可。

附件 2：上海市经济信息化委关于强化企业主体地位实施产业技术创新工程的意见

一、加快完善企业为主体的产业技术创新体系

（一）完善以企业为主体的产业技术创新体系。到 2020 年，基本形成以企业为技术创新主体、产学研用合作为支撑条件、各类要素资源聚焦支持的产业技术创新体系，企业充分发挥技术创新的主导作用，技术创新的资源、投入、人才、成果充分向企业集聚。到 2015 年，基本建立由企业牵头的产业技术创新项目承担机制、由企业主导的产学研合作机制、鼓励技术创新政策资源向企业聚焦的政策落实机制。

（二）明确产业技术创新的主要目标。按照上海率先实现自主创新的要求，坚持培育发展新兴产业与提升优化传统产业相结合，依托行业骨干企业，不断加大企业研发投入，增强产业核心竞争力，推进“上海制造”向“上海设计”、“上海创造”提升。到 2015 年，全市企业研发费用占主营业务收入的比重达到 1.5% 左右，其中大中型企业达到 1.8% 左右。

到 2020 年，企业研发费用占主营业务收入的比重进一步提高，龙头企业研发投入强度达到或接近国际先进水平；重点产业技术创新水平保持全国领先，部分重点行业达到或接近国际先进水平，形成一批具有重大影响的技术创新成果。在精品钢材、民用航空、民用航天、汽车、船舶与海洋工程、能源装备、港口装备、移动通信、信息网络、建筑工程等领域打造 10 个左右具有国际竞争力的企业研发机构；在集成电路、新型显示、生物医药、汽车零部件、成套装备、化工材料、轻工食品等领域集聚 100 家左右具有国内领先水平的企业研发机构；培育发展 1000 家以上在细分领域具有较强创新能力的“专、精、特、新”中小企业。

（三）发挥各种所有制企业的创新主体作用。加强分类指导、引导和支持，推动企业提升创新管理水平。

发挥中央企业的行业龙头作用，充实和丰富本市与央企战略合作的内容，积极争取国家重大技术创新和战略性新兴产业发展任务在上海实施。

支持地方国有企业增强创新动力，推动国有创新型骨干企业不断加大研发投入，完善研发体系，加大国资收益用于创新活动的比例，落实国有企业研发投入视同利润等考核措施。

鼓励和支持民营企业加快提升技术创新能力，支持“专、精、特、新”中小企业发展，完善支撑中小企业创新创业和技术转移的公共服务平台建设。

鼓励外资企业从本地制造向研发设计和品牌管理延伸，引进国际先进技术和经营模式，进一步融入上海技术创新体系，促进上海产业转型升级。

二、支持企业建设高水平研发机构

（四）鼓励本市企业建立各类研发机构。到 2015 年，本市国家级、市级、区级企业技术中心分别达到 60、600、3000 家左右。本市高新技术企业、承担战略性新兴产业重点项目的企业、国有及国有控股大中型企业，原则上都要建立企业研发中心。市区联动，鼓励区县推动企业建设研发机构。实施支持技术创新的鼓励政策时，优先选择市级以上企业技术中心进行试点。支持具有市级以上技术中心的企业申报国家技术创新示范企业。

（五）支持市外企业在沪设立研发机构。大力引进跨国公司、中央企业和外地企业来沪设立高水平研发机构，支持其参与本市新兴产业发展，推动其与本地企业、高等院校、科研院所的技术交流合作或共建研发机构，鼓励其在上海实施创新成果产业化，培育发展研发产业。支持区县在机构设置、办公场地、人才招聘、合作对接等方面对市外企业在沪设立研发机构提供便利条件。

（六）鼓励上海企业到海外设立研发机构。支持企业到海外并购重组技术先进型企业及研发机构，设立研发中心，引进优秀技术人才、先进技术和研发装备，推动与国家政策性金融机构建立长期的制度性合作机制，为本市企业实施“走出去”的技术创新活动提供支持。

（七）加强企业研发机构的能力建设。实施企业技术中心能力提升工程，支持企业购买先进技术、研发设备，建设相关研发设施，加强技术创新人才队伍建设，加大知识产权投入。对列入国家企业技术中心能力建设专项的企业给予支持。

三、支持企业加大研发投入

（八）鼓励企业提高研发投入占主营业务收入的比重。加大对企业技术创新活动的支持力度，加强分类指导，制定分行业企业研发投入强度（研发费用占主营业务收入的比重）导向标准，对研发投入超过导向标准的优势企业给予一定鼓励支持。

（九）切实落实企业创新投入的税收支持政策。加强政策宣传力度，指导企业根据规定开展科研立项，合理归集科研经费。加快落实国家扩大研发费用税前加计抵扣范围的政策，争取先行先试，将购买国内外先进技术和研发装备、引进高端人才等纳入抵扣范围，提高单台研发设备加速折旧的

限额。

（十）推进上海产业技术创新重大投资项目。滚动实施若干项战略目标明确、产业带动作用强、兼有前瞻性和风险性的产业技术创新重大项目，明确投资和实施的企业主体，加大国有资本和政府专项资金的聚焦支持，争取率先突破核心关键技术，形成产业化。

（十一）加大引进技术的吸收与创新投入力度。按照《上海市鼓励引进技术的吸收与创新规定》要求，鼓励本市企业引进国际先进技术并掌握其设计理论、工艺流程等技术要素，在此基础上开发新技术、新产品并实现产业化，加大对引进技术的吸收与创新活动的支持力度，适当提高项目的支持比例和额度，对产业重大关键技术攻关给予持续支持。

（十二）创新支持优势企业研发投入的方式。支持行业龙头企业制定重点领域的技术发展路线图，设定技术发展目标，对其依据技术发展路线图开展的研发活动给予综合支持，根据阶段性目标完成情况给予支持奖励。

四、鼓励以企业为主导的产学研协同创新

（十三）完善产学研工作推进机制。发挥上海市产学研合作机制的作用，明确工作计划和目标措施，落实人员和经费保障，加强对全市产学研合作工作的协调指导及典型案例的总结宣传，在行业龙头企业或承担本市重大项目的企业设立一批产学研合作创新示范基地。

（十四）鼓励以企业为主导的产学研用合作。充分发挥企业准确把握市场需求和创新方向的优势，鼓励企业牵头整合国内外科技力量，以项目联合攻关、共建研发机构、组建产业创新联盟等形式开展产学研用合作。发挥行业协会等机构在推进产学研用合作中的积极作用。对产学研公共服务平台建设、产学研联合建设实验室和工程中心、企业购买高校和科研院所的技术创新成果、科研机构从事行业共性技术研发和服务等，由产学研合作专项资金给予资助。

（十五）建立以企业需求为导向的产学研公共服务平台。拓展上海研发公共服务平台的功能，推进资源整合，以项目为载体，构筑集企业技术攻关项目需求发布、高校和科研院所科研成果供给、技术成果交易等功能于一体的产学研公共服务平台。

五、支持企业开展多元化技术创新活动

（十六）支持有条件的企业开展超前研发和技术储备。鼓励有条件的企业安排一定力量开展超前研发。鼓励企业集团设立基金，政府提供一定支持，委托权威机构，面向重点领域组织产业链上下游企业、国内外高校、科研院所等开展前沿技术研究，鼓励优势企业承担国家和市级工程技术（研究）中心、实验室等技术创新平台建设，积极参与产业应用技术研究机构建设。

（十七）鼓励企业实施知识产权和标准化战略。鼓励企业开发新技术、新产品，申请国内外发明专利，提高产品质量。争取国家工业企业知识产权创造运用能力培育工程任务，创建一批知识产权优势企业。在新兴产业领域，鼓励新技术、新产品开发与标准制定同步推进，建立专利开发与标准研制紧密结合的工作机制，支持企业以战略性新兴产业为重点主持或参与制（修）订国际标准、国家标准、行业标准。支持优势企业和转制科研院所牵头建立国家级检测平台。

（十八）推进军民高新技术融合发展。支持上海企业积极参与承担国防科技工业项目和配套任务，鼓励具备条件的国防技术成果向民用领域转化，推进军民高新技术双向互动和融合发展。

（十九）鼓励企业开展职工群众性技术革新活动。培育企业技术创新文化，加强技能型人才队伍的培养。充分尊重群众的首创精神，鼓励和支持有条件的企业广泛开展技术革新、技术攻关、技术比武、技术协作及合理化建议等职工群众性技术革新活动。

六、加大对企业技术创新的人才支持

（二十）支持技术创新人才向企业集聚。支持优势企业为实现其技术创新目标在全国乃至全球范围内整合人才资源。支持企业培养、吸引和使用好技术创新人才。在“千人计划”、“领军人才计划”等专项中，配合有关部门加大对企业的倾斜力度，培育一批在国内外同行业具有影响力的企业技术专家。在政府制定产业和技术发展规划过程中，建立征询企业技术专家的工作机制。

（二十一）加大支持创新人才的政策落实力度。配合有关部门和区县进一步完善支持创新人才落户的政策，支持企业技术人才享受本市公租房等优惠政策，支持符合条件的企业建设人才公寓。支持企业制定适当的薪酬待遇标准，在相关政策管理方面给予支持和倾斜。逐步探索对企业研发人员的激励和奖励机制。支持符合条件的企业享受张江国家自主创新示范区鼓励技术创新的股权和分红激励政策。

七、优化支持企业自主创新的外部环境

（二十二）加大技术创新成果的市场支持。进一步扩大专利新产品等支持技术创新成果产业化的政策覆盖面；扩大重大技术及装备首台业绩突破的范围并加大支持力度；进一步落实促进新技术、新产品应用的需求引导政策，通过设立专项对经认定的新技术、新产品首次应用给予用户一定的风险补贴。推进创新产品和技术的示范应用，推进产业链上下游创新产品的相互对接配套，推动创新产品及时进入政府采购目录，逐步提高政府采购资金用于购买自主创新产品的比例。支持技术创新与商业模式创新相结合。

（二十三）支持企业利用金融工具加大创新力度。进一步探索企业技术创新与金融资本结合的发展渠道。发挥各类金融投资机构和投资主体的作用，支持创新型企业利用资本市场进行直接融资和间接融资，搭建本市产业技术创新服务机构与金融机构的信息互动平台，引导社会资本投入技术创新成果的转化和产业化。支持企业应用科技金融产品，鼓励有条件的地区发行集合债券、集合票据，扩大知识产权质押，培育和发展科技担保和保险市场等。

（二十四）加大对企业技术创新活动的财政专项支持力度。推动建立财政资金支持企业技术创新投入稳定增长的机制，扩大企业自主创新专项资金规模和使用范围，增加对企业研发机构建设、新产品新技术开发和市场应用、产学研合作、产业技术创新公共平台建设、研发人员奖励等方面的支持力度。

（二十五）完善服务企业技术创新的工作机制。部门联动，市区联手，加强本市新兴产业服务体系、中小企业服务体系、技术创新服务体系的互动对接，在政策宣传、信息传递、需求反映、问题解决等方面形成工作合力，切实帮助企业解决技术创新和企业发展中遇到的困难和瓶颈问题。

（二十六）加大对企业技术创新的引导和推动。加强对企业技术创新成效的宣传和表彰，加快完善企业技术创新统计体系，深化研究产业技术创新的评价指标体系，为科学评估和决策提供依据。

上海市经济和信息化委员会

2012 年 8 月 29 日

工业品牌建设情况

2013 年，上海紧紧围绕创新驱动发展、经济转型升级，在市品牌建设工作联席会议机制下，以提高质量和效益为导向、以增强企业质量和品牌竞争力为目标，积极推动工业转型升级和品牌提升发展，品牌建设初见成效。

截至 2013 年年底，本市共有中国驰名商标 165 个、上海市著名商标 1156 个、上海名牌 1216 项，中华老字号 180 个，总量位居全国前列。其中制造业占了大半。根据《上海市加快自主品牌建设专项资金管理办法》，年内对一批符合条件的企业品牌奖励类项目、品牌建设类项目和品牌公共服务类项目提供了专项资金支持，共支持 93 个项目。

一、提升自主研发能力，“四新”特征崭露头角

市区两级政府进一步落实对品牌企业科技创新政策的宣传和服务，引导品牌企业开展研发设计创新、技术工艺创新，以及两化融合等自主创新项目建设。支持品牌企业对标国内外行业标杆，开展科技小巨人工程、设计创新示范企业、知识产权优势企业、创新型企业等各类争创工作，大大激发了企业创新意识和创新动力。

大力提升企业自主研发能力。轻纺产业加大设计研发和技术改造工作力度，全年支持“花冠”乳业生产工艺改造等 128 个消费品企业项目。上海加快创新药物的研究和生产，获得国家生产批文和临床研究批文数量位居全国第一。此外，上海汽车自主品牌乘用车以 A 架构项目为载体，加快提高整车开发能力，持续开展降本工程，推动相关重点领域技术能力的突破和提升；上海天马投资建设国内首条 4.5 代 AM-OLED 显示屏中试线，填补了国内技术与产业空白，并达到国际先进水平；展讯通信、灿芯半导体等企业已采用 40nm 技术成功设计芯片，并进一步研发 28nm 技术芯片；上海微电子装备公司研制的“90nm 扫描投影光刻机”通过工艺测试，“先进封装用分步投影光刻机”获第 14 届中国国际工业博览会金奖。

积极满足和引导市场需求。大金空调研发中心落户上海，贴近市场开发新品，研制出适合公寓阳台放置外机的新颖家庭用中央空调，深受市场欢迎；爱森肉食品公司在创新转型中打造全产业链服务型企业，形成零售、团购、批发三种销售模式，面对禽流感疫情，快速推出冷鲜鸡，使其成为继冷鲜肉之后爱森品牌中又一个重量级的产品。

加强企业研发设计中心建设。开展对国家级、市级、区级企业技术中心的调研，完善市级企业技术中心能力建设的支持方式，54 家企业被认定为上海市企业技术中心，46 个项目获得能力建设项目专项资金支持。宝信软件、上汽集团等 4 家企业获得工信部国家技术创新示范企业认定；上海天马、中信国健等 3 家企业获得国家级企业技术中心认定；上海家化成为工信部认定的首批国家级企业工业设计中心等。

加强“四新”为特征的创新活动。针对日新月异的网络信息技术的发展和现代生活方式的变化，顺应跨界融合的产业发展新趋势，新业态、新技术、新模式、新产业品牌也在崛起，给品牌发展提供了新的发展空间。“三枪”服饰、“回力”鞋业、“上海”手表等企业开始触网，“古今”内衣完成 SAP 管理软件一期导入，“双鹿”电器实施信息化改造提升供应链管理效率。上海软件行业 20 强出炉，新评选出 136 家科技小巨人（含培育），涌现出一批具有自主知识产权的科技企业品牌和网络服务品牌。

二、提高品牌质量水平，品质品位不断提升

鼓励品牌企业运用新技术、新方法、新工艺实施质量攻关与提升，开展质量现场管理和群众性质量改进活动，创建可靠性示范基地。开展质量标杆学习实践活动。开展市、区

两级政府质量奖评选，建立一批政府质量奖示范组织。宣传优秀企业在控制质量、塑造品牌方面的做法和经验，继续推广卓越绩效模式、六西格玛、精益生产等质量管理方法；举办品牌建设与品牌营销、品牌管理、QC小组诊断师考评班和提高班等培训活动。企业加强技术改造和质量攻关，共有30家企业的质量攻关项目获得上海市重点产品质量振兴攻关成果。

确保食品药品安全。重点推进食品工业企业诚信体系建设，完成全市规模以上食品工业企业诚信管理体系培训全覆盖，依托第三方机构指导企业建立实施诚信管理体系；开展婴幼儿配方乳粉安全深度行活动；实施婴幼儿配方乳粉双提行动计划，开展企业摸底调研，推动企业实施GMP改造。在药品生产行业，2013年也是实施新版GMP认证的重要一年。血液制品、疫苗、注射剂等无菌药品的生产，在年底前达到新版标准，部分企业停产进行GMP改造，这对于企业质量管理体系提升和药品安全大有益处。

加强质量检测控制。上海太太乐食品公司斥巨资更新检测设备，能检出原材料中的农药、兽药残留和添加剂等，确保产品质量、有效控制食品安全；伽蓝集团研发的“3D皮肤模型技术”经专家鉴定达到化妆品研究领域国际先进水平；光明乳业斥资14亿元投资新建的日产2000吨乳制品的马桥中央工厂项目基本完成，该项目不仅具有技术工艺先进、节能环保、自动化程度高、加工配送紧密的综合优势，而且大大提升了检测能力、将进一步确保乳品安全。

提升品质品位水平。不少企业品牌在追求品质品位上狠下功夫，“妩Woo”服饰吸引国际顶级品牌设计师加盟；“佰草集”在外资品牌垄断的日化领域成功突围，将海外业务拓展至法国、西班牙、意大利、荷兰、新加坡、德国等地；“海立”压缩机在印度艾哈迈达巴德等地建设高水准制造业新基地，在意大利米兰设立欧洲技术服务中心；“蝴蝶”缝纫机先后从德国收购杜克普爱华股份公司、百福和凯尔曼等国际知名的高端品牌企业；上海锅炉厂喜获中国质量奖提名奖，成为全国锅炉行业唯一上榜企业。质量品质的提升，为其获得国内外诸多大项目订单创造了条件，如，成功获得国际最大壳牌气化炉SE-东方炉独家授权等。

三、强化品牌体系建设，政府社会合力推进

按照国家标准《品牌价值》和工信部《品牌培育管理体系实施指南／评价指南》等宣贯要求，指导重点推进品牌企业、中华老字号企业、中国驰名商标企业、上海市著名商标企业、上海名牌产品／服务企业高标准制定品牌发展战略并理顺组织运作架构，引导企业强化品牌意识和主体责任，支持企业导入品牌培育管理体系。上海工业品牌建设逐步纳入规范化、标准化、体系化轨道，全社会合力推进品牌发展的氛围基本形成。

加强品牌体系化建设。根据国家标准和品牌培育管理体系要求，不少企业积极开展品牌战略制定和实施工作，积极导入企业品牌培育管理体系建设，“双鹿”电器、“飞科”电器、“水星”家纺等一批品牌企业开始委托第三方专业机构制定品牌发展战略，自主品牌的媒体宣传投入有所提高；上海有14家企业成为2013年工信部品牌培育试点企业，11家企业成为重点跟踪培育的服装家纺品牌，80余家企业积极参与工信部品牌竞争力评价活动。

提升企业品牌价值。根据国家质检总局关于品牌价值评价工作要求，对上海医药、上海汽车、上海丝绸、老凤祥等19家企业品牌测算，总价值达1369.96亿元，平均为72.10亿元。一批企业品牌或产品品牌成为国内外行业细分领域的隐形冠军，像红双喜等品牌成为一些细分行业的世界第一。上海和鹰科技公司是目前国内自动裁剪领域的领军企业，其自动裁剪占国内市场六成份额；上海威士机械有限公司的产品已进入国内一流服装企业并出口海外，其西服熨烫设备的国内市场占有率达到70%左右。

实施品牌人才工程。按照引进人才相关规定为品牌建设高端紧缺人才申办本市户口等，组织6家单位参加工信部“品牌经理”培训示范班，为上海品牌人才建设营造智力环境。以企业掌门人品牌培训为抓手，普及品牌知识、植入品牌理念，并积极开展面向品牌企业的首席品牌官、品牌经理、品牌专员三级管理人才培训。支持举办2013上海品牌管理人才培训班、上海品牌掌门人培训沙龙、品牌培育管理专题培训班等品牌人才培训活动，共培训企业掌门人、品牌经理等共近200人次。

开展“品牌上海”整体宣传。依托媒体资源，制作播放《感谢有你》、《阿拉制造》等“上海品牌”宣传片，编印《品牌的力量——上海自主品牌案例集》等宣传材料，支持相关行业协会和社会机构组织第三届轻工新品名品展、2013上海自主品牌形象展、第七届中华老字号博览会等展会，举办上海品牌发展论坛、“品牌发展与知识产权”主题论坛等，发布《2012上海品牌发展报告》，人民网上海频道推出“品牌上海——国货正自强”专栏特别报道，为上海品牌整体宣传创造舆论环境。

开启合力推进的良好局面。在市品牌建设工作联席会议机制下，为重点推进品牌开展个性问题点上协调、共性问题面上对接工作；启动长三角品牌建设合作机制，并已纳入长三角城市合作工作事项，起草发布2013长三角品牌建设研究报告；联席会议成员单位形成合力，发挥市场作用、整合社会力量，积极开展资源整合、政策引导、宣传推介、品牌培育、渠道拓展、质量提升和知识产权保护等相关工作，形成了品牌意识明显增强、宣传效应日益放大、社会共识逐步形成、消费信心有所提升、品牌建设初见成效的良好局面。

（徐　铭）

附件：关于本市加强品牌建设的若干意见

加强品牌建设，是本市培育自主知识产权、提升产业发展水平和经济实力的重要举措。为着力推进本市各类品牌快速健康发展，不断提高产业核心竞争力，有效促进发展方式转变，根据国家有关品牌工作的指导意见，现就本市加强品牌建设提出若干意见如下：

一、指导思想、基本原则、发展目标

（一）指导思想

深入贯彻落实科学发展观，围绕“创新驱动、转型发展”和加快推进社会主义现代化国际大都市建设，优化品牌发展环境，引导企业加强品牌能力建设，支持和鼓励多元投资主体以资本为纽带，加快品牌的市场化运行，推动实现以品牌为核心的产业发展新模式。

（二）基本原则

1．坚持企业主体与政策引导相结合。发挥企业的品牌建设主体作用，增强品牌意识，提高企业自主创新能力，走内涵式品牌发展道路；发挥政府的政策引导、管理服务、环境营造作用，推动品牌发展。

2．坚持扩大新兴品牌和振兴老品牌、老字号相结合。抓住本市产业结构战略调整机遇，培育发展一批拥有较强创新力和竞争力的新兴品牌；传承创新一批老品牌和老字号，彰显上海品牌发展的文化底蕴和地域特色。

3．坚持面上服务和点上突破相结合。通过出台相关政策、支持专业化服务平台建设和营造良好环境，推动全市品牌建设；通过每年重点推进一批品牌建设，加强政策聚焦，树立品牌发展优秀典型，探索突破制约品牌发展的体制机制障碍。

（三）发展目标

“十二五”期间，滚动培育和扶持一批注册在本市的品牌发展，使企业的品牌创新意识明显增强，产业的市场竞争力和品牌管理能力明显提高，形成一批国内外知名品牌。建立一批促进品牌创新、成长、升级的服务平台，使品牌发展环境进一步得到优化，努力将上海建设成为国内重要的品牌孵化培育中心、品牌集聚辐射中心和品牌交易运作中心。

二、重点领域

根据国家有关扩内需、强品牌的要求，当前阶段重点聚焦涉及国计民生的产品品牌和影响力大的消费品产业领域，加快自主品牌振兴和新兴品牌的成长，引导企业加强品牌意识。从消费品产业入手，以市场为导向，培育品牌特别是自主品牌消费群体，总结和推广品牌发展规律，以此带动各类产业品牌更好地发展。

三、政策措施

（一）发挥企业建设品牌的主体作用

1．鼓励企业开展创新体系建设，提升品牌创新能力。支持企业开展信息化、技术改造升级、构建国内外市场网络等项目建设。鼓励企业创建设计创新示范企业、知识产权优势企业，加强产学研合作，加强产品设计和生产工艺改造升级，开发具有自主知识产权的新产品。鼓励企业加强管理创新，采用现代化营销模式拓展产品和服务市场，提高市场拓展能力。

2．鼓励企业加强质量和标准化体系建设，提升品牌质量能级。围绕提高产品质量、制造过程质量保证能力和企业质量管理能力，鼓励企业开展质量攻关改进等活动，制定高于国家标准与行业标准的企业标准，并参与相关国家标准、国际标准的制定和修订，创建标准化示范企业。

3．鼓励企业完善信用制度，强化信用管理，加强与信用服务机构的合作，使用信用产品及服务。指导信用服务机构研究制定反映被评企业品牌开发能力的信用评价标准及指标体系。加强企业信用管理培训。加大市、区县信用体系建设专项资金对品牌企业信用体系建设的支持力度。指导开展企业诚信创建活动，引导企业诚信经营，塑造诚信品牌。

（二）完善财税扶持政策

在上海市自主品牌建设专项资金、上海市现代服务业引导资金、上海市促进文化创意产业发展财政扶持资金、上海市中小企业发展专项资金、上海市文化“走出去”专项扶持资金等市引导扶持专项资金和各区县相关专项资金中，加大对品牌建设和发展的引导扶持力度。

4．支持企业实施品牌发展战略，鼓励老字号企业在传承中创新，提升品牌附加值，加大出口力度，拓展国内外市场。

5．支持品牌公共服务项目建设，以及由国家有关部门、市有关部门组织开展的品牌培育试点、品牌宣传推广活动等项目。

6．建立政府奖励制度，对获得政府部门认定的国家级称号（“中国驰名商标”等）以及国内外著名设计奖项的企业，由本市相关专项资金给予一次性奖励。对获得“上海市著名商标”、“上海名牌”、市政府质量奖等市级称号的企业，由企业所在区县专项资金给予一次性奖励。

7．鼓励品牌企业提高设计研发能力，经认定的高新技术企业，可按国家规定享受税收优惠政策。品牌企业购买服务机构、设计企业提供的品牌策划、营销、研发设计等专业化服务，应税服务的进项税额按规定实施增值税抵扣。

（三）营造品牌发展的良好环境

8．优化自主品牌的商业环境。在编制现代服务业发展规划、商业布局规划时，明确支持自主品牌企业以市场化方式竞争入驻。鼓励支持商业企业扩大经营自主品牌，鼓励有条件的区县设立自主品牌街区，对自主品牌入驻营运面积达到一定比例的商业企业，经认定后给予综合性优惠政策支持。依法打击各种限制竞争以及滥用市场支配地位进行不正当竞争的行为。支持行业协会协助新闻媒介提供权威、准确的信息发布，营造良好的舆论环境。

9．拓宽品牌企业投融资渠道。鼓励金融机构、市创意产业投融资基金联盟等加强服务，支持符合条件的品牌企业上市融资、发行债券。鼓励国有资本引导社会资本设立自主品牌发展基金，支持企业创建中高端品牌和对自主品牌进行开放性重组。充分发挥融资担保补助资金的作用，引导融资性担保机构加大对品牌企业的融资担保和信用担保服务力度。鼓励商业银行和小额贷款公司积极开展品牌企业的知识产权质押、仓单质押、商铺经营权质押、信用担保贷款等多种融资业务。

10．加强品牌宣传推广。鼓励企业参加由国家有关部门、市有关部门主办或支持的重大品牌宣传、展览展示等活动。鼓励媒体开设专栏或制作专题节目，加强对品牌特别是自主品牌文化内涵的集中宣传报道。

11．加强品牌知识产权保护。鼓励企业通过专利申请、商标注册、著作权登记等，提升品牌核心竞争力。支持企业开展境外知识产权布局和经营。依法打击各类侵权行为。

12．鼓励开展品牌公共服务。加快建立科学公正的品牌监测、价值测评体系，支持品牌价值评估、设计咨询、交易运作、宣传推广、人才培训、品牌企业公共教育等各类品牌公共服务平台建设，鼓励中小企业应用品牌公共服务平台，开展品牌建设基础性工作。

13．加强品牌发展人才建设。将品牌建设所需人才类别纳入文化创意人才开发目录，对有关企业引进的品牌高层次人才和紧缺急需人才，优先安排本人及其配偶、未成年子女在所在地落户。对小微型品牌企业新招用大学生并组织开展岗前培训的，按规定给予培训费补贴。

14．提供品牌企业便利措施保障。对重点推进的品牌企业的新产品研发、专利申请、知识产权保护、商业渠道、工商年检、规划用地、相关国有企业中高级骨干因公出国（境）等提供便捷通道。

（四）加强体制机制创新和产业基础支撑

15．将品牌建设纳入国有和国有控股企业的战略规划。鼓励新老品牌经价值评估，以开放性市场化方式，积极引入战略投资者。支持老字号品牌进行文化挖掘、盘活重组和市场交易。加强国有和国有控股企业转制重组过程中品牌和商标的管理，建立品牌发展的后评估机制。

16．实施品牌企业生产经营状况以及消费市场状况的专项统计，及时掌握品牌发展状况。探索开展品牌价值评估体系研究，为科学开展品牌评价和转让、授权提供支撑。

凡注册在本市的企业，其所拥有的品牌具有注册商标的全部所有权益（占有、使用、收益和处分）的，适用上述各项政策措施。

四、组织领导

建立上海市品牌建设工作联席会议，统筹协调解决品牌发展中的重要问题。联席会议办公室设在市经济信息化委，承担具体工作。

各区县政府和有关部门结合实际，研究制定贯彻本意见的具体措施，确保本意见落到实处。

工业利用外资情况

2013年，上海工业积极适应经济全球化的新形势，不断优化引进外资结构，不断拓展对外开放深度，不断完善国际化、法制化的投资环境，全年利用外资稳中有进，质量和水平有所提高。

一、全市利用外资的总体情况

2013年，本市新设外商直接投资合同项目3842项，比上年下降5%；合同金额249.36亿美元，增长11.6%，连续3年超过200亿美元，并再创年度引资规模新高；实际到位金额167.8亿美元，增长10.5%，增幅预计高出全国水平6个百分点左右。全年制造业实际到位金额31.84亿美元，增长29.8%，增幅明显快于全市外资实际到位金额。截至2013年年底，上海累计引进外资项目7.2万个，合同外资2425.01亿美元，实际吸引外资1509.93亿美元，占全国累计吸收实到外资的比重超过10%，在上海投资的国家和地区达157个。

中国（上海）自由贸易试验区建设启动实施，截至2013年年末，区内新设立企业3633户。其中，外商投资企业228户，注册资本9.8亿美元。

二、利用外资结构不断优化

2013年新批外资项目中，制造业占3.56%；合同利用外资金额中，制造业占9.43%；实到外资金额中，制造业占19.0%，制造业利用外资的效率和质量不断提高。

与此同时，制造业外资不断向民用航空、高端装备、电子信息、新材料等战略性新兴产业加快发展，氰特工程材料（上海）有限公司3155万美元外资到位，从事商用飞机材料的制造；新引进易欧司光电技术（上海）有限公司从事3D打印材料技术的研发、英华达电子新增3D打印机研发制造业务；新设康宁（上海）光学材料有限公司，从事光纤预制棒的研发生产；赢创化学增加为境外关联公司提供研发和工业改进外包服务。

三、总部经济集聚发展

2013年，新认定跨国公司地区总部42家，其中，百威英博、英特奈国际纸业、杰尼亚等11家公司认定为亚太区总部；截至年末，年内新增跨国公司地区总部42家，其中亚太区总部11家，投资性公司18家，外资研发中心15家。截至年末，在上海落户的跨国公司地区总部达到445家，投资性公司283家，外资研发中心366家，上海成为中国大陆投资性公司和跨国公司地区总部最集中的城市。

四、外商及港澳台投资企业运行质量进一步提高

2013年，全市完成外商及港澳台投资企业实现工业总产值2万亿元，占全市规模以上工业总产值3.2万亿元的62.5%，同比增长5.2%，快于全市工业0.8个百分点。外商及港澳台投资企业上缴v税金总额738.46亿元，占全市规模以上工业上缴税金总额1815.94亿元的40.7%，同比增长15.6%，高于全市工业4.6个百分点。全市规模以上工业外商及港澳台投资企业实现利润总额1461.44亿元，占全市规模以上工业实现利润总额2415.2亿元的60.5%，同比增长15.9%，高于全市工业2.8个百分点。

（黄治国）

工业进出口情况

2013年，上海工业进出口总额呈下降态势。

一、进出口下降，降幅收窄

2013年，全市工业出口总额1292.6亿美元，比上年下降5.9%；进口总额比上年下降1.9%；进出口总额2152.5亿美元，同比下降4.4%。

2013年全市及工业进出口情况

		2013年12月			2013年1—12月累计	
		总额（亿美元）	环比（%）	同比（%）	总额（亿美元）	同比（%）
全市情况	出口	176.2	−7.6	2.5	2042.4	−1.2
	进口	223.2	5.9	13.8	2371.5	3.1
	进出口	399.4	−0.5	8.5	4413.9	1.1
全市工业情况	出口	111.2	−8.2	−0.5	1292.6	−5.9
	进口	74.9	6.8	8.2	859.9	−1.9
	进出口	186.1	−2.7	2.8	2152.5	−4.4

二、机械行业出口增长，电子、化工行业由增长转为下降，纺织行业降幅扩大，钢铁行业降幅收窄

1．电子行业

2013年电子行业进出口情况

	2013年12月			2013年1—12月累计	
	总额（亿美元）	占比（%）	同比（%）	总额（亿美元）	同比（%）
出口	65.4	58.8	−5.5	756	−6.8
进口	28.1	37.6	5.7	340.4	−5.2
进出口	93.5	50.3	−2.4	1096.4	−6.3

电子行业出口占全市工业出口总额50%以上，在全市工业外贸中有较大的影响。全年出口额756亿美元，同比下降6.8%。

2．机械行业

2013年机械行业进出口情况

	2013年12月			2013年1—12月累计	
	总额（亿美元）	占比（%）	同比（%）	总额（亿美元）	同比（%）
出口	18.5	16.6	29.9	180.1	1.3
进口	8.4	11.2	8.6	101.6	−5.3
进出口	26.9	14.4	22.5	281.7	−1.2

机械行业是占全市第二位的出口行业，全年出口额180.1亿美元，同比增长1.3%。行业出口额名列前五的企业中有3家同比成倍增长，振华港机、电气集团、迅达电梯同比分别增长3.7倍、2.3倍和1.2倍，呈现较为强劲的上升势头。

3．纺织行业

自2013年3月份起，本市纺织行业单月出口已连续10个月同比下降，全年出口额85.4亿元，同比下降6.4%。

2013年纺织行业进出口情况

	2013年12月			2013年1—12月累计	
	总额（亿美元）	占比（%）	同比（%）	总额（亿美元）	同比（%）
出口	6.6	5.9	−11.7	85.4	−6.4
进口	1.9	2.5	4	20.4	−9.2
进出口	8.5	4.5	−8.7	105.8	−7

4．钢铁行业

2013 年钢铁行业进出口情况

	2013 年 12 月			2013 年 1—12 月累计	
	总额（亿美元）	占比（%）	同比（%）	总额（亿美元）	同比（%）
出口	1.4	1.3	−17.7	17.8	−18.2
进口	5.5	7.4	6.6	60.1	−13.3
进出口	6.9	3.7	0.5	77.9	−14.5

全年钢铁行业出口额 17.8 亿美元，同比下降 18.2%。整个钢铁行业出口萎缩、整体走势疲弱的态势没有改变，出口延续下降走势。

5．化工行业

全年化工行业的出口额为 51.1 亿美元，同比下降 1.3%。

全年区县出口总额为 1085.3 亿美元，同比下降 5.8%。出口额前五位的是浦东新区 349.4 亿美元，松江区 325.8 亿美元，闵行区 164.7 亿美元，嘉定区 72.9 亿美元，青浦区 53 亿美元。

全年区县工业进口总额 668.5 亿美元，同比下降 1.4%。进口额前五位的是浦东新区 352.7 亿美元，松江区 83.9 亿美元，闵行区 67 亿美元，嘉定区 42.8 亿美元，青浦区 41.5 亿美元。

2013 年化工行业进出口情况

	2013 年 12 月			2013 年 1—12 月累计	
	总额（亿美元）	占比（%）	同比（%）	总额（亿美元）	同比（%）
出口	4	3.6	−1.8	51.1	−1.3
进口	6.3	8.4	10.9	73.4	−2.2
进出口	10.3	5.5	5.6	124.5	−1.8

三、各工业集团进出口情况

全年各工业集团公司出口总额 207.3 亿美元，同比下降 6.5%。出口前五位的是纺织 40.5 亿美元，船舶 31.9 亿美元，仪电 31.7 亿美元，电气 25.4 亿美元，宝钢 16.8 亿美元。全年各工业集团公司进口总额 191.4 亿美元，同比下降 3.5%。进口前五位的是宝钢 59 亿美元，汽车 54.3 亿美元，仪电 17.6 亿美元，船舶 13.7 亿美元，电气 9.5 亿美元。

（吴　畅）

工业结构调整情况

2013 年，在市委、市政府和市产业结构调整协调推进联席会议的领导下，围绕《上海市 2013 年产业结构调整重点工作安排》，以调整促转型、优布局、降能耗、减排放、保安全，有序推进结构调整工作并取得进展。

一、年度调整目标全面完成

围绕全年实施产业结构调整 500 项的目标，全年启动实施“三高一低”调整项目 680 项，超过目标 36%。调整项目涉及产值约 200 亿元，土地约 1.2 万亩，分流安置职工约 4.4 万人。这些项目减少能耗量约 60 万吨标准煤，占本市全年工业节能量的 70% 以上，其中有 14 个调整项目为年耗标准煤 5000 吨以上的重点用能单位，如华谊氯碱化工 F2 烧碱装置、电气重型机器厂铸件分厂；减少化学需氧量、氨氮、二氧化硫、氮氧化物排放分别为 3182 吨、31 吨、6896 吨、2424 吨，占“十二五”年均减排量分别为 72%、2%、98%、16%。

启动危险化学品企业布局调整 31 项，完成全年调整 30 项的目标，中远化工等一批生产企业关停，共减少危险当量 89 万吨，其中，剧毒 100 吨、易燃易爆 11.7 万吨、其他 78 万吨。

关停宝山粤海纺织印染公司，淘汰印染产能 1400 万米。该企业调整淘汰后，本市已提前 2 年完成国家下达的“十二五”全部淘汰落后产能任务。

二、重点行业调整持续减量

调整项目中 87% 分布在金属加工制品和四大工艺（锻造、铸造、电镀、热处理）、传统机械、纺织印染和服装、化工、橡胶和塑料制品、普通建材、家具和木材加工、纸品印刷、电子设备、食品医药等行业，其中 20% 的项目分布在乡村。专项推动第一批 33 家烧结粘土砖企业调整。按照市环保局提供的名单，上海亚明照明有限公司等 3 家涉汞企业已调整完成。

三、重点区域转型初见成效

宝山南大路分三期滚动推进调整，2013 年第三期 65 家企业调整全面启动，部分区域转型已初见成效，宝山吴淞工业区的转型调整体制机制初步明确。青浦华新镇以 80 家石材加工企业专项调整作为切入点，整体转型试点开始起步。松江车墩镇莘莘学子创业园转型调整接近收尾，永丰街道玉树路西片区调整完成 50%。普陀桃浦地区一手抓发展规划方案的研究，一手抓存量资源的调整，已关停 31 家停车场、调整 1001 家低端物流企业和 399 家仓储企业。闵行吴泾工业区的前期摸底工作基本完成。金山区化工、印染、四大工艺行业 105 家企业专项调整全面启动，助推新型工业化改革试点。

（何海昌）

工业综合节能减排工作情况

2013年是实现“十二五”节能减排目标的关键一年，本市工业和通信业系统提高认识、健全制度、强化措施、落实责任，将节能工作“做精、做细、做深、做透”，取得积极成效：

一是超额完成工业节能年度目标。全年规模以上工业单位增加值能耗下降3.99%左右，超额完成单位增加值能耗下降3.6%的年度目标。

二是合同能源管理融资取得重大突破。成功举办合同能源管理绿色融资银企对接活动，首次在国内大规模推出合同能源管理未来收益权质押绿色信贷，积极协调13家银行承诺在“十二五”期间以未来收益权质押形式为合同能源管理项目提供总额130亿元绿色信贷；首次在国内推出“节能服务项目超市”，全年成功对接117余个项目，共融资11.55亿元。

三是加快实施燃煤锅炉清洁能源替代。在原有工作目标基础上加大工作推进力度，完成891台燃煤（重油）锅炉和145台工业窑炉的清洁能源替代或关停。

四是成功举办2013年节能宣传周系列活动。全市开展288项各类节能宣传主题活动，在节能宣传周开幕式上，下达燃煤锅炉清洁能源替代任务书、发起百万家庭空调清洗倡议行动等特色活动，营造了良好的节能氛围。

五是各项重点工作取得积极进展。实施节能技改项目71项，节能量23.7万吨标煤；年内新增备案服务机构77家，备案节能服务机构总数增至337家；推进合同能源管理项目201个，节能量8.2万吨标准煤。重点开展了以下工作：

一、加强节能监察，夯实节能基础

一是加大节能监察力度，通过上海市能效监控平台对663家重点用能单位按月度开展了能效监控；根据59项国家和地方能耗限额标准对62家重点用能单位的能耗限额标准执行情况和重点用能行业落后产能淘汰情况进行了监督检查；在夏季用电高峰阶段对商场、写字楼、宾馆等公共建筑空调温度控制情况进行专项监察，并督促其对空调系统进行维护、清洗和节能改造。二是强化工业企业能源利用状况报告制度和培训工作，举办能源利用状况报告及节能月报编制、国家和上海单位产品能耗限额标准、节能节水环境保护项目退税等节能执法相关领域的培训，共计29期2030人次。三是开展能源消费预警预测，按月度监控17个区县和24个工业集团能源消费情况和节能目标完成进度，落实五大高载能集团减量措施，落实推进规模以上工业单位增加值能耗下降3.6%的目标完成。四是组织开展本市工业万家企业能源审计工作。五是做好节能标准的制修订与培训，完成2012年下半年度立项限额标准18项、能效等级标准2项、管理类标准7项的制定和修订，启动2013年立项的限额标准8项、管理类标准3项的制定和修订，组织浦东、宝钢等区县集团重点用能企业进行9期节能标准培训，培训人数超过600人。

二、推进节能技改，整体提升工业能效水平

一是组织两批节能技改重点项目的申报，71个项目符合条件，节能量约23.7万吨标煤。二是完成市属106家企业并推进区县198家企业完成电能平衡工作，共挖掘出节能潜力3.5亿KWh；建设了囊括1004家重点企业设备的数据库平台；通过电能平衡数据分析梳理出淘汰电动机450万千瓦，为制订高效电机推广路线图提供支撑。三是根据工信部确定的电机淘汰路线图及2013年电机淘汰工作要求，组织编制全市电机能效提升三年行动计划，推广高效电机20万千瓦。四是加快实施燃煤锅炉清洁能源替代，会同制定《加快燃煤（重油）锅炉清洁能源替代的实施意见》，将在原有工作目标基础上加大工作推进力度，完成891台燃煤（重油）锅炉和145台工业窑炉的清洁能源替代或关停工作。五是认定2013年度（第一批）专用设备企业10家，投资总额5405万元，其中，节能节水设备投资额4678万元、环境保护设备投资额351万元、安全生产设备投资额376万元。

三、开展节能宣传，推广应用节能产品

一是成功举办2013年上海节能宣传周系列活动。在开幕式上下达燃煤锅炉清洁能源替代任务书，分解细化减少分散燃煤的区县和企业责任；通过发起百万家庭空调清洗倡议行动，推广空调清洗、切实改善室内微环境，把节能、健康的理念、知识传播至千家万户；通过现场展示青少年节能创意绿色作品，树立“节能从娃娃抓起”理念，让青少年来描绘和畅想他们心中的节能低碳生活；通过节能低碳社区达人演示和电子废弃物回收兑换活动，让市民从生活中点滴做起，共同建设节能环保的绿色氛围。推动各相关部门、各区县、集团公司组织开展了288项形式多样的宣传活动。二是完成国家“节能产品惠民工程”第二批、第三批推广信息的核查任务，包括节能电视、空调、冰箱、洗衣机、热水器等七大类产品2012年9月－2013年5月入围企业申报的在沪3197605台销售信息，按照抽查取样比例，对生产企业、终端销售商、终端用户进行了核查，核查发现实际的销售信息均与申报的信息基本相符。三是开展节能产品推广工作，推广专家评审的51家企业的85项节能产品，销售额达到198亿元。

（肖 榕）

工业环保治理情况

2013年是第五轮三年环保行动计划的第二年，全市工业系统通过源头引导、过程控制、末端防治，积极推动工业环保治理工作取得新进展，圆满完成各项任务目标。

一、着力推进工业污染防治

工业污染防治专项共涉及五大类25项任务，其中2012年共完成7项，2013年启动实施16项。

产业结构调整方面，全年启动实施“三高一低”调整项目680项（其中危化企业布局调整31项），超额完成全年调整500项的年度目标，减少能耗量超过60万吨标准煤。

完善工业区环境基础设施建设方面，104工业区块污水纳管工作，全市12个区县中已有5个区县完成100%污水纳管，有4个区县基本完成污水纳管（95%以上），金山区、奉贤区和崇明县3个区县进度相对滞后；化学工业区居民搬迁工作，金山化工分区编制了搬迁工作实施方案；奉贤化工分区内的已完成19户居民搬迁工作，其他居民搬迁结合项目逐步推进。8+2工业区环境质量监测体系建设，吴泾工业区对吴泾子站VOCs系统存在问题进行了整改；金山上海石化地区、金山二工区、上海化工区已完成新联站在线VOC建设，张桥站站点项目建设正在进行设备采购；宝钢集团、吴淞工业区正按环境质量监测体系建设方案实施；星火开发区、上海化工区、奉贤分区正在建立环境质量监测体系；高桥石化地区建成环境质量监测体系。

金山卫化工石化集中区环境综合整治方面，共涉及项目11项，2012年完成4项，剩余的7项中2013年完成5项。金山二工区污水管网维护及主要雨水口应急设施建设，对现有管网进行全面探伤，建成8处9座雨水口应急闸阀。上海石化二号排海口延伸（二阶段）已经完成。上海石化污泥机房、出焦池等恶臭治理设施和措施完善，此项目分为污泥机房和出焦池两部分推进，污泥机房设施改造已完成；出焦池改造基本完成。金山二工区7家企业废气综合整治，绿邹、易浩利、春潮、华原、赫腾、瑞年已完成，乾昆已停产。

宝山南大地区环境综合整治方面，宝山南大地区动迁10家制造、机械、印刷企业，2012年共动迁企业3家，2013年完成3家，剩余4家正在推进中。关停30家皮革、化工、仓储企业，2012年共关停9家，2013年关停8家，剩余13家。南大地区结构绿地建设，“南大绿地二期39公顷”在前期完成项建书批复及项目选址的基础上，完成公开设计招标准备；“走马塘北侧绿地9.6公顷”已完成项建书批复及项目选址、土地勘测量、用地预审工作，进行方案优化；“鹅蛋浦、汇丰河绿地、文海路小游园2公顷”完成项建书批复及项目选址、土地勘测量、用地预审及环评、施工许可审批，正在进行初步设计。南大污染土壤修复工程，前期调研工作已完成，现正进行报告编制，市环科院完成宝山区南大项目污染土壤识别调查报告。

高桥石化地区污染治理方面，涉及建设类项目5个，2012年完成项目1项，2013年完成2项。高桥石化自备电厂锅炉烟气除尘系统优化改造并投入运营；高桥石化炼油污水处理场、酸性水均质罐区、炼油液化气脱硫醇尾气恶臭治理，比原定时间晚半年，目前已完成。

二、大力实施清洁生产

全年完成清洁生产审核评估企业211家、完成审核验收企业102家，实施清洁生产无低费方案1208项、中高费方案143项。带动企业投入资金4.6亿元，预计取得经济效益1.94亿元，可节能6.7万吨标煤，节电1.7亿度，节材3366.4吨，减少二氧化碳17万吨、减少COD排放25.38吨、二氧化硫102.69吨、粉尘766.26吨、危废17.77吨；完善了清洁生产评估、验收标准。对火电、钢铁、有色、电镀、造纸、建材、石化、化工、制药、食品、酿造、印染等12个重点行业及工业园区企业开展清洁生产。对已通过清洁生产验收的企业每年开展清洁生产年检工作，跟踪并督促其实施持续清洁生产工作。完成5期“上海市清洁生产内审员培训”工作，培训清洁生产内审员近700名。开展“国家清洁生产审核师”培训，培训审核咨询师32名。

三、持续推进资源综合利用

落实国家税收优惠政策，全年共认定104家资源综合利用企业，其中新认定26家，复审78家，减免增值税3.8亿元，减免所得税0.7亿元。加快大宗固废综合利用专项推进，推动宝钢冶金渣固废综合利用示范基地建设和城建物资建筑废弃物信息化示范平台建设。白龙港获国家发展改革委批复同意建设上海首个大型建材资源综合利用示范基地。全年产生大宗工业固废2860.4万吨，其中粉煤灰506.7万吨，矿渣粉、钢渣粉1175.5万吨，脱硫废渣1178.2万吨，综合利用率达到99%以上，远高于全国69%的平均水平。

（肖　榕）

电力运行概况

一、电力建设情况

截至2013年年底，上海电网内共有发电厂42座、总装机容量2160.2万千瓦，单机容量在10万千瓦及以上的容量共计2048.5万千瓦、占装机总容量的94.83%，其中100万千瓦机组4台、90万千瓦机组2台、60万千瓦机组6台、30万千瓦机组（35万千瓦、40万千瓦）机组25台、10—20万千瓦机组17台；接入500千伏的发电容量为700万千瓦（石洞口二厂120万千瓦，外高桥二厂180万千瓦，外高桥三厂200万千瓦，上电漕泾电厂200万千瓦），接入220千伏及以下电网的发电容量为1460.2万千瓦。

上海电网共有1000千伏、500千伏和220千伏变电站133座，变压器326台，总变电容量9007.3万千伏安，其中1000千伏、500千伏变电站13座（不含500千伏电厂），1000/500千伏联络变压器2台，变电容量600万千伏安，500/220千伏变压器33台，变电容量为3050万千伏安；200千伏变电站120座，变压器292台，变电容量为5357.3万千伏安。

1000千伏线路2条，长度33.78千米（上海段），500千伏线路51条（含汾三5902线/汾林5912线、牌渡5903/5913线、太徐5923/太行5933线），总长度为1140.108千米（含葛南直流线、宜华直流线、复奉直流线以及林枫直流线上海段）；220千伏线路381条，总长度为4075.149千米，其中架空线3593.958千米、电缆481.191千米。

二、电力供应情况

2013年，市政府对本市电力迎峰度夏工作的要求是“三个确保、一个坚持”，即确保城市运行和电网安全有序，确保居民生活用电不受影响，确保重要用户用电需要，坚持限电不拉电。

在市委、市政府的坚强领导和统一指挥下，上海电力企业坚持厂网协调，科学合理运行，保证市外来电受电安全，加强电网调度运行控制，优化电力资源配置，圆满完成年度电力供应目标，确保电网安全稳定运行。

1. 发用电情况

（1）用电情况

全社会用电量完成1410.60亿千瓦时，比上年的1353.45亿千瓦时，净增长57.15亿千瓦时，增长4.22%。最高日用电量5.9653亿千瓦时（8月9日），比上年的5.0912亿千瓦时增长0.8741亿千瓦时，增长17.17%。2013年，全社会用电量按产业分：第一产业完成7.45亿千瓦时，增长8.83%；第二产业完成813.27亿千瓦时，增长1.85%；第三产业完成384.84亿千瓦时，增长6.68%；居民生活用电完成205.04亿千瓦时，增长9.43%。

（2）发电情况

2013年，统调发电量完成970.55亿千瓦时，比上年的971.92亿千瓦时，减少了1.37亿千瓦时，下降了0.14%。最高出力达1879.0万千瓦，比上年的1876.7万千瓦，净增2.3万千瓦，增长0.12%。最高日发电量达3.8760亿千瓦时，比上年的3.6445亿千瓦时，增净0.2315亿千瓦时，增长6.35%。

（3）受电情况

2013年，上海电网总受电量为439.01亿千瓦时，比2012年的380.41亿千瓦时增加58.60亿千瓦时，上升15.40%。最高受电为1119.6万千瓦（8月4日），比2012年的941.8增加177.8万千瓦，上升1.88%。最高受电1119.6万千瓦由以下市外来电构成：华东统配111.1万千瓦、天荒坪发电50万千瓦、桐柏发电37.5万千瓦、秦山二期30.6万千瓦、秦山三期30.2万千瓦、三峡计划371.0万千瓦、川电东送34.3万千瓦、皖电东送188.4万千瓦、向家坝送上海266.5万千瓦。

2. 夏季电力供需情况

2013年夏季，上海出现历史罕见高温天气，高温强度大、持续时间长，多项气象指标为有气象记录以来的历史极值，极端最高气温达40.8℃，打破上海140年有气象史以来的最高记录。高温天数达到历史罕见的47天（常年为15天）。

极端灾害性天气给上海城市电力运行保障带来严峻考验，上海电网最高用电负荷创历史新高，最高达2940万千瓦，比上年增长348万千瓦，增长13.4%，增幅居全国前列；日最大峰谷差达1202万千瓦，占当日最高用电负荷的46.7%，增长10.3%；电力运行遭遇前所未有的困难。

电力供应能力也创历史新高，最大市外来电1120万千瓦，同比增长18.88%；最大本市发电出力1879万千瓦，增长0.12%；最大电力供应能力达3000万千瓦，均创历史新高。

2013年夏季，最高负荷超过2900万千瓦天数共3天，超过2800万千瓦天数共11天，超过2600万千瓦天数共27天。上海电网夏季负荷对气温和高温持续天数相当敏感，日最高气温在30℃以上时，工作日气温每升高1℃，日最高负荷增加大约75万千瓦。

3．冬季电力供需情况

2013年迎峰度冬期间，电力总体供需平稳。最大用电负荷达到2205.4万千瓦，比上年冬峰2296.7万千瓦减少了91.3万千瓦，下降了3.98%。

三、加强制度和能力建设，确保电力供应安全

1．加强电力负荷系统管理，提高有序用电管理水平

加快电力负荷管理终端普及安装，在夏季高峰前实现本市所有100千伏安及以上高压电力负荷管理终端安装全覆盖。根据事故预想充分准备预案，切实精细化编制迎峰度夏有序用电方案，方案的全部最大可控负荷达600万千瓦，共涉及用户32877户，其中工业用户20812户、办公楼用户8708户、临时用电用户3357户，为电力安全运行和应急处置打下扎实的基础。

2．加强重要电力用户供用电安全管理

严格执行《上海市重要电力用户供用电安全管理办法》，对年内已核准的159户重要电力用户逐一开展隐患排查和督办，已全部签署供用电保障协议，存在的隐患基本整改完成，部分工程量较大的整改工作正在进行中并落实临时保障措施。

3．稳步推进本市电力节能减排工作

一是继续稳步推进加强节能绿色发电调度工作，联合市环保局定期会商推进燃煤电厂减排工作。二是积极参与制定和推动出台本市脱硫、脱硝超量减排和高效除尘成本补偿政策，协调安排电厂加快实施高效除尘改造和确保在2014年6月30日后按烟尘新标准达标。三是加强运行监测协调，支持电厂开展技改和环保设施建设，支持电厂进一步降低发供电煤耗，保障脱硫、脱硝稳定高效运行和脱硝按期投运。

2013年，在市外来电大幅增长压缩本市发电可调空间的情况下，高效机组替代低效机组多发电量15.48亿度，折合节约标煤约8.45万吨，对应减排二氧化碳22.5万吨，约减排二氧化硫1200吨、减排氮氧化物1200吨。综合脱硝效率从上年的69%提高到74%的优秀水平，脱硝设施投运率基本达90%以上，多个电厂高效除尘改造工作已提前完成。

4．开展电力安全大检查

结合国务院和市政府安全大检查的要求，总结6·5事故的教训，全面排查整治安全隐患，努力夯实电力运行安全基础，有效防范和遏制电力安全事故发生，确保电网安全可靠运行，保障城市运行安全。7—9月，市经济信息化委联合区县政府主管部门、市电力公司、各发电集团在全市范围内集中开展发电、电网、重要电力用户、重点大用户范围的电力安全大检查工作，取得了丰硕成果，有力支持了迎峰度夏战高温工作。

5．加强气电联调，确保运行安全

一是加强气电联调运行机制，组织燃气和电力企业共同研究气电协作联调机制，协调优化天然气和燃机发电运行；克服冬季用气、用电的重叠高峰，保障夏季燃机顶峰发电；在LNG涨库时协调气电各方以最高效方式集中发电消纳，确保气网安全。二是在下半年天然气价格上涨导致气电成本倒挂的不利环境下，协调优化安排燃机运行，从紧控制发电用气。全年燃气发电预计约18亿千瓦时，同比略有增长。

6．加强电力应急处置和抢修

加强电力应急管理工作，加强预警、预报管理，及时处置电力事故，针对可能临时出现的异常情况，进一步完善应急预案，加强了应急电力抢修力量的配置。提前布置准备3个名单（“拉路、拉主变、紧急减负荷”处置预案）。充分准备、及时调整应急处置和抢修力量，成功经受了持续高温、强对流天气和防台防汛的严重考验，确保本市的电力正常、安全供应。

7．加强电力设施保护

继续加强打击偷盗破坏电线电缆等电力设施、危害电网安全运行的行为；继续协调各有关职能部门完善电力设施保护机制，加强对绿化、吊车、垃圾堆场、废品回收站、农用园林大棚及其覆盖薄膜防飘防逃等的安全整治，努力避免飘移物随风飘起对输电线路安全造成影响；落实去年法规实施评估意见，进一步加大电力设施保护宣传科普力度；结合全社会诚信体系建设，将电力行政处罚相关信息合法纳入上海市信用信息公共平台，提高违法行为警示教育作用；结合电力安全大检查，联合区县政府、市有关部门重点开展电力线路隐患专项整治活动。

8．积极开展电力需求侧管理

按照国家发改委的部署，组织上海市电力行业协会、市电力公司、节能监察中心、市能效中心和本市其他有关单位的专业骨干，组成项目组研究编制上海市电力需求侧管理城市综合试点方案。总体方案框架基本形成，正在听取国家发改委及各方面意见和制订三个方面具体工作实施方案。

（陈伟丽）

信息化与工业化深度融合情况

2013年，本市贯彻党的十八大关于走中国特色新型工业化、信息化、城镇化、农业现代化道路要求，按照国家推进信息化与工业化深度融合战略部署，加快以“两化融合”促进全市“创新驱动、转型发展”的探索实践，聚焦典型示范、平台服务、创新应用和综合环境，推进重点企业、关键产业、优势区域的“两化”深度融合工作，全市“两化融合”发展水平指数达到77.43。

一、典型示范效应不断显现

围绕集成应用和协同创新，重点支持“航天型号产品智能制造系统”、“工业信息化系统诊断及电子数据管理服务系统”、“节能减排管理服务系统”等一批企业信息化应用项目，“面向照明行业中小企业公共服务平台”、“面向绿色装备的智能制造平台应用”等行业信息化服务项目，以及“世博园区企业服务云”、“800 SHOW智慧创意产业集聚服务平台”等园区云平台项目。上海宝钢、上海石化、上海电气等8家单位入选工信部国家级信息化和工业化深度融合示范企业。

二、工业云工作创新发展

组织有关企业参与工信部工业云创新行动，由上海宝信软件股份有限公司等单位承担的上海市工业云创新行动试点项目“基于云服务的高端装备制造业公共服务平台建设及示范应用”通过专家评审论证。经工信部批准，上海市成为全国首批16个“工业云”创新服务试点省市之一。

三、智慧园区建设有序推进

优化发展环境，制定出台市经济信息化委《关于加快推进本市智慧园区建设的指导意见》，起草发布国内首个智慧园区地方标准上海市《智慧园区建设与管理通用规范》。加快行业组织建设，业务指导申迪集团、上海信投、临港集团、世博集团、宝信软件、上海电信、上海联通、上海移动、上海市标准化院等18家单位发起筹建上海市智慧园区发展促进会。

四、宣传培训影响初显

组织开展上海市智慧城市CIO系列讲座，面向政府、协会、企业、民众，举办业务培训、主题讲座、案例宣传等形式多样的宣传培训活动。协助工信部举办2013中国智慧园区建设与发展高峰论坛，组织主办上海市智慧园区政策研讨、建设交流等专题研讨活动。

五、协同推进机制得到完善

完成工信部区域“两化”融合发展水平评估试点，推荐上海市互联网经济咨询中心、复旦大学、社科院等3家单位加入工信部两化融合评估咨询服务联盟。落实工信部两化融合管理体系贯彻推广试点，组织推荐上海汽车、纺织集团、华谊集团、烟草集团等30家企业和复旦大学、互联网中心、医药协会等10家机构申报工信部两化融合管理体系试点企业和服务机构。

（张敏翀）

国资国企改革工作情况

2013年，在市委、市政府的正确领导下，上海国资国企围绕创新驱动、转型发展，坚持提升发展、开放发展、创新发展、内涵发展、和谐发展，奋发有为、努力拼搏，全面完成市委、市政府交办的各项任务和年初确定的工作目标，为全市经济社会发展和民生保障作出了应有贡献。

一、国有经济平稳持续健康发展

2013年，本市地方国有企业资产总额达11.17万亿元，国有权益1.53万亿元。全系统实现营业收入1.86万亿元，比上年增长13.2%；利润总额1003.50亿元，同比增长3.2%；实现增加值2648.87亿元，同比增长12.7%；缴纳税费总额1406.38亿元，同比增长9.9%。2013年，全市纳税第三产业百强中上海地方国企共15家，前十位中占一半；工业百强中上海地方国企26家，超过1/4。竞争类企业净资产收益率达到12%，高于2012年0.9个百分点。上海地方国资主要经济指标继续位列全国地方国资系统第一，其中，资产总额、营业收入、净利润分别占全国地方省市国资企业1/10、1/8、1/5。

重点骨干企业继续保持行业领先。上汽集团、绿地集团、中国太保、浦发银行和百联集团进入《财富》杂志世界500强。上汽集团整车销量突破510万辆，成为世界第七大汽车集团。上港集团货物和集装箱吞吐量连续4年排名世界单体港口第一。上海建工名列全球最大的250家工程承包商第十三位。申通集团轨道交通运营里程世界第一。上海机场货运量连续4年排名世界第三，客运量世界第七。锦江国际集团管理的酒店和客房排名世界第九、亚洲第一。上海电气、百联集团、光明食品集团、上海华谊、上海仪电等企业规模或效益名列全国同行业前三。

二、研究深化国资改革促进企业发展

根据市委重点课题安排，集合各方力量和智慧，深入研究国资国企改革。12月，市委、市政府出台关于《进一步深化上海国资改革促进企业发展的意见》（简称《上海国资国企改革20条》），以及出台完善企业法人治理结构、企业领导人员任期制管理、空转土地管理、企业工资总额管理和企业分类监管等系列配套实施办法，明确新一轮国资国企改革的总体设想和工作部署。核心是以国资改革带动国企改革。导向是市场化、专业化、国际化。途径是发展混合所有制经济，使上市公司成为发展混合所有制经济的主要实现形式。关键是坚持国资统一管理、企业分类监管。根本是加快形成有利于企业家成长集聚的制度建设。目标是提高国有企业活力和国有经济竞争力，经过3-5年扎实推进，80%以上的国资集中在战略性新兴产业、先进制造业与现代服务业、基础设施与民生保障等关键领域和优势产业。形成2-3家符合国际规则、有效运营的资本管理公司；5-8家全球布局、跨国经营，具有国际竞争力和品牌影响力的跨国集团；8-10家全国布局、海外发展，整体实力领先的企业集团；一批技术领先、品牌知名、引领产业升级的专、精、特、新企业。上海新一轮国资国企改革思路得到国务院、国务院国资委领导的肯定，入选"2013年上海十大新闻"。

三、坚持市场导向提高资源配置能力

聚焦产业链、功能链和价值链，加快纵向整合、横向联动。完成东浩集团与兰生集团重组并托管外经贸投资公司、勘测院与中央企业三峡集团联合、光明食品集团重组蔬菜集团等项目。面向两个市场优化配置资源，绿地集团海外项目累计投资总额100亿美元，业务遍及四大洲7个国家11个城市。上海电气海立印度压缩机厂投产，实现"产地销"；大力开拓中东市场，拓宽海湾地区电站市场业务。上海城建承担新加坡轨交项目，里程已超过新加坡线路总长的30%。工投集团与美国可再生能源集团合作成立中国可再生能源基金。上海信投与中国银联等合作建立跨境通平台，成为上海自贸区标志性服务项目。现代设计集团与民营企业合作推进工业化建筑领域关键技术研发和应用。长江联合发展集团组织在沪企业联合会与企业集团对接，携手"走出去"，在产业导入、生产型物流服务、城市综合体建设方面开展合作。以资本市场为途径，加快发展混合所有制经济。绿地集团继登陆香港市场后，又引入战略投资者，募资117.29亿元。光明食品集团新莱特乳业新西兰上市，成为第一家海外并购实现当地上市的中国企业。商投公司复旦微电子由香港创业板成功转主板市场发展。上海科投晟矽微电子在全国中小企业股份转让系统顺利挂牌。隧道股份、金枫酒业等国有控股上市公司通过非公开发行等方式，募集资金108亿元。上市公司整体质量不断提高，47家国有控股上市公司入选上交所最新一期主要指数股。

四、优化布局推动发展保障民生

根据全市经济社会发展总体要求，制定落实国资收益支出"产业调整发展、基础设施建设、民生社会保障"各1/3的安排。优化调整布局结构，全年系统企业累计投资2428亿元，同比增长2.5%，战略性新兴产业和先进制造业、现代服务业的新增投资比重从2012年的43.4%提高到49%。清理一批劣势企业和低效资产，全系统行业跨度从59个收缩到55个，284家国有中小企业通过转让、关闭和破产等方式实现调整退出。发挥联交所平台功能，国有企业出让产权344宗，成交金额320.54亿元，占企业产股权交易总量的46.4%。至年底，93%的国资集中在前20个行业，61%以上集中在战略性新兴产业、先进制造业与现代服务业、功能性保障性领域。一批企业集团实现转型升级，上海华谊坚持优化产业结构与做强生产性服务业并举，1/5的利润来自服务业。上海纺织坚持科技加时尚，工贸结合，外贸进出口实现全市第一。锦江国际集团、百联集团加快数字化平台建设，探索"一站式旅行"、"网订店取"等商业新模式。城市功能区域开发进展顺利，临港集团启动22个项目，总投资达125亿元。申迪集团、东浩兰生、同盛集团、世博发展、申虹集团高质量推进迪士尼和国家会展项目建设，以及洋山深水港、世博园区、虹桥商务区功能开发。

国资国企在保障改善民生上发挥"托底"作用，地产集团、上海建工、久事公司等承担全市80%的保障房建设任务，并在全市旧区改造中发挥重要作用。申能集团负责供应90%的天然气、人工煤气和液化气。上海城投承担75%的自来水供应和污水处理。久事公司负责运营50%以上城市公共交通。光明食品集团、水产集团、良友集团、供销社、上实集团、上药集团加快建立国内外粮油米面、水产蔬果、肉奶糖业、食品药品供应基地和网络。

五、增强企业核心优势和竞争力

制定落实科技创新"三个视同考核"政策，对主动承接国家和本市重大专项、收购创新资源和境外研发中心，以及服务业企业利用信息化技术，加快模式创新和业态转型等三类情况所发生的费用，经认定视同考核利润，19家企业集团34.1亿元研发投入视同利润考核，相当于年度考核净利润的10.2%。建立核心人才长效激励机制，鼓励人力资本密集的创新型企业，承担战略性新兴产业项目的骨干企业实施科技成果入股、项目收益提成等中长期激励。华虹集团华虹计通等企业实施股权激励，商投公司时空五星、创投公司艾云慧信建立跟投机制。全系统新增研发投入同比增长20%，投入强度从上年1.17%提高到1.25%，制造业企业研发投入达2.02%。加快发展上汽集团“荣威550插电式混合动力轿车产业化”等39个技术创新项目，申报专利270项，发明专利155项，项目达纲后，每年直接销售收入将超过140亿元。企业科技创新能力显著提升，上海电气百万千瓦级核电站堆内构件成功应用列入“中国十大核科技进展名录”。仪表院为嫦娥三号成功发射提供地面控制系统，受到嘉奖。

六、加快推进职能转变提升服务水平

以减少审批事项、减少企业负担“两个减少”为目标，加快职能转变、推进审批制度改革，切实做到“在服务中促进监管、在监管中提升服务”。梳理176件规范性文件，精简48件，占总量的27.3%，逐一修订完善其余有效文件。清理76项审批事项，拟取消下放51项，精简率67.1%，第一批已取消下放17项。对依法依规保留的出资人审批事项，以“流程最简、程序最优、效率最高”为原则，进行制度重建和流程再造。制定国有独资公司、国有控股公司章程指引，以及国有控股上市公司章程国有股东建议条款，推动国资委行权进一步透明化、规范化。国有产权协议转让由审批改为备案，通过股东变更方式解决不同企业之间产权无偿划转问题，降低企业内部整合成本。协调统一企业经济责任审计与领导干部任期考核安排。整体上市公司领导人员经济责任审计借鉴应用上市公司财务审计结果，等等。建立“服务企业，联动发展直通车”，举办企业家沙龙，促成企业集团联合“走出去”。完成8家企业经济责任审计，2012年企业经济责任审计揭示的87个问题整改完毕。完成60余个资产评估项目备案和10家企业集团评估管理检查。

（曾茂生）

在沪中央企业发展情况

2013年，在沪中央企业及以办事处或窗口公司形式设立的分支机构有2762家（其中在沪注册的法人央企有1884家），总数比上年增加59家，净增2.18%；资产总额11.31万亿元，增长12.09%。其中，由国务院国资委监管的在沪央企2152家，资产总额2.81万亿元；由国家金融部门监管的金融央企82家，资产总额8.09万亿元；由其他国家部门监管的在沪央企528家，资产总额0.41万亿元。

在全球经济环境依然复杂多变、市场需求低迷、成本刚性上升等因素影响下，在沪央企着力推进“创新转型、做强做优”，转变经济发展方式，提升自主创新能力，实施战略性结构调整，在规模总量和速度效益等方面总体实现了平稳较快增长，经济总量占全市比重有了新的提升，主要呈现四个新特点：

一、规模、效益同向增长

央企在上海产业发展中继续发挥着重要的导向作用。以工业为例，2013年，在沪工业规模以上（年销售收入在2000万元以上）中央企业共有159家，通过创新转型，一改前几年产销和资产负增长的局面，总体实现速度、规模、效益同向增长。全年完成工业总产值（可比价）6590.9亿元，比上年增长4.4%，速度高于全市工业0.2个百分点，占全市规模以上工业总产值20.13%；资产总额为7543.3亿元，增长7.5%，占全市规模以上工业资产总额的22.6%；主营业务收入为6381.6亿元，增长1.8%，占全市规模以上工业主营业务收入的18.5%；利润总额为391.1亿元，增长66.2%，占全市规模以上工业企业利润总额的16%；完成出口交货值652.98亿元，占全市规模以上工业出口交货总值的8.45%；全年工业产销率达到99.38%，高于全市规模工业0.22个百分点。

二、创新转型领跑全市

创新驱动全面推进。央企在战略性新兴产业一些重点领域取得一些重大突破。电子信息制造业领域，上海华力微电子55nm CMOS工艺进入量产，45/40nm CMOS工艺已通过质量认定；上海天马投资建成国内首条4.5代AM-OLED显示屏中试线，填补了国内技术与产业空白，达到国际先进水平。智能制造装备领域，卡斯柯公司已完成CBTC信号系统的自主研发，这是国内第一个最高安全等级证书，获得了进入国际市场的资格。海洋工程装备领域，外高桥造船公司签订了16000TEU世界第七代集装箱船的建造合同，打破韩国船厂在该领域的垄断地位；上海船厂已将12缆物理勘探船打造为全国领先的拳头产品，总包建造的Tiger系列钻井船在设计和建造中尝试多项技术创新和国产设备的突破；振华重工集团自主研发的自升式平台升降机构、起重铺管设备等海工核心配套设备不断取得市场突破。民用航空制造领域，中国商飞公司总部基地和“五大中心”建设，研发中心周边配套设施已完成建设，人员入驻启用。中航商发公司闵行研发基地一期完成建设并入驻启用，民用涡扇发动机科研装配试车项目加快实施；中国航空研究院上海分院开展航空发动机相关的预研和工程研究工作。新材料领域，宝钢汽车用先进超高强钢项目已完成980Mpa级别Q&P钢的首次批量生产并实现供货。中铝上铜推进压延铜箔表面后处理技术攻关，成功试制出“灰化”压延铜箔，填补了该项目在国内的技术空白。

自主创新喜结硕果。技术中心认定取得新收获，上海天马、中信国健、中船九院等3家在沪央企获得国家级企业技术中心认定；宝信软件通过工信部国家技术创新示范企业认定。产学研合作取得新进展，本市高校和一些央企加强对接，联合开展产学研合作计划项目征集工作，聚焦国产大飞机碳纤维主承力件、智能喷涂机器人、3D打印装备产业化、支付数据挖掘分析平台等重点，开展一批产学研项目合作；航天805所与国核电站运行服务技术有限公司签署战略合作协议，以推动机器人产业发展为主攻方向，发挥各自的技术和市场优势，促进自主知识产权的机器人技术发展，加快实现军民融合。创新示范应用实现新突破，市电力公司的电能质量在线监测系统、通信管理系统（TMS）成功上线试运行，110千伏叶塘新一代智能变电站成功投运，松江110千伏电网自愈系统示范工程成功建成，钠硫电池实现产品定型并在国内率先建成中试线，智能小区／楼宇实证项目和漕溪能源转换综合展示基地可视化项目顺利完成。

转型发展力度加大。“十一五”至“十二五”前几年，在沪央企平均全年实施市产业结构调整重大项目10项左右，虽然项目数只占全市不到的1%，然而调整后统计减少能耗占全市的70%左右，减少COD（化学需氧量）占全市45%左右；减少氨氮占全市75%左右、二氧化硫占全市80%左右、氮氧化物占全市35%左右，为上海淘汰落后产能作出了重大贡献。从2013年起，在央企结构调整从具体项目实施转变为区域性转型提升。宝钢区域性调整工作不断深化，形成了不锈钢区域调整设计方案和吴淞地区产业定位研究方案，同步在罗泾区域引入云计算产业，精心规划大数据产业新基地。配合高桥地区转型发展，高桥石化炼化一体化项目取得了实质性进展，国家发改委同意开展项目前期研究和专家论证工作。同时，央企积极配合上海加强节能减排工作，2013年上海石化、上海烟草、中铝上铜、中国商飞万元工业产值能耗分别比上年下降14.96、14.85%、12.4%、9.04%，降幅跻身上海工业大集团节能减排“前六名”行列。

三、央地合作更加活跃

2013年年底，中国长江三峡集团公司与上海市政府签订战略合作协议，并参与重组水利部上海勘察研究设计院。世博会园区后续开发取得新进展，A片区招商，中电投和中电科等2家央企集团经与各类企业激烈竞争，率先成功中标，入驻发展总部经济；B片区，13家入驻央企形成了建设高品质的“央企总部集聚区和国际一流商务区”的方案，总部大楼建设工程如期推进。一些央企踊跃投资上海，发展“新产业、新技术、新业态、新模式”，重大战略投资合作项目纷纷落地；一批央企重大产业项目进入建设期，如总投资81亿元的中航商用发动机临港产业基地项目、总投资80亿元的上海烟草浦东科技创新园项目、总投资20亿元的中石化三井40万吨／年苯酚丙酮项目等。

四、社会责任日益彰显

作为上海经济社会发展的重要依托、与地方融合发展的重要载体，央企对上海经济社会发展作出新贡献。

税收贡献突出。全年规模以上工业企业实现税收收入1815.9亿元，增长11%，其中工业央企为982.9亿元，增长17.5%，增长率高于全市工业6.5个百分点，占全市工业企业税收收入的54.1%。在工业企业纳税“百强”榜上，央企逾1/4（占26家），排名普遍靠前。工业纳税“十强”企业中，央企占“半壁江山”，上海烟草集团有限责任公司名列全市第一，年税收647.2亿元；中国石化上海石油化工股份有限公司、中国石油化工股份有限公司上海高桥分公司、上海市电力公司、宝钢股份公司分列第三、第四、第六和第七名。

城市保障担纲。在成品油供应上，全市成品油零售量为629万吨，其中，中石化、中石油和中海油三大央企在沪企业成品油零售量占全市总量93%。在电力保障上，在电力保障上，全市总发电量为972亿千瓦时，其中华能、华电、中电投发电集团在沪企业发电量为511.4亿千瓦时，占全市发电总量52.6%。上海市电力公司全年供电量达到1155.55亿千瓦时，同比增长5.4%；电力光纤到户覆盖39.6万户，“互视通”用户规模突破2.84万户；服务上海新能源汽车试点城市建设，建成嘉定电动车智能充放储一体化电站，累计投运充换电站20座、充电桩2020个，有效地保障了城市运行和人民生活；加强智能电网建设。在煤炭保障上，全市煤炭销售总量为4973万吨，其中，上海神华煤炭运销有限公司年和上海中煤华东有限公司2家央企占全市销售总量30%。

智慧城市给力。上海电信、上海移动、上海联通三大电信运营商和上海铁通已成为上海智慧城市建设的绝对主力。2013年，上海光纤到户累计覆盖800万户、实际用户达到360万户，家庭光纤宽带用户普及率居全国首位，下一代广播电视网络累计覆盖500万户，互联网用户普及率提高2个百分点，累计建成WLAN接入场点2.2万个；i-Shanghai覆盖456处主要公共场所，完成TD-LTE扩大规模试验网700处宏基站、300处室内覆盖系统建设；3G用户数达到1100万，3G用户普及率为45%。互联网国际出口带宽达650G，省际出口带宽达3500G。发放法人“一证通”数字证书51万张，推广使用公用事业电子账单223万份，上海两化融合发展水平指数达77.43。

辐射效应迭出。随着现代服务业在中心城区集聚发展、先进制造业在郊区（园区）集群发展，一批由央企领衔的国家战略性新兴产业基地崛起，长兴岛船舶与海洋工程装备基地、临港新城产业区、张江高新技术园区、金桥开发区、漕河泾综合经济开发区和闵行区紫竹科学园区等，经济跨越式发展，就业面不断扩大，凸显区域产业发展特色，成为上海“创新驱动发展、经济转型升级”的新高地。

（马 峰）

促进中小企业发展工作情况

2013年，本市坚决贯彻国家部署，市委将支持非公有制经济发展列为贯彻十八届三中全会实施意见的重要内容；市人大组织开展《上海市促进中小企业发展条例》（以下简称《条例》）后评估和《条例》执法检查；市政府深入贯彻《国务院关于进一步支持小型微型企业健康发展的意见》（“国发14号文”）和《条例》，将促进中小企业发展列为年度市政府重点工作。

按照国家及市委、市政府要求，本市中小企业工作聚焦“小微企业”和“专、精、特、新”，加强服务扶持，进一步延伸服务体系，“1+17+X”（1指市级层面，17指17个区县，X指街镇、园区、楼宇层面）的“X”达到377个；推进“专、精、特、新”企业培育，举办了第一届上海（国际）中小企业精品展，新培训200多名企业家，“专、精、特、新”中小企业培育数量达到1008家；创新融资服务，成立小额票据贴现中心；举办1050场“关注小微企业，发展专、精、特、新”主题服务活动，《信息速递》覆盖面达到11万家企业，18条市、区中小企业服务热线与“12345”市民服务热线并线运行；各项服务工作有序开展，有利于中小企业健康发展的环境进一步优化。

一、配合开展《条例》执法检查优化中小企业发展环境

1．配合市人大开展《条例》实施情况后评估及执法检查

根据市人大常委会安排，5—10月，配合开展《上海市促进中小企业发展条例》实施情况后评估，协调23个领导小组成员单位和17个区县自查并形成自查报告，配合第三方评估机构发放近千份企业调查问卷，后评估报告得到市人大领导及有关专家的充分肯定。11—12月，集中配合市人大常委会开展《条例》实施情况执法检查，召开委办、区县、服务机构、企业等系列座谈会，市人大常委会殷一璀主任、郑惠强，洪浩副主任带队对贯彻实施《条例》情况进行实地检查和调研座谈。12月26日，市人大常委会全体会议正式审议本市贯彻实施《条例》情况，充分肯定本市中小企业工作取得的成绩，并就加强工作体制和服务体系等工作提出要求。通过《条例》后评估和执法检查，进一步宣传了中小企业政策法规，提高了各部门、区县思想认识，推动了中小企业难点问题的解决。

2．加强中小企业财政扶持

积极推动落实“两个不低于三分之一”专项资金规定，2013年，上海市中小企业发展专项资金规模增加至1亿元，其中，支持小型微型企业比例为52.1%。由市中小企业办牵头，中央和市级财政有关中小企业专项资金资助项目330个，专项资金总额达2.62亿元，其中，小型微型企业资助额占65.0%。市经济和信息化委明确的重大技术装备研制专项资金、节能技术改造专项资金等12个专项资金，2012年用于中小企业的资金总额达到15亿元，用于中小企业比例超过40%。2012年市发改委战略性新兴产业发展专项资金用于中小企业的资金达12.4亿元，比例为52.2%。

二、切实完善中小企业服务体系提升服务能力

1．基本建成市、区、街镇三级联动、全覆盖的中小企业服务网络

按照“1+17+X”的中小企业服务体系核心架构建设要求，印发《上海市经济信息化委关于进一步完善本市中小企业服务体系的指导意见》（沪经信企〔2013〕229号），指导区县将服务体系延伸至街镇、主要园区和都市楼宇，截至年底，17个区县基本全部完成延伸，“X”数量达到377个，覆盖所有208个街镇。出台《关于印发＜上海市区县中小企业服务中心工作评价办法（试行）的通知》（沪中小企业办〔2013〕16号）、《关于试行开展服务机构服务情况月度上报的通知》（沪中小企业办〔2013〕17号），完善《上海市中小企业服务工作指引》，进一步提升服务能力。

2．充实社会化服务机构，招募首批志愿者队伍

按照“1+17+X+N”（N指社会化专业化服务机构）的服务体系架构，针对“N”级层面，围绕综合、信息、技术创新和质量服务、创业、人才和培训、投融资、市场开拓、管理咨询、法律服务等九个类别，组织认定第二批167家“上海市中小企业服务机构”，全市认定的市级中小企业服务机构数量达到245家；组织开展第二批“上海市中小企业公共服务平台”认定工作，共有43家机构申报；组织推荐8家市级中小企业公共服务示范平台申报国家示范平台，已有3家列入公示名单；联合市青联等机构招募120名知名企业家、专业人员成为中小企业发展服务志愿者，选定全市20个产业园区作为首批“志愿咨询服务点”，年内开展3场系列活动。

3．上海市中小企业服务互动平台开通运行

经过2年多软硬件建设，11月，正式开通“上海市中小企业服务互动平台”（中小企业服务云），245家服务机构全

部上线，通过云计算技术、开放性的网络平台，实现有关中小企业服务渠道的“互联互通、即时响应、资源共享、服务协同”，为中小企业提供信息服务、技术创新和质量、创业、人才与培训、投融资、市场开拓、管理咨询、法律服务等八大类“一站式”服务，真正让中小企业寻求服务“找得着、用得起、有保障”。同时，中小企业服务大厅改造工作基本完成，将为中小企业提供展示、对接、交流的平台。

4．突出“12345”服务热线主渠道，方便中小企业反映诉求

贯彻落实市政府关于本市各类服务热线“整合受理、强化办理”、逐步并入“12345”市民服务热线的指示精神，11月，原有18条市、区中小企业服务热线与“12345”市民服务热线并线运行，中小企业只要直拨“12345”一个电话就可以进行咨询求助，便捷中小企业反映诉求和困难问题。并线以来，“12345”中小企业服务热线运行正常，仅以归口市经信委数据统计看，热线受理中小企业咨询日均近30次。

5．办好《信息速递》，营造公平的中小企业信息服务环境

做好“上海中小企业网”的正常运营，及时收集发布有关中小企业发展的政策措施、行业动态、专项资金等各类信息；继续办好《上海中小企业信息速递》，在原有纸质版基础上，2013年开通网络版、手机版和微信版，多种渠道免费向中小企业推送政策、技术、服务等各类信息，2013年年底已覆盖全市11万家中小企业。

6．组织开展主题服务活动，服务中小企业18多万家次

组织动员161家相关部门和服务机构，每月围绕一个服务活动专题，全年开展1050场“关注小微企业，发展专、精、特、新”主题服务活动，服务中小企业18多万家次（含《信息速递》信息服务企业数10万家）。通过《解放日报》、《上海商报》、上海中小企业网、《上海中小企业信息速递》、移动电视、机场媒体、市经信委微博、微信等，加强对各类公益性服务活动的宣传和资金支持，让中小微企业积极参与、享受各类优质服务。

三、深化“专、精、特、新”中小企业培育工程推动转型发展

1．举办“第一届上海（国际）中小企业精品展”

探索帮助中小企业市场拓展和品牌推广的有效途径，加大品牌宣传推广。与30多个外国驻沪使领馆、商务机构建立了联系，加强中外中小企业商务合作。6月，举办第一届上海（国际）中小企业精品展，集中展示和推广了包含新材料、新能源、节能环保、新一代信息技术等战略性新兴产业在内的十大领域的中小企业精品，来自11个国家和地区的402家中小企业参展，共有4.95万人次观展，实现现场交易2708万元，促成合同意向300余项，合同金额3.2亿元。展会期间举行《上海智造》首发仪式，推出100个最具特色“专、精、特、新”中小企业产品。精品展得到了工信部领导高度肯定，央视在内的近20家境内外媒体进行了集中报道。此外，组织73家中小企业“上海智造”产品参加第十届中国国际中小企业博览会，专设15个展位（38家企业）的上海“专、精、特、新”主题馆；组织“专、精、特、新”中小企业参加第十四届“中国西部国际博览会”等展会，赴青海、云南等地开展交流对接。

2．探索海外培训，继续推进“中小企业领军人才浦江培训计划”

适应上海中小企业国际化、专业化发展要求，为提升企业家管理水平、国际化视野和战略眼光，继续开展“中小企业领军人才浦江培训计划”，重点培养一支“专、精、特、新”企业家队伍。委托复旦大学、交通大学举办4期“专、精、特、新”中小企业领军人才培训班，培训企业家学员170人，截至年底累计培训11期，培训企业家近500名。在以往培训的优秀学员基础上，挑选36名优秀企业家，分2批赴德国亚琛工业大学、瑞士苏黎世联邦工业大学和欧洲“隐形冠军”企业现场研修。此外，举办22期“专、精、特、新”中小企业“半月坛”讲座，为中小企业进行政策解析和实务操作培训，近千名中小企业中高层管理人员参加培训。

3．做好动态培育，“专、精、特、新”企业培育数量达到1008家

年初，公布2013年度1008家上海市“专、精、特、新”中小企业培育名单；按照动态管理原则，组织开展2014年度“专、精、特、新”中小企业的申报工作，共有1800多家企业申报，经专家评审最终审定近1500家培育名单。从全市首批培育的1008家“专、精、特、新”中小企业情况来看，全国细分市场占有率第1位的企业有101家，749家企业研发投入占营业收入的比例超过3%，337家企业获得中国驰名商标、上海市著名商标等品牌。聚焦“专、精、特、新”中小企业，在项目支持、融资服务、市场开拓、要素保障等方面予以重点扶持，通过传统媒体、新媒体、自媒体加强中小企业政策工作及“专、精、特、新”中小企业宣传；在公交车辆、楼宇的2.3万台移动电视及虹桥机场的LED电子屏、系列六封灯箱，重点宣传“专、精、特、新”企业和“上海智造”精品；结集编印《寻找中国中小企业的“隐形冠军”》书籍，精选40家“专、精、特、新”中小企业的成长案例。继续组织17所高校与“专、精、特、新”企业进行产学研对接，支持中小企业提升质量管理水平，培训160家“专、精、特、新”中小企业“首席质量官”。做好运行监测，及时协调企业发展困难问题。

4．加大工作探索力度，做好“专、精、特、新”工作推进顶层设计

开展《上海中小企业十年发展情况》、《上海中小企业发

展路径研究》、《上海推进“专精特新”工作的实践与思考》等课题研究，重点对标德国、日本、美国、港台等中小企业发展路径和扶持政策，重点剖析本市中小企业发展轨迹，在此基础上明确上海扶持“专、精、特、新”企业的工作思路。贯彻国家扶持“专、精、特、新”意见要求，为培育“专业化、精细化、特色化、新颖化”的中小企业“隐形冠军”，做好顶层设计，着手制定了上海市“专、精、特、新”中小企业三年行动计划（2014–2016）等文件。

四、创新手段推进中小企业融资服务工作

1．重点监测三种利率

每季度开展中小企业和商业银行样本调查，监测中小企业信贷利率水平；协调P 2P公司，建立互联网融资利率监测机制；关注小额贷款公司发展，监测小贷利率走势。在分析三种利率趋势的基础上，发布《上海中小企业季度融资报告》，分析中小企业融资运行情况，推动和引导全社会关心中小微企业融资工作。

2．完善中小企业信贷例会机制

在市中小企业发展工作领导小组框架内，联合委办，每季度组织商业银行中小企业部门召开会议，开展融资对接、信息沟通、业务探讨等活动。全年四次信贷例会共帮助300余家中小企业融资近50亿元。信贷例会已经成为银行业务交流的平台、银政企融资对接的平台和金融创新的平台。

3．推动建设小额票据贴现中心

支持上海农商银行和浦发银行上海分行，在国内率先设立“上海市小额票据贴现中心”，支持商业银行开展100万元以下的小额票据贴现业务，破解小额票据贴现难问题。

4．支持商业银行推出信用贷款

支持商业银行开发“专、精、特、新”中小企业专属金融产品。截至年底，上海银行、招商银行、兴业银行、浦发银行、邮储银行等都已经推出或正在设计“专、精、特、新”中小企业信用贷产品。联合商业银行加大对软件和信息服务业的研究，推动改变传统风控模式，争取在信用贷款上取得突破，在本市重点产业领域里解决高成长、轻资产的小微企业融资困难。

5．广泛开展投融资对接活动

市经济和信息化委推出《上海市小微企业融资索引》，以简单易读的宣传单形式，向全市10余万家小微企业宣传各类融资信息。结合本市中小企业服务体系延伸工作，支持17个区县建设小微企业融资服务平台，推动融资服务体系下沉至园区、街镇，开展形式多样的融资服务活动。

6．推进中小企业改制上市

一是市区联动开展改制上市培训。举办5期“百家中小企业改制培训”，累计培训企业353家次，共755人次。增加“场外交易市场”模块和IPO新政策解读。二是开展公益性服务。招募“中小企业改制上市专家服务团”，20多家中介机构推荐35位具有较高行业知名度和专业水平的专家，提高公益服务的权威性；组织编写《上海市中小企业改制上市操作手册》，及时更新市区政府部门扶持政策和办事流程，为企业改制上市提供了便利；通过《上海中小企业信息速递》，多次介绍“新三板”和上海股权托管交易中心的挂牌条件、操作流程。三是落实专项资金扶持政策。在2013年第一批中小企业发展专项资金中，安排650万元，对26家完成改制的中小企业进行奖励。单户企业的奖励费用比上年提高25%。

7．落实国家对担保机构的财税扶持政策

组织本市6家担保机构申报并获得2013年度国家中小企业信用担保资金，资助金额共计3460万元。组织本市5家担保机构申报中小企业信用担保机构营业税减免资格，4家担保机构已公示。开展2013年度上海市中小企业专项资金信用担保体系建设项目的申报和评审。13家担保机构共获得资助1229万元。

（卫丙戌）

电子信息产业发展情况

一、2013年电子信息制造业运行情况

2013年，上海电子信息制造业领域坚持“创新驱动转型发展”总方针，大力发展新技术，新业态，新模式，新经济，咬定目标，聚焦重点，突破难点，关注热点，加大推进力度，加快工作节奏，确保产业经济运行平稳。

全年完成工业总产值6486亿元，比上年下降1.8%；完成销售收入6561亿元，同比下降4.4%；实现利润181.7亿元，同比增长19.3%；实现税金总额351亿元，同比增长6.5%。

1．电子计算机制造业转型发展初见成效

以电子产品组装业为主体的上海电子计算机制造业主动转型，调整产品结构，拓展高端产品，在产量大幅减少的状况下，工业总产值小幅下滑，而利润出现大幅提高。全年笔记本电脑产量6188万台，同比下降15.2%；电子计算机制造业产值3336亿元，同比下降4.1%，在整个电子信息制造业产值中占比为51%，同比减少两个百分点；电子计算机制造业实现利润19亿元，同比增长8%。

2．集成电路产业继续向好

全年集成电路产业实现销售收入 730 亿元，其中集成电路设计业销售收入 210 亿元，比 2010 年翻一番。本市芯片制造业工艺技术水平与国际先进水平的差距进一步缩小。上海中芯国际先进工艺开发及产业化快速推进，45/40nm 先进工艺进入量产，32/28nm 工艺开发成功；华力微电子 55nm CMOS 工艺进入量产，45/40nm CMOS 工艺通过质量认定，40nm 高性能工艺开始研发。在国家科技重大专项的有力支持下，本市设计企业的设计技术不断提升，部分重点企业完成 28nm 产品的设计，2014 年可进入商用阶段；芯片产品门类更加丰富，高端产品不断涌现，如高压 IGBT 产品完成研发并通过技术论证，即将走向产业化应用。

3．新型显示产业稳中有升

新型显示产业完成工业总产值 586 亿元，比上年增长 4.1%。LED 以应用带产业的发展策略取得实效，如上海亚明承接上海中心智能照明工程；上海三思运用 LED 应用技术研究所的技术成果，技术水平不断提高，成功承接了上海地铁 6、11、16 号等多条线路的 LED 综合节能照明工程、百联又一城购物中心 800 平方室外全彩 LED 显示屏等大型项目，产业规模逐年递增。另外，LED 在农产品种植补光灯、医用紫外激光产品等方面的应用取得突破。在核心器件方面，映瑞光电项目产能继续扩大，外延片产能 3.6 万片 / 月，同时开展倒装、硅衬底、垂直结构、图形衬底 LED 技术的研发。在中小屏显示方面，AM-OLED4.5 代、5.5 代两条生产线开工。TFT-LCD 中小尺寸屏全球市占率超过 10%。在制造装备方面，中微半导体、理想能源、中晟光电的 MOCVD 设备都研发成功并已试销，上海微电子装备的光刻机在上海蓝光试用取得较好的效果。新型显示产业成为战略性新兴产业新一代信息技术领域的又一亮点。

4．下一代网络加快转型发展

TD-LTE 进入产业化阶段，市场份额不断扩大。TD-LTE 核心芯片（五模基带、射频、功放等）的技术水平和产业化进度继续领跑，TD-LTE 模块全国市场占有率达到 20%，测试仪器（矢量网络分析仪、信道模拟器）的研发在国内率先取得突破。上海成为国家下一代互联网示范城市，网络设备产业向 IPv6 演进取得阶段性成果，产业链日趋完善，在 LTE 与 Wi-Fi 融合终端、网络优化、PON 及芯片、企业路由器和工业交换机等领域涌现一批专精特优中小企业。本市 PON、EoC、WLAN 等一批重点产品形成全国领先优势。启动实施终端品牌化战略，从“品质保障、使用体验、工业设计、智能制造”等方面，推进手机企业从代工设计向自主品牌转型升级。

5．汽车电子和车联网产业、应用能级进一步提升

汽车电子产值规模达到 900 亿元，比上年增长 10%，国内市场占有率在 30%，继续保持国内汽车电子产业龙头地位。把汽车动力总成和底盘电子作为汽车电子高端自主技术的突破口和标志点，推进具有自主知识产权的产品在批产配套上形成突破。组织推进车联网在智能公交上的推广应用，协调推动上海巴士、浦东公交近 200 条线路，2300 辆公共车辆进入集群调度，对 1500 多辆车载终端进行信息化升级改造，进一步促进汽车电子产业与车联网应用的深度融合。车联网产值约 120 亿元，居国内领先地位。

6．物联网应用市场和产业链初具雏形

应用示范工程初具规模，累计培育出 5 个百万终端规模的应用示范工程。一批与民生密切相关的物联网服务品牌逐渐被老百姓认可和接受。同时，在车联网、智能交通、农业、消防等细分领域，涌现出一批上亿元规模的物联网系统集成商和服务运营商，在行业背景、解决方案、业绩和商业模式等方面初步形成领先优势和核心竞争力。在物联网核心技术和基础产品领域，突破了一批核心技术，形成完整的产品系列，在智慧城市、电力等大型行业市场进行规模化应用，技术水平达到国际先进。

二、2014 年电子信息制造业发展面临的环境

2014 年，上海电子信息制造业将继续面临复杂多变的内外部发展环境。从国际来看，一是国际金融危机的深层次影响还在不断显现，世界经济下行压力和潜在风险加大，经济低迷成为全球经济新常态。二是全球产业竞争更趋激烈，发达国家抓住第三次工业革命机遇，加快“再工业化”和“制造业回归”，贸易保护措施扩大，对上海电子信息制造业转型升级和结构调整构成较大挑战。三是外需乏力将导致出口增幅进一步下降，对产业发展以及产业链上下游发展带来影响。

从国内看，一是国家将继续实施积极的财政政策和稳健的货币政策，促进经济结构调整，经济发展稳中求进。二是要素成本不断上升，投资和需求放缓，传统产业产能过剩与新兴产业发展不确定性将长期并存。战略性新兴产业受市场、政策、制度、配套等多种因素影响，形成新的经济增长点将是一个长期过程。

从上海来看，在本市主动加大产业调整转型的背景下，本市电子信息制造业经济稳增长压力仍然较大。然而，一是上海自贸区建设将给上海产业转型带来重大机遇，将有利于企业创新发展。集成电路设计企业将摆脱境外一日游带来的困境，缩短周期，提高资金使用效率。二是积极推进二、三产业融合发展，将促进制造业和服务业的紧密结合，提高二、三产业耦合度。三是大力推进信息消费发展，将进一步夯实上海信息产品基础，各类新业态、新模式将缤纷呈现，形成新一轮经济发展契机。

2014 年，将抓住上海自贸试验区建设机遇，以信息消费发展为契机，继续积极落实产业政策，推进重大项目建设，

促进产业链垂直整合，聚焦发展战略性新兴产业新一代信息技术领域，全面促进转型升级，创新发展。

三、2014年重点工作

围绕“创新驱动、转型发展”总体要求，以“改革、创新、转型、提升”为主线，充分发挥市场配置资源的决定性作用，政府从资源配置者向资源整合者转变，做好服务和环境营造工作。

1. 积极对接国家集成电路产业发展计划，主动参与国家产业投资基金的设立工作，落实地方产业投资基金设立方案，为集成电路制造业发展寻找投资突破。推动“集成电路设计业并购基金”设立。继续综合运用好本市在人才、土地、资金、税收、应用市场、宣传平台等方面的产业政策和举措，聚焦重点行业发展导向，争取取得更多突破。

2. 推进新型显示产业向高端发展，提升产业能级。推动跨行业交流合作，推动中小屏显示与智能终端、汽车电子等产业的联动发展。依靠上海集成电路、装备制造等优势，提升LED外延、芯片产业规模；以智能控制系统、灯具设计等带动LED市场发展。促进LED与智能控制和照明设计的结合，并在农业、医疗、教育、工业等领域拓宽LED应用面。加强产业链上下游对接合作，加快布局AM-OLED等新一代显示技术，突破TFT阵列工业技术、OLED全彩技术等关键技术核心技术，吸引材料、设备等配套企业集聚，促进产业链垂直整合。

3. 围绕“宽带网络产业链完善、智能终端价值链提升”思路，支撑信息基础设施升级，夯实信息消费的产品基础，推进国家下一代互联网示范城市建设工作，落实国家TD-LTE的商用部署。重点围绕转型升级任务迫切的通信制造业，研究制定本市智能终端品牌培育发展战略，推动智能终端向价值链高端发展。培育终端品牌企业，优化产业创新环境，从“品质保障、工业设计、用户体验、智能制造”等方面促进企业向品牌转型。推进整机企业与芯片、器件、软件、内容、服务企业协作，研发各类新型消费电子产品，促进终端与服务一体化发展。

4. 推进民生和重点行业的物联网应用示范工程。协调扶持MEMS和智能传感器等方面研发设计企业，继续推进金融IC卡和移动支付芯片等重点项目。培育完善产业链，加快突破物联网核心技术并实现产业化。组织推进物联网应用示范工程。组织实施化工行业物联网应用示范工程，面向健康、安全、环保等发展需求，加强顶层设计，在生产、仓储、运输、使用等多个环节开展物联网应用。继续深化推进健康物联网应用示范工程建设，形成规模化的应用示范效应，探索基于物联网的全时空健康管理和医疗服务新模式。

5. 持续推动汽车电子产业向网络化、智能化、安全化的方向深度发展，在提升智能数字仪表、车灯控制模块、无钥匙系统等技术国产化水平的基础上，促进自主核心产品更加多样化，产业规模进一步提升。组织推动车载终端企业提升通信、导航、娱乐、诊断等功能，并和通信运营商、智能交通服务商及整车厂商对接；推进车联网和智能交通联动发展，带动车载终端技术向集成化、智能化方向发展。

（王　雷）

软件和信息服务业发展情况

2013年，上海信息服务业坚持“改革、创新、转型、提升”的主线，充分发挥市场配置资源的决定性作用，聚焦产业结构优化调整，着力消除瓶颈障碍，营造良好市场环境，激发市场主体活力，实现了在新技术、新业态、新模式方面的提升突破。

上海信息服务业全年实现经营收入4317.29亿元，比上年增长19%；实现增加值1387.88亿元，同比增长15.1%，占全市增加值的6.4%，占第三产业增加值的10.3%。截至2013年年底，本市规模以上信息服务企业近5000家，其中318家企业2013年经营收入超亿元，累计47家信息服务企业在海内外上市。全行业从业人员47.8万人。

一、软件产业

2013年，实现经营收入2464.9亿元，同比增长18.2%，全行业从业人员34万人。全市累计认定软件企业2226家，其中2013年新增认定软件企业493家，经营收入超亿元软件企业306家、经营收入超10亿元的软件企业32家，人员规模超千人软件企业41家，累计有248家企业获得计算机信息系统集成资质，其中一级资质12家，二级资质41家，累计获得计算机信息系统工程监理资质企业17家。全年新增登记软件产品4453个，其中进口软件产品登记133个。

二、互联网信息服务

2013年，实现经营收入835.72亿元，同比增长30%。其中，网络游戏收入达260.12亿元，同比增长36.8%，客户端游戏企业收入增长乏力，而网页、移动和社交类游戏企业增速较快，成为拉动网络游戏增长的重要因素；互联网金融年经营收入近200亿元，其中第三方支付收入超过165亿元，同比增长近40%，重点跟踪的9家网络信贷企业全年信贷额超过60亿元；网络视听产业收入超过70亿元。

三、电信服务业

2013年，实现经营收入700.01亿元，同比增长5.6%。截至2013年年底，上海电话用户数达4069.9万户，其中固定电话用户数869.2万户，较上年末减少33.7万户。移动电话用户数3200.7万户，较上年末净增192.4万户。随着业务开发、市场推广等不断深入，用户已对数据流量的接受度不断提高，数据流量收入正成为拉动电信增长的重要因素。

上海加快布局软件服务、云计算、数字内容、数据服务、移动互联网等重点产业和新兴业态，已建成18个市级信息服务产业基地，包括浦东软件园、漕河泾新兴技术开发区等辐射效应明显的综合性产业基地，以及市北高新技术服务园、博济·智汇园、3131电子商务创新园等一批特色鲜明的专业产业基地。如，浦东软件园产业价值链、企业链、供需链和空间链持续优化，产业集聚、集群和融合发展的趋势明显，形成服务外包、移动互联网、芯片设计、电子商务、行业应用、文化创意六大主导产业，以及3D打印、互联网金融、大数据、穿戴式智能设备等一批新兴产业，园区成为上海乃至我国发展信息服务业的重要空间载体之一，2013年，园区经营收入突破500亿元。漕河泾新兴技术开发区汇聚中外高科技企业2500多家，其中外商投资企业500多家，形成以电子信息为支柱产业，新材料、生物医药、航天航空、环保新能源、汽车研发配套为重点产业，高附加值现代服务业为支撑产业的产业集群框架。市北高新技术服务园以上海市云计算产业基地建设为突破口，积极布局云计算产业，集聚云计算产业链上下游企业，推动云计算相关技术研发与产品应用，打造专业性和功能性相结合的云计算平台。博济·智汇园重点发展移动互联网及相关产业，提供移动互联网特色创意、知识产权交易和保护、投融资、实训基地、咨询服务等专业服务。3131电子商务创新园以电子商务及上下游产业链为核心定位，集孵化器、投融资平台与产学研一体化等功能于一身，通过吸引、支持、孵化一批相关产业项目和机构，打造具有示范效应的功能性及配套完整的电子商务产业基地。

2014年，上海信息服务业将以高水平创建“中国软件名城”、扩大信息消费和在自由贸易试验区率先开放“增值电信业务”为契机，坚持“软件产业走高端、信息服务业提能级”发展思路，围绕“名企、名品、名人、名园”的培育和发展，力争全年信息服务业实现经营收入5100亿元。

（杨立哲）

装备制造业发展情况

一、上海装备制造业发展的基本情况

上海一直是我国重要的装备制造业基地，近年来，面对国际国内复杂形势，始终坚持通过创新、突破、转型推动装备制造业高端化发展。

一是装备制造业支柱地位不断巩固。2013年，上海装备制造业逐月回暖，保持稳中求进、平稳增长的发展态势。装备制造业（不含电子）实现工业总产值11051亿元，比上年增长7.6%，高出全市工业平均水平5.3个百分点；装备制造业利润达1283亿元，比上年增长17.8%，高出全市工业平均水平15.5个百分点。“十二五”以来，上海装备制造业（大口径）产值始终占据全市工业“半壁江山”。

二是装备重点领域高端突破成效显著。机械装备领域，核电、超超临界火电机组、微电子装备、新能源高端装备、工业机器人等领域总体保持国内先进水平，轨道交通CBTC信号系统和制动系统自主化取得突破。民用航空领域，C919大型客机研制进展顺利，首批ARJ21-700支线飞机成功下线，大型客机强度试验项目获得工业和信息化部批复。船舶和海工领域，16000TEU集装箱船、液化天然气船（LNG）、液化乙烯运输船（LEG）、特种化学船、集装箱滚装船等高技术船舶占比显著提高，海洋工程装备自动化控制系统自主化研制取得突破。汽车领域，上汽集团全年产销量突破500万辆，上海成为首批国家电动汽车示范城市，荣威E50插电式轿车实现批量化生产和销售。

三是自主化研制能力建设取得新进展。上海不断加大装备创新能力建设，提高装备自主研制水平。装备检测认证方面，通过部市合作，创建了国家智能电网用户端（产品）系统质量监督检验中心、国家北斗应用产品检测认证中心、国家能源核电站仪表研发（实验）中心等一批国家级创新平台；装备共性技术开发方面，由上海理工大学、上海工业自动化仪表研究院、上海发电设备成套院等8家单位共建了机械工业共性技术上海研究院，助力提升装备工业共性、关键技术供给能力；装备制造业联盟方面，上海高端装备制造产业联盟、机器人产业联盟、高端装备金融保险服务联盟已正式运作，为上海装备制造业在技术、标准、金融服务等方面提供了强有力支撑。

四是装备制造业基地示范效应逐步显现。自工业和信息化部启动创建国家新型工业化产业示范基地以来，上海在装备制造业领域先后成功创建临港装备制造、上海市航空产业、

长兴岛船舶与海洋工程装备、嘉定汽车、闵行民用航天、莘庄装备等6个国家级产业示范基地，占全市创建产业基地总数的55%。其中，临港装备制造业基地在“双特”（特别机制和特殊政策）30条支持政策引领下，正在加快形成高端能源装备、汽车整车及零部件、民用航空等产业集群效应。同时，在机器人、输配电、新能源汽车等领域还建设了一批特色装备制造业基地。积极推动项目、平台、土地、资金等要素资源向装备制造业基地聚焦，较好地发挥了基地对全市装备制造业发展的示范作用。

二、上海推进装备制造业发展的主要做法

面对全球经济和产业发展环境深刻变化，上海紧紧抓住国家培育发展战略性新兴产业和振兴装备制造业的机遇，以服务国家战略为导向，以加快发展高端装备为重点，不断提升装备制造业智能化、自主化水平。

一是聚焦国家战略，推动装备制造业高端化发展。上海主动对接工业和信息化部等国家部委，积极争取核电、数控机床、大型飞机等国家科技重大专项落户上海。争取智能制造装备、新能源汽车等战略性新兴产业专项和强基工程政策支持。如智能制造装备发展专项方面，2013年上海工业自动化仪表研究院的高效节能环保锅炉智能制造数字化车间项目、振华重工的大型码头集装箱自动化装卸两个项目获得国家支持，该项目填补了国内空白。

二是实施装备专项工程，推动高端装备自主化发展。按照国家和本市推进战略性新兴产业发展的总体要求，上海在装备制造业领域组织实施了智能制造、新能源高端装备、新能源汽车、智能电网、民用航空和卫星导航等6个战略性新兴产业专项工程，并分别制定各领域2013—2015年专项实施方案，明确今后3年发展目标、重点和支持政策，还将计划实施海洋工程装备专项。上海在光伏装备、核电、新能源汽车、工业机器人、高端医疗装备、储能电池等方面取得一系列关键技术突破和创新成果产业化，推动了主机、零部件上下游产业链对接。

三是推进示范应用，以重大工程促进装备制造业发展。上海以轨道交通（含有轨电车）、机器人、太阳能光伏、新能源汽车、智能电网、卫星导航等领域为突破口，正在组织实施一批示范效果突出、产业带动性强、特色明显、推广潜力大的重大应用示范工程，促进上海高端首台套装备推广应用。如在新能源汽车方面，制定《上海市新能源汽车推广应用实施方案》，目标是3年内推广新能源汽车1.3万辆，重点推动新能源汽车在公交、公务、环卫、物流、国企等重点领域和重点区域推广应用。

四是依托骨干企业，发挥骨干企业对装备制造业的引领带动作用。上海培育和壮大了一批优势装备企业群体，既有中国商飞、中航工业、中国航天、中国船舶等国家队，也有上海汽车、上海电气这样的集团军，还有正泰、三一、龙工、新时达等民营企业生力军，还有中微半导体、精进电动、联影医疗等一批留学人才创业的新兴力量。正是发挥各种所有制企业的力量，上海装备制造业才始终保持发展活力。

五是加强政策引导，创造良好的政策环境。除积极争取国家政策支持外，上海从建设装备制造业完整产业链角度，制定出台一系列支持政策。一方面促进本市战略性新兴产业专项、技术改造专项、总集成总承包专项、引进消化吸收再创新专项、品牌建设专项等政策向装备制造业聚焦，2013—2015年市政府拿出100亿元用于支持高端装备、新能源汽车、新能源等七大战略性新兴产业发展，每年拿出10亿元用于支持机械、汽车、船舶等优势产业技术改造，每年拿出5亿元专项用于扶持临港装备制造业基地产业发展；另一方面从2007年开始连续实施重大技术装备研制专项，并在国内率先推出首台（套）业绩突破政策，重点鼓励装备使用单位与制造单位合作开发或者装备使用单位自行开发的国际、国内首台（套）重大技术装备投入工程应用。近年来，通过滚动支持近200个重大技术装备研制专项项目和29个首台（套）突破项目，上海在机器人、核电、关键基础件、超超临界火电装备、轨道交通信号系统领域均取得了显著突破。

三、上海下一步推进装备制造业发展的打算

深入贯彻落实党的十八届三中全会精神，以国家培育发展战略性新兴产业为导向，坚持“创新驱动、转型发展”的总方针，按照“抢占高端、突破瓶颈、打破垄断、国际竞争”基本思路，增强自主创新能力，不断提高高端装备制造业占全部装备制造业的比重，争取使上海装备制造业在全国率先实现智能制造、绿色制造和服务型制造，率先走向高端，成为我国装备制造业转型升级、由大变强的先行者和世界高端装备制造的重要基地。

重点推进“四个一批”：一是组织一批重大专项，聚焦高端装备重点方向，继续实施装备重大专项工程。加大政府聚焦支持力度，突破核心共性技术，推进重大装备首台（套）突破及应用，聚焦龙头企业、重大项目、保障条件和支持政策。二是实施一批示范应用工程，力争在机器人、新能源汽车、太阳能光伏、城市轨道交通（含有轨电车）、智能电网等高端装备推广应用上取得突破。三是培育一批装备“四新”领域，关注装备领域新技术（如3D打印）、新产业（如机器人、新一代核电、燃气轮机、卫星导航）、新业态和新模式（如高端系统集成、再制造、工程总承包、融资租赁），力争形成产业集聚效应。四是搭建一批创新平台，围绕高端装备重点方向，支持企业和科研院所建设一批国家级检验检测、试验认证和关键技术研发平台。

（张仲麟）

重化产业发展情况

2013年，上海重化产业完成工业总产值6426.55亿元，占全市规模以上工业总产值的20.03%。其中，石油化工完成工业总产值4148.22亿元，占全市规模以上工业的12.92%；钢铁完成工业总产值1517.07亿元，占全市规模以上工业的4.73%；有色金属完成工业总产值471.26亿元，占全市规模以上工业的1.47%；建材完成工业总产值344亿元，占全市规模以上工业的1.07%。

一、石油化工产业发展情况

在国际形势复杂多变和国内经济增速减缓的双重压力下，石油和化工行业经济运行总体平衡，国内经济仍以转型调整为主线，在复苏中缓行。经济效益明显改善，产业转型升级稳步推进。2013年，上海市石化行业规模以上企业工业总产值完成4148.22亿元，比上年同期增长8.4%；产值占6个重点发展工业行业的19.2%，比重较上年上升0.45个百分点；占全市规模以上工业总产值的12.2%，比重比上年提高0.35个百分点。实现主营业务收入3900.67亿元，比上年增长6.1%，占6个重点发展工业行业的18.5%，比上年上升0.7个百分点；占全市规模以上工业总产值的18%，比上年上升6个百分点。石油化工及精细化工业在全市6个重点发展工业行业中占据重要地位，在经过2011年和2012年缓慢增长后实现快速增长。

（一）上海化学工业区

2013年，上海化学工业区（简称化工区）主要经济指标完成情况如下：销售收入1013.71亿元，同比增长5.6%；工业总产值992.8亿元，同比增长6.8%；固定资产投资81.24亿元，同比增长96.7%；上缴税金55.38亿元，同比增长12.6%；万元产值能耗0.901吨标煤／万元，同比下降0.019吨标煤／万元，能源消耗总量894.53万吨标准煤，同比增长9.2%。至年底，累计批准项目总投资225.05亿美元，累计完成固定资产投资1096.17亿元。

1．经济稳中有进，园区产业能级和经济规模上新台阶

2013年，化工区产业能级和经济规模上新台阶，招商引资连续两年超过20亿美元，销售收入首次突破千亿元，被中国石化联合会评为全国20强化工园区之首。全年完成固定资产投资81.24亿元，创“十二五”期间年度固定资产投资完成额新高，占全市当年工业投资比重上升到6.6%。

2．对标世界一流，区域联合发展和提升行政审批效率出新举措

（1）园区新一轮发展对标世界一流。抓住国家和本市化工产业结构调整的机遇，研究一体化项目和化工区联动发展，完善以化工区为核心的杭州湾北岸联动发展工作机制，力争到2020年，杭州湾北岸化工产业集聚区工业总产值达到5500亿－6000亿元。

（2）区域联合发展展现新面貌。化工区的发展成果进一步惠及金山、奉贤两区，园区全年累计上缴税金55.38亿元，其中，金山分区0.64亿元、奉贤分区4.14亿元。管委会与奉贤区柘林镇签订《结对共建协议书》，启动第二轮三年行动计划；化工区发展公司和柘林镇政府签署《联合发展协议》，在化工区F5、F6、F7地块设立柘林产业配套区，大力扶持镇村两级集体经济转型发展，2013年已落户项目7个，总投资达15亿元；加强对金山区的综合帮扶，组建了化工区对口帮扶金山区工作领导小组，研究制定对口帮扶工作方案；启动化工区与金山区新一轮联合发展工作，着手筹划签署联合发展合作备忘录、组建联合开发公司等工作。

（3）行政审批效率切实提高。开展危险化学品建设项目安全与职业卫生“三同时”审批事项前置受理试点，审批效率显著提高；编制了化工区技术改造项目行政审批流程优化方案和化工区建设工程项目行政审批流程优化建议方案；针对化工区不同项目类型采取不同审批方式，将项目划分为四类：新建类、改扩建类、技术改造类和配套类，根据不同类型提出不同的审批、许可程序。

（二）上海石化

上海石化全年加工原油1566.78万吨，比上年增长39.97%；商品总量为1560.43万吨，增长31.75%；实现工业总产值1057.79亿元，增长29.17%；实现归属于母公司股东净利润20.04亿元，比上年增长35.52%。

1．安全环保工作保持优良业绩

层层落实HSE责任制，全年完成集团公司级隐患治理项目18项。全年“三废”妥善处置率100%，固废外委处置量同比下降58.96%，COD同比下降0.14%，氮氧化物同比下降5.25%，氨氮总量同比下降11.51%；在炼油改造工程全面投产的前提下，有效控制了二氧化硫排放量的上升幅度。认真梳理和上报“碧水蓝天”项目，初步拟定51项环保整治项目，投资约13.3亿元（其中2014年8.39亿元）。

2．生产经营水平稳步提升

继续开展主要生产装置安稳长满优专项竞赛，72套主要生产装置，全年非计划停车次数和时间分别下降34.48%和9.27%。公司监控的109项技经指标，66项指标好于上

年，38 项指标达到集团公司同行先进水平。按照上海市淘汰落后产能工作要求，停役 1# 乙烯装置。做好成品油质量升级工作，顺利完成沪Ⅴ汽油和国Ⅴ柴油升级外供工作。优化产品销售半径，把握产品物料流向，控制和降低产品营销费用，全年共节约 1000 余万元。加强营销服务全过程管理，实现从“卖产品型”向“卖服务型”转变。全年产品产销率为 100.07%，货款回笼率为 100%（不包括关联企业、内部企业）。集中整合小仓库，切实落实好降库存工作，公司总库存（不含原料、煤炭）为 3.68 亿元，下降 7.08%。

3．系统优化工作成效显著

充分挖掘炼油改造工程优势和潜力，利用新建炼油装置适应性强的特点和对原油生产装置的材质升级，提高原油采购集中度和理想油种采购比例，充分利用商储油的调剂功能，大幅降低原油采购成本。全年进口原油平均价格较集团公司平均水平低 0.84 美元／桶，折合降低原油采购成本约 5.8 亿元。全年生产沥青 78.04 万吨，同比增长 151.19%，累计增效 1.22 亿元。优化成品油结构、增产高等级油品，柴汽比由 2012 年的 3.95 降至目前的 1.72，95# 以上汽油产量同比增长 109.44%，航煤产量增长 52.88%。充分利用 SPYRO 软件，优化乙烯裂解以及芳烃原料结构，2# 乙烯装置全年累计降低原料成本 5.66 亿元。优化燃料结构，以自产干气等替代天然气，不断优化火炬气回收系统运行，全年累计回收火炬气 6.4 万吨，增效近 1 亿元。

4．工程建设和技术进步良性发展

认真做好炼油改造工程开车后系统优化整改工作，顺利完成调度中心异地改造等项目施工，3000 吨／年正戊烯、10 万吨／年 EVA 等项目均有序推进。全年完成固定资产投资 13.17 亿元。积极推进碳纤维“十条龙”等重点科研项目实施以及新产品产业化开发和市场开拓工作。碳纤维一期装置运行稳定，产品质量显著提高，实现单运行周期达产达标。开发出 SCF-80 原丝并通过氧化炭化试验，完成 PTA 新型压力过滤机、锅炉提效因子优化等开发投用，异戊烯成套技术、乙二醇银催化剂等项目通过总部鉴定。乙叉降冰片烯、乙氧基化、氰化钠、生物流化床废水处理技术等开发形成了可产业化应用的工艺包。聚丙烯双共聚反应器中试、合纤加工应用中心等一批科研项目启动或正常实施。产业化开发出超纤革用聚丙烯专用料、电容器用膜 PP 专用料、大口径低熔垂 PE 管道料、柔性板材用聚酯、阻燃聚酯、细旦抗起球腈纶、腈纶花色纱专用料等产品，新产品 MPR 工作取得新的成效。全年生产新产品 38.37 万吨，为年度计划的 103.54%；产品总差别化率为 62.94%，申请专利 50 件，获得专利授权 17 件，顺利完成高新技术转化新产品及节能节水专用设备项目的认定工作。

（三）高桥石化

2013 年，高桥石化全年累计加工原油 1042 万吨、化工产品产量 77 万吨、发电 9 亿度，完成年度效益目标，实现工业总产值 683.85 亿元，下降 12.16%。

1．狠抓优化、深挖潜力，效益高桥建设初见成效

公司牢牢抓住原料采购、生产运行、市场拓展、结构调整、技术创新、费用控制等各个关键环节，落实优化措施，深挖经营潜力，千方百计争取效益最大化。一是全力保障平稳运行。紧密结合装置实际适应能力，优化资源采购，选择适合加工的原油及原材料。加强物料平衡测算，合理调整生产安排，减少装置运行波动。全面排查管网、安全间距等方面的隐患，修订应急预案，落实整改方案；改善电力运行设备设施，健全故障处理应急网络，提高系统运行可靠度。二是积极优化生产结构。根据市场变化，动态测算效益，优化产品结构。强化各化工产品边际贡献测算，对于有边际贡献的产品，坚持以产促销，满负荷安排生产；对于没有边际贡献的产品，减产甚至停产，努力减少效益损失。三是切实加强市场营销。配合政府油品质量升级工程，加强生产、储运、检验、出厂等各环节协调，确保了新标准普通柴油、沪Ⅴ汽油按期进入市场，并获取优质优价政策；及时把握上海自贸区政策机遇，系统内首船 6000 吨航煤通过洋山港出口，实现了成品油出口方式的新突破。四是着力推动技术进步。围绕保障稳定运行、提升企业效益的总体目标，大力开展技术攻关和技术创新，着力解决制约产品质量、安全环保、长周期运行的“老大难”问题，消除运行瓶颈。加强知识产权保护，全年共申请专利 29 项，获得 2 项发明专利、4 项实用新型专利授权。五是努力提升发展质量。260 万吨／年柴油加氢装置如期建成投产，具备了生产沪Ⅳ、沪Ⅴ柴油的能力。40 万吨／年苯酚丙酮项目实现高标准中交。

2．强化意识、规范行为，绿色高桥基础初步奠定

公司安全环保形势稳中趋好，全面完成总部和上海市下达的各类节能减排指标。层层落实责任，严格考核兑现。层层签订 QHSE 责任书，明确了全体职工的 QHSE 目标指标，形成了全方位、全覆盖的 QHSE 履职体系；加大安全环保考核力度，开展“安全 1000 班组”竞赛，调动职工主动履职的积极性，着力规范干部职工的操作行为。加强隐患排查，落实风险防控，完成了 31 项隐患治理项目；开展了管网、油气装卸码头、涉氨场所、受限空间作业、危化品装卸等专项隐患排查治理。

推进综合治理，确保环保达标，建成厂区、厂界大气环境监测网络，向社会公开相关环境信息。完成“碧水蓝天”行动计划对接，共上报 17 个环保治理项目；建成投用了炼油污水场恶臭治理、酸性水罐区恶臭治理等环保隐患治理项目，有效提升环保可靠度。积极开展废弃物资源化、减量化

工作，委外废物处置量同比减少45%。推动节能降耗，坚持加强管理和技术改造并重，累计实施了135项节能管理措施和52项节能技术改进措施，建成投用了换热设备超声波防（除）垢、炼油新区乏汽回收、4号汽轮机节能改造等节能项目。开展了碳盘查和碳核查，落实碳交易各项前期筹备工作，完成了上海市碳交易市场启动后的首笔订单。

（四）华谊集团

2013年，面对国内经济增速减缓、行业竞争加剧、产能严重过剩等多重因素的严峻挑战，集团双核驱动，多管齐下，“新建并购”与“合资合作”并举，加快“跨市发展”步伐，深化改革，加速转型，生产经营实现了稳中有进：全年实现工业总产值459亿元，为预算目标97.9%；实现主营业务收入602亿元，为预算目标126.7%；实现利润总额9.9亿元，为预算目标120.7%，集团创新转型的实践得到行业内外肯定与好评，荣获“全国五一劳动奖状”，集团总部被授予“全国石油和化学工业先进集体”。

深化营销变革，完成了上海华谊新材料销售有限公司和华谊精细化工销售有限公司的组建，核心业务板块“1+1”营销运作模式的优势逐步显现。服务贸易占集团销售收入比重进一步提升，全年集团贸易收入达253亿元，占集团销售收入比重从2012年年底的19%提升至目前的42%，有力推动了集团从“生产制造”向“制造＋服务”转型。

积极推进焦化吴泾整合，深化一体化联动，持续优化生产运营。进一步发挥沪皖、漕吴、沪虞基地协同效应，努力实现装置效能最大化。全年集团非计划停车21起，同比下降16%，核心产品产量实现了稳中有升，其中，甲醇135万吨，同比增长58.1%；醋酸97万吨，同比增长37.2%；聚四氟乙烯（PTFE）7197吨，同比增长18.8%；氟橡胶1793吨，同比增长57%；油漆16.8万吨，同比增长5.3%。但全钢胎、聚氯乙烯、烧碱、丙烯酸及酯因产能过剩、需求低迷及生产事故影响，生产负荷下降。集团主要市外生产基地实现销售收入83.7亿元，利润总额4.2亿元，对集团效益贡献度日益凸显。

加快结构调整，圆满完成节能减排目标。进一步优化吴泾基地蒸汽、工业用水等公用工程能源优化：关停了吴泾35吨锅炉，由焦化公司供给吴泾公司蒸汽；氯碱F2装置关停后，以焦化富氢气作为替代燃料供应三爱富和天原物流，有效降低了运营成本。氯碱公司结合F2装置关停，及时优化整合水、电、蒸汽等公用工程资源，全年能源成本下降2.6亿元；双钱公司通过新技术、新工艺，减少水电煤等费用2318万元。先后完成氯碱老漂粉装置、F2烧碱装置、焦化1# 空分装置、华向公司、中远公司、松柏公司等六项产业结构调整及危化品调整项目，减少能耗18.27万吨标煤；完成了氯碱电解槽膜极距改造、盐酸炉节能改造、焦化循环水泵改造等29个节能技改项目，减少能耗2.88万吨标煤。此外，集团各业务板块还积极参与碳排放交易试点工作，争取到碳排放指标726.7万吨，焦化公司获得上海市碳排放配额首单交易证书。全年集团综合能耗313.5万吨标煤，圆满完成市政府下达的节能减排工作目标。

“新建并购”与“合资合作”并重，推动核心主业发展。2013年累计完成固定资产投资12.55亿元（市内4.91亿元，市外7.64亿元）。加强与央企、跨国企业产业链合作，加快“跨市发展”步伐：与广西钦州市政府签订煤基多联产项目合作框架协议，谋划将中国石油化工（钦州）产业园作为能源化工业务后续发展又一生产基地；增资控股新疆昆仑轮胎有限公司，积极拓展西北五省和中亚五国市场；与巴斯夫、亨斯迈公司在化工区合资建设SLIC/HPS公司MDI扩建项目已获批准；与中石化合资的安庆68万吨／年醚前液化气深加工（一期）可研已获审批，开工在即；天原拜耳硝酸储运项目、优月项目已建成投产；安徽华谊产业园一期年产50万吨醋酸项目获得集团历史上第一个“国家优质工程奖”。新建并购、合资合作，促进集团主业发展。

以发展和完善核心产业链上关键产品和关键技术开发为重点，编制完成集团“十二五”后三年技术创新三年行动计划。集团与市科委签署了《科技创新战略合作框架协议》，多元本体聚合过程基础研究、ABS共混改性、氯化氢制氯气工业化技术开发、含氟材料开发等一批科研项目被列入市科委“2013年项目指南”支持项目；丙烯酸公司“丙烯氧化制丙烯酸催化剂项目”获得市技术发明一等奖，氯碱公司4万吨／年PPVC成套新工艺技术开发及产业化项目获市科技进步三等奖。

加快重点科研攻关项目产业化步伐。全年集团累计技术投入9.51亿元，完成专利申请83项，技术秘密认定50项，完成新产品产值125亿元。乙二醇工业化试验装置已经投入试运行，并成功实现技术转让，创利近亿元；醋酐催化剂在线回收装置完成建设；高性能系列乘用胎已完成四个规格产品设计和批量试生产工作，连续生产能力达4000条／天；国内首套千吨级氯化氢催化氧化制氯气（Deacon）中试装置建成投运，万吨级工艺包编制工作已经全面展开；PVDF悬浮聚合新工艺技术在完成小试研究的基础上，中试装置已建成并开车运行；ABS工艺技术完善与优化项目完成了新一轮的技术改造，特种耐热牌号产品开发以及第四单体的筛选工作取得新进展；氧化铁新工艺中试装置的研发为10万吨／年氧化铁新技术生产装置设计提供了依据；丁烯氧化脱氢制丁二烯催化剂研究项目实现突破，丁二烯收率已达80%以上；船舶涂料、水性涂料、航空涂料系列产品开发及产业化取得突破：水性涂料销售同比增长36%；飞机蒙皮涂料和系列船舶涂料实现了商业化。

二、钢铁产业发展情况

2013年，上海钢铁行业受外需下降和内需低迷影响，总体呈现调整中回落的态势，通过结构调整和节能减排工作的推进，产业结构得到进一步优化。2013年，全市钢材产量2322.76万吨，同比下降3.2%；实现工业总产值1517.07亿元，同比下降1.5%；实现利润58.54亿元，同比下降60.1%。

上海钢铁行业发展主要特点：2013年，以宝钢股份为主的精品钢材产业基地继续坚持技术领先，强化精品研发和制造能力的提升。独有领先产品销量同比增长9.5%，新试独有产品比例大幅增加，优势产品成材率进步明显，经营业绩持续保持业界最优。宝钢成为世界上第一个具备第一、二和三代先进高强度钢供货能力的厂商，超高效电机用无取向硅钢B50AE-2实现全球首发，已经在IE3效率等级的电机实现应用，引领我国钢铁技术进步。

宝钢集团是中国最具竞争力的钢铁企业，在世界钢铁行业中处于领先地位，连续第10年进入《财富》世界500强，位列第222位，再次当选最受赞赏的中国公司，这是中国钢铁行业唯一上榜企业。2013年，宝钢集团实现工业总产值1506.91亿元，同比下降1.27%；实现利润总额102.3亿元，同比下降19.97%。

2013年，宝钢集团全年运行良好，核心主业竞争力进一步增强，多元产业日趋健康成熟，部分大额亏损的钢铁单元的状况得到扭转。钢铁主业完成钢产量4502万吨（其中，宝钢集团在沪钢为产量2323万吨，同比下降3.2%），实现销售收入2492亿元，比上年增加233亿元；利润总额62.8亿元，比上年大幅增加40亿元。从集团全年利润总额的构成来看，钢铁主业占比61.4%，盈利大幅提升，反映出宝钢核心主业竞争力的进一步增强；多元产业盈利继续保持平稳，体现了宝钢多元产业日趋健康成熟。

1．制定新一轮发展计划，绘就二次创业蓝图

2013年，宝钢制定了新一轮发展计划。未来6年，宝钢在发展思路上将不再追求规模增长，而是更加注重软实力建设，提升资产运营质量和效率；在发展方式上，钢铁主业着力打造竞争力，不再主动实施国内钢铁并购；对钢铁产业和产品结构等进行调整，并拓展上游资源开发、下游电子商务方面的能力；多元产业将进一步聚焦到节能环保、IT技术、城市建筑、电子商务、工业气体五项业务。

2．聚焦重点产品与核心技术，继续引领钢铁技术进步

先进高强汽车板家族进一步壮大，实现了淬火延性钢（Q&P）系列化全球首发，至此，宝钢已经成为世界上第一个具备第一、二和三代先进高强度钢供货能力的厂商；超高效电机用无取向硅钢B50AE-2实现全球首发，已经在IE3效率等级的电机实现应用。在不锈钢领域，超纯铁素体不锈钢在汽车、建筑和家电等三大行业认证和供货，全年产销量比2012年提升50%以上。特殊钢向CPR1000“二代加”核电站稳定提供核电蒸发器用690合金传热管（累计1.3万支）；镍基／铁镍基合金油套管（G3、028）系列产品实现了品种、规格、钢级的全面覆盖，超高合金油套管国内市场占有率达70%以上。宝钢新一代特殊扣油套管产品，首次批量打进海外市场。

启动了新一轮“金苹果计划”，形成十大金苹果团队，在汽车板、硅钢和高强钢产品，在单渣法低磷工艺、连续变厚轧制技术（VRB）、汽车板激光落料技术和直接淬火技术（DQ）等工艺、装备技术领域也取得了可喜的进展。

经10年努力，薄带连铸工业化线（NBS）已经在宁波钢铁完成产线建设和设备安装，即将进入热负荷试车和工业化生产阶段；策划和启动COREX创新项目，并继续安排适当投入，确立宝钢在非高炉炼铁技术方面的新优势。

3．探索国际化新途径，寻求发展新机遇

集团首次编制了《2013年国际业务发展计划》，明确了集团国际业务发展目标及营销、钢铁、多元产业海外业务及支撑体系重点工作，以具体落实“从中国到全球”战略转型的要求。

在产品出口方面，宝钢股份钢材出口比例持续保持10%以上，2013年钢材出口200万吨（其中，战略用户及潜在战略用户占出口总量的40%）；向德国大众供货的区域拓展到了墨西哥，面向日产的供货已延伸到了马来西亚和泰国。

在海外供应链建设方面，韩国BGM钢材加工中心建成投产、为多家汽车厂供应高端汽车板，标志着宝钢在韩国具备了为全球战略用户GM提供产品和服务的能力。宝钢独资的印度钢材加工中心破土动工。

在钢铁生产国际化方面，确定了发挥宝钢技术和管理优势，以技术换市场、寻求当地最强合作伙伴的发展路径。宝钢股份明确了海外钢铁产线布局设想，锁定市场，聚焦后道产线投资。推进北美、东南亚、印度项目。

三、有色金属产业发展情况

1．有色金属生产平稳，产业升级

2013年是上海有色金属行业结构调整、转型升级的关键时期。有色金属行业遭遇了价格下行压力增大、资源和环境约束上升的困境。在此背景下，上海市积极推进行业产业结构调整，加快企业向有色新材料转型升级，取得了一定的成效。全年完成工业总产值471.26亿元，同比下降0.5%；主营业务收入413.78亿元，下降4.7%；利润9.65亿元，增长18.7%。我市根据各区域集聚特色及上下游产业链配套的区位优势，以龙头企业为核心，打造“高端轻合金”、“精品铜材深加工”、“有色新材料研发基地”三个有色新材料核心产业基地的建议，推动实现有色新材料的交错发展、优势互

补，优化合理产业布局的局面。

2．开展行业评优活动

按照国家人社部和中国有色金属工业协会要求，上海开展了全国有色金属行业先进工作者和劳动模范的评选工作，上海飞轮有色新材料股份有限公司，上海恒洋仪表科技有限公司研发部当选全国有色金属行业先进集体；上海申茂电磁线有限公司副总经理宋安，上海龙阳精密复合铜管有限公司技术中心主任董顺德当选全国有色金属行业劳动模范。

四、建材工业发展情况

2012年，上海建材行业完成工业总产值344亿元，同比上升3.3%；利润与上年持平。其中技术含量较高的新型建材产品如技术玻璃行业产值小幅增长，砖瓦、石灰等传统建材行业明显下降。

2013年上海建材生产经营情况

项目		单位	数值	同比(%)
主营收入		亿元	375.2	8.4
产值		亿元	344.0	6.7
利润总额		亿元	12.3	18.0
产品	水泥、石灰、石膏制造	亿元	29.6	−1.0
	水泥和石膏制品制造	亿元	177.3	4.3
	砖瓦、石灰和其他建筑材料	亿元	81.4	8.4
	平板玻璃制品	亿元	1.9	23.8
	技术玻璃制造	亿元	38.1	28.6
	玻璃纤维增强塑料制品	亿元	15.6	−5.6

（李　颉）

都市产业发展情况

一、2013年整体情况

产业发展整体平稳。2013年，上海轻纺产业在国内外经济形势不景气情况下实现平稳运行，3686家规模以上轻纺工业企业实现可比价工业总产值5920亿元，比上年增长3.2%，占全市工业总产值的18.4%。轻工业全年实现可比价工业总产值5129亿元，同比增长4.4%，其中农副食品加工、食品制造、日化产品制造、工艺美术品制造等行业可比分别增长3.7%、3.2%、11.5%和41%，家电行业受家电下乡政策逐步退出和房地产调控等因素影响，增幅减少至2.1%。纺织业实现可比价工业产值791亿元，同比下降4.2%，降幅较去年有所收窄。

企业运行质量有所提升。上海单个规模以上消费品工业企业平均实现主营业务收入1.97亿元，同比增长7.2%；单个企业实现利润总额和税金总额分别为1702万元和2324万元，同比增长6%和11.9%；单个企业毛利率30.2%，同比提升近1个百分点。

出口形势逐渐企稳。上海轻纺产业全年实现销售产值5768亿元，同比增长0.9%；实现出口交货值1172亿元，同比下降2.8%，占全市出口总额的15.3%；内销同比增长19.4%，情况好于出口。各主要子行业中，食品制造业、饮料制造业、照明器具制造业出口形势较好，同比分别增长15.8%、26.4%和37.4%。

盈利能力日趋分化。上海轻纺产业整体实现利润376亿元，同比下降1.8%；缴纳税金总额208亿元，同比增长3.7%，轻纺部分主要子行业均实现盈利。轻工方面，因原材料价格回落利好，日化产品制造业、饮料制造业、方便食品制造业利润增长较快，分别同比增长58.2%、53.6%和169.7%；家具制造业以创意设计提升产品附加值，行业利润率较高，为10.6%；纺织行业受快时尚冲击等因素影响，行业整体利润下降23.9%。

部分产业和重点企业核心竞争力明显提高。日化行业：上海本土品牌取得不俗成绩。比如，上海家化营业收入同比增长超10%，营业利润同比增长超30%，旗下的佰草集继续深化以品牌为导向的市场营销模式，推出太极丹等新品，区隔规划主辅渠道中的母品牌和子品牌产品系列，以顺应消费者消费习惯和销售渠道的变化。相宜本草2013年新推芍药、黑茶男士、仙人掌三个系列、20多个品种的新品，加强商业超市、网络、专营店三位一体的营销渠道建设，国内本草护肤品市场占有率达到了近40%，已覆盖全国30个省，331个城市，9810多个现代商业超市渠道，4581个专卖店渠道。食品行业：光明乳业的营业收入和利润增幅分别超过18%和40%，旗下的莫斯利安和优倍品牌高速增长，借助控股子公司荷斯坦牧业平台引入了战略投资者RRJ，不断整合牧场养殖等相关业务，缓解奶源供应紧张和成本上涨压力，拉动上游产业的升级发展。工美行业：受国际黄金价格下跌的影响，黄金珠宝首饰业务成为一大消费兼投资热门，老凤祥实现营业收入和利润分别同比增长29%和46%。

二、存在问题分析

需求仍未充分回暖。一是2013年国际市场需求依旧尚未回暖，纺织行业中低端订单持续向东南亚国家转移，各种因素令上海的出口加工型企业经营困境日益凸显。二是国内市场需求低于预期，房地产调控、节能产品惠民工程、家电下乡政策逐步退出等影响到室内装饰、家居、家电等行业需求。三是食品安全和产品质量事件继续发酵。如上海某大型乳制品企业在新西兰恒天然乳粉事件中受到冲击，影响国产品牌奶粉的市场信誉。

企业成本压力较大。一是劳动力刚性上扬明显，并预计在未来一段时间内仍保持上涨趋势，上海地区外劳力综合保险统一调整为城镇保险也增加了用人成本。二是营业成本增加，传统商业超市渠道名目繁多的进场费、促销费、店庆费等和较长的资金占用时间困扰着大部分轻纺企业，电子商务成为企业进一步完善营销渠道的最佳选择，全年轻工和纺织营业费用分别同比上升 5.9% 和 2.8%。三是原材料成本压力整体有所缓解，部分行业原材料成本依然有不同程度上涨，国内外棉花价差问题依然是影响上海纺织行业发展的主要因素，全年 4000—6000 元／吨的价差给上海纺织企业增加了明显的负担与压力，不少国际订单因国内原料成本偏高而流向了东南亚等地区。

三、行业转型发展与重点工作推进

1．大力推进质量品牌建设工作

深入贯彻落实工信部《关于加快我国工业企业品牌建设的指导意见》，在上海市委、市政府领导高度重视和支持下，联合 19 个相关部门统筹推进全市品牌建设工作；进一步夯实品牌工作推进机制，吸纳国家和本市各领域 40 名专家，成立品牌专家委员会，开展国资品牌体制机制创新研究，运用市场主体力量，推进产业投融资机制创新；实施长三角品牌建设合作项目，与长三角兄弟城市共同研讨合作共赢模式；举办 2013 上海品牌管理人才培训班、上海品牌掌门人培训沙龙、品牌培育管理专题培训班等品牌人才培训活动，共培训企业掌门人、品牌经理等共近 200 人次；跟踪扶持工信部重点跟踪的培育服装家纺品牌、上海重点推进品牌等各类企业；根据企业需求组织知识产权保护、商业渠道建设等专题对接会，立项开展品牌培育管理体系宣贯和导入工作；上海有 14 家企业成为 2013 年工信部品牌培育试点企业，80 余家企业积极参与工信部品牌竞争力评价活动，“双鹿”电器、“飞科”电器、“水星”家纺等一批品牌企业开始委托第三方专业机构制定品牌发展战略，自主品牌的媒体宣传投入有所提高。

2．推进技术改造、两化融合、鼓励企业走出去等工作

借助上海市推进联合国“创意城市——设计之都”建设契机，推动轻纺企业提高创意设计能力，加大设计研发和技术改造工作力度，全年支持“花冠”乳业生产工艺改造等 128 个消费品企业项目；传达落实工信部消费品司两化融合会议精神，委托开展上海轻工行业两化融合发展课题研究，通过品牌建设等相关专项资金引导企业加快两化融合步伐，比如，“三枪”服饰、“回力”鞋业、“上海”手表等企业开始触网，“古今”内衣完成 SAP 管理软件一期导入，“双鹿”电器实施信息化改造提升供应链管理效率。继续引导企业创新，研发新技术，探索新模式、新业态，比如，伽蓝集团研发的“3D 皮肤模型技术”经专家鉴定达到化妆品研究领域国际先进水平；“妩 Woo”服饰吸引国际顶级品牌设计师加盟；上海家化成为 2013 年工信部认定的首批国家级企业工业设计中心；永久自行车等与设计企业合作开发新产品。支持上海国际经济技术合作协会的“培育上海跨国经营品牌企业公共服务平台”项目，服务企业走出去。“佰草集”在外资品牌垄断的日化领域成功突围，将海外业务拓展至法国、西班牙、意大利、荷兰、新加坡、德国等地；“海立”压缩机在印度艾哈迈达巴德等地建设高水准制造业新基地，在意大利米兰设立欧洲技术服务中心；“蝴蝶”缝纫机先后从德国收购杜克普爱华股份公司、百福和凯尔曼等国际知名的高端品牌企业。

3．优化产业布局，加强重点行业管理服务工作

根据工信部《关于做好 2013 年印染企业准入公告管理工作的通知》，联合上海市环保局开展印染行业准入公告申报工作。根据工信部《2013 年食品安全重点工作安排的通知》和上海市食安办的各项工作要求，重点推进食品工业企业实施诚信体系建设：一是建成上海市公共信用信息服务平台，将食品药品安全监管纳入应用领域。二是贯彻落实工信部《2013 年食品工业企业诚信体系建设工作实施方案》，举行食品工业企业诚信管理体系培训，上海 380 余家规模以上食品工业企业参训。三是依托国家认证认可技术研究所和上海市食品协会，立项指导企业建立实施诚信管理体系。四是以食品工业企业诚信体系建设和“婴幼儿配方乳粉安全深度行”为主题，承办食品安全宣传周主题日活动。五是实施婴幼儿配方乳粉“双提”行动计划，推动企业实施 GMP 改造和可追溯体系建设。六是配合市质监局开展乳制品企业换发生产许可证前置产业政策审核工作。七是协调保障治疗 H7N9 禽流感等相关药品的生产供应，启动防控人感染 H7N9 禽流感疫情联防联控机制，要求上海罗氏等相关生产企业报送实时销量和库存量，汇总形成《应急物资日报表》，每日反馈给联防联控机制办公室。

4．做好工艺美术保护和发展各项工作

启动工艺美术三年行动计划编制，开展前期调研；组织推进各类展会活动，支持举办 2013 首饰艺术博览会、上海当代工艺美术精品展等展览展示活动，“上海－重庆”、“上海－墨西哥”等国内外工艺美术交流活动；指导推进工艺美术服务信息平台建设，梳理工艺美术大师、精品、品种技艺、有关企业、展会活动等信息，加强宣传和服务对接。

（胡晓彬）

设计之都及文化创意产业发展情况

2013年，上海深入贯彻党的十八大、十八届三中全会、第十届市委全会和市文化创意产业工作推进会议精神，深化实施《上海市文化创意产业发展“十二五”规划》，在市委、市政府及新一届市文化创意产业推进领导小组的领导下，上海市文化创意产业发展取得显著成效，对本市经济发展的贡献率进一步提高，产业新业态发展迅速，产业更显活力，重大项目和园区基地建设加快，国际合作交流活动频繁、政策创新力度加大，产业发展氛围浓厚，加快上海国际文化大都市和上海“设计之都”建设，为上海形成服务经济为主的产业结构作出了重要贡献。

一、文化创意产业实现快速健康发展，产业活力激发，企业竞争力进一步提升

2013年，文化创意产业实现增加值2500亿元，比上年增长10.1%，占全市GDP的比重约为11.5%。软件和信息服务业快速增长，累计登记软件产品超过2万个，网络视听收入增长超过100%，移动互联网服务消费规模扩张。演艺市场活跃，上海年演出场次达16500场，收入16亿元。全年电影观影人次超过3730.8万人次，全年电影票房总收入达15.7亿元，同比增长近20%。动漫产业初具领先优势，上海入选文化部“2013年国家动漫品牌建设和保护计划”的动漫品牌和动漫创意项目达11个，位居全国各省市首位。设计产业与品牌建设、科技创新、文化原创等方面呈现加速融合趋势，一批上海原创设计产品获得iF、红点、红星等国内外知名奖项。

解放日报报业集团和文汇新民联合报业集团重组成立上海报业集团。上影集团积极整合旗下市场板块资源，创立上海电影股份有限公司，正积极争取上市。百视通与微软组建上海百家合信息技术发展有限公司，为整个产业链的发展及延伸拓展新的渠道和内容。上海家化和指南设计两家企业获得首批国家级工业设计中心，14家企业成为工信部2013年品牌培育试点企业。老凤祥获评“最具价值中国品牌100强”第58位，位列中国珠宝首饰业第一。上海动画制作企业形成联盟，通过与海外企业开展合作，开创中国原创动画电影集结进军海外市场的新里程。上海证大喜马拉雅网络科技有限公司创建的“喜马拉雅”音频分享站，用户规模超过2000万，成为我国最大的音频分享站。

二、一批国家和市级重大项目有序推进，取得初步成效，项目的带动力进一步提高

中国工业设计研究院项目签约落户上海，将打造成为国家级的工业设计创新服务平台。国家动漫游戏产业示范区（公共服务平台）在文化部全国数字内容（动漫游戏）公共服务平台的评比中获第一名。国家数字出版基地成为国内数字内容企业集聚度较高的基地，年产值超200亿元。国家绿色创意印刷示范园区引进北京盛通、当纳利等10个企业，投资总额36亿元。中国（上海）网络视听产业基地已引入数字新媒体企业40余家。国家音乐产业基地集聚上海音像出版制作行业协会、新汇文化等一批知名机构，创作生产了一大批原创音乐作品和产品。上海外文图书公司等35家企业和国家对外文化贸易基地等10个项目获得“2013—2014年度国家文化出口重点企业和重点项目”称号。

江南智造创意产业集聚区拥有一批国内外知名企业，入驻企业达240多家，税收收入超2亿元。环同济建筑设计基地集聚现代设计企业近2000家，涌现出同济大学建筑设计研究院、上海市政工程设计研究总院等一批骨干企业。昌平路时尚设计集聚带引进品牌公司10家，举办展览、论坛、比赛、讲座等30余场。迪士尼度假区内首幢面向游客的建筑已结构封顶，全球主题乐园行业数据库平台等信息系统加快建设。上海国际时尚中心举办了2013世界音乐时尚盛典等70余场时尚活动。

三、园区建设取得实效，平台服务能级不断提高，载体效能进一步显现

本市118家文化创意产业园区呈现出产业集聚效应明显、品牌化建设初显成效、服务能力进一步提升等特点，涌现出一批集团化品牌打造的企业。如德必集团已形成集“园区投资、设计建设、招商运营、平台式创新服务”为一体的德必模式，并着力打造服务企业的七大增值服务平台，帮助中小文化创意企业快速成长；上海纺织集团按园区产业特色，建立了以文化艺术为核心的M50、以生活时尚为核心的尚街LOFT等集聚区品牌，引导产业集聚；锦和集团通过建设“越界”商标，形成园区标准化服务，树立园区品牌。张江、紫竹、双创等园区不断完善服务体系，为小微企业提供技术支撑、融资担保、发展咨询、人才培育等基础性和专业性孵化服务。

公共服务平台提供多层次、多方位服务，营造良好的产业环境。如上海市设计之都公共服务平台整合17个相关行业服务平台，累计组织和参与活动300场，线上访问量100万次，服务企业近6000家，为中小企业贷款近2.5亿元；上海文化创意产业急需人才培训基地邀请国内外知名专家、学者举办不同层次的专题培训班和文化创意产业讲坛；兆联天下积极打造没有"围墙"的虚拟"文化产业园区"，搭建创新型网络开放式服务平台，实现线上园区服务中小微企业创业；M50文化艺术传播体验服务平台成功举办近10场个展和论坛活动，通过传播文化艺术提升上海城市文化艺术底蕴，受到广泛好评；谈家28－文创企业综合服务平台为区域内的文化创意中小企业提供技术创新、人员培训等服务，举办活动18场，孵化文化创意企业42家。上海动漫公共服务平台积极拓展平台层级，创建面向中小微动漫游戏企业的公益服务衍生平台，已为57家动漫游戏企业提供面向海外市场的发行和外包服务。国家音乐产业基地世界音乐传播平台成功组织"2013上海世界音乐季"春秋两季的大型公益演出和对外文化交流，举办演出70多场次，观众超过20万人次。

四、抓住上海自贸区建设机遇，加快落实相关政策，文化创意领域进一步开放

2013年，上海文化创意产业紧抓中国（上海）自由贸易试验区建设重大历史机遇，引导文化创意企业利用自贸区在金融、文化、教育、电信等领域的试点政策，挖掘产业发展机会，扩大企业受惠面，释放更多政策红利，加快文化创意产业发展。工信部联合上海市政府编印进一步对外开放增值电信业务的意见，明确在试验区范围内对外资开放的增值电信业务领域和保障措施等内容。文化部印发实施《中国（上海）自由贸易试验区文化市场管理政策的通知》，明确试验区文化开放领域并调整试验区文化市场管理政策。

部分企业先行先试取得成效，国家对外文化贸易基地构建促进文化贸易发展的公共服务平台，先后吸引佳士得拍卖、华谊兄弟、中国图书进出口公司等170多家国内外知名文化企业入驻，形成全国范围内规模最大的外向型文化企业集群。百视通与微软在自贸区合资组建公司。中国首个保税艺术品仓库挂牌落成，上海国际艺术品交易中心协助佳士得拍卖行举行首场拍卖会。

五、国内外合作交流加强，特色活动频繁，产业影响力进一步提升

鼓励本市文化创意企业"引进来、走出去"，上海佛罗伦萨－中意设计交流中心的佛罗伦萨基地试运营，有50多家上海设计企业和100多家意大利企业开展对接交流，达成近10项合作意向；上海40多家品牌企业和设计师组团走出去，参加2013伦敦设计节、伦敦时装周，推介上海创意设计，开拓海外市场。上海芭蕾舞团大胆采用自主商演的运作模式，在英国国家歌剧院连续上演5场现代芭蕾舞剧《简爱》，舞剧剧票售罄一空。上海杂技团原创杂技晚会《十二生肖》在法国、瑞士、比利时等国巡演，反响热烈。一批文化创意企业参加美国洛杉矶艺术展、香港国际影视展、德国科隆游戏展、法国戛纳秋季电视节、法兰克福书展、深圳文博会、北京文博会等众多海内外重点活动。

举办一批具有国内外影响力的大型活动。如上海国际电影节吸引来自112个国家和地区1655部影片参展，受关注度居亚洲各类电影节之首；上海设计之都活动周，推出设计之都年度人物、品牌、场所奖项，推出上海设计之都地图，组织了近40个响应活动，吸引了全球15个国家、全国29个省市的代表超过10万人次的关注和参与；2013上海时装周，共举办77场作品发布，180个品牌参与，吸引约5万人次；上海书展吸引了500多家出版单位参展，30余万读者参与，举办600多场阅读文化活动；ChinaJoy经过10年发展跃升为亚洲第一、世界第二的数码互动娱乐产业品牌盛会，吸引21万余观众，规模创历届之最。相关行业协会和社会中介组织也积极打造各类活动。这些大型活动的举办提升了上海文化创意产业的国际影响力，发挥了产业推介、展示和带动作用。

六、政策创新力度加大，区县作用充分发挥，产业环境进一步优化

发布上海市"设计之都"建设三年行动计划，围绕工业设计、时尚设计、建筑设计、多媒体艺术设计4个重点领域，构建完善产业创新、公共服务、社会服务和政策保障4个体系，建设八大工程。施行营业税改征增值税扩围，2013年8月1日起，广播影视节目（作品）制作、播映、发行服务纳入现代服务业试点范围，本市营业税改征收增值税的文化创意服务企业共5.2万户，比上年新增1.1万户。发挥金融资本作用，一批产业投资基金在文化、传媒、广告等领域加强战略投资和产业链整合，在影视版权和制作等方面进一步发力。完成"十二五"规划中期评估、统计目录修订，发布《2013年上海文化创意产业发展报告》。

各区县紧密结合区域经济发展特色，出台促进文化创意产业相关发展规划、财政扶持政策、集聚区管理办法等规划政策，深化载体和重大项目建设，开展各具特色的活动，积极打造区域特色文化创意产业。区县文创领导小组及办公室贯彻落实市文化创意产业工作要求，加快本区域文化创意产业发展。

此外，2013年度上海市文化创意产业扶持资金共扶持项目245个，市级扶持资金2.87亿元，区县配套资金1.03亿元，资金总额3.9亿元，撬动企业资金投入62.6亿元。在支持产业公共服务平台的基础上，围绕文化创意产业发展中创意设计、文化艺术、信息技术和现代服务四个方向的薄弱环节、关键领域和新兴行业，加大对中小企业孵化、原创设计等方面的扶持力度。

（由 文）

生产性服务业发展情况

2013年，按照市委、市政府“加快产业结构调整、促进经济发展方式转变”的总体要求，加快推进产业结构调整，将大力发展生产性服务业作为经济转型发展的主攻方向，通过聚焦重点行业促发展、聚焦重点企业强培育、聚焦重点载体促产出等一系列措施，有力推动以新技术、新产业、新业态、新模式为主的“四新”经济加快发展。全年全市生产性服务业共实现营业收入超1.6万亿元，比上年增长近20%。

一、生产性服务业发展情况

1．市场资源配置在生产性服务业发展中发挥更高效率

生产性服务业近年发展快速，很重要的一条就是针对制造业企业长期存在“大而全”、“小而全”的问题，利用市场倒逼机制，引导企业将资源要素集中配置到主业，使其更具竞争优势，将相关配套的生产和服务交给市场，积极发展制造业转型升级所需的生产性服务业。这种专业化分工可以最大限度地发挥各自的优势，实现资源与要素的最佳配置，并培育了对方的市场需求和激发了各自的效率，无论对于制造业还是生产性服务业，其市场潜力都得以扩充，生产效率得以提高。这在总集成总承包、研发设计、电子商务与信息化、节能环保和供应链管理等生产性服务业重点领域的发展尤为显著。

2．电子商务加快发展

2013年，上海电子商务交易总额达10560亿元，同比增长35.1%，首次达到“万亿级”，约占全国电子商务交易总额的9.9%。在10560亿元的电子商务交易总额中，B2B交易额8632亿元，网络购物（B2C／C2C）交易额1928亿元。网络购物中的商品交易额相当于社会消费品零售总额的13.5%。第三方支付9万亿元，其规模为全国之最。东方钢铁、快钱支付等8家企业入选工信部2013年电子商务集成创新试点工程，2家企业获批工信部农产品冷链信息化试点企业，全国首个获国家工信部批准的“电子商务综合创新实践区”——上海浦东新区完成三年试点建设任务，顺利通过国家工信部专家验收。

3．总集成总承包发展态势良好

2013年，企业申报总集成总承包专项资金扶持项目总数计99个，投资总额166.41亿元，专项资金支持20个项目，支持资金2000万元。扶持项目数占申请项目总数的20.2%。

4．功能区发展稳定

功能区围绕“创新驱动、转型发展”，进一步加快产业转型，同时吸引行业内具有引领作用的企业向功能区集聚，形成特色鲜明、错位竞争的态势，做到立足上海、服务全国、辐射全球。

截至2013年年底，共有重点推进和重点创建的生产性服务业功能区28家，总占地面积为4208.36公顷。

5．政策支持力度加大

上海加大对生产性服务业的支持力度，出台一系列政策和文件，着力改善本市生产性服务业的发展环境，为生产性服务业发展创造了良好的条件。

财政部、海关总署、国家税务总局发布上海自贸区进口税收政策，在现行政策框架下，对试验区内生产企业和生产性服务业企业进口所需的机器、设备等货物予以免税。

在上海营改增试点的基础上，2013年8月1日起，根据《财政部、国家税务总局关于在全国开展交通运输业和部分现代服务业营业税改征增值税试点税收政策的通知》，“营改增”在全国范围内开展交通运输业和部分现代服务业的试点，2014年1月1日起，铁路运输和邮政业也纳入“营改增”试点。

国家发改委即将出台《关于加快发展生产性服务业促进制造业结构调整和产业升级的指导意见》；按照国家、上海市的总体产业结构调整要求，推动并落实104区块和195区块转型；上海制定了《上海推进移动互联网产业发展2012-2015年行动计划》；按照《上海市促进电子商务发展规定》和《上海市促进中小企业发展条例》精神，2013年继续深化推进此项工程；开展2013年总集成总承包工程专项引导资金项目申报工作，扩大总集成总承包服务领域，创新总集成总承包服务模式，增强企业的集成创新能力……一系列举措都对推动生产性服务业发展带来了难得的发展机遇。

二、工作推进情况

1．围绕产业重点，深入推动营业税改征增值税扩围

随着营业税改征增值税进一步扩围的明确，围绕生产性服务业推进工作重点，本市及时组织行业协会、区县部门、试点企业等开展不同形式的座谈、培训、调研及政策宣贯活动，结合企业实际研究政策实施细则，跟踪政策的效果并反馈企业诉求，深入分析政策对产业发展的影响，做好本市财政扶持政策的过渡衔接工作。

2．持续推动生产性服务业统计工作

（1）按照国民经济行业分类标准（GB/T4754-2011）和上海工业发展“十二五”规划明确的生产性服务业发展重点，在比较借鉴国内外统计经验的基础上，明确生产性服务

业全口径和重点领域统计分类标准，将生产性服务业划分为农业服务、制造维修服务、建筑工程服务、环保服务、物流服务、信息服务、批发服务、金融服务、租赁服务、商务服务、科技服务及教育服务等12个类别，涉及国民经济32个大类、104个中类及199个小类。

（2）结合生产性服务业行业发展特点，提出生产性服务业重点领域统计方法，统计对象突破制造业下属生产性服务业企业的局限，扩展到全社会各行业企业。建立重点领域统计调查制度，初步形成生产性服务业重点领域行业统计体系。通过对全市17个区县、9个主管集团共1300户样本单位开展季度调查，摸清行业发展现状和趋势。

3．进一步推动生产性服务业功能区建设

（1）开展功能区回访工作

对已参加考评复审的功能区及时做好回访工作，会同相关部门先后赴西郊、华新及浦江源、仓城功能区进行走访调研，实地了解2013年各功能区经济发展、项目推进落实情况等，并就部分功能区工作开展中存在的问题进行沟通探讨。

（2）成立生产性服务业功能区联盟

为进一步加强功能区互动交流学习、资源对接和融合发展，将28家功能区的发展特色和优势集聚起来，共同推进功能区建设，2013年6月28日成立上海生产性服务业功能区联盟。

4．推进总集成总承包领域发展

修订总集成总承包项目申报指南和发布申报通知，通过“总集成总承包专项资金”全年扶持项目20个，有效提升总集成总承包企业的业务能力、扩大服务领域和服务半径，推动总集成总承包模式创新、业务创新和服务创新，推动工业企业转型升级和二、三产业融合，促进制造业企业向价值链两端延伸，加速由“生产型制造”向“服务型制造”转变。

5．进一步促进电子商务“双推”工程

为促进电子商务与中小企业融合创新发展，深化实施电子商务“双推”工程。遴选12家平台企业作为2013年度电子商务“双推”工程服务平台，涉及供应链管理与交易服务、循环利用、网络营销、现代农业、文化创意、汽车后市场、专业资讯、第四方物流、云计算、电子支付等多个服务领域。组织召开2013年上海电子商务“双推”工程启动发布会暨电子商务与产业融合创新发展论坛，支持“双推”平台企业开展各种形式的中小企业对接交流与宣传培训活动。第三方监测机构的监测审核数据显示，在不到两个月的时间里，12家“双推”平台企业总计新发展并获得“双推”资金补贴的本市中小企业客户达3136家，一定程度反映出上海电子商务服务市场需求的迅猛增长。

“双推”工程实施4年来，已累计投入4000万“双推”补贴资金，遴选“双推”平台35家，遵循“公开遴选服务平台、尊重中小企业市场选择”的原则，补贴本市中小企业依托“双推”平台开展电子商务应用达1.4万家，不仅有效放大资金支持效应，也较好地起到了激励“双推”平台服务创新、支持中小企业电子商务应用普及，推动电子商务服务市场加快发展的作用。同时“双推”平台也吸引了不少创投机构的关注和资金投入。

6．继续加强市、区交流互动，开展各项专题研究

开展《关于加快推进研发、销售“两头在沪”企业发展的对策研究》课题，针对当前“两头在沪”企业发展的不足之处，课题组从进一步放大“营改增”试点政策效应、加快推动促进专业化分工的产业扶持政策等九个方面提出了建设性的意见和建议。

《深化生产性服务业功能区布局和功能定位研究》课题从全市生产性服务业规划布局和功能定位着手，围绕外环“金腰带”、新城建设和老工业区等重点区块调整、二次开发，对功能区进行合理规划布局和产业定位；建立生产性服务业功能区布局建设指导性目录，明确生产性服务业重点发展区域。

《上海生产性服务业专项统计运行分析与发展评价》课题通过深入分析生产性服务业重点领域各行业数据，总结提炼行业发展特点和规律，跟踪生产性服务业发展中的新业态、新模式及其对产业转型升级的影响；通过设定生产性服务业评价方法和评价标准、进行生产性服务业发展情况评测，建立上海生产性服务业专项统计发展评价体系。

7．开展“优秀生产性服务业功能区”和“优秀生产性服务业企业领军企业”评选，树立典型，宣传表彰，汇编《上海生产性服务业发展巡礼》一书

自2013年10月中旬起开展“优秀生产性服务业领军企业”和“优秀生产性服务业功能区”评选工作。在这次评选中，一大批推动新技术、新业态、新模式、新产业发展的“四新”典型企业如雨后春笋般涌现出来，快速领跑服务业发展。此次评选遴选出近70个典型案例出版编辑成《上海生产性服务业发展巡礼》一书，旨在弘扬在生产性服务业中敢于先行先试、创新探索的精神，进一步推动上海乃至全国生产性服务业发展。

（陈琦芳）

社会信用体系建设情况

2013年，市委、市政府高度重视“诚信上海”建设，社会信用体系建设工作被列为市政府重点工作第13项。市社会信用体系建设联席会议各成员单位积极贯彻落实市委、市政府《关于进一步加强上海市社会信用体系建设的意见》和《上海市社会信用体系建设2013—2015年行动计划》，以信用制度建设为核心，不断推动各领域信用信息记录、公开、共享、使用和奖惩。上海社会信用体系建设得到国家社会信用体系建设部际联席会议第9督导组和市领导的充分肯定。

一、突出制度建设，着力完善推进机制和顶层设计

充实联席会议，联席会议更名为市社会信用体系建设联席会议，调整充实总召集人、召集人和成员，覆盖68个委办和区县，各区县不断健全相应组织推进机制。

加强信用立法，发布实施市政府规范性文件《上海市企业失信信息查询与使用办法》，推进各委办、区县细化落实，促进信用信息跨部门共享和使用；完成《上海市公共信用信息归集和使用办法》起草；完成地方立法课题研究，《上海市社会信用体系建设条例》列为2013年、2014年市人大立法预备项目。

完善目录标准，促进信用信息记录、公开和使用，编制完成《上海市行政和司法部门企业信用信息公开目录（2012版）》和《上海市政府部门使用信用报告指南（2013版）》。

开展规划评估，完成《三年行动计划》中期评估，7项发展指标中，2项已完成，2项部分完成，2项进展顺利。

二、突出基础支撑，市公共信用信息服务平台开通试运行

加快建设进程，各有关方面合力推进市公共信用信息服务平台规划、设计和建设，平台于2013年6月初实现面向政府部门开通试运行、12月底实现面向信息主体（包括法人和自然人）开通查询服务，为公共信用信息服务社会提供了重要支撑。

强化信息归集，通过梳理确认，实现平台与市法人库和市人口库对接，截至2013年年底，全市57家单位（含行政机关、司法机关以及公用事业单位）向平台提供数据，平台归集信息事项1185个，涉及法人138万、自然人2500万，可提供查询的数据约2.2亿条。

丰富平台功能，平台初步具备信息查询、异议处理、资源目录管理、系统管理、用户管理和日志管理六方面功能。

强化制度配套，平台建立19项管理制度和4套工作规范，正在研究11项制度规范，形成日报、半月报等6类平台运营情况报告制度。

开展应用培训，截至2013年年底，22个政府部门经核准开通89个平台账户，65家联席会议成员单位及市经济信息化委、市水务局等政府部门的用户分别接受工作培训。

三、突出重点领域，推进信用信息应用和信用奖惩

扎实推进专项试点。各重点领域责任部门依据本市社会信用体系发展运行框架，研究制订试点工作方案、建立制度性安排，在信用信息记录、披露和应用上取得重要进展，信用记录在建设市场招投标管理、交通港航企业管理、交通运输驾驶员管理、安全生产管理、食品安全过程监管、药品招标采购、制造企业质量管理、电梯维保质量安全管理、社会组织管理、政府采购供应商和专家管理等市场监管、社会管理、公共资源分配等工作中开始发挥重要作用。

积极推进信用管理。市司法局、市监察局、市统计局、检验检疫等部门在本部门、本领域工作中积极运用信用管理手段，研究制订领域内相对人信用相关信息的记录、分类、使用制度和相应的管理措施；浦东、杨浦、闸北、徐汇、松江等区县探索使用信用服务、应用信用产品支撑部门管理、促进产业发展。

探索实现联动奖惩。市环保局、市质监局、市食品药品监管局、市安监局、市工商局等部门积极推动信用信息公开或跨部门共享，在管理工作中主动向外提供信用信息，主动使用其他部门或来自市公共信用信息服务平台的信用信息，将主体信用状况作为分类管理的主要依据；食品安全黑名单，以及工商、税务、海关等委办和长宁、宝山、金山等区县推出的分类管理、配套奖惩举措等在社会上形成较大影响，收到了较好效果。

四、突出创新试点，切实落实国家工作要求

承接国家试点。按照部际联席会议指示，在市科委、市教委、市民防办等部门和浦东、闵行、青浦等区县选择10余个行政审批事项开展使用相对人信用记录的试点并取得阶段性成果。

加强应用试点。市经信委与市财政局在重大装备、信息化发展（含双推）、知识产权、诚信体系建设4个专项资金管理中试点使用信用产品，研究明确工作范围、形成工作和规范机制，对一部分存在劣迹的企业形成威慑。

支撑职能转变。形成以企业信用管理为重点的自贸试验区信用体系建设方案，基本完成市信用平台自贸试验区子平台框架设计和信用信息资源目录梳理；市信用平台在试验区设立服务窗口，在向试验区各监管部门提供服务的同时向试验区企业提供信用信息查询服务，为政府部门事中、事后监管提供技术和数据支持。

探索诚信示范。市信用服务行业协会组织9家企业参与诚信建设示范区、企业信用管理示范基地、电子商务信用服务示范平台等示范试点工作，总结完善示范达标标准、制度；号百商旅开展电子商务信用服务示范平台建设试点，建立健全相关标准和工作机制。

五、营造诚信环境，成功举办2013年上海市“诚信活动月”

用好专项资金。2013年度上海市社会诚信体系建设专项资金资助涉及质量、环保、食品餐饮等公共安全领域，电子商务等现代服务业领域，以及金融、中小企业发展等项目20个，历年项目跟踪和验收工作有序开展。

开展信用培训。在促进企业加强信用管理、提升专业人员信用意识和水平、培训行业从业人员等方面开展培训推广，组织编写出版《上海市公务员诚信建设知识读本》等教材，纳入市公务员各类培训课程。

形成跨省联动。完成“信用长三角”相关课题研究工作，三省一市联合公示备案长三角地区186家信用服务机构。

组织重点活动。市经信委与市文明办共同举办以“筑牢信用基石，共建诚信上海”为主题的“诚信活动月”，周波副市长出席首日活动并开通市征信办与市食品药品监管局、市质监局合作开发的“上海•信用•生活”手机APP应用，举办重点领域信用体系制度建设成果展、市社会信用体系建设网络展、“诚信上海”专家座谈会，邀请人民银行征信中心副主任王晓蕾作“我与征信”主题报告，全市各区县、委办围绕“信用与政府职能”、“信用与百姓生活”、“信用与市场环境”、“信用与转型发展”4个专题，开展诚信便民服务、专题研讨交流、主题报告讲座、信用专题培训、诚信知识竞赛、典型事例征集、诚信漫画展览等各类活动近120项，有关活动被人民网、新华网、东方卫视、《新闻晨报》等众多媒体报道，逾5万名市民参与活动。

（陈　颖）

附件：上海市社会信用体系建设2013—2015年行动计划

为了加快完善社会信用体系，着力构建“诚信上海”，促进本市经济社会全面发展，根据党中央、国务院和市委、市政府关于社会信用体系建设的要求，编制本行动计划。

一、明确指导思想、发展目标、推进原则和运行框架

（一）指导思想

以邓小平理论和“三个代表”重要思想为指导，深入贯彻落实科学发展观，大力践行“公正、包容、责任、诚信”的价值取向，以守信受益、失信惩戒、诚信自律为导向，以信用信息记录、共享、披露、应用为主线，以信用制度建设为核心，以信用管理为支撑，以市场化运作的征信体系构建为关键，不断完善符合国际惯例、适应中国国情、体现上海特色、覆盖经济社会各个方面的信用体系，促进“诚信上海”建设。

（二）发展目标

到2015年，重要领域、重点人群与关键环节的信用奖惩得到强化，失信成本明显增加；政府内部信用信息充分共享，公共信用信息服务平台建成；纳入政府部门信用信息公开指导目录的信息公开率达到100%；备案信用服务机构年度出具企业信用报告达到45万份以上；中国人民银行征信中心在上海地区年度出具企业信用报告达到400万份以上、个人信用报告达到7000万份以上；资信评级业务涉及主体评级对象贷款余额达到1.5万亿元；信用服务产业营业收入年均增长率达到20%以上，在国内具有较高市场认同度、较大影响力的企业信用服务机构达到5−8家，个人信用服务机构新增1−2家。

（三）推进原则

1．政府推动，社会参与。政府搞好信用制度总体安排，加强组织协调，带头使用信用产品。社会各方充分发挥作用，主动参与，共同推动社会信用体系建设。

2．完善制度，加强管理。建立完善信用制度标准规范，强化各部门、各领域、各行业信用管理。同时，根据国家和本市有关规定，在信用信息的记录、共享、披露、应用过程中，保障企业和个人信用信息的准确、安全以及正当使用，研究建立个人信用信息应用和保护规范。

3．强化共享，联动奖惩。推动信用信息内部共享与依法披露，促进信用信息有序扩散与充分利用，增加失信成本，强化守信激励。

4．培育市场，发展产业。积极推动信用市场发展，支持信用服务机构开发利用信用信息资源，推广信用产品，促进市场化运作的信用服务产业发展。

（四）运行框架

主要包括以下环节：

1．信用信息与信用产品使用环节。各部门、各领域、各行业根据需要，完善信用信息查询、信用产品使用机制，强化信用奖惩。

2．信用信息加工、存储环节。信用服务机构按照法规与标准，采集信用信息，制作个人、企业信用报告，并做好异议处理工作。

3．信用信息记录、共享、披露环节。各部门、各领域、各行业完善信用档案，规范信息记录，实现内部共享，并依法对外披露。建设公共信用信息服务平台，提供集中查询服务。

4．监管与协调环节。对信用服务机构、信用服务活动加强监管。同时，完善社会信用体系建设组织推进机制，加强统筹规划、协调落实。

二、推动地方信用立法，健全社会信用制度体系

（一）行动目标

以地方性法规为引领，以政府规章为支撑，以规范性文件为补充，以相关目录、标准为配套，建立规范政府、企业和个人等主体的社会信用制度体系。

（二）主要举措

1．完善行政、市场和社会相结合的信用奖惩制度。以守信受益、失信惩戒为导向，建立严格的社会化奖惩制度，创新社会管理手段。推进信用地方立法研究与起草工作。制定政府部门所掌握的行政相对人信用信息开发应用管理办法。定期发布政府部门所掌握的行政相对人信用信息公开指导目录。到“十二五”期末，纳入公开指导目录的信用信息公开率达到 100%。完善市场信用管理机制，强化信用分类监管，健全违法违规企业重点监控名单制度。

2．完善经济领域信用制度。围绕“四个中心”建设，建立健全信用管理机制。完善金融、航运、商贸等领域的信用风险防控机制，防范信用风险，规范市场秩序。聚焦战略性新兴产业、先进制造业和现代服务业，引导、支持企业完善信用管理制度，使用信用产品。加大对“专、精、特、新”中小企业的扶持力度，对符合产业发展方向、信用良好的初创企业，加大信用融资扶持力度。加强诚信引导，倡导诚信经营，建立完善将政策优惠、资金扶持等与市场主体信用状况结合的制度。

3．完善民生领域信用制度。将信用制度建设作为改善公共服务环境、提高社会管理效率、化解人民内部矛盾的重要手段，聚焦城市运行、安全生产、食品药品、质量、住房、教育、医疗、人才引进、职业、学术、慈善、社会保险和救济等重点领域，建立健全诚信告知承诺、守信践约制度。

4．完善信用服务市场管理制度。规范信用服务活动，提升信用服务行业公信力。建立健全促进信用服务市场发展和信用产品使用的政策法规制度，形成由基础标准、服务和管理标准、产品规范标准组成的信用标准体系。推动信用服务机构创新研发适应市场需求的信用服务和信用产品。加强信用产品的质量监管，制定质量后评估相关细则。

三、改善社会公共服务，完善市场信用管理机制

（一）行动目标

创新信用管理机制，加强政府公信力建设，提高公共管理效能，改善公共服务环境，保障城市公共安全，加强信用信息系统建设，促进行业信用管理，建立完善以信用管理为基础、与行政执法相结合的市场综合管理模式。

（二）主要举措

1．加强政务诚信建设。加强对政府部门和公务员诚信履职情况的监督，建立健全政务服务和行政承诺考核制度，不断深化政务公开；加强公务员信用管理，强化公务员岗位承诺，广泛开展公务员职业信用教育活动，规范约束公务员行政行为；建立健全政府部门和公务员信用信息记录、管理与使用制度。

2．规范“黑名单”管理。政府部门要围绕城市运行、安全生产、食品药品、产品质量、合同履约、价格管理、政府采购、工程建设、环境保护、海关检疫、知识产权、中介服务、人口管理、社会保障、专项资金分配等重点领域，建立“黑名单”认定、修复和披露制度，将法人失信行为与法定代表人、主要责任人个人信用状况相关联。

3．保障城市公共安全。在建设工程招投标等领域，推动使用信用产品，强化工程建设领域信用管理。健全安全生产信用管理机制，完善诚信激励约束机制。加强食品、药品信用分类监管风险监测评估，加快建立食品生产、流通和餐饮服务等环节严重失信违法者的市场退出与重点监管机制。加强质量安全信用管理，加大惩戒质量失信行为的力度，提高质量安全水平。

4．加强消费价格监管。加强价格诚信监管，积极开展价格诚信建设，加大对价格欺诈、哄抬物价等价格失信行为的监管、惩戒力度。规范美容美发、健身、培训等行业消费预付卡的申请、使用、退出等行为。加大对企业商标侵权、虚假宣传、商业欺诈等失信行为的打击力度，加强电视购物、网络购物尤其是网络团购的信用管理，严厉打击消费欺诈行为。

5．确保分配公平公正。围绕社会救助、社会福利和社会保障，在最低生活保障、养老、低保、慈善等环节，建立健全诚信告知承诺和守信践约制度。完善保障性住房建设、分配、管理、退出等环节的信用管理机制，对弄虚作假、出具虚假证明和违纪违规等失信行为加大惩戒力度。

四、推广信用服务应用，优化要素市场资源配置

（一）行动目标

发挥信用体系优化资源配置的作用，提升上海在金融、航运、商品、人才等要素市场的资源配置能力，推动要素市场信用服务体系发展，加强中小企业信用体系建设。

（二）主要举措

1．重点加强金融市场信用服务能力。完善金融市场信用服务体系，扩大信用产品在金融市场中的应用，健全金融市场客户资信和风险评价机制，推广利率、费率与客户信用状况相结合的浮动机制，营造具有国际竞争力和影响力的金融市场环境。深化信用产品在信贷、信贷转让、票据、股票、债券等市场的使用，试点推广信用产品在期货、基金、非上市公司股权转让、保险交易、信托受益权转让等市场的应用，推动特色信用产品在资产证券化产品、应收账款质押、供应链融资中的试点使用。加强银行、证券、保险、基金等金融机构，担保、典当、融资租赁等非银行金融机构以及从业人员的信用管理。

2．基本形成航运市场信用服务功能。加快建立航运市场信用服务体系，推动信用产品在航运市场的使用，提升航运服务功能，优化航运市场环境。推动航运市场各主体增强运用信用工具防范市场风险的能力，支持在航运定价、航运经纪、船舶金融、船舶交易、船舶拍卖等服务中使用信用产品，促进航运资源要素集聚。

3．大力扩展商品市场信用服务规模。完善商品市场信用服务体系，深化信用产品在商品市场的应用，营造国际一流的商贸发展环境。推动国际国内信用服务合作，提高市场开放程度和贸易便利化水平。发挥信用机制在促进货物与服务贸易市场、生产要素期货与批发市场、商品与服务消费市场、电子商务市场发展中的资源优化配置作用。引导、支持企业使用信用产品，加强应收账款管理，在融资、交易过程中展示自身信用状况，提升防范市场风险的能力。

4．着力完善人才市场诚信流动机制。加快建设人才市场信用服务体系，创建一流的人才市场诚信环境。建立人才诚信信息归集平台，健全用人单位和申请个人失信惩戒机制，推广诚信告知承诺制度，定期向社会公布失信信息。建立完善人才诚信评价机制和人口诚信记录查询与应用制度，把诚信记录作为个人就业、贷款与信用卡申请、户籍管理、人才引进、社会福利保障享受等方面的重要依据。

五、提高信用服务水平，加快信用服务产业集聚

（一）行动目标

完善信用服务市场体系，扶持信用服务机构发展，支持信用产品创新，促进信用信息资源市场化开发，加快信用服务产业集聚。

（二）主要举措

1．支持中国人民银行征信中心发展。充分发挥中国人民银行征信中心落户上海的优势，配合国家金融业统一征信平台建设，逐步扩大金融领域信用信息在地方的共享与应用范围，同时将本市非金融领域信用信息向中国人民银行征信中心企业、个人信用信息基础数据库有序披露。

2．加强信用服务产业集聚。加快发展与上海“四个中心”建设相适应的信用服务产业，加大对资信评级、商业征信等业务的扶持力度，培育拥有一定话语权的信用评级机构民族品牌，提高信用服务行业的整体服务能力。吸引更多的国际、国内知名信用服务机构落户上海。积极引进信用服务人才，保持专业人才队伍优势，将上海发展成为国内信用服务专业人才集聚的高地。

3．促进信用服务能力与国际接轨。引导、支持信用服务机构开发与服务经济相适应的信用产品，加强技术研发和知识创新，力争在技术标准、指标体系、评估方法、评估模型、管理技术等方面与国际接轨。提升从业队伍素质，引导、支持从业人员逐步获得国际、国内认可的信用服务行业从业资质。指导信用服务行业加强自律，提升行业公信力。

4．推动信用服务行业整体实力提升。支持信用服务行业做大做强，力争行业营业收入年均增长率超过20%。资信评级业务涉及主体评级对象贷款余额达到1.5万亿元，培育形成5–8家在国内具有较高市场认同度、较大影响力的企业信用服务机构，新增1–2家个人信用服务机构。拓展融资渠道，鼓励信用服务机构跨地区、跨所有制兼并重组。推动信用服务行业享受优惠政策，支持信用服务机构争创服务名牌、著名商标。

5．完善信用信息交换共享机制。推进本市法人信息共享和应用系统、实有人口服务和管理信息系统在信用体系建设中的应用，建设公共信用信息查询服务平台。推动信用信息主动公开、依申请公开，对政府部门公开行政相对方信用信息的情况进行评估。

建立完善信用信息在政务、司法、公用事业、金融、商业交易等领域的共享和联动机制，积极探索云技术在信息共享中的应用，完善联合征信体系。促进商务信用信息资源利用，支持社会组织、市场主体与信用服务机构合作开发信用信息资源。

六、加强诚信宣传教育，弘扬社会主义诚信文化

（一）行动目标

提高社会诚信意识和守信践约能力，积极营造诚实、自律、守信、互信的社会环境，为上海经济、政治、文化、社会的改革和发展提供良好的道德保障。

（二）主要举措

1．弘扬社会主义诚信文化。加强社会主义核心价值体系建设，坚持社会主义先进文化前进方向，培育、弘扬社会主义诚信文化。加强社会、职业、学术诚信建设，最大限度地把举办世博会带来的诚信品牌资源转化为现实优势，引导诚实守信，倡导敬业诚信，把诚信文化内化为人民群众的自觉追求，形成守信光荣、失信可耻的社会风尚，提升城市文明程度和市民素质。

2．开展诚信创建与区域合作。开晨诚信建设与信用管理、电子商务信用服务创新以及企业诚信创建等示范活动。推动政府部门、社会组织、公用事业单位、园区、企业等树立诚信服务形象，开展诚信承诺，践行诚信公约，自觉接受社会监督。充分发挥新闻媒体作用，加强信用奖惩机制宣传，褒扬诚信典型，鞭挞失信行为。加大对社会信用体系建设优秀成果的表彰、宣传力度。推动网络社会信用体系建设，完善网络行为监督机制，规范网络行为，促进诚信上网。推动以“信用长三角”为重点的区域合作，落实《长三角区域社会信用体系合作与发展规划纲要（2010−2020）》，深化重点领域合作，规范信用服务市场，扩大信用信息交换共享范围，完善联动、互惠、共赢的合作机制。

3．加强信用教育培训。面向领导干部、公务员、企业管理人员，深入开展包括学历教育、在职教育、职业培训、岗位培训等多层次的信用管理培训。教育部门和有条件的院校要加强信用学科建设，加强信用管理专业人才培养。面向市民和学生，开展信用知识教育活动。完善助学贷款学生信用管理。鼓励国内外学术机构、信用服务机构、企事业单位等加强合作，开展信用基础性、前瞻性、实用性研究。加强信用专家队伍建设。

七、围绕解决现实紧迫需求，推动重点领域信用体系建设

围绕公共安全领域信用管理与政府公信力建设，通过政府强化信用管理、使用信用产品、加强政务诚信建设，推动全社会信用体系建设。

（一）建设市场

以应用需求为导向，强化信用分类监管和信用产品使用。制定《行政处罚裁量标准》、《建设工程企业分类监管办法》，将工商、质量技监、税务、政府采购、检察、监察等部门提供的信用信息纳入联动奖惩范围。以失信信息作为处罚裁量和加强企业监管的依据之一，按照信用情况，对企业在承接项目、资质管理、现场监督方面实行分类管理，制定《建设市场管理“一票否决”行为目录》，对存在目录所列失信行为的企业，规定时限内在资质申请、项目投标、企业评奖、出省承接任务等环节中实行“一票否决”。制定建设工程企业、注册执业人员信用记录标准及管理办法等配套制度，规范信用信息记录、管理和使用。完善建设市场信用管理系统，与法人信息共享和应用系统、实有人口服务和管理信息系统等实现信用信息共享，加大信用信息向社会、向信用服务机构披露的力度。培育建设领域信用服务市场，完善信用服务机构的准入清出和质量监督机制。

（二）交通运输

推进交通港航质量信誉考核体系建设。强化出租汽车、道路客运、危险货运等 16 类企业的质量信誉考核，完善企业考核机制和相关信息系统，加大排名公布、分级分类监管力度。从规范经营、安全生产、优质服务、社会评价和社会责任等方面，完善考核指标，强化安全与否决指标设置，加大失信惩戒力度。推进行业驾驶员信用体系建设试点。重点选取与城市运行安全密切相关的行业，将出租汽车驾驶员、机动车驾驶培训教练员、道路危险货物运输驾驶员、道路旅客运输驾驶员等 4 类驾驶员纳入信用评价试点范围。制定《交通运输驾驶员信用评价实施细则》，明确信用信息的构成、评价标准、评价程序、信息采集、信用档案、奖惩措施等内容。建设交通运输驾驶员信用评价信息系统。围绕安全生产、遵守法规、服务质量等情况对驾驶员进行信用评价。

（三）安全生产

探索安全生产领域信用监管，加强安全生产信用体系建设，加大信用联动奖惩力度，与相关部门在市场准入、评比评优、项目审批、资质认定、市场监管等方面建立联动惩戒机制；将危险化学品行政审批、责任事故处理、行政处罚等安全生产信用信息提供给相关部门实施联合监管；将相关部门掌握的涉及危险化学品企业登记、行政许可等方面的信用信息纳入安全生产行政审批和监管体系。制定《安全生产行政处罚依据指引细则》，将安全生产失信记录作为对企业实施分类监管和处罚裁量的重要依据。制定信息公开要点和《安全生产违法（失信）信息登录管理办法》，扩大生产安全责任事故、行政处罚等不良信用信息的公开。

（四）食品安全

依托食品安全追溯系统，以重点产品为导向，建立从田头到餐桌的全过程食品安全信用体系，形成覆盖肉制品、乳制品、蔬菜、粮食、食用油等五大类与人民群众日常生活密切相关的食品生产经营企业的信用管理制度。制定《上海市食品安全信用体系建设若干意见》和《食品安全信用体系建设绩效考核目录》，加强信用信息共享，建立完善跨领域信用联动惩戒机制。依法落实食品行业“禁业”制度，将企业不良信用记录作为许可的必审条件，严控失信人员入行，实行最严的市场准入。完善量化分级监管标准和“黑名单”制度，注重发挥社会惩戒的作用。制定《食品安全领域企业不良行为记录标准》，依据相关法规标准，建立完善信用档案。

（五）药品安全

建立医保药品招投标平台质量信息通报机制，实施质量不合格药品招标采购“一票否决制”。加强药品生产企业信用分类监管，建立失信惩戒联动机制。加大不良信用信息的共享力度，在资质许可、招标采购等环节，对失信企业及人员进行限制。完善药品领域严重违法企业与相关责任人员重点监管及“黑名单”管理制度。制定高风险注射剂药品生产企业及其从业人员不良行为记录标准和信用信息管理办法。强化信用联动惩戒，将吊销注销、安全生产监督、消防、药品生产违法等不良信用信息记录纳入联动惩戒范畴，同时将药品质量信息提供给市药招委办公室使用，将“黑名单”信息提供给企业年检、纳税监督、金融信贷、规划土地等主管部门使用。

（六）产品质量

以加强质量信用分级评价应用为重点，以质量安全信用监管为切入口，推进质量信用体系建设。完善《质量信用信息管理办法》，建立产品质量监管信息抄告制度，建立质量失信“黑名单”管理制度。完善各级政府质量奖励、上海名牌推荐、部分行政许可事项审批和监管环节的信用信息查询方式。制定《推进质量信用评价实施意见》、《质量信用评价管理办法》、《企业质量信用分级评价准则》，建立质量信用服务机构准入退出、评价结果备案、收费标准和委托模式等机制。指导行业协会建立质量信用信息社会化采集机制。建立电梯安全监察企业“黑名单”制度，定期向社会公布电梯维修保养单位监督检查评价结果。开展产品质量监督检查后处理信用监管。

（七）工商管理

以信用分类为手段，推进企业年检创新，扶持守法诚信企业，淘汰违法失信企业。加强“黑名单”管理。建立企业法定代表人的信用制约与监控解控制度。对担任被吊照企业法定代表人的自然人，自吊照之日起3年内，依法限制其担任其他企业的法定代表人以及董事、监事、经理。对其他部门提供的限制淘汰落后企业、“三高企业”，加大年检审查力度；对受到行政处罚的企业，加大后续监管力度。深化企业信用分类管理，实施差别化年检方式。加强信用联动惩戒，将质量技监、安监、环保等41个部门的相关信息纳入年检审查范围，将年检验照结果、吊销营业执照等7项信息提供给相关部门实施联动惩戒。对守法诚信企业，可适用年检申报备案办法。

（八）环境保护

强化重点监管企业环境信用评价体系建设，制定《企业环境信用信息记录办法》、《企业环境信周信息评价标准》。在环境违法“黑名单”基础上，扩大环境信用信息的记录和共享范围。强化环境信用信息的应用，对不履行环评手续、环保行政决定和违反“告知承诺”的企业，与建设、规划土地、工商、财政等11个部门实施联动惩戒；对环境信用不良的企业，在信贷、上市环保核查、评奖评优、政府采购、相关手续办理等方面予以制约；对环境信用良好的企业，建立优先安排使用排污费专项资金、政府采购招投标加分等激励机制。强化信用分类监管，修订完善环境监察和监测规范，根据企业环境信用情况，调整执法监察、监测频率。

（九）民政管理

加强民政领域信用体系建设，强化居民收入核对中的信用监管以及社会组织信用体系建设。在居民经济状况核对过程中，查处虚假申报行为，建立完善信用档案，拓展核对渠道和应用范围。做好各类社会保障政策申请人申报行为的诚信记录。加强福利、婚介、社会养老、殡葬等行业的信用管理。探索社会组织信用管理方式，制定《关于加强本市社会组织诚信建设的指导意见》、《社会组织征信管理办法》，建立社会组织及法定代表人不良行为记录标准、信用评价指标体系。在社会组织日常管理中对有不良信用记录的社会组织、企业和个人加强信用约束，建立“一票否决”制度。

（十）政府采购

加强政府采购信用管理，强化联动惩戒。制定针对供应商、评审专家种政府采购代理机构的信用信息记录标准，加大不诚信记录公开力度。在对供应商、评审专家和政府采购代理机构的监督管理中，充分使用其他部门提供的信用信息。依法实行“一票否决”，完善“失信受限”机制。研究制定适用于政府采购领域的信用产品标准，试点使用信用产品并逐步推广。加强对法人信息共享和应用系统、实有人口服务和管理信息系统、行贿犯罪档案查询系统的利用，对有行贿犯罪记录以及在工商、税务等部门存在重大违法行为的供应商，3年内拒绝其参加政府采购活动；对存在不诚信行为记录的供应商，在评审中给予扣分。在市政府采购中心或部分区县政府采购中心试点，选择部分公开招标项目要求供应商提供信用报告。

（十一）政府诚信

加强对政府部门诚信履职情况的监督，促进政府信用建设。出台《上海市政府部门信用信息记录标准》和《上海市政府信用信息管理办法》，将政府部门政务公开内容不实、服务承诺不兑现等不诚信行为等方面信息纳入政府部门信用信息管理范围。加强政务公开，推动财政性资金使用、公共服务等重点领域的信息公开。建立政府信用信息记录、管理、使用制度。收集审计报告和政务公开、纠风等工作中涉及政府信用的信息，做到按需报送、及时共享。在预防腐败信息系统中建立政府信用信息管理子系统。将政府部门诚信履职情况作为年度绩效评估、领导干部提拔使用重要依据。加强政府部门诚信履职信息记录和管理。

（十二）公务员诚信

如强公务员考录信用管理，强化公务员招录的信用审查；建立公务员信用管理制度，加强公务员日常岗位管理；强化公务员岗位承诺和履职监督，加大公务员信用奖惩力度；建立选任制公务员任期承诺制度，加强干部绩效评估考核公示力度；研究制定《本市公务员信用征信管理办法》，明确公务员职业信用信息的记录范围、类别和标准等；制定《上海市公务员行为规范》，规范约束公务员行政行为；健全信用建设长效机制，逐步形成较完备的公务员信用管理体系。制定

《本市公务员职业道德建设实施意见》，实施公务员职业信用全员培训计划，分阶段、分层分类开展全员培训，广泛开展公务员诚信实践活动，大力提升公务员信用能力。

八、完善组织保障，确保任务落实

（一）强化组织推进机制

完善市及区县两级联席会议的统筹规划、协调推进、考核评估机制。联席会议各成员单位将信用体系建设纳入日常管理工作，明确分管领导、责任部门和联络员。强化征信管理部门的指导、协调、考核和监督职能。市、区县考核管理部门将联席会议及其办公室对成员单位的信用体系建设考核情况纳入考核范围。

（二）充分发挥社会组织作用

对社会组织的信用体系建设加强指导和支持。组建上海信用协会，为政府部门、金融机构、社会组织、企事业单位、新闻媒体、科研院所、专家学者和信用服务机构搭建合作交流平台。指导、支持各类诚信创建活动的开展。推动社会组织增强信用管理能力，加强诚信品牌建设，不断提升公信力。

（三）积极发挥资金引导作用

充分发挥市、区县两级财政资金的引导作用，积极支持信用信息公共服务平台建设、信用标准体系建设、信用产品创新研发与推广使用、信用服务机构培育等。鼓励民间资本、社会法人资本、风险投资资本进入信用服务市场，形成多元化的投融资机制。

（四）建设公共信用信息服务平台

建设上海市公共信用信息服务平台，制定信息开发应用管理制度，依法将公共信用信息资源向信息主体和符合条件的信用服务机构提供集中查询、信息发布等服务。

（五）切实推进行动计划实施

搞好本行动计划的衔接与落实，细化分解目标、任务和举措，明确推进落实责任。探索建立科学、易操作的工作评价统计指标体系，对本行动计划的执行情况建立完善跟踪评估制度，增强评估的科学性，并根据需要，适时进行必要的调整。

军民产业融合发展情况

2013年，上海紧紧围绕国务院、中央军委关于建立和完善军民结合、寓军于民的战略部署，以及市委、市政府关于“创新驱动发展、经济转型升级”的总体要求，充分发挥军工资源较为丰富和民口配套单位较为集中的区域优势，着力在军工开放、转型发展、体制机制创新、军地互动上下功夫，着力在推动军工企业创新活力、提高企业综合竞争力上做文章，探索推进军民融合发展的有效途径。

一、推进军民融合发展的主要成效

“一技两用”技术转化成果丰硕。本市军工单位积极对接国家战略性新兴产业，在智能制造装备、电子信息、海洋工程等领域不断加大技术转化力度。列入本市战略性新兴产业的军转民项目达10余项，总投资超10亿元。

依托基础优势，配套体系基本形成。充分发挥上海拥有扎实的工业基础、门类齐全的科研生产体系等优势，本市上海电气、中科院、上海交大等各类企事业单位、高校和民营企业共100多家单位，紧紧围绕武器装备科研生产“大协作”配套能力建设，积极承担军品任务，覆盖了航空、航天、船舶、核、兵器、军用电子等主要武器装备领域，为我国的国防现代化建设作出了突出贡献。

“产学研用”协同创新显现成效。在沪军工单位主动以提升创新能力和产业化规模为目标，积极探索创新产学研用联合发展模式。如航天811所牵头组建电源技术及电力系统共性技术研发平台，中航615所与智森公司通过资产关系研制船用雷达等。

军民结合产业基地建设初具规模。如上海航天八院发挥航天科技优势，推进建设民用航天产业基地，积极发展新能源、智能制造装备等军转民产业，被国家工信部授予首批军民结合产业示范基地。同时，嘉定军工电子产业基地、宝山卫星导航产业基地等正加快建设步伐。

军民结合企业经营实力不断提升。一批军工单位坚持两条腿走路方针，着力改善军民品结构比例，逐步扩大民品经营规模，不断壮大企业经营实力。如中国电科32所自主研发的嵌入式实时操作系统广泛应用于轨道交通、汽车电子、航空航天、军事电子装备等领域，为国产嵌入式软件市场占有率第一。该所年军品和民品产值比例达到1:9。

上海军民融合产业发展虽然取得一定成效，但面对新形势和新要求，还存在一定的差距。一是军民融合发展程度不高，尚未形成充分利用社会资源实施开放发展、联合发展的格局。二是军民融合发展动力不足，大都还处于要素推动状态，尚未真正形成创新驱动的格局。三是军民融合发展环境不完美，政府主动服务方式有待进一步提高。

二、上海推进军民融合产业发展的主要做法

开展规划研究，指导产业发展。通过对接国家战略性新兴产业、工业化和信息化融合的重点，组织编制上海军民融合产业专项规划，明确发展目标、任务和措施，并确定智能制造装备、高技术船舶及海洋工程、新一代信息技术、新型功能性材料、卫星导航及应用、军民结合服务业等6个超百亿元规模的重点产业，予以重点扶持、重点推进。

搭建转化平台，鼓励技术转化。坚持以市场为导向，以企业为主体，通过成果交易、需求对接、发布指南等多种形式，引导军工企业积极发展民用产业，民口单位积极承接武器装备科研生产。组织实施2013年度上海市军民结合产业发展专项，支持的44个产业化项目，总投资5.62亿元，达到年产值29.17亿元。

坚持开放发展，吸引优势企业。坚持自身发展与开放发展相结合的原则，充分发挥上海区位、人才、政策、环境等综合优势，吸引国内优势军工单位来沪发展。如跟踪推进郑州防空兵学院来上海发展第二代多功能红外等军民两用产品；跟踪协助推进2011年12月市政府与中国电子科技集团公司签署了战略合作框架协议，在上海合资成立中电科软件信息公司，共同打造“国内卓越、世界一流”的电子信息产业板块，2015年销售收入将达到150亿元－200亿元。

创新服务模式，营造发展环境。在工作机制方面，成立了上海市军民结合、寓军于民武器装备科研生产体系建设领导小组，建立了委办局合力推进机制和市区联动推进机制。在政策支持方面，不仅设立了军民结合专项资金，市经信委会同市财政局制定了军民结合专项资金管理办法，还明确“十二五”期间100亿元的市战略性新兴产业专项资金优先支持军民融合产业化项目、成果培育孵化项目、重点平台建设项目。如2013年某军工院校与上海有关单位合作发展的第二代多功能红外产品，已获得上千万元专项资金支持。在“绿色通道”方面，专业型、复合型、市场化的军民结合人才优先纳入本市人才绿色通道；军民结合重点项目用地指标优先纳入本市土地供应绿色通道。

三、2014年工作打算

按照工业和信息化部关于进一步推进军民融合式发展的总要求和市经信委2014年“改革、创新、转型、提升”的发展主线，立足大循环，提高公转能力，努力开创军民结合产业发展新局面。

开展招技引资，培育“四新”产业。充分发挥上海资源、空间、人才、技术等软环境优势，分析国内军工集团、部队院校的高端项目和两用技术，开展招技引资工作。通过技术对接、技术入股等方式，重点开展联盟化、平台化、高端化项目招商，促进上海高端产业集聚和产业转型。

加强产业引导，做好行业对接。根据委统一部署，启动军民结合产业“十三五”规划研究工作。围绕智能装备、电子信息、新材料等，分批开展军民两用技术和项目对接，引导军用技术开始向民用领域溢出和军民项目互动，为培育战略性新兴产业和推进转型升级提供支撑。继续组织实施军民结合发展专项，重点支持新技术、新产业、新平台、新联盟项目发展。

加强引导培育，提高配套能力。支持民口企业参与武器装备科研生产，支持有条件的民用企事业单位承接军工能力转移项目，培育并形成一批“专、精、特、新”的配套队伍，引领民品市场发展。

建立合力机制，共同推进发展。军民结合涉及军地双方、各个系统、诸多领域、众多部门，为此将根据产业发展重点，建立委内外合力推进机制：按产业发展领域，建立委内相关处室合力推进机制；按要素整合，建立相关委办局合力推进机制；按上下联动，建立市区合力推进机制。

（叶先杨）

对口支援与合作交流工作情况

2013年，在市委、市政府的正确领导下，在市对口支援与合作交流工作领导小组的指导下，市经信委积极推进对口支援与合作交流工作。

一、援疆工作

新疆地区是上海重点支持与援建的地区。市经信委结合上海援疆工作“民生为本、产业为重、规划为先、人才支撑”的基本原则，紧密联系上海市对口支援新疆工作前方指挥部，本着“突出重点、建立机制、完成硬任务、做好软任务”的基本要求，围绕招商、产业转移、组织会展、安排培训等方面，扎实推进援疆工作。刘健副主任专门带队赴新疆与新疆经信委开展对接，推动援疆工作；伍继宏副主任陪同市领导参加了喀交会。具体工作有：

一是选派援疆干部。根据全市援疆工作计划，选派第八批援疆干部赴喀什工作。市经信委肖健、吴栋林同志分别担任前方指挥部产业发展组组长、前方指挥部产业发展组组员。

二是开展培训和挂职。完成新疆喀什50名干部来沪信息化专题培训工作。完成新疆喀什熊明健、沈鹏、杨龙等16名干部来沪工业区和市无管局挂职6个月的协调服务工作。带领信息化专家赴新疆喀什开展信息化培训，在当地通过视频会议的形式，培训人员将近 1000 人。

三是修订《喀什四县招商引资手册》。为加强新疆喀什地区四县的宣传力度，促进招商引资，应市援疆前方指挥部要求，修订了《喀什四县招商引资手册》，有力推动了喀什地区的招商引资工作。

二、援黔工作

贯彻落实韩正书记、杨雄市长赴贵州考察的重要指示精神，在李耀新主任的推动下，建立了市经信委与贵州省经信委产业对接的长效机制。史文军副巡视员带队赴遵义进行产业对接，积极推进上海对口支援贵州遵义工作，开展《沪遵产业合作发展三年行动计划》的编制。外经处、综合规划处、工业区管理处、产业结构调整推进处联合赴遵义与遵义市工业和能源委员会就产业帮扶的具体问题开展对接。协调推进宝钢集团在遵义建设钛深加工产业基地，推进光明集团在当地建设食品加工基地，华谊集团、建材集团与当地合作建设煤化工、建材加工基地。协调推进漕河泾开发区与遵义经济技术开发区合作。协调推进复兴集团参与遵义国有企业的改制重组。完成赴遵义开展园区管理干部培训。

三、其他工作

落实市经信委与西藏日喀则地区工信局的框架协议，对接责任部门。完成云南 50 名工业区管理干部来沪培训班等工作的协调服务；赴云南迪庆调研 2014 年产业对接需求。

（黄治国）

“十二五”工业发展规划中期执行和落实情况

一、规划总体执行及主要指标完成情况的评估

“十二五”以来，本市工业系统努力构建“战略性新兴产业引领、先进制造业支撑、生产性服务业协同发展”的现代工业体系，围绕“提质增效”目标，深入实施以产业结构、投资结构、布局结构、资源结构、技术结构“五个优化”的产业转型战略，加快工业由战略性调整向创新性调整转变，推动工业在调整、提升、优化中提高发展质量和效益。

“十二五”时期工业发展的主要指标完成情况

指标类型	类别	序号	指标名称	目标值	2011年	2012年	预期完成
预期性指标	经济增长	1	工业增加值年均增长率	6%—7%	7.5%	2.8%	难以完成
		2	工业增加值率	提高2.5%	提高0.57%	提高0.2%	难以完成
	创新能力	3	工业企业研发投入占主营业务收入比重	1.5%	1.0%	1.1%左右	力争完成
		4	技术改造投资占全部工业固定资产投资比重	55%	53.8%	56%	已经完成
		5	国家和市级企业技术中心数	600个	403个	447个	可以完成
	结构优化	6	战略性新兴产业增加值	比2010年翻一番	12.2%（工业总产值）	−4.1%（工业总产值）	难以完成
		7	生产性服务业（制造业领域）营业收入	比2010年翻一番	17.5%	16.4%	可以完成
		8	工业园区单位土地产值	保持全国领先水平	63亿元／平方公里	67亿元／平方公里	可以完成
约束性指标	资源环境	9	单位工业增加值能耗下降率	完成国家和本市下达目标	下降7.84%	下降5.89%	力争完成
		10	工业能源综合利用效率	提高5个百分点		累计提高2个百分点	力争完成
		11	工业主要污染物排放量（化学需氧量、氨氮、二氧化硫、氮氧化物）	进一步下降	累计减少污染排放：化学需氧量2932吨、氮氧化物2622吨、二氧化硫3093吨、氨氮199吨		可以完成
		12	工业固体废弃物综合利用率	97%	95%	超过98%	可以完成
		13	工业用水重复利用率	83.4%	82.6%	82.8%	可以完成
		14	单位工业增加值用水量下降率	30%以上	16.3%	20.8%	可以完成

2012 年，本市以占全国不到 0.1% 的工业土地、0.8% 的工业投资，创造出 3.6% 的工业增加值和 3.8% 的工业利润。工业利税方面，“十二五”以来本市工业税收和利润双双突破 2000 亿元，工业税收在全市主要行业中居首位。投入产出方面，在 2010—2012 年本市工业投资规模基本稳定的情况下，工业投入产出比从 2010 年的 1∶1.17 提高到 2012 年的 1∶1.24。创新绩效方面，创新成果加快产业化，累计突破 1031 项产业链关键技术，形成 702 项重要产品，申请（含授权）专利及软件著作权共 3787 件。

主要指标执行呈现三个特点：一是规划目标总体进展顺利。14 个主要指标中进展顺利的有 11 个，进展滞后的有 3

个。二是约束性指标好于预期性指标。6个约束性指标均进展顺利；8个预期性指标中，工业增加值年均增长率、工业增加值率、战略性新兴产业增加值倍增3个指标滞后。三是转型发展指标表现良好。如生产性服务业增速、研发投入比重等指标。

二、重点领域执行情况的评估

从战略性新兴产业发展评估来看，形成两点判断：一是战略性新兴产业引领作用明显，经过近年来的培育和发展，实现了新能源汽车等领域从无到有的突破，形成了“海洋石油981”号3000米深水半潜式钻井平台、非晶硅薄膜电池核心设备等一系列创新成果；2011年、2012年，战略性新兴产业投资占全市工业投资比重分别达到38%和40%，呈逐年上升趋势。二是增速低于预期，2011年、2012年，战略性新兴产业中制造业部分工业总产值分别为7850.35亿元和7580.99亿元，年均增长率3.8%，按此增长速度，倍增目标难以实现。从七大产业规划目标预期实现程度看，大致分为三类：预期可以完成目标的是生物医药产业；经过努力有望实现目标的是新一代信息技术、新材料、节能环保3个产业；预期难以完成目标的是新能源汽车、新能源、高端装备制造3个产业。

从先进制造业发展评估来看，形成六点判断：一是电子信息产品制造业加快转型。2011年，电子信息产品中战略性新兴产业部分的总产值增速高于整个产业3.6个百分点，贡献率达到57.4%。二是成套设备产业增速下滑较快。全市产值增速从2011年的13.7%降至2012年的−4.7%。三是汽车产业“一枝独秀”。2012年，本地生产首次突破年产200万辆大关，在工业不振、产值下降的情况下，仍拉动工业增长0.9个百分点。四是精品钢材产业减量增效明显。2011年、2012年，工业总产值降幅分别为3.9%和3.7%，但主要保留产品、技术研发和核心制造能力。五是石油化工及精细化工积蓄新一轮发展后劲。2012年，纳入工业园区的化工生产企业数和工业总产值分别占全市化工的63.8%和89.9%，集中度提高，杭州湾北岸化工产业带逐步展现新一轮发展势头。六是都市产业总体运行平稳。2011年、2012年，轻工、纺织工业总产值分别达到5585亿元和5648亿元，占全市工业总产值比重为17.6%和18.2%。

从生产性服务业发展评估来看，形成三点判断：一是生产性服务业保持两位数的快速增长，有望实现“十二五”规划提出的倍增目标。2011年、2012年，全市生产性服务业（制造业领域）重点监测企业营业收入比上年分别增长17.5%、19%；信息服务业营业收入、文化创意产业增加值年均增速分别为19.7%和16.9%。二是生产性服务业重点领域高端化发展态势良好，新业态和新模式不断涌现。如总集成总承包服务从“拿订单、出产品”发展到“拿工程、交钥匙”，并向电气、电子、钢铁、化工等行业深入渗透；研发设计业、专业维修业从自身一体到社会化专业外包方向转型，维修机构轻型化和人员配备精简化渐呈趋势。三是重点制造业企业加快实施服务化转型，开始将经济活动由以制造为中心逐步转向以服务为中心。如振华重工、宝钢工程技术集团、上汽集团、ABB集团、美特斯邦威、三菱电梯等企业，整合社会资源提供全产业链服务解决方案；一些传统轻工企业，逐步将生产制造向外转移，实现企业自身由制造商向品牌服务商转型升级。

从产业结构调整评估来看，形成三点判断：一是重点行业调整淘汰提前完成国家下达的年度淘汰落后产能任务。2011−2012年，共完成结构调整淘汰落后项目1736项（其中危化企业调整210项），完成或启动实施重点专项10项。节约标煤合计246万吨，完成进度82%。调整项目共涉及产值约440亿元，工业土地近2.5万亩，分流安置职工约10.2万人。二是重点区域调整总体进展有序，“十二五”以来共推进11个重点区域调整专项，完成规划目标的44%。两年共完成和推进11个重点区域。2011年，完成浦东张江、松江九亭、嘉定南翔三个区域调整，推进奉贤南桥、崇明生态岛、宝山南大二期等区域，共涉及调整企业422家，盘活土地超过3000亩。2012年，实施8个重点区域专项调整。三是调整淘汰机制合理有效，综合效益逐步显现，城市安全隐患不断减少。2011−2012年，累计减少污染排放：COD（化学需氧量）2932吨、氮氧化物2622吨、二氧化硫3093吨、氨氮199吨。减少危险化学品生产、使用、储存当量73万吨。

从重点项目进展评估来看，通过对10个重大项目的跟踪评估，形成两点判断：一是大部分项目进展良好。按计划推进的有7个，包括中国商用飞机公司能力、中航民用航空电子产业园、中航商用航空发动机研发中心及产业基地、和辉光电新一代平板显示、“909”工程升级改造、高桥石化结构调整和吴淞地区结构调整等建设；进度有所延缓的有2个，涉及中石化2000万吨炼油和100万吨乙烯项目、上海通用汽车工程与技术中心暨金桥扩能高档轿车，主要是受项目动拆迁迟滞或审批影响；目前处于暂停状态的有1个，即中船长兴造船基地二期工程，主要受航运业不振影响，将重新对规划进行优化调整后实施。二是具有产业带动性的大项目相对以往有所减少。相比前几个五年规划，“十二五”以来本市具有带动性的大项目相对较少，需加强重大项目培育、挖掘和组织力度，已有的大项目协同创新还有待突破，亟待提升自主创新能力。

三、关于部分规划指标的说明

关于工业增加值年均增长率指标。“十二五”以来，在外部市场需求减少、投资增长乏力、本市生产资源环境约束加剧、工业外向度偏高、结构调整和产业转移加快、营改增导致制造企业业务加快剥离等多重因素影响下，规划提出“十二五”本市工业增加值年均增长6%–7%的目标难以实现，预期增长3%–5%。

关于战略性新兴产业倍增目标。目前，本市战略性新兴产业受市场、政策、制度、配套等多种因素影响，关键核心技术尚未突破，产品成熟度不足，成本和价格居高不下，产业培育和发展仍需一个过程，预计“十二五”战略性新兴产业倍增目标难以实现。考虑到战略性新兴产业2011年、2012年实际增速，“十二五”战略性新兴产业增速仍将快于全市工业平均水平，预计年均增长5%–6%。

四、规划实施存在的问题及下一步实施建议

随着外部环境变化，工业规划实施过程中也反映出一些问题，如战略性新兴产业“三化”（高端化、产业化、特色化）优势不突出、工业投融资机制及招商机制有待完善、结构调整与后续联动难度较大、工业园区和基地二次转型面临制约、“新业态、新模式、新经济”发展的生态机制亟待建立、产业扶持政策的有效性有待加强等。

为确保下一步规划顺利实施，从定位、项目、载体、资金、政策和土地等要素角度提出了如下政策措施建议：一是合理优化产业空间布局，促进沿外环线区域产业与生态融合发展，提升城市规划、产业结构与城市功能、基础设施、生态环境、土地开发机制和产城融合水平，建设杭州湾北岸先进制造业示范基地，推动嘉青松产业带转型提升。二是完善产业技术创新体系，推动企业技术创新机构内涵建设，完善产业关键支撑技术研发体系，支持创新成果的市场突破和推广，加快实施工业机器人、光伏电子、新能源汽车等应用示范项目。三是完善招商引资与项目推进机制，重视优质实体项目、功能性机构和新经济企业招商，建立市级内资招商联席会议制度，建设全市内资招商信息平台，发挥国家级行业协会的招商作用。四是同步推进重点区域调整与后续开发，超前做好区域产业规划与用地规划，明确产业定位，做到调整淘汰、区域规划、招商引资的合理衔接，实施一批产业结构调整、节能减排重点项目，以产业结构提升促进人口结构优化。五是推动工业区转型升级和用地机制创新，统筹工业区转型升级、重大项目落地、城市功能提升，实施工业区升级、改造、联动工程，创新工业用地储备机制，加快推进工业用地二次开发，盘活存量工业用地资源。六是创新产业投融资机制，创新发展“产业金融”模式，发挥股权投资创新作用，探索组建重点领域的产业基金和并购基金，推进产业基地开发与金融资本结合，探索在国资国企改革中形成新的投融资机制。

（张　为）

“四新”经济发展情况

近年来，上海坚持促进产业创新转型，坚持提升传统产业和培育新兴产业相结合，“四新”（新产业、新技术、新业态、新模式）逐步萌芽，虽在某些方面与发达国家存在差距，或尚未形成明晰的发展路径，但逐渐通过培育和引进形成了一些值得关注的发展领域和颇具活力的企业。

一、上海“四新”经济发展主要领域和情况

（一）“从制造到智造”——新技术、新模式推动制造业升级

1．智能机器人，引领智能制造新趋势。利用最新智能技术提升制造业能级，将成为上海提升高端装备产业能级、塑造全球制造竞争实力的突破口。目前已吸引集聚ABB、库卡、发那科等国际知名企业总部以及新松、沃迪、新时达、未来伙伴等国内领军企业。典型企业如新松机器人，致力于工业机器人、伺服电机、控制器及系统集成的研发生产，将在金桥开发区、临港建设集团核心总部和产品研发生产基地，项目达产后可生产各类产品62210台（套），其中机器人18600台（套）。

2．新型显示，成为新一代信息技术产业重要支撑。上海在这些领域已形成产业化体系，部分产品技术及装备国内领先，但在核心领域突破和应用推广方面仍需加强。AM-OLED方面，逐步形成“设备-OLED面板-应用”产业链，上海天马5.5代、和辉光电4.5代两条生产线预计2015年量产；TFT-LCD方面，天马、中航的中小尺寸产品产量位居国内第一；LED方面，基本建立较完整的“外延片-芯片-封装-应用-设备”产业链，集聚三思、蓝光、映瑞、亚明等国内知名企业；核心设备配套方面，理想能源MOCVD设备正式进入试量产阶段，蓝宝石生长炉形成生产；激光显示方面，上海三鑫、仪电电子已基本形成较完整的研发基础，并实现小规模量产。典型企业如上海三思科技，是国内LED行业龙头，年均增长超过30%。其可变信息标志LED智能交通显示产品遍及全国百余条高速公路（市场占有率达60%以上）；实现中国制造LED显示屏首次在世界顶级商圈（纽约时代广场）成功应用。

3．3D打印，改变传统“制造决定设计”模式。可实现低成本高效率的数字化服务化个性化制造。上海出现了一批如福斐科技、光韵达、通江科技、联泰科技、智位机器人等

3D 打印制造企业，3D 打印处于初步萌芽发展阶段，未来还需加大技术产业化投入力度，加快开展应用示范及相关检验检测。典型企业如福斐科技，可为客户企业提供新产品开发过程中的 3 D 打印设计咨询、逆向反求工程、样件制作、小批量产品试制咨询和加工服务，并建立了面向个人消费者的 3D 打印个性化定制线上平台。

4．再制造，推进传统制造向绿色低碳生态方式转变。是传统制造产业链延伸形成的新模式。上海在汽车零部件、机电产品再制造领域形成技术和规模领先优势，初步形成专业化回收、拆解、清洗、再制造等完整产业链，拥有代表国家先进水平的卡特彼勒（上海）、上海大众幸福瑞贝德、上海电科院、上海宝钢设备维修等龙头企业。典型企业如上海孚美，从事汽车变速箱再制造，获国家发改委颁布的“汽车自动变速箱再制造企业试点单位”授权，年维修、再制造自动变速箱近 1 万台次。未来 5 年将累计达 9 万台自动变速箱。

（二）“从制造到‘制造＋服务’”——制造业服务业融合开拓新领域

5．M2M（机器对机器），推动智慧制造与智慧服务创新融合。依托无限传输实现机器和机器之间智能化、交互式通信，以及信息数据资源高效应用，推动制造和服务模式革命性改变，广泛应用于工业控制、智能电网、智能家居、医疗、交通等领域，并带动无线频谱资源高效利用，推动频谱经济发展。当前上海 M2M 产业及频谱资源利用尚未形成完整体系，但已有部分企业在开拓 M2M 应用，未来需推动其从消费领域应用向装备制造、智慧制造模式应用等方面拓展，培育引进应用设备制造商、M2M 服务商等，并推动无线频谱资源优化配置和提升经济效益。典型企业如联影医疗重点发展远程医疗，制造的 X 光和核磁共振机器均实现远程医疗诊断功能，并在嘉定区实现应用，2013 年实现销售 13 台，预计 2014 年销售 60−80 台。金陵智能电表、协同科技（生产远程数据采集设备）为电力公司实现无线远程抄表改造提供设备。上海移动，依托移动通信资源开展车务通、行车卫士、家庭网关、物联通等服务。

6．卫星导航，依托“北斗”系统开创导航技术、制造与应用服务融合新领域。上海目前主要聚焦于重点高精度领域，初步建立涵盖核心芯片、应用终端、系统集成、运营服务等环节的产业链，集聚企业近百家，2012 年、2013 年行业产值分别达 30 亿元和 36 亿元，同比增长 10.8% 和 20%。未来需在北斗高精度应用、授时守时以及海洋海事应用等方面，加大应用示范和市场推广。典型企业如上海华测导航，专注于涵盖高精度测地型 GNSS 接收机、GIS 数据采集终端、无线数传设备、系统集成等各种系统解决方案和相关软件开发应用；上海北斗卫星导航，建成覆盖上海全区域且满足军民两用的北斗高精度增强网络示范系统，为北斗推广应用提供支撑。

7．车联网，推进汽车智能化应用及信息服务系统集成。是物联网、汽车电子、云计算等多技术与汽车产业融合衍生的多领域应用新业态。上海初步建立涵盖核心芯片、车载终端、应用软件、信息增值等核心环节的产业链（截至 2012 年，整车前装配套量占国内市场规模 90%，实现服务收入突破 8 亿元），未来还需加强重点产品自主研发和关键技术突破，以整车带动配套、应用促进服务。典型企业如钛马信息打造基于车联网服务的 TSP（TelematicsServiceProvider）平台，为车主提供车联网平台与在线运营、云数据、行车电脑记录服务等；安吉星形成以安全为特色的 Onstar 模式，博泰悦臻形成以信息娱乐为特色的 InkaNet 模式，上汽商用形成商用车服务的“行翼通”模式。

8．生命健康产业，推动高端生物医药制造与生命健康服务相结合。近年来不断向抗体技术、3D 生物打印、医疗穿戴设备、健康大数据、研发服务外包等环节延伸，是获取未来科技经济竞争优势的重要领域。上海已形成中信国健、迪赛诺、扬子江和凯宝等一批年产值超 10 亿元的创新型医药企业，但在拓展健康服务应用、创新商业模式上尚存不足。典型企业如复星医药，产业链延伸至医疗服务领域，已收购多家外省市专科医院，形成医和药互动机制（持有国药控股约 30%；收购以色列 AlmaLasers 公司；与瑞典 Sellas 公司签订知识产权转让获得 3.88 亿欧元研发新药海外权益收入）；药明康德，致力于向全球提供从药物发现到推向市场全方位的实验室研发、研究生产外包服务。宝藤生物医药科技公司，建设以临床应用为导向的生物信息医学云计算平台，建立中国人群全基因组数据库、医学生物信息与临床信息数据库。

（三）“从服务到服务”——跨界融合应用催生服务新形态

9．互联网金融，以互联网手段实现金融服务创新。是高效集聚资金流、信息流的金融新业态。上海互联网金融门类较全，培育引进了一批面向金融领域具有国际竞争力的软件企业（易保软件、花旗软件）；一批具有全球服务能力的专业金融资讯平台（大智慧、万得资讯、东方财富）；54 家获央行颁发第三方支付牌照的支付企业（汇付天下、立佰趣）；以及一批 P2P 网络信贷企业，规模效应明显，但在互联网与传统金融深度对接、创新模式上还需加强。典型企业如快钱公司与国内 50 多家金融机构，以及 VISA、Master 等各大国际卡组织和 PayPal 等国际领先支付公司达成战略合作，为 B2B 领域企业提供流动资金管理解决方案，是国内领先的独立电子支付及清结算企业。点融网，借鉴全球最大的网络借贷平台 LendingClub 的先进经验，构建专业、透明、易操作的网络投资和融资匹配平台，让个人消费者、中小企业主、投资人利用互联网平台实现比传统金融机构更低的审核和运营成本。

10．云计算和大数据，挖掘整合信息资源推动创新应用。是面向未来的信息资源应用方式。上海是国家云计算创新发展试点城市，在云计算和大数据方面发展初具规模，一批以大数据技术为支撑的新兴企业脱颖而出，但在综合云计算服务平台建设，面向公共服务和互联网等领域的大数据示范应用上尚存不足。典型企业如聚盛万合汇聚广告主、网站主、代理商和消费者的海量数据信息，实现对目标消费群体的精细分类和定向广告效果的动态优化，覆盖电子商务网站超过4万家；克尔瑞拥有中国唯一的房地产全产业链信息数据库，覆盖全国100多个城市的住宅地产、商业地产、土地市场等数据信息，并提供数据评估、监测等相关服务。

11．大宗商品交易平台，整合产业要素推动传统商贸模式创新提升。可极大提升商贸交易效率并实现定价功能，将成为上海经济转型重要引擎之一。上海目前在部分行业领域集聚了一批大宗商品交易信息服务提供商，但仍未成为各类大宗商品国际国内交易中心和定价中心。典型企业如易贸集团依托大宗商品现货电子交易平台，实现对大宗商品交易和第三方服务机构的高效配置，构筑全新的大宗商品商业"生态系统"，提供涵盖线上线下综合交易服务。

12．移动互联网，融合移动通信与互联网开创全方位应用服务。是引领未来全方位移动生活应用的新模式。上海移动互联网具有丰富门类和企业，包括芯片领域（联芯科技），终端领域（艾麒信息），软件领域（新致软件、微创软件），平台领域（盛趣信息、腾讯科技、天翼视讯、众源网络），应用领域（花千树信息、心动、万丰文化、合合信息）等，并拥有徐汇易园、黄浦宏慧盟智园、金桥由度创新园、宝山博济园4个产业基地。未来还需拓展移动支付、移动娱乐、移动资讯等多种应用模式。典型企业如大众点评网，通过移动客户端提供包括商户信息、消费点评及消费优惠等信息服务，团购、电子会员卡及餐厅预订等O2O交易服务，成为本地移动生活必备工具。

13．智能语音交互，开创新一代人机交互服务新模式。用能够理解用户指令并完成一项完整任务的高智能技术，提供语音助手和机器人等服务，将成为移动互联网时代应用的重要入口之一。上海在这一领域刚刚起步，未来需推进智能语音技术从核心平台产品向语音导航、语音合成等各智能化领域全面应用。典型企业如上海智臻科技的小i机器人，占据国内智能客服领域近九成市场份额（微信公众账号中最受欢迎的招商银行客服由其提供），为企业节省95%客服成本，并已正式对外发布"iBotCloud"智能云服务平台，从最初仅做"2C"（面向消费者）全面转型到"2B"（面向企业用户），所提供的服务从单一智能机器人产品提升到多渠道交互模式、知识库构建管理、数据挖掘分析等综合应用解决方案。

二、上海"四新"经济发展面临的一些瓶颈问题

1．创新成果推广应用不畅。一是部分技术型企业缺乏商业化推广应用能力。一些"四新"企业初创时主要依赖技术团队，缺乏市场化运作能力，创新技术难以找到好的推广应用模式，发展受阻。二是部分"四新"推广应用缺乏市场空间。如云计算在政府等领域的应用尚未全面推开，太阳能光伏缺乏国内应用市场支撑，新能源汽车因配套设施不健全无法推广等。

2．经济及行业管理体制不够灵活。一是部分法规不利于企业通过内部整合培育新领域。如企业因培育新业务进行内部整合时，往往需进行股权无偿拨付，按照《企业所得税法》规定应缴纳企业所得税，造成企业较重负担。二是跨界融合企业面临资质、准入等政策门槛。如互联网金融企业难以获取行业资质；总集成总承包行业因设计、施工分开招标的规定而发展受阻；供应链平台类企业在产业链上延伸出的新业务（如保险、保理、第三方支付等）难以获得业务牌照，互联网电视业务受国家仅颁发9家牌照的限制，网络视频只能以合作形式涉足；跨境电子商务在国家决定试点之前只能寻求"曲线突破"等。三是新领域缺乏明确监管标准。"四新"企业往往所属行业门类尚无清晰界定，没有明确监管标准，在业务拓展、权益保护、安全防范等方面遇到阻碍。如互联网行业部分创新型企业的产品、服务方式和内容，引发大量仿制，难以通过正常法律途径制止，知识产权缺乏保护；互联网金融面临监管标准不明确、风险难防控等问题，再制造则面临海关通关检疫方面限制等。

3．政府公共服务不到位。典型地表现在政府信息资源公开共享不足。包括大数据、车联网、互联网金融、智慧医疗等"四新"领域，都需政府信息资源公开共享，但目前开放共享还较有限。如车联网企业面临各地停车点信息、交通管制信息、ETC闸点等信息不统一，没有公开的信息目录等问题；P2P网贷企业则面临着不能与央行征信系统对接，各种征信信息又分散在多个部门，难以整合利用等问题。

4．扶持企业发展方式不匹配。一是财政金融扶持政策尚未覆盖"四新"发展关键的开发和应用领域。目前财政金融等扶持仍侧重于供给侧、或"硬件"设施投入，而"四新"企业一般以轻资产居多，依赖于智力资产的开发和推广应用，难以获得此类政策扶持。二是政府购买、行业优惠政策等扶持手段局限于现有行业目录和传统领域。"四新"企业常因行业归属不明晰而无法享受到相关扶持政策。如政府采购尚未对云计算等新型服务形成有力支撑，一些平台型企业融合了软件信息技术、贸易等形态，被归类于贸易公司，难以享受软件行业优惠政策；提供软硬件一体化解决方案的企业因政府采购目录将软硬件分列而无法纳入采购范围等。

三、推进"四新"经济发展的对策措施

上海应深入把握"四新"经济发展特点和趋势，确立"四新"经济发展导向，合力营造有利于"四新"经济萌芽和发展的环境氛围，采取鼓励、保护、培育、引进、扶持等多种手段共同推进"四新"经济发展，推动形成符合市场导向的"四新"经济内生增长机制。

1．拓宽培育促进"四新"经济发展的渠道。一是支持战略性新兴产业领域内培育"四新"。优先推荐战略性新兴产业领域内具有"四新"特点的项目获得战略性新兴产业专项资金支持，加大专项资金对"四新"研发和应用等环节支持力度。二是通过制造业改造提升催生"四新"。把"四新"、软投入等因素纳入产业技术创新和技术改造支持范围，开展试点。探索建立优质项目打包、重点技改项目打捆等方式，支持尚处于萌芽、体量规模较小的"四新"改造项目；探索将研制、应用环节纳入技改支持范围，支持轻资产类业务发展。三是积极引进国内外"四新"企业和团队。会同市国资委、市合作交流办、市工商联、市商务委、市科委以及相关区县、园区合作联动，搭建"四新"信息平台，链接相关联盟、园区、协会、风投机构等，跟踪发现、合作引进"四新"企业。以联盟带动方式引进企业和核心团队，如在信息服务等领域组建同业联盟引进同业企业，在电子商务、平台经济等领域利用主体企业知名度引进相关企业，在工业机器人、智能电网等新领域引进产业链上关键核心部件的研发制造企业等。

2．优化"四新"发展的市场化支撑体系。一是开展支持"四新"推广应用的重大专项。推进机器人、新能源汽车、光伏、LED、北斗导航、车联网等扩大应用专项，推动技术产品、应用领域、商业模式拓展创新，采用政府补贴一点、企业投一点、社会出一点相结合方式，推进一批应用示范工程项目。二是推进面向"四新"的投融资机制。如设立"四新"企业创业投资引导基金，会同社会资金组建重点领域产业基金和并购基金，重点用于"四新"企业的技术研发、应用推广、市场拓展、兼并收购等；探索在国资国企改革中形成新的投融资机制，通过多元投资组建发展"四新"的新主体；鼓励和支持金融机构、投资机构和"四新"企业对接等。三是创新"四新＋基地＋基金"的载体建设模式。通过产业结构调整及工业区转型升级，为"四新"发展开拓新空间。加强园区基地化建设，根据"四新"细分领域形成"一区多基地、基金加基地"模式，建立面向基地的产业基金，为基地企业孵化提供优先支持，引进包括龙头企业、关键技术中心等在内的"四新"产业链上下游企业及机构。

3．完善涵盖"四新"的企业服务及扶持体系。一是将"四新"企业纳入服务企业机制覆盖范围。依托市推进政策落实服务企业办公室已有机制和各成员单位（28个委办局、17个区县、14个主要协会和200多个街镇），加强部门间协调联动，发挥"企业呼声直通车"网站功能，实时、积极、有效的帮助"四新"企业解决发展中的困难和问题。二是探索在高新技术企业认定中向"四新"企业倾斜。联合市有关部门，探索在认定高新技术企业中对符合导向的"四新"企业给予倾斜，让其享受所得税优惠等支持。三是促进财税金融等扶持政策转型。推动财政专项、税收政策、政府采购、金融等的支持方向从供给侧向需求侧，从硬件投入向软投入和成果应用转化方向转型，如将研发、应用等纳入项目支持条件，推动政府部门带头采购云计算等较成熟的"四新"产品及服务；推动营改增向支持"四新"方向完善，包括进一步打通营改增上下游抵扣链条，延续国际货代等部分"四新"相关行业及环节的优惠政策，适度降低供应链物流、租赁等行业增值税率等。

4．转变政府公共服务和行业管理方式。一是深入推进政府信息资源公开共享。完善本市政府信息资源公共服务平台功能，扩大政府数据服务试点范围，形成政府数据对外服务的统一门户。加大对医疗、交通、教育、征信等领域公共数据资源的梳理和整合力度，联合相关部门出台完善的信息资源公开共享标准、目录和渠道接口。二是探索推广负面清单应用。结合自贸区建设，探索推动在特定区域采取满足明示申办条件即发放牌照和资质的方式。三是推动建立跨界新领域的行业准入及监管机制。如推动相关部门尽快出台互联网金融、供应链平台、大宗商品交易平台等新业态新模式的行业准入及监管机制，允许企业拓展业务链；尽快出台总集成总承包行业统一招标管理办法等。四是推动涉外行业加大开放力度。依托自贸区，对再制造涉及的海关通关、检验检疫等进行政策突破和程序简化，加大在第三方支付、电子商务领域的开放度，支持医药服务外包市场拓展等。五是支持企业内部重组发展新业务。如呼吁推动集团内部重组发展新业务免征企业所得税。

（张　为）

第十五届中国国际工业博览会情况

由国家发改委、工信部、商务部、科技部、教育部、中国科学院、中国工程院、中国贸易促进会和上海市政府共同主办的第十五届中国国际工业博览会于2013年11月5日－11月9日在上海新国际博览中心隆重举行，并取得圆满成功。中国工博会历经14年发展创新，始终坚持市场化、国际化、专业化方向，不断创新办展模式，优化展商结构，增强互动交流，目前已成为客商云集、技术荟萃、交流广泛的大舞台，成为联系全球技术与商业领域、引领世界工业创新与发展的重要窗口。

一、本届工博会概况

本届“中国工博会”贯彻党的十八大精神，以“制造：数字与绿色”为主题，集中展示全球工业领域最新产品、技术和解决方案，充分诠释下一轮高端装备产业发展前景，规模创历届之最，交易再攀新高，评奖有所创新，论坛更上台阶。

从规模来看，本届工博会展览面积超过16万平方米，比上届增长14.3%。共设数控机床与金属加工展、工业自动化展、新能源与电力电工展、新能源汽车展、环保技术与设备展、信息与通信技术应用展、工业机器人展、科技创新展和航空航天展等9个专业展。参展企业1979家，其中境外企业541家，市外企业770家，本市企业668家。境外参展商来自美国、巴西、德国、英国、日本、澳大利亚等25个国家和地区。境内展商则涵盖除海南、西藏、内蒙古之外的28个省市自治区和5个计划单列市。共吸引中外专业观众11.78万人次前来参观切磋、洽谈贸易。

从交易来看，本届工博会实现贸易成交额累计4.7亿元，比上届增长55%；贸易意向签约额累计8.5亿元，比上届增长187%。

从评奖来看，本届工博会设立金奖4项、创新金奖1项、银奖10项、铜奖14项、创新奖11项，增设1项特别荣誉奖。同时，为鼓励各省市参展工博会的积极性，增设组织奖若干名。华为公司、振华重工、ABB、英特尔4家公司旗下产品摘得4项金奖。上海中医药大学的中药质量控制综合评价技术创新及其应用摘得创新金奖。亮相本届工博会航空航天展的中国航天科技集团“神舟十号”飞船返回舱实物，被组委会授予特别荣誉奖。本届工博会在不断提高的评奖标准和简化颁奖形式的要求下，提前两天揭晓评奖结果，并在展馆设立评奖活动专区，集中展示评奖提名展品和部分历届金奖展品。同时，在活动专区组织开展企业新技术、新产品发布会，加强展商与观众互动交流。本届工博会对颁奖形式进行创新，以现场评奖揭晓发布会与领导和专家代表送奖至现场展台相结合的方式进行颁奖。发布会结束后，上海市经济团体联合会会长蒋以任，上海市现代服务业联合会会长周禹鹏，第十五届工博会组委会副秘书长、上海市经济和信息化委员会主任李耀新，第十五届工博会组委会评奖部部长、国家工业和信息化部装备工业司副司长李巍，全国劳动模范包起帆先生和评奖专家中国药学会副主任肖鲁，GE中国研发中心研发总监康鹏举等分5路到获奖单位展台颁发奖杯。

本届工博会除了“主题论坛暨开幕式”外，共安排不同规模和形式的53场专题活动，近8500名专业人士参加论坛活动。论坛主题切合当前热点、焦点，与各专业展区主题相互渗透。充分体现论坛与展览互动，发挥论坛带动相关高端专业观众的特有功能。本届论坛特别加强发展论坛的宣传工作。除常规的公益广告外，与东方网签订协议，对“消费品设计与设计之都论坛”、“第二届中国工业机器人高峰论坛”、“中国智慧城市产业发展（上海）论坛”等3场重要论坛活动进行独家图文全程直播，《解放日报》、《文汇报》、《新民晚报》、东方网、中新网、中国钢铁现货网等传统和网络媒体对论坛活动和专家发言进行报道和转载，极大提高了本届论坛活动影响的范围和深度。

二、本届工博会的主要特点

1．首设“工业机器人展”，把握数字制造发展趋势

本届工博会首次单独设馆展示的专业展“工业机器人展”，以“人工智能驱动未来制造”为主题，展览面积12500平方米，齐集ABB、发那科、库卡、安川电机等全球四大机器人家族以及史陶比尔、那智、现代重工、电装、三菱电机、沈阳新松等近100家国内外工业机器人制造厂商同台竞技。工业机器人展已经成为观众印象最深刻的展区，有近37%的观众认为工业机器人展区是本届工博会最具吸引力的部分。此外，由机器人展策划并会同机器人产业园举办的“第二届中国工业机器人高峰论坛”还吸引了ABB、库卡、新松、埃夫特等10家国内外知名机器人企业高管，参会专业人士达220人。

2．装备制造业展区积极融入“数字和绿色”

本届工博会数控机床展除了金切、成型板块继续瞄准山崎马扎克、哈斯数控这类顶尖企业中的顶尖产品外，适时引进3D打印和绿色再制造两项概念，策划展示。如秦川机床将已使用7年的旧机床通过精度提升，增配机器人天吊抓手

等多项技改措施，将6台单机组成全自动生产线，不仅加工精度提高、实现无人操作，达到节能、增效的双重目的，因而获得本届工博会创新奖。华工展出的激光三维机器人切焊设备，体现了世界在该领域的最高水平。悦瑞公司展出的金属打印、激光烧结一体机则展示了无切削加工复杂金属零件的世纪梦想。

3．节能环保展区聚焦“绿色工业”展会特色

工业环保展顺应当今全球重视环境，我国加紧治理污染、改善环境的大趋势，将该展重点定位于“工业环保”领域，推出“工业洁净技术”、“工业清洗设备”等板块，动员工业清洗行业的大多数企业竞技，集中展示当下在这一领域的先进制造成果。中电二、朗脉公司在洁净室系统建设的创新成果、德国凯驰公司的干冰清洗机、意大利AR公司的高压泵以及日本展团以2000平方展示的实用洁净产品，让各方专业人士驻足。如西门子和北京四方等企业的高科技节能产品均吸引了众多观众，为工业发展提供了一条新思路。

4．加强产学研结合，促进先进制造升级

本届工博会创新科技展区中，“精品上海”、“中国高校展区”和“科技部展区”成为该展区最吸引观众的部分。如首次亮相的上海宇航系统工程研究所研制的“月球车”、3D生物打印机、“核电核岛组设备模型”等展示了上海地区科技产业的领先优势和技术力量。科技部展区，围绕“清洁能源与绿色能源”的主题，遴选国家科技计划先进能源领域中近50个具有代表性和展示性的高新技术成果参展，并以实物、模型、展板或现场演示等方式展示包括国家电网的“风光储输工程”、中国原子能院的“中国快堆工程”、新奥气化采煤有限公司的“地下煤气化”等20个展项。各项新能源技术展品向观众全方位展现了国家科技先进能源技术领域在实施创新驱动发展战略过程中取得的重要进展。

“中国高校展区”汇聚全国各省市、地区及境外的多家知名院校前来展示各自的技术产品及力量。66家高校共带来660余项参展项目，其中获得国家科技三大奖和省部级科技一等奖以上的重大技术突破成果项目高达57项。如上海中医药大学获得国家科技进步二等奖的“中药质量控制综合评价技术创新及其应用”（获本届工博会创新金奖）、北京交通大学与中兴通讯股份有限公司合作的“标识网络系统”（获本届工博会银奖）、台湾龙华科技大学的“等离子体特性量测探针”和复旦大学的“LED可见光通信系统”（获本届工博会创新奖）、天津大学的“超（超）临界机组关键高温设备完整性与寿命评估技术及应用”（获本届工博会铜奖）等。

中国科学院展区的主题是“智能制造　创新驱动”，以“工业机器人及自动化”为主线，聚焦第三次工业革命中的核心技术，包括工业机器人技术、3D打印、自动化技术、激光加工技术、新能源技术、新材料技术等，集中展示中科院在相关领域的研发实力和最新成果，参展项目充分突出中国科学院国家队的整体实力和水平，取得了预期的展示效果。如“3D打印展示区”，将上海光机所的“金属3D打印装备”、计算所浙江分所的“光固化快速成型3D打印机”以及金华科技园的“CreatorFDM3D打印机”等多台不同类型的3D打印装置集中展示，现场演示，每天都吸引了大量的参观者体验与互动。此外，展区特别安装了来自中科院上海嘉定育成中心的“客流统计系统”，不但展示了项目，同时提供了准确的展区客流信息，据统计，展会5天共有19255人次进出中科院展区。

5．航空航天展再次成为关注热点

两年一度的航空航天技术展再度亮相本届工博会，给观众们带来航空航天技术业最顶尖、最新鲜、最前沿的产品。中国航天科技集团携“神舟十号”飞船返回舱实物首次参展工博会航空航天展。其他载人航天产品有我国最大的单体降落伞、占地1200平方米的载人飞船主降落伞等中国载人航天工程实物、图片展。本次航展的50家参展商分别来自飞机运营商、飞机制造商、系统及设备供应用商、零部件供应商、航空技术应用等领域。其中中国航空工业集团公司此次展出的“神舟十号返回舱实物”更是让众多观众不惜花费时间排队入场参观，有18.33%的观众表示，航空航天展区是印象最深刻的展馆。

（黄治国）

政策法规建设情况

2013年，围绕本市工业领域法制环境建设，积极开展地方性法规和规章的制定，进一步加强工业领域行政执法监督，开展法制宣传教育，重点推进行政审批制度改革、中国（上海）自由贸易试验区建设等工作，按照依法行政相关要求，营造本市良好的产业法律环境氛围。

一、政策法律制定和规范性文件管理

1．立法工作推进

2013年，根据市人大常委会年度立法工作安排，重点开展《上海市信息化条例（草案）》立法起草和审查准备工作，为本市相应立法积累经验。完成市人大常委会2013−2017

年5年立法规划申报，《上海市社会信用体系建设条例（暂定名）》、《上海市供用电条例（暂定名）》被列为5年立法规划正式项目，《上海市信息化若干规定（暂定名）》、《上海市无线电管理条例（暂定名）》被列为5年立法规划预备项目。开展《上海市公共信用信息归集和使用管理办法（暂定名）》和《上海市公共信息系统个人信息保护管理办法（暂定名）》两个市政府规章预备项目的立法准备，完成了课题调研、专家论证和草案起草工作。

2．规范性文件管理

完成《关于统筹优化全市工业区块布局的若干意见》（沪府发〔2013〕33号）、《关于进一步促进本市企业技术改造的实施意见》（沪府发〔2013〕59号）、《上海市企业失信信息查询与使用办法》（沪府办发〔2013〕7号）、《上海市危险化学品企业调整专项补助办法》（沪府办发〔2013〕25号）4件政策性或规范性文件审查，由市政府或市政府办公厅对外发布；完成《上海市无线电管理办法实施细则》（沪经信法〔2013〕35号）、《上海市企业自主创新专项资金管理办法》（沪经信法〔2013〕353号）、《上海市信息化发展专项资金管理办法》（沪经信法〔2013〕879号）、《上海市集成电路高端装备制造企业认定管理办法》（沪经信法〔2013〕878号）4件规范性文件的法律审核，由市经济信息化委对外发布。

3．其他法律文件审核

完成《上海市轨道交通管理条例》、《上海市建筑市场管理条例》、《上海市促进改革创新决定》、《上海市碳排放和交易管理办法》、《上海市网格化管理办法》等40多件法律性文件征求意见的反馈。配合开展《上海市非机动车管理办法》协调论证和公开听证，以及《上海市实施<中华人民共和残疾人保障法>办法》、《中华人民共和国消费者权益保护法（修正案）》、《上海市实施<大气法>办法》的专题论证等。

二、行政执法及执法监督

1．法律实施情况后评估

按照市人大财经委年度工作安排，委托上海交通大学开展《上海市促进中小企业发展条例》实施情况后评估工作。通过对近千家中小企业的调研，形成《〈上海市促进中小企业发展条例〉后评估报告》，向市人大常委会提出《上海市促进中小企业发展条例》执法检查的重点范围，为市人大法制监督提供支撑。

2．行政执法及指导

根据工业相关管理职能，完成对闵行区喜丽快餐饮料店扰乱用电秩序案、上海缘润花木场损坏电力线路案等24件电力领域行政处罚案件的法律审查；按照法定程序，对上海永球养殖场损坏电力线路案、上海安海餐饮有限公司扰乱用电秩序案等18件案件以市经济信息化委名义作出处罚决定。

3．行政复议及诉讼

开展上海圣地亚轧钢股份有限公司对产业结构调整专项资金批复行为向市政府法制办提出行政复议的应诉，经多方面的沟通协调，最终顺利结案。开展天津市中力神盾电子科技有限公司诉市经济信息化委，请求撤销《关于上海中心大厦项目投诉处理意见的函》一案的办理。

4．行政执法制度建设

委托上海大学法学院开展经济信息化领域行政处罚基准制度课题研究，形成《经济信息化领域行政处罚裁量基准》，将电力行政执法裁量基准向法制办报备并向社会公开。委托上海大学法学院开展经济信息化领域行政执法行为规范手册编制，形成《行政执法行为规范手册（经济和信息化执法类）》（共分为电力、无线电、节能监察、监控化学品等9个分册）。

三、法制宣传教育

1．“六五”普法中期考核

2013年是“六五”普法的第三年，市经济信息化系统法宣办按照市法宣办工作要求，由政策法规处、党委宣传处、央企服务处等经济信息化系统法宣联席会议成员，对江南造船集团有限责任公司、中国航油集团物流公司等8家系统单位进行“六五”普法实地督导检查，对其他系统法宣单位进行书面检查。经检查，各法宣单位都按照“六五”普法工作要求，完善法宣工作机制，推进法制宣传工作。经济信息化系统法宣办被工信部向全国普法办推荐为“六五”普法中期工作先进集体。

2．宪法宣传周活动

2013年12月5日是第13个宪法宣传日，市经济信息化系统法宣办围绕“大力弘扬法治精神，共筑伟大中国梦”的主题，组织系统单位开展各类法制宣传活动。如上海航天局组织举办法制文艺汇演，上海贝尔公司开展自贸区专题法律知识学习等。市经济信息化系统法宣办还自编学习资料、宣传短信，通过“党支部书记微信群”等新媒体渠道进行法制宣传。

四、行政审批改革

1．重点课题研究

按照2013年市委、市政府重点课题“深化本市政府机构和行政审批制度改革”的工作要求，对市经济信息化委及直属事业单位履职情况和32项行政审批事项进行梳理，形成经济信息化委政府职能转变和行政审批制度改革情况报告以及行政审批的部门简政放权和批后监管方案，开展“市经信系统社会组织管理”和“优化旧厂房转型再利用配套政策研究”两个子课题研究。

2．行政审批制度改革

按照国务院关于取消和下放行政审批事项的工作要求，结合本市实际，对市经济信息化领域行政审批事项进行了精简。截至2013年年底，经市审改办确认取消的市场准入类审批1项，取消行政审批、转移由行业协会实施认定管理的事项3项。对保留的行政审批事项进行流程优化；其中缩短审批时限的22项，简化申请材料5项，减少审批环节1项，简化审查方式6项。积极推进行政审批电子化、信息化，加强和完善事中、事后监管机制，着力提高行政审批效能。

五、重点专项工作

1．自由贸易试验区法制保障

在中国（上海）自由贸易试验区成立和建设过程中，按照市政府相关要求，积极参与自由贸易试验区经济信息化领域开放措施有关工作。会同相关职能部门，起草自由贸易试验区增值电信业务开放操作细则，报工信部对外发布；开展自由贸易试验区信用监管制度的研究；配合完成《中国（上海）自由贸易试验区管理办法》的制定。

2．政策法规课题研究

按照《市经济信息化委2013年政策法规工作计划》，开展《上海市产业和信息化领域企业社会责任研究》、《上海市经济信息化委合同示范文本设计》等课题研究，完成《上海市住宅区、商业楼宇移动通信设施配套建设管理规定立法调研》、《上海市重大工程信息基础设施配套建设管理规定》、《上海市无线电管理办法立法研究》、《上海市征信活动投诉处理规定立法调研》、《上海市政府信用信息公开实施细则立法调研》等课题结题。

3．市民服务热线知识库维护

加强经济信息化领域“12345”市民服务热线知识库联络员队伍建设，加大对经济信息化委网站、微博等公开信息渠道的采集力度，充实了新能源汽车、CA法人一证通、i-shanghai、公共场所无线局域网等市民关注的热点内容。全年累计对113条信息进行了修改，又增加55条信息。截至2013年年底，经济信息化领域“12345”市民服务热线知识库共包括六大栏目，分23个子类，共有747条信息。编辑形成《上海市“12345”市民服务热线知识库信息汇编(经济信息化专辑)》。

4．其他法律事务

按照财政管理要求及行政管理规范，加强市经济信息化委合同审核力度，严格规范对外签订合同行为。完成关于网络立法、垃圾信息、社会信用体系建设等4件人大议案和网络个人信息保护1件政协提案的办理。

（蔡朋朋）

2014·上海工业年鉴

SHANGHAI INDUSTRIAL YEARBOOK

区县工业

浦东新区工业

【概况】

2013年，浦东新区工业在国内外市场尚未明显复苏的情况下，又受到企业产品生产外移等诸多因素影响、工业产值大幅减少，中期根据实际情况修订了全年工业总产值目标。经过各方同心协力抓推进，实现修订后目标。全年实现工业总产值9066.7亿元，比上年增长0.2%；全年实现销售产值9033.43亿元，下降1.1%；工业产品销售率为99.6%，产销衔接保持良好；出口交货值2460.08亿元，下降2.1%；全年主营业务收入为10353.75亿元，下降0.6%；利润总额774.42亿元，增长10.6%。

【2013年发展情况】

一、外商投资企业产值增长微弱领先

全年外资工业实现总产值5731.97亿元，占浦东工业总量62.7%，产值比上年增长1.8%，高于全区工业总产值增幅0.8个百分点。其中，外商独资企业实现工业总产值3215.15亿元，占比35.2%，产值下降3.6%。内资工业总产值3405.44亿元，略降0.3%，产值占浦东国有总量的37.3%。其中国有企业产值893.37亿元，增长5.8%，产值占浦东工业总量的9.8%；集体企业产值26.04亿元，下降3%，产值仅占0.3%；股份合作企业产值10.95亿元，下降6.2%；股份制企业产值2385.37亿元，下降3.8%，产值占内资企业的70%，占比比上年提升1.1个百分点，其产值下降对浦东工业的负面影响明显。私营企业产值为646.76亿元，增长10%，与上年负增长相比，运行情况有很大好转，占浦东工业的比重也由上年的6.7%提升到7%。

二、三大三新产业总体向上

1．“三大”产业产值微升。“三大”支柱产业实现产值4956.87亿元，占浦东工业总量的54.2%，产值比上年增长0.2%。其中电子与信息制造业由于部分大企业产品生产外移和个别大企业推出新产品市场销售反映低迷等原因，当年减少产值近260亿元，影响了浦东工业产值的增长速度。汽车和成套设备行业生产均明显好转，改变了上年负增长的态势。

2．“三新”产业实现较高增长。由生物医药、航空航天和新能源构成的新兴产业实现较高增长。年内产值497.69亿元，增长19%，增幅比上年提高11.7个百分点，其中，航空航天、生物医药分别增长23.3%和35.4%；新能源行业克服市场需求不足和产品价格持续下降的困难，改变上年负增长态势，实现2.2%的增长。

3．传统优势行业产值下降。由于市场需求减弱，产品价格下降，龙头企业由于国内需求不足，部分产能转为加工，全年产值大幅减少，拉低了化工行业产值增长速度。

三、布局结构调整成效显著，重点开发小区集聚效应提升

浦东重点开发小区全年实现工业总产值5213.92亿元，占浦东工业总量57.1%，比重较上年进一步提高，工业集聚效应明显。金桥经济技术开发区、张江高科技园区、临港产业区、南汇工业园区和国际医学园区全年产值分别为1976.31亿元、619.69亿元、231.41亿元、137.37亿元和37.73亿元，分别比上年增长5.9%、9.9%、5.8%、3.2%和15.5%。但国际自由贸易区（外高桥保税区）和康桥工业区由于区内个别大企业部分产品生产外移和新产品销售不理想等原因，致使两开发区产值明显下降，全年产值分别为646.16亿元和1565.25亿元，下降9.1%和5.2%，拉低重点开发区产值增长，使增幅低于全区工业0.2个百分点。

四、产品出口下滑

浦东工业出口交货值2466.52亿元，比上年下降1.9%。从行业结构看，“三大三新一优化”的产品出口交货值为2143.33亿元，下降1.3%。其中，电子信息产品制造业出口下降3.5%、成套设备下降3.3%、生物医药下降1.6%、新能源下降28.5%。出口增长的行业为汽车制造业增长15.7%、航空航天增长20.3%，但因后者体量太小，对浦东工业出口拉动不大。从经济类型看，内资企业出口交货值374.58亿元，增长0.5%；外资工业出口交货值2071.94亿元，下降2.3%。

五、区属企业生产情况不如上年

部分大企业产值大幅下降，导致区属规模企业生产不如上年，全年实现产值5054.21亿元，为浦东国有总量的55.7%，占全市区县规模以上工业产值总量的26.3%，产值比上年下降2.1%；实现利润总额231.85亿元，占23.3%，利润与上年相比，从下降16.8%跃升到增长7%。

六、经济效益有所好转

虽然浦东工业生产发展受到多方制约，但企业积极克服市场需求减少、生产成本上升等多种困难，经济效益比上年有所上升。全年主营业务收入1035.37亿元，比上年下降0.6%，降幅略有收窄；利润总额774.42亿元，增长10.6%，增幅提升15.5个百分点；税金总额304.39亿元，下降8%，降幅比上年高5.1个百分点；应收账款和产成品存货分别为1502.06亿元和338.68亿元，分别增长6.4%和9.1%，增幅均有上升。

七、产业结构调整成效良好

1. 产业结构调整。年内浦东工业完成市重点调整项目17个，减少营业收入10.35亿元、能耗20794吨标准煤，腾出土地391亩、厂房建筑面积19.42万平方米，减少职工2289人。

2. 金桥技术经济开发区生产性服务业迅速发展。据统计，金桥技术经济开发区生产性服务业实现营业收入2400亿元，增长20.1%。其中地区总部营业收入209.6亿元，增长22.2%，商务运行2223.3亿元，增长20.7%；网络文化9.6亿元，增长43%；研发设计9.2亿元，增长13.1%。

八、工业能耗有所上升

由于部分企业产品市场需求不足，产能放空，出现设备空转现象，部分企业产能扩大，设备增加，以及部分企业能耗已大大低于行业正常水平，增加产量势必要增加能耗，导致工业总能耗和万元产值能耗分别上升4.76%和2.62%。

【2014年发展趋势】

2014年，浦东工业从增长因素和减少因素分析，减量大于增量；从投资新项目来看，没有可拉动浦东工业增长的大项目建成投产；一些技术改造投入的项目，增量不明显。预计2014年产值8800亿元，可比上年增长1%左右，区属规模以上工业产值4760亿元，按可比价格计算，与上年基本持平。

一、加强运行监测，强化企业服务

通过调查走访、重点企业联络员会议等途径及时掌握企业生产经营情况，帮助协调解决企业实际困难和问题。开展产销对接等活动，促进企业市场开拓。加强协调和开展服务对接，使新区各有关部门的服务资源与企业服务需求紧密、及时衔接。落实好各级各项政策，既雪中送炭又锦上添花，使弱者好转变强，强者更好更优。

二、大力推进产业改造升级

落实好各级技改政策，促进企业扩大产能和提高生产工艺技术水平。加强调研和规划，贯彻好相关政策，进一步做好产业结构调整工作，加快淘汰落后产能。

三、积极开展战略招商

依托现有产业发展资源，以高端发展、低碳发展、集聚发展为目标，完善招商机制，创新招商模式，瞄准重点客户群积极开展战略招商。同时，进一步做好安商稳商工作，大力支持发展壮大。

四、扎实推进基地和重点项目建设

发挥拟开工亿元以上项目“双月推进协调会”的作用，盯住重点项目，不断跟踪进度、协调问题、落实责任制；发挥“三委两局”会议作为新区战略性新兴产业项目会审和工业地块带产业项目挂牌审核平台的作用，协调各相关职能部门在项目审批中的联动作用，形成合力，推进产业项目尽早落地。

五、多管齐下克服土地制约瓶颈

鼓励“两头在内、中间在外”生产经营模式发展。加强“腾笼换鸟”，盘活存量，提高土地产出率。争取和落实好市“企业目录管理”政策，使104区块外企业获得发展机会。探索跨地区园区合作，利用周边省市土地资源合作共赢发展。积极探索创新土地使用机制。继续争取市“绿色通道”政策支持。加强园区和产业规划，努力争取上级对浦东在工业发展新增用地上的支持。

（毛 韻）

徐汇区工业

【概况】

2013年，徐汇区积极应对需求乏力、企业外迁等不利影响，深入贯彻市委及市政府有关创新驱动、转型发展的工作要求，工业在调整中发展。全年完成规模以上工业总产值632.4亿元，比上年增长2.4%。规模以上工业产销率达到100.6%，上升0.4个百分点。实现规模以上工业利润58.9亿元，增长7.6%。完成工业税收36.5亿元，下降8.2%。

【2013年发展情况】

一、战略性新兴产业止跌回升

全年制造业部分实现产值209.1亿元，比上年增长2.3%，占全区工业总产值的33.1%，与上年基本持平。其中，高端装备大力开拓海外市场，产值增长28.4%；新材料、生物医药积极拓展国内业务，产值分别增长9.7%、7.9%；新一代信息技术由于出口需求仍然低迷，产值下降3.5%。战略性新兴以外的产业中，金饰品制造业继续推进品牌战略和扩大市场规模，产值增长21.9%。

二、漕河泾开发区继续转型

在新材料、生物医药等领域一批优势企业的带动下，漕河泾开发区徐汇部分实现产值264.6亿元，占全区工业总产值的41.8%，对徐汇区工业的发展继续起重要作用。与此同时，开发区内现代服务业集聚区建设继续推进。2期工程总部区与宾馆区已经建成并投入使用，入驻沃尔玛、标致雪铁龙、艾默生等一批世界500强企业及知名企业，集聚了瓦克化学、美利肯等一批地区总部、研发中心等高端项目。

三、企业创新能力不断提升

上海倍安实业有限公司等2户企业成功申报市级企业技术中心，上海航天动力科技工程有限公司等2户企业获市重点技术改造项目资金支持，上海市激光技术研究所获市引进技术的吸收与创新计划支持，上海开通数控有限公司等10户企业获市产学研合作计划支持，上海乐通通信设备（集团）股份有限公司等5户企业成功申报区级企业技术中心。

四、高新技术产业化着力推进

对国家、市重大项目进行配套，对区重点项目等进行资助，下拨首笔资金820万元。其中，对上海云飞自动化设备有限公司等3户企业予以市级以上高新技术产业重大项目配套资助，对华东理工大学华昌聚合物有限公司等9户企业予以区战略性新兴产业（X领域）重点项目资助，对上海理日化工新材料有限公司等5户企业予以区改造提升制造业、带动支撑现代服务业类应用项目资助。

五、工业节能降耗扎实开展

完成年度节能降耗目标任务。全年万元工业产值能耗下降19.22%，能耗总量15.79万吨标准煤。召开工作例会和大会，部署节能工作，落实目标责任制。加强统计分析，做好节能预警预测。着手修订节能资金管理办法，进一步完善节能资金支持的政策框架。继续推进产业结构调整，上海联合光盘有限公司项目全部完成，上海贝岭微电子制造有限公司项目全面停产。安排好节能降耗专项资金，重点支持企业节能技术改造、产业结构调整、分布式供能等项目。推动企业实施合同能源管理项目和节能技术改造项目，申报项目审核年节约标煤1423.8吨。推进重点用能单位能耗监测系统的建设。年底，实现11户重点用能单位能耗数据上传到区能耗监测平台。继续推动燃煤锅炉清洁能源替代工作，良友海狮3台燃煤锅炉替换为燃气（天然气）锅炉。推进工业生产许可证产品节能减排工作，加强对区内相关获证企业的证后监管。开展节能宣传活动，支持漕开发总公司组织的“漕河泾开发区国家生态工业示范园区建设企业沙龙活动暨‘全面能源管理工作坊’”活动。

【2014年发展趋势】

2014年，徐汇区工业将继续贯彻市委及市政府有关创新驱动、转型发展的要求，预计全年实现规模以上工业总产值600亿元。

一、加快培育战略性新兴产业

1．完善战略性新兴产业政策。围绕国家、市有关战略性新兴产业发展战略，结合“十二五”中期评估和产业政策评估工作，完善现有战略性新兴产业政策，加快培育发展战略性新兴产业。

2．加大招商引资工作力度。充分挖掘区域高新技术产业服务的综合优势，整合区域多种招商引资资源，以有利于产业上下游配套，促进产业集群化发展，壮大产业重点新兴领域为原则，引进经济实力强、代表产业先进发展方向的大企业大集团，以招商带动产业升级，为产业的健康可持续发展创造条件。

3．进一步提高项目管理水平。规范项目管理运行秩序和责任，建立明确的项目评审、管理和后期验收流程，推进项目管理的制度化、规范化，保证项目管理的公正和公开。另外，多方面全方位以项目的形式落实各项政策，提高服务企业的质量。积极做好与国家、市级重大项目的衔接配套工作，通过企业走访、项目调研，发现并支持一批潜在的高质量产业化项目。

二、继续提升传统制造业能级

1．鼓励企业加大技术改造投资力度。继续组织企业申报市重点技术改造项目、市引进技术的吸收与创新计划以及市产学研合作计划，推动企业以技术改造提升自己的造血功能，实施产品升级换代、工艺流程再造、引进先进技术。

2．推进企业技术创新和品牌建设。继续推荐企业申报市级企业技术中心和创新能力建设项目，推进区级企业技术中心建设，支持企业创建国家级、市级品牌项目，提升产业能级。

三、不断提高服务企业能力水平

1．加强与重点企业的沟通。关注区内重点企业，通过集中走访、下基层日、召开座谈会等形式，主动了解在当前经济形势下企业可能会遇到的困难和问题。针对企业反映的问题和困难，努力做到件件及时有回应。

2．加快企业服务体系建设。运用信息网络技术，拓展企业服务网功能，推进一揽子网上企业服务，提升企业服务的水平。推动政企、政银、政社、市区多方联手，为企业提供政策咨询、信息、创业、法律和投资融资服务等内容，发挥企业服务的综合效能。

四、深入推进工业节能降耗

1．进一步完善节能工作机制。继续推进工业领域节能目标责任签约制度，严格落实节能目标责任考核。加强与区统计局数据的联动，进一步提高企业能耗统计数据上报的质量水平。加强与市相关部门的沟通、协调，明确能耗数据的统计核算方法和数据运行规律。

2．持续推进产业结构调整工作。根据区“十二五”规划和《徐汇区加快劣势企业调整推进方案（2013−2015年）》，启动产业结构调整项目2项，其中市级重点项目1项。做好项目落实推进工作。

3．继续做好重点用能单位管理。继续开展节能技术改造项目组织工作，争取实现2500吨标煤以上的年节能量。组织重点用能企业节能培训，提高相关企业节能意识和技术水平。成立徐汇区节能服务中心，为区域内重点用能企业提供专业化的节能服务。

4．着力推进重点区域绿色建设。创建“绿色漕开发”。继续推进捷普科技分布式能源项目。推进“绿色华泾”建设。强化工业小区调整，在此基础上发展生产性服务业和现代服务业，加大绿化基础设施建设，优化城市形象和生态环境。

5．条块结合推动系统领域节能工作。进一步明确区各相关单位节能责任，做好节能工作分配部署，推动区发改委、科委等系统领域节能降耗工作，形成合力，共同推进全区节能工作。

6．积极开展节能宣传活动提高感受度。以“市节能宣传周”等活动为载体，组织区各相关企业开展以节能为主题的宣传活动，倡导行为节能、绿色消费等低碳生活方式，促使全区企业一同参与节能，提高节能感受度。

（罗友山）

长宁区工业

【概况】

2013年，长宁区工业经济稳步发展，全年完成工业总产值56.74亿元，比上年下降12.6%；实现工业销售产值60.24亿元，下降4.8%；工业产品销售率106.2%，提高8.7个百分点。

【2013年发展情况】

一、做好节能减排工作

梳理2013年重点企业能耗情况，分析能耗变动原因，做好能耗情况分析、预测等相关工作。做好迎峰度夏有序用电工作，摸清企业用电情况，对于菜场、宾馆和生产工艺需要连续运行等重要企业给予全力支持，千方百计确保居民生活不受影响和重点企业用电需求。加大节能宣传，通过发放长宁区节能减排宣传册，宣传环保知识和理念，使各企业及广大群众和职工树立节约光荣、浪费可耻的意识，形成节约能源从我做起、从小做起的观念。

二、继续推进长宁区中小企业服务体系建设

组织9家机构（德必、服装研究所、万丰、跨国采购中心、才俊人才、东方企业信用征信、慧谷白猫、多媒体产业园、海华永泰）申报市级中小企业公共服务机构，并经市中小办批准，其中3家公共服务机构（德必、跨国采购中心、慧谷白猫）申报上海市中小企业公共服务示范机构，这些专业机构的加入为我区建立更加完善的中小企业公共服务体系提供有力的支撑。至此，区中小企业服务体系已经形成综合性服务机构（区服务中心和街镇分中心、科技、创意园区分中心）、专业性服务机构（融资、法律、质量、人才、信息、市场开拓），基本做到全覆盖。

三、推进中小企业改制上市工作

推进拟上市中小企业完成股份制改造，区中小企业未来宽带顺利完成IPO财务自查，向中国证监会申报上市材料并获得证监会受理；地素商贸也正式完成股份制改造，更名为“地素时尚股份”，区上市办帮助企业申请扶持专项资金120万元。推进有意向在“新三板”挂牌中小企业完成股份制改造，优质企业——伊禾农品于8月9日正式在“新三板”正式挂牌；新增2户企业（合胜计算机、法普罗新材料）向“新三板”递交挂牌申请材料。目前，共有7户企业已与中介机构签约，拟申请在“新三板”挂牌，另有8户企业表达了在“新三板”挂牌的意向。

四、落实长宁区“专、精、特、新”中小企业扶持政策

全区共有114户企业成为长宁区首批“专、精、特、新”中小企业。为了贯彻区“专、精、特、新”中小企业扶持政策，共组织49个项目申报国家工信部和市经信委组织的专项扶持资金，其中，国家中小企业专项5个，市技术改造1个，战略性新兴产业3个，重大技术装备2个，中小企业发展专项资金11个，知识产权优势企业2个，总集成总承包3个，引进技术的吸收与创新6个，地方特色中小企业专项2个，区级技术中心4个，产学研专项3个，专利新产

品7个。目前，15户企业通过评审，获得扶持资金530万元。同时，为区内中小企业做好区配套扶持资金拨付工作。全年共拨付配套区扶持资金929.7万元，其中区级技术中心根据区科技36条政策配套239万元。对获得质量、标准化、著名商标认定的企业，参与做好专项资金配套690.7万元。

五、区中小企业综合管理平台正式运行

年内，区中小企业管理服务平台网站正式上线运行，标志着区中小企业服务的核心职能通过网络平台传递到千家万户中小微企业，形成线上线下立体服务的模式，至今已有近5万次的点击量。平台的开通，对及时公布各级政府对中小企业的扶持政策，项目申报通知、简化企业办事流程，促进企业与政府互动发挥了重要作用。在此基础上，对平台进行2期升级，增加“专、精、特、新”中小企业和小微企业经济运行监测功能，从而为更有效地服务中小企业打下良好基础。

六、建立中小微企业信息速递平台

区中小企业服务中心从多个方面向重点领域的近9000户中小微企业传递各类信息。一是通过市中小办的信息速递途径，发送《上海市中小企业信息速递》；二是区中小企业网上服务管理平台；三是编印《中小企业扶持政策汇编》并通过邮政专递的形式传递到每户企业。通过这些措施将有关政策、项目申报、工作动态等信息及时传递到广大中小微企业，让在长宁区发展创业的中小微企业能有实实在在“家”的感受。

七、2013上海国际服装节国际时尚论坛暨环东华时尚周活动在世贸商城开幕

4月17–21日，由区政府和东华大学共同举办的2013上海国际服装节国际时尚论坛暨环东华时尚周举行，分论坛和时尚活动两大部分。其中论坛从单一的“服装”视角拓展到涵义更为广泛的“时尚”领域，更名为“上海国际服装文化节国际时尚论坛”，设置主论坛、平行论坛及特色论坛3个版块。时尚活动设置海派时尚秀场、海派时尚博览、创意市集（创业实践）和戏剧表演四大内容，其中，海派时尚秀场有英国爱丁堡艺术大学优秀学生作品展演等9场秀场；海派时尚博览有海派时尚当代艺术展等5场作品展；创意市集是以交易买卖、以物易物等多种形式出售学生们的创意作品；戏剧表演是用多种艺术手法表达东华人对时尚的理解和领悟。

【2014年发展趋势】

2014年，区商务委将大力推进工业能级提升。积极开发并储备一批产品技术含量高、经济效益好、节能环保的新型工业项目；继续加强节能减排宣传和导向，提高全民节能环保意识；完善中小企业公共服务体系建设，大力培育和扶持“专、精、特、新”中小企业发展；着力推进创意产业集聚区的稳步发展。

（张亦易）

普陀区工业

【概况】

2013年，普陀区工业完成总产值208.46亿元，比上年下降0.7%；出口交货值20.04亿元，下降10.3%；实现销售收入250.58亿元，下降0.9%；利润22.79亿元，下降4.6%。

【2013年发展情况】

一、数值总量继续下降，但质量好于上年

结合比重加权（12月累计产值前20位企业占全部产值的74.58%）来看，主体仍增长。在结构调整和外部环境不景气的大背景下，早起步主动调整要好于晚跟随被动调整。在下一波经济增长周期来临之前，做好应对，积极调整、增强自身发展实力和基础。

二、调整、外迁企业数增多

综合多年情况来看，搬迁出普陀企业主要情况，一是企业本身已不适合普陀乃至整个上海的产业政策而搬迁或调整，多为化工类等“三高”企业。二是因为综合成本因素而不得不搬迁，如同利拉伐乳业机械，随着上海整体生产成本，特别是用人用工成本提升，部分有优势企业正逐步搬迁出普陀，但从大的发展格局来看，作为人口导入区的中心城区之一，适度控制制造业就业人口（特别是非本地户籍）对普陀是有益的。三是用地问题。对普陀制造业而言，历年结构调整对形成新的工业、生产性服务业并重格局，造就地区产业聚集区品牌化有促进作用。部分优势工业企业搬离，本身就是产业“腾笼换鸟”趋势的体现。

三、工业绿色化正在不断变为现实

通过长期开展节能与绿色发展专项行动，多部门已形成工业节能降耗工作方面的合力，加强节能减排重大技术示范推广，实施电机、锅炉的能效提升计划，深化“节能”企业建设，大力推进企业整体节能环保意识和水平。围绕循环经济、资源综合利用、清洁生产、再制造产品推广等重点领域，抓好试点示范、重大改造工程建设、政策措施完善等工作。此外，利用产业结构调整契机，鼓励扶持一批技术过

硬、综合能力较强的合同能源管理企业，如上蓝热泵、开缔能源、斯宾茨建筑节能、电机节能科技（电科所）等企业。

四、行业集中度进一步提高，龙头效应较历年有所强化

企业产值前20位占全区工业产值的近75%，集中度较往年提高。除去造币厂、印钞厂外（合计约占1/4的产值），其余行业龙头的产值分布比较均匀。从增速上来看，前20位企业虽不都增长，但扣除市场和成本等因素，总体增长情况要好于上年，大企业优势进一步体现。

【2014年发展趋势】

一、经济普查带来的存量和基数改变

随着经济普查大范围摸底的展开，会有新的规模以上企业调整掉一部分增长不佳的企业样本。经济运行的企业样本将更加明确、清晰。

二、生产性服务业"金腰带"发力

普陀特殊的地理位置，决定其在生产性服务业"金腰带"布局上的特殊地位。就生产性服务业对工业的促进作用而言，工业续存的质量和品牌化正逐步变为现实。

三、协同科技、美丽加芬等企业将进入高速增长期

相比造币、印钞等央企，协同科技等新兴工业企业正在变为新的增长点。从产业和行业来看，民生相关和"四新"高科技企业的效益和能量正在逐年增加。

（朱春香）

闸北区工业

【概况】

2013年，闸北区工业认真按照市、区领导部门有关创新驱动、转型发展的要求，努力调整产业结构，扶持特色产业，积极促进技术进步，着力抓好园区建设，加快培育中小企业，工业经济得到加快发展。全年规模以上工业企业实现工业总产值176.48亿元，比上年增长10%；工业产销率达到99%，下降1.3%；利润0.15亿元，下降93.2%。全年区属工业完成工业总产值99.14亿元，增长13.1%。全区在地工业完成税收总额16.73亿元，下降0.4%，其中区级税收完成3.72亿元，增长4.5%。18个都市型工业园区实现总税5.39亿元，下降6.07%；区税1.21亿元，下降4.05%。8个创意园区总税1.22亿元，上升34.55%；区税0.443亿元，上升30.57%。

【2013年发展情况】

一、聚焦电子商务及创意产业发展

1．重点推进"易园·大宁"和"越界·乐平方"两个创意园区建设。"易园·大宁"一期完成总建筑面积3万平方米改装，可出租办公面积2.4万平米，产业定位为电子商务服务及设计创意类企业，已引进企业60余家，企业入驻率达100%。大润发电子商务公司"飞牛网"已入驻园区。"越界·乐平方"改造后建筑面积1.3万平方米，产业定位为以数字技术为依托的产品设计、平面设计、装潢设计与环境设计等，年前完成招商，已有德尔肯微涂层（上海）有限公司、上海冰谷文化传媒有限公司、瑞影图文设计（上海）有限公司等企业签约。

2．"2013年上海设计之都活动周"相关工作取得成效。在上海展览中心区县成果展设置闸北展示馆，介绍闸北区近年文化创意产业发展情况以及重点园区、企业和人才等情况。区商务委（区经委）在大宁德必易园召开的罗伦萨投资推荐会上，介绍财政扶持及招商引资相关政策，并被上海市活动周组委会授予"优秀组织奖"荣誉称号。

3．组织闸北区47个企业申报"2013年上海市促进文化创意产业发展财政扶持资金项目"；组织国药控股国大药房有限公司、上海广恩进出口有限公司、上海锦江国际电子商务有限公司申报上海市电子商务专项项目。

二、推动企业建设市、区技术中心

1．组织申报"上海市企业技术中心"：上海医疗器械股份有限公司等6家企业通过"上海市企业技术中心项目"验收；舜杰建筑公司、国药化学试剂有限公司2家企业申报市级企业技术中心进入审核；中铁二十四局集团有限公司等8家企业申报2013年度上海市认定企业技术中心通过区县初审报市经信委。

2．组织申报"闸北区区级企业技术中心"：上海爱数软件有限公司等9家单位申报闸北区区级企业技术中心得到政府专项扶持资金。

三、建立健全中小企业发展体系和服务网站

1．建立健全服务体系。以区中小企业服务中心为主渠道，建立9个街道（镇）和4个园区的中小企业服务分中心，健全"1+13"架构体系，13个分中心业务上接受区中小企业服务中心指导，并与企业零距离对接，为中小企业提供政策咨询、人才培训、信息传递等服务。

2．创新中小企业服务模式。搭建中小企业市级"专、精、特、新"服务平台，开展"专、精、特、新"扶持政策培训、法律咨询等，组织105家中小企业申报创建专精特新"；上海布朗环境技术有限公司等8家企业参加上海中小企业"专、精、特、新"产品展示；开展2013年"关注小微

企业、发展专精特新”主题服务六项活动，上海爱数软件有限公司等6家企业入选《上海制（智）造——“专精特新”产品名录》。

3．完善服务中心网站服务功能。开通闸北区中小企业服务中心网站，开展“微成本云办公服务”；建立闸北区小微企业服务群，建立网上“政策超市”，向职能部门征集支持中小企业发展的32条有关政策；首批借助名仕街园区管理方选定20家小微企业开展运行监测。

4．争取著名商标（名牌产品）和技术进步企业专项扶持资金。会同区工商局、区质监局、区财政局将区政府奖励基金发放到2013年被评上“上海市著名商标”和“上海名牌”称号的6家企业。年内申报各级各类技术进步项目共25项（上海市战略性新兴产业项目、上海市引进消化吸收创新项目、上海市产学研项目、上海市专利新产品项目、上海市军民结合产业发展体系建设项目），总投资约3.5亿元，申请支持资金7000多万元。其中，爱数软件有限公司获第二批战略性新兴产业项目扶持资金370万元；上海光芯集成光学股份有限公司“光纤宽带接入网用平面波导（PLC）光分路器芯片项目产业化（一期）”获上海市第三批战略性新兴产业项目扶持资金220万元。

四、节能减排、能源管理及电力迎峰度夏工作

1．节能减排。2013年，市经信委下达给闸北区工业节能降耗指标为，规模以上工业企业综合能源能耗总量控制在2.64万吨标煤以内，万元产值能耗下降3.4%。闸北区规模以上工业企业综合能源消费量2.52万吨标煤，万元产值能耗比上年下降12.44%。

2．节能替代改造。16台燃煤（重油）锅炉完成14台锅炉清洁能源替代，上海电力变压器修试厂有限公司等3家企业申请获得上海市第一批扶持资金97.5万元。对用能600吨标煤以上的11家工业企业节能状况进行监控和管理。

3．能源综合管理。加强对闸北11家煤炭企业2012年经营管理；对闸北30家成品油经营企业（中石化23家、中石油7家）进行年检等管理，以确保煤炭、石油企业经营安全、有序运行。

4．电力迎峰度夏工作。闸北用电100KW以上的企业全部安装负控。加强对10多个用电大户和部分政府部门供用电进行安全督查，保障企业和机关事业单位的正常生产和工作。

五、老厂房改造、园区管理工作

1．老厂房改造工作。搭建园区和老厂房改造管理平台。开展对园区和老厂房的调研；召开在闸北区有企业的10家集团公司（主要为纺控集团、电气集团）老厂房改造通气会；与法制办修改完善《闸北区老厂房改造项目管理办法（试行）》；重点加强对唐山服装厂厂房改造、原平路老厂房进行社区商业改造、火车头体育场园区改造等企业结构调整。

2．园区安全生产工作。制定2013年度安全生产、消防安全工作计划，下发《区商务委开展大检查实施方案》，与28个产业园区签订《2013年安全生产、消防安全工作责任书》，组织实施元旦、春节、“两会”等重点时期的安全检查、隐患排查，监督指导园区做好企业综合治理等工作。

3．园区劳动就业工作。开展就业援助员队伍的日常管理、工作考核、岗位培训及援助员工资的申报、发放等工作。开展创建闸北区创业型城区工作。开展促进园区特色产业健康发展和文化融合等活动，提供创建工作中期评估相关材料。开展园区内企业因生产经营引发劳动关系矛盾的因素排查，以及欠薪欠资纠纷排查。

【2014年发展趋势】

2014年，闸北区工业将深入贯彻科学发展观，把握上海加快“四个中心”建设和服务业综合改革试点的发展机遇，进一步解放思想，创新工作思路，以调结构、提能级为主攻方向，以提高经济增长质量和效益为中心，进一步优化产业结构和产业布局，推进重点产业发展，努力实现闸北工业工作上新的台阶。

一、围绕“三个经济”，加强产业招商

以闸北工业转型为统领，以区“5+X”重点产业发展为主攻方向，产业园区积极引进金融、软件与信息服务、现代商贸、现代物流、检测认证和人力资源等专业服务业以及文化创意等新兴产业；加大产业链招商力度，重点依托飞利浦、迅达、科勒等核心骨干企业的产业关联，积极探索形成上下游的产业链集聚发展，进一步推进工业的涉外经济“叫好叫座”、总部经济“发光发热”、楼宇经济“脱胎换骨”。

二、发展重点产业，加快产业转型

推进市北高新等园区优先发展以软件和信息服务业为重点的高新技术产业和战略性新兴产业，推进新型产业园区发展以现代设计、电子商务等为主导的知识型生产性服务业，努力实现产业转型。

三、加强工作协调，培育发展环境

加强调查研究，进一步加大政策指导和服务力度，在政策宣传、平台建设、部门合作、资源整合、企业服务、政策突破等方面做好工作。落实《关于推进闸北区企业上市工作的实施意见》，对企业在主板、中小板、创业板、海外板上市，促进获得不超过200万元的资金扶持。携手相关部门充分挖掘区内现有资源，将产业目标落实到具体项目，提高项目管理水平，推进重点项目落地。

四、完善服务体系，推进中小企业发展

利用“1+13分中心体系”加强服务，争取更多扶持资金。深入推进“专、精、特、新”中小企业培育工作，实施创业培训、拓展市场培训、创建自主品牌培训。加强中小

微企业经济运行监测工作，完善小微企业的监测和数据库建设。

五、依托科技创新，推进技术进步

全面开展国家和上海市重点技改项目、战略性新兴产业等项目申报工作。组织企业开展市、区级企业技术中心申报工作。指导企业做好项目验收准备工作。继续做好项目备案工作和其他项目申报工作。

六、推进老厂房改造，加强园区管理

推进由区法制办牵头修改的《闸北区老厂房改造项目管理办法》和区商务委牵头制定的《闸北区园区建设与管理办法》能尽快上会出台，把老厂房改造纳入制度管理的范围。对于区内认定的园区，参照市级认定园区的做法，给予挂牌。

（曹济南）

虹口区工业

【概况】

2013年，虹口区工业促进产业结构优化、提高产业能级、提升科技创新能力，确立企业技术创新和科技投入的主体地位，对国民经济主要产业中技术创新能力较强、创新业绩显著、具有重要示范作用的企业予以重点扶持，以鼓励和引导企业不断提高自主创新能力，着力推动传统制造业的升级和转型，营造良好的投资环境和发展平台。

【2013年发展情况】

一、工业经济运行质量提升

全年规模以上属地工业完成总产值37.48亿元，现价比上年增长1.4%，可比增长3.1%；出口交货值4.99亿元，下降18.9%；利润9.9亿元，增长26.9%，增幅名列全市前茅，产值利润率达到26.4%。按照税收口径，全年税收落地企业共680户，完成三级税收5.6亿元，增长1%；区级税收1.36亿元，增长1.4%。全区工业经济运行呈现出现“稳中略增、效益显著”的态势，即在制造业总产值保持小幅增长的基础上，工业利润连续数年实现两位数增长。虹口区制造业由量变到质变的特征正逐渐显现，产业转型升级体现阶段性成效。

二、企业技术创新能力得到加强

1．加快产学研合作力度。易维视科技、伊纬信息、安悦节能、四通仪表、三吉电子、材料研究所6户企业获得上海市产学研合作专题项目扶持，获得产学研专项资金支持490万元，带动5480万元总投资，帮助全区的产学研发展上了1个新的台阶。

2．培育一批企业技术中心。鼓励企业积极提升技术创新能力，强化市场应用水平。通过产业政策引导，将原有企业技术中心认定标准重新修订，扩大企业技术中心认定范围，技术中心年认定数量由往年的5户增至10户，将更多战略性新兴产业服务业企业纳入技术中心认定范围。同时，区科技创新专项资金给予200万元扶持。

3．“四新”企业蓬勃发展。区级财政提供340万元，支持上海北斗卫星信息服务有限公司“基于伪距差分的北斗低成本组合导航智能终端”等6户企业重点项目产业化建设，带动相关产业近1亿元投资。通过一系列产业政策支持，鼓励全区制造业企业通过自身技术创新与转化应用，提升产业发展能级，为区域经济增长提供了新亮点。

三、节能减排和低碳环保成效显著

1．深化产业结构调整，做好落后产能行业的调整和淘汰工作，关闭大平洋蓝登在虹口区的生产线，年减少排放450吨标煤。

2．聚焦节能改造项目，虹口茂悦酒店、上海灯具城、区公安大楼等均已进行合同能源管理节能改造，宇航大厦完成空调系统的节能改造。

3．与市经信委联合举办“2013上海节能宣传周”开幕式，打造四川北路“零碳公馆”，在活动现场集中呈现四川北路资源节约型、环境友好型、低碳经济型街区的建设构想和成就，生动演绎“低碳”生活方式，让创新科技走进居民，走进生活。在2013上海设计之都上海展览中心的成果展上，以“绿虹口，享生活”为主题的虹口展区从“看虹口”、“遛虹口”、“听虹口”和“瞰虹口”4个角度，充分运用视觉体验、声音感受、参与互动等多种形式，对虹口低碳发展实践区“低碳产业园区”、“低碳示范社区”、“四川北路绿色街区”和“北外滩低碳商务区”的规划和建设进行展示和演绎。

4．上海碳交易市场正式启动。11月26日，上海环境能源交易所正式启动碳排放交易，开启全国碳市场元年新篇章。上海市构建全面缜密的碳交易体系、对全国，乃至全世界碳排放交易市场的发展，都将发挥至关重要的作用，在我国碳市场建立从无到有、从虚至实过程中添加极其浓墨重彩的一笔。

四、创意产业园区稳步发展

通过几年努力，虹口创意园区建设逐步形成规模和特色，产生良好经济和社会效益。至年末，共有创意产业园区

27家，其中市级创意产业集聚区12家。园区总建筑面积44万平方米，入驻企业1758户，吸纳就业近2万人，平均产业集聚度达到85%，重点聚焦研发设计、节能环保、信息服务、数字媒体、文化时尚等领域。园区共实现销售收入224亿元，增长9.6%。

【2014年发展趋势】

2014年，虹口作为中心城区，在市场资源配置和产业结构升级的双重作用下，越来越多的工业企业将实施转型战略；受市场及政策引导，区内制造业不断向战略性新兴产业发展，工业资源将进行再配置。

一、经济运行仍将突出质量效益的提升

全区工业企业在保持产值总体平稳的基础上，将继续保持利润以及利润率的较快增长，2014年销售利润预计将突破10亿元，同比继续保持两位数增幅。

二、产业资源要素呈进一步集聚态势

加强对战略性新兴产业领域的要素集聚，依靠核心功能性机构开展以碳交易为主要抓手的工作，以期通过市场手段配置节能领域的诸多资源，为新一轮产业发展提供资源要素支撑。

三、政策支持企业发展的力度将进一步加大

继续发挥好《虹口区培育发展战略性新兴产业的若干措施》和《虹口区加强科技创新能力建设若干政策》等政策优势，大力发展节能环保、新材料等战略性新兴产业，大力培育具有增长空间和潜力企业，支持优势企业拓展业务、做大做强，提升区域整体产业发展环境，推动技术与市场的深度融合。

四、企业创新创造的活力将进一步释放

通过区商务委（经委）指导、帮助企业构建技术能力建设体系，提高技术成果转化和市场应用能力。虹口区认定企业技术中心的总量将不断扩大，继续深化和完善企业技术中心认定工作，寻求“点上扶持、面上覆盖”的解决办法。针对重点企业，如申能科技、安悦节能等，将加强各自领域的节能业务开展，为区域和全社会节能减排作出贡献，预计通过合同能源管理模式节约的能源总量，将占到全市的1/3左右，有力推动这一产业向纵深发展，为全社会节能环保事业作贡献。

（徐　杰）

杨浦区工业

【概况】

2013年，杨浦区有规模以上工业企业88户，完成工业产值1085.28亿元，比上年增长10.28%，工业产值总量位列中心城区第一，增幅在全市位列第三。实现销售收入1077.78亿元，增长8.59%；利润195.51亿元，增长14.6%。工业生产涉及烟草、船舶、汽车、发电、电缆、印刷等11个行业，产值总量排在前3位的分别是烟草、机械设备制造和船舶制造。

【2013年发展情况】

一、促进产业的振兴和技术改造

大力推进产业转型发展，促进老企业实现从“传统企业”向“现代企业”转变，做强做大。充分利用国家和市重点技术改造专项资金，引导促进企业加快技术改造。近年来杨浦区共有23户企业获得国家重点产业振兴和技术改造专项资金及上海市重点技术改造专项资金，23户企业项目总投资22.91亿元，项目建设投资21.66亿元，获专项资金2.04亿元。23个项目中，国家重点产业振兴和技术改造项目10个，项目总投资10.05亿元，建设投资9.77亿元，获专项资金1.07亿元；上海市重点技术改造项目13个，项目总投资12.87亿元，建设投资11.89亿元，获专项资金0.97亿元。比较有代表性的技改项目是上海柴油机股份有限公司的中轻型柴油机开发制造项目，获国家重点产业振兴和技术改造专项资金资助，重型车用柴油机项目获市重点技术改造专项资金支持，2个项目总投资8.91亿元，获专项资金8319万元，目前上柴项目已完成改造，正申请竣工验收。上海工具厂有限公司的数控刀具用高性能材料技术改造项目、上海拖拉机内燃机有限公司的技术中心建设项目、上海烟草机械有限责任公司的高速包装机组技术改造项目、上海电缆厂有限公司的海上风能发电用海底电缆产业化技改项目等都获得技术改造专项资金的资助。通过技术改造，极大地促进了企业振兴、转型和发展。

二、促进新兴产业的发展

为提高企业引进技术的吸收与创新能力，调动企业开展产、学、研活动积极性，促进“新技术、新模式、新业态、新经济”发展，对通过技术合作等方式，取得先进技术并成功地运用于生产经营、开发新产品等活动的企业，积极争取市经信委专项资金支持。8月，为12户企业申报上海市引进技术的吸收与创新计划专项，项目总投资为2.25亿元，申请专项资金2822万元。为25户企业申报上海市自主创新产学研合作专项，项目总投资2.42亿元，申请专项资金4835

万元。这些项目实施极大地调动企业开展创新活动的积极性。同时，还争取市战略性新兴产业专项资金的资助。年内复旦微电子、易保网络和擎达汽车等3户企业获得上海市战略性新兴产业专项资金的资助，项目总投资7602万元，获得专项资金750万元，目前项目建设已经启动，进展顺利。

三、促进企业技术创新

为提升企业的核心竞争力，促进知识经济的发展，积极争取上海市知识产权优势企业专项资金，为本区企业申报上海市专利新产品企业的认定。经努力，上海竹阳自动化设备有限公司和上海庞丰机电科技有限公司获得专利新产品企业认定。华平信息技术股份有限公司和上海市政工程设计研究总院（集团）有限公司获得上海市知识产权优势企业认定。上海星宇建设集团有限公司、上海同捷科技股份有限公司、上海大亚科技有限公司等5户企业通过上海市企业技术中心认定。上海机床厂有限公司通过国家企业技术中心认定。目前，全区共有市级企业技术中心18家，国家级企业技术中心5家，国家级企业中心的数量在全市排名第3。同时，还开展区级企业技术中心评审工作，认定20户企业为区级企业技术中心。

四、促进重点企业的发展

为促进产业转型和发展，将杨浦制造业企业按照产值规模大小列出30户重点企业，对重点企业定期走访、专人追踪、专人服务，及时协调解决企业生产经营过程中出现的问题。全年区内30户重点工业企业实现产值1061.61亿元，比上年增长10.77%，占规模以上工业企业产值总量的97.82%；销售收入1052.37亿元，增长8.94%，占规模以上工业销售总收入的97.64%；利润195.01亿元，增长14.73%。这说明重点企业产销两旺，呈现发展势头强劲的良好态势。

五、促进产业结构调整

年内完成结构调整单位5户，其中1户企业关闭，1户企业搬迁至闵行浦江镇，1户企业搬迁至宝山杨行，1户企业迁往浦东南汇，1户企业迁往外省。5户企业共腾出土地146亩，节约能耗1928.3吨标煤。为做好产业结构调整工作，合理分流安置职工，指导企业申请市产业结构调整专项资金19万元，区级配套专项资金19万元。通过淘汰落后产能，进一步优化产业结构，为进一步做大做强优势产业，培育发展新兴产业腾出空间，创造条件。

【2014年发展趋势】

一、主要目标

2014年，杨浦区工业将呈现平稳有序、稳步提升的态势，规模以上工业企业实现产值1150亿元左右，增长6%左右。

二、主要措施

1. 抓原有项目的竣工验收和投产使用。年内将有一大批技改项目竣工，尤其是上海工具厂有限公司扩大数控刀具生产技术改造项目、上海烟草（集团）有限公司的中华专线改造项目、上海柴油机股份有限公司重型车用柴油机项目、上海拖拉机内燃机有限公司的技术中心改造项目、上海纺印利丰印刷有限公司海德堡胶印机技术改造等，这些企业经多年技术改造和产业转型，核心竞争力大幅提高，产品市场占有率大幅提高。同时，上年为80户企业的80个项目已申报各类专项资金，资金数达2.01亿元，将拉动项目总投资14.25亿元。这些项目竣工验收和投产使用是经济平稳、有序、持续增长的源泉和立足点。

2. 抓新项目的培育和利用。结合经济普查工作，对全区工业企业进行排摸，在此基础上，充分发挥专项资金的指挥、示范、引导作用。对区内先进制造业、战略性新兴产业、研发技术优势明显的企业、未来发展势头良好的企业进行重点指导，开展新项目培育，送政策、送服务，增强指导企业运用政策的能力，鼓励和支持优势产业的骨干企业做大做强做优，促进企业能级的提升。

（殷亚萍）

黄浦区工业

【概况】

2013年，黄浦区工业发展总体以都市工业为主，侧重于旅游纪念品、食品、服装及体育用品制造等行业发展。根据区域自身优势及经济发展需要，更致力于挖掘文化历史内涵，强化特色品牌培育，促进创意园区建设，坚持以科技创新促进优势产业发展，使工业仍能保持一定的发展势头。全年完成工业总产值202.5亿元，比上年增长8.7%。其中，在地企业完成121.7亿元，增长6.6%；属地企业完成80.8亿元，增长29%。

【2013年发展情况】

一、金饰品业支撑工业增长

2013年，国际金价虽时有涨跌，但国人购金热情涌跃，拉动金饰品的生产和销售，行业龙头企业亚一金厂净增产值20亿元。

二、食品饮业成为又一亮点

龙头企业江崎格力高发展稳健，加大了在中国市场的拓展力度，全年产值增长24%。

三、服装行业趋于止跌回稳

服装出口加工、内销型、网络销售等企业，均较上年有趋稳态势。其中，拥有“古今”品牌的古今内衣有限公司探索使用网上销售形式，目前线上销售额已占公司总额的8%。

四、科技创新能力明显增强

完成张江高新区黄浦园、张江高新区世博园（浦西分园）创建申报工作；上海华东电信研究院一期建设稳步推进；15户企业被认定为高新技术企业，新增国家、市科技项目33项，8个项目被列入市高新技术成果转化项目，2个项目被列入2013年国家创新基金项目。年度新增立项企业享受的扶持资金415万元。

五、创意园区建设成效显著

2013年是实施黄浦区文化创意产业发展“十二五”规划的关键之年。有关各方抓住机遇，创新发展，推动黄浦区文化创意产业再上新台阶。一是以平台建设打造创意设计产业高地，基本奠定江南智造“上海创意设计引领地”的地位。二是以政策扶持引导园区开发综合功能，做好年度市文创资金申报工作，共有23个项目立项，总投资2.27亿元。三是以活动筹划营造园区整体文化氛围，引进和举办北欧设计创意周、上海首饰艺术博览会等重要创意活动。全年文化创意产业完成税收42.20亿元，占全区总量比重为10.2%。

六、工业节能目标确保完成

年度工业节能目标为能耗总量2.5（万吨标煤），万元工业产值能耗增减率−3.4（可比%）。经市、区统计局统计，年度实际完成能耗总量1.82万吨标煤，万元工业产值能耗增减率−5.4，两年完成万元工业产值能耗增减率进度为−27.31（可比%）。工业节能目标完成情况稳定。

【2014年发展趋势】

黄浦区因区域范围狭小，不仅缺少成规模的工业生产基地，而且现有规模企业仍在不断关、停、并、转，除2013年关停并转9户外，2014年还将有5户企业或转型或停产，与2012年相比，规模企业数量减少2/3，因此预计2014年工业总产值将大幅下降，总体影响大于100亿元。从黄浦经济的转型发展趋势分析，黄浦区工业将进一步萎缩。为此，黄浦区将不再把工业发展纳入区域经济考核指标，但仍将继续做好现有中小工业企业的服务工作。一是继续推进服务体系建设。力争在推动建立区促进中小企业工作领导小组及其办公室工作上有新进展，进一步完善工作方案，切实推进区中小企业协会组织工作。二是继续加强基础建设。加强中小企业数据库建设，并加强与入库企业沟通、联系，及时更新相关信息。三是继续加大服务扶持。推进区“专、精、特、新”企业和公共服务机构配套奖励扶持办法制定工作，加大扶持。及时了解区内中小企业经营情况及需求，帮助协调解决企业遇到的困难，将服务中小企业工作落到实处。

（吴培民）

静安区工业

【概况】

2013年，静安区完成工业总产值24.79亿元，比上年下降22.48%；实现工业销售产值24.32亿元，下降24.85%。文化创意服务业实现税收24.38亿元，增长10.66%；文化创意服务业营业收入为569.58亿元，增长41.84%。至年末，共有市级创意产业园区9户，建筑总面积130168.5平方米，入驻企业数为312户。文化创意产业进入快速发展阶段，逐渐成为支撑区域经济发展的支柱产业之一。服务中小企业工作机制不断完善。自主品牌创新能力不断提高。节能减排工作稳步推进。

【2013年发展情况】

一、整合区域创意资源推进文化创意产业发展

1．推进产业集聚发展制订整体规划。完成“昌平路静安文化创意产业集聚带”规划项目，该规划就集聚带发展新模式建立从功能布局、交通组织、经济引擎等多个方面进行空间布局，重点打造集聚带核、带、环等多个层次创意空间，建立有层次和具有良好识别性的新园区，促进集聚带内各类文化创意企业的发展和集聚带科技和经济发展。

2．协助推进新园区建设。与上海戏剧学院签订战略合作协议，推进华山创意园园区的建设和招商工作。跟踪推进威海路696号静安梅迪亚工场项目、7立方科技园等园区建设。

3．培育引进重点企业入驻园区。创意设计领军企业腾迈广告落户静安；入驻窗钩园区的指南设计公司围绕设计、生产、出口合作模式在静安新设立“上海拾杰工业设计有限公司”；“七次方家用电器（上海）有限公司”等2户设计创新型企业，引进“中国竹材装饰（上海）设计应用推广中心”落地静安，该单位为市经信委为推进室内装饰及产品制造、室内设计行业发展而设立的非营利性社会团体法人。

4．举办活动营造产业氛围。举办上海时装周秋冬发布会，并推进时装周活动与南京路商圈联动，在静安寺聚集地商场增加设计师展售体验馆活动内容。还作为特别支持单位

对2013设计之都活动周在场地、资金、嘉宾邀请、氛围营造、安保等方面予以配合和支持，并负责本区展馆的布展与展示工作，举办“2013世界城市（上海）文化论坛”等响应活动。

5．落实市、区产业扶持政策。指导文创企业申报上海市文创产业扶持专项资金，共有21个项目获得市级资金资助，总额达3000多万元。制定发布《静安区促进文化创意产业发展专项资金管理办法（试行）》。

6．注重文化创意产业人才培养。以专业组织为依托、集聚带各园区为主构架，搭建政府与企业、协会、国内外院校人才培训和交流平台。通过整合大师资源，鼓励文创产业重点行业的企业设立创意人才大师工作室，为创意企业提供专业人才、培养新锐人才。

二、提升对中小企业的服务水平

1．组织、指导企业申报市级专项资金项目。加强政策宣传，组织企业申报2013年上海市特色产业中小企业发展专项资金项目、市中小企业服务机构、市中小企业发展专项资金、市现代服务业综合试点项目预申报等项目。

2．做好项目跟踪管理及验收工作。对于已获得专项资金扶持的项目进行跟踪管理，定期了解项目投资进度、固定资产投入和专项资金使用情况，在项目完工前，对企业进行项目验收专题培训，规范项目管理，保证项目按时保质完成，及时进行项目验收。

3．加强服务体系建设。加强市区联动，与市中小企业发展服务中心签订上海市中小企业服务互动平台建设运行工作合作合同，协助做好平台启用后的信息发布、诉求受理、协同服务等工作。推进“关注小微企业，发展专、精、特、新”主题服务年活动。组织企业参加业务培训。加强中小企业、高校、科研院所产学研对接。组织企业参加国家级、市级博览会。根据市中小办要求，根据《关于明确“专、精、特、新”中小企业试行标准的通知》，组织符合要求的企业进行申报，指导红宝石食品有限公司等13户企业参与年度“专、精、特、新”申报工作。对全区42户“专、精、特、新”企业进行资质复核。建立区小微企业运行监测制度。加强区域中小企业发展调研分析。

三、推进商业、商务节能减排工作

1．落实年度节能目标任务。与恒隆广场、中信泰富、梅龙镇广场、久光百货4户市重点用能单位签订《2013年节能减排目标任务书》。推进商业楼宇能源审计工作。完成经典茂名、九百世纪食品城2户用能单位2012—2013跨年度能源审计。

2．拓展节能工作新渠道。开展产业园区、商业企业和商业楼宇节能工作的调研，了解企业对节能工作事项的要求及具体项目落实情况，并根据企业的诉求与愿望，搭建好节能工作服务平台。

3．启动绿色商厦创建工作。做好乐与食、通利商厦2户新创建单位的跟踪审查与服务工作，会同街道方面共同推进东方海外大厦绿色商厦的创建工作。

【2014年发展趋势】

一、文化创意产业发展

1．提升“昌平路文化创意产业集聚带”辐射功能。统筹政府各相关部门、社会企业、行业组织等资源要素，形成合力共同打造和提升集聚带的形象与功能，逐步完善“一带多园”模式下的载体建设、运营服务的体系。以园区项目落地建设为目标，重点推进“梅迪亚工场”、“华山创意园”、“7立方科技园”等园区建设。

2．加快海外高层次人才创新创业基地建设工作。推进“大师工作室”的运营和“创意大讲堂”等活动的举办，推进各项服务工作事项落实。积极发挥行业协会作用，集成各方资源构筑文创产业公共服务体系；组织邀请专业领域相关专家走进校园，开拓视野，激发青少年的创意意识，为文化创意产业的发展打下人才基础。

3．组织文创专项申报。辅导企业准备好相关申报材料，指导相关企业做好市级文创专项资金的申报工作，做好项目区县初审工作。落实区文创专项资金管理办法的实施，做好区文创资金的使用与管理工作。

4．加强企业走访服务。会同区招商部门加大招商与引商的力度，在租税形成更大的产业集聚度，提升静安区在产业领域内的影响力和辐射力，不断做强、做厚本区在这些行业的市场能级。

二、中小企业服务

1．进一步完善中小企业服务的组织体系。积极关注非公有制经济健康发展，重点加强中小企业服务体系建设，构建中小企业融资平台，营造良好的政策环境。

2．强化中小企业培训工作。充分利用区域内的中小企业公共服务机构，开展各类中小企业培训工作，提升企业市场开拓能力及创新能力，提高企业管理者的管理水平，促进中小企业有序发展。

3．加大宣传与服务力度。在市中小企业服务中心举办“中小企业主题活动年”活动中，加大中小企业服务工作和优秀中小企业的宣传推广，提升中小企业的市场占有率和知名度。

4．加强调研工作。深入企业开展调研工作，并充分利用社会专业力量，加强案例研究，深入剖析“专、精、特、新”中小企业发展路径；进一步研究区域企业的实际情况，与各职能部门共同研究制定具有针对性、可操作性、符合区域特点的扶持政策和措施，为区域中小企业营造良好的外部环境，推动区域经济发展。传输管理理念，更进一步地做好楼宇节能工作。

三、节能减排工作

1．完成节能减排指标任务。落实恒隆广场、中信泰富、梅龙镇广场、久光百货4户市重点用能单位2014年节能减排目标任务，推进商业商务楼宇节能技术改造项目实施，全年完成区政府下达的目标任务。继续推进分项计量安装工作。

2．新能源试点的建设。在区发改委的支持下，制定《静安区创意产业园区节能环保指南及细则》，并同步推进新能源利用——光伏发电示范性项目。

3．开展与市级节能服务机构的合作。加强市、区双方在业务培训、技术指导、节能技改项目验收、高效节能产品推广等方面的合作力度，借助市级层面的专家资源，通过培训与讲座等服务形式，有针对性地为区内楼宇节能提供技术支撑。

（王 娟）

宝山区工业

【概况】

2013年，宝山区工业围绕“两区一体化”总目标，按照“五个好”总要求，以“深化调整、转型发展”为工作主线，加快推动重点区域转型和重点地块调整，积极培育新兴产业，大力推进先进制造业和生产性服务业发展，加快“智慧宝山”建设，顺利完成年初确定的各项工作目标和任务。全年完成工业销售产值1606亿元，比上年增长7.9%，工业固定资产投资完成25亿元。全年工业综合能耗总量控制在51万吨标煤以内，工业万元产值能耗下降3.5%，集装箱及各类堆场调整腾出土地1050亩，完成市政府下达我区结构调整企业40户。荣获2012—2013年度中国最具价值优秀管理成果奖，全面完成27个I-shanghai公共场所无线覆盖市民免费上网工程，推进26个支撑“智慧宝山”的信息化应用项目建设。

【2013年发展情况】

一、突出重点，推进新兴产业、文化产业跨越发展

1．推进新兴产业发展。移动互联网方面，研究制定《宝山移动互联网产业发展规划》、《宝山区文化创意产业发展引导资金使用管理办法》。成立上海移动互联网产业基地（宝山）园区发展联盟，积极赴北京、深圳、广州等地开展产业招商，推进人民网在宝山举办“2013中国移动游戏大会”，全力办好“2013上海工博会信息与通信技术应用展—宝山区移动互联网产业展”等重大活动。云计算方面，推动建设天翼云计算云渲染基地、“宝之云IDC”等项目，加强对科技网云计算中心等重点企业的关注与政策聚焦。大数据方面，成功引入华院数据技术（上海）有限公司、上海久湛信息科技有限公司等业内知名企业，参加“大数据、大文化”高峰论坛。平台经济方面，重点建设上海国际工业设计中心等一批平台项目，积极引进人人猎头平台、中国创意设计交易中心平台等项目。卫星应用产业方面，引进上海北斗卫星导航平台公司、明石北斗基金、软通动力、北通卫星导航等企业落户宝山，“上海北斗卫星地基增强网”正式开通。“宝山，上海发展卫星应用产业的沃土”主题展馆参加2013年上海国际导航产业与科技发展展览会。

2．推动文化产业发展。编制完成《宝山区文化创意产业十二五规划》，研究制定《宝山区文化创意产业发展引导资金使用管理办法》。设计产业方面，编写《关于建设上海设计谷的有关情况介绍》，积极争取中国工业设计研究院产业基地落户淞南，组织重点园区及企业参加“2013上海设计之都区县成果展”。动漫衍生产业方面，积极争创上海宝山科技园成为市品牌园区，帮助上海研发总部基地项目。影视产业方面，走访上海电影艺术学院，主动和学院沟通，争取引进学院，同时建设新一代影视基地。

二、创新驱动，推进先进制造业集聚发展

1．智能装备产业发展。加快上海机器人产业园建设，推动发那科二期项目、鑫燕隆汽车焊接流水线项目尽快开工建设，引进中国机器人网、上海宝滨自动化、上海复旦智能监控成套设备等一批重点项目。组织成立上海市机器人行业协会，打造机器人研发应用中心与中国机器人设计应用中心及孵化基地，积极推动新格、双鸥纺织等一批老企业调整转型。编制《上海机器人产业园发展扶持政策实施意见》。组织区内重点企业参加2013中国国际机器人展览会，协办第二届中国工业机器人高峰论坛，组织上海机器人产业园参展工博会。

2．新材料产业发展。引进上海电缆研究所超导电缆等一批重点项目，协调远大住工、天正硅钢项目落户宝山。成功举办2013中国（上海）国际新材料产业发展和资本创新高峰论坛。

三、规划引领，推动传统产业转型发展

1．推动重点区域调整。推进吴淞工业区内中铝铜业260亩厂区成功转型为“吴淞科技园”，同时建设成为首家上海市生产性服务业“两头在沪”实践区，协调推进电气集团在

吴淞工业区内175亩存量资产，启动转型调整。提前申报并落实南大地区结构调整第三期专项扶持资金。加强与多家国际先进园区运营商接洽，探索富锦工业区转型模式。

2．推动工业园区调整。探索工业园区与市级优秀园区对接合作模式，推动宝山工业园区与金桥集团签约，将合作开发地块申报为总部研发类试点区域。

3．推动集装箱及各类堆场调整转型。制订完善《加快集装箱及各类堆场调整的实施方案》、《2013年集装箱及各类堆场结构调整专项资金实施细则》，协调推进中铝、中成套等13个集装箱及各类堆场启动调整。推进上海粤海纺织印染有限公司等六大重点行业40户企业调整。

四、统筹规划，加快推进信息化建设

完成既有住宅光纤到户建设9万户，家庭平均接入带宽超过15M，实现27处公共场所免费无线上网。智慧社区建设取得积极成效，友谊路街道、庙行镇成为上海市智慧社区试点单位，建成本区首个智慧社区市民服务体验中心。

【2014年发展趋势】

2014年，宝山区工业紧紧围绕“两区一体化”总目标，全面落实“五个好”总要求，坚持以“创新机制、深化调整，转型发展、两化融合”为工作主线，以加快实现产业重点发展和转型发展为核心，培育发展新兴产业，积极发展战略性新兴产业，提升发展传统产业，加快推进重点地区、重点园区及重点行业调整转型，以产业发展为引领，营造良好环境，争创国家级移动互联网产业示范区、国家级文化产业示范园区、国家新型工业化产业示范基地，国家级老工业园区转型示范园区，全面推进智慧城市建设，全力打造宝山区经济升级版。全年工业销售产值目标1620亿元，工业固定资产投资目标30亿元，集装箱及各类堆场调整腾出土地1000亩。规模以上工业企业万元产值能耗下降3%，综合能耗量控制在58万吨标煤。全面推进16个信息化项目建设，完成12个社区事务受理服务中心无线网络覆盖。

主要工作：

一、培育发展新兴产业，推进产业实现跨越发展。

二、大力促进技术进步，推进产业实现提升发展。

三、加快产业结构调整，推进产业实现转型发展。

四、突出改革创新，提高企业服务水平。

五、推进“智慧宝山”建设，提升信息化应用水平。

（俞秋忠）

闵行区工业

【概况】

2013年，闵行区工业积极有效落实“求创新、促改革、调结构、惠民生”的各项任务，聚焦产业结构调整、重大项目建设、联系服务企业等重点工作，统筹稳增长与调结构，稳中有进，进中显优，全区工业生产总体保持稳中有进的发展态势，完成工业总产值3914.33亿元，比上年增长3.5%。其中，规模以上工业企业完成3626.41亿元，增长3.6%。主要特点：一是五大集团公司（上海电气（集团）总公司、上海华谊（集团）公司、上海光明食品集团有限公司、上海广电（集团）有限公司、上海医药（集团）有限公司）实现产值997.48亿元，下降0.8%。二是4个重点行业产值3增1降。通用设备制造业增长5.2%；电气机械及器材制造业增长3.2%；化学原料及化学制品制造业增长23.3%；通信设备、计算机及其他电子设备制造业下降2.2%。三是市级以上工业园区产值普遍增速高于全区增速。莘庄工业区增长8.5%。紫竹高新技术产业开发区增长24.7%。闵行经济技术开发区增长9.9%；漕河泾开发区浦江高科技园下降4.3%。四是七大战略性新兴产业产业实现工业总产值1181.28亿元，增长0.7%。其中，生物医药、节能环保和新能源保持增长；新一代信息技术、新能源汽车、新材料、高端装备制造同比下降。

【2013年发展情况】

一、产业结构持续调整提升，重大项目稳步推进

1．重大产业项目推进有力。全年计划开工亿元以上产业项目66个，其中工业项目42个，服务业项目24个，项目总投资597亿元，总用地规模约5027亩。其中，34个亿元以上产业项目年内开工，有21个项目通过“三委两局”评审。着重加强项目开竣工和投产的动态管理与跟踪服务，定期召开由各镇、街道、园区、相关职能部门以及项目单位参加的重大项目跟踪协调会，并实地调研，切实掌握项目进展情况，了解困难瓶颈，协调推进重大项目各项审批进程。

2．先进制造业和战略性新兴产业继续壮大。完成新一轮高新技术产业化扶持政策修订，发布实施《关于加快推进战略性新兴产业及传统优势产业发展的实施意见（2013-2015年）》。战略性新兴产业项目加速培育，重点产业链逐步形成。新一代信息技术产业形成集聚效应，印孚瑟斯软件开发园、国核核电仪控系统、东港数据处理、迅汇网络科技等项目开工。高端装备制造业稳步发展，华电GE航改型燃气轮机项目、思源电气智能变压器自动化系统装置产业化项目、中航工业航空电子产业基地一期开工。生物医药产业项

目加速建设，施贵宝二期项目开工，梅生医疗项目竣工，强生（二期）扩建项目投产。节能环保和新能源汽车产业项目相继投产运营，三菱电梯自动扶梯的高端技术产业化项目竣工，旭和环境技术产业化项目办理施工前期手续；航天汽车机电产研基地项目开工，申沃客车电动客车开发与集成产业化项目投产运营。新材料产业能级提升，亨斯迈集团亚太区研发中心投入运营，东丽先端材料研发楼竣工，埃克森美孚上海研发中心落成。新能源产业继续发展，莘庄工业区燃气热电冷三联供改造项目、大族新能源锂离子电池项目开工建设，中欧能源新技术发展合作中心项目准备开工。

3．土地二次开发和工业区转型有序推进。统筹优化全区工业区块布局，促进园区转型升级和二次开发。莘庄工业区列为全市首批研发总部用地试点，积极发展研发总部和两头在沪企业，加快开发产业载体，制定《关于闵行区新增研发总部类用地项目管理工作暂行实施意见》，积极向市里争取扩大试点范围。梅陇众欣文化产业园拟列入全市乡镇老工业基地转型升级试点，乡镇老工业基地转型发展加快。对104产业区块外优质工业企业实施目录管理，上海国利真皮饰件有限公司等27个项目列入区块外重点工业企业目录。全区195、198地块二次开发的7个项目稳步推进。

4．产业结构调整与节能降耗任务完成。制定出台《闵行区实施产业结构调整、推动“以业控人”三年行动计划》，力争3年淘汰1270户低端企业、治理120家物流场所、关闭20个各类工业消费品市场和2个农副产品批发市场、调整改造8个农副产品批发市场，促进产业结构与人口结构协调发展。制定下发全区节能降耗工作方案及全区工业节能考核目标和方案，大力推进产业结构调整和节能技改。全区完成产业结构调整项目62项，节能3万吨标准煤。全部关停或整体迁出上海市的有47项，提前完成市经信委下达的年度目标。组织实施节能技改项目37项，年节能1.43万吨标煤。

二、服务企业举措多元，服务有效性提升

1．企业服务政策有效落实。贯彻落实《关于进一步深化区内企业服务体系建设的实施意见的通知》和《关于区四套班子领导联系企业工作流程的通知》，进一步拓展服务范围、提高服务水平，突出服务重点，解决存量优质企业的发展诉求。

2．政策扶持力度加大。推荐13个项目申报市级战略性新兴产业专项资助；推荐区内集成电路企业申报市级专项扶持；对2个战略性新兴产业项目评审验收；推荐企业申报市级吸收引进创新专项23项和产学研专项43项；15个项目获得区现代服务业政策扶持资金1274万元；18个项目成功申报市重点技术改造专项资金，总投资31.2亿元，拟补贴资金1.4亿元；组织上海申龙客车有限公司等9户企业申报上海市认定企业技术中心；上海广为电器工具有限公司等4户企业申报上海市知识产权优势企业；上海海得控制系统股份有限公司等9个产品申报上海市专利新产品；华电通用轻型燃机设备有限公司等10户企业申报重大装备研制专项。完成区内20家市认定企业技术中心两年一次的复审工作。

3．中小微企业服务强化。一是深化中小企业服务体系建设。指导各镇、街道、工业区成立企业服务分中心，培育20家区级中小企业服务机构，其中5家平台被评为上海市中小企业公共服务机构，1家平台获得国家中小企业公共服务示范平台称号。二是深入推进企业上市培育工作。共有7户企业向中国证监会递交IPO材料；8户企业向上海证监局辅导备案；20户企业完成股改。共落实4户企业上市扶持补贴1091.58万元。三是创新开展多元融资服务工作。3户企业成功在新三板挂牌，标志着闵行区利用多层次资本市场、服务区内场外市场挂牌融资取得突破性进展。启动闵行区2013年集合票据发行工作，6户企业入选发行名单，意向融资金额预计达4亿元。四是拓展服务领域和内容。做好“专、精、特、新”企业培育与小微企业运行监测工作，开展100多场关于融资服务、政策宣讲等主题活动，加强中小企业与高校的产学研对接，帮助30户企业开展市场交流。

三、行政审批改革进一步深化，行政效能明显提升

针对产业项目落地过程中的瓶颈问题，精简审批事项，优化审批流程，简化审批程序，落实《关于深化产业项目行政审批改革的实施意见》，将产业项目的审批时间压缩2/3，从法定的578天压缩到179天左右。落实《关于批转闵行区并联审批实施方案等七个文件的通知》，对并联审批、告知承诺、重大项目审批代办制等事项建章立制。

【2014年发展趋势】

一、主要目标

2014年，初步预测全区地区生产总值比上年增长7.5%左右。

二、主要工作

1．统筹优化产业空间布局，促进工业区二次开发。一是建立区推进工业区发展的联席会议制度。对全区规划工业区块的规划实施情况进行评估，推动104产业区块升级。二是以重大政策实施为契机加快园区转型发展。莘庄工业区列入全市研发总部类用地试点区域，加强研发总部类用地项目招商。推动众欣园区的乡镇工业区转型升级试点，着力调整规划，完成转型。三是重点推动区区对接、品牌联动。鼓励引导品牌园区与周边城镇产业区块实施组团式发展，实现资源整合与联动合作，提高乡镇级工业区发展水平，加快缩小园区发展差距。推动闵开发与马桥、漕开发与浦江镇等园区之间建立合作共赢新模式，统筹优化全区工业区块布局，推动园区产业转型。四是加强对规划工业区块外重点工业企业的分类指导，支持重点企业改造升级。

2．继续培育和发展战略性新兴产业，做强优势产业。一是继续做强优势产业。聚焦战略性新兴产业，引进重点项目、龙头企业和配套企业，推动产业向产业链高端发展。大力培育基于新一代信息技术的网络视听、移动互联网等细分行业。坚持传统产业与战略性新兴产业并举，通过新兴技术的应用实现传统产业改造提升，实现“两头在沪、中间在外”转型发展，推动食品、服装等轻工业的品牌化、国际化。二是引导四大园区转型发展。紫竹高新区大力发展战略性新兴产业，推动工业化和信息化融合，抢占新一轮发展制高点。莘庄工业区打造上海市生产性服务业功能区。闵开发向先进制造业和生产性服务业融合发展的综合性园区转型。漕开发浦江园加快二、三产融合发展。漕开发科技绿洲聚焦产业高端，选择高附加值产业，大力引进总部和研发机构。三是落实产业扶持政策。落实《闵行区关于加快推进战略性新兴产业及传统优势产业发展实施意见（2013—2015年）》。加大产业政策推广宣传力度，优先向重点项目倾斜。积极争取国家和上海市的有关政策支持，用好用足外部政策资源，抓好重点项目招商。推动企业产品创新，支持企业建设技术开发中心，增强企业自主创新能力。支持在重大产业化项目中开展产学研用融合。

3．完善重大产业项目落地推进机制。一是不断优化“三委两局”审批流程架构，对项目论证阶段已通过的审批事项，在各部门专项审批时，不重复再审，最大限度压缩审批时限。要把项目论证工作向前延伸，与招商服务环节对接，在项目洽谈阶段对项目进行论证，为企业按要求真实、准确、及时、规范提供报批文件提供指导和服务。二是推动落实2014年重大产业项目名单，按时间节点积极推进，最大程度压缩审批所需隐性时间。对确实需要区领导协调的项目，尽快以专报形式反映问题，拉响警报。提高职能部门对企业沟通服务能力，加强对企业办事人员以及代办员培训，完善代办机制等。

4．继续推进结构调整，加大节能工作力度。一是深入实施结构调整，推进“以业控人”。以淘汰落后企业和市场为重点，落实全区人口调控举措。明年调减350户落后企业、60户物流企业、4家工业消费品市场和2家农产品交易市场。加快淘汰低端产业企业，重点淘汰化工、建材、金属冶炼及压延、四大金属加工工艺等为主的高污染企业和高能耗、高风险、低效益企业。推进传统产业技术升级，促进传统高碳产业向低碳化转型，提高资源利用效率。二是推进节能管理。推行科学的用能管理和能源考核制度，完善能源统计、能源监测及能源考核机制，坚决实行“一票否决制”，探索发展碳交易市场。调整工业用能结构，提高可再生能源和清洁能源在工业一次能源结构中的比重。加强节能低碳技术应用和推广。

（刘文娟）

嘉定区工业

【概况】

2013年，嘉定区工业牢牢把握“产业转型发展、城市品质发展、社会和谐发展”的总体思路，突出创新驱动的引领作用，持续加大推进产业结构调整力度，加速优势产业、新兴产业集聚发展，有效推动工业经济向好发展。全区规模以上工业企业完成产值4743.1亿元，比上年增长11.4%；实现利润539.7亿元，增长24.7%，工业固定资产投资116.1亿元，下降0.8%。

【2013年发展情况】

一、企业上市积极稳妥推进

大力开展企业股权结构治理，加快推进现代企业制度建设，孕育一批符合上市要求的优质企业，切实提升企业经营质地。目前，已有各类上市、挂牌企业近64户。其中，年内新增53户（新三板3户；股交中心E板20户、Q版近30户），另有100多户企业被纳入上市企业储备库，一个规模化、多层次、梯队发展的企业上市队伍有效成型。

二、企业发展愈发注重核心竞争

全年企业用于技术改造或设备引进的投资规模达到46.4亿元，占全区工业固定资产投资总额的39.9%。技术中心建设进一步加强，队伍规模壮大至171户，新增市、区两级企业技术中心28户（市级6户、区级22户）；同时，新成立博士后科研工作站2户，累计引进高层次人才达30余名。企业软实力建设同步推进，近50户企业申报不同层次的商标和品牌认定，其中获上海市著名商标认定的有9件，获上海市名牌产品（服务）认定的有13项。

三、战略性新兴产业发展处于全市较好水平

全区战略性新兴产业实现产值511.8亿元，占全市战略性新兴产业总产值的6.6%，比上年增长4.9%，高于全市增幅5.9个百分点，产业发展继续处于全市领先。其中，新能源汽车、新一代信息技术和高端装备在全市相关领域中占据重要地位，占比分别为35.9%、11.3%和6.4%。在新项目推进上，有18个项目列入2013年市战略性新兴产业绿色通道项目中，有7个已落实土地指标。另外，中电科软件与信息服务产业园、光机所中科神光园、硅酸盐所多功能无机材料综合研究基地等载体建设同步加快推进，为有效夯实战略性新兴产业发展后劲打下了基础。

四、劣势企业调整高效完成

全区计划调整劣势企业135户，实际调整197户，超额完成目标近46个百分点；同时，切实启动园区二次开发方案，草拟《嘉定区工业园区转型升级三年行动计划（2014-2016年）》，将园区二次开发作为产业结构调整的又一主攻方向，并涌现不少成功案例，如日星缝纫机在自身生产线外迁后，又将一部分厂房转售给“隔壁邻居”恩坦华汽车部件有限公司，后者在吸收新厂房后，发展空间迅速提升，全年完成产值13亿元，比上年增长50%。

【2014年发展趋势】

一、抓机遇，进一步加快城市化进程

抓住新型城镇化建设的机遇，以建设现代化新型城市为追求，加快产城融合发展，不断提升城市综合承载力，凸显创新创业、宜居宜业的城市特质，吸引更多优秀人回“嘉”。

二、抓提升，进一步提升汽车产业能级

以打造“国际化汽车产业中心”为目标，继续做好“汽车”这篇大文章，使嘉定逐步成为国际汽车人才交流、汽车及相关企业总部、信息交汇及管理、供应商管理、汽车金融、汽车及相关技术展示、综合服务、产业论坛的中心之一。

三、抓突破，进一步加快战略性新兴产业发展

突出核心技术和市场开拓2个重点，继续做大做强文化创意、电子商务等行业品牌优势，力争在新一代信息技术、新能源汽车、物联网等领域取得新的突破。

四、抓创新，进一步加快实施“大孵化”战略

嘉定优质中小企业数量众多，科技资源丰富。要坚持以企业为主体，积极发挥大孵化的“粘合效应”，加快培育一大批有较强创新活力和发展前景的优质企业。

五、抓优化，进一步加快园区二次开发

坚持重大项目、产业链、政策创新“三带动”，积极探索创新园区二次开发模式，进一步加大淘汰落后产能的力度，推动产业由分散发展向各类园区聚合。

（郑元章）

金山区工业

【概况】

2013年，面对国内外严峻复杂的经济形势，金山区牢牢把握“稳中求进”的总基调，按照“聚焦、突破、转型、提升”的工作要求，以提质增效为中心，深入谋划产业结构优化的路线图，全区产业经济发展呈现了稳中有进的良好态势，各项工作有力、有效推进。全区规模以上企业完成产值912.88亿元，比上年增长9.2%；工业性投入115.7亿元，增长15.2%；合同外资4.88亿美元，增长38.6%，经济小区税收收入64.6亿元。

【2013年发展情况】

一、产业经济在抢抓机遇中平稳健康较快增长

1．工业生产在提质增效中继续向好。全年完成属地增加值525.3亿元，比上年增长12.4%。其中，属地工业增加值291.1亿元，增长11.8%。属地规模以上工业企业实现产值912.88亿元，增长9.2%（在地2005.4亿元，增长18.9%）。196户产值亿元以上企业完成产值694.6亿元，增长18.4%，快于全区规模以上产值增速9.2个百分点。全区实现工业利润48亿元，增长45%，工业效益持续提升。

2．工业性投资快速增长。在和辉、中轻日化、阿普达等大项目的投资拉动下，全区工业性投资完成115.7亿元，呈现两位数快速增长，增幅为15.2%。

3．外资引进成效显著。年内新批外资项目93个，实现合同利用外资（含增资）4.88亿美元，增长38.6%，增幅列全市郊区县前列；外资到位资金完成2.61亿美元，增长31.4%。

4．服务型经济税收保持平稳增长。服务型经济在努力克服“营改增”，小微企业免征营业税、增值税等宏观政策影响，全年完成税收64.6亿元，增长5.7%。新招注册企业24152户，累计和单月招商户数均位居全市第一。现有企业总户数超过12万户。

二、产业结构在扶优汰劣中趋向优化

1．招商引资项目质量进一步提高。全区内外资签约项目176个，引进8+X个产业集群项目74个、战略性新兴产业项目29个，投资总额占所有新签约项目的72%、51.7%；外资审批项目中，投资规模为1000万美元以上工业项目15个，其合同外资额（含增资）占全区合同外资（含增资）比重的84%（其中：投资规模5000万美元以上的项目3个），合同外资（含增资）占全区比重的26%；30个重点产业项目推进情况良好。

2．产业提升不断加快。传统制造业转型不断深化，5个重点支柱产业产值增速逐步放缓，实现产值724.2亿元，增长9%，占全区规模以上产值比重为79.3%。产业集群加快发

展，8 个产业集群实现产值 659.7 亿元，增长 9.7%，占全区规模以上产值的 72.3%。新的产业集群正在形成，电子信息产业快速发展，实现产值 63.9 亿元，增长 98.5%。产业集聚稳步提升，工业园区实现产值 782.9 亿元，增长 12.1%，占全区规模以上产值的 85.8%。

3．产业基地建设取得新突破。金山工业区的新型显示和吕巷镇的海洋工程装备产业基地被认定为第一批上海市战略性新兴产业示范基地，占全市认定总数的 1/3。

4．淘汰落后产能，盘活现有存量土地，积极引入优质企业和项目。全年淘汰落后产能 44 项，列入市产业结构调整重点项目 6 项，可腾出土地 827 亩，削减 COD 排放量 30 吨、二氧化硫排放量 66 吨、能源消耗 5.23 万吨标煤。完成燃煤（重油）锅炉和窑炉清洁能源替代 88 台，合计容量 121.2 蒸吨。大力发展太阳能等节能环保产业，推广光伏发电 11.2 兆瓦，全区已建成光伏发电装机 23.7 兆瓦，年发电 2700 万度。

5．积极帮助潜质企业通过技术改造等实现转型升级。全区备案（核准）的技术改造项目 51 个，总投资 9.93 亿元，其中设备投资 6.49 亿元。共有 33 个项目列入国家或市相关技改资助项目，可获得各类资助 7869 万元。全年共认定 17 家区级企业技术中心，2 家市级企业技术中心。目前，全区共有 84 家企业技术中心，其中 14 家为上海市认定企业技术中心，通过培育区级企业技术中心升级为上海市认定企业技术中心的有 8 户，占全区总数的 57%。

三、企业服务在体系完善中初见成效

围绕落实各项支持中小企业政策、受理企业诉求与建议、加强各项服务对接、技术创新、推进产学研合作、融资服务等方面进行量化评价，引入第三方绩效评估，强化机制监督作用，进一步完善服务企业体系，强化区、镇两级企业服务中心功能。制定《金山区促进中小企业服务体系建设的评价办法》，修订《金山区推进企业改制上市工作的实施意见》。全年共开展 80 次专场的“关注小微企业，发展专、精、特、新”主题服务活动，促进企业“战略专一化、研发精深化、产品特色化、业态新型化”发展。共培育“专、精、特、新”企业 199 户，其中根据市初步反馈意见，列入市“专、精、特、新”企业 149 户。全年通过小微企业融资服务平台获得金融机构信用贷款支持的有 50 户企业，落实贷款 1.54 亿元。把握资本市场新动向，抢抓“新三板”扩容机遇、鼓励企业进行股权交易。佳克软件、有行鲨鱼、三的部落和科洋分别在上海股交中心、新三板挂牌，实现了金山企业在股交中心和新三板挂牌零的突破。

【2014 年发展趋势】

2014 年，全区产业经济坚持稳中求进，以提高经济发展质量和效益为中心，稳中有为、重在有为，转型发展稳中提质、重在提质，促进全区经济持续健康较快发展。

一、主要目标

规模以上工业产值比上年增加 7%-10%；工业性投资 100 亿元；工业项目到位资金 105 亿元；外资到位资金 2.35 亿美元；合同利用外资 4.2 亿美元；综合服务型经济税收 70 亿元。

二、主要工作

1．强抓招商引资和项目推进，增强产业发展后劲。一是强化产业规划引领。以新型工业化专项改革试点为契机，进一步发挥规划统筹作用。按照金山产业发展定位，与 1158 城镇体系规划、195 和 198 区块调整转型对应，加快发展空间和功能布局的战略优化。完善相关推进体系，着力推进重点区域、重点产业加快发展，打造杭州湾北岸先进制造业发展基地。同时，做好新一代电子信息技术、智能装备等战略性新兴产业的前瞻性研究。二是加大招商引资力度。聚焦 8+x 产业集群，积极对接各行业协会，加大产业链和特色行业招商引资力度，积极探索发展路径。通过重大产业项目带动，加快推动化工先进制造业和新材料、生物医药、新型显示、智能制造、海洋工程装备、节能环保等战略性新兴产业集聚发展。重点围绕和辉光电项目，加快 AMOLED 产业联盟建设。三是加快项目建设。做好区重点产业项目推进、市点供指标的组织申报工作，将申报工作常态化、制度化，建立充足的项目储备库。进一步优化供地机制，加快优质项目落地投产。四是做好土地的二次开发工作。明确目标任务，加强督查，年内争取完成 1500 亩存量盘活任务。

2．强抓结构调整和转型提升，增强产业内生动力。一是推动传统产业转型提升。引导和支持传统制造业企业加大研发投入，鼓励企业加强企业技术中心、加大技术改造力度。加快建立以企业为主体、市场为导向、产学研相结合的产业创新体系；鼓励企业大力实施品牌建设，强化土地、资金、人才等政策配套，促进产业高端发展，做大、做强、做优传统优势产业。二是战略性新兴产业专项对接工程。紧密对接国家战略性新兴产业，强化规划引导和服务，积极培育发展生物医药、新一代电子信息、智能装备、节能环保等新兴产业。三是大力推进节能减排、加快调整淘汰落后产能。围绕 3 年行动计划，分行业、分阶段推进实施产业结构调整重点区域专项，将完成 50 项落后产能调整工作，为优质产业和项目导入腾出发展空间。同时，认真做好 150 台锅炉和 17 台窑炉的清洁能源替代等工作。

3．强抓园区建设和对外合作，构筑产业发展平台。一是聚焦重点园区建设。充分发挥金山工业区等市级开发区的主战场作用。结合园区总体规划和发展实际，引导产业合理布局，加快发展。二是聚焦重点特色园区建设。在加快现有的特色产业园区建设的同时，积极推进中欧医疗器械产业园、德国中小企业产业园建设。三是加强综合帮扶工作。以综合帮扶结对为契机，借助徐汇、长宁在信息、管理、资金等方面的资源优势，对接符合本区产业导向项目。四是加强与品牌园区等合作发展。加强与品牌园区、大企业、大集团和两大化工及周边兄弟区县等的合作共赢发展，不断寻求合作的新契入点。五是研究制定化工生产性服务业专项规划。强化与两大化工区配套产业链对接，促进行业配套服务向我区集聚，逐步实现“化工金山指数”目标。

4．强抓运行监测和服务创新，夯实产业发展基础。一是强化运行监测。以稳增长为首要任务，按照年度考核目标，分解落实目标，确保完成目标任务。进一步强化监测分析和预警预测。加强企业调研，及时了解企业生产经营状况，及时预测预警。强化要素保障供应。加大用电等生产要素协调力度，有效解决项目建设和企业生产经营中的困难，确保企业正常生产经营。二是坚持两手抓。一手抓大企业培育，一手抓中小企业成长。在培育发展一批技术先进、核心竞争力强、产业优势明显的重点骨干优势产业的同时，筛选支持一批技术含量高、发展潜力大的“专、精、特、新”企业，加快培育一批行业领先的“隐形冠军”企业。三是培育新经济增长点。对未进规模的中小企业和项目，在生产要素、市场开拓、项目推进难题破解等方面加以帮扶，力争企业（项目）早达产、早入库。四是优化产业发展环境。通过搭建30个经济小区信息化平台、若干个特色平台和“1+11”中小企业服务平台等各类企业服务平台，加强市区镇及相关部门联动，着力破解企业发展瓶颈，营造良好发展环境。

（徐卫民）

松江区工业

【概况】

2013年，松江区克服外需低迷和自身结构调整的影响，各项经济指标企稳回升，质量效益不断提高，转型发展深度推进，全区经济步入增速放缓、转型加快的新阶段。全区完成工业产值3795.2亿元，比上年增长1.2%；实现工业增加值510.5亿元，增长1.9%；工业利润136.9亿元，增长9.1%；工业税收144.1亿元，增长2.1%（如剔除调库等因素，实际增长3.4%），占全区税收比重48.6%；工业固定资产投资74.6亿元，下降13.4%。战略性新兴产业实现产值657.4亿元，增长0.2%，占全部规模以上工业产值为17.3%，比年初上升2.7个百分点；合同外资7.8亿美元，为年度计划的173.6%。

全区民营经济新增户数9986户，民营企业总户数达到71879户；民营经济实现税收128.0亿元，增长3.2%；1-11月，实现工业利润123.4亿元，增长9.4%；外资实际到位3.3亿美元，为年度计划的82.5%。全区共有2856户企业实现进出口贸易394.9亿美元，下降15.8%。

【2013年发展情况】

一、着力促进经济转型，取得新成效

3月2日，国务院办公厅正式批复同意上海松江工业园区升级为国家级经济技术开发区，并定名为“松江经济技术开发区”。在升级成功后，对经济技术开发区的发展现状进行摸底调查，提出升级后开发区转型发展的目标、思路、工作措施及支持政策设计。全面推开车墩莘莘学子园区块、永丰街道玉树路西侧产业区块改造项目，新桥镇庙三路区块改造项目实质性启动，采用“政企合作”模式，引进漕河泾高科技园区参与改造。全年调整企业153户，调整出土地1580亩，调整出厂房面积53.6万平方米，减少能源消耗折合2.7万吨标准煤，完成土地再利用1116亩。用电企业注销数和新设立用电企业数均居全市前三位，企业“新陈代谢”速度加快。推动工业历史违规用地释放工作，加快历史违法用地手续补办，完成190幅地块初审，30幅地块（1070亩）补缴建设用地使用费。深入开展工业节能减排，年内对59户企业进行电平衡测试，评审通过53个工业节能技术改造项目，节能16.2万吨标煤，组织25户企业申报清洁生产。加快推进产业项目落地，重点推进以龙域为代表的特大型企业开工，以斐讯二期为代表的技术型企业的竣工，以佘山环球企业中心和中国纺织服装品牌创业园为代表的总部园区的奠基。全年有132个项目开工建设和竣工投产，其中已开工项目40个，已竣工项目18个，已投产项目74个，其中45个项目为当年竣工当年投产。工业项目评估联席会议共召开6次，对49个项目进行评估，项目计划总投资128.8亿元，合计申请用地面积2271.3亩。年内，有 12个项目、566.4亩土地申请2013年度战略性新兴产业绿色通道项目，计划总投资24.8亿元，目前，市经信委已通过奔腾电工等11个项目、497.2亩的评审。

二、着力深化创新发展，取得新进展

深化“区区合作，品牌联动”战略，借力漕河泾开发区，实现街镇老工业区的二次开发，新桥镇、九亭镇、中山街道、佘山镇分别与漕河泾开发区签订品牌联动深度战略协议，街镇出土地，园区负责开发和经营的合作机制得到深化。松江经济技术开发区新能源——智能电网，新一代信息技术——通讯和网络设备、半导体集成电路产业两个基地申报上海市战略性新兴产业基地。认定5个区级战略性新兴产业重点投资项目，涉及新能源汽车、汽车电子、医疗器械、电力电子、新材料等行业，计划新增投资13024万元。依托上海视觉艺术学院和德稻集团的合作，引进国际著名工业设计大师，建立一批国际级大师工业设计工作室。启动实施区文化创意产业发展3年行动计划。认定赛特康、来伊份、飞科电器等17家区级企业技术中心。累计建成市级企业技术中心25家，区级企业技术中心86家。立项区级产学研项目17个。加强经济运行监测、分析力度，将原来重点监测企业由35户扩大到60户，掌握全区产值总量近2/3的工业经济日常运行状况，建立规下企业运行采样跟踪监测机制。建立工业企业数据库，初步建立10136户工业企业数据库。

三、着力改善发展环境，企业服务有新提升

推进区中小企业公共服务平台建设，集聚于上海国际中小企业城的人力资源服务中心、检验检测服务中心、模具设计中心于10月开业运行。上海市松江检验检测公共服务平台首批14家专业检测机构签约入驻。上海市边角料交易中心创建为2013年全市12家电子商务“双推”平台之一。优化企业融资环境，天喔国际于9月在香港联合交易所挂牌上市，上海致远绿色能源股份有限公司、银音信息科技股份有限公司10月在新三板挂牌，上海狮虎能源科技股份有限公司在上海股交中心挂牌。全区11户小贷公司全年累计放贷1477笔，放贷金额45.1亿元；贷款余额23.5亿元，其中面向小微企业贷款余额8.7亿元，占比19.4%。区中小企业融资担保中心全年担保金额19亿元，受惠企业233户，担保余额10.1亿元，受惠企业105户。区工业企业联合会年内先后举办各类法律法规政策宣讲培训讲座14次，有1200多家企业（园区）、1860人次参加。

【2014年发展趋势】

2014年，松江区坚持稳增长、调结构，以工业园区二次开发为抓手，坚定不移推进转型发展和产业结构优化升级，进一步提升经济发展的质量、效益，全力打造松江区经济升级版。

一、突出规划引领，坚定不移推进工业园区二次开发

以市政府出台的《上海市关于统筹优化全市工业区块布局的若干意见》和上海市工业区转型升级3年行动计划（2013—2015年）》为契机，加快推进工业园区二次开发，推动园区结构、功能、业态、形态全面提升。一是深入调研，全面梳理，找出在调整、改造开发中存在的突出问题并提出对策。二是坚持规划引领。一方面要对现有产业园区各类产业规划、控详规全面梳理，仍没有制定规划的，加快制定，已有规划的结合城市和产业升级的新要求进行优化；另一方面，要结合园区二次开发中遇到的实际问题，由点到面推进规划修编和调整，以进一步完善功能，加快推进园区改造。三是坚持整体设计，试点推进。形成园区二次开发总体方案，选择部分区域进行二次开发试点，以点带面，突出重点，形成批次，有效推进。四是政策制度配套，形成工作合力和倒逼机制，形成鼓励支持园区二次开发的配套政策，规范加强工业用地流转交易的管理办法，探索工业用地综合利用及全生命周期管理。

二、加快推进新兴产业发展

一是坚持高标准，分类分阶段提供厂房、土地。要进一步完善项目评估机制，提高准入门槛，新增土地原则上向本地优质成熟企业和重点园区倾斜，优化配置。梳理现有的园区资源、标准厂房，一般产业项目用地主要通过纳入标准厂房或园区二次开发解决。二是加快培育战略性新兴产业。聚焦新能源、新一代信息技术、智能装备制造业等重点领域，培育形成若干家有独特技术和自主品牌、产值过百亿、税收达10亿元的特大型企业，一大批产值过亿元、税收过千万元的重点骨干企业。

三、着力推进节能减排和产业结构调整

计划调整项目85项，减少能耗2万吨标煤／年。以四大落后工业、零星化工、危化企业为主攻方向，聚焦车墩莘莘学子园、永丰玉树路西片和新桥庙三路区块等重点区域，着力改造一批低效益的老工业区块。推进零星工业企业调整，实现集中建设区外现状工业用地减量化。注重生态文明建设，以控制煤炭消费总量为重点调整能源结构，加快燃煤锅炉清洁能源替代，确保完成90台燃煤锅炉替代，争取完成120台。深入实施工业领域节能降耗，实施60项工业企业节能技改项目。运用能效标准倒逼机制，充分发挥能源审计对企业能效提高的提升作用，对66户1000—2000吨能耗超标企业依法进行强制能源审计。

四、创新完善企业服务体系

进一步完善以区、街镇、经济小区和产业园区组成的“1+17+33+X”服务体系，健全各项服务机制。聚焦重点梳理支柱骨干企业和成长型企业，探索实践“四优先一减少”的举措，即资源优先配置，审批优先办理，扶持优先落实，公共服务优先满足，减少重复、一般化和不必要的行政检查，为企业发展创造良好的市场环境和转型环境。

（汪　懿）

奉 贤 区 工 业

【概况】

2013年，奉贤区工业面对国际国内经济下行的压力，以“创新驱动、转型发展”为主线，着力稳增长、调结构，抓住产业转型升级的契机，不断提升经济发展质量。全年完成工业增加值368.1亿元，下降0.5%；完成工业总产值1819.3亿元，下降5.2%；实现销售产值1784.1亿元，下降4.1%；利润总额63.2亿元，增长12.9%；上缴税金101.2亿元，增长7.6%。全年完成工业固定资产投资131.4亿元，下降6.9%。

全区规模以上工业企业完成产值1568.3亿元，下降5.2%，占全区工业总产值的86.2%。工业综合开发区产值位于镇、开发区之首，完成工业产值331.9亿元，增长0.1%。实现工业产值超亿元企业323户，完成产值1241.4亿元，占全区规模企业产值79.1%，其中10亿元以上企业21户，完成产值498.4亿元，占全区规模企业产值31.8%。

按工业企业注册类型分，外商及港澳台经济完成722.2亿元，占全区46%，比重最大。全年规模以上工业企业销售产值1539.3亿元，下降4.1%；产销率98.1%，增长1.1个百分点。

【2013年发展情况】

一、深入推进产业结构调整

把产业结构调整工作当成推动我区产业转型升级的重要抓手，不断加大相关工作力度。坚决关停人民群众反映强烈的高污染企业，有效限制环境劣势产业的扩张，逐步淘汰落后产能。全年通过关、停、并、转等方式调整企业70户，腾出土地1628亩，降低能耗折合标准煤4.2万吨，减少主要污染物排放量760吨。年底，区内出台《奉贤区产业结构调整三年行动计划（2014—2016）》，未来将重点聚焦用地和能耗大户开展调整。

二、全力推进“3个100”工程

继续把“3个100”工程作为提升产业能级、实现产业集中集聚的重要工作来抓。实施项目带动投资的工作计划，加快推进产业项目开工建设和竣工投产。分别于5月28日、11月28日举行两次产业项目集中开工典礼。年内共有103个项目开工建设，用地面积4647.8亩，计划总投资244.2亿元；竣工项目110个，总投资102.9亿元；投产项目115个，总投资98.7亿元。

三、加快推动产业集中集聚发展

1．加强对主导产业体系的培育。“6+8”主导产业规模产值达到973.8亿元，占全区规模以上工业总产值的比重达到62.1%。生物医药行业内的上生所、和黄药业、莱士血制品以及重大装备领域的三一重工、徐工机械、中联重科等一批行业龙头已经或即将竣工投产，两大产业高端集聚的态势已经基本形成，主导产业地位不断增强。

2．推动产业向园区集聚。工业综合开发区、化工奉贤分区、星火开发区、生物科技园区、临港奉贤分区等五大市级重点园区全年累计完成规模以上工业总产值681.3亿元，占全区规模以上产值的43.4%，比上年增加13.1亿元，占比提高1.1个百分点。

四、加强对战略性新兴产业的培育

重点打造新能源、新材料、生物医药、重大装备、航空配套、智能电网等六大战略性新兴产业，通过一系列扶持政策，引导企业集群集聚。全区六大战略性新兴产业拥有规模企业194户，完成产值434.1亿元，占全区工业总产值的27.7%。规模企业中，新材料企业45户，完成产值135.97亿元，占区六大战略性新兴产业产值的31.3%。一是抓好各项申报工作。全年征集上海市战略性新兴产业项目8个，申报上海市重点技术改造、上海市引进技术的吸收与创新计划、产学研专项、上海市专利新产品、上海市重大设备研制专项等项目共计93项。积极发展区内企业参与上海市战略性新兴产业展示活动、第15届国际工业博览会。二是推进品牌建设、标准化和知识产权保护工作。年内申报并获得上海市加快自主品牌建设专项资金资助项目8个；推荐上海水星家用纺织品股份有限公司申报国家级工艺设计中心认定；成功创建2户上海市知识产权优势企业。

五、着力强化中小企业服务

1．完善服务体系。依托中小企业服务中心建设“1+1+14+X”的大联动服务体系，14个镇、开发区（公司）分中心建设加快进行，20个区内外社会服务机构进入区企业服务体系，区企业服务信息互动平台进入试运行。

2．全面落实中小企业转型发展的各项政策。认真贯彻落实《关于加快推进中小企业转型发展的若干意见（试行）》，对文件涉及部门的落实情况督查，形成总结报告，组织开展文件落实情况的专项民主评议。

3．不断拓宽企业融资渠道。出台《奉贤区小微企业创业基地、中小企业公共服务平台培育扶持实施办法（试行）》。联合相关部门召开投资项目对接会、区中小企业金融创新业务论坛等活动，帮助企业拓宽融资渠道。积极打造奉贤区融资服务公共平台，目前已完成融资需求方功能测试，并完成网站后台维护等各大模块的功能开发。

【2014 年发展趋势】

2014 年，全区规模以上工业完成产值同比增长 6% 左右；战略性新兴产业产值占规模工业产值比重有所上升；园区集聚度进一步提高；工业固定资产投资完成 120 亿元以上；实现合同外资 4.8 亿美元；外资到位资金 3.5 亿美元；外贸出口 61 亿美元；社会消费品零售总额 420 亿元以上，增长 12%；完成全年 2400 亩工业用地调整任务。

一、加强对重大产业项目的监管

继续推进“3 个 100”工程，切实把重大项目建设当作提升产业能级、优化产业结构、提升产业竞争力的重要工作来抓。对已开工项目要加强跟踪服务，密切监控在建项目的工程进度。对未开工的项目要督促尽快开工，已开工项目促进其尽快投产形成产能。

二、加快推进闲置土地二次开发

重点针对批而未用、批而少用的闲置土地，加快推进 2 次开发项目的开工建设。力争全年在闲置土地再利用上完成新增工业投资 30 亿元的目标。

三、加大劣势企业淘汰力度

一方面重点针对高污染、高能耗、高危险、低效益的“3 高 1 低”企业开展常规调整工作，通过做减法改善环境，节约资源。另一方面按照《产业结构调整三年行动计划（2014–2016）》工作部署，重点推进首批 44 个项目的调整工作。

四、加强 104 板块间产业集群的深化整合研究

重点围绕生物医药、智能电网、先进装备、精细化工、新材料五大行业开展产业规划研究，为招商引资工作提供思路和参考。通过加强对产业生命周期的研究，着力引进欧美地区品牌知名度高、技术实力强、成长前景好的领军、领航、领袖型的“3 领”项目。通过对五大产业空间合理布局，形成产业相对集中、互为补充、互相联动的发展格局，实现以空间转型带动产业整体转型。

（谢新超）

青浦区工业

【概况】

2013 年，青浦区牢牢坚持稳中求进工作总基调，坚持创新驱动、转型发展总方针，着力稳增长、调结构、促改革，全区工业经济健康发展。全年规模以上工业完成总产值 1525.6 亿元，比上年增长 2.7%；实现工业增加值 410.4 亿元，增长 3.2%；完成工业固定资产投资 66.1 亿元，为任务目标的 102%。

【2013 年发展情况】

一、经济发展实力有新提升

2013 年，完成地区生产总值 771.9 亿元，比上年增长 7.5%。规模以上工业总产值保持 4 年正增长，实现 1525.6 亿元，增幅 2.7%，增幅排名郊区县第 3 位。区财税完成情况良好，完成全口径税收 259.3 亿元，增收 27.5 亿元，增长 11.9%，总量排名由第 10 上升到第 9。其中，区级税收 82.2 亿元，增收 13.1 亿元，增长 19%，增速全市排名第 2。当年新增企业 12937 户，新增纳税额 6.5 亿元，占全区税收 2.5 个百分点，占税收增量部分的 17.1%。

二、招商引资工作有新突破

10 月，青浦区招商局搬迁至新办公地点，青浦区招商网正式上线运行，招商平台运作又上新台阶。一是全面完成招商任务。实现合同外资 6.5 亿美元；实到外资 7 亿美元，再创历史新高；实现引大引强引实企业项目 118 个。二是政策引领进一步加强。8 月，制定并出台《青浦区关于加强研发总部类用地试点区域和项目认定管理工作的实施办法（试行）》，聚焦总部企业和“引大引强引实”类项目，提高招商项目能级。三是招商活动更具规模。9 月 12 日，成功举办“大虹桥 新青浦”2013 青浦区土地推介会，推出 99 个地块，合计面积 552 公顷；全年开展集中招商活动共 66 批次。四是招商队伍能力进一步提升。1 月，召开招商引资工作表彰会，对招商工作先进集体和个人予以表彰，调动工作积极性；8 月，举办“2013 青浦区招商引资 产业转型升级”专题培训班，进一步提升招商干部队伍招商能力。6 月 6 日，青浦区招商局荣获市外国投资促进中心颁发的“2012 最佳投资促进机构”奖。

三、产业结构调整有新进步

1. 淘汰劣势产能见成效。全年完成产业结构调整项目 66 项，其中，市重点项目 9 项，危化 5 项，区推进项目 52 项。推进清洁能源替代，完成锅炉 149 台、工业窑炉 26 台。全年万元产值能耗 0.0681 吨标煤，下降 2.9%。

2. 聚焦重点区域与行业调整。7 月，为有效推进华新整体转型工作，由赵惠琴区长牵头，成立青浦区推进华新镇加快转型发展工作领导小组。华新石材行业整体转型方案已获市产业结构调整扶持资金 5000 万元。

3. 培育新兴产业。推进产业载体建设，一园三区获

批“上海市争创国家新型工业化产业示范基地——新材料基地”，青浦出口加工区（民用航空）基地被认定为市级外贸基地。战略性新兴产业完成产值417.2亿元，占全区规模产值的27.2%。

4. 改造提升传统产业。完成技术改造核准／备案项目64个，投资27亿元。9户企业获批中央投资重点产业振兴和技术改造项目，总投资2.4亿元；10个项目获批2013年上海市重点技术改造项目，总投资10.9亿元；8户企业申报上海市节能技术改造项目，投资1983.4万元。

四、服务企业水平有新提高

聚焦重点，抓住关键的少数，整理和汇编2012年度纳税百强企业、工业产值百强企业等企业名录，继续落实区4套班子领导带头联系服务纳税百强企业工作。继续加大财政扶持力度，区财政扶持产业发展专项资金3.5亿元，其中，优先发展先进制造业1.1亿元。加强服务企业政策研究，修订《青浦区产业项目行政审批流程》，项目落地建设行政审批时限由557天缩短至168天；制定《青浦区产业项目评审准入办法》，规范项目准入机制。完善全区产业跟踪项目库，定期召开项目跟踪推进会议，形成“储备一批、在批一批、在建一批、竣工投产（运营）一批”滚动开发效应。推动“四个一批”工业项目279个（投资353.7亿元、用地8257.75亩）。健全服务企业网络，9月，成立17家基层中小企业服务中心并完成挂牌，实现区内中小企业服务体系全覆盖，成为全市第一个实质上拥有全覆盖服务网络体系的区县。区中小企业服务业中心被评为2013年度“上海市服务中小企业先进集体”。

【2014年发展趋势】

2014年，青浦区将围绕“建设生态宜居的现代化新青浦”的奋斗目标，力争全区工业经济稳步发展。规模以上工业总产值达到1540.9亿元；实现工业固定资产投资50亿元；产业结构调整项目50个，清洁能源方面替代重油（燃煤）锅炉156台、工业窑炉44台；企业技术改造项目40个，投资6亿元；盘活闲置厂房6万平方米。

一、深化招商引资平台，促进增量发展

以“7+7”现代产业体系为核心，对照招商目录及负面清单，综合考虑税收、本地人口就业等条件，严格项目准入。建立产业项目“闭环”管理机制，提升招商引资质量，提高土地利用水平，加快推进项目落地建设。研究制定《青浦区促进特色产业园区和楼宇经济发展实施办法》，促进楼宇经济发展，提高经济小区招商能力。强化区招商局招商平台职能，加强招商队伍建设，提升招商工作能力和合力。

二、深化服务企业平台，促进存量发展

研究和完善《青浦区关于加强招商引资，加快推动现代服务业和先进制造业发展的若干意见》实施细则，加大区级财政扶持力度。聚焦重点，加强纳税百强等重点企业的跟踪服务。优化行政审批服务，完善产业项目“集装箱审批”流程，加强项目跟踪服务。加强土地合同管理，加强跟踪服务与协调推进，严格执行“黄、橙、红”预警机制，督促项目落地建设、投产运营。进一步加强服务企业网络体系建设，完善工作职责和机制，创新服务方式，提升服务能力。

三、深化产业结构调整平台，促进质量发展

制定《青浦区2014—2016年产业结构调整淘汰落后产能行动计划》，重点推进青浦华新镇转型升级试点和郊野公园建设区域企业调整。制定《青浦区工业区转型升级三年行动计划》，推进十大工业园区实施“升级、改造、转型、联动”四大工程，重点发展先进制造业和战略性新兴产业，加快改造提升传统优势产业，实施高端发展。积极推进“一园三区”申报国家级经济技术开发区。积极引导195区域向城市生活功能转变，重点发展生产性服务业；对198区域以减量化为重点，实施现状管理与目录管理，进行整理复垦和生态修复。

四、深化经济运行分析平台，促进总量发展

落实财税分析会议、经济运行分析会议等会议制度，深化工商经济信息共享平台建设，强化部门联动，形成工作合力，全面掌握产业运行态势，加强重点产业运行分析。进一步加强“7+7主导产业”研究，推动主导产业统计口径的建立与完善，提升经济运行分析的科学性。

（徐　君）

崇明县工业

【概况】

2013年，崇明县工业努力应对严峻复杂的外部环境，以全面推进现代化生态岛建设为主线，紧紧围绕创新驱动发展、经济转型升级的要求，扎实推进稳增长、调结构、促改革等各项工作，工业经济运行呈现了降中趋稳、稳中向好的态势。全县工业企业完成工业总产值347.99亿元，比上年下降16.1%，其中规模以上工业企业产值318.6亿元，下降16.4%；海洋装备产业产值224.14亿元，下降17.3%。实现销售产值344.9亿元，下降17.4%。产销率达99.1%。出口交货值实现109.02亿元，下降6.5%。

【2013 年发展情况】

一、海洋装备产业生产延续下降

受世界经济复苏缓慢、船舶行业低迷因素影响，本县海洋装备产业运行仍保持低迷态势。海洋装备产业实现总产值224.14 亿元，下降 17.3%，降幅较全县水平高 1.2 个百分点，占全县总量的 64.4%。其中，中船长兴 3 条生产线累计实现产值 179.62 亿元，下降 21.2%，占全县总量的 51.6%；振华配套企业实现产值 22.86 亿，增长 2.3%；华润大东实现产值 10.96 亿元，增长 1.6%；中海长兴完成产值 5.2 亿元，增长 3.9%。

二、乡镇总体低迷，园区走势良好

全县 18 个乡镇实现工业总产值 323.86 亿元，下降 17.7%，降幅高于全县水平 1.6 个百分点。其中产值增长的有 6 个单位，增幅第一位是新村乡（增长 28.3%），其次是向化镇（增长 17.8%）。全县工业总产值绝对额前 5 位的单位分别是长兴镇（212.43 亿元）、陈家镇（16.69 亿元）、建设镇（16.32 亿元）、工业园区（14.46 亿元）和港沿镇（9.01 亿元）。园区工业保持增长态势，三大园区共实现工业总产值23.3 亿元，增长 14.8%，占全县总量的比重由上年的 4.8%上升至 6.7%。三大园区中比重最大的崇明工业园区实现产值14.46 亿元，增长 13.7%，园区内企业如新业锅炉、永利输送、运良企业产值均有两位数增长。富盛开发区和长兴产业基地由于新增企业的投产，分别实现产值 3.02 亿元和 5.83亿元，增长 40.1% 和 7.4%。

三、服务中小企业全心全意落到实处

推进国家船舶出口基地建设，初审并上报 2012 年度市公共服务平台项目 4 个，总投资 406 万元，获专项扶持资金44 万元。授予上海外高桥船舶公司“上海船舶公共服务平台”称号。完成 2011 年度获市外贸公共服务平台 4 个项目审核工作，与受益企业签订《优惠服务协议》，并上报“追踪问效”评估报告。调研长兴船舶出口情况和五大央企，听取意见建议。

开展县领导走访企业专题活动，走访企业 34 户，企业提出诉求 83 个，并基本解决。审定 2012 年度县促进工业企业发展专项资金项目 41 个，受益企业 33 户，共计扶持资金 907.21 万元。出台《崇明县企业技术中心认定办法》，第一批认定 9 户。指导 54 户岛内外企业获市级专项扶持资金3002.6 万元，帮助 4 户企业获国家级专项扶持资金 509.5 万元。全县组建中小企业服务工作站 24 家。向银行推荐融资需求企业 375 户／次，银行授信额度 15.11 亿元，实际放贷13.57 亿元。成功举办上海高校与本县企业技术需求对接会，参与高校 6 所，企业 5 户。7 户企业被认定为市第一批规划产业区块外目录管理重点工业企业。大通仪表通过 2011 年度市重大装备专项项目验收。德科公司通过市重点技改项目竣工验收。3 户企业荣登首期《上海智造》。举办“专、精、特、新”培育企业培训 1 期，并完成原有 39 户企业复评和12 户新培育企业的申报认定。完成贯彻《中小企业促进法》执法检查活动。举办人才招聘活动 4 场，参与企业 540 户，近 7000 人次参加招聘活动。开展中小企业综合培训 11 场，培训 800 多户企业／1200 多人次。组织 13 户企业参加市级培训。

四、淘汰落后产能和工业节能降耗进一步加强

淘汰落后产能项目 8 个（市重点推进 4 个，县推进 4个），超额完成市下达 5 个的目标，共拨付市县专项补助资金 1405 万元，降耗折合标煤约为 1.01 万吨，腾出土地 127亩，减少产值 0.75 亿元，涉及职工 334 人。

全县规模以上工业企业综合能源消耗量为 17.02 万吨标准煤，下降 9.47%；万元产值能耗 0.1329 吨标煤，下降7.01%。制定分解年度乡镇、园区工业节能降耗和用能总量控制目标。向 200 多户企业印发燃煤锅炉清洁能源替代告知书，26 台燃煤锅炉和 16 台工业窑炉完成清洁能源替代，其中 5 户企业通过市验收，总投资 421 万元，年减少燃煤 2131吨。高能耗、重污染企业清洁生产审核有力推进，新上报企业 8 户，已通过市验收 3 户、评估 3 户、预评估 4 户。举办节能宣传周活动，发放宣传资料、环保袋 1.5 万份，节能小电器 700 只。

五、工商投资和盘活存量有序推进

全县核准、备案工商领域投资项目 44 个，总投资 16.9亿元，其中工业项目 42 个，总投资 16.8 亿元。备案、核准咨询许可 11 项。完成威尔泰自控、景博厨房、群力汽车等项目准入及地块出让相关事宜。拟订《崇明县关于完善产业项目评审准入推进行政审批实施同步办理管理办法》。2012 年年末，本岛 8 个乡镇有闲置工业用地 47 块，面积 2992 亩。2013 年，全县共盘活存量工业土地 14 块，用地面积 392 亩，计划总投资 1.96 亿元。

【2014 年发展趋势】

2014 年，预计完成工业总产值 355 亿元。工业投资 16亿元。淘汰落后产能项目 5 个。规模以上工业企业能耗总量控制在 19 万吨标煤以内。

一、以提高经济运行质量效益为核心，推动产业平稳增长

加强对宏观趋势、产业运行情况的深入分析，及时发现趋势性、苗头性问题，提高预测预警的及时性。建立稳定运行保障预案，加强对 4 户年产值 10 亿元以上、8 户 5 亿元以上和 18 户 1 亿元以上工业企业的监测，落实专人联系制度，及时反映行业、企业运行中的共性问题，为企业营造超前的预控环境。加强对“专、精、特、新”、小微企业以及困难行业和困难企业的运行监控，及时收集、通报相关情况，针

对存在问题，协调落实应对措施。

二、以发展重点产业为引领，全力以赴推进产业园区建设

推进海洋装备制造业发展。加大崇明国家船舶出口基地建设力度，协调基地内企业充分利用好国家和市对基地的各项优惠政策，帮助企业渡过行业低谷。配合长兴产业基地重点引进与海洋装备配套类产业、与经济发展竞争类相关的总部经济以及生产性服务业总部经济，推进长兴海洋科技港等3个研发总部类用地试点区域建设。

加快智慧岛数据产业园建设。根据《张江高新区专项发展资金重点项目指南》支持范围，协调产业园聚集发展设计产业、软件产业、数据保税产业等相关企业总部及研发中心，推进总部大楼、人才公寓等基础设施建设，以此作为崇明产业转型发展及能级提升的重要平台。

引导园区提升能级。引导各产业园区重点发展战略性新兴产业和先进制造业，并以各园区的主业为导向，适当发展生产性服务业，主要引进专业化、产业链和引领性项目，吸引国内外优势企业、地区总部和研发机构来崇发展。推进崇明工业园区总部经济园建设，提高园区单位土地产出率。关注服务好富盛开发区中小企业园建设，推动富盛开发建设上新台阶。

三、以推动乡镇发展和产业投资为重点，促进传统工业改造提升

加快乡镇产业发展。做好农村综合帮扶产业项目的备案、跟踪、服务和对接工作，确保综合帮扶项目顺利推进。鼓励企业加大产业升级力度，支持纳入目录管理重点企业加快技术改造升级。鼓励乡镇符合条件的存量工业资源向文化创意产业和生产性服务业转型发展，支持乡镇通过招商盘活集中建设区内存量地块，引入符合产业导向、带动就业的实体企业。

加大产业投资力度。集中精力推进晋通光纤、熊猫线缆等一批投资亿元以上新项目的建设进度。全力推动良浩车圈、兰田汽车一期、兴中船舶等新建项目早日竣工投产。

提升企业自主创新能力。鼓励有研发能力的企业加快技术创新，引导企业申报市级企业技术中心，认定县级企业技术中心3–5个。支持创建以企业为主体、市场为导向、高等院校和科研院所为技术依托、产业化为目标的产学研示范基地。

四、以完善服务体系为支撑，提升服务中小企业水平

服务企业需求。开展“走企业、送服务”活动，针对企业呼声、需求与困难，采用点上协调、向上争取和面上形成工作机制的方式，提高企业诉求解决率，为企业排忧解难。

加快服务企业节奏。发挥“1（县中小企业服务中心）+24（乡镇园区中小企业服务工作站）”县、乡镇园区二级中小企业服务网络的联动作用，加强队伍建设，丰富服务内涵，重点加强对初创微小型企业、规模以上重点企业、“专、精、特、新”中小企业的服务频率和质量。

推动政策落实。加大各级扶持政策的宣传力度，缓解信息不对称现象。引导中小企业积极申报国家、市级专项扶持资金项目。9月，完成2013年度县扶持企业发展专项资金项目的审核和资金拨付工作，新培育“专、精、特、新”中小企业10户。

加强中小企业融资服务。加强政银沟通，开展银企对接活动，全力为有融资需求的企业提供帮助。

五、以淘汰落后产能和节能降耗为依托，调整优化产业结构

淘汰落后产能。对部分铸造、砖瓦行业等高污染、高风险行业开展调研，宣传市相关政策，掌握行业、企业基本情况。2月，拟定5户淘汰企业名单，征求乡镇意见后正式确定，重点推进3户强制淘汰的砖瓦企业调整工作。4月，启动第一批3户；8月，启动第二批2户。发挥乡镇主体作用，妥善解决好人员分流、土地利用等难点问题，引导企业转型发展。加强工业节能降耗减排。制定并分解乡镇、园区节能降耗目标，完善指标考核体系。抓好年用能1000吨标煤以上企业节能降耗工作，着力推进重点能耗企业节能技术改造、合同能源管理，指导企业完成燃煤锅炉清洁能源替代80台。继续开展高能耗、高污染企业清洁生产审核，争取6户企业通过市验收。

（陈　彪）

2014·上海工业年鉴

SHANGHAI
INDUSTRIAL
YEARBOOK

宝钢集团有限公司

【概况】

宝钢集团有限公司（简称“宝钢”或“宝钢集团”）是全球现代化程度最高、钢材品种规格最齐全的特大型钢铁联合企业之一，是国有独资公司（国务院国资委代表国务院履行出资人职责），注册资本510.83亿元。总部设在上海市浦东新区浦电路370号。

宝钢（1993年前称上海宝山钢铁总厂）始建于1978年12月23日，是中国改革开放的产物。1985年9月15日，由国家投资建设的一期工程建成投产；2000年，由企业自筹资金建设的三期工程全部完成，跻身世界千万吨级特大型现代化钢铁企业行列。1998年11月17日，联合重组上海冶金控股（集团）公司和上海梅山（集团）公司。2007年4月28日，重组新疆八一钢铁有限公司；2009年3月1日，并购宁波钢铁有限公司；2011年4月18日，宝钢湛江钢铁有限公司注册成立；2012年5月31日，宝钢广东湛江钢铁基地项目举行开工仪式；2012年4月18日，重组广东韶关钢铁有限公司，4月19日与广州钢铁企业集团有限公司共同出资组建广州薄板有限公司。

宝钢以钢铁为主业，生产高技术含量、高附加值钢铁精品，已形成普碳钢、不锈钢、特钢三大产品系列，广泛应用于汽车、家电、石油化工、机械制造、能源交通、金属制品、航天航空、核电、电子仪表等行业。宝钢还着力发展相关多元产业，重点围绕钢铁供应链、技术链、资源利用链，形成了资源开发及物流、钢材延伸加工、工程技术服务、煤化工、金融投资、生产服务等六大相关产业板块，形成了相关多元产业和钢铁主业协同发展的业务结构。

【2013年经济工作情况】

一、全面完成年度生产经营目标

2013年，宝钢完成工业总值（现行价格）3036.06亿元，工业销售产值3004.92亿元，资产总值5194.61亿元，营业总收入3031亿元，实现利润总额101.01亿元，净资产收益率为2.64%。全年完成铁产量4280.94万吨，钢产量4503.58万吨，商品坯材产量4448.76万吨。

2013年，宝钢经历住市场的考验，综合竞争力继续保持业界领先，连续第十年进入《财富》世界500强，位列第222位，再次当选《财富》最受赞赏的中国公司，这是中国钢铁行业唯一上榜企业。标准普尔、穆迪、惠誉三大信用评级机构继续给予宝钢全球综合钢铁企业中最优信用评级。全年研发投入率达1.94%，申请专利2592件，授权专利1016件。全年对外捐赠约6858.6万元，连续第五年获得中国公益领域最高政府奖——中华慈善大奖，并再度获评“最具爱心捐赠企业”。

2013年，广东韶关钢铁有限公司、上海梅山钢铁股份有限公司、宁波钢铁有限公司等子公司实现扭亏，钢铁主业经营业绩大幅提升。3月28日，新疆八一钢铁有限公司南疆基地项目点火试车。湛江工程进入全面建设期，5月17日，高炉工程正式打桩，随后炼钢、连铸、热轧、冷轧等主体项目全线开工。上海地区钢铁产业结构调整工作稳步推进。罗泾区域作为新产业发展园区，按市场化原则为相关产业提供发展用地，宝信软件云计算等业务相继入驻该地块。

2013年，多元产业继续保持健康平稳发展。上海宝信软件股份有限公司的市场开拓和业务转型取得重大突破。非钢业务新增手持订单突破50%，超过23亿元。节能环保领域：全年新增手持订单突破15亿元，同比增长超过2.5倍；合同能源管理新商业模式得到大范围推广，41个项目进入分享期。城市建筑领域：形成公共建筑、多高层住宅、低层轻型房屋三大技术体系，并在多个地方得到实际应用；承揽“上海中心”等标志性工程钢结构项目；深入南极内陆建设泰山站。电子商务领域：5月31日，宝山钢铁股份有限公司成立上海钢铁交易中心，推广并深化面向战略用户的宝钢专属供应链协同服务平台，覆盖汽车、家电等7个行业的186家战略用户及潜在用户。工业气体领域：世界最大规模等级8.4万标准立方米／每小时空分项目——宝鸡气体项目建成投产。

二、实施宝钢员工共同愿景成效显著

宝钢员工的共同愿景是“成为钢铁技术的领先者、成为绿色产业的驱动者、成为员工与企业共同发展的公司典范”。2013年的实施情况如下：

1．实施钢铁技术领先者计划

启动新一轮“金苹果”计划，形成十大“金苹果”团队，在汽车板、硅钢和高强钢产品，在单渣法低磷工艺、连续变厚轧制技术、汽车板激光落料技术和直接淬火技术等工艺、装备技术领域取得可喜进展。在1月18日举行的国家科学技术奖励大会上，由宝钢自主研发的“先进高强度薄带钢柔性制造技术和装备”获国家技术发明奖二等奖；由中石化与宝钢等联合开发的“特大型超深高含硫气田安全高效开发技术及工业化应用”项目获国家科学技术进步奖特等奖；由东北大学与宝钢、鞍钢等合作开发的“现代轧制技术、装备和产品研发创新平台”项目获国家科学技术进步奖二等奖。7 月 30 日，宝钢举行第三代汽车用高强钢全球首发仪式，成为世界上第一个具备第一、二和三代先进高强度钢供货能力的厂商。年内，超高效电机用无取向硅钢 B50AE-2 实现全球首发，并在 IE3 效率等级的电机实现应用。超纯铁素体不锈钢在汽车、建筑和家电等三大行业的认证和供货效果显著，全年产销量较上年提升 50% 以上。镍基／铁镍基合金油套管系列产品实现品种、规格、钢级的全面覆盖，超高合金油套管国内市场占有率达 70% 以上。薄带连铸工业化线在宁波钢铁有限公司完成产线建设和设备安装。

2．实施绿色产业驱动者计划

在实践绿色制造方面，宁波钢铁有限公司 486 平方米烧结烟气余热循环示范项目成功投运。《钢铁产品生产生命周期评价技术规范（产品种类规则）》和《钢铁企业能源管理体系实施指南》国家标准通过国标委审查，使宝钢成为这些领域的规则制定者和技术引领者。全年吨钢能耗同比下降 2 千克标煤／吨；二氧化硫排放总量下降 21.7%%；化学需氧量（COD）排放总量下降 12.8%；氮氧化物排放总量下降 1%。在提供绿色产品方面，宝山钢铁股份有限公司销售优良型绿色产品 580 万吨、尖端型绿色产品 73 万吨。在推动绿色产业方面，全年节能环保、资源综合利用及绿色建筑产业实现销售收入 51 亿元。在宁波钢铁有限公司、宁波宝新不锈钢有限公司和常州轧辊制造公司建成 30 兆瓦屋顶光伏电站，年提供绿色电力 2677 万千瓦时。

3．实施员工与企业共同发展计划

2013 年，宝钢人力资源结构持续得到优化，本科以上学历人员占比、技师及以上技能等级人员占比，分别上升 0.6 和 0.3 个百分点。在 138 家单位实施弹性福利。宝钢特钢有限公司采用集体宿舍改建的青年过渡惠租房；宁波钢铁有限公司为青年员工新建的 376 套公租房、140 间单身宿舍正式启用。宝钢一线员工从第 112 届巴黎国际发明展上捧回 2 金、5 银、3 铜。

【2014 年发展趋势】

2014 年，宝钢生产经营目标是：铁产量 4487 万吨，钢产量 4714 万吨、坯材产量 4684 万吨，营业收入 3061 亿元，利润总额 90 亿元。

总体工作思路是：以改革创新和作风建设为主线，贯彻落实新一轮发展规划，加快结构调整和提升资产运营效率，切实改变安全管理被动局面，加大环境整治力度，全面提升钢铁单元综合竞争力，着力激发多元产业发展活力，在均衡发展中实现各项工作稳中求进、稳中有为。

（张文良）

上海汽车集团股份有限公司

【概况】

上海汽车集团股份有限公司（简称上汽集团，股票代码“600104”）是国内 A 股市场的汽车上市公司，截至 2012 年年底，上汽集团总股本达到 110 亿股。目前，上汽集团主要业务包括整车及零部件的研发、生产、销售，物流、车载信息、二手车等汽车服务贸易业务，以及汽车金融业务。2013 年，上汽集团实现国产整车销售 510.6 万辆，比上年增长 13.7%，市场占有率达到 22.5%，继续保持国内汽车市场领先优势。其中，乘用车 396.1 万辆，增长 20.1%，国内乘用车市场占有率达到 22.9%；商用车 114.5 万辆，下降 3.9%，国内商用车市场占有率达到 21.3%。同时，上汽集团以 2012 年度合并销售收入 762.3 亿美元，第 9 次跻身《财富》杂志世界 500 强企业行列，排名第 103 位，较前一年上升 27 位。

【2013 年经济工作情况】

一、抓住机遇，加强板块协同，推动集团整车销量再创新高

1．面对激烈的竞争态势，集团整车产品优势得到了充分发挥。上海大众努力挖掘产能潜力，全力保障途观、新帕萨特、新朗逸等重点产品的销售。上海通用聚焦全新“双君”、迈锐宝、凯迪拉克 XTS 等重点车型，着力提高大车比例，改善销售结构。上汽通用五菱推出面向低端微车和“大微客”市场的新品，实现微车市场占有率逆势上升；依靠五菱宏光，迅速占据国内 MPV 市场销量第一的位置。上汽依维柯红岩积极开拓牵引车市场，逐步扩大杰狮、新金刚等新品份额，产品结构得到改善，全年销量增速位居国内重卡行业第一。

2．面对用户需求变化趋势，集团营销服务的体系优势得到了充分发挥。上海大众积极改善售后服务体系，不断提高用户满意度。上海通用继续深化区域营销，开展有针对性的市场推广与宣传活动。上汽通用五菱深挖渠道的整体优势，牢牢掌握微车市场的主导权。商用车公司优化营销体系，加强网络建设，在开拓行业大客户方面取得突破。上汽依维柯红岩配合牵引车市场的开拓，优化服务网点布局，并向终端用户提供个性化的定制服务方案。

3．快速响应整车板块的需求，集团产业链保障优势得到了充分发挥。华域与上汽变速器、联合电子等零部件企业

进一步加强与整车厂的信息沟通与业务协同，积极配合主机厂排产节奏，及时高质量保障供应；持续推动精益改善项目，不断提高自动化率，全方位实施降本增效，支持整车企业提高成本竞争力。服务贸易板块继续着力构筑产业服务链，确保整车业务运作的稳定有序。其中，物资商贸业务在严控风险的同时，继续加强面向业内的钢材“一体化”采购供应平台建设，为集团降低钢材采购成本作出贡献；零售业务启动了国内多地自主掌控的经销网点建设工作，保障上汽整车销售流通渠道安全。汽车金融板块充分发挥资金优势，支持整车销售，并完成较好的经营利润目标。上汽财务公司汽车金融业务增速，在国内汽车金融公司中排名第一；上汽通用汽车金融公司也继续保持业务较快增长，总资产规模在国内汽车金融公司中排名第一。

二、着眼长远、练好内功，继续深化自主品牌建设与自主创新

乘用车公司全年实现整车销售 23 万辆，同比增长 15%。在苦练内功方面，集团上下做了大量工作。一是对优化品牌定位形成共识。年内开展多次研讨，对荣威、MG 品牌定位、发展现状作深入分析，并与时俱进地提出品牌内涵和下一步建设的重点。二是新产品技术能级有显著提升。全新荣威 550 广泛运用双离合自动变速器、start-stop 微混系统、inkanet 车联网等先进技术。三是新能源汽车产业化取得新突破。荣威 550 插电强混正式上市，百公里油耗最低可达 2.3L，达到国内领先、国际一流的水平。四是 A 架构开发取得阶段性成果。已完成架构开发策略、架构方案细化等工作，年底前正式实施架构开发方案。

三、全力开拓出口市场，积极稳妥地探索海外经营

一是整车出口稳步增长。2013 年，上汽整车出口达到 11 万辆，同比增长 10%，比全国水平高出 20 个百分点。二是泰国项目整体进展顺利。年内合资整车公司完成注册，厂房改造和主要设备的安装调试工作基本完成；华域、商用车公司、安吉物流等企业也在泰国实现布点。三是华域实施股权收购，推进内外饰业务国际兼并重组。年内，华域收购外方在延锋伟世通的 50% 股权，强化其对内外饰系统的业务掌控，加快进入全球 OEM 供应体系的步伐。四是抢抓上海自贸区建设机遇。为配合集团海外经营战略，年内，上海汽车国际商贸有限公司在自贸区内正式成立，并成为首批获得营业执照的企业。

此外，上汽集团公司还在积极探索拓展中东和南美等新兴市场的网络布局，年内已启动相关工作。

四、适应市场与用户需求变化趋势，加快探索业务模式创新

一是筹建上汽电子商务平台，探索基于互联网技术的产品营销服务全新商务模式。项目总投资 6.2 亿元，年内电商公司已完成工商注册。二是各整车企业试水网络销售，在“双十一”期间，乘用车公司、上海大众、上海通用等企业的网上成交额，在主流汽车电商平台上均位居前十。三是金融创新也取得积极进展，上汽财务公司在国内率先获得银监会原则批准，可向汽车产业链上下游适当延伸金融服务，业务空间进一步扩大。华域首次通过债券融资方式，募集资金 40 亿元，用于股权收购。

【2014 年发展趋势】

2014 年，上汽集团将继续认真贯彻落实党的十八届三中全会、中央经济工作会议、十届市委五次全会精神，进一步增强危机意识和责任意识，以国资改革促进国企发展为契机，用改革创新精神统领全局，着力推进思想建设、经济建设、制度建设；以市场为导向，坚持走质量效益型道路，努力提升自主创新能力、国际经营能力，积极推进业务模式创新；优化完善运行机制，着力增强企业活力；巩固教育实践活动成果，不断增强党的建设科学化水平，确保上汽经济运行平稳健康发展，确保全面完成全年党政各项目标任务。

（倪立诚）

中国石化上海石油化工股份有限公司

【概况】

中国石化上海石油化工股份有限公司（简称上海石化）位于上海市金山区，占地面积 9.4 平方公里，是中国最大的炼油化工一体化综合性石油化工企业之一，也是中国第一家股票在上海、香港、纽约三地同时上市的股份制企业。上海石化前身为创建于 1972 年的上海石油化工总厂，1993 年 6 月改制为上海石油化工股份有限公司，2000 年 10 月更名为现名。上海石化下设炼油部、烯烃部、芳烃部、化工部、腈纶部、涤纶部、塑料部、热电部、物资供应部、销售部、储运部、环保水务部、公用事业部和精细化工部以及质量管理中心、统计中心、保卫部、总务部、培训中心、新闻中心、员工交流安置中心等单位，并由资本运营部管理对外投资企业。2013 年年末，上海石化总资产 369.16 亿元，在册员工总数 14359 人。上海石化具有 1600 万吨／年综合加工原油能力和乙烯 70 万吨／年、塑料树脂 100 万吨／年、合纤原料 109 万吨／年、合纤聚合物 59 万吨／年、合成纤维 28 万

吨／年的生产能力。上海石化主要生产石油制品、中间化工原料、合成树脂及塑料制品、合纤原料及合成纤维四大类产品。2013年，上海石化共有工业用乙烯、石油对二甲苯、碳五化学品等24项产品被评为上海市名牌产品；车用汽油、腈纶丝束（金阳牌和三人牌）、纤维级聚酯切片等16个产品被评为上海市用户满意产品，其中车用柴油、聚丙烯树脂等5个产品同时被评为全国用户满意产品。年内通过上海质量体系审核中心组织的QHSE“三标”体系认证。

【2013年经济工作情况】

2013年，面对错综复杂的市场形势，上海石化深入学习党的十八大精神，贯彻落实上海市和中国石化集团公司工作部署，紧紧围绕建设“国内领先、世界一流”炼化企业发展目标和提高发展质量和效益这个中心，充分发挥炼油改造工程优势，积极推进生产、经营和发展各项工作，实现安全环保态势持续向好，生产经营稳定运行，优化工作深入推进，主要生产装置稳产高产，股权分置改革圆满完成，精细化管理成效显著，干部员工队伍保持和谐稳定，经济效益大幅提升。全年加工原油1566.78万吨，比上年增长39.97%；生产汽油、柴油和航空煤油907.26万吨，增长54.33%；乙烯95.33万吨、丙烯61.18万吨，分别增长4.22%、21.29%；对二甲苯93.92万吨，增长8.43%；塑料树脂及共聚物112.99万吨，增长3.90%；合纤原料87.71万吨，下降13.64%；合纤聚合物52.35万吨，下降17.7%；合成纤维25.28万吨，增长0.48%；发电30.43亿千瓦时，增长5.85%。累计实现工业总产值（现价）1057.79亿元，增长29.16%；营业收入1155.4亿元，增长24.14%；合并口径利润总额23.93亿元，增加44.26亿元；合计缴纳税收111.01亿元，增长66%，在上海2013年工业税收排名前100位企业中位列第3位。

一、安全环保态势总体平稳

上海石化坚持把HSE工作放在首位，层层落实安全生产责任制，积极落实领导干部带班制度。强化生产施工现场安全监管和承包商监督管理、HSE绩效考核等工作。认真吸取“11·22”特别重大事故教训，组织开展公司所辖地下管网排摸及隐患治理工作。认真梳理和上报“碧水蓝天”项目，初步拟定51项环保整治项目。全年固体废弃物外委处置量下降58.96%，COD总量下降0.14%，氮氧化物总量下降5.25%，氨氮总量下降11.51%。公司HSE形势总体呈平稳态势，经过复审保持“中华环境友好企业”称号。

二、生产运行水平不断提升

上海石化继续开展主要生产装置安稳长满优专项竞赛，完成5套主要装置停车检修，公司考核的72套主要生产装置全年非计划停车次数和时间分别下降34.48%和9.27%。完善关键机组状态监测系统应用，重视关键机组全过程管理，推广设备量化巡检及设备全寿命管理工作，全年设备完好率达99.87%。加热炉平均加权热效率达92.24%，同比提高0.35个百分点。

三、工程建设与技术进步取得良好发展

上海石化做好炼油改造工程开车后的系统优化整改工作，有序推进3000吨／年正戊烯、10万吨／年EVA等项目。碳纤维一期装置运行趋于稳定，实现单运行周期达产达标，开发出SCF-80原丝并通过氧化炭化试验。异戊烯成套技术、乙二醇银催化剂等项目通过技术鉴定。乙叉降冰片烯、乙氧基化、氰化钠、生物流化床废水处理技术等开发形成可产业化应用的工艺包。产业化开发出超纤革用聚乙烯专用料、细旦抗起球腈纶等产品。全年生产新产品38.37万吨，产品总差别化率为62.94%。申请专利50件，获得专利授权17件。顺利完成高新技术转化新产品及节能节水专用设备项目的认定工作，累计获得上海市政府扶持资金774.2万元。

四、经营销售与物资管理持续改善

上海石化不断优化产品销售半径，把握产品物料流向，控制和降低产品营销费用。做好炼油改造工程新增产品和增量产品市场推广及销售工作，确保产品出厂顺畅。加强营销服务全过程管理，实现从“卖产品型”向“卖服务型”转变。全年产品产销率为100.07%，货款回笼率为100%。认真总结2-3小时物流供应圈经验，启动“上海区域即时供应物流圈”建设工作。继续实施代储代销、供应商寄售、利用供应商库存等新型储备模式。全面推行供应商动态量化考核与业绩引导订货机制。全年对采购策略之外的90家供应商在ERP系统中实施冻结，与两年无交易的276家供应商解除服务关系。集中整合小仓库，切实落实好降库存工作，公司总库存（不含原料、煤炭）下降7.08%。

五、企业管理和信息化水平不断提高

5月30日，上海石化启动第三次股权分置改革相关工作，经过多方努力和沟通，上海石化股改方案获得流通A股股东84.95%的高赞成率通过。年内完成一体化管理体系标准转版和扩容工作，增加培训体系评价认证和实验室能力认可等新内容，顺利通过上海质量体系审核中心组织的年度监审。完善绩效考核体系，明确“绩效考核服务效益”的导向，相应调整了绩效考核管理办法和指标体系。大力推进信息系统建设和应用，启动2#重整等4套生产装置APC系统建设，完成8套生产装置流程模拟系统建设及4套生产装置流程模拟系统升级改造。APC、ERP、HR等重点信息系统应用水平在中国石化系统内保持领先水平，被工信部评为国家级信息化和工业化深度融合示范企业，并连续第4年被评为中国石化企业信息化水平A级企业。

六、积极履行国有企业社会责任

上海石化坚持将企业社会责任融入经营战略、管理流程和业务模式之中，重视树立良好的企业形象。6月5日组织开展首次环保“公众开放日”活动，并聘请5位居民代表担任环保监督员。按照上海市淘汰落后产能工作要求，2013年11月提前停役1# 乙烯装置。坚持开展产品升级换代工作，不断开发和推出高技术含量、高品质的产品，年内顺利完成沪Ⅴ标准汽油和国Ⅴ标准柴油的升级及供应市场工作，为节能减排、环境保护作出积极贡献。加强与地方政府合作，支持地方教育、卫生、绿化工作，参与各项社会公益活动。积极参与“三公里文化圈”建设，发挥上海石化展示馆科普教育基地作用，积极提供文化服务。援建“南京路上好八连”事迹展览馆，积极参与雅安地震捐款等公益活动。

【2014 年发展趋势】

2014年，面对依然严峻的生产经营形势，上海石化将继续以建设“国内领先、世界一流”炼化企业为目标，以安全环保工作以及装置安稳运行为基础，充分挖掘炼油改造工程和炼化一体化系统潜力，努力提高发展的质量和效益，实现公司经营业绩稳中向好。

一、保持安全环保良好态势，推进节能减排工作

严格安全管理制度，健全安全生产责任体系，落实各级安全生产责任制。推行 HSE 信息化管理，建立规范化和标准化的业务管理流程，量化绩效评估，不断提升 HSE 管理水平。加大环境整治力度，深入开展异味治理工作，积极实施“碧水蓝天”项目，投用1/2# 炉脱硝项目、污水提效及污水回用项目。持续开展“绿色低碳、节能减排”活动，做好水、蒸汽等能源平衡管理，继续开展碳排放统计、交易等工作，开展用电设备电耗统计，加快火炬气减排及回收利用项目建设，加快节能项目技术改造的实施步伐。

二、继续加强经营优化，不断提升经济效益

强化原油采购管理，加大炼化一体化优化力度，优化炼油产品结构，提高高等级油品比例；建立重要装置盈亏测算模型，根据装置边际贡献监控情况，合理安排装置运行；做好乙烯裂解、芳烃等原料优化以及塑料、化纤产品的结构优化。加强产销衔接，加强营销服务过程中的质量管理，加强新产品产、销、研结合，进一步优化产品销售半径、内部作业方式和配送方式，降低销售成本。深化全面预算管理，加强资产全生命周期管理，进一步优化融资结构，降低融资成本。继续推进降本减费，严格控制各项成本和非生产性费用支出。

三、加强生产运行管理，确保装置安稳运行

加强生产运行管理，保持生产装置安稳运行；严格装置检修管理，统筹协调装置生产计划、物料平衡、开停车方案、现场检修等各项工作；抓好公用工程系统运行管理，为主体生产装置安稳运行提供良好的外部保障；加强工艺技术管理，加大监督与考核力度，确保2014年公司监控的主要技术经济指标好于2013年；提高设备管理能力和设备运行水平，推动生产装置大运保试点工作，不断提高装置长周期运行水平。

四、推进新一轮发展、技术进步和信息化建设

加强发展战略研究，加快推进产业调整步伐，加大对安全隐患、环境治理、技术进步等方面投入力度，分步改造和淘汰现有落后产能；积极研究推进新一轮发展项目，进一步促使炼油化工一体化、轻质化，形成更强的市场竞争力和抗风险能力。重点开发和推进精细化学品技术、高性能纤维产业化生产技术、高附加值新型塑料及非常规聚酯生产技术以及节能环保技术，以市场需求和效益为导向，推进新产品开发和产品结构调整。继续推进信息化建设，重点扩大信息系统应用范围，在3# 常减压、1# 乙二醇等装置启动 APC 系统建设；新建和升级15套流程模拟仿真系统，建设 RFID 仓库管理系统，完成综合统计信息系统开发以及实时数据库系统扩展建设及应用等工作。

五、完善企业管理，不断提升管理水平

进一步落实管理责任，推动企业管理向业务驱动、流程管理的转变；研究制定深化电气专业化集中管理方案并组织实施；完善一体化运行机制，完成实验室能力认可，推进能源体系的建设和认证；完善绩效考核指标体系，坚持组织绩效考核的主导地位，完善个人绩效考核和组织绩效考核的联动机制，在专业服务单位推行360度全方位评价考核，促进专业化管理水平再上新台阶；继续开展改善经营管理建设活动，发挥广大员工的工作积极性和创造性。

六、加强员工队伍建设，保持企业和谐稳定

抓好人力资源开发，盘活人力资源存量，做好人才引进工作，改善员工队伍结构；完善员工培训体系，加快培训仿真系统建设，组织开展岗位培训和技能竞赛，提高员工的能力和素养；畅通人才成长通道，抓好人才交流和统筹配置，优化人才分布。推进企业文化建设，保障员工合法权益，不断提升服务员工的质量；继续推进职代会制度的规范化运作，深化厂务公开以及集体合同平等协商等工作，不断促进劳动关系和谐发展，维护企业稳定大局。

（耿树岐）

中国石化股份有限公司上海高桥分公司

【概况】

中国石化股份有限公司上海高桥分公司、中国石化集团资产经营管理有限公司上海高桥分公司（合并简称高桥石化）的前身是上海高桥石化公司，成立于1981年11月，是我国第一个跨行业、跨部门的特大型经济联合体，隶属于中国石油化工集团公司。

公司占地面积420公顷，共有76套生产装置，可生产300余种产品，主要产品有汽油、航空煤油、柴油、润滑油基础油、石蜡、合成橡胶、有机化工原料、合成塑料以及精细化工产品等。公司拥有年原油加工能力1250万吨，年化工产品生产能力100万吨，自备电厂具有装机容量17.5万千瓦。

公司加强对外经济合作与交流，先后与世界著名大公司如德国巴斯夫、美国加德士公司、日本三井石化株式会社、韩国SK公司等分别成立了合资企业。

【2013年经济工作情况】

2013年，高桥石化实现工业总产值662亿元，比上年下降11.09%；实现销售收入665亿元，下降10.86%；实现利税85亿元，下降18.08%。

高桥石化加工原油1052万吨，同比下降3.84%。汽、煤、柴、润四大类石油产品704.48万吨，下降5.51%，其中汽油增长4.48%，柴油下降12.69%，航空煤油增长16.82%，润滑油基础油下降10.79%。化工产品总量75.64万吨，下降5.52%。其中，苯酚产量19.22万吨，下降7.93%；丙酮产量12.07万吨，下降7.17%；橡胶产量16.36万吨，增长4.02%；ABS产量12.09万吨，降幅15.08%；聚醚产量13.67万吨，降幅2.21%；DCP产量2.23万吨，增长0.07%。发电量9.04亿千瓦时，下降9.95%。

一、强化监督管理，确保安全环保工作

高桥石化通过领导带班、安全督查等途径，加强对直接作业环节的监督管理；从年度工资总额中拨出1000万元，专门用于安全环保的激励；召开“奋战五个月，确保安全环保无事故”誓师大会，公司总经理与各二级单位负责人签署责任书；重新修订安全环保管理制度，重点加大对违纪违规行为和安全环保事故的考核、处罚力度；开展各个层面的隐患排查与整改，落实排查问题的闭环控制；开展管网、油气装卸码头、涉氨场所、受限空间作业、危化品装卸等专项隐患排查治理工作；建成投用炼油污水场恶臭治理、酸性水罐区恶臭治理等环保隐患治理项目；积极开展废弃物资源化、减量化工作，委外废物处置量同比减少45%。

二、优化运行措施，推动挖潜增效

高桥石化落实优化运行各项措施，推动挖潜增效各项工作。根据性价比最优原则，优化选择原油品种、计价期、计价方式；严格按照边际贡献测算结果优化生产，对于有边际贡献的产品，通过以产促销，满负荷安排装置生产，对于没有边际贡献的产品，安排减产甚至停产，以减少效益损失。配合上海市油品质量升级工程，加强生产、储运、检验、出厂等各环节协调，确保了新标准普通柴油、沪Ⅴ汽油按期进入市场。加强知识产权保护，全年共申请专利29项，获得2项发明专利、4项实用新型专利授权。

三、着力提升调整，推动健康发展

高桥石化持续推进发展建设各项工作。成立高桥石化提升调整领导小组和工作小组，进行了漕泾炼油化工一体化项目可研报告完善、总体布局调整、公用工程方案比选等工作；260万吨／年柴油加氢装置如期建成投产，具备了生产沪Ⅳ、沪Ⅴ柴油的能力；合资40万吨／年苯酚丙酮项目实现高标准中交。

四、加强队伍建设，提升员工技能素质

高桥石化坚持加强队伍建设，举办班组长培训班、恢复青工政治轮训班，促使员工增强团队意识，践行企业核心价值理念，实现自身价值与企业价值共融；成立劳模创新工作室、首席技师工作室等，发挥高技术、高技能人才的科技创新和“传帮带”作用，提升公司创新创效水平及职工队伍的技能素质。

按照中国石化党组的要求，深入开展党的群众路线教育活动，共召开31个座谈会、个别访谈职工268人，征集意见建议1400多条。坚持边查边改，着力解决职工关心的热点和难点问题，全年补充医保基金出资808.1万元、帮困基金出资440.3万元，为各类困难职工提供帮助。

【2014年发展趋势】

2014年，高桥石化工作的总体要求是：深入贯彻党的十八大和十八届三中全会精神，全面落实集团公司工作会议决策部署，坚持稳中求进、改革创新的主基调，以保平稳为主线，以提高效益为重点，以加快推进炼化一体化项目为根本，以深化企业改革为突破口，全力扭亏脱困，全面完成各项方针目标，夯实“三个高桥”建设的各项基础。工作方针是：保平稳、调结构、优管理、控费用、提效益、谋发展。

按照总体要求和工作方针，确定主要经营目标是：完成原油加工量900万吨，力争化工产品总量78万吨，确保发电总量8.2亿度。上市部分限亏5.36亿元；非上市部分实现利润2亿元，力争2.2亿元。实现上报事故为零，人身伤害轻伤事故同比减少50%，OSHA可记录事件率小于0.3，隐患治理项目按时完成率100%；职工职业健康体检率、作业场所职业危害因素监测率、警示标识设置率100%，无急性职业中毒事故发生；外排工业废水达标率100%，危险废物妥善处置率100%，COD、氨氮等排放量稳定下降；产品出厂合格率、上级抽检符合率100%，顾客满意度≥85。全面启动公司提升调整系统工程，积极推动一体化项目中咨公司评估，力争年内完成项目环评报告；进一步加大安全环保、节能减排以及“破瓶颈”投入力度，挖掘老区装置运行潜力；确保7.5万吨／年三元乙丙橡胶装置4月份建成中交。

重点抓好以下五项工作：

1．推进绿色低碳，夯实安环基础。

2．狠抓经营优化，夯实效益基础。

3．持续提升调整，夯实发展基础。

4．深化改革管理，夯实制度基础。

5．加强队伍建设，夯实人力资源基础。

（陈建浩）

上海电气（集团）总公司

【概况】

上海电气（集团）总公司是中国最大的综合性装备制造集团之一，其历史可追溯到中国最早的机器电气工业。上海电气集团前身是上海市机电工业管理局，1995年改制为上海机电控股（集团）公司，1996年改制为上海电气（集团）总公司。

上海电气集团与西门子、三菱、ABB、阿尔斯通、施耐德等跨国公司共同投资建立60多家中外合资企业，拥有电站、重工、输配电、电梯、制冷压缩机、机床、轨道交通设备、印刷机械、机械基础件、工业自动化等产业，具有设备总成套、工程总承包和提供现代装备综合服务的优势。

上海电气集团核心竞争力不断增强，自主创新能力不断提高，成功制造了中国第一台6000千瓦火电机组、世界第一台双水内冷发电机、中国最大的12000吨水压机、世界第一台镜面磨床、中国第一台30万千瓦核电机组、中国第一根大型船用曲轴、中国第一台百万千瓦超超临界火电机组。

【2013年经济工作情况】

在宏观经济形势困难的情况下，集团广大干部职工开动脑筋，艰苦工作，积极应对，基本实现年初确定的各项目标和任务，转型初见成效。

一、经济指标基本实现预期目标

2013年，集团实现销售收入913.7亿元，实现净利润39.7亿元，在宏观经济形势不乐观、产能过剩、产品价格持续下降、机械行业整体遇冷的情况下，基本达到集团的预期。

二、新产业培育和兼并收购有序推进

集团一手抓新产业产业化进程，扩大市场规模，泰雷兹新承接订单8.8亿元，国核自仪手上已经有14亿元的订单；一手抓新产业培育体制的完善，成立“新产业投资审核委员会”，启动VC（风险投资），与日本纳博特斯克株式会社组建生产机器人减速器的合资公司，与富士电机组建生产高压变频器的合资公司。加大兼并收购的工作力度，与10多家国际投行建立工作交流机制，启动11项并购领域的研究课题，推进了第一批5个项目。

三、技术进步取得新的进展

积极实施集团15年科技规划，围绕上海市战略新兴产业化专项、国家部委重大科技专项、地方委办科技重大项目，31项获批，获得各级政府科技项目资助3.51亿元。一批重大科技项目取得新的进展，百万千瓦二次再热超超临界机组研制取得阶段突破，通过了两项国家课题评审会的评定。核电1905mm长叶片项目完成方案论证。核电核岛主设备已基本掌握AP1000压力容器、蒸汽发生器的制造技术。上海三菱电梯完成8m/s电梯开发。

四、管理取得预期成效

加强供应链管理，实现全年降本2%的目标；加强以应收账款为重点的现金流管理，发挥ARMS系统的作用，回笼重点客户已列入坏账准备的长期应收款项5.5亿元；加强以小股权管理为重点的投资收益管理，下属39家小股权净利润增长超过10%；加强以质量管理为重点的现场管理，启动核电质量改进百日行动计划，集团产品质量总体受控。

五、改革不断深化

形成适应转型发展的总部管控架构。撤消管理公司建制。总公司按照管资产的原则，设立了投资管理部。股份公司主要推进产业发展，提高产业管控能力、新产业培育能力和兼并收购能力。一些难点问题得以解决，对秋山、池贝公司形成一揽子解决方案，对内蒙古电缆厂进行股权转让，对高斯法国公司和英国公司进行了重组。

六、稳定工作总体受控

面对集团信访数量大幅上升、教师待遇问题等突出矛盾，集团信访稳定工作积极转变作风，真心实意为群众排忧解难，初信初访化解率达到72%。在全国“两会”期间等重要敏感时期，电气集团职工无人进京上访。

【2014年发展趋势】

2014年为上海电气集团转型发展的突破年，要全面贯彻党的十八届三中全会精神和市委十届五次全会精神，深化国资国企改革，用改革的办法和创新思路，实现转型发展的新突破。

1．继续做强主业，支撑集团转型。继续围绕“3+2”产业，提升产业能级，不断增强竞争力和盈利能力，做到市场占有率、毛利率、净资产收益率不下降。电站集团：按照保持400亿元以上销售目标，围绕制造、工程和服务三大板块，继续推进技术创新和商业模式创新。重工集团：聚焦核电，形成核电一体化管理体制，增强对客户服务能力。输配电：培育二次设备和系统，尽快形成核心产品。三菱电梯：探索实施国际化战略，销售和利润再有所增长。海立集团：深入实施国际化战略和产能转移战略。

2．实施收购兼并，形成新的增长点。加大兼并收购的力度，通过兼并收购进入新领域，占领新市场，获得新技术。围绕节能环保、自动化、新能源和智能电网领域，积极寻找具有成长性、在行业中处于优势、经济效益较好的企业，目标是通过3—5年的努力，募集资金100亿元，通过并购新增150亿元－200亿元的销售规模，带来6亿元－10亿元的利润。

3．推进新产业培育，优化产业结构。一是推进已经进入生产阶段的企业抓订单、上规模、出效益，新产业销售增长50%。二是围绕电力电子、机器人等行业，力争新培育2—5个新产业项目，形成新的增长点。

4．加快技术创新，增强核心竞争力。一是进一步提高研发投入的集中度。按照集团未来15年科技规划确定的4个重点领域、18个重点方向，加大科研投入力度。二是把产业化目标作为科研工作的方向。对700度超超临界技术、燃机技术、四代核电技术等重点攻关项目提出产业化目标。

5．深化改革，抓住关键和重点。发扬双水内冷首创精神，坚持点面结合和机制创新，调动上下两个积极性，鼓励第一个吃螃蟹的人，设计出谁先改革谁先得益的机制。对发展的工作，要用机制创新的办法；对探索性的工作，胆子要大点，但口子要小一点；对瓶颈问题以及长期解决不了的问题，要下猛药、出重拳。坚持分类推进改革。

6．发挥集团市场功能，建立为客户服务的系统。把质量管理、产品销售、售后服务、服务产业结合起来，各企业要建立为客户服务的系统。把提高市场能力作为转型发展、总部能力建设的一部分。拓展大客户管理，在电力系统、国家电网系统建立大客户管理的基础上，积极推进石化、造船、军工三个行业的大客户工作。

7．参与上海自贸试验区建设。一是围绕进出口贸易，在自贸试验区内设立一个进出口贸易平台，将集团的全球采购、设备出口等贸易业务转移到区内实体操作，享受海关监管、跨境支付等方面的优惠。二是围绕对外投资，将未来可能参与股权投资基金的投资主体设立在自贸试验区，建立对外投资平台，享受行政审批简便和延递纳税的优势。三是围绕全球司库管理，在自贸试验区设立集团全球司库管理平台，利用财务公司、香港公司的业务基础，整合资源，融通境内外市场，加强集团全球司库建设。

8．狠抓内部管理，提高工作水平。一是加强预算管理。真正将预算管理作为经济工作的牛鼻子，集团董事会从程序性决策机构走向领导机构。二是加强审计管理。加强专项治理，解决突出问题，确保按照时间节点完成整改的事项。三是加强安全生产工作。围绕高风险生产工艺、相关方和消防安全三个重点，确保生产安全事故不突破市安监局、国资委下达的控制指标；确保不发生有严重社会影响的生产安全事故和环境污染事件。四是加强质量管理。以提高客户满意度为抓手，做实基础管理，着力抓好核电、电站产品质量控制，切实解决质量管理中的常见病、多发病等低级错误。

（肖玉满）

上海华谊（集团）公司

【概况】

上海华谊（集团）公司是由市政府国有资产管理委员会授权，通过资产重组建立的大型企业集团，前身为成立于1957年4月的上海市化学工业局，1995年12月28日改制为上海化工控股（集团）公司，1996年11月重组改制为上海华谊（集团）公司，集团总部位于上海市徐家汇路560号。集团所属全资和控股企业有上海氯碱化工股份有限公司、双钱集团股份有限公司、上海焦化有限公司、上海吴泾化工有限公司、上海三爱富新材料股份有限公司、上海华谊丙烯酸有限公司、上海精细化工有限公司、上海天原（集团）有限公司、上海华谊集团投资有限公司等22家二级单位，其中双钱集团、氯碱公司、三爱富公司为上市公司，双钱集团、氯碱公司同时发行A、B股。集团拥有8家设计、研究院所，3家国家级企业技术中心，5家市级企业技术中心，2家上海市工程研究中心，并设有博士后科研工作站。2013年年末，集团总资产527.26亿元，净资产227.45亿元，归母净资产151.52亿元。集团员工总数31080人，其中上海地区24325人。集团二级层面形成化工制造业、化工服务业。化工制造业是指集团能源化工、绿色轮胎、先进材料、精细化工四大化工业务板块；化工服务业是指第五大业务化工服务，包括物流、工程、信息、投资，其主要任务是将集团四大核心业务板块的相关业务进行逐步集中，并通过专业化管理提升效率。通过化工制造业、化工服务业的协同发展，形成“双核驱动”（化工制造业和化工服务业）的业务新模式。集团产品主要涉及基础化学品、清洁能源、轮胎、塑料、涂料、染料和颜料、氟化工、试剂、助剂、化工设备等行业。

华谊集团名列2013年中国企业500强年度排行榜第231位、中国制造业企业500强第111位、上海企业100强第22位、上海制造业企业50强第10位。

华谊集团通过加快产业结构调整，实施“一个华谊、全国业务”的产业布局，坚定不移地实施“走出去”战略，向“有资源、有市场、有效益”的地区拓展，充分发挥集团品牌、技术、管理、人才等优势，在江苏如皋建设全钢子午胎项目，在重庆双桥建设全钢载重轮胎及橡胶制品生产基地，在江苏常熟建立氟化学品生产基地，在安徽无为建立煤基多联产精细化工生产基地和轮胎制造基地，在内蒙古鄂尔多斯达拉特旗建立大型资源型化工生产基地，在新疆乌鲁木齐收购建立双钱集团（新疆）昆仑轮胎有限公司，在山东烟台建立山东烟台天原胜德材料科技有限公司。

华谊集团注重吸引外资和加强对外合作，与杜邦、米其林、亨斯迈、卡博特、巴斯夫、拜尔、阿科玛等国际著名化工公司合资建立了中外合资合作企业。还与宝钢、中石化、神华集团等国内著名企业建立了合作关系。华谊集团拥有“上焦”、“吴泾”、“申峰”、“双钱”、“飞虎”、“回力”、“眼睛”、“光明”、“牡丹”、“一品”、“白象”等众多的著名品牌。

【2013年经济工作情况】

2013年，华谊集团完成产值459亿元，与上年基本持平，为预算目标97.9%；主营业务收入602亿元，增长34.1%，为预算目标126.7%；利润总额9.9亿元，为预算目标120.7%。服务贸易收入253亿元，占集团销售收入比重的42%。集团主要市外生产基地销售收入83.7亿元，利润总额4.2亿元。

华谊集团完成甲醇135万吨，同比增长58.1%；醋酸97万吨，增长37.2%；全钢子午线轮胎644.8万条，同比下降2.6%；烧碱71.2万吨，同比下降2.1%；聚氯乙烯16.05万吨，同比下降24.7%；聚四氟乙烯7197吨，增长18.8%；氟橡胶1793吨，增长57%；丙烯酸18.8万吨，同比下降18.7%；丙烯酸丁酯14.9万吨，同比下降20.3%；油漆16.8万吨，增长5.3%。全钢胎、聚氯乙烯、烧碱、丙烯酸及酯因产能过剩、需求低迷，生产负荷下降。综合能耗313.5万吨标煤，完成市政府节能减排工作目标。

华谊集团安全环保投入6.42亿元。完成焦化公司危化品储槽区安全设施升级改造和苯酐一期防火涂料整改、氯碱公司华胜厂罐区及汽车装卸站信息系统改造等92个隐患治理项目。启动PM2.5应急方案4次。全年死亡事故为零，重大环境污染、道路交通事故为零，职业病发病率为零，重伤事故率≤0.03‰，“三废”外排废水排口达标率达到96.2%，废气排口达标率达到94.7%

华谊集团项目建设完成固定资产投资12.55亿元（市内4.91亿元，市外7.64亿元）。增资控股新疆昆仑轮胎有限公司、与巴斯夫、亨斯迈公司在化工区合资建设SLIC/HPS公司MDI扩建项目获批准、上海三爱富新材料股份有限公司常熟四氟乙烯装置1万吨含氟聚合物项目完成中交、与中石化合资的安庆68万吨/年醚前液化气深加工（一期）开工在即、天原物流公司拜耳硝酸储运项目和优月项目建成投产、完成华太股权收购取得控股。滚动编制完成10家核心企业3年行动计划（2013－2015年）。

华谊集团科技投入9.51亿元。完成专利申请83项，技术秘密认定50项，完成新产品产值125亿元。丙烯酸公司“丙烯氧化制丙烯酸催化剂项目”获市技术发明一等奖，氯碱公司“4万吨/年PPVC成套新工艺技术开发及产业化项目”获市科技进步三等奖。编制完成集团“十二五”后3年技术创新三年行动计划。

华谊集团财务公司正式揭牌运营，成员企业104家，资金集中规模36.9亿元；通过财务公司向集团下属企业提供贷款14亿元（含票据贴现5亿元），年节约利息支出约5400万元。财务公司、小贷公司、华谊集团香港公司实现利润总额超过1亿元。

一、落实HSE责任，整治“低老坏”，控制集团安全环保风险

强化责任落实，着力HSE体系有效运行。按照“一岗双责”的总体要求，层层分解落实安全生产责任制，重点抓好“两头”——管理层和执行层，实现集团市内外企业HSE责任“全员化、全覆盖”。修订完成2013版集团《安全管理制度》，新增包括HSE承诺、安全目视化、“双卡”管理、可燃有毒气体监测报警等10项制度，进一步规范企业安全生产管理。同时，加强现场监管，努力控制安全环保风险；

加大安全环保投入，提升本质安全度。

二、深化营销变革，狠抓生产经营增效，集团经济总量实现新突破

组织集团合作伙伴高峰会议，与跨国公司就“合作创新·可持续发展”进行深入探讨，强化大客户战略合作。营销体系建设，组建“上海华谊新材料销售有限公司”和“上海华谊精细化工销售有限公司”，核心业务板块“1+1”营销运作模式的优势逐步显现。制定颁布集团《客户资信管理办法（试行）》。服务贸易占集团销售收入比重进一步提升，全年贸易收入占集团销售收入比重从上年的19%提升至42%，有力推动了集团从“生产制造”向“制造＋服务”转型。继续扩大集采品类，新增泵、温度变送器、双金属温度计、定位器，使集采品类从24个增加到28个，采购成本整体下降5%−10%。

修订完成包括工艺、设备、生产、质量、节能五方面45项制度及相关KPI指标为主要内容的集团《生产管理制度(2013版)》。推进焦化公司和吴泾公司的整合，深化“一体化”联动，持续优化生产运营。进一步发挥沪皖、漕（泾）吴（泾）、沪虞（山）基地协同效应，努力实现装置效能最大化。与此同时，加快结构调整，圆满完成节能减排目标。

三、“新建并购”与“合资合作”并重，“跨市发展”取得新进展

围绕行业发展趋势、产品投资机会和并购机会研究，组织开展能源化工、先进材料、精细化工等40项软课题调研，通过对标分析，进一步明确各业务板块三年行动计划目标、重点建设项目和并购项目；及时滚动编制完成10家核心企业三年行动计划（2013−2015年）。

组织开展丙烯酸公司安庆68万吨／年醚前液化气深加工项目（一期）、化工区1200吨／年催化剂及32万吨／年丙烯酸及酯和涂料公司年产10万吨新型着色材料、三爱富公司含氟共聚物等17个项目的前期论证和审批，涉及总投资243.35亿元。加强与央企、跨国企业产业链合作，加快“跨市发展”步伐。在能源化工板块、绿色轮胎板块、先进材料板块、精细化工板块以及物流板块都取得积极进展。同时规范工程项目管理，提高项目管理水平。

四、借鉴跨国公司科技创新体系经验，科研成果产业化取得新突破

以发展和完善核心产业链上关键产品和关键技术开发为重点，编制完成集团“十二五”后3年技术创新三年行动计划。上半年，集团与市科委签署《科技创新战略合作框架协议》。全年集团24个重点攻关项目获得国家科技部、市科委、经信委、国资委、国防军工等各类政策支持共计2.25亿元。

加快了能源化工板块、轮胎板块、先进材料板块、精细化工板块重点科技攻关项目产业化步伐。还通过“请进来，走出去”，提升开放合作研发水平。

五、做优做强平台公司，培育“双核驱动”业务发展新优势

深化能源化工板块、先进材料板块、精细化工板块、工程板块、投资板块以及地产板块等业务一体化整合。ERP推广项目得到有序推进。此外，还依托企发劳服公司平台成立集团退休人员服务中心，推进了退休人员的集中管理。华谊综合大厦项目抓紧建设；联手绿地集团合作开发恒信地块项目。产融结合平台运作取得显著效益。

六、完善监管体系，为促进集团健康发展提供保障

按照《企业内部控制基本规范》和《内部控制专项监审规范》的要求，组织开展对苏州天原物流公司、常熟三爱富公司、橡研所、信息公司等8家企业的内控专项监审；通过专项监审，针对查出的问题，提出整改意见，下发整改通知书。同时抓好2012年度集团财务决算审计工作。此外，组织开展集团系统企业经济合同管理、应收账款和贸易工作的专项检查；在对集团现行常用合同文本使用情况开展调研的基础上，形成以“购销、工程建设、房屋租赁、股权转让、对外投资、技术转让、劳动合同”等为重点的20多个内控制度，构建风险防范体系。

七、优化集团管控架构，机制体制创新取得新成效

按照集团《管控体系设计与组织结构优化方案》的要求，完成焦化、氯碱、丙烯酸、三爱富、工程、聚合物、实业等公司的组织架构标准设置和部门职责的调整。严格按照“先业内、后业外”审批程序，进一步优化集团人员结构：与智联招聘网合作，建立华谊集团校园招聘和成熟人才招聘网页，发挥集团整体优势，招聘成熟人才和应届毕业生；通过集中校园宣介，统一实施校园招聘，招录应届毕业生。同时整合业内岗位资源，实施员工内部招聘，涉及岗位125个，促进集团内部人才柔性流动。集团还扎实推进“YHA”培训计划，提升人才队伍专业素质。集团首次被国家人力资源和社会保障部评选为“国家技能人才培育突出贡献单位”、被上海市人力资源和社会保障局授予“上海市专业技术人员继续教育基地”。

八、加强对经济运行和干部廉洁从业的监管，在模式转变中反腐倡廉

集团与各二级单位签订党风廉政建设责任书，并根据市委巡视组意见修订完善《集团党风廉政建设责任制实施办法》、《领导班子成员党风廉政建设责任制职责和分工》两个制度，确立党风廉政建设责任主体，明确班子成员“一岗双责”分工和职责。中央关于改进工作作风、密切联系群众的“八项规定”和市委贯彻实施办法下发后，集团及时下发贯彻落实意见，明确严令禁止事项。年内，集团和各单位还组

织开展了各种教育、参观、培训和警示活动，以筑牢领导干部拒腐防变的思想道德防线。此外，组织开展专项检查，提高主动融入工作的水平。查处违法违纪案件，加大对违法违纪案件的查处和通报力度，重视关口前移，做好信访工作，在不断化解矛盾中确保员工队伍稳定。

【2014年发展趋势】

2014年，华谊集团主要经济目标是：在确保安全的前提下，力争完成产值470亿元，主营业务收入650亿元，利润总额11.5亿元。全年安全环保投入7亿元。

华谊集团将以“改革创新”为动力，以“市场化、专业化、国际化”为导向，以安全环保为基础，狠抓“四个增效”（增产增效、降本增效、服务增效、协同增效），着力提升经济运行质量和效益；对标国际先进，着力提升基地产业链整体竞争优势；坚持集成创新、协同创新，着力提升产业链整体技术能级；新建并购合资合作并举，积极发展混合所有制经济，以改革促发展，创新机制，进一步增强集团活力，打造集团转型发展“升级版”。具体要抓好七方面工作：

1．落实HSE主体责任，推行关键装置安全评估，稳步推进HSE（健康安全环保）上台阶。

2．大力实施“增产增效、降本增效、服务增效、协同增效”，切实提升经济运行质量和效益。

3．对标国际先进，加快项目建设，提升基地产业链竞争整体优势。

4．坚持集成创新协同创新，努力提升集团可持续发展能力。

5．以改革促增效，加速平台公司运营模式变革。

6．发挥“制度＋科技”优势，建立集团内控体系，为加快集团发展提供支撑。

7．“培养与引进”并重，加快建立与集团转型发展相一致的人力资源管理体系。

（祁崇元）

上海纺织（集团）有限公司

【概况】

上海纺织（集团）有限公司是一家以科技为先导，品牌营销和进出口贸易为支撑，以纺织先进制造业和时尚产业为依托，拥有较完整的纺织服装产业链的集科工贸为一体的企业集团，同时也是上海最大的国际贸易集团。近年来，纺织集团以“成就无限科技梦想、编织多彩时尚生活”为使命，以“致力于成为中国现代纺织的领航者和全球客户信赖的服务商”为愿景，积极探索了一条坚持“科技与时尚”发展理念，努力推进传统纺织制造业向设计、研发和品牌服务等高端提升、二产向生产性服务业和现代服务业延伸的战略转型之路，逐步形成了以先进制造业与现代服务业相融合、科技与时尚相辉映的高端纺织产业的新格局。现拥有总资产233亿元，员工1.8万人。2013年，纺织集团名列中国企业500强排名第237位，中国纺织服装企业竞争力500强排名第6位，中国进出口500强排名第40位，中国纺织品服装出口排名第2位。

【2013年经济工作情况】

2013年，上海纺织集团坚持以“提高经济运行质量和效益”为核心，积极防范外贸风险，加快推进业务转型，进一步探索业务新模式，推进核心业务健康可持续发展，全年实现主营业务收入425.5亿元，比上年减少2.1%；利润总额8.1亿元，增长12.1%；进出口51亿美元，减少1.4%（出口37.8亿美元，减少2.2%；进口13.2亿美元，增长0.9%）；应收账款周转天数17天，比年初减缓2天；存货周转天数30天，比年初减缓2天。

一、外贸转型进一步加快

一是积极开拓自营业务。全年自营出口同比增长3.4%，自营出口占比提高0.8个百分点，贸易结构进一步优化。

二是积极探索新市场、新模式、新业务。加大新兴市场的拓展力度，全年投保总额同比增长58.94%。积极寻找低成本地区加工基地，华申进出口在孟加拉国设立分支机构，新联纺、申达外贸启动在东南亚低成本地区落单的新模式，保税物流园区业务进一步增强。

三是积极深化外贸服务平台。精心组织外贸企业参加华交会和广交会。与洋山海关共同举行“促外贸、稳增长”通关实务研讨会，与中国信保上海分公司、中远集装箱运输有限公司、顺丰快递、上海交运集团签署战略合作协议。

四是积极防范外贸风险。加大中信保投保力度，全年投保金额18.8亿美元，同比增加26%。成立外贸风险应对工作小组，加强集团风险防范能力。

二、品牌影响力进一步增强

一是老字号品牌终端进一步拓展。全年“三枪”等老字号品牌新增门店61家、专柜34家、加盟店（柜）52家；龙头家纺新增专卖柜6家，加盟终端5家；海螺新增终端13家。

二是新品牌影响力进一步增强。Prolivon和EY各新开

近5万平方米仓储面积，支持公司分销自有业务的成长。截至年末，公司共获得新版GSP证书18张。公司分销业务所覆盖的医疗机构为9854家，其中医院9500家，疾病预防控制中心（CDC）354家，医院中三级医院478家，占全国三级医院比例27.66%。公司继续扩大和丰富产品线，新引进3443个品种，其中进口合资432个，国产3011个。新业务如高端药品直送业务（DTP）、疫苗和高值耗材继续快速拓展，实现销售收入44亿元，增长26.15%。公司药品零售业务实现销售收入29.92亿元，增长8.84%。公司下属品牌连锁零售药房1981家，其中直营店1291家。

三、医药研发项目进展良好

上海医药研发费用性支出合计45471万元，为研发购置资产等支出为2359万元，研发费用性支出占公司工业销售收入的4.25%。其中，26.3%投向创新药研发，58.63%投向首仿、抢仿药研发，15.07%投向现有产品的二次开发。公司近年研发上市的新产品销售收入为10.19亿元，约占公司工业销售收入的9.51%。公司新增2个品种的临床批文4个、5个品种的生产批文7个。其中，化药3.1类新药米格列奈片生产批文为国内企业中第四家获批，产业化上市7个品种。公司申请发明专利32件，获得发明专利授权17件，截至年末，上海医药累计拥有发明专利189件。公司创新药物研发按计划进展，其中1.1类新药雷腾舒Ⅰ期临床完成，正在申报Ⅱ期临床。与上海复旦张江生物医药股份有限公司（复旦张江）合作的多替泊芬仍在开展临床研究。公司抗体项目建设规划初步成形，与复旦张江合作研发的高亲和力重组人肿瘤坏死因子受体－FC融合蛋白仍在等待临床批件，有望在2014年上半年获批临床。在研人源化抗CD20单克隆抗体已经基本完成临床前药学与生物学评价工作，已正式申报临床批文。8月，公司引进复方Her2抗体并启动临床前研究。年内，公司还通过收购上海交联药物研发有限公司100%股权，引入抗体偶联药物在研产品T-DM1和CD30-DM1，以进一步提升生物医药研发能力。公司还与第二军医大学（二军大）签订了“转化医学联盟”合作协议，拟每年投资1000万元与二军大开展创新药物等方面的项目合作，已初步确定5个创新合作项目。公司申报的《上海医药抗体产业化基地建设项目》和《上海医药中央研究院能力建设项目》入选2013年上海市国资委“市国资委企业技术创新和能级提升项目”，分别获得资助4100万元和7500万元，首笔资助50%资金已到位。公司作为子课题承担单位参与申报由第二军医大学牵头的国家重大科学仪器设备开发专项项目、承担的子课题“上药集团国家基药综合信息入库与工艺变化条件下光谱数据库的适用性研究”项目实施顺利。公司承担的“重大新药创制”科技重大专项2010年项目——《上药集团研发体系产学研技术联盟建设》课题正式通过验收。公司申报的《创新药物开放式平台建设及品种研发》入选“重大新药创制”科技重大专项2014年度新增课题。公司所属上海新亚药业有限公司与中国食品药品检定研究院共同申报的《β－内酰胺类药物的关键技术创新研究与产业化》荣获2012年度上海市科技进步奖三等奖。为落实公司中药三年规划行动方案，公司现已成立集团层面的中药研究所，主要负责公司中药已上市品种的二次开发和新产品开发。公司重点二次开发的中药项目包括八宝丹作用机理研究、尪痹片工艺质量改进及临床评价研究，其中尪痹片项目入选“重大新药创制”科技重大专项中药大品种技术改造2014年度新增课题。化学药方面，在研的3.1类新药雷沙吉兰原料制剂及盐酸马尼地平原料制剂有望国内前三家获得生产批件。为提高仿制药内在质量，公司对现有仿制药品种进行了梳理，制定了相应的工作计划，分期分批启动了仿制药质量一致性评价研究工作，部分重点品种的一致性评价工作已基本完成，待相关政策出台即可按要求申报。

四、推进对外并购

上海医药工业并购方面，为进一步优化产品结构，公司通过首次收购及2014年一季度后续增持的行为获得东英（江苏）药业有限公司89%股权；为解决产能瓶颈，实现产业梯度转移，公司完成对山东省平原制药厂的收购并合资组建山东信谊制药有限公司，山东信谊将凭借其制造成本优势成为上药基普药生产基地。遵照2009年公司重大资产重组时的承诺，公司完成对正大青春宝药业有限公司20%股权的增持并获得其75%的控股股权。商业并购方面，为拓展山东地区市场份额，公司完成对山东国林医药有限公司的并购；为加强与医院药房合作，提高DTP市场占有率，公司完成开办杭州欣仁祥药房、上海华东宏恩大药房、三院大药房等项目，并通过上药众协在安庆和湖南新设DTP药房。为完善市场网络布局，公司批准上药科园信海医药湖北有限公司在十堰、荆州设立公司，完成上药科园信海医药湖北有限公司在武汉设立公司。

五、优化内部资源整合

上海医药进一步优化现金池的建设，降低财务费用。公司内部融资规模进一步扩大至18亿元，直接降低财务费用8908万元；引入跨国银行服务，降低进口贸易融资成本；通过收购中国国际医药（控股）有限公司，搭建公司境外药品贸易支付平台，利用金融杠杆，降低财务费用。公司实施上海地区药品生产企业的大宗原辅包材实施集中采购，已完成药品外箱、实验室试剂和化工溶剂的集中采购，与原采购价比，采购价平均降幅达9%。公司实施“机票、住宿与办公用品”集中采购，自试运行以来，集团总部及沪上直管单位机票平均折扣下降16个百分点；两家住宿供应商的采购价与前台现付价相比，分别节省约38%和14%；办公用品供应商采购价较网价相比平均节省约17%。公司推进内部工商协同，确定品牌战略和实施方案，启动市场准入体系建设，初步建立多层次涵盖约10个省市的市场准入体系，在各地药品招标中统一协调，以市场化原则配置资源，以下属各区域商业龙头企业为平台，推进渠道归并。公司开展精益六西格玛管理，率先在下属上海医药分销控股有限公司物流中心试点精益六西格玛项目，精选七大项目，内外联合，全流程、全要素践行精益管理，截至年末，共降低物流费用166.85万元。公司积极推进内部业务整合。为深化公司“以战略管控为主，运营管控为辅”的管控模式，公司新设战略运营部和公共关系部，优化投资发展部、资产管理部和人力资源部的各项功能，以提升公司在战略管理、薪酬绩效、品牌管理、危机公关等方面的管控能力。为进一步提升工业板块整体运营效率，培育产业集团竞争优势，公司建立上海医药营销中心，下设营销一部（医院自营终端推广为主）、营销二部（精细化代理为主）和营销三部（零售终端为主），以实现公司对下属子公司产品营销的统一规划、服务、指导与督促。另外，公司收购东英（江苏）药业有限公司（东英）后，先后制订并完成“前百日整合计划”和“后百日整合计划”；启动以下属上海华氏大药房有限公司为主的零售资源整合；上海新亚药业有限公司的川沙，张江的二地改造项目已全部完成，并通过新版GMP认证；完成新亚药业生产基地“3合2”的调整；常州药业股份有限公司原料药基地向江苏南通搬迁项目已完成，正在试生产；上海信谊药厂有限公司生产基地“1+2”调整仍在进行中，其中水针剂改造项目已完成，已申请新版GMP认证。

【2014年发展趋势】

2014年，上海医药将继续深入贯彻三年发展规划，进一步完善公司中长期激励机制，充分调动公司管理骨干和员工的积极性；进一步整合公司内部资源，优化集团营销、研发和生产体系，实施精益六西格玛管理，持续提升公司管理水平和市场竞争能力；努力实现公司营业收入及股东应占净利润保持两位数增长，并保持良好的经营质量。

（黄郁波）

上海仪电控股（集团）公司

【概况】

上海仪电控股（集团）公司（简称仪电控股）是上海市国有资产监督管理委员会所属具有独立法人资格的国有独资控股集团公司。

2013年，仪电控股在市国资委和董事会的领导和支持下，在各级干部员工的共同努力下，按照“创新驱动、转型发展”的总体要求，紧紧围绕仪电新的发展战略和“十二五”规划目标，聚焦推进战略实施，加快信息服务业的战略布局和电子制造业的战略转型，积极构建新的产业架构，加强科技创新和人才工作，推进体制机制和商业模式转变，努力提升主业竞争力，总体经济运行保持良好态势，主营业务规模和经济效益持续增长，改革、发展、稳定各方面工作取得了一定成效。

【2013年经济工作情况】

主要预算指标完成情况。2013年，仪电控股合并口径营业收入124.03亿元，完成预算目标的112.23%，比上年增长22.45%。主营业务收入122.58亿元，完成预算目标的116.72%，增长25.85%。利润总额14.08亿元，完成预算目标的96.24%，增长13.09%。归属母公司净利润6.33亿元，完成预算目标的103.09%，增长12.23%。净资产收益率9.77%，完成预算目标的106.54%，提高0.24个百分点。国资考核利润1.2亿元，完成预算目标的120%，增长7.14%。

一、完成战略修编，推进实施新战略和“两个加快”行动纲要

根据内外部形势和竞争环境的变化，完成新修编发展战略和“两个加快”行动纲要的修改定稿，进一步明确战略转型的定位和方向。并据此修订仪电控股三年行动计划，制定各产业集团三年（2012—2014年）任期考核目标。相关产业集团修订产业集团发展战略和三年行动计划。控股公司和产业集团运用多种形式组织对新战略的学习和宣传，为将广大干部员工的思想和行动统一到新战略实施上来发挥了积极作用。

控股公司和各产业集团围绕三年行动计划和全年经营目标，积极推进新战略的实施，加快产业布局和产业转型，努力构建和完善产业架构。信息服务和电子制造板块积极推进投资并购和重点项目。通过并购，在探索发展混合所有制经济的途径和方式上取得一定经验，为完善产业布局、促进业务转型、提升主业规模和效益起到积极作用。加大产业孵化培育力度。控股公司设立1000万元的创新孵化项目专项基金，并对首批16个申报项目进行评审。

相关产业集团推进实体化运作。仪电信息集团成立云计算事业部和智慧城市事业部，实施项目制管理；仪电物联由年初设立的5个事业部向智能终端、智慧城市、智能建筑三大业务板块归并；仪电电子集团部分业务实现实体化运作；

华鑫置业集团整合运营业务，成立华鑫工程公司和华鑫资产公司两个专业平台，研究物业管理业务整合方案，加强综合信息化管理平台建设。

为发挥上市公司壳资源价值，加快汽车电子板块业务整合和聚焦，推进产业集团实体化进程，仪电电子集团制定推进飞乐股份重大资产重组预案，并正抓紧推进重组预案调整工作。

两大支撑主业推进战略和年度计划实施，加强业务拓展和专业化能力建设。华鑫置业集团全力推进86.79万平方米的项目建设，按计划完成宜山路711、漕宝路161/163、金桥一区一期等项目竣工，剑腾三期、金桥一区二期项目开工，华鑫中心入围2013年远东建筑奖，宜山路711项目获得上海市优结构项目和观摩项目。

二、加强产业联动和对外合作，培育打造重点产业链

着力推进实施产业集团、重点子公司之间的产业联动项目。组织内部专家团队开展产业链专题调研，形成“7+1”（智能安防、智能照明、智能食品溯源、智能会议系统、合同能源管理、车联网、智能远程教育医疗、云计算和云安全）产业链的总体构想，确定现阶段以聚焦培育“3+1”（智能安防、智能照明、智能食品溯源、云计算和云安全）产业链为重点。

控股公司明确各“3+1”产业链的牵头负责人和项目小组，建立产业联动季度例会工作机制，推进重点产业链明确战略方向、业务重点和实施路径。信息服务板块和电子制造板块相关单位通过产业联动，发挥各自在产品制造、系统集成、数据平台、软件服务等方面的特长，加强团队合作和业务融合，不断拓展智能照明、智能安防、智能食品溯源、合同能源管理、云计算数据中心等业务。签约承包上海中心智能照明配套项目，中标中国国际博览会展中心综合体照明工程项目；承接上海中心、博世上海总部等智能安防项目。

两大支撑主业积极参与产业联动项目，与核心主业加强合作、抱团竞争。华鑫置业集团加强与仪电信息集团、仪电物联、仪电电子集团在打造智能楼宇、智能园区方面的联动合作，实施智能安防、弱电系统、智能照明控制等项目。华鑫证券公司做好为华鑫置业集团和飞乐音响合同能源管理提供资产证券化方案等工作。

在加大内部业务培育和市场拓展力度的同时，积极加强与外部单位尤其是国有大集团和区政府的业务合作。分别与上海城投、上海城建、华谊集团、建工集团、光明集团、百联集团、良友集团、临港集团、国盛集团、东浩兰生集团等开展交流合作，与长宁区政府、杨浦区政府签订战略合作协议，并完成若干个项目的对接洽谈和项目落地。

三、加强科技创新和人才工作，培育核心竞争力

根据新战略，完成仪电控股技术创新三年行动计划编制，确定技术发展创新战略，核心主业板块完成科技创新战略规划修订。召开科技创新工作会议，对美多公司荣获国防科技进步一等奖进行表彰奖励，强调进一步发挥科技创新在仪电战略转型中的引领作用。

加大科技创新投入，电子制造业企业整体科技投入占销售收入比例达到3.1%以上，信息服务业企业达到4%以上。继续落实仪电控股科技政策，制定实施2013年度仪电控股重点研发（新产品）计划，对14项科研（新产品）项目给予专项经费支持共计1360万元。成立仪电控股中央研究院。完成仪电控股技术专家委员会的换届续聘工作，筹建消费电子和智能安防两个专业分会。加强科技管理，研究政府鼓励企业转型发展和加快发展物联网、云计算产业的各种扶持政策，积极争取研发经费、项目专项经费支持。

全年重点企业共申请专利175项，其中发明专利66项，分别比计划数提高14%和17%。仪电电子股份成功研发国内首台大屏幕超短距激光显示智能终端，并荣获工博会银奖。仪电物联、索广映像被认定为上海市企业技术中心，仪电智能电子被认定为上海市知识产权示范企业。完成市科委科研计划项目子课题“研发平台企业集团服务站（上海仪电）服务体系建设”并通过验收。与此同时，围绕产业转型、创新发展的要求，积极培养和引进各类高层次人才。组织开展企业领导人员关于物联网、云计算等领域理论与实务内容的专题培训。

四、推进全面预算和全面风险管理，完善管控体系

深化推进全面预算管理。组织开展全面预算管理评价工作，控股公司和产业集团从制度保障、组织体系、流程、信息系统和管控协同等方面进行对比，自我评价，找出短板，制定并实施有关提升工作方案。调整完善预算分级管控体系，加强对产业集团预算执行进度和运行质量的监控，重点突出应收款、存货、毛利率、利润结构、经营性现金流的跟踪分析和人工成本预算管理。

继续加强财务和资金管理。根据三年行动计划，梳理资源、细化财务测算和方案筹划、构建合理的财务结构，完成三年财务规划（2013—2015年）的编制工作。深化对委派财务总监的管理。做好本年度重大项目财务和税务方案测算和策划，积极争取财政政策，获得815万元财务扶持资金。抓准时机，完成第三期15亿元中期票据的发行，进一步完善融资结构。推动和帮助产业集团搭建融资平台，获取战略合作银行的综合授信支持和中长期专项贷款，解决或缓解了资金需求。

扎实推进全面风险管理。根据管控架构的变化，推进实施《仪电控股风险管理体系建设实施方案》，在全面评价现有制度合理性、完整性、操作性、有效性和规范性的基础上，修订完善相关制度，完成《内控制度汇编》并试行。全

年开展280多个内部审计项目，委托中介机构审计192项，提出各类建议100余条，并积极推进和督促审计发现问题的整改落实。

五、积极推进非主业调整工作，确保安全稳定大局

各产业集团根据年度调整工作计划，积极推进非主业调整工作。年中，控股公司对各产业集团调整工作进行调研，评估调整计划，对落实情况进行检查对标，及时提示并分析问题，确保年度调整工作有序推进。

各产业集团自我加压，积极探索行之有效的调整方法。针对不同个案，对资产（包括无形资产）、债务、人员、经营状况、历史遗留问题等摸清情况，对难点问题进行剖析，制定切实可行的实施方案。其中，将开放性市场化重组与产业结构调整、转型发展相结合，积极探索转换经营机制和多元化投资等新的企业调整退出途径，充分发挥市场优化配置资源的作用。全年共完成企业调整56家，基本完成调整工作目标。

仪电资产集团完成三年行动计划修订，进一步明晰公司战略定位和发展方向。有效发挥资产经营管理、人员管理服务、非聚焦企业经营和企业维稳平台的作用，深度挖掘有限资源，加快推进非主业企业股权资产处置进程，抓好零星不动产处置和持有物业的经营管理，积极妥善地处理调整企业的众多历史遗留问题。做好调整企业人员托管接收工作，加快实施人员协解分流工作。加强对运营企业经营状况的监控，确保经营企业平稳运行、实现经营目标。全年在积极平稳做好各方面工作的同时，确保现金流平衡。以及重视和加强安全生产和环境保护工作。高度关注和全力抓好维稳工作。

六、推进企业文化建设，加大品牌推广力度

围绕“学习新战略、提升执行力”主题，加大仪电新战略和仪电企业文化理念的宣传力度，积极树立先进，弘扬典型。积极推进行为文化建设，广泛征集并形成8条仪电员工行为准则和33个先进事例。

加大品牌建设和推广力度。完成“INESA云赛”品牌定位和品牌规划方案；制定并实施《商标管理规范》，并启动在日本的INESA商标注册工作。完成控股公司外网改版更新工作，完成企业宣传册、宣传片制作；有序推进子公司更名工作。

此外，控股公司还积极配合推进畅联物流上市准备工作；参与中铝上铜公司的经营机制调整工作，并与控股股东积极沟通，就后续股权调整方案达成共识。

积极组织开展各类群众性节能降耗活动，全年工业能耗总量（万吨标煤）≤8万、每千个代表产品的能源单耗133.7千瓦时，较好完成了市政府下达的节能减排目标。

【2014年发展趋势】

2014年将是仪电控股进一步全面深化改革的重要之年，也是实现向物联网、云计算产业转型的关键之年。

仪电控股经营工作指导思想是以党的十八大、十八届三中全会精神、中央经济工作会议精神和市委、市政府《关于进一步深化上海国资改革促进企业发展的意见》为指导，进一步解放思想、把握全局，坚定不移地推进实施仪电发展战略，深化体制机制改革，加快产业转型发展，着力提升在物联网、云计算行业的核心竞争力，以改革创新精神推进各方面工作，努力实现主业发展规模和经济效益目标。

主要预算目标：根据发展战略和三年行动计划目标，仪电控股合并口径营业收入确定为145.04亿元，同比增长16.94%。主营业务收入140.17亿元，增长14.35%。利润总额15.19亿元，增长7.88%。归属母公司净利润7.08亿元，增长11.85%。净资产收益率9.77%，同比持平。

重点工作安排：

1. 加大投资并购、科研创新和人才工作力度，加快形成核心竞争力。

2. 加强产业联动和抱团竞争，聚焦打造“3+1”产业链。

3. 深化改革创新，推进体制机制市场化。

4. 加强全面预算和全面风险管理，确保企业健康运行。

5. 推进非主业调整，进一步优化资源配置。

6. 加强企业文化和品牌建设。

（陈　栋）

长江计算机（集团）公司

【概况】

长江计算机（集团）公司创建于1987年3月，是拥有进出口贸易自主权的国家计划单列企业集团，也是我国早期计算机工业的重要基地。经过20多年的发展，集团从初创时期的单一硬件制造，逐步布局基于“系统加硬件、软件加芯片”的信息服务业新型发展道路，形成软件开发、系统集成、信息服务、硬件制造四大主业，在国民经济信息化建设的诸多领域创造了骄人的业绩，成为计算机信息服务业的重要开发商、集成商和安全运营服务商。

【2013年经济工作情况】

2013年，长江计算机（集团）公司紧紧围绕重组发展战略，牢牢把握“全面调整结构、聚焦重点业务、优化经营质量、稳步发展产业”工作主线，聚焦重点，突破难点，稳步推进集团主业和辅业分离的改革重组各项工作，全年实现销售收入48520万元，完成全年预算目标的101%；实现利润2262万元，完成全年预算目标的111%。

一、抓调整、优结构，“两个平台”建设基本完成

1．完善组织架构，优化资产规模。一是完善法人治理结构。经集团董事会审议，由集团董监事兼任有限公司董监事（职工董事与职工监事除外）；按照公司《章程》的要求，完成有限公司法人代表的变更和董监事的调整；同时，对有限公司章程、经营范围进行修订与调整，为有限平台业务实体化运作打好基础。二是完善组织架构和岗位职能。经集团总裁办公会审议，将长江集团原有的管理部门职能有选择地覆盖至有限公司，并根据总部职能部门岗位以及职能变化，修订完善、制定集团总部以及有限公司、资产管理平台相关部门的岗位职能。三是实施减资夯实资产规模。集团通过对有限公司实施减少注册资本、股权转让、债务重组等改制重组，达到夯实资产规模、理顺投资关系、重组债权债务、优化权益结构的目的，为有限公司的市场化运行创造更好的条件。

2．聚焦产业平台，实施主业板块结构调整。针对下属企业业务特点，确定集团现有的主业方向，将智能楼宇、运维服务、研发中心、产品代理等相关业务以组建事业部的形式进入长江有限平台；智能交通、数字能源业务以成立子公司形式进入长江有限平台；确定各业务核心价值培育方向，明确各事业部、子公司业务发展功能定位。按照分类调整、分散操作、分步实施工作思路，成熟一家，实施一家，分步推进，完成了事业部人员调整、业务平移工作；启动亚太“特吸”合并亚泰的工作，完成亚泰增资以及亚太、亚泰公司的审计评估工作；根据东海智能交通业务板块调整方案，完成了长江智能数据技术有限公司组建工作。

3．理顺投资关系，启动调整板块股权划转。按照集团重组方案关于所有不动产、培育企业、社保全部进入资产平台的要求，确定资产经营有限公司以不动产租赁收入管理、财务投资企业收益管理、社保企业成本费用管理等为重点的目标管理原则。通过集团所属相关企业的股权无偿划转和有偿转让，使有限平台的业务专业化，债务清晰化，资产夯实化，治理高效化，为调整企业的统一集中管理奠定基础。

4．加强内部管理体系，为实体化运作提供保障。一是加强制度建设，规范管控流程。根据实际情况的变化，集团对财务管控模式、合同管理制度、不动产管理制度、公章使用、公文流转等制度进行修订和完善，提升管控效力。二是实施资质平移，为实体化运作提供支撑。有限公司ISO9001体系认证已通过，信产部系统集成资质更名已通过专家评估审核，已向建委有关部门递交施工资质变更申请并受理。三是积极探索与市场相接轨的激励机制。集团与专业的人力资源咨询公司开展合作，全方位地在企业组织架构、岗位职能、薪酬制度设计、绩效考核管理、核心员工中长期激励机制建设等方面开展项目咨询，集团核心员工中长期激励机制方案已基本确定。

二、抓创新、拓市场，为持续发展打基础

1．重大项目承接数量实现新突破。2013年，集团承接的1000万元以上重大工程项目有新突破，中标项目达15项，是上年同期的166%，累计合同金额达2.3亿元。上海中心大厦项目综合布线系统、城市最佳实践区改建项目建筑智能化系统、通用武汉公司ANDON系统、红房子医院HRP（ERP系统）等重大项目的中标，进一步扩大集团的影响力，为培育新的业务增长点打下较好的基础。

2．技术研发有新进展。积极推进“基于状态检测及油耗监控的车辆服务支撑管理系统”项目的功能聚焦与应用落地；自主研发的“基于ETC自由流标识技术的高速公路应用平台”项目，其技术在国内领先；自主研发的“长江智慧云－安全管理系统”、“长江Ukey安全认证系统”等系列软硬件产品，成功运用于“国盛云”数据中心、蔬菜集团数据中心等应用项目。全年申请知识产权30件，其中发明专利7件，实用新型专利8件，软件著作权15件；完成区级、市级以上重大科研项目共计6项。

三、抓调整、盘存量，提升资产运作价值

1．企业清理目标圆满完成。集团对部分长期经营不善、管控不力的投资参股企业制订清理整顿工作计划，完成6户企业的关闭清算和股权转让工作。

2．资产运作有成效。按照“统一管理、规范审批、加强监督、综合治理、提升服务、创造效益”的工作目标，有效开展长江集团厂房场所出租的经营工作。完成5390万元租赁收入，完成租赁面积约63962平方米，出租率达90%。

四、抓预算、促管理，提升经济运行质量

1．深化全面预算过程管理，提高预算管理有效性。进一步深化全面预算管理，全面推广合同成本概预算管理模式，引进千万以上项目“成本树管理法”的管理思路，严控重大项目的成本支出；运用杜邦财务分析模型，初步建立企业经济评价体系；建立财务分析报告模块，细化预算执行过程的分析，加强产业平台财务预警评价有效性，实现风险管理与风险实时监控；坚持KPI日常管理，重点分析企业主要核心指标实际完成情况及年度预算执行情况，重点突出企业经济运行分析及主要经营状况回顾，重点关注重大市场拓展项目信息、新业务拓展、资产重组、资本投入项目、企业清

理等进展情况，重点跟踪企业经营任务书所确定的重点业务目标完成进度，及时反馈经济运行信息、分析存在问题、落实改进措施，确保年度工作目标实现。

2．推进集团内控体系建设，有效控制风险。在2012年构建内控体系基本框架的基础上，2013年重点是深化风险评估。一是完善五项子系统风险评估，按照中央五部委制定的《内控规范》和《内控指引》要求和集团《内控风险评估实施方法》，在相关职能部门初步评估的基础上，选定36个关键风险控制点，并提出了相应的控制措施。二是通过对五项控制系统的控制措施、控制流程、控制职能进行分解，制定了业务控制、决策控制、执行控制、监督检查控制活动规则，与之相配套的相关规章制度制定、完善已基本完成。

3．强化隐患治理和安全专项检查，安全生产平稳可控。一是加强组织领导，落实安全责任。通过层层落实安全责任制，建立了“横向到边，纵向到底”全覆盖的安全生产监管网络，全年未发生死亡事故和重大伤残事故，完成国盛集团履职考核目标。二是夯实管理基础，完善管理体系。组织各类安全资质以及专业知识的培训，提高企业安全管理人员的专业知识、业务水平和整体素质；有序推进安全生产标准化达标工作。系统内文安、广域、卫导3家企业分别通过二级、三级达标企业的评审，使集团安全生产标准化创建达标基本实现了企业全覆盖。三是突出工作重点，对集团内重点区域、重点单位和厂房场所租赁的管理情况进行认真检查，落实隐患整改，确保集团一方平安。

【2014年发展趋势】

2014年，是长江计算机集团深化改革、推动转型发展的攻坚关键期。推进集团转型和发展，责任重大、使命光荣。

总体工作思路是认真贯彻落实党的十八届三中全会精神以及国盛集团2014年工作会议精神，紧紧围绕国资国企改革发展大局，以“改革创新求突破”为主线，抓住机遇，凝心聚力，坚定不移推进集团改革重组战略的实施，着力破解企业发展的瓶颈制约，提升企业内涵发展质量，实现主业创新跨越、辅业深化整合。

工作重点：一是突出市场驱动，在深化改革创新中提高业务拓展能力。二是注重技术创新，在转变发展方式中增强核心竞争能力。三是深化辅业整合，在集约化管理中提升资产运作价值。四、加强内部管理，在完善运行机制中提高全面管控能力。五是创新激励机制，在集聚人才中激发企业发展活力。

（袁钱英）

上海航天局

【概况】

上海航天局（又称上海航天技术研究院、中国航天科技集团公司第八研究院）是中国航天科技集团公司所属的三大航天型号总体研究院之一，主要从事航天型号工程项目的研究、设计、制造、试验、生产和服务，以及航天技术应用产业、航天服务业等业务，拥有完整配套的科研生产体系和产品质量保证体系。

上海航天局辖有24家直属的企事业单位。包括航天型号总体、总装单位6家；制导、控制、电子、动力、电源、技术基础等专业技术研究所6家；航天技术应用产品生产企业7家，其中1家为控股的上市公司；航天服务企业5家。至2013年年末，上海航天局有从业人员20639人。

【2013年经济工作情况】

一、经济指标

2013年，上海航天局实现营业收入244.42亿元，比上年增长21.23%；实现利润14.06亿元，增长37.57%；实现经济增加值（EVA）8.78亿元，增长99.55%；成本费用率95.5%，下降0.47%；全员劳动生产率26.73万元／人，增长25.38%。

二、宇航型号

圆满完成以载人交会对接、实践十五号、嫦娥三号为代表的7箭5星1船1器发射任务。

（一）载人航天及探月工程

1．圆满完成神舟十号飞船发射及与天宫一号载人空间交会对接任务。6月11日，上海航天局参与研制的神舟十号载人飞船在酒泉卫星发射中心成功发射。6月13日，天宫一号目标飞行器与神舟十号飞船成功实现自动交会对接，航天员聂海胜、张晓光、王亚平顺利进驻天宫一号。6月26日，飞船返回舱安全返回地面，航天员健康出舱。

2．嫦娥三号月球探测器成功发射并在月球软着陆。12月2日，嫦娥三号月球探测器在西昌卫星发射中心成功发射，顺利进入地月转移轨道。上海航天局承担嫦娥三号探测器巡视器测控数传、移动、结构与机构、电源，着陆器一次电源分系统共5个分系统及综合电子分系统控制驱动组件的研制工作。14日，嫦娥三号成功软着陆在月球虹湾区域；15日凌晨，嫦娥三号巡视器、着陆器成功分离，“玉兔号”巡视器顺利驶抵月面；23点47分，嫦娥三号着陆器、“玉兔号”巡视器出色地完成“两器”互拍成像工作。

3．空间站电源分系统关键技术攻关项目通过验收。1月22日，上海航天局承担的空间站电源分系统系统设计仿真及管理、基于锂离子蓄电池组的通用模块化控制调节等两类关键技术攻关在上海通过验收评审。6月17日，空间站电源分系统大面积可展收柔性太阳电池翼、高承载超大功率长寿命对日定向驱动机构两项关键技术攻关项目在上海通过验收复审。

（二）运载火箭

上海航天局研制的现役运载火箭前7次发射均获成功。长征四号乙遥十火箭因三级发动机故障发射失利。长征五号助推模块热试车圆满成功，新一代小型运载火箭顺利完成发射场合练试验。

4．长征二号丁遥十八运载火箭成功发射高分一号卫星。4月26日，上海航天局研制的长征二号丁遥十八运载火箭在酒泉卫星发射中心成功发射我国高分辨率对地观测系统的首发星——高分一号，同时搭载升天的装于两个荷兰小卫星分配器（ISIPOD）上的土耳其、阿根廷及厄瓜多尔3国的3颗立方体微小卫星也成功入轨。

5．长征五号运载火箭3350助推模块顺利完成热试车试验。6月29日，由上海航天局承担研制的长征五号运载火箭3350助推模块顺利完成热试车试验。3350助推模块采用新一代液氧—煤油发动机为主动力，是长征五号运载火箭3个模块中推力最大的模块。

6．长征四号丙遥十一火箭成功发射3颗卫星。7月20日，上海航天局研制的长征四号丙遥十一火箭在太原卫星发射中心以“一箭三星”方式，成功将创新三号、试验七号和实践十五号3颗技术科学试验卫星送入预定轨道，火箭入轨精度创长征四号系列型号历史新高。

7．长征四号丙遥十三运载火箭成功发射遥感卫星十七号。9月2日，上海航天局研制的长征四号丙遥十三运载火箭在酒泉卫星发射中心成功将遥感卫星十七号送入预定轨道。

8．长征四号丙遥十二运载火箭成功发射风云三号03星。9月23日，上海航天局研制的长征四号丙遥十二运载火箭在太原卫星发射中心成功将风云三号03星送入预定轨道。

9．新一代小型运载火箭完成合练试验。9月23日，上海航天局研制的新一代小型运载火箭完成箭地联合试验，标志着该合练箭产品已完成出厂前各项测试、试验工作。

10．长征四号乙遥二十五运载火箭成功发射实践十六号卫星。10月25日，上海航天局研制的长征四号乙遥二十五运载火箭在酒泉卫星发射中心成功将实践十六号卫星送入预定轨道。

11．长征四号丙遥十四运载火箭成功发射遥感卫星十九号。11月20日，上海航天局研制的长征四号丙遥十四运载火箭在太原卫星发射中心成功将遥感卫星十九号送入预定轨道。

12．长征二号丁遥二十三运载火箭成功发射试验五号卫星。11月25日，上海航天局研制的长征二号丁遥二十三运载火箭在酒泉卫星发射中心成功将试验五号卫星送入预定轨道。

13．长征四号乙遥十运载火箭发射资源一号03星失利。12月9日，上海航天局研制的长征四号乙遥十运载火箭在太原卫星发射中心发射中国与巴西合作研制的资源一号03星失利。

（三）人造卫星

圆满完成风云三号03星等5星发射试验等任务。

14．实践十五号技术科学试验卫星成功发射。7月20日，上海航天局研制的实践十五号技术科学试验卫星成功发射。

15．风云四号气象卫星完成发射场合练。9月15日至22日上海航天局研制的我国第二代静止轨道气象卫星风云四号在西昌卫星发射中心圆满完成发射场合练工作。

16．风云三号03星成功发射。9月23日，上海航天局研制的风云三号03星成功发射。星箭分离后，卫星进入半长轴为7179.83公里、轨道倾角98.808度的太阳同步圆轨道；太阳帆板在第一轨顺利展开并锁定，各分系统工作正常。

17．实践十六号卫星成功发射。10月25日，上海航天局研制的实践十六号卫星成功发射。

18．遥感卫星十八号成功发射。10月29日，上海航天局研制的遥感卫星十八号在太原卫星发射中心成功发射，卫星顺利进入预定轨道。

19．遥感卫星十九号成功发射。11月20日，上海航天局研制的遥感卫星十九号成功发射。

三、航天技术应用产业

重点产业建设成效显著。创新光伏产业经营管理模式，以电站建设拉动多晶硅、电池片、组件生产销售，有效实现产业联动，累计降本增效3.9亿元。总投资69.2亿元的18项民用产业固定资产投资项目顺利完成竣工验收。搅拌摩擦焊、转台和仿真测试设备项目初步实现产业化运营，工业机器人、低空雷达、海上救援、卫星技术应用等新的经济增长点不断培育。

1．航天机电与兰州市永登县签署49.5MW光伏电站建设合约。3月5日，航天机电为兰州市永登县建设的49.5MW光伏电站在上海闵行航天城正式签约。

2．航天机电与甘肃省玉门市签署《战略合作框架协议书》。5月6日，航天机电与甘肃省玉门市人民政府在上海闵行航天城签署《战略合作框架协议书》。计划在未来3年内完成330KV升压站项目、风光储输项目、500MW光伏电站项目，其中2013年计划完成100MW。

3．航天机电与宁夏宁东能源化工基地签署光伏电站项目合作协议。6月3日，航天机电与宁夏宁东能源化工基地管委会在银川市签署500MW光伏电站项目合作框架协议。“十二五”期间，航天机电将在宁东开发区内投资建设500MWP光伏电站项目，其中2013年投资建设100MWp，2014年200MWp，2015年200MWp，同时，适时引进光伏发电相关配套产业。此次合作框架协议的签署，将进一步推进航天光伏电站项目在宁夏地区的落地，推动航天光伏产业的发展。

4．805所与国核电站运行服务技术有限公司签署战略合作协议。7月22日，805所与国核电站运行服务技术有限公司在该所签署战略合作协议书。两家单位的战略合作以推动机器人战略型新兴产业发展为方向，以行业背景为依托，结合各自的技术和市场优势，促进自主知识产权机器人的技术发展，实现军民融合。根据协议，合作双方将成立特种环境智能机器人联合实验室，组建项目专职研发队伍，申报上海市专项。

5．上海神舟新能源发展有限公司生产线技术改造项目通过竣工验收。12月26日，上海神舟新能源发展有限公司50MW太阳能电池片和200MW高效太阳能电池组件生产线技术改造项目通过中国航天科技集团公司组织的竣工验收审查。两项改造项目于2010年4月启动，A幢厂房一层新建50MW高效电池生产线，改造原建筑面积3600平方米；二层新建50MW常规电池生产线，改造原建筑面积2800平方米；新增工艺设备43台／套，配套机电设备3台／套；一层西侧改造原建筑面积200平方米。B幢厂房原二层加层至三层，新增建筑面积10493.9平方米；一层大厅及三层部分区域装修改造建筑面积1500平方米。建设投资24818.16万元，形成年产50MW常规型晶体硅太阳能电池和50MW高效型晶体硅太阳能电池的能力。

四、能力建设和调整改革

1．上海航天保安服务有限公司成立。1月18日，上海航天实业有限公司（占80%）和上海巨一科技发展有限公司（占20%）共同出资1500万元组建的上海航天保安服务有限公司成立。该公司于2012年12月获得上海市公安局颁发的保安服务许可证，并以人防与技防相结合的运行模式为航天军工等国家重点产业保驾护航。

2．上海航天局十大工艺专项通过项目验收技术评审。5月7–9日，上海航天局承担的10个重大工艺专项通过中国航天科技集团公司组织的项目验收技术评审。自2010年起，上海航天局承担了“战术导弹固体发动机装药界面粘接质量无损检测技术研究”等18个工艺振兴一期集团重大工艺专项。各承研单位通过近3年的技术攻关，共计突破关键技术45项，研制工艺装备82台（套），开发软件34套，形成工艺规范47份，申请专利27件，发表论文28篇，研究成果在型号研制生产中得到成功应用。

3．上海航天局4家单位入驻金都路园区。6月19—30日，上海航天实业有限公司、上海航天教育中心、上海申航进出口有限公司、上海航天建筑设计院先后完成搬迁，正式入驻金都路园区（原805所所区）。

4．811所柔性薄膜太阳电池卷对卷制造中试线建设项目通过的竣工验收。11月22日，上海航天局811所柔性薄膜太阳电池卷对卷制造中试线建设项目通过中国航天科技集团公司的竣工验收。811所柔性薄膜太阳电池卷对卷制造中试线建设项目位于上海市闵行区紫竹科学园区紫月路880号。项目批复总投资4406.83万元（含507万美金），其中建设投资为3906.83万元，流动资金500万元。

5．上海航天局位于安徽省广德县的603试验基地完成一期项目建设。11月27日，806所与800所签署603试验基地运行管理交接书，800所正式接管603基地。2013年，603基地的目标特性试验场一期项目建设、武器系统外场试验集成条件建设、综合楼大门与广场建设、一期供电、主干道、排洪渠等全面建成，初步形成目标特性、对接联调等试验能力，具备一期建设项目运行的保障条件。

6．上海航天局直属民用企业本级研发平台全部建成。12月25日，上海新力机器厂企业技术中心正式挂牌成立。至此，上海航天局直属民用企业已全部完成“十二五”规划的企业本级研发平台建设。

7．811所科研仿真楼项目开工建设。12月26日，811所科研仿真楼项目开工建设。科研仿真楼为地下2层、地上21层的高层建筑，建筑总高度99.6米，总建筑面积5.6万平方米；建筑物东西长129.8米，南北宽27米，占地面积4606平方米。

8．改革调整和企业清理整合取得成效。2013年，完成上海珂纳电器机械有限公司机器设备、无形资产、股权等资产的公开处置；上海航天工业（集团）公司吸收合并上海仪表厂有限公司；上海航天实业有限公司无偿划转至上海航天工业（集团）公司；共25家单位清理归零；调整2家六级公司的股权。

9．军工固定资产建设保持较快增长。2013年，上海航天局在建项目161个，计划完成率99.1%；完成投资约18.9亿元。23个国防项目通过竣工验收，4个国家专项具备竣工验收条件；神舟协作楼改造项目通过集团公司竣工验收；28个自筹项目通过局（所）级验收，56个竣工验收项目可交付固定资产9亿元；37个项目顺利通过国防科工局和上海市国防科工办组织的监督检查。

10．统筹建设二期目标圆满完成，三期项目全面启动。2013年，上海航天局统筹建设施工面积合计50.25万平方米，其中开工面积13.38万平方米，完工面积26.29万平方米。人才公寓、803所新区建设一标段、812所930厂房等二期项目建成。

11．民用产业能力建设成效显著。2013年，上海航天局总投资达69.43亿元的18个民用产业固定资产投资项目通过竣工验收，包括内蒙古神舟硅业有限公司1500吨、3000吨多晶硅项目、连云港神舟新能源有限公司500MW电池组件项目等。

五、获得的荣誉

1．上海航天局、805所为主研制的载人航天空间交会对接工程获“国家科学技术进步特等奖”，上海航天局、第八设计部、800所、802所、803所、804所为主研制的某型号防空导弹武器系统获“国家科学技术进步二等奖”，上海航天局、804所为主研制风云三号卫星及地面应用系统获“国家科学技术进步二等奖”，806所的1项成果获“国家科学技术进步二等奖”。上海航天局所属单位为主研制或参与研制的4项成果获“国防科学技术进步一等奖”，3项成果获“国防科学技术进步二等奖”，4项成果获“国防科学技术进步三等奖”，1项成果获“国防科学技术发明三等奖”。

2．上海航天局神舟十号与天宫一号空间对接机构项目获全国质量奖卓越项目奖。

3．上海航天局805所“空间对接机构综合试验系统”、149厂“载人航天工程空间对接机构制造与测试技术”2项成果被评为2013年度上海市科技进步一等奖；805所“低轨高压长寿命大功率半刚性太阳电池翼技术”被评为上海市科技进步二等奖；第八设计部“基于紧场的微波／红外复合目标仿真系统”、812所“航天器深空探测低温环境试验验证系统”、804所“交会对接空空通信技术”、811所“高轨北斗二号IGSO-1卫星长寿命、高可靠一次电源子系统技术”共4项成果被评为上海市科技进步三等奖。

4．上海航天局获“全国安全生产月活动先进单位”称号。

5．上海航天局第八设计部、509所、149厂、800所、802所、803所、804所、805所、806所、808所、811所、上海航天汽车机电股份有限公司，上海航天电子有限公司获“2011—2012年度上海市文明单位”称号。

6．上海航天局509所获2012年度“上海市市长质量奖”。

7．上海航天局811所获“2011—2012年度全国厂务公开民主管理工作先进单位”称号。上海航天局获“2011—2012年度上海市推动厂务公开民主管理工作先进单位”称号，806所获“2011—2012年度上海市厂务公开民主管理工作先进单位”称号。

8．上海航天局徐洪青、806所王勇获全国五一劳动奖章。上海航天局宗文波、陈占胜获中央企业劳动模范荣誉称号。811所锂电池技术研发班组获上海市五一劳动奖状；上海航天局范季夏获上海市五一劳动奖章。

9．上海航天局第八设计部一室武器系统总体组获“2012年度全国工人先锋号”称号；805所新型空间机构班组、509所动力学与图像定位配准班组、803所战略与先进控制技术研究组获“上海工人先锋号”称号。

10．上海航天局科技委常委、型号总设计师孙允珠获“全国五一巾帼标兵”称号；802所财务处获“全国巾帼文明岗”称号；上海航天局804所党委书记、载人航天型号指挥王乃雯被授予“2011—2012年度上海市三八红旗手十大标兵”。第八设计部副总工程师熊敏艳、812所试验中心主任陈丽荣获“2011—2012年度上海市三八红旗手”称号；811所研究一室砷化镓太阳电池单片组荣获“上海市三八红旗集体”称号。

【2014年发展趋势】

2014年的总体要求是：深入学习贯彻党的十八大和十八届三中全会精神，在中国航天科技集团公司党组的坚强领导下，确保圆满完成航天型号工程高强密度发射试验任务；航天技术应用产业和航天服务业挖掘潜力、提升实力；提高经济运行质量和效益，突破瓶颈和障碍，把控风险；以良好的精神状态和科学的工作方式，咬定目标、奋发有为、系统策划、深抓真干，以出色的业绩迎接新的发展局面。

一、主要工作目标

1．主要经济指标。实现营业收入315亿元，利润18亿元，成本费用率95.2%，全员劳动生产率28.8万元／人。

2．型号任务安排。全年运载型号完成7箭发射，确保1个型号立项；开展9个型号21发火箭的研制、生产、试验任务。卫星型号完成3星发射，推动13个型号立项论证，确保6个型号立项；组织开展24个型号的研制、生产、试验任务。载人航天与探月工程开展6个型号的研制、生产、试验、论证任务。

3．民用产业发展目标。民用产业实现总收入132亿元；完成下属各级公司的主业核定工作；重点推进9家全民所有制企业的公司制改造；推动所属五级公司的清理工作；建立军民融合发展机制。建成并高效运营光伏产业基金。

4．安全生产和保卫保密工作目标。确保危害科研生产、经营和要害目标安全的重大事故为零；确保全年职工因工死亡事故和重伤事故为零，泄密、间谍、火灾、环保、军运和重大治安事故为零。

二、重点工作和措施

1．充分汲取失利教训，强化型号风险管控。

2．优化科研生产管理，高效推动型号发展。

3．持续推动产业发展，提升产业发展质量。

4．持续推进规划落实，强化基础能力提升。
5．大力推动技术创新，增强企业发展后劲。
6．深入推进队伍建设，发掘人力资源潜力。
7．大力加强财经管理，有效把控发展质量。
8．大力加强技术基础，提升支撑保障能力。
9．大力强化综合管理，助推企业健康发展。
10．发挥党群组织优势，全力推动和谐发展。

（徐立东）

中国商用飞机有限责任公司

【概况】

中国商用飞机有限责任公司是经国务院批准成立，由国务院国有资产监督管理委员会、上海国盛（集团）有限公司、中国航空工业集团公司、中国铝业公司、宝钢集团有限公司、中国中化股份有限公司共同出资组建，由国家控股的有限责任公司，是实施国家大型飞机重大专项中大型客机项目的主体，也是统筹干线飞机和支线飞机发展、实现我国民用飞机产业化的主要载体。公司注册资本190亿元，2008年5月11日在上海成立，总部设在上海。公司按照现代企业制度组建和运营，实行国际通行的“主制造商——供应商”发展模式，遵循坚持中国特色、体现技术进步的研制理念，实施市场化、集成化、产业化、国际化建设方略，主要从事民用飞机相关的科研生产、试验试飞、市场营销、客户服务及租赁运营等业务，致力打造更加安全、经济、舒适、环保的国产大型民用客机。截至2013年年末，共设置16个总部职能部门，下辖7家所属单位，在北京、欧洲、美国设立3个派驻办事机构，在美国设有全资子公司，控股成都航空公司，参股浦银租赁公司，从业人员为8000多人。

【2013年经济工作情况】

2013年，中国商飞公司坚持“中国设计、系统集成、全球招标、逐步提升国产化”的发展原则，坚持“自主研制、国际合作、国际标准”的技术路线，坚持“创新、创业、创造”的发展理念，加快建设国际一流航空企业，项目研制和各项发展建设工作取得新突破。

一、对接国家政策和产业规划

C919大型客机产业化发展、ARJ21新支线飞机系列化发展、新型支线飞机研制和双通道大型干线飞机等项目，被纳入《国家中长期航空工业发展规划（2013-2020）》等国家相关规划，ARJ21新支线飞机示范运营纳入战略性新兴产业重点支持项目，宽体客机项目开始启动。与河北省、贵州省、东营市开展战略合作，与华为公司签署《战略合作框架协议》，组建成立公司科技委，美国公司挂牌运营，四川分公司基本完成筹建。

二、推进国产民机项目研制

1．C919大型客机项目研制情况。在工程设计、技术攻关与试验、制造工程准备、试飞与客服工程、国产材料 标准件应用和机载系统合资合作等方面取得重要进展；完成机体结构生产数据发放，开展机载系统工作包关键设计评审；铁鸟试验正式开试，翼身组合体、用于发动机飞行验证的吊挂等重要试验件装配下线；前3架机全面投产，发放全部工艺规范，启动前机身部段装配，总装移动等五条生产线通过详细设计评审；试飞改装发图有序开展，测试系统建设稳步推进，客户服务工程同步实施，在飞控控制律设计、中央翼设计、复合材料结构设计等关键技术攻关方面，取得了初步成果，累计订单达到400架。

2．ARJ21新支线飞机项目研制情况。在技术攻关、试飞适航、生产交付三条研制主线并行推进；攻克前起落架应急放等24项关键技术，攻克77项技术难题。填补了一系列国内空白；4架飞机全年安全试飞816架次、1193小时，开展7次外场试飞，完成8项FAA影子审查项目，飞机级大型地面试验全部完成，累计完成246项地面符合性验证试验、关闭67条适航条款；首批交付用户的105、106架机总装下线，107架机进入系统安装，108架机开展全机对接，首台全动飞行模拟机通过CCAR-60部过渡C级鉴定，首架交付及客户服务、CCAR142部、145部、147部取证按计划推进，并结合系列化发展需要组织开展超级经济舱、公务机等改进改型论证工作。

三、打造主制造商能力平台

总部基地结构封顶，设计研发中心配套试验室加快建设，总装制造中心7个厂房完工、4个投入试生产，客户服务中心全面建成并投入使用，北京民用飞机技术研究中心一期建成使用，民用飞机试飞中心落户祝桥，基础能力中心完成组建入驻龙华，民用飞机模拟飞行国家重点试验室、国家商用飞机制造工程技术研究中心等一批重点试验室基本建成，上海地区“一个总部、六大中心”能力布局基本形成。

四、对标一流建设三大体系

国内22个省市、200多家企业参与大型客机研制，基本建成“以中国商飞公司为核心，联合中航工业，辐射全国，面向全球”的民机产业体系；与国家科技部签署共建我国大型民机创新能力平台框架协议，吸纳36所高校参与大型客机技术攻关和科研课题研究，打造“以中国商飞公司为主体，市场为导向，产学研相结合”的民机技术创新体系；积极探索“以客户为中心，围绕产品实现过程，坚持自主创新、融合全球资源、协同高效运行，持续为利益相关方创造价值”的COMAC管理体系。

五、大力实施人才强企战略

选聘优秀高校毕业生400多名，建立了型号总设计师、副总设计师、主任设计师和副主任设计师队伍，33人入选中央“千人计划”，被中组部确定为“首批海外高层次人才创新创业基地”和“全国人才工作联系点”，被国家外国专家局授予“国家引进国外智力示范单位”。

六、以优良作风助推大飞机研制

加强领导班子思想政治建设、基层党组织建设、企业文化建设和反腐倡廉建设“四大建设”，大力推进青年英才工程和职工关爱工程“两大工程”，开展党员“闪光”行动、发挥支部“灯塔”效应的创新实践被评为“全国第二届基层党建创新最佳案例”。

【2014年发展趋势】

2014年，中国商飞公司深入学习贯彻党的十八大、十八届三中全会精神和习近平总书记系列讲话精神，深刻领会中央领导批示精神，以实现型号研制重大节点为目标，以全面推进COMAC管理体系建设为抓手，以解决好型号研制中的重点难点问题为突破口，抓好产品集成、机制匹配、组织有效性等关键问题，努力做到“突出一个中心、抓好一项变革、做到两个结合、实现三个转变”，为ARJ21新支线飞机取证交付和C919飞机成功首飞奠定坚实基础。

（任建党）

上海建筑材料（集团）总公司

【概况】

上海建筑材料（集团）总公司是国有独资的产业集团，被列为上海100强企业。集团直接投资并列为合并报表范围的企业59户，其中全资企业21户，控股企业38户。集团全部从业人员为9131名（含外地从业人员3322名）。

建材集团合并口径资产总额142亿元，负债总额65.8亿元，净资产76亿元（归属母公司净资产44.6亿元），资产负债率为46.3%。

上海建材集团核心业务主要是玻璃、水泥及以风力机叶片、岩棉为主的新材料。主营业务还涉及复合材料、墙体材料、防水材料、化学管材的生产经营以及建材贸易、装饰装潢施工等。建材集团下有耀皮玻璃（600819）、棱光实业（600629）两个上市公司。此外，建材集团与美国欧文斯科宁及德国伊通等世界著名跨国公司合资建立工厂，专业生产驰名全球的玻璃棉制品、加气混凝土等。

【2013年经济工作情况】

一、生产经营实现预算目标

2013年，建材行业供大于求的矛盾依然十分突出，在经营困难的情况下，建材集团上下积极采取应对措施，通过内抓管理、外拓市场，全面完成了预算目标。集团全年完成营业收入49.9亿元，其中主营收入48.2亿元，比上年增长5%；实现利润总额2.42亿元，归属母公司净利润1.11亿元，分别增长37.3%和5%。

据统计，建材集团所属企业2013年共生产平板玻璃838万重量箱、汽车玻璃257万平方米、工程玻璃473万平方米、水泥216万吨、岩棉制品3.8万吨、玻璃钢缠绕管1.1万吨、塑料管材5.2万吨、防水材料223万平方米、汽车玻璃钢配件95.8万件、2兆瓦风力机叶片142片、加气混凝土24万立方米。

二、项目发展取得新的进展

2013年，建材集团完成投资12.8亿元。其中，大丰岩棉项目、仪征汽玻项目、耀皮天津二线浮法玻璃项目、耀皮天津工玻三期项目、耀皮常熟防火玻璃项目相继点火投产。新疆莎车页岩砖项目已完成生产准备工作。白龙港资源综合利用项目得到实质性推进，已通过市发改委审批。

按照市场导向原则，主动调整产业布局，耀皮工玻重庆基地、汽玻武汉基地、汽玻仪征项目、白龙港资源综合利用项目分别于年内实施了土地购置或收储，合计新增建设用地规模约1200亩，为加快产业布局调整和产品结构优化奠定了基础。上述投资项目逐步建成投产后，建材集团“两头在沪”的布局特点将更加清晰。

建材集团召开第三届科技创新大会，分别与上海产业技术研究院、上海市研发公共服务平台管理中心等单位签订了战略合作框架协议。完成13个科技研发项目，申报专利20个。耀皮中性色双银低辐射复合玻璃被市科委认定为上海市高新技术成果转化项目，岩棉公司被市科委列为上海市科技小巨人培育企业。

三、改革调整不断深化推进

建材集团加大加快调整力度和速度，确定对11家企业实施改革调整和人员分流工作。经过努力，完成浦东水泥厂、上防公司、浦龙公司、耀皮常熟三线调整工作，基本完成了汽玻公司、万安华新水泥公司、耀华新材料公司人员分流工作，完成供应公司调整和水泥公司转型工作，耀华玻璃钢公司转让正在有序开展，全年减员1446人。继续开展清壳销号工作，全年清理22家。

四、市场开拓迈出新的步伐

建材集团进一步加大市场拓展力度，召开产业对接和市场合作会议，进一步加强与重点客户的沟通和合作。分别与绿地集团、广州建材集团、电气集团、交运集团、仪电集团科技网公司等签订战略合作协议。统一组织参加广交会、印尼建材展、印度建材展、工博会等13个展销活动。通过走市场抢订单，取得一些大工程大项目订单。百姓装潢公司承接订单大幅度增长，业务量创造历史最高水平。

五、资本运作取得重大突破

耀皮公司定向增发获得中国证监会无条件通过，此举对加快耀皮战略发展、降低财务成本、提升企业形象均具有积极意义。稳步推进棱光公司股权结构优化工作，通过公开市场成功摘牌收购浦龙公司全部股权，有效剥离棱光公司低效资产，为统一规划开发浦东水泥厂地块创造条件。

强化资产盘活处置工作，进一步集中资源发展主业。完成大中物流公司、兴南公司等企业股权转让和南证大厦物业处置工作，全年存量处置变现7.3亿元。加强物业专业化管理，全年收取租赁费比上年增长57%。

六、管理工作迈上新的台阶

党政班子将全年目标任务细化分解为107项具体工作，通过签订协议的形式，明确领导班子成员各司其责，明确职能部室责任制。集团与所属各单位签订经营目标责任书、安全目标责任书、信访目标责任书，真正做到经营目标和重点工作任务层层分解落实。

进一步加强制度管理，完善风险管控机制，建立了风险管控领导小组，凡重大经济事项均由风控小组首先预审和把关。落实财务总监委派制度，分别对8个企业进行实时监控。监察审计部门积极开展效能监察工作，及时发现管理漏洞，限期督促整改。

七、文化建设取得丰硕成果

以建材集团20周年庆为契机，开展“建材在我心”、“建材达人秀”等活动，组织20周年展，编撰20周年画册，进一步增强企业凝聚力，激发全体建材人为实现建材梦而努力奋斗。耀皮公司、岩棉公司被评为全国建材行业百家优秀企业，耀皮公司、岩棉公司、百姓公司、白蝶公司、水泥公司、玻钢院公司被评为第十六届市级文明单位。集团企业文化建设成果荣获全国建材系统一等奖。

民生工作进一步加强，年内职工工资收入平均增长13.2%；完成长兴矿职工住房改建工程。各级组织坚持以人为本，开展为老干部和困难职工送温暖活动，以及为困难职工子女助学活动，全年用于帮困资金近200万元。集团上下认真做好稳定工作，在调整力度加大的情况下，维稳工作始终处于受控状态，全年职工来信来访同比下降9.8%。

【2014年发展趋势】

建材集团总体工作思路是：认真贯彻党的十八届三中全会精神和中央经济工作会议精神，按照本市国资改革部署，积极推进“3+1”发展战略和“十二五”规划目标的实现。以做精做强为目标，依托技术创新、产品创新、商业模式创新，努力实现有质量有效益的跨越式发展。进一步解放思想，深化改革调整，推进主辅分离，优化资源配置和资产质量。以市场化、专业化为导向，实施走出去战略，推进产业链战略合作，加快形成新的经济增长点。积极探索管控模式，形成强激励、硬约束的内部机制。以两个上市公司为平台，不断增强资本运作能力，稳步提升资产收益。进一步加强企业文化和人才队伍建设，增强发展动力和能力，为打造中国优秀的节能环保新材料制造和服务商奠定基础。

经济指标及工作目标：主业经营业绩实现快速提升，主营销售收入比上年增长20%；实现归属母公司净利润比上年增长20%。

主要抓好七项重点工作：一是深化改革调整，努力形成管控新模式；二是聚焦转型发展，努力形成产业新优势；三是坚持创新驱动，努力攀登科技新台阶；四是着力拓展市场，努力开创营销新局面；五是加强资本运作，努力形成创收新亮点；六是重视队伍建设，努力形成人才新高地；七是营造企业文化，努力提升企业新形象。

（朱宏才）

上海市机械设备成套（集团）有限公司

【概况】

上海市机械设备（成套）集团有限公司前身是上海市机械设备成套局，成立于1959年。经中共上海市委、市人民政府批准于1999年改制为有限公司。

成套集团系国内大型企业，拥有工程总承包、国际国内招标、进出口代理和外经权、甲级国家设备成套、甲级工程咨询等20余种资质，近3年，集团经营规模年均达250亿元。

50多年来，成套集团为国家和上海市重点工程、重大技改项目，实施过上万个项目，提供千亿成套设备，积累了丰富的设备集成经验，集聚了宝贵的专业人才。多年来，成套集团连续评为上海市合同信用最高等级AAA级企业，多次被评为上海市重点实事立功竞赛优秀公司。

经过多年发展，成套集团的业务范围已从设备成套扩展到工程总承包与设备集成、招标代理、进出口贸易、国内贸易、设备租赁、工程监理、汽车销售与维修、工程咨询、项目管理等领域。

成套集团将充分发挥整体优势，增强核心竞争能力，坚持创新发展，秉承企业经营理念“诚信服务、合作共赢”共创未来。

【2013年经济工作情况】

2013年，成套集团认真贯彻“创新驱动、转型发展”的主线，面对国内外宏观经济变化的挑战，积极开拓，不断创新，经营业务取得了新进展，推进各项工作持续、稳定、健康发展。2013年，完成经营规模280.51亿元，利润总额1.52亿元。

一、经济效益平稳增长

1.“走出去”战略有新亮点。成套集团继续注重外省市和海外市场的培育和拓展，加大力度实施“走出去”战略，取得新业绩，形成新亮点。为促进企业长效发展，增添了后劲。

工程总承包承接能力有新的提升。积极参与福建、苏州、重庆、南京、哈尔滨等外省市的轨道交通项目投标，先后承接了南京至禄口机场段和苏州高新区有轨电车1号线的车辆段设备集成项目，郑州地铁1号线和宁波1号线联合调试咨询项目。为轨道交通业务向外拓展积累了经验。山东微山地区项目管理项目得以巩固，与微山县政府签约“微山县委托成套工程项目管理协议”，包揽了所有的政府投资项目，以及政府为主导引资的BT项目的委托管理。延续与微山县政府的合作。

污水处理项目有所发展。承接德国政府委托德国复兴银行贷款的扬州市六圩污水处理三期工程，该项目建成后可达到日处理生活污水5万吨的设计纲领。首次涉足苏中苏北地区的污水领域，为成套集团今后在该地区污水处理工程项目市场拓展奠定了基础。

2.传统业务稳中有升。招标业务，完成招标中标金额211.22亿元，其中国内招标中标金额134.31亿元。招标公司积极拓展国内招标业务，传统业务在巩固的基础上有新的拓展。同时不断探索更广泛的合作伙伴和领域。上汽、移动、船舶、烟草、医疗、天然气等行业的传统业务巩固拓展，市政府采购和部分区政府采购招标稳步发展。

工程承包业务，完成工程量14.92亿元，其中设备总包完成2.3亿元，项目委托管理12.623亿元。新签合同18份，签约金额10亿元，其中设备供货安装合同12份，合同金额3.9亿元；项目管理6份，委托管理金额6.1亿元，项目管理服务费1.052万元。

虽然受内外环境等诸多不利因素影响，进出口贸易还是取得了较好业绩。其中出口合同金额1.04亿美元，进口合同金额为1.56亿美元。用于印度新德里地铁项目的6600MM硬岩盾构代理销售，是首次采用转口贸易的方式，100轴线超大型平板拖车进口，得到了客户的好评。

完成国内贸易营业额18.09亿。汽车4S店逐步打造上海成套汽车销售服务品牌，形成优势品牌店，并向长三角地区幅射。福特汽车4S店，2013年营业收入2.3亿元，利润总额120万元，销售车辆1735台，取得良好的业绩。南通克莱斯勒4S店，正在积极筹建，已获得克莱斯勒（中国）汽车销售有限公司授权，并得到南通工商局核准，成立南通申成汽车销售服务有限公司。广汽传祺4S店已开始试营业。有色金属等大宗商品的销售保持良好的发展势头。

监理咨询业务承接郑州轨道交通1号线一期工程，并按期开展空载试运行；宁波市轨道交通1号线一期工程联调咨询项目或成为全国地铁设备系统联调业务的著名品牌，被称为“上海咨询”的模式和标准。咨询服务完成上海万泰汽车零部件有限公司高性能节能汽缸体铸件研发生产技术改造项目、上海美启物流管理有限公司一汽大众华东备件及结算中心项目、徐汇区工业企业年度节能量评估报告等项目咨询工作。

二、进一步加强内部管理工作

1.深入开展内控管理。注重适应上市公司的要求，开展与推进内控体系建设，保证各项经济工作在发展中的健康有序，强化对成套集团各项管理工作的执行力度和风险防范，成立内控体系建设的领导小组和工作小组，完成成套集团《内部控制手册》和《内部管理制度》的编制。

2.继续增强财务管理。严格实行财务预算制度，严格控制、规范资金使用的程序和审批，以及使用过程中的监控，注重可控性和计划性，推进集团的全面预算管理工作，并实施有效的监控。

3.继续注重廉政建设。落实重大经济事项的监督、控制和审计，加强工程项目的监督，结合开展党的群众路线实践教育活动，针对“四风”中所反映出来的问题，按照活动要求，积极整改，落实措施，得到了群众的认可和满意。

【2014年发展趋势】

2014年，成套集团认真贯彻党的十八大、十八届三中全会和中央经济工作会议精神，以邓小平理论和“三个代表”

重要思想、科学发展观为指导，着力增强创新驱动发展新动力，围绕“十二五”规划提出的各项任务目标，针对当前经济运行面临的挑战和困难，以深化改革精神贯穿全年各项工作，进一步统一思想、振奋精神、把握机遇、巩固调整、创新管理、稳健发展，切实增强责任感和使命感，确保全年目标任务完成。

一、经济指标

经营规模为185.87亿元，利润总额5616万元。

二、主要举措

1. 落实经济责任制。

2. 落实好新增长点的培育工作。

3. 巩固和发展传统业务，不断开拓业务新领域。

4. 促进结构调整，发挥整体优势。

5. 完善科学的管理体系，落实各项配套措施。

6. 加强干部队伍建设。

7. 加强企业文化建设。

（陈 妍）

上海烟草集团有限责任公司

【概况】

上海烟草集团有限责任公司是一家以卷烟工业为主的多元化、集约化、现代化的大型国有企业。2013年，公司实现税利983.81亿元，其中利润243.38亿元。公司名列上海市2013年工业纳税百强榜首；被上海市企业联合会、企业家协会、经济团体联合会评为2013年度“上海企业100强”第11位、“上海制造业企业50强”第5位；被中国烟草总公司授予“标准创新贡献奖”；被上海市经济和信息化委员会授予2013年“上海市重点领域网络与信息安全检查优秀工作单位”称号；被上海市企业诚信创建活动组委会评为上海市“一星级诚信创建企业”。

公司拥有一流水准的卷烟工业企业以及烟草储运、印刷、机械、材料等配套工业企业，并涉足商业、物流产业以及宾馆酒店、金融保险等行业。2003年和2004年，公司先后与北京卷烟厂和天津卷烟厂实现战略性联合重组。

目前，公司出品的主要卷烟品牌有“熊猫”、“中华”、“红双喜”、“中南海”、“牡丹”、“大前门”、“孟菲斯”、“江山”、“恒大”等。多年来，以“中华”卷烟为代表的集团名优品牌以其高知名度和高品质赢得全国卷烟消费市场的推崇，并始终保持畅销不衰。

【2013年经济工作情况】

烟草公司紧紧围绕行业“卷烟上水平”基本方针和国家局提出的改革红利、发展潜力、追赶目标“三大课题”，面对错综复杂的经济形势和外部环境，牢牢把握“发展、改革、规范”工作主线，不断增强“创新驱动、转型发展”能力，积极培育以“中华”为核心的“1+3”品牌，圆满完成年度目标任务，保持了集团持续健康发展。

一、聚焦品牌发展，积极谋划实践“升级版”、“百年梦”

1. 着力加强战略研究。从全局和战略高度出发，审时度势、认真思考、积极谋划“百万千亿”目标实现后集团和中华品牌的发展，在充分发扬民主、广泛听取意见的基础上，形成了“打造百万千亿升级版，实现中华品牌百年梦”的基本思路，为集团当前和今后一个时期的发展指明了方向。

2. 高度重视课题推进。围绕行业“三大课题”和“升级版”、“百年梦”，结合集团“十二五”规划中期审视，加强集团“创新驱动、转型发展”五大领域12项重要课题研究，编制集团《思考、谋划、实践“三大课题”行动方案》，持续推进集团发展理念、发展动力、发展机制的有序转型。

3. 不断增强品牌竞争实力。坚决落实“保牌、稳价、促销、增效”调控方针，实现产销平衡、价格稳定、结构提升、效益增长，保持“1+3”品牌良好市场表现。中华品牌按照“保持风格、适应变化”的要求，切实抓好“两个维护”、“两个稳定”，继续保持“产销增长、份额稳定、价格坚挺、库存合理”的良好状态。全年共完成商业销量123.28万箱，商业销售收入1322.61亿元，同比分别增长11.3%和11.5%；400元／条以上市场份额达62.2%。“中南海”品牌着力“稳规模、稳结构、稳效益”，不断丰富产品规格，提升产品结构，单箱批发销售收入稳步提高。“红双喜”品牌深化新品培育、结构提升，扎实推进合作生产，不断深化品牌合作发展，市场布局持续拓展。“熊猫”品牌加快新品研发和储备，不断拓展海外免税市场，保持了品牌的市场知名度和影响力。

二、深化市场建设，切实发挥市场基础和引领作用

1. 不断提高市场营销能力。坚持市场导向，加强工商协同，全面审视并不断深化精准营销工作，积极实施“重在培育、分类布局、动态调整、跟踪到位”的营销策略，完善“三个一”工作方法，“中华”（软、硬）基本实现县级市场销售全覆盖；不断提升新品培育能力和引导消费能力，初步建立驱动营销方法体系，探索形成“中华”、“红双喜”《产品线规划构想》。

2. 加快建设现代营销网络。围绕“四个一流”，按照“四同”要求，着力促进网建成果落地，不断加强零售终端建设，进一步提升了现代卷烟零售终端功能；加强品牌培育，积极实施差异化新品营销活动，广泛宣传低焦、健康、时尚消费理念，进一步提高了集团新品的知晓度。持续加大市场监管力度。坚持卷烟打假与市场监管并重、综合治理和重点打击相结合，积极构建市场综合监管体系、卷烟打私打假体系、专卖内管责任与运行体系，深入探索许可证件管理模式和跨区域异地监管方式，不断深化“网络终端无假烟”工作。全年协助公安机关破获一批涉烟犯罪案件。

3. 积极实施“走出去”发展战略。不断深化对外合作，着力整合营销资源，整体规划集团品牌海外市场发展，初步形成海外实体化运作实施方案；持续强化海外市场客户关系管理，不断提升海外落地产销规模。全年集团卷烟实现境外销售 17.5 万箱；进出口贸易额达 2.51 亿美元，增长 1.43%，其中出口创汇 2.09 亿美元，增长 8.75%，继续保持行业领先地位。

三、着力创新驱动，不断推动科技创新工作取得新突破

1. 持续深化创新体系建设。着力构建以“1+3”品牌建设为核心、以市场为导向、产学研用紧密结合的集团技术创新体系，初步形成浦东科技创新园区公共平台建设方案、科技研究规划和科技项目管理体系框架。加强科普宣传教育，搭建学术交流平台，不断提高论文征评和成果推广应用水平，有力助推了集团科技、管理与文化进步。健全完善群众性创新、改善活动机制，有效发挥质量改进、QC 活动、合理化建议等方法、载体的积极作用。

2. 精心组织重大专项攻关。加强过程管理评价，扎实推进 13 项重大科技专项研究。在减害降焦、增香保润、分组加工、原料保障、高档烟用梗丝和新型烟草制品等关键技术研究上取得新的突破；在打叶复烤均匀性、制丝均匀性等重要领域取得阶段性成果。2013 年，集团卷烟焦油量加权平均值为 10.8 毫克／支，烟气一氧化碳加权平均值为 11.4 毫克／支，同比分别下降 0.1 和 0.5 毫克／支。全年共获得授权专利 85 件，其中发明专利 27 件，专利结构进一步优化。

3. 不断推进产品研发储备。着力“求新、求异、求变”，不断加快新品研发步伐，“红双喜”（荷派、硬津门恒大）实现上市销售；“红双喜”（幽蓝牡丹、天香牡丹、铂派）完成市场测试；“中华”（5000）、“熊猫”新品启动产品验证；有机卷烟、超低焦油卷烟、低危害卷烟、异形卷烟等领域产品加快形成技术储备，“销售培育一代，开发维护一代，研究储备一代”的良性运作格局初步形成。

4. 有序实施技术改造项目。优化完善浦东科技创新园区建设项目总体规划和功能定位，完成北区主体工程施工图设计和桩基工程现场施工，顺利实现项目阶段性目标。“中华专线”项目 HDT（在线高速膨胀干燥）工艺成功实现优质高效稳态运行；二期建设稳步推进。北京卷烟厂、天津卷烟厂、海烟薄片技改项目等分阶段有序推进。

5. 高度重视信息化建设工作。完善 MES（制造执行管理）系统建设，初步形成京津沪三地四厂统一的卷烟精益制造信息化系统。夯实信息化建设基础，整合集团内外部门户网站，不断提升对集团管理决策、高效运行、信息安全的支撑能力。行业信息系统上海容灾中心通过演练，已具备较强的容灾能力。

四、注重更加规范，不断加大基础管理和内部监管力度

1. 积极配合延伸审计工作。接受国家审计署对国家局的经济责任延伸审计，进一步完善制度、流程，管好资金，在财务收支、公积金缴纳、三公经费使用、公务车辆管理等方面积极落实整改，进一步提高了集团严格规范水平。

2. 健全完善集团管控模式。进一步理顺董事会、管理委员会、经理层的管理职能职责，规范执行“三重一大”决策制度，不断完善董事会运作机制，切实提高集团经营管理决策效率和规范运行水平。全面梳理核心业务流程，完成集团管控和组织架构设计，形成集团 ERP（企业资源计划）规划并启动实施。

3. 不断加大内部监管力度。坚决落实中央八项规定和《党政机关厉行节约反对浪费条例》，严格遵守国家局“六个严禁、一个严控”纪律要求，切实做到令行禁止、政令畅通。积极构建“两项工作”规范管理体系，编制发布《“两项工作”管理纲要》，加大办事公开民主管理信息公开力度。成立采购管理办公室，制定集团《采购管理规定（试行）》，切实做到“应招尽招”。集团工程投资、物资采购和服务采购（含宣传促销）实施公开招标金额占比 82.33%。加强廉政风险管理，综合运用廉政监督、法律监督、审计监督、民主监督等方法，推动管理监督一体化工作的进一步深化。

4. 切实提高基层建设水平。按照国家局“管理创一流”活动要求，导入精益管理，完善集团工商企业标准体系。制定工业企业基层创建三年总体方案，持续深化 5S 管理和深度清洁工作，扎实开展全员改善活动，稳步推进精益制造体系建设。深入推进商业企业“三管一加强”工作，提高经济运行质量和效益，推进法人治理工作常态化运作，确保“归核、瘦身、提升、稳定”各项工作有序落实。加快现代物流建设，形成精益物流建设框架和实施方案，完成海烟物流分拣扩容过渡等物流技改项目。各配套企业坚持服务集团主业、服务品牌发展，进一步提升对集团发展的贡献度。

5. 着力夯实各项管理基础。加快推进烟叶“订单生产”工作，新增 8 个国家级基地单元和 3 个特色优质烟叶开发单元；持续深化“烟叶一生管理”，初步形成沪皖烟草农业高科技示范园运作模式。全年完成中华原料采购 161.83 万担，

为中华品牌发展提供了坚实的原料保障。深入开展产品质量安全风险再识别工作，全面实行烟用材料安全性入库检验，产品质量安全工作持续加强。加强预算管理，严格重点费用控制，强化资金风险防控，健全财务监督长效机制。推进法务工作制度体系建设，构建生产经营法律风险防范机制。优化多元化投资结构，健全多元化投资管理监督体系。高度重视安全生产管理工作，深入推进安全标准化、信息化和安全文化建设，集团下属企业全面通过安全生产标准化外部评审。切实加强信访维稳工作，健全突发公共事件应急管理机制，确保集团一方平安。同时，进一步加强服务品牌建设，积极营造三产和谐稳定氛围；探索创新酒店业特色营销模式；持续提升机关后勤服务保障能力；更加凸显博物馆“窗口”作用，切实把集团发展建立在更加规范、更富效率的基础之上。

五、加强队伍建设，扎实开展群众路线教育实践活动

1．深入开展党的群众路线教育实践活动。按照“照镜子、正衣冠、洗洗澡、治治病”的总要求，扎实组织开展机关层面第一批党的群众路线教育实践活动。党组坚持把开门搞活动、让群众参与贯穿始终，通过带头查、群众提、相互找、领导点和回头看，聚焦“四风”方面存在的20个主要问题，从理想信念、宗旨意识、党性修养、政治纪律等方面深刻剖析产生的原因，数易其稿形成党组和班子成员对照检查材料。在此基础上，召开高质量的专题民主生活会，以整风精神开展批评与自我批评；制定任务书、时间表，建立了解决“五多”问题、密切联系群众、主动服务基层等一系列制度，提出了分步解决涉及集团管理体制机制等深层次问题的对策措施，取得了实实在在的成效。

2．持续推进企业文化建设。坚持“品牌化塑造、体系化建设”，深入开展以“回眸二十年，畅想百年梦”为主题的集团组建20周年系列活动；加强“海烟”服务品牌建设，健全完善“海烟”特色服务机制；推进“文化上墙”工作和行为规范建设，持续推进“文化落地”；扩大劳模先进辐射效应，发扬“职业自觉、现场主动”、“宁可流泪流汗，不留遗憾”职业精神；坚持文化传承、品牌引领、素质提升，不断提升青年学习力、创新力和文化传承力。

3．全面提升员工队伍素质。深化干部人事制度改革，完善竞争性选拔机制，实施机关科室负责人和局长助理岗位的竞争性选拔工作，完成专业技术技能职务竞争性评审和中高级专业技术资格评审，进一步完善了择优选贤机制。全面完成全员轮训工作，扎实推进高技能人才培育和职业技能鉴定工作。集团4名选手在行业第二届卷烟商品营销职业技能竞赛中获得优胜奖。集团公司成为“上海市高技能人才培养基地”。

2013年，再次向上海市慈善基金会捐款1000万元，向上海市老年基金会捐款800万元；向云南、四川、湖南等省烟叶基地救灾助学790万元，捐赠“爱心校车”15辆，进一步树立了负责任的企业形象。

【2014年发展趋势】

2014年，烟草集团公司认真贯彻落实党的十八大、十八届三中全会精神和全国烟草工作会议精神，根据行业“卷烟上水平”基本方针和战略任务，坚持“发展、改革、规范”工作主线，坚持“稳中求进”总基调，坚持“创新驱动发展”的发展方式，聚焦打造中华品牌“百万千亿”升级版目标，着力促进产品技术创新、营销模式创新和机制变革三大突破；围绕提升发展软实力要求，着力推动作风转变、文化引领和素质提升三大进步；按照精益管理先进理念，着力夯实规范管理、精益制造和基层建设三大基础，提高集团发展质量和效益，推进全员降本增效，确保集团持续、健康、和谐发展。

企业目标简称“1333”，即“聚焦一个发展重点，促进三大突破，推动三大进步，夯实三大基础”。

主要措施：

1．聚焦“升级版”、“百年梦”，推动集团又好又快平稳协调持续发展。

2．促进技术创新、市场营销、机制变革三大突破。

3．推动作风转变、文化引领、素质提升三大进步。

4．夯实规范管理、精益制造、基层建设三大基础。

（吴敏竹）

中铝上海铜业有限公司

【概况】

中铝上海铜业有限公司是中国铝业公司控股子公司。公司从事铜加工和有色金属进出口业务等，主要产品为铜及铜合金板、带、箔。铜材产品牌号全、种类多、规格齐、技术标准水平高，产品广泛应用于电子信息、电力设施、汽车、船舶、航天航空、国防工业及重大装备等领域。公司高精度铜板带改扩建工程项目通过技术产品创新，品牌创新，制度创新，产品质量技术泛水平和技术经济指标居国内同行前列。公司充分利用合作各方在资源、技术、品牌、经营、市场等方面的优势，重点发展有色新材料产业，服务于上海先

进制造业和现代服务业，并加快在上海建设精品铜材生产基地。公司坚持全方位深度结构调整，推进“做精板带箔，走高端铜加工之路”战略转型，呈现观念先进、机制创新，研发前瞻、生产精细，经营灵活、风控规范，人才集聚、队伍稳定，组织扁平、管理高效的焕然一新的上海铜业。

【2013 年经济工作情况】

2013 年，公司以加快推进市场化改革为动力，以运营转型为抓手，直面市场疲软和资金紧张的严峻形势，强化应对措施的针对性、灵活性和前瞻性，重点加大研发新品、拓展市场和降本增效力度，项目建设、结构调整、资源盘活和基层党建等各方面工作都取得了新进展。铜材累计产量同比增长 13.3%。主营业务收入同比增长 31.3%。主要技术经济指标受控。

一、坚持结构调整，市场占有止跌企稳

面对激烈的市场竞争环境，坚持高端战略，推进差异化营销策略，加快新品研发和市场开发，积极调整用户结构和产品结构，持续加大产品市场拓展力度，市场占有份额止跌企稳，铜材产销量实现两位数增长。

1．注重产品结构调整。老线重点开发造币带和高铁用铜带，淘汰无毛利的低附加值产品。新线重点发展压延铜箔、高端引线框架材料和高端汽车电子接插件黄铜带。压缩普通产品。

2．注重用户结构调整。充分发挥新线设备优势，突出新线铜带、箔产品“薄、精、宽”优势，紧跟电子信息、汽车行业技术发展，结合新线试生产开发高端用户，进行差异化竞争，努力实现替代进口。同时，积极发展直销用户。新线设立市场开发部，在广东首次设立营销点，拓展珠三角高端铜材市场。

3．注重新品研发。积极推进压延铜箔表面后处理技术攻关，成功试制出“灰化”压延铜箔，填补该项目技术在国内的空白。

4．实施差异化营销策略，进一步理顺公司产品价格体系，依托新线装备优势，积极争取高端用户市场。同时，注重搞活销售机制。

5．积极推动新老线联动，以老带新，以新促老，提升老线带坯生产技术和产品质量，为新线供应高质量带坯，以高品质的产品共同维护和拓展市场。

二、坚持运营转型，降本增效有新起色

全面推进运营转型工作，在深度和广度上下功夫，通过建立运营转型项目管理制，运用运营转型工具，完善运营转型考核激励机制，确保运营转型有实效、工作落到实处，全年实现运营转型收益 2062 万元。同时，通过运营转型促进基础管理提升，降本增效有新起色。

1．领导重视，全员参与，有效实施运营转型工作。每位公司领导参与核心项目，自上而下带项目。同时，基层单位和班组通过项目申报制，由下而上提出运营转型建议项目，不断深化推进运营转型工作。

2．优化生产组织，积极推进集约化生产。采用集中生产备料和备坯的方法，充分利用电价峰谷差，加大用电“避峰用谷”力度。

3．积极推行“工序服从制”质量管理方法。结合新线供坯质量提升，在重点工序加强过程控制和产品质量检验把关，全年质量异议退货率控制在预算目标范围。

4．建立材料（备件）采购信息平台，7 月起试运行，通过网上议价、网下比质比价采购，有效控制采购成本。

5．以成本系数细化工作为基础，启动完善成本核算体系工作。

6．加强能源管理，积极开展合同能源管理和节能工作，实施空压机余热利用和“金太阳”太阳能发电等节能项目，减低能源消耗。

7．安全有效筹措资金，合理降低财务费用。

三、坚持验收标准，新线项目竣工投产

高精度铜板带改扩建工程项目建设历时 5 年，完成项目整体预验收转产，这是公司实现“做精铜带、转型发展”迈出的重要一步。

高精度铜板带项目集成了当今行业内最为先进的设备，技术复杂，自动化程度高。项目建设过程中，公司始终坚持质量第一的标准进行项目建设和验收，至 2013 年 12 月，新线全线贯通，为公司提升铜板带技术能级、占领市场制高点、形成新的竞争优势创造了重要条件。

自 2012 年 6 月新线试生产以来，铜板带合计试产 5352 吨，经过设备能力测试达到 6 万吨／年的设计能力。新线在试生产过程中，积极探索“新厂新办”新机制，按“六个一流”要求，构建生产运行和质量保证体系；积极开发高端汽车电子铜带、引线框架材料、压延铜箔等高端产品；积极消化吸收设备运行维护技术和生产工艺技术，为正式投产奠定了基础。

四、坚持市场化方向，企业改革不断深化

以加快市场化开放型改革为动力，创新体制机制，努力破解结构调整、转型发展中的难题，开创扭亏脱困新局面。

1．实施公司整体市场化改革，完成总经理公开竞聘工作，为公司进一步推进市场化改革带了好头，得到广大职工认可。同时开展本部管理人员竞争上岗。通过改革，公司组织机构总数由 25 个减少到 18 个，本部管理人员数量由 96 人减少到 55 人。

2．全力推进人力资源优化配置工作。坚持以市场化为导向，按时完成阶段性人力资源优化配置工作，加快形成运转高效的生产经营新机制，切实提高企业竞争力和盈利能力。

3．试点开展板带二工区和第二板带厂以经营目标责任契约化管理为主要内容的市场化改革。

4．持续推进职工薪酬分配制度改革。坚持向生产一线和关键岗位倾斜，以优化营销人员考核分配机制为重点，改进和完善经济责任制考核办法。

5．巩固完善扁平化管理改革成果。

6、坚持高精度铜板带分公司“新厂新办”。

五、坚持攻坚克难，盘活资源工作有新突破

公司搭准上海市产业结构调整的脉搏，加快结构调整步伐，做好存量资产盘活工作，提高公司整体经营成效。

六、坚持“八项规定”，作风建设取得新成效

加强廉政建设，贯彻落实中央“八项规定”精神，深入开展治庸问责专项工作，进一步加强党风廉政建设，为公司改革发展提供正能量。

【2014 年发展趋势】

2014 年，公司要切实把思想行动统一到中铝公司的决策部署上，面对复杂多变的经济形势和艰巨的扭亏增盈任务，横下一条心，进一步加大市场化改革力度，加强领导班子和各级干部的作风建设，突出转变观念、转换机制，强化担当意识，强化压力传递，沉下心来外走市场、内下基层，团结带领全体干部职工，走出困境，开创未来。

工作总体要求：全面落实中铝公司和中铜公司 2014 年工作会议要求，以经济效益为中心，以市场化改革为动力，狠抓新线达标达产进程，狠抓老线劳动生产率提高，狠抓资源盘活工作不放松，创新思维，求真务实，为早日实现公司本质脱困目标而努力。

重点工作：加大市场开拓力度，确保预算目标完成；加大运营转型力度，提升降本增效水平；加大技术创新力度，促进产品结构调整；加大市场化改革力度，加快经营机制转换；加大资源盘活力度，发挥资源最大效用；加大安环管理力度，确保做到“六个为零”；加大作风建设力度，改革发展惠及全体职工。

（邱子雄）

中船上海船舶工业有限公司

【概况】

中船上海船舶工业有限公司是中国船舶工业集团公司在上海及苏、皖地区的派出机构，主要任务是受中船集团公司委托，对中国船舶工业集团公司所属上海、江苏、安徽地区企事业单位行使“管理、协调、服务、监督”的职能。

上海地区集中了中船集团绝大部分骨干船厂，造船产量约占全集团造船总量的 80%以上，技术和管理水平在国内处于领先地位，具有较强的国际竞争力，承担着我国机电行业出口创汇和海军装备生产的重要任务。

通过多年的发展，上海船舶工业具备建造吨位大中小型，技术含量高中低档的各类用途水上、水下军民用船舶产品、海洋工程产品和配套设备、产品的开发能力、技术能力、生产能力。产品种类从普通油船、散货船到具有当代国际水平的化学品船、客滚船、大型集装箱船、大型液化气船、大型自卸船、液化天然气船、超大型油轮（VLCC）及海洋工程等各类民用船舶与设施。同时在大型钢结构制作等方面具有优势。

在做大做强造船主业的同时，积极发展壮大修船业、船用配套以及钢机构等非船业务。能够从事从一般海损坞修到大工程改装修理，建造多型号、多系列的大型船用中、低速柴油机，在其他配套产品的开发生产上也取得骄人的业绩。积极参与上海和全国各地城市的基础建设，先后承接建造了上海南浦、杨浦、徐浦、卢浦大桥，上海东方明珠、上海大剧院、浦东国际机场、八万人体育场等为代表的大型市政工程的钢结构制作和安装以及地铁、隧道盾构的制作、维修，为市政建设作出了重大的贡献。

【2013 年经济工作情况】

2013 年，中船上海地区各企事业单位围绕中国船舶工业集团公司年度的工作目标，主动作为、攻坚克难，成功实现了经济运行稳中回暖、结构转型初显成效、管理提升向前推进，为后续平稳发展奠定了坚实基础。

一、主要经济指标情况

上海船舶工业造船完工量、工业总产值比上年有所下降，但海工装备及承接合同金额实现增长。

主要经济指标：全年完工船舶 81 艘，同比下降 8%；完成造船产量 850 万吨，下降 18.3%；全年完成工业总产值 492 亿元，下降 10.4%；其中，完成海工产品产值 38 亿元，增长 150%，实现销售产值 492 亿元，下降 10.4%；完成出口交货值 262 亿元，下降 8%；完成柴油机 149 台，增长 3.5%；功率 198 万千瓦，下降 10%；全年承接各类合同金额 705 亿元，增长 65%；其中，签约新船订单 1320 万吨，增长 195%（以上数据不含上海其他除中船集团外企业）。

二、经营承接显著增长

上海地区工业企业承接合同金额增长 65%。截至 2013

年年末，上海地区造船企业手持船舶订单2280多万载重吨，同比增长26%，手持船舶订单由连续两年下降转为增长，实现接单突破。海洋工程板块接单也呈快速增长势头，承接合同金额同比增长700%以上。

三、结构转型初显成效

上海地区船舶企业贯彻中船集团公司全面转型发展的战略，对接六大业务板块的发展定位，实现业务结构、产品结构调整。

1．产品结构方面。各单位面对金融危机和自身发展转型的重大考验，开展产品结构升级，并实现批量接单。实现“双高船”明显增加和海洋工程产品的接单突破。其中，江南造船（集团）散货船实现升级并批量接单，液化气船已形成全系列，高技术、高附加值船合同总金额占比超过80%；沪东中华造船（集团）承接6艘17.4万立方米双燃料电力推进型液化天然气(LNG)船订单；七〇八所在大型集装箱船设计、建造技术达到国际先进水平。外高桥造船当前手持自升式平台9座，已形成自升式平台批量、系列化建造，海工业务占比持续上升。上海船厂完成5型23艘船的合同签约，产品结构向高端转型。

2．业务机构方面，生产性现代服务业得到飞速发展。2012年挂牌成立的中船成套物流公司2013年实现营业收入超300亿元；中船九院公司在生效设计合同中，船舶和非船业务占比分别为30%和70%。上船院以技术引领深化战略转型发展，设计的主力船型业绩不俗，其中绿色海豚6.4万载重吨散货船签约140艘、生效120艘，海工设计订单额占全院订单总额的20%。上海船舶工艺研究所紧紧围绕初步形成的“装备、材料、软件、服务”四大产业，加快产业化进程。

四、推进管理提升工程

1．在企业质量管理和产品质量控制上狠下功夫。外高桥造船公司深化质量实名制，变结果管理为过程管理；开展危险预知活动和作业安全性分析活动，变违章处罚管理为自主管理，公司内3个作业区被评为“全国五星级现场”。江南造船（集团）对在建大型水面产品开展为期3个月的质量整顿，全年在建产品对外报验合格率民品达95.03%，高新为100%。

2．以多种措施降低成本，降本增效成效显著。如沪东中华加强焊材定额管理；沪东重机开展自主类攻关项目的实施和应用，ME-C主机ECS控制箱箱体通过本土化，实现成本28%-40%的降幅。

3．通过加强新工艺、先进制造技术的研究和推广等，推进精益管理，提高生产效率。外高桥造船公司大力推进工序前移，提高中间产品完整性，实现出坞前“三通一排”，并建立完整的派工管理信息系统，为实现交船任务提供保障。

【2014年发展趋势】

2014年，中船上海船舶工业要重点把握四个方面，即统一思想，把握形势任务要求；紧咬目标，确保“十二五”全面转型发展；改革创新，为企业发展注入动力和活力；强化管理，提升企业发展质量。

重点落实四个方面工作，即咬定“十二五”目标不放松，确保完成2014年生产经营任务；深入推进结构调整，实现全面转型；夯实基础，提升管理水平；研究安全生产规律，创新工作机制方法。

（张水灿）

上海化学工业区

【概况】

上海化学工业区为国家级经济技术开发区，位于杭州湾北岸，规划面积29.4平方公里，是以石油化工及其衍生产品制造为主的现代化产业基地，主要发展石油化工和天然气化工系列产品、精细化工产品、合成新材料和综合性深加工产品。2013年，上海化工区经济稳中趋好，超额完成全年经济目标任务，销售收入首次突破千亿元，产业能级和经济规模上新台阶，被中国石化联合会评为全国20强化工园区之首。全年，化工区（包括金山、奉贤分区）共完成工业总产值992.8亿元，销售收入1013.17亿元；引进项目投资21.6亿美元，完成固定资产投资81.24亿元；区内注册企业实现利润25.6亿元，实缴税金55.38亿元；万元产值能耗0.901吨标准煤／万元。截至2013年年末，化工区累计批准项目总投资225.05亿美元，累计完成固定资产投资1096.17亿元。

【2013年经济工作情况】

一、全力配合，协同推进，重大项目进入实质启动阶段

化工区充分认识全球石化产业发展趋势和布局变化，以及园区承载上海石化产业结构调整和布局优化的重要战略，坚定不移地抓住重中之重，坚持不懈地推进重大项目，协同开展大量前期工作，协调沟通相关配套事项，有力促进了炼化一体化项目实质性启动。

1．项目报批获得路条，进入实质启动阶段。在市委、市政府有关部门的共同努力下，炼化一体化项目申请报告

于9月16日由中国石化和上海市政府联合上报，并于10月15日获得国家发改委出具的《开展漕泾炼油化工一体化项目前期工作的函》，获准开展项目前期工作，标志该项目进入了实质性启动阶段。10月21日，中国石化股份公司召开项目启动会议，明确了投资优化、组织领导、人员安排等工作要求，成立了高桥结构调整领导小组。10月30日，周波副市长召开专题会议，要求各有关部门和单位及时稳妥地开展各项前期工作，尽早实现项目核准。年内，中咨公司已收到国家发改委的委托评估函，与中国石化协商启动项目评估工作。

2．前期工作有序推进，配合做好充分准备。按照统一部署要求和有关会议精神，公司积极主动地配合推进各项前期工作，力争实现2014年开工建设、“十三五”期间建成投产的目标。一是在园区规划修编方面，协同开展化工区产业发展规划、控详规划、规划环评的修订调整工作，组织协调了电力、电信、蒸汽供应等专项规划的优化完善工作。二是在公用工程配套方面，支持帮助下属企业提升公用配套能级，污水处理四期项目已建成投用，10万吨／日供水扩建项目已开工建设，孚宝码头及罐区扩建项目已启动前期工作，固废处理第三条生产线也已确定建设计划。三是在西区新围垦工程方面，积极参与了围垦海域论证工作，研究制订土方储备方案并启动实施。四是在社会稳定和舆情应对方面，主动做好办公用房安排、办公条件提供等后勤保障，确保了相关工作及时开展。与此同时，高桥石化提升调整项目进展较顺利，三元乙丙橡胶项目按计划推进工程建设，丁腈橡胶等项目计划2014年开工；规划联合建设的IGCC项目正在开展投资主体的方案比选工作，与中电投公司的合作商洽也在同步进行。

二、狠抓重点，主动服务，招商经营超额完成全年目标

化工区充分发挥产业集聚优势，主动对接战略性新兴产业，着力延伸产业链招商，加快重点项目报批步伐。发展公司围绕招商用地需求，加大商务谈判力度，全力推进项目地块转让，扩大土地经营收入，成功实现了招商引资和主业经营均超额完成全年目标。

1．招商重点项目全部获批落户。在市委、市政府及相关部门的支持下，经过数年协调努力，亨斯迈MDI扩建项目（包括年产24万吨粗MDI扩建项目、24万吨精制MDI扩建项目、12万吨HCL催化氧化回收技改项目）获得核准，总投资7.16亿美元。同时，公司梳理应对报批环节的各项要求，提前与审批部门进行说明沟通，为客户提供报批全程的咨询服务，确保了年度计划内的英威达尼龙66、西萨化工异丙苯、璐彩特MMA扩产、赛科丙烯腈配套工程以及巴斯夫化工尼龙6、聚异氰酸酯、树脂等项目全部获批落户，年度计划外的汉高胶黏剂、漕泾热电除盐水二期、优月仓储二期、德固赛中试装置、氯碱化工低温乙烯储运装置等项目也相继核准落户。

2．土地经营收入超额完成计划。公司在统计分析当前土地收储和使用情况的基础上，从园区土地开发成本的实际变动出发，参照全市及周边地区工业用地的价格水平，对存量土地使用权挂牌转让的起始价格进行了调整并正式实施。同时，及时向各投资客户解释说明，确保调价方案平稳实施、落到实处。年内，公司完成巴斯夫化工树脂、赢创Signal、迪升防腐材料、英威达聚合物、欧诺法等项目用地的招拍挂转让，签订汉高三期等项目用地的土地预留合同。

3．区域联合发展促进招商经营。自4月与奉贤区柘林镇正式签署《联合发展协议》以来，公司调研编制了联合发展区域的产业发展规划，洽谈落实7个项目的投资意向，总投资额2.5亿美元。目前，鸿鹄涂料项目已开工建设，迪升金属表面新型环保处理液项目已完成地块转让，华明超细粉末国家工程研究中心项目已注册成立合资公司，中石化催化剂项目已完成环评报告初稿，中南涂料、振泰化工、营城汽配等项目已确定投资意向。另外，公司还进一步深化与金山区联合发展工作，拟订了合作框架协议，并着手推荐相关项目选址金山分区。

三、创新举措，完善机制，本质安全和过程安全得到提升

化工区牢固树立科学发展、安全发展的理念，大力推进园区安全发展战略，整体提升安全管理能级，确保园区安全稳定运行。

1．提升园区安全管理能级。一是实施重大危险源视频信息接入应急响应中心工程，对危化品车辆运输实现动态化管理，将市交港局危化品车辆运输GPS管理终端接入应急响应中心。二是强力推进安全生产标准化建设，区内2家企业通过安全标准化一级企业现场评审，19家企业被评为二级企业，8家企业被评为三级企业。三是建设启用化四消防站，园区消防保障能力进一步增强。四是加强突发职业中毒事故和公共卫生应急管理，从源头上防止和降低突发职业中毒事故的发生，举行各项医疗急救演习和化救演习100余次。五是加强边生产、边施工管理，对边生产、边施工改扩建项目开展危险性识别工作，进行第三方论证审核。

2．建立完善安全管理联检、联防、联动机制。一是与市交通港口局就园区危险化学品运输管理工作建立长效工作机制，对进出园区的危险品运输车辆先后开展6次联合执法检查。二是与市质量技术监督局就完善园区设备监察长效机制、创新设备管理制度等达成初步共识。三是协助市安监局开展执法检查，检查企业42家次，开出整改意见书12份，复查意见书12份，约谈企业6次。四是以安委办为工作平台，形成联检、联防、联动的工作机制，全年共组织联合检

查21次，专项安全检查14次，现场协调会5次，为企业排忧解难。

3．营造园区安全文化。一是结合园区实际，坚持“三贴近”和“三面向”原则，把园区参与全国第12个“安全生产月”活动的主题确定为“活跃细胞、夯实基础，强化班组安全管理”。二是以“安康杯”竞赛活动为抓手，开展“细胞工程”文化周活动。从6月16日开始，组织21个企业的28块展板进行为期半月的班组安全文化建设成果宣传巡展活动。三是围绕班组这个“细胞”做文章，先后组织开展班组安全管理标准化建设论坛、特种作业操作演练、驾驶技能操作比武三项活动。

四、强化监管，防控风险，区域生态文明建设显现新成效

化工区进一步完善环境风险防控机制，大力推进生态文明建设，走绿色循环低碳发展道路，书写好“美丽中国”上海化工区画卷。

1．循环经济建设取得新进展。一是国家生态工业示范园区于2月6日创建成功，标志着化工区在发展循环经济、提高园区生态文明建设水平方面取得显著成效。二是实施《上海化学工业区环境保护和建设（2013–2015年）三年行动计划》，进一步深化环保“一体化”管理理念。三是启动一批循环经济经济项目，拜耳公司高含盐废水回收利用项目、赛科公司EBSM污染凝液回收利用项目等先后启动实施。四是制定《上海化学工业区循环经济发展和资源综合利用项目专项扶持政策实施细则》，支持化工区内循环经济产品链接或延伸的关键项目。

2．环境监管进一步加强。一是积极推进空气特征污染监控网络建设，编制《上海化学工业区特征污染监控网络建设实施方案》。二是加强企业环境监测，共出动人员593人次，现场监察企业225户次，环保行政处罚1家企业，发放责令改正通知书3份。三是全面启动排污费征收工作，完成园区10家企业133个排污口的规范化整治工作，核定征收排污费1161.6万元，基本实现园区内生产企业的全覆盖。四是配合市环境监测中心对拜耳公司等9家企业实施监督性监测，推动赛科公司等企业无机废水在线监测设备进入比对验收程序。充分发挥环境监察支队专业能力，园区环境安全总体受控。

3．环境风险防控机制进一步完善。一是加强园区重点环境风险源的日常监察和风险源排查，探索开展园区内重点环境风险源的识别和信息录入工作。二是排摸园区企业环境应急预案编制情况，构建园区环境应急预案体系。三是调查园区环境应急设施、物资情况，启动化工区环境应急信息库建设，开展错时执法专项检查等10余项专项行动。四是建立企业检维修和环保设施故障停运报告制度，提高对园区企业污染防治设施的监督管理水平。五是建立化工区、金山区、奉贤区三区环境监察支队联动机制，探索联合执法、跨区执法机制，定期召开三方联席会议。

【2014年发展趋势】

2014年，化工区坚持“稳中求进”的工作总基调，坚持“创新驱动、转型发展”的工作主线，坚持“发展是主线、安全环保是底线”的工作理念，把改革创新贯穿于园区发展各个领域各个环节，围绕炼化一体化项目和区域一体化发展工作，创新方式方法，对标世界一流，主动承担上海化工产业结构调整升级的责任，主动承担带动化工园区产业升级改造的责任，主动承担以化工区发展带动周边城镇化建设的责任，全面建设“两个基地”，为全市经济发展作出贡献。

全年目标预计完成招商引资20亿美元，销售收入1080亿元，工业总产值1040亿元，固定资产投资75亿元，保持园区经济平稳健康发展和社会和谐稳定。

重点抓好以下重点工作任务：

1．制定园区新一轮发展总体规划。

2．实现园区经济平稳较快增长。

3．全力推进炼化一体化项目前期工作。

4．保持招商引资高位运行。

5．建立一批安全环保基础功能性项目。

6．建立区域一体化联动发展机制。

7．深化与金山区、奉贤区联合发展。

（方　敏）

国网上海市电力公司

【概况】

国网上海市电力公司是从事上海地区电力输、配、售的特大型企业，统一调度上海电网，参与制定并实施上海电力、电网发展规划和农村电气化等工作，对全市的安全用电、节约用电进行监督和指导。国网上海市电力公司管辖的上海电网位于长江三角洲的东南前缘，北靠长江，东临东海，与江苏、浙江两省接壤。供电营业区覆盖整个上海市行政区。截至2013年年底，国网上海市电力公司直接管辖各类电网企业、发电企业、施工、科研、医院、能源服务、培训中心等单位24家，职工14808人，代管单位1家，职工76人。

【2013年经济工作情况】

2013年，全市发电装机容量为2162.01万千瓦，全市35-1000千伏变电站880座，变电容量13996.87万千伏安，年发电量971.61亿千瓦时，售电量完成1155.55亿千瓦时，同比增长5.4%。公司上下坚决贯彻上海市委、市政府和国家电网公司党组各项决策部署，坚持“科学安排、严格管理、细化方案、精心操作”，高水平完成2013年安全供电、电网发展、经营管理、优质服务等重点任务。成功打赢迎峰度夏攻坚战并首获上海市政府通报表扬；首批配网“串供”改造项目全面竣工并可靠运行；连续13年市政风行测评排名第一，且11家供电公司均位列所在区（县）第一；连续8年市窗口行业社会公众满意度测评排名第一；连续4年蝉联“全国供电可靠性金牌企业（A级）”第一名。

一、安全管理持续大力夯实

全力应对极端高温、台风、雾霾等恶劣天气，圆满完成“两会”、党的十八届三中全会、“嫦娥三号”发射、外滩迎新年倒计时等重大保电任务。顺利通过输电网、城市电网安全性评价验收。负控实现10千伏及以上用户全覆盖，可控负荷提升至370万千瓦。组建全国首支电力保安支队，全年电力设施偷盗案发数同比下降51%。

二、电网发展实现重大跨越

皖电东送特高压交流工程成功投运，特高压复奉直流送出加强过渡工程提前建成并满负荷送电，建成“四交四直”市外来电通道新格局；“淮南－南京－上海”特高压上海段配套工程完成可研审查。500千伏新余工程获国家优质工程奖，18个110千伏及以上输变电工程获国家电网公司优质工程。110千伏“串供”改造项目全部完成，128个10千伏主干线路加强联络工程全面竣工，57个35千伏配网结构优化工程基本完成。

三、优质服务再创新佳绩

供电服务提升工程取得实效，突出问题整改率、“十项承诺”兑现率100%，居民客户满意率达99.95%。第一时间入驻自贸试验区成立专属供电服务机构，与自贸试验区管委会签订战略合作协议，实行高级客户经理制，建立入驻企业微信群，开辟业扩报装、电网配套绿色通道，提供“零距离”、“零障碍”、“零延误”的一门式供电服务。签订电锅炉改造协议302家、633台，已完成改造投运300台。建成嘉定电动车智能充放储一体化电站，累计投运充换电站20座、充电桩2020个。累计投运风电、光伏等发电装机容量32.3万千瓦，全年消纳区外水电和全部清洁能源发电265亿千瓦时，同比增长75%。累计对9.8万套保障房实行供电配套收费优惠。

四、经营管理水平大幅提升

深化经营诊断分析和管理提升，大力实施开源节流、提质增效，主要经营业绩指标均创历史最好水平。大力实施营业普查和反窃电整治，实现电费“双结零”目标。首次明确建立电价联动和清算机制。东海风电一期和崇明北沿风电一期成功实现商业运营。广视通公司首批入驻上海自贸试验区。成功参股尼日利亚安培能配电公司。圆满完成菲律宾国家电网灾后重建技术支持工作。

五、科技信息和智能电网项目取得丰硕成果

获得省部级科技进步奖25项，其中上海市科技进步奖9项。完成专利申请271项，获授权403项。高质量完成ERP系统优化升级工程，优化业务流程155个。电能质量在线监测系统、通信管理系统（TMS）上线试运行。电力光纤到户覆盖39.6万户，“互视通”用户规模突破2.84万户。110千伏园海、兴邦等两座“标准配送式”变电站、110千伏叶塘新一代智能变电站成功投运。松江110千伏电网自愈系统示范工程成功建成。钠硫电池实现产品定型并在国内率先建成中试线。智能小区／楼宇实证项目和漕溪能源转换综合展示基地可视化项目顺利完成。

【2014年发展趋势】

2014年，公司工作总的要求是：坚决贯彻上海市委、市政府和国家电网公司党组决策部署，全面开展党的群众路线教育实践活动，以“两个转变”为主线，以确保安全稳定和优质服务为前提，以提高队伍素质和质量效益为关键，大力夯实安全基础，加快电网发展，强化队伍建设，强化改革创新，依法依规从严治企，精心打造“国际一流大都市电网”和“三集五大”两个精品工程，确保高水平完成全年目标任务，坚定不移争当“两个排头兵”，为率先全面建成“一强三优”现代公司而努力奋斗。

一、全力确保安全稳定和优质服务

落实各级安全责任，严肃制度和规程执行，建立隐患排查治理常态机制，健全安全风险防范体系和工作协同机制，以及安全分析常态机制。强化重要设备以及重要输电通道运行管理，加强新能源、分布式电源并网管理，加大电力设施偷盗、外破打击力度，严防大面积停电。加强对中低压线路频繁故障的分析整改。深化安全管理提升，加强重点领域安全管理和复杂作业、交叉作业、高空作业安全防护。组建中心城区、重要敏感用户停电快速响应抢修队伍。深化供电服务提升工程，严格落实“三个十条”，创新便民服务举措，推广移动终端、网络缴费、手机提醒等服务，完成老旧小区、地铁商铺、居民动迁地块等专项治理和规范管理工作。加强重要用户管理，全力服务自贸试验区、迪士尼等重大项目、民生工程电力配套建设。进一步推广电能替代，落实大气污染防治和清洁空气计划，大力推进应用电锅炉替换燃煤锅炉、冰蓄冷、热泵和电动汽车配套设施建设。加快构建电动汽车智能充换电服务网络公共运营平台，积极推进居民厨炊用煤改用电。

二、全面建设国际一流大都市电网

加快制定上海“十三五”及远景电网规划，提前抓好新兴开发区域电网布局和资源储备。加快深化110千伏双侧链式电网规划和110千伏重复降压变电站规划研究，优化35千伏电网升压规划和10千伏开关站布点。全力加快“淮南－南京－上海”特高压交流工程各项前期工作和建设准备。建成投运复奉直流加强工程。全力推进500千伏虹杨、杨行加串抗、220千伏金枫等重点工程。确保完成全部343项年度重点工程（包括150项迎峰度夏重点工程）。全面落实配电网技术导则和典型设计，以提高供电能力和供电可靠性为重点，完善配电网结构。精心完成浦东沿江配网示范区建设改造，有序推进配电网自动化建设，高标准建设“故障自愈”电网。深化资产全寿命周期管理，强化规划、设计、建设、运行、检修全过程质量管控，进一步加强生产全过程技术监督。全面建成电能质量在线监测系统，实现关键数据自动采集和实时分析。

三、全面提升经济效益和管理水平

强化“三电、三资”工作，积极争取各类电价财税政策支持；强化电费风险预警和销账监督，推广预付费管理，杜绝新欠电费；实施线损分压、分线、分台区考核，彻底消除跑冒滴漏情况。严控各类成本开支，落实“三节约”要求，全面实施统一标准成本，实现全过程闭环管理；严格控制一般性和非生产性支出；严格财务报销审批。加强综合计划管控。完善全过程内控体系建设，实现综合计划和预算全面覆盖、紧密融合和全程监控，严格项目审核、全过程执行跟踪和监督考核；建成工程、物资节点管控系统，严格管控项目进度、结算转资等时间节点。深化对标工作。全面开展业绩对标、管理对标和基础对标，加强国内、国际对标，开展市内大型服务行业对标，找准差距、明确措施、持续提升。深化落实“二十四节气表”。

四、全面实施科技兴企和人才强企战略

紧紧围绕安全、效益等核心业务和“实用、实效”原则，加快碳纤维、扩径导线等应用，推广直升机、无人机、智能机器人巡检、装配式、移动式变电站、在线监测、间隔内监视等实用新型技术。在国家电网公司系统率先建成“信息化企业”。按期完成国家电网ERP集中部署上海试点实施建设项目。积极开展PMS2.0系统推广试点。完成2014—2018年配电通信网规划，加强数据中心建设和数据分析，提升数据应用水平。创新人才机制，进一步完善薪酬分配体系，收入分配向一线、特殊、重点岗位倾斜。加强人才梯队建设，健全完善各类人才培养选拔、考核评价和激励机制。构建内部优质人力资源市场，试点建立专家工作室，选拔培养领军人物、技能大师、青年英才、紧缺人才。深化全员培训，落实各级培训责任主体，实施最严格的培训奖惩机制。完善网络学校平台建设和现有实训基地功能，加快建设覆盖特高压、超高压、智能电网项目及满足全部业务工种实训需求的新培训基地。

（汤　泉）

上海漕河泾新兴技术开发区

【概况】

上海漕河泾新兴技术开发区是1991年3月经国务院批准设立的首批国家级高新技术产业开发区，也是国家级出口加工区，中国服务外包示范基地；2010年被工信部授予“国家新型工业化产业示范区基地”。2013年是漕河泾开发区加快转型发展的重要一年。漕河泾开发区深入贯彻落实党的十八大、中央经济工作会议、上海市委十届三次会议精神，继续把握好稳中求进的工作总基调，以提高开发区经济增长质量和效益为中心，以提升品牌综合实力和影响力为抓手，强化创新驱动，提高管理服务水平，推进二、三产业融合发展，圆满地完成了全年工作任务。

【2013年经济工作情况】

一、深入推进品牌战略，开发区综合实力和影响力得到进一步提升

1. 主要经济指标稳中有进，产业结构进一步优化转型。2013年，开发区实现销售收入2720亿元，比上年增长10.2%。其中，第三产业收入1618亿元，增长21.7%，占总销售收入比例达到59%；完成地区生产总值（GDP）900亿元，增长11.1%（其中第三产业增加值600亿元，增长18.7%）；税收总额（含关税）88.5亿元，增长2.6%。

开发区注重创新驱动转型发展，在优化产业结构、集聚总部经济等方面实现新的提升。一是继续大力发展战略性新兴产业和现代服务业，形成新“一五一”产业格局，即电子信息支柱产业，生物医药、新材料、高端装备、汽车研发配套和环保新能源重点产业，以及现代服务业支撑产业。二是现代服务业继续呈现良好发展态势，销售收入再创新高，已成为开发区加速发展的新引擎。三产收入比例已近六成，园区经济发展对传统工业的依赖进一步减弱。三是总部经济集

聚效应进一步显现。开发区继续将招商引资重点放在体现国家战略、上海优势和漕河泾特色的项目，特别是世界500强、行业领军企业以及战略性新兴产业的“一部三中心”项目，跨国公司总部竞相落户。2013年，新设跨国公司地区总部和投资性公司7家，占全市同期总数的13.5%；新引进世界500强日本住友化学子公司住化电子、世界500强韩国现代子公司现代威亚和现代电梯、全球LED行业巨头中国台湾亿光照明、日本恩欧富（汽车防锈涂料行业全球排名第一）、日本安立通讯（通信测试领域全球排名第一）、美国科多尼克（医学影像行业全球排名第一）等。

2．提升开发区品牌知名度，丰富“漕河泾”品牌内涵。漕河泾开发区总公司获评“2011－2012上海市房地产开发企业50强”、“全国实施卓越绩效模式先进企业”和“全球卓越绩效奖”；董事长刘家平获评“上海市十大品牌领军人物”。在上海市开发区综合评价中，漕河泾开发区综合发展指数排名中型园区第一，资源利用和投资环境两项分项指数排名第一，土地集约、环境保护、产业发展环境及管理服务等专业评价指数均排名第一。开发区通过厦交会、工博会、绿创展等展会以及报纸、网站、官方微博等多种形式，加强品牌对外宣传力度，提升品牌知名度和影响力。

3．坚持“走出去”战略实践，探索多形式“走出去”模式。新与国内6家园区、国外1家园区签订友好合作协议，至年末，国内外友好园区达到58家。产业转移促进中心（商务部上海基地）共有36个产业转移项目，实现落地15个项目，累计金额160亿元，其中外资2亿美元；成立上海－都江堰产业转移促进中心，帮助中西部地区“筑巢引凤”，拓展了开发区品牌的对外影响力。

二、完善“大招商”机制，招商管理水平得到进一步提升

面对国内外依然严峻的经济形势，开发区及时调整招商策略，进一步完善“大招商”机制，推行“区区合作、品牌联动”模式，推动提升产业能级，同时以“战略性新兴产业和先进制造业引领、现代服务业支撑”为思路打造园区产业布局，为园区发展提供动力。

1．及时调整招商策略，保持招商引资良好势头。2013年，在面对续租面积高峰、新增房源少的情况下，开发区及时调整招商策略，夯实基础性工作，保证招商引资工作继续保持良好势头。积极引导已有企业在开发区内注册成立新设项目，延锋伟世通、都福等老客户均在2013年新设立投资性公司。与各类中介机构建立紧密联系，加强市场研究，对外推广开发区形象。开发区全年租售面积达到13.54万平方米，新引进注册项目166个，企业注册资本近44.5亿元。本部区域继续保持新引进项目注册率100%，新签出租面积7.76万平方米，新增内资注册资本50.7亿元，外资3.9亿美元。

2．坚持推行“区区合作”，代理招商成果斐然。开发区坚持推行“区区合作，品牌联动”的发展模式，拓展合作范围，创新合作模式，取得明显效果。全年代理招商项目总建筑面积超过30万平方米，签订新租合同1.18万平方米，续租合同1.21万平方米，合计出租率达70%，且均实现属地化注册。代理招商工作已在项目搜寻、项目调查、商务谈判等方面形成一套完善的工作方法和对接协调机制，实现“客户满意、业主满意、政府满意”的多方合作共赢。

3．“大招商”平台统筹协调，项目推介再创佳绩。大招商项目推介合计104个，已落地推介项目5个，包括本部推荐至浦江园区的鸿力达、乾视通信、华穗科技项目，推荐至松江园区的黑桥工业设计和推荐至临港奉贤园区的康宁光纤项目。此外，继2012年开始尝试大招商范围内注册地和房源统筹后，2013年共完成该类注册项目推介31个，其中22个项目完成公司注册。

三、打造优质产业载体，“美丽漕河泾”环境建设得到进一步提升

开发区以建设“高端产业、低碳发展、生态文明、宜业和谐”的“美丽漕河泾”为目标，进一步深化“三大园区”创建，以“精品化”标准抓好工程建设，为产业发展打造优质载体。

1．持续推进“三大园区”建设。生态园区方面，编制“一区多园”生态工业示范园区建设管理标准，将生态园区建设从本部延伸至浦江园区；实施一批绿化景观工程，在国际商务中心实施屋顶绿化，争取桂果路命名为上海市“林荫道”，浦江地铁广场一期景观绿化工程获评“上海市园林杯优质奖”；完成集聚区能源中心锅炉扩容工程，每年节省运行费用45%以上。智慧园区方面，编制“智慧漕河泾”信息化规划，推进园区3G、4G网络覆盖、新一代“城市光网”及无线覆盖公共热点建设；完善智能监控、智能楼宇、智能引导系统建设，包括筹划将“漕河泾杉德一卡通”扩展应用到门禁访客管理、停车收费管理等领域。国际园区方面，继续深化与国际姐妹园区的交流合作，加快孵化器国际化进程，同时结合首届上交会承办中欧技术转移论坛，为今后国际技术转移工作打下了基础。

2．创新管理模式，建设“精品”工程。按照“计划精细化、设计精品化、成本精准化、质量精益化”的“四化”创新管理模式，努力提升建设标准，不断优化建筑功能，建设“精品”工程。国际商务中心B楼获“华东六省一市优质结构奖”；集聚区总部区获“2013年上海市优秀勘察设计项目一等奖”。

四、聚焦“三箭齐发”，综合服务环境建设得到进一步提升

公司按照“服务领域更全面、服务内容更务实、服务项

目更细化、服务水平更专业”的目标，坚持“客户至上、追求卓越、和谐共生、互动发展”的理念，聚焦双创服务、人才服务、区域服务“三箭齐发”，进一步创新服务机制，并将服务逐步延伸覆盖至各分园区，形成“大服务”格局，进一步提升园区核心竞争能力。

1．双创服务方面。一是深入推进企业认定服务等工作。推动新认定高新技术企业15家，开发区高新技术企业总数增至285家，约占全市总数的7%；服务外包企业147家，其中经认定的服务外包重点企业10家；技术先进型服务企业23家；国家规划布局重点软件企业9家。二是加快国家知识产权服务业集聚发展试验区建设。成立开发区知识产权办公室，协办第十届上海知识产权国际论坛，举办知识产权宣传周活动，开发区累计申请专利12829件，授权发明专利2083件。三是聚焦原创型企业，加强孵化服务。扶持孵化企业做大做强，10家中小企业从基地内毕业，澜起科技在美国纳斯达克上市，晟东电力被中小板上市企业金智科技以5000万元收购并增资扩股，易同科技、连能环保、建中医疗和行悦信息等4家企业挂牌新三板。四是完善科技金融服务体系，助推中小企业发展。向51家次企业发放贷款2亿元，累计向191家次企业发放贷款5.6亿元；与弘视通信等5家企业达成服务入股意向；深化与17家银行的战略联盟，拓宽企业的信贷融资渠道；牵线搭桥，帮助企业获得风险投资基金2.5亿元。五是延伸服务“走出去”，扩大品牌辐射效应。在临港产业区组建双创服务团队，建设科技创新服务体系；浦江双创园新引进20个苗圃项目，新吸引50个优质项目入驻刚竣工的二期办公楼；松江双创园自建园以来进展顺利，已有首家企业获得高新技术企业认定，并获团市委“上海市就业创业见习基地”授牌。

2．人才服务方面。公司全力推进开发区“国家海外高层次人才创新创业基地”建设，构建人力资源综合服务体系，打造人力资源发展高地。一是编制完成漕河泾开发区三年人才规划，完成“临港地区人才现状与需求调查研究”，完善人力资源数据库。二是线上线下联动招聘，将“漕河泾开发区人才网”和“临港人才网”合并为“人才绿洲网”，试运行开发区人才市场，同步开设“人才自助银行”、“人才招聘信息栏”，与人才网形成线上线下联动的招聘服务机制，为园区企业招贤纳才提供更为便捷、高效的互动平台。三是拓展临港人才工作。为126家企业提供人才招聘服务；获得了非上海生源大学生落户、引进人才户籍挂靠、外籍员工证件办理的“绿色通道”；举办各类培训，获批“漕河泾开发区高技能人才培养基地（临港分基地）”，与漕河泾形成一体两翼、各具特色的两大技能人才培养基地。

3．区域服务方面。公司以提升开发区服务竞争力为目标，集聚服务资源，创新服务模式，为区内企业提供具有漕河泾特色和竞争优势的差异化服务。一是多方位做好对客服务。通过“对客服务协同响应平台”、官方微博、4008热线等渠道开展对客服务，处理客户诉求251项；完善“对客服务协同响应平台”系统功能，新增临港产业区171家客户基础档案资料库。二是强化园区商业配套招商。继续对开发区商业配套进行“腾笼换鸟”，与18家商户签订租赁合同；引荐7-ELEVEN、星巴克、麦当劳、新食尚、苏浙汇等品牌服务提供商与浦江园区、松江园区、临港奉贤园区等进行服务对接和延伸。三是集成各类服务资源。构建“漕河泾e服务”平台，同时成立上海临港漕河泾企业服务有限公司，将具备市场资源要素的公司作为开发区大服务平台的载体予以运作，以更专业的姿态主动适应开发区发展变化的服务需求。四是发挥企业协会桥梁纽带作用。“瞩目漕河泾”创新文化节系列活动、“相约漕河泾”青年联谊活动已成为提升开发区吸引力和凝聚力的品牌活动，塑造了具有漕河泾特色的开发区文化。

【2014年发展趋势】

2014年，漕河泾开发区工作的总体要求是：深入贯彻落实党的十八大和十八届三中全会、上海市委十届五次会议以及上海国资改革20条的精神，坚持“稳中求进”工作总基调，坚持创新驱动发展、经济转型升级，以改革创新为主线，以提高开发区经济增长质量和效益为中心，紧紧围绕使市场在资源配置中起决定性作用，不断深化改革，充分发挥好漕河泾作为临港集团核心公司、核心品牌的核心作用，提升管理服务水平，推进二、三产业融合发展，保持经济平稳持续健康发展。全年漕河泾开发区的工作要紧紧围绕“改革、创新、发展、提升”这八个字，重点做好以下几方面工作：

1．实施战略规划，着力推动园区转型发展。一是抓住国家推进新型城镇化及上海建设自贸区重大机遇，着手实施开发区中长期战略发展规划。二是充分发挥“推动园区产业转型和创新发展引领者”的作用，推动开发区转型发展。

2．创新招商模式，着力提升核心服务水平。招商工作要坚持问题导向、市场导向、目的导向，苦练内功，创新机制，大力提升招商服务作为核心服务的能力和水平。做到创新招商模式，加强客户管理，严控空房比率，拓展外部招商。

3．做强做实服务，着力打造综合服务平台。在招商核心服务的带动下，完善双创服务，聚焦人才服务，做实商务服务。

4．深化环境建设，着力提升“美丽漕河泾”内涵。赋予“三大园区”建设新理念，探索建立建设管理与土地管理新体系，为产业发展打造优质载体，建设“高端产业、低碳发展、生态文明、宜业和谐”的“美丽漕河泾”。继续深化“三大园区”建设。提高建设管理水平，发挥区区合作平台和企业协会作用。

（任 朕）

光明食品（集团）有限公司

【概况】

光明食品（集团）有限公司（简称光明食品集团）是一家以食品产业链为核心的综合性食品产业集团。2013年，集团按照“发展、转型、管控、协同”的工作主基调，聚焦主业，注重发展质量和效益，持续推进商业模式转型和创新，强化内部管控和产业协同，企业规模和经济效益稳步增长。实现营业总收入1058亿元，比上年增长16.8%；主营业务收入1042亿元，增长17.1%；利润总额39.6亿元，增长9.5%；归属于母公司的净利润17.2亿元，增长2.1%。年末，集团有员工6.6万人，从业人员9.8万人；总资产1385亿元，净资产405亿元。在2013年中国企业500强中，光明食品集团排列第95位。

集团完成农业总产值48亿元，同比增长18%。种植业和养殖业的产值比例为1∶1.66。粮食总产量33.3万吨，增长5.6%；蔬菜播种面积4655公顷，增长5.3%；蔬菜（包括食用菌）产量20.5万吨，增长9.3%；造林112公顷。奶牛存栏数58960头，增长9.3%；生奶总产量27.6万吨，增长14.6%；成乳牛平均单产9417公斤，增长6%。生猪饲养量111万头，增长29%；出栏63.7万头，增长31.8%。禽上市108万只，下降7.4%；禽蛋产量5684吨，增长62%。淡水品总产38365吨，增长7.1%。

集团完成工业总产值250亿元，同比增长14%；工业销售产值246亿元，增长15%；产品销售率达98.3%。出口拨交额8.7亿元，下降1.2%。全年工业企业主要食品产品产量：大米113369吨，增长13%；成品糖869223吨，增长14.5%；糖果20128吨，增长5.6%；乳制品992447吨，增长7.8%；罐头60453吨，增长13.7%；味精21972吨，增长25.3%；蜂蜜营养制品14132吨，增长15.6%；黄酒95129千升，增长1.3%；软饮料422004吨，下降9.3%；冷冻饮品21224吨，增长2.7%。

商贸连锁业持续发展，批发零售业网点4240个，同比增长6.2%；全年营业收入743亿元，增长9%。农工商超市488家，好德便利店834家，五缘折扣店431家，可的便利店842家。农工商超市集团全年销售收入149.9亿元；光明便利店165家，全年销售收入4亿元。出租车客运业及房地产业持续发展，海博公司拥有出租车11767辆，其中大中型车588辆，全年营业收入10.1亿元，增长13.5%。全年房地产开发施工面积419.6万平方米，增长64.6%；销售面积125.6万平方米，增长224.5%；销售额114.3亿元，增长290.1%。

【2013年经济工作情况】

一、围绕战略目标，大力发展核心主业

集团围绕实现第三轮三年（2013—2015年）战略目标，聚焦发展核心主业，提升整体实力。2013年，核心业务销售收入883亿元，增长15.4%，占集团营业总收入的84.8%。乳业：聚焦重点产品，莫斯利安常温酸奶销售收入32亿元，比上年实现翻番，总投资14亿元的光明乳业华东中心工厂竣工投产。糖业：发挥全国市场布局网络优势，全年食糖销量260万吨，增长11%，继续保持行业领先地位。酒业：加快推进多酒种战略，石库门黄酒企业建立院士专家工作站，全兴酒厂“和润型”白酒技术被认定为国际领先水平。综合食品制造业：上海梅林股份公司新增肉食品销售网点243家，达到1544家；大白兔奶糖新厂建成并投产。品牌代理业：南浦食品公司扩大进口食品品牌销售，捷强连锁公司加大战略合作拓展新兴通路渠道业务。连锁零售业：农工商超市深化网上商城、96896热线电话和实体门店“三位一体”的商业模式转型，第一食品公司开设“光明现代农业馆”。现代农业：“五三计划”目标基本完成，全年粮食销售168.6万吨，生猪上市101.8万头，奶牛饲料销售148.8万吨，蔬菜销售52.9万吨，稻麦种子销售12.4万吨。商业房地产业：农工商房地产集团获得2013中国房地产开发企业50强第33位、稳健经营10强第3位。现代物流业：西虹桥冷链物流园5万吨冷库项目开工建设。

二、持续深化转型，提升企业核心竞争力

光明食品集团持续深化以品牌、科技、网络、资源“四位一体”为要素的商业模式转型，提升企业经营质量。抓好品牌建设。3月28日，上海鲜花港第九届郁金香花展在东海农场开幕，从荷兰等地新引进70多个郁金香品种，当年花季的游客达20万人次。年内，举办2013光明食品节、吉买盛光明食品推广周活动，组织参加新春农副产品大联展、上海轻工展、中华老字号展、中国国际农交会等展会，提升光明品牌的整体形象。拓展市场网络建设。3月30日，集团旗下“爱森优选”21家门店、“都市菜园”3家专柜推出光明冷鲜鸡。6月29日，由光明食品集团投资控股、位于青浦区华新镇的上海西郊国际农产品交易中心正式开业。推进企业转型和科技创新。光明乳业建设的乳业生物技术国家重点实验室8月8日通过验收。全年实施新产品开发、技术创新、科技兴农、技术改造项目227项，其中食品和农业项目占

82%。获得各类专利或者其他知识产权授权73件。

三、强化内部管控，保障经济健康发展

1月，集团开展以“强化信用管理、提升管控水平”为主题的加强管理警示教育月活动；4月，组织以“开展风险评估，加强诚信管理”为主题的食品安全警示月活动，强化集团系统信用管理和食品安全管理。推进资金集中管控体系建设，有效控制财务风险。结合农业财政项目审计整改，制定实施《农业专项资金建设项目管理办法》。

四、深化内部协同，发挥产业联动优势

国际化业务协同有所突破。在集团4家海外企业中，新西兰新莱特、法国DIVA、英国维多麦3家企业产品已在国内上市，全年实现销售收入1.6亿元。集团内部生产基地与通路企业协同取得进展，第一食品与光明米业等企业对接建立大米、蔬菜、水产品直采基地；都市生活公司探索与光明乳业“随心订”送奶上门业务实施联动，在部分网点开展送菜上门业务，日销售额约1万元。

五、强化资产经营和资本运作

7月23日，光明乳业新莱特公司在新西兰证券交易所上市挂牌交易，共募集资金7500万新西兰元，折合人民币约3.7亿元，将用于追加乳铁蛋白生产设备、婴儿奶粉混合罐装线、实验室、黄油工厂和干燥塔等。完成金枫酒业再融资的证监会审批手续，融资规模约5.8亿元。完成上海农场、川东农场资产注入光明食品集团工作。推进企业改制，清理退出企业22家，盘活变现房地产存量4.2亿元。

六、加强投资管理和对外并购

集团实际启动投资项目102项，占计划投资项目的88%。完成收购上海联豪食品有限公司60%股权，收购上海牧仙神牛食品发展有限公司60%股权，收购上海农信电子商务有限公司51%股权，收购广西田林富民糖业资产等4个并购项目。

七、加强干部职工队伍建设和绩效管理

集团公司与18家子公司全部签订新三年（2013—2015年）发展目标责任书和2013年绩效考核协议书，契约化绩效管理制度实现全覆盖。集团共充实调整子公司领导班子以及集团总部高级经理以上人员共87人，占集团党委所管干部的34.5%。举办精英班、中青班、国际班等，307人次参加培训；举办人力资源和维多麦经营管理两个专场培训，251人参加培训。全年引进各类人才3504人。

八、改善民生工作，保持企业和谐稳定

市郊农场旧住房综合改造一期1564套易地重建房已有1124套完成配售工作；二期1000套易地重建房已陆续开工建设，累计投入资金5亿元。全年域外农场社区新建职工住房和社区文化中心等项目投入资金13248万元。加大签订和履行集体合同、工资集体协商的力度，推动企业职工工资正常增长。开展帮困送温暖工作，集团系统共发放慰问款物2100万元，增加16%。

【2014年发展趋势】

一、总体思路

2014年，集团按照“改革、发展、转型、管控、协同”的工作主基调，着力聚焦核心主业和重点产品，打造大产业，形成大品牌；着力推进商业模式转型，增强企业核心竞争力；着力强化内部产业整合和资本运作，提高资产证券化率；着力推进内部业务协同，提高集团发展整体合力；着力完善内部管控体系，建立风险防范机制；着力保障和改善民生，保障企业和谐稳定发展。

二、主要任务和措施

聚焦主业，进一步做强做大核心业务；深化商业模式转型，进一步提升企业核心竞争力；以实现融资为重点，进一步推进资本运作；抓好“投资”和“并购”，进一步提升发展后劲；加强人力资源建设，为企业又好又快发展提供智力支持；优化和完善内部管理，健全全面风险管理体系；进一步深化集团内部业务协同工作，形成产业发展合力；重视改善民生，进一步构建和谐企业。

（朱　平）

上海良友（集团）有限公司

【概况】

上海良友（集团）有限公司成立于1998年8月，是上海最大的从事粮食经营的国有企业集团，承担政府委托或指定的职能，为保障上海粮食安全和供给稳定服务。经营领域涵盖粮油加工、仓储物流、便利连锁、粮油贸易、进出口业务、实业投资等。

截至2013年年末，良友集团共有44家全资和控股子公司、3家分公司、2家直属单位，员工5930人；总资产159亿元，净资产50亿元；名列“中国制造企业500强”第290位，“上海企业100强”第38位，荣获“中国百佳粮油企业”与“中国十佳粮油集团”称号。

【2013年经济工作情况】

2013年，上海良友（集团）有限公司经济保持平稳健康较快发展，经济质量和产业结构进一步改善，在保障上海粮食安全和市场供应稳定中的主渠道作用进一步发挥。集团全年实现主营业务收入180亿元，比上年增长5.9%；实现利润总额1.1亿元，与上年基本持平。

一、产业转型发展步伐加快

粮食现代物流业务和粮食贸易业务是集团转型发展的重点方向，两大业务2013年增长迅速。

二、市外粮源基地布局初步完成

建成东北和苏北2个粮食收储体系，6个粮食收储基地（黑龙江虎林市、大庆市、尚志市，吉林洮南市、江苏大丰市、灌云县）。

三、实施一批"粮安工程"基础设施项目

2013年，实施重大建设项目20个，其中，在外高桥物流园区新建16万吨立筒仓项目，在虎林绿都集团建设6000吨米糠油生产项目，在本市粮库重点实施了一批"包粮仓改散粮仓"项目，粮食"四散化率"达到70%。

四、粮油市场体系建设进一步推进

顺应上海储备粮轮换机制市场化改革，建立上海粮食交易中心市场，建成粮食网上交易平台。在500多家良友便利店的基础上，集团在上海市成功开设8家粮油平价店，覆盖上海主要中心城区，受到上海市民的欢迎和好评。同时，集团积极探索粮油电子商务，开设"沪粮网"、网上"良友店"等线上销售平台。

五、品牌影响力进一步提升

着力实施多品牌战略，集团拥有海狮、福新、乐惠、三添、友益、味都、良友便利等7件上海市著名商标。其中，乐惠米业公司荣获2013年"中国十佳粮油（食品）品牌"。集团外高桥园区荣获"中国粮油潜力物流（产业）园区"。2013年，集团向市场供应米面油等品牌产品106万吨，乐惠大米福新牌面粉、海狮牌食用油等粮油产品，上海市场占有率都名列前茅。

六、科技创新投入持续增加

打造全新的技术中心大楼，完成科研项目15项，开发炒菜用芝麻油等6项粮油新产品并上市销售。大力推进企业信息化改造，建成集团办公自动化系统、资金结算中心系统、资产集中管控系统、财务风险预警系统、物资采购比选系统，完善了集团一体化管控体系。

七、资本运作和资源整合力度加大

通过市场化手段，集团与湖南粮食集团、金山区政府、崇明县政府建立战略合作关系。与台湾大成集团进一步合作，共同推进天津面粉合资项目。与工行、建行等大银行合作，建立银企战略合作关系。

八、员工薪酬激励体系不断完善

全面实行员工KPI考核体系，建立企业经济指标完成情况与员工薪酬紧密挂钩的激励机制。同时落实员工收入正常增长机制，2013年集团在岗职工平均工资同比增长14.3%。

【2014年发展趋势】

2014年，上海良友集团经济工作总体思路是：根据上海市委、市政府"国资国企改革20条"以及对"竞争类"企业的总要求，围绕"上控粮源、中控物流、下控渠道"的总目标，按照"稳中有进、开放求进、改革促进"的总思路，加快推进"主业集聚，产业扩展"总战略。要以"改革、开放、发展"为重点，在市场化、专业化、现代化、国际化上下功夫，在动力、活力、竞争力上课改革，把产业发展作为集团主动保障上海粮食安全和服务全国粮食流通的根本之举。重点抓好以下工作：

1．全面深化集团改革。成立集团改革工作领导小组，贯彻落实市国资国企改革20条意见要求，研究制定集团全面深化改革工作方案，统筹协调、整体推进和督促落实改革工作。

2．精心策划核心业务资产上市。对符合条件的核心业务企业，研究制定股份制改革和上市发展计划，以成为公众公司为目标，进行市场化并购重组，引进战略投资者，形成投资主体多元化。

3．大力实施现代物流产业整合。制定并实施集团现代物流产业整合发展方案，通过体制机制改革和信息化建设，形成以外高桥物流园区为中心，以乐惠物流、浦江公司为骨干，决策、经营、管理一体化、专业化的大物流平台。

4．加快推进"走出去"布局。围绕市国资委对竞争类企业的发展要求，在东北、苏北、中部产区以及长江中下游产销区，布局粮源、油源收储基地，加工基地和物流节点，实现产业全国布局发展。并积极开展在海外发展粮油源基地的研究。

5．切实扩大粮油产品实物销售。进一步加大市场营销投入，提升良友品牌形象，着力解决粮油加工企业设备老化，资金、仓库等资源短缺问题，坚持产品结构调整，加强产销联动、线上线下销售并举，确保集团产品终端市场占有率稳中有升。

6．着力完善集团市场体系。巩固和发展良友便利门店，加快粮油平价店开设步伐，拓展粮食交易中心市场服务功能，扩大良友电子商务平台影响力，实现虚拟市场与实体市场融合发展。

7．推动技术中心产业化发展。把集团技术中心作为一个科技创新产业来重点培育和发展，通过深化体制机制改革，实施公司化运作，做大做强第三方检测、科研项目研发、信息咨询报务、科技人员培训等经营业务，进一步提升科技成果产业化能力。

8．抓紧启动商务地产开发项目。与政府相关部门加强沟通协调，通过合作开发等方式，实施小木桥路粮油科技研发、检测、信息处理、办公、展示中心建设，有效进行岚皋路地块综合开发。

（钱佳悦）

上海振华重工（集团）股份有限公司

【概况】

上海振华重工（集团）股份有限公司（ZPMC）是重型装备制造行业的知名企业，为国有控股A、B股上市公司，控股方为世界500强之一的中国交通建设股份有限公司。公司总部设在上海，并在上海本地及南通等地设有8个生产基地，占地总面积1万亩，总岸线10公里，其中深水岸线5公里，承重码头3.7公里，是全国也是世界上最大的重型装备制造商。公司拥有22艘6万吨－10万吨级整机运输船，可将大型产品跨海越洋运往全世界。

公司主产品分为六类：一是港口用大型集装箱机械和矿石煤炭等散货装卸机械。如遍布全世界86个国家和地区主要集装箱码头的岸桥、场桥，已占世界市场75%以上份额。散货装卸设备如装卸船机、斗轮堆取料机、环保型链斗卸船机等也居本行业前列。二是海工产品。如巨型起重船、铺管船和各种工程船、各种平台以及动力定位装置和平台抬升装置、船厂用龙门起重机等。三是大型钢构钢桥梁。公司有年产各种钢构100万吨的能力，曾成功建造世界顶级制造难度的美国旧金山－奥克兰海湾大桥。四是电气产品、软件开发与集成。五是运输及安装工程。六是能源环保设备。包括海上风电、矿山机械和污水处理等设备。

公司践行“自主创新”，曾获国家科技进步一等奖。建有国家级企业技术中心和博士后工作站。现有2800名从事机、电、液设计研发的工程技术人员，获得国家和市级科技成果奖50余项。

【2013年经济工作情况】

一、全面完成公司各项工作目标，总体工作系统推进并有新进展、新起色、新突破

围绕“全面建设国际卓越公司”的总体目标，以“提高发展效益和质量”为主线，以“固根基、恒创新、调结构、转方式、整资源、强管理、育文化、上品质”24字为总方针，以“扭亏为盈、改革攻坚”为工作抓手，在解放思想中凝聚共识，在改革攻坚中积蓄力量，在务实工作中持续探索，全面完成公司确定的年度各项工作目标。

二、公司总体发展战略与顶层设计更加体系化与清晰化，其强大的牵引力、导航力、约束力逐步显现

深入研判公司发展面临的环境、能力、资源和价值，全面系统清晰地提升公司基本战略，围绕“4321”和“1521”战略目标和基本路径，指使公司赢在战略。“4321”，即指“4型”——坚持“学习型、创新型、高效型、核心价值观型”振华重工的塑造；“3化”——坚持“纵向一体化、横向相关有限多元化、国际化”的经营方针与产业布局；“2大”——坚持走“大机械、大土木工程”的发展之路；“1卓越”——坚持打造持续健康发展的国际卓越公司目标，包括具有世界领先的设备供应商、一流的机电系统集成商、工程总承包商与投资商。“1521”，即指“一强”，固守并做精、做强核心港机市场；“五个重点飞跃与培育市场”，包括海工市场、大重特型钢结构市场、电气产品及软件开发与集成、运输及安装工程市场、能源与环保市场；“两个重点新开拓的市场”，包括系统集成、工程总承包与项目管理市场，投资项目市场；“一个全力提升的市场”，指一体化、专业化、全球网络化的有偿增值服务及关键配套件市场。

三、扭亏为盈，各项经济指标实现新增长

公司新签合同额50.69亿美元，同比增长34.07%；完成营业额232.02亿元，增长27.1%；实现归属于母公司所有者的净利润1.398亿元；全年经营性现金净流入9.39亿元。

四、调结构、转方式、拓市场、促增量，全力推进并实现重大突破

1．港口机械产品进入全球第84个国家和地区，通过固守与开拓，保持全球市场份额绝对领先地位。

2．销售“振海1号”“振海2号”平台、中标烟台5000吨打捞起重船、出口平台抬升机构等，巩固海工高中端和配套市场。

3．中标南京宁高60亿元BT项目，投融资市场增量开始显现，投资牵引、拉动公司转型升级成为必然方向。

4．启动全球售后服务与经营网络布局，全面开拓经营与服务市场，全球客户反响强烈，效益与价值必将充分显现。

5．围绕公司的成套化、集成化与一体化产业，开拓自动化码头市场取得巨大进展，市场需求与潜力巨大。

6．运输业务全力走出去，想方设法、大胆开拓尝试，加快发展新途径、新模式、新客户，效果明显。

五、科技创新在新环境条件下，实现新发展，科研规模与影响力继续扩大

1．全年共有21项科技研发项目获国家、地方及中国交建批准立项，获得科技研发经费总计超过2.4亿元。

2．一批新产品、新技术获评国家重点新产品、上海市科技进步一等奖和中国交建科技进步一等奖等。

3．全年申请国家专利103件，同比增长25%。3项发明专利在上海市优秀发明选拔赛中获奖。

4．国家海上起重铺管核心装备工程技术研究中心经历3年建设，顺利通过国家科技部现场评估和综合验收，正式批准运行挂牌。这也是目前国家唯一的一个海工领域类的工程技术研究中心。

六、深层改革全面启动，改革攻坚取得初步阶段性成果，让全体员工充满着新的期待

1．成立生产管控中心，不断提高生产组织能力。

2．设立运营总监制度，发挥日常运营的督查与咨询参谋功能。

3．调整长兴基地、南通片区、上海港机重工、公司总部部分单位和部门领导班子和主要负责人，实现人员交流、思路调整、强化执行的目的，更重要的是落实干部使用选拔中能上能下的竞争交流与退出机制。

4．以长兴基地、上海港机重工、产品服务中心干部竞聘为开端，拉开干部竞争性选拔和市场化选聘的序幕。

七、"两化"工作与基础管理工作进行全面谋划与分领域推进

一批有体系、有价值、有导向的成果与半产品已经产生，为筑牢生存与发展根基开启持久积累的机制并指明方向。

八、企业文化建设与品牌建设实现新提升，创造出一些亮点，绝大多数员工的信心得到了极大提振

公司首次获得全国总工会授予的"全国五一劳动奖状"，荣获首届中国质量奖提名奖和中国交建"文明单位"，获评"改革开放35周年企业文化竞争力三十强单位"等荣誉称号。

【2014年发展趋势】

2014年，振华重工总体工作思路：以深入学习贯彻党的十八大、十八届三中全会、中国交建工作会议精神和公司"4321"和"1521"战略为前提与总要求；全面贯彻落实"固根基、恒创新、调结构、转方式、整资源、强管理、育文化、上品质"24字为改革、管理、稳定与发展的总方针；全年围绕系统提升公司运营品质与核心竞争力，着力抓好深化改革创新、全面降本增效、持续固本强基、强化队伍建设四条主线的管理；全面、高起点、高标准推进国际卓越公司建设，实现公司平稳持续健康发展。

公司计划实现营业收入稳定增长，新签订单持续增长，围绕改革攻坚、夯实基础，抢抓市场，加快调整市场和业务结构，强化港机市场全球领先地位，大力开拓海工及关键配套件市场，着力开拓钢结构市场，积极开拓船运及安装市场，全面谋划电气市场，稳步进入投资及服务市场，加快资源整合步伐，强化内控，提高毛利率水平，全面提升公司履约能力和发展品质。

1．围绕深化改革创新主线，转方式、激活力、增动力。

2．围绕全面降本增效主线，打基础、强管理、提效益。

3．围绕巩固发展基础的主线，定战略、固根基、防风险。

4．围绕强化队伍建设的主线，搭平台、强能力、树正气。

（振华重工）

上海上电电力运营有限公司

【概况】

成立于2008年1月18日的上海上电电力运营有限公司（简称公司）由原南市发电厂改制而成。公司隶属于上海电力股份有限公司（简称上海电力），系上海电力的全资子公司。公司拥有丰富的电厂运行管理经验，形成了以百万千瓦机组电厂运行管理为核心技术的专业品牌。通过树立"安全、规范、高效、文明"服务理念，打造现代电力服务型企业。2012年，在吸收与安置大量分流及辅业回归大量富余人员后，加快电力运营服务业务的开发步伐，拓宽、拓深经营领域，成为上海电力对外服务的重要窗口。

近年来，公司按照上海电力"四个转变"要求，践行"走出去"战略，以精细化管理、标准化流程、绩效化考核为手段，在承接沪外、海外大型电力运行管理项上，取得良好的经济和社会效益，实现"立足上海、放眼全国、抢占海外"的战略目标。

【2013年经济工作情况】

2013年，在上海电力的领导下，公司紧紧围绕"抓发展、增盈利、促和谐"的工作方针，倡导"传承、创新、卓越"的企业文化，积极拓展沪外、海外资源项目，并对新进的原各辅业单位经营业务进行梳理、整合，使之纳入公司统一生产管理体系，促进其良性发展，完成了企业从专业化向多元化服务并存的战略转型。

一、以拓展对外项目为重点，打响服务品牌，获得健康发展

为确保辅业回归人员大扩容后的平稳发展，适应专业化公司向多元化服务并存转型的需要，公司提出做好存量项目

经营服务、拓展新的资源业务的发展策略，以优质的服务，打响公司服务品牌，实现健康发展的目标。

1．伊拉克华事德项目。伊拉克华事德项目是公司全力打造的涉外工程。在艰苦的环境里，全体员工展现出蓬勃向上的“精、气、神”，不但克服时间短、任务紧、人员更替等多种困难，按节点先后使2号机、1号机组、3号机组正常投运，极大地改善伊拉克首都巴格达的用电紧张形势，赢得当地政府的高度肯定。公司内部还开展一系列有意义的实践活动，如升旗仪式、重温入党誓言等，让国旗、党旗飘扬在底格里斯河畔，展现中国电力人的风采。2013年10月5日，上海电力董事长亲临华事德电厂，在慰问伊拉克项目部全体员工的同时，就今后全面管理和后续两台60万千瓦机组运维管理与业主方达成共识，也为伊拉克项目的推进给予最大的保证。

2．山西铝业项目。该项目在2012年9月赴现场咨询的基础上，通过专家的诊断，于2013年7月正式向山西铝业递交咨询报告，就双方在能耗、运行管理等方面达成一致的意见。10月，公司与山西铝业签订《委托运行管理指导服务合同》。至年末，公司已有11人赴当地工作，参与现场生产管理、技术指导和培训工作，迈出公司从生产输出到管理输出转变的坚实一步。

3．土耳其阿特拉斯项目。随着土耳其项目的展开，为加强海外项目开拓，公司于2012年成立的伊拉克管理办公室升级为海外项目管理办公室，由公司总经理、副总经济师任正、副组长。下属各职能部门通力合作，及时跟踪项目信息，并完成《土耳其阿特拉斯项目实施方案》。此外，与中电投电力工程有限公司商务谈判基本结束。随着项目的推进，公司已有10批共88人赴土耳其工作。目前，化学制水、锅炉水压试验、倒送电等生产准备工作已结束。

二、以提升管理质量为核心，注重市场效益，确保增加盈利

为使经过大扩容的公司利益最大化，公司一方面从内部着手，完善组织机构，创新管理机制；另一方面，坚持“走出去”战略，从市场要效益，促进企业从专业化向多元化服务并存的转型，通过在市场中多渠道拓展项目，确保企业增加盈利。

（一）从内部着手，向管理要效益

1．完善内部组织结构。由于吸收大量分流和辅业回归人员，原有的组织机构已不能适应职能管理的要求，对此，根据《关于上海上电电力运营有限公司组织结构调整方案的批复》（中电投上海人资〔2012〕577号文）于2013年1月对组织机构进行调整，共设立9个职能部门和11个项目部，并实施管理岗位的“双向选择、竞聘上岗”，至5月底，竞聘工作基本结束。

2．全员实行绩效考核。为实现关键绩效指标（KPI）考核全员覆盖要求，3月底已完成职能部门和生产项目部各级组织和岗位员工绩效责任书的签约，并在制订综合服务项目部指标库目的同时，于6月底完成各级人员绩效责任书的签约。随着公司《全员绩效管理办法（试行）》和《薪酬管理制度（试行）》的颁布，依据《2013年辅业回归岗位调整定岗原则》，在先后完成辅业回归员工工资套改（年度总收入基本总体平稳）以及全员绩效考核后，全部员工基本落实“50∶35∶15”薪酬分配调整。

3．建立健全管理体系。按照上海电力有关安健环管理体系（QHSE）建设要求，建立起动态优化覆盖全部项目部的预控体系。公司以结构化、程序化、文件化管理为主线，以重要环境因素和风险管理为重点，以PDCA为工作方法，积极推进QHSE管理体系建设。在建设中，抓住危险辨识、风险评估和建立体系文件三个关键环节，重视内审和管理评审工作，初步建立起QHSE管理体系，并于2013年8月30日获方圆标志认证集团认证证书；12月9日，通过挪威船级社审核、认证，取得DNV证书。

（二）从外部开拓，向市场要效益

1．整合业务。辅业回归后，原实业公司各项目一并纳入公司的生产管理体系。按照公司的统一要求，逐一理顺过渡，并根据“尊重历史、市场行为、实现双赢”的原则，对原有的业务进行整合。与此同时，针对各项目部生产、服务的特点，有侧重地狠抓经营管理、安全管理、能耗管理、施工管理、维保管理等工作，赢得业主方认可，也随之带来业主方的嘉奖。

2．努力创收。公司特别重视环保业务的发展。在成立环保业务经营部和充实经营团队的基础上，对其市场、渠道、成本、产品质量给予前瞻认知，并进行精细化管理，取得理想收益。特别是在石膏产量减少2万吨的不利情况下，当年实现销售利润1300万元，同比增加440万元。

3．积极减亏。4月底，石灰石供应商提价幅度达20%。尽管石灰石价格大幅上升，但依旧供不应求。为确保各电厂正常供应，公司一边多次赴石灰石产地现场协调供应，甚至驻矿“抢”原料；一边与上海电力、各供货单位积极沟通，寻求解决问题的方法，从而最大程度减少因原材料暴涨带来的损失。

三、以开展群众路线为契机，维护员工权益，实现促进和谐

为使员工队伍稳定，公司发挥大党建作用，结合开展党的群众路线，积极维护员工权益，并以民主恳谈会、民主接待日为平台，建立了公司、项目部、班组、个人的四级联系网络，实现了企业稳定与和谐。

1．转变工作作风，深入开展群众路线教育实践活动。

按照上海电力的统一部署，公司制定《开展党的群众路线教育实践活动实施方案》，成立群众路线教育实践活动领导小组和办公室。各支部党组织主要负责人承担第一责任，具体负责本支部活动的组织和实施。公司加强对伊拉克华士德项目党支部、新疆乌苏、山西铝业项目部临时党支部开展活动的指导，做到结合实际，精心筹划，扎实推进，开局良好，进展顺利，确保全覆盖。

2．加强沪外党支部建设，指导和完善辅业回归项目部支部工作，采取“网络＋项目管理”的新方法开展支部标准化建设及以“网上党员园地”、“支部在线”、“微型党课”为主要方法的党员学习方式。其中，在伊拉克华事德项目部先后有5名同志加入党组织，3名党员按期转正。辅业回归后，又从2013年5月开始，对各支部进行选举，并在8月完成支部选举工作。

3．完善以职代会为基本形式的民主管理，推进公司司务公开工作。充分发扬民主广泛听取员工意见和建议，通过职代会、民主恳谈会和民主接待日，畅通员工利益诉求渠道，并积极开展“工人先锋号”创建、服务明星评选、送温暖活动，确保了员工的利益。

4．强化廉洁从业及风险防控。公司在转型发展中，引进了新的工作内容，如脱硫石膏销售和石灰石采购招标等。为规范招投标工作，公司严格贯彻《建立健全教育、制度、监督并重的惩治和预防腐败体系实施细则》，积极执行中央关于改进工作作风、密切联系群众的“八项规定”和中电投集团二十四项实施细则，把反腐倡廉建设放在突出的位置，从而规避风险，促进了各项投标工作的顺利进行。

【2014年发展趋势】

2014年，公司将继续落实“四个转变”战略要求，坚持“走出去”战略，树立风险意识、危机意识，强化内部与外部两大主线工作，做实“抓发展、增盈利、促和谐”各项工作。

内部主线工作，要深化标准化管理，不断完善新的内部管理制度体系，做到风险与内控、QHSE程序文件、各项规章制度的三结合，最终将管理标准化流程并入QHSE管理体系中，以管控一体化的要求实现拓展资源流程（包括海外大项目）的全面标准化。

外部主线工作，要运用标准化管理及流程，重点开发伊拉克后续2台60万千瓦及西宁火电2台60万千瓦机组等项目，并发挥分布式供能管理的优势，力争分布式供能项目的新突破。

（陈忠惠）

映瑞光电科技（上海）有限公司

【概况】

映瑞光电科技（上海）有限公司（简称映瑞光电）成立于2010年7月，座落于上海市临港产业区，是一家从事LED及相关产业链设计、研发与制造的中外合作的高科技企业。2010年7月29日，映瑞光电与上海临港集团签约LED光电项目，项目规划在浦东临港产业区打造国家级LED产业化示范基地。2011年1月，映瑞光电LED产业化项目正式动工。2013年，映瑞光电销售收入9030万元，比2012年增加近8000万元。

2013年3月，映瑞光电公司的核心产品、市场地位、销售规模及内部营运管理水平等指标大幅攀升，公司走上良性发展道路。4月，映瑞光电引进以美国Sandia国家实验室终身资深科学家李起鸣博士为首的国际顶尖技术团队。该团队成功解决了在产品发光效率保持稳步提升的前提下，芯片尺寸逐步缩小的行业难题。目前，公司已成功量产国际先进的小型化芯片，研发垂直结构、倒装结构LED芯片，这不仅带来产能提升和成本下降，同时大大提升了产品核心竞争力。第四季度，随着LED背光和LED照明市场的快速启动，行业发展得以复苏。为了充分发挥公司产品技术优势，抓住当前产业发展的有利时机，公司正积极扩充产能，扩大销售规模。

公司主产品分为两大类：一是高亮度LED外延片。外延片是在蓝宝石衬底（Al2O3）上利用化学气相沉积方法生长的多层薄膜材料，该产品经芯片工序加工便可成为可以封装的芯粒。我司外延片主要技术优势是高光效、高ESD水平、长使用寿命、可靠性好并且波长与光强一致性好，适用于各种版型的LED芯片。二是高亮度LED芯片。当前映瑞光电芯片主要有1128E，1128F，0920A 3个主打规格，其主要应用市场以照明为主。其中，2013年5月开始研发的0928规格产品（对外型号名称为EB1128E）2013年三季度开始推向市场，该产品使单片产出颗粒数由原来的9600粒增加至12000粒，并最终成为映瑞光电2013年在芯片市场的最大亮点，实现季度出货超500KK。另一款产品0920A以60mA，20−26lm（90mA，27−33lm）为应用市场，继续缩减尺寸至0920，增加产出颗粒数至15900粒，这款产品具有较强竞争力，订单需求超过100KK／月。另外，映瑞光电已成功开发出的1228A同样具备较强竞争力，该产品主打中端市场，其主要优势在于在大电流（150mA）驱动小尺寸芯片，电性仍优秀。

【2013 年经济工作情况】

一、全面完成公司各项工作目标

2013 年，LED 行业厮杀与竞争尤为惨烈，优胜劣汰的过程和行业暂时的低谷，给映瑞光电带来的不仅是巨大的挑战，更是千载难逢的机遇。映瑞光电始终肩负“成为国内最好 LED 生产企业”的使命，以技术创新为根本，公司上下团结一心，迎难而上，实现销售收入 9030 万元，较 2012 年增幅达 700%。

二、公司总体发展战略更加清晰，产品定位更加明确

映瑞光电正积极开发大功率、高亮度的垂直结构 LED 和倒装结构 LED 芯片。此项目的战略意义是：它们是亚洲最先进的 LED 芯片技术，高利润，产品主推高端市场。特别是如果中小功率的垂直芯片顺利实现量产，对整个 LED 行业来说，无疑是一次技术革命，对目前主流的正装小尺寸芯片会产生巨大的冲击。目前美国 CREE 公司已经量产，而国内至今仍是空白。

垂直结构、倒装结构 LED 芯片技术，颠覆了传统 LED 工艺及结构，因技术门槛高，从芯片一直到封装，对设备及厂房的要求更高，包括设备需大面积更新，同时需新建洁净度更高的高标准厂房。对映瑞光电来说，这不仅是未来两年公司的主要研发方向，更是我们积极布局垂直结构、倒装结构 LED 产业化的第一步。

三、科技创新成果突出

1．成功申报《上海市企业自主创新专项资金》，获得企业自主创新专项资金 800 万元。

2．截至 2013 年，公司获得已授权国内发明专利共计 31 件，其中 2013 年新增国内授权发明专利 17 件。

【2014 年发展趋势】

2014 年，映瑞光电公司总体工作思路：依托技术的不断突破，抓住当前产业发展的有利时机，积极扩充产能，扩大销售规模，实现营业收入稳定增长，新签订单持续增长，扭亏为盈，各项经济指标实现新增长。

根据公司的扩产计划，2014 年 LED 芯片产出达到 700kk/ 月。同时，加大销售力度，预计实现销售收入约 2.5 亿元，净利润约 2000 万元。

（映瑞光电）

沪东重机有限公司

【概况】

沪东重机有限公司是中国船舶工业集团公司下属大型船用中低速柴油机生产企业，是中国船舶工业股份有限公司全资子公司。公司位于上海浦东新区，已有 50 余年的柴油机生产和研发历史。早在 20 世纪 50 年代，公司便开始研制国产船用大功率柴油机；改革开放后，通过引进中、低速大功率柴油机专利技术，先后制造出 MAN、WARTSILA、S.E.M.T. 系列多种机型产品。目前，公司具备 400 万马力的低速柴油机年生产能力，产量并列世界第二，国内市场占有率居首。

1998 年至今，公司均被认定为上海市高新技术企业。其中，2004 年被认定为上海市企业技术中心企业，2005 年被认定为国家级企业技术中心（分中心），2009 年被正式认定为“国家级企业技术中心”，成为“国家船舶动力工程实验室”的成员。

2013 年，沪东重机以股权转让、增加资本金等方式，成为上海中船三井造船柴油机有限公司和广州中船船用柴油机有限公司控股母公司。公司将致力于打造集研发、制造和服务为一体的行业领先、世界一流的动力装备企业。

【2013 年经济工作情况】

一、经营管理承接业务取得新增长

2013 年，公司实现工业总产值 36 亿元，销售收入 36 亿元。完工柴油机 149 台 /270 万马力，产值 31.1 亿元，由于受近两年船舶市场严峻的影响，比上年分别下降 14.3%、10% 和 12.9%，但柴油机承接 384 台 /44.4 亿元，较上年显著增长。主要基于 2013 年新船舶市场成交量的增加以及公司适时调整经营思路和策略，把握住了市场机遇。此外，实现非柴油机产值 4.84 万元，增长 24.7%。

随着全球“绿色船舶”浪潮的兴起，公司在主营业务方面积极进行结构调整。公司生产的大部分柴油机已由传统型升级为电控智能型，并加快推进自主品牌电控智能型柴油机、双燃料柴油机、柴油机节能减排装置等产品研发，抓紧布局绿色环保领域市场。同时，积极拓宽主营业务的产品范围，盾构、核电产品、船舶推进系统集成等非柴油机业务均有较大突破。

二、技术进步科研项目迈上新台阶

公司承担 10 多项国家资助科研项目的研发任务，其中低速机、中速机、SCR（尾气后处理装置）、WHR（余热利用装置）和燃油电控等 5 项国家重点资助项目正在按照研发计划稳步推进；实施 70 余项企业自主攻关项目和 40 余项本土化项目，解决公司生产中存在的一些技术难题、质量问题，降低生产成本。公司在 2013 年度取得 40 余项专利成果，8 项软件著作权授权，完成 1 项国家重点新产品申报和

获得1项国家重点新产品审批。

公司“船用柴油机数字化集成制造平台技术开发”项目的技术成果在船用柴油机制造业中达到了国内领先、国际先进水平，2013年被评为“上海市科技进步二等奖”。

【2014年发展趋势】

2014年，公司主要经济目标为：完成工业总产值56亿元，实现销售收入55.9亿元。

主要工作措施为：

1. 加快推进自主品牌的研发和全球服务网络建设，并努力打造世界一流的低速机及其动力集成制造基地和专业化、规模化的大型地下空间装备生产制造维修基地。

2. 进一步推进资源整合、协同运作，实现母子公司之间市场、采购、技术、生产、人才等方面的资源共享和优势整合。

3. 加大产品和业务结构调整力度，提高柴油机备配件和服务业务以及非柴油机业务比重。

4. 采取多种措施提高生产效率，确保生产总量再创历史新高。

5. 通过优化激励机制、加强质量管理、促进降本增效、提升风险管控和加强人才队伍建设，持续提高公司的软实力，确保营销任务的完成。

（田　金）

上海外高桥造船有限公司

【概况】

上海外高桥造船有限公司成立于1999年，地处长江之滨，是中国船舶工业集团公司下属的上市公司——中国船舶工业股份有限公司的全资子公司。公司全资拥有上海外高桥造船海洋工程有限公司、控股上海江南长兴重工有限责任公司、上海外高桥海洋工程设计有限公司、上海中船船用锅炉有限公司、中船圣汇装备有限公司，参股上海江南长兴造船有限责任公司。

【2013年经济工作情况】

一、生产经营情况

1. 超额完成2013年度经营生产任务。5月，公司在中船集团公司的缜密筹划下稳妥推进转让长兴造船股权、受让长兴重工股权的各项工作。全年完成交船34艘/565.95万载重吨（民船比率占86%，海工比率占16%，其中外高桥造船18艘、长兴重工12艘、临港海工2艘、长兴造船2艘，公司实现工业总产值141.5亿元，合并营业收入141亿元，合并利润总额2.96亿元。

2. 通过经营订单承接考核，引领公司转型、调结构发展。2013年，公司成为世界成交订单的领头羊。全年承接新船订单60艘/956.06万载重吨。公司通过经营接单的价格考核，引领散货船市场价格反弹，1.8万箱集装箱船则是迄今为止国内承接的最大集装箱船，其承接标志着公司成功进入超大型集装箱船国际市场。

海工公司承接6座自升式钻井平台和4艘PSV海工辅助船，订单占比31%。该公司手持二型自升式钻井平台订单达到了历史性的9座，并形成了批量连续性生产，为公司进一步做大做强海洋工程、全面进入高端海洋工程装备主流国际市场、巩固上海世界级海洋工程装备建造中心地位奠定坚实的基础。

二、重大事件

1. 公司于3月出售上海江南长兴造船有限责任公司51%的股权，受让上海江南长兴重工有限责任公司36%的股权。本次股权结构的调整使得公司顺利进入大型集装箱船领域，在散货船、油轮和集装箱船三大主力船型的设计和建造上都拥有充分的实力。

2. 公司于12月收购张家港圣汇气体化工装备有限公司26%的股权。由于中国船舶（香港）航运租赁有限公司持有圣汇公司25%股权并将作为“外高桥造船”的一致行动人，公司获得对圣汇公司的控制权。同时，圣汇公司更名为中船圣汇装备有限公司。

3. 10月30日，公司为台湾远东企业集团裕民航运股份有限公司建造的20.6万吨散货船成功命名交付，该船也是公司交付的第300条船产品。

三、重要产品

主要船舶产品：好望角型散货船、阿芙拉型原油轮、超大型原油轮、加油船、集装箱船、液化气运输船等。

公司研究把握船市触底回升的市场机会，充分发挥在市场竞争中的主体地位，改革创新营销模式，加大新产品开发和推出力度，实施“走出去”的战略措施，经营业绩创造公司成立以来的历史新高。其中，新型绿色环保第六代18万吨散货船获得27艘订单，成为市场热点，极大地巩固公司在世界好望角型散货船开发设计及建造领域的全球领先地位；绿色低碳最新款30万、31.8万、32万吨VLCC获得10艘订单，成为低迷油轮市场中为数不多的亮点；18000箱集装箱船获得3艘订单，是迄今为止国内承接的最大集装箱船，打破韩国在该领域的垄断地位，标志着中国船舶工业一举跨入世界超大型集装箱船建造的先进行列；83000m3VLGC获得4艘订单，优化公司产品结构，使大型气体船形成系列；20.8万吨、18.6万吨散货船获得10艘订单，传统产品的市场反响依然良好。

主要海洋工程产品：海上浮式生产储油轮、深水半潜式钻井平台、自升式钻井平台、超深水钻井船、海洋工程辅助船等。

首次承接CJ46型自升式钻井平台，公司手持两型自升式钻井平台订单达到历史性的11座，形成批量连续生产，为公司进一步做大做强海洋工程、全面进入高端海洋工程装备主流国际市场、巩固上海世界级海洋工程装备建造中心地位奠定了坚实的基础。

【2014年发展趋势】

2014年是公司深化转型发展、实现“十二五”发展目标的关键年，公司面临着诸多有利的条件，也面临着许多挑战。面对机遇与挑战，公司制定2014年的经营方针：

1. 通过市场化机制整合内外资源，同时保持高端产品的建造，进一步提升公司产品的附加值，优化产品结构。

2. 通过改善生产管理体系，加强生产组织提升经济总量，同时释放外高桥海工产能，确保公司内协生产计划的完成。

3. 通过精益管理，提高运营效率；推行精益化生产，提高生产效率；强化降本增效管理，提高经济效益。

（陆劲彦）

江南造船（集团）有限责任公司

【概况】

江南造船（集团）有限责任公司创建于清朝同治四年（1865年），创建时名为江南机器制造总局，其后历经江南船坞、海军江南造船所，1953年更名为江南造船厂，1996年改制为江南造船（集团）有限责任公司。她是中国民族工业的发祥地，中国近代工业的起点、中国产业工人的摇篮，我国大型骨干造船企业之一，海军装备建设的中坚力量，现为中国船舶工业集团控股的全资子公司。

【2013年经济工作情况】

2013年是江南造船全面贯彻党的十八大精神，落实中国船舶集团公司“调结构、转方式、全面转型”的开局之年。面对严峻的造船形势，全体干部员工攻艰克难、努力拼搏，公司生产经营与改革发展取得了积极成效。全年完成造修船12艘，完成造船吨位49万载重吨；承接订单20艘，其中军品4艘、民品16艘，合同总金额94亿元。全年实现营业收入106亿元，利润1.6亿元，经济运行基本达到预期目标。

1. 军民品生产平稳有序推进，重要项目按计划完成。2艘特种集装箱船按期完成交付；“雪龙”号科考船在170天时间内高效优质完成整个机舱“换心”手术。

2. 经营承接实现新突破。批量承接21KLEG和22KLPG船，83KVLGC和35KLEG船实现突破。自主研发的21万吨Newcastle–max型散货船获得2艘订单，散货船系列从巴拿马型拓展到18万吨级。产品由原来单一的巴拿马型散货船逐步丰富成液化气船、大型公务船、大型集装箱船、大型散货船等多型结构。

3. 完成江南长兴重工股权结构调整。江南长兴重工的股权结构调整是中国船舶集团公司加大资源整合，加快结构调整作出的战略决策。公司统一思想，在较短时间内完成江南长兴重工股权调整的相关人员与资产分割等工作，实现两家企业平稳过渡，为确保江南造船与江南长兴重工两家企业生产和管理的平稳运行作出贡献。

4. 开展管理提升工作。加强风险管控，初步构建符合江南造船实际的内控体系。加强人才队伍建设。加强岗位培训，稳定劳务工队伍。推进质量管理提升，对在建大型水面产品开展为期3个月的质量整顿，通过检查整改，产品质量有效提升。加强成本控制管理，通过合理设计，从源头上控制成本。完成模拟法人考核实施细则的编制，并按月进行了模拟打分。加强安全标准化管理。落实安全生产专项检查整改，推进安全生产标准化建设。

【2014年发展趋势】

2014年是江南造船的管理提升年，也是产品结构调整年。公司着力改革创新、推进公司体制机制的改革与创新，提升管理效率和水平；着力稳增长，保生产，全力完成全年生产经营任务目标。

（陈桂明）

沪东中华造船（集团）有限公司

【概况】

沪东中华造船（集团）有限公司，是中国船舶工业集团公司所属的特大型造船骨干企业集团，既造民用船舶、军用船舶，又造海洋工程和大型钢结构。公司具有雄厚的船舶开发、设计和建造实力，具有80多年的丰富造船经验，先后建造过LNG船、LPG船、FPSO浮式储油船、大中型集装箱船、化学品船、滚装船、油船、散货船、客货船、集装箱－滚装船、多用途船、重吊船、挖泥船、三用工作船等及军舰和军辅船等民、军用船舶共计3000多艘。公司近20项产品荣获国家质量金奖和银奖。产品远销亚洲、欧洲、非洲、大洋洲、南美洲等40多个国家和地区，深受国内外船东和各界好评。

沪东中华造船公司总部位于上海浦东新区，主要生产区域分布在浦东、浦西、崇明岛、长兴岛，拥有近300万平方米的生产和配套基地，有码头岸线3900米，系泊码头19座，30万吨VLCC级干船坞3座，5万吨级至17.5万吨级浮船坞3座，12万吨级和8万吨级船台各1座，2万吨以下船台2座，400吨和300吨龙门起重机各1座，600吨以上龙门式起重机6座等一批先进设备。

按照中国船舶集团"统筹利用现有修造船能力资源，积极推进资源优化配置和重组，提高产能利用率和集团整体合力"的发展战略，2013年，沪东中华造船公司控股上海江南长兴造船有限责任公司。包括参股的上海华润大东船务工程有限公司、上海东鼎钢结构有限公司、中国船舶电站设备公司、上海沪东三造船舶配套有限公司等沪东中华造船（集团）公司拥有20多家船舶配套子公司。

由沪东中华建造的国内第一艘LNG船，以及公司拥有完全自主知识产权的8530箱集装箱船的建造，填补了国内空白，提高了我国造船工业的科技水平和国际地位。公司生产的17万吨级与20.6万吨散货船被誉为"绿色环保型散货船"，建造的31.9万吨VLCC船，是世界上载重吨最大，款式最新的超级油轮。公司建造的南浦大桥、京城大厦、上海证券大厦、大庆电视塔和干式30万立方米煤气柜等大型钢结构工程，在全国均有着较大的影响。

沪东中华造船公司坚持以人为本思想，秉承"团结拼搏，争创一流"的企业精神，创建"和谐、向上"的企业文化，注重企业全面、持续的发展。公司拥有一流的国家级企业技术中心、国家能源LNG海上储运装备重点实验室、博士后工作站，以及1100余名从事科研开发的技术人员，科研开发力量强大，信息化管理手段先进。公司坚持"数字造船、绿色造船"理念，开发了具有自主知识产权的三维船舶设计系统，积极推行CAD/CAM制造技术，先后通过了ISO14001环境管理体系、OHSAS18001职业健康和安全管理体系。

【2013年经济工作情况】

2013年，公司贯彻落实中国船舶集团公司"稳增长、促转型"战略思维，全力以赴推进高新船生产技术准备，平稳有序推进长兴造船融合发展，积极谋划业务结构转型升级，在艰难险阻中砥砺前行。全年完成交船28艘/223.733万吨，完成工业总产值155.2亿元，工业增加值22.1亿元，实现营业收入146亿元。

公司各投资企业在市场行情严重低迷的形势下，努力推进管理提升，采取提高劳动效率、严格控制成本，广泛开展技术合作拓展市场等生产经营策略，当年实现销售收入20.8亿元，市场业务占比达到53.51%。

公司高度重视研发工作，以科研开发为依托，按照经营战略定位，紧盯市场动向，全年共新接船舶订单32艘/212.865万吨，合同金额227.94亿元。

公司不断加大对先进制造技术的研究投入。工法研究方面，确定各类研究课题25项；精度管理方面，以16项精度管理课题为重点，深入推进研究；快速搭载方面，根据《快速搭载管理暂行规定》对相关部门推行快速搭载实现了常态化考核。

公司以成本专题、产品成本分析、目标成本考核、节能节约专项工作等为重点，深入推进企业成本管理水平提升。

公司坚定不移地推进产业结构调整，加快业务结构转型发展步伐。以LNG岸站、LNG加注船等LNG产业链相关装备、海洋工程、环境装备等为重点，加快市场培育。年内，公司完成LNG-FSRU的项目研发和成果转化，向国内实船项目提交投标文件；积极向潜在客户推介薄膜型岸站储罐建造方案，得到了国内客户的关注。公司认准环境保护领域的巨大市场潜力，与政府部门深入沟通，积极推进与"餐厨垃圾处理"、"水资源处理"、"内河运输油改气业务"等企业的合作。在浦东餐厨垃圾应急处理项目中，公司与合作方联合中标，打开进入环境装备制造市场的突破口。

此外，公司各条线均围绕企业中心工作，挖掘潜力，努力工作，为公司的平稳发展作出重要贡献。

【2014 年发展趋势】

2014 年，沪东中华造船（集团）公司的总体工作思想是贯彻中国船舶集团公司战略部署，保持军工优势，提升产品质量，提高企业“双效”。深化企业融合托管，发挥资源整合优势；加强生产技术准备，确保生产无缝连接；强化质量策划控制，保证高端产品品质；推进工艺成本专题，提升效率效益水平；加快产业结构调整，拓展非船配套业务。从而，促融合，提质量，保交船，降成本，全面完成各项经济技术指标。

主要预定经营目标：实现造船 24 艘 /258.625 万吨，实现工业总产值 168 亿元，完成营业收入 164 亿元。

（刘　燕）

上海航海设备有限责任公司

【概况】

上海航海设备有限责任公司（SMEC）是由中国船舶工业集团公司（CSSC）下属的上海航海仪器总厂利用数十年军工技术成果开发成功的主要民品和军民共用产品的经营实体改制组建的现代企业。1996 年 11 月，公司通过 ISO9001 质量认证；公司主营船用设备及机舱自动化系统、液压元件及系统、机电一体化设备等，制造质量在国内堪称一流。

【2013 年经济工作情况】

2013 年，上海航海设备有限责任公司完成工业总产值 4600 万元，其中出口产值为 61 万美元。销售收入 5100 万元，税利总额 597 万元。完成船用产品 76 船／套，产值达 687 万元，完成非船产值 45313 万元。2013 年公司平均从业人员 175 人。

公司继多年被评为上海市高新技术企业和上海市科技小巨人（培育型）企业后，2013 年又继续申报 6 项专利。公司新产品非晶合金带剪切生产线，被列为上海市高新技术成果转换化项目。公司用于船舶驾控台配套的航行灯／信号灯控制系统通过 CCS 后，已实现批量装船。公司研制开发的机舱检测报警系统、桥楼航行值班报警系统产品取得重要进展，即将进行船检。

公司主导产品二通插装阀控制阀组在用于 400T 棉花液压打包机的基础上，进一步开辟新领域——用于废旧汽车处理打包设备的液压控制阀组。船用液压舱盖系统实现装船 22 套（其中出口配套 5 套）。此外，公司研发的用于船舶舵机、锚绞机等液压控制阀组已被各大船舶辅机厂选用。公司新研制开发的手动比例流量方向复合阀系列已试制成功，即将替代进口批量提供用户。

【2014 年发展趋势】

2014 年，上海航海设备有限责任公司坚持以科技创新为宗旨，注重新技术、新领域的开拓和发展。利用雄厚的技术力量和先进的管理机制，不断充实调整产品结构。重点强化液压元件及系统的开发并在相关领域的应用，加强机电一体化产品的开发，加强船舶辅机液压控制系统的开发，加强具有自主知识产权的船舶自动化设备的开发，以“一流的产品，一流的服务”奉献用户，再创辉煌。

（刘国跃）

上海船厂船舶有限公司

【概况】

上海船厂船舶有限公司创建于 1862 年，至今已有 150 多年的历史，是我国最早的修造船厂之一，现隶属于中国船舶工业集团公司，为骨干造船企业和三大海洋装备制造基地之一；也是一家以造船、海洋工程、修船、钢结构生产为主体，兼有压力容器、机电产品等综合生产能力的国有大型骨干企业。公司曾多次荣获“上海市优秀企业”、“上海市文明单位”、“上海市高新技术企业”等称号。

公司拥有国家级及上海市认定的企业技术中心。公司已取得中国船级社的 ISO9001：2008 质量管理体系认证证书以及中国船级社的 ISO14001：2004 环境体系认证证书、OHSAS18001：1999 职业健康安全管理体系认证证书。

【2013 年经济工作情况】

2013 年，上海船厂在中国船舶集团公司的领导和支持下，在沪东中华造船公司的全方位帮助下，所有干部职工，转变发展理念，紧紧围绕“以转型海工产品为发展基石，尽早化解高风险船危机，全力实现大幅减亏目标”重点工作而努力奋斗。

公司完成工业总产值53.92亿元，为年度计划83%，比上年上升9.7%；实现销售收入50.31亿元，增长53.95%。其中造船（含海工）交船14艘，完工70.81万载重吨、30.22万修正总吨，52.74亿元，上升11.5%；海工完成17.95亿元，增长133.7%；修船完工82艘，完成年计划的102.5%，完成7718万元；非船完成4147万元。

2013年，在经营接单上，公司新签订单6型25艘船，合同金额总计99.83亿元，其中生效15艘，生效合同金额共计40.47亿元。新签订单中：海工项目11艘，民船项目14艘。船型包括钻井船、钻井驳、12缆物探船、12000HP深水三用工作船、32000DWT多用途重吊船、82000DWT散货船。

【2014年发展趋势】

2014年，公司预计完成工业总产值51亿元。全年工作的总体思路是：以党的十八大和十八届三中全会精神为指导，在中国船舶集团公司的正确领导下，紧紧依靠广大干部职工群众，依托沪东中华造船（集团）有限公司的支持，凝心聚力，振奋精神，改革创新，转型发展。推行精兵简政、精干主体，全面推进海工项目体系建设，全力确保公司“一号工程”TIGER钻井船首制船S6030和12缆物探船S8003的完工交付，全力打造上海船厂海工品牌，抢占海工市场，为实现振兴战略目标打下坚实基础。

（陆　星）

2014·上海工业年鉴

SHANGHAI
INDUSTRIAL
YEARBOOK

上海工商类上市公司行业分类

序号	代码	公司简称	行业
1	002022	科华生物	制造业 - 生物药品制造业
2	002028	思源电气	制造业 - 输配电及控制设备制造业
3	002058	威尔泰	制造业 - 仪器仪表及文化、办公用机械制造业
4	002158	汉钟精机	制造业 - 普通机械制造业
5	002162	斯米克	制造业 - 陶瓷制品业
6	002178	延华智能	科学研究和技术服务业 - 专业技术服务业
7	002184	海得控制	软件和信息技术服务业 - 软件和信息技术服务业
8	002195	海隆软件	软件和信息技术服务业 - 软件和信息技术服务业
9	002252	上海莱士	制造业 - 生物制品业
10	002269	美邦服饰	制造业 - 纺织服装、服饰业务
11	002278	神开股份	制造业 - 石化及其他工业专用设备制造业
12	002324	普利特	制造业 - 塑料零件制造业
13	002328	新朋股份	制造业 - 金属制品业
14	002346	柘中建设	制造业 - 水泥制品和石棉水泥制品业
15	002401	中海科技	信息传输、软件和信息技术服务业 - 软件和信息技术服务业
16	002451	摩恩电气	制造业 - 电器机械及器材制造业
17	002454	松芝股份	制造业 - 交通运输设备制造业
18	002486	嘉麟杰	制造业 - 纺织业
19	002506	*ST 超日	制造业 - 其他电子设备制造业
20	002527	新时达	制造业 - 电器机械及器材制造业
21	002561	徐家汇	制造业 - 日用百货零售业
22	002565	上海绿新	制造业 - 纸制品业
23	002568	百润股份	制造业 - 化学原料及化学制品制造业
24	002605	姚记扑克	制造业 - 文化用品制造业
25	002636	金安国纪	制造业 - 文化用品制造业
26	002669	康达新材	制造业 - 化学原料和化学制品制造业
27	300008	上海佳豪	科学研究和技术服务业 - 专业技术服务业
28	300017	网宿科技	软件和信息技术服务业 - 软件和信息技术服务业
29	300039	上海凯宝	制造业 - 医药制造业
30	300059	东方财富	软件和信息技术服务业 - 互联网和相关服务
31	300061	康耐特	制造业 - 其他制造业、
32	300067	安诺其	制造业 - 化学原料和化学制品制造业
33	300074	华平股份	信息传输、软件和信息技术服务业 - 软件和信息技术服务业
34	300126	锐奇股份	制造业 - 通用设备制造业
35	300129	泰胜风能	制造业 - 电气机械和器材制造业
36	300153	科泰电源	制造业 - 电气机械和器材制造业
37	300168	万达信息	软件和信息技术服务业 - 互联网和相关服务
38	300170	汉得信息	软件和信息技术服务业 - 互联网和相关服务
39	300171	东富龙	制造业 - 专用设备制造业
40	300180	华峰超纤	制造业 - 橡胶和塑料制品业
41	300222	科大智能	制造业 - 电气机械和器材制造业
42	300225	金力泰	制造业 - 化学原料和化学制品制造业
43	300226	上海钢联	软件和信息技术服务业 - 互联网和相关服务
44	300230	永利带业	制造业 - 橡胶和塑料制品业
45	300236	上海新阳	制造业 - 化学原料和化学制品制造业
46	300245	天玑科技	信息传输、软件和信息技术服务业 - 软件和信息技术服务业
47	300253	卫宁软件	信息传输、软件和信息技术服务业 - 软件和信息技术服务业

(续表)

序号	代码	公司简称	行业
48	300262	巴安水务	水利、环境和公共设施管理业 - 生态保护和环境治理业
49	300272	开能环保	制造业 - 专用设备制造业
50	300286	安科瑞	制造业 - 仪器仪表制造业
51	300326	凯利泰	制造业 - 专用设备制造业
52	300327	中颖电子	制造业 - 计算机、通信和其他电子设备制造业
53	300330	华虹计通	信息传输、软件和信息技术服务业 - 软件和信息技术服务业
54	300336	新文化	文化、体育和娱乐业 - 广播、电视、电影和影视录音制作业
55	600019	宝钢股份	制造业 - 黑色金属冶炼及压延加工业
56	600061	中纺投资	制造业 - 化学纤维制造业
57	600072	*ST 钢构	制造业 - 专用设备制造业
58	600073	上海梅林	制造业 - 食品制造业
59	600081	东风科技	制造业 - 交通运输设备制造业
60	600094	大名城	房地产 - 房地产业
61	600104	上汽集团	制造业 - 交通运输设备制造业
62	600149	廊坊发展	制造业 - 普通机械制造业
63	600150	中国船舶	制造业 - 专用设备制造业
64	600151	航天机电	制造业 - 交通运输设备制造业
65	600171	上海贝岭	制造业 - 电子元器件制造业
66	600196	复星医药	制造业 - 医药制造业
67	600210	紫江企业	制造业 - 其他制造业
68	600272	开开实业	制造业 - 服装及其他纤维制品制造业
69	600278	东方创业	批发和零售贸易 - 商业经纪与代理业
70	600315	上海家化	制造业 - 化学原料及化学制品制造业
71	600320	振华重工	制造业 - 专用设备制造业
72	600420	现代制药	制造业 - 医药制造业
73	600490	鹏欣资源	制造业 - 化学原料及化学制品制造业
74	600500	中化国际	批发和零售贸易 - 商业经纪与代理业
75	600517	置信电气	制造业 - 电器机械及器材制造业
76	600530	交大昂立	制造业 - 生物制品业
77	600555	九龙山	制造业 - 服装及其他纤维制品制造业
78	600597	光明乳业	制造业 - 食品加工业
79	600601	方正科技	信息技术业 - 计算机制造业
80	600602	仪电电子	制造业 - 电子元器件制造业
81	600604	市北高新	制造业 - 专用设备制造业
82	600605	汇通能源	制造业 - 普通机械制造业
83	600608	上海科技	制造业 - 黑色金属冶炼和压延加工业
84	600610	S*ST 中纺机	制造业 - 专用设备制造业
85	600612	老凤祥	制造业 - 其他制造业
86	600614	鼎立股份	制造业 - 橡胶制造业
87	600615	丰华股份	制造业 - 食品制造业
88	600616	金枫酒业	批发和零售贸易 - 零售业
89	600617	*ST 联华	制造业 - 化学纤维制造业
90	600618	氯碱化工	制造业 - 化学原料及化学制品制造业
91	600619	海立股份	制造业 - 电器机械及器材制造业
92	600623	双钱股份	制造业 - 橡胶制造业
93	600626	申达股份	制造业 - 纺织业
94	600628	新世界	批发和零售贸易 - 零售业

序号	代码	公司简称	行业
95	600629	棱光实业	制造业 - 非金属矿物制品业
96	600630	龙头股份	制造业 - 纺织业
97	600633	浙报传媒	文化、体育和娱乐业 - 新闻和出版业
98	600636	三爱富	制造业 - 化学原料及化学制品制造业
99	600637	百视通	制造业 - 日用电子器具制造业
100	600645	中源协和	科学研究和技术服务业 - 研究和试验发展
101	600654	飞乐股份	信息技术业 - 通信及相关设备制造业
102	600655	豫园商城	批发和零售贸易 - 零售业
103	600656	博元投资	批发和零售贸易 - 综合业
104	600676	交运股份	制造业 - 交通运输设备制造业
105	600679	金山开发	制造业 - 交通运输设备制造业
106	600680	上海普天	信息技术业 - 通信及相关设备制造业
107	600688	上海石化	制造业 - 石油加工及炼焦业
108	600689	*ST 三毛	制造业 - 服装及其他纤维制品制造业
109	600695	大江股份	制造业 - 食品加工业
110	600757	长江传媒	文化、体育和娱乐业 - 新闻和出版业
111	600781	辅仁药业	制造业 - 纺织业
112	600818	中路股份	制造业 - 交通运输设备制造业
113	600819	耀皮玻璃	制造业 - 非金属矿物制品业
114	600822	上海物贸	批发和零售贸易 - 商业经纪与代理业
115	600824	益民集团	批发和零售贸易 - 零售业
116	600826	兰生股份	批发和零售贸易 - 商业经纪与代理业
117	600827	友谊股份	批发和零售贸易 - 零售业
118	600833	第一医药	批发和零售贸易 - 零售业
119	600835	上海机电	制造业 - 电器机械及器材制造业
120	600836	界龙实业	制造业 - 印刷业
121	600838	上海九百	批发和零售贸易 - 零售业
122	600841	上柴股份	制造业 - 普通机械制造业
123	600843	上工申贝	制造业 - 专用设备制造业
124	600844	丹化科技	制造业 - 化学原料及化学制品制造业
125	600848	自仪股份	制造业 - 仪器仪表及文化、办公用机械制造业
126	600850	华东电脑	信息技术业 - 计算机制造业
127	600851	海欣股份	制造业 - 皮革、毛皮、羽绒及制品制造业
128	601231	环旭电子	制造业 - 计算机、通信和其他电子设备制造业
129	601519	大智慧	信息传输、软件和信息技术服务业 - 软件和信息技术服务业
130	601607	上海医药	制造业 - 医药制造业
131	601727	上海电气	制造业 - 电器机械及器材制造业
132	603003	龙宇燃油	批发和零售业 - 批发业
133	603128	华贸物流	交通运输、仓储和邮政业 - 装卸搬运和运输代理业
134	900935	阳晨 B 股	制造业 - 专用设备制造业
135	900953	凯马 B	制造业 - 交通运输设备制造业

上海工商类上市公司

序号	代码	公司简称	资产总计	股东权益	主营业务收入	利润总额	净利润
1	002022	科华生物	137020.28	113219.19	111443.46	35622.54	28832.92
2	002028	思源电气	499287.13	321382.27	338557.12	46904.26	34674.57
3	002058	威尔泰	24635.45	19342.75	13209.26	776.86	597.85
4	002158	汉钟精机	114653.41	86771.80	84952.10	17453.01	14920.83
5	002162	斯米克	208657.90	60169.36	89342.68	6401.32	2160.15
6	002178	延华智能	119845.23	66562.48	77591.47	4985.51	3762.56
7	002184	海得控制	127949.60	73542.42	143146.92	4493.66	3092.68
8	002195	海隆软件	48813.66	44990.07	39849.38	2970.43	2947.20
9	002252	上海莱士	157514.68	108723.48	49635.96	16897.46	14379.46
10	002269	美邦服饰	670730.40	377397.13	788961.81	48741.83	40547.64
11	002278	神开股份	158888.73	117213.51	76466.51	6351.49	5665.02
12	002324	普利特	202451.98	144541.70	170988.50	23858.26	19728.60
13	002328	新朋股份	369745.17	212757.55	266486.49	12031.24	4661.86
14	002346	柘中建设	100906.02	95088.32	18635.96	576.91	396.88
15	002401	中海科技	95141.30	61871.38	54999.41	5802.87	4698.99
16	002451	摩恩电气	122853.56	63794.93	44263.03	2208.19	1699.21
17	002454	松芝股份	333964.77	213439.50	196816.14	29451.19	23951.84
18	002486	嘉麟杰	123138.54	103546.25	89641.03	11929.98	9861.83
19	002506	*ST 超日	626970.91	-33179.94	55192.74	-149809.68	-145212.36
20	002527	新时达	178074.35	153223.61	100056.72	20090.63	16610.90
21	002561	徐家汇	222198.84	175465.60	209857.83	34000.97	34458.05
22	002565	上海绿新	310636.81	186080.05	186195.82	30183.02	22926.91
23	002568	百润股份	65297.18	64001.13	12845.12	8900.74	7698.76
24	002605	姚记扑克	111082.75	84616.18	71064.05	15860.39	11698.28
25	002636	金安国纪	240233.01	134158.13	237414.49	4382.53	3006.55
26	002669	康达新材	65321.13	56428.41	32111.71	4665.36	4023.63
27	300008	上海佳豪	64275.34	52206.75	23693.84	1372.30	1198.73
28	300017	网宿科技	139134.82	113823.33	120499.10	26634.59	23711.20
29	300039	上海凯宝	177081.05	160609.35	132321.54	37713.64	31881.54
30	300059	东方财富	243278.24	168910.86	24847.49	497.68	500.13
31	300061	康耐特	70777.90	39651.04	41945.62	3794.05	2096.35
32	300067	安诺其	89012.51	78893.44	50674.41	6136.70	4772.66
33	300074	华平股份	105156.22	100295.12	25522.86	10540.47	10239.31
34	300126	锐奇股份	114844.65	98003.14	60042.61	7064.69	5846.08
35	300129	泰胜风能	237830.68	144451.43	107925.36	7586.27	7740.47
36	300153	科泰电源	107689.04	92304.57	46587.43	2257.99	2012.64
37	300168	万达信息	207828.18	140561.86	121306.98	14394.72	14671.32
38	300170	汉得信息	147719.64	134246.26	84692.23	15326.93	14606.24
39	300171	东富龙	377852.92	235591.30	102112.06	33501.60	26636.29
40	300180	华峰超纤	138921.38	132229.11	72654.98	10385.48	8984.63
41	300222	科大智能	79067.25	60931.15	33316.34	1507.63	955.55
42	300225	金力泰	97964.93	75237.85	63315.80	8722.85	7512.16
43	300226	上海钢联	82100.28	37923.41	155305.31	3009.89	2159.08
44	300230	永利带业	68015.29	54189.76	35631.98	6572.45	5210.23
45	300236	上海新阳	95199.48	79546.71	20882.17	5057.70	4416.42
46	300245	天玑科技	70323.96	59666.93	34494.01	7559.80	6084.27
47	300253	卫宁软件	74131.16	62794.11	34882.79	8414.50	8060.40

2013年度经营情况之一

（单位：万元）

序号	代码	公司简称	资产总计	股东权益	主营业务收入	利润总额	净利润
48	300262	巴安水务	113467.22	53069.63	45094.55	8589.62	6393.84
49	300272	开能环保	56024.64	50420.78	31120.58	6885.36	5697.41
50	300286	安科瑞	50927.51	45905.74	21134.98	7381.21	6371.30
51	300326	凯利泰	61097.80	50896.96	12668.21	7360.23	6405.01
52	300327	中颖电子	63471.85	57552.98	33767.64	3037.15	2693.27
53	300330	华虹计通	64026.12	44156.34	22822.01	2841.87	2416.11
54	300336	新文化	117163.06	92483.20	48171.24	15331.62	9055.81
55	600019	宝钢股份	22666833.98	11051219.78	19002596.66	800976.14	581847.12
56	600061	中纺投资	204732.67	59642.00	435623.89	992.13	635.66
57	600072	*ST钢构	214698.66	113984.99	92115.12	-17943.56	-18234.65
58	600073	上海梅林	555936.25	198325.24	1037648.14	20413.37	15531.71
59	600081	东风科技	263676.95	83793.97	308269.77	24253.45	17110.43
60	600094	大名城	1508641.30	262642.84	293989.32	57687.87	25545.09
61	600104	上汽集团	37364074.08	13775723.86	56580701.16	4149299.77	2480362.63
62	600149	廊坊发展	30891.51	26675.70	5163.02	-5059.58	-5062.89
63	600150	中国船舶	5102680.77	1734837.84	2219815.38	8416.49	3953.51
64	600151	航天机电	782183.51	377709.57	335886.89	19754.10	14425.52
65	600171	上海贝岭	210630.21	176571.02	58551.50	5036.58	4039.38
66	600196	复星医药	2947519.09	1533218.45	999640.90	290627.22	202705.77
67	600210	紫江企业	1064323.27	365640.60	862606.22	32993.98	22792.12
68	600272	开开实业	101504.17	37798.94	85943.90	3647.64	2544.68
69	600278	东方创业	554924.17	264373.83	1405914.95	19621.49	12314.49
70	600315	上海家化	452021.89	332531.94	446850.37	96064.24	80015.41
71	600320	振华重工	4915473.67	1451060.48	2320155.58	12042.91	13983.63
72	600420	现代制药	314561.39	99518.23	234974.80	21637.00	13278.75
73	600490	鹏欣资源	437877.90	151437.29	221884.91	26848.39	9879.65
74	600500	中化国际	2893850.90	1054297.04	4681041.35	94396.17	60853.37
75	600517	置信电气	443494.40	211871.23	326890.64	38375.37	28342.05
76	600530	交大昂立	179299.95	132441.20	36698.22	9325.97	8297.72
77	600555	九龙山	276904.82	163919.17	6742.66	4344.23	2724.95
78	600597	光明乳业	1156805.22	427811.28	1629091.01	70833.22	40604.05
79	600601	方正科技	637227.69	433437.04	523379.30	10121.75	7038.54
80	600602	仪电电子	284635.20	250423.08	113838.21	12585.37	12585.37
81	600604	市北高新	216351.96	129094.10	42621.82	22677.84	17182.45
82	600605	汇通能源	82902.12	47958.67	219491.64	771.57	665.87
83	600608	上海科技	22777.58	103.74	22241.50	-284.21	-313.96
84	600610	S*ST中纺机	34907.02	8730.56	8486.04	-3571.66	-3565.71
85	600612	老凤祥	933745.90	333302.08	3298465.57	147725.45	88985.47
86	600614	鼎立股份	270179.03	89169.62	128543.03	4738.35	3281.90
87	600615	丰华股份	62258.41	47888.72	7659.09	1867.95	1654.08
88	600616	金枫酒业	159141.71	132188.87	102585.50	15546.71	11686.35
89	600617	*ST联华	59303.75	114302.48	439340.92	41855.14	30785.19
90	600618	氯碱化工	599258.10	284820.10	697421.17	3131.37	1662.38
91	600619	海立股份	812548.61	237006.32	662161.96	16796.09	10412.92
92	600623	双钱股份	1133680.78	272324.75	1433218.23	38377.52	30568.17
93	600626	申达股份	378977.94	214878.09	695112.78	25592.25	19248.14
94	600628	新世界	522668.10	239859.44	345031.97	34209.20	34322.66

（续表） （单位：万元）

序号	代码	公司简称	资产总计	股东权益	主营业务收入	利润总额	净利润
95	600629	棱光实业	156383.12	77602.30	38084.66	2653.76	1388.11
96	600630	龙头股份	252187.78	156822.59	418914.43	6841.62	5223.68
97	600633	浙报传媒	656217.19	354335.54	235574.92	52929.58	41165.83
98	600636	三爱富	332473.08	167228.81	328667.86	16237.10	7046.19
99	600637	百视通	514924.42	372038.19	263735.09	77074.15	67735.06
100	600645	中源协和	148496.23	50150.38	36130.98	2249.91	721.57
101	600654	飞乐股份	216694.01	148686.20	210378.97	12810.11	11937.82
102	600655	豫园商城	1369734.10	657205.79	2252277.39	126892.50	98084.85
103	600656	博元投资	60705.41	7649.14	25351.00	915.67	1212.23
104	600676	交运股份	671929.07	317135.12	838128.46	43174.64	30037.79
105	600679	金山开发	117313.00	59513.84	70857.19	-189.38	876.03
106	600680	上海普天	272721.94	135845.65	172550.48	2142.10	1557.31
107	600688	上海石化	3691593.30	1783161.70	11553982.90	239287.00	200354.50
108	600689	*ST 三毛	88589.66	31841.52	165721.02	-4685.99	-4718.27
109	600695	大江股份	46267.59	40726.98	29296.84	10517.38	10518.57
110	600757	长江传媒	637758.07	444746.62	420806.85	38339.07	37820.75
111	600781	辅仁药业	90712.82	27803.54	39037.53	2844.50	1963.02
112	600818	中路股份	73034.10	37860.97	66015.15	4175.28	984.88
113	600819	耀皮玻璃	723619.75	318317.33	249110.36	9791.40	11914.25
114	600822	上海物贸	1047297.34	96520.45	9750165.39	10115.53	1818.50
115	600824	益民集团	239251.15	166631.19	297986.63	23881.92	16503.66
116	600826	兰生股份	305969.96	230647.90	123909.22	5265.38	5122.30
117	600827	友谊股份	4084073.29	1292795.07	5192597.66	186474.44	103578.85
118	600833	第一医药	91616.26	52912.95	134839.48	4490.47	3426.68
119	600835	上海机电	2712045.98	575443.07	1990707.71	208157.15	94383.35
120	600836	界龙实业	331843.34	42968.80	191734.19	3004.62	1064.60
121	600838	上海九百	108347.76	72085.01	14063.75	4845.46	4743.47
122	600841	上柴股份	547230.96	331261.17	298085.89	22665.62	20533.39
123	600843	上工申贝	204791.65	79589.42	181393.47	15345.36	7955.20
124	600844	丹化科技	357709.89	83202.14	74376.45	-30411.56	-17425.24
125	600848	自仪股份	178452.32	19426.50	107941.46	1204.93	1204..26
126	600850	华东电脑	368042.95	123579.39	536876.18	32364.67	3002.63
127	600851	海欣股份	438866.59	299142.02	126164.39	8333.55	6539.29
128	601231	环旭电子	847839.98	380103.30	1427234.67	63117.21	56421.31
129	601519	大智慧	343494.51	291738.95	89426.23	4292.12	1166.14
130	601607	上海医药	5631152.16	2595381.24	7822281.74	326084.64	224292.51
131	601727	上海电气	12929271.40	3220595.40	7921493.10	549735.30	246279.20
132	603003	龙宇燃油	121742.19	77992.07	450127.43	-4878.54	-5193.35
133	603128	华贸物流	291578.38	129056.68	853335.44	11179.17	8131.54
134	900935	阳晨 B 股	195022.05	56619.25	45103.09	9202.60	3730.44
135	900953	凯马 B	410516.69	98244.32	540687.49	4309.91	523.84

上海工商类上市公司2013年度经营情况之二

（单位：元、%）

序号	代码	公司简称	每股收益	每股净资产	净资产收益率	每股经营现金净流量
1	002022	科华生物	0.59	2.30	27.54	0.51
2	002028	思源电气	0.79	7.31	11.43	0.74
3	002058	威尔泰	0.04	1.35	3.02	0.10
4	002158	汉钟精机	0.62	3.62	18.38	0.88
5	002162	斯米克	0.05	1.44	2.94	0.34
6	002178	延华智能	0.26	3.87	8.53	0.10
7	002184	海得控制	0.14	3.34	4.26	0.06
8	002195	海隆软件	0.26	3.97	6.62	0.40
9	002252	上海莱士	0.29	2.22	13.55	-0.18
10	002269	美邦服饰	0.40	3.76	11.00	0.98
11	002278	神开股份	0.20	4.07	4.88	0.29
12	002324	普利特	0.73	5.35	14.61	0.03
13	002328	新朋股份	0.10	4.73	2.21	0.45
14	002346	柘中建设	0.03	7.04	0.42	0.60
15	002401	中海科技	0.23	3.06	7.82	-0.22
16	002451	摩恩电气	0.08	2.91	2.67	-0.41
17	002454	松芝股份	0.77	6.84	11.89	0.42
18	002486	嘉麟杰	0.24	2.49	9.92	0.19
19	002506	*ST超日	-1.72	-0.39		0.18
20	002527	新时达	0.47	4.36	11.29	0.42
21	002561	徐家汇	0.59	4.22	14.43	0.60
22	002565	上海绿新	0.67	5.34	13.31	0.53
23	002568	百润股份	0.26	4.00	6.45	0.35
24	002605	姚记扑克	0.63	4.52	14.46	0.91
25	002636	金安国纪	0.11	4.79	2.27	0.63
26	002669	康达新材	0.40	5.64	7.25	0.00
27	300008	上海佳豪	0.06	2.39	2.30	0.40
28	300017	网宿科技	1.53	7.26	23.96	1.76
29	300039	上海凯宝	0.61	3.05	21.39	0.51
30	300059	东方财富	0.01	2.21	0.29	0.71
31	300061	康耐特	0.22	4.13	5.40	0.26
32	300067	安诺其	0.30	4.82	6.37	-0.16
33	300074	华平股份	0.47	4.56	10.71	0.49
34	300126	锐奇股份	0.39	6.47	6.11	0.12
35	300129	泰胜风能	0.24	4.46	5.48	0.20
36	300153	科泰电源	0.13	5.77	2.18	0.40
37	300168	万达信息	0.61	5.77	11.29	0.05
38	300170	汉得信息	0.55	5.04	11.44	0.24
39	300171	东富龙	1.28	11.33	11.73	1.63
40	300180	华峰超纤	0.57	8.37	6.99	0.37
41	300222	科大智能	0.09	5.64	1.57	-0.01
42	300225	金力泰	0.58	5.76	10.30	0.29
43	300226	上海钢联	0.18	3.16	5.83	0.03
44	300230	永利带业	0.32	3.35	9.97	0.27
45	300236	上海新阳	0.48	6.99	9.04	0.30
46	300245	天玑科技	0.45	4.28	11.00	0.32
47	300253	卫宁软件	0.75	5.82	14.15	0.46

(续表)

序号	代码	公司简称	每股收益	每股净资产	净资产收益率	每股经营现金净流量
48	300262	巴安水务	0.24	1.99	12.78	-1.00
49	300272	开能环保	0.30	2.66	11.69	0.25
50	300286	安科瑞	0.90	6.42	14.68	0.93
51	300326	凯利泰	0.83	6.62	13.43	0.43
52	300327	中颖电子	0.19	4.09	4.59	0.15
53	300330	华虹计通	0.20	3.63	5.64	-0.38
54	300336	新文化	1.20	9.63	13.01	-0.73
55	600019	宝钢股份	0.35	6.71	5.29	0.73
56	600061	中纺投资	0.01	1.39	1.07	-0.11
57	600072	*ST 钢构	-0.20	2.38	-14.82	-0.11
58	600073	上海梅林	0.19	2.41	8.07	0.25
59	600081	东风科技	0.55	2.67	21.97	0.73
60	600094	大名城	0.17	1.74	10.22	-1.99
61	600104	上汽集团	2.25	12.49	19.07	1.87
62	600149	廊坊发展	-0.13	0.70	-17.33	-0.01
63	600150	中国船舶	0.03	12.59	0.22	-1.88
64	600151	航天机电	0.12	3.02	3.89	0.09
65	600171	上海贝岭	0.06	2.62	2.14	0.06
66	600196	复星医药	0.90	6.84	12.30	0.45
67	600210	紫江企业	0.16	2.54	6.19	0.73
68	600272	开开实业	0.10	1.56	7.20	0.06
69	600278	东方创业	0.24	5.06	4.68	0.68
70	600315	上海家化	1.19	4.95	24.89	1.53
71	600320	振华重工	0.03	3.31	0.97	0.21
72	600420	现代制药	0.46	3.46	13.05	0.72
73	600490	鹏欣资源	0.11	1.74	6.67	0.14
74	600500	中化国际	0.41	5.06	8.20	0.41
75	600517	置信电气	0.41	3.06	14.15	0.11
76	600530	交大昂立	0.27	4.24	5.94	-0.78
77	600555	九龙山	0.02	1.26	1.68	0.03
78	600597	光明乳业	0.33	3.49	9.90	1.07
79	600601	方正科技	0.03	1.97	1.63	0.33
80	600602	仪电电子	0.10	2.14	4.66	-0.02
81	600604	市北高新	0.30	2.27	14.17	-0.47
82	600605	汇通能源	0.05	3.25	1.39	-0.19
83	600608	上海科技	-0.01	0.00	-0.87	-0.01
84	600610	S*ST 中纺机	-0.10	0.24	-32.99	-0.08
85	600612	老凤祥	1.70	6.37	28.71	2.91
86	600614	鼎立股份	0.06	1.57	3.63	0.26
87	600615	丰华股份	0.09	2.55	3.37	0.00
88	600616	金枫酒业	0.27	3.01	9.07	0.32
89	600617	*ST 联华	0.78	2.03	27.85	1.27
90	600618	氯碱化工	0.01	2.46	0.59	0.50
91	600619	海立股份	0.16	3.55	4.40	0.63
92	600623	双钱股份	0.34	3.06	11.72	0.76
93	600626	申达股份	0.27	3.03	9.22	0.01
94	600628	新世界	0.46	4.51	10.43	0.78

（单位：元、%）

序号	代码	公司简称	每股收益	每股净资产	净资产收益率	每股经营现金净流量
95	600629	棱光实业	0.04	2.23	1.81	-0.06
96	600630	龙头股份	0.12	3.69	3.39	0.13
97	600633	浙报传媒	0.76	5.96	15.44	1.34
98	600636	三爱富	0.18	4.38	4.20	0.77
99	600637	百视通	0.61	3.34	19.79	0.67
100	600645	中源协和	0.02	1.44	4.03	0.32
101	600654	飞乐股份	0.16	1.97	8.29	-0.01
102	600655	豫园商城	0.68	4.57	15.88	0.45
103	600656	博元投资	0.06	0.40	17.21	0.65
104	600676	交运股份	0.35	3.68	9.80	0.60
105	600679	金山开发	0.02	1.68	1.48	0.04
106	600680	上海普天	0.04	3.55	1.15	-0.71
107	600688	上海石化	0.19	1.65	11.78	0.51
108	600689	*ST 三毛	-0.23	1.58	-13.87	-0.68
109	600695	大江股份	0.15	0.57	30.68	-0.05
110	600757	长江传媒	0.35	3.66	11.08	0.22
111	600781	辅仁药业	0.11	1.57	7.32	0.49
112	600818	中路股份	0.03	1.18	2.58	0.03
113	600819	耀皮玻璃	0.16	3.40	5.52	0.25
114	600822	上海物贸	0.04	1.95	1.87	2.61
115	600824	益民集团	0.19	1.90	10.24	0.17
116	600826	兰生股份	0.12	5.48	2.43	-0.03
117	600827	友谊股份	0.60	7.51	8.22	2.23
118	600833	第一医药	0.15	2.37	6.71	0.03
119	600835	上海机电	0.92	5.63	17.49	1.72
120	600836	界龙实业	0.03	1.37	2.46	0.92
121	600838	上海九百	0.12	1.80	6.77	0.01
122	600841	上柴股份	0.24	3.82	6.34	0.19
123	600843	上工申贝	0.18	1.77	10.69	0.16
124	600844	丹化科技	-0.22	1.07	-18.96	0.31
125	600848	自仪股份	0.03	0.49	6.39	0.07
126	600850	华东电脑	0.75	3.84	19.15	0.23
127	600851	海欣股份	0.05	2.48	2.19	-0.03
128	601231	环旭电子	0.56	3.76	15.72	1.31
129	601519	大智慧	0.01	1.61	0.40	-0.04
130	601607	上海医药	0.83	9.65	8.87	0.36
131	601727	上海电气	0.19	2.51	7.86	0.56
132	603003	龙宇燃油	-0.26	3.86	-6.32	1.29
133	603128	华贸物流	0.20	3.23	6.41	-0.56
134	900935	阳晨 B 股	0.15	2.31	6.81	1.28
135	900953	凯马 B	0.01	1.54	0.53	0.50

上海工商类上市公司 2013 年度资产总额排序

（单位：万元）

序号	代码	公司简称	资产总额		序号	代码	公司简称	资产总额	
			2013 年	2012 年				2013 年	2012 年
1	600104	上汽集团	37364074.08	31720299.90	47	002454	松芝股份	333964.77	273510.18
2	600019	宝钢股份	22666833.98	21435730.10	48	600636	三爱富	332473.08	363827.55
3	601727	上海电气	12929271.40	3156724.37	49	600836	界龙实业	331843.34	350339.38
4	601607	上海医药	5631152.16	5106903.80	50	600420	现代制药	314561.39	246884.08
5	600150	中国船舶	5102680.77	4536700.91	51	002565	上海绿新	310636.81	249788.21
6	600320	振华重工	4915473.67	4677969.63	52	600826	兰生股份	305969.96	278855.59
7	600827	友谊股份	4084073.29	3898594.30	53	603128	华贸物流	291578.38	274536.32
8	600688	上海石化	3691593.30	3680579.90	54	600602	仪电电子	284635.20	275896.85
9	600196	复星医药	2947519.09	2550714.05	55	600555	九龙山	276904.82	287630.21
10	600500	中化国际	2893850.90	3018565.17	56	600680	上海普天	272721.94	242408.85
11	600835	上海机电	2712045.98	2574367.66	57	600614	鼎立股份	270179.03	273535.19
12	600094	大名城	1508641.30	1038549.14	58	600081	东风科技	263676.95	185145.14
13	600655	豫园商城	1369734.10	1115393.89	59	600630	龙头股份	252187.78	257152.75
14	600597	光明乳业	1156805.22	933929.96	60	300059	东方财富	243278.24	180304.24
15	600623	双钱股份	1133680.78	1074509.95	61	002636	金安国纪	240233.01	226346.95
16	600210	紫江企业	1064323.27	1027963.34	62	600824	益民集团	239251.15	236091.63
17	600822	上海物贸	1047297.34	1189155.77	63	300129	泰胜风能	237830.68	194659.51
18	600612	老凤祥	933745.90	888500.85	64	002561	徐家汇	222198.84	216232.69
19	601231	环旭电子	847839.98	813602.49	65	600654	飞乐股份	216694.01	216508.75
20	600619	海立股份	812548.61	753098.94	66	600604	市北高新	216351.96	157579.75
21	600151	航天机电	782183.51	1114594.75	67	600072	*ST 钢构	214698.66	241496.66
22	600819	耀皮玻璃	723619.75	646938.12	68	600171	上海贝岭	210630.21	207023.49
23	600676	交运股份	671929.07	660282.38	69	002162	斯米克	208657.90	186338.53
24	002269	美邦服饰	670730.40	700634.02	70	300168	万达信息	207828.18	152212.76
25	600633	浙报传媒	656217.19	263003.64	71	600843	上工申贝	204791.65	160845.11
26	600757	长江传媒	637758.07	451735.13	72	600061	中纺投资	204732.67	172844.34
27	600601	方正科技	637227.69	652565.39	73	002324	普利特	202451.98	153844.87
28	002506	*ST 超日	626970.91	757574.76	74	900935	阳晨 B 股	195022.05	203785.95
29	600618	氯碱化工	599258.10	634013.28	75	600530	交大昂立	179299.95	185454.42
30	600073	上海梅林	555936.25	525708.14	76	600848	自仪股份	178452.32	168556.46
31	600278	东方创业	554924.17	523516.08	77	002527	新时达	178074.35	162762.01
32	600841	上柴股份	547230.96	496571.70	78	300039	上海凯宝	177081.05	156108.46
33	600628	新世界	522668.10	519828.89	79	600616	金枫酒业	159141.71	164905.01
34	600637	百视通	514924.42	388289.77	80	002278	神开股份	158888.73	155531.87
35	002028	思源电气	499287.13	434266.79	81	002252	上海莱士	157514.68	118168.15
36	600315	上海家化	452021.89	364687.06	82	600629	棱光实业	156383.12	166287.49
37	600517	置信电气	443494.40	216430.68	83	600645	中源协和	148496.23	123342.51
38	600851	海欣股份	438866.59	434911.20	84	300170	汉得信息	147719.64	124254.25
39	600490	鹏欣资源	437877.90	417247.35	85	300017	网宿科技	139134.82	98236.37
40	900953	凯马 B	410516.69	401127.85	86	300180	华峰超纤	138921.38	133526.64
41	600626	申达股份	378977.94	362434.84	87	002022	科华生物	137020.28	128545.90
42	300171	东富龙	377852.92	321151.14	88	002184	海得控制	127949.60	123640.78
43	002328	新朋股份	369745.17	299349.61	89	002486	嘉麟杰	123138.54	110801.93
44	600850	华东电脑	368042.95	307820.23	90	002451	摩恩电气	122853.56	105552.27
45	600844	丹化科技	357709.89	374382.57	91	603003	龙宇燃油	121742.19	168188.47
46	601519	大智慧	343494.51	308251.60	92	002178	延华智能	119845.23	83128.16

（续表） （单位：万元）

序号	代码	公司简称	资产总额		序号	代码	公司简称	资产总额	
			2013年	2012年				2013年	2012年
93	600679	金山开发	117313.00	124271.21	115	600818	中路股份	73034.10	74012.43
94	300336	新文化	117163.06	103122.00	116	300061	康耐特	70777.90	64919.56
95	300126	锐奇股份	114844.65	111690.36	117	300245	天玑科技	70323.96	64194.07
96	002158	汉钟精机	114653.41	99911.07	118	300230	永利带业	68015.29	60495.08
97	300262	巴安水务	113467.22	72155.48	119	002669	康达新材	65321.13	60534.62
98	002605	姚记扑克	111082.75	96830.16	120	002568	百润股份	65297.18	65140.43
99	600838	上海九百	108347.76	107692.45	121	300008	上海佳豪	64275.34	65172.17
100	300153	科泰电源	107689.04	102109.73	122	300330	华虹计通	64026.12	61941.23
101	300074	华平股份	105156.22	95748.03	123	300327	中颖电子	63471.85	61976.95
102	600272	开开实业	101504.17	97508.79	124	600615	丰华股份	62258.41	53288.67
103	002346	柘中建设	100906.02	299349.61	125	300326	凯利泰	61097.80	47026.09
104	300225	金力泰	97964.93	81706.00	126	600656	博元投资	60705.41	59232.67
105	300236	上海新阳	95199.48	43303.70	127	600617	*ST 联华	59303.75	2032.05
106	002401	中海科技	95141.30	81024.37	128	300272	开能环保	56024.64	6127.40
107	600833	第一医药	91616.26	89226.78	129	300286	安科瑞	50927.51	41608.88
108	600781	辅仁药业	90712.82	85624.62	130	002195	海隆软件	48813.66	48581.74
109	300067	安诺其	89012.51	74644.64	131	600695	大江股份	46267.59	53423.51
110	600689	*ST 三毛	88589.66	118300.36	132	600610	S*ST 中纺机	34907.02	36899.75
111	600605	汇通能源	82902.12	86470.53	133	600149	廊坊发展	30891.51	34303.85
112	300226	上海钢联	82100.28	64219.35	134	002058	威尔泰	24635.45	24047.52
113	300222	科大智能	79067.25	75321.99	135	600608	上海科技	22777.58	23441.54
114	300253	卫宁软件	74131.16	62266.23					

上海工商类上市公司2013年度总股本排序

（单位：万股）

序号	代码	公司简称	总股本		序号	代码	公司简称	总股本	
			2013年	2012年				2013年	2012年
1	600019	宝钢股份	1647172.49	1712204.81	47	300039	上海凯宝	63129.60	52608.00
2	601727	上海电气	1282362.67	213973.93	48	600617	*ST联华	59303.75	16719.48
3	600104	上汽集团	1102556.66	1102556.66	49	002252	上海莱士	58325.24	48960.00
4	600688	上海石化	1080000.00	72000.00	50	600614	鼎立股份	56740.26	56740.26
5	600320	振华重工	439029.46	439029.46	51	600604	市北高新	56644.92	56644.92
6	601607	上海医药	268891.05	268891.05	52	600843	上工申贝	54858.96	44888.68
7	600196	复星医药	231161.14	224046.24	53	600628	新世界	53179.93	53179.93
8	600601	方正科技	219489.12	219489.12	54	600612	老凤祥	52311.78	52311.78
9	600500	中化国际	208301.27	143758.96	55	600278	东方创业	52224.17	52224.17
10	601519	大智慧	198770.00	139000.00	56	600616	金枫酒业	51461.92	43867.15
11	600827	友谊股份	172249.58	172249.58	57	600822	上海物贸	49597.29	49597.29
12	600094	大名城	151155.69	151155.69	58	002022	科华生物	49227.75	49227.75
13	600655	豫园商城	143732.20	143732.20	59	600072	*ST钢构	47842.96	47842.00
14	600210	紫江企业	143673.62	143673.62	60	002328	新朋股份	45000.00	45000.00
15	600150	中国船舶	137811.76	137811.76	61	002028	思源电气	43968.00	43968.00
16	600555	九龙山	130350.00	130350.00	62	002451	摩恩电气	43920.00	21960.00
17	600151	航天机电	125017.99	125017.99	63	002162	斯米克	43700.00	41800.00
18	600597	光明乳业	122449.75	122459.77	64	600061	中纺投资	42908.29	42908.29
19	600757	长江传媒	121365.03	103968.44	65	600630	龙头股份	42486.16	42486.16
20	600851	海欣股份	120705.67	120705.67	66	600826	兰生股份	42064.23	42064.23
21	600633	浙报传媒	118828.76	59414.38	67	002561	徐家汇	41576.30	41576.30
22	600602	仪电电子	117294.31	117294.31	68	600838	上海九百	40088.20	40088.20
23	600618	氯碱化工	115640.00	115640.00	69	603128	华贸物流	40000.00	40000.00
24	600637	百视通	111373.61	111373.61	70	600848	自仪股份	39925.69	39928.69
25	600835	上海机电	102273.93	102273.93	71	600680	上海普天	38222.53	38222.53
26	601231	环旭电子	101172.38	101172.38	72	600636	三爱富	38195.06	38195.06
27	002269	美邦服饰	101100.00	100500.00	73	600149	廊坊发展	38016.00	38016.00
28	600819	耀皮玻璃	93491.61	73125.01	74	600610	S*ST中纺机	35709.15	35709.15
29	600623	双钱股份	88946.77	88946.77	75	600679	金山开发	35361.97	35361.97
30	600824	益民集团	87835.59	73196.32	76	002527	新时达	35144.98	20703.50
31	600490	鹏欣资源	87000.00	58000.00	77	600645	中源协和	34929.10	32504.10
32	600841	上柴股份	86668.98	86909.25	78	002565	上海绿新	34837.00	34176.00
33	600676	交运股份	86237.39	86237.39	79	600629	棱光实业	34799.98	34799.98
34	002506	*ST超日	84352.00	84352.00	80	300074	华平股份	33000.00	10000.00
35	002486	嘉麟杰	83200.00	41600.00	81	600608	上海科技	32886.14	32886.14
36	600073	上海梅林	82273.51	74794.10	82	300067	安诺其	32713.20	16050.00
37	600844	丹化科技	77862.06	77862.06	83	300129	泰胜风能	32400.00	32400.00
38	600654	飞乐股份	75504.32	75504.32	84	600850	华东电脑	32174.49	32174.49
39	600695	大江股份	71320.00	71320.00	85	600818	中路股份	32144.79	29222.54
40	600626	申达股份	71024.28	71024.28	86	600836	界龙实业	31356.34	31356.34
41	600517	置信电气	69140.13	69140.13	87	600081	东风科技	31356.00	31356.00
42	600171	上海贝岭	67380.78	67380.78	88	002454	松芝股份	31200.00	31200.00
43	600315	上海家化	67244.32	44835.05	89	600530	交大昂立	31200.00	31200.00
44	300059	东方财富	67200.00	33600.00	90	002401	中海科技	30324.00	20216.00
45	600619	海立股份	66774.41	66774.41	91	300126	锐奇股份	30312.00	15156.00
46	900953	凯马B	64000.00	64000.00	92	600420	现代制药	28773.34	28773.34

（续表） （单位：万股）

序号	代码	公司简称	总股本		序号	代码	公司简称	总股本	
			2013年	2012年				2013年	2012年
93	002278	神开股份	28767.56	26152.33	115	600781	辅仁药业	17759.29	17759.29
94	002636	金安国纪	28000.00	28000.00	116	002178	延华智能	17217.78	13440.00
95	002324	普利特	27000.00	27000.00	117	300230	永利带业	16152.48	16152.48
96	002346	柘中建设	27000.00	45000.00	118	002568	百润股份	16000.00	16000.00
97	300262	巴安水务	26680.00	13340.00	119	300153	科泰电源	16000.00	16000.00
98	300170	汉得信息	26617.17	17744.78	120	300180	华峰超纤	15800.00	15800.00
99	900935	阳晨B股	24459.60	24459.60	121	300017	网宿科技	15691.41	15428.18
100	300168	万达信息	24356.72	24000.00	122	600605	汇通能源	14734.46	14734.46
101	600272	开开实业	24300.00	24300.00	123	002058	威尔泰	14344.83	12473.77
102	002158	汉钟精机	23988.19	21807.45	124	300286	安科瑞	14300.00	6934.00
103	600833	第一医药	22308.63	22308.63	125	300327	中颖电子	14080.00	12800.00
104	002184	海得控制	22000.00	22000.00	126	300245	天玑科技	13953.00	13400.00
105	300008	上海佳豪	21848.40	21848.40	127	300225	金力泰	13065.00	10050.00
106	300253	卫宁软件	21598.42	10700.00	128	300330	华虹计通	12148.05	8000.00
107	300171	东富龙	20800.00	20800.00	129	300226	上海钢联	12000.00	8000.00
108	603003	龙宇燃油	20200.00	20200.00	130	300236	上海新阳	11380.00	8518.00
109	600689	*ST三毛	20099.13	20099.13	131	002195	海隆软件	11333.00	11396.00
110	300336	新文化	19200.00	9600.00	132	300222	科大智能	10800.00	10800.00
111	600656	博元投资	19034.37	19034.37	133	002669	康达新材	10000.00	10000.00
112	300272	开能环保	18912.14	14529.90	134	300061	康耐特	9600.00	9600.00
113	600615	丰华股份	18802.05	18802.05	135	300326	凯利泰	7687.50	7687.50
114	002605	姚记扑克	18700.00	18700.00					

上海工商类上市公司2013年度净资产排序

（单位：万元）

序号	代码	公司简称	净资产		序号	代码	公司简称	净资产	
			2013年	2012年				2013年	2012年
1	600104	上汽集团	13775673.68	12233748.19	47	002346	柘中建设	190177.20	209515.50
2	600019	宝钢股份	11051209.67	11076595.36	48	002565	上海绿新	186078.35	162493.21
3	601727	上海电气	3220653.85	695415.27	49	300336	新文化	184967.04	85632.00
4	601607	上海医药	2595390.19	2463929.36	50	600171	上海贝岭	176571.33	173539.20
5	600688	上海石化	1783080.00	161928.00	51	002561	徐家汇	175464.46	165976.75
6	600150	中国船舶	1734843.34	1751794.19	52	600636	三爱富	167229.43	166263.10
7	600196	复星医药	1581905.03	1355883.04	53	600824	益民集团	166632.90	154905.37
8	600320	振华重工	1451080.17	1421094.46	54	600555	九龙山	163915.13	161308.13
9	600827	友谊股份	1292802.00	1225779.69	55	300067	安诺其	157785.58	73327.64
10	600500	中化国际	1054004.43	661291.22	56	600630	龙头股份	156820.67	151552.38
11	600633	浙报传媒	708670.96	142220.20	57	600616	金枫酒业	155075.35	124889.78
12	600655	豫园商城	657201.11	582805.32	58	002527	新时达	153214.54	140113.01
13	600835	上海机电	575444.27	510459.41	59	600490	鹏欣资源	151440.90	143260.00
14	600757	长江传媒	444742.15	294781.72	60	300074	华平股份	150443.70	91056.00
15	600601	方正科技	433447.11	429276.82	61	300059	东方财富	148753.92	171948.00
16	600597	光明乳业	427814.94	401239.44	62	600654	飞乐股份	148683.11	139909.50
17	601231	环旭电子	380104.63	343986.09	63	002324	普利特	144541.80	126738.00
18	002269	美邦服饰	379650.72	413185.65	64	300129	泰胜风能	144452.16	138348.00
19	600151	航天机电	377704.35	363464.80	65	300168	万达信息	140569.94	122944.80
20	600637	百视通	372043.54	308471.49	66	600680	上海普天	135846.69	134321.61
21	600210	紫江企业	365635.00	362201.20	67	300170	汉得信息	134246.36	120194.27
22	600612	老凤祥	333304.51	276148.66	68	002636	金安国纪	134159.20	131157.60
23	600315	上海家化	332529.89	271000.98	69	600530	交大昂立	132440.88	147051.84
24	600841	上柴股份	331257.51	317383.89	70	300180	华峰超纤	132228.62	124820.00
25	002028	思源电气	321384.10	286231.68	71	002252	上海莱士	129522.86	100368.00
26	601519	大智慧	320914.17	290885.30	72	603128	华贸物流	129056.00	124000.00
27	600819	耀皮玻璃	318320.23	210373.34	73	600604	市北高新	128583.97	113499.43
28	600676	交运股份	317138.00	295785.62	74	002451	摩恩电气	127591.99	63405.11
29	600851	海欣股份	299144.86	288039.94	75	300253	卫宁软件	125616.41	52883.68
30	600618	氯碱化工	284821.32	282843.88	76	600850	华东电脑	123579.00	117478.72
31	600623	双钱股份	272328.33	249406.74	77	600617	*ST联华	120392.54	-6898.46
32	600278	东方创业	264374.42	258467.86	78	002278	神开股份	117213.42	115546.22
33	600094	大名城	262648.13	237102.82	79	600072	*ST钢构	113985.85	132086.98
34	600602	仪电电子	250423.35	239350.77	80	300017	网宿科技	113935.33	87014.94
35	600628	新世界	239857.44	223430.16	81	002022	科华生物	113218.90	101901.44
36	600619	海立股份	237009.09	236501.61	82	600420	现代制药	99518.35	90365.55
37	300171	东富龙	235591.20	219024.00	83	900953	凯马B	98246.40	97664.00
38	600826	兰生股份	230646.59	206615.29	84	600843	上工申贝	97210.08	69083.68
39	600626	申达股份	214876.86	202731.70	85	600822	上海物贸	96521.29	97533.07
40	002454	松芝股份	213439.20	189486.96	86	002401	中海科技	92806.60	58183.67
41	002328	新朋股份	212755.50	209515.50	87	300153	科泰电源	92304.00	91929.60
42	600517	置信电气	211873.01	126554.09	88	300286	安科瑞	91811.72	39177.10
43	002486	嘉麟杰	207093.12	191218.56	89	600614	鼎立股份	89167.32	88157.34
44	600073	上海梅林	198328.52	187613.52	90	002158	汉钟精机	86772.48	77416.45
45	300126	锐奇股份	196006.49	93664.08	91	002605	姚记扑克	84615.63	158179.56
46	300039	上海凯宝	192728.36	283757.03	92	600081	东风科技	83792.64	72074.90

（续表）　　　　　　　　　　　　　　　　　　　　　　　　　　　　　　　　（单位：万元）

序号	代码	公司简称	净资产		序号	代码	公司简称	净资产	
			2013年	2012年				2013年	2012年
93	600844	丹化科技	83203.40	100667.86	115	300272	开能环保	50397.07	48006.79
94	300236	上海新阳	79546.20	37583.12	116	600645	中源协和	50151.20	14652.85
95	603003	龙宇燃油	77992.20	84219.86	117	600605	汇通能源	47959.19	47514.21
96	600629	棱光实业	77603.96	76215.44	118	600615	丰华股份	47888.82	49537.76
97	300225	金力泰	75237.42	70651.50	119	002195	海隆软件	44989.74	44184.57
98	002184	海得控制	73541.60	71500.00	120	300330	华虹计通	44155.73	42080.00
99	600838	上海九百	72086.60	68021.66	121	600836	界龙实业	42967.59	43136.92
100	002178	延华智能	66562.22	31821.89	122	600695	大江股份	40723.72	29020.11
101	002568	百润股份	64001.60	63812.80	123	300061	康耐特	39650.88	37824.00
102	002162	斯米克	62906.15	51606.28	124	300226	上海钢联	37923.60	36160.00
103	300222	科大智能	60931.44	60480.00	125	600818	中路股份	37860.13	38602.98
104	300245	天玑科技	59667.21	51992.00	126	600272	开开实业	37798.65	34289.73
105	600061	中纺投资	59642.52	59007.48	127	600689	*ST三毛	31756.63	36178.43
106	600679	金山开发	59514.20	58941.33	128	600781	辅仁药业	27803.94	25928.56
107	300327	中颖电子	57553.41	65683.20	129	600149	廊坊发展	26675.83	31739.56
108	900935	阳晨B股	56619.08	52832.74	130	600848	自仪股份	19423.85	18239.43
109	002669	康达新材	56428.00	55314.00	131	002058	威尔泰	19342.57	19209.61
110	300230	永利带业	54189.96	50557.26	132	600610	S*ST中纺机	8730.89	12883.86
111	300262	巴安水务	53069.19	47078.19	133	600656	博元投资	7649.91	6437.42
112	600833	第一医药	52913.84	49284.23	134	600608	上海科技	105.24	516.31
113	300008	上海佳豪	52206.75	52654.64	135	002506	*ST超日	-33184.08	111175.94
114	300326	凯利泰	50896.63	66738.26					

上海工商类上市公司 2013 年度主营业务收入排序

（单位：万元）

序号	代码	公司简称	主营业务收入		序号	代码	公司简称	主营业务收入	
			2013 年	2012 年				2013 年	2012 年
1	600104	上汽集团	56580701.16	48097967.17	47	600819	耀皮玻璃	249110.36	230763.19
2	600019	宝钢股份	19002596.66	19151213.77	48	002636	金安国纪	237414.49	213598.50
3	600688	上海石化	11553982.90	9307225.40	49	600633	浙报传媒	235574.92	143795.72
4	600822	上海物贸	9750165.39	9527021.44	50	600420	现代制药	234974.80	200689.22
5	601727	上海电气	7921493.10	1504433.96	51	600490	鹏欣资源	221884.91	146186.49
6	601607	上海医药	7822281.74	6807811.78	52	600605	汇通能源	219491.64	188665.89
7	600827	友谊股份	5192597.66	4926286.57	53	600654	飞乐股份	210378.97	201967.01
8	600500	中化国际	4681041.35	5444816.27	54	002561	徐家汇	209857.83	209458.43
9	600612	老凤祥	3298465.57	2555339.90	55	002454	松芝股份	196816.14	151452.45
10	600320	振华重工	2320155.58	1825515.21	56	600836	界龙实业	191734.19	148917.49
11	600655	豫园商城	2252277.39	2029770.41	57	002565	上海绿新	186195.82	137137.53
12	600150	中国船舶	2219815.38	2427648.37	58	600843	上工申贝	181393.47	150612.61
13	600835	上海机电	1990707.71	1774325.09	59	600680	上海普天	172550.48	126591.70
14	600597	光明乳业	1629091.01	1377507.25	60	002324	普利特	170988.50	121169.01
15	600623	双钱股份	1433218.23	1210157.96	61	600689	*ST 三毛	165721.02	262346.56
16	601231	环旭电子	1427234.67	1333529.46	62	300226	上海钢联	155305.31	95439.64
17	600278	东方创业	1405914.95	1411425.96	63	002184	海得控制	143146.92	126925.46
18	600073	上海梅林	1037648.14	785887.71	64	600833	第一医药	134839.48	135767.04
19	600196	复星医药	999640.90	734078.27	65	300039	上海凯宝	132321.54	110200.49
20	600210	紫江企业	862606.22	805689.38	66	600614	鼎立股份	128543.03	106292.86
21	603128	华贸物流	853335.44	748601.53	67	600851	海欣股份	126164.39	131135.52
22	600676	交运股份	838128.46	785917.31	68	600826	兰生股份	123909.22	132631.29
23	002269	美邦服饰	788961.81	950955.06	69	300168	万达信息	121306.98	88474.43
24	600618	氯碱化工	697421.17	634088.36	70	300017	网宿科技	120499.10	81479.95
25	600626	申达股份	695112.78	681747.12	71	600602	仪电电子	113838.21	120572.74
26	600619	海立股份	662161.96	677296.59	72	002022	科华生物	111443.46	101368.13
27	900953	凯马 B	540687.49	558187.14	73	600848	自仪股份	107941.46	104415.87
28	600850	华东电脑	536876.18	496340.99	74	300129	泰胜风能	107925.36	67132.12
29	600601	方正科技	523379.30	555503.36	75	600616	金枫酒业	102585.50	95118.02
30	603003	龙宇燃油	450127.43	777174.80	76	300171	东富龙	102112.06	82185.79
31	600315	上海家化	446850.37	450412.26	77	002527	新时达	100056.72	84047.82
32	600617	*ST 联华	439340.92	10836.08	78	600072	*ST 钢构	92115.12	104153.73
33	600061	中纺投资	435623.89	325261.07	79	002486	嘉麟杰	89641.03	81072.59
34	600757	长江传媒	420806.85	348569.21	80	601519	大智慧	89426.23	47013.84
35	600630	龙头股份	418914.43	472384.49	81	002162	斯米克	89342.68	88454.29
36	600628	新世界	345031.97	354782.13	82	600272	开开实业	85943.90	81801.73
37	002028	思源电气	338557.12	289173.46	83	002158	汉钟精机	84952.10	70009.44
38	600151	航天机电	335886.89	152939.33	84	300170	汉得信息	84692.23	70220.30
39	600636	三爱富	328667.86	328833.38	85	002178	延华智能	77591.47	60228.40
40	600517	置信电气	326890.64	154592.11	86	002278	神开股份	76466.51	74987.87
41	600081	东风科技	308269.77	244882.42	87	600844	丹化科技	74376.45	110216.05
42	600841	上柴股份	298085.89	302996.28	88	300180	华峰超纤	72654.98	61226.58
43	600824	益民集团	297986.63	260465.22	89	002605	姚记扑克	71064.05	64548.07
44	600094	大名城	293989.32	167645.01	90	600679	金山开发	70857.19	79945.77
45	002328	新朋股份	266486.49	159182.75	91	600818	中路股份	66015.15	53562.15
46	600637	百视通	263735.09	202774.84	92	300225	金力泰	63315.80	50837.08

（续表） （单位：万元）

序号	代码	公司简称	主营业务收入		序号	代码	公司简称	主营业务收入	
			2013 年	2012 年				2013 年	2012 年
93	300126	锐奇股份	60042.61	53808.22	115	300222	科大智能	33316.34	26373.99
94	600171	上海贝岭	58551.50	67692.95	116	002669	康达新材	32111.71	24692.22
95	002506	*ST 超日	55192.74	163796.70	117	300272	开能环保	31120.58	24071.74
96	002401	中海科技	54999.41	50255.36	118	600695	大江股份	29296.84	33310.75
97	300067	安诺其	50674.41	26244.98	119	300074	华平股份	25522.86	19944.03
98	002252	上海莱士	49635.96	66267.69	120	600656	博元投资	25351.00	19122.49
99	300336	新文化	48171.24	38605.71	121	300059	东方财富	24847.49	22270.15
100	300153	科泰电源	46587.43	44622.40	122	300008	上海佳豪	23693.84	26653.92
101	900935	阳晨 B 股	45103.09	45236.40	123	300330	华虹计通	22822.01	25895.97
102	300262	巴安水务	45094.55	36153.16	124	600608	上海科技	22241.50	21786.02
103	002451	摩恩电气	44263.03	39234.91	125	300286	安科瑞	21134.98	16236.40
104	600604	市北高新	42621.82	30619.49	126	300236	上海新阳	20882.17	14334.63
105	300061	康耐特	41945.62	35412.86	127	002346	柘中建设	18635.96	159182.75
106	002195	海隆软件	39849.38	41032.49	128	600838	上海九百	14063.75	16639.46
107	600781	辅仁药业	39037.53	34728.26	129	002058	威尔泰	13209.26	12509.57
108	600629	棱光实业	38084.66	52476.04	130	002568	百润股份	12845.12	16421.32
109	600530	交大昂立	36698.22	37527.19	131	300326	凯利泰	12668.21	10169.22
110	600645	中源协和	36130.98	30034.27	132	600610	S*ST 中纺机	8486.04	8365.72
111	300230	永利带业	35631.98	30089.04	133	600615	丰华股份	7659.09	2338.38
112	300253	卫宁软件	34882.79	26577.12	134	600555	九龙山	6742.66	13096.82
113	300245	天玑科技	34494.01	31326.07	135	600149	廊坊发展	5163.02	2653.63
114	300327	中颖电子	33767.64	26428.14					

上海工商类上市公司2013年度利润总额排序

（单位：万元）

序号	代码	公司简称	利润总额		序号	代码	公司简称	利润总额	
			2013年	2012年				2013年	2012年
1	600104	上汽集团	4149299.77	4015636.50	47	002158	汉钟精机	17453.01	12540.15
2	600019	宝钢股份	800976.14	1313965.62	48	002252	上海莱士	16897.46	26456.57
3	601727	上海电气	549735.30	135491.68	49	600619	海立股份	16796.09	25528.80
4	601607	上海医药	326084.64	308772.68	50	600636	三爱富	16237.10	24045.62
5	600196	复星医药	290627.22	212303.57	51	002605	姚记扑克	15860.39	12944.40
6	600688	上海石化	239287.00	-203297.40	52	600616	金枫酒业	15546.71	13668.59
7	600835	上海机电	208157.15	167913.84	53	600843	上工申贝	15345.36	10477.58
8	600827	友谊股份	186474.44	213083.42	54	300336	新文化	15331.62	12085.23
9	600612	老凤祥	147725.45	106656.91	55	300170	汉得信息	15326.93	12907.33
10	600655	豫园商城	126892.50	113472.49	56	300168	万达信息	14394.72	12575.60
11	600315	上海家化	96064.24	72336.86	57	600654	飞乐股份	12810.11	12173.50
12	600500	中化国际	94396.17	88637.04	58	600602	仪电电子	12585.37	11743.49
13	600637	百视通	77074.15	58333.63	59	600320	振华重工	12042.91	-117119.05
14	600597	光明乳业	70833.22	41907.72	60	002328	新朋股份	12031.24	5584.07
15	601231	环旭电子	63117.21	76307.48	61	002486	嘉麟杰	11929.98	4642.78
16	600094	大名城	57687.87	33962.96	62	603128	华贸物流	11179.17	10290.95
17	600633	浙报传媒	52929.58	28318.04	63	300074	华平股份	10540.47	8829.21
18	002269	美邦服饰	48741.83	17412.19	64	600695	大江股份	10517.38	-12945.31
19	002028	思源电气	46904.26	34144.34	65	300180	华峰超纤	10385.48	9931.68
20	600676	交运股份	43174.64	39362.89	66	600601	方正科技	10121.75	9630.27
21	600617	*ST联华	41855.14	-1365.44	67	600822	上海物贸	10115.53	-54348.85
22	600623	双钱股份	38377.52	411191.31	68	600819	耀皮玻璃	9791.40	5164.29
23	600517	置信电气	38375.37	23870.50	69	600530	交大昂立	9325.97	10134.28
24	600757	长江传媒	38339.07	33513.48	70	900935	阳晨B股	9202.60	8268.66
25	300039	上海凯宝	37713.64	28617.46	71	002568	百润股份	8900.74	8900.74
26	002022	科华生物	35622.54	29800.72	72	300225	金力泰	8722.85	6409.69
27	600628	新世界	34209.20	32421.98	73	300262	巴安水务	8589.62	5674.00
28	002561	徐家汇	34000.97	33490.13	74	600150	中国船舶	8416.49	23487.73
29	300171	东富龙	33501.60	28051.81	75	300253	卫宁软件	8414.50	5774.38
30	600210	紫江企业	32993.98	29057.11	76	600851	海欣股份	8333.55	6491.60
31	600850	华东电脑	32364.67	25163.42	77	300129	泰胜风能	7586.27	6057.51
32	002565	上海绿新	30183.02	20872.55	78	300245	天玑科技	7559.80	5939.42
33	002454	松芝股份	29451.19	19261.83	79	300286	安科瑞	7381.21	5168.95
34	600490	鹏欣资源	26848.39	34096.64	80	300326	凯利泰	7360.23	6021.85
35	300017	网宿科技	26634.59	12280.37	81	300126	锐奇股份	7064.69	6511.07
36	600626	申达股份	25592.25	21747.41	82	300272	开能环保	6885.36	669.78
37	600081	东风科技	24253.45	17748.48	83	600630	龙头股份	6841.62	6371.04
38	600824	益民集团	23881.92	20840.88	84	300230	永利带业	6572.45	6391.79
39	002324	普利特	23858.26	18800.05	85	002162	斯米克	6401.32	-18615.76
40	600604	市北高新	22677.84	17205.87	86	002278	神开股份	6351.49	1067.00
41	600841	上柴股份	22665.62	22242.47	87	300067	安诺其	6136.70	2699.51
42	600420	现代制药	21637.00	18518.64	88	002401	中海科技	5802.87	5355.09
43	600073	上海梅林	20413.37	16853.95	89	600826	兰生股份	5265.38	5015.01
44	002527	新时达	20090.63	15992.36	90	300236	上海新阳	5057.70	4400.59
45	600151	航天机电	19754.10	-123954.94	91	600171	上海贝岭	5036.58	4075.54
46	600278	东方创业	19621.49	24123.19	92	002178	延华智能	4985.51	2817.90

（续表） （单位：万元）

序号	代码	公司简称	利润总额		序号	代码	公司简称	利润总额	
			2013年	2012年				2013年	2012年
93	600838	上海九百	4845.46	2611.01	115	002451	摩恩电气	2208.19	794.85
94	600614	鼎立股份	4738.35	6785.04	116	600680	上海普天	2142.10	-7872.00
95	002669	康达新材	4665.36	3801.46	117	600615	丰华股份	1867.95	421.89
96	002184	海得控制	4493.66	640.86	118	300222	科大智能	1507.63	3251.98
97	600833	第一医药	4490.47	5312.50	119	300008	上海佳豪	1372.30	2619.47
98	002636	金安国纪	4382.53	6274.01	120	600848	自仪股份	1204.93	1059.21
99	600555	九龙山	4344.23	-19114.77	121	600061	中纺投资	992.13	853.45
100	900953	凯马B	4309.91	4006.20	122	600656	博元投资	915.67	2106.07
101	601519	大智慧	4292.12	-25385.32	123	002058	威尔泰	776.86	699.63
102	600818	中路股份	4175.28	2300.10	124	600605	汇通能源	771.57	1021.01
103	300061	康耐特	3794.05	346.47	125	002346	柘中建设	576.91	5584.07
104	600272	开开实业	3647.64	4412.81	126	300059	东方财富	497.68	-1489.83
105	600618	氯碱化工	3131.37	11494.98	127	600679	金山开发	-189.38	890.20
106	300327	中颖电子	3037.15	2473.21	128	600608	上海科技	-284.21	2556.94
107	300226	上海钢联	3009.89	4563.67	129	600610	S*ST中纺机	-3571.66	-4042.47
108	600836	界龙实业	3004.62	2372.07	130	600689	*ST三毛	-4685.99	-3860.06
109	002195	海隆软件	2970.43	7536.29	131	603003	龙宇燃油	-4878.54	8234.77
110	600781	辅仁药业	2844.50	1853.66	132	600149	廊坊发展	-5059.58	898.62
111	300330	华虹计通	2841.87	3717.77	133	600072	*ST钢构	-17943.56	-9605.07
112	600629	棱光实业	2653.76	3785.95	134	600844	丹化科技	-30411.56	-1087.39
113	300153	科泰电源	2257.99	1493.25	135	002506	*ST超日	-149809.68	-172141.57
114	600645	中源协和	2249.91	3797.17					

上海工商类上市公司 2013 年度每股收益排序

(单位：元)

序号	代码	公司简称	每股收益		序号	代码	公司简称	每股收益	
			2013 年	2012 年				2013 年	2012 年
1	600104	上汽集团	2.25	1.88	47	600757	长江传媒	0.35	0.31
2	600612	老凤祥	1.70	1.17	48	600623	双钱股份	0.34	0.33
3	300017	网宿科技	1.53	0.67	49	600597	光明乳业	0.33	0.28
4	300171	东富龙	1.28	1.12	50	300230	永利带业	0.32	0.31
5	300336	新文化	1.20	1.10	51	600604	市北高新	0.30	0.26
6	600315	上海家化	1.19	1.41	52	300067	安诺其	0.30	0.14
7	600835	上海机电	0.92	0.69	53	300272	开能环保	0.30	0.35
8	300286	安科瑞	0.90	0.65	54	002252	上海莱士	0.29	0.46
9	600196	复星医药	0.90	0.80	55	600626	申达股份	0.27	0.23
10	601607	上海医药	0.83	0.76	56	600616	金枫酒业	0.27	0.24
11	300326	凯利泰	0.83	1.24	57	600530	交大昂立	0.27	0.27
12	002028	思源电气	0.79	0.56	58	002178	延华智能	0.26	0.13
13	600617	*ST 联华	0.78	-0.06	59	002568	百润股份	0.26	0.48
14	002454	松芝股份	0.77	0.47	60	002195	海隆软件	0.26	0.58
15	600633	浙报传媒	0.76	0.52	61	300129	泰胜风能	0.24	0.18
16	300253	卫宁软件	0.75	0.49	62	600278	东方创业	0.24	0.29
17	600850	华东电脑	0.75	0.59	63	600841	上柴股份	0.24	0.24
18	002324	普利特	0.73	0.59	64	300262	巴安水务	0.24	0.34
19	600655	豫园商城	0.68	0.67	65	002486	嘉麟杰	0.24	0.19
20	002565	上海绿新	0.67	0.48	66	002401	中海科技	0.23	0.23
21	002605	姚记扑克	0.63	1.02	67	300061	康耐特	0.22	-0.01
22	002158	汉钟精机	0.62	0.49	68	002278	神开股份	0.20	0.20
23	300168	万达信息	0.61	0.43	69	300330	华虹计通	0.20	0.45
24	300039	上海凯宝	0.61	0.92	70	603128	华贸物流	0.20	0.21
25	600637	百视通	0.61	0.46	71	601727	上海电气	0.19	0.41
26	600827	友谊股份	0.60	0.68	72	600073	上海梅林	0.19	0.19
27	002561	徐家汇	0.59	0.58	73	600824	益民集团	0.19	0.20
28	002022	科华生物	0.59	0.49	74	300327	中颖电子	0.19	0.22
29	300225	金力泰	0.58	0.55	75	600688	上海石化	0.19	-0.22
30	300180	华峰超纤	0.57	0.55	76	600636	三爱富	0.18	0.37
31	601231	环旭电子	0.56	0.65	77	300226	上海钢联	0.18	0.44
32	300170	汉得信息	0.55	0.71	78	600843	上工申贝	0.18	0.09
33	600081	东风科技	0.55	0.31	79	600094	大名城	0.17	0.13
34	300236	上海新阳	0.48	0.47	80	600619	海立股份	0.16	0.23
35	002527	新时达	0.47	0.66	81	600819	耀皮玻璃	0.16	0.08
36	300074	华平股份	0.47	0.82	82	600210	紫江企业	0.16	0.11
37	600420	现代制药	0.46	0.40	83	600654	飞乐股份	0.16	0.14
38	600628	新世界	0.46	0.45	84	600833	第一医药	0.15	0.16
39	300245	天玑科技	0.45	0.36	85	900935	阳晨 B 股	0.15	0.14
40	600517	置信电气	0.41	0.25	86	600695	大江股份	0.15	-0.20
41	600500	中化国际	0.41	0.41	87	002184	海得控制	0.14	0.01
42	002269	美邦服饰	0.40	0.85	88	300153	科泰电源	0.13	0.08
43	002669	康达新材	0.40	0.35	89	600826	兰生股份	0.12	0.12
44	300126	锐奇股份	0.39	0.35	90	600630	龙头股份	0.12	0.11
45	600019	宝钢股份	0.35	0.60	91	600838	上海九百	0.12	0.06
46	600676	交运股份	0.35	0.32	92	600151	航天机电	0.12	-0.84

（续表） （单位：元）

序号	代码	公司简称	每股收益 2013年	每股收益 2012年
93	600490	鹏欣资源	0.11	0.24
94	002636	金安国纪	0.11	0.16
95	600781	辅仁药业	0.11	0.06
96	002328	新朋股份	0.10	0.07
97	600272	开开实业	0.10	0.25
98	600602	仪电电子	0.10	0.09
99	300222	科大智能	0.09	0.26
100	600615	丰华股份	0.09	0.02
101	002451	摩恩电气	0.08	0.03
102	600656	博元投资	0.06	0.10
103	600614	鼎立股份	0.06	0.10
104	600171	上海贝岭	0.06	0.05
105	300008	上海佳豪	0.06	0.11
106	600851	海欣股份	0.05	0.04
107	002162	斯米克	0.05	-0.50
108	600605	汇通能源	0.05	0.04
109	600680	上海普天	0.04	-0.21
110	002058	威尔泰	0.04	0.04
111	600629	棱光实业	0.04	0.03
112	600822	上海物贸	0.04	-1.20
113	600836	界龙实业	0.03	0.03
114	600601	方正科技	0.03	0.04
115	600848	自仪股份	0.03	0.03
116	002346	柘中建设	0.03	0.07
117	600150	中国船舶	0.03	0.02
118	600320	振华重工	0.03	-0.24
119	600818	中路股份	0.03	0.06
120	600679	金山开发	0.02	0.01
121	600555	九龙山	0.02	-0.14
122	600645	中源协和	0.02	0.04
123	600618	氯碱化工	0.01	0.09
124	300059	东方财富	0.01	0.11
125	600061	中纺投资	0.01	0.01
126	900953	凯马B	0.01	0.01
127	601519	大智慧	0.01	-0.19
128	600608	上海科技	-0.01	0.08
129	600610	S*ST中纺机	-0.10	-0.11
130	600149	廊坊发展	-0.13	0.02
131	600072	*ST钢构	-0.20	-0.16
132	600844	丹化科技	-0.22	0.04
133	600689	*ST三毛	-0.23	-0.24
134	603003	龙宇燃油	-0.26	0.35
135	002506	*ST超日	-1.72	-1.99

上海工商类上市公司 2013 年度净利润排序

（单位：万元）

序号	代码	公司简称	净利润		序号	代码	公司简称	净利润	
			2013 年	2012 年				2013 年	2012 年
1	600848	自仪股份	1204..26	1009.11	47	002252	上海莱士	14379.46	26456.57
2	600104	上汽集团	2480362.63	2075176.33	48	600320	振华重工	13983.63	-104366.58
3	600019	宝钢股份	581847.12	1038637.25	49	600420	现代制药	13278.75	11594.47
4	601727	上海电气	246279.20	272070.70	50	600602	仪电电子	12585.37	10722.19
5	601607	上海医药	224292.51	205287.17	51	600278	东方创业	12314.49	15401.64
6	600196	复星医药	202705.77	156391.64	52	600654	飞乐股份	11937.82	10487.56
7	600688	上海石化	200354.50	-154846.60	53	600819	耀皮玻璃	11914.25	5788.24
8	600827	友谊股份	103578.85	117037.96	54	002605	姚记扑克	11698.28	9582.36
9	600655	豫园商城	98084.85	96786.89	55	600616	金枫酒业	11686.35	10326.91
10	600835	上海机电	94383.35	70348.94	56	600695	大江股份	10518.57	-13697.07
11	600612	老凤祥	88985.47	61130.77	57	600619	海立股份	10412.92	14784.61
12	600315	上海家化	80015.41	61463.22	58	300074	华平股份	10239.31	8164.49
13	600637	百视通	67735.06	51646.82	59	600490	鹏欣资源	9879.65	12780.63
14	600500	中化国际	60853.37	58426.06	60	002486	嘉麟杰	9861.83	3966.01
15	601231	环旭电子	56421.31	64733.37	61	300336	新文化	9055.81	9055.81
16	600633	浙报传媒	41165.83	22132.71	62	300180	华峰超纤	8984.63	8613.50
17	600597	光明乳业	40604.05	31130.26	63	600530	交大昂立	8297.72	8315.23
18	002269	美邦服饰	40547.64	84958.24	64	603128	华贸物流	8131.54	7618.82
19	600757	长江传媒	37820.75	32656.33	65	300253	卫宁软件	8060.40	5284.99
20	002028	思源电气	34674.57	24829.67	66	600843	上工申贝	7955.20	4168.63
21	002561	徐家汇	34458.05	24155.70	67	300129	泰胜风能	7740.47	5836.04
22	600628	新世界	34322.66	23681.87	68	002568	百润股份	7698.76	7698.76
23	300039	上海凯宝	31881.54	24219.20	69	300225	金力泰	7512.16	5545.96
24	600617	*ST 联华	30785.19	-922.24	70	600636	三爱富	7046.19	13948.58
25	600623	双钱股份	30568.17	29215.95	71	600601	方正科技	7038.54	8050.39
26	600676	交运股份	30037.79	27637.39	72	600851	海欣股份	6539.29	5175.25
27	002022	科华生物	28832.92	23983.00	73	300326	凯利泰	6405.01	5552.38
28	600517	置信电气	28342.05	15219.44	74	300262	巴安水务	6393.84	4486.59
29	300171	东富龙	26636.29	23332.89	75	300286	安科瑞	6371.30	4450.37
30	600094	大名城	25545.09	18895.55	76	300245	天玑科技	6084.27	4820.75
31	002454	松芝股份	23951.84	14600.38	77	300126	锐奇股份	5846.08	5246.82
32	300017	网宿科技	23711.20	10374.57	78	300272	开能环保	5697.41	4980.18
33	002565	上海绿新	22926.91	16485.13	79	002278	神开股份	5665.02	5150.62
34	600210	紫江企业	22792.12	16180.46	80	600630	龙头股份	5223.68	4565.99
35	600841	上柴股份	20533.39	20370.97	81	300230	永利带业	5210.23	5024.21
36	002324	普利特	19728.60	15862.23	82	600826	兰生股份	5122.30	4962.09
37	600626	申达股份	19248.14	16473.41	83	300067	安诺其	4772.66	2288.90
38	600604	市北高新	17182.45	14657.35	84	600838	上海九百	4743.47	2573.64
39	600081	东风科技	17110.43	9689.61	85	002401	中海科技	4698.99	4554.11
40	002527	新时达	16610.90	13539.40	86	002328	新朋股份	4661.86	3284.85
41	600824	益民集团	16503.66	14955.33	87	300236	上海新阳	4416.42	3978.41
42	600073	上海梅林	15531.71	14011.10	88	600171	上海贝岭	4039.38	3339.85
43	002158	汉钟精机	14920.83	10665.52	89	002669	康达新材	4023.63	3247.46
44	300168	万达信息	14671.32	11143.66	90	600150	中国船舶	3953.51	2687.29
45	300170	汉得信息	14606.24	12003.09	91	002178	延华智能	3762.56	1756.22
46	600151	航天机电	14425.52	-88925.97	92	900935	阳晨 B 股	3730.44	3521.45

（续表） （单位：万元）

序号	代码	公司简称	净利润		序号	代码	公司简称	净利润	
			2013年	2012年				2013年	2012年
93	600833	第一医药	3426.68	3643.43	115	300008	上海佳豪	1198.73	2393.30
94	600614	鼎立股份	3281.90	5617.49	116	601519	大智慧	1166.14	-26699.88
95	002184	海得控制	3092.68	640.86	117	600836	界龙实业	1064.60	807.65
96	002636	金安国纪	3006.55	4604.07	118	600818	中路股份	984.88	1647.66
97	600850	华东电脑	3002.63	19106.11	119	300222	科大智能	955.55	2861.30
98	002195	海隆软件	2947.20	6633.11	120	600679	金山开发	876.03	408.55
99	600555	九龙山	2724.95	-18520.16	121	600645	中源协和	721.57	1389.89
100	300327	中颖电子	2693.27	2436.01	122	600605	汇通能源	665.87	660.10
101	600272	开开实业	2544.68	6083.73	123	600061	中纺投资	635.66	509.75
102	300330	华虹计通	2416.11	3167.43	124	002058	威尔泰	597.85	514.67
103	002162	斯米克	2160.15	-20692.26	125	900953	凯马B	523.84	733.68
104	300226	上海钢联	2159.08	3526.11	126	300059	东方财富	500.13	3758.19
105	300061	康耐特	2096.35	-84.12	127	002346	柘中建设	396.88	2092.06
106	300153	科泰电源	2012.64	1332.73	128	600608	上海科技	-313.96	2624.51
107	600781	辅仁药业	1963.02	1110.94	129	600610	S*ST中纺机	-3565.71	-3955.28
108	600822	上海物贸	1818.50	-59326.30	130	600689	*ST三毛	-4718.27	-4741.00
109	002451	摩恩电气	1699.21	713.28	131	600149	廊坊发展	-5062.89	620.65
110	600618	氯碱化工	1662.38	10254.21	132	603003	龙宇燃油	-5193.35	5833.84
111	600615	丰华股份	1654.08	410.39	133	600844	丹化科技	-17425.24	2774.84
112	600680	上海普天	1557.31	-7971.04	134	600072	*ST钢构	-18234.65	-7605.18
113	600629	棱光实业	1388.11	977.96	135	002506	*ST超日	-145212.36	-167583.20
114	600656	博元投资	1212.23	1824.18					

上海工商类上市公司2013年度每股净资产排序

（单位：元）

序号	代码	公司简称	每股净资产		序号	代码	公司简称	每股净资产	
			2013年	2012年				2013年	2012年
1	600150	中国船舶	12.59	12.71	47	300061	康耐特	4.13	3.94
2	600104	上汽集团	12.49	11.10	48	300327	中颖电子	4.09	5.13
3	300171	东富龙	11.33	10.53	49	002278	神开股份	4.07	4.42
4	601607	上海医药	9.65	9.16	50	002568	百润股份	4.00	3.99
5	300336	新文化	9.63	8.92	51	002195	海隆软件	3.97	3.88
6	300180	华峰超纤	8.37	7.90	52	002178	延华智能	3.87	2.37
7	600827	友谊股份	7.51	7.12	53	603003	龙宇燃油	3.86	4.17
8	002028	思源电气	7.31	6.51	54	600850	华东电脑	3.84	3.65
9	300017	网宿科技	7.26	5.64	55	600841	上柴股份	3.82	3.65
10	002346	柘中建设	7.04	4.66	56	601231	环旭电子	3.76	3.40
11	300236	上海新阳	6.99	4.41	57	002269	美邦服饰	3.76	4.11
12	600196	复星医药	6.84	6.05	58	600630	龙头股份	3.69	3.57
13	002454	松芝股份	6.84	6.07	59	600676	交运股份	3.68	3.43
14	600019	宝钢股份	6.71	6.47	60	600757	长江传媒	3.66	2.84
15	300326	凯利泰	6.62	8.68	61	300330	华虹计通	3.63	5.26
16	300126	锐奇股份	6.47	6.18	62	002158	汉钟精机	3.62	3.55
17	300286	安科瑞	6.42	5.65	63	600680	上海普天	3.55	3.51
18	600612	老凤祥	6.37	5.28	64	600619	海立股份	3.55	3.54
19	600633	浙报传媒	5.96	2.39	65	600597	光明乳业	3.49	3.28
20	300253	卫宁软件	5.82	4.94	66	600420	现代制药	3.46	3.14
21	300168	万达信息	5.77	5.12	67	600819	耀皮玻璃	3.40	2.88
22	300153	科泰电源	5.77	5.75	68	300230	永利带业	3.35	3.13
23	300225	金力泰	5.76	7.03	69	002184	海得控制	3.34	3.25
24	002669	康达新材	5.64	5.53	70	600637	百视通	3.34	2.77
25	300222	科大智能	5.64	5.60	71	600320	振华重工	3.31	3.24
26	600835	上海机电	5.63	4.99	72	600605	汇通能源	3.25	3.22
27	600826	兰生股份	5.48	4.91	73	603128	华贸物流	3.23	3.10
28	002324	普利特	5.35	4.69	74	300226	上海钢联	3.16	4.52
29	002565	上海绿新	5.34	4.75	75	600517	置信电气	3.06	1.83
30	600278	东方创业	5.06	4.95	76	600623	双钱股份	3.06	2.80
31	600500	中化国际	5.06	4.60	77	002401	中海科技	3.06	2.88
32	300170	汉得信息	5.04	6.77	78	300039	上海凯宝	3.05	5.39
33	600315	上海家化	4.95	6.04	79	600626	申达股份	3.03	2.85
34	300067	安诺其	4.82	4.57	80	600151	航天机电	3.02	2.91
35	002636	金安国纪	4.79	4.68	81	600616	金枫酒业	3.01	2.85
36	002328	新朋股份	4.73	4.66	82	002451	摩恩电气	2.91	2.89
37	600655	豫园商城	4.57	4.05	83	600081	东风科技	2.67	2.30
38	300074	华平股份	4.56	9.11	84	300272	开能环保	2.66	3.30
39	002605	姚记扑克	4.52	8.46	85	600171	上海贝岭	2.62	2.58
40	600628	新世界	4.51	4.20	86	600615	丰华股份	2.55	2.63
41	300129	泰胜风能	4.46	4.27	87	600210	紫江企业	2.54	2.52
42	600636	三爱富	4.38	4.35	88	601727	上海电气	2.51	3.25
43	002527	新时达	4.36	6.77	89	002486	嘉麟杰	2.49	4.60
44	300245	天玑科技	4.28	3.88	90	600851	海欣股份	2.48	2.39
45	600530	交大昂立	4.24	4.71	91	600618	氯碱化工	2.46	2.45
46	002561	徐家汇	4.22	3.99	92	600073	上海梅林	2.41	2.51

（续表） （单位：元）

序号	代码	公司简称	每股净资产		序号	代码	公司简称	每股净资产	
			2013年	2012年				2013年	2012年
93	300008	上海佳豪	2.39	2.41	115	601519	大智慧	1.61	2.09
94	600072	*ST钢构	2.38	2.76	116	600689	*ST三毛	1.58	1.80
95	600833	第一医药	2.37	2.21	117	600614	鼎立股份	1.57	1.55
96	900935	阳晨B股	2.31	2.16	118	600781	辅仁药业	1.57	1.46
97	002022	科华生物	2.30	2.07	119	600272	开开实业	1.56	1.41
98	600604	市北高新	2.27	2.00	120	900953	凯马B	1.54	1.53
99	600629	棱光实业	2.23	2.19	121	002162	斯米克	1.44	1.23
100	002252	上海莱士	2.22	2.05	122	600645	中源协和	1.44	0.45
101	300059	东方财富	2.21	5.12	123	600061	中纺投资	1.39	1.38
102	600602	仪电电子	2.14	2.04	124	600836	界龙实业	1.37	1.38
103	600617	*ST联华	2.03	-0.41	125	002058	威尔泰	1.35	1.54
104	300262	巴安水务	1.99	3.53	126	600555	九龙山	1.26	1.24
105	600601	方正科技	1.97	1.96	127	600818	中路股份	1.18	1.32
106	600654	飞乐股份	1.97	1.85	128	600844	丹化科技	1.07	1.29
107	600822	上海物贸	1.95	1.97	129	600149	廊坊发展	0.70	0.83
108	600824	益民集团	1.90	2.12	130	600695	大江股份	0.57	0.41
109	600838	上海九百	1.80	1.70	131	600848	自仪股份	0.49	0.46
110	600843	上工申贝	1.77	1.54	132	600656	博元投资	0.40	0.34
111	600490	鹏欣资源	1.74	2.47	133	600610	S*ST中纺机	0.24	0.36
112	600094	大名城	1.74	1.57	134	600608	上海科技	0.00	0.02
113	600679	金山开发	1.68	1.67	135	002506	*ST超日	-0.39	1.32
114	600688	上海石化	1.65	2.25					

上海工商类上市公司2013年度净资产收益率排序

（单位：%）

序号	代码	公司简称	净资产收益率		序号	代码	公司简称	净资产收益率	
			2013年	2012年				2013年	2012年
1	600695	大江股份	30.68	-47.20	47	300225	金力泰	10.30	7.85
2	600612	老凤祥	28.71	22.14	48	600824	益民集团	10.24	9.65
3	600617	*ST联华	27.85	-0.06	49	600094	大名城	10.22	7.97
4	002022	科华生物	27.54	24.79	50	300230	永利带业	9.97	9.94
5	600315	上海家化	24.89	22.68	51	002486	嘉麟杰	9.92	4.15
6	300017	网宿科技	23.96	12.69	52	600597	光明乳业	9.90	7.76
7	600081	东风科技	21.97	13.44	53	600676	交运股份	9.80	9.34
8	300039	上海凯宝	21.39	17.07	54	600626	申达股份	9.22	8.13
9	600637	百视通	19.79	16.74	55	600616	金枫酒业	9.07	8.27
10	600850	华东电脑	19.15	16.26	56	300236	上海新阳	9.04	10.59
11	600104	上汽集团	19.07	16.96	57	601607	上海医药	8.87	8.33
12	002158	汉钟精机	18.38	14.21	58	002178	延华智能	8.53	5.67
13	600835	上海机电	17.49	13.78	59	600654	飞乐股份	8.29	7.50
14	600656	博元投资	17.21	28.34	60	600827	友谊股份	8.22	9.55
15	600655	豫园商城	15.88	16.61	61	600500	中化国际	8.20	8.84
16	601231	环旭电子	15.72	18.80	62	600073	上海梅林	8.07	7.47
17	600633	浙报传媒	15.44	21.52	63	601727	上海电气	7.86	12.69
18	300286	安科瑞	14.68	11.37	64	002401	中海科技	7.82	8.06
19	002324	普利特	14.61	13.27	65	600781	辅仁药业	7.32	4.30
20	002605	姚记扑克	14.46	12.47	66	002669	康达新材	7.25	5.87
21	002561	徐家汇	14.43	15.36	67	600272	开开实业	7.20	17.74
22	600604	市北高新	14.17	12.91	68	300180	华峰超纤	6.99	7.08
23	300253	卫宁软件	14.15	9.99	69	900935	阳晨B股	6.81	6.65
24	600517	置信电气	14.15	13.44	70	600838	上海九百	6.77	3.70
25	002252	上海莱士	13.55	24.03	71	600833	第一医药	6.71	7.39
26	300326	凯利泰	13.43	12.48	72	600490	鹏欣资源	6.67	8.92
27	002565	上海绿新	13.31	10.53	73	002195	海隆软件	6.62	15.01
28	600420	现代制药	13.05	12.83	74	002568	百润股份	6.45	12.11
29	300336	新文化	13.01	10.57	75	603128	华贸物流	6.41	6.14
30	300262	巴安水务	12.78	9.53	76	600848	自仪股份	6.39	5.53
31	600196	复星医药	12.30	11.53	77	300067	安诺其	6.37	3.13
32	002454	松芝股份	11.89	7.71	78	600841	上柴股份	6.34	6.42
33	600688	上海石化	11.78	-9.56	79	600210	紫江企业	6.19	4.47
34	300171	东富龙	11.73	10.65	80	300126	锐奇股份	6.11	5.60
35	600623	双钱股份	11.72	11.71	81	600530	交大昂立	5.94	5.65
36	300272	开能环保	11.69	10.54	82	300226	上海钢联	5.83	9.75
37	300170	汉得信息	11.44	10.56	83	300330	华虹计通	5.64	7.53
38	002028	思源电气	11.43	9.02	84	600819	耀皮玻璃	5.52	2.75
39	002527	新时达	11.29	10.23	85	300129	泰胜风能	5.48	4.22
40	300168	万达信息	11.29	9.06	86	300061	康耐特	5.40	-0.22
41	600757	长江传媒	11.08	11.08	87	600019	宝钢股份	5.29	9.38
42	002269	美邦服饰	11.00	21.00	88	002278	神开股份	4.88	4.49
43	300245	天玑科技	11.00	9.28	89	600278	东方创业	4.68	5.96
44	300074	华平股份	10.71	8.97	90	600602	仪电电子	4.66	4.48
45	600843	上工申贝	10.69	6.03	91	300327	中颖电子	4.59	4.24
46	600628	新世界	10.43	10.60	92	600619	海立股份	4.40	6.25

(续表) (单位：%)

序号	代码	公司简称	净资产收益率		序号	代码	公司简称	净资产收益率	
			2013年	2012年				2013年	2012年
93	002184	海得控制	4.26	0.31	115	600601	方正科技	1.63	1.88
94	600636	三爱富	4.20	8.39	116	300222	科大智能	1.57	4.73
95	600645	中源协和	4.03	9.48	117	600679	金山开发	1.48	0.69
96	600151	航天机电	3.89	-24.47	118	600605	汇通能源	1.39	1.39
97	600614	鼎立股份	3.63	6.37	119	600680	上海普天	1.15	-5.93
98	600630	龙头股份	3.39	3.01	120	600061	中纺投资	1.07	0.86
99	600615	丰华股份	3.37	0.83	121	600320	振华重工	0.97	-7.34
100	002058	威尔泰	3.02	2.67	122	600618	氯碱化工	0.59	3.63
101	002162	斯米克	2.94	-33.30	123	900953	凯马B	0.53	0.75
102	002451	摩恩电气	2.67	1.13	124	002346	柘中建设	0.42	1.57
103	600818	中路股份	2.58	4.27	125	601519	大智慧	0.40	-9.18
104	600836	界龙实业	2.46	1.87	126	300059	东方财富	0.29	2.19
105	600826	兰生股份	2.43	2.40	127	600150	中国船舶	0.22	0.15
106	300008	上海佳豪	2.30	4.54	128	600608	上海科技	-0.87	507.91
107	002636	金安国纪	2.27	3.57	129	603003	龙宇燃油	-6.32	6.93
108	002328	新朋股份	2.21	1.57	130	600689	*ST三毛	-13.87	-13.08
109	600851	海欣股份	2.19	1.80	131	600072	*ST钢构	-14.82	-5.76
110	300153	科泰电源	2.18	1.45	132	600149	廊坊发展	-17.33	1.96
111	600171	上海贝岭	2.14	1.92	133	600844	丹化科技	-18.96	2.76
112	600822	上海物贸	1.87	-60.83	134	600610	S*ST中纺机	-32.99	-30.70
113	600629	棱光实业	1.81	1.28	135	002506	*ST超日		-150.74
114	600555	九龙山	1.68	-11.48					

上海工商类上市公司 2013 年度每股现金流量排序

（单位：元）

序号	代码	公司简称	每股经营现金净流量		序号	代码	公司简称	每股经营现金净流量	
			2013 年	2012 年				2013 年	2012 年
1	600612	老凤祥	2.91	1.43	47	600655	豫园商城	0.45	1.15
2	600822	上海物贸	2.61	-2.53	48	600196	复星医药	0.45	0.30
3	600827	友谊股份	2.23	0.97	49	002328	新朋股份	0.45	0.15
4	600104	上汽集团	1.87	1.78	50	300326	凯利泰	0.43	1.01
5	300017	网宿科技	1.76	1.20	51	002454	松芝股份	0.42	0.33
6	600835	上海机电	1.72	3.05	52	002527	新时达	0.42	0.62
7	300171	东富龙	1.63	1.67	53	600500	中化国际	0.41	0.46
8	600315	上海家化	1.53	1.86	54	300008	上海佳豪	0.40	-0.18
9	600633	浙报传媒	1.34	0.79	55	300153	科泰电源	0.40	-0.34
10	601231	环旭电子	1.31	-0.01	56	002195	海隆软件	0.40	0.56
11	603003	龙宇燃油	1.29	-2.72	57	300180	华峰超纤	0.37	0.81
12	900935	阳晨 B 股	1.28	1.41	58	601607	上海医药	0.36	0.43
13	600617	*ST 联华	1.27	-0.05	59	002568	百润股份	0.35	0.49
14	600597	光明乳业	1.07	1.01	60	002162	斯米克	0.34	0.13
15	002269	美邦服饰	0.98	2.84	61	600601	方正科技	0.33	-0.07
16	300286	安科瑞	0.93	0.67	62	300245	天玑科技	0.32	0.39
17	600836	界龙实业	0.92	0.41	63	600616	金枫酒业	0.32	0.22
18	002605	姚记扑克	0.91	1.39	64	600645	中源协和	0.32	0.22
19	002158	汉钟精机	0.88	0.72	65	600844	丹化科技	0.31	0.45
20	600628	新世界	0.78	0.84	66	300236	上海新阳	0.30	0.29
21	600636	三爱富	0.77	0.48	67	300225	金力泰	0.29	1.22
22	600623	双钱股份	0.76	1.07	68	002278	神开股份	0.29	0.31
23	002028	思源电气	0.74	0.31	69	300230	永利带业	0.27	0.35
24	600019	宝钢股份	0.73	1.30	70	600614	鼎立股份	0.26	-0.12
25	600081	东风科技	0.73	0.99	71	300061	康耐特	0.26	0.10
26	600210	紫江企业	0.73	0.78	72	300272	开能环保	0.25	0.28
27	600420	现代制药	0.72	0.67	73	600073	上海梅林	0.25	0.05
28	300059	东方财富	0.71	0.06	74	600819	耀皮玻璃	0.25	0.40
29	600278	东方创业	0.68	0.40	75	300170	汉得信息	0.24	0.27
30	600637	百视通	0.67	0.83	76	600850	华东电脑	0.23	-0.20
31	600656	博元投资	0.65	-0.07	77	600757	长江传媒	0.22	0.26
32	600619	海立股份	0.63	0.62	78	600320	振华重工	0.21	0.70
33	002636	金安国纪	0.63	0.67	79	300129	泰胜风能	0.20	0.21
34	002561	徐家汇	0.60	0.71	80	600841	上柴股份	0.19	0.45
35	002346	柘中建设	0.60	0.15	81	002486	嘉麟杰	0.19	0.39
36	600676	交运股份	0.60	0.67	82	002506	*ST 超日	0.18	-0.11
37	601727	上海电气	0.56	1.50	83	600824	益民集团	0.17	0.08
38	002565	上海绿新	0.53	0.58	84	600843	上工申贝	0.16	0.31
39	300039	上海凯宝	0.51	0.93	85	300327	中颖电子	0.15	0.13
40	002022	科华生物	0.51	0.43	86	600490	鹏欣资源	0.14	0.35
41	600688	上海石化	0.51	-0.22	87	600630	龙头股份	0.13	0.34
42	900953	凯马 B	0.50	0.37	88	300126	锐奇股份	0.12	0.32
43	600618	氯碱化工	0.50	0.56	89	600517	置信电气	0.11	0.46
44	600781	辅仁药业	0.49	0.69	90	002058	威尔泰	0.10	-0.02
45	300074	华平股份	0.49	-0.39	91	002178	延华智能	0.10	0.40
46	300253	卫宁软件	0.46	0.26	92	600151	航天机电	0.09	-0.46

（续表） （单位：元）

序号	代码	公司简称	每股经营现金净流量		序号	代码	公司简称	每股经营现金净流量	
			2013年	2012年				2013年	2012年
93	600848	自仪股份	0.07	0.02	115	601519	大智慧	-0.04	-0.18
94	600171	上海贝岭	0.06	0.08	116	600695	大江股份	-0.05	-0.16
95	600272	开开实业	0.06	0.10	117	600629	棱光实业	-0.06	0.31
96	002184	海得控制	0.06	0.19	118	600610	S*ST中纺机	-0.08	-0.08
97	300168	万达信息	0.05	0.25	119	600072	*ST钢构	-0.11	-0.29
98	600679	金山开发	0.04	-0.05	120	600061	中纺投资	-0.11	0.25
99	600818	中路股份	0.03	0.01	121	300067	安诺其	-0.16	0.08
100	002324	普利特	0.03	-0.24	122	002252	上海莱士	-0.18	0.54
101	600833	第一医药	0.03	0.25	123	600605	汇通能源	-0.19	0.63
102	600555	九龙山	0.03	-0.06	124	002401	中海科技	-0.22	0.20
103	300226	上海钢联	0.03	-0.25	125	300330	华虹计通	-0.38	-0.69
104	600838	上海九百	0.01	-0.12	126	002451	摩恩电气	-0.41	-0.33
105	600626	申达股份	0.01	0.20	127	600604	市北高新	-0.47	0.01
106	600615	丰华股份	0.00	-0.05	128	603128	华贸物流	-0.56	-0.43
107	002669	康达新材	0.00	0.00	129	600689	*ST三毛	-0.68	-0.28
108	600149	廊坊发展	-0.01	-0.04	130	600680	上海普天	-0.71	-0.38
109	600608	上海科技	-0.01	-0.05	131	300336	新文化	-0.73	-0.69
110	600654	飞乐股份	-0.01	0.06	132	600530	交大昂立	-0.78	0.06
111	300222	科大智能	-0.01	-0.07	133	300262	巴安水务	-1.00	-1.43
112	600602	仪电电子	-0.02	-0.07	134	600150	中国船舶	-1.88	-2.54
113	600851	海欣股份	-0.03	0.03	135	600094	大名城	-1.99	-0.73
114	600826	兰生股份	-0.03	0.01					

2014·上海工业年鉴

SHANGHAI INDUSTRIAL YEARBOOK

上海市经济团体联合会

上海市经济团体联合会（上海市工业经济联合会），成立于1991年3月。2008年9月，经市有关部门同意，上海市工业经济联合会同时使用“上海市经济团体联合会”的名称。上海市经团联（市工经联）是上海经济类行业协会、专业性协会、经济团体联合组织，以及相关的企业、经济研究单位、大专院校和经济界知名人士等自愿组成的联合性的非营利性的社会团体法人。现有会员单位348户。其中经济类行业协会、专业性协会会员182户，企业会员166户。行业协会会员基本涵盖了包括机械、电子、汽车、计算机、通信、电器、仪器仪表、化工、生物医药、轻工、纺织、服装、有色金属、建材等工业领域，以及金融、物流、商业医药、汽车销售、信息服务、贸易、会展等生产性服务业和现代服务业。企业会员主要由中央在沪企业，以及上海各行业中有影响的领军企业和在全国知名的民营企业组成。

2013年主要工作：

一、发挥桥梁纽带作用，为上海产业转型升级服务

1．成立评估课题组，对“十二五”工业发展规划执行情况进行中期评估，总结《上海市工业发展“十二五”规划》两年半（2011年1月－2013年6月）执行情况。报告由市经信委向上海市人大作汇报。

2．完成2012年度行业经济运行动态分析、2013年上半年行业经济运行动态分析等两次行业经济运行动态分析，并向政府有关部门和企业报告、发布。

3．受市经信工作党委委托，市工经联党委、市经团联成立课题组，对《社会组织承接政府职能及其党建工作研究》进行专项调研，提出加强社会组织自身能力建设和党建工作，促使社会组织更好地承接政府职能的建议。

4．开展行业统计工作。组织30家工业行业协会，上报170个产品的产销存情况，汇总的企业数达到1300户。

5．全年共申报现代管理创新成果206项，共有181项成果被审定为“2013年上海市企业管理现代化创新成果”。其中，一等奖15项，二等奖74项，三等奖92项。

6．与中国电信上海公司签订协议，为该企业提供企业管理咨询和培训服务，取得良好效果，受到企业领导好评。

二、以行业协会规范化建设评估为载体，促进行业协会发展

1．根据市社团局授权，组织各方专家组成第三方评估专家组，进行行业协会规范化建设评估。初评出5A级行业协会4家，4A级行业协会11家，3A级行业协会7家，共22家行业协会。

2．市经团联作为秘书长单位主持行业质量促进会工作。年内，组织召开2次全体会议，3次行业专题座谈会（质量强业、战略性新兴产业、现代服务业），1次新成员专题座谈会。促进会吸纳2批新成员，现有成员数已达36户。

3．在部分行业倡导建立新闻发言人制度。3月，召开行业协会新闻发言人培训班，共有35家协会派代表参加。年内又新增4家提交本行业质量安全突发事件应急预案。

4．在市质监局领导下，按照《质量监督检验检疫统计管理办法》等有关法律法规及《产品质量合格率统计调查实施方案》，组织有关行业协会对部分行业产品质量合格率进行统计调查工作。调查范围包括药品和专用设备制造两大产业。市医药行业协会、缝制机械行业协会等10家行业协会参与这项工作。市经团联组织采集药品样本21个，专用设备制造业样本30个，样本已送市质监局。

5．组织市汽车行业协会、市汽车销售行业协会、市汽车维修行业协会等参与《上海市家用汽车产品三包责任争议质量鉴定管理办法》讨论制定工作，为《办法》的最终出台出谋划策。

6．通过不断实践和积极探索，初步形成机制化、体系化、立体化的推进方式，已有35家行业协会建立诚信建设办公室，95家行业协会修订行规行约，得到市社团局等有关部门的高度肯定。

7．推荐市交通电子行业协会、电器行业协会、市电磁辐射协会、眼镜行业协会、服装鞋帽行业协会、新材料协会共6家行业协会作为上海市技术联盟标准（行业联盟标准）试点单位，增强行业协会的话语权。

8．组织行业协会对307份申报材料中大部分著名商标申请材料进行审阅，并由行业协会出具《意见征询函》反馈至市工商局商标处。此外，还组织部分行业协会对上海名牌的申报材料进行审阅和出具推荐意见。

三、推进社会责任建设工作，促进企业履行社会责任

1．5月16日，举办“2013年上海企业社会责任报告发布会”，有60户企业和2家行业协会发布社会责任报告（其中7户企业作了口头发布）。300多户企业的领导和代表参加本届发布会。

2．市经团联举办7期企业社会责任培训班，帮助企业全面了解《企业社会责任指南》（1.0版）标准的相关内容，掌握企业社会责任报告编写的基本要求，得到有关行业协会的支持和广大企业的响应，超过350位代表参加培训。

3．受市社团局委托开展“推进社会组织枢纽式管理功能建设——行业社会责任建设促进项目”。组织多次座谈会和专题调研，组织编制《行业协会分布行业社会责任报告指南》，并选择食品和医药协会编制年度行业社会责任报告。

4．组织餐饮企业社会责任专题培训班，对申报企业进行报告撰写辅导和评价，为该企业申报上海名牌参考意见。

四、立足会员需求，拓展服务功能

1．搭建交流平台，推进区域合作。组织31家行业协会负责人参加金山区2013年工作对接会会议；组织20家行业协会秘书长参加河北邯郸冀南地区推进与长三角地区行业企业的战略合作交流会；组织22家行业协会参加宜昌市经济开发区上海行业协会对接活动；组织市轻工业协会等44家协会秘书长参加市经团联与上汽集团联合举行的上海行业协会与上汽集团合作交流暨一般物资采购供应链对接活动；组织船舶、家电等15家行业协会秘书长与湖州市行业协会交流对接活动；组织相关协会参与上海市汽车质量“三包”规定制定的前期调研和研讨，并提供意见建议，得到相关部门重视。

2．举办高层次论坛和报告会。组织举办“中国（上海）自由贸易试验区”报告会，“发挥工业化主导作用”报告会、“双月座谈会”、“纪念建党92周年暨学习贯彻党的十八大精神报告会”、“学习航天人精神”专题报告会、“浦江经济论坛——行业协会能力建设”交流会。搭建企业家与市政府领导就经济社会发展中的热点及难点问题进行直接交流、沟通和讨论的平台。

3．与青年报共同主办“杰出青商”评选，搭建展示上海青商的舞台，推出、表彰和宣传在上海经济建设事业中作出突出业绩和重大贡献的具有时代特征的优秀青年创业代表。本届有10位企业家当选“上海首届杰出青商”，另有20位企业家当选“上海首届新锐青商”。

4．组织会员单位与国外（境外）民间团体、社会组织和企业的学术、商务、贸易、会展等方面的合作和交流，举办中德环保技术商贸交流会。定期组织兄弟省市之间行业协会互访，搭建合作交流平台，为产业经济的发展服务。参加长三角工经联联席会议。举办京沪渝直辖市工经联联席会议。

五、推行行业节能减排，倡导节能减排（JJ）小组活动

1．组织行业协会和企业召开节能减排（JJ）小组活动单位座谈会、经验交流会等。邀请专家对JJ小组活动进行总结和点评，并提出建议。按市发改委的要求，申请办理并取得市工经联上海市政府采购资质，为JJ小组活动的可持续运行提供保障。

2．走访部分协会和企业，了解行业、企业的节能减排现状，发掘节能减排项目，帮助企业组建JJ小组并开展JJ小组活动。通过走访调研，了解和发现JJ小组活动中存在的缺陷，提出改进措施，确保JJ小组活动的顺利开展。

3．组织节能减排（JJ）小组活动培训，提高运用JJ小组活动独创的QUEST模式组织攻关。年内共计培训800余人，凡经考核合格，予以颁发证书。

4．与市有色金属行业协会合作，编辑出版《节能减排（JJ）小组活动有色金属行业篇》。年初，发行《节能减排（JJ）小组活动交通运输篇》，组织汇编出版《上海市节能减排（JJ）小组活动案例集（四）》。

六、贯彻落实十八大和十八届三中全会精神，推进行业协会党建工作

1．加强党员干部的思想政治教育，认真开展党的群众路线教育实践活动，深入进行思想发动。通过召开专题座谈会、开展问卷调查、设置征求意见箱等形式，广泛征求意见查找“四风”在市工经联党委具体工作中的表现，努力认真抓好领导班子整改方案，坚持边学、边查、边整改，厉行节约办事，加强建章立制。

2．努力提高党支部书记和党员队伍整体素质。从加强“3会1课”制度入手，举办1期党支部书记培训班，共有81名支部书记参加学习。邀请市经信工作党委组织处处长作新形势下行业协会党支部书记能力素质建设的培训辅导。

3．推进完善协会党组织建设长效机制，建设学习型党组织，建设服务型党组织，调研探索创新党建工作新途径，完善党务公开工作，深化创先争优长效机制建设。

4．市工经联党委制定《工经联党委关于加强行业协会作风建设的若干意见》。坚持开展反腐倡廉教育和从政道德教育，积极组织开展“讲党性、重品行、抓落实、促发展”为主题的作风建设教育活动。

（夏　雨）

上海市创业投资行业协会

上海市创业投资行业协会成立于2000年11月17日，是由从事创业投资、投资管理、咨询和中介服务企业、金融证券机构、律师和会计事务所以及其他相关单位自愿组成的行业性非营利社会团体组织。现有团体会员超过200户。

2013年主要工作：

一、从会员需求出发，开展各项活动，为发展创投搭建合作交流平台

1. 项目对接活动。全年共举办各类项目投融资对接会20场，参加对接会的创投机构和科技型中小企业代表超过1500人次。与市经信委中小企业服务办公室、市政协科技成果转化促进会、漕河泾开发区、张江高新区以及闵行区、奉贤区科委等合作，为会员提供的路演和参与项目超过500个，比上年有较大幅度的提高。与此同时，注重项目筛选和预演，确保了投融资对接会质量和效果。

2. 会员沙龙活动。举办13场会员沙龙，出席代表共600多人次。沙龙活动坚持从实际需求出发，围绕行业热点组织实施，先后举办上海自贸试验区、创投项目联动、PE二级市场、并购重组论坛、香港科技园推介会，以及“新三板”上市等沙龙和讲座。

3. 组织政策培训。在市发改委、市科委、市经信委和市税务局的大力支持下，下半年，组织会员单位政策培训，参加培训50多人，由市税务局讲解创业投资相关税收政策，市发改委讲解创投企业备案登记及市创投引导基金相关政策，科委讲解创业投资风险救助、创投联动、科技部引导基金政策和科技金融相关政策等，受到会员单位普遍欢迎。

4. 拓展退出渠道。由于IPO暂停且海外上市受阻，投资项目的退出遇到困难。协会了解到一批上市公司需要收购VC投资的优质项目，即为其与创投机构专门举办1次项目并购退出信息沙龙。共有10多个上市公司提出有关信息、生物医药等领域并购需求36项，12家创投机构提供52个并购项目参与交流。这次并购沙龙为会员单位实现项目退出开辟了新渠道，也为创投机构与上市公司合作共赢创造了有利条件。

5. 合作交流活动。与上海科技开发交流中心共同组织部分会员单位赴贵州安顺市进行项目考察和对接活动，参加单位超过20户。与安顺市科技局及有关创业企业建立较好的合作交流关系，为进一步合作打下基础，也为跨省市合作交流和项目洽谈积累了经验。9月下旬，应台湾创业投资商业同业公会邀请，组织部分会员单位赴台湾学习考察。期间，参观了2013年台湾创业投资博览会，考察台湾勤业众信联合会计师事务所和台湾国泰综合证券公司，并听取大陆企业赴台投资情况及台湾资本市场现状及趋势介绍，双方还就如何开展两岸资本市场合作等进行了广泛交流。

二、做好政府委托工作，发挥协会桥梁作用

1. 创投联动项目。市科委推出创投联动项目，提出由创投机构推荐被投资科技企业承担政府科研项目，支持创投和创新创业相结合。协会积极配合市科委开展工作，组织专场信息沙龙，请科委处室负责人进行讲解。在协会大力推动下，共有70家创投机构推荐90个科研项目，经专业评审，其中49个项目得到政府科研资金资助，总金额达3200万元，平均每个项目获得近70万资助，极大地鼓舞了投资于早期科技项目的创投公司。

2. 创投行业统计。参加行业统计的单位有所增加，为数据的准确性、权威性创造条件，数据反映2012年本市创投机构361家，实际管理资产达581.32亿元。

3. 创投备案企业年检。为发改委备案的创投公司年检做好前道服务工作，对企业报送的年检报告进行预审，发现问题及时返还修改。全年共有84户企业通过年检，便可享受政府各项政策优惠。

4. 创业投资风险救助。继续配合市科委做好创业投资风险救助工作。年内，又有2户符合申报条件的创投公司提出5个项目，共涉及政府补助资金378万元。

5. 职称评定材料申报。受理66人申报工程师职称的材料，并负责对申报材料进行核对和送审。经过专业委员会评审，其中60人获得生物医药和电子信息类工程师职称。

三、加强协会规范化建设，提高服务能力和社会影响力

1. 借助外力，构建工作网络。注重项目资源开拓，与各区县科委、高科技园区联系，主动争取与对方共同开展项目对接活动，对有意向的单位上门走访调研。还与电视台第一财经频道建立合作关系，栏目专题介绍创新创业和创业投资，从6月1日起开播，每2周播出1档，并3次重播。

2. 依托政府，拓宽信息渠道。在市发改委、市科委、市经信委大力支持下，从行业管理、创业创新服务、中小企业信息等方面获得大量政策信息和接受业务指导，帮助会员单位加强与政府部门的信息沟通，积极反映会员单位需求，为解决实际问题创造条件。

3. 总结提炼，编写工作规范。在项目对接、会员沙龙、行业统计和组织大型活动等常规工作方面进行总结提炼，年内共编写10项工作规范，并按工作内容、工作流程和工作标准逐一列明，力求各项工作做到分工明确、流程清晰、责任到位，又可保证工作得连续性。

4．发展会员，壮大协会力量。新入会会员达40户，协会对会员单位进行滚动式管理，每年初都调整、劝退一批经营方向变更、人员调整、长期不参加活动的的会员单位。协会的社会影响力和凝聚力伴随着行业发展正不断提升。

（陆家庆）

上海市工业合作协会

上海市工业合作协会（以下简称“上海工合”）成立于1983年11月，是中国工业合作协会的地方组织，协会形成组织健全及关系紧密的市、区二级协会体系，拥有二级工合协会团体会员单位600余户。

2013年主要工作：

一、抓协会队伍建设

1月31日，市工合成立高新技术产业分会，提升了会员企业结构层次。目前成员已涉及生物医药、电子信息、现代物流、精密制造、通讯技术、新材料应用等多个先进技术领域。这批新会员企业加入为市工合大家庭增添新鲜血液，也为工合事业带来新的活力。

二、抓服务会员企业

一是组织会员企业及时参加每年华东出口商品交易会，通过参展为企业亮品牌、树形象、上等级提供市场平台，以利企业及时了解市场信息，进一步调整产品和技术，增强企业竞争力。二是组织会员企业参观中国（上海）国际技术进出口交易会首届博览会，先后有200多户企业通过参观动态了解当前国内外先进技术的发展方向和应用水平，为会员企业购买或输出先进技术提供直观窗口，结识更多合作伙伴，为企业转型创新创造机会。三是开展企业金融知识讲解，尤其是对新股权交易置换和新三板等金融产品的现实应用牵线搭桥，帮助中小企业寻找更方便快捷和性价比更高的金融服务产品。四是开展政策培训。在浦东新市民中心举办国际技术进出口交易专题讲座；在宝山工合举办上海自贸区先试先行政策介绍专题研讨；还举办中小企业政策扶持培训，请市中小企业服务中心作现场演讲，为会员企业及时掌握政府扶持政策重点和动向提供指导和渠道。五是组建工合电子商务平台公司，拟从货物、技术和服务方面为会员企业提供对接市场的平台，及时赶上互联网和移动互联网经济新时代步伐。

三、抓社团组织联盟

继上年组团参加中国工合在铜陵举办的“企业合作交流会”之后，主动组团多次考察江苏海门港开发区，并与之签订战略合作协议，帮助上海企业实现战略转型，探索将总部和研发中心、市场开发放在上海，生产基地延伸到周边地区，以在上海土地资源稀缺、价格走高后为会员企业未来发展架桥铺路。下半年，市工合又组团赴吉林延边工合考察市场及货源基地，与延边工合结成合作关系。延边自然资源和生态环境为上海企业发展带来新的思路和机会。此外，还应澳华悉尼商会邀请组织会员企业和宝山、松江工合考察澳洲投资环境，与澳华悉尼商会建立友好合作关系。社团联盟越来越成为新时期经济发展的重要载体和桥梁通道。

四、抓市、区协调发展

根据各区工合历史发展和原有基础不同，市工合继续积极树立好青浦工合、闵行工合两面红旗，同时根据发展需要，鼓励杨浦工合树立新样板，为市区工合发展提供新的模式。此外，尽最大可能支持和关心各区工合探索新业务项目、新运行模式、新合作方式。如青浦工合“外树形象，内抓管理”，继抓好8件实事项目，在增强招商功能上又创造了工合自身独立运作的新招商平台，并且在职业教育和幼儿教育上取得初步成果。目前，青浦工合已获得5A级社团光荣称号，为全市工合排头兵。闵行工合继续一手抓经济，一手抓党建，以服务求发展，以招商增实力，在经济形势相当严峻情况下仍然取得明显成绩。闵行工合党总支还被评为区五好“两新”党组织。杨浦工合以特色服务和高质量的协会活动著称，其开展的海澜之家江阴总部考察比往年活动更精彩。杨浦工合还与南非华商会和市侨商会杨浦分会结为友好协会，创新了协会建设新模式，通过资源共享、优势互补、扩大交流、加强合作，达到促进发展、互动双赢的目标，极大增强了协会凝聚力。金山工合克服地域经济局限性，积极与浙江海宁经济开发区合作招商。宝山工合创新工作思路，积极筹建宝山工合慈善基金会以支持协会事业可持续发展。松江工合继支持大学生创业活动，又蕴酿新工作思路，积极引进和吸收大批新产业会员加盟，进一步拓展活动空间。浦东工合在换届后也努力发展新会员，帮助种业公司提升档次，支持核心企业增强实力，探索新发展模式，取得明显进步。

为进一步明确工合发展方向，市工合会同各区工合及时总结表彰一批先进工合协会、优秀工合工作者和先进企业、优秀企业经营者，树立青浦、闵行和杨浦3个样板，提炼出郊区和市区两种工合发展模式，并召开协会工作研讨会，通过交流和研讨，增强全市工合协会凝聚力和战斗力。还适时举办各类形势报告、专题培训、内部交流研讨会等活动，提升社会影响力，开阔会员视野，解放思想，激发工合组织活力。

（俞炜红）

上海漕河泾新兴技术开发区企业协会

上海漕河泾新兴技术开发区企业协会成立于1998年9月，是由上海市漕河泾新兴技术开发区发展总公司等企业发起，漕河泾开发区内各企事业单位自愿组织起来的社会团体。会员单位410户，下设集成电路、通讯、金融、软件和现代服务业、人力资源专业委员会等。

2013年主要工作：

一、以专委会为抓手，促进行业、企业交流发展

以专业委员会为抓手，扎实开展工作，稳步推进做到全面覆盖，形成“政策信息上传下达”、“企业横向交流”、“多行业融合发展”的工作特色。根据政策导向，聚焦社会发展热点，结合园区与企业实际情况，凝聚各方力量，组织开展主题活动，发挥协会应有作用。适时走访各专委会主任单位听取建议，调整落实主任单位，夯实专委会伍建设，并根据企业经营发展需要与行业发展动态，联系实际有计划、有针对性地组织开展各类专题研讨会和讲座。9个专委员会分别举办“性能测试与调优指导”研讨会、“大数据时代金融产业创新发展”恳谈会、“支持实体经济、促进区域发展”专题等各类研讨会、讲座、恳谈会、考察等累计30次，园区企业共参与500多次。

二、整合多方资源，搭建服务平台，为企业排忧解难

会同开发区总公司，搭建区、企服务平台，为企业发展营造良好综合性服务环境，努力使协会成为“企业之家”，切实帮助企业解决经营发展的核心问题，为企业排忧解难，继续在帮助企业增资、融资、扩建选址、人才引进、人才落户、协助政策落地、协助政府帮助解决劳资纠纷、设备通关、商检质检、工商年检、政务咨询服务等诸方面遇到的矛盾与困难做了许多工作。如通开发区总公司建设部协助企业解决夏季用电高峰的保障措施；通过建设部、土地部和园艺公司联合协助解决企业仓库租用所遇到的困难；通过招商中心共同组织企业家到漕河泾浦江、松江、海宁分区与盐城分区招商对接，帮助企业扩展选址考察；通过创业中心开展大张江基金申报；通过园区管理中心、总公司企业服务部、物业管理公司，共同参与对开发区餐饮管理和改善开发区服务环境的调研；通过松江园区分会联合，开展再生电脑公益工作。帮助鸿元集团高层人员的落户、泰科电子的海关等事宜。

整合开发区内会员单位和企业的仪器设备，深入开展仪器共享服务平台工作。服务平台从2009年最初4户成员单位105台设备，发展至今为22户成员单位407台设备，累计为园区企业提供近万次仪器检验与检测服务，服务金额累计过亿元，取得较好效果。平台建设得到广大企业欢迎与热烈响应，不仅满足了企业需求，还互通有无、互惠互利，充分体现了节能环保精神。平台还得到政府相关部门与漕河泾开发区总公司的资金支持，5年来，该平台累计得到350万元扶持资金，其中大张江扶持资金50万元，开发区总公司300万元。

三、立足园区，依托企业，发挥协会自身优势，积极组织开展企业文体活动，推进“人文开发区”、“和谐开发区”建设，营造园区和谐文化氛围

1．创新特色活动，凝聚人心真情。增强“相约漕河泾”交友平台功能，融合社会资源，继续办好“相约漕河泾”青年联谊活动。在“周有情感热线”、“月有派对活动”、“季有旅游专场”的基础上，进一步拓展思路，举办了“真人CS”、“峡谷漂流”等深受广大青年喜爱的活动；整合区内外资源，将区外青年请进来，带区内青年走出去，创造交友的机会。如与上海申报开展交友专题活动；与徐汇区文化局开展的“文化in徐汇”系列文化活动融合聚集，为开发区单身男女青年创造相识、相知、相爱机遇和缤纷多彩、新意叠现的文化活动。至今开办27期“相约漕河泾”青年联谊活动，累计有200多户企业近4000多名员工报名参与，促成60多对青年喜结良缘，深受青年员工青睐，受到区内企业领导大力支持和称赞。

2．品牌活动彰显优势，和谐环境留企留人。大力开展职工体育活动，极大丰富广大员工的业余文化生活，逐渐形成“瞩目漕河泾”创新文化节这一园区体育活动品牌。与市、区体育局合作，努力使园区赛事走出漕河泾，参与到市区级赛事活动中去，扩大园区影响，提升职工竞技水平。年内“瞩目漕河泾”创新文化节系列活动更是得到SGS通标公司冠名，组织开展篮球、羽毛球、乒乓球、趣味体育、长跑、飞镖和棋牌比赛等8项赛事，园区共有400多户企业约1万多名员工参加。同时，被列为徐汇区社会体育指导站，也是全市唯一以服务区域白领为特色的指导站。协会还联合市侨联及上海音乐学院等专业机构继上年举办“玫瑰与蝴蝶”专场音乐会后，举办“梦圆中国”侨界名人名家漕河泾开发区专场音乐会，开发区内共有2000多名中外企业家和员工代表出席参加。

3．聚焦公益文化，践行志愿精神。深入推进再生电脑公益行在园区的开展，以漕河泾开发区发展总公司、捷普科技、文思创新等百户爱心企业、单位累计捐赠废旧电器1965台（其中电脑主机920台，显示器928台，笔记本电脑117台），并设立物业公司、创业中心、浦江园区、松江园区等7个收赠工作站。另与徐汇区卫生局以及虹梅街道共同组织承办12·5“真情无界爱心无限”无偿献血日活动，活动得到思科、21所等区内中外企业单位支持，共有80多位志愿者参与献血。还搭建公益服务平台，推出区内企业的正能量，对接市区资源，开展虹梅微课堂、上海市5·12关爱农民工孩子公益活动等。

四、夯实基础强建制，完善自身显成效

1．完善理事会机构，按照社团局规定和协会章程对领导机构人员进行适时调整，如期完成换届材料准备。

2．积极发展会员，推进专委会工作，加强分会管理。发展新会员27户，目前已有410户会员，其中20多户为世界五百强企业。协会根据开发区二、三产业融合发展和产业集群化发展的特点，下设9个专委会，并根据园区总体发展要求，年底已组建创新创业分会，还协助成立漕河泾盐城分区企业协会，海宁分区分会也在酝酿筹备之中。

3．切实加强协会信息化工作。利用协会、漕河泾开发区门户网和《今日漕河泾》报，及时报道协会活动，还经常浏览收集会员单位网址，了解会员动态，将会员企业新闻等内容摘要在开发区网上转载，促进区内企业交流。协助做好《今日漕河泾》报的发放工作，每期发放数量达8000份以上，发放范围涉及国外姐妹园区、中央政府部门、市区政府部门、各兄弟开发区、区内所有企业。

4．财务工作不断加强。严格遵守市社团局与开发区总公司财务制度，健全日常财务管理制度。认真做好年初预算与日常现金管理工作，根据工作开展与项目实施做好财务监管，保证完成年初预算目标。同时，加强对浦江与松江分会财务指导和联系；加强会员会费收缴工作。

（杨　伟）

上海市股份合作制企业协会

上海市股份合作制企业协会成立于2008年1月18日，是以股份合作制企业为主自愿组成的跨行业、非营利性的社会团体法人。现有会员单位60多户。

2013年主要工作：

一、学习、交流、研讨并举，搭建互动平台

1．通过学习，提升掌握政策的正确度。由于我会特殊性，平时接待来访企业和个人的服务量很大，协会为化解社会矛盾保社会一方平安、和谐作出艰辛努力，365天满负荷运转，包括工作时间以外；又由于股份合作制企业机制在成立之初就存有严重的“先天不足和畸形”，造成每户企业或多或少存有这样和那样的问题和不完善，这也要求从事这项工作的人员要自我加压不断学习，服务工作要适时不断调整和不断拓展，为此，服务工作重点调整落实到政策学习上，协会工作者与会员单位领导共同学习共同提高，当经营者和法人的认识能提升到一定高度，并能按照法律法规企业章程办事、操作时，经营者与职工股东就会将立足点设置在共同期望的基础上，劲往一处使，很多问题就迎刃而解，取得事半功倍的效果。

2．通过交流，提高企业改革的成功率。股份合作制企业中大多数企业在行政上是没有主管上级的企业，形成在组织层面上已多年没有系统的组织学习政策和时事，对外交流少、不学习、不考核是常态，发生问题和冲突时找政府部门，各部门也想方设法往外推是常事。而当企业发生问题和冲突时，协会工作不能老是被动的被牵着“去救火”，要加强注重平时学习交流和指导，帮助企业在风平浪静时学会做预案、做企业管理中的完善工作，努力把事件和矛盾冲突消灭在萌芽期。搭建平台，将好的成功经验进行交流互帮互学，注重对成功进行改革企业的培育和支持，形成解决共性问题的模块，再结合各企业存在问题和解决问题条件、能力，帮助企业推动和进行深化改革；在成功案例借鉴和鼓舞下，会员单位中企业改革的进展和力度得到明显加快和提高，也为协会继续做好企业后续服务指明了更明确方向。

3．举办研讨，化解改革中的疑难杂症。“股权结构变更”一直是困扰股份合作制企业深化改革中最大难题之一，协会邀请市发改委综合改革处、市促进中小企业发展协调办公室联合举办股份合作制企业在深化改革中关于“股权结构变更相关政策”专题研讨会，市发改委综合改革处、市促进中小企业发展协调办公室、市高级人民法院、市工商局企业注册处都派员出席研讨，企业等各方领导30余人出席会议。会议对历史股权进行清理和登记的操作方法以及企业所遇到的问题进行专一分析讨论，并对政策口径进行再解释，提出一些建设性的意见，还建议协会针对股份合作制企业中带有共性的、反映比较大的问题及时进行调研，总结一些行之有效的办法，提出规范性意见，“以主流声音”指导面上企业深化改革。

除此之外，协会还多次参与企业的改革启动宣传动员和企业改革小组的专题咨询、讨论，帮助律师一起做股东的政策解读操作程序沟通解释工作，为企业深化改革工作推进奠定基础。

二、学习、交流、服务并举，提供改革平台

1．学习交流。协会组织大型学习交流活动7次，小型研讨等活动近20次，为企业上门做咨询解释服务高达60余次，接待来信来访、咨询服务330余次，沟通协调化解大的冲突和矛盾20余起，为企业牵线搭桥寻求解决问题的途径10余次，发展新会员单位6户。

2．取长补短。为了更好地服务企业，组织企业出席东盟博览会、北欧4国中小企业考察，受台湾高雄市中小企业协会邀请组织优秀企业家对台湾中小企业进行考察和学习交流活动，帮助企业能不断地学习先进地区和国家的经验，取他人之长补己之短。

3．互学互进。采用请进来走出去的方法，除了请专家、顾问和相关部门领导讲形势讲案例、学法律政策外，还组织去了本市奉贤申亚、宝山罗店和外省市连云港、福建福鼎、北京天津等地，就小企业间共性问题进行学习交流和探讨。

三、夯实工作、初见成效

至年末，协会参与、指导、帮助、协调、沟通后顺利完成改制的本市股份合作制企业有：上海灯具厂有限公司、上海东方眼镜有限公司、上海鹏远公交出租汽车有限公司、上海相见诚快餐责任有限公司、上海群众木业有限公司、上海长亚服务有限公司、上海梦泰实业股份有限公司、上海造币有限公司申泉工贸总公司、上海四通仪表有限公司、上海长宁区竟新塑料制品有限公司、上海沪船新事业发展总公司、上海海杰汽车配件有限公司、上海跃华投资管理有限公司、上海汇德利文化用品有限公司、上海工业防护用品有限公司、上海宝山货物运输配载有限公司、上海弹簧垫圈厂有限公司等；正在进行深化改革或选择继续完善股份合作制企业的企业有：上海北万新餐饮合作公司、大众汽车徐汇区维修站、上海羽毛球厂、上海沪光制衣厂、上海针织漂染二厂、上海环欣饮食服务合作公司、上海华东木器厂、上海标本模型厂、上海宝通外贸储运合作公司、上海宽紧带厂、上海新兴锁厂、上海开通商社、上海工艺美术合作公司、上海新成电脑印刷公司、上海向中服饰公司、上海焦化化工发展商社、上海长征灯具厂、上海标本模型厂、上海向中服饰公司、上海联丰五金交电综合商店、上海长江企业发展合作公司等。

四、其他工作

2012年7月，市工商局、市发改委《关于规范本市股份合作制企业改革》中企业注册登记的意见颁布，协会全程参与了试点、研讨、制定和修拟。还编辑出版《上海股份合作制企业深化改革政策汇编》，作为指导股份合作制企业深化改革的规范性文件，并定期出版每月1期的《上海股份合作》会刊，深受股份合作制企业和会员单位欢迎。

（朱桂芬）

上海市企业法律顾问协会

上海市企业法律顾问协会现有个人会员1544人，团体会员96户。在市经信委和国资委的关心领导下，协会紧密围绕为会员和社会提供一流服务的根本宗旨，锐意进取，对内不断强化各项基础工作建设，对外积极开拓市场化服务新渠道，取得了新的成绩。

2013年主要工作：

一、继续教育常抓常新

在做好企业法律顾问年度注册备案工作同时，坚持把继续教育培训放在各项工作首位，全年共举办4次大型辅导讲座和13次小规模研讨会。4次大型讲座为，3月28日在云峰剧院，请著名劳动法专家唐毅律师解读《关于审理劳动争议案件适用法律若干问题的解释（四）》；6月6日，在云峰剧院，请二中院执行二庭副庭长、上海法官培训中心教师孙咏法官作《企业如何妥善处理执行程序中的疑难问题》大型培训讲座；8月30日，在上海图书馆报告厅，请上海仲裁委员会副主任兼秘书长方雄作《运用仲裁规则维护合法权益》辅导讲座；11月29日，在上海图书馆报告厅，请上海虹桥正瀚律师事务所主任，“可视化工作法”首创人倪伟律师和他团队的王正等律师作《赢得民商事诉讼的方法与实践》演讲。13次研讨会为，4月23日举办《劳务派遣合同中的常见法律问题》和《反不正当竞争与企业市场维护》2场研讨会；5月10日，与上海法学家企业家联谊会联合举办《修改后的民事诉讼法的理解与执行》研讨讲座，特邀原最高人民法院副院长李国光主讲；6月14日，会同法学家企业家联谊会与上海社会科学院联合举办“上海企业论坛”，邀请有关专家、政府官员就新修改的《劳动合同法》的主要内容、背景以及贯彻实施中的疑点、难点，结合实际案例作专题研讨；7月25日，举办《公司治理与公司资本运作适用法律操作实务》和《企业所得税纳税合规与税收筹划实务》2场研讨会；9月26日，举办《当前网络交易中诚信问题的法律探讨》和《新刑事诉讼法亮点解读》2场研讨会；10月24日，举办《如何运用法律手段使无法收回的应收款坏帐复活》和《中小企业财税政策解读》2场研讨会；11月7日，与上海法学家企业家联谊会联合举办《企业如何预防和化解经营风险》专题讲座，特邀协会副会长、原上海市高级人民法院副院长傅长禄主讲。12月20日，举办《企业法律顾问在应对企业突发事件中的作用》和《建设工程施工合同示范文本评析与应用》2场研讨会。

二、理事沙龙形成制度

坚持建立并推行每季度1次的理事专题“沙龙”活动。3月26日，于上海东方绿舟度假村举行“企业法律顾问如何申报高级经济师职称”专题研讨，特邀市工商系统经济系列高级职称审定委员会评委黄建辉结合本人2年来参与评审经验，就高级经济师评审流程及申报过程中需要注意的问题进行详细解读。活动结束后还组织大家游览东方绿洲部分景区。6月28日，在大众汽车制造公司举办2季度理事沙龙活动，邀请市总工会法务部副部长黄琦到会就依法治企中的法律问题作演讲。会后，与会理事参观了上海大众汽车有限公司的汽车生产流水线。9月27日，于浦东新区汇亚大厦汤森路透法律信息集团举办“上海建立自由贸易区给企业带来的机遇与挑战”专题研讨，邀请协会副会长、上海银行原副行长王世豪主讲并就自贸区有关政策进行答疑。12月3-4日，4季度理事沙龙活动与二届五次理事会议合并举行，组织理事赴奉贤小木屋会务中心共同商讨审议换届改选实施方案，并安排了参观游览活动。

三、窗口服务推陈出新

网站、会刊和电子业务学习资料是协会3个重要对外窗口。为更好地实现网站信息指导性、广泛性、及时性，协会建立有效网站管理制度，经实践磨合，基本做到动态实时发布，法律信息日日更新，会员所求及时回应。双月会刊全年共计出版6期，内容题材和表现形式更为丰富多样，排版更为新颖美观，兼具可读性和可看性。电子业务学习资料全年出版6期，依托专业法律信息团队和现代化电子推送技术，涉及法律法规涵盖面更广，内容更具针对性和指导性，开阔了会员法务视野，促进会员知识更新，启迪会员工作思路。

四、购买服务有序推进

上半年，与上海市信息法律协会合作，承接市经信委关于《政府机关合同管理》调研项目。8月，与国药控股集团公司联手，完成被市经信委立项的《企业合规管理体系建设刍议》课题评审，获专家论证会较高评价；同月，向市经信委规划室申请《上海钢铁行业应对欧美反倾销、反补贴的对策研究》课题研究，被批准立项。还积极承接外包服务。6月10日，签约承担市经信委委托的2013年度“12345”市民服务热线知识库信息更新、维护管理工作，为期1年，收取服务费5万元。10月，接受市经信委委托，协助完成“12345”市民服务热线知识库信息汇编册相关编辑整理工作，正在进行。

五、为中小企业服务积极主动

积极围绕市促进中小企业发展办公室提出的“关注小微企业，发展专、精、特、新”专题，开展系列服务活动，3月起，每月向市中小企业发展服务中心上报主题活动安排，至7月，计有4次5项法律类项目活动被刊登于《解放日报》“专、精、特、新”服务活动专版，不少中小企业法务人员见报后纷纷来电报名参加当月活动。5月27日，市经信委发文，明确协会为“2013年上海市中小企业服务机构”。7月，与市中小企业发展服务中心签订合作协议，在“上海市中小企业服务互动平台”网站上陆续发布一系列关于协会活动的动态信息，得到不少中小企业的响应。协会为本市中小企业所作法律服务，被市经信委批准列入“2013年第二批上海市中小企业发展专项资金拟支持项目”。

六、市场化培训喜获硕果

发挥自身优势，积极开展市场化培训，取得较好的经济与社会效益。5月4-6日，协会作为全国合同管理师课程发展中心指定的上海教学基地，举办“2013年上半年《CETTIC合同管理师》考试培训班”；5月25日，成功组织“2013年上半年全国《CETTIC合同管理师》（上海地区）考试”，来自本市中小企业149位学员参加培训和考试，合格率为90%以上，赢利6万多元。6月23-25日，在台儿庄举办《新劳动立法政策精析与实务指南》培训，27人参加，赢利7000多元。8月，举办《企业法律顾问执业资格考试基础强化班》，从北京专程请来资深教师进行辅导，共246人次参加，赢利2万多元。10月3-6日，与中国企业法律顾问网再次联合，在上海市商业学校举办为期4天的“2013年度企业法律顾问执业资格考试考前冲刺班”，赢利4万多元。12月6-8日，举办“2013年下半年《CETTIC合同管理师》考试培训班”；12月28日，成功组织“2013年下半年全国《CETTIC合同管理师》（上海地区）考试”，来自本市中小企业的76位学员参加培训考试，赢利5万多元。

七、对外交流稳步发展

5月15-20日，组织部分企业法务人员一行17人，赴云南省进行学习考察活动。6月，组织部分会员单位参加由荷兰威科集团主办，傲明集团协办的“国际投资和交易架构”专题研讨会，学习中国企业在海外投资并购过程中所面临的交易架构及税务筹划等相关知识。6月28日，组织部分会员单位参加大成律师事务所在复旦大学管理学院举办的“中西投资高峰论坛”，对海外投资面临法律实务作进一步了解。7月23–27日，出席由黑龙江省国有企业法律顾问协会承办的第四届全国地方企业法律顾问协会论坛。主管全国企业法律顾问工作的国务院国资委法规局孙才森副局长、有关省市国资委领导及地方企业法律顾问协会负责人出席论坛会议。与会代表围绕“企业法律顾问协会如何为提升企业法律风险管理的层级提供有效服务”进行深入探讨，我会以“积极开拓进取，努力为企业法律顾问提供一流服务”为题，作交流发言，受到孙局长和各地代表好评。11月19–25日，秘书长带队组织11名理事赴台湾永然联合法律事务所和勤业众信联合会计师事务所进行考察交流。

（杨　域）

上海市质量协会

上海市质量协会（原名“上海市质量管理协会”）成立于1982年9月，是由致力于质量事业的组织和个人自愿参加组成的专业性的非营利性社会团体法人。

2013年主要工作：

一、发挥公共平台作用，开展质量宣传教育活动受到普遍欢迎

1．面向中小企业，积极建设质量服务公共平台。在市、区2级中小企业服务中心支持下，依托国家级质量公共服务示范平台，联动区县质协、行业协会，举办多期中小企业质量管理公益培训，319户中小微企业参加；8期社会责任公益培训，409户企业参加。在嘉定江桥、安亭和马陆镇举办3期质量管理体系培训，127户中小企业参加；在宝山开展质量管理及能源管理体系培训，103户企业参加。率先举办2期“专、精、特、新”中小企业首席质量官”培训，170多户中小微企业领导获得国家证书。质量公共服务平台已成为广大中小企业的质量之家。

2．通过“质量月”等活动平台推进质量意识提升。质量月期间，举办主题为“质量，让中国梦更美丽”第七届“我与质量”少儿绘画赛，收到14个省、市880多幅小朋友作品，作宣传展示。设计制作3000余套主题为“质量同行诚信同心未来同建”宣传画，发放到会员单位、区县、行业质协、少年宫、学校、地铁站，车间现场进行张贴，营造质量氛围。配合市促进中小企业发展协调办公室举办主题为“质量·诚信·品牌”的中小企业质量发展论坛，近百位企业老总、董事长参加，并邀请亚太质量组织理事长查尔斯·奥布瑞博士、上海日用－友捷总经理马宝发作专题演讲，市经信委副主任傅新华、市质协会长唐晓芬等领导出席。同时，行业、区县质协、会员企业开展内容丰富的质量活动。市质协医药委员会开展企业质量诚信度评价体系培训，组织全行业药用辅料企业进行相关法规培训；黄浦质协组织会员参加“质量工作在加快转变经济发展方式中的作用”专题讲座；虹口质协组织上海花园坊节能技术公司等参与建设中小学生质量教育实践基地；静安质协在老字号企业中开展卓越绩效的推进；针对企业需求，闸北质协设立“检测认证服务业专业委员会”，金山质协完善专业委员会服务。中国商飞举办“质量提升、重在班组”班组建设研讨活动；宝钢聚焦有效产量率、质量损失率等质量绩效目标；上海航天结合精益生产、降本增效等重点工作开展QC小组活动；上海通用汽车关注“客户满意”，提升全业务链质量保障能力；上海日立电器举行质量誓师大会质量签名活动；上海船舶组织质量体系建设与规划创意大赛活动等。

二、走在国际前沿，开展质量学术交流合作赢得一定声誉

1．请进来举办专题质量国际论坛。4月23日，举办主题为“服务创新·质量发展”的第四届上海服务质量国际论坛。市质协名誉会长蒋以任、胡延照，国家质检总局质量司副司长惠博阳，中国质量协会副会长刘卓慧，上海市经信委副主任刘健，市质协顾问俞国生等领导出席论坛开幕式。加拿大魁北克大学哈维教授，加拿大食品检验局格瑞厄姆先生，上海核工院、交通银行、上海儿童福利院、安吉物流等企业领导做专题演讲。金融、航运、医疗、交通、通讯、宾馆、公共事业、商贸、物业等行业的300多位企业代表参加。期间，还举办“服务质量／卓越经理”培训，共有上海电力、东方航空、国际机场、远成物流等企业100多位管理人员参加。并推进企业信息安全管理体系认证，开展服务认证、IT服务管理体系认证的研究和试点，推进企业建立能源管理体系，国内首获国家认可。同时，根据企业需要，在“认证”基础上，研究管理体系整合标准，探索风险管理等成熟度评价。为此，11月4日，在市经信委指导下，市质协、上海质科院举办工博会质量创新论坛——“E&E认证服务新技术研讨会”。国际质量科学院理事长玛丽·简院士、哈维教授，中国工程院郭重庆院士，中国认证认可协会秘书长生飞，国家认监委认可监管部主任赵宗勃等领导、专家，以及来自政府有关部门、企业、高校等350余代表参加论坛。论坛上表彰2013年上海市质量标杆企业，有上海日立电器、上海汽轮机厂、上海锅炉厂、金茂物业等，还颁发了首批国家认可的能源管理体系认证证书。同时，会同上海市医疗质量控制管理事务中心，邀请玛丽·简院士作“安全和责任义务”专题讲座，并与上海瑞金、曙光、仁济、市六人民医院的院领导对话交流。

2．在国际质量舞台传播上海企业声音。5月，市质量协会代表团应邀参加在美国质量协会举行的2013年世界质量与改进大会。在32支国际项目团队参加的团队卓越奖总决赛中，市质协会员延锋汽车饰件公司的“One Team，One Platform”是中国进入决赛唯一团队，取得第六名。代表团首次获奖，在国际质量团队大赛上取得突破。6月，市质协代表团参加第57届欧洲质量组织年会，与国外同行围绕组织文化、知识管理、公共服务质量管理、卓越运营等议题开展交流。10月，组团参加第19届亚太质量组织（APQO）国际会议，会议期间，出席APQO核心成员会议，作“组织推进上海企业履行社会责任的研究与实践”专题演讲，受到与会各国代表关注。上海华虹宏力、漕河泾开发区公司2家会员单位分获亚太质量组织“2013年世界级全球卓越绩效奖”和“行业最佳奖”，并分别作大会交流。漕河泾开发区公司桂恩亮总经理用英语作题为“卓越绩效：漕河泾高科技园区的实践和经验”演讲，介绍企业实施卓越绩效管理，完善“一体化”服务，实现持续增长成效。上海企业在国际质量舞台上赢得同行赞誉。

三、关注社会热点，开展社会公益活动获得社会广泛认可

1．开展社会公益性质量调查活动。以新修订《特种设备安全法》为指导，组织对本市住宅电梯安全管理现状开展调查，走访本市电梯制造、维保、使用单位200多户以及各社区居民，发出问卷2252份，广泛征询各方对落实电梯安全责任法律要求方面的认识。鉴于电子商务迅猛发展，组织开展电子商务(B2C)服务质量现状调查，调查有效样本6167份，对标体验样本333份，提出对策建议。依据《老年人权益保护法》，开展上海老年人权益保障认知度调查，覆盖全市17个区县，调查对象包括老年人、中青年以及社区工作者，客观反映社会各方对上海老年人权益保障的认知度。以上调查均通过主流媒体发布，扩大社会效应，得到主管部门和有关行业高度关注。

2．积极参与推进企业履行社会责任。根据企业推进社会责任工作需要，提供宣贯、培训、评价的技术服务。在蒋以任名誉会长关心指导下，配合市经团联举办2013企业社会责任报告发布会。上海汽车、上海核工院、光明食品、上海银行等60户企业和2家行业协会参与发布。全国政协常委、中国工业经济联合会会长李毅中出席会议，市经团联蒋以任会长致辞，上海市副市长周波、中国认证认可协会秘书长生飞出席会议并讲话。市经信委主任李耀新，市质监局副局长沈伟民，市质协会长唐晓芬等出席会议。企业社会责任推进工作逐步得到企业认可，履行社会责任已成为企业自觉行动。如光明食品集团以捍卫市民餐桌上的安全为第一责任，建设“田头到餐桌”的食品质量安全产业链；新世界股份履行“三真”质量诚信责任承诺，提升服务质量，塑造百年老字号品牌。

四、服务会员企业，开展质量推进品牌活动取得显著成效

1．根据全国质协系统工作要求，积极推进会员企业质量提升。在行业质协、区县质协、会员企业支持和参与下，积极组织开展各项质量推进活动，成果明显。年内会员企业中，获得“全国优秀质量管理小组”27个；“全国质量信得过班组”29个；“全国五星级现场”21个（占全国1/3），“全国质量技术奖”8项；“全国实施用户满意工程先进”46项，并培育推荐上海电力设计院有限公司获“全国质量奖”，上海的质量推进工作仍走在全国质协系统前列。年内组织质量经理人沙龙、卓越绩效、现场管理、质量文化等现场专题会员活动30余次，参加会员单位805户次，计1674人次，成为会员企业推进质量工作学习交流的载体，受到普遍欢迎。

2．认真组织和承办全国性质量推进活动。在工信部指导下，配合中国质协，承办首届“塑造高品质品牌，我们在行动”上海赛区品牌故事演讲比赛。活动吸引上海、西藏、浙江、安徽等地31组企业选手参加，工信部科技司副司长沙南生、市质协领导等出席活动。在全国决赛中，选送的恒源祥、晨光文具、沪东中华、振华重工等企业选手分别获得二、三等奖（占全国40%）。组委会授予上海市质协、恒源祥优秀组织奖。4月，协办“2013年第四期国家新型工业化产业示范基地质量标杆经验交流活动”，中国质协副会长刘卓慧、工信部科技司及市经信委技术进步处等相关领导出席，为近200户会员企业提供质量方法最佳实践成果学习交流，推进质量技术在企业有效应用。

3．广泛普及群众性质量管理活动。在市质监局指导下，市总工会、团市委、市妇联大力支持下，市质协系统有26.3万名员工参与QC小组活动，共注册QC小组34435个，普及率达到31.2%，取得成果14787个，年创经济效益32.4亿元。其中，“节能减排”课题数近50%；经各行业、区县质协、集团公司择优推荐，命名上海市优秀质量管理小组299个，质量信得过班组80个，进一步激励广大基层员工参与企业质量改进，提升质量水平。

（刘恒冉）

上海市节能协会

上海市节能协会成立于1985年3月21日，是使用能源、生产能源和生产用（节）能产品的企业单位，能源管理、科研、设计、教育、信息等事业单位，社区管理单位及有志于节能事业的个人自愿组成的全市节能行业专业类非营利性的社会团体法人。下设分布式供能专业委员会、合同能源管理专业委员会、制冷冷冻节能专业委员会、汽车工业工作委员会、化工行业工作委员会、纺织行业工作委员会、电气行业工作委员会嘉定区联络站、崇明县联络站等9个分支机构。现有团体会员821户。

2013年主要工作：

一、圆满完成2013年度节能宣传周活动

发挥历年开展节能宣传周所建立的渠道作用，围绕节能宣传周“践行节能减排，建设美丽家园”主题开展活动。会同东方路小学等单位，联合策划贴近生活、示范作用明显的开幕式演出表演和青少年节能科技作品展示，宣传节能环保重要意义。举办“东智屏杯”节能知识竞赛，参加竞赛人员约达12万，产生一等奖5名、二等奖20名、三等奖100名，增强了广大市民搞好节能减排工作社会责任感。

二、节能减排课题研究取得新成果

发挥专家委员会和专家库等人才优势，受市发展改革委、市经信委等委办局及电力公司等单位委托，积极开展节能减排课题研究。其中，多项课题研究成果被市政府采纳。承接市发展改革委关于“加快推进本市燃煤（重油）锅炉清洁能源替代工作评估”课题，经调研和数据分析整理归纳，确定本市需替代锅炉2898台，提出燃气、热泵、分布式供能、电锅炉4套替代方案，供企业自行选择。本项目研究成果，已被市政府采纳。此项目实施对落实国家大气污染防治行动计划，降低PM2.5浓度，改善本市空气环境治理具有重要意义。“上海市燃煤发电企业供电煤耗检测验证管理办法（试行）”研究成果被政府部门采纳，为科学规范做好本市发电机组煤耗检测验证工作，支持发电企业加强技术进步与管理，不断提高发电效率，降低污染物排放发挥作用。还开展《上海市能效对标实施方案》课题研究。根据《上海市工业企业结构调整项目能源消费量核定操作细则》，联手相关单位，完成4批25户申报产业结构调整（产线）项目能耗核定，出具能耗核定报告书，为产业结构调整推进办下达相关项目能耗指标提供依据。另完成市电力公司能源审计报告课题项目，为该公司能源高效运作加以分析并提出建议。完成市电力公司“十二五”节能规划及2020年远景展望课题项目。与市质监检验技术研究院等单位合作，开展《上海市节能家电消费领跑者》项目研究，起草《上海市节能家电消费领跑榜评选规则》等3个有关行业标准文件，评选出格力、大金、海尔、美的、三菱电机等9个品牌的32款家用空调器，入选“领跑榜”榜单。

三、节能产品评审和推介工作有所创新

为促进本市节能环保制造产业发展，在中标市经信委的标书后，按照要求，全面进行工作部署，顺利完成标书各项任务。修订本市节能产品地方标准，完成DT31/T214−2013《上海市节能产品评审方法和程序》修订工作，同时，补充制定《关于评审、推荐上海市节能产品（资源综合类）实施细则》规定。开展节能产品申报企业抽样现场调查活动。认真开展节能产品评审工作，85个节能产品总计销售额达到197．8亿元，外销达到12．7亿美元。多次举办形式多样的节能产品推介活动，召开“上海燃煤（重油）锅炉清洁能源替代推进会”；举办节能产品推介会，邀请上海市教育电视台、上海科技报等媒体参加会议，多层面地进行宣传和推介，帮助社会了解节能产品有关信息，引导消费者合理使用节能产品。

四、工业领域分布式供能系统稳步推进

认真贯彻落实市政府《上海市天然气分布式供能系统和燃气空调发展专项扶持办法》，开展系列宣传活动。一是组织分布式供能政策和技术培训，并组织现场参观考察仁济医院南院、花园饭店的2家使用分布式供能系统设备单位，深层次了解分布式供能设备装置性能、日常维护管理等有关情况。二是举办工业领域分布式供能国际论坛。三是具体指导企业展开咨询服务工作，指导多户企业开展油锅炉改气锅炉和分布式供能系统项目方面相关工作。

下半年，承担市经信委下达“工业领域分布式供能发展研究”课题，内容分6个子课题进行，包括本市工业领域分布式供能发展潜力评估及实施建议、天然气分布式供能系统原动设备国产化途径研究及实施意见等，争取“十二五”期间分布式供能项目推进工作见到实效。

五、为会员单位服务举措不断出新

1．举办电池储能技术论坛，详细阐述电池储能研究成果和技术发展方向，以及当前电池储能发展推进中遇到的政策、产品标准和市场环境等瓶颈问题，介绍电池储能技术应用重点领域。

2．开展项目对接工作。组织多家节能服务公司用能企业开展节能诊断，帮助用能企业制定切实可行节能改造方案。

3．帮助企业了解融资的多种渠道。组织企业资产证券化交流会，从实际出发，探索符合企业特点资产证券化融资经营模式。

六、为社会服务工作持续深入

深入工厂和社区，开展节能减排宣传培训活动，切实提升企业和社区群众节能减排和低碳生活践行度。还受邀为新疆克拉玛依油田能源管理干部进行节能知识和管理能力培训；为上海汽轮机厂、江湾镇韶嘉居委等企业和社区开展节能减排、低碳生活培训；为杨浦区延吉街道举办“建和谐家园·奉奇思才艺”——延吉社区第三届低碳生活“达人秀”决赛活动进行点评和颁奖工作。

七、开展国际交流合作活动

积极开展国际交流活动，与澳大利亚有关专家就两国的能源消费形式、节能方式和碳交易工作等进行广泛交流。

八、《上海节能》杂志转型工作稳妥推行

《上海节能》杂志加强精品意识，紧扣节能减排发展重点和难点，先后组织页岩气、电池储能、电机节能、太阳光伏发电等专栏；努力提升“节能论坛”、“节能技术与产品”等栏目质量，为推动上海市的节能减排工作发挥了一定作用。杂志取得国际ISSN刊号，提升了杂志的影响空间。逐步实现杂志市场化运作。

九、自身建设进一步完善

认真履行职能，完善自律机制，努力提升自主发展和自我管理能力。一是发挥新一届专家委员会作用。二是积极参加上海市社会组织规范化建设评估，现已获得5A级社会组织称号；发展会员单位，目前会员数已达821家。

（毛雄飞）

上海市包装技术协会

上海市包装技术协会成立于1978年10月28日，为上海市包装行业企事业单位与科技工作者自愿组成的非营利性的社会团体法人。现有团体会员400余户，下设纸容器包装委员会、塑料制品委员会、包装印刷委员会、木制品包装委员会、绿色包装委员会、包装设计委员会、金属容器委员会、包装机械委员会、包装标准委员会、包装工程师分会等10个专业委员会。

2013年主要工作：

一、抓热点、难点问题，配合政府部门做好有关工作

与商检部门合作联动，促进包装业健康发展。与浦江局化矿检验处开展专题研讨会，进一步加强政府部门和协会的合作联动机制，加强行业监管和管理工作，并与上海浦江出入境检验检疫局化矿处联合召开“全国质量安全月暨2013年食品包装安全宣贯研讨会”。通过对食品包装安全政策、理论的宣导，加强与相关企业之间的交流，提升上海市食品包装生产技术水平。

为更好地落实市人大“上海市商品包装物减量若干规定”精神，宣传包装减量化，推进绿色包装的发展，召开“包装减量化研讨会暨绿色包装年会”。包装行业及相关领域专家和企业代表75人参加会议，共同探讨绿色包装领域中的包装减量化等热点问题。市人大法工委和市科协学术部有关领导出席会议。

配合市文创办，在行业中开展创意产业与包装企业、产品行业、高校和海外创意产业的等4项对接工作，提升上海包装创意设计整体水平。

二、抓改革创新、推动包装行业发展

以创意为驱动，加快产业与创意设计的融合。召开“上海市包装创意设计工作会议”，传达2013年上海市文化创意产业工作推进会议精神，布置2013（APD）亚洲包装设计展示交流会工作。与会代表就推进包装印刷和包装创意产业进行了热烈交流发言。市经信委都市产业处由文副调研员就进一步推进上海文创工作作重要发言。

与济丰包装（上海）有限公司联手，共同主办第三届“济丰杯”校园运输包装设计创意大赛，共有10余所高校参与，收到参赛作品近百份。大赛为企业及设计院校师生提供评比、交流、学习的平台。

与中国包联设计委、华东6省1市包装技术协会、台湾形象策略联盟共同联手，共同主办“第十一届华东大奖创意设计大赛”。协会共选送作品166件，有9项作品获奖，其中1项为包装类大奖，2项为包装类银奖，6项为包装类、品牌类优异奖。

在上海烟草包装印刷有限公司召开“包装行业企业技术中心发展研讨会”，近20户企业和5所高校代表出席会议。会议就企业技术中心的功能、定位和作用，企业技术中心技术创新的机制和运作平台建设，技术中心与高校的合作，科技成果转化激励机制等问题进行深层次探讨和交流。

三、抓服务创新，提高协会活动能力

联手市粮油学会共同召开“粮油包装与食品安全研讨会”。针对食品安全与相关包装的问题，邀请专家与生产企业共同探讨存在的问题与解决方案。

在2013年“上海国际印刷周”活动期间，举办“包装印刷与终端用户协同发展研讨会”，得到模具、食品、工具、茶叶、粮油、保健品、照明电器等17家协（学）会积极支持和参与，共有80余人参加。会议围绕通过创意包装提高包装产品附加值；产品用户企业对改进包装的需求；包装印刷企业如何为产品用户企业提供最好的服务等共同关心的话题进行探讨。

积极开展各类专业技术培训。与上海浦江出入境检验检疫局、SGS通标标准技术服务有限公司共同举办“2013出口危包企业培训”，有近百名上海包装企业相关人员参加。纸容器包装委员会偕同市编码管理中心举办“商品条码印刷企业资格认定申领资格证书企业培训班”，20余户纸包装企业30多位学员参加培训。木制品包装委员会举办“木制品防霉技术培训班”，有关企业的领导、质量与技术专业人员40余人参加培训。快速消费品专业委员会举行“包装注塑类模具设计”论坛等3次技术培训。

由市食品协会、市包装技术协会等4家协会继续联合主办“2013上海特色旅游食品评选活动”，共评出特色旅游食品36项。除对食品的要求外，还对“上海旅游特色食品”的包装进行评估，特别强调包装安全性，充分履行对旅游产品包装重要性的社会责任。

四、抓国际交流，提升行业影响力

10月30日－11月2日，与日本包装设计协会、韩国包装设计协会、中国台湾包装设计协会共同主办的第十三届（APD）亚洲包装设计展示交流在上海国际印刷包装创意总部园隆重举行，共有215名包装设计师出席大会，近500件套亚洲最新的优秀作品参加展示。大会系列活动内容丰富，形式多样，活动分为5个板块，以“包装——科技与文化”为主题进行高层研讨会，并出版精美作品集，举行欢聚晚会。除亚洲海外包装设计师代表以外，上海包装企业及相关行业的包装创意设计师、各高校设计专业教师参加了活动，还专门组织设计专业学生前往观摩。同时，举办了“绿色包装环保创新设计作品展”。大会得到市文创办、市经信委、市科协等政府部门领导的重视，被市文创办列为“2013上海设计之都活动周”的1项重要活动。

纸委会组团对越南和柬埔寨包装产业进行1次考察，还组团赴日本进行同业交流，并参观2013年第29届日本（东京）国际包装展览会。

五、专业委员会和办事机构深入企业，不断提高服务能力

各专业委员会加强服务工作，深入会员企业，开展调研，服务与指导等工作。纸制品包装委员会召开2012年年会暨沪甬两地包装企业家新年经济工作交流会；召开以“积极探索上海纸包装行业的可持续发展，共同谋划纸包装产业的技术创新与转化”为主题的纸委会年会。木制品包装委员会召开六届五次会员大会。包装设计委员会积极筹备第十三届（APD）亚洲包装设计展示交流会，积极组织会员参与“第十一届华东大奖创意设计大赛”。塑料包装委员会召开“上海包装袋生产企业联谊会暨‘创新驱动、转型发展’现场交流会”。包装印刷委员会积极组织会员参加第十届中国包装印刷产品质量评比交流会。绿色包装委员会继续开展上海市优秀绿色包装评选工作。快速消费品专业委员会召开2次“包装之家2013峰会”等各种丰富多彩的活动。

协会办公室充分发挥副会长单位的作用，加强保持与联络员的联系和沟通，配合各专业为委员会做好服务工作，深入包装企业调研，关注企业难点，提供沟通服务，并充分发挥协会党工作小组和党支部的重要作用。继续做好信息服务工作，重点做好每年6期的《上海包装》杂志和《纸包装工业》以及每月1期的《上海包装》信息报的出版工作。

（舒仁厚）

上海市资源综合利用协会

上海市资源综合利用协会成立于1997年1月23日，现有会员单位293户。下设固体废弃物综合利用、再制造与再生利用、粉煤灰、冶金渣、集中供热热电联产、综合利用发电、船舶7个专业委员会。

2013年主要工作：

一、规范开展资源综合利用认定

全年完成资源综合利用企业认定82户，其中首次参加认定30户。为充分发挥国家资源综合利用政策认定对产业发展促进作用，根据认定工作新要求，不断完善认定工作机制。一是执行市经信委新修订完善的认定工作实施办法，积极发挥市区两级政府两级管理作用。二是修订《上海市资源综合利用企业认定申报样本》，规范申报材料、组织企业培训。三是贯彻财政部、国家税务总局《关于享受资源综合利用增值税优惠政策的纳税人执行污染物排放标准有关问题的通知》，强化认定企业环保达标、确保资源综合利用不产生二次污染。四是主动做好申报咨询和服务，确保企业及时享受国家减免税政策。

二、结合重点工作开展重大课题研究

年初，在市经信委2013年度节能与综合利用能力建设项目招投标中，一举中标《节能与综合利用新产品、新材料示范推广》和《清洁生产政策后评估》2个课题。根据与委托方市经信委签订的技术咨询合同，及时组织项目组，按照时间进度有序开展工作。其中，编制《节能与综合利用新产品、新材料示范推广实施细则》和《清洁生产政策后评估实施办法》；20个节能与综合利用新材料、新产品示范推广项目和20个清洁生产中高费示范项目的组织申报、评估、总结；50户资源综合利用认定企业的现场检查、评估与总结。10月24日，由市经信委牵头，在市发改委、市环保局、市政府采购中心等单位专家组织的项目验收会上受到好评，顺利通过验收。

三、召开产业发展专项工作会议

3月，组织全部认定企业分4期召开"2013年资源综合利用工作会议暨业务培训会"，200多户企业的近250人参加会议。会议邀请市财税、市经信委等有关部门领导解读财税政策、政府专项资金扶持政策；邀请有关专家就节能环保产业发展和大宗固废综合利用等做专题报告；认定办专家还专题解读认定工作流程和要求。会议还特别邀请到市经信委副总工程师、节能与综合利用处处长原清海到会作"资源综合利用产业提升"报告。与会者普遍反映，对资源综合利用新政策、节能环保产业发展新趋势、政策认定新要求有了更好了解和把握。

为贯彻国家十部委新颁布的《粉煤灰综合利用管理办法》(第19号令)，5月9日，与所属粉煤灰专委会联合召开2013年上海市粉煤灰综合利用工作会议。市发改委、市环保局、市建交委等相关职能部门领导出席会议并分别讲话，本市各燃煤电厂、粉煤灰利用企业的负责人和粉煤灰、脱硫石膏专业管理部门负责人参加会议。会上，通报了本市粉煤灰排放和利用情况，明确由协会牵头组织制定本市粉煤灰利用实施细则，提出年度粉煤灰利用目标和推进措施。

四、参与、举办2013年节能宣传周活动

按照市经信委节能与综合利用处和主办方市能效中心统一部署和工作要求，围绕"节能低碳，绿色发展"的节能周主题，全面开展和参与节能宣传周专题活动。一是做好开幕式上市领导向3个区、3个集团公司颁发燃煤（重油）锅炉清洁能源替代任务书的组织落实和任务书的制作工作。二是做好资源综合利用展示区12户会员单位产品布展的策划、组织、发动、落实工作。三是在宣传周期间开展节能与综合利用新材料、新产品示范推广专题活动，推进本市资源综合利用向深度化、高技术、高附加值方向发展。

五、开展节能产品评审和示范推广

首次将资源综合利用产品作为单独系列列入上海市节能产品评审范围，协会组成项目组，围绕3个方面开展工作。一是根据上海市节能产品评审办法的要求，结合资源综合利用产品特点，组织专家制定资源综合利用类产品的推荐、评审办法，突出体现原材料替代节能量、废弃物在最终产品中的掺加量、产品质量保障和生产经营过程中的环境保护等要求。二是组织"上海市资源综合利用优秀成果"、"上海市资源综合利用十佳企业"、"资源综合利用战略性新兴产业产业化投资项目库"等单位申报上海市节能产品，经初审、专家评审、市节能产品评审委复评、网上公示，20个资源综合利用产品获得"上海市节能产品"称号。三是开展资源综合利用节能产品的示范推广。如上海烨惠生物环保公司利用地沟油和废矿物油生产的生物柴油可替代0# 柴油在锅炉中作为燃料。为助其扩大市场，协会在嘉定区、闵行区、青浦区、电气集团等，召开对接和发布会，起到良好的效果；又如，上海海笠工贸有限公司比表面积600的超细钢渣微粉，可在混凝土中替代水泥，并从S95级提升到S105级。为扩大产业化规模，协会牵线与上海宝钢发展有限公司、中冶宝钢技术服务公司对接，形成50万吨产业化规模的产业化示范基地建设方案；再如，中冶宝钢技术服务公司的透水混凝土和地面砖，在世博场馆得到示范应用。为在迪斯尼工程中体现绿色理念、继续得到应用，协会上报市经信委协调与申迪集团建设样板工程。杨雄市长考察了样板工程，并给予充分肯定。

六、组织开展行业规范和标准建设

为进一步规范产业发展，依托龙头企业开展资源综合利用产品的建标、立标工作。完成市技监局下达的《资源综合利用发电运行管理规范》、《烧结砖单位产品能源消耗限额》、《预拌砂浆单位产品能源消耗限额》、《蒸压加气砌块单位产品综合能源消耗限额》项目，以及市建交委下达的市政工程建设标准体系中《建材资源利用应用类》标准的研究制定；承担和参与市发改委下达的《上海市能源可持续发展指标体系研究》、《"十二五"燃煤机组升级改造规划目录》(燃煤电厂末端产品处理状况、末端产品综合利用升级改造途径分析、末端产品综合利用目录）3个章节的编写；深化市经信委产业结构调整处"本市粘土砖行业结构调整与政策研究"课题研究，开展本市传统建材行业产业结构调整与产业能级提升的前期研究，组织专家制定《上海市粉煤灰管理实施细则》。

七、协调推进行业发展重大专项

1．推进再制造产业发展。结合节能科技展示馆工业再制造布展，年初，组织专家和相关行业协会对卡特彼勒、幸福瑞贝德、电科所、宝钢工业技术公司、中冶宝钢技术服务公司及2户打印耗材公司进行专题调研，完成专题调研报告，布展工作也于节能周开幕式前圆满完成，同时完成上海市再制造产业发展研究报告。

2．推进资源综合利用产业基地建设。积极配合上海临港国家再制造产业示范基地建设，参与示范基地授牌的基础工作和协调服务，参与“国际再制造产业（上海）高峰论坛暨第三届中美再制造对话”筹划工作，就临港再制造示范基地建设与上海自贸区对接召开专题研讨会；与中冶宝钢技术服务有限公司、宝钢发展有限公司等，研究推荐宝钢冶金渣固废综合利用示范基地建设方案；对白龙港固废综合利用建材示范基地建设和城建物资建筑废弃物信息化示范平台建设作专题调研。

3．开展本市清洁空气专项研究。受市经信委委托，就杨雄市长在本市大气污染防治专项工作会议上提出的工作要求，开展应对大气污染专项方案研究。在有关方面的积极配合下，经深入调研完成淘汰落后产能、石化企业VOC治理、燃煤锅炉清洁能源替代、高效电机推广、燃煤电厂煤堆场改造等5个专项的调研报告。

4．开展资源综合利用政策和技术咨询。先后对约100户企业就做好“资源综合利用认定材料申报”和“资源综合利用领域节能产品申报”等进行咨询服务，对提高资源综合利用企业申报材料的质量起到很好作用。在开展对企业咨询服务中，还同上海古猿人石材有限公司、上海威钢能源有限公司、上海宝钢十三冶钱潘建筑材料有限公司签订了技术咨询服务合同。

八、做好政府专项委托工作

根据市高新技术产业化促进中心和市经信委科技处关于《上海市战略新兴产业项目汇集工作的通知》，完成组织9户企业21个项目的申报，项目总投资100203万元；组织申报《2012年度上海市循环经济和资源综合利用财政补贴项目》，上报资源综合利用6户企业6个项目和18户企业作为申请储存项目，其中4户企业4只项目获财政补贴，金额1800万元左右；完成市经信委交办的政协“关于重视电子垃圾集中回收处理建议”提案和市人大代表建议“政府应高度重视土壤（地下水）污染的综合治理问题”提案处理情况反馈；完成经信委节能与综合利用处交办的报国家发改委环资司综合利用处关于“2011年度资源综合利用认定有关情况统计表”及行政许可（认定）项目情况统计；完成经信委节能与综合利用处交办的涉及“资源综合利用认定政策”、“清洁生产专项”2012年新政的制定、落实情况统计；完成市经信委节能与综合利用处交办的“上海市经济信息化系统开展2012年度工业系统、通信业系统节能目标责任评价考核工作”；完成市经信委交办的“部门行政审批简政放权登记表”工作；完成协会2010—2013年能力建设项目评估总结工作。

九、加强协会基础建设，增强协会服务能力

1．创办《上海资源综源综合利用》简报。为传递信息、互通情报、为产业发展造势，5月15日起，编辑出版《上海资源综合利用》简报。简报每月1期，已发行8期，每期发行500份。

2．新发展会员单位80户，会员单位已达到293户，基本覆盖本市资源综合利用各行各业，协会影响力进一步提升。

3．鼓励支持专委会开展活动。各专委会根据自身特点开展不同类型活动，组织会员单位积极配合协会各专项工作。热电专委会在煤电气价格联动中多次召开协调会议、制定联动办法。较好地发挥行业协会在规范行业管理中的作用。

4．进一步充实力量。根据协会工作面不断扩大、工作要求不断提高的新形势，协会在文字信息、档案管理、财务管理方面新引进3名工作人员，使人员结构更加合理。

（*顾婷婷*）

上海市环境保护工业行业协会

上海市环境保护工业行业协会成立于1992年11月，是由上海地区从事环保工程设计、环保装备、仪器仪表、环保药剂和新材料的开发、研制、生产、环保教学和环保运行技术服务等设计院所、高等院校和企事业单位自愿组成的、非营利性、具有法人资格的社会团体，现有会员单位196户。

2013年主要工作：

一、转变作风，实干兴会

围绕国家环保产业政策、及时申报国家鼓励发展的环保装备技术目录。年初，组织申报符合国家发改委关于国家鼓励发展的环保技术，包括上海市凌桥环保设备厂有限公司的聚四氟乙烯覆膜滤料及上海申华声学装备有限公司、浦睿（上海）环保科技有限公司、上海源投环保科技有限公司、上海新禹环保科技有限公司、上海尚泰环保配件有限公司、上海振森木业机械有限公司等单位围绕国家环保产业政策针对大气污染治理、餐饮油水分离、机动车污染治理、噪声与振动等领域，研发拓展市场所需产品，并在同类产品中具有主导地位和相当影响力，分别被授予“专、精、特、新”产品及“专、精、特、新”企业。另有许多配套和工程公司依靠自主技术（知识、专利）为企业发展，闯出了新路。如上海金由氟材料有限公司、上海环宇环保科技有限公司、上海众诺环境工程有限公司、上海创怡环保科技有限公司、上海宝英光电科技有限公司、上海东和制电有限公司、上海乾翰环保科技有限公司、上海舜禹环保科技有限公司等积极开拓市场，取得了令人瞩目的成绩。

在市质监局支持指导下，空气净化器专委会参与制定《空气净化器能源效率极定值及能源限定值及能源效率等级》本市地方标准。同时，组建成立空气净化器联盟，规范市场、规范产品，扩大协会影响力和凝聚力。

二、以科学创新、加强科技合作交流为企业发展注入活力

根据市经信委、市工经联要求，着力发挥依靠本市人才高地和先进研发技术，着力创新思想扶持发展环保“专、精、特、新”产品和企业，着力发展能够承揽区域性综合治理工程承包的服务企业。年内先后与日本、匈牙利、美国以及香港、台湾等国家和地区开展交流活动，组织参加首届上海市国际中小企业“专、精、特、新”展示会、第十四届上海国际环博会、上海国际水处理展览会、上海市节能宣传周展示活动等。还组团赴美参加国际环保展，先后访问3个专业公司，进行技术交流。

三、加强自身建设，被授予市综合服务机构，为发展企业、壮大行业夯实基础

3月，协会申报成立中小企业服务机构，经3个多月努力，7月29日，获得批准。综合服务机构申报获准将为企业的产品发展目标、市场开拓、人才培训、扶持资金申报、技术培训等多方位建设建立渠道。

（周树鹃）

上海市室内环境净化行业协会

上海市室内环境净化行业协会成立于2006年8月，是由从事洁净和净化的研发、生产、销售、检测、咨询、洁净工程、污染治理服务及其他相关的企业自愿组成的非营利性社会团体法人。

2013年主要工作：

一、积极参与产业及区域经济发展，做好规范行业、发展产业、行业自律工作

1．规范行业，实行行业自律管理。按照《上海市室内环境治理企业服务资质等级认定暂行办法》，2013年获得室内环境治理服务等级资质企业共27户。其中一级服务资质企业12户，二级服务资质企业4户，三级服务资质企业11户。

2．在市建筑业管理办公室指导下，继续修订能力评定标准。空气净化工程专业承包由不分等级转换为一、二、三能力等级，修改能力评定管理办法、加强能力评定过程管理及人员管理。目前，已取得市空气净化工程专业承包企业能力评定证书一级资质企业3户，二级资质企业1户，三级资质企业3户。

3．为更进一步体现行业诚信，连续第7年参加市“讲文明、树新风、建诚信”活动组委会开展的诚信企业创建活动。目前，一星级诚信创建企业3户，两星级诚信创建企业4户，三星级诚信创建企业3户，四星级诚信创建企业1户，五星级诚信创建企业2户。

4．认真做好培训工作。开办室内环境治理员中级班4期，共培训学员138人次。室内环境治理员高级班3期，培训学员67人次。工业洁净“中级”培训班4期，培训学员194人次。洁净室专业检测技术人员岗位培训班1期，培训学员32人。协会作为市能力考试院职称工作站，为满足企业申报能力评定资质的要求及解决民营企业申报职称难的困境，组织职称辅导班，并帮助会员企业12人申报中、高级职称，为社会化人才评价做好工作。

5．作为市技监局发起的市质量监促进会成员，先后多次参加行业质量工作会议。帮助企业编制企业标准2个，并制定企业联盟标准项目计划2个。经10余户会员共同努力，成功申报自协会成立以来的第一个地方服务标准《室内环境净化治理服务规范》，已经市技监局立项，计划于2014年完成。为让企业更好的理解相关国家标准，还特别组织有关企业对国家标准《洁净厂房设计规范》进行标准宣贯，来自上海、江、浙等40多户会员企业参加标准会议。

6．2–8月，与《新闻晚报》、上海理工大学建筑环境学院联合推出室内PM2.5免费检测公益活动，活动得到杨浦区政协等政府部门支持，并调研了解公共场所室内与室外PM2.5浓度的关联性，为国家和地方政府尽早出台室内PM2.5有关标准和检测规程提供依据。

7．在会员单位大力帮助下，落实完成受市经信委委托的《洁净行业定额技术导则编制》项目。启动市经信委委托项目《上海洁净产业现状及对高新产业技术支撑的研究》。

8．受政府委托，与市集成电路行业协会等多家行业协会联合成立《研发平台行业协会服务站服务体系建设项目》项目组。

二、行业服务，会议展会，行业交流

1．全年组织会员免费技术交流活动8次，参加企业人数约300多人，为企业寻找商机、搭建平台做好服务。

2．由会长、秘书长领队走访企业近80户，接待来访企业60余户，着力为企业解难事、办实事、做好事，发挥好政府与企业的纽带作用。

3．4月，主办第十届上海国际室内环境技术及产品展览会。与中国国际工业博览会承办单位东浩集团工博会项目分公司达成战略合作，在第15届中国工博会环保技术与设备展上，携手举办面向制造业的专业展会“工业洁净技术及设备展”。首届“工业洁净技术及设备展”已于11月5—9日在上海新国际博览中心成功举行，展位面积达600平方米。年内秘书处计参加国内外组织的研讨会7次，参加上下游的展览会10次。6月，受台湾邀请，参加“2013室内空气品质净化技术研讨会暨相关净化科技、产品与方法展览会”，并拜访台湾相关的公会、协会、大学，达成一系列的合作意向。12月，携会员企业第二次赴台参加在台湾举办的亚洲洁净会议“BUEE2013国际高科技设施污染控制研讨会”。

4．做好行业媒体宣传，在科普、打假、新闻报道方面，发出新闻稿件共27篇，接受新闻电视采访6次。

5．帮助企业做好上海著名商标和上海名牌的申报工作，已有1户会员企业获得此项殊荣，另有1户年内已申报。

6．为会员提供各项服务，吸纳新入会企业60户，新增3户副会长单位、7户理事单位。

7．全年为会员企业免费推荐业务项目133次。

8．召开2次理事会扩大会议，为上下游相关企业搭建平台，并组织实地参观，近距离接触企业风采，促进企业间的合作交流。

9．加强与同业协会交流，接待广东省洁净行业协会、江苏省环境协会访问团，走访台湾暖通空调公会、台湾洁净技术协会、台湾室内环境品质管理协会等。4月1日，召开第二届全国室内环境净化行业联席会议，7家室内环境净化协会参加会议，经不记名投票，协会被推举为第一届国室内环境净化行业联席会议主席，任期2年。

三、自身建设

本年度工作计划共104项，年内完成91项，完成率达89%，基本完成原定计划。协会网站发送企业电子快讯期15期，发送协会微博221条，新设协会微信公共平台，发布微信49条。党支部积极创建学习型党组织，每月组织党员理论学习。积极培养发展新党员，转正1名预备党员，发展2名入党积极分子。

（陈　玲）

上海市机电设备招标投标协会

上海市机电设备招标投标协会成立于2004年8月，是由从事机电设备招标代理业务的机构和与招标投标活动相关的机电设备制造企业及供应商、咨询单位、设计研究机构、高等院校等自愿组成的非营利的社团法人组织，现有会员单位41户。

2013年主要工作：

一、宣传贯彻政策法规精神，着力增强会员单位法制意识

2—3月，国家发改委、工信部等9部委联合颁布《电子招标投标办法》和《关于废除和修改部分招投标规章和规范性文件的决定》，秘书处努力学习交流，准确理解精神，梳理厘清规章修改部分。举办招投标政策法规及规程培训讲座，约13户会员单位45名新进员工参加学习，取得较好效果。还积极参与部分会员单位在系统内举办的专业培训，为对相关人员解读招投标政策法规，研讨法律风险和围标、串标的防范等。

二、举办招标师考前培训，着力加强招投标从业队伍建设

8—9月，举办2013年度全国招标师职业水平考前培训辅导，7户会员单位34人参加培训，其中1/3全科通过全国招标师职业水平考试。

三、继续开展市设备赛区立功竞赛评比推荐，弘扬正能量

根据市重点工程实事立功竞赛设备赛区办《关于开展评选2013年度上海市重大工程立功竞赛设备赛区先进集体和先进个人的通知》精神及其工作要求，协会于11月开展评选推荐工作。本年度有7户会员单位参与本市重大工程建设项目，如下一代广播电视网及有线电视数字化整体转换；中国博览会会展综合体、上海轨道交通、青草沙水库、浦东机场航站改造、上海迪士尼项目等项目，在为这些重大工程建设项目辛勤劳动和提供良好服务的工作中，涌现一批优秀集体和优秀个人。东方有线网络有限公司荣获“2013年度上海市重大工程立功竞赛设备赛区优秀企业”，上海国际招标有限公司项目6部荣获“2013年度上海市重大工程立功竞赛设备赛区优秀集体”，上海通信招标有限公司业务部荣获“2013年度上海市重大工程立功竞赛设备赛区优秀现场服务组”，上海浦东国际机场进出口有限公司涂股健同志和上海百通项目管理咨询有限公司邓小霞同志荣获“2013年度上海市重大工程立功竞赛设备赛区优秀建设者”，上海翔波工程咨询有限公司王岩同志荣获“2013年度上海市重大工程立功竞赛设备赛区优秀组织者”。上海国际招标有限公司和上海机电设备招标有限公司荣获“2013年度上海市重大工程立功竞赛优秀公司”。

四、坚持信息服务，勇于担当政府与企业之间的沟通桥梁

坚持以简报通讯和网络平台为载体，积极为会员单位及社会公众提供信息服务。至今出版通讯共117期，办刊质量逐年得到提高。年内，网站访问数共27371人，达85918次，受众面得到进一步扩大。

积极配合市经信委拟建本市机电设备招投标行政监督平台工作举措，走访部分会员单位，了解企业自身电子平台建设及其运行情况；组织会员单位招标代理机构召开会议，学习《电子招标投标办法》，了解建设诉求；走访本市相关政府管理部门，学习了解行政监督平台建设及其运行情况等；通过调研，结合行业实际，草拟本市机电设备招投标行政监督平台工作设想，报上级主管部门领导参考。

（董红生）

上海市设备管理协会

上海市设备管理协会成立于1986年5月，具有独立的社团法人地位，现有会员单位1081户，下辖仪电、化工、医药、纺织、轻工、宝钢、船舶、电气、维修、调剂、状态监测和金山等12个行业工作委员会或代表处。

2013年主要工作：

一、召开第七届会员代表大会，选举产生协会新一届理事会

9月25日，在上海烟草集团公司会议厅召开第七届会员代表大会，来自本市各行业133名会员企业代表出席了会议，市社团局和市经信委有关领导到会祝贺。会议听取并审议“第六届理事会工作报告”、“换届改选工作及第七届理事会候选人产生的情况”、“《上海市设备管理协会章程》修改说明”、《协会第六届理事会财务及会费收支情况》报告，以无记名投票方式选出新一届理事会理事51名。在七届一次理事会议上，选举出新一届理事会会长、副会长，并聘任了秘书长、副秘书长。

二、发挥桥梁纽带作用，做好服务政府和行业的工作

1．为配合上海自贸区有关政策的制定，在本市设备维修行业内推荐一部份有代表性的内、外资企业参加市经信委生产性服务业处的调研，以促进生产性服务业的不断发展。

2．围绕市经信委中心任务，加强与有关处室的对接。继续承接工业进出口统计分析的政府购买项目，通过每月对本市工业系统进出口情况各类数据的计算、汇集，从行业、区县、市属集团公司等角度作分类统计和分析，形成完整的分析报告。6月起，根据市经信委要求，对报告进行优化调整，加大对各重点行业进出口分析的深度，得到市经信委领导认可。

3．积极参加市经信委有关专业会议，参与本市产业结构调整有关行业和产品目录制定，为市经信委及有关部门提供有效数据，推进和提高本市设备工程与管理水平的创新发展。

三、加强行业自律，推进设备维修市场建设

1．重新修订《上海市设备维修企业资质等级认证管理办法》和《上海市设备维修企业安全生产合格证认证管理办法》，对维修资质初审企业实行网上公示，并及时将获证企业名单刊登在《上海设备管理》杂志上，提高协会为广大会员企业协调服务的能力，为维修安装企业的发展，创造良好的外部环境。全年共完成维修企业资质认证年审298户，复审114户，初审43户。

2．根据本市设备维修安装市场发展和企业要求，继续加强对已取各类维修安装资质证书企业安全生产教育培训，有77名设备维修安装企业负责人及专职安全干部参加培训，另有69户企业根据协会《认证管理办法》，通过第三方安全机构的评估，取得《安全生产合格证》，64户企业通过《安全生产合格证》的复审。

四、组织开展本市设备管理交流活动

1．4月18日，在上海新锦江大酒店召开“加强设备后期管理，提高资产运营效益”交流研讨会，业内企业代表50余人出席会议。会上，上海通用汽车有限公司、宝钢股份有限公司、上海人民电器厂、上海石化股份有限公司、上海轨道交通维护保障中心、上海航天技术研究院等单位的代表分别交流了在设备处置管理工作中的经验与体会。上海电气网络科技有限公司介绍聚宝网资产委托处置服务系统的特点、服务内容和功能、网上竞拍流程、交易安全保障及成功案例。

2．11月22—23日，在无锡中船重工第702研究所召开“优化精益管理，提高设备管理效益”经验交流及2014年协会工作研讨会，与会代表就企业设备维修管理模式选择、维修队伍建设、委托外包管控等进行交流和研讨，并对2014年工作提出不少建设性意见和建议。702所领导向与会代表介绍该所发展概况和“蛟龙号”载人潜水器的研制情况，代表们实地参观了检修中的“蛟龙号”深潜器和该所先进科研试验设施。

3．设备维修工作委员会2次组织会员单位召开设备维修市场管理工作会议，及时传达上级有关精神，交流业内会员企业工作经验，听取意见和建议，提高设备维修市场化、规范化的管理水平。

五、开展各项专题培训

1．根据有关行业设备管理实际状况和教育培训的专业需求，全年举办3期“注册设备维修工程师”考证培训班，来自159个单位的199名专业人员参加培训。与专业单位合作举办2期设备状态监测培训班，培训人员34人。

2．与闵行区中小企业协会合作举办2期“设备管理岗位资格证书”培训班，培训人员96人，通过系统介绍设备管理基础理论、设备状态监测以及润滑技术的应用，使部分民营企业和外资企业得到比较专业的设备理论培训，受到闵行区各类企业的欢迎。

3．与河南省洛阳市轴承研究所合作，联合举办“设备润滑技术应用”培训班，协会委派润滑专家前往授课，并采用协会自编的《设备润滑技术应用与案例分析》教材，培训人员86人，受到了洛阳市有关企业的欢迎。

六、开展技术咨询服务

1．积极开拓设备技术鉴定新领域，全年完成评估项目44项，评估设备1011台（套），评估设备值1294．1万元，设备技术鉴定项目13项。

2．积极为会员企业提供多方面的设备与技术的咨询服务。如为上海飞机制造厂有限公司的设备搬迁与改造提供技术帮助，对C919大飞机项目进口机床设备的引进，组织专家进行多方面技术论证，提出建议。

七、加强自身建设，提高基础管理水平

1．为进一步提高内部管理水平，对各项管理制度进行梳理和修订，制定《上海市设备管理协会会计核算办法》、《上海市设备管理协会关于分支（代表）机构管理暂行规定》、《上海市设备管理协会会费收取标准及管理办法》和《上海市设备管理协会关于业务活动接待管理工作的规定》等制度。

2．建立健全会员信息库。为改变原有会员信息较为分散的现状，协会办公室建立会员管理信息系统，并不断优化和完善，更好地服务企业。

（夏仁海）

上海市新材料协会

上海市新材料协会成立于2000年12月，是上海市从事新材料工作的企业、高等院校、科研院所自愿组成的跨部门、跨所有制的非营利的行业性社会团体法人。现有会员单位304户，下设产业部、信息部、专家工作部和办公室，并成立有粉末冶金分会、硬面技术分会、青浦产业基地分会和无机新材料、降解材料、改性塑料专业委员会及标准化技术委员会。

2013主要工作：

一、加强学习培训工作，增强企业发展动力

4月上旬，组织各分会、专委会和部分会员单位在浙江象山举办“2013年上海市新材料协会（象山）工作会议暨创新人才培训班活动”，邀请专家就大家关心的专利民事诉讼、房产交易税、产品标准化以及商标品牌战略等热点、难点问题进行专题演讲与解答。4月下旬，与上海知识产权服务中心联合举办“知识产权引领企业创新发展报告会”，近百名会员单位出席会议。8月，邀请金融专家举行“新三版”挂牌融资知识讲座。

二、贴近中小企业需求，提供专项特色服务

上半年，组织10余户会员单位参加“第一届上海（国际）中小企业精品展”活动。年内，组织会员参加上海国际汽车制造技术、装备与材料等展览会活动。还通过专题报告会、研讨座谈等形式，为会员单位在信贷、融投资、专利申请、项目申报、标准化管理以及争创名牌产品和驰名商标等方面提供专项服务。并根据企业不同需求，组织专家上门提供个性化服务。全年共走访会员单位110多户（其中80%以上是中小企业），为培育和助推中小企业创新发展，发挥了桥梁和纽带作用。

三、发挥协会工作特色，当好政府参谋助手

围绕“十二五”规划的目标任务，结合上海实际，组织专家和企业家结合产业发展趋势、产业基地运行机制、重大战略新兴产业项目对接等方面开展大量调研工作，年内完成《上海新材料产业创新发展研究报告》（市科委张江开发区和徐汇区科委委托课题）、《2012年上海新材料产业发展报告》（市经信委课题），以及配合华谊（集团）完成《先进高分子材料的市场、产业化发展研究报告》。课题对上海新材料产业发展中的机遇和挑战进行分析和解读，提出发展重点和措施建议，为政府有关部门在制定产业发展方向、政策扶持及决策等方面提供参考。

四、拓展高峰论坛影响力，助推新材料产业发展

5月11日，与上海股权协会共同主办“2013年中国

（上海）国际新材料产业发展和资本创新高峰论坛”。近600位来自新材料领域的专家、企业家和投融资机构，以及兄弟省市行业协会、高新产业园区、政府有关委办领导等嘉宾，围绕“材料改变未来，资本推动创新”主题，展开专题研讨和互动交流。论坛把多种资源聚焦、放大，为提升产业能级，促进“产、学、研、用”发挥了重要作用。12月20日，与东华大学联合举办以“发展新型功能材料、推进教学工程化”为主题的第三届新材料企业家与高校材料学院院长高峰论坛活动。27位企业家代表和13位高校材料学院院长、教授会上在企、校联合开发应用科研成果、促进高校教学工程化、建立人才培训基地等方面进行交流发言，并提出建立互利合作共赢机制等方面的建议和措施。

五、追求卓越质量和标准，提升产业引领能力

4月下旬，与市知识产权服务中心联合举行“知识产权引领企业创新发展报告会”；在《新材料》月刊上开辟商标战略专栏，供会员学习；特别是注册成功上海市新材料协会图形商标，为行业实施商标战略、开展商标服务提供有效载体和抓手。下半年，组织会员单位开展质量月主题活动，9月中旬，在上海硅酸盐所举行“质量兴企、品牌兴企”专题报告会，请市质监局管理处领导到会作《上海市质量发展规划》解读，会上对评上“行业质量信得过标兵单位”举行授牌仪式。10月，举办“上海市新型功能新材料技术标准创新联盟试点启动仪式暨2013年世界标准日活动”。年内还组织专家召开“海工特种水泥标准修订暨产业化前景研讨会”，成立联盟标准化技术委员会，并着手工作。开展各项活动增强企业“以质取胜、品牌发展、标准引领”的理念。

六、加强产业联盟工作，促进省际合作共赢

牵头正常产业联盟活动，做了五方面工作。一是了解联盟成员需求，开展对口交流和互访活动。年初组织企业家出席“2013林都伊春（上海浦东）产业项目推介会”和“邯郸市、晋南新区投资说明会”；年中与湖南常德、湖北黄石市府有关部门进行交流，并组织企业家回访；还先后走访江苏东台、宿迁、常州，浙江平湖等开发区，促进区域发展。二是开展资源共享活动。先后编制三版上海新材料产品目录，在获悉兄弟省市开始做这项工作，即将编制成果无偿提供给同业协会。三是在《新材料》月刊和协会网站上开辟“泛长三角信息专栏”，交流联盟成员和兄弟省市协会的工作经验；为联盟单位招商引资进行专题宣传，受到好评。四是邀请联盟成员参加有关高峰论坛活动，组织产业转型发展研讨会，并请专家解读上海自贸区政策情况，参观上海国际创新材料馆和上海第15届工博会。五是积极发展联盟新成员。年内共吸收联盟新成员6家，目前产业联盟内共有40家成员单位，分布全国，从黑龙江伊春到海南岛涉及8省10多个市。

七、调动分支机构积极性，凸显丰富多彩的服务成果

1．粉末冶金分会成功举办“上海国际粉末冶金工业展览会和相关高峰论坛”，并参与主办“第二届中国（上海）粉末冶金与先进材料国际学术会议”，其筹建的“上海粉末冶金汽车材料工程技术研究中心”，已通过市科委的评估。

2．青浦产业基地分会通过组织企业参加各类专业性和综合性展会，常年为企业提供营销推广的服务平台，帮助企业走出去，推动企业创业成长。下半年，根据科技部火炬中心的要求，开展火炬计划青浦新材料产业基地的复核工作。

3．改性塑料专委会在金发科技的支持下，成功举办“中国第四届（2013）净水行业高峰论坛”，并组织企业参加“聚合物向荣技术国际高峰论坛”及有关高分子产学研合作对接活动。合作参与的“本体ABS环境友好改性技术研发及万吨级应用示范”项目获市科委重点支持，“上海工程塑料功能化工程技术研究中心”也已通过上级验收。

4．降解材料专委会围绕聚乳酸等环保材料生产，积极在长三角地区发展新成员。在马鞍山市政府的推动下，共同启动建设“马鞍山市聚乳酸应用工程技术研究中心”。参与编制国家“十二五”生物产业规范，促使《生物基材料》列入专项。

5．硬面技术分会重视企业创新人才培训，组织企业参加学习培训、考察交流和产业研讨等活动，积极参与技术标准创新联盟试点等工作。

八、加强自身建设，提升服务能级

在华谊（集团）的支持下，由市经信委扶持创建的信息平台项目于2013年建成投入试运行，为协会提升公共服务质量、提高管理工作效率、实现企业、行业和政府信息资源共享，提供了良好条件。年内，协会首次编制出版新材料年鉴，反映2012年上海新材料产业发展情况，还汇集产业规划与政策、产品目录及专家文章等内容，是一部向全国发行的工具书。协会重视以党建带会建，以创先争优、群众路线和党的优良传统教育等活动为载体，党员带头，克服任务重、事务多、人手少的困难，完成各项任务，协会被评为4A级行业协会，在市工经联“七一”表彰会上，党支部被评为优秀党支部。

（魏安卿）

上海电子商会

上海电子商会（上海电子制造行业协会）成立于2002年4月，是由本市从事电子业制造、服务、采购经销企业，相关大学、科研院所、信息中心以及协会、学会等单位自愿组成的地区性跨部门、跨所有制的行业社团组织。现有会员单位近200户。

2013年主要工作：

一、强化服务功能

1．积极走访会员企业，了解企业运行情况，听取会员企业诉求。

2．重视会员企业需求，及时研究、认真落实。先后组织仪电电子股份公司、宝信软件公司、仪电信息（集团）公司、纪元微科等公司开展业务拜访交流和业务对接活动。在企业现场办公，一一落实相关人员及具体实施措施，受到企业高度称赞，并在张江在线和市工经联网站上进行登载。

3．为会员企业科技人员开展职称评定。

4．协助会员企业项目申报。

5．关心企业负责人，继续开展生日、体检、中秋等活动。

6．加强信息交流、信息服务。会刊《上海电子信息》按月出版12期，并进行大幅改版，增加“会员风采”、“会员信息”、“协会动态”栏目报道量，图文并茂，受到会员单位的欢迎。协会上海电子网每天更新市场信息。

7．加强诚信建设，年内又有6户公司星级评定升级。

8．开展业务培训。举办“中小企业发展专项资金项目申报”培训和“技改项目申报”培训。

9．加强为中小企业融资服务。

10．加强与政府沟通，发挥政府与企业的桥梁作用。同时积极争取课题项目，提高承接政府职能转移的能力。

二、积极开展各项活动，加强会员间交流、联谊，增强凝聚力

1．承办由中国电子商会和百度公司主办的2013年百度翔计划助力中小企业成长峰会暨“中国企业如何利用网络进行宣传推广扩大经营—搜赢大数据时代”讲座。

2．协办佛山市禅城区科技产业融合创新上海洽谈会，邀请100余户制造业企业家与会。

3．支持流通分会举办迎国庆第三届“流通杯”乒乓球友谊赛，与元器件行业协会联合举办联合协会杯高尔夫友谊对抗赛，增进友谊，增强凝聚力。

4．与元器件协会联合组团赴台湾，参观2013年台北电子展、宽带展、云端展。

5．召开“中国（上海）自贸区政策解读和张江高科技园区管优惠政策解读报告会”，浦东新区商委陆主任和张江高科技园区管委会张处长作精彩报告。

6．开展帮困助学活动，组织对江西新余市水西、马洪2镇50名贫困学生进行为期5年的助学活动，得到会长、理事和会员单位的大力支持。

7．充分发挥专业委员会作用，使协会活动更加丰富多彩。

8．举办上海电子商会中小企业沙龙活动，开展业务交流。

9．成立绿色照明应用专委会，形成以上海亚明照明公司为龙头企业的30多户跨地域绿色照明企业产业链，引领绿色照明优势互补，实现产业资源最大化，最优化，促进绿色照明产业又好又快发展。专委会成立后，多次组织照明零部件会员企业与照明成品会员企业互动对接活动，又多次组织照明软件设计、智能模块、项目公司、产品制造公司会员企业的互动对接，推动能源管理市场的发展。

三、大力发展新会员

经秘书处积极努力，发展新会员20户，进一步扩大会员覆盖面，增强了行业代表性。

四、加强自身建设，不断提升创新能力、服务能力和承接执行能力

1．定期召开会长会议和理事会会议。全年召开会长会议3次，理事会会议2次，加强会长和理事会对协会工作的领导。

2．完成市社团局2012年年检。

3．制定并执行每周秘书处例会制度，汇报总结上周工作，研究落实本周工作，充分发挥工作人员积极性。

4．积极参加市经信委、市社团局和市工经联组织的各项活动和培训，加强中国电子商会、兄弟省市电子商会、台湾电电公会及本市兄弟协会的沟通、协作、资源共享，不断扩大协会影响。

5．积极创新、努力创收。年内积极争取课题，努力承接项目，大力组织活动，不断创赢创收，使本年度财务收支明显好于上年。

（李　瑾）

上海市信息服务业行业协会

上海市信息服务业行业协会（原上海市互联网信息服务业协会）成立于2001年1月18日，是由本市信息服务业企业自愿组成的非营利性社会团体。下设9个专业委员会、4个中心、3个联盟、1个分会、1个工作组、1个办公室和1个基金会。其中，9个专业委员会为企业信息化应用推广工作委员会、社区信息化应用推广工作委员会、数码互动娱乐专业委员会、动漫产业专业委员会、网络教育专业委员会、数字内容专业委员会、移动互联网专业委员会、数字出版专业委员会和金融信息服务专业委员会；4个中心为上海市互联网违法与违规信息举报中心、上海信息服务人才培训中心、上海数字内容产业促进中心、上海市数字健康信息中心；3个联盟为上海市电子书产业发展联盟、上海市严肃游戏产业发展联盟、反盗号绿色联盟；1个分会是上海浦东新区数字媒体行业协会以及全国信息技术标准化技术委员会电子书标准工作组交互平台专题组、中国青少年数字创意行动组委会办公室、中国扶贫基金会信息扶贫专项基金。

2013年主要工作：

一、搭建平台，整合资源，提升社会服务新水平

年内召开三届六次理事会；吸纳会员企业90户，会员企业总数已达487户。在为会员服务方面，及时发送政府项目申报信息近20项。其中，第十二届上海IT青年十大新锐中有5人来自会员单位，第六届上海市优秀网站评选活动有85户会员单位通过协会报名，评选2014年度“专、精、特、新”中小企业项目有30家通过协会上报材料，市企业“诚信创建”活动有50户企业由协会推荐。推荐7户单位纳入市经信委《企业标识（LOGO）精辑》征集出版的工作，协会已成为业内大部分企业了解政府政策、参与政府活动、接受政府调研重要桥梁。还协同主办第四届大学生科技创新创业大赛、APP手机应用大赛，上海市第三届、第四届婚恋博览会。第六届中国游戏开发者大会（GDC），全球云计算大会中国站，亚太第四届中国数字营销变革峰会，IS风云会等知名活动。

6月，在市经信委的指导下，搭建新平台——上海移动互联网产业发展联盟，发起单位40户，首批成员单位130余户，包括电信、联通、腾讯、华为、百度、交通银行、复旦、交大、盛大、银联等移动互联网产业链中知名企业。联盟以产业为主线、以应用为导向，依托本市移动互联网产业链各环节龙头企业，凝聚上海市乃至国内外移动互联网产业链上下游资源，增进产业链中各类企业信息互通，促进形成优秀移动互联网产品商业模式和品牌，最终推动移动互联网产业大发展。

10月，协助完成上海市智慧城市宣传周工作，成功策划举办2场智慧城市进社区路演活动，邀请台湾著名主持人曹启泰、上海电影制片厂著名配音演员刘广宁、沪上知名脱口秀明星蔡嘎亮为市民带来精彩表演，宣传智慧城市给市民带来的便利。此外，还编撰《我身边的智慧城市II》宣传册向市民免费发放数10万册，组织几十户企业参加信息消费促销日活动等。

10月，下属信息服务人才培训中心向市经信委人教处申报的课程获批，包括开设互联网搜索引擎优化实用技巧、互联网搜索营销策略与管理、企业电子商务技术拓展——网店运营与管理实用技巧、企业网站数据运维分析与管理等4门上海市工业信息化人才继续教育课程，成为职称评定等方面的重要依据。

二、制定标准，细化准则，迈上行业规范新台阶

数字化营销方面，筹建发起成立中国数字化营销与服务联盟，已确定吸收腾讯、百度、新浪等在内的约10家理事单位，以及联结标准工作核心组成员腾讯、百度、新浪、凤凰、好耶等约20户企业，分别于5月在上海、11月在北京共2次与中国电子化技术标准研究院召开有关标准坐谈研讨会，并取得一定会议成果。

网络信贷方面，在上半年制定《网络信贷联盟自律公约》基础上，下半年发布上海网络信贷服务业企业联盟《网络借贷行业标准》，抬高行业门槛，细化了行业标准。2013年，据不完全统计全国有60余家P2P平台发生提现困难或跑路、倒闭，但无一发生在上海，这与长期致力于组织上海P2P企业共同遵守行业自律是分不开的。历来以网络信贷联盟为工作抓手，坚持组织“网络信贷联盟企业”代表与中国银监会、央行等金融监管部门召开调研会，召开“网络信贷规范自律，促进上海金融信息服务业发展”新闻发布会，定期召开工作例会，努力建立与政府沟通长效机制。年内通过工作例会形成8期《网络信贷服务业企业联盟工作动态》报市政府经信委、金融办等有关部门，内容包括累计成交金额、90天逾期率，并对交易量和市场进行深入分析与研究，协助政府部门研判行业发展状况与行业风险情况。

网络游戏方面，召开关于《网络游戏行业服务规范》达标验收工作的宣导会，共有94户网游企业参加会议，市经信委、文广局领导出席会议。完成上海市网络游戏地方服务标准的验收工作，近100户本市网络游戏企业参与验收，规范了网络游戏行业的服务规范。积极宣传维护信息安全和网络诚信，5月，市公安局联合市经信委、市网信办、市通管局及我会等5家协会举办“加强上海市网络信息安全保护自律倡议书签约仪式”。9月，与上海市信息化青年人才协会等7家协会向广大网民发出倡议——坚守“7条底线”，共建网络文明，积极传播正能量，弘扬主旋律，营造健康向上网络环境。

三、与时俱进，切合实际，打开党建新局面

目前，协会党委下辖党总支1家、党支部33家，有党员1008名。年内新成立1家党支部，转入1家党支部，预备党员转正6名，发展党员7名；共有7名党员参加入党积极分子培训，2名党支部书记参加党支部书记培训。党委落实党建各项工作，一是认真学习贯彻党的十八大精神，用先进思想武装头脑。定期组织党员交流会、培训会和学习活动，统一广大党员的思想，增强“3个自信”。二是坚持定期召开党支部书记会议，破解“两新”党建难题，定期组织支部书记开展多形式例会活动，包括党建工作交流、组织参观先进单位、交流企业文化建设、学习传达中央和市委会议精神等，并要求各党支部结合实际情况，认真梳理问题，探讨寻找解决问题思路或措施，形成研讨材料。三是成立上海市信息服务业党外人才联谊会，做好统战工作。一方面进一步培养青年人才积极向党靠拢；另一方面发挥党外人士作用，为上海经济建设作出更大贡献。目前，党外人才联谊会已聚集近30名党外人才。

四、抢工抢效，多地互动，开创区县合作新思路

与徐汇、宝山、虹口、杨浦、黄浦、嘉定等多区、县合作开展一系列促进产业发展的各项活动。与虹口区合作举办第四届大学生科技创新创业大赛，共吸引全国各地近5万名青年创业者报名参赛，成为激发青年人创新创业精神，展示科技创新才智，培养人才，实现梦想舞台。与徐汇区共同举办首届上海市徐汇－联通杯移动互联网应用大赛。与徐汇、黄浦、嘉定区共同举办“汇聚移动互联，引领未来生活——第五届移动互联网产业发展高峰论坛”。与宝山区合作召开上海移动互联网产业发展联盟成立大会，以及“网罗天下·贷动未来”2013上海金融信息服务业年度峰会暨互联网金融高峰论坛；与静安、虹口区分别合作开展我身边的智慧城市路演活动。与杨浦区合作组织编写移动互联网产业发展研究报告等。

五、新旧博弈，聚众合力，探索移动互联新趋势

12月2日，召开“汇聚移动互联，引领未来生活——第五届移动互联网产业发展高峰论坛”，邀请中国工程院院士、中国互联网协会理事长邬贺铨，腾讯副总裁郑志昊，联通沃商店总经理魏欣等业内著名专家、企业家作主题演讲。来自上海移动互联网产业专家、学者、企业家800多人汇聚一堂，共议移动互联网发展大计。市经信委副主任邵志清在会上作“抓住机遇，继续推动上海移动互联网快速发展”主题演讲。会上，邬院长所作的“移动互联网与产业变革”主题演讲预测了2014年移动互联网20个趋势。

六、信而有征，网罗天下，迎接网络金融新挑战

12月18日，在上海婚礼中心金色大厅成功举办“网罗天下·贷动未来”2013上海金融信息服务业年度峰会暨互联网金融高峰论坛，上海现代服务业联合会会长周禹鹏、市经信委主任李耀新、市金融副主任吴俊、市通信管理局副局长孙万毅、宝山区委常委副区长夏雨、副区长秦文波等领导出席。李耀新主任作“让金融插上互联网翅膀”主题演讲。论坛上，启动联盟《2013上海网络信贷服务业白皮书》编撰工作，并发布《网络借贷行业标准》。北京、深圳、广州等地从事金融信息服务企业家赶赴上海，共襄盛举；中央电视台、上海发布、第一财经、上海热线等媒体竞作专题报道。

年内协会第七次被中国游戏行业年会评为“2013年度全国优秀动漫游戏协会”，被现代联合会授予“2012年度荣誉奖”，被上海市工业经济联合会授予“2010-2011年市先进行业协会”光荣称号。秘书长马海湧被评为“上海市十大社会工作突出贡献人才”、常务副秘书长江英被评为“上海市行业协会先进工作者”。还积极主动承担社会责任，雅安灾情发生后，迅速募集捐款12.68万元，为救助灾区同胞奉献爱心，并出色完成上海市5A级行业协会迎评工作。

（秦文沁）

上海市通信制造业行业协会

上海市通信制造业行业协会成立于2002年3月，是由上海贝尔股份有限公司、上海大唐移动通信设备有限公司、上海普天邮通科技股份有限公司、诺基亚西门子通信（上海）有限公司、上海光通信公司、联芯科技有限公司、上海华为技术有限公司、中国电信股份有限公司上海分公司、上海闻泰电子科技有限公司、英华达（上海）电子有限公司、希姆通信息技术（上海）有限公司等单位自愿组织的行业社团组织。

2013年主要工作：

一、拓展合作崭新渠道，促进行业整体发展

1．产品展示舞台多，品牌建设共探索。受台北贸易中心邀请，组织15户会员单位代表赴台参观第39届台北国际电子产业科技展、第6届台湾国际宽频通讯展与第2届台湾国际云端科技与物联网展。展会期间，相关会员单位代表根据公司业务和采购需求，参访台湾当地电子通讯特别是相关零部件企业，开展采购洽谈，以促进海峡两岸产业合作对接。协会已和台北贸易中心建立良好长期合作关系，定期组织企业参加各类主题推广活动，进一步加深两岸合作交流。

年内，对全市手机品牌企业开展梳理、摸底、调研、座谈工作，了解各品牌的建设情况、发展目标计划，并邀请市政府品牌办公室相关领导至会员单位青橙实业专题调研，会上通过政府引荐人民网媒体资源，成功为企业在媒体网站打造了"'品牌上海'之青橙"专栏。还通过园企对接、产业链对接、项目引荐等开展多样化服务，全面助推本市智能终端品牌建设发展。

2．产业对接重实效，联盟活动求突破。先后与市集成电路行业协会举办"智能终端与集成电路设计企业交流对接会"，20余户企业的近50位代表参会，会议为业内知名芯片公司与终端设计公司开展对接并创造合作商机；还与市光电子行业协会共同主办"智能终端与新型显示企业对接会"，与会企业围绕智能终端显示部件进行深入交流探讨，会后青橙实业与和辉光电达成初步合作意向。组织一系列活动，促成产业链上下游供需交流探讨，助推本土企业提高核心竞争力。

上海TD-LTE产业技术创新战略联盟围绕会展、行业标准制定及项目申报等方面开展系列工作。年初，联盟配合市科委向成员单位征集并组织"2013年度技术标准专项研究方向建议"的申报，其中2户成员单位获得立项；年中，联盟承担市科委项目完成中期评估验收；同期联盟作为"2013年第二届亚洲移动通信博览会"战略合作伙伴，成功组织100余名专业观众观展，并在会场发放联盟宣传资料3000余份；联盟还多次和成员单位华东电信研究院开展测试专题讨论会。

3．产业统计重预警，应对服务伸援手。定期开展行业统计和经济运行分析工作，及时了解会员最新发展态势。此外，为维护国内产业安全，更好帮助企业面对国际竞争，协会还加大对产业安全数据直报的企业宣传力度，动员上海贝尔、斐讯、亿人通信和国基电子公司4户量大面广的重点企业参与申报。为每月按时、准确上报商务部和市商委数据平台，提供咨询服务，保障了数据传送的实效性。还坚持每年开展对规模以上进出口企业进行通信产品关税税率调整的调研工作，通过走访、电话、问卷调查等方式完成企业上报的产品税率、税目意见的征集工作，提出增列税目建议5项，调整进（出）口暂定税率建议2项。

作为公平贸易工作站，协会从多方面开展行业预警、维权工作，积极配合市商务委协助企业做好"印度对华发起了USB闪存驱动器反倾销调查"的应诉工作，利用在欧盟数据卡应对的经验积累帮助涉案企业开展相关沟通与协调工作，并辅导国内企业填写调查问卷，接受实地核查。继会员单位上海华勤与诺基亚专利应诉的持续，一如既往做好企业援助工作，一是多次参加企业庭前讨论会，推荐行业权威技术专家支持；二是沟通、协调相关部门，连续2年获得政府关注与支持；三是针对企业请求，市经信委领导陪同企业赴京与工信部科技司及电信研究院就标准专利的收费合理性问题及应对策略和谈判技巧等请部委领导给予指导与帮助，并根据行业需求和政府指示、要求与相关单位、机构联合开展知识产权、标准专利和反垄断专题研讨会。

二、会员服务踏实到位，组织活动形式多样

1．高端峰会开视野，专业培训层次多。与市知识产权服务中心、上外网络教育发展有限公司、飞翰律师事务所等单位先后组织举办知识产权专利、涉外贸易争端实务培训11场，分别是外贸知识产权应对实务企业培训会、产业专利分析实务培训班、2013年第二期专利情报分析员高级培训班、版权和商标的企业研讨会等，会员单位近120人参加。

2．平台建设新拓展，企业对接助合作。与上外网络教育发展有限公司继"成长中国"——涉外法律实务培训之后，为协会中小企业搭建了涉外贸易对外网络产品宣传平台，为涉外中小企业提供涉外网站的设计、管理和一系列配套专业人才服务，为其在走向海外市场过程中提供1个全方位的服务平台。

在加大与上海各大园区开展招商引资、进行项目对接的同时，更加注重以会员企业自身产品特色开展双向及多向的对接交流，并取得一些新的推进，促成科企公司与宝信软件在桌面虚拟化系统项目的合作、斐讯和创远仪器在终端设备测试的合作、华申公司和盛本在行业定制智能终端的合作、奇力浦与神达电脑在无线路由代理项目的合作等。企业间的对接体现协会在满足共性需求基础上逐步突出个性化服务需求的探索。

3．评优推荐严把关，人才服务出实效。站在公平、公正的行业立场，在企业申报各类政府专项资金过程中，通过提供前期申报的咨询服务，及终期审核的材料校对，共为11户会员单位出具了五大类14项推荐意见。其中上海名牌有希姆通、斐讯数据、上海普天邮通、上海乐通和上海宽岱电讯、上海欣民通信6户单位；领军人才为上海大唐移动和博达数据2户单位；著名商标是斐讯数据、上海乐通、会畅通讯、大汉三通4户单位；专利优势企业有上海大唐移动1户单位；上海专利试点企业，为上海大唐移动1户单位，上海大唐移动还通过专利优势企业的评定。

继续开展首席技术人才相关推荐工作，根据市人社局关于开展2013年技能大师工作室及首席技师千人计划资助工作通知的规定，经推荐3户会员单位获得项目资助，分别是上海贝尔的杨海良、上海大唐移动的张勇和凤凰光学的刘位根。其中，上海大唐移动连续2年获得该项资助，资助金额每户3.5万元。

三、调研走访政策建言，市区协同产业集聚

1．协助政府重调研，项目征集贴实际。先后赴会员单位上海贝尔、诺西、博达、希姆通、展讯、龙旗、众达、盛本等业内重点企业开展各类调研60余次。通过调研，企业向相关领导提出了在人才引进、研产用地、资金及政策方面的实际需求，并为政府第一时间了解企业实情，制定政策提供了重要的决策参考依据。

及时对接各级政府委办，开展项目征集、申报工作。为做好国家新一代宽带无线移动通信网重大专项2014年课题指南的编制，配合市经信委征集相关企业建议；协助多户会员单位参与市级战略性新兴产业项目申报工作；组织召开03专项专题座谈会议，邀请重点会员单位积极参与项目讨论对接；配合市经信委征集2014年软件和集成电路项目指南意见，收到来自10余户会员单位的建议反馈。

2．区县对接扩范围，园区交流促招商。重点与5个区县开展对接，其中新拓展与金山区、松江区政府的对接，并进一步巩固加强与浦东、徐汇、黄浦等区政府的合作对接。年内，与金山区山阳镇签订结对共建协议，包括协会在内的8家市级电子信息制造业协会共同与金山工业区党工委签署《战略合作框架协议》，驻金山区工作站正式挂牌；还与松江区经委进行对接交流，了解松江区通信产业和企业情况；和徐汇区科委签订区内通信设备行业摸底及运行分析服务协议，进一步加强了区县产业聚焦的力度。

年内还特别加强与重点园区交流及招商服务。与金桥临港综合区投资开发有限公司进行交流，对方提出希望借助协会平台帮助金桥在临港设立园区开展招商引资工作，目前协会已有数户会员企业在该园区购地。此外，为满足会员企业发展需求，还与金桥园区、康桥园区、金山工业园、嘉定工业园、周浦智慧产业园、闵行爱登堡电梯科技产业园等进行广泛接触，使企业与园区在第一时间了解到双方需求，创造招商和投资机遇。

3．课题研究与时进，政策解读新热点。编制完成《上海电子信息制造业产业研究报告2012》、《通信终端领域专利现状分析及应对策略研究》、《2013年浦东新区通信产业发展报告》、《2012年徐汇区电子信息制造业行业分析报告》。其他如《上海智能制造产业研究报告》、《TD-LTE产业发展研究报告》等课题正在材料收集、编撰过程中。课题合作研究，密切了协会同区县政府部门的联系，也为政府相关职能部门利用社会组织资源，挖掘新兴产业领域企业，帮助企业做大做强，带领区内企业共同发展提供了重要帮助。

开展系列政策解读活动。在浦东新区科技认定服务中心、浦东国民经济与信息化推进中心的大力支持下，连续举行3场新区政策解读会，内容涵盖新兴产业、自贸区、企业资质认定等相关政策，参会人数共140余位。还与上海交大继续教育学院合作开展多项培训活动，针对业内中小企业高层领导举办资本运营高级总裁研修班、现代企业EMBA研修班等，并为会员提供免费课程机会。

四、夯实协会基础工作，创新思路优化服务

1．会员发展量提升，信息服务新平台。新发展会员企业20户，协会会费收入近26万元，比上年有明显递增。网站在原有功能上进行细化和完善，新增“会员动态”和“会员信息”专栏，帮助企业宣传新技术、新产品和取得的荣誉成绩等。另还新增滚动栏，发布重要活动通知和信息。与时俱进，创新服务模式，创建理事微信群和微信公共账号，及时传递信息、分享资讯、讨论问题和交流经验。至年末，微信公共账号关注人数已达100余人。

2．例会制度定方向，工作站点添职能。分别召开2次秘书长会议，围绕各领域产业发展的情况、趋势等，探讨和研究下一步工作。还与上海市研发公共平台管理中心就协会成立公共研发平台工作站事宜签订合作共建协议，工作站将为协会中小会员提供科技公共服务。

3．文档管理标准化，党建工作不放松。加强档案整理和保存工作，办公室实行专人负责，进行系统梳理分类，逐一编号入册。根据市社团局《关于开展行业协会评估工作的通知》要求，对协会历年举办的主要活动和工作，采取纸质档案和电子档案并存共用的管理方式，为协会规范化建设打好基础。此外，办公室对所有的会员信息进行数据录入，并建立会员单位数据库，便于掌握了解历年会员变化情况。

在党建工作方面，一是与市交通电子协会奔赴革命圣地延安开展红色之旅活动；二是顺利完成支部换届选举；三是完成党的群众路线实践活动第一阶段总结。支部还订购相关专业书刊，采取集中学习与个人自学相结合，以邮件与微信等现代通信方式进行交流与互动。

（潘国妹）

上海通信广播电视行业协会

上海通信广播电视行业协会成立于1985年，为本市通信广播电视设备开发、制造和服务行业企事业单位自愿组成的跨部门、跨所有制、非营利的行业性社会团体法人。现有各种所有制会员单位100余户。

2013年主要工作：

一、练好内功，发挥行业优势，积极为政府建言献策

3月，完成市经信委《上海智能安防产业链研究及发展建议》研究课题，对政府、企业在智能安防上的定位决策具有一定参考价值。下半年，向市经信委申请"智能光分配网络（IODN）产业思考和发展建议"课题，2014年1季度完成课题研究，对促进"宽带中国"战略的实施和发展有着重要意义。

二、坚持服务宗旨，创新协会工作

1．扩大对外交往，加强交流与合作，扩展协会空间，树立良好形象。年初，协会领导赴江苏拜访苏州市工业经济联合会，积极协调两地会员企业间产业链合作事宜，达成初步意向。3月，再赴苏州市工业经济联合会，进一步沟通产业链的对接事宜，努力构筑双赢局面，共同推动长三角地区电子信息产业发展。6月，应苏州市工经联的建议，积极搭建交流平台，引荐市工经联（经团联）有关领导赴会员单位苏州科达科技有限公司设在上海的研发中心"上海领世通信技术开发有限公司"进行视察和调研，参观产品展示及现场演示分享科达云视讯的技术特点和应用模式，了解科达为用户创造视讯与安防新价值。通过现场接触交流，增强双方了解沟通，为两地共同寻找市场发展机遇提供契机。为继续深化上海和苏州双方行业间的经济合作，优化发展环境，协会邀请市经信委史文军副巡视员、综合规划处处长和市经团联党委书记兼副会长胡云芳等领导再次来到上海领世通信技术开发有限公司进行调研。市领导对上海领世科技开发有限公司高瞻远瞩的行业开发战略给以高度评价，希望结合视频会议推广运用，与上海城市智慧城市管理相融合，创造更多发展机遇。

2．创新协会工作，提高服务水平，积极发挥桥梁纽带作用。为推进普天邮通信息化和工业化融合，加快产业结构调整，协会积极向市经信委有关部门汇报反映。9月，陪同上海普天邮通信科技股份有限公司有关领导前往市经信委信息化推进处，就企业在申报，二化融合项目、成果应用及示范效应等关键问题进行咨询，得到信息化推进处领导热情接待，并对相关问题作详尽的介绍。

11月，邀请信息化推进处领导和普天邮通有关领导，以及苏州科达科技有限公司董事长，还有广电北陆微电子副总一起到协会座谈、研讨新能源车项目与物联网技术融合，以及先进通信模式的政府政策扶持等产业发展热点话题。同月，陪同市经信委信息化推进处领导，莅临上海普天邮通实地考察与指导，先后参观上海普天展示厅、普天科技园区充电桩群和充电演示、普天科技园区模型。上海普天总裁介绍了上海普天产业发展现状、前景。市领导在现场就市经信委在推进二化融合和智慧园区建设的一些关键政策上作了具体指导和解读。

协会既做大型国企的桥梁，也是小型民营企业上下联系的纽带。上海迪生通讯电脑有限公司是1户专业承接安防工程项目的民营小企业，当协会了解到迪生公司希望进一步规范企业升级发展，把质量管理体系认证提上议事日程时，立即与市质监检验技术研究院有关领导沟通帮助落实，双方达成合作意向。迪生公司因合同采购的产品质量问题，而引发复杂纠纷，主动找到协会，求助法律咨询。协会法律顾问上海山田律师事务所很快与迪生公司取得联系，上门服务，以法律专业视角提供详细咨询意见和建议，切实为企业规避风险健康发展保驾护航。

3．创新服务企业模式，探索法律咨询平台巡回走访新机制。协会法律咨询部尝试主动巡访方式，进一步加强与会员单位联系。会同山田法律顾问走访上海长丰智能卡有限公司、上海丰宝电子信息科技有限公司、上海冠林西科姆智能科技有限公司、上海仪电显示材料有限公司、上海大丰电子有限公司、上海飞乐音响工程技术分公司、上海广电维修技术服务有限公司、上海迪生通讯电脑有限公司、上海松下微波炉有限公司，加上担任常年法律顾问的上海普林电子有限公司、上海广联电子有限公司以及上海广电北陆微电子有限公司等共12户会员企业，通过相互交流，情况沟通，了解需求，为行业稳定发展努力提供法律保障。

4．关注社会热点，扩展培训领域，坚持面向企业，持久提供行业的公益活动。国家正式批准设立中国（上海）自由贸易试验区，协会及时邀请自贸区有关专家，在六届三次（扩大）理事会上作为重要议程开设专题讲座，为会员单位领导做讲解，精彩演讲博得好评。9月5日，假座上海普天邮通科技股份有限公司，邀请有关企业领导共同专题研讨《劳动合同法》修改的有关内容，深入探讨新规下用工机制及应对方略，并邀请上海山田律师事务所张斌律师来到现场作辅导讲解。

5．积极开展中高级技术职称评定的服务工作。年内经协会推荐申报的中高级工程技术系列职称人员共有17名。其中高级工程师2名，工程师15名。

6．做好信息服务工作。加强秘书处人员自身服务能力建设，全体人员都参加了“诚信建设工作”和“企业社会责任”等培训班，为抓诚信建设等工作创造了有利条件。还充分利用统计、网站、杂志等多种信息服务手段，为会员企业提供即时有效的政策法规、国外技术性贸易壁垒预警、行业经济趋势分析、专家视点、产业动态等信息服务。

三、积极开展行业企业诚信创建活动，为建设“诚信”上海作贡献

多次举办诚信创建公益培训活动，年初召开六届二次会员大会上，特别邀请市“企业诚信创建”活动组委会老师，在会上作加强行业诚信体系建设，开展企业诚信创建活动的重点演讲。年底，完成“2013年行业协会诚信建设小结”。目前，已有14户会员单位，经过第三方专业机构征信，建立诚信档案，加入市“诚信创建企业”行列。其中三星级有1户，二星级有11户，一星级有2户。

四、做好行业预警培训工作，为会员企业跨越技术性贸易壁垒提供实质性指导，提高摩擦应对能力

为积极应对欧洲国际贸易技术壁垒挑战，4月，假座上海亚明照明有限公司技术培训中心举办“LED照明产品标准的解析与答疑”培训班。该培训是协会承接市质量技术监督局TBT项目而开展的第二次专题培训。培训邀请国家电光源质量监督检验中心（上海）副主任、教授级高工、高级审核员俞安琪教授亲自授课，上海亚明照明有限公司等业内外有关单位工程技术人员70余名出席。年内还与技术机构合作，完成《行业协会应对技术性贸易措施的机制建设探索》研究报告，邀请行业专家编写LED产品出口美国市场等培训教材，2年里适时邀请协会专家免费为业内企业举办应对技术性贸易措施培训和讲座，深受企业欢迎和好评。12月13日，市商委公平贸易处正式宣布授予协会为第四批“上海市进出口公平贸易行业协会工作站”，将进一步鞭策和激励协会更好地为会员单位提供公平贸易方面的服务，做好贸易技术壁垒预警应对培训，帮助企业扩大出口，推动行业发展而不懈努力。

五、积极倡导绿色环保清洁安全生产，把推进节能减排、消防安全工作作为义不容辞的社会责任，并不断引向深入

年初，获得市节能减排（JJ）小组活动办授予“2011－2012年度‘上海市节能减排（JJ）小组活动优秀组织协会’”的荣誉称号。10月，与市节能减排（JJ）小组活动办公室共同组织举办节能减排（JJ）小组活动知识讲座培训班。会员企业上海松下半导体有限公司报送培训人员达31名，考试成绩平均在90分以上，并为成绩合格者颁发合格证书。迄今，协会已累计培训30余户企业约462人次，覆盖面达1/3以上。消防安全管理持证上岗培训已纳入协会日常工作范畴。7月，与上海智能消防学校共同举行消防劳动技能竞赛，会员企业上海华鑫置业有限公司、上海广电晶新平面显示器有限公司、上海广电北陆微电子有限公司以及上海松下半导体有限公司等有关单位，共输送9名学员参加竞赛，均取得消防管理员（中级）证书。

六、宣传行业品牌，上海通信广播电视行业协会联合主办“2013第五届上海国际数字标牌及触摸屏技术展”

9月4-6日，与上海市多媒体行业协会、中国电子视像行业协会大屏幕投影显示分会等单位联合主办的“2013第五届上海国际数字标牌及触摸屏技术展”，在上海浦东世博展览馆正式开幕。协会领导陪同市商务委员会外贸促进处领导观摩展会。上海仪电控股（集团）公司旗下上海广电光显技术有限公司展出自行研发、自主知识产权的大型触摸式教学显示屏，性能优异，吸引不少观众。同期，还举办10余场行业高峰论坛，演讲行业发展新技术、新趋势。

七、引导企业塑造企业责任文化，提升企业形象

与市经团联、上海质量协会等单位联合举办“第十七期企业社会责任培训班”。协会共有31户会员单位约40位代表参加，占全体培训人员半数。经试卷测评后，为每位参训代表颁发由上海质量教育培训中心出具的《企业社会责任培训证书》。

八、积极开展企业质量诚信建设工作

组织企业专家积极参与市质量技术监督局、市标准化研究院的具体实施《DB31/T597 2012企业质量信用分级评价准则第1部分：制造业企业》细则研讨会，一为政府进一步完善准则的可操作性提供了有价值的信息，二为企业逐步完善质量信用分级评价体系打下了良好的基础，也为企业进行示范试点做好了前期宣传。

九、加强自身建设，自律发展，遵循章程，民主办会

1．遵循章程定期召开理事会。3月12日，召开第六届第二次会员（代表）大会暨六届二次理事会。会上，通过《2012年度协会工作报告和2013年工作打算》、《2012年度财务收支报告》、《新会员单位、新理事单位介绍并提请审议的提案》等文件和报告，特别邀请市“企业诚信创建”活动组委会老师，就加强行业诚信体系建设，开展企业诚信创建活动等作指导性演讲，深获好评。12月25日，在上海通信技术有限公司召开六届三次理事会。会议除汇报协会2013年工作总结以及2014年工作打算以外，还邀请上海自贸试验区有关专家学者，为大家专题讲解与当前全面深化改革形势密切相关的热点话题，在转型创新的大背景下，为企业寻求发展契机。

2. 积极发展会员。为了提高行业覆盖率提升协会行业代表性，发展上海苏州科达科技股份有限公司等4户单位加入协会。

（程明华）

上海电子元器件行业协会

上海电子元器件行业协会成立于1989年5月，是本市及周边地区电子元器件企事业单位自愿组成的跨部门、跨所有制的非营利的行业性社团法人。现有会员单位142余户。

2013年主要工作：

一、以服务会员为第一要旨，开展日常工作

1. 开好会员大会与理事会。1月9日、3月26日，分别召开五届三次理事会及五届二次会员大会，秘书处从9个方面向大会报告了2012年工作总结，并提出2013年工作要点14项。7月24日，在上海华美达和平大酒店召开五届四次理事工作会议，秘书长作2013上半年度工作报告，其中重点介绍上半年发展13户新会员，并首次引入通信广播电视行业协会、信息家电行业协会、电子制造行业协会3家团体会员；协会增强造血功能，财务呈现前所未有的良性运行。樊志强会长作总结发言，强调在上半年工作中引入通信广播电视等团体会员，非常有创意。4个协会优势互补，可在更广泛会员范围内进行业务、技术、配套等诸多方面互相渗透，联动发展，希望进一步发挥协会平台作用，加强会员间专业交流，捕捉商机，促进产业发展。

2. 以创新思路，努力打造“多元性长三角区域性特征行业协会”，策划专业组等活动。先后举办器件专业委员会、电容器专业委员会和电阻电位器、接插件、继电器、磁性材料专业委员会工作会议，继续完善专委会交流平台，促进会员单位交流，凸显长三角区域特征。

3. 举办“欣驰供销洽谈会”。9月25日，会同上海欣驰电子有限公司联合举办“上海欣驰电子有限公司供销洽谈会”，与会企业代表与欣驰集团的欣捷通电子公司等相关部门对接洽谈，促进会员间交流与发展。

4. 协助会员完成政府项目验收。包括国家高技术产业发展项目、电子信息产业振兴和技术改造专项上海飞乐股份有限公司的“汽车车身电子关键控制部件产业化项目”；国家中小企业发展专项资金项目上海元一电子有限公司的“企业技术中心自主创新能力提升项目”；市重点技术改造专项上海夏普电器有限公司的“新型节能环保家用电器生产线技术改造项目”、上海松下半导体有限公司的“建设高效的生产设施实现绿色产品升级换代技改项目”、上海日精仪器公司的“扩大先进汽车仪表产业化技改项目”；市引进技术的吸收与创新计划上海仪电智能电子有限公司的“高可靠电子标签封装芯片、新型无线移动通信及电子标签组合芯片的规模化生产”和上海市特色产业中小企业发展专项资金“高可靠性双界面模塑封装智能卡（银行卡）模块产业化”项目与上海浦江智能卡系统有限公司“金融IC卡及个人化产业化升级项目”；市重点技术改造专项上海三星广电电子器件有限公司的“IT产业用锂电池扩产技术改造项目”；行业协会发展专项资金的本会“上海通信用高频连接器的现状和发展趋势研究”项目。

5. 积极开展会员企业申报上海市名牌以及领军人物推荐工作。年内为5户企业申报上海市名牌以及领军人物，并精心做好书面推荐工作。

6. 有效开展职称申报服务。一是为会员单位专业技术人员申报职称，提供个性化服务；为申报高级政工师、高级工程师的人员联系安排论文的发表事宜。协会《电子元器件》刊物，是得到市政工职称评审办公室认可的政工论文发表刊物，安排发表会员单位政工论文6篇。协助工程技术人员联系落实发表高工论文4篇。还为申报高级政工师、高级工程师、高级经济师、工程师人员提供申报材料撰写的个别指导和审核。二是开展职称培训工作：举办1期“职称申报准备与材料撰写要求”培训，得到会员单位专业技术人员的欢迎。为方便专业技术人员针对申报职称需要的继续教育要求，联系市继续工程教育协会举办7期“知识产权公需科目继续教育培训”、6期“创新知识公需科目继续教育培训”（初级班）、2期“创新知识公需科目继续教育培训”（中级班）的培训。三是开展技能培训调查。为帮助提高一线员工技能等级，走访部分企业，了解对技能培训的需求，帮助争取政府补贴资金。全年共对会员单位298名农民工开展上岗培训，取得人社局技能鉴定中心颁发的上岗证，并获得每人300元的政府培训补贴资金。对会员单位一线员工开展技能培训，有10名员工获得国家职业资格二级（技师）证书，7名员工获得国家职业资格三级（高级工）证书，54名员工获得国家职业资格四级（中级工）证书。至年末，协会成员共有23人获高级职称，其中高级政工师4名，高级经济师7名，高级工程师12名，获得中级职称工程师31名。

二、举办丰富多彩活动

1. 9月28日，在美兰湖高尔夫俱乐部，联手电子制造、通信广播电视、信息家电行业协会举办上海电子元器件行业协会第五届“联合协会杯”高尔夫友谊对抗赛。

2．9月14日，在上海科技京城电子市场底楼大厅，协会联手电子商会，举办迎国庆第三届“流通杯”乒乓球友谊赛。

3．联手上海电子商会共同组团参观第39届台北国际电子产业科技展。该展会为亚洲最专业电子采购展，于10月8–11日在台北举行。此次展会以“电子行动——智能生活”为主题，汇集国内外千余家厂商展出的年度新品，聚焦电子零组件、电池电源、LED照明应用、仪器仪表、电机及产业制程设备、智能生活及消费电子、安全监控、RFID设备及服务等。

三、加强横向联系与合作

1．参与筹建8家行业协会金山工作站。为贯彻落实市委、市政府提出打造“杭州湾北岸先进制造业基地”战略部署以及金山区“聚焦发展、工业强区”发展目标，进一步促进先进装备制造及光电产业在金山区发展，同时探索行业协会服务地区经济的模式和效果，实现政府和协会的互利共赢。会同集成电路、通信制造、交通电子、计算机、光电子、信息家电、印制电路等8家电子信息制造业行业协会与金山区经委、金山工业区管理会合作，建立金山区工作站。5月14日，8家行业协会金山工作站揭牌仪式在金山工业区举行。9月16日，市工经联、金山区经委召开“行业协会驻金山区工作站工作会议”。各行业协会交流金山区工作站挂牌以来工作状况，金山区经委副主任对下阶段提出希望与要求。

2．与长兴县交流合作，再续新篇章。浙江长兴县槐坎乡领导多次与协会会谈；拜访协会副会长上海永星电子有限公司董事长、上海琪瑞电气照明有限公司董事长等会员企业领导。乡党委并选派年轻干部到协会进行挂职锻炼学习。

3．出席嘉兴信息产业交流会与（上海）推介会。10月11日，嘉兴市经信委、南湖区政府与上海市经信委、上海市电子信息十大行业协会联合举办“沪禾两地电子信息产业交流会”。嘉兴市经信委主任、嘉兴市南湖区领导分别介绍嘉兴市、南湖区电子信息产业基本情况。各行业协会交流发言。11月22日，嘉兴市政府在上海龙之梦万丽酒店，举办嘉兴信息产业（上海）推介会，电子元器件等10家行业协会秘书长应邀出席。

4．组织部分企业出席“佛山——上海产业经济发展交流会”。8月29日，组织飞乐股份、佳兴电子、伊利诺继电器、联宗电子、红讯无线电、元盈电子、富皓电子、金陵投资等10余户企业领导及相关人员出席在上海绿地万豪酒店举行的“广东佛山（禅城）—上海产业经济发展交流会”。会上，佛山市禅城区经济和科技促进局、投资促进局领导致辞及介绍禅城区总体环境。佛山市绿岛湖都市产业区、欧洲工业区、华南电源创新科技园负责人分别作园区介绍。上海近百家优秀先进制造企业、电子商务企业及创新科技企业、国内外知名金融及投资机构受邀出席。

5．协办“企业利用网络进行宣传推广扩大经营讲座”。6月6日，由中国电子商会、百度上海分公司主办，上海电子商会承办，上海电子元器件等行业协会协办的“搜赢大数据时代，2013百度翔计划助力中小企业成长峰会”在大宁福朋喜来登酒店宴会厅重举行。会员企业近50人出席会议。

6．与上海交通大学继续教育学院培训部合作，开展相关培训工作。在五届二次会员大会上，交大老师进行“管理者的思维助推器——思维导图”的专题培训，并就经济师培训等方面积极开展合作。还与上海交大继续教育学院中国民营企业战略执行研究所洽谈合作，致力于为发展中的民营企业提供战略执行辅导，帮助中国成长中的民营企业构建战略中心型组织，提升战略执行力，推动企业管理变革。

7．组团参展82届电子展、香港电子展、工博会。组织飞乐股份、克拉电子、环球电位器、飞乐天和电容器、佳兴电子、红讯无线电、雅光电子、联宗电子、南通康比电子、无锡连环合金、松山电子、长江无线电元件五厂等企业组成82届电子展联合展台，吸引大量观众驻足观看、交流。组织飞乐股份、广电电子科技、亚明照明等参展2013香港秋季电子展，受到观众青睐。还在仪电控股集团指导下，组织飞乐股份、仪电智能电子、亚明照明、仪电科学仪器等会员企业参展第十五届中国国际工业博览会。

8．召开仪电集团系统电子元器件、电子制造、通讯广播电视、照明、信息家电、仪器仪表等行业协会秘书长工作会议，商讨6个行业协会资源共享，共同发展举措。

9．出席第六届数字电视发展论坛。7月5日，组织部分会员企业应邀出席在浦东国际人才城酒店举办的第六届数字电视发展论坛——下一代电视发展浪潮下的三网融合战略《智能电视与现有视讯业务的融合发展》。

10．协助塑料行业协会宣传报道“亚洲第一，全球第二的CHINAPLAS2014国际橡塑展”。11月26日，应邀出席雅式展览服务有限公司举办的“2014年28届中国国际塑料橡胶工业展览会简介会”。

11．组织参与“2013汽车电子产业发展（上海）国际高峰论坛”。9月13日，在华亭宾馆，组织飞乐、上飞汽控、仪电科学仪器等部分会员企业，参加由市交通电子行业协会、国际汽车城（集团）有限公司联合主办的2013汽车电子产业发展（上海）国际高峰论坛，主题为“智能汽车技术应用展望”。

12．还与上海爱登堡高新技术开发有限公司、上海维诚信用风险咨询有限公司、上海山田律师事务所、上海市企业信用互助协会、上海万协全企业管理事务所开展交流，洽谈合作事宜。

四、发挥《电子元器件》月刊服务作用

在《电子元器件》月刊上，积极宣传市政府“关于进一步促进中小企业发展若干意见的实施意见”等相关政策，加强对“政策导读”、“技术交流”、“会员风采”、“经营之道”、“协会花絮”等栏目选稿，及封二、封三的配图排稿，刊物内容充实，获会员企业好评。

五、密切保持与政府沟通

1．出席市经团联四届四次会员大会。

2．参与完成《对行业协会“专业服务”的思考与建议》专题报告。报告由上海有色金属行业协会领衔，上海电子元器件行业协会等10家行业协会共同参与编撰市工经联行业发展研究课题，内容包括行业协会专业服务特色、存在的问题、建议与对策等3个部分。

3．加强与市中小企业服务中心交流。举办中小企业发展专项资金项目申报专题培训，邀请市中小企业发展服务中心科技部部长进行申报项目政策解读。率部分企业赴市中小企业服务中心进行专题咨询、参与答辩等活动。

4．向市经信委提供协会年鉴，反映电子元器件产业发展概况与趋势，提交中国工业企业品牌竞争力评价推荐名单。

5．参加市经信系统培训工作联络员会议、市企业社会责任报告发布报告会、行业协会发展研究专题会等。

6．出席上海电子信息制造业行业发展座谈会。10月10日，出席市经信委电子信息产业处在浙江嘉兴市召开的2013上海电子信息制造业行业发展座谈会（协会秘书长工作会议），进行协会工作汇报及交流发言。

7．加强与市商委工作交流。加强与市商务委公平贸易处工作联系。出席市商委举办的“上海市进出口公平贸易行业协会工作培训会”、“上海市进出口公平贸易行业协会工作会议”。

8．积极参与社团局相关活动。8月13日，出席“行业协会规范化建设评估”工作交流会。会议围绕推进社团规范化建设评估工作，促进社团健康发展，进行培训与工作交流。10月18日，市社团局召开“上海市行业协会行业自律与诚信创建活动推进会”，协会积极响应，努力提升社会公信力，树立良好行业诚信形象。

9．向社团局、工经联提供行业发展年鉴，完成年检、年审等工作。

六、增强造血功能，财务良性运行

1．全年协会主营收入比上年增加14%，会费收入只占主营收入的12.6%，财务状况收支平衡，有盈余，保持良性运行。年内发展新会员14户，包括引入3家行业协会为团体会员。

2．承担的课题“微波无源器件在国内航空航天领域的发展趋势研究”被列入《2013年上海市软件和集成电路产业发展专项资金》。

3．承担的“电化学传感器在物联网中的应用和发展趋势”项目，列入《2013年上海市经济和信息化行业协会发展专项资金》。

4．提供服务收入成为协会主收入的来源。如政府购买服务“微波无源器件在国内航空航天领域的发展趋势研究”、“电化学传感器在物联网中的应用和发展趋势”；为会员提供的服务收入，如完成飞乐股份软课题“汽车传感器的应用现状与趋势”及政府项目立项等。

5．指导、协助企业完成项目申报、立项。继续积极帮助企业申报各类政府项目，已为协会会员、非协会会员协助申报“中小企业发展基金”、“市重点技术改造项目”、“鼓励企业购买国际先进研发仪器设备项目”、“产、学、研”项目等。

6．积极探索助推仪电系统外、协会会员外的项目申报与立项，如为科技网络、能率、百佳、关勒铭等企业积极提供咨询服务等。

（祥　光）

上海市软件行业协会

上海市软件行业协会成立于1986年6月，是国内最早成立的软件行业协会之一。下设软件质量管理与过程改进、软件服务、软件知识产权、嵌入式系统与软件、开源软件和教育软件6个专业委员会，会员单位超过1200户。

2013年主要工作：

一、配合政府部门，做好产业政策建言和落实工作

1．积极建言反映行业诉求。积极参与工信部新《软件企业认定管理办法》研讨，努力表达上海软件企业对相关实施细则的具体要求，并会同市经信委起草书面政策建议呈送工信部，为上海积极争取有利于上海软件产业发展特点的政策环境发挥作用。新《软件企业认定管理办法》颁布后，按工信部要求，在市经信委、发改委、财政局、商务委、税务局等主管委办局领导下，积极参与《上海市软件企业认定办法实施细则》和《上海市规划布局内重点软件企业、集成电路设计企业认定办法实施细则》的起草，并坚决配合工信部各项新要求，调整流程及规章，适应64号文后的“双软认定”工作新形势。

2．政策宣贯和落实并重。按照市经信委、税务局等委办局要求，积极参与策划组织软件企业研发费加计扣除、软件开发人员奖励、软件企业年审等相关产业政策的宣贯培训工作，努力扩大政策影响，辅导更多企业享受相关政策扶持。年内支撑市经信委新认定软件企业493户、新登记软件产品超4320个，创历年来新高，完成软件企业年审及重新认定1737户。此外，办理进口软件产品登记133个。

3．开展2013−2014年度国家规划布局内重点软件企业申报工作。按《上海市规划布局内重点软件企业、重点集成电路设计企业认定管理办法（试行）》第四条规定，积极做好2013−2014年度重软的申报组织支撑工作，共有37户软件企业获评2013−2014年度国家重点软件企业，创历史新高。

4．支撑市级重点软件企业认定与政策落实工作。市级重点软件企业认定是落实26号精神，推动上海软件企业做大做强的重要举措。在市发改委、经信委、财政局、商务委、税务局的领导下，支撑完成18户2011−2012年度市级重点软件企业认定工作，并参与企业申请政策落实相关工作。

5．做好软件设计人员奖励工作。2013年主管部门对2012年度软件设计人员奖励工作提出了更高要求，协会大力改进网上申报平台，并在满足审核真实性和规范性要求下，尽量简化申报材料，共完成网上申报预审8000多人次，完成书面材料审核7000多人次。于此，还开始进行软件人员薪酬水平分析。

6．配合做好中国软件名城现场评估工作。1月，协助市经信委等主管部门做好中国软件名城评估专家团接待、陪同工作，评估工作历时4天，专家参观了上海部分园区和企业，对上海软件企业发展作出肯定。4月28日，上海顺利获得国家工信部的“中国软件名城”授牌。

二、服务产业发展，展示上海软件风采

1．组织上海展团参展软博会。5月30日，第十七届中国国际软件博览会（简称“软博会”）在北京展览馆开幕。工信部副部长杨学山出席开幕式并致辞。协会组织30户软件企业机构参加，上海展区全面展示上海软件产业发展成就和上海软件企业发展特点与实力，展现上海软件产业与企业良好形象。

2．成功举办第五届软件创新论坛。11月19日，“2013上海软件创新论坛（第五届）”在上海科学会堂国际会议厅成功举行。论坛由协会联合上海软件园主办，市经信委、市科委、上海现代服务业联合会共同支持。市经信委副主任邵志清，上海现代服务业联合会会长周禹鹏及市科委、市商务委和市社团局等领导出席论坛。来自全市近200多户软件企业、区县主管部门、软件园区、兄弟协会等近300位代表出席论坛。

3．评选明星软件企业和优秀软件产品。8月，启动协会传统精品活动——2013年度上海明星软件企业、优秀软件产品、优秀软件企业家的评选。经网上初审、专家评议、网上公示等程序，最终评选出上海宝信软件股份有限公司等57户经营型明星软件企业、花旗软件技术服务（中国）优秀公司等10户出口型明星软件企业、上海华勤通讯技术有限公司等88户创新型明星软件企业、快钱支付清算信息有限公司等18户快速增长型明星软件企业、万达信息股份有限公司等16户领先型明星软件企业、网宿科技股份有限公司等21户“四新企业”明星软件企业，上海宝信软件股份有限公司董事长王力等10位优秀软件企业家，安科瑞电气股份有限公司的“安科瑞ARCM200剩余电流式电气火灾探测器软件V1.0”等162款优秀软件产品。协会在11月举办的第五届软件创新论坛举行颁奖仪式，并首次在《文汇报》以整版形式进行发布与宣传。

4．评选百位软件行业标兵。积极配合上海市“中国软件名城”建设工作，着力开展软件产业一线“名人”评选活动，评选出2012年度上海市软件行业标兵100名，涉及企业机构共计69户。凭借培训服务优势，专门设立人才培训基金，向获奖行业标兵发放价值10万元的培训券，行业标兵可凭券参加协会组织的各类培训。

5．推荐软件企业申报社会荣誉。年内共推荐近百户企业参与申报上海移动互联网优秀企业和优秀项目、2013年度上海市信息技术行动计划、浦东新区科技进步奖、上海移动互联网优秀企业、“第十二届上海十大IT新锐青年”评选、上海市著名商标和上海市首席技师等项目申报。

6．办好《软件产业与工程》。会刊《软件产业与工程》（双月刊）全年出版6期，全国公开发行约2.5份，为近20户优势软件企业、培训机构刊文进行有针对性的宣传，发表各类文章119篇，其中工程论文38篇，共约44万字，每期平均约7.3万字。

7．协会网站改版上线。5月，网站改版上线，改变仅有信息发布功能传统面貌，以生动图片、具体内容为协会增加了1张亮丽的名片。下半年，会员管理系统即将开通，会员单位可通过网站登录会员管理系统，进行会员信息维护、活动在线报名、会刊免费阅读等功能。

三、关注企业需求，不断增强协会凝聚力

1．召开工作年会暨会员代表大会。4月2日，在上海市经济管理干部学院礼堂举行2013年工作年会暨六届二次会员代表大会。市经信委、科委、发改委、商务委、社团管理局等相关部门负责人，相关产业园区（基地）、行业协会负责人及10余家媒体记者，以及来自约240户软件企业的近350人到会。中国软件行业协会理事长赵小凡专程前来，出席会议并致辞。经会员代表大会表决通过增补汇付天下等

12 户软件企业为第六届理事会成员。同时召开六届一次理事会，增补金融期货信息、大汉三通 2 户企业为副会长单位。全年新增 A 类会员 79 户。

2．推进软件行业诚信体系建设。5—6 月，启动软件行业诚信体系建设平台工作，在“企业诚信创建”办公室的指导下，在平台搭建五大板块，并完成 7 项内容（企业风采、行业动态、品牌展示、行业诚信排行榜、行业从业人员展示、行业标准及警示）的更新、完善。软件行业诚信体系建设平台，获得“上海市企业诚信创建”办公室评出的平台升级奖。协会自身的诚信建设获得市民政局、社团管理局认可，并在全市大会上进行交流发言。

3．对接市科委研发公共服务平台。5 月，完成 2011 年承担的市科委研发平台专项“面向软件产业的中介服务能力建设”项目的验收。该项目推进了面向软件产业的中介服务体系建设，为软件产业提供 6 种综合服务，内容包括政策咨询、人才建设、行业分析、企业融资、会务和载体等服务。

4．软件产业链对接及优秀项目推荐。组织举行“工业软件产品研讨暨对接交流会”，由协会执行副会长单位宝信软件承办。通过交流，参加沙龙活动的 50 多户企业了解了宝信软件面向工业软件的智慧应用开发平台等产品的功能、性能、应用案例、成熟度，以及与国内外产品的比对情况。

5．培训聚焦企业需求。组织培训活动 19 次，培训 2000 人次，服务软件企业超过 700 户。培训服务持续以“质量好、内容多、频度高、价位低”为特点，特别关注政策申报、软件过程、开发方法、知识产权等企业关注的热点课题，推出包括研发费用加计扣除、开发人员专项奖励、软件企业年审、敏捷开发、代码与设计重构、知识产权研讨等课程。通过培训切实为会员单位提供实在的优惠，总计为企业节省培训费用约 30 万元。

6．金融服务取得进展。开展 4 轮“软件企业金融服务需求调查”，了解到许多软件企业对银行信贷、担保、股权融资、三板上市等现实需求。于是 2 次组织近 80 户软件企业举办软件企业金融服务对接活动，帮助智臻等企业落实授信额度。上年底国家发布积极引导中小企业在场外交易市场直接融资的政策导向，协会准确把握产业发展趋势和产业导向，积极与上海股权托管交易中心接洽，并达成战略合作协议，共同推进上海软件企业赴 OTC 挂牌工作。目前，协会正在在推动多户有需求的企业开展相关前期评估工作。

7．为政府、司法部门提供专业支持。受闸北区工商局、黄浦区法院的委托，针对软件行业中的不正当竞争案例、知识产权侵权案例组织业内有关专家就技术层面进行评议，提出可供参考的行业协会意见，为相关案件裁决提供专业支持。还配合徐汇区法院在对软件盗版案例完成取证工作。

8．出版《软件企业研发费用加计扣除操作指引》。积极组织市、区二级税务部门和部分软件企业，深入研究国家和上海有关加计扣除的政策法规及软件企业实际操作规程，完成《软件企业研发费用加计扣除操作指引》初稿，目前正在进行修改与编辑中，准备在近期交付出版印刷。

四、扩大对外交流，帮助上海软件企业“走出去”

1．组团参加日本近畿信息系统产业协会年会。6 月，组织软件企业参加日本大阪近畿信息产业协议会（KISA）的年会，组织双方企业对口洽谈，共进行洽谈 16 场。上海银联电子支付公司与 KISA 达成在银联 B2C 电子商务网站上的日本馆中设立 KISA 企业产品上线的合作意向，同时提出多项合作内容，日方企业在 7 月底来沪与上海软件企业作做进一步的洽谈交流。此外，还成功邀请 KISA 组织企业参加在上海举办的软件贸易发展论坛。

2．组织上海软件企业参加以色列外贸专场交流会（上海）。为以色列外贸部门组织的 14 户软件企业来上海举行专场交流，联系落实 16 户业务对口的软件企业共 27 人参加交流会，得到以色列驻沪领事馆肯定。

3．进一步帮助企业拓宽市场渠道。年内把“上海—新加坡 ICT 产业合作交流中心”活动进一步引入到“上海软件贸易发展论坛”中，搭建中外软件企业合作交流平台，为更多的软件企业拓展市场渠道提供新机遇。

（姚宝敬）

上海仪器仪表行业协会

上海仪器仪表行业协会成立于 1988 年 6 月 4 日，现有会员单位 139 户。

2013 年主要工作：

一、开展技术交流，探索跨行业的项目合作

5 月 17 日，在苏州苏试试验仪器股份有限公司报告厅召开的“信息发布暨经验介绍会”上，根据本会与上海船舶工业行业协会共同完成的《上海船舶工业与海洋工程自动控制系统产业发展研究》课题成果，针对上海船舶与海洋工程产业急需国产化的关键系统设备发布信息，介绍了船舶自动化产业关键设备组成及模块分类和海洋工程自动控制产业关键设备组成及模块分类，通报近期可优先开展的工作。针对近期可优先开展的工作，秘书处组织上海自动化仪表股份有限公司、上海神开石油化工装备股份有限公司、上海舜宇恒平科学仪器有限公司和上海中核维思仪器仪表有限公司等相关企业技术专家与需方对接，有的初步形成合作意向。

二、紧跟技术潮流，助推嵌入式技术的应用

嵌入式系统，是一种“完全嵌入受控器件内部，为特定应用而设计的专用计算机系统”，为了激发更多企业对嵌入式技术的应用热情，推动上海仪器仪表行业向高端装备制造业方向发展，7月26日，假座上海工业自动化仪表研究院举行“嵌入式系统及新技术在仪器仪表领域的应用”专题讲座，邀请上海仪电控股（集团）有限公司情报中心主任张宇飞教授讲述“嵌入式系统及技术概述”、“嵌入式硬件系统关键技术概述”、“嵌入式软件系统关键技术概述”、“嵌入式系统及技术的发展趋势”、“嵌入式系统在仪器仪表领域的应用案例”和“嵌入式系统的开发原则和方法”等专业知识。有关会员单位的总工程师、技术人员共45人到会听讲，并收到37份问卷调查表，了解企业的应用需求和现状，为后续工作打下基础，促进嵌入式技术在会员单位中应用。

三、应对贸易摩擦，开展公平贸易双月活动

为帮助会员单位在国际竞争中站稳脚跟，避免国际贸易中的各项限制，与会员单位上海维诚信用风险咨询有限公司共同制定方案，在11–12月开展公平贸易双月宣传活动，促进会员单位加强公平贸易意识，了解反倾销、反补贴相关知识和有关规定，加强法律风险控制能力，提升风险控制意识，对已经出现或未来潜在会出现的反倾销、反补贴等专项问题提出防范措施。除在昆山会议上进行专题讲解外，还对15户上市公司、大型国企、有影响的民营企业，通过现场宣传、座谈、问卷调查等形式进行主题宣传。通过这一阶段的系列宣传教育活动，使企业提高对“反倾销、反补贴”的认识，反响良好，并得到市商务公平贸易处领导的肯定和好评。

四、挖掘优秀人才，参与十大杰出青商评选

在共青团上海市委的指导下，青年报社和市经团体联共同主办第二届（2013年度）上海“十大杰出青商”评选活动，协会推荐上海光亮光电科技有限公司吴东方总经理参加评选，经多轮筛选被评为20名“新锐青商”之一。此外，推荐安科瑞电气股份有限公司、上海自动化仪表股份有限公司电站自动化公司领导参加全国机械工业劳动模范评选；在网站首页刊登《关于开展市经济和信息化领域2013年上海领军人才选拔工作的通知》，并根据要求为1个会员单位填写《领军人才社会团体推荐表》。

五、顺应企业需求，开展经济运行成果评选

探索开展对会员单位经济运行成果的评选，产生“上海仪器仪表行业协会2012年度经济运行十佳企业”、“上海仪器仪表行业协会2012年度经济运行单项指标标兵企业”。秘书处2次专题讨论评选方法、指标设置、权值分配，提出初选建议向理事长汇报后，在8月1日的六届五次理事长会议上作专题汇报。8月15日，将初选结果在本会网站上公示，征求社会对入选企业在产品质量、服务质量和诚信经营等方面的意见。8月28日，召开表彰单位座谈会，通报并商议有关工作。

9月29日，假座昆山柏悦酒店会议厅，召开信息工作会议暨经济运行成果表彰会，向经济运行十佳企业和5个标兵企业的领导或代表授牌、颁发证书。

此外，在协会网站、会刊《上海仪器仪表》、《上海仪器仪表简讯价格信息》发布光荣榜。在网站设专栏刊登介绍企业的ppt文件。在会刊《上海仪器仪表》专题宣传十佳企业和标兵企业。评选结果，被中国国仪表网等近30个网站转载。

六、改善信息收集发布应用，提高信息效应

进一步完善和提高信息收集发布工作，根据从权威机构获得的大量行业原始统计数据，运用实用的分析方法、指标进行数据加工和挖掘，定期出版汇总资料《上海仪器仪表统计信息》，通过大量图表以相对指标、分析数据进行纵向比较、横向对比，描绘和评估经济运行状态、态势、特点，揭示存在的问题和差距，为企业全面了解行业，在行业中定位、找差距和对标提供实用数据，帮助企业提升经济运行能力和企业经营决策。与《上海仪器仪表》和《上海仪器仪表简讯价格信息》合作，形成以“上海仪器仪表”为品牌的系列信息刊物。

七、编制实施行业培训计划，提升管理能力

起草编制《上海仪器仪表行业协会三年培训计划》（讨论初稿），着重阐述行业发展中对技术、管理、人才高地的构想要求。草拟2013年试行《下半年度公开课程》预告并推出公开课程培训计划书。根据计划利用各种机会组织培训或讲座：在统计工作会议上邀请上海财经大学统计硕士傅飞飞老师对统计员授课；在昆山会议上宣讲“反倾销、反补贴应对与措施”；在联络员会议上举办“应收款催讨技巧”专题讲座；推荐有关企业参加军政采购供应商申请辅导培训。下半年，推荐6位企业老总参加协会与交通大学组织的企业管理专题课程培训班（免费），以增强企业管理者意识。为提升企业管理能力，上海亚泰仪表有限公司希望本会帮助其实施“6S管理”的教育培训工作，培训部会同交通大学（合作方），在对企业进行现场诊断的基础上，推出具体培训方案得到企业欢迎。与上海交通大学教育集团洽谈，在本会设立“国际财务管理师上海仪器仪表行业协会IFM证书培训认证基地”。

八、以会员单位需求为导向，积极服务企业

1. 为会员单位组织产品鉴定。接受上海亚泰仪表有限公司委托，6月25日，在上海亚泰仪表有限公司，组织召开“纺织机械全数字伺服控制器”新产品鉴定会。协会邀请上海工业自动化仪表研究院范铠副院长，上海大学电机工程与自动化学院教授、博导阮毅和华东理工大学教授、博导顾幸生等5名自动控制知名专家组成鉴定委员会。通过评审，认为“纺织机械全数字伺服控制器”，采用嵌入式新技术，产品性能指标达到国内领先水平。

2．组织会员单位学习创新经验。在苏州的“信息发布暨经验介绍会”上，与会代表听取苏州苏试试验仪器股份有限公司企业创新经验介绍，实地参观制造基地和服务基地。

3．开展优秀发明选拔赛推荐。向第二十六届上海市优秀发明选拔赛组委会推荐3个单位的3项发明，分别是上海神开石油设备有限公司的SK-MWD无线随钻测斜仪、上海神开石油仪器有限公司的SKY3012-I自动润滑氧化安定性测定器和上海海得控制系统股份有限公司的HDM型能量回馈装置。

4．挖掘企业亮点推广应用技术。通过走访会员单位，发现一些企业的制造技术和信息化技术，具有在行业内推广价值，协助企业做好有关工作。如上海康比利仪表有限公司研制成功电工测量仪表的11种制造设备（获得实用新型专利），投入正常运行后使关键工序的合格率从85%提高到97%，具有提高生产效、资金周转率，降低员工工作强度、技能要求、产品库存和生产成本的经济效果。公司有为这些先进制造设备作鉴定的需求，科技部已提出鉴定准备工作的具体要求。再有上海岗崎仪表控制有限公司自行研制ERP管理软件，已在10多户自动化仪表行业的中小型企业正常运行，该ERP管理软件性价比高，用途广泛。科技部为该管理软件的鉴定做了前期咨询，并提出鉴定准备工作的具体要求。

5．为企业申报提供有效帮助。配合企业申报著名商标和名牌产品，为上海自动化仪表股份有限公司等9个企业开具市场占有率和行业排名的证明。还为上海仪电科学仪器股份有限公司等3个会员单位和非会员单位上海雄博精密仪器股份有限公司作申报著名商标的推荐意见，经市著名商标认定委审议，上海仪电科学仪器股份有限公司和上海雄博精密仪器股份有限公司被认定为上海市第18批著名商标。另为上海仪电科学仪器股份有限公司、上海神开石油化工装备股份有限公司和上海一诺仪表有限公司等3户企业申报2013年上海市加快自主品牌建设专项资金开具推荐信。在网站首页刊登《关于组织本市企业参加上海中小企业“专、精、特、新”产品展示的通知》，并向55个会员单位用飞信短信发出《关于组织会员单参加上海中小企业“专、精、特、新”产品展示的通知》，推荐1户企业上报资料。

九、有效有序开展日常工作，提升服务能力

1．完成新老秘书长交替。召开六届三次理事（扩大）会，一致同意由于锦先生接任秘书长职务，顺利完成秘书长交替。

2．加强协会自身建设。在理事长单位上海自动化仪表股份有限公司大力支持下，充实秘书处工作人员，完善工作人员专业结构，改善年龄结构，专职人员平均年龄有所下降。完成党支部改选，选出新支部书记，更好地发挥协会党组织政治核心作用和带动作用。

3．完成发展会员计划。发展上海启鹏工程材料科技有限公司等7户企业为新会员。另有1家企业提出申请待审核。

4．召开年度专业会议。1月24日，在上海自动化仪表股份有限公司召开“2012年度经济运行动态分析座谈会”，共同分析会员单位经济运行状况，反映企业经营中存在的问题、困难和需求，助推企业发展。4月12日，在上海自动化仪表股份有限公司召开2013年统计工作会议，布置2012年度行业统计年报工作，通报行业统计信息，并对统计员进行培训。12月18日，在上海自动化仪表股份有限公司召开2013年联络员工作会议，就“关于2014年联络员工作的思考及主要工作提示”、“2014年协会主要服务项目及流程”和“《上海仪器仪表统计信息》在企业经济运行分析中的应用”作专题交流发言，为加强联络员工作，提出了新的管理模式。

5．完成年度行业经济运行动态分析。按照市经团联组织行业协会开展年度行业经济运行动态分析及发布工作的要求，对2012年全国及上海仪器仪表行业等相关行业的经济运行情况作较为详细分析，通过187张图表以大量相对指标、分析数据进行纵向比较、横向对比，描绘和评估经济运行状态、态势、特点，揭示了存在的问题和差距，为企业全面了解行业，在行业中定位、找差距和对标提供实用数据，是企业经营决策的参考资料之一。

6．组织参加专业会议和参观专业展会。3月15–26日，组团赴美国费城参观“2013年美国费城国际仪器仪表展览会”。6月15日，参加在东郊宾馆召开的海南省政府与上海知名企业家投资合作交流会暨重大项目签约仪式。组织52名专业人员参加由中国自动化学会仪表与装置专业委员会举办的“系统、控制技术的新发展”第七次系列学术活动——工业通信技术在智能制造中的地位和作用研讨会，取得了较好效果。

7．积极推进诚信企业创建活动。在六届三次理事（扩大）会上，举行“诚信创建企业”授牌仪式，对上海光华仪表有限公司等8个单位分别授予“二星级诚信创建企业”、“一星级诚信创建企业”和“诚信创建企业”等称号。目前，行内已有4户“四星级诚信创建企业”、7户“三星级诚信创建企业”、4家“二星级诚信创建企业”、9家“一星级诚信创建企业”和3户“诚信创建企业”，共有27户企业进入诚信创建行列。与会员单位信用风险专业机构上海维诚信用风险咨询有限公司合作，帮助会员单位上海海得控制系统股份有限公司，建立完善信用评价标准和体系，申请2013年度上海市社会诚信体系建设专项资金，支持企业形成信用风险防范机制。12月，对已获得诚信创建相关称号的企业，按照遵纪守法、承担社会责任、规范产品质量、服务质量和诚信经营，履行行规行约等要求，开展2013年度诚信创建工作自查活动，并在《上海市诚信创建企业档案》中发表真实反映企业情况的意见。此外，认真维护行业诚信体系建设平台，及时更新上海仪器仪表行业协会行业诚信体系建设平台的“行业诚信排行”、“行业评价标准”和“行业警示”等板块内容，提供行业标准和警示信息，全年累计浏览量50916次。

8．充实调整专委会专家库成员。8月21日，发出《关于推荐上海仪器仪表行业协会专家委员会专家库成员的通知》后，经18户单位推荐，吸纳业内各行业专家、大专院校学者、专业领军人才36名，涉及15个专业领域，使专业领域增加到30个，拓展了专家库的技术专业领域。对原专家库68名专家，根据人员近期工作情况、年龄等特点进行初步疏理和调整保留了40名。对专家按专业特长、专业相关性和所在行业特点进行专业编组，初步完成4个专业组的编组工作，基本拟定4个专业组组长人选。初步拟定上海仪器仪表专家委员会名单人员，专委会由4名资深高级专家和4个专业组的8个组长组成。

9．走访企业调研需求提供有效服务。走访20多个和会员单位，了解企业情况、实际需求和提供有效服务。为使会员单位全面了解协会服务功能，制定协会五类近20多个方面的企业服务“一览表”，并通过各种渠道发到有关单位，已有部分会员单位填表提出服务需求。

10．积极申报承接政府购买行业协会服务。积极申报承接《2013年度上海仪器仪表行业发展报告》专项，为政府部门掌握行业动态、制定发展规划、战略和措施提供依据，同时对企业拓展市场、改进管理起到导向作用。12月17日，与市经信委签订《政府购买行业协会服务委托协议书》，正式承担《2013年度上海仪器仪表行业发展报告》，按要求于2014年6月完成报告。

11．建立会员单位信息库提高工作效率。运用信息化手段，通过建立会员单位数据库提高会员单位管理的效率，目前已录入会员单位和负责人、联络员、统计员通讯录、会费缴纳情况、经济运行情况和主要产品类别等基本数据，发挥便于查询、修改、统计、打印的优越性，实现秘书处人员对数据的共享。

（鲍亦廉）

上海照明电器行业协会

上海照明电器行业协会成立于1996年10月，是由上海地区为主从事照明电器、光源、灯具产品研发、生产、经营单位自愿组成的社会团体组织，现有会员110户。

2013年主要工作：

一、协助、配合政府做好“桥梁、纽带”

1．承揽政府购买服务项目，当好政府参谋助手。承接市经信委关于“扩大LED在道路照明领域应用的建议”课题项目，通过对相关企业调研考察和反复论证国内外实践经验和教训，形成《上海扩大LED在道路照明领域应用的建设性意见》课题报告。建议在上海地区逐步扩大LED在道路照明领域的应用，发挥上海引领全国作用。

2．承担社会责任，配合开展绿色照明宣传公益活动。参与市经信委发起的“诚信活动月”广场便民服务活动，就市民关注的LED蓝光危害、如何选择护眼灯、节能灯等相关知识作科普宣传，为前来咨询的市民一一解答，并发放宣传资料，使照明科普知识更好地融入百姓生活、提高百姓的生活质量。上海灯具城与广中社区居委会举办千盏节能灯免费进社区公益活动，通过与居民面对面宣传交流，让节能环保理念深入社区，履行社会责任。结合“世界标准日”宣传活动，时代之光照明电器检测有限公司承办《LED筒灯性能要求》国家标准宣贯会，免费为照明生产企业提供培训。

3．关注社会热点，积极做好科普知识宣传。针对媒体热炒的LED“蓝光溢出”，将会对人们，特别是儿童的视网膜造成损害，甚至失明的传言。协会主动回应，积极与国家电光源质量监督检验中心联系，及时将检测中心从不同渠道采集的27个LED样品，类型包括台灯、射灯、筒灯、平板灯和灯泡的检测检测结果在协会网站以及简报上公布，告诉消费者如何正确使用合格的LED产品，避免蓝光危害。8月，开学在即，面对消费者给孩子选择什么样“护眼灯”的迷茫，及时将业内专家有关针对“护眼灯”的知识作科普宣传，让消费者在选择台灯时更多地关注产品质量。

4．做好行业统计和调研，向政府反映行业的经营状况和发展趋势，反映企业诉求。配合市经信委都市产业处做好每季度的行业经济运行分析，内容含行业数据分析、行业经营状况概述、全国照明行业发展现状和趋势、国内外最新行业信息及企业诉求，提供决策参考，促进行业健康发展。

二、服务会员企业，促进行业发展

1．拓展照明科技论坛影响力，助推照明产业发展转型。2013年“上海照明科技及应用趋势论坛”以“科技创新，关注LED照明，关注先进照明”为主题，共同探讨上海照明产业转型之路。论坛为科学认识绿色照明产业发展趋势，理性发展我国绿色照明产业，生产高品质节能照明产品，提供有价值信息和技术指导。

2．组织召开协会活动，传递行业信息。召开四届四次会长办公扩大会议暨上海照明产业发展研讨会，邀请复旦大学陈大华教授、会员单位科锐光电市场总监林铁分别作“科学技术引导产业趋势”和“从2013年日本LED照明展看LED照明发展趋势”的专题报告。在华荣公司召开四届四次了理事扩大会暨照明产业形势报告会，邀请复旦大学电光源研究所所长梁荣庆教授作“LED技术发展观望”报告，资深专家关福民教授讲授“他山之石，可以攻玉——中美两国LED路灯推广应用情况比较”，并实地参观华荣公司生产车间、检测中心、技术中心、产品陈列室等，为会员企业传递国际最前沿、最专业的LED技术发展信息。

3．开展品牌宣传，为企业提供培育、展示平台。利用协会网站、简报、会议和论坛，宣传品牌建设意义、扩大品牌建设影响、报道品牌培育成功案例、交流品牌培育经验。组织和动员有创建自主品牌意愿、产品质量领先的企业参加“第三届上海轻工新品名品展销会”、“第一届上海（国际）中小企业精品展”、“第十八届广州国际照明展览会”、“2013中国（上海）国际建筑照明展”、2013“工博会”等展会，展示企业品牌形象。推荐亚明、明凯照明参加“中国工业企业品牌竞争力评价”活动。

4．贴近企业需求，提供专项服务。根据会员需求，为上海君能公司LED筒灯和日光灯产品企业标准，组织业内专家评审；参与深圳蓝普公司举办的“完美大屏倾情绽放”LED小间距新品推介会；为上海祥羚光电公司筹备举办“新型LED（低蓝光）照明技术成果发布会”；参加上海亚明照明有限公司成立90周年庆典、上海现代照明产业生产性服务业功能区—上海灯具城开张仪式、上海新柳营灯饰广场开业5周年庆典等。

5．举办专项培训，增强企业发展动力。与上海通信广播电视行业协会联合举办“LED照明电器产品标准解析与答疑讲座”，帮助企业了解国内外最新颁布的和即将通过的LED相关标准，解答企业在研发和检测过程中遇到的疑难杂症。

6．开展诚信创建活动，塑造企业品牌形象。年内宏源、飞利浦灯具、翔山、三思、绿源、诺臣光电6户企业再获星级诚信创建企业铜牌。明凯（集团）、明凯照明、明光灯具、天楹、上海旗开、明凯科技、里浦等7户企业荣获“上海市诚信创企业”荣誉称号。

三、加强自身建设，增强协会活力

1．加强会员管理，做好会费收缴和新会员发展、服务工作。依据协会《章程》，增补华荣科技、科税光电、旗开建材、城大灯具城4户企业为理事单位；对会员企业中名存实亡、已转业，以及2年以上无故不缴纳会费或不参加协会活动的18户会员企业作自动退会处理。发展新会员13户，其中LED生产企业6户、材料配件7户、长三角企业4户。

2．加强合作交流，为会员企业提供更多学习交流平台。组织会员企业赴台湾参观考察，参加“第4届台湾国际照明科技展”；与相关协会、学会、企业合作，协办“第六届中国LED产业健康发展高峰论坛”、“LED照明最新技术发展论坛”、“创想2014LED论坛”、“首届照明电商渠道发展论坛”等，得到会员企业欢迎。

3．加强与会员单位信息沟通，提高网、刊质量。《简报》始终保持在8–10版，得到企业和社会相关部门支持、关注，会员企业积极提供新闻稿件，丰富了栏目内容。

4．加强与兄弟协会、工会学习交流，促进秘书处的自身建设。邀请相关行业协会秘书长莅临上海灯具城，共同探讨“实践现代照明生产性服务业，发展绿色照明产业”座谈会。在轻工工会联合会指导下，配合照明分工会换届改选，选举产生轻工工会联合照明分会第二届工会班子。党支部按照上级党委工作部署开展“牢记宗旨、增强党性、做好服务”党内主题活动，进一步增强了秘书处党员的责任意识和服务能力。

（俞黎明）

上海市信息家电行业协会

上海市信息家电行业协会成立于2002年3月，为上海市信息家电行业企事业单位自愿组成的跨部门、跨所有制的非营利的行业性社会团体法人。现有会员单位103户。

2013年主要工作：

一、努力为中小微企业提供多种服务

1．完善上海研发公共平台信息家电行业协会工作站服务体系，组织企业加入上海科技研发服务“万户工程”，享受政府方面提供的科技服务。

2. 发挥“企业诚信建设创建活动行业协会工作站”的作用，搭建行业诚信体系建设平台，积极开展诚信企业培训、推荐、评选、考核工作。

3. 积极为中小微企业与信用保险公司、小额贷款公司牵线搭桥，为解决支付担保和小额贷款提供帮助。

4. 组织小微企业参展首届上海（国际）中小企业精品展，以智慧生活为主线，展示企业“专、精、特、新”优秀产品。

5. 推荐上海广电光显技术有限公司参加在宿迁举办的光电产业高峰论坛暨光电产业规划推荐会活动，为企业搭建合作交流平台。

6. 根据工信部有关资质要求，帮助东洲罗顿公司在截止期前抓紧落实微波发射设备生产许可有关申请、审核手续。

7. 推荐理事单位上海风格信息技术股份有限公司入围“2013 年度上海市‘专、精、特、新’中小企业名录”。

8. 推荐上海宏曲电子科技有限公司参加“第二十六届上海市优秀发明选拔赛”，并申报知识产权专利试点示范单位。

9. 为企业提供知识产权政策服务，组织会员单位参加市知识产权局“上海市企事业专利工作示范单位认定和管理办法”政策解读会，风格信息、杰华科技等 6 户企业代表出席会议。

二、创新服务模式，提高服务水平

1. 积极配合会长单位百视通新媒体股份有限公司，组建跨行业、跨系统的“OTT 智能电视产业技术创新战略联盟”，3 月 28 日，联盟正式成立，并举行首次理事会，确定联盟工作目标和业务分工。

2. 邀请工信部国家数字电视重大专项主任专家赵季中教授赴张江考察晶晨半导体（上海）有限公司，并积极推荐晶晨公司及东方有线网络有限公司申报国家核高基项目，参照核高基重大专项指南，申报获得成功。

3. 组织企业积极申报国家工信部“2013 年度电子信息产业发展基金”项目、“上海市软件和集成电路专项资金”项目等，并为企业提供相应信息跟踪和技术完善服务。

4. 配合市经信委组织重点企业参加国家重大科技专项意见征询会，了解企业发展现状，听取企业建议，解读专项申报政策。

5. 协助会长单位百视通新媒体有限公司完成促进信息消费重大项目征集—“智能电视应用商店应用消费及终端推广示范”。

6. 组织会员单位参与“智能电视圆梦计划”：中国电信 & 百视通 TV 屏创新应用孵化活动。

7. 推荐企业代表参评“中国移动全球通”第十二届“上海 IT 青年十大新锐”评选和上海市第二届“上海十大杰出青商”评选。

8. 推荐申报副会长单位上海广播电视台的“G”注册商标为“上海市著名商标”。

9. 推荐晶晨、视畅、百事通、广联电子、东方有线、上海电信、上海贝尔等企业产品入选上海高新技术产业化常年展常年展示。

10. 根据市有关政策，推荐东方有线网络有限公司、上海高清、数字电视国家工程研究中心 3 户单位作为人才引进重点机构，并积极上报有关委办，为企业提供人才服务。

11. 配合市互联网经济咨询中心，对申报“上海市软件和集成电路专项资金项目”中“数字家庭智能网关”课题的 3 户企业主动上门实地调研，指导帮助企业开展项目申报工作。

12. 与电子信息系统其他 7 家行业协会共同和金山工业区签订“上海金山工业区管委会与上海市行业协会 8+1 战略合作框架协议”，并成立行业协会金山工业区工作站，为会员单位与金山工业区合作提供枢纽服务。

13. 向国家有关部门提交关于部分进口配件关税税率调整的建议，连续多年被国家税务总局和上海相关部门采纳，纳入建议的目录产品进口关税获得大幅降低，企业获得减负，其中上海索广电子有限公司为典型受益单位。

14. 接受市经信委关于“上海市通讯设备生产管理与市场整顿”服务委托，承接有关上海市卫星广播地面接收设施定点生产经营管理工作。

三、深入走访调研，了解企业诉求

开展多种形式调研走访，内容包括：企业与政府沟通渠道搭建；智能电视产业链发展状况；企业智能电视应用方面的技术、产品及解决方案现状；智慧家庭／智慧社区／智慧城市建设；设备招标订购中的优势和具体困难；数字电视整转总体进度以及 NGB 网络覆盖情况；数字家庭应用领域的最新进展情况，以及企业申报上海市软件和集成电路专项资金项目情况等。年内走访调研企业，包括百视通新媒体股份有限公司、东方有线网络有限公司、晶晨半导体（上海）有限公司，以及上海国茂数字技术有限公司等数 10 户。

四、组织行业培训，开展课题研究

注重行业培训工作，与市知识产权服务中心联合开展企业知识产权管理干部培训达 200 余人次。组织会员单位参加上海市知识产权管理局举办的“上海市企事业专利工作示范单位认定和管理办法”专项培训；组织智能电视相关单位技术人员进行“基于智能电视平台的应用商店 SDK 技术”培训；组织企业参加产业专利分析实务培训班；联合上海市物联网协会共同与上海大学通信学院、信息学院开展人才供需对接，选拔优秀人才，落实学生就业。年内在课题研究项目上，完成《数字电视核心芯片国产化实施方案研究》、《智能电视与智慧城市融合》、《激光电视趋势研究与实施》、《企业网络文化产业调研》、《论行业协会人才建设》（与兄弟协会合作）等专题研究；还撰写了《依托“相约张江”系列论坛树立上海数字电视产业发展风向标》和《制定技术标准，占领产业高地》2篇总结协会工作和特色的案例报送张江园区管委会。

五、搭建交流合作平台，开拓企业视野

与张江高科技园区、OTT智能电视产业技术创新战略联盟联合主办2013相约张江·第六届上海数字电视发展论坛（智能电视与现有视讯业务的融合发展）；主办数字家庭应用产业链专题研讨会；参加“全球知识产权及创新峰会”、参加上海战略性新兴产业知识产权联盟与爱登堡科技园交流对接活动。还参与协办“第十届数字电视与无线多媒体通信国际论坛—未来媒体论坛、2013地面数字电视发展论坛、大数据背景下的新媒体发展论坛、百视通 -BBC 战略合作发布会、2013年春季搜赢大数据时代——百度中国行暨上海站活动、海南省政府与上海知名企业家投资合作交流会、中国智慧家居上海沙龙、中国电子视像行业协会2013上海论坛、中国电子质量协会电子产品污染防治2013英雄会、首届上海中小企业专精特新产品展示会，以及配合OTT联盟参与2013年亚洲移动通信博览会有关组织工作。

（介　放）

上海市光电子行业协会

上海市光电子行业协会成立于2003年3月，是由本市光电子研究、开发、制造、测试、应用同业企事业单位自愿组成的跨部门、跨所有制、非营利性的行业性社会团体法人。现有会员单位106户。

2013年主要工作：

一、圆满完成换届改选工作

3月，召开第三届会员大会，经投票选举产生会长、副会长、理事的新一届协会领导班子。

二、开创双向服务的新局面

就行业“产业链整合、市场应用推广”等问题深入企业进行调研，倾听企业诉求，针对企业发展难点问题，以《工作简报》（共3期）形式向有关部门进行报告，并就组建产业联盟、加强产业集聚等向政府相关职能部门提出建议。为政府、行业主管部门宏观调控、工作决策和园区创新管理提供可靠信息，切实发挥桥梁纽带作用。同时，为配合上海天马5.5 AMOLED生产线、上海和辉光电4.4代AMOLED生产线项目建设。在市经信委电子信息产业处指导下，联合市通信制造业行业协会先后举办2次智能终端与新型显示项目对接会，通过对接会形式，交流沟通，错位竞争，共同推进产业发展。对接会的成功举办为上海OLED产业链上下游企业搭建了互相了解、沟通的平台。目前，会员单位和辉光电已与青橙实业就开展进一步对接交流，初步达成合作意向。

三、办实事，为会员单位搞好服务

为促进政府对包括光电子产业在内的高新技术产业扶持政策的落地，5月7日，组织有关申报重点技术改造专项资金项目的政策宣讲会，请市经信委产业处细致讲解专项资金项目申报的流程和要点。近50家会员单位的领导和相关人员参加会议，加深了对政策理解，提高了申报工作针对性，也提升了申报获批的成功率。

四、开展行业交流活动，推动产业的转型与升级

5月24日，组织上海三鑫科技发展有限公司、上海天马微电子有限公司等部分会员单位参加由宿迁市政府组织举办的“中国宿迁光电产业高峰论坛暨光电产业规划推介会”。此次论坛以“‘思’市场发展新机遇，‘变’产业经济新格局”为主题，邀请国家级相关行业协会领导，以及相关行业、技术、产业、经济等领域的知名学者专家，就光电产业及区域经济发展战略及思路作出全面而详细的分析，使与会会员企业在光电产业发展政策环境、市场走势、技术发展等领域的困惑、光电市场发展机遇以及如何开拓区域市场等方面有了更深了解，开拓了思路，也促进了行业间、环节间、区域间企业家、技术专家与政府机构间的合作交流。

11月6日，与国家半导体照明应用系统工程技术研究中心共同在上海新国际博览中心主办“2013光电产业高峰论坛”。论坛以“数字与绿色——光电产业的机遇与挑战”为主题，上海大学张建华教授、上海交通大学何祖源教授、上海半导体照明工程技术研究中心副主任杨卫桥、上海天马微电子公司总工程师凌志华、上海和辉光电公司市场总监卓建宏、上海中发电气集团董事长陈邓华、上海波汇通信科技公司董事长赵浩、上海欧忆智能网络公司总工程师吴海生和上海三鑫激光研究院总工程师蔡振家等出席论坛并发表主题演讲，与参会代表分享其对OLED、LED照明和光纤传感产业及应用发展趋势、市场走势、技术发展等领域的专业分析。上海市经信委、市科委、浦东新区发改委、金山区经委相关领导出席会议，来自本市和兄弟省市光电子企业、高校、科研院所、部分行业协会、技术专家、行业同仁等150余位代表参加会议。

五、完成光电子产业发展研究报告的验收工作

组织编辑《2012年上海市光电子产业发展研究报告》，经业内相关领导和专家评审，提出修改建议和要求，在市经信委电子信息产业处悉心指导下，几易其稿，通过了验收。

六、加强行业信息平台建设，促进行业信息的传递和交流

加强行业信息平台建设。年内改版《上海光电》会刊，并已出版3期。会刊改版后，紧紧抓住产业热点，如OLED、LED、激光显示等的最新动态，进行深度分析，提高信息及时性、实用性和针对性，满足会员单位的信息需求。同时，还对官网进行改版，丰富了产业政策和项目申报内容，加快信息传播速度，成为及时了解、把握上海光电子行业发展动向的平台。

七、积极承接政府和相关机构委托的课题项目

充分发挥行业组织优势、网络优势、人才优势，强化行业研究服务能力，拓展服务领域，创新服务方式，积极承接政府和相关机构的购买服务，已完成及在研项目有：市经信委重点课题项目“新经济背景下上海大项目发展研究”；上海理工大学光机电产业研究院课题“大尺寸电容触摸屏关键技术及产业化研究”；市经信委研究室课题“上海LED产业发展研究”；市经信委电子信息产业处项目“上海光电子行业运营情况统计和分析”等，对于协会提升服务水平，拓展业务领域，扩大行业社会影响，具有重要意义。

八、抓好协会自身建设

调整充实秘书处力量，聘任新的秘书长；引入竞争机制，人员竞聘上岗，加强全员绩效考核，使工作业绩和收益直接挂钩，真抓实干，讲求实效，把协会各项工作落到实处，有效调动了秘书处人员的工作主动性和创造性。对网站进行升级改版，进一步改进、完善和突出了服务功能，并正持续抓紧进行。

（唐庆艺）

上海市电子商务行业协会

上海市电子商务行业协会成立于2002年4月13日，是由从事电子商务的企业单位按照自愿平等原则组成的具有独立法人资质的非营利性行业组织。现有会员单位188户，涉及细分行业20多种，包括贸易流通、交易服务、技术支持、电子支付、物流配送等多个领域。下设制造业、电子支付、移动电子商务、物流与信息、贸易5个专业委员会。

2013年主要工作：

一、加强内部管理，促进协会规范化运作

1．顺利实现换届。5月，召开二届七次理事会，为换届选举做准备。7月，召开三届一次理事会和三届一次会员大会，通过投票选出会长、副会长和理事，聘用了新秘书长。新一届理事会成立后，协会各项工作承前启后，有序推进。吸收新会员家，其中不乏上海乃至全国的知名企业，如交行上海分行、中信银行上海分行、建行上海分行、中国电信上海研究院、顺丰速运上海分公司、春秋航空等，相信协会在新一届理事会的领导下，在服务会员、推动行业发展方面将取得更大的成效。

2．协会规范化建设达标评估获得3A资质。按照市社团4级指标体系121项指标要求，10月10日，经市工经联和社团局组织的专家评估，协会被评为3A级社团组织。协会规范化建设达标评估工作的完成，为规范化管理以及部分政府职能和项目的承接奠定了扎实基础。

3．制定、修订内部规章制度。新一届秘书处制定及修订完善了一系列规章制度，包括：秘书处工作人员岗位职责、战略管理制度、重大活动报告制度、民主决策制度、岗位聘任管理办法、员工奖惩管理办法、劳动合同管理办法、档案管理制度、固定资产管理制度、印章使用及管理制度、账务管理制度、证照管理制度、业务活动制度、党建管理制度等17项内部管理制度。

二、积极配合市政府相关部门开展活动，营造电子商务发展的优良环境

1．注重消费者权益保护，化解消费者与会员企业的矛盾，推进电商行业诚信建设。与虹口区消保委合作举办“3·15”消费者权益日主题活动，3月14日，在鲁迅公园召开网络购物消费者维权座谈会，区政府职能部门负责人、消费者代表及25户企业单位代表出席，共同讨论消费者维权问题。3月15日，组织3户电商企业易果网、车易安等参加消保委在鲁迅公园举办的消费者维权日咨询宣传活动，设摊解答消费者提出的一系列问题。9月，秘书长参加市消保委电子商务专业办公室成立大会，并受聘担任市消保委电子商务专业顾问。11月，应国务院法制办要求，对《食品安全法（修订草案送审稿）》提出修改建议，并由中国电子商务协会转呈国务院法制办。还积极协调企业与消费者间的一些纠纷，成功化解消费者与电商企业间的矛盾。

2．继续积极推进诚信体系建设。积极推进市经信委下达的“第三方信用服务示范平台”项目，由会长单位中国电信号码百事通集团公司负责承担建设，得到会员单位东方钢铁、快钱等大力协助。目前，该平台已基本建成，等待项目验收。此外，还派员参加市社团局组织的行业协会诚信体系建设推进交流会和培训。根据市社团局要求，制定诚信公约，将于会员大会审核通过后推行。

3．积极参与上海市智慧城市建设各项工作。9月，配合市经信委开展2013年智慧城市宣传周活动，组织召集10多户会员单位参加信息消费日主题活动，活动涵盖消费品、航空、旅游、高档商品、通信、银行等行业，取得较好效果。

为落实上海市“十二五”规划关于创建面向未来的智慧城市战略部署，在第一轮智慧城市建设3年行动计划（2011－2013）的基础上，抓紧谋划本市新一轮智慧城市建设，新一轮智慧城市建设行动计划年底启动部署。协会按照市经信委要求，号召相关会员单位积极参与，根据新3年智慧城市建设内容，发挥各自优势，结合任务梳理申报重点项目。此项工作得到会员企业积极响应，上海圆迈（京东商城）、百联、上海钢之家、上海瀚银、鸿洋（我爱我家）、普天银通等6户企业上报了相关项目15项。

三、协助政府和社团组织开展各类活动

1．评选活动。开展上海市优秀制造业电子商务企业评选活动。组织专家团队对申报企业材料进行评估筛选，评出爱姆意、上海钢联、东方钢联、齐家网、付费通、明凯照明、上海商派和火速网络等8户企业分获最具影响力、最具创新性和最佳服务奖。配合市经信委、团市委、市信息化青年人才协会组织第十二届“上海IT青年十大新锐”评选活动。年底，从会员单位20位候选人中评出4人，分别是上海景域文化传播有限公司（驴妈妈旅游网）总经理、景域集团副总裁曾俊，上海瀚银信息技术有限公司首席执行官兼董事长张莉，银联商务有限公司上海运行中心副总经理杨继业，新蛋信息技术（中国）有限公司总经理胡卫新。配合市工商局和市著名商标评审委开展2010－2013年上海市著名商标评选活动，推荐东方钢铁BSTEEL与正广和96858为上海市著名商标。配合市现代服务业联合会开展“上海市创新型新兴服务业示范企业”评选，活动尚在进行中。

2．积极向政府部门反映电商发展状况，并献言献策。作为电子商务行业代表，陆续向政府多个部门上报反映上海电子商务发展情况报告，包括：市经信委、发改委、市委办公厅、市社会工作党委等。还就电商诚信问题，向市经信委信用处提交专题报告，帮助政府掌握和了解电商发展具体情况、问题、企业面临困扰及对策建议，促进电商行业规范有序发展。

四、组织论坛和研讨会，促进行业交流合作和发展

针对电商行业不同群体和不同业态，多次组织或参与组织论坛、研讨会及推荐会。如电商模式专题研讨会、电子商务高峰论坛、2013上海互联网金融创新论坛、2013互联网与电子商务共同发展商务研讨会、互联网金融发展与人才培养沙龙、小微企业电商创业发展研讨会、移动电子商务跨域发展研讨会、电商与快递供应链发展论坛、制造业中小企业转型研讨会、创新支付方案推介会、O2O电商模式讨论会、中小企业融资推介会、电商企业与俄罗斯企业“商界Dasreda”交流合作研讨会、中以金融行业软件交流会、鉴机识变顶级电商高峰论坛等。通过搭建各种交流对话平台，集聚各方新思路、新举措，新模式、新业态，共同探讨电子商务发展战略，寻求合作机遇，扩大企业知名度，打造行业品牌，增强行业话语权，促进上海电子商务创新发展。同时，还积极参加上级或兄弟行业协会活动，捕捉、分享经济发展信息与商机。年内还接待外省市政府、企业来会学习交流（沈阳、大连、浙江、江苏、山东、天津等地），共同探索电商发展新模式、新机制、新途径、新商机。

五、加强专委会建设，充分发挥专委会引领作用

1．新成立电子商务贸易专业委员会。年底，根据上海自贸区设立后各种跨境贸易新举措出台的有利条件，顺应形势，成立贸易电子商务专业委员会，旨在吸收一批从事内、外贸并期望应用电子商务方式拓展业务的企业，贸易专委会首先有15户会员企业组成，主任单位为上海启汉国际贸易有限公司。

2．调整充实原有专委会。顺应电商供应链发展趋势，将原物流信息应用技术专业委员会更名为物流与信息技术专业委员会，以适应物流与物联网、大数据等信息技术的发展，带动并促进电商行业整体发展。由顺丰速运上海公司担任专委会主任单位，上海交通大学中美物流研究院担任副主任单位。

3．发挥原有专委会作用，引领电子商务细分行业发展。电子支付专委会抓住今年互联网金融大发展有利形势，依托专委会成员广泛性，先后组织举办中小企业融资推荐会、2013互联网金融论坛，并组织会员单位去韩日考察电子支付发展趋势等，活动一定程度上促进了上海互联网金融行业的发展，并得到政府主管部门的关注。随着3G、4G通信技术的成熟发展，电子商务下一个发展趋势必然是移动电商平台和终端的大普及，移动电子商务专委会及时举办移动电子商务跨域发展研讨会。制造业专委会按照年初制定的工作计划，组织企业家、专家专题论坛会，开展培训、交流、考察活动等，推动和帮助中小企业转型，主任单位爱姆意机电参与组织了“走向交易，走向服务——制造业电子商务的未来”高峰论坛，还向部分中小制造业电商企业开放旗下365me机电供应链平台，为带动中小制造业转型发展提供机会。

（王玉申）

上海家用电器行业协会

上海家用电器行业协会成立于1985年8月，为上海市家用电器行业企事业单位自愿组成的跨部门、跨所有制的非营利性的行业性社会团体法人。现有各种所有制会员单位532户。下设家用中央空调、家电维修、水家电等3个专业委员会。

2013年主要工作：

一、围绕企业转型发展，开展全方位的服务

坚持走访企业、关心企业、服务企业，针对走访中听到的情况和呼声，积极进行协调解决，反映政府相关部门。对一些企业特别是小微企业遇到贷款难、出口回款难等问题，协会在了解企业困难时及时向中小企业管理部门反映，并与银行和中小企业机构联系，为企业解决难题，使企业经济运行得到保障。

根据维修企业高空作业危险问题，在夏季来临之际，协会及时发放关于加强2013年家用电器行业安全生产管理工作的通知，并在报纸、网站和杂志上进行刊登。同时，针对上半年空调安装维修时出现的高空坠落事故，又紧急下发《关于加强上海家电行业空调器安装、维修安全工作的紧急通知》，要求各空调器品牌生产和安装维修企业积极、认真做好“空调器安装维修的安全生产专项检查”，消除安全隐患，发现问题及时整改。

二、顺利完成协会换届和各专委员会换届工作

1．根据协会章程，经前期各项准备，4月8日召开协会第六届会员代表大会和六届一次理事会，选举产生113名理事、31名会长和副会长。

2．根据五届理事会要求组建专家委员会，现有来自高校、研究所的学者、教授和业内专家18名。专委会在协会战略发展、标准审定、论文评审、法律咨询、新产品鉴定、新技术推广等工作中，发挥积极作用。

3．中央空调专委会、水家电专委会和维修委员会分别进行换届，产生新一届专委会组织机构。

三、加强与政府、兄弟协会合作

1．与市消保协家电办、上海电子协会共同组织以“新消法、新消费”为主题的年度“3·15”活动，共组织52户品牌企业参加，现场接待各类咨询、投诉422起，并均在现场予以解决。

2．与市技监局12365中心、质协共同对在上海市场上销售占有率前15名的冰箱品牌进行市场满意度测评。认真组织开展用户回访、座谈会和投诉客户的上门听取意见等活动，得到了质监局有关领导充分肯定，也对各品牌企业自觉提高客户满意度、提升服务质量起到很大促进作用。

3．相继参加中国家用电器商业协会秘书长联席会议、中国智能家电发展趋势等活动，增强协会间联系；参加中国家用电器协会饮水电器专委会活动，在技术大会饮水电器分会上，作“家用饮水机的技术瓶颈分析”专题演讲。

4．与工具协会建立战略合作关系，就家电前期检测加强合作。为会员企业做好前期服务打下基础。

四、做好会员企业和社会的服务

1．2012年6月−2013年5月，国家五部委为拉动内需，推动节能产品使用，再次开展节能惠民工程，涉及范围也由空调扩展到冰箱、洗衣机、电视机、热水器等。协会闻风而动，及时组织家电企业做好申报工作，据此做好惠民工程参加企业产品申报和推荐工作，帮助企业做申报资料的准备，已有16户企业800多个型号的产品中标，获得国家资金补贴。

2．配合市商务委开展对家电维修市场和维修企业的整治。根据市商务委要求，将经整理后的品牌企业售后服务电话和推荐的维修企业电话提交有关部门，在政府网站和协会网站公布，并对维修企业加强技术、服务要求培训，要求企业在服务中加强自律，树立诚信意识，保证服务质量。

3．按市物价局要求，加强对维修企业维修价格管理，实行备案登记。至年末，已有8户企业到协会备案，并在网上公示，做到“明示消费”。

4．针对市府实事——校园机在实施和招标过程中发现的问题，在了解企业的意见和建议后，及时与市教委联系反映情况和提出建议，使以后招标得到改进。

5．组织水家电中小企业沙龙活动，针对水家电企业的培训、校园机、品牌培育等发展中碰到的问题等进行交流。加强企业间和合作，也使协会服务工作得到提高。

6．根据市经信委要求，做好对自主品牌建设专项资金等多方面推荐工作，共推荐家电品牌11个。其中，双鹿得到资金扶持。

7．接待和处理各类投诉近450起。惠民工程、家电售后服务质量以及价格等咨询300余次，投诉100余起，协调解决投诉会员单位32起。其中生产企业17起，家电维修企业15起。

8．根据本市地方标准《家电维修企业经营服务规范》要求，对协会维修网点进行评审，目前，已有39户维修企业获得“A 类服务网点”称号。

五、培训和技术交流工作

1．做好队伍的培训工作。举办制冷初、中级工，水家电初、中级工，各类上岗证、特种作业证班共 9 个，有近 400 人参加。经考核，80% 以上人员取得由市人社局和安监局颁发等级工证书、及上海制冷、空调、中央空调、电工、焊工、等特种作业操作证书。

2．组织业内专业技能竞赛提高员工技能水平。继续举办制冷、电工的中高级工的劳动技能竞赛，在上海科技管理学校共同参与下，对参加竞赛的 83 人进行赛前的培训。吸引了业内基层施工、维修、服务人员积极报名参赛。

3．推进技术交流提升高新技术管理。中央空调专委会举办第一届“家用／商用中央空调优秀工程设计实例”大奖赛活动。在泽天机电公司大力支持下，“泽天杯”优秀工程设计实例优秀论文大奖赛，收到论文 30 多篇。专委会聘请富有施工经验专家和老教授对优秀论文进行修改、点评。通过工程设计实例大奖赛活动，为广大会员单位提供了技术交流平台，为企业提高知名度，也为广大技术人员提供技术交流和提升施工水平的机会。

六、积极组织会展活动，扩大视野和信息交流

组织近 20 户水家电企业参加荷兰—阿姆斯特丹国际水展，通过参展，大大提升这些品牌的活跃度、传播力和引导力，拓展与海内外客商业务联系，并通过展会平台了解新技术、新市场、新渠道，有力地促进进出口销售业绩增长。协助中国家电协会主办 2013 年家电博览会，有 7 户会员单位参加，参展面积达 370 平方米。4 月，组织双鹿、尊贵、申花等 20 户企业参加由市经信委、商务委主办的第三届“上海名优新品展示展销会”，为展会最大展团。

七、标准宣贯工作

由水家电专委会编制的《家用、商用饮处理设备安装维护服务规范》标准，经市质监局审定，作为上海市地方标准，在 2012 年颁布。根据市质监局要求，与开能公司联合在浦东新区质监局申报水家电售后服务标准化试点工作，经市质监局批准，12 月 28 日，在开能公司举行启动仪式，将为水家电企业售后服务工作提高起到积极推进作用。

八、创建诚信企业，推进品牌建设

1．开展行业企业诚信建设工作。与上海市“企业诚信创建”组委会联合开展企业诚信创建活动，通过举办讲座，网上展示，年内共有 50 户企业申报诚信企业，其中获得四星级企业有大金空调技术等 6 户；三星级企业海立、能率、红心等 11 户；二星级企业 AO 史蜜斯等 2 户；一星级企业有斜库等 6 家企业；“诚信创建”有尚选等 6 家企业。开展诚信企业创建工作，丰富企业诚信文化，对树立企业良好社会形象、组建家电服务型团队有很好推动和示范作用。

2．积极开展名优产品的推荐工作。认真做好上海市名牌和著名商标的推荐和评审工作。“海立”、“红心”、“双鹿”、“飞科”、“小绵羊”获得上海市名牌称号；“海佳”、“小绵羊”获得上海市著名商标称号。

九、加强自身建设，强化专委会作用

根据协会章程和专委会工作条例，结合会员企业产品特点，进一步完善协会管理制度。3 个专委会结合自身工作特点，在企业节能减排、产业结构调整、推进技术进步、增强综合竞争力等方面起到有力推动作用。中央空调专委会还首次开展先进评选，通过单位推荐，班子评审，共评出 8 名先进个人，在会员单位中取得较好反响。

党支部认真组织党员学习，积极参加先进性教育活动，将支部工作紧贴协会日常工作，多次被评为市工经联系统先进党支部。经市工经联党委推荐，党支部积极参加由市社会工作党委进行的五星级党组织申报工作，通过申报自我加压，发挥党组织先进作用。家电协会分工会在上海轻工业联合工会的指导下，在组织开展职工教育、技术培训等方面发挥积极作用。认真做好关心员工工作，积极开展帮困扶贫活动。高温期间，还与上海轻工联合工会领导到企业进行慰问，在保发展、调结构、促转型中充分发挥工会组织作用。

（李富春）

上海空调清洗行业协会

上海空调清洗行业协会成立于 2007 年 7 月，原名为上海空调风管清洗协会，是国内首家以净化空调风管、节约能源、防止疾病传播、保障公众健康为宗旨，实现行业自律管理的非营利性的社会团体法人。现有会员单位近 200 户。

2013 年主要工作：

一、行业质量控制

制定“行业质量控制”制度模式，把对会员单位“工程合同备案”和对工程项目进行“现场施工质量控制”作为年度的一项重要工作来进行。有 42 户会员单位 393 个工程项目进行合同备案注册；22 户会员单位 30 多项工程项目，共 120 多人次参与开展“现场施工质量控制”活动，组建一支由协会质量控制中心为主的质量控制队伍，还在各会员单位物色、挑选部分项目经理参与质量控制，初步形成了一支拉得出、叫得应、随时能进行质量控制的队伍。

二、能力推荐证书的等级评定和年度审验

开展对会员单位进行空调通风系统清洗企业A、B、C能力推荐证书的等级评定和年度审验。经评定推荐出12户“空调水系统清洗基本能力推荐企业”；新评定推荐出空调通风系统清洗A级能力企业3户、B级能力企业12户、C级能力企业23户。完成对29户A级、9户B级、10户C级空调通风系统清洗企业的年度审验工作。另对空调通风系统清洗企业A、B、C能力推荐证书的认定管理办法进行修正，增加对A级能力推荐证书评定和年度审验要进行现场考查环节；增加对诚信创建、企业负责人和安全生产管理人员的培训，特种操作人员包括电工、登高作业人员的持证上岗。严格对能力推荐证书的等级申请、评定和年度审验的程序，评定或审验结果要求同时在协会网站上公示，接受社会监督，努力做到审定推荐的能力等级企业经得起社会评议。

三、专业技能培训

全年举办多期项目经理培训，共有60多人参加培训。并向市人社局、市职业技能鉴定中心申请开展“空调清洗操作工”专项职业能力培训，得到市人社局劳动鉴定中心批准，年内开办3期操作工培训班，共有180人次接受系统的专业培训。4月，协会对工程技术人员的培训已从业内走向社会，接受培训的专业技能人员参与面扩展江、浙、皖，甚至拓展到东北和西北，不少企业纷纷来电，咨询专业技能的培训事宜。

四、“集中空调通风系统卫生监督管理信息平台”开通运行

在与市卫生局卫生监督所共同努力下，5月，“集中空调通风系统卫生监督管理信息平台”正式启动开通。此后，对会员单位身份真伪、资质有效期及备案工程项目等各项信息，均能在网站平台上得到确认。

五、加强宣传力度是协会工作的重要内容

拓展空调清洗理念的宣传广度和深度。办好协会网站，努力做到信息及时更新，基本做到每周更新3次以上，日均点击率超过200人次。坚持办好《空调清洗》电子月刊，每月出版1期，电子杂志邮件发送量达到2万多封，不断地努力增加发行量。开通“空调清洗”QQ业内群，会员单位参与人员达69人次；1/3会员单位与秘书处日常进行互动。开通“上海空调清洗行业协会”微信信息平台，目前受众人员已达到3000人次，通过建立行业的微信公众平台和行业微信信息发布站，坚持每个工作日把空调领域的清洗、节能、卫生、环保、低碳及净化等基础科普知识传播给广大客户。与著名门户网站建立畅通的信息发布渠道，做到协会重大活动报道被各大门户网站转载。与上海博华会展公司联合主办1期“空调清洗技术论坛”，普及空调清洗、卫生知识，论坛信息见诸于主流网络媒体，协会知名度，社会影响力得到提高。

六、全面推行《上海市集中空调通风系统卫生管理办法》。年内，新入会会员单位达到42户。

七、成立“上海空调清洗行业空调水处理专业委员会”，完成筹备、申报、批准等一系列工作。

（谢华良）

上海冷冻空调行业协会

上海冷冻空调行业协会成立于1985年12月，是以生产制造空调设备的企业为主，包括有关科研、设积、院校、工程安装，维修机商贸等企事业单位和社会团体自愿组成的跨地区、跨部门的行业组织。现有各种所有制会员单位415户，分布在机械、电子。轻工、航天、航空、商业、建筑等多个部门。

2013年主要工作：

一、配合政府部门，做好行业相关工作

1．完成市环保局交办项目，开展对制冷维修行业HCFC制冷剂使用情况的调研，制订科学使用制冷剂培训方案及讲义，编写科学使用制冷剂管理办法。该项目已于9月13日验收通过。

2．完成市质监局、市发改委交办的《风机盘管机组能效限定值及能效等级》和《节能技术改造及合同能源管理项目节能量审核与计算方法第13部分：热泵替代锅炉系统》2项地方标准编制任务。市质监局已发文自10月1日起实施。

3．承担市质监局《制冷剂使用的操作规程》和《组合式空调机组能效限定值及能效等级》2项地方标准制订任务。组织相关企业参编，落实执笔人员，争取在年末完成。

4．12月，根据环保局要求，举办“科学使用制冷剂培训班”。

5．帮助百富勤、翰艺、金翅鹏等企业向政府有关部门申报著名商标。

二、加强自身建设，提高协会工作水平

1．召开2次常务理事会。3月28日，在江苏启东召开八届三次常务理事会，会议通过协会《2012年工作总结暨2013年工作设想》，增补部分专家委员会委员，增补江苏风神空调集团股份有限公司为常务理事单位。7月，召开八届四次常务理事会（书面），会议推选邵乃宇任协会秘书长，聘任刘俊飞为协会顾问。

2．做好日常工作。发展新会员48户，除名8户，现有协会会员415户。秘书处各部门按《秘书处工作目录》有序开展工作，为逐步解决人员年龄偏大问题，调整3名专职工作人员。党支部按工经联党委要求，发挥支部和党员在工作中先锋模范作用。

三、围绕服务职能，有序开展各项业务

1．按期组织专委员会活动。1月29日，在老丰阁举办专家迎春团拜；9月9日，在申宴酒家举办专家中秋聚会。

2．继续开展诚信企业申报工作，有10户企业申报。

3．走访会员单位双良、春兰、开利、通用产销、俊乐、江苏深井空调等20多户；召开工专会会员座谈会，有博世、盛利发、鸣溪、翼雄、银欣、久合等企业参加，交流信息，互相沟通。

4．举办知识讲座。1月16日，在上海海荷酒店举办“建筑空调工程新技术应用讲座”，由协会专家吴兆林教授讲课，工专会50多户企业代表参加听讲。

5．帮助会员单位举办产品推介会。1月29日，为江苏春兰集团举办“春兰商用空调推广会”，由协会专家、部分副会长参加，还邀请上海旅游协会饭店分会秘书长和上海物业协会副秘书长参加。5月29日，在美丽园龙都大酒店，为生能公司举办“空气源热泵产品推广会”。出席会议的有协会部分专家，还邀请本市10多家设计院、所的技术人员。会上专家介绍国内外热泵热水器（机）产品发展情况及性能、用途和设计安装要求，参观美丽园龙都大酒店使用中的产品现场。6月1日，在虹桥万豪大酒店，为埃迈贸易（上海）有限公司举办“节能透视”主题研讨会。埃迈公司作“运用空调系统的水力平衡”专题演讲，与会人员开展互动研讨。

6．举办展览会。4月8日，作为主办单位之一，在上海新国际博览中心举办“第二十四届国际制冷、空调、供暖、通风及食品冷冻加工展览会”，出席展会的有美国、德国、韩国、印度等30多个国家、地区组织机构以及国内外1146户冷冻空调制造企业、经销商。另作为“2013中国第十四届清洁博览会”支持单位，拓展与相关行业协作沟通。

7．继续做好“冷冻空调安装维修企业资质认证工作”。新办证企业37户，年审企业26户，复审企业50户；共办理资质证书企业共338户，其中，特A级1户、A级112户、B级124户、C级101户。

8．继续做好“小企业安全生产评估工作”。新申办企业26户，复审企业32户；共办理安全合格证企业共181户。

9．继续为工程安装维修企业的法人、管理人员、操作工开展安全上岗证培训，已培训83人，累计取得安全合格证书人员达431名。

10．按期出版《制冷信息》，并对协会网站进行更新。

（刘俊飞）

上海锅炉压力容器行业协会

上海锅炉压力容器行业协会成立于2003年8月，是集锅炉压力容器的设计、制造、销售、安装、技术咨询相关服务的企业、高等院校、研究所等企事业单位自愿组成的行业性社会团体。现有会员单位79户。

2013年主要工作：

一、充分发挥政府与企业间的桥梁作用

1．针对行业现状开展课题调研。按照市政府“走出去”战略，基于上海电站工程业“走出去”现状，深入了解分析国际市场，探索上海电站工程业国际化道路，对产业链带动、人才培养、商业模式开拓及上海电气品牌国际化等方面产生带动效应。

2．及时传达行业各种信息，了解会员需求，为会员单位牵线搭桥，解决燃眉之急。针对私营企业在资金、销售等方面存在困难，影响企业生存和发展情况，积极与相关部门沟通反映，希望政府在政策与资金方面予以倾斜和支持。在有些企业因人员、技术等问题对完成生产任务存在一定困难时，协会在会员单位中积极寻找生产功能相似的企业，让其配对以解燃眉之急。有些企业因发展需要需提升生产安全度和提高设备利用率等希望协会相助、扶持，协会特邀专家开展有针对性调研和实地考察，并在制度、流程、操作顺序、控制点及设备保养、管理干部职责、操作人员守则等方面以模板形式提供方案，深得企业肯定。

3．运用统计分析、提升经济运行质量。坚持每月按统计法要求企业及时、准确地将统计数据上报协会。根据统计数据分析按照行业经济运行特点，找出影响行业发展的问题。因坚持做好行业统计工作，为政府决策提供依据，受到政府部门好评。

4．建立法律咨询部，为会员单位提供法律咨询和法律服务，为企业正常生产、经营活动保驾护航，有效地维护企业权益。

二、发挥协会服务功能、推动企业持续发展

1．培训服务。7月13日，在江苏申港锅炉有限公司开办“国家职业技能鉴定资格等级‘电焊工／（五级）’”培训班，29名员工经过培训、考试、鉴定，其中28名员工获得“国家职业技能鉴定等级”证书。7月27日，在上海电站辅机厂有限公司组织“上海市职业技能等级‘无损检测员／（四级）’”培训，有29名学员参加，经培训、考试、鉴定，合格率为100％，均获得上海市职业技能鉴定等级证书。自11月起，组织锅炉专家小组，开展锅炉“环保、钢结构、燃烧器、预热器、调试及工地沟通”专项培训，就性能、结构、运行特点及常见故障排除等，陆续为上海电气电站集团工程服务公司的现场服务人员进行网络电化培训，提高现场服务质量，深受欢迎。

2．职称评定。积极为企业培养、提升人才搭建平台，成立“初级职称评审”专家小组。经评审组严格审查，62人获“初级职称资格认证”证书；4人被推荐政府职能部门参与“中级职称资格认证”。

3．专题讲座。9月27日、11月8日，分别组织专家就“节能减排，科学发展”、“新‘锅规’部分条款解读及锅炉热点问题”召开专题讲座，共有31户会员单位139人参加。

4．推介企业新产品和技术。7月12日，由协会主办、上海斯大锅炉有限公司协办的“斯大锅炉——新能源推广小型座谈会”在上海工业锅炉研究所召开。市节能服务中心副主任魏玉剑对“减少污染物排放，全面整治燃煤小锅炉，加快重点行业脱硫脱硝除尘改造”作政策解读。斯大锅炉区域经理向大家介绍了“燃烧天然气的锅炉——斯大冷凝式锅炉”的性能、特点。

三、深入企业服务，了解基层诉求

走访会员单位37户，了解经营、生产、销售等情况，还以座谈会、技术讲座、研讨会等形式听取会员单位对政府、行业和协会的希望和要求，与会员单位进行充分沟通与交流。

四、加强自身建设，促进行业规范发展

1．开展群众路线教育实践活动。根据《上海市工经联党委关于深入开展党的群众路线教育实践活动的实施方案》总体要求和部署，结合行业实际，党支部积极深入开展党的群众路线教育实践活动，通过走访，抓好“四点”，提升服务效能。一是抓“学习培训”着力点，增强协会服务意识；二是抓“职称评定”牵引点，加大协会服务力度；三是抓“下沉走访”基本点，夯实协会服务基础；四是抓“会员满意”落脚点，提升协会服务质量，以“服务”为重点开展群众路线教育实践活动。

2．积极发展会员，夯实协会的基础。为进一步扩大会员的覆盖面，更好地规划行业发展，将会员单位扩大至长三角地区，发展新会员单位8户。

3．强化信息建设，提高效率，提升管理。充分利用协会网站优势，让会员单位能更快捷地进行信息交流和沟通；明确各会员单位创造条件建立网站联络渠道，加强协会与企业，企业与企业间交流，使协会成为向政府反映社情、企情、民情的信息主渠道。

4．发挥简报作用，加强信息沟通。运用协会《信息简报》，客观全面地反映锅炉压力容器行业发展概况，推动上下沟通和政策法规的信息交流。《信息简报》图文并茂，具有一定导向性，供会员单位参考。

5．实行走访机制，掌握动态把握需求。通过走访听取会员单位意见和建议，掌握会员单位信息，以便改进工作；同时，了解会员单位各类需求和诉求，以便及时提供咨询和服务。

6．加强自身建设，提升自身能力。组织协会工作人员参加各项培训，先后有9人次参加6项专业业务培训，进而提升服务技能和本领。

（徐莉萍）

上海市电力行业协会

上海市电力行业协会成立于2004年9月28日，是由上海市电力企事业单位自愿组成的跨部门、跨所有制的非营利的行业性社会团体法人。现有电网、发电、电力建设和工程施工、电力设备制造和物资供应、科研院校等会员单位139户。

2013年主要工作：

一、规范协会运作，促进沟通交流

4月11日，召开第二届理事会第七次会议，41位理事出席会议。会议听取并审议“关于协会2012年工作总结和2013年工作打算的报告”、“关于协会2012年会费使用情况和2013年预算安排的报告”，并通过增补副秘书长的议案。市电力公司、申能股份、上海电建、电力学院、正泰电气、德力西集团等副会长单位领导在会上作重要讲话，肯定协会取得的成绩，提出做好 2013 年协会工作的意见和总体要求。1 月 29 日、4 月 11 日，分别召开常务理事座谈会，听取秘书处工作汇报，通报相关信息，并研究面临的主要工作。9 月 25 日，召开联络员会议，通报上半年工作情况及下半年打算，听取联络员对协会工作的意见和建议。经秘书处提议召开第二届理事会第八次会议，征询有关协会延期换届意见。经全体 44 位理事一致同意，秘书处向市经信委、市社团局提出延期换届和《社会团体法人登记证书》有效期延续申请，获准后办理相关证照延期变更手续。

二、抓好课题研究，推动行业发展

受市经信委和美国能源基金会委托，组织开展《上海市电力需求侧管理城市综合试点方案》的课题研究及方案编制工作，多次组织由国内外专家和机构参与的研讨会，并完成总体方案编制工作，受到国家发改革委和美国能源基金会认可。该课题研究开创了协会利用国外基金会捐赠的先例。

根据国家发改委《关于调整销售电价分类结构有关问题的通知》，受市物价局和市电力公司委托，组织业内专家，完成《上海市电价结构调整实施方案、实施细则及发展方向研究》课题的总结报告。

根据市经信委《关于进一步加强并网电厂发电运行管理研究》要求，组织市电力公司、上电股份、华能上海分公司、申能股份、华电上海分公司等单位的专家，对燃气、燃油、风电、热能联供等运行考核标准进行专题研究，对 2012 年颁布实施的《上海电网发电厂并网运行考核实施细则（试行）》进行修订和完善。

此外，按照市经信委和发改委要求，组织开展《上海市供用电条例》大纲起草工作；按照市发改委部署，参与由市能源研究所牵头开展的有关上海市能源可持续发展指标评价体系的课题研究；根据市质技监局要求，会同市能源标准化技术委员会和市能效中心等，对《节能技术改造和合同能源管理项目节能量审核和计算办法》地方标准进行研究，并完成初稿。

按照国务院相关要求，上海已在 2012 年建立碳排放交易市场。协会根据市发改委有关继续完善本市碳排放核算及配额分配办法要求，并采纳有关发电企业建议，组织开展“上海碳排放交易机制下发电企业减排策略”课题研究，并完成相关开题报告。

为加快钠硫电池技术的推广应用，提高新能源接入能力，改善电网调峰水平，受市电力公司委托，开展《上海电网钠硫电池应用规划》课题研究，目前该课题已通过评审。

三、推进史志编纂，履行社会责任

在市电力公司的积极支持、协调以及各发电单位共同配合下，《上海市志（1978—2010）工业分志电业卷》编纂工作正式起步。目前，上海电业史志编辑室已有专（兼）职编辑 9 人，编纂力量基本配备到位；办公场地和经费等得到圆满解决。市电力公司除提供人员、设备、场地等条件外，已明确根据 5 年工作周期按年提供编纂经费；上电股份、华能上海分公司、申能股份等骨干发电企业分别给予编纂经费资助，体现了行业合作、共同履行编纂义务的精神。协会将按照严格管理、规范使用的要求，设专账对编纂经费进行单独核算。

作为实现《电业卷》编纂目标重要组织保障，参照以往修志编史成功经验，上海电业史志编辑室积极联系相关电力单位，落实编纂工作分管负责人和工作联系人，组建由 65 户单位和 17 个（电力公司本部）部门组成的编纂网络，涵盖上海电力行业各大系统，包括发电、电网、基建修造、科教卫等专业领域主要单位及大型企业的自备电厂。经上海电业史志编纂委员会审定，12 月 20 日，《电业卷》编纂实施方案和篇目大纲正式报送市地方志办公室备案。

四、践行协会宗旨，提高服务水平

持续推进 QC 小组活动。上电股份、华能上海分公司、申能股份、华电上海分公司、上海电建等单位自下而上开展 QC 成果交流，逐级进行发布并评选、推荐，成果主题涵盖节能减排、科技创新、安全生产、质量管理等多个方面，展现出这项群众性活动的强大生命力。据统计，全年共有 282 个 QC 小组、2215 名员工参与成果发布、学习和交流，为企业创造经济效益 3084 万元。为组织好成果评选，协会召开评委和领队会议，制定评审规则，抽签确定发布顺序。3 月 14–15 日，协会召开上海市电力行业 QC 成果发布会，37 项课题成果进行交流、发布。按照评审规则和评审结果，将获奖成果逐级推荐参加中国水电质协、市质量协会等组织的发布和评选，计有 4 项成果获得全国优秀 QC 成果称号，45 项成果和集体、个人获得省部级荣誉。

为进一步推进班组建设和企业管理工作，全面提升企业的质量水平及现场管理能力，持续开展全面质量管理知识的普及及教育工作，引导会员单位学习和运用先进的管理理念、管理方法，深入推进卓越绩效管理模式的应用，组织参加全国优质服务月活动，促进企业改进质量、降低消耗、提高效益。

协会运用行业平台开展行业统计工作，召开统计年报会议部署发电生产年报统计及定报工作，每月通过《上海电力行业信息》发布行业统计成果，定期编制相关统计报表并发送会员单位，为会员单位服务。

教育培训网络发挥协会的桥梁纽带作用，定期召开工作交流会议，为会员单位间互通信息和学习、交流创造条件，促进培训信息和培训资源的共享。在协会牵头协调和电力学院等单位的密切配合下，成功举办高级电工培训班。

进一步发挥协会网站和《上海电力行业信息》作用，协会信息调研部门优化版面设计和栏目设置，加强会员单位工作动态、建议呼声以及干部职工关注热点的动态报道，“电力广角”、“热点追踪”、“天南地北”、“政策传递”和“高层信息”等栏目刊载内容受到普遍欢迎。为提高信息报道时效性和广泛性，加强通讯员队伍建设，改进工作方式，取得较好效果。

继续协办由中电联等主办的第九届上海国际电力设备及技术展览会；协办由国家发改委、商务部、市政府等共同主办的第十五届中国国际工业博览会以及电力技术装备研讨会，并荣获工博会“优秀组织奖”。顺利通过社团年检审查和财务年报审计，按照《章程》规定做好会员单位会籍动态管理及会费收取工作。至年末，会员单位共计139户，其中供电企业13户、发电企业31户、电力施工企业41户、电力设备制造和物资供应企业41户、电力科研院校等13户。

（朱辛放）

上海市汽车行业协会

上海市汽车行业协会成立于1996年，为上海市汽车行业企事业单位自愿组成的跨部门、跨所有制的非营利的行业性社会团体法人。现有会员单位319户。

2013年主要工作：

一、圆满完成行业协会规范化建设评估工作

1．成立规范化建设评估工作领导小组和工作小组。

2．利用协会工作例会进行规范化建设的动员和部署。结合2013年协会工作计划的落实，明确把这次规范化建设评估工作列为全年工作重点，全力做好评估各项准备，确保按时完成。

3．进行规范化建设评估的目标分解。制订规范化建设评估工作的计划，开展目标分解，明确责任人和时间节点要求，实行目标分解考核，并与个人工作绩效挂钩，奖惩分明。

4．发挥协会理事会对评估工作的领导作用。召开协会五届二次理事会，一致通过《开展上海市汽车行业协会规范化建设评估工作的决议》。在此基础上，按评估要求，下发理事单位评价表和会员单位评价表百余份，分别对协会领导班子、财务公开、创新能力、民主办会、接受会员监督等内容进行评议打分。

5．开展规范化建设的自查整改工作。对照规范化建设评估指标要求，秘书处分门别类开展逐项自查工作，做好规章制度的修订和完善、原始资料收集和整理、档案管理归类和统一等。

6．学习交流，取长补短，推动自查整改的深化。在开展内部自查整改的同时，虚心向兄弟协会学习取经，并参加协会间的规范化评估交流活动，邀请上级主管部门上门辅导和咨询，使自查工作做到扎实推进。

7．按时提交自评报告。在对照相关评估标准和评估细则进行自我评估的基础上，认真填写材料，按规定时间和相关要求报送市经团联并分门别类印刷装订成七大本汇总资料供查阅。

8．做好迎接评估检查的准备工作。对照评估标准自查评分，提出申报5A级协会。

二、深入开展节能减排JJ小组活动

抓好节能减排工作，加强宣传和推广，及时做好JJ小组新成果、新方法的总结，被市JJ小组活动指导委员会评为2010—2012年度上海市节能减排（JJ）小组活动先进组织协会。

三、关注市场，做好会员服务工作

1．定期组织专家编写和出版《2013年度汽车市场分析预测》蓝皮书，向会员企业宣传市场形势，增强拓展市场的信心。

2．会员部认真做好牵线搭桥工作，组织会员参加信息发布、商务洽谈、业务讲座等活动，帮助企业业务对接、交流座谈。

3．统计信息部做好国内及上海的每月产销分析和预测，定期上报分析数据，协会利用工作例会定期向各分会和专委会通报市场信息。

4．利用会刊和网站定期发布月度汽车市场分析报告，让会员企业及时了解把握市场动态，为企业开拓市场提供依据。

5．更新协会网站，加强维护和整合，拓展网站传播渠道和功能，每天定期更新和发布市场信息、企业信息和协会动态等，全年发布各类信息1500多条。

6．定期召开年度统计信息年会，总结上年工作，提出全年工作要求。同时，表彰奖励12名先进统计员和6名先进信息员。

7．结合汽车“三包”政策实施，与销售、汽配、维修等协会共同参与市质监局组织的实施细则研讨，做好汽车生产企业和销售企业的衔接配合，共同维护消费者权益，发挥协会信息沟通渠道作用。

8．组织会员企业参加上海市知识产权服务中心举办的产业专利分析实务培训，提升专利情报分析人员实务操作能力，提高企业知识产权保护综合水平。

9．建立协会诚信企业创建活动办公室，参加市社团局行业自律与诚信创建活动推进会。按照创建活动目标和要求，逐步开展组织落实和目标推进工作。结合创建活动，积极配合市工商局推动会员企业著名商标的审核工作。

四、重视发挥分会、专业委员会的作用

1．铸造分会每年召开年会，明确工作目标，并围绕“创新、升级、转型、做强”主题，举办专题报告、组织技术咨询等专项活动。还成功举办“2013年中国上海绿色环保铸造产业高峰论坛”和企业产品展览会。

2．电子电器专委会结合汽车电子发展趋势和新产品推广，积极开展会员企业间的技术交流和研讨活动。先后举办“汽车电子研发流程及工具应用”报告会、“汽车混合动力有源传动技术理论与实践”研讨会、“汽车网络技术趋势与开发过程”学术报告会。充分发挥分会学术交流平台作用，推动企业加快创新能力与转型发展步伐，及汽车电子产业整体实力提升。

3．专用车专委会定期召开专用车企业工作会议，分季落实全年工作目标。组织会员参观考察，结合改装车市场整顿进行公告管理，通报相关法规信息，探索建立专用车网站与会员企业间的联网工作。

4．动力总成分会配合市环保部门组织本市及长三角地区轻型汽车排放实验室，共同实施检测比对活动，参加活动的9家单位逐一进行比对试验工作。年末，召开年度市轻型汽车排放总结会，还举办车用增压器技术讲座及开展会员验证工作。

5．重视外省市分部活动。协会领导参加沈阳分部召开的工装、模具维护保养技术交流会，分部会员100余人踊跃参会。

五、开展课题调研活动，做好政府委托工作

1．完成市经信委委托的《道路交通和城市化进程与汽车产业协调发展研究》调研课题，得到相关评审专家一致肯定。

2．承接市经信委《2013年度汽车产业运行监测，全国汽车产业数据采集和分析工作》项目，每月定期提供咨询报告，及时反映行业信息。

3．完成市发改委委托的《上海市国民经济和社会发展报告——汽车行业篇》编写和上报工作。

4．为配合市经信委下达“十二五”规划中期评估工作开展，按市经团联要求，编写《“十二五”时期工业发展重点执行情况——上海市汽车行业》报告，按时完成并上报。

5．按时完成市统计局要求的行业月度统计报表并及时上报。

6．为《中国汽车工业年鉴》和《上海市经济团体联合会年鉴》提供行业发展报告。

7．按照国务院和市国资委部署，开展《汽车业卷》、《汽车专志》编撰工作，完成协会简介和20多户会员单位企业简介的编写工作，并制作50余条电子卡片，已报《汽车业卷》编纂室审定。

六、加强组织建设和秘书处自身建设

1．制定2013年协会工作计划，展开目标进度的分解工作，落实部门工作责任制。

2．坚持会议制度，每月召开工作例会，各部门、分会汇报工作，互通信息，落实每月工作计划。

3．结合规范化管理要求，修订并完善档案管理工作程序、财务管理制度、会议记录制度和文件资料的归类建档制度等。

4．加强会费收缴的力度，确保会费收缴率达80%以上。同时，加强会员单位梳理工作，及时清退挂名会员，积极发展新会员，年内接纳33名新会员。

5．党支部组织全体党员积极开展党的群众路线教育实践活动，进行学习和讨论，参加市经团联党委举办的专题报告会。

6．重视发挥专家作用。组织顾问、专家20余人赴浙江南浔工业园区考察参观，与县领导和工业园区进行交流座谈。

（徐维洁）

上海船舶工业行业协会

上海船舶工业行业协会成立于1993年，是由上海及周边地区从事船舶、海洋工程及其技术设备的研究、设计、制造、修理、经贸、教学、法律、检验等主要企事业单位，按平等自愿原则，跨地区、跨部门、跨所有制组成的行业性社会经济团体。现有会员单位123户。

2013年主要工作：

一、推进协会“规范建设”，探索与时俱进的服务形式

坚持按民主集中制办会，坚持“3+1”会议制度，不断完善议事和决策程序。制定并施行员工、资产、关联文档周转等相应的管理制度和流程。为推进秘书处人员年轻化、知识化和专业化建设，坚持老中青合理配比；在实际工作中采取1主1副搭配，以老带青、互帮互学、取长补短，共同提高。在获得4A级社会组织荣誉称号的激励下，进一步加强自身规范建设。

二、加强与成员单位的联络联系，搭建协会交流平台

组织联络员、通讯员在崇明召开年度工作会议暨2013年迎新团拜会，对优秀通讯员进行表彰，密切与成员单位联系。召开“上船协成立20周年老领导座谈会”，邀请老领导、老专家为协会工作出点子、提建议。吸纳南通菲希尔测试仪器有限公司、上海宜通船舶工程有限公司、上海江南造船厂、福建国航远洋运输（集团）股份有限公司、上海康比利仪表有限公司、中船工业成套物流有限公司6户企业入会。

三、与众企业“唇齿相依”，谋求行业升级转型的道路

1．开展行业难点热点研究，向政府有关部门建言献策。应对危机、调整结构，自发研究并撰写《大力发展我国海洋渔业》的建言报告报送国务院；配合市发改委关于上海建立船舶融资租赁先行先试工作，经调研与企业合作撰写，并向市发改委提交专项建议报告；根据市发改委要求，先后组织相关单位参加“上海建立船舶产业基金”专项方案研究的工作，并递交建议报告；参加中船协工作会议，作“患难与共，寻求对策，应对危机”工作汇报和对策建议；会长周振柏、名誉会长陈金海、秘书长杨新发接受上海电视台第一财经采访，作“在行业不景气的背景下，船舶企业订单下滑，如何看待船舶行业的未来发展”专题发言；为有效降低雾霾，积极发展水运，组织有关专家撰写上报国务院的《畅通江河湖共圆中国梦——振兴河运降低雾霾的建言》报告。

2．结合自身优势，助推国内游艇产业的发展。组织召开“首届游艇产业国际专家论证峰会”，世界游艇协会会长、秘书长，美国游艇协会会长等9个国家游艇协会会长参加会议，并向本会颁发“国际游艇协会”证书；英国剑桥学者出版社全额出资编辑出版中国高性能船学术论文集，准备全球出版，协会编撰专家委员会成立并开始工作，被中国造船工程学会和中国船舶工业行业协会赞誉为绝无仅有的殊荣；受市水上公安局、宝山区政府、重庆丰都、美国水星公司、日本雅马哈、新加坡改建工程公司等委托开展邮轮、游艇专向咨询课题；受珠海市政府委托开展“珠海滨水游艇产业发展规划”研究；作为国家大型游艇标技委成员参加国际标准修订工作会；作为ICOMIA国际组织中国代表出席英国伦敦大会，做中国情况报告；代表中国参加中、日、韩三国滨水游艇产业发展研讨会；组团参加日本横滨、意大利国际游艇展览会和游艇行业考察交流、中国市场发展介绍活动；在国家工信部、山东省政府指导、帮助下，与山东交通学院联合召开“2013中国游艇发展与人才培养论坛会”；与太阳鸟公司、华中科技大学联合举办中国游艇设计大奖赛颁奖大会；与德国杜塞尔多夫、上海宝山、日本贸易振兴机构、新西兰游艇协会合作开展关于中德滨水开发合作，与苏州涵园互动合作、中日韩滨水旅游开发合作、中国新西兰互补合作等。

3．依托“三展四会”，寻求助推行业、企业产品技术交流与创新、贸易合作的着力点。举办第十八届中国国际船艇及其技术设备展览会，推动游艇业海内外交流与贸易往来。主办第十八届中国国际船艇及其技术设备展览会，邀请赢得单人40英尺无动力帆船137天连续环球航行冠军郭川和中国首位无动力帆船环球航行的英雄翟墨参加开幕剪彩，郭川作归来首次演讲；与英国RINA联合成功召开第18届“中国国际高性能船学术报告会”；成功举办第12届中国国际游艇经济暨景观水系论坛会；举办第3届“中国国际游艇设计和制造厂商、用户需求和设计开发对接会”。为游艇企业、投资商、国内政府部门、设计单位、设计师、游艇买家与美、意、法、加、挪、日等游艇业界交流和商务合作搭建对接平台，推进了我国游艇建造从简单OEM无品牌生产到购买设计、自主创新发展的进程。

四、坚持“三个服务”宗旨，不断探索有效服务，积极发挥桥梁纽带作用

1．为政府服务。开展行业统计。召开上海地区船舶工业统计工作会议，汇报2012年上海船舶工业整体情况等，传达、布置工信部2012年全国船舶工业统计工作会议精神；受市科委委托完成《2009年上海海洋工程装备产业发展研究报告》、《2010年上海海洋工程装备产业发展报告》课题；完成上海年度、半年度船舶工业经济运行分析报告并报市有关部门；向国家财政部关税司提交帆船、汽艇征收关税建议报告。

2．为行业、企业服务。受上海海事法庭委托，提交船舶设计过错法律责任问题的行业建议报告；与中国船级社一起就游艇检验和配套产品认证等议题进行专题研究；受广西柳州、钦洲对外合作办委托提供关于推进广西船舶工业发展的咨询服务；为意大利海事组织与中船九院联合开展中意码头技术合作服务；受济南南车集团委托提供进入船舶行业相关咨询服务；受德国中校企业协会委托开展中德船舶业合作和进驻上海自贸区事宜的咨询工作。

3．进一步做好刊物建设，构建协会信息服务平台。坚持每月定期出版《船舶行业信息》，召开每年1次的“总结交流、培训考察、表彰工作会议”，形成稳定的刊物通讯员联络体系。

4．参与《上海国民经济和社会发展报告》、《上海产业和信息发展报告》、《中国船舶工业年鉴》、《上海工业年鉴》、《上海年鉴》、《上海地方志》等的编撰供稿，发布行业信息和最新动态。

上海铝业行业协会

上海铝业行业协会成立于1989年3月，是上海及长三角地区从事铝加工的生产企业和铝加工产业链中装备、贸易、科研等相关企业单位自愿组成的行业性社会团体。现有会员单位315户，部分来自安徽、江西、山东、河北、福建、贵州、广东等地。

2013年主要工作：

一、充分发挥行业协会优势，全心全意为会员企业服务

根据走访登记和书面记录，全年共走访会员企业491户（次），月均走访40户（次），创造历年新记录。通过走访，协会为会员企业的服务更加深入有效，充分发挥行业协会作用，架设企业与政府间桥梁。对于会员企业诉求，及时与市经信委、市商务委、市环保局等部门进行沟通、反映，并经常一起到有关企业进行调研、指导工作，真心实意地帮企业解决生产经营与事业发展中的问题。同时，协会影响力与日俱增，发展新会员40户。

二、积极推进企业技术进步，大力规范行业行为

7月，国家工信部下发《铝行业规范条件》文件，协会走访多户企业，并主动与市经信委、市环保局联系，召开2次专题会议，商量制定上海市铝行业规范化条件对照自查表，积极推进铝行业规范化建设进程。

继上年牵头起草本市地方标准《铝合金挤压型材单位产品能源消耗限额》后，开展《铝热传输复合材料单位产品能源消耗限额》的起草制定工作，标准稿已呈报市质技监局，并得到市能标委领导充分肯定。同时，在会员企业中开展节能减排（JJ）小组活动，被评为“上海市JJ小组活动先进组织协会”。

为促进会员企业技术进步，先后成立铝板带部、铝型材部、再生铝部，对会员企业进行技术指导，实施专业化管理。7月、9月，专业部后召开“2013长三角地区铝型材专业技术与发展研讨会”、“2013长三角地区铝板带箔专业技术与发展研讨会”，深入分析和探讨当前铝加工形势，就规范行业行为、加强企业间的技术交流，整合铝加工企业力量，实现铝加工业由大转强，进行充分研讨。11月14日，举办每年一次“长三角地区铝业高峰论坛”，来自全国22个省市的250多位企业界、学术界人士参加大会，来自北京、广东、江苏、浙江、湖南、河北、上海的10多位嘉宾作精彩演讲，探讨中国铝加工业发展现状、新工艺新技术、新形势新机遇、前景展望等。

作为上海市进出口公平贸易行业工作站，协会积极配合政府与会员企业，开展“双反”宣传、培训，多次参与有关企业涉案案例处理。至年末，已有4户会员企业进入市商务委的产业安全重点企业信息采集平台。

上海铝业网、会刊《上海铝业》、《秘书处工作汇报》协会三大信息平台，及时传递国家重大方针政策、行业信息咨询等，成为宣传规范行业行为的重要载体。

三、认真抓好党建工作，发挥党支部战斗堡垒作用

年初，党支部开辟《党建园地》，公布《争先创优活动计划》、《廉政守则》，7位党员的照片全部上墙，接受群众的监督。“七一”前夕，组织党员在党旗前高唱《国歌》、重温“入党宣誓”、学习习近平总书记重要讲话。还不定期编辑印发《铝协党建》，供大家学习参考。3季度，召开深入开展党的群众路线教育实践活动动员大会，进行部署，提出“五个一”计划：上一次党课，组织一次大讨论，每位党员写一篇学习心得，过一次民主生活，党支部书记与每位党员谈一次话。切实推进党的群众路线教育实践活动，并保证实践活动与协会工作“两不误、两促进”。通过开展党的群众路线教育实践活动，规范党员的行为，充分发挥共产党员的先锋模范作用，推动协会工作健康发展。

（范垦程）

上海市电镀协会

上海市电镀协会成立于1984年6月，是上海地区电镀生产企业和相关的设备、经营、设计、科研、教育等单位自愿参加组成的社团法人。现有会员单位267户。下设教育、清洁生产、热镀锌、电子电镀、青年工作者、老电镀工作者专业委员会。

2012年主要工作：

一、换届改选工作

成立换届改选筹备小组，组织召开常务理事会、理事会、会员大会民主选举产生协会第七届理事、常务理事、正副理事长、秘书长，重新组建各委员会，顺利完成换届工作。

二、教育培训

1．为使更多的电镀从业人员了解电镀专业知识，为金山、浦东、松江、青浦、嘉定等区培训245名电镀操作工。

2．为提升电镀企业环保意识，协会成立上海市电镀行业环保科技培训中心，制定培训目标，培训环保专业高级管理人员190人。此外，还培训三废处理操作工66人、清洁生产内审员59人、国家级生产审核师11人。

3．严格贯彻市安检局关于含氰剧毒化学品、危险化学品运输和储存、使用要求。对企业从业人员、管理人员进行全面培训和复训，培训320多名上岗人员。对使用易制毒化学品企业进行覆盖式培训，培训管理人员和从业人员400多人。

三、行业自律

按照《上海市电镀企业准入标准》，发放71张准入证，其中3年证39张，对不在工业园区和没有完成清洁生产审核要求整改的32户企业发放1年证。

四、学习交流

组织热镀锌工作联谊会；参与电镀国际论坛；组织青年电镀工作交流会；组织重阳敬老联谊会；组织长三角地区电镀行业交流会；接待北京、天津、重庆、武汉、福州、深圳、台州、金华、四川、香港、台湾以及美国、韩国等地的同行来沪考察学习。

五、服务企业

1．与上海机械工艺研究所联合实验室协同为50户电镀企业提供72次盐雾、金相、结合力等监测数据的服务。

2．协会技术咨询热线为100多户企业提供技术咨询服务，为众多企业解决了工艺、设备技术等难题。

3．与上海轻工研究所合作制作的镀镍废水装置，在60户电镀企业进行使用合作，共安装119套镀镍废水回收设备，从镀镍废水中回收27吨镍，减少废水排放59万吨，提高70%的废水回用率，取得1200万元的经济效益，获得环境、经济双赢的良好结果。

4．进一步更新完善协会网站，多次改版，更好地适应企业发展要求，成为真正的行业信息平台。《上海电镀》调整栏目，全年编辑出版6期，近30万字的内容和协会网站相为互动，及时报道行业动态、政策法规、技术信息、企业管理，较好的发挥讯息平台作用。

5．组织参观国家荷兰水处理展览会、华东地区国际表面处理展览会、全国印制线路版展览会。

6．组织召开菲希尔新产品推广会、安美特环保电镀添加剂交流会、康晋节能电源推广会，让更多企业了解新产品、新工艺、新技术的发展和使用效果。

六、服务政府

1．完成市禁毒委、市公安局缉毒支队要求的对易制毒化学品、危险化学品从业人员的复训工作。

2．完成市公安局、经信委、安监局交办的116户企业含氰剧毒危险化学品的用量审核工作。

3．完成市环保局、市清洁生产推进办要求的42户企业清洁生产启动工作（验收11户，评估24户，预评估7户）。

4．协助市公安局、安监局对奉贤、浦东、嘉定、松江等企业的剧毒含氰化学品使用、运输、储存的现场检查工作。

5．配合浦东新区环保局完成浦东新区电镀企业现状的调研工作。

6．协助国家环保局华东督查中心调研电镀一类污水设置排放口的课题。

7．协助中表协清洁办完成《国家环保局清洁生产规范程序》的课题。

（王纪民）

上海钢管行业协会

上海钢管行业协会成立于2000年4月。现有会员企业95户，分布上海、江苏、浙江两省一市。下设不锈钢管专业委员会和专家技术委员会。

2013年主要工作：

一、坚持为会员企业服务，架构开拓市场的平台

6月4—6日，在上海新国际博览中心成功举办第九届上海国际钢管工业展览会，展会面积达5万平方米，参展企业近600户，参展产品主要有钢管、钢管设备、管件、管件设备等，来自37个国家和地区的参观观众达3万多人次，为会员企业提供开拓新市场商机，取得了较好成果。

二、配合政府做好进出口公平贸易工作，为会员开展公平贸易培训服务

一是做好国际国内钢管市场监控和预警，为会员单位提供钢铁产品的贸易摩擦信息（涉及进出口贸易摩擦的发起、中期、复审、终审）183条，其中有关钢管“双反”信息97条，涉及我国钢管“双反”信息58条。二是鼓励会员单位密切注意进口钢管产品，配合会员单位对损害国内企业生产经营的进口钢管进行反倾销诉讼。大力支持会员单位宝钢股份钢管事业部参与“对从欧盟和日本进口的高性能不锈钢无缝钢管产品进行反倾销调查”活动，并在《中国冶金报》发布《积极运用国际规则、维护民族企业利益》新闻报道。三是积极开展进出口公平贸易培训。分别派员参加市商委组织的进出口贸易摩擦复审申请培训、贸易摩擦统计培训和上海市进出口公平贸易行业协会工作培训。每次参加相关培训活动后，协会都适时组织会员单位进行相应培训。6月5日，在市商委公平贸易处支持下，在上海新国际博览中心举办“钢管行业在国际贸易摩擦中的挑战与机遇”专题报告会，商务部公平贸易局李智处长到会作主旨演讲，市商务委公平贸易处卢正副处介绍上海进出口公平贸易形势，WTO专职律师张振安做反倾销应诉培训，参加会议的有82人。会后，与会代表纷纷向协会索取演讲材料，“我的钢铁”“今日钢铁”“中国钢管网”等主流钢铁媒体，纷纷报道会议。报告会取得广泛影响，为协会今后举办大型公平贸易培训活动打下良好基础。

三、不断加强会员间信息传递工作，办好行业网站和行业简报

为更好地加强会员间信息沟通，通讯员队伍按计划举办2次活动，各单位网站和简报上通讯员稿件有所增加，协会网站转载各单位网站信息22条，简报采用通讯员稿件11篇，《中油天宝上海钢管厂开展质量月活动》等6篇报道被《中国冶金报》采用。全年“钢管行业”网站共发布行业信息1960条，行业上下游信息1200条，价格信息2300条，协会工作信息19条，会员单位信息22条，供求信息若干。网站多条独家信息，被其他网站转载。由于网站特色鲜明，注册会员由上年的95户增加到114户。年内《上海钢管行业简讯》共出版23期，约11.5万字，简报通过宏观信息、国内外行业动态和协会动态3个栏目，为会员传递近期钢铁行业大势、钢管产业技术信息和协会、会员动态信息。

四、坚持落实市府品牌战略工作，探索职工岗位技术职称评定渠道

积极参予“上海名牌”、“上海著名商标”推荐活动，对会员单位进行引导及指导，有1户会员单位产品获得“上海名牌”称号。至年末，会员单位中获得“上海名牌”产品的钢管企业达10户，获得“上海著名商标”称号的有4户，申报“中国驰名商标”的企业有2户。

积极开展企业员工在岗培训及技术职称评定，先后与上海材料研究所落实材料检测岗位培训，与上海重型装备设备协会联系落实中级职称评定相关工作，2014年将针对性地进行试点工作。

五、积极开展会员企业间业务协作

多次组织会员企业开展业务交流，秘书处积极牵线搭桥，促成数对企业合作。会员企业发挥各自产品和设备优势，相互协作，扩大产品的市场占有率，取得良好经济和社会效益。

六、加强自身建设，创新协会工作机制

在1年2次理事会和1次年会的基础上，坚持每2个月举行1次会长办公会议，每次会议研究解决1–2个问题，效果良好。会长参会率达90%，增强了会长、副会长间的联系沟通，加深了相互间感情。

（卢致逵）

上海市铸造协会

上海市铸造协会成立于1984年1月，是以铸造企业为主体，并吸收与铸造相关的科研、设计、教学等企事业单位组成的跨行业、跨部门、不论经营类型，具有独立法人资格的社会团体。现有会员单位250余户。

2013年主要工作：

一、加强为会员单位服务

1．配合宝山区经委开展铸造工上岗资格培训，区内13户企业的26名干部、工人参加培训。培训班上，介绍上海铸造行业总体形势和铸造、锻造、热处理、电镀行业产业结构调整的总体部署和目标，还就企业的安全生产、环境保护和员工职业健康安全现状进行分析，提出要求，并介绍《中频感应电炉熔炼铁水能源消耗限额》、《铸钢件单位产品能源消耗限额》2个地方能耗标准内容和应用方法等。

2．举办铸钢和铸铁行业专业活动。与会企业深入交流各自生产经营状况和对当前经济形势及走向看法，还分别参观会议东道主上海沪临重工有限公司和新建投产的上柴动力海安有限公司，现代化铸造装备和现代管理方式给大家留下深刻印象。

3．4月，协办出席中国铸造协会在苏州举办的第九届中国国际有色及特种铸造展览会。

4．组织动员7户企业申报参加节能减排“JJ”小组活动，并正在进行成果统计总结。

二、加强行业监管

1．开展企业基本信息征集和统计，收到企业调查表170余份，为协会及时了解行业信息，开展各项工作打下基础。

2．开展达标评议工作。对49户企业进行达标评议，其中有7户企业达标证有限期为1年。这7户企业中，4户被列为当地政府规划调整企业，3户因为经营状态不佳，要求限期整改。

3．开展清洁生产审核工作。上半年，协会参加旭东压铸（上海）有限公司的清洁生产审核预评估，并从铸造专业角度对评估报告提出修改意见和建议。下半年，与市电镀协会（清洁生产审核认证机构）合作，全程参与上海海帕压铸件有限公司清洁生产审核工作，多次深入企业现场调研，参与报告编制，协助企业制定中＼高费方案和无＼低费方案。

4．推进行业准入。5月10日，国家工信部公布《铸造行业准入条件》；9月30日，公布《铸造行业准入公告管理办法》；10月21日，又印发《关于组织开展2013年度铸造行业准人公告申报工作的通知》，各地铸造业准入公告申报工作全面展开。协会通过《通讯》、会议、电话等多种方式，鼓励符合准入条件的上海铸造企业积极参加准入公告申报，并与市经信委装备处就铸造业开展行业准入有关问题进行沟通。

三、服务政府

1．积极支持、配合政府推进产业结构调整和节能减排工作。年初，完成市经信委委托编写的《上海铸造、锻造、热处理、电镀四大工艺调整途经研究》课题，按照本市“十二五”期间铸、锻、热、镀行业产业结构调整目标和要求，提出基本思路、方案、措施和相关建议。

2．编制能耗标准。编制《有色金属铸件单位产品能耗限额》地方标准，秘书处作了大量数据调研、整理、分析、统计等工作，得到会员单位大力支持，并于4月11日正式通过市技监局审定，5月24日正式发布。

3．协助政府对燃煤（重油）锅炉改用清洁能源的政策修订。市政府曾发文对于使用清洁能源设备替代原燃煤（含重油）锅炉项目给予设备投资补贴，由市推进办委托市能效中心承担项目审核。市能效中心把铸造熔化炉（主要是燃煤坩埚炉、冲天炉等）纳入该项政策补贴范围，事关政策实施和企业利益。10月，协会专访市能效中心，与其商讨冲天炉、燃煤坩埚炉政策补贴核算办法，提出看法和建议。11月，还与其同往金山区金浦钢琴铸造有限公司进行实地考察调研。

四、加强自身建设

积极参加社会组织规范化建设评估，按照评估要求编写2.2万多字的《自评报告》。10月15日，市工经联组织专家进行评审，对协会在规范化建设中所作工作和成绩给予肯定和鼓励。雅安地震发生后，党支部共募集善款1900元，向上海市慈善基金会作“雅安赈灾”专项募捐。

（叶　苏）

上海市焊接协会

上海市焊接协会是1986年经上海市民政局批准成立的市级专业协会，下设行业管理、教育培训、交流出版和组织建设等4个专业委员会。现有会员企业243户。

2013年主要工作：

一、组织建设和内部管理

1．选举和产生七届理事会。1月8日，召开六届四次会员大会，通过协会第六届理事会工作报告、章程修改报告和第六届理事会审计报告，选举产生七届理事会，理事会由39名理事组成。同日，召开七届一次理事会议，选出理事长、副理事长、秘书长。

2．成立6个专委会。2月21日，协会成立培训咨询委员会、学术交流委员会、企业管理委员会、行业规划委员会、产业信息委员会和组织委员会等个专委会，分由6位副理事长任专委会主任，同时制定各专委会工作职责及2013年的工作计划。

3．增补新理事和会员单位。8月30日，在上海机电设计研究院召开七届二次理事会议，增补上海广为焊接器材有限公司和上海船舶研究所2位理事，吸纳5户新的会员单位。

4．加强内部管理。市民政局每年按惯例抽查部分协会执行财税纪律情况，协会被列为抽查单位。经专业审计机构严格审计，11月通过市民政局的审计抽查。

二、技术培训和技术服务

1．技术资询服务。为32户本市和江苏、沈阳、河南、北京、广东等地企业完成焊接工艺评定，帮助企业解决生产技术难题。5月，上门到河南焦作科瑞森机械制造有限公司半个月，通过帮助培训焊工，开展焊接工艺评定，帮助编制煤炭输送机械的焊接工艺文件和质量控制文件，规范焊接工艺，在现场指导生产，解决煤炭输送机械焊接技术问题。

2．技术培训服务。先后为100多户上海和外地企业开展欧盟EN（ISO9606）、美国焊接学会AWS（AWSD1．1、ASME）、中国船级社（CCS）、钢结构、市人社局焊工等级工、市安监局焊工安全生产操作等多种标准的电焊工技术培训。各类培训人数达2525人。5月，中国船级社（CCS）通过对协会培训考试委员会培训资质的中间审核。

3．成立中国焊接协会上海技术培训基地。中国焊接协会经多次考察和商议，决定与本会合作，面向全国开展焊接技术培训。6月17日，中国焊接协会上海技术培训基地揭牌仪式在协会技术培训基地（上海通用焊接技术学校）举行。此将有利于发挥协会培训基地和通用焊接学校的优势，扩大协会技术培训影响力和辐射力，促进上海和中国焊接行业技术水平提高。

4．组织“星光计划”第五届中等职业学校职业技能大赛。上海市“星光计划”第五届中等职业学校职业技能大赛由市教委、市人社局、市教育发展基金会组织，其中焊接技能比赛由我会承担。比赛评出个人全能一等奖1人、二等奖2人、三等奖4人；12人获电焊工（四级）国家职业资格证书，1人晋升高一等级资格。通过比赛，提高了协会在组织焊接技能比赛方面的权威性、知名度和影响力。

5．编写《切割技术操作工培训计划与培训大纲》。为改变多年来焊接技术培训工作存在电焊工培训多、切割工培训少的情况，协会培训委员会在通用集团的支持和合作下，上半年编写《切割技术操作工培训计划与培训大纲》，培训内容包括氧气切割、等离子弧切割、激光切割、碳弧气刨与切割、切割安全防护等方面的理论和操作技能。

三、开展中外技术交流活动

1．举办“优质焊接的意义”技术研讨会。4月12日，和莱茵集团技术（上海）有限公司联合举办“优质焊接的意义”技术研讨会。本市和江苏企业共18户企业30多位技术人员参加。

2．举办“铝和铝合金焊接论坛”。5月30日，与宝山区焊接协会合作举办“铝和铝合金焊接论坛”。上海航天设备制造总厂、伊达高科焊接（昆山）有限公司、上海交通大学材料工程学院和液化空气上海有限公司分别作“搅拌摩擦焊技术及其在航天制造中的应用”、“高效、高质焊接的新型电源”、“不同气体在铝、铝合金焊接过程中的影响”和“气体纯度对焊接质量的影响”的交流。汽车、船舶、电气、城建等行业的企业、研究所，以及高校和宝山区焊接协会等单位参加。

3．举办新产品新技术交流会。6月13日，与德国雷姆焊接技术有限公司合作，在协会培训基地举办产品和技术交流会。雷姆公司介绍INYERTIGPROdigltal型氩弧焊机、MEGA.ARC^{2}数字气保焊机、MEGAPULS系列等新型电焊机，以及超短弧、大功率焊接、SDI®-Plus电弧调节、自动进给控制起弧等新技术，并进行现场技术演示，展示德国先进的焊接产品和新技术。

4．举办“焊接培训标准讲座”。7月26日，协会举办“焊接培训标准讲座”，由德国莱茵（TüVRheinland）技术（上海）有限公司焊接技术培训中心介绍EN-287焊接标准的2010版、2011版和2012版的主要内容、特点。培委会主任徐锋介绍如何做好焊接工艺评定。

5．与芬兰Pema公司交流焊接技术，10月28日，组织船舶、锅炉、核电等方面的焊接专家与世界著名的大型焊接自动化设备制造提供商——芬兰Pema公司交流焊接技术。

6．与英国WWS公司交流不锈钢管道充气焊接技术。11月7日，与英国WWS焊接技术有限公司（Weldwide Solutionslimited）进行专题技术交流。与会的发电机制造、船舶制造行业的技术人员就本企业在产品不锈钢管道焊接加工中遇到的问题，以及如何解决U字形、十字形和K字形等特殊形状的不锈钢管道充气焊接，同安德鲁·威廉姆斯先生进行探讨交流。

7．与宝山区焊接协会联合举办焊接节能减排论坛。12月27日，与宝山区焊接协会联合举办“上海市科协十一届学术年会——焊接技术节能减排论坛”。市焊接协会组织有关技术人员介绍逆变焊机的节能原理和技术、“电弧焊机能效限定值及能效等级”（GB28736-2012）标准，以及数字化、智能化、自动化的高效节能焊接技术和设备等。

四、组织参加第18届埃森展和论坛交流活动

1．组织会员单位参加第18届埃森展。6月18-21日，被称为世界焊接行业“奥林匹克”的第18届北京·埃森焊接与切割展览会在上海新国际展览中心举办。协会组织广大会员单位参展，据统计上海有114户生产商和代理商参展，其中绝大多数为协会会员单位。

2．协办3场高水平、高层次的焊接论坛。埃森展期间，协助中国焊接协会等单位，分别于6月16日、17日成功举办以“产业”、“市场”、“国际”为主题的3场高质量、高水平、高层次的焊接论坛。一是“2013年焊接论坛——2013’中国焊接产业论坛——高效焊接技术及应用”；二是“2013中国焊接市场论坛——暨第三届焊接装备及材料用户调查结果发布会”；三是“2013’焊接国际论坛——迈向智慧焊接”。通过协办论坛，不仅提高协会在国内外的知名度，而且使参加论坛的焊接技术人员了解国内外最新的焊接技术、焊接产品和焊接市场动态和趋势，有利于促进上海焊接行业转型发展。

3．进行沪津两地焊接协会交流。9月21日，组织召开上海市焊接协会和天津市焊接行业协会第14次工作交流会，互相交流2013年的主要工作和2014年工作打算。通过交流，进一步加强两地焊接协会间的信息沟通和交流合作，发挥服务企业、规范行业、发展产业上的作用，促进焊接行业更快发展。

五、宣传贯彻电弧焊机能效等级国标

1．学习国家电弧焊机能效等级标准。4月，国家颁布《电弧焊机能效限定值及能效等级》（GB28736-2012）标准，规定电弧焊机的能效等级、能效限定值、节能评价值和试验方法。它是国家对电焊机制造行业最新的技术标准，对促进电焊机产品技术升级、推进节能减排具有重要意义。4月24日，协会组织专家学习GB28736-2012标准，并由市机电产品质量检测中心专家解读标准的涵义，加深对交流手工焊条电弧焊机、直流手工焊条电弧焊机、MIG/MAG弧焊机、直流TIG焊机、直流埋弧焊机和等离子弧切割机等6种产品的能效等级国家标准的认识。

2．进行行业调研摸底。6月起，先后对通用重工、沪工集团和东升集团等3户理事长、副理事长单位所生产的交流电弧焊机、直流电弧焊机和气体保护焊机3种电焊机，采用GB/T8118标准对能效等级、能效限定值、节能评价值三大指标的测试摸底，基本掌握电焊机能效等级情况。

3．组织宣传国家电弧焊机能效等级标准。11月12日，在培训基地召开电焊机制造企业宣贯“电弧焊机能效限定值及能效等级”国家标准研讨会。会议特邀参与该国家标准制订的凯尔达集团有限公司总工程师作题为“电焊机能效标准、节能焊机认证工作的研讨”的专题报告，并由市技质督局机电产品测试中心通报对本市电弧焊机生产企业的产品测试摸底的情况，上海电气集团上海锅炉厂有限公司介绍该公司严格按照国家节能产品目录选购电焊机等设备的做法，要求广大会员单位认真学习领会能效等级国家标准，积极贯彻落实，提高上海电焊机制造水平。

六、开展行业“十二五”规划中期评估工作

9月起，协会根据行业“十二五”规划的发展目标，分电焊机、切割机和焊接材料生产企业，以及造船、汽车、锅炉电站等应用企业两大板块，分别设计和下发统计调查表，为通过重点调查和抽样调查，完成对行业情况的汇总分析和对行业“十二五”规划的执行情况进行总体评估，并针对评估中发现的问题提出措施和建议，促进行业产品结构的调整升级，推动《上海市焊接行业“十二五”(2011-2015年)发展规划纲要》的实现。

七、搞好杂志和网站宣传

落实专人负责《上海焊接》杂志和上海焊接网的组稿、编辑和审稿，杂志质量提高，并改变了以前经常脱期的状况；上海焊接网做到及时全面报道协会工作。《上海焊接》杂志年内共刊登各类文章81篇。其中15篇文章先后被《现代焊接》杂志、中国焊接资讯网、中国焊接协会网等国内焊接行业的知名媒体采用。

(柳国炎)

上海市气体工业协会

上海市气体工业协会成立于2007年1月，为本市气体工业及相关的专业气体生产、气体储运、气体经营、空分装备、承压设备制造、相关仪器仪表和零配件制造，以及科研单位、检测中心和大专院校等相关企事业单位，并包括在本专业领域内具有一定影响的个人自愿组成的专业性非营利社会团体法人。下设焊工考试委员会，主要负责特种设备企业的焊工考试。

2013年主要工作：

一、参与和组织的重要会议及活动

3月6-7日，陪同国家质检总局、江苏省局、常熟技监局特设处、江苏特检院等6人到张家港圣达因、韩中、常州查特公司就汽车罐车安装卸液泵情况进行调研。3月20日，派员参加市工经联四届四次会员大会，杨雄市长出席并发表重要讲话。3月19日，参加国家质检总局特种设备安技委压力容器分委会在北京组织召开的由部分委员、特邀技术专家和安全监察机构、检验机构、制造单位、使用单位等代表参加的扩大会议，听取相关单位代表关于带泵汽车罐车生产、监检、使用、监管情况及未执行规程要求的原因介绍，集中讨论了带泵汽车罐车存在的必要性和设计、制造、使用等环节存在的风险，明确下一步工作，包括如何加强已出厂带泵汽车罐车的安全管理等内容。4月22-21日，在杭州召开《深冷容器——气体与材料相容性判定导则》和《深冷容器——高真空多层绝热用材料》2项国家标准的送审稿讨论会。4月26日，在上海召开协会二届三次理事会，近30多理事代表和业内企业代表参加会议。6月，协会秘书长出席“车用LNG气瓶及工业低温绝热气瓶的安全研讨会”，并作“车用LNG气瓶及工业低温绝热气瓶制造鉴定评审应注意的问题”演讲。7月25日，参加在市质量技术监督局召开的上海市《工业气体空分单位产品能源消耗限额》地方标准审查会，此标准顺利通过审查。9月4-5日，在张家港召开《移动容规》引用相关国家标准和行业标准修订草案讨论会。9月23-27日，参加全国气瓶、移动式压力容器充装许可鉴定评审人员培训考核班暨继续教育班。协会秘书长作为授课老师，为各省市学员授课。10月17-18日，在江苏常州市召开“上海市气体工业协会2013年年会”，共有79户单位93名代表参加会议。10月25-28日，参加在北京召开的“GB/T19905《液化气体运输车》等6项标准修订第一次工作会议”。11月1日，出席在上海中国烟草博物馆召开的“浦江经济论坛——行业协会能力建设”专题论坛会。12月26–28日，参加在杭州召开“全国真空绝热深冷设备技术交流会”，作“中国天然气产业发展与相关产品技术定位”、“全国带泵罐车监控管理平台的管理及技术要求”、“我国深冷容器标准体系现状与发展规划”和“真空绝热深冷设备性能检测技术与方法”演讲。

二、参与国家标准和行业标准制修订工作

在进一步完善我国移动容器和低温容器的标准体系建设基础上，依据我国相应的法律、法规及安全技术规范，通过采用国际标准和国外先进标准的相关技术要求，结合我国实际情况，制修订铁路罐车、汽车罐车、罐式集装箱、长管拖车等移动式压力容器和低温容器的相关国家标准、行业标准。移动分会和低温工作组分别新制定国家标准4项，2项为送审稿、2项为征求意见稿；修订国家标准2项和行业标准4项，6项均为征求意见稿。

三、完成2013年标准的复审工作，进一步完善标准体系

1．完成2013年国家标准和行业标准的复审。根据国家标准化管理委员会、国家能源局和总会的计划安排，移动分会和低温工作组对2008–2009年批准发布的国家标准、行业标准进行了复审。经复审，《道路运输液体危险货物罐式车辆·第2部分：非金属常压罐体技术要求》国家标准继续有效，《液化天然气罐式集装箱》行业标准计划废止。

2．完善移动容器和深冷容器的标准体系。根据国家标准化管理委员会、国家能源局和总会的计划安排，参照ISO、EN、IMDG、DOT和ASME等国际标准和国外先进标准体系，在结合我国国情的基础上，修改、完善我国移动式压力容器标准体系和深冷容器标准体系。明确基础标准、专项标准、相关标准的划分原则，对未来标准体系基本框架进行调整，为今后标准制修订明确方向和要求，于5月形成移动容器和深冷容器的标准体系文件上报总会。6月4–6日，在上海召开总会和分会秘书处联席会议，就各分技术委员会归口的标准框架体系进行汇报和讨论，总会要求今后各分技术委员会需根据确定的标准体系进行相关标准编制和修订。

四、参与国家和地方的科研专项工作

1．完成《深冷容器气体与材料的相容性试验方法研究及相关标准研制》国家质检公益性行业科研专项课题验收。“深冷容器气体与材料的相容性试验方法研究及相关标准研制”专项，是经国家质检总局和国标委批准的“2010年质检公益性行业专项项目”。经过2年多对国外深冷容器气体与材料相容性相关标准的收集和研究，掌握了相容性试验的原理和方法，并建立相关试验平台，对相关试验方法进行验证。在研究和试验验证的基础上，完成《深冷容器——高真空多层绝热用材料》和《深冷容器——气体与材料的相容性判定导则》2项国家标准的送审稿。2012年年底，项目组已将“深冷容器气体和材料相容性试验方法的研究”报告，以及2项配套标准等项目验收汇总材料正式提交国家质检总局申请课题验收。年内项目组围绕高真空绝热用材料表观导热系数的测试方法、高真空绝热用材料放气速率的测试方法，以及相容性实验平台（自燃试验、压力冲击试验和液氧环境下的机械冲击试验等）的建设进行了研究和调整。6月5日，项目审查会在北京召开，协会派员参加会议，该课题验收1次通过，得到总局领导和专家的表扬。

2．完成上海市质量技术监督局科技项目“事故储罐应急倒罐技术研究”。“事故储罐应急倒罐技术研究”项目属于《国家中长期科学和技术发展规划纲要（2006–2020年）》重点领域及其优先主题中公共安全领域的“重大生产事故预警与救援”主题，是协会与上海市特种设备监督检验技术研究院合作的市质技监局项目。项目组通过分析LNG储罐的特点，主要危险源的分析、辨识，研究LNG储罐的泄漏（阀门、管道等泄漏）、安全阀失效、装卸软管断裂、储罐真空度丧失、LNG储罐内胆（内容器）破损等方面的危险，完成《汽化站、加气站紧急卸液方案》的编制工作，还组织专家召开LNG储罐各种危险情况分析研究会议，对方案进行修改和完善，形成《LNG储罐应急倒罐技术研究报告》，正式提交市质技监局，并通过项目验收。

五、参与ISO/TC220国际标准化事务

1．代表我国SAC对ISO/TC220低温容器相关标准进行投票决议工作。在结合我国低温行业现状并征询有关专家意见的基础上，低温工作组秘书处代表SAC参加对ISO/TC220低温容器相关标准投票决议工作。

2．完成ISO/TC220召开的2013年度标准化工作会议的组织和策划工作。6月9–10日，组织业内代表参加在美国标准化协会（ANSI）召开的2013年ISO/TC220工作会议。会上，ISO/TC220正式讨论《关于ISO/TC220相关标准引入中国牌号材料的提案》，并写入会议纪要，进入后续表决程序。此外，我国还提出申请举办2015年ISO/TC220年度工作会议。

六、面向主管部门与行业的服务、管理工作

1．按计划完成相关法规和标准的制、修订工作，为政府主管机构规范行业提供技术支撑，同时还以中国工业气体工业协会气瓶专业委员、国家石油钻采炼化设备质量监督检验中心等鉴定评审机构和型式试验机构的名义，积极参与行业管理工作，为行业规范管理作出贡献。年内承担我国特种设备制造许可证的鉴定评审工作合计15项；负责我国低温压力容器、低温绝热气瓶、低温绝热管及管件型式试验许可工作，共承担低温压力容器型式试验43项、低温绝热管及其管件型式试验许可项目2项和真空绝热低温管企业标准1项审查；负责移动容器、低温容器相关企业标准的审查工作，受国家质检总局和总会的委托，按照安全技术规范和标准的有关规定以及企业的申请，完成26项企业标准的审查；负责移动容器、低温容器产品的技术评审工作，受国家质检总局和“锅容标委”的委托，完成移动容器、低温容器相关技术评审工作17项；开展全国带泵移动式压力容器监控平台的建设工作，通过互联网技术、GPS技术对LNG带泵罐车授权定点卸液的管理进行实时监控，确保其安全运行；开展上海气瓶和移动式压力容器充装许可工作，主要负责上海地区的气瓶和移动式压力容器充装许可的鉴定评审工作；落实上海市移动式压力容器充装各区县局监督检查示范工作，给全市各区县质量技术监督局授课，规范气体充装的监督检查工作；负责上海市焊工培训和考试工作，承接焊条电弧焊、钨极气体保护焊、熔化极气体保护焊、埋弧焊、等离子弧焊及激光焊等6种焊接方法和低碳钢、低合金钢、不锈钢、铜和铜合金、铝和铝合金、镍和镍合金、钛和钛合金等不同材料的焊工资格考试，据统计全年新取证人员34人55项次，复证人员31人101项次，增项人员25人次46项次，合计15户单位202项次。

2. 同行间的学习交流。通过与市工经联、市经团联、苏州工经联、其他省市相关气体行业协会、中国工业气体工业协会及《世界气体》杂志的交流和学习，取长补短，不断提高协会工作能力。

3. 编辑出版《上海气协简报》。按期编辑出版《简报》，并上传协会网站供会员阅读。

（施锋芹）

上海市热处理协会

上海市热处理协会成立于1984年6月4日，是以上海地区和部分其他省市的热处理企业为主，以及以些热处理设备设计制造，热处理冷却质研发制造，教育等单为自愿组成的社会团体法人。现有会员单位308户，下设感应加热、真空、控制气氛等专业委员会。

2013年主要工作：

一、推进产业结构调整和节能减排工作

1. 对上海市热处理厂点现状做全面调查，对业内企业基本情况有较为真实的了解，为产业结构调整做好基础工作。

2. 受市能效中心、市质技监局委托，在市能标委的指导下组织专家进行大量基础调查工作，完成编制《金属热处理加工工序单位能源消耗限额》上海市地方标准，现已颁布。

3. 受市质技监局委托，与市能标委合作编写《钢铁感应热处理工序单位产品能源消耗限额标准》地方标准。

二、服务企业、服务政府

1. 应上海科技出版社要求组织专家修订再版《实用热处理手册》。于2010年编写的《实用热处理手册》被评为机械工业部科技三等奖。

2. 努力抓好行业员工教育培训。有计划地针对业内热处理从业人员开展等级培训及上岗培训。对嘉定、宝山、金山、松江等73户企业的246位热处理工进行上岗资格技术培训。6月，对来自26户企业的51人进行金属热处理（三级）理论知识培训、鉴定。经长期筹划、对金属热处理工（一级）开展培训，25位学员通过考核鉴定全部合格，为行业发展培养了高级人才。

3. 努力做好热处理厂点基本生产条件达标的评审工作。评审中认真指出存在问题，合情合理要求企业作出整改，逐步解决存在的环保、安全、节能问题，促使企业经达标评审后，有较大进步和提高，全年共完成达标验收企业88户。

4. 市清洁生产推进办专门为“铸、锻、热、镀”四大行业推进清洁生产下发文件，协会推荐的上海里祥精密模具有限公司、上海赫丁格热处理有限公司、上海上大热处理有限公司、上海舜科模具科技有限公司等6户企业顺利通过评估审核，尚有2户企业也正积极准备之中。

三、开展交流、学习

评选行业先进企业及先进企业管理者。经自荐、推荐和秘书处组织行业专家、所属区经委相关人员评审，有4户企业被评为上海市热处理行业先进企业，为上海上大热处理有限公司、上海恒精机电设备制造有限公司、上海上起热处理有限公司、上海业顺金属处理有限公司。还组织部分骨干会员参观德国（威斯巴登国际热处理展览会），学习了解国际先进热处理设备，开拓思路提升企业装备水平，赶超世界先进，培育国内一流热处理企业。

（李金兴）

上海市轻工业协会

上海市轻工业协会成立于2007年6月，是由轻工各专业行业协会、大中型企业集团（公司）、科研院所等自愿组成的，跨所有制的非营利性社会团体法人。现有会员单位200余户。

2013年主要工作：

一、深入企业调研，总结宣传典型，承接项目课题，当好政府参谋助手

1．挖掘总结、举荐推广品牌建设和转型发展的新经验和典型。参与推荐中国轻工业百强企业，其中上海有光明食品集团、大金空调、老凤祥股份3户企业入选综合榜单，31户企业名列行业10强。向市经信委都市产业处推荐年度市重点推进自主品牌（企业）名单（轻工业部分）。总结宣传海立股份、上工申贝、上海灯具城等代表行业转型发展趋势的新鲜经验和典型，发挥榜样引领作用。吸引66户企业的77个品牌参加上海轻工服务品牌建设立功竞赛。

2．承接政府购买服务项目，代表行业向政府提供情况、分析和建议。发起并承办由市经信委、市商务委、市经团联主办的第三届上海轻工新品名品展示展销会，展示展销轻工新品、名品、精品近2万种。同时，举办工商企业对接活动和展会品牌奖、产品奖、组织奖评选活动，实现“弘扬品牌文化，传承创新发展”的主题。承担市经信委《上海轻工行业两化融合发展报告》研究课题，通过对上海轻工业50个单位的调研和资料征集，就11个大类、39个小类对30个单位两化融合情况抽样调查，对家电、食品、日化等上海轻工10个代表性行业两化深度融合的关注点和热点进行分析，就企业管理信息化与管理平台集成、轻工产品的智能化等7个领域两化融合的现状和发展方向作了研究，提出5项建议。对市经信委编写的《上海工业产业导向目录和布局指南（2013版）提出建议；对《轻工业“十二五”发展规划》提供中期评估材料等。

二、着力拓展工作领域，搭建上海轻工行业设计服务中心、中小企业服务等新平台，加入上海研发公共服务平台

1．根据上海市促进文化创意产业发展的扶持政策，申报筹建“上海轻工行业设计服务中心”，项目包括培训、对接、大赛、展示四方面内容。获批前后举办“品牌培育管理”专题培训班；与高校、科研院所联手开展文创设计培训对接活动；和上海轻工业工会联合会合作，联合自行车、家电、家具、玩具、工具等行业协会，连续第5年举办“上海轻工杯”创意设计大赛。

2．经市经信委批准，“上海市轻工业协会中小企业综合服务平台”正式建立并开始运作，相继举办中小企业服务平台政策讲座；组织企业参加2013上海（国际）中小企业精品展和在日本举行的第76届东京国际礼品展及在广州举行的第十届中国国际中小企业博览会等国内外中小企业展会；协助市中小企业办在上海世贸商城设立“上海中小企业精品展示馆”；大力推进“专、精、特、新”中小企业培育工程，推荐中小企业28户。

3．与上海研发公共服务平台签署轻工业协会服务站共建协议，促进科技资源共享，为上海轻工企业提供公共科技服务。

三、巩固协会已有的五大服务平台，办好《上海轻工业》杂志

1．科技创新服务平台组织部分骨干企业与上海产业技术研究院项目攻关对接，一批企业与产研院达成联合攻关项目协定；推进企业技术中心能力建设，培育2户市级企业的技术中心；组织科技培训活动；支持或参与2013上海设计之都活动周、2013上海国际室内设计节、“蝴蝶杯”拼布缝纫创意大赛等上海文化创意活动。

2．质量技术服务平台开展“以标准引领推动轻工创新转型”的上海轻工“质量月”宣传活动；参与政府部门质量技术和品牌评审的相关工作。参加市企业质量信用分级评价试点工作；参与国家重点监控轻工产品目录评审、上海名牌轻工类产品的初审和专家组的评审。

3．综合经济服务平台组团参展首届中国－南亚博览会暨第21届中国昆明进出口商品交易会、第五届中国（大连）轻工商品博览会等展会；多次参与社会各界产品宣传、品牌推介活动；深化节能减排工作，做好用水用电服务；全程协助企业参展华交会、广交会，提供出口工作服务。

4．信息统计服务平台按季度形成经济运行分析报告；定期召开经济运行分析和统计信息交流活动。

5．经营者和人才队伍服务平台继续开展特有工种职业培训鉴定工作；完成全国轻工劳模、上海“十大杰出青商”等推荐工作；授予65名普通员工“2012年度上海轻工行业新生代优秀产业工人”荣誉称号；配合政府部门开展上海轻工工程系列专业技术职务评审。

6．《上海轻工业》杂志出版正刊6期，增刊2期，会刊1期，努力办成轻工业窗口、企业家朋友、新生活向导。

四、规范运作，促进行业自律和诚信建设

按期召开二届三次理事会和会员代表大会。加强与会员单位、轻工各专业行业协会的合作共事，组织开展多种活动。发展新会员单位18户，会费收缴率达96．3%。制笔文具分会开展各项有效活动，与会员单位的联系和信息沟通都得到了加强。

五、不断加强自身建设，促进协会工作上新台阶

认真学习、深刻领会党的十八大和十八届三中全会精神，有效推进协会工作实践。规范日常运作，健全岗位责任制，探索实施激励机制。协会每月召开例会，回顾和安排月度、季度工作；年终召开务虚会，回顾和安排年度工作。各部门按季度填报《部门（委员会）工作职责进度情况汇总表》，在健全岗位责任制和激励机制、提高工作效率方面作了有益探索。党内开展群众路线教育实践活动，认真查摆"四风"问题，提出并着手落实建设学习型组织、明确协会定位和着力点、转变工作作风、加强制度建设、改善人员结构等9项整改措施。

（范伟民）

上海安全防范报警协会

上海安全防范报警协会是由从事安全防范产品管理、科研、开发、生产、经营、推广应用、技术培训、信息服务、安全防范工程设计、施工、维修等技术服务和安防行业宣传教育、出版、印刷等企事业单位自愿组成的非营利性的社会团体法人。

2013年主要工作：

一、坚持"服务企业、规范行业、发展产业"，推进"平安城市"建设及上海社会治安的持续稳定

1．积极参与市公安局开展各项活动，全面开展行业统计工作，摸清行业底数。一是邀请部分具有代表性厂家、工程公司、一线评审验收的技防专家就行业统计工作多次召开专题调研会，确定了一系列行业统计指标。二是配合市局技防办完善技防从业单位监督管理电子网络平台，确保每一项技防工程在源头上可回溯可查询，了解、掌握本市安防行业整体规模、数量、技防产品使用情况等。三是进一步扩大统计覆盖面，经市局技防办牵头，银行网点（包括ATM）、中小学幼儿园及社会教育培训机构、医院等重点行业技防工程均已纳入统计范围，2014年将进一步向本市重点单位重要部位覆盖，为构建上海治安防控体系及实现"平安城市"发挥积极作用。

2．进一步提高上海安防人才队伍素质，积极服务"平安城市"建设。全年共为89名初级专业技术人员（助理工程师）制发初级专业技术职务资格证书，17人通过中评委评审并获得中级专业技术职称。至上年末，协会已为会员单位1090名专业技术人员制发初级专业技术职务资格证书，187位专业技术人员领到中级专业技术职务资格证书，13位专业技术人员领到高级专业技术职务资格证书。同时，牵头编撰教材《安防系统工程》，与上海科技学院共同成立安全防范技术专业教学指导委员会，指导其安防专业学科建设，组织本市部分高级技防专家于9月底编撰完成《安防系统工程》教材，教材的出版将促进本市技防人才的聚集和培养，推动技防行业人才正规化建设。

3．积极推进服务平台，促进上海安防行业的快速发展。5月，在上海世博展览馆举办第十二届上海公共安全产品国际博览会（简称"上海安博会"）。上海安博会为参展厂商提供形象展示、产品推广、技术交流、寻找商机、接触最终用户和了解行业发展趋势的平台。本届展会新产品、新技术层出不穷，充分展示当今世界技防产品的最新科技成果；共汇聚国内外200户最具代表性厂商，展出面积达2万平方米，观众近5万人。其间，举办第二届上海安防高峰论坛，并结合协会成立20周年之际，开展"上海安防行业杰出贡献20人评选活动"，表彰一批行业先进代表。

二、加强自身建设，发挥社会组织在社会治安中的桥梁钮带作用

1．推进安防行业健康规范发展，发挥行业服务、行业自律、行业代表、行业协调功能。在市公安局领导和支持下，多次开展对行业情况的了解、收集分析和调查研究，有效推动行业协会职能落实和规范发展。目前，在多个方面工作已取得突破，真正发挥协会桥梁纽带作用。

2．搭建行业技术交流与分享平台。一是提高《上海技防》专业性，围绕行业关心的热点、难点进行宣传报道和专题研究，新增"专题报告"、"安防课堂"等栏目，重点突出行业热点问题解读以及安防基础知识普及等。编辑部接受读者各类原创投稿稿件230篇，精心挑选并组织编撰各类技术、市场等专题研究近30个，重点作好高清视频、网络智能化、云计算、物联网等安防最新领域研究和宣传报道工作。二是进一步提高上海安防网效能，充分发挥信息量大、发布及时和阅读方便优势，对行业动态进行全面报道。全年网站共更新基本资讯9644条，制作时事专题6个，制作《上海技防》电子版6期，发表企业专访18户，发表网站原创稿件120

余篇。

3．积极配合行业单位推广新产品和新技术的研发，坚持实地调研行业单位、跟踪新技术、新产品。一是积极开展技术交流活动，结合技防新产品、新技术最新应用情况，积极组织行业技防专家、最终用户等开展技术专题调研，努力提高技防从业企业自主创新能力和产品研发能力。协助三星、博世、安讯士、视得安等多户知名企业开展多种形式的技术研讨会近20场，特别是在高清视频监控网络化、平台化和技防系统集成研究和应用方面组织力量成立专项课题组，并在上海安博会论坛上发表最新技防研究成果。二是协助媒体《安防市场报》、《A&S》杂志分别举办多场上海地区高峰论坛及GDSF论坛，有力促进本市安防实际应用及理论水平研究。三是组织国内外技术交流活动，积极加强对外技术交流。组织部分会员单位参加美国西部安防展，还分别组团赴美国、瑞典、芬兰、德国、法国等安防产业先进国家实地考察，并对推动城市治安防控、技术防范等工作提出一系列指导性意见及建议，拓展国际交流与合作。

4．积极探索服务职能建设，结合实际开展各项活动，充分发挥沟通、协调会员单位的积极作用。一是建立会员单位信息库。二是构建会员单位联络员制度，定期与单位负责人联系，及时了解会员单位的发展动态，切实做好为会员单位服务工作。三是举行联谊活动，促进协会与会员单位间交流。6月，组织各会员单位领导或员工进行体检，共有260人参加体检。同时，组织行业内77人免费参加疗养联谊活动，促进会员单位相互间交流与互动，增强协会凝聚力。

（龚　俊）

上海市自行车行业协会

上海市自行车行业协会成立于1988年11月，为本市自行车行业企事业单位自愿组成的跨部门、跨所有制的非营利的行业性社会团体法人。现有各种所有制会员单位148户。下设电动车专业委员会。

2013年主要工作：

一、根据行业转型需要，上半年年完成《上海自行车老品牌振兴对策与转型发展研究》课题

针对上海自行车产业严峻局面，行业转型已经成为行业振兴的必然途径。在2012年完成《上海自行车工业转型提升重点及路径研究报告》的课题后，受市经信委委托，针对“永久”和“凤凰”牌2个老品牌开展《上海自行车老品牌振兴对策与转型发展研究》的课题研究，于5月完成课题起草工作，经过多轮征求意见在6月底定稿。课题在分析永久和凤凰牌自行车生产企业现状、品牌价值和面临挑战的基础上，提出振兴目标，并对实现目标的科学性和局限性进行分析，提出实现途径和具体建议，为政府决策提供科学依据，为促进自行车行业在上海重新崛起明确方向。

二、积极参与行政立法听证和相关法规文件的制定，为行业争取最大利益

1．积极参与政府行政立法听证。《上海市非机动车管理办法（修订草案）》于2月5日在政府网站进行公示、征求意见后，协会召开多次行业会议听取企业意见并及时向市政府法制办反映，并为3月召开的听证会争取参会名额。在听证会上，对电动自行车重量40公斤这一关系到行业发展前途的指标是否列入《上海市非机动车管理办法（修订草案）》，据理力争予以否定，最后获得成功。8月15日，还参加由市人大常委会举办的《上海市轨道交通管理条例（修订草案）》立法听证会，为折叠车进入地铁进行理论。虽然观点遭到否决，但通过参加听证会反映行业观点，维护行业利益。

2．起草《上海市电动自行车目录管理办法》和《上海市残疾人机动轮椅车产品目录管理办法》。《上海市电动自行车产品目录管理办法》和《上海市残疾人机动轮椅车产品目录管理办法》是《上海市非机动车管理办法》的配套文件，必须在《上海非机动车管理办法》正式实行的2014年3月1日前出台。2个管理办法由市经信委会同市有关部委负责制定，协会承担起草任务。为此协会多次召开座谈会，几易其稿，已进入《征求意见稿》阶段。

3．开展群众路线教育实践活动，出台《修改电动自行车上牌技术参数的通知》。为配合即将出台的《上海非机动车管理办法》及配套文件《上海市电动自行车产品目录管理办法》的制定，9月26日，协会党支部举办“群众路线教育实践活动——上海电动自行车上牌工作座谈会”，会议对目前电动自行车上牌的技术参数、上牌的过程和管理提出众多改进建议。10月25日，协会出台《修改上海市电动自行车产品上牌技术参数的通知》，并对“轮胎宽度和增加保险杠”内容进行修改，允许对已在目录产品提出变更要求及其操作办法，受到企业的广泛欢迎。从实行当月的上牌数据看，提出变更的产品型号占到上牌总数的50%以上。

三、组织企业参加第三届上海轻工新品名品展、与虹桥商场共同举办以自行车为主题的展示活动

3月29日，举办第三届上海轻工新品名品展示展销会。展销会上，协会组织“绿亮”牌电动自行车、“永久”牌智能电动车、“凤凰”牌自行车、“骓驰”牌碳纤维自行车等产品参展，并首次主办“电动车春季大换购”，来自捷安特、绿亮、依莱达、捷奥比等名牌电动自行车企业参加换购活动。同时，各电动自行车企业推出一批最新研制的轻量化、锂电化产品让利销售给消费者，并结合本市即将出台的《上海非机动车管理办法》以“达标”电动自行车替换“非标”车辆，促进电动自行车的销售工作。

3月8-31日，与虹桥友谊商城共同主办“2013单骑的阶梯—自行车系列展”，该展为虹桥友谊商城19周年庆特别推出，也是自行车品牌首次进入商厦展示，来自世界知名汽车品牌兰博基尼、法拉利、Jeep、雪弗兰等旗下高端自行车参展，并得到永久公司的大力支持。

四、规范行业秘书处工作，协会规范化建设评估上4A级

根据《上海市民政局、上海市社会团体管理局关于贯彻实施民政部（社会组织评估管理办法）的通知》的要求，协会按照规范化建设评估要求，明确分工，专人进行汇总编排，多次召开协调会议抓进度、协调各项资料的衔接。9月，完成资料准备工作，共有书面资料500页，分四大册9本进行装订。10月24日，市社会组织规范化建设评估专家组一行8人来到我会进行评估。经评估，协会顺利通过4A级协会的评估。

五、积极创导骑行文化，因地制宜开展骑行活动

近些年，上海骑行爱好者人数不断增长，为推动全民健身，绿色出行，发现上海，认识上海，本次“环骑上海活动”吸引500多人参与，努力打造上海市民健身的1个品牌，点燃城市人们对自行车运动的热情，促进地方群众体育的长足发展。

六、热情接待外商来华访问，积极为企业搭桥，寻求合作

分别接待瑞士伯尼尔应用科学大学的项目经理斯蒂芬·卡萨等一行3人及温哥华市政府贸易代表团，还与台湾地区世贸中心共同接待并举办台湾运动用品暨智慧生活拓销团来访交流活动。台湾拓展团由17户企业组成，涉及自行车、纺织、电子行业，台湾贸易中心针对企业产品特点，组织上海相关行业进行对接，上海自行车企业和销售商也参加了推介会，并安排交流团参观捷安特旗舰店、骓驰自行车生活馆，运动德普体育用品商店和迪卡侬体育运动器械商品超市，探讨两岸产业合作前景，扩大两岸合作空间。

七、积极引导企业提高电动车产品质量，建立防范火灾隐患措施

随着电动自行车保有量的提高，由电动自行车引发的火灾也呈逐年上升趋势，为了预防和减少火灾的发生，12月6日，在市消防总局会议室召开“电动自行车产品防火措施研讨会”，市消防总局副局长顾金龙等领导，协会秘书长郭建荣、专委会黄宣俊、市质监检验技术研究院主任陈直青以及绿亮、新大洲、三斯、杰宝大王、捷安特、赛峰、尚品、爱玛、凤凰等本市电动自行车企业代表参加会议。

（自行车行业协会）

上海市玩具行业协会

上海市玩具行业协会成立于1986年7月，是上海及长江三角洲地区从事玩具生产、经营、科研、院校（幼教）等单位及相关经济组织自愿组成的跨部门、跨地区、跨所有制、行业性的社会经济团体。

2013年主要工作：

一、继续做好会员发展工作，更好服务于会员

1．积极发展会员，逐步调整会员结构。发展新会员25户。会员构成由原来的玩具生产企业为主逐渐调整到除玩具制造企业外，兼有婴童用品生产和销售企业、玩具和儿童用品渠道商、儿童用品相关的检测机构、媒体传播等领域，会员结构多元化，爱婴室、小小恐龙、吉龙塑胶、英伦宝贝、上海隆成等一批国外知名儿童、婴童用品企业纷纷加入协会。

2．积极开展行业、企业诚信活动，组织好各类培训。中国玩具和婴童用品协会发起全国行业“品牌自律中国行”活动，上海荣威、木玩世家、康贝（上海）等5户会员企业积极参与此项活动。协会受中国玩具和婴童用品协会委托对上海地区落实“品牌自律中国行”活动进行巡查，按照要求实地巡查近百户参加活动的门店，帮助企业进一步做好规范自律，有效提高了企业品牌推广和宣传；工作小组早出晚归，敬业工作，按时按质完成任务，得到企业赞扬和中国玩具和婴童用品协会好评。根据市社团局开展行业协会行业自律与诚信创建活动要求，积极落实有关精神，制定计划，召开理事会专题会议传达落实有关精神和要求，推进协会自身自律和企业诚信创建。为贯彻落实市政府关于推进本市企业诚信体系建设、将企业诚信纳入社会信用体系的精神，积极组织会员单位参加诚信创建活动的培训。在“围绕政策、制度宣传，提升参与和责任意识，新一轮诚信活动月的首日启动活动”中，派专人参加，为群众提供儿童玩具安全使用的咨询服务。积极参加由市中小企业办、虹口区中小企业发展促进中心等7家单位联合举办的“成长中国”中小企业涉外法律实务培训，并根据企业需要和出口企业情况组织6户企业参加培训。与上海轻工业协会合作举办“共建轻工行业中小企业服务平台及相关政策辅导讲座”。组织9户具有自主品牌企业领导参加轻工业协会组织的“品牌培育管理”培训。

3. 与中国玩具和婴童用品协会共同组织、做好上海地区2013年玩具设计师国家资格鉴定考核工作。20多户企业不同技术等级员工参加了资格评审培训，有9名人员获得玩具设计师高级证书。

4. 做好会员企业著名商标、品牌的建设和推广工作。着力推动中小企业走“专、精、特、新”发展之路，协会推荐4户会员单位进行申报。组织企业参加由轻工业工会联合会和市轻工业协会联合开展的“服务品牌建设，推动转型发展”立功竞赛活动，上海玩具进出口有限公司等5户会员单位参加此项活动。动员会员参与上海“轻工杯”创意设计大赛。组织10户企业参加市中小企业办组织的政策辅导讲座及上海商城、云南昆明的展销活动。支持和协助上海孩子王儿童用品有限公司、上海吉龙塑胶制品有限公司、上海英伦宝贝儿童用品有限公司等3户会员企业申报市著名商标工作。上海孩子王儿童用品有限公司在第18批市著名商标评审中被授予唯一的儿童童车“上海市著名商标”称号。

5. 围绕党建工作，发挥党员作用和做好党风廉政建设，关心和帮助基层企业工会开展工作，与轻工工会领导走访慰问上海孩子王儿童用品有限公司等，上门主动了解企业情况，关心企业发展，沟通信息，听取意见和建议，全年共走访30多户企业。

二、继续为会员企业搭建好互动平台，推动企业发展

1. 加强业内会员企业间联系和沟通，为企业拓展市场和发展构建桥梁和平台。组织举办包括玩具、童车、网络媒体、渠道商、设计、检测等近60户会员单位参加共同商讨助推发展的研讨会。上海荣威塑胶工业有限公司、上海迪宝玩具有限公司、上海炫动传播、上海大阿福童车责任有限公司、上海元杰玩具有限公司、上海华婴婴幼儿用品有限公司等企业在品牌建设和持续发展、行业渠道建设和资源集聚、自主品牌推动企业创新、发挥企业特色推进差异化经营、资源利用拓展产品多元化等方面交流经验，发表见解，提出方法和建议，为玩具产业创新发展提供新的思路和课题。针对毛绒企业面临困难，举办毛绒企业拓展市场专题座谈会，参加会议的12户企业和销售渠道的老总共同研讨毛绒企业如何在困境中破解难题，探索新思路、新理念、新途径，在原有技术、质量保障、工艺能力等基础上扬长避短，调整战略和策略，开辟市场的设想，力求通过交流讨论增进了解，相互借鉴，寻求机会，拓展市场。积极为上海闻欣与金令玩具、上海隆成与大阿福、上海溪鸿和大阿福、上海闻欣与上海兴浦、上海好玩聚与小小恐龙、上海闻欣与悉地国际、上海好玩聚与爱婴室等企业牵线搭桥进行多次交流活动。经全年4次理事会和系列的交流座谈和研讨，加强会员单位间的交流和了解，共谋企业发展，拓展新思路和新途径。

2. 继续办好展会工作。成功举办第18届国际玩具展暨上海第49届玩具博览会，来自业内童车、玩具等主要生产企业与国内的300多户企业参加展览；并配合中国塑料加工工业协会、中国塑料机械工业协会和上海塑料行业协会举办第二十七届中国国际塑料橡胶工业展览会进行宣传推广；在“第三届上海轻工新品名品展示展销会”上，参展的上海“大阿福”童车和“孩子王”童车荣获“最具成长力的上海轻工品牌奖”，上海玩具进出口有限公司选送的“好玩聚”品牌儿童玩具荣获“上海轻工名优新产品银奖”；在市中小企业发展服务中心举办的“上海中小企业精品国际展示会”上，我会推荐孩子王、大阿福、荣威、芯缘、木玩世家等特色企业参加以日用消费品展示和体验为主题的展示活动，收到积极反响；组织上海隆成、木玩世家、玩具堡、芯缘科技、闻通信息、荣威、大阿福等几十户会员单位参加由中国玩具和婴童用品协会主办的第十二届中国国际玩具及模型展、品牌授权展。

3. 与上海出入境检验检疫局建立外贸预警联络机制，为外贸企业技术性贸易措施提供预警服务，并推荐业内2户重点外贸企业作为检验检疫局对口重点服务联络单位。

4. 协助上海炫动传播股份有限公司举办“2014年度品牌授权暨交流会”。炫动传播将独家发布2014年最具投资价值的授权品牌，以权威媒体推广平台与品牌授权相结合的授权模式，让业内领先企业分享品牌授权经验与心得。15户会员单位负责人参与互动。

5. 继续办好《上海玩具》简报，出简报5期，逐步做到季刊和特刊相结合，增强信息互通和辐射范围，受到欢迎。

三、进一步加强内部管理，提升自身建设

内部管理和建章立制工作有了进一步提高。依照章程管理，严格财务管理，做到收支明晰，定期向理事会和会员报告；正常开展理事、会员的活动，保持每季度1次的理事会制度；将会员档案进行分类管理，积极发展新会员，成熟一个发展一个；会费收入正常，缴纳单位较前翻了几倍；协会通讯每季1期，重点弘扬优秀会员单位和企业文化，宣传企业优势和风采，积极发布行业内外重大新闻和政策，交流业内业外各类信息。按照上级党组织要求做好党建工作，认真学习，贯彻落实党的有关文件要求和精神，积极发挥党员作用，为协会工作提高、发展作出努力。

（王济平）

上海电器行业协会

上海电器行业协会成立于1987年，是以上海地区电器行业的企事业单位及其他经济组织自愿组成的行业性的非营利性社会团体法人。

2013年主要工作：

一、开展行业名优产品的评审和推荐工作

协会开展第八次行业名优产品评审，共有47户企业、117项产品获电器行业名优产品称号，名优产品的评审推荐，越来越受到社会各界广泛关注。

二、启动制定和实施成套企业的“企业联盟标准”

根据市质量技术监督局部署，组织开展制定和实施“企业联盟标准“的活动。“企业联盟标准”是指生产同类产品的企业按照自愿的原则组成联盟，特点是利用行业协会平台，组织企业相互交流，取长补短，规范督促，共同提高。目前，协会联盟共有65户会员企业参加，并成立由16户企业组成的联盟标准工作推进小组。协会组织联盟企业专家起草了本市首个企业联盟标准《成套开关设备和控制设备制造共用技术要求》。经过反复讨论和论证，4月15日，市质监局在协会召开联盟标准现场评审会，评审通过后定稿上报备案。

三、举办第四届中国国际智能电网和技术展览会

4月8–10日，会同上海市电机工程学会在上海新国际博览中心主办第四届中国国际智能电网和技术展览会，展会面积达4.2万平方米，共有700多户国内、外企业参展，3.1万人出席参观。

四、开展品牌战略工作，为提升企业品牌开辟途径

积极协助市名牌办、市著名商标办做好上海名牌产品和著名商标的推荐工作，为多户会员企业提供产品市场占有率证明。目前，获2013年上海名牌单位有上海柘中集团有限公司、上海大华电器有限公司等39户企业，获2013年上海市著名商标单位有上海人民电器厂、上海天灵开关厂有限公司等31户企业。

五、大力推进诚信体系建设，引导企业诚信经营

落实和贯彻市政府倡导的诚信体系建设，行业诚信创建企业共有102户，其中诚信创建企业24户、一星级诚信创建企业25户、二星级诚信创建企业17户、三星级诚信创建企业33家、四星级诚信创建企业2户、五星级诚信创建企业1户。

六、开展技术咨询和组织创新活动企业交流会

协会派出专家129人次为25户企业的技术人员和管理人员开展技术咨询服务。还组织会员单位赴上海大华电器设备有限公司、上海天正机电设备有限公司等单位召开企业创新活动交流会。会上，与会专家和企业分别介绍电器行业新产品、新技术，以及打造精品、创行业名牌的思路和做法，拓宽创新思路。

七、加强协会间相互合作，为行业和企业服务

加强与兄弟省市输配电产业和行业协会的联系，探讨合作意向，先后走访大连电器行业协会、哈尔滨电器行业协会、浙江电气行业协会。通过展会和多种形式。同黑龙江、四川、江苏等地行业协会取得联络。6月，协会作为团体会员加入中国电器工业协会。9月，组织会员企业参加由中国电器工业协会智能电网设备工作委员在会在厦门举办的“2013年智能电网设备产业创新论坛与成果对接会”。

八、进一步做好信息服务工作

通过举办智能电网普及知识讲座、技术论坛、展览会、强化网站建设、出版简讯、转发各类会议报告等，向会员单位及时提供大量技术信息、新产品开发信息和国家有关于产品结构调整的一些具体建议。同时，专家委员会在第八次名优产品评审中广泛开展技术咨询，向企业设计、工艺人员介绍电器行业国家标准的最新修订内容和设计方法，指导和帮助企业结合自身情况，加快产品自主研发和推进企业技术进步。网站及时传递协会活动动态、各种技术信息、市场信息、企业发展信息和相关政策信息等。上海电器行业简讯每季度按时出版，集中报道协会工作和行业动态。加强与有关部门的沟通联系，加大与兄弟协会间交流，扩大辐射效应，为开展工作创造良好氛围。

九、坚持行业统计，加强内部建设

按照市有关部门要求，对部分会员单位中的定型重点产品进行跟踪统计，每季度按时上报市有关部门。同时，加强协会统计员队伍建设，积极开展各项活动；强化内部制度建设，完善档案管理；积极参加市有关部门对协会人员各类培训，努力完成上级部门交办的各项工作。完成市经信委布置的智能电网产业调研课题项目和市经团联社会组织能力建设课题报告的撰写。为配合群众路线教育实践活动的开展，积极听取会员单位意见，发出意见征询书，收集各方面对协会工作的意见和要求，为更好地服务企业提供依据。

（马学能）

上海市电梯行业协会

上海市电梯行业协会成立于1988年8月，是由上海及周边区域的电梯制造、安装、维保公司及大专院校、建筑设计、房地产业、物业管理、政府部门等单位组成的社会团体法人。现有会员单位280余户。下设安全和质量专业委员会、安装和维保专业委员会、制造专业委员会、技术咨询委员会和配件专业委员会。

2013年主要工作：

一、贯彻落实《上海市社会信用体系建设2013-2015年行动计划》，切实推进本市电梯行业社会信用体系建设

为贯彻落实《上海市社会信用体系建设2013-2015年行动计划》，推进上海市电梯行业的社会信用体系建设。经五届三次会长会议研究决定，在上海市电梯行业的生产（制造、配件、安装、维修保养）企业内积极推进企业诚信体系建设的持续开展，并以电梯维修保养企业为诚信体系建设的推进重点。在各相关理事单位大力支持下，形成切合上海市电梯维修保养企业开展诚信建设实际的《贯彻实施诚信体系建设的实施意见》，在听取部分企业意见和建议后，制定《上海市电梯维修保养企业诚信体系建设要求（草案）》、《上海市电梯维修保养服务质量规范（草案）》、《上海市电梯维修保养企业诚信建设实施评定方法（草案）》、《上海市电梯维保企业诚信建设信誉公示申报和管理办法（草案）》、《上海市电梯行业维保企业诚信建设要求达标自我检查考评表（草案）》和《上海市电梯维保企业诚信建设评分标准》、《上海市电梯维保企业诚信建设自评表》、《上海市电梯维保企业创建诚信建设申报表》，以及相应工作程序要求。

下半年，根据市社会信用体系建设信用信息公开要求，着手在协会网站上筹建《上海市电梯维保企业信用信息平台》，为评价企业信用等级提供客观信用依据。同时，从顶层设计上考虑信用信息披露和信誉公示制度及规范申报与管理办法，使电梯维保企业通过网上申报、自评打分、资料准备、受理核实、网上公示及公众动态评议期限、进入企业诚信创建平台和企业诚信荣誉平台，登录企业诚信数据库等具可操作性，使协会网站电梯维修保养企业诚信建设窗口平台的信誉公示和参与企业的行为始终处于社会监督的受控状态，以此促进协会自身诚信建设。至年末，第一批已有近70户上海电梯维保企业自愿加入到诚信体系建设活动，计划于2014年3月正式上线。

为推进并配合电梯维保企业诚信建设的开展，在市质技监局支持下，10月14日，在上海图书馆举行“上海电梯企业诚信维保承诺仪式暨上海市电梯维保职业技能大赛开幕仪式”，与会的上海三菱安装维保分公司等协会内、外电梯维保企业向社会郑重承诺守法经营，诚信为本，优质服务，履行企业社会责任。还会同市质量协会、市特种设备监督检验技术研究院、市物业管理协会、上海奥的斯电梯有限公司、通力电梯有限公司、上海三菱电梯有限公司、迅达（中国）电梯有限公司、上海金宝电梯有限公司、上海鹏阳电梯有限公司、戴德梁行房地产咨询（上海）有限公司等单位完成《上海市电梯维修保养服务质量规范》地方标准的立项。

二、加快电梯行业安装维修高技能人才队伍建设，顺利举办上海市电梯行业安装维修职业技能竞赛活动

根据市政府及相关部门要求开展“2012-2013上海市职业技能竞赛活动”通知，在上海三菱、迅达、日立、东芝、永大、通力、蒂森、三荣、爱登堡、阿尔法等28户企业的热烈响应和积极参与下，协会精心组织，成功举办上海电梯行业首届电梯安装维修职业技能竞赛活动。本次竞赛参赛选手共299名，合格率为99.3%。获得前30名选手的单位有上海蒂森克虏伯电梯、上海三菱电梯有限公司、日立电梯（上海）制造有限公司、迅达（中国）电梯有限公司、上海三荣电梯有限公司、上海亚菱电梯有限公司、上海爱登堡电梯股份有限公司、上海东芝电梯有限公司、上海东菱电梯有限公司、中国永大电梯设备制造有限公司、上海创业电梯有限公司、上海东方电梯有限公司。获得优秀组织奖的单位是上海东芝电梯有限公司、上海三菱电梯有限公司、日立电梯（上海）制造有限公司、迅达（中国）电梯有限公司、中国永大电梯设备制造有限公司。

三、围绕电梯安全重点，积极开展工作

1．积极参与《上海市电梯安全管理办法》草案的修改。多次召集相关会员单位研讨草案，就电梯安全管理工作如何发挥行业组织作用、进一步细化《特种设备法》相关要求提出书面建议，报送市质监局。7月2日，市法制办、市质监局领导陪同下来协会调研，听取对《上海市电梯安全管理办法（送审稿）》意见时，肯定协会所做工作和意见。

2．组织学习贯彻《特种设备安全法》。8月22日、8月28日、9月4日、9月5日，先后4次召开本市业内、业外部分电梯制造企业、电梯维修保养企业、物业管理企业学习贯彻《中华人民共和国特种设备安全法》座谈会。就《特种设备安全法》涉及电梯条款要求组织学习，并将座谈会上企业不同的理解意见形成《关于贯彻实施〈特种设备法〉电梯条款若干问题的请示》，书面报送国家质检总局。

3．继上年受国家质检总局特种设备局委托，策划、制作《安全乘用电梯少年儿童公益宣教片》（行为篇）基础上，在市质监局大力支持下，第二部（知识篇）已基本完成策划和制作准备。

4．为规范上海市电梯维修保养的合同管理，根据市质监局要求，组织编制《上海市电梯维修保养合同（范本）》，听取企业和政府相关部门以及市物业管理协会意见，现已基本完成，进入市工商管理部门的登记评审流程。

5．配合市质监局编制上海市《自动扶梯主要部件判废标准》，现已基本完成《送审稿》，预计2014年初可以颁布实施。

6．协助开展“电梯安全责任险”调查研究。随着上海城市经济建设的高速发展，电梯安全使用的隐患也逐步凸显。为此，配合相关保险公司开展相应项目立项调查，帮助起草修改《企业投保电梯安全责任保险》与城市电梯安全使用保障关系课题研究实施方案。

7．积极推进电梯物联网技术的应用调查研究和试点。根据国家质检总局《关于进一步加强特种设备安全工作的若干意见》和对电梯设备要“研究制定应用物联网技术实施电梯故障监测的技术标准并鼓励和支持生产、使用、维保单位试点应用”的要求，积极推进电梯物联网技术的应用调查研究和试点，以达到提高电梯安全保障水平的要求。

四、推进行业文化建设，构建和谐劳动关系

协会以成立25周年为契机，推进行业文化建设，构建和谐劳动关系。一是组织开展羽毛球、乒乓球、摄影、书法比赛。二是召开企业相关领导、行业老前辈座谈会。共有20多户企业将近300人参加活动，促进企业构建和谐劳动关系，推动企业和行业的文化建设。

五、加强杂志、刊物和网站建设，服务行业和社会

根据国家新闻出版总署关于“加强报刊监督、提高报刊质量”精神，聘请专家加强审阅审核，提高编辑质量和杂志、刊物及网站的水平。《上海电梯》坚持专业学术性特点，围绕安全、标准、技术主题，全年共刊登各类文章约123篇，其中技术文章33篇；标准解读13篇；事故分析12篇；协会重要活动报道7篇。《DM》杂志在原有栏目基础上，新增“展厅一瞥”、“魔都畅想”、“电梯人趣谈”栏目，“海外信息”栏目增加国外电梯市场信息的刊登。还精心制作《泛长三角电梯联席会》、《庆祝协会成立25周年》2期专刊，获得泛长三角区域相关单位好评。目前，《上海电梯》和《DM》发行量已达2万本。网站注重内在质量提升，在原先2个专题基础上，又拓展4–5个专题，让业内、外能从网站上进一步了解到相关深度报道及内容。中文网站保证每天30条新闻更新量，其中行业新闻占10条以上；英文网站每天更新新闻大于6条。中、英文网站每天刊登协会独创新闻达1–2条。中文网站email推广邮箱由上年底的1200个发展到目前的1500个；英文网站email推广邮箱由上年底的1200个发展到目前的3370个。每月百度关键词推广增加了协会中文网站访客量，中文网站链接增加新浪地产、网易、搜狐、腾讯、上海社会组织、中国电梯信息港、信息服务协会网等12个优质友情网站，点击率比上年提高23%，英文网站点击率比上年提高53%。目前中文网站PR值=5，英文网站PR=3。还与英国、德国、美国电梯杂志达成信息、广告互换意向。收到德国电梯杂志寄来的最新杂志和半年杂志光盘，获得英国电梯杂志网上链接以及在展会中赠送的杂志，美国电梯世界网站也时常转载网站的新闻，据统计，年内已转载英文网站20条重大企业新闻。并组织企业参观英国电梯展，在展会中与英国电梯协会友好交流，达成长期友好合作交流意向，成功签约1户以色列电梯企业在杂志刊登广告。同时，与欧洲中小企业联合会网站、印尼、伊朗、土耳其电梯展、西班牙、芬兰电梯检测机构等海外优秀网站交换网站友情链接，还通过英文网站，陆续收到哈萨克斯坦、印度、尼泊尔、科索沃等地发来的电梯询价邮件，为电梯企业提供海外商机，为协会国际化之路跨出有益一步。

六、开好泛长三角区域电梯行业联席会，推进区域信用体系建设和经济发展

积极探索在长三角电梯行业协会经济区域推进电梯维修保养企业的“诚信建设与信用管理”制度建设活动，充分发挥长三角电梯行业协会联席会的活动机制。协会现有会员单位有近300户，每年向全国乃至世界提供10多万台的各类电梯和自动扶梯产品，除担负着上海16万台电扶梯的保养维修任务外，上海电梯生产企业还与各地有着密切的联系，尤其在泛长三角地区，电梯的安装维保业务频繁，电梯产品的售后服务质量将是电梯客户关注的重点。因此，长三角地区电梯行业的制造、安装维修保养企业作为市场主体，必须增强信用意识，自觉投入社会诚信体系建设的创建活动，而我们同样也要加强行业组织自身诚信体系建设，才能更好发挥服务政府和企业的主观能动作用。至今，长三角地区电梯行业协会联席会已召开10届。

（秦　炯）

上海市锻造协会

上海市锻造协会成立于1984年6月，是由上海及周边地区的锻造企业及相关企业事业单位自愿组成的跨地区、跨部门、跨所有制的非营利的社会团体法人。现有团体会员201户。

2013年主要工作：

1．参加市政府召开的2013年上海市节能减排和应对气候变化暨产业结构调整工作会议。根据会议精神，积极配合市政府，结合“十二五”规划的落实，提出重点调整配套非重点行业和小型锻造企业的建议。同时，通过改造升级，转型发展，技术创新，提升现有锻造企业能级，努力做好政府、企业双向服务。

2．开展《钢质冷模锻件单位产品能源消耗限额》标准的制定。成立标准起草工作小组，制定标准起草实施计划，先后多次召开相关企业厂长、经理和专家工作会议，收集11种冷锻方面相关标准，并对上海地区7户冷锻企业及外地有代表性的2户冷锻企业进行调研，对标准草稿进行7次修改，2次召开专题会议征求企业及专家意见，形成送审稿。4月12日，在市质量技术监督局主持召开的标准审定会上通过审定。

3．召开七届二次会员大会。3月28—29日，在浙江慈溪召开七届二次会员大会暨技术交流会。120多位企业领导和会员代表出席会议。会议总结2012年工作，对2013年工作提出任务和目标，并围绕企业管理、节能减排，以及新型设备、加热新技术、全氧燃烧技术、检测新技术、清洁脱模剂等进行交流。与会代表参观宁波九天重型锻造有限公司60吨电弧炉、70吨CF精炼炉、70吨VD真空脱气炉及110吨真空浇铸罐和正在生产的全自动2500吨液压快锻机生产；参观宁波恺露重型锻造有限公司正在进行生产的6000吨锻压机生产线，给代表们留下深刻的印象。

4．继续做好锻造企业达标工作。把企业达标作为行业自律管理重要手段，在各区、县、集团公司有关部门配合支持下，结合产业结构调整和节能减排工作，按照《上海市锻造企业基本生产条件》要求，认真组织评议评审，并根据实际情况，设立1年期证。共有32户企业通过达标复审，取得达标证书。

5．积极参与锻造企业清洁生产审核。年初，选择部分锻造企业参加2013年上海市清洁生产审核企业的申报。对相关企业开展清洁生产进行指导和帮助，派员参加对上海申航锻造有限公司、上海金研机械制造有限公司等企业清洁生产审核工作。对企业确定的中／高费技术改造方案和无／低费项目从锻造专业角度进行论证，提出改进意见。为推动锻造企业搞好清洁生产审核工作，还邀集部分企业领导召开“清洁生产辅导专题会”，进行讲解和指导。还对上海佘山电机厂有限公司和上海交大中京锻压有限公司清洁生产进行预评估。

6．9月24日，配合中国锻压协会协办2013年中国国际金属成型展览会在上海开幕，组织和动员本市10多户企业参加。参加同期举办的第4届中国国际锻造会议暨全国锻压企业厂长（经理）会议。

7．开展与外省市对口交流活动。接待湖南郴州市嘉禾县政府、湖南省铸锻工业协会组织的郴州市部分铸锻企业厂长、经理赴上海考察团，安排参观上海申江锻造有限公司，召开两地企业座谈交流会，增进相互了解。同时，走出去与外省市兄弟协会进行交流，如与湖北武汉锻造协会、苏州锻造协会进行工作交流。

8．召开七届一次理事扩大会议，对上半年工作进行小结，探讨锻造企业应对严峻挑战的途径。下半年，2次召开理事长办公会议，总结工作经验，进行工作部署，研究和分析企业发展中出现难点问题。

9．利用信息优势，为企业提供多方位的服务。围绕节能减排、提高企业能级要求，指导相关企业进行市节能技改项目申报工作；对有关企业设备改造项目提供咨询意见；对一些企业模具工艺技术改造、使用清洁型脱模剂、除尘装置改造等提升生产管理水平的项目提供信息和技术指导；对有关企业进行质量管理体系、环境管理体系、职业健康管理体系的认证及各专项认证给予咨询和指导。对用清洁能源（电、天然气、轻质柴油）替代原煤炭、重油的10余户锻造企业进行走访，了解情况，介绍政府补贴政策，指导企业进行申报。

（韩英华）

上海重型装备制造行业协会

上海重型装备制造行业协会成立于2004年12月，原名是上海冶金矿山机械行业协会，于2005年12月29日经市民政局、市社团局批准更名为上海重型装备制造行业协会。

2013年主要工作：

一、进行协会换届改选，选举产生新一届理事会

12月17日，协会第三届会员大会暨第一次理事会在上海电气安全生产监测中心举行，会长吕亚臣在会上作第二届理事会工作报告。大会表决通过第二届理事会工作报告、修改后的协会章程和行规行约及财务工作报告，选举产生31位第三届理事会理事，并在三届一次理事会上选举产生会长、常务副会长、副会长，聘任秘书长和副秘书长。

二、组织专题论坛，促进创新体系建设

8月8–10日，由中国机械工业联合会主办，与上海理工大学、上海科学技术开发交流中心联合承办以“数控机床关键共性技术集成创新”为主题的2013高端装备技术研讨会在上海技贸宾馆隆重召开。会上，中国机械工业联合会副会长薛一平和中国工程院院士、西安交通大学教授卢秉恒分别作“加快机械工业转型，促进行业创新体系建设”和“智能制造——智能制造装备、机器人、3D打印”的主题报告；沈阳机床（集团）有限公司、上海机床厂有限公司和来自国内与数控装备技术相关的各类国家级及行业级工程研究中心与重点实验室的专家分别作数控机床关键共性技术的需求报告；研讨会搭建起一个面向国内装备制造业的高端对话平台，对我国装备制造业高端化、智能化发展中存在的问题与对策进行对话交流，对构建关键共性技术集成创新体系等热点问题进行深入探讨。

三、搞好进出口公平贸易工作站，提升行业国际竞争力

协会将上海市进出口公平贸易工作站与行业统计、行业培训、行业质量、行业研发公共服务一起，列为为会员服务、为行业服务的五大服务工作平台，并把“提高企业对抵抗贸易争端的认识，提高产业抵抗贸易争端的能力，将行业进出口公平贸易工作作为提升行业国际竞争力的高度来抓”列为全年重点工作之一。协会运用多种形式，通过网站、杂志、通讯以及各种会议，大力宣传进出口公平贸易站工作，形成积极的舆论氛围。协会《简讯》有2期为“公平贸易专刊”，及时宣传“中小型出口企业应对反倾销对策研究”，加强企业有关人员学习有关知识，并组织会员单位领导和有关人员参加反垄断知识专题讲座，帮助会员按照国际通行规则管理企业，提高企业国际竞争力。还通过行业统计网络，加强与企业的联系，对每个月会员单位上报的统计数据进行分析，发现进出口异常波动情况及时向公平贸易处汇报，搭建起企业与政府的沟通平台。

四、开展行业质量工作，加强为企业服务，推动行业质量整体向前

1．通过协会杂志、简讯和网站深入宣传贯彻《上海市质量发展规划》，增强行业、企业的质量发展意识。

2．9月，在全行业开展质量月活动，在协会网站上发表协会通讯第17期《质量月专刊》，重点刊登市质技监局局长撰文《新时期、新要求、新视野——对质量工作的新思考》。组织开展“追求卓越质量，打造品牌”主题活动，要求各会员单位建立客户投诉统计分析报告，落实岗位责任和奖惩管理制度，重点强化质量整改措施。积极引导会员单位加强质量管理，从源头抓质量工作，在全行业倡导诚实守信、重视质量的良好风尚，推动全行业企业产品质量、工艺水平、生产能力、服务质量整体水平的提高。

3．协助市质技监局开展“上海市质监局职能转变和行政审批制度改革意见征询表”调查，并对行业4个重点产品的质量合格率统计调查进行抽样检验，上报市行业质量工作促进会。

4．协助行业重点企业（上海第一机床厂等）实施精益化管理试点，建立质量建设、环境和职业健康安全一体化管理体系，推行卓越绩效管理模式，上海第一机床厂荣获“2012年度上海市质量管理奖”。

5．参加行业协会新闻发言人培训班，做好行业质量安全突发事件预警、应对、自律工作。3月15日，协会秘书长参加由市质监局和市行业质量工作促进会举办的行业协会新闻发言人培训班，为提升行业质量安全突发事件预警、应对、自律工作打下基础。

6．对业内企业进行“上海市著名商标认定”材料审核认定，并推荐上报市工商局商标处。

五、进行产业调研，撰写专题报告

受市经信委委托，完成《上海重型装备制造业创新发展转型升级对策研究》调研报告。该课题就当前上海装备制造业在转型升级中所遇到的实际问题进行调研，对上海装备制造业企业面临的困境和克服困难的现况进行详情分析和研究，并对市政府制定促进装备制造业转型升级政策提供相应建议。

根据市商务委公平贸易处的要求，在协会试点每年撰写

《上海重型装备制造业国际竞争力报告》。协会充分发挥行业专委会的作用，对行业企业开展大量调研，根据上级部门需要和行业热点，收集国内外同行业和企业的相关资料，进行分析和比较，撰写《2013 年上海重型装备制造业国际竞争力报告》。通过调研报告对重型装备制造行业和相关企业了解本行业的发展现状，与国际国内同行的差距以及提升国际竞争力的目标起到一定的促进作用，为市府有关部门决策提供详细参考材料。

六、举办国际展览，加强国际交流

在宣传创新品牌论坛的基础上，主办品牌展览会——“上海国际冶金工业展览会暨技术论坛会”，为与会企业家对接高端装备制造业的发展和创新，提供最新思路。6 月 4—6 日，在上海新国际博览中心成功举办“第 17 届上海国际冶金工业展览会”，展会以“节能降耗绿色环保”为主题，重点展示我国冶金钢铁工业的发展成果和国外先进冶金和设备。展会面积达 3.7 万平方米，参展企业来自 20 个国家和地区近 600 户，参观人数达 2 万人次。通过展示，让更多的国内外用户进一步了解会员企业产品，扩大知名度，提高信誉度，拓展销售渠道。

组织有关专家和企业负责人参观“中国工业博览会”、“国际工业自动化与控制技术展览会”、“上海国际机床展览会（东博展）”、“国际模具装备展”，等等。10 月，组织 40 多位企业老总和技术人员赴浙江嘉兴观摩“中国（嘉兴）紧固件博览会”，并与浙江紧固件行业协会进行交流。

七、加强省市交流合作，扩大行业协会影响力

积极开展与兄弟省市交流，拓展学习机遇，提升协会正能量。副会长单位浦东临港电气重工基地多次接待兄弟省市领导和行业协会，进行学习和交流。协会与东北沈阳、鞍山、铁岭、抚顺，西北的成都、西安保持良好的信息交流和人员互动。还组织会员赴长三角地区进行学习、考察和交流，充分利用网站、杂志、简讯等增强信息服务。坚持办好双周刊《上海重型装备制造行业简讯》，全年出刊 24 期，并在协会网站上刊登，及时反映协会和政府、行业、会员的信息。通过与兄弟省市的交流，提高企业知名度，为拓展销售渠道，创造有利条件，也促进协会工作的发展和进步，扩大了社会影响力。

八、不断加强协会自身建设，推进协会工作健康发展

加强自身建设，提高办会效率，认真执行《章程》，全年召开会员大会 1 次和理事扩大会 2 次，并在规范市场、维护会员单位合法权益上积极开展工作。还根据行业发展要求，不断健全行业自律公约，将行业诚信体系建设作为 1 项重要基础工作，依据市民政局、市社团局要求，在第三届会员大会通过《上海重型装备制造行业协会行规行约》（2013 年版）。秘书处积极带头并组织企业参加“诚信建设工作”和“企业社会责任”等培训班及相关会议，为抓诚信建设创造了条件。

（唐　波）

上海起重运输机械行业协会

上海起重运输机械行业协会成立于 2004 年，是以起重运输机械行业企事业单位为主，自愿组成的跨地区、跨部门、跨所有制的非营利的行业性社会团体法人。会员现有起重运输机械制造、配套、安装维修以及政府授权的职能部门共 106 户，其中上海会员企业有 83 户，外地会员 23 户。下设 4 个专业委员。

2013 年主要工作：

一、组织会员单位参加各项活动

1．6 月 21 日，与上海市工具行业协会联手在上海振华重工（集团）举办“2013 年五金品牌走进起重运输机械行业”对接活动，10 多户国内外知名五金工具制造企业参加活动。协会组织会员企业负责人及有关人员参加，进行现场咨询、交流、座谈。这次工具产品上门展示，实现各工具产业知名品牌与起重运输机械生产制造企业的操作工人零距离接触，加强产品自主创新交流，促进了解，创造双方合作机遇。质优、好用、价廉的工具对企业“提高工效，建立成本管控体系，降低各项支出”具有重要的意义。

2．6 月 5—7 日，组织会员企业参加由市经信委主办的第一届上海（国际）中小企业精品展，免费布展、参展，还每月免费在《解放日报》、《上海商报》等主流媒体集中报道展会信息，推广中小企业产品。

3．6 月 27 日，组织会员单位参加邯郸冀南新区 · 长三角地区名企投资说明会。一些会员企业表示，邯郸冀南新区“既有资源又有市场”，参与邯郸冀南新区投资、降低成本、享受政策优惠，对于传统机械行业是考虑的可去之处。

二、支持会员开展各项交流、申报活动

1．协助杭州开兰重工在上海开拓业务。杭州开兰重工于 2006 年首期出资 4 亿元巨资，打造一流高精硬齿面齿轮传动装置制造基地。目前，已建成现代化厂房 76500 平方米，可进行恒温恒湿机加工、检测、装配，并引进德国等国际上最先进的高精制造设备。协会协助开兰重工与振华重工、中船九院、江南重工、中交三航院、中电集团等设计院、企业开展技术交流活动。目前，杭州重工和上港集团罗泾等公司已达成项目合作意向。

2．支持会员雄风厂参加“2013 年上海名牌产品”评选活动，根据行业统计汇总，出具行业排名和关于上海雄风起重设备厂有限公司销售总额的情况说明。

3．支持振华重工申报上海市著名商标，出具关于上海振华重工行业排名证明和关于财务利润下滑的情况说明。

三、走访会员单位，加强与企业联系沟通

走访会员上海起帆抓斗制造有限公司、上海振华重工（集团）股份有限公司、上海电力环保设备总厂有限公司、中船第九设计研究院工程有限公司、上海鸿安港口设备附件厂、上海信达机械有限公司、上海宝松重型机械工程（集团）有限公司、上海中港电力电气工程有限公司、上海正申金属制品有限公司、上海辛格林纳新时达电机股份有限公司、杭州开兰重工机械有限公司等企业，电话联络会员单位百余次，及时了解企业需求，掌握企业经营情况。

四、会员发展

吸收新团体会员单位 9 户，包括力易得格林利工具（上海）有限公司、江苏曼杰克有限公司、博浪涛实业（上海）有限公司、杭州开兰重工机械有限公司、温州合力建设机械有限公司等。

五、完成“行业协会如何支持企业技术创新调研和探索”课题

落实市经信委“产业技术创新‘十二五’发展规划”，承担市经信委“行业协会如何支持企业技术创新调研和探索”的调研课题，通过对企业技术创新情况实地调研、采集数据、召开座谈会等对企业技术创新情况进行调研，了解创新政策落实情况，在分析会员企业自主创新现状和存在问题基础上，提出有关企业科技自主创新的若干意见和建议。6 月，编写完成 1.36 万字的《行业协会如何支持企业技术创新调研和探索》报告和 14.54 万字的《上海起重运输机械行业专利技术汇编和科技创新科技成果汇编》。

六、积极推进产业提升、转型发展，开展起重机械维保工作

为减少起重机械事故率，进一步提高设备安全可靠性，按照上海市已推行电梯、车库设施定期检测和日常维保管理规定，与宝松集团尝试探索起重机械维保产业化。在市特检局帮助下，编制起重机械维保产业化工作计划，目前宝松集团牵头组织全国相关政府部门、设计院校、生产使用单位编制全国性起重机械维保规范，将于年底完成，审定后颁布。

七、做好政府联系企业的桥梁

及时转发市经信委《关于组织实施 2013 年度上海市重大技术装备研制专项和首台业绩突破风险补贴项目的通知》；国家工信部《关于支持中国工业报社开展中国工业企业品牌竞争力评价活动的通知》；针对天气炎热持续高温，向各会员单位发出《进一步做好 2013 年夏季防暑降温工作的通知》。

八、进一步做好行业企业诚信建设工作

与市企业诚信创建活动组委会联合在上海起重运输机械行业开展诚信企业创建活动，引导企业开展诚信建设工作，得到积极响应，已有 23 户会员企业参加“上海市企业诚信创建”活动。上半年又有上海电力环保设备总厂有限公司、上海宝松重型机械工程（集团）有限公司、上海起帆抓斗制造有限公司等 8 户会员企业被评为上海市“一星级诚信创建企业”，无锡天宝电机有限公司获“上海市企业诚信创建”企业称号。

九、开展统计工作

对业内起重机、港机等整机单位和外贸进出口单位开展统计、汇总、分析。按不完全统计，1—9 月，12 户港机整机制造单位产值仅为 104302 万元，为上年同期的 85%；销售为 87030 万元，为上年同期的的 77%。有 4 户单位产量增长，3 户单位销售额增长，7 户单位产量和销售负增长，有的减少超过 50%。1—9 月，科大重工产值增长 6% 销售增长 2%，分别为 41580 万元 31559 万元。电力环保产量增长 43%，销售额负增长 −33%，分别为 24850 万元和 19146 万元，可见起重机械市场的严峻。

十、作好行业公平贸易工作站工作

积极开展产业安全预警工作，提高企业产业安全预警工作认识和紧迫感。开展培训工作，加强人才队伍建设，请专家、教授讲授产业损害预警和进出口公平贸易知识等。完善进出口公平贸易公共服务平台，设专人负责联络企业产业安全数据的上报工作，及时做好有关数据录入、上报，内部统计分析，加强出口公平贸易工作的基础工作，为逐步跨入制度化和规范化进程提供条件。经常组织会员单位参加相关法律、知识产权、科技创新、财务金融等讲座和培训，加强专利申请和推广，促进产业安全预警监测和公平贸易工作开展，积极维护良好对外贸易经营秩序。

（陆焕新）

上海市建筑材料行业协会

上海市建筑材料行业协会成立于1986年12月，为本市建材工业和相关教学、科研、设计、流通行业企事业单位自愿组成的跨部门、跨所有制、非营利的行业性社会团体法人。现有会员单位1300余户。设有流通、建筑陶瓷卫生洁具、地板、厨柜衣柜、新型墙体和建筑节能材料、采暖与建筑新能源应用、建筑钢材、建筑绿化、创意与工程设计、木质板材10个专业委员会（分会）和涂料、门窗、管材、板材、水泥玻璃、综合6个工作部。

2013年主要工作：

一、行业诚信和自律

1．开展年度企业质量诚信考核。完成对墙体材料和建筑节能材料生产企业476户的质量诚信考核，会同市建设工程安全质量监督总站表彰考核前5名企业，批评后3名企业，推进政府相关部门对质量诚信考核结果的采信。

2．推广使用统一质保书。为规范企业质量行为，保障建设工程领域建材产品质量，维护消费者的合法权益，在新型墙体、建筑节能材料、厨柜衣柜、地板、建筑陶瓷卫浴、建筑钢材行业推广使用20种产品统一质保书。建筑钢材分会还推出了调直钢筋质量诚信自律备案企业加工吊牌，明确了原材质量和调直加工后质量的责任归属。

3．做好建筑节能材料和建筑钢材质量诚信自律备案工作。为加强本市建筑节能材料和建筑钢筋加工行业诚信自律，实行质量诚信自律备案工作，多次组织企业生产现场考察和召开评审会议，共有173户企业获得本市建筑节能材料质量诚信自律备案，62户企业获得本市钢筋加工企业质量诚信自律备案。

4．配合开展本市新型墙材认定工作。配合市建筑建材业市场管理总站开展新型墙体材料企业第二批认定工作，并在认定过程中帮助企业完善产品质量保证体系，本市共有160户新型墙体材料企业通过认定。

5．举办多种形式培训，提高企业管理水平。4月11日，组织会员企业参加市政府质量奖暨《卓越绩效评价准则》国家标准培训。7月25日，建筑钢材分会组织“2013年钢筋加工企业负责人／质量管理代表培训”，85名来自上海各钢筋加工企业的负责人、质量管理代表参加。10月23日，新型墙体和建筑节能材料分会组织《岩棉板（带）薄抹灰外墙外保温系统应用技术规程》的宣贯，100余户建筑节能系统、部品件企业及施工监理单位参加。12月16日，110户企业224人参加上海市新型墙体材料认定企业试验室检测人员培训。12月17日，配合本市市场管理总站组织召开上海市新型墙体材料认定企业产品质量抽检情况通报会，共有320位企业负责人参加。

二、诚信品牌和质量

1．培育建材行业品牌。高度重视建材行业品牌培育工作，积极协助市政府开展对企业培训扶持，配合上海名牌初审工作及开具行业推荐证明等。至年末，行业内已涌现出97户上海名牌、68户市著名商标企业。协会在行业自律诚信管理的基础上，开展名优产品、技术革新奖、精品建材、质量管理星级评估、合格贸易供应商、施工等级评定、信得过产品等一系列品牌推荐工作，形成品牌建设的梯队。

2．“新绿创意奖”建材行业创意产品评选汇聚亮点，推动产业发展。在企业自愿申报基础上，经资料初审、创意产品展示、设计师现场投票、网上票选、专家提名、专家评审等环节，最终决出“年度最受设计师喜爱的创意产品奖”、“年度最受市场欢迎的创意产品奖”以及“年度最佳创意产品奖”三大奖项。获奖产品在废物循环利用、环保低能耗、产品智能信息化、原材料突破应用、产品改性应用等多方面都进行了材料与新技术的结合，引领行业创新发展。

3．启动上海建材行业质量信用评价工作。首批共有41户企业积极申报，其中39户企业评价等级为A，2户企业评价等级为B；第二批共有10户企业申报，评价等级均为A。

三、服务对接和沟通

1．绿色建筑建材博览会为展示新材料、新工艺、新技术搭建平台。8月17—19日，涵盖十大主题的绿色建筑建材博览会在上海新国际博览中心盛大开幕，绿色节能建筑建材集中展示，众多优秀企业精彩亮相，同期论坛及活动精彩纷呈，再次成为国内、外业内人士广泛关注的专业盛会。展会期间，第十届上海采暖与建筑新能源行业发展趋势对话论坛，聚集行业领导、专家、设计师和媒体，共话时下焦点，共谋行业发展。同期召开的“创意城市·创新动力——创意VS产品发展论坛”，荣获联合国教科文组织、上海设计之都活动周组委会联合颁发的“优秀活动奖”荣誉证书。

2．多刊1网，提出丰富的信息服务。《建材行情》月刊；《上海地板》、《上海厨柜衣柜》年刊；《上海采暖与建筑新能源应用》双月刊，厨柜衣柜、陶瓷、地板《消费告知书》，流通行业简报、上海建材流通市场分布图、地板分布导览图、创意产品集等充分利用自身优势，传递行业信息，发挥好喉舌作用。上海建材信息网进一步完善调整，提升了信息服务功能的有效性和便捷性。还开展多种主题交流活动，加强行业之间横向、纵向联系。

四、民主办会和自身建设

1．践行民主办会，召开会长会、会员（代表）大会。协会及各分会按照章程要求，全年共召开21次会长工作会、会员代表大会，集思广益，充分发挥企业家办会的主动性和能动性，落实各项行业工作。

2．做好地板、厨柜衣柜、采暖与建筑新能源应用3个分会的换届工作。秘书处走访调研近70户行业骨干企业，深入听取企业对于换届工作的意见和建议，地板、厨柜衣柜、采暖与建筑新能源分会分别召开会议，民主选举、竞选产生新一届领导班子，顺利完成换届。

3．以党的群众路线教育实践活动为契机，加强团队能力建设。在上级党委领导下，党支部、工会、团支部带领员工，深入开展党的群众路线教育实践活动，不断加强秘书处团队学习研究能力、创新服务能力、自我管理能力、综合协调能力建设，全面推进行业工作，更好地服务企业、服务行业、服务政府、服务社会。

（张春玲）

上海市纺织机械器材行业协会

上海市纺织机械器材行业协会成立于1994年8月，是以上海地区的纺织机械器材企业单位为主，吸收江苏、浙江、安徽纺机企业参加的社会团体。

2013年度主要工作：

一、注重自身建设、提升协会素养

1．顺利完成换届。6月20日，协会第四届会员大会第一次会议暨四届一次理事会在上海举行。会议听取和审议通过《上海纺机协会第三届理事会工作报告》、《上海纺机协会修改协会章程报告》、《上海纺机协会财务收支报告》；选出新一届理事会、会长、副会长，聘任新秘书长，顺利完成换届改选。新一届理事会产生后，即研究2013年下半年及近阶段的协会工作，明确工作重点，由秘书处贯彻实施。

2．加强自身学习。认真学习党的十八大和十八届三中全会的有关文件，对全面深化改革的14项主要任务有所认识，特别对创新社会治理，改进社会治理方式，提高社会治理水平，激发社会组织活力寄予厚望。

协会党组织积极开展党的群众路线教育实践活动，根据上级党组织总体安排，参加学习、对照、找问题、订措施、建制度等一系列相关活动，进一步确立协会应在践行群众路线中乐于做小事、勤勉做实事、遵章廉洁做好事的优良作风。积极参加各项业务知识学习与活动。先后参加市经团联、工经联举办的《2013上海市企业社会责任》发布会，聆听全国政协常委、原国家工信部部长李毅中所作的《发挥工业化主导作用，推动工业化、信息化、城镇化、农业现代化同步发展》的辅导报告；参加市社团局召开的上海市行业协会行业自律与诚信创建活动推进会及举办的上海市社会团体信用建设培训班；参加市商委举办的上海自由贸易区政策实施及对进出口公平贸易影响培训活动和进出口公平贸易行业工作会议。

二、遵照协会章程、尽力服务会员

1．尽力提供市场服务。4月，配合福建长乐市纺织局、太平洋机电（集团）有限公司，在福建长乐协办福建长乐市纺织产业技术进步研讨会，邀请中国纺织工业联合会、中国纺织机械器材工业协会、中国棉纺织行业协会、中国化纤工业协会领导，东华大学专家和当地近100户企业的领导和工程技术人员，以及部分会员企业领导和工程技术人员，参加研讨会，分发上海纺机协会简解和会员企业主要产品介绍，取得很好反响。6月，在上海新国际博览中心举办第十六届上海国际纺织工业展览会。协会积极动员会员参展，还走访会员展台。据统计，80%会员企业参展，展会现场签订合同3800多万元，意向合同2.2亿元。

2．积极尝试培训服务。鉴于协会能力局限，积极注意和尝试在社会力量开办培训或讲座时，听取会员企业意见，为会员企业提供有针对性的服务。7月，上海知识产权服务中心、国家专利技术（上海）展示中心、上海技术交易所联合举办环保与新材料技术推介培训，协会组织有这方面需求的会员企业的技术负责人和工艺技术设计人员，前往参加培训。9月，上海交通大学海外教育学院，举办日本丰田全面降本与精益管理培训，协会主动联系，会长带队，组织会员企业的生产管理人员、财务管理人员参加培训。

3．提供实用信息服务。重视收集和整理国内外纺机器材行业的技术、管理、市场等方面的信息，坚持办好每月1期的《协会信息》刊物，上半年每期基本保持6–8版，下半年逐步拓展到8–12版，并增加会员企业动态和实用信息栏目，加强会员间的信息互动。

三、坚持力所能及、发挥社团作用

1．尽力承接转移职能。根据市工经联下达承接企业“产品质量合格率”统计的工作要求，克服人手少、要求高困难，依托会员企业，组织开展相关企业具有第三方认定产品质量合格率的统计，如期完成统计工作。

2．尽力办好“工作站”。作为市商务委授权的“上海市进出口公平贸易行业工作站”，重点关注拥有进出口业务的会员企业。特别提请企业拓展东南亚新兴市场时，要防止产生“低价竞争、低价倾销”；在拓展欧洲市场时，注意“知识产权保护”。如年内上海一纺机械有限公司产品出口到匈牙利，会长亲自督促企业，必须在查清专利登记情况基础上，方能出口，以防侵权事件发生。

3．尽力发挥“正能量”。连续4年参与编写《上海市纺织产业发展报告》（白皮书），力求在纺机器材行业章节中，较全面反映行业经济运行、企业转型发展、产品开发与技术进步情况。及时组织会长、副会长单位，传达学习市行业协会“行业自律与诚信创建活动推进大会”精神，学习民政部《关于开展行业协会行业自律与诚信创建活动的通知》和市民政局、市社团管理局《关于加强本市社会组织自律与诚信建设的指导意见》等文件，提高建设协会社会公信力的认识。

（冯忠祺）

上海市模具行业协会

上海市模具行业协会成立于1994年12月，为上海市模具行业及相关企事业单位自愿组成的跨部门、跨所有制的非营利性社会团体法人。现有各种所有制会员单位596户，下设经营管理、技术、模具标准件、模具材料、信息及联络、价格工作、汽车模具、教育培训、特种加工和资深专家等10个专业委员会和“华威”模具培训中心。

2013年主要工作：

一、加强协会基础工作建设

提高协会网站功能，丰富协会会刊内容。积极发展会员单位20户。走访会员单位，加强与企业联系和交流。年内新加强供求协作，帮助企业拓展业务。全年介绍模具及零件加工、模具设计、模具钢采购等各类业务200余次，涉及会员单位及模具企业上百户。召开会长会议，执行协会章程。6月27日，召开四届十次会长工作会议，听取秘书处上半年工作情况汇报和下半年工作打算。12月27日，召开四届十一次会长工作会议，会议听取秘书处所作“2013年上海市模具行业协会工作汇报和关于协会准备换届改选的情况介绍”，并对2014年工作重点和下一届理事会工作思路进行探讨、布置和落实。并进一步完善秘书处工作制度，落实各部门职责。要求做到一人多岗、一专多能。为此，制定工作制度及6部1室的部门职责，贯彻每月召开1次全体成员会议，每周召开1次主任和秘书长工作会议，检查跟踪工作落实情况，加强自律和规范。

二、加大为企业、社会服务力度

1．举办国际模展，提升企业形象。6月18–21日，“2013中国国际模具，模具设备及相关工业展览会”在上海新国际博览中心隆重举行，来自国内外13个国家和地区的约600余户企业参展，打造模具和模具设备最新展示阵容。作为展会参办单位，共组织45户独资、合资、国有、民营企业，邀请8户用户单位参展。期间信息部还负责所有场内技交会组织工作，受到主办方和技交会演讲单位的好评。

2．主办“中国模具企业如何与世界模具市场接轨——世界模具行业动向与新技术运用研讨会”。6月19日，与昆山市模具工业协会、大同特殊钢（上海）有限公司共同举办“中国模具企业如何与世界模具市场接轨—世界模具行业动向与新技术运用研讨会”，来自上海和昆山两地模具界专家、工程技术人员共150余人出席会议。

3．举办2013年模具界联谊会。借助2013中国国际模具、模具设备及相关工业展览会在上海举行，全国模具界欢聚一堂之际，协会于6月18日在上海开元大酒店举行“2013模具界联谊会”，各地模协领导共50余人出席联谊会。

4．举办2013年上海模具界敬老联谊会。10月10日，假座上海新梅华东大酒店隆重举行“2013上海模具界重阳敬老联谊会”，来自业内老领导、老专家共70余人出席联谊会。

5．编著《上海模具工业发展史》。从2009年开始筹备编著《上海模具工业发展史》，专门成立上海各行业模具工业发展史工作小组，拜访业内10多位知名专家召开轻工系统、仪电系统座谈会，动员模具界老专家提供珍贵历史资料和照片，2010年初成立了编写小组，定期召开编写小组工作会议，进行汇总编写，目前初稿完成，计划于2014年出版。

6．组织参加“上海行业协会沙龙”活动，参与组织活动34次。

7．开展上海“诚信企业”创建活动。市企业诚信创建活动组委会联合在行业内开展市诚信创建活动，有34户企业通活活动组委会最终审定，获得星级创建10户、二星级企业8户，三星级企业5户，四星级企业11户。

8．大力推广、应用自主品牌软件。为帮助民族品牌软件在业内的推广与运用，多次联系企业，邀请部分国内软件企业召开座谈会，探讨自主软件应用，为民族品牌模具设计、管理软件推广普及提供服务平台。

9．加强同行间交流与合作。年内接待河北、青岛、安徽、江苏、无锡、昆山、黄岩、南京、余姚、宁波、大连、福建、厦门等地模协与代表团，并拜访余姚、宁波、昆山等地模协，加强与各地模协交流和合作。

10．帮助会员单位构筑推广，联络互动平台。3月14日，与上海白铜精密材料有限公司在上海宾馆举办“高周波塑料模具钢交流会”。6月5日，组织听众参加“2013年国内外高品质模具钢发展与应用研讨会”，邀请业内专家、学者、工程技术人员约150余人出席会议。6月20日，组织企业代表共30余人参加在昆山举办的“尼古拉斯·克雷亚高端数控加工中心技术应用交流对接会”。11月26日，上海全信网络科技有限公司联合举办“制造业协同管理研讨会”，组织业内专家、学者、工程技术人员200余人参加。12月19-20日，组织26户会员单位39位代表赴蓉参加由成都市政府经信委主办，成都市模协和上海市模协承办的上海—成都模具产业对接交流活动。

11．协办第十九届华东地区模协（扩大）联席会。协助江西省模协在江西省模协在鹰潭市举办第十九届华东地区模协（扩大）联席会，会议就模具行业转型升级来提升核心竞争力和抗风险能力进行深入交流和探讨，并提出宝贵的意见、建议和思路。

12．加强国际交往，帮助企业拓展海外市场。5月23日，与江苏、浙江模协组团一行18人赴巴西参观“2013年巴西国际塑料展”。11月4日，联合江苏省模协、无锡市模协、余姚市模协及各协会下属企业共42人前往德国考察，参观“2013年第十一届国际金属板材加工技术展”，并拜访德国机床制造商协会。

13．各专业委员会按年初制定的工作计划积极开展活动，基本上都充分发挥专委会功能。

（范　芃）

上海市工具行业协会

上海市工具行业协会成立于1987年10月，是以上海市工具行业企事业单位为主，吸收外省市相关企业自愿参加的跨部门、跨地区、跨所有制的非营利的行业性社会团体法人。现有会员单位145户。

2013年主要工作：

一、稳健开拓，深化服务

为落实“服务企业、规范行业、发展产业”的三大任务，走访会员企业65户次，广泛听取建议和需求，并对自愿要求加入协会的单位，上门考察，了解详情，先后发展汉顿、力易得、欧诺达克和噢米噢4户公司入会。

为加快企业成果的产业进程，提高企业的综合竞争力，经企业自报企业创新成果，由协会推荐上报中国中小企业协会和中国企业创新成果案例审定委员会批准的上海富工工具有限公司《YK2000-2500N.M系列预置式扭矩板手》案列，获中国中小企业优秀创新成果企业。

根据“上海市著名商标”认定工作的要求，积极为企业树立品牌形象，经企业申报，协会做好推荐“上海昆杰五金有限公司”《KunJEK》的资料上报工作。

根据市“企业诚信创建”活动组委会“企业诚信创建”要求，经企业申报，协会核准上海骏马气动工具有限公司等12户企业分别获得2013年五星级、四星级、三星级、二星级“企业诚信创建”称号。

在协会中建立行业工会是新形势下的一种创新。年内上海轻工业工会联合会工具行业分会与行业协会一起，同心合力，为会员单位服务，做企业的贴心人。1月，协会与工会为会员单位中的困难职工申请了帮困资金。3月，推荐宁波安拓公司、上海沃施园艺公司、上海德诚公司、上海利安测电笔厂4户企业，参加由上海轻工业协会组织的上海新品民品展示展销会。7月，推荐上海沃施、汉顿等企业参加市中小企业发展服务中心在上海世贸商城举办的上海市“名、特、优、新”产品长期展示会。协会与工会还进行“行业职工收入”和“岗位工时定额”问卷调研工作，并召开部分企业工会主席座谈会，促进企业的管理水平。5月，推荐和评出上海沃施、安拓、诺霸3户企业的5位员工获“上海市新时代优秀产业工人”称号，上海沃施园艺公司的吴君亮获“全国轻工业劳动模范”的殊荣，在培养企业员工爱岗敬业、弘扬正气、发扬先进上起到推动作用。在酷暑高温时，协会、工会的同志陪同市轻工业工会联合会的领导到上海和浙江的会员企业，亲临生产第一线，送冷饮、递毛巾，发放防暑降温用品，给员工送上关爱之情。

二、跨界交流、合作共赢

组织协办3次国际论坛，如“工具五金应用技术与五金品牌融合发展”论坛，欧洲手工具联盟主席尼尔先生亲自演讲，约有100多位国内外的嘉宾出席此会；在山东临沂举办的“2013中国磨料磨具行业发展高峰论坛”，一些专家教授亲临会场，传授技术，解难释疑，有力推动行业发展。协会同周边省市以及上海的众多商协会建立合作关系，与将近10多个省市的招商局进行网站、杂志和活动的对接，并努力把这些合作关系和对接逐个落实到具体会员单位。与上海起重运输机械行业协会合作，运用“品牌联盟”平台，同上海振华（集团）公司对接，组织近20户工具五金企业在振华重工长兴岛分公司进行路演及展示，双方还组织大型座谈会，供求双方面对面地交流，洽谈，已有6户企业成功对接，列入振华集团物资采购供应名单中。此后，双方又进行3次商谈，2次回访，并议定在2014年进一步落实合作方案。

继续与中国五交化商业协会合作，组团参加第二十三届、第二十四届中国五金国际博览会，搭建平台，让企业享受到资源共享的红利；继续与上海国际服务贸易（集团）有限公司合作，第二次组团参加第四届中国商品越南博览会。共有4个单位一行11人，租了8个展位，搭建上海工具行业协会特展区，展示中国正宗工具的风采，参观者流连忘返，对展出的工具产品赞扬有嘉，而政府对参展企业财政补贴也全部到位。10月，受台湾手工具工业同业公会邀请，与中国五交化商业协会共同组织“大陆五金工具赴台参访团”，一行26人，参加在台湾大台中国际会展中心举办的“台湾五金展”。在台期间，还参观考察台湾交大科技园、群聚科技孵化园，拜会台中市胡志强市长和新竹市许明财市长，召开交流座谈会，见证台湾五金供应链的弹性生产制造流程和精锐的研发能力，分享先进的管理理念与信息化的应用经验，并与台湾手工具工业同业公会签订合作项目，取得良好成果。

配合全国工具五金标准化中心制（修）定17项行业标准，召开3次行业标准审查，举行第十八次（2013年）年会。配合国家轻工业工具五金质量监督检测上海站就产品的标准和质量做了一系列服务工作，在企业技术改造、新工艺试验和互动对接上也提供力所能及帮助。

2013年，是与《中国精品五金》杂志社签订战略合作协议，搭建“中国五金品牌联盟”平台5周年，共同举办10多场各种规模的促销活动、召开各种论坛，调研全国20多家五金城及大卖场，积累丰富资料，促成6-7户企业和专业市场的合作、走访近20家专业行业协会，这一跨界合作，达到合作共赢目标。

三、整合资源、规范发展

与塑料行业协会、起重运输机械行业协会、家用电器行业协会进行深入的合作和对接，在原辅材料应用了解和供应上，上下游企业有了直接的合作，并与上海塑料行业、家用电器行业、上海汽车工业行业挂钩，探求合作的愿望。在行业内，协会经常牵线搭桥，如沃施园艺公司要寻找锻压合作伙伴，在协会穿针引线下，双方考察、了解，现已进行合作加工。

协会自愿申请参加上海市第二批行业协会规范化建设的评估工作，经过半年多的努力，收集、分析、整理材料，建立健全各项规章制度、梳理内部管理系统，10月17日，经由市社团局、市经信委、市经团联及行业专家等10人组成的评估验收组，进行评估验收，基本通过规范化建设4A级的评估，已报市民政局审批。参加市商务委员会牵头组建“上海市进出口公平贸易行业协会”，并建立“公平贸易工作站”，为企业在公平贸易、商务法制和促进贸易发展方面服务；还与兄弟行业协会联合，在市经团联、市工经联举办的“加强行业协会能力建设，迎接新形势任务的挑战——行业协会能力建设浦江经济论坛”上发表《关于行业协会行业自律现状，原因及对策》的论文。

协会在政府专项购买服务方面进行探索，与市经信委有关部门签订《政府购买行业协会服务委托协议书》，完成《违反行业自律公约行为建立通报处置制度研究》课题，为政府规范管理行业协会建言献策，并获得6万元的专项基金资助。还专门走访市质技监局，了解探索开展产品联盟标准化的试点情况。

（张寿菊）

上海市化工行业协会

上海化工行业协会成立于1997年6月18日，是由从事化工生产、流通、施工、科研、设计、教育及服务等活动的企事业单位自愿参加的非营利性的社会团体。现有153户会员单位。

2013年主要工作：

一、实施换届选举，顺利实现工作交接和团队融合

顺利召开第四届会员大会。选举产生新的协会领导班子，提出了新一届协会工作目标。换届以来，先后完成社团法人、税务登记变更，年检、年报编报，资产审核等工作，完成对部分人员和工作的调整，为新一届协会规范运作、持续发展打下良好的基础。

二、主动服务企业，不断拓宽服务领域

1．扎实开展各项活动，大力推进节能减排。积极发动企业参与本市各项节能减排活动，先后组织会员单位和化工企业参加市工经联开展的节能减排交流活动；国家质检总局“美国化学品TBT通报评议会”；组织参观“2013年第六届上海国际污水处理展”、“清洁博览会”、“荷瑞水展”；在上海化工区、上海市化工研究院先后举办了2期（JJ）小组培训班，提升化工企业群众性节能减排活动水平；为化工企业加强污水处理、环境保护提供创新思路和科学解决方案。焦化、氯碱、丙烯酸、三爱富、吴泾等公司因在企业节能减排中做出的突出贡献，得到有关部门的充分肯定。协会被评为上海市节能减排（JJ）小组活动先进组织协会。

2. 加强质量品牌建设，不断提升竞争实力。上半年，组织12户企业的21名专业管理人员参加市质监局举办的“上海市政府质量奖”暨《卓越绩效评价准则》标准培训并获合格证书。年内分别召开上海化工行业名牌工作会议、协会质量工作委员会年会，提升会员企业的品牌质量意识。积极做好28户企业申报2013年上海名牌产品和2014–2016年上海市著名商标推荐和审核工作。开展会员企业名牌产品和著名商标集中宣传，推广上海名牌产品企业的管理经验。按市技术质量监督局要求，以符合“绿色、低碳、环保”的产业政策为导向，先后组织6批70人次化工专家，参与并完成《上海名牌产品通则——化工产品》地方标准制定工作，为上海化工产品质量提升、上海名牌产品评审提供评价依据和标准。

3. 着力安全环保建设，积极开展各项培训。共举办企业安全管理干部、危险化学品和易制毒化学品管理和从业人员培训班共45期，培训总人数达4088人。危险化学品、安全管理干部上岗证考试合格率达到97%以上。主动加强与企业的联系，做到送教上门，基层企业举办各类培训班达14期，占培训总期数的35%。同时，积极为企业特殊工种培训联系报名，为危险化学品生产经营企业办理许可证牵线搭桥，为培训学员提供寄送证书、准考证等服务，得到参训企业和学员的充分肯定。

4. 推进诚信企业建设，着力提升企业形象。经市企业诚信创建办批准，建立“上海市化工行业企业诚信创建办公室”，在全行业启动企业诚信建设活动。为深入推进活动开展，在会刊和网站上大力开展诚信企业建设宣传活动，召开行业诚信建设大会，组织60户会员单位参加首轮化工行业企业诚信创建培训，明确诚信企业建设的重要意义和目标要求。有近30户会员单位申报参加上海市“诚信企业”建设。

5. 着力加强企业服务，积极推进技术咨询项目实施。积极为行业和企业提供技术咨询、安全评价、审核认证等项目服务。运用协会拥有的首次工艺安全性评审资质，先后组织专家对拜耳、英威达工艺安全性项目进行评审论证，形成论证报告；组织听取永宣创业公司CO2与环氧乙烷反应制备聚碳酸亚丙酯技术的推介，以及协助企业开展安全评价等。

6. 着力抓好会员单位发展和管理。新吸收26户有实力的中外企业入会。走访21户企业，帮助解决产品推介、动迁找地、新技术推广、会员企业之间产品对接等问题，增强了协会向心力和凝聚力。

7. 抓好先进劳模推荐，加强劳模精神宣传。切实抓好全国化工行业劳模集体和劳动模范推荐上报工作，行业内共评出4个全国石油和化工行业劳模集体和8名劳动模范，为大力弘扬和宣传劳模集体和劳动模范在《中国化工报》、《协会通讯》等报刊上，组织开展弘扬劳模精神、宣传劳模事迹活动，以激励上海化工企业和全体员工向劳模学习。组织开展全国石化联合会优秀民营企业、优秀民营企业家评选，共推荐2户企业和2位企业家参评。还组织开展全国石化行业“两化融合”先进项目申报评比，上海华谊（集团）公司2项信息化建设项目入选。

8. 着力加强协会窗口建设。协会网站提升网速，应用更为快捷；规范信息发布，协会及会员单位动态得以实时上网；增加会员单位链接、人物介绍等功能和栏目，全方位宣传企业和先进典型；更新协会通知栏目，扩大应用功能等。《协会通讯》在调整内容基础上，对化工专业领域发展动态开展深度分析，新增“外资企业在中国”等栏目，加大协会重点工作和会员单位动态发布，共编纂、发行《协会通讯》6期。在网站、通讯上发布的信息，被上海市社会组织网录用28条，被市经团联网站录用39条，被市政府门户网站录用9条，在《中国化工报》、中化新网等媒体上刊登深度报道、劳模事迹、工作动态、会员信息10余篇，创下历年之最。

三、主动服务政府，积极发挥管理优势

1. 承接上海化工产业发展、科技创新规划等项目。主动加强与政府职能部门的联系，积极承接市经信委等职能部门的购买服务项目、重大课题申报及调研项目等。完成市经信委关于上海化工“十二五”规划中期运行情况报告；签约《上海市化工行业产业链研究》，《上海化工行业转型发展热点、难点与对策研究》课题。承接市经信委重化处《产业关键共性技术发展指南（2013年）》、上海市化工企业开展相关技术研究的情况调研等项目，为政府提供上海化工产业的发展情况、分析报告，为上海化工产业调整与发展提供决策依据。

2. 承接上海化工经济运行预测、统计和分析项目。通过对上海石化、高桥石化、上海化学工业区、上海华谊等33户企业、85种主要化工产品的产量、出口、销售额等数据的收集、统计和分析，先后完成上海化工2012年年报、年度经济运行报告；完成中国石油和化工联合会《2012年上海市石油和化工行业发展报告》；汇编共132篇10万字、拥有十大类化工产品市场信息的《2013年化工市场预测》。及时做好每月度经济运行数据统计报表，按时向市经委提供上海化工行业经济运行分析报告。

3．承接本市易制毒化学品管理培训项目。根据我国易制毒化学品管理工作面临的新形势、新特点，主动与市禁毒办、市公安局密切配合，围绕加强和改进易制毒化学品管理培训工作开展调研，完成《关于本市易制毒化学品管理培训工作的汇报》，建立培训信息数据库。与市经信委签订《关于共同加强化工领域易制毒化学品管理项目》协议书，加强对本市易制毒化学品生产、经营、使用、运输及进出口企业管理和从业人员实施培训，向本市易制毒化学品生产经营企业宣传国家有关政策法规及管理要求，提高化工企业加强易制毒化学品管理水平。为此，协会被市经信委推荐为“2012－2013年度上海市禁毒工作先进集体”。

四、主动服务大局，发挥协会桥梁纽带作用

1．积极参与全国石化联合会发起的2013年中国责任关怀促进大会组织会员单位上海华谊（集团）公司、上海氯碱股份有限公司、上海化工区管委会等赴北京出席大会，并通过协会网站、《会员通讯》传播责任关怀新理念，让会员单位和化工企业充分认识责任关怀对于促进企业可持续发展的重要作用，参与活动，推进企业树立安全环保和履行社会责任新形象。

2．大力协助全国石化联合会化工职业技能大赛活动。作为协办单位，承接大赛主会场及户外背景制作、奖杯制作、技能大赛宣传报道、电视片拍摄与制作等工作，并在《中国化工报》、中化新网、中化视频上进行全面宣传与报道，扩大本次大赛在全行业的影响。

3．切实推进与华东地区化工行业协会的合作。5月，与部分会员单位共同出席以“创新驱动、转型发展”为主题的第十届中国华东地区化工协商会议，与安徽、山东、江苏、上海、浙江、福建化工等5省1市化工行业协会及中央、地方化工企业共同交流探讨创新驱动、转型发展的实践和经验。大会一致推荐协会会长金明达为华东地区化工协商会议主席团主席。组织会员企业20名管理人员参加“华东地区化工协商”会议。

4．主动加强与各省市行业协会的联系。4次组织会员单位赴甘肃、河北、山东等地化工园区考察。接待湖北、湖南、河南、吉林等省市行业协会及各地企业的拜访咨询达37批次，组织企业参加南洋浦经济开发区石化产业（上海）恳谈会等。

五、加强自身建设，提高服务企业、服务政府的能力与本领

1．加强协会党支部建设，抓好党员组织生活和各项学习活动。认真组织党员学习党的十八大报告，通过开展理论学习、信息传递、业务交流、组织参观等方式，加强党员教育，加强“学习型、创建型、创新型”党支部建设。切实做好发展党员和积极分子培养工作，年内完成1名预备党员转正。

2．推进信息化、规范化建设，提高工作效能和管理水平。相继建立会员单位信息库、易制毒化学品培训信息库。在信息传递、工作联络、办公业务等方面推进网络应用，大大提高工作效率。进一步推进项目、合同规范管理，提高工作水平。

（张秀凤）

上海市润滑油品行业协会

上海市润滑油品行业协会成立于2005年6月，是由润滑油脂及其添加剂的生产、研发、质检、销售、服务等企事业单位自愿组成的跨部门、跨所有制的非营利性行业性社会团体法人。现有会员单位112户。

2013年主要工作：

一、发挥特色资源优势，传播润滑油行业信息

1．整合行业优质资源。先后成立油品分析检测、质量管理工程和润滑油添加剂3个专家组，为协会各项技术服务工作提供支撑。通过整合优质资源，为协会服务企业、规范行业、发展产业打下坚实基础。

2．开展系列性活动。协会培训已加入上海市人才继续教育体系，形成油品分析检测和润滑质量工程系列培训，推行行业技术人才注册与管理。协会实验室能力比对活动已成为行业润滑油脂质量分析检测和质量保证活动的重要部分，曾开展理化检测指标、润滑剂承载能力测定、运动黏度计比对等系列化工作。在《上海润滑油信息》、协会网站、中国润滑油网、中国特油网、中国真空网开展的系列技术交流、宣传活动在业界颇有影响。

3．做好展示和展览工作。5月24日，广州第十四届润滑油展前期的“精英沙龙”活动上，协会接受《中国润滑油》杂志专题采访，向华南地区润滑油行业、生产商、销售商全面介绍了协会情况。组织会员企业参加2013年中国模具展，展示会员企业特色润滑油产品，打造与模具加工企业交流平台。协办第十四届中国国际润滑油品及应用技术展览会，主办“转型发展，实干兴业”润滑油产业发展高峰论坛，就分享国家政策与行业发展趋向性、基础油和添加剂等主题进行全球性的技术研讨。

4．搭建技术咨询平台。与宝钢检测中心加强技术交流，引导、落实相关协作项目；为重庆太鲁纳米技术的应用提供专业技术咨询服务，为企业产品发展提供可行性、方向性建议；为东昊与海润添加剂公司协作，搭建船用油生产、摩油生产咨询和服务平台。接待国内、外公司及企业技术咨询机构等，着力开展润滑油技术和应用方面的咨询服务，进一步提升协会技术咨询服务功能。与《上海商报》合作，开辟“石油　市场”专栏，报道会员企业、润滑油市场、润滑油技术等方面情况，为扩大会员单位及协会的社会知名度作出努力。

二、连接技术和市场，强化技术服务活动

1．组织相关行业协会开展产、用结合的行业交流和链接。在济南举办“导热油应用与发展”主题交流会，探讨导热油研发、生产、销售和产品性能情况。本市11家相关行业协会、山东省纸业行业协会参加交流，介绍行业及用油情况，向相关企业进行推荐和链接。

2．组办润滑油添加剂产业研讨和技术交流。7月18日，协会添加剂专委会举办“第五届国内添加剂产业研讨会”，以“润滑油极压剂”为主题，作专题报告集中交流。会上发表来自中国石油科学研究院等单位的6篇报告，邀请业内资深专家作内燃机油无磷抗磨剂、中国乘用车自动传动系统的发展及润滑专题发言。19日，召开“添加剂技术交流会”，来自中石油润滑油大连研发中心等会员单位7名专业人员作专题交流，其中，资深专家并就齿轮油经济性配方发出“慎重”的技术性警示。研讨和交流为我国润滑油添加剂产业发展引出新的思路和方向，来自全国相关生产、研发、销售企业共50余人参加会议。

3．开展行业技术职称评审工作。召开技术职称申报专题会议，讲明评审要求，组织培训，特邀专家为评审对象撰写论文和工作总结进行辅导，联系指导老师和专家评阅论文，进行答辩。经综合考核，通过高级职称2人，中级职称5人，初级职称3人，评审通过率为83.33%。

4．为会员单位产品进一步完善、做好应用推荐。抓好到期“推荐应用产品”的资质复审检查。对首家获证“推荐应用产品”的东昊石油集团有限公司进行实地检查，现场检查“推荐应用产品”标贴使用情况，查看相关资料和座谈交流。开展“推荐应用产品”工作为企业凸显产品质量、宣传民族润滑油品牌、开拓市场领域起到积极推动作用。

三、联系政府与会员，推行行业培训认证

1．坚持常规化培训，做好行业注册工作。协会常规化系列化培训在业界有很大影响力，特别是分析化验培训已坚持开办了26期。油品分析化验培训中级工、高级工各举办2期，通过油品分析化验资格行业认证初、中级注册30人；润滑油质量工程培训1期，通过润滑油质量工程师行业认证初、中级注册13人。

2．开展专题培训，强化专业人才队伍建设。与上海山田律师事务所合作举办专利申请与专利保护专题培训。特邀国家实验室认证专家作“油品实验室的建设与管理”专题培训，为实验室人员介绍国家实验室建设的规范化要求，推动会员企业和中小企业规范建设和发展。开办营销系列讲座，先后举办4次专题培训，内容包括终端客户营销、润滑油知识营销和技术营销、润滑油销售实战案例解析、营销团队建设与关系营销等。举办“SLTA企业高级管理研讨会”，特邀行业专家主讲“企业如何在竞争中持续发展”和“SAP最新IT技术介绍”，从多角度讲述企业在竞争中持续发展的方法、途径及ERP信息技术对企业发展支持的重要性。组织“科学发展与节能减排”座谈会、“企业品牌建设与营销”座谈会、“现代管理创新”座谈会等，从多方面提升协会服务社会的影响力。

3．树立行业标杆、推进互利合作。充分发挥协会第三方检测基地和培训实验基地重要作用。4月，上海神开石油仪器有限公司通过评选和审核，被认定为协会第九家培训实验基地。5月，与国家石油化工产品质量检测中心（安庆）和安徽省安庆市质检局就润滑油品及添加剂的发展现状和趋势，质量监督检验的方法、标准、设备仪器等方面情况进行交流，达成共识。利用会刊和网站对9个培训基地和5个检测基地作专题宣传，并通过多种方式展现企业特色，如组织进实验室观摩，实地操作，刊登特色产品报道和推介，在相关展会参展等，促进企业间互利合作。

（*冯彦辉*）

上海防静电工业协会

上海防静电工业协会成立于2004年9月，是由从事防静电产业的企事业单位自愿发起组成的专业性、跨行业、跨地区的非营利性社会团体法人现有会员单位85户，覆盖长三角地区的服装、地板、包装、耗材、设计、装备设备等领域的骨干企业。下设标准委员会、专家委员会和具有独立法人资格的上海工业精电技术研发服务中心，负责技术资询、检测、评估、组织培训、项目开发等。

2013年主要工作：

一、组织专业培训、标准制定

1．举办第八期职称申报培训。5月15—17日，第八期职称申报培训在市青少年活动中心举行。共有13人申报静电专业中、高级职称，除上海地区学员外，还有来自常州、广州、石家庄等地的学员。经专家评审，获静电专业高工职称1人；工程师11人；1人获内审员证书。

2．联合举办防静电体系工程师培训。11月28—29日，与佰洁在市科委研发公共服务平台联合举办2013年防静电（ESD）体系工程师培训，有13人报名，并通过考试，获得协会颁发的防静电体系工程师培训证书。

3．制定3个行业标准，自6月1日起实施。《FZ/T80012—2012洁净室服装点对点电阻测试方法》、《FZ/T80013—2012洁净室服装．易脱落大微粒检测方法》、《FZ/T80014—2012洁净室服装通用技术规范》由上海佰洁静电检测技术中心、上海市服装研究所、上海晨隆静电科技有限公司等会员单位负责起草。

4．完成编制、上报标准《纺织品静电性能的评定·静电衰减法》。参编单位有苏州天华、深圳新纶、北京华晶汇、北京医药机械、晨隆、佰洁等。编制组对标准名称、适用范围、检测材料种类、参考标准依据、检测方法、样品送检单位、仪器购买、项目进度及总预算等进行研讨，经讨论修改，于年底上报。

5．8月，组织专家分别与加富、天华签订并实施合作申报制定防静电《台垫标准》、《屏蔽袋标准》等协议。

6．积极参与由中国标准化研究院、中国空间技术研究院（航天五院）牵头的全国静电防护标准化技术委员会筹建活动。协会领导多次去北京参加会议、接待北京航天五院有关项目组来沪调研，陪同访问苏州有关企业。

二、参与组织展会、技术交流

1．组织参加第23届中国国际电子展。4月23—25日，第23届中国国际电子生产设备暨微电子工业展在世博主题馆举办，是中国规模最大的国际性电子制造专业展会之一。年初，协会连续发布参展信息，租用展位的公司有加富、亨达洋2户；参加EPA示范区有晨隆、中明、天开、创纪、华菲、德浦瑞、天华、金嘉乐、加富等9户企业，展示产品包括防静电服装、鞋、手套、台垫、包装袋、板材、离子风机、加湿机、门禁系统仪器等。期间，还举办ESD防护体系内审员知识讲座；发放《ESD防护体系内审员知识》材料140份，听课人数达200余人次。

2．合作主办第十二届洁净室研讨会暨产品展示活动。9月11—12日，在上海龙东商务酒店举办第十二届洁净室研讨会暨产品展示活动，作为主办单位之一与三和、三威等会员单位组织了“静电耗散材料在微电子全系列包材中的应用”专场研讨会。

3．积极协办第二届静电防护与标准化学术交流会。11月4—5日，在苏州南园宾馆举行由中美合作举办的第二届静电防护与标准化学术交流会。

主办单位为中国标准化研究院、中国空间技术研究院、美国贸易开发署（USTDA）、美国国家标准协会（ANSI）、美国静电放电协（ESDA）等国内科研机构、高校、企业近百家100多位代表出席。

协会为协办单位，广泛宣传动员会员积极参加，据统计，有24个会员单位40人出席，其中包括15位公司董事长或总经理；其余为部门经理、工程师等技术骨干。

4．寻找最佳合作伙伴，扩大协会影响。近年随着信息产业发展，静电防护逐渐被重视，要求与协会合作办展会单位增多，除励展博览集团外，慕尼黑展览（上海）公司、天津展览公司、中电会展与信息传播有限公司、中国（南京）等国际生物医药产业博览会组委会等分别上门或来电来、来邮商议合作举办2014年展会，协会需要充分听取各方面意见，寻求最佳合作伙伴，以期达到共赢。

三、服务会员，服务社会

1．举行“周转容器静电检测”专题会议。2月28日，在协会举办“周转容器静电检测”专题会，协会领导、部分会员单位老总、专家、有关制造商、用户单位代表等14户单位19人出席。与会者围绕周转容器静电防护标准适用或制定、技术操作规范、仪器选择使用、产品认证推荐等议题及用户想法展开热烈讨论。专家还详细探讨电阻与电磁屏蔽测试；屏蔽袋与周转箱测试；标准实验室与室外环境测试的区别；与会者建议会刊增加静电知识科普宣传、及时介绍有关美国等先进国际标准；跟踪周转容器防静电质量鉴定动态等。会后根据会员要求，秘书处积极与专家约稿，在4月出版的第33期会刊上及时刊登3篇静电基础知识文章和中外静电标准目录索引等。

2．及时回复电话、邮件咨询。因工业化、信息化的深度融合，微电子等产业迅速发展，静电问题逐步受到重视，对静电防护的咨询增多，综合性、专业性越来越强。年内秘书处共接受电话、邮件咨询93件。

3．制作第三届理事、新会员单位标牌等33块；访问新、老会员单位20余户；多次召开用户单位座谈会，听取意见等。

四、与政府部门、市工经联加强沟通

1．走访质监局标准化处领导。7月16日，协会领导访问市质量技术监督局标准化处等了解争取立项及注册浦东新区政策优势，及获取市、区政府扶持或购买服务条件等。

2．充分利用政府政策资源、降低企业研发成本。9月

24日，与上海防电磁辐射协会借座市计量测试技术研究院（浦东）联合召开“上海研发公共服务平台情况介绍会”。出席会议有晨隆、创纪、中明等15户公司老总或代表。市科委直属研发服务平台主任助理王丽萍重点介绍中小企业使用大型仪器设施补贴政策、标准文献服务具体使用方法、研发平台重点用户“万户企业”可以享受的增值服务等内容。会后有14户公司递交“万户企业”申请表，将成为研发平台重点服务企业。

3．参与2014年市政协提案准备。10月23日，协会的稿件《重视智慧城市建设及城市运行安全中的静电隐患》，发送民进上海市委参政议政部。并已作为民进市委秘书长、市政协提案委员会副主任在十二届二次市政协全会上的个人提案。

4．应邀参加“上海行业协会与上汽集团合作交流暨一般物资采购供应链座谈会”。6月8日，市经团联与上汽集团联合邀请上海有关46家行业协会座谈。会后，会议内容信息秘书处在网站和会刊分作宣传。

11月18—19日，参加市社团局组织的民非组织信用体系建设培训班。参加市经团联组织的行业协会能力建设课题组，参与讨论、撰写论文及和“行业协会能力建设论坛”、双月座谈会等活动。

五、加强自身建设

1．召开三届一次理事长会议。5月21日，在苏州举行换届后的协会三届一次理事会议。会议总结上半年工作；研究下半年主要工作及2014年协会建立10周年活动。

2．召开三届二次理事、监事（扩大）会议。12月20日，在协会举行三届二次理事、监事（扩大）会议。会议审议2013年工作总结、讨论2014年工作思路、计划；听取会展合作伙伴慕尼黑展览（上海）公司、励展公司介绍等。出席会议的除理事、中心监事单位外，还有部分会员单位。

3．试行《双月工作专报》。3月，试行发布电子邮件版《双月工作专报》给各位理事长，内容为协会每2个月主要工作、重要信息、财务收支等，于年末已分发4期。

4．会刊实行执行编辑（主编）制度。《上海防静电工业》2004年创刊以来，基本保持每季度出版1期。经理事长、秘书长办公会议决定会刊第35期开始，实行执行编辑（主编）制度，确保会刊全年出版4期。

5．新发展浙江三和塑料有限公司等6户公司加入协会。

（熊衍元）

上海市标准化协会

上海市标准化协会成立于1981年4月，是从事全市标准化工作的社会团体法人，下设组织、科普学术、教育培训、技术咨询等工作委员会，并拥有纺织、汽车、机电、轻工、化工、船舶、仪电、航空、宇航、有色、能源、信息情报、印刷包装、粮油、花卉苗木、蔬菜、饲料、种植、水产、医药、建筑建材和服务等22个标准化专业委员会，现有团体会员200余户，个人会员1000多名。

2013年主要工作：

一、完成理事会换届工作

7月10日，召开第八届会员代表大会选举产生新一届理事会。中国标准化协会纪正昆理事长到会并致辞，美国国家标准协会发来贺信。接着召开八届理事会第一次会议，选举产生八届理事会领导班子。

二、开展学术研讨，组织交流活动，举办专业讲座

1．开展国际学术交流。11月，主办“第14届中国国际工业博览会科技论坛－绿色纺织与标准化国际研讨会”，出席研讨会的有国内外标准化技术专家250余人。国家标准化管理委员会、中国标准化协会、中国纺织科学研究院、上海市纺织科学研究院、东华大学以及美国、瑞士、法国、韩国等国外研究机构的12位专家发表专题演讲。

2．组织标准化优秀学术论文评选。为配合上海市推出的质量振兴纲要实施意见，举办“质量安全与标准化”为主题的上海市标准化学术优秀论文评选活动，并选送标准化论文参加中国标准化协会主办的第10届全国标准化论坛优秀论文评选，协会再次获得论坛组委会颁发的优秀组织奖。受市质量技术监督局委托，进行2013年度上海市标准化优秀学术成果奖的评审。

3．针对企业、社会关注的信息安全问题，举办“信息安全与标准化”专题讲座，请本市信息安全测评专家分析国内外信息安全现状和介绍我国信息安全标准化建设情况，受到与会人员好评。

三、承担标准制定、修订和标准体系建设项目

受市政府办公厅委托，承担完成《政府值守应急管理要求》等地方标准制定。完成上海国际港务集团服务标准体系建设和豫园商城商旅文综合标准化示范建设、虹口区花园坊节能减排标准化示范区建设等国家和市级标准化项目10多项。受市质量检验监督局委托，共接受1500多项企业标准备案工作。根据国家有关食品标识标签规定，受委托完成各类食品标签认可1600多项。完成各类产品标准制定和修订共150余项，完成制造业和服务业标准化水平评价项目10多项。

四、做好教育培训工作和国家标准宣贯

1．开展标准化人员岗位培训，共对350余名标准化人员进行上岗资格培训，并对已取得标准化岗位资格的技术人员；对已获证3年人员进行继续教育培训，使近百名学员的标准化知识得以更新。

2．邀请重要国家标准主要起草人对标准做全面讲解，从源头传递标准精髓。年内举办“综合标准化”专题讲座和《计数抽样检验程序（第一部分）》、《食品生产通用卫生规范》、《消费品使用说明（第一部分：总则）》等多项国家标准的宣贯，推进相关国家标准正确实施。

五、开展标准化科普活动

在第23届节能宣传周期间，组织召开“节能高新技术产业与标准化示范试点推广应用”现场会，听取花园坊节能标准化示范区经验介绍，组织会员参观学习。在徐汇区湖南街道举办“标准化进社区、践行低碳生活、建设美丽家园”科普宣传活动，散发协会编印的《低碳节能标准科普100问》科普宣传册。

（沈为民）

上海橡胶工业同业公会

上海橡胶工业同业公会成立于1986年12月，是由长三角地区橡胶加工、橡胶机械和橡胶原辅材料及其他经济组织为主自愿组成，实行行业服务和自律管理的跨地区、跨部门、跨所有制的行业性社会团体法人。现有会员企业120户。

2013年主要工作：

一、认真筹备、开好八届四次会员大会暨理事会议

4月25-26日，公会八届四次会员大会暨理事会议在浙江慈溪白金汉爵大酒店隆重召开。108名出席会议的会员企业代表（其中理事28名）认真听取并逐一审议、通过《公会2012年度工作总结》、《公会2013年度工作计划》、《公会2012年度财务决算》、《公会2013年度财务预算》的报告。会上，通过《关于表彰上海橡胶行业企业诚信创建的决定》的报告和宣读获得“诚信创建企业”的表彰单位；通过《关于加强上海橡胶行业品牌建设》报告，宣读“2012年上海橡胶行业名优产品”表彰名单。并作《关于进一步推进上海橡胶行业企业履行社会责任的报告》。会上还为获得诚信创建的41户企业和获得“名优产品”称号的17户企业19只产品颁发获奖铭牌和证书。上海加成化工贸易有限公司、浙江万盛新型材料有限公司、上海鑫波贸易有限公司等3户企业作交流发言。会后，参观浙江足安鞋业公司和浙江万盛新型材料有限公司。

二、坚持走访调研、增强服务意识、提高公会凝聚力

坚持走访调研，增强服务意识，走访调研会员企业共68余次。一是在筹备召开会员大会暨理事会议期间走访调研。向企业领导通报年会筹备工作情况，听取意见。二是把调研重心放在因各种原因未曾出席会议的会员企业和新入会的企业上。在调研中，在了解企业生产经营情况的同时，热情向他们传达会员大会暨理事会的有关会议精神和当前经济形势，并把尚未领取的“诚信企业创建”和“名优产品”中获得荣誉的铭牌和证书及时送到他们手中。三是及时调研，急企业所急，为企业生产经营活动中的各种需求服务。如上海天天橡塑制品公司由于生产经营规模扩大，急需提高产品测试人员素质，在市场上又找不到专门培训橡胶测试人员的学校，公司总经理找到公会，要求帮助解决。秘书处与上海橡胶制品研究所联系，最终研究所派人上门为天天橡塑公司培训测试人员，解决企业的燃眉之急。再有新会员单位鑫波公司、因新开发橡胶原材料项目，业务不熟悉，要求公会帮助开发业务，秘书长亲自陪同走访上海胶带总公司等企业，牵线搭桥，该公司还利用会员大会平台，与浙江足安鞋业公司达成经销业务。

三、开展节能减排活动，促进行业持续发展

6月26日，假座上海肖友橡胶公司召开行业节能减排推进会。共有25户生产企业的38名代表出席会议。会上，肖友公司介绍世界、中国再生胶生产的现状、工艺，就改革传统工艺、开创具有自主知识产权的再生胶技术，并在生产过程中达到污染物零排放，得到中国橡胶协会的充分肯定。

四、开展“创新驱动、转型发展”活动，推进行业结构调整

12月19日，假座上海新上橡汽车胶管有限公司召开“创新驱动、转型发展”座谈会，出席会议有双钱集团股份有限公司等25户企业的35位代表。新上橡汽车胶管公司通过视频的形式介绍公司情况。

五、开展诚信创建、构筑诚信网站

已有50户会员单位在行业信息系统中建立诚信档案。有36户企业被核准为“诚信创建企业”单位。其中创建诚信企业2户、一星级创建4户、二星级创建3户、三星级创建8户、四星级创建18户，五星级创建1户。创建面已达会员总数36%以上。公会建立诚信创建网站，开设公会诚信创建网，内设企业风采、行业动态、企业品牌、行业排行榜、从业人员分类、行业标准、行业警示7个栏目。网站每月更新内容，目前被评估为B级。

六、组团赴台考察、共谋两岸合作交流

2013年是台湾橡胶暨弹性体工业同业公会成立65周年，又是沪台两地公会签订友好合作交流20周年。11月21日，公会组织考察团一行20人赴台参加庆典活动。期间考察台湾协机胶管工业股份有限公司、台湾建大轮胎工业有限公司，并在11月27日参加沪台两地同业公会大型庆典活动，双方代表各自重点介绍企业产品、特点和优势，愿在优势互补的情况下，相互合作，共谋发展。

七、开拓创新、扎实工作、提升公会工作质量

1．与上海通达商标代理有限责任公司建立商标代理平台，促进会员企业品牌建设。

2．积极发展新会员，不断增强队伍建设。

3．及时完成秘书处日常工作。提高会刊《橡胶同业》质量，全年出版发行12期，约16万字。

4．秘书处及时完成社团年鉴工作，开展行业统计，并按照公会传统春节前组织慰问了老干部、老同志。

（钱宜庆）

上海涂料染料行业协会

上海涂料染料行业协会（原上海染料农药工业行业协会）成立于1987年1月，是由长三角地区染料、涂料、颜料、助剂及其他经济组织为主自愿组成的，实行行业服务和自律管理的跨部门、跨所有制非营利的行业性社会团体组织。现有会员单位159户。

2013年主要工作：

一、举办第二届绿色涂料发展论坛和第二届安全生态染料颜料发展论坛

4月16日，在协会年会召开期间，成功举办第二届绿色涂料发展论坛和第二届安全生态染料颜料发展论坛。英国化学博士沈浩专述“防霉抗菌问题”。上海涂料有限公司总工程师俞剑锋演讲“水性环氧涂料在防腐蚀领域应用”。立邦涂料公司高级化学师林斌讲述“超低VOC抗污净味内墙乳胶漆的研发”。中化工公司屠振文技术经理报告“环境友好型木器涂料的发展”。十几篇技术论文专门论述了绿色涂料的主题。论坛期间，还特邀涂装学院网创始人崔晓明主持“水性涂料发展”专题讨论会。

在“第二届安全生态染料颜料发展论坛”上，《上海染料》主编章杰高工论述“印染领域中禁限用危化品新问题和对策”。龙盛集团汪仁良主任介绍“产业与环保协调发展的龙盛模式”。东华大学教授宋心远讲述“染整加工的电荷效应与节能减排”。交通大学教授代光辉报告“天然植物染料的进展”。协会高级顾问陈荣圻教授就安全生态问题向大会论文集提供论文。

9月24—25日，协助格林威智登公司召开“2013亚太绿色工业涂料高峰论坛”年会，为推进工业涂料绿色化作出努力。

二、加强网站建设，办好《上海染料》杂志及《协会通讯》

专门建立信息部，加强网站发布信息的频率，每天有专人收集各类有效信息，经整理向会员单位和相关行业发送。同时，进一步提高《上海染料》与《协会通讯》质量，编辑部设立“新四化给力正能量，铸造有机颜料升级版”专栏。天津大学穆振义教授、南通争妍公司赵觉新总经理、双乐公司董事长杨汉洲专门撰写论文，为有机颜料从生产大国走向强国而努力。经工商局批准，《上海染料》广告业务紧密结合企业优质产品推广应用工作而进行。

三、推荐市著名商标，参与制定上海市化工类名牌产品标准的制定

根据《上海市著名商标认定和保护办法》和市工商局要求，经协会积极推荐，市著名商标评审委评审通过，会员单位中有9家企业的商标被新认定或延续认定为上海市著名商标，并于12月25日《解放日报》向全社会公告。

在协会积极参与下，市名牌推荐办组织相关部门和专家，按照《上海名牌管理办法》规定经预审、初审、专业评审、综合评审以及网上公示，会员单位中16个单位的27个产品被推荐为2013年上海名牌产品，在12月31日《解放日报》上，向全社会进行公告。积极参加上海市化工类名牌产品评定标准的起草审定工作，并推荐安诺其、雅运公司成为地方标准起草单位。在涂料、染料、颜料、油墨、涂料印花色浆企业中，泗联公司、牡丹集团、振华造漆厂、金力泰公司和双龙集团等企业经复评通过市名牌产品。

四、创建学习型行业，诚信企业进一步上等级

组织20多场次的各类学习活动。年初，组织会员单位听取人民大学教授金正昆演讲“礼仪与沟通”技巧的课程。4月，组织聆听复旦大学教授包季鸣讲授“不确定环境下中国企业的机遇与挑战”。11月6日，组织20多个会员单位领导到市计量研究院听取市发改委改革处的“上海自贸区政策解读与发展机遇”专题演讲。11月15—17日，由协会颜钛集团总裁偕其管理人员，学习交通大学企业管理高级研修班教授孟宪忠讲授“企业战略选择与转型期战略定位”课程。还利用周五、周六业余时间，组织会员单位参加20多期“新民科学咖啡馆”讲座。不少全国著名专家作“科学与文化”方面最新的普及演讲。

进一步开展诚信企业创建活动，上海科华染料工业有限公司等10户会员企业参与创建活动，经协会同意，市“企业诚信创建”活动组委办核准，10户企业获“上海市星级诚信创建企业”光荣称号并授予铭牌。

五、组团参观涂料展、染颜料展，拓展国内、外市场

3月，中国染协有机颜料专委会和上海涂染协会共同组团参观在德国纽伦堡举办的国际涂料展。4月17—18日，组织80多位代表，参观在上海世博展览馆举办的第十三届中国国际染料工业暨有机颜料、纺织化学品展览会。8月13—17日，组织参观在浦东新博展览中心举办的“中国国际涂料博览会”，协会代表在“中国涂料工业信息年会”上报告上海涂料产业发展的情况，还接待美国、日本和德国3家涂料协会的专家，交流国际涂料方面的信息。10月24—26日，组团参观在印尼雅加达，由中国染协和中国印染协会主办的第三届“中国国际染料展”亚洲地区巡回展。11月20—24日，组团参观在上海浦东新博展览中心举办的涂料油墨展，期间还邀请中化（天津）公司、梅堰三友公司、颜钛公司和上海金淳色母粒公司等单位主要领导洽谈业务，交流信息。11月26日，应上海塑料协会邀请，参加在上海新国际博览中心举办的“2014年第二十八届中国国际塑料橡胶工业展览会”的推介会。

六、认真承担中国染协有机颜料专委会工作，提高年会和培训班的质量

承担中国染协有机颜料专委会的日常工作，7月29日在上海宾馆召开“2013全国有机颜料年会暨技贸洽谈会”。年会期间，召开有机颜料专委会扩大会议，专题讨论“新四化给力正能量，铸造有机颜料升级版”主题。会议还一致同意吸收华东理工大学教授沈永嘉、色母粒行业专家陈信华高工、山东阳光公司于宪松董事长、山东宇虹颜料公司总经理陈都方为专委会委员，以加强专委会的工作。

11月11—15日，承办由中国染协有机颜料专委会主办的“第十四届全国有机颜料技术应用培训班”。本期培训班在市工经联干部进修学院支持下，同期举办绿色环保颜料在高性能涂料中应用的高级研修班，并颁发证书。

9月13—15日，应江苏无锡五彩公司邀请，组织了油墨专家樊汉卿、涂料专家赵金榜、色母粒专家陈信华到五彩公司为26位学员上课。

七、认真开展各项工作

在企友公司、颜钛公司和通达等公司支持下开展元宵、中秋老同志活动，树立敬老爱老的新风尚。做好统计工作，为行业和企业发展提供了决策方面的参考。发展新会员，为协会不断充实新生力量。走访会员单位，结合调研工作开展，发挥服务功能。完成市经信委下达的调研课题“2012年上海涂料产业发展报告”，得到上海涂料有限公司、立邦公司、国际油漆、巴斯夫涂料、嘉宝莉、中涂公司、中南建材、金力泰、一品颜料公司以及金山卫镇党委、金山二工区的大力支持。

八、开展群众路线教育，加强协会自身建设

贯彻党中央和习近平总书记重要讲话精神，开展以为民、务实、清廉为主要内容的党的群众路线教育实践活动，党支部依靠协会全体工作人员共同提高为行业、会员单位服务的质量。年初，秘书处重新修订工作守则。

（郑家琨）

上海印染行业协会

上海印染行业协会成立于1987年10月8日，是以上海及长三角地区从事纺织印染的集团公司、国有、集体、民营、合资的印染企业为主以及与印染相关单位、科研院所、大专院校等自愿组成的跨行业、跨部门、跨地区的行业性社会团体法人。现有会员单位45户。

2013年主要工作：

一、协会党组织建设更上一层楼

协会党支部组织全体党员认真学习十八大、十八届三中全会精神，进行群众路线教育，为行业协会改革转型积极出谋划策，尽心尽力工作。党支部组织党员听报告会，组织专题学习讨论，开展组织生活活动，看革命传统教育电影，进一步提高党员思想觉悟，丰富党员业余生活。

二、继续探索行业协会在新形势下的新模式

上海纺织经历20年结构调整，在新形势下，行业协会如何适应产业调整方向，是传统行业协会面临的新课题。为此，上海棉纺织、印染行业协会开始共同探讨联合重组，并在2012年合署办公。协会根据市经信委和市社团局的要求，正探索下一步更紧密合作，着手组建上海纺织协会棉纺织印染分会工作。

三、积极转变职能，努力成为政府和企业间的纽带和桥梁

根据国家工信部要求，2013年在全国开始实施《印染企业准入公告》制度。行业协会积极配合抓好项目的调查、审核、申报工作。9月27日，配合市经信委开始进行对有关申报企业《印染企业准入条件》的审核工作。10月29日，完成有关《印染企业准入条件》的审核工作，上海共有11户企业初步通过审核，并上报国家工信部，作为上海符合《印染企业准入条件》的企业，正在审核中。

四、充分发挥纺织“产业链”的作用，积极开展各项活动

1月8日起，多次走访上海和晓印花有限公司，与公司总经理商议加强技术合作，帮助企业完成产业调整任务，年内企业实现搬迁江苏地区。1月25日，在协会召开迎新春专家委员会座谈会，通报2012年协会主要工作和上海印染行业基本态势，来自印染行业各生产企业、东华大学以及兄弟行业的老、中、青技术专家共40余人出席了迎春活动。8月31日－9月1日，赴南通市高新技术产业园区参观江苏丽王科技有限公司，后又赴盐城市阜宁县参观丽王涂料科研所，考察涂料生产基地。11月14日，走访青浦徐泾上海洁润丝新材料有限公司。研究和帮助企业解决产品开发问题。11月27日，组织染色、后整理学组工程技术人员共18人参观上海锦迪助剂有限公司，了解企业生产情况，帮助解决技术难题和产品开发。12月5日，组织有关人员对上海王港华纶印染有限公司的现有设备进行评估。12月12日，走访上海题桥纺织染纱有限公司，听取公司领导有关公司近期规划和企业转型情况，与企业共商未来发展大计。

五、集中人才、技术优势，发挥专委会作用

为发挥上海纺织人才和技术优势，组建棉纺织、印染各行业专家委员会。专委会每年有50多位专家参加各项专题活动，以及春节联谊会等。行业协会成立“长三角纺织人才交流协作中心”和“长三角纺织设备调剂中心”，通过专家努力，协会参与全国大型纺织印染技术交流会、科技论坛、国际纺织展览会、交流会等方面的活动。3月7日，协会召开印染新技术专题报告会，邀请上海纺织研究院张庆副院长和东华大学蔡再生教授分别作“印染行业节能减排技术现状和发展方向”和“纺织纤维、纺织品后整理动态和进展”的报告，业内技术骨干50余人出席。4月8日，赴上海国际时尚中心，出席中国纺织工业联合会王天凯会长的“创新驱动、转型发展——纺织发展之现状与展望”专题报告会。4月16日，“誉辉杯第十二届全国印染行业新材料、新技术、新工艺、新产品技术交流会”在上海瑞峰酒店举行，来自全国各地印染企业、研究院所及相关行业的200余位代表出席会议。协会领导出席会议，并应邀参观“第十一届中国国际染料工业暨有机颜料、纺织化学品展览会”。6月10－13日，参加第十六届上海国际纺织工业展举行，协会领导参观展览并关注科技进步、技术创新、节能减排等发展动态。11月15日，在上海纺博大厦会议厅召开上海印染新技术、节能环保交流研讨会暨上海印染2013年会，业内外110余人出席。

六、会同上海纺织节能环保中心共同申报、制定《针织印染面料单位产品能源消耗限额》、《化纤长丝单位产品综合能耗限额》地方标准

1月5日，组织有关专家赴上海纺织节能环保中心，共同商议由我会牵头承担制定《化纤长丝单位产品能源消耗限额》（地方标准项目）具体工作安排。3月26日，在上海市能效中心召开2项“标准”制订工作研讨会，对标准文本和编制说明提出意见和建议。4月2日，上海地方标准《针织印染面料单位产品能源消耗限额》标准文本及编制说明报市技质监局。5月13日，在市技质监局召开由协会牵头制定的《针织印染面料单位产品能源消耗限额》、《涤纶长丝单位产品能源消耗限额》2项标准的审定会。

七、承接编制国家职业资格培训教程（印染行业特殊工种）培训教材

8月5日，组织编写的国家职业标准（印染特殊工种）培训教程《印染雕刻工》书稿交北京中国纺织出版社。8月15日，组织编写的国家职业标准（印染特殊工种）培训教程《印花工》书稿交北京中国纺织出版社。9月4日，组织编写的国家职业标准（印染特殊工种）培训教程《印染试化验工》书稿交北京中国纺织出版社。9月25日，组织编写的国家职业标准（印染特殊工种）培训教程《印染后整理工》书稿交北京中国纺织出版社。

八、积极参与建设上海纺织公共信息服务平台，制定纺织振兴的“十二五”规划，编制上海纺织“白皮书”，编写《上海纺织志》

4月25日，完成《2012年上海棉印染企业经济运行分析（初稿）》白皮书报告。积极发挥技术和人才优势，借助上海纺织研究院公共信息服务平台，发布协会信息和资料，建立起纺织各行业协会同政府、社会及会员单位的纽带和桥梁，为振兴上海纺织，服务政府，服务企业作出努力。

九、加强自身建设，完善内部管理

根据市社团局和市经团联要求，不断完善协会各项管理制度，加强协会的自身建设，进一步调动协会人员和会员单位的积极性，使行业协会工作更上一层楼。

（王祥兴）

上海塑料行业协会

上海塑料行业协会成立于1990年2月，是以本市塑料及相关企业为主，自愿组成的跨部门、跨地区、跨所有制的非营利行业性社会团体。现有会员单位200余户，涵盖石化、化工、轻工、机电、建材等系统的国有、民营、合资、独资企业和相关高校、科研院所，覆盖塑料树脂品、塑料助剂、塑料模具和塑料机械等整个塑料产业链。下设聚氯乙烯制品专业委员会。塑料包装专业委员会，工程塑料专业委员会和技术资询部。

2013年主要工作：

一、充分发挥五大服务平台的作用，加大服务会员单位的力度

1．信息服务平台。协会网站上海塑料网于5月8日全新改版上线。网站广泛宣传党和国家的重大方针政策，市委及市政府有关创新驱动、转型发展、技术进步、产业结构调整、节能减排等方针政策和工作要求，国内外塑料行业新闻、市场动态、会展信息、塑料市场行情等等，改版后网页布局更合理、内容更丰富、信息更及时，为政府和会员单位、业内企业架起一个资源共享、信息互通的平台。秘书处探索向部分会员单位定期发送“合成树脂行情信息”，受到会员企业的好评。

2．会展服务平台。5月19—22日，第二十七届中国国际塑料橡胶工业展览会在广州举行。协会积极组织中石化上海石化塑料部、上海塑料制品公司、上海普利特复合材料股份有限公司等10余户会员单位或业内企业参展；组织和安排华东6省1市同业协会出席2013国际橡塑展开幕式及同期活动；拜访上海普利特复合材料股份有限公司、上海华谊聚合物有限公司和浙江俊尔新材料股份有限公司等参展的部分会员单位展位；利用协会展位影响力，积极为会员单位宣传推介企业产品提供平台。11月26日，协助雅式展览服务有限公司组织华东6省1市同业协会领导、上海塑料用家协会领导、上海塑料相关企业，共90余人出席CHINAPIAS 2014年国际橡塑展简介会及工作会议。

全球最大的塑料橡胶工业展“杜塞尔多夫国际塑料及橡胶工业展览会”于2013年10月16日－22日举行。协会与德国杜塞尔多夫展览（中国）有限公司合作，组织会员单位或业内企业代表20余人赴德国参观展览会，并进行交流考察活动。

支持和协办成都首届中国国际塑胶与化工产业博览会，2013武汉国际橡塑胶及包装工业展览会，第一届上海（国际）中小企业精品展，第十三届中国塑料交易会及第二十三届亚洲塑料论坛，第四届昆山（陆家）机械模具橡塑胶工业展，2013中国（义乌）国际包装、印刷及塑料工业展览会等。充分利用各种展会资源，推荐和组织会员单位积极参展或观摩展会，为会员单位提供技术交流、商贸洽谈的平台。

3．技术服务平台。5月28日，与意大利对外贸易委员会、意大利塑料橡胶机械设备和模具制造商协会合作，在上海日航酒店联合举办以“塑料加工优化标准—节约能源”为主题的“意大利技术研讨会”。组织上海华谊聚合物有限公司、上海俊尔新材料有限公司、上海爱思塑料制品有限公司、上海科锐驰化工装备技术有限公司等40余户会员单位或业内企业及10余户相关协会代表共80余人出席研讨会。

加强与美国塑料工程师协会（SPE）交流与合作，推荐会员单位参加SPE首次在华举办的国际塑料技术交流会。

组织会员单位共享“上海研发公共服务平台”科技资源，与兄弟行业协会共同承接开发“研发平台行业协会服务站服务体系建设合作单位项目”，为行业内中小企业技术进步助上一臂之力。

协会工程塑料专委会、塑料包装专委会都组织开展形式各异、内容丰富的工作交流活动，例如参观考察企业、观摩展会、参加专业论坛等，促进各会员单位的横向联系和技术交流，参加产业内上下游企业的沟通与交流。专委会充分利用专业相近特点，举办活动更具针对性和实效性，受到会员好评。年内塑料包装专委会因主任单位领导变动调整专委会主任。

协会调整充实专家委员会，将业内学有专长，在塑料树脂合成、塑料制品成型加工等领域业绩突出的专家吸收进委员会，在协会各项技术服务中发挥作用。

4．人才服务平台。对专业技术人员职称评审工作进行调整：专业技术职称评审分2个层次，凡符合国家评审条件的专业技术人员，推荐到上海轻工协会参加统一评审；对尚未达到国家评审条件的专业技术人员，继续开展业内专业技术职称的认证评审工作，为行业内不同层次和各种需求的技术人员做好服务工作。共收到8个单位、61名申报者材料，其中高级14名、中级40名、初级7名。经协会专业技术人员职称评审专委会评审，完成对申报的36名专业技术人员的技术职称资格认证评审，其中高级工程师4名、工程师18名、助理工程师14名。

与市轻工协会协商，创造条件开展“塑料成型加工”技能培训和技能鉴定工作，为本行业培养一支高素质员工队伍而努力。

5．经济运行服务平台。通过走访会员单位或召开部分单位座谈会等形式，了解业内企业经济运行状况。根据市工经联要求，对本市塑料行业企业运行情况进行初步统计分析，向市工经联、市工商联等部门反映本行业企业运行情况、存在的主要问题和困难等。

为加强行业内信用体系建设，坚持开展市企业诚信创建活动，按照企业自愿申报和协会推荐相结合，第三方征信和公众评议、信誉公示、动态检查相结合的程序开展活动。建立“行业诚信建设网络管理平台”，以网络管理平台为标志的行业诚信体系建设正从概念型向实践型发展。有38户企业分获各星级的上海市诚信创建企业称号。其中，诚信创建企业2户，一星级诚信创建企业4户，二星级诚信创建企业7户，三星级诚信创建企业13户，四星级诚信创建企业2户，五星级诚信创建企业10户。

积极推进上海工业自主品牌发展，打造企业品牌，连年开展“上海塑料行业名优品牌”申报评选工作。全年共评选认定26户企业的26个产品或系列为“上海塑料行业名优品牌”。根据市著名商标评审委要求，对申报上海市著名商标的7户会员单位或业内企业征集相关材料后，出具协会推荐意见。

二、积极参与修志与编史，全面准确反映本市塑料工业发展历史和现状

按照市工商联要求，做好《上海市志（工商联卷）》初稿编纂；参与《中国塑料工业年鉴》“上海市篇”的编制；按要求完成《上海工业年鉴》有关内容编写工作。

参与《中国塑料工业发展史》上海地区的工作，并负责上海地区树脂（工程塑料）组稿和编写，指定专人负责并在上海有关塑料树脂（工程塑料／改性塑料）生产企业中分发资料征集函。此项工作得到会员单位和业内企业的大力支持，于10月底前已经完成。

三、规范协会内部管理，提升协会管理水平

认真总结社会组织规范化建设评估工作的经验，对照市社团局有关“社会组织规范化建设”标准和工作要求，认真查找内部管理上存在的问题和差距。利用各种机会走访兄弟行业协会，加强学习交流，借鉴好的管理经验，进一步调整和规范协会的内部管理。一是加强人力资源管理，完成工作梳理后对秘书处工作人员明确岗位职责和分工，于6月完成秘书处工作人员岗位聘任。二是调整岗位设置，充实财务岗位力量，招聘专职财务会计，完善和规范协会财务制度。三是调整收入分配结构，根据岗位所承担的责任、日常工作量确定秘书处工作岗位的收入水平。四是完善管理制度，完善法人治理结构，完善内部运行机制。

秘书处加强内外部联系与沟通，包括与会员单位的沟通和联系，安排时间拜访会员单位，特别是新会员；了解企业生产经营、产品开发、技术进步等情况，掌握企业经营中所面临的主要困难，了解会员单位对协会工作的希望与要求等；重视与兄弟协会沟通与交流，了解其他行业在转型发展中对塑料产业影响和机遇，争取兄弟行业协会对我们工作支持和帮助。加强与中国塑料加工工业协会、华东各省市塑料协会的沟通与联系，寻求更好的合作，共同促进我国塑料产业蓬勃发展。

加强与本市政府主管部门、上级指导单位的联系和沟通，重要活动请示、汇报，争取主管部门指导和帮助，及时掌握政府政策、信息、规定和工作要求等。推荐会员单位参加市工商联组织的各专题讲座，包括“知识产权支撑企业创新发展”、“毛泽东的智慧与企业经营管理”、“高新技术企业相关扶持政策”等，拓宽企业经营管理人员思路，提高企业市场竞争力。

四、加强党支部建设，发挥党员带头模范作用

党支部发挥战斗堡垒作用，抓好党员队伍建设，关心秘书处工作人员的思想建设。在协会规范内部管理，调整岗位设置、规范收入分配等工作中起着重要作用。

参加市工经联党委组织开展的群众路线教育实践活动，组织党员学习十八届三中全会文献，提高思想，统一认识。与市工经联第四联合党支部进行结对共建，参加党内各项活动。在建党92周年之际，组织秘书处全体党员、工作人员开展俭朴的纪念活动。

（杨忠民）

上海日用化学品行业协会

上海日用化学品行业协会成立于2005年12月9日，由化妆品、洗涤用品、口腔护理用品和香精香料四大专业行业组成。现有会员单位190户。

2013年主要工作：

一、开拓创新，勇于担当，搞活行业，促进发展

1．积极实施行业的品牌战略，树立品牌标杆和品牌企业。积极组织会员企业实施品牌战略，以振兴民族品牌，扶持时尚品牌，推进新锐品牌、鼓励优秀品牌，从设计源头、营销策略、电商服务、展览展销、包装包材、资产重组、优质资源整合诸方面全方位中的各个要素，推进上海日化行业的自主品牌策略和在全国的领军地位。推荐行业内中国驰名商标10项、上海市著名商标15项、上海名牌18项、上海日化行业上海名优产品28项。推荐上海家化联合股份有限公司、上海伽蓝集团股份有限公司、上海相宜本草股份有限公司、上海爱普香料集团股份有限公司、上海百润香精股份有限公司等优秀企业进入中国轻工业联合会行业百强企业。推荐上海发凯化工有限公司获得上海市重点产品质量攻关一等奖，成为全市获此荣誉仅有3户工业企业之一。推荐上海家化联合股份有限公司建立国家级的设计中心，为上海创意产业仅有的2户企业之一，工信部专门派上海纺织行业的1名品牌专家进行评审，获得专家高度认可。

2．培训引路，服务企业规范运作。在市出入境检验检疫局和市食药监督局的领导下，配合政府相关部门针对公司高管、法规经理、检验员等举办2期培训，分别邀请美国、法国、日本、韩国专家对欧、美、日、韩化妆品涉及法律知识开展专家专题培训获得企业一致好评。通过食药局的帮助，配合举办国产非特殊用途化妆品备案管理办法的培训，使上海日化行业的法规经理和质量经理均获得培训的机会，掌握国家政策法规的最新要求，促使企业的规范运作。

3．制定标准，创建行业管理规范，推进企业提升质量效益。主办制定地方标准《上海市化妆品企业清洁生产管理规范》，协助制定国家化妆品原料防霉剂、防腐剂等标准、规范，增强协会在行业内话语权。

4．为实施上海总部经济引资、引技、引人才。积极配合政府引进跨国公司在上海落户，配合有影响的国内公司在上海建立销售公司或上海生产基地，吸收他们加入行业协会，并为他们介绍上海的行业情况，为其介绍加工合作方和相关政府部门。协会与市经信委专业处室走访这些单位，提供政策扶助。如有企业反映市政府相关政策不明朗，特别是城镇化建设规划、土地发展规划、能源指标和环境改造等，协会在第一时间向政府部门反映提出有关建议要求，使上海日化行业保持在全国的龙头地位，从总部经济、研发中心、销售网络、品牌地位到实现国际化、专业化、精品化，达到从上海幅射世界的新高度。

5．开展行业统计分析，及时掌握行业动态。每季度坚持进行产业发展研究、行业生产统计分析，向政府部门综合反映来自第一线的成就、动向、问题和建议，保证产业健康发展，为政府和企业服务。

二、以创新求发展，以转型求活力，探索为行业服务的新机制、新平台

1．与上海应用技术学院香精香料技术学院建立产学研平台，实现优势互补，落实科教兴市和市教委085工程战略，充分发挥高校科研能力，将技术成果尽快转化为生产力，不断提升上海香精香料日化行业技术研发水平，同时也为学校师生提供实习操作的示范基地，使日化企业后继有人。目前，不少企业的香精系列化妆品高级配置工、化妆品配方师等均毕业于上海应用技术学院，有的还成为学科带头人。

2．与上海轻工业研究所合作建立时尚产业（化妆品）公共技术服务平台。利用上海时尚产业（化妆品）公共技术服务平台与上海轻工业研究所联合建立覆盖70多个国家和组织、具有190多万条专利并不断更新的化妆品专利数据库和化妆品时尚品牌和组份数据库，免费提供本市化妆品企业进行各类检索，帮助企业形成具有差异化特色的品牌战略、专利战略和组份设计。同时，联合组建的上海时尚产业（化妆品）公共技术服务平台官网也正式上线，化妆品企业可登陆该网站获得国际国内的最新法律法规和标准信息、提出各种需求并得到及时响应。协会还聘请大学、研究机构、企业、协会等各方面高级专家成立智库，为平台运营提供技术支撑，向业内企业提供更全面、更深入的服务。

3．搭建展示展销、贸易对接、国际交流平台，为企业塑造品牌助力。组织多种展览展销，如上海轻工名优新展会、中国美容博览会、中国国际洗涤剂展会、中国橡胶塑料包装展会、中国婴幼儿妇女用品展会。与台湾贸易中心对接交流、与法国巴黎化妆品商会进行交流研讨酒会等。其中与台湾贸易中心开展2次的两岸合作交流，参加交流的有上海家化、上海相宜本草、上海华银、上海百雀羚、上海白猫、上海理日、上海美加净、上海维乐雅、上海天乐、上海萨莎、上海媚兰、上海美臣、上海林青轩等民族本土品牌企业，通过不同形式展览、展销、研讨对接，使企业推广了品牌，疏通了交流渠道。

4．建立质量诚信评价平台，助推品牌建立良好诚信形象。与上海市标准化院联合开展对日化企业质量信用分级评价工作，组织10户日化企业在遵守质量相关法律法规、执行标准以及兑现质量承诺（或履行质量约定）的基础上，提供产品在生命周期内满足顾客需求，实现品牌功能。通过日化企业品牌质量信用分级评价，建立和健全企业质量信用评价体系，引导并督促企业提高质量诚信和质量责任意识，规范市场经济秩序，维护消费者利益。

5．搭建区域合作平台，连续多年与浙江、江苏、山东、广东4省1市联合召开技术交流会议。会议在广东召开，协会组织上海轻工业研究所、上海日化所、上海发凯化工有限公司、爱普香料股份有限公司、上海相宜本草化妆品有限公司等20多户企业参加，从化妆品、洗涤用品的原料、设备、厂房综合设计，洗涤用绿色活性剂的开发和利用，以及与国际标准的采纳，多角度交流发言，切磋行业发展，实现区域优势互补。

6. 为满足企业产品出口，扩大国际市场，为出口到法国、印度、俄罗斯、泰国、印度尼西亚等不同国家和地区的专业产品出具 80 多份企业自由销售的证明，有的还专门进行公证，确保企业顺利出口。

7. 为更有效的服务企业，按规范协会组织建设的要求，从学习着眼、建章立制着手，整理规范自成立以来，在基础材料、组织建设、工作绩效、社会评价四个方面 100 多项制度和文本资料。党支部还积极组织学习十八大三中全会的文件和开展党内群众路线教育实践活动，加强创新性党组织建设，强化党内民主生活，定期进行组织生活，不断提高党性修养和为会员单位服务的觉悟。

8. 积极反映会员单位诉求。关注行业热点问题。如：针对国家食药监督管理局要求，组织 20 多户企业法规专家座谈会，向政府部门提出对《非特殊用途化妆品备案管理办法》执行意见和规范操作办法，根据企业要求，先作试点，缩小试行范围。目前，对美白产品先行试点进行风险评估，而其他产品仅以企业自报有效的检验报告和配方进行备案。针对政府监管机构进行深度改革，根据政府要求，协会召开关于《化妆品注册管理办法》法规座谈会，向国家食药局领导反映对化妆品定义延伸及产业链的看法，对进口化妆品的监管和风险评估及对普通化妆品上市的影响，加强市场监管和对企业简政放权走向市场化的诉求。向国家技监局提出上海日化用品对《化妆品标识管理规定》、《消费品使用说明化妆品通用标签》等新出台的法规文件，涉及香皂、牙膏等具有相对功能的产品正确标注和管理的一些建议。多次通过文件和座谈会等形式向市经信委、食药局、技监局提出改进 2 证监管，加强化妆品风险评估等建议。接受市经信委课题，调研编写《上海日用化学品行业转型升级调研和对策研究》。承担市商委公平贸易处《进出口公平贸易行业工作站》的职责，密切关注化妆品、洗涤用品、牙膏等在出口贸易中的倾向性问题，在洗涤用品市场方面向政府部门提出反垄断、反倾销、反价格欺诈等关乎行业的公平贸易意见和建议，得到市商委大力支持。

（金　坚）

上海医疗器械行业协会

上海医疗器械行业协会成立于 1987 年 3 月，是全市医疗器械行业企事业单位自愿组成的跨部门、跨所有制的非营利的行业性社会团体法人。现有会员单位 722 户。下设经营工作委员会、口腔工艺专业委员会、植入介入器材专业委员会、体外诊断系统专业委员会和科技发展部、价格协调部、会展部、培训部、行业部、信息中心等。

2013 年主要工作：

一、民主办会，规范开展

3 月 28 日，假座上海医疗器械高等专科学校召开六届二次会员代表大会暨年会，市药监局、市经信委、市经团联等有关领导及会员代表共 200 多人参加会议。7 月 30 日、9 月 12 日，分别召开六届四次会长办公会和六届三次常务理事暨理事扩大会议。汇报上半年工作小结和下半年工作安排。对新增副会长及常务理事单位的议案进行审议。召开六届二次会员代表大会，通过《上海医疗器械行业协会关于增加注册资金的议案》，29 户副会长签订增加协会注册资金的协议，同时汇缴出资额，并已通过市民政局变更登记。新增会员单位 74 户、理事单位 1 户、常务理事单位 11 户、副会长 10 户。至年末，会费收缴率为 91.18%；对 52 户未尽义务，经多次联系无果的企业予以清退。

二、领导关心，调研指导

3 月 5 日，市经团联、市工经联会长蒋以任等领导来协会调研。潘明荣会长对市经团联、工经联长期以来支持和指导表示感谢，并汇报产业发展概况和建议。4 月，市工商联合会、市商会秘书长来协会调研，进一步落实下移市工商联服务功能，为业内的会员单位特别是中小型民营企业提供服务。上半年，参加市中小企业综合性服务机构的申报工作。年初，协会根据《上海市经济信息化委关于 2013 年中小企业服务机构申报推荐工作的通知》，按要求进行精心准备。经主管部门推荐、专家评审、答辩等程序，被确定为 2013 年上海市中小企业综合性服务机构。

三、境内参展，提升形象

4 月 17—20 日，以“创新科技智领医疗”为主题的第 69 届中国国际医疗器械（春季）博览会（CMEF）在深圳会展中心隆重举行。协会共组织 155 户会员单位参展，展出面积达 2259 平方米。5 月 8—11 日，由国家商务部、科技部、知识产权局和市政府共同主办的中国（上海）国际技术进出口交易会（简称“上交会”）在上海国际展览中心和上海世贸商城隆重举办。协会受组委会委托负责上海地区部分医疗器械公司的展位招展工作。7 月 26—28 日，国药励展将第 14 届区域博览会的 4 个展会（绿色医院展、康复理疗展、药店展、区域展）在苏州新国际展览中心集中展示。上海展团参展面积为 972 平方米，参展企业达 115 户。8 月 15—18 日，国药励展会同中华口腔医学会和上海口腔医学会共同在上海光大会展中心举办“第15届全国口腔医学学术会议暨2013（上海）国际口腔设备器材博览会”。会展部会同协会口腔专委会组织的上海展团12户企业共有22个展位参展。11月3–6日，第70届中国国际医疗器械博览会在厦门国际会展中心展出，上海展团参展企业152户，展位面积达到2295平方米。

四、科技进步，引领产业

1．建立工程技术研究中心。年初，配合市科委征集2013年度上海工程技术研究中心和专业技术服务平台要求，根据行业实际推荐上海医疗器械（集团）手术器械厂有限公司、上海昊海生物科技股份有限公司为上海工程技术研究中心。

2．开展产业专项领域调研。根据行业“十二五”发展规划的要求，在市经信委申请立项，开展“上海医疗器械产业有关关键和共性技术课题”研究，已顺利结题。年内又承接市经信委委托项目“上海医用生物材料课题”的立项。

3．行业名优产品评审。两年一度行业名优产品评审是协会的专项工作。此次评选共有54户企业的97个产品报名参加，经专家组评审，53户企业中94个产品被评为“2013上海医疗器械名优产品”，比上届新增15户企业和19个产品。

4．最受欢迎产品评选。举办本年度最受欢迎的上海医疗器械产品（设备仪器类）评选工作，共有24户企业的41个产品报名参加，其中21户企业的26只产品被评为“最受欢迎的上海医疗器械产品”。

5．产、学、研、医对接平台。12月10日，第五次产、学、研、医沙龙与项目对接洽谈会在上海理工大学微创医疗器械工程研究院举行。近3年来，协会共推出93项目，共有44户企业参与洽谈、对接。2011年签约3个项目，2012年签约5个项目。

6．产业创新战略联盟。12月27日，“上海医用高分子耗材产业创新战略联盟”成立，联盟发起单位中国医疗器械行业协会高分子制品分会理事长、上海康德莱企业发展集团有限公司确立联盟三大行动计划：产业技术创新行动计划；技术创新服务平台建设行动计划；科技成果转化行动计划。通过联盟运作，走出一条改革、创新、发展新路。

五、专业培训，不断推新

举办各类专业培训14期，参加培训共有1091人次。培训内容包括9706.1电气安全标准、职称辅导、EMC电磁兼容、无菌检（化）验员培训、第6期管代培训、IEC60601、国际法规、医疗器械有源产品注册技术审查指导原则、医疗机械无源产品注册技术审查指导原则、EMC电磁兼容、第15期口腔义齿上岗培训、软件确认培训、9706实务操作培训、体外诊断试剂注册技术审查指导原则。

六、职业鉴定，培养人才

继续开展X射线修理工、医疗器械检验工、医用电子仪器修理工3个职业的技能鉴定。上半年607人参加，444人通过了高级职业鉴定，通过率为73%。本会任佩芬等3位审评员被评为2013年上海市优秀审评员。组织开展专业技术职称评审，其中高级职称申报9人，通过8人；中级职称申报7人，全部通过。

七、价格初审，公开公正

本年度物价申报受理情况为新产品申报数1305项，产品物价变更数为3842项，22项合计共5147项。价格网上申报系统经多方努力，初见成效。5月，开始小范围试运行。9月，举办网上申报培训班，46企业的65名代表参加培训。目前已有29户企业申报，其中22户企业通过。49条新申报记录及56条变更记录。

八、境外交流，抱团出海

2月，组团16人首赴第38届阿拉伯（迪拜）国际医疗设备展览会。该会是中东地区展览规模最大、展品门类比较齐全、展览效果较好的国际专业医疗设备展览会。4月，组团16人赴马来西亚吉隆坡参加“2013年第16届东南亚（马来西亚）国际医疗展”，为马来西亚最专业的医疗展。6月，应台湾世界贸易中心上海代表处的邀请，组团21人赴台北参观台湾国际医疗器械博览会。8月，组团12人首赴墨西哥国际医疗展，为拉美地区专业性、综合性较强且具备一定规模及实力的医疗展。11月18–30日，组团17人赴“2013年德国杜塞尔多夫国际医疗设备博览会”，展会为世界知名综合性医疗展，被公认为世界上最大的医院及医疗设备展览会，每年都有来自130多个国家和地区的近4000户公司参展。

九、国际合作，优势互补

德国西门子中国有限公司CV全球营运及策略副总裁吴震先生做客本会。吴汝康执行会长感谢德国西门子公司为上海乃至中国医疗保健事业所作出的贡献，并希望西门子中国有限公司在行业发展中进一步发挥积极作用。日本贸易振兴机构（JETRO）上海代表处安藤勇生副所长在市政府外事办日本处陪同下，造访本会，表示愿意同协会合作，进一步创造良好投资环境，为已进入上海的日资企业提供服务，并为准备进入上海日资企业提供信息。8月2日，爱尔兰副总理兼外交与贸易部长埃蒙·吉尔摩访问上海，在波特曼丽嘉酒店举行早餐会，协会相关企业共120余人出席。吴汝康执行会长向埃蒙·吉尔摩副总理介绍上海医疗器械产业情况，重点介绍两国企业近年进口产品和部件的发展，希望爱尔兰医疗器械产业，找准定位、扩展交往、优势互补、互惠互利、合作共赢。8月20日，在上海举办MDMA美国医疗器械制造商协会交流会，协会有30余人出席会议。9月16日，英国驻沪总领事馆商务领事孔立夫（CliveAllcorn）先生到访本会，双方就为各自医疗器械企业提供服务平台达成共识，并愿意共同策划交流活动。12月5日，在多伦多举行“中国——安大略省医疗器械研讨会”，双方政府非常重视该领域科研和技术转移等合作，并作为2014年中国与安大略省合作的重点。协会应中国驻多伦多领事馆邀请，委托代表参加会议并发表上海行业情况专题演讲。

十、诚信建设，添星加户

4月起，协会开展企业诚信创建工作。一是原有诚信企业转换升星工作，98户均由市里组织轮训，并按规定提交申报资料，转换率达到100%。二是新创建诚信企业。经讨论，确定26户企业列入新创建名单，经市里组织轮训后，均按规定提交申报资料。并按市“企业诚信创建”活动组委会办公室要求，开展协会间创建活动互评工作，协会在全市180多家行业协会中保持A类（40家）协会水平，全年A类评比月排名保持在10—20名之间。在市经信委的组织安排下，参与上海市“诚信活动月”2项便民服务，包括家用血压计、血糖仪的维护、校准和口腔义齿有关知识的咨询服务，受到市民群众一致好评。

十一、信息服务，创新求变

网站改版，增加“副会长单位”栏目、“上海医疗器械名优产品”数据库，对网站首页页面及版面进行调整。全年点击率（IP）共47081次，刊登信息总量2502条，原创信息530条。在各会员单位支持配合下，顺利出版《2012年年鉴》，总页数112页，4月完成发放工作。协会“简讯”内容也逐步充实，新开辟“领军人物”和“行业名优产品”栏目，越来越被企业所关注。6月19日、12月27日，先后召开统计工作会议，总结2013年统计年报工作及行业经济运行情况，通报本全年度100户跟踪企业的产销完成情况，并对明年统计工作提出新要求。统计工作得到市主管部门的表扬和奖励。

十二、专委会工作，各有特色

1. 项目对接会。植入介入专委会根据市发改委（物价局）收费管理处要求，于1月11日召开2013项目对接座谈会。会上介绍《全国医疗服务价格项目规范（2012年版）》出台背景、国家对项目对接总体要求及上海市在项目对接上做法与进展。

2. 专委会换届。5月28-29日，植入介入器材专委会召开上海医疗器械行业协会植入介入器材专业委员会换届改选大会与2013年植入介入器材发展与创新研讨会。

3. 创新管理研讨会。10月19日，植入介入器材专委会与上海医学会临床医工分会医用耗材学组联合举办2013国产植入介入器材发展创新与管理研讨会，意在建立供需双方交流学习的平台，2家医院代表和9户企业代表作主题演讲。

4. 口腔专委会大会。4月25日，口腔工艺专业委员会组织召开2012年会员大会。会上重点通报本市1季度专项检查情况，顺利完成专委会理事长人选变更工作。

5. 不合规材料通报。11月8日，与市食药监局联合召开义齿生产企业监管工作会。会上，通报前阶段摸底抽查中，不少企业使用的材料金属元素含量超标不合规的情况，要求必须严格按照YYO6Z1—2008标准执行，确保金属材料达标，符合产品注册证要求。

6. 反倾销调查应对。经营工作委员会积极开展公平贸易工作站及促进外贸发展的工作。11月，巴西政府发出关于对华贸易产品“塑料真空采血管”反倾销调查令，此案涉及上海7户企业。协会公平贸易工作站协同市商务委及时召开有相关法律专家参与的协调会，要求涉案企业作好应诉准备。

7. 筹建行业人民调解委员会。在市工商联的支持下，征得徐汇区司法局同意，筹建本行业经济技术纠纷人民调解委员会，调解结果具有法律效力，为会员单位提供和谐宽松有序良好环境。

8. 推荐入编医保商会年鉴。年初，受中国医保商会委托协助中国医保商会在上海开展《2013年年鉴》的入编工作。经与多户企业宣传、沟通，12户企业提交入编意向，中国医保商会对组织推荐表示满意。

9. 筹建体外诊断系统专委会。5月22日、12月20日，分别召开专委会筹备会议，通过专委会工作条例（讨论稿）及专委会筹建班子名单。

（蒋建群）

上海市生物医药行业协会

上海市生物医药行业协会成立于2002年12月，是由上海及相关省市生物医药企业、相关大学、科研院所和产业园区等单位自愿结成的社会团体。现有会员单位210户。

2013年主要工作：

一、发挥桥梁作用，积极推进产业有序发展

1. 畅通政企交流渠道。主办召开“促进生物医药成果产业化座谈会”，全国人大常委会副委员长桑国卫、市科委副主任徐祖信等领导出席会议并作专题发言；邀请并陪同市经信委领导前往上海复星医药集团和上海医药中央研究院调研，就企业发展的新经验、模式进行沟通和交流，加强政策引导和服务；邀请上海百特医疗、信谊百路达等5户企业与市经信委技术进步处对接，切实解决问题。

2．参与项目评审和推荐。参与2013年上海市特色产业中小企业发展资金、年度“科技创新行动计划”科技小巨人工程、市生物医药产学研合作等项目的推荐与评审工作，经协会推荐和帮助，共有33户企业的40个项目获得政府的专项扶持或认定。

3．提升会员企业在行业中的影响力。在协会的积极推进下，上海医药集团股份有限公司、上海复星医药（集团）股份有限公司、上海现代制药股份有限公司和上海科华生物工程股份有限公司4户企业进入2012年度中国制药工业百强榜。会员单位布局国际化战略步伐加快，微创医疗收购美国怀特医疗公司旗下OrthoRecon业务分部；复星医药收购以色列阿尔玛激光有限公司；凯利泰医疗科技收购易生科技部分股权；中国先锋医药控股有限公司于11月在香港证券交易所主板上市……说明本土企业也在加快海外并购和上市融资，力争形成国际化、多元化竞争优势，扩大行业发展空间。

二、发挥资源优势，积极推进产业研究咨询

受市经信委的委托，承担完成《2012年度上海生物医药发展报告》、《上海工业产业导向和布局指南（2013年版）医药类》；会同市高新技术产业化促进中心、上海医药行业协会等4家行业协会等，合作调研完成《上海医药产业发展研究报告》；承担浦东新区科委委托的浦东新区生物医药产业统计工作，编写《2012年浦东新区生物医药产业统计报告》；牵头起草的《海安生物产业发展规划》顺利通过南通市发改委等组织的专家评审，为周边省市生物医药园区助力上海发展出谋划策。此外，完成相关年鉴条目的编撰工作，包括《上海年鉴（2013）》、《2013年上海市国民经济和社会发展报告》、《2013上海工业年鉴》。

三、加强行业联合，积极推进产业有效发展

为推进上海生物医药产业化技术的有效研究与应用，提升上海市及长三角的生物医药产业的核心竞争力，联合5户单位于11月14日发起成立上海市生物医药应用示范工程产业技术创新战略联盟，成立大会上表决通过联盟章程，进行9个项目的签约。

四、发挥平台作用，积极推进产业专题服务

1．开展行业信息服务。利用协会“谈家桢生命科学奖”专家委员会资源，为企业提供专业服务；发挥统计信息优势，为企业在领导决策、生产经营、市场开拓方面提供多层次信息服务，如邀请统计局和工经联的专家在统计工作年会上指导工作。不断提高会刊《生物技术产业》的质量，除增加信息量、提高可读性外，还通过举办信息员交流会，紧密联系协会与会员单位的信息交流；每日更新协会网站，每周向企业发送电子医药信息简报，为企业提供及时、有效、全面的信息服务。1—12月共出版会刊12期，网站更新信息共8087条，发送简报共48期。

2．举办产业政策解读等专题报告会。通过举办各类服务活动，为企业“送政策”、“送服务”、“送温暖”，举办“中小企业政策宣讲会”、“企业技术改造中政府的相关支持扶助政策解读会”、市经信委“贯彻落实4部委GMP改造企业座谈会”、市发改委“关于行业社保政策实施情况座谈会”等。为契合上海医药企业和人才的培训需求，与5家单位联合举办“2013生物医药大讲堂”暨上海市生物医药工程专业技术人员继续教育培训11讲，约1100人次参加，85位技术人员取得证书。

3．针对行业热点，组织开展专题研讨会。主办或参与组织各类研讨会、展会等。如“人才·资造2013中国医药行业人才资本论坛”、“同位素标记技术在蛋白质类药物药代动力学研究中的应用”技术交流培训会、第15届“上海国际生物技术与医药研讨会”和第3届“上海国际医疗设备与生物技术展览会”等。

五、践行社会责任，积极推进产业健康发展

1．组织“谈家桢生命科学奖”评奖工作，激励生命科学不断创新。“谈家桢生命科学奖”是经国家科技部批准、联合基因集团出资设立、上海复星医药（集团）有限公司赞助的奖项，由协会具体承办。评选产生以中科院院士张雪敏等为代表的2位谈家桢生命科学奖成就奖获奖人、1位产业奖获奖人和9位创新奖获奖人，并于11月10日在中国科学技术大学举行第六届颁奖典礼。

2．抓好诚信企业创建，提升行业质量工作。经市诚信办认定，共有25户会员企业荣获诚信创建一至五星级诚信创建企业，协会获得市“企业诚信创建”活动组委办评选的“优胜奖”。配合市行业质量促进会开展贯彻宣传《上海市质量发展规划》，制定《上海市生物医药行业质量安全突发事件应急预案》，加强市名牌产品、市著名商标的培育推荐，加强行业内质量监管等工作。

3．营造企业履责氛围，增强企业社会责任感和使命感。复星医药、国药控股、中信国健、现代制药4户会员单位发布企业社会责任报告，展示企业综合素质和竞争力。当四川省雅安市芦山县发生地震，呼吁会员单位在第一时间内启动相关救灾捐赠事宜，总捐款金额超过800万元。

六、拓展国际交流，积极推进产业项目合作

与国外驻沪领事馆商务处保持联系机制，与一些国家同行建立合作渠道。年内受邀赴波兰考察，组织5户企业参加在波兰举办的生物医药科技贸易促进会。组团赴美交流考察，组织会员企业、谈家桢奖励办公室、海洋大学等赴美参加 ChicagoBio 2013 会议，参观考察加州理工学院和希望之城医学院，并与中美药源协会就双方继续合作达成初步协议，促进会员企业与国内外医药企业达成合作意向。在美中药协中西部分会、药源公司和中国贸促会联合举办的“2013年中国新药研发现状”上，陈少雄执行会长发表题为“中国生物制药产业现状与趋势”的主题演讲，受到与会代表的高度关注。并举办多场国际研讨会和交流会。召开各国领事馆商务交流会；与外国沪总领馆共同举办中国科技创新研讨会暨中国——阿根廷机构与企业洽谈会、中英医药行业研发合作交流会、美国马里兰州蒙哥马利郡商务圆桌会谈等活动，加强上海与其他国家的合作交流。

七、规范运作提高服务水平

1．强化规范管理，力创 5A 级行业协会。积极做好创建 5A 级行业协会工作，经评审专家组对协会申报材料的现场审查和抽查，认为协会的规范化管理工作，认真细致，有自己的特色，符合 5A 级行业协会标准。

2．强化内部管理，促进协会健康发展。一是加强党建。党支部将学习贯彻落实党的十八大精神、开展党的群众路线教育实践活动作为全年的重要政治任务，提出群众路线教育实践活动方案，并逐步推进。关心青年的政治进步，经过培养，1 名青年同志被批准为中国共产党预备党员。二是发展会员。批准 14 户单位入会，包括上海医药（集团）有限公司、上海实验动物研究中心等行业中有相当规模与地位的企业，会员数已增加到 210 户。三是严格财务管理，财务状况呈现良好，略有结余。

3．积极游说政府，为社会组织发展争取资源。作为全国行业协会代表，参加国家发改委和民政部主办的“2013 年国家部分省市行业协会商会与行政机构脱钩座谈会”，探讨逐步推进行业协会商会与行政机关脱钩，引入竞争机制，探索一业多会的模式；参加市经信委部分行业协会座谈会，讨论交流上海行业协会争取国家级对口协会资源落户情况，提出行业协会在承接政府职能转变中的工作建议等。

（陆　赟）

上海医药行业协会

上海医药行业协会成立于 1987 年，为本市医药工业为主的企事业单位自愿组成的跨所有制的非营利的行业性社会团体法人。现有会员单位 210 多户，涵盖制药工业、生物医药、药品辅料、药品包装材料、制药机械、大专院校、科研院所等领域。

2013 主要工作：

一、提供政企沟通平台，优化企业持续发展环境

1．举办企业与市经信委对话沟通会。4 月中旬，市经信委与行业部份企业对话沟通会在张江中信国健会议室举行。市经信委史文军副巡视员和经信委有关处室负责人及协会 20 余名企业领导参加会议。黄彦正会长指出生物医药作为战略新兴产业上海发展相对迟缓，需要企业和政府部门共同推进产业的发展。会上，经信委领导讲话，各位处室负责人相继发言。通过会议交流沟通，加深了医药企业与政府部门的互相理解，为医药产业发展创造良好条件和氛围，共同推进上海医药产业持续发展。经信委有关处室对企业反映的问题十分重视，会后进行了跟踪协调落实。

2．召开药企座谈会参与政府部门调研。2 月、7 月、8 月，市经信委有关处室领导到协会就上海医药产业发展和运行情况开展调研。会上建议企业要加大研发投入，政府要加大扶持力度，要重视医药骨干企业发展，重视企业家队伍建设，还针对上海产品结构情况，建议要重视仿制药一致性评价工作。

二、积极推进行业技术进步引导企业转型升级

1．组织召开技术工作年会。5 月，召开行业技术工作年会，来自 80 多户企业的领导或技术研发、质量负责人共 200 多人出席。按照创新、成果、技术含量、经济效益、推广示范性五大要素评选出 2011—2012 年“上海医药行业技术进步奖”获奖企业 10 户，个人 12 名。会议对推动行业技术创新产生积极影响。

2．两化融合，信息化推进初有成果。一是标准化工作。上年末，协会申请的《药品生产质量管理系统信息技术规范》列入上海地方标准修订项目计划获得批准。11 月，该标准获市技监局批准，并被市食药监局评定为对“促进本市制药行业信息化管理水平具有积极的指导意义”。协会还和中国化学制药工业行业协会合作，按国家制定的物联网信息标准分类，申报《物联网应用药品生产质量管理系统信息化建设规范》。二是两化融合成果。经协会推荐指导，上海信谊药厂有限公司获工信部“2013 年化学制药行业两化融合标杆企业”；“上海信谊药厂有限公司实施生产质量信息化在线管理与进行监控经验”项目获市经信委 2013 年度上海市“质量标杆”称号。中化药协会成立“中国化学制药工业协会两化融合推进委员会”，协会被推荐为该委员会副主任单位。

3．“仿制药质量一致性评价”工作。协会做了大量“仿制药质量一致性评价”的宣传、解读工作，并构建政府与企业之间质量一致性评价工作交流的平台，重点企业近400人次科研人员参加培训、答疑、座谈。协会科技部撰写的市经信委委托的项目《关于我市仿制药质量一致性评价的政策研究》已完成。

4．做好上海名牌评审工作。受市技监局名牌推荐办公室委托，开展2013年“上海名牌”申报材料初审工作。通过初审企业和产品有第一生化、信谊制药、和黄药业、上生所、新亚药业、雷允上、莱士血液、中西制药、复旦复华、中华药业、信谊百路达、景峰制药、杏灵科技等24户企业30只产品类别。11月，2013年度市名牌推荐委员会医药行业专家组，对24户医药企业、30个品牌产品进行评审。

三、深化有效服务，不断提升协会服务能力

1．结合会员企业实际深入开展GMP等培训。连续4年开展新版GMP培训，推动行业GMP认证工作。确定“新版GMP改造的经验分享”等6个培训专题，共有79户企业的1000多人次参加培训，协会还根据会员企业个性化要求，先后为华谊生物、联合赛尔、第一三共组织上门培训。

2．《上海医药》杂志社加大对学术推广、培训教育等新项目的开发。主要涉及社区医生、药店药师培训。与华氏大药房、浦东药学会、黄浦区卫校等联合进行疼痛科、消化科等常见疾病的专业培训计860多人次。杂志社邀请专家对医药商业协会下的药店营业员进行“赢在门店”培训系列，提高门店营业员业务素质，提升药店专业服务水平。

3．《上海医药》杂志积极发挥医和药的桥梁。《上海医药》杂志力争早日进入核心期刊。《上海医药》上、下半月刊的发行量每月稳定在16000本左右，“影响因子”持续攀升，达到0.794。《上海医药》再次获得华东地区优秀期刊。主办的《医药参考》、《每日信息（电子版）》、《科技咨询（电子版）》、《协会动态》也受到会员单位欢迎。

4．配合物价部门做好药品价格审核相关工作。协会价格办按物价主管部门要求，根据公平、公正原则，做好本市药品销售定价相关工作，完成本市化学药、生物制品等药品生产企业价格初审。全年从网上申报系统受理企业新报价格、调价和信息变更等共计138个品规。其中新报价格60个；调价44个；信息变更34个。配合完成国家发改委呼吸系统、专科、特殊用药等药品价格调整等前期核定工作。

5．服务企业，帮助解决招标、调价等实际问题。一是在市招标基本思路和初步方案出台后，召开企业座谈会，反馈信息，听取企业建议。反映本市制药企业对招标政策的想法和建议，呼吁重视沪产的优质、品牌药品的招标。二是对疗效确切、市场有需求，价格与生产成本出现倒挂的药品，帮助企业积极呼吁，反映情况，维护企业合法权益，通过各种途径帮助部分企业进行药品价格调整，还协同政府建立临床紧缺与廉价药品协调工作机制，缓解市民对经典廉价药需求。三是统计工作主要是进一步提高会员企业的上报率，从上年89%提高到95%。除为会员企业服务外，还每半年向市经信委、工经联提供行业经济运行情况分析。

四，加强诚信自律建设履行行业社会责任

1．坚持规范化建设。信息公开，及时将协会和各会员单位信息通过《协会动态》传递给行业。协会被市社团局授予社会组织规范化建设5A级铭牌和证书，还被评为先进行业协会。并坚持严格的财务管理，每年进行财务审计，财务状况正常。

2．发布社会责任报告。协会把推荐会员企业发布社会责任报告作为行业诚信自律的重要工作，复星医药、国药控股、和黄药业、中信国健、现代制药、常州四药、凯宝药业、上海强生等会员企业分别在上海、北京发布社会责任报告，是全市发布社会责任报告最多的行业之一。协会首次在全市发布行业的社会责任报告，得到市有关部门的肯定和鼓励。

3．加强党组织建设。协会党支部进行换届改选，充实支委力量。在工经联党委领导下开展党的群众路线教育实践活动，结合协会履行职能的实际情况和党员思想开展学习教育，提高执行党的群众路线自觉性，主动帮助会员单位解难事，办实事，提升服务的理念。

（范小俊）

上海中药行业协会

上海中药行业协会成立于1989年12月，是以上海市中药工商企业为主体的社会团体。现有会员单位近2200户，会员企业覆盖率达到上海市中药行业企业总数的97%。

2013年主要工作：

一、发挥专业特色，促进行业发展

1．制定部分贵稀药材与精选饮片的行业分级标准。在制定《枫斗分档规格指南》基础上，组织专家完善本市250只精选饮片标准的制定，从产地、性状、科属等方面作出明确要求，对推动中药市场多层次、多元化发展提供理论依据。此外，多次组织专家研讨《特级野山人参分级标准》，并有望在2014年出台。

2．调研分析药品标准，客观反映科学依据。根据企业反映，整理170个检测标准存疑的中药饮片品种，组织企业报告这些品种从新版药典实施至今的全检数据，分析各企业实测数据，找出影响品种合格率主要项目，用数据举证说明标准过严或过松，向药政部门反映，帮企业解决实际问题。如起草上报《关于国抽川贝母饮片DNA鉴定项不符合规定事件的专题报告》等。

3．研讨新版GSP落实后中药材、中药饮片的行业管理。年初，随着新版GSP落实，企业在根据新版GSP规范经营过程中在部分环节上遇到困难，协会因此组织专题调研和座谈会，听取企业对新版GSP意见，及时向药政管理部门反映，使本市新版GSP认证评定细则更能贴近行业实际。

4．发挥核心期刊《中成药》杂志的作用，提升其学术地位。《中成药》杂志为国家级的双核心期刊，协会秉承严谨客观的工作理念，接到来稿2030篇（其中：退稿1100篇，退稿率54%），发表715篇（其中：论著文章501篇，占总数70%，临床57篇，占总数8%）。根据2013科技期刊引证指标对我国中药行业内5本期刊进行的比较，《中成药》排名占前。

5．扩大统计调研范围，深入了解行业发展趋势。加强中药工业饮片品种的产量统计，逐步扩大医保零售药店的统计范围，在全面掌握本市中药饮片医保零售与医保中医坐堂门诊经营情况基础上，对本市医保零售药店总体情况的分析准确率进一步提升。此外，应市中医药发展办公室要求，对沪产中成药生产与招标中标情况进行全面梳理统计工作，为扶持优质沪产中成药提供详实数据。

二、坚持自律准则，规范行业发展

1．制定行业标准，提高饮片质量。针对小包装中药饮片稳定性和性状数据积累的要求，组织相关企业开展检测与数据汇总工作，并在市科委的支持下将“小包装中药饮片稳定性研究项目”列入“上海市2013年‘科技创新行动计划’生物医药领域科技支撑项目指南”。6月，配合市中医药发展办公室，对《小包装中药饮片剂量规格与色标》地方标准草案进行修改，并由中发办属下的市中医药标准化研究室和市中医药标准化技术委员会提交市技监局，该标准被批准为推荐性地方标准，已试行实施。

2．理顺生产关系，规范产地加工，提高中药饮片生产效率。由于本市中药饮片企业规模均为中小企业，在药品质量检测方面的巨额投入使得企业负担过重，为保障本市中药饮片市场供应中的品种完整度，协会通过调研、协调，筛选出47个产量较小的中药饮片品种，实行定点生产，业内调拨，并撰写《建议对部分中药材试行产地净药材加工探索的报告》上报市药监部门备案。

根据相关法规允许产地加工的中药饮片有37个品种，协会组织专家研究已进入药品标准的产地趁鲜加工品种情况，寻找产地趁鲜加工依据，根据饮片加工难易程度、加工对饮片质量影响程度、是否容易掺假和掺杂、生产环境污染程度等影响因素，形成《关于建议在本市试行中药饮片生产企业可调拨小品种饮片的报告》，并与市药监部门沟通落实监管细则，对减轻企业负担，加快行业发展有着积极意义。

3．提高定制膏方和代客煎药的准入标准，加强行业自律。随着定制膏方与代客煎药市场不断扩大，协会对行业自律规范的重视程度不断提升，制定《上海市中药行业定制膏方加工管理规范（2013版）》与《上海市中药行业定制膏方实施细则（2013版）》。为进一步理清代客煎药的实际加工形态与现状，制定相应管理措施，对全行业上年中药代煎加工服务情况进行问卷调查和汇总分析。

4．规范医保饮片零售门店的经营结算方式，推动扩点。力促第三批医保饮片定点零售药店的扩点工作，落实第三批136家试点门店名单。此项工作对方便市民医保饮片配方有明显作用，通过充分利用药品流通领域的人力资源，大大缩短了患者等待配方时间。

三、延伸服务功能，续力行业发展

1．指导企业申报中药材生产扶持项目。2月，协助市经信委动员上海华宇药业有限公司、上海黄海制药厂、上海康桥中药饮片有限公司、上海青浦中药饮片有限公司等申报一年一度的国家工信部中药材生产扶持项目。并指导上海青浦中药饮片有限公司开展申报工作。

2．协助举办中医药博览会及论坛。配合中国中药协会组团参加在上海世博展览馆召开的“中国国际中药与植物药博览会暨中医药发展论坛”，有近20户会员企业参加展会，展示上海中药企业形象和风采。

3．深入开展行业培训工作。协会等级工培训工作取得较快发展，人社局颁发证书的职业技能等级工培训人数为737人。此外，培训部开通中药培训，微信公众平台，利用网络互动、实时、在线等优势，设立自动开班培训答复系统，业内反响热烈。

四、激活创新思路，加快行业发展

1．承接“中药文化宣传电视系列片”，完成2013年拍摄计划和拍摄协调工作，并配合做好后期制作和宣传发行工作。

2．建言成立本市中药价格联动机制。通过对中药材市场、大宗药材主产区、中药饮片生产企业以及全国价格管理经验的调研，结合上海中药饮片企业生产、销售、储存等及临床医疗机构使用情况，对中药材和中药饮片2个市场间存在的价格特征和管理要求差异，探索寻求产地中药材价格与中药饮片价格联动机制，试行建立上海中药材中药价格指数，为中药饮片价格管理提供科学、及时、有效参考依据，为中药饮片行业产业发展提供政策支持。

3．借助协会平台，减轻企业监测成本。为缓解企业负担检测费用方面的压力，组织成立中药饮片质量小组，起草小组实施细则，严格贯策落实。在自愿的前提下，每户参加质量工作小组的中药饮片生产企业缴纳1万元作为检测费用基金，由工作小组遴选检测品种、招标检测机构、支付检测费用，从而降低企业检测费用支出。

（赵　婷）

上海保健品行业协会

上海保健品行业协会成立于1985年7月5日，是由生产、经营保健品等相关产品企业及有关事业、科研单位与科技工作者自愿组成的行业性的非营利性社会团体法人。现有会员单位185户。

2013年主要工作：

一、坚持科技创新，打好发展基础

我国保健品行业全面实施普通食品中的胶囊、片剂、口服液、丸剂不予QS认证，不予市场准入。全国将有6000多个保健品退出市场。填补市场空间是发展保健品产业难得机会，协会为此召开专题，向各会员单位通报相关信息，希望上海企业能加强科技创新，加快研制保健食品，争取多申报适合市场需求的保健食品批文。在全行业提出《关于努力推进健康产业科技创新的倡议书》，得到企业积极响应，共有24个企业到协会咨询、研究申报国健字号保健食品批文。有近50个产品申报保健食品批文，它们将丰富保健品市场，为企业和行业的发展提供动力，提高了企业市场占有率。

二、加强规范建设，争做合格协会

按照国家民政局开展社会组织规范化建设要求，协会积极报名参加2013年规范化建设评估工作，并按规范化评估标准从基础条件、内部治理、工作绩效、社会评价四个方面进行自我评估，因未设党支部，故只能按3A级标准进行自评计分。10月10日，市社团局评审组来协会进行评审评估获得较高评价。

三、严打“四非”，提高行业诚信

5月16日，国家食药品监管总局就在北京召开打击保健食品“四非”专项行动动员部署大会，决定5—9月底在全国范围内开展打击保健食品“四非”专项行动。上海市食品药品监督局及时采取行动对上海保健品行业中的违法“四非”行为进行立案查办。根据打击“四非”专项行动要求，协会召开会议传达上海市食药品监督局召开的打击保健食品“四非”专项行动动员大会精神，要求上海保健品生产经营企业要自觉对照整改，防止“四非”行为发生，加强行业自律，更好地为广大消费者服务。

6月27日，由市食药品监督局主办的2013年上海市食品安全宣传周主题活动，打击保健品“四非”维护公众健康权益专题活动，在上海维韩凯旋门市场隆重举行，协会在会上提出《上海保健品行业诚信自评倡议书》，并由上海维韩保健品市场业主宣读响应书。

四、举办各类展会，展示企业形象

6月25日，协办由博华展览公司主办第四届中国国际健康与营养保健品展，展示大量经国家批准的保健食品和中药滋补。同日，协会主办第四届中国泛长三角健康产业论坛，秘书长张福敏作“上海保健品行业诚信建设”报告、森峰园有限公司副总经理黄河等作大会发言。

8月29日—9月10日，协同嘉定区科委举办2013上海嘉宝科技型消费品展销会，下属19户企业报名参加展销，展出产品受到广大消费者的青睐。

11月29日—12月1日，主办世界健康博览会，共有300多户企业参展展示产品有保健品、保健器具、运动器材、营养食品、中药滋补品等上万种产品，参观者络绎不绝。

五、加强联动发展，开展合作共赢

11月14日，在江西川奇药业有限公司举行发起举办中国泛长角健康食品协会联席会第九次（南昌）会议，主题是品牌建设。会上，协会秘书长发出了关于努力推进健康食品产业品牌建设的倡议书，各地协会进行交流发言，反映国内保健品在经历打击“四非”行动后，市场得到纯洁，行业诚信得到加强。会议期间，还组织参观江中制药和汪氏集团，对企业现代化管理和科技创新留下深刻印象。

（毛羽丰）

上海市食品协会

上海市食品协会成立于1982年2月，是本市最早成立的行业管理组织。经上海市社会团体管理局组织社会组织规范化建设现场评估，为5A级协会，并具有“食品工业诚信管理体系评估”和“中小企业服务机构”资质。现有会员单位471户。

2013年主要工作：

一、围绕促进食品安全和产业发展，服务领域和功能有所拓展

1．为食品安全构筑道德屏障，有序推进食品行业诚信体系建设。协会上海市食品协会工业企业诚信体系建设试点项目由市经信委组织专家小组通过验收；配合市经信委在食品企业有序推进推广食品工业企业诚信管理体系（CMS）建立及实施通用要求工作，对规模以上企业分别举办为期1周培训，对其中35户企业分批进行诚信管理体系建立的指导；协会内已有7名员工参加工信部培训，并获食品工业企业诚信管理体系建设评价资质。

2．强化协会承接服务的功能和能力，参与市场发展战略调研。受市商务委委托，完成“上海市商品羊定点屠宰”和“上海市食用农产品市场体系建设规划”调研项目，受到市政府和有关部门肯定。《上海市食用农产品市场体系建设规划》已正式发布；商品羊定点屠宰开始按方案推进实施。

3．提升业态水平，帮助企业进行战略发展前瞻性研究。参加贸易分会关于提升业态的战略发展前瞻性调研，目前研究报告已经专家论证通过，有关工作正在协调推进之中。

4．关注传统业态升级，进行搭建食品行业电子商务平台调研。联合市商务委与市电子商务促进中心等有关部门，开展在业内搭建电子商务平台的调研，通过座谈和问卷调查，掌握企业对搭建商务电子平台的意愿和要求。

5．构建完善为中小企业服务的工作平台。构建和完善服务平台，经市促进中小企业发展工作领导小组审核批准，协会取得“中小企业服务机构”认定，将围绕信息、技术创新、创业、人才与培训、投融资、市场开拓、管理咨询等领域开展为中小食品企业服务。

6、受市社团局和市经团联委托，首次发布行业社会责任报告。根据行业统计资料和本市食品安全动态，结合对企业履行社会责任情况的了解，报告中对本市食品企业以转型发展保供应，以强化管理促安全，增加投入护生态，以奉献爱心铸和谐的责任担当、经营理念、道德风貌作较全面、充分的展示，得到有关方面肯定。

二、围绕实施品牌战略，形成工作机制，质量有所提升

1．实施品牌战略，以品牌促质量，以质量促安全的工作稳步推进。继续与相关协会联合开展对上海市名牌食品预审和上海名优食品新评、复评，评选优秀新产品，及推行长三角名优食品互认。对8户企业的8个产品向市名牌评审委员会作推荐；评出94户企业的156个产品为本年度上海名优食品，12个产品为优秀新产品；6户企业的7个品牌被互认为长三角名优食品。同时，配合市经信委推荐光明乳业、冠生园等12户企业，参加“中国工业企业品牌竞争力评价”。

2．咨询工作继续加强，帮助企业提高管理水平。年内，完成对学海公司HACCP安全管理体系认证前期工作，对海舟餐饮管理有限公司、中企餐饮管理有限公司HACCP安全管理体系认证。对已完成ISO9001质量保证体系认证的标准化菜市场经营管理公司，继续做好复评指导服务。配合兄弟协会做好标准化菜市场星级评定工作。

3．行业统计的信息、咨询功能进一步发挥。在做好行业统计基础上，坚持每季度进行统计分析，发布食品工业经济运行情况。配合市经信委开展本市食品行业“十二五”中期执行情况评估。

4．特色旅游食品评选的社会认可度和影响进一步扩大。上海特色旅游食品评选继续被列入上海市旅游节活动内容，有33户企业的33个产品入选2013上海特色旅游食品，2010年入选产品经复审15个产品继续有效。协会利用一切机会，展示入选产品和入选企业形象，在市旅游局支持下，将前3年中所有被评出的上海伴手礼推荐参加第十五届（上海）世界旅游品博览会，成为展场亮点之一。

5．培训中心品牌效应进一步扩大，正成为“烘焙技术人才的摇篮”。按照年初确定的“扩大办学规模。提高办学层次”要求，办学场地从原来300多平米扩大到700多平米，全年培训总人数达到1200余名，比上年上升70%。“中心”获得一级西式面点师培训资质，成为本市目前唯一具有西式面点高级技师培训资质的培训机构。承办第六届（2013）上海市食品行业西式面点师职业技能竞赛和第十四届全国焙烤职业技能竞赛被授予（国家级职业技能竞赛）优秀组织奖和特殊贡献奖。

6．民主办会，进一步惯彻依法按章办会原则。根据章程，召开会员大会、理事会和会长会议，并严格履行民主程序，根据事项性质，分别向会员大会、理事会、会长办公会通报工作，决定议案。

研中心情况，并现场作网站便捷功能的演示；参与《2013年上海市重点产品质量监督目录》修订评审会，提出建设性建议并被采纳。

五、围绕创新驱动，坚持服务企业，规范行业，发展产业

协会POP时尚创研中心公共服务平台。秉持“国际观、本土化”服务理念，专业打造六大服务模块（“大讲堂”、“趋势刊”、“买家行”、“配对会”、“展会通”、“顾问团”），并制定发布3年发展规划。一年多来，共完成POP大讲堂24场，为约计3600户企业和设计师提供专业平台服务。编辑《INEXT》企划书籍14期，《迅XUN》快时尚杂志54期。先后与上海工程技术大学服装学院和中国美院上海设计学院签署战略合作协议，校企联动，助推时尚，为学生免费培训，得到两校领导和市经信委领导重视。

为帮助会员企业充分了解和运用上海品牌政策，促进上海纺织自主品牌建设，编制《上海纺织行业品牌建设相关政策汇编》和《上海纺织行业品牌建设相关政策解读》，共44件，173页。内容包括都市产业与纺织品牌建设相关主要政策，以及与纺织行业有机融合的文化创意产业内容。受到会员企业欢迎。协同举办“Mode Shanghai ENK”推介会。出席会议的本市品牌服装服饰企业共70多户，协会秘书长出席会议并致辞，市经信委有关领导出席并作重要讲话。为“2013年上海国际时尚服饰展览会（Mode Shanghai ENK）”起到推进作用。

协会棉纺织印染分会积极配合市经信委贯彻国家工信部精神，做好实施上海“印染企业准入公告”制度相关工作，抓好上海印染企业的调查、审核、申报工作。在市经信委都市产业处指导下，基本完成上海地区20户印染企业申报、评审工作，上报10户企业。国家工信部公示拟公告全国符合《印染企业准入条件》（2010年修订版）企业名单（第一批），共120户，上海地区有3户企业入围；协会产业用分会参与中国科学院由孙晋良院士牵头的研究课题《中国产业用纺织品现状及发展调查报告》，从国内外产业发展现状、主要产品研发现状、产品及技术发展方向、发展总体趋势和开发重点进行调研和分析，提出中国产业用纺织品发展设想与建议；协会毛纺织分会在举行二届一次会员大会暨分会成立3周年大会之际，发布了编辑整理的《纺织服装标准汇编》，得到会员企业一致好评。

六、发挥长三角联动效应，加强与国内外同行交流合作，增强协会集聚力

1．8月28日，会同家纺协会协同土耳其乌鲁达纺织出口协会组织近90户来自上海、长三角和全国的纺织家纺企业与伊布拉姆（brahim Burkay）主席率领的土耳其国家展团的40余户企业举办第四届中土纺织同仁合作对接活动。协会连续4年协助土方召开对接交流大会，从第一届双方35户企业发展到第四届130多户，越来越受双方企业欢迎。

2．5月7日，值荷兰王国对外贸易及发展合作大臣普璐曼阁下一行30多人荷兰代表团访沪之际，上海纺织协会与荷兰王国驻上海总领事馆联合举办中荷纺织企业社会责任研讨会。家纺协会、内衣协会以及上海华高针织有限公司、上海龙头国际贸易部等企业与荷兰企业代表分别就企业社会责任进行演讲，得到与会者好评。普璐曼回国后还专门通过郦佩德总领事发来感谢信。

3．6月5日、7月26日及11月31日，协同台湾贸易中心共同举办“2013台湾名品优质纺织品及化妆品对接会”、“2013年台湾运动用品暨智慧生活对接会”和“2013年台湾名品贸易对接会”，组织近30户纺织、服装、家纺及纺织外贸相关企业参加，采用一对一企业贸易洽谈交流形式，共享商机，同谋发展。10月15—17日，组织企业赴台湾参加由台湾贸易中心和台湾纺拓会主办的“2013年第17届台北纺织展”。10月31日，参加沪台两地企业经贸交流会暨《海峡两岸服务贸易协议解读》发布会，蒋以仁会长、市商务委副主任陈先进到会并讲话，协会秘书长作发言，介绍协会有关台湾方面工作。

4．7月21日，参与在歌诗达大西洋号邮轮举办的2013年上海国际模特大赛上海赛区活动。

5．12月18日，刘寅峰秘书长应邀参加韩国衣类产业协会主办的第28届韩国年度最佳着装人物颁奖仪式，并代表上海纺织协会致辞。其间，与韩国时尚设计师联盟签署战略合作协议。上海纺织协会被韩国文化部长和时尚联盟主席李载渊授予最佳组织奖，推进和加强两国纺织界、服装界、时尚界间互动，实现服装时尚业向国际化、市场化、品牌化的提升。

七、注重发挥各专业协会积极性，加强协会建设，提升战斗力

协会不仅通过规范化建设4A级评估，党组织还被市经团联党委推荐为上海市创建五星级社会党组织先进协会荣誉。积极处理好联合会与专业协会的关系和矛盾，充分发挥各专业协会的主动性、积极性和创造性，有效地完成各项工作任务。同时，注重加强秘书处自身建设，结合协会规范化建设，完善运行机制，坚持管理制度化、规范化，完善各项内部管理制度，规范办事流程；坚持民主办会，按时召开秘书长联席会议和理事会；坚持建设特色协会，在为企业和政府的服务中，提升能级。注重文化建设，在装修之际，仍挤出场地和时间支持协会京剧沙龙。8月，组织会员赴福建宁德、屏南等地进行红色之旅的传统教育活动。全国政协常委、市经团联蒋以任会长多次参加纺织白皮书的发行和经济运行会议，充分肯定协会工作，并给予高度评价。

（章微玲）

上海长三角非织造材料工业协会

上海长三角非织造材料工业协会成立于2004年1月9日。现有会员单位包括长三角地区4省1市的159户非织造材料及相关单位。

2013年主要工作：

1．参加2013年上海社会团体规范化建设评估活动。成立协会规范化建设评估工作小组，明确工作目标，落实到人，认真自查自评。边查边改，不断完善协会规范化运行能力，更好发挥协会参加社会管理和公共服务的积极作用，规范化地建立从基础条件、内部治理、工作绩效、社会评价的各项规章制度。

2．继续走访业内重点企业，了解企业面临困难与诉求，积极向政府反映，千方百计帮助会员单位共克时艰、化危为机，并为行业和企业传递大量创新驱动、调整产品结构、谋求新发展的信息和服务。

3．完成由市经信委下达，协会承担的《上海及长三角地区产业用纺织品、非织造材料发展战略研究》，并通过专家验收。完成《上海纺织工业发展白皮书（2012年）》有关产业用非织造材料分报告（现已发行）。

4．4月8—11日，与全国非织造科技信息中心联手在江西南昌召开2013化纤、非织造材料行业战略联盟研讨会，来自业界60余户企业，近百位代表出席会议，共享行业信息。得到一致好评。

5．参与组织在上海世博展览馆举办的SINCE’2013第十五届上海国际非织造材料展览会，协助展团参展及观摩INDEX’2013——美洲国际非织造材料展览会。

6．5月29日，与上海家用纺织品行业协会、上海纺织协会、上海服装行业协会联手，请中国出口信用保险公司上海分公司作“拓展市场，规避风险”宣传服务。

7．7月28－30日，在安徽芜湖组织召开协会年会及第四届（2013）非织造材料创新及产业应用发展论坛，与会的近百家企业130多名代表，分享了内容精彩纷呈的演讲报告；来自全国化纤生产、非织造材料生产和国际知名的后整理企业、检测机构、高校、非织造加工设备相关公司及贸易商，专家、教授、业界人士就各种高性能纤维的特性、非织造材料新技术、非织造材料功能性整理和非织造材料在环保、汽车内饰、航天航空、其他工业领域的应用和发展前景，进行了广泛交流和讨论。会上，企业家就还原材料、设备、工艺与技术、后整理技术与设备、添加剂等进行良好的互动，反响良好。

8．继续在长三角地区开展技术职称的申报、评审工作，认真做好协会统计工作。继续在业内开展技术人员任职资格认证申报及评审工作。12月，组织专家评审会，对会员单位23名技术人员的申报材料进行评审。年内通过资格认定的技术人员中，工程师13名，高级工程师4名。协会统计工作月报、季报、年报正常而有序地进行，统计数据也为企业申报项目等需求提供了良好的服务。

9．参加节能减排活动“JJ”小组试点工作。年内协会JJ（节能减排）试点企业继续保持4户，完成《纺丝螺杆和计量泵传动电机及控制系统改造项目》、《减少污染排放，拆除燃煤锅炉，增设燃气锅炉》、《锅炉技改、提高下机温度》项目。继续贯彻节能减排（简称JJ）试点工作推进计划，传达《关于在本市有关重点领域试点开展节能减排改进小组活动的通知》精神，发挥协会协调和推动作用，被评为“2010—2012年度上海市节能减排（JJ）小组活动先进组织协会”。

10．为会员单位提供服务。继续为行业中的高新技术企业复审提供服务。6月，组织企业参加常州纺织服装职业技术学院“2013毕业生专场供需洽谈会”，帮助企业招聘合格人才。发展6户新会员单位。加强信息工作，全年出版6期快讯，及时更新网页；已初步建立协会数据库。

（曾　健）

上海内衣行业协会

上海内衣行业协会原名上海针织行业协会，成立于1987年，并于2002年12月更名为上海内衣行业协会。现有会员单位111户，涵盖针织服装、内衣、袜品、手套等主要企业。

2013年主要工作：

一、认真做好公平贸易站工作

做好内、外销企业经济数据收集和分析工作，共4次向政府有关部门和行业中35户出口企业提供国际纺织市场数据分析和预警报告，让企业了解最新出口动向，预警出口风险，并从对单一产品出口数据分析扩展到多类产品的数据分析，3次参加市商务委专题培训和论坛。还向市经团联提供内销企业的经济数据活动分析报告，使协会公平贸易工作站工作内容更加丰富。

二、搭建交流平台，促进互动发展

组织年度信息工作会议，参加信息互动交流企业23户，共36人，协会秘书长就下半年工作安排作了通报。还组织部份会员企业赴地中海、迪拜考察，应邀赴韩国参加由世界顶级内衣品牌组织的大型内衣秀的活动，增进交互机会，拓展合作空间。同日本奈依尔公司开展合作交流，搭建信息交流平台。

三、促进行业诚信企业创建

积极推进诚信创建活动，做到不评比排名、不乱收费，委托第三方用科学数据来体现企业诚信和价值。三枪、欧迪芬、安莉芳等9户企业获得二星级企业，伟达、大河、美仁、东珠4户企业被认定为上海市星级诚信企业。还深入会员企业开展调研，总结经验，逐步向全行业推广。高度关注对“毒校服”质量事件曝光，多次在信息刊物上发布评述和警示，但业中个别企业再次发生2起质量曝光事件，协会与市诚信创建办密切合作，第一时间督促企业迅速整改，并建立“不良记录”行为归档制度，规范企业诚信规则，促进行业诚信工作发展。

四、总结转型发展新经验、新思路

抓住创新驱动、转型发展主题，先后走访大河、赛洋、百富、力拓、百盛、科而雅等企业展开调研，总结创新转型的经验和做法。上半年，召开“转型发展专题交流会”，会上赛洋和东方百富作专题介绍，共有36户企业参加；召开“行业协会评估和创新学习交流会”，三枪、帕兰朵等18户企业参加，会上组织“创新发展、稳定发展”专题交流，水山、伟达、力拓作专题交流发言。

五、精心组织袜交会，扩大社会影响力

3月4日，第八届中国上海国际袜业采购交易会在世博馆开幕，参展商达500多户，专业观众1.2万余名，均比上届有突破。会前，组织召开袜交会新闻法布会，《新民晚报》等10余家媒体出席。组织10户企业参加与嘉定区科委和兄弟行业协会组织的“科技型消费品展销会”。

六、采集信息数据，促进行业发展

认真做好市经信委《工业年鉴》、《市经团联年鉴》中有关材料的编写上报工作。配合市纺织协会抓好《上海纺织白皮书》撰写；为进一步推进电子商务发展，组织下发“上海内衣行业电子商务开展情况调查表”，并了解到业中1/3企业已开展这一新型销售模式。在市经团联指导下，与上汽集团合作，组织业内9户企业同上汽集团安悦E生活对接，实现资源共享，合作共赢。专程前往电商发展成绩突出的北极绒公司调研学习，学习他们在企业转型中敢为天下先的敢试敢闯精神，了解其创新发展的骄人业绩。下发《内衣行业企业质量问题的情况调查表》，了解行业企业在质量管理体系上实施情况，情况反馈在质量管理方面还是规范成效的。执行积极主动信息采集、综合分析、分类指导的工作方法，促进了行业整体质量管理水平的提高。

（陈国琪、陆　珊）

上海市家用纺织品行业协会

上海市家用纺织品行业协会（原为上海市纺织复制行业协会）成立于1988年10月，是由毛巾被单、纺织装饰、手帕和制线织带业的企事业单位自愿组成，不受地区、部门和所有制限制，非营利性的社会团体法人。现有团体会员110户，其中，民营企业占85%，理事单位34户。下设毛巾被单（含纺织装饰）、手帕、制线织带等3个专业委员会。

2013年主要工作：

一、推进自主品牌建设，提升行业软实力

1．开展品牌培训和宣传。配合市经信委、中国家纺协会、中国纺织工业联合会品牌工作办公室6次组织企业参加品牌培训。工信部委托中国工业报社开展2013年中国企业品牌竞争力评价和发布活动，协会组织11户企业报送品牌材料，努力提升品牌价值和竞争力。还向市经信委推荐10户企业的品牌在人民网上进行宣传，已有多户企业得到网上推介宣传。坚持在《上海家纺》月刊和网站上宣传企业品牌建设的亮点和成功经验。

2．组织名牌、著名商标和品牌建设专项资金的申报。协会及时将评审信息告知企业，主动与市质技监局和工商局联系沟通，为17户企业的品牌向上海名牌和著名商标评审委员会出具了推荐函和证明材料。下属企业有上海名牌14项、上海著名商标19项，中华老字号10户。积极为国家重点跟踪培育和市政府第一批扶持的自主品牌企业服务，出具申报自主品牌建设及文化创意产业发展财政扶持资金的推荐函，有6户企业获得品牌和文创专项资金。

3．组织设计论坛和品牌形象展示等活动。8月28日，在上海设计之都活动周之际，协助中国家用纺织品行业协会，与上海室内装饰行业协会共同承办“刚柔并济－软装饰与硬装饰的协奏曲”跨界设计论坛，获得2013上海设计之都活动周优秀活动奖。组织7户企业参加市品牌联席会议组织的上海自主品牌形象展，2户企业参加第一届上海（国际）中小企业精品展，8户企业参加嘉定科技节活动，展示家纺品牌的形象。

4．帮助拓展家纺产品营销渠道。8月26日，组织30位企业相关负责人参加中国家用纺织品行业协会举办的“2013中国家纺经销商营销论坛”活动。组织6户企业参加本市购物节活动。在“双11网购狂欢节”之际，会员企业积极参与，据对11户企业的初步统计，网上实现销售3.5亿元，罗莱家纺销售1.8亿元，摘得业内桂冠，水星家纺实现网上销售8100万元，创下历年新高。品牌建设推进了产业发展，本年度有6户企业获得“中国纺织服装企业竞争力500强”殊荣；1户获得“中国家纺行业竞争力10强企业”的称号；2户企业获得中国纺织工业联合会授予的产品开发贡献奖。

二、开展行业经济运行分析，努力提高经济运行质量

1．抓调查交流。1月，组织10户企业的经营者参与中国纺织联合会对纺织经济形势的调查，为政府对纺织产业发展的决策提供依据。3月，中国家纺协会杨兆华会长来沪就经济运行、应对成本变化及自主品牌建设的情况进行调研，我们配合组织了座谈会和问卷调查。

2．认真做好经济运行数据上报和分析。坚持做好30户重点企业主要经济指标月报表，向政府有关部门上报；坚持每半年向政府部门编报上海家纺行业经济运行情况分析报告，并向会员企业发布行业经济运行行情信息，让会员企业及时了解现状动向、成绩差距，受到企业欢迎。

3．组织产业数据直报。为维护国内产业安全，组织8户企业把基本涵盖家纺的九大类产品数据每月向商务部直报，为政府提供产业安全数据分析信息，得到商务委好评。

三、开展质量安全活动，提高行业质量水平

1．制定行业质量安全突发事件预案。为保障公众健康和生命财产安全，最大限度地减少和降低质量安全突发事件对行业造成的负面影响，维护企业的正当权益，于2月编制《上海家纺行业质量安全突发事件应急预案》。5月，媒体就家纺企业生产的一些蚕丝被质量问题进行报道，其中有对上海家纺企业蚕丝被包装标注问题的通报，秘书处即去该企业了解情况，并写出报告向市经信委、市质技监局等相关部门汇报。还专门下发《加强企业管理、提高产品质量、维护品牌信誉》的通知，要求全体会员企业认真开展自查自纠、严格执行标准规定，努力提高产品质量，自觉维护企业品牌形象和声誉。协会启动质量安全突发事件预案，为挽回行业负面影响发挥积极作用。

2．认真开展质量调查。对本地区家纺产品质量情况作一次综合调研。通过抽样调查20多户各种类型的家纺企业，质量情况基本达到“三个明显”：质量意识明显有增强、质量管理明显有进步、被质技监部门抽查的产品合格率明显高于行业平均水平。落实抓源头，从前道控制产品质量；抓规范，建立和完善质量管理体系；抓培训，全员参与质量管理；抓深化，开展形式多样质量管理活动。对被政府部门抽查出的产品质量问题，及时与企业沟通并督促整改，及时向有关部门反馈。

3．积极组织贯标培训。7月27日，组织25位企业领导和相关负责人，冒着酷暑参加中国家纺协会在南通举办的床上用品质量标准的培训。

4．推荐企业领导担任全国标准委员会委员。在中国家纺协会领导的关心下，借全国家用纺织品标准化技术委员会换届之际，在上海地区原有3户企业的基础上，又推荐5户企业的领导任标委会委员，2户企业的专家任床品标委会委员，扩大了上海地区的话语权。

四、开展行业诚信体系建设，维护行业竞争秩序

1．继续抓好诚信企业创建工作。一是参与组织开展诚信工作培训。二是抓好诚信企业创建级别的转换。行业诚信企业有45户，其中五星级诚信企业23户、四星级6户、三星级9户。三是加强诚信网络平台管理。每个月做好诚信网络管理平台中诚信排行、人员风采、标准警示等版块的有关工作，得到市诚信办的奖励。

2．积极开展企业社会责任工作。企业把履行社会责任融入企业发展战略和管理体系，一些企业还成为市和区文明单位。4月，组织会员企业与荷兰企业共同研讨企业社会责任问题。

五、加强协会规范化建设，提升协会自身能力

1．积极参加规范化建设评估工作。根据市社团局《关于开展行业协会评估工作的通知》要求，协会在创建过程中做到3个坚持：一是坚持领导重视、责任到人。二是坚持从严要求，边查边改。三是坚持以评促建，推动发展。通过有关领导部门和专家的检查评估，被评为4A级协会。

2．积极申报市中小企业服务机构。为提高服务企业和政府的能力，承接政府职能的转移，通过申报、答辩、审核、公示，被批准为上海中小企业服务机构。秘书处利用各种资源努力为企业服务。组织企业参加中国家纺协会召开的床品年会、中国家纺大会；与河南新野县政府共同召开产业合作交流会；多次组织企业参加企业风险控制、知识产权保护等法律培训；组织多户外贸企业参加外贸实务知识和规避风险的培训，帮助企业拓展市场；配合市检验检疫局做好技术性贸易措施预警工作，为企业出口保驾护航；为企业间的经营合作牵线搭桥、排忧解难。

（吴淑仪）

上海市室内装饰行业协会

上海市室内装饰行业协会成立于1987年10月15日，是由本市从事室内装饰、室内设计、装饰材料、产品及科研院校等相关企事业单位自愿组成，跨部门、跨所有制的非营利性社会团体法人。现有会员单位1200户。

2013年主要工作：

一、连续成功举办第四届“2013上海国际室内设计节”

1．举行开幕仪式和国际室内设计流行趋势发布会。9月5日，举行隆重开幕式，中国轻工业联合会会长步正发、市经团联会长蒋以任、市经信委副主任刘健、中国室内装饰协会会长刘珝、国际室内建筑师和设计师团体联盟（IFI）主席莎茜．凯娜以及来自全国各省市建筑装饰著名龙头企业家、中外设计师约350人参加开幕式。

在“2013上海国际室内设计流行趋势发布会”上，4位国际著名设计大师作精彩演讲。法国建筑师保罗·安德鲁、中国工程院院士魏敦山、墨西哥设计师马克·克尔罗、法国古建筑师查礼·伯斯特先后对自己设计的机场、中国国家大剧院、观演厅堂、创意住宅和古建筑修复实例进行前瞻性、导向性、启迪性的学术演讲，深度关注建筑室内设计对城市建设、生态文明、人文关怀的影响和价值取向，传递新流行趋势，催动新设计理念。

2．举行“金座杯”颁奖仪式暨“诠释·设计师之夜”。9月5日，“设计节”组委会为5位国际著名杰出建筑设计师颁发“金座杯大师奖”；聘请IFI主席莎茜·凯娜为国际顾问；聘请清华大学美术学院教授郑曙旸为顾问，为上海形成国际设计集聚中心、形成长效发展机制建立人才制高点。

3．举行“2013中国竹材装饰设计与应用高峰论坛”。9月6日，举办第二届“中国竹材装饰设计与应用高峰论坛”，中国工程院士张齐生、芬兰设计大师佩卡·萨米宁、上海资深设计师郑稼和分别对竹材的开发应用、无锡大剧院竹材装饰实例、中国竹文化等成功范例作精彩演讲，赢得与会企业和设计师好评，绽放出竹材在室内装饰开发与应用的华彩光芒。论坛上，中国室内装饰协会授牌我会负责运行的“中国竹材装饰（上海）设计应用推广中心”宣告成立；组委会聘任佩卡·萨米宁设计大师为“中心”的首席国际顾问。

4．举办首届“2013上海装饰设计创意精品博览会”。“设计节组委会”与《新闻晨报》、《新民晚报》主流媒体联手50户品牌装饰企业在上海光大会展中心举办“2013上海装饰设计创意精品博览会”，投放40个整版版面开展宣传，展示全市室内装饰行业在“创新驱动、转型发展”实践中的新成果。同时，博览会还开展品牌评优，有10户参展企业获得“设计创意品牌奖”。

5．首次开展“设计点亮生活”的装饰惠民服务周活动。组织42户会员企业开展“诚信装饰惠民服务”咨询活动，开创会员参与，面向百姓服务的新局面；开展“荣欣第三代成品装饰体验展示展览”和“红星美凯龙”等七大家居卖场装饰惠民咨询联动；组委会联合《新民晚报》、《劳动报》、《新闻晨报》等媒体，并在电台、电视台、搜房网等媒体及时报道，扩大了行业协会、企业的影响力。

设计节期间，与《当代设计》杂志共同举办“海峡两岸室内设计师合作交流论坛”；与市家纺协会共同承办“中国软装与硬装跨界室内设计论坛”；应墨西哥驻上海大使馆邀请，举办“上海与墨西哥两地城市室内设计合作交流”；还积极参与协办“2013中国家具设计大会”等设计与产业多元对接的交流活动，极大丰富了设计节内涵，增加了设计节的资源。

二、完成第七届理事会补选工作

8月9日，在奉贤南桥举行“第七届第三次理事会暨第二次常务理事会议”，会议审议《第七届第三次理事会补选会长办法》和《监票人人选名单》，经全体理事投票选举，“上海荣欣装潢有限公司”董事长陈国宏当选为新会长。

三、积极参与“第三届上海轻工新品名品展示展销会”

3月29日–4月1日，由市经信委、市商委主办的“第三届上海轻工新品名品展示展销会”在上海展览中心举行。协会精心组织“荣欣”、“进念”、“松下”3户企业参展，通过设计实例、高端厨卫展示和施工咨询等形式面向消费者服务，丰富了轻工与室内装饰产业关联的内涵，扩大了行业影响，提高了企业声誉。本届轻工展，协会被评为“最佳组织奖”。

四、开展“以设计引领产业”为驱动发展的合作交流

1．开展室内设计与伊朗波斯地毯文化艺术交流。3月27–29日，与伊朗驻中国大使馆商务参赞组织的伊朗地毯艺术设计代表团开展文化交流，代表团参观、考察上海现代建筑设计集团环境院、荣欣弘馆（建配龙）家居样板房、东华大学环艺院以及苏州朗誉别墅装饰设计中心，交流活动拓宽了室内装饰与伊朗软装文化艺术的合作空间。

2．联合建立“中环商贸区国际家居设计创意联盟”。为推进室内装饰行业与家居产业战略发展，与红星美凯龙（真北店）建立设计与家居合作关系，4月26日宣告成立“中环商贸区国际家居设计创意联盟”，对增强行业实力、拉动产业链、推进设计创新、提升居住环境品质具有重要作用。

3．确立上海竹材装饰开发与应用的长效合作机制。为推进上海竹材装饰发展，加快形成室内装饰绿色环保的可持续战略，在中国室内装饰协、上海市文创办的支持下，积极依托中国竹产业协会、安吉县竹产业发展局优势，共同确立竹材装饰长效合作机制，形成以上海为中心、幅射全国的竹材装饰设计、研发、应用与展销基地，拓展室内装饰行业服务领域，为争取政府优先扶持绿色环保产业制高点，具有重要战略意义。

4．积极开展中外室内装饰产业联动与合作交流。积极组织会员、设计师开展中外产业联动交流，先后与美国针叶材出口联盟举办“美国住宅木作装饰技术和室内设计研讨会”；与韩国乐喜尔公司开展“家庭工艺陈设保险柜展示”交流；与安徽桑乐金股份有限公司上海旗舰店（世界顶级德国 Saunalux 桑拿房品牌）互动交流、开展“画意空间·云行艺术——美利肯地毯在室内装饰设计中的应用”展示交流会；参与、支持嘉兴软装设计中心开业典礼与论坛交流，以形成沪、嘉两地陈设艺术设计资源互补机制；与无锡市旭日装饰集团开展“长三角室内装饰可持续发展论坛”，以共同增强长三角地区竞争力；开展“荣欣第三代家装合作交流研讨会”，进一步推进全装修创新经营模式实施。

五、持续开展行业诚信和星级达标工作

坚持把“诚信体系建设”作为规范行业，提升企业核心竞争力的一项长效机制来抓，坚持把行业诚信与市级诚信有效地结合起来，整体上形成市级、行业、企业齐抓共创、共管良好局面。有 17 户企业加入市级诚信创建行列，14 户企业获得星级诚信创建企业称号。

坚持开展“星级达标”活动，在重点考核企业硬实力，更多地兼顾企业讲诚信、抓质量、重安全、育人才等方面软实力，保证同步完善、同步考核、同步发展的水平，“星级达标”工作运行机制得到进一步优化。

六、制订、建立合同示范文本和行业统计

制订《室内装饰工程监理合同》，在广泛征听建议基础上，正式进入市工商局审核、批准程序。下半年，协会组织力量，修订、充实、完善了《上海市室内装饰行业工程施工合同》。按照市经信委关于加强行业统计要求，积极开展全社会室内装饰行业统计数据模型建设，被市经信委纳入重点研究课题，在统计调研、建设中取得新进展。

七、搭建文化创意产业服务平台

按照《上海市文化创意产业发展“十二五”规划》实施战略要求，以“创新、转型、发展”为抓手，着力为行业、企业长远发展搭建服务平台。协会向上海市文化创意产业推进办公室成功申报“上海竹材装饰设计与应用推广中心服务平台”和“2013 上海国际室内设计节活动”2 个政府重点项目，进一步为行业及企业抓住发展机遇、拓宽服务领域搭建了平台。

八、开展“上海市行业协会商会规范化建设评估”工作

根据市政府关于开展行业协会履行政府职能转移、进一步服务企业和发展产业的等级评估要求，4 月起，积极开展规范管理建设，对照“基础条件”、“内部治理”、“工作绩效”和“社会评价”考核指标进行资料归档，完善、健全各项管理制度，通过 6 个月的努力，取得“以评促建”成效。经市经信委、市社团局、市征信公司等专家考评，协会被评为四星级行业协会。

九、为企业开展各类岗位职业资格培训

全年共培训中级室内设计师 184 名、高级室内设计师 109 名，陈设艺术设计师 62 名；培训项目经理 83 名，监理师 40 名。开办 2 期安全员班，培训出持证安全员 51 名。为做好施工企业工程安全、质量报监备案，与市室内装饰质量检测检验站开展了 2 期施工安全、质量报监员培训。积极为室内设计师职称评定做好服务，4 名设计师取得中级工艺美术师职称资格。

十、积极参加“中国室内设计周”评优表彰活动

12 月 4—6 日，北京举行中国室内装饰协会成立 25 周年庆典和“中国室内设计周”活动，协会以此为契机，积极推荐设计师参加“2013 居然杯 CIDA 中国室内设计大奖赛”活动，推荐会员企业参加全国评优表彰活动。经评审，协会共有 6 个企业的 9 个项目被评为“2013 居然杯 CIDA 中国室内设计（地区）大奖”，其中 2 个“办公空间奖提名奖”，1 个“商业空间奖”，1 个“文化空间奖”，1 个“文化空间奖提名奖”，3 个“商业空间奖提名奖”，1 个“样板房设计奖提名奖”；有 20 户企业的 24 个项目获得全国评优表彰，其中 9 户“全国优秀企业奖”，6 个“全国优质工程奖”，6 个“全国优秀设计奖”，3 家“全国优秀设计机构”，在全国表彰大会上，协会被中国室内装饰协会评为“中国室内装饰行业优秀协会”；名誉会长沈国臣、常务副会长曹荣昌被评为“中国室内装饰行业突出贡献奖”。

十一、竹材装饰中心工作会议确定三年发展规划

9 月 6 日，中国室内装饰协会授予协会“中国竹材装饰（上海）设计应用推广中心”正式宣告成立。12 月 30 日，为建立竹材装饰可持续发展机制，加快推进开发与应用，与中国竹产业协会、安吉县竹产业发展局召开“中国竹材装饰（上海）设计应用推广中心第一次工作会议”，确定竹材装饰三年发展规划。

十二、坚持完善会刊和网站的建设与服务

加大力度对《室内装饰》会刊进行充实、调整、提高，坚持每 2 个月出版 1 期，发送到会员、设计师及有关政府部门、兄弟协会，聚焦报道“上海国际室内设计节”、“上海设计之都活动周”以及企业成功经验等方面内容；对网站服务功能也进行了优化提高，为扩大行业影响，提高服务政府、服务行业、服务会员信息传播实效起到积极作用。

（李兴龙）

上海工艺美术行业协会

上海工艺美术行业协会成立于1996年2月，为本市工艺美术生产、经营、科研、教育、设计及服务行业企事业单位自愿组成的跨部门、跨所有制的行业性社会团体法人，现有会员单位400余户。下设红木雕刻专业委员会、旅游纪念（礼）品专业委员会。

2013年主要工作：

一、积极推进“平台”建设和《三年行动计划》编制工作

1．“平台”建设进一步深化。平台工作明确划分为五大组成部分，秘书处承担数据库建设工作，计划第一年先做梳理，做到建库工作与服务会员、服务行业、推动产业发展相结合，在突出重点抓绩效上求突破，充分发挥工艺美术数据库应有的作用。

2．《三年行动计划》着手编制。积极配合市经信委相关部门拟写《三年行动计划》，认真总结分析上海工艺美术发展的背景、现状和趋势。开展创建“综合体”项目调研，得到行业内外中小企业赞同与配合。至年末，“东方琉璃艺术中心”、“传世珐琅”、“中国红木产业园—中式家具设计研究中心”等项目报告已形成雏形。

二、拓展工艺美术传承工作新内涵

1．成功举办2013上海当代工艺美术精品展。11月17日-12月6日，“2013上海当代工艺美术精品展”在工艺美术博物馆举办，吸引本市广大工艺美术专业人士和社会观众，参观人数和观摩领导创近年新高。

2．认真做好第三批上海市传统工艺美术品种、技艺评审后续工作。跨年度开展本市传统工艺美术品种技艺的评审工作，对本市申报的11项品种、21项技艺进行评审。上半年完成品种、技艺证书颁证工作。

3．有序推进《中国工艺美术全集·上海卷》编写工作。3月，《全集》编撰工作会议在深圳举行，领导小组组长李铁映和执行主编冯远出席会议并和与会代表共商编撰工作。4月，举行《全集·上海卷》编撰人员《工作指导手册（修订版）》培训工作会议。8月，参加在哈尔滨召开的《全集》领导小组会议。

4．精雕细作《案例集》。《发展中的上海工艺美术》（以下简称《案例集》）自上年下半年开始征稿，2013年上半年修改、定稿，并于9月印刷发行。通过《案例集》出版发行，扩大了行业中优秀企业、设计师和品牌在国内外的影响，为企业走出国门、发展产业打好基础。

5．增添平台信息库建设新内容。3-6月，集中对专家库进行更新。至6月底，共更新82位专家信息资料，并增加部分外省市专家和第二批上海市工艺美术大师内容，丰富了专家库信息源，基本完成平台信息库建设工作。

6．协助编辑《民族奇葩》邮册。黄浦区商务委决定出资为区内大师制作《民族奇葩》，向国内外宣传黄浦区工艺美术大师为弘扬中华优秀传统文化、扩大上海及黄浦区在海内外的影响力、带动都市型文化创意产业的发展作出的贡献。邮册已于年内完成，并举行发行仪式。

7．认真落实初、中级工艺美术专业任职资格考试计划。年初、中级工艺美术专业任职资格考试的主管单位由市人社局移交至市经信委职改办。共有15人报名初级、102人报名中级。其中，9人报名初级培训、45人报名中级培训。根据市经信委职改办的要求，2014年起，上海市工艺美术系列中级专业技术职务任职资格将改为评审制。年底出方案作准备工作，上报市经信委。

8．稳步开展手工艺进社区、进学校活动。协会一直把手工艺走进社区、走进学校作为传统工艺美术保护工作的重要抓手。协助徐家汇街道开展端午节自制香袋等活动，其中纸艺传授活动已在社区开展多年。

三、“两红委”服务工作，开创新局面

1．全力宣传推广《红木家具零售经营企业服务规范》。1月，试行本市地方标准《红木家具零售经营企业服务规范》。

2．及时启动本市红木家具维修服务规范的研讨和撰写工作。6月，初步形成维修服务规范框架，下半年正式成文，并组织讨论，为明年立项做准备。

3．充分发挥《红木艺术家具》专刊宣传载体作用。1月，红木雕刻专委会与《上海商报》社合作，推出每月1期《红木艺术家具》专刊，已出版12期。

4．努力探索“虚实互动”的新形式。跟踪“上海海派红木艺术博物馆”装修进度，按计划，海派红木艺术博物馆将于2014年1月正式向公众开放。

四、“旅专委”工作，取得新突破

1．举办2013首饰艺术博览会。9月5-10日，2013首饰艺术博览会在上海豫园万丽酒店举行，博览会得到市、区两级政府主管部门的肯定，并获得市文创办的资助。

2．协助会员单位申报“2013年度上海市促进文化创意产业发展财政扶持资金”。大力协助有关会员单位积极申报，同时，注重从专业门类细化申报项目，为会员单位争取更多的扶持政策及资金资助，为产业发展服务。

3．开展旅游纪念品特许商店授权挂牌工作。上半年，在“老凤祥”外滩店获准悬挂首块由市旅游局指定的特许旅游纪念品销售示范店铭牌。

五、国内外交流合作凸显新成果

1．国内外展览异彩纷呈。相继参加和参与多项展览，如1月9–15日，“宝耀华彩——中国工艺美术大师刘红宝经典艺术作品展”；3月1–6日，“爱的饰品——国际饰品艺术文化展”；4月19–25日，“瓷艺绝伦——钱大统陶瓷艺术精品展”；4月28日–5月5日，“雕刻时光道法自然——刘恩同石雕艺术展”；5月13–26日，“2013上海残疾人工艺美术作品展”；5月28日–6月5日，“饰•崛”2013上海视觉艺术学院毕业生作品汇报展等。

2．进一步开拓国际市场。5月，组织上海工艺美术设计服务平台一行7人赴墨西哥进行为期12天交流考察活动。参加中国工艺美术协会组团出访俄罗斯，考察俄罗斯手工艺市场。

六、协会自身建设取得新进展

协会还在推进平台建设过程中，抓机遇，强学习，积极参加市级主管部门组织的培训和参观，让在秘书处工作年轻大学生得到提高和锻炼。

（工艺美术行业协会）

上海市家具行业协会

上海市家具行业协会成立于1994年1月，为本市家具工业、商业和相关教学、科研、设计、材料行业企事业单位自愿组成的跨部门、跨所有制、非营利的行业性社会团体法人。现有会员单位448户。

2013年主要工作：

一、规范行业树形象，为协会第一要务

面对市场过度竞争，协会针对新情况，再次发起全面修订行业规则大行动。在骨干会员企业的支持、参与下，修订了《行业三包》、《行业销售服务》、《行业产品标识标注》规则，使各项规则更合法有据公平、公正和有操作性。

为提升行业服务质量，在尚无先例、版本的情况下，年前向市技监局提出申请，尝试着手起草制定行业服务标准。年内获得进展，获市技监局正式立案后，先后经市技监局组织初审、复审、专家评审、终审，将于2014年正式公布，成为上海首部《家具经营服务规范》标准，也将是全国首个地方性家具行业的服务性标准，为进一步提升上海家具行业整体服务形象和质量，起着积极作用。

二、拓展服务功能，务求行业全面发展

启动协会工作评估活动，提升服务会员、服务行业的能力。《上海家具》杂志进行新的改版，更好地服务行业。坚持把规范市场和倡导行业诚信作为工作的重中之重。在“企业诚信评价”活动中，评定红星美凯龙等16个商家及亚振家具公司等34个生产企业为行业标兵企业，在行业内树立典型，带动行业诚信规范再上一个台阶。着手启动办公家具专委会工作，首先着力于促进办公家具行业在政府招标市场中形成科学、诚信的运作模式，通过行业协会向有关部门沟通、建议，力求与政府部门间形成良性的信息反馈机制。已正常运转的红木家具专委会，不仅开发《新闻晨报》“红木方圆”这个平台，还积极联络专业和大众媒体，弘扬红木家具文化，带动上海红木家具整体品牌的提升，以优质产品为消费者提供好服务。

上海家具市场近年来涌现亚振、震旦、艺尊轩、爱舒、太亿、东明家具广场、曹家渡家具城等一大批上海市著名商标及上海名牌产品。上海是大型家具流通品牌的会集之地，红星美凯龙、月星家居、吉盛伟邦、建配龙等家具卖场，都将总部设在上海。走品牌建设之路，注重设计和创新能力，是协会积极推进行业工作的重心。强化社会责任意识、倡导生产经营方式转变、倡导资源节约、加速运用电子商务、扬“设计之都”之所长等，正成为协会下一阶段服务与探索的课题。

（童兆祥）

上海宝玉石行业协会

上海宝玉石行业协会成立于1996年5月，是由珠宝、玉石行业及相关教育、科研、鉴定机构的企事业单位自愿组成的跨部门、跨所有制的非营利的行业性社会团体法人。

2013年主要工作：

一、成功举办第五届“玉龙奖”作品评选活动

第五届“玉龙奖”由世玉文化公司冠名承办。4月，第五届“玉龙奖”作品评选活动在浦东成功举办。活动收到作品1000多件，入围近700件，一批作品获奖，送展作品涉及17个种类宝玉石，遍及10余个省市、地区，得到江苏、河南、扬州、平洲、北京、天津、云南、新疆、内蒙古等各地协会组织大力支持。活动联手新民网，首创网上“最受公众喜爱奖”评选。活动期间逢雅安地震，组委会与大师沟通，吴德昇等18位大师连夜赶制祈福玉牌、平安扣，举办赈灾义拍，募集资金72.7万元，全部捐往灾区。“玉龙奖”评选活动不以赢利为目的，经费来自于民，用之于民，得到会员单位、参会企业与人员、社会各界的大力支持。在组委会的整体安排下，整个活动精细策划，取得隆重、热烈、精彩、难忘的预期效果，在前两届成功举办的基础上，又一次以立足上海面向全国的开放性、注重创意设计的创造性和各方参与的多元性，成为现今中国玉雕界举足轻重的大型评选活动之一。

二、围绕需求，开展会员服务与活动

3—4月，参与协办第三届上海轻工新品名品展示展销会，组织推荐会员参加。老凤祥首饰与老庙黄金黄金饰品获最具影响力的上海轻工品牌奖，张铁军珠宝翡翠玉雕获上海轻工名优新特产品金奖，城隍珠宝的玉器获银奖。亚一金店、天宝龙凤、瑞龙玉雕等参展企业在经济效益与社会影响方面卓有成效。年中，协助轻工业协会开展上海市“名、特、优、新”中小企业申报工作，组织推荐一批会员单位作为编写《发展中的上海工艺美术》的典型案例，有7户会员资料入编成册。通过通讯与网站，对行业内“名、特、优、新”中小企业、“发展中的上海工艺美术”等案例开展宣传，还开始为筹办会刊作准备。还推荐会员企业参加品牌建设培训、参与上汽集团销售网络的对接，协助兄弟协会开展“当代工艺美术精品展”宣传与作品征集等活动，积极参与联合主办或协办上海国际珠宝首饰展览会等多项展会。

尝试举办“会员下午茶”沙龙，会员可围绕“市场需求、互助发展、规范要求、信息交流”，开展探讨沟通互动。6月，第一次活动邀请理事单位上海珠宝玉石贵金属检测中心陈丁滢副站长进行国标解读，就标识问题进行重点讲解。8月，邀请《上海商报》艺术品投资周刊主编陆华与会，探讨当今传统艺术品市场问题，对市场需求进行梳理，就如何精确定位产品、发展创新提出看法。11月，组织澳宝研讨交流鉴赏，由澳洲欧泊协会副会长陈永洁女士主讲，受到大家欢迎。

假座上海工艺美术博物馆接待泰国驻华大使馆商务公使庄派吉先生。接待澳大利亚闪电岭矿业协会主席等澳洲贵宾。多次外出与“百花奖”、“子冈杯”、“良渚杯”等评选活动主办方交流学习。召开座谈会听取对“玉龙奖”评选活动的意见建议，为更好地开展新一届“玉龙奖”评选作准备。

三、服务行业，提升玉雕整体专业水准

为提高上海玉雕大师作品知识产权意识，在玉器节上举办“知识产权、专利保护”讲座，邀请专家讲解知识产权保护的重要性、内容和方法，介绍知识产权自我保护的案例。会同中国轻工业珠宝首饰中心职业培训管理站组织开展工艺品雕刻工（玉石雕刻）技师与高级技师培训，经考核产生33名高级技师、10名技师，由国家人社部颁发证书。主办4场上海玉雕大师个人作品展销月活动，并再次组织玉雕大师体检，关爱大师健康。

根据上海玉雕大师评审管理办法，组织开展对第一届上海玉雕大师的复验，启动第二届评审申报，至年末已有64名从业人员进行申报。为做好上海玉雕大师评审，保证整体水平，进一步修改完善评审办法，提高专业技能水平条件，要求上海特级玉雕大师和玉雕大师必须具备高级工艺美术师或高级技师资质，上海玉雕师则必须具有工艺美术师或技师资质。协会开展对从业人员专业技能培训，得到瑞龙、新侨等会员单位及多位玉雕大师的大力支持，并得到上海轻工业协会特有工种鉴定站支持，经认真准备，11月，协会组织青浦地区近30名人员开展工艺品雕刻工初级工培训，合格者将获得国家人社部资格证书。

四、创建诚信行业，建设规范化协会

3月，召开2012年度行业自律检查通报会，肯定延续10年的行业自律检查工作，提升了企业诚信与规范，强调企业应承担的社会与法律责任。年内市消保委对上海行业骨干企业连锁店进行贵金属珠宝首饰抽查，情况反映优良，显现了行业诚信规范。

努力承担社会责任，4月，响应雅安赈灾；9月，参加市经信委、征信办组织的“诚信月”社会服务活动，开展现场咨询；11 月，开展的工艺品雕刻工专业技能培训，得到社会认可与赞许。协会当年获得本市社会组织规范化建设评估 3A 等级资质。完成网站页面更新，提升功能，建立下载与视频，继续做好会员单位的网站链接，还增添了微博链接。协会进一步健全制度管理，增补副秘书长，调整人员结构。同时，继续实施对工作人员的健康体检，改善员工工作与生活条件。

（包富樑）

上海市乐器行业协会

上海市乐器行业协会成立于 2009 年 2 月，是由上海生产、经营各类乐器的企业以及相关的专业院校等自愿组成的非营利性的社会团体法人。现有团体会员单位 40 户。

2013 年主要工作：

1．深入企业加强调查研究。先后到中雅钢琴公司、华新电子琴公司等会员企业了解会员企业当前在生产和经营中遇到困难和问题，帮助企业出谋划策共同协商解决办法。上海柏斯琴业有限公司近年来进一步拓展生产和经营。从企业的长远发展战略角度，在金陵路乐器一条街开设颇具规模乐器销售旗舰店，为取得市场经营主动权迈出了具有战略意义的步伐。柏斯在不断扩大经营规模的基础上，还牢牢抓住创建自己民族品牌，其在湖北宜昌生产基地扩大了钢琴生产流水线，首批质优价廉符合市场需求的“长江牌”钢琴已经投入市场，受到消费者欢迎。上海民族乐器一厂近年继续保持生产经营发展势头，取得相当好的经济效益和社会效益。其产品在市场上信誉越来越得到消费者信赖。该厂在产品开发和生产技术上不断创新，研制出多声弦制古筝，该产品属创新型，解决了传统古筝在演奏中调式或调性的转换困难，获得上海市“专、精、特、新”产品称号。上海钢琴公司积极拓展斯特劳斯钢琴销售市场，在多年和东方 cj 合作基础上，又有新的发展，在乐器展上推出国内首创的智能声学钢琴。还组织理事参观上海玛珂钢琴公司，新建现代化厂房，相互交流企业生产经营状况，共同探讨市场开发和明年发展目标。

2．协助办好 2013 年中国（上海）国际乐器展览会。10 月 13 日，历时 4 天展会圆满结束，展会规模达到创纪录的 9200 平方米，全球 86 个国家与地区的 1680 户企业参加展会，68621 名海内、外观众参观展览。协会工作人员对部分展商进行走访和了解，大部分参展商对展会予以较高评介，对展会发展和规模扩大充满信心和期待。同时，根据部份展商和观众的建议，对 2014 年工作提出一些改进意见供组委会参考。

3．举办 1 次钢琴调律师技师鉴定工作，通过二级技师 7 名，高级技师 2 名，开展 2 次调律师鉴定工作，共有 21 名初级调律师、34 名中级调律师、9 名高级调律师通过考核。其次，受市人社部委托对上海地区钢琴调律师进行鉴定，共开展 8 批鉴定工作。协会通过调律师技术等级鉴定工作，不仅培养壮大了钢琴调律师队伍，提高了职工技能素质水平，也为企业发展培养了一批又一批专业技术人才。

4．积极组织上海钢琴公司、上海民族乐器一厂、上海中雅钢琴厂、上海国光口琴厂等企业参加上海市轻工行业名、特、优、新产品展销会，取得良好经济效益和社会效益。

5．充分利用市工经联、咨询协会、服务业联合会等社会组织，组织会员企业参加各类相关讲座，帮助企业了解政策，扩大信息渠道。注意加强企业社会责任和诚信建设工作。落实行业自律工作，派专人参加上级培训学习，取得资格证书。

6．党支部在开展创先争优基础上，组织党员干部开展党的群众路线教育活动，严格遵守党纪党章和有关规定，不断加强自身建设，提高反腐能力，发挥先锋模范作用。工会组织在上海轻工工会联合会的领导指导下，结合自身特点，组织劳动竞赛，创建品牌先进，还在夏季百年未遇高温天气深入中雅钢琴公司、华新电子乐器公司等生产一线慰问职工，得到企业好评和支持，协会被光荣评为“2013 年工会之友”。

（范志华）

上海市钟表行业协会

上海市钟表行业协会成立于 1996 年，为本市钟表、钟表配件及计时仪器行业企事业单位自愿组成的跨部门、跨所有制的非营利的行业性的社会团体法人。现有各种所有制会员单位 90 多户，涵盖上海钟表制造、营销、科研、教育、培训等方面的精干主体。

2013 年主要工作：

一、积极推动行业产品升级，加快传统制造业的改造

1．围绕转型发展开展一系列活动。年初，举办以“转型，传统制造业的自我挑战”为主题的论坛，年底，举办以结合解读上海自贸区政策，学习瑞士钟表技术为主题的上海钟表发展论坛。两次论坛就从传统文化与钟表设计的结合、手表功能的流行趋势、钟表制造业传统管理模式的转变、钟表技术的提升与合作、瑞士钟表技术发展对国产钟表的启示等进行交流和探讨，嘉宾们对上海钟表发展提出建设性想法和建议，为上海钟表制造业的转型发展提供了值得研究和努力的课题。3月，组织部分企业参加第三届上海轻工新品名品展，上海牌手表，九鼎、汉斯、青蓝的时钟，协力圈簧制造有限公司的航天、航空弹性器件产品等集中反映了行业产品不断升级。特别是上海表业有限公司推出的三维立体陀飞轮机芯具有极高技术含量，代表了当今顶级的制表技术。同样，上海协力卷簧有限公司多年来一直研发改进飞船太阳能帆板展开的关键零件动力弹簧，为国家航天工业作出贡献。还先后推荐上海九鼎钟业有限公司、上海斯维世表业有限公司参加由政府资助的日本东亚贸易展和在广州举行的第十届中国中小企业博览会。

2．围绕转型发展开展调研工作。编写《上海市钟表行业可持续发展研究》报告，报告从钟表制造业的特性；钟表制造业是城市经济发展不可或缺行业；钟表产业与科技产业能相互融合；钟表制造业带动二、三产融合发展；钟表产业为城市劳动力就业，提高就业层次提供机会；机械钟表制造进入具有较高门坎的特点等六方面阐述上海钟表行业存在和发展的必要条件。同时，从国内外市场需求，品牌建设，制造业与服务业融合发展的角度，提出钟表行业转型发展的建议。8月，积极参与市政府发展研究中心组织的课题研究项目，完成提交《上海钟表行业对标分析及发展研究》论文，对国外先进钟表制造业与国内传统钟表制造业进行比较分析，寻找差距，提出提升发展途径和建议。

3． 围绕转型发展开展品牌建设工作。8月，推荐上海关勒铭有限公司、上海星钻秒表有限公司、上海九鼎钟业有限公司等申报上海市“专、精、特、新”中小企业申报工作。同时，推荐上海牌手表、上海九鼎钟业有限公司等参加在上海世贸中心建立的市“专、精、特、新、”产品展示申报工作。9月，支持、协助上海表业有限公司参加市经信委组织的“上海市加快自主品牌建设专项资金支持项目”申报工作，“上海牌手表品牌综合提升项目”获得政府资金支持，继2012年后再次得到政府扶持。

二、积极开展行业协会规范化建设工作

5月，积极申报参加上海市第二批行业协会规范化建设评估工作。6月，制定规范化建设评估工作方案，组建领导班子和工作小组。积极参加由市工经联组织的规范化建设评估培训班，接受培训与指导。协会规范化建设评估工作小组，以基础条件、内部管理、工作绩效、社会评价要求逐项对照梳理和归纳，对照标准找差距，完善提高管理能力，实事求是地进行自我评估。经过专家评审，认为符合协会自审要求及自评分。

三、倡导诚信守诺承担社会责任

根据市社团局通知，积极组织开展自律与诚信创建活动，向会员企业发出《关于加强上海市钟表行业企业单位自律与诚信建设倡议书》，已有近40户企业积极响应。

因消费者在境外购买全球联保的高档钟表，在国内进行保养、保修情况越来越多，相关保养与维修服务质量的投诉也日益增多。根据上海市消保委要求，与静安区消保委联手成立钟表专业办公室，确定历峰集团（上海）商贸有限公司、上海纳沙泰尔手表服务中心、上海三联（集团）有限公司等22户企业成为网络单位，聘请14位专家、学者担任专业顾问，将根据消费领域特点，有侧重地开展维权工作，维护广大消费者权益，以加强钟表消费领域的专业化维权工作。

继上年与市残疾人劳动服务中心、上海华东师范大学公共管理学院合作进行的上海市残疾人就业、培训一体化课题研究基础上，年内与市残疾人劳动服务中心继续合作实施“上海市残疾人钟表维修实训中心”方案论证工作。在市残疾人劳动服务中心支持下，普陀区率先进行残疾人钟表维修实训基地试点工作。由普陀区残联提供场地，上海表业有限公司提供技术、管理，维修设备等帮助残疾人进行钟表维修实践培训。

四、其他工作

参与swatch集团上海纳沙泰尔手表服务中心漕河泾维修工厂二期建设的鉴定工作。联合上海钟表质量监督检验站对今年钟表质量检测情况进行公示。全年手表送检批次达到151批次，时钟25批次，送检企业达70户，送检品牌手表品牌105个、时钟品牌24个；品牌中包括爱彼、宝格丽、真力时、宇舶、豪雅、摩凡陀等品牌；处理钟表质量投诉20多起。协助司法机关、消费者进行钟表真伪鉴定服务77起，并出具鉴定报告。开展国内外钟表交流活动，先后接待瑞士、法国钟表行业企业的拜访与交流，并组织上海部分钟表企业赴瑞士巴塞尔国际钟表展考察活动。

（蔡辉明）

上海市纸业行业协会

上海市纸业行业协会成立于2003年8月，是以造纸生产企业、加工纸生产企业、纸制品生产企业、造纸机械生产企业、造纸化学品生产企业、纸张纸品经销商、科研院所等相关企事业单位自愿组成的跨部门、跨所有制的非营利的行业性社会团体法人。现有会员单位70余户。

2013年主要工作：

一、加强自身建设，践行社会评估，强化协会职能

1．3月13日，协会第九次会员大会及三届一次理事会会议在新苑宾馆召开，会议通过理事会工作报告和修改后章程，选举产生新一届协会领导班子。

2．根据市社团局关于开展行业协会评估工作要求，积极参加并认真开展评估准备工作。10月，完成规范化建设（三星级）评估、验收。目前已获得通过。

3．加强行业诚信建设和企业诚信创建工作。至年末，在诚信创建企业中已有四星级3户，三星级9户，二星级5户，一星级1户。2014年1季度将有4户企业转升四星级，1户转三星级，1户转二星级。协会在A类行业诚信建设网络管理平台评分中位居前列。

4．做好授权统计，正确、及时完成统计部门下达的统计报表上报任务。受市统计局委托，正式填写《受委托协会企业主要工业产品产、销存及订货情况表》。年底，召开行业统计工作会议，回顾总结统计工作情况，提出新一年工作要求，并邀请市统计局和有关部门专家莅临指导、答疑解惑。还对统计工作做得较好单位进行表彰，促使这项工作更好地开展。

5．积极参与市商务委组织的活动和工作，积极参加会议，沟通信息，提供和反映情况，撰写的行业年度情况报告被多个年鉴及组织所采用。

二、服务会员企业，推进节能减排，促进循环经济

1．牵头会员单位道力其能源科技有限公司与业内有关单位合作利用锅炉蒸汽、投资建设的压差发电项目建成并试运行成功，以减少外购电量，达到节约能源目标。

2．由协会推荐报送的殷泰纸业有限公司公务部获得全国造纸行业节能减排达标竞赛优胜班组称号，并在武汉被授奖。

3．积极推进殷泰纸业“造纸污泥制造泥浆纸”项目，解决造纸下脚污泥出路和环境污染问题，企业投资600万元资金建设项目，已成功出纸，使纸下脚得到综合利用。

4．承接全球最大液态食品包装生产企业利乐（中国）有限公司关于废弃牛奶饮料盒在废纸板中的比例调研，完成在上海的预调研报告。

5．组织有关会员单位参加兄弟省各类招商活动，加强与外省市联系。

三、服务社会服务政府，建设和谐造纸，营造行业文化

1．2013年上海碳交易正式启动，造纸是用能大户，本市主要造纸企业“中隆”、“殷泰”、“金奉源”、“东冠”等企业年耗标煤量均超万吨，甚至10万吨，纳入交易范围。协会对此高度重视，在准备阶段积极协助配合市发改委等政府部门，提供情况并反映企业要求。

2．完成上海造纸行业年度生产概况等多份报告，为有关部门提供参考资料，并积极反映行业、企业诉求。

3．尽企业社会责任，献爱心教育事业。业内企业利用自有产品加工成学生学习及试卷用纸，分别向本市宝山、普陀、奉贤、浦东等区的中小学捐赠近20吨学生用纸。

4．积极做好推荐宣传企业产品的各类申报及意见征询。如安兴汇东纸业有限公司是一家集办工用纸加工、销售、纸品印刷为一体的纸制品公司，拥有数个品牌，其中“汇东”、“恩倍”商务办公用纸一直是上海名牌产品。该企业产品市场占有率较高，其中“传美”品牌复印纸已连续10年创本市销量第一。上海宏图纸业有限公司是专业生产经营复合纸板企业，在包装领域被广泛使用。同类产品具有较大的市场影响力，其销售额及销量近在上海市场占有率在20%以上。

5．推荐选送东冠、唯爱等会员单位产品参加上海市中小企业精品展示及轻工行业消费类产品展示。

6．推荐金佰利纸业有限公司制造部工艺技师叶纪平，被评为全国轻工系统劳动模范。金奉源纸业有限公司品管部领班方勤等4人被评为2012年上海轻工行业新生代优秀产业工人。

（张智平）

上海石材行业协会

上海石材行业协会成立于2002年12月，为本市石材加工、贸易、工程、石材养护、石材机械与工具、石材造景与雕刻、人造石、砂石行业企事业单位自愿组成的跨部门、跨所有制的非营利的行业性社会团体法人。现有各种所有制会员单位890户。下设石材养护、石材造景与雕刻、人造石、石材机械与工具等4个专业委员会及砂石分会。

2013年主要工作：

一、注重基础，提升协会服务能力

1．按照市社团局规范化要求进行梳理和执行。协会被市社团局评为4A级协会。为此，协会在制度、决策、标准、会议、财务、人事、项目运作等方面进行梳理，严格按照职权和程序规范运作，在规范化营运能力上有很大提高。

2．推进学习型组织。以打造学习型组织为目标，制定学习计划，利用每周例会腾出时间讨论学习，外请专家授课，带问题到企业实地调研等，营造学习气氛，形成学习机制，巩固学习成果，使工作人员能力有所提高。

3．定期会议、民主决策。先后召开1次理事会、1次常务理事会、3次会长会议，每周召开会长、秘书处办公例会。除此之外，针对石材工程质量、徐泾镇石材业调整、标准发布、公平贸易等，召开各种专题会议，保证会员参与、民主决策，也确保各项工作有序开展。

二、服务企业、做深行业

目前，加上砂石的250户会员，协会共有1200户会员。除继续做好会员专人联络服务制、企业需求第一人落实制、各项工作项目经理负责制等，继续做好《上海石材》杂志、“金石通”网站、《上海石材》短信平台、微博、微信等工作。还在市场调查、行业分析、法务等领域做深服务。一是开展市场调查，深度行业分析。组织专门人员，成立市场研究部，每月选择主题开展调研和分析，发布调研报告。自3月起，撰写《以石材市场景气分析、石材畅销品种调研报告》、《石材矿山报告》、《石材产业园区和市场发展报告》、《石材工程报告》等8篇深度分析报告，并在《上海石材》杂志、网站刊登发布，迅速引起专业媒体和行业的关注，每篇转载率均达到500次以上，成为中国石材行业的权威声音，强化了上海石材的专业地位。二是深入开展石材工程技术咨询服务。协会一方面鼓励石材企业参加专业培训，培训培养石材加工师、施工师、养护师、项目经理以及建造师等专业人才，积极申报施工、设计资质，一方面针对石材企业从事工程碰到的问题提供各种技术咨询，如选材、加工设计、工程深化设计、施工方案设计、项目进度跟踪、验收等，帮助石材企业确保工程按质按量完成，受到双方欢迎。三是在海关进出口、法务、应收款催讨等领域，配备专人，广泛整合社会资源，建立一套解决问题的行之有效的办法，起到实际效果，受到企业的欢迎。

三、注重人才培养，广泛开展国内外交流合作

1．开展石材岗位资格培训。3月25—29日，举办第十五期石材加工师、施工师、养护师、项目经理4个班的中级培训，共有200名学员参加封闭式培训5天。11月，开展第十六期石材岗位资格培训，学员反映效果良好。

2．积极支持青联会工作。5月18日，青联会召开石材企业管理论坛，让广大青年更深入广泛地融入企业营运实际，把论坛引向新的高度；8月27—29日，青联会组织成员赴厦门、水头与当地石材龙头企业进行交流联谊，开阔眼界，取长补短。

3．做好企业品牌工作。经培育和推荐，年内已有3户企业参加上海市名牌的复评，2户石材企业参加上海市著名商标的复评，1户新评。目前，业内企业已有5户上海市名牌，4户上海市著名商标，行业品牌战略初见成效。

4．大力开展对外交流工作。一是借助中国促贸会上海分会、市工商联等平台，与各国驻沪领馆、国外石材机构、企业的交往越来越多，全年共接待5批次41户企业（机构）67位国外同行到协会或会员企业参观交流。二是带队出国考察和参展。年内组织25户企业出访，参加意大利维罗纳展、土耳其石材采购团。三是组织石材企业国内参展，包括莱州展、青岛展、云浮展、厦门展等。

四、做好大型活动，扩大行业影响力

1月，协会10周年庆典拉开序幕。1月15日，成功召开2013上海石材新品展示推荐和产业链发展论坛。在市安质监总站指导下，由市房地产协会、市建筑施工协会、市建筑师联谊会协办，10户企业新品参加展示，30户房地产企业、40户装饰企业、160名设计师等参会，会议取得圆满成功。1月16日，第八届中国石材业风云榜成功举办并举行颁奖，成为中国石材业年度风向标，200多户企业榜上有名。1月16日晚，举行10周年庆典晚会，600多名嘉宾汇集上海，协会10周年功勋奖同时揭晓。其间，还举办第十二届中国石材业发展高峰论坛、石材防病变技术研讨会、石材幕墙技术研讨会、第二届鑫良杯石材异型雕刻大奖赛等系列活动，出版了《2011—2012中国石材业双年鉴》、《上海石材协会十周年画册》。

成功举办2013第五届长三角金石奖。4月，筹备会启动，经协会初审、专家小组现场评审、评委会评审，社会公示、业务主管部门备案核准，共有211个工程荣获金石奖。9月11日，召开颁奖大会，金石奖在行业影响力越来越大。

五、加强行业自律，规范石材市场

1．加强能力等级评定、监管和宣传工作。协会已评定石材加工能力等级企业82户、石材工程能力等级企业111户、石材养护施工能力等级企业45户。同时，继续加强企业专业人员持证培训、轮训工作。

2．协助政府做好备案工作。通过大量宣传、培训工作，让甲方、设计、监理认识到备案的重要性；通过专业辅导，能力评估，让更多石材企业积极参加到备案行例。通过对备案企业的管理和跟踪服务，提升企业的工程能力。

3．做好石材企业诚信日常考评工作。通过计算机系统的运用，增加诚信考评的信息量和参评效率。年底，将按照市建交委要求，对所有会员进行诚信考评打分，从而评选出年度诚信50强，同时公布年度诚信末位10名，推荐10户诚信考评优秀企业提交市建交委通报表扬。

4．在上海市建筑建材业市场管理总站网站、杂志等专业渠道，定期发布上海石材产品市场指导价。此价格已成为石材工程概预算和竣工结算的重要依据，成为上海石材市场价格的晴雨表和风向标。

六、建立保障体系，确保石材工程安全质量

1．《建筑装饰石材工程应用技术规范》上海市地方标准已于9月17日经市建交委科技委评审通过，目前已进入批文程序，年底前后正式颁布，标准覆盖石材幕墙、石材装饰、石材养护以及选材、设计、施工、加工、养护等涉及石材工程的所有领域，这将极大地规范石材市场，确立石材专业在建筑产业链中的地位。

2．编辑出版《新版石材工程标准集》、《石材工程应用100问》等资料，广泛分发到建设单位、施工、设计、石材产业链企业，以普及石材应用知识，规范行业，做好石材工程。

3．举办石材知识讲座。在市安质监总站支持下，与市建设工程咨询行业协会合作，针对石材监理、设计举办2次石材工程应用专题讲座，400多位公司负责人和一线监理、设计师参加讲座，让产业链相关行业了解石材，关注石材，监督用好石材。

4．立项开展专题研究。经市建交委立项，开展《石材工程应用安全质量保障体系研究》课题调研，计划2014年完成。主要在对现有管理体系、已建和在建石材工程调研基础上，提出石材工程管理办法、企业能力要求等，为石材业长远发展进行制度安排，将对上海石材业长期健康发展产生一定影响。

七、认真做好4个专委会、1个分会的工作

机械与工具专委会通过举办石材机械企业和加工企业结对结盟，引进意大利专家对一批旧的意大利进口机械进行改良优化，极大提高机械和工具的使用效率；人造石专委会帮助企业加强国际市场、家装市场的开拓，以及人造石生产技术的研发，使人造石的产品质量有大的提升，市场空间更大；石材异型与雕刻专委会注重与云浮、曲阳、惠安等雕刻之乡的衔接，引进专业人才，还将通过举办异型雕刻技能大赛，比试技艺，发掘优秀人才；养护专委会不断研发石材养护新产品、新机械，加大培训力度，使石材养护在业内深入人心。砂石分会成功进行换届，在市安质监总站、构件分站、市混凝土协会支持下，目前正由协会实施上海市砂石经销企业备案证管理办法，开拓砂石机械领域，增加对会员的服务。各专委会、分会工作丰富了协会工作内容，也使石材行业服务形成完整体系。

八、宣传社会责任，打造行业文化

引导企业积极投入光彩事业等公益活动。据初步统计，会员单位共有52户企业在各种场合捐款，涉及帮困、助学、环保、家乡建设、基金会等，共计金额196万元。市慈善基金会石全石美基金对会员继续实行帮困，体现行业公益平台作用。协会党建工作和业务工作相互促进。石材联合党支部除定期学习，发挥党员先进模范作用，还积极与会员单位党支部、相关协会党组织进行沟通联谊，为石材行业和协会工作献计献策。

（茅明舫）

上海都市型工业协会

上海市都市型工业协会成立于2001年6月，是以本市从事都市型工业生产、经营的企业以及有关高校、科研机构等事业单位自愿组成的跨部门、跨所有制、非营利的行业性社会团体法人。

2013年主要工作：

一、增设机构，完善组织

新设立10个工作部门，如培训部、知识产权部、会展会务部、人力资源部、广告服务部、公共关系部、法务部、财务咨询部、园区工作部、交流部，以此开拓工作新渠道，最大限度为会员单位和社会提供有效的服务。

二、吸纳会员单位，壮大协会队伍

发展新会员工作保持良好态势，达到稳步增长，20多户企业新加入协会。

三、有效利用专利信息，为企业科技创新服务

1．开办讲座，推广专利知识。与上海图书馆共同举办有关科技专利知识培训，汇茂律师事务所李秋实律师、和鹰公司的陶冶部长进行授课，受到与会单位欢迎。与市科协科技咨询服务中心合作，积极推广国外专利信息的应用，服务于会员单位，取得较好效果。

2．走访会员单位，开展专利服务。走访多户会员单位，在专利管理、专利申请、专利撰写等方面提出指导意见和建议，得到会员单位肯定。

四、深入实际进行调研提供科学决策依据

走访会员单位，开展深入调研，取得一手资料和数据，提出都市产业发展策略，向市经信委提出参考建议，按时递交调研报告，圆满完成受政府委托的此项工作。

五、参与公益事业，构建和谐社会

积极参加社会的公益事业，为促进社会和谐贡献一份力量。协会与上海图书馆密切合作，共同发展读者，为扩大读者队伍作出了积极的努力。协会还与残疾人劳动服务中心合作，为残疾人就业寻找机会，开展残疾人就业状况的调研，参与残疾人就业培训基地建设的策划工作。

1．依托图书馆信息资源，实现公共资源利用最大化。与上海图书馆建立密切联系。在协会积极努力下，园区读者队伍得到明显增长，目前已发展将近8000名读者，并办理了读者证。企业员工拥有读者证，丰富了业余生活，而上图的资源推向社会，扩大了公益事业覆盖面。在协会积极引荐下，上年已有7户会员单位成为上图定点服务单位，年内又新增3户，上图读者中心向这些单位授予“定点服务单位”铜牌。

2．推动残疾人公益事业的发展。积极为残疾人就业提供实际、贴切的帮助。上半年，联系部分会员单位的劳动人事部门，参加由市残疾人劳动服务中心组织的残疾人大学生就业招聘会，吸纳残疾人就业。为探索残疾人就业特点，开展社会调查，走访部分企业，还在会员单位中开展残疾人就业试点，以期获得更多经验，服务于残疾人。

六、紧跟时代发展需要，开办多种形式讲座

1．举办专业技术管理人员的职称专题讲座。协会举办此类专题讲座或到企业宣讲总是吸引了广大企业的老总和工程技术人员到会听讲，并提供定向服务，如职称外语、计算机的考试报名，联系继续教育，指导撰写论文，论文发表为其提供和介绍出版单位等。帮助职称申报者发表论文13篇，一对一指导撰写论文业绩工作报告近百人次，帮助职称外语、计算机考试报名50多人次，经济师考试报名20多人次，帮助联系培训和继续教育40多人次。

2．发挥各部门作用，满足会员单位对新政策了解的需求。为让大家能及早对上海自由贸易试验区的新政策、新制度有所了解，协会培训部主任单位上海社会生产力发展研究中心，于9月6日在上海华东师范大学举办“上海自由贸易试验区给企业发展带来的机遇、挑战及应对思路”专题讲座，上海金融学院副院长兼上海市浦东新区人大副主任、浦东新区自贸区研究核心专家吴大器教授，复旦大学经济学院教授、博士生导师、原复旦大学太平洋金融学院院长张晖明教授到场演讲，为企业规划发展提供了参考依据。另还依据会员单位需求，举办人力资源管理干部沙龙，为会员单位提供劳动人事方面法律咨询。

七、宣传自身形象，扩大协会影响

充分利用《简讯》和网络平台发布协会工作动态，扩大协会的影响力。《简讯》的发行量比上年增加18%，年内已制作编发10期。积极在网站上免费为企业作宣传，助推企业做强做大。

八、加强制度化建设，规范协会内部管理

加强协会规范管理，新制定重大事项报告制度、外事管理制度、工作会议制度、民主议事制度等4项规定，议定协会所属工作站工作条例和财务管理规定。协会已制定执行20多项规章制度，建立了较完善的管理体系。

（刘志勇）

上海市糖制食品协会

上海市糖制食品协会成立于1988年6月，是由上海地区从事食糖、糖果、巧克力、糕点、饼干、冷冻饮品、休闲食品、馅料生产经营企业和科研院所、大专院校等单位自愿参加组成的，跨部门、跨所有制的非营利的行业性社会团体。现有会员单位106户，涵盖上海市场90%中西糕点的经营大户和食糖经营龙头企业，囊括上海现有的15户经营焙烤食品、糖制食品的中华老字号企业。

2013年主要工作：

一、加强诚信经营

1．规范产销，确保质量。近年我国食品安全事故频发，整个食品行业成了高危行业。各企业自觉做好以食品安全为重点的食品产销工作，协会逢会必谈，遇事必讲，倡导诚信经营，强调食品安全工作，提醒企业加强领导，健全制度，分级落实，层层把关，确保行业食品零事故。不少企业还加大投资，改进设备，改善生产条件和环境，确保食品安全卫生质量。在各企业坚持不懈努力下，市质监局多次抽查中，会员企业的青团、粽子等产品市场抽查合格率达100%，月饼合格率99.1%。

2．加强引导，稳定价格。为贯彻党中央“稳物价，惠民生”的指示精神，协会通过广泛宣传、市场预测、交流沟通、规范经营等多种形式引导企业稳物价、少涨价，确保上海糖制食品市场价格平稳。食品成本的“料、费、工”中，“料”有所下降，“费”、“工”明显上升。各企业对产品价格实施“持平为主，调高为辅”的方针，采取多种措施达到不涨价，少涨价。据协会统计粽子、月饼价格与上年相比基本持平，散装月饼价格持平率达到95%，盒装月饼价格持平率达到85%，节令食品市场价格基本平稳。

二、加强市场导向

1．做好旺季节令市场预测。经调查研究，收集各种相关数据，了解市场信息，把握食品市场走势，及时写出中秋月饼市场分析预测及2014年春节食品市场预测分析，分别刊登于4月和11月的《上海糖制食品信息》上，为企业决策提供参考。

2．做精上海名特优糖制食品。连续第十一年开展名特优食品评选活动，4月，协会组织交流评选，有18户企业的39种产品荣获“2013年上海名、特、优食品”称号，其中有9款产品连续3年、3款产品连续6年、3款产品连续9年荣获“上海名、特、优产品”称号，于4月18日在《劳动报》登报公示。此外，还及时做好传统节日商品宣传，跟踪报道销售热点。配合、帮助企业做好上海市著名商标、上海市品牌产品的申报工作，为3户企业办理相关证明，提供相关数据。

3．做强节令食品产销。春节宣传企业迎春新产品和营销新举措，清明节拟定《搞好青团产销工作设想》、端午节发布粽子价格信息，中秋召开月饼原料及信息发布会，引导企业不失时机发展节令食品生产，拓展上海节令食品市场，端午节粽子销售额同比上升8.3%。

三、加强服务企业，服务社会

1．4月26日，召开“2013年上海市民低碳行动动员暨月饼信息发布会”，60多户企业领导参加，4户企业展示最新的月饼陷料300余种，2户企业发言，分别介绍企业规范馅料生产和管理的情况，并承诺要以诚信经营为根本，向月饼生产企业提供优质的馅料，一流的服务。会上，协会对月饼市场作了分析和预测，获得与会者认同，还向18户获得“2013年上海名特优食品”称号企业颁发奖牌、证书。

2．办好协会信息。年内共发《上海糖制食品信息》24期，刊登各类稿件信息115篇，专题资料4份，统计分析4份。其中3篇被上海及全国性有关报刊与信息刊物选载，并及时更新协会网页信息，为行业发展助力。

3．召开青团专题会议。1月，很多青团生产企业就不断来电咨询。协会急企业所急，分别于2月4日、2月28日召开青团产销专题会议和紧急会议，邀请市技监局相关领导参加，与会员企业共商解决方案，为市场留住千年流传的节令食品，让市民能吃上优质安全的青团。

4．为企业排忧解难办实事。为27户企业提供50余次咨询、协调服务。例如，指导规范生产、解答有关政策法规、为企业人才需求牵线搭桥，为企业产品开发提供建议，提供原料最新价格信息等，深受企业欢迎。

5．征求《食品添加剂使用标准》修改意见。配合卫生部网上征求《食品添加剂使用标准》的修改意见，还专门向会员发出通知征求意见，及时将建议汇总上报卫生部。

6．组织会员参观学习。5月，牵头组织14户企业参观在上海举办的“第十四届中国国际食品饮料展览会”，并与参展国内外企业洽谈，不出国门了解当今世界食品发展新动态。牵头组织7户企业参观食品添加剂展览和添加剂协会举办的“食品产业发展和添加剂使用研讨会”，为会员提供多方位学习的机会。8月20日，牵头组织9户企业参加市食药监局举办的现制现售培训班学习。

7．加强媒体联系，做好行业宣传。春节、清明节、端午节、中秋节等产销旺季，协会均接受媒体采访，通过媒体向社会介绍节令食品的市场销售热点和食品安全情况，让消费者放心购买。11月8日，上海纪实频道《真实第25小时》栏目播放了《月饼的滋味》专题节目，栏目组节前对协会和会员单位杏花楼、功德林、悦来芳等作了采访，虽播放时间延迟，但对月饼产销及宣传起到了良好效果。

8．召开产销信息会，加强会员之间交流。7月1日，召开月饼提货券专题紧急会议，商讨做好月饼提货及延长提货日期事宜；9月4日，召开做好中秋、国庆产销信息会；11月19日，召开商讨做好新年开局产销工作交流会。

9．举办“光明食品杯”上海月饼节。组织业内百厂千店签订《“欢聚中秋，献礼国庆”诚信公约》，组织各月饼生产企业做好开炉前质保体系自查和包装情况自查，开展月饼质量交流评比，举办上海月饼节开幕式，开通市民手机评选“我最喜爱的月饼品牌”投票活动，召开月饼产销工作总结会。活动整体提升了月饼产品质量，强化中秋文化宣传，促进了销售。

四、加强自身建设

2月26日，召开七届四次理事会，24位理事出席，审议通过《2012年协会工作总结》、《2013年协会工作计划》，以记名投票方式通过8名“2011−2012年度优秀企业家”。会长作秘书长人选调整说明，并推荐新任秘书长人选，经表决通过，完成新老秘书长交接。3月28日，召开七届四次会员大会，70户企业领导出席。经表决通过陈凤蔚为新任秘书长。会上，向8名获2011−2012年度优秀企业家颁发奖杯和证书。3月，按时完成一年一度的社团年鉴。做好2012年度、2013年春节，清明节青团、端午节粽子、中秋节月饼产销统计，对统计结果进行分析，在协会《信息》上及时发布。4月18日，开展“上海市行业协会规范化建设”5A级申报工作；8月31日，经过评审，上报审核。年内新发展会员4户，壮大协会力量。

（仲梅丽）

上海市汽车销售行业协会

上海市汽车销售行业协会成立于2003年10月15日，是由上海汽车销售行业企事业单位自愿组成的跨部门、跨所有制的非营利的行业性社会团体法人。现有会员企业315户。

2013年主要工作：

一、提升服务能级，完善服务功能

1．举办协会成立10周年各项活动。召开历届会长、副会长恳谈会，答谢10年来对协会发展的领导与关爱，共述10年历程，同庆10年成果。召开全体理事扩大会，对连续10年任职的会员企业与个人进行表彰，评选出副会长企业8户、理事企业5户、会员企业3户、副会长3人、理事5人、秘书长、副秘书长2人、企业与协会联系人（兼职工作人员）3人。举办第十五次老总联谊会。组织举办第六届上海市汽车销售服务节，是上海购物节重点内容，也是协会10周年华诞庆祝主题活动之一。服务节由市商业联合会主办，市消保委和上海购物节组委会办公室作为支持单位。第六届上海市汽车销售服务节分别在宝山、周浦、闵行及杨浦4个区域进行为期1个月的巡展。共展出152辆展车，销售车辆57台，现场有效客户数1600余人，索取车型资料近7000余份，并由经销商互评推荐评出“最具人气经销商”11家及“最佳销售团队”8家。

2．发挥协会功能，为企业排忧解难。公安部新交规实施之后，导致商品车移动（库到店）产生困难。为帮助企业解决困难，积极与市保险同业公会及市公安局交警总队车辆管理所等有关部门沟通协调，建议设立短期保险，来确保商品车移动业务的开展。协会与市人保公司共同操作，以便企业能依法执行，又解决经销商运营成本增加，使企业能正常开展汽销业务活动。

3．加大推进实施品牌战略力度。在业内开展两年一次的诚信服务活动先进评比，经过协会专家组评审，评选出一大批先进会员企业。做好“上海名牌”的培育、推荐工作，引导符合条件的企业申报“上海名牌”，对有需求的企业组织专家和人员提供咨询服务和现场指导。参与“上海名牌”复评企业共7户，新报评审单位有2户。在年底评审均中获通过。另将参加诚信优质服务评选出的优秀集体、个人、门店推荐参加市商业联合会的评选，评出商业服务品牌（柜组）1户，商业技术能手1名，商业销售能手1名。

4．做好汽车“三包”政策出台的前后服务工作。国家质监总局出台的“三包”政策于10月1日开始实施，协会十分重视，首先与市质监局一起邀请北京制定“三包”政策的专家和业内人士到上海，对会员企业就新出台的“三包”政策进行解读和分析，帮助大家提高执行的认识和理解。

二、加强行业自律，促进行业发展

1．为更好执行汽车“三包”政策，与市工商局、市消护委一起对上海市汽车买卖合同示范文本（2004年版）进行重新修定，特别是对新的《消费者权益保护法》进行对照修改，将于2014年3月15日正式向社会公布，要求本市汽车销售企业在经营活动中参照、执行。

2．制定《上海汽车销售服务行业管理标准》。为了更好地加强上海地区汽车经销管理，规范汽车经营行为，保障汽车交易双方的合法权益。在市质监局有关部门的指导下，组织专家组成员研讨上海汽车销售服务行业管理标准的制定，为汽销行业进步和企业发展创造公平的良好环境。

3．制定“上海名牌”评审标准。向市质监局申请制定上海名牌评审标准的，按照评审标准要求落实该项工作，使《上海名牌评审规范》成为上海地方标准。

三、加强自身建设，完善内部机制

1．年初，协会领导对会员企业进行走访，倾听会员企业心声和建议，并举行会长、副会长新春联谊。

2．每季度召开一次统计员、信息员工作会议，增进统计员、信息员的联系沟通，发挥其积极性和参与度。通报本年统计口径和要求，建立资源共享体系。同时要求信息员及时上报企业相关活动信息，协助做好网站、月刊等信息采集工作。

四、积极做好机动车登记服务专委会工作

2月22日，在市车管所召开2012年度机动车登记服务站年终工作会议。会上认真总结2012年专委会工作，并作今年工作规划报告，通报上海市车管所2012年度机动车登记服务站工作检查情况作了通报。还对18户得星级单位的机动车登记服务站给予表彰，颁发铜牌和证书。

五、发挥党组织核心作用，推进党建工作

在市商联会党委的领导下，积极开展党建工作。认真学习党的十八大精神，结合工作实际，抓好党建工作；加强支部建设，对党员进行党建知识和传统教育；健全民主集中制，提高民主生活质量和实效。提高党员和员工的综合素质。抓好党风廉政建设，把廉洁从政各项要求落实到工作各个方面。

（冯　菲）

上海市豆制品行业协会

上海市豆制品行业协会成立于1986年9月，为本市豆制品生产、经营企业以及相关企事业单位自愿组成的跨部门、跨所有制的非营利的行业性社会团体法人。现有各种所有制会员单位68户。

一、真抓实干，提升豆制品的质量安全

1．拓展协会服务功能，多数企业如期取得QS新证。为帮助企业顺利取得新证，协会采取提前告知、预查宣贯、指导帮扶，交流学习等措施，督促企业按照QS审查要求，加大投资改造力度，在规定期内绝大多数取得QS新证。

2．启动应急响应，确保豆制品质量安全。5月，媒体报道江苏太仓“黑作坊”豆制品流入上海的新闻后，协会迅速启动应急响应。

3．调研总结，深入抓好行业“三化”建设。生产机械化、产品包装化、产销冷链化的“三化”建设实施，极大推动了行业工业化水平，提升了产品质量安全水平。通过调研，向市食安办提交专题报告，对进一步提升豆制品冷链建设提出目标和措施，请求市有关部门给予政策扶持。

二、参与协助，设计行业顶层制度

1．基本完成《豆制品食品安全地方标准》的修订起草工作。负责起草的《豆制品食品安全地方标准》于12月通过市食品安全地方标准审评委员会的初审。为做好标准起草工作，修订工作组收集大量的国内外资料。6户参与起草的单位有针对性开展大量研究性的产品检测工作。同时，工作组还先后从超市、标准化菜市场、批发市场随机抽取了226件样品（涉及企业29户，其中会员企业24户，非会员企业5户）送市级检验机构检测，获得检测数据1000多个。还调取协会历年市场抽检豆制品数据，进行对比参考。3次召开起草工作组人员会议集中讨论，多次听取企业和有关专家的意见，力求制定的标准具有“前瞻性、科学性、合理性和可操作性”，起草稿经过几十次的反复修改后已形成送审稿。10月，还参与由国家食品安全风险评估中心负责起草的《CAC非发酵豆制品标准》研讨会。

2．协助市食安办起草新的豆制品送货单管理办法。为进一步加强豆制品安全管理，加强食品安全信息追溯制度，鼓励使用电脑打印送货单，协助市食安办起草新的《上海市豆制品送货单管理规定》。还向市食安办提交《上海市豆制品送货单制度实行十年总结和进一步完善、规范的意见》，认真总结实行送货单制度的成效，剖析送货单制度存在的不足，提出进一步完善、规范送货单制度措施，为新制度出台提供详实的参考意见。

3．开展豆制品指示菌状况基础性研究。与市食品研究所合作开展豆制品指示菌状况基础性研究。此项工作的实施也是对正在起草的《豆制品地方标准》中有关微生物指标的佐证。

4．向有关部门提出调整明矾、焦糖色添加剂使用范围的意见。鉴于明矾、焦糖色添加剂在行业产品生产时添加的必要性。协会对《食品添加剂使用标准》（征求意见稿）提出意见，要求明矾使用范围扩大至淀粉制品，焦糖色使用范围扩大至卤制半干豆腐。还向市食药监局有关部门提出专题申请报告，要求明矾可用于淀粉制品的生产加工。

三、诚信为本，着力推进品牌建设

1．行业自律与诚信建设取得成效。推进行业自律与诚信建设，会员企业艺杏公司被市商务委评为“商务诚信试点工作先进单位”，总经理陈卫江被评为商务诚信建设试点组织工作先进个人。协会被商业联合会推荐为2013年商业行业自律建设试点单位，在市社团局召开的行业协会行业自律与诚信创建活动推进会上得到表扬。在市商务委召开的“加强行业自律建设会议”上，协会作了“加强行业自律，促进豆制品产业健康发展”的交流发言。

2．名优产品、优秀新产品数量大幅增多。有12户豆制品生产企业的47只产品被认定为上海名优食品；有6户豆制品生产企业的7只产品被认定为优秀新产品；艺杏、旭洋、阳洋、力德尔等品牌被评为年度“优质畅销品牌”；天乐品牌被评为“餐饮优选品牌”。汉康、艺杏等被评为2005-2013

年度行业领军“金篮子”品牌。清美公司董事长沈建华跻身上海十大品牌领军人物。艺杏公司陈卫江被评为第二届上海新锐青商。

四、不辱使命，承接豆芽管理工作

目前，本市工业化豆芽生产量只占全市总量的40%–50%，为加强行业管理，市食安办等有关部门提出并要求豆芽作为豆制品纳入我会管理。在对豆芽生产企业调研、走访的基础上，吸收已取得《上海市工业化豆芽生产企业备案证明》的上海开心蔬菜有限公司等4户企业入会，并就抓好豆芽的质量安全、生产销售，提出参照豆制品实行送货单制度和借助协会集体商标影响力培育豆芽企业著名品牌等8条措施。

五、多管齐下，加强行业宣传力度

网站再次改版升级。新网站上传便捷，信息量大，图文并茂，还专门开辟豆芽专栏，增加上海豆协微博，并指定专人负责，增加信息量和提高更新速度，网站点击量大幅提升。加强通讯员队伍建设。为庆祝行业动态出版发行500期，协会召开通讯员工作会议，总结行业动态对推动整个行业的发展所起到的作用和成果，表彰优秀通讯员。与新闻媒体保持良好的沟通。10月，在《食品与生活》杂志中用5个页面以《煮豆作乳脂为酥》为题报道了豆制品的发展。11月5日、12日在《新闻晨报》分别以《上海人一天喝掉200万袋豆浆自制豆浆“假沸”或致中毒》和《品牌散装豆腐干表面亮“身份”》作了专版专题报道。11月，以祖名公司为主办单位，在杭州市举办了“祖名·首届豆制品文化节”。12月，参与市副食品协会组织的“上海市五星级标准化菜市场”的检查评比，并借此机会宣传行业品牌，着力推销会员企业工业化生产的豆芽。

六、履行职责，强化自身功能建设

1．按照章程规定，履行法定职责。召开3次会长工作会议，1次理事会和1次会员大会。秘书处每周召开办公会议，每月都有“工作纪实”，工作常态化，规范化，全年新发展12户企业入会。

2．发挥协调职能，为企业排忧解难。年内秘书处为企业与企业、企业与政府机构、企业与高等院校就债务问题、产品质量问题、合作经营事宜等作了大量协调工作，依托协会在社会上的影响力和行业权威性，直接或间接帮助会员企业解决一些实际问题，得到政府部门肯定。

3．参加各类培训，提升管理水平。组织部分企业相关人员参加食品安全新标准、新政策及新技术等多个培训讲座，促进企业提高食品安全管理水平。

（张建秋）

上海市酿酒专业协会

上海市酿酒专业协会创建于1989年2月，是由上海市专门从事酒类生产和经营相关的企业及有关酒类科研、教育等单位自愿组织的跨部门、跨系统的行业组织，为具有法人资格的社会经济团体组织。现有会员单位89户，涵盖上海市啤酒、黄酒、葡萄酒、白酒、老白酒、配制酒、洋酒等所有酒种的生产企业和部分酒类经销商，其中酒类生产企业占上海合法酒类生产企业的50%，包含国有、三资、私有、股份合作等性质的企业，其会员企业的产量占全市酒品产量的95%以上。下设酿酒科技咨询服务部。

2013年协会主要工作：

一、实施名牌战略，在行业内开展酒类商品的各类评选活动

1．组织开展上海市名优（酒类）食品评选活动。继续积极组织开展上海市名优食品的评比活动。与上海食品协会合作，推荐和评选29只酒类产品为上海市名优食品，获得企业和市商务委好评和肯定。

2．组织会员企业参加“上海市轻工行业品牌培育”培训活动。为了重振上海轻工产品地位，提升上海市轻工产品品牌知名度，市轻工行业协会与轻工各协会共同组织“上海市轻工行业品牌培育”培训活动。活动邀请著名品牌大师、专家授课和培训。我会组织金枫、神仙、新晖、皇家等7户会员企业参加此次培训活动。

3．举办“上海酒类市场‘金樽奖’”推广活动。与市商联会等协会共同发起组织“上海酒类市场‘金樽奖’”评选活动，为全行业酒类产品的一次大型市场推广活动，目的是将行业优质产品推荐给广大消费者，引导消费，帮助企业优质产品更畅通、更便捷地进入家庭，提高消费者对酒水认知度，促进消费。

4．推荐历史悠久的会员企业申报“上海老字号”。响应市政府“发扬光大上海老字号品牌”号召，推荐神仙酒厂、东明酿造公司2户会员企业参加“上海老字号”企业认定工作。还推荐石库门酿酒公司俞剑龚参加“2013年上海行业领军人才”评选活动。为推动行业自主品牌建设，发函向市经信委推荐金枫、皇家等会员企业，申报2013年上海市加快自主品牌建设专项资金。

二、开展食品安全的活动，提高行业食品安全的意识

1．组织会员企业参加由上海市食药监局主办的“2013上海市食品安全国家标准宣贯培训会”，让与会者了解国家食品安全形势和食品安全国家标准清理工作最新进展；还对当年必须贯彻实施的《食品生产通用卫生规范》等4项食品安全国家标准由专家进行解读、辅导培训，提高企业在食品生产中的准确把握和落实能力。

2．年内国家对2009年制定的《中华人民共和国食品安全法》进行修改，协会对市食品安全工作联合会转来，由国家卫生部负责的修改稿进行解读和理解，并针对酿酒行业特点提出并反馈我们的修改意见。

3．组织参加市食品学会和中国食品科技学会在上海举行的“食品安全移动检测技术”国际论坛会议。德国、日本、美国等专家、学者介绍和讲解了相关技术和装备，与会者了解到国际上最新的食品安全移动检测技术信息，开阔了眼界、提升了认识。

三、参与行业“清洁生产”和“产业政策”现场审查

1．为在“十二五”期间全面贯彻落实国家《清洁生产促进法》，完成市政府节能减排20%任务，协会参与市经信委、环保局、环科院共同对全市酿酒行业“清洁生产”的预审和审查工作，提出本市啤酒、黄酒等生产企业清洁生产有关数据和标准的参考意见，并帮助2户会员企业先后通过“清洁生产”审定或预审，达到国家“清洁生产”企业标准。

2．应市经信委要求，参与并协助政府相关部门对会员企业执行产业政策的现场审查工作。

四、协调关系，维护会员企业的合法权益

1．2013年本市生产用水价格再次上调，水务部门仍将酿酒企业视为饮料生产企业，按照特种生产用水价格收费。在会员企业尤其是啤酒生产企业要求下，协会向市发改委、物价局、水务局等政府部门提出诉求，协调关系。在市发改委、物价局支持和协调下，政府三部门联合发文，将酿酒行业从饮料类别中划出，归为一般工商业用水性质，从而彻底解决困扰业内的不合理用水成本问题，维护了企业合法利益。

2．年内有啤酒企业因使用“超爽”酒标在外省市遭到当地工商部门处罚，协会代表行业就此向当地工商部门发函，提出理由，据理力争。同时，向中国酒业协会啤酒分会反映和咨询，获得支持，并由其向国家工商总局商标局提出撤销“超爽”商标注册的意见。协会还与商标拥有企业进行了解和协调，暂免了不合理处罚。

五、主办和参与多个行业相关活动

1．第十三届“中国清洁展”期间，举行食品生产企业清洁论坛，邀请美国、德国、日本等清洁生产方面专家介绍国际最新清洁生产技术和现场装备操作演示，组织70多户会员企业派员参加论坛，还邀请江苏、浙江等地部分酿酒企业来沪参会。

2．借中国国际供热及热动力技术展览会HEATEC暨中国（上海）国际锅炉、辅机及工艺设备展览会BOILER SHANGHAI(简称“国际供热暨锅炉展”)在上海举办之时，在香港雅式展览国际公司协助下，协会首次举办召开“酿酒行业锅炉产品和改造案例技术交流会”。邀请德国、美国、日本等国际知名锅炉制造企业介绍和推广国际节能、环保的锅炉技术，业内有20多户会员企业及长三角地区30多户企业参加了交流会。

3．为了应对目前严峻的食品安全形势，提高上海酿酒行业企业检测、分析技术水平，提升食品安全素质，与上海纳锘仪器有限公司和日本岛津企业管理（中国）有限公司共同举办“上海酿酒行业食品安全检测与分析技术培训讲座”。由日本岛津公司介绍其先进的检测与分析技术和仪器，解决企业的升级换代问题。10多户企业相关领导和专业技术人员参加讲座。

4．举办和参与举办各类活动，如日本三浦工业株式会社在三得利啤酒上海工厂召开节能锅炉技术研讨会；日本三菱商事与市节能协会组织的“分布式能源与热电联供技术”论坛；组织企业参加市轻工协会和市轻工工会联合会发起的“服务品牌建设、推动转型发展”立功竞赛活动，并结合活动开展，推选企业和个人参评“先进个人”、“工人先锋号”、“先进企业”等评选活动。

六、信息与咨询

1．向业内及相关行业和政府部门发送《上海酿酒简讯》24期；网站信息更新1MB字节；还通过媒体发布酒品市场信息、国家标准执行情况和进口酒信息，及有关国内酒类市场的分析报告。

2．为会员企业三得利中国投资公司、上海青岛、金枫、雪花、皇轩、神仙和10几户崇明老白酒企业及日本朝日、麒麟、三得利、三菱商事等公司，美国、匈牙利、阿根廷、西班牙、意大利、澳大利亚、意大利等驻沪领事馆和酒协、商务处等国内外同行，提供咨询服务62户次、79人次。

3．组织中小企业会员参加市中小企业融资政策解读与服务会议及网上“金马甲”交易平台活动等，为其解决融资困难提供有益而有效帮助。

4．按照国家统计的规定和要求，按月按级按年对上海酿酒行业的生产与销售，以及酒类市场的相关信息进行统计、分析并将统计信息上报中国酒业协会、中国食品工业协会、市经信委、商务委、酒类专卖局等有关部门，同时反馈会员单位。

七、参与编写行业相关标准和年鉴

1．参与市商务委组织制定《上海市食品流通市场的服

务标准》中的《上海市食品零售企业服务标准》。

2. 参与制定《淀粉糖单位产品能耗限额上海市地方标准》，将于2014年实施。

3. 编写《2012年上海工业年鉴》、《2012年上海市商务年鉴》中的上海酿酒工业篇和酒业篇。

八、参与行业相关的公共社会事务

1. 先后与上海电视台纪实频道《第25小时》栏目、上海人民广播电台FM93.4的《慢生活》栏目，共同制作进口红酒专题纪录片和酒类消费方式等节目内容，已相继播出。在平面媒体上发表10多篇有关酒的鉴别、收藏、包装、拍卖及其他相关的知识。

2. 应邀在高校举行酒与消费的报告会，在大学生中推广普及酒的消费。年内应邀在上海东华大学和浙江工业技术大学举办报告会和讲座。为满足社会日益增长的生活追求，还面向社会，举办酒与生活品味讲座，引导社会成功人士、高端消费人群对酒的消费与追求。

九、主办上海国际葡萄酒与烈酒展览会及组织参观、参展相关展会

1. 主办第十届上海国际葡萄酒与烈酒展览会，来自20多个国家的390多家参展商参展，吸引4000多位专业人士前来参观、洽谈，还举办一系列报告会、讲座、品酒等活动。

2. 组织业内的7户市名牌企业和名优企业参加由市经信委、市商务委主办的第三届“上海市轻工名品、新品展示展销会。

3. 上海市中小企业发展服务中心在上海世贸商城建立“上海市中小企业精品展示馆”，主要展示轻工行业消费类产品，协会首轮组织6户会员企业产品进入展示半年。

4. 组织会员企业有选择地参加在沪举行的大型国际食品展，如法国爱博（SAIL）展览集团主办的“第九届上海国际食品、饮料展”、“第十一届上海国际饮料、食品及技术博览会”、“中国国际水处理设备展”、“2013意大利三大葡萄酒产区国家展”等专业性展览，为促进中外同行交流、寻找发现商机提供机会及服务。

十、进一步加强与国外的交流

与国内外同行间的交流更加频繁和密切，与国外的驻沪机构的交往也越来越多。先后接待19个国家46个行业协会和酒商代表团，并组织相关会员企业与法国雅文邑（ARMAGNAC）白兰地地区协会、德国不来梅地区葡萄酒协会、布拉特罗（Pratello）意大利酒庄等进行深入交流和合作意向洽谈等。还先后会见加拿大总督戴维·约翰斯顿（David Johnston）、德国农业部长伊克塔特博士（Artur Ickstadt）、巴伐利亚州酿酒协会总监纽扎拉博士（Manfred Newrzella）等国外政要和同行。

十一、尊章办事，开展基础工作

1. 依章换届，召开五届二次会员会议和五届二次理事会。

2. 通过“国家社团组织能力建设评估”考评。为迎接“国家社团组织能力建设评估”考评小组的考评，进行前期大量准备工作，整理近年来协会有据可查文档、资料，建立档案系统库，按照3A标准申报，并顺利通过考评。

（吴建华）

上海市物流协会

上海市物流协会成立于2007年4月，是由本市物流与商贸流通企业，及其他经济组织自愿组成的跨系统、跨部门、跨所有制的非营利社会团体法人。现有团体会员1100余户。

2013年主要工作：

一、推动企业做优做强，增强市场竞争能力

1. A级物流企业队伍不断壮大。上海已有A级物流企业132户，其中5A、4A级物流企业73户，占55.3%。协会评估办被中国物流与采购联合会评为先进评估办公室。

2. 推荐优秀物流企业成为上海服务名牌取得新进展。已有12户物流企业初评通过名牌申报。

3. 诚信企业创建再上新水平。共有39户物流企业成为上海星级诚信企业。

4. 物流企业管理现代化创新成果丰硕。中国物流与采购联合会2013年度企业管理现代化创新成果中，有7户上海物流企业获奖，其中，一等奖1户，二等奖2户、三等奖4户。

5. 推动企业在长三角区域发展物流迈出实质性步伐。会员单位上海人民企业集团在芜湖市物流园区正式开工建设，项目占地300亩，投资超亿元，成为当地物流发展的重要节点项目。

二、举办长三角现代物流发展大会

积极破解城市配送物流发展难题，确定以“聚焦最后一公里”为大会主题，邀请阿里巴巴、苏宁电器、1号店等著名电商在内的28位嘉宾，在5月6日于上海市举办的“2013长三角现代物流联动发展大会暨物流发展合作论坛”上交流发言，苏、浙、沪政府物流主管部门、行业协会、高校科研机构、物流企业的代表370余人到会参加。市商务委副主任顾嘉禾出席并作重要讲话，会议聚集热点，主题鲜明；参与广泛，代表性强；形式创新，务实高效，收到很好效果。

三、坚持服务宗旨，加强为会员企业服务

1．举办自贸试验区报告会，发起起草呼应自贸区倡议书。在中国（上海）自贸试验区挂牌前，9月28日召开“走近自贸区报告会”，80多户企业和10个物流业行业协会的代表120余人参加。与12个上海物流行业协会就呼应自贸区建设、推动行业和企业发展共同起草倡议书，建立协会联盟。

2．组织企业参加2013亚洲运输系统与物流技术展等展会，在展会设第三方物流展区，东方国际物流集团等4户物流企业设展。还组织了第三方物流服务报告会。中国物流与采购联合会蔡进副会长等到第三方物流展区视察。11月，组织上海物流企业参加海峡两岸物流展览会和西部物流博览会。

3．参与物流标准化建设。参与上海第二工业大学开展的《非危液态化工产品逆向物流通用服务规范》等5项国家标准的制定和专家研讨会。参与上药物流拟订《逆向医药物流服务标准》，并报市标准委审批。

4．组织会员参加政府的专项调研活动，表达诉求，促进改革。4月，组织10户物流企业参加市商务委的政策环境座谈会。8月，组织14户物流企业参加市经信委的企业社保调研会。向百余企业发放社保调查问卷。12月，组织20户物流企业参加市发改委的物流统计专题调研会。

5．举办物流企业人才招聘会。4月与上海商学院首次举办物流企业人才专场招聘会，14物流企业设摊招聘，200余名高校学生入场应聘。

6．为企业维权，促进市场公平竞争。年内协会收到会员单位投诉、求助，经调研后，积极与有关部门联系，依据事实，为企业维权，使相关案件得到公正处置，企业利益得到合法保障。

7．举办2期高级物流师培训班。7月、10月，先后举办2期高级物流师培训班，共有117名企业管理人员参加，其中50人参加有关部门统一考试。

8．与中信银行上海分行签署战略合作协议，共同搭建金融与物流合作的平台。

9．推进跨省市招商投资。率队赴苏、浙、皖、鄂、川等省的8个市、区、县考察。组织物流企业参加来沪招商和赴外者考察近百人次。

四、加强自身建设，巩固协会发展基础

1．中小企业服务分会在创新协会工作和服务会员中，显现新优势，会员数已达千户。

2．开展党的群众路线教育实践活动，助推协会工作新发展。

3．加强和完善协会规章制度建设，编写协会、学会规章制度汇总文本，夯实规范化建设基础。

（朱泽榕）

上海工业设计协会

上海工业设计协会成立于1993年3月，是以上海工业系统从事产品设计的企事业单位、工业设计工作者等设计专业人员自愿联合组成的跨行业、非营利和专业性的社会团体法人。下设1个中心和6个专业委员会，即上海创意产业中心；装备设计、交通工具、家具设计、陶瓷设计、青年设计师、交互设计等6个专业委员会。

2013年主要工作：

一、认真学习贯彻十八大精神，推进创意设计业发展

1．认真学习领会，抓落实求实效。组织召开学习十八届三中全会精神会，要求各会员认真学习、深入领会贯彻落实党的十八届三中全会精神的深刻内涵。会上，各会员代表结合本单位创新发展情况，畅谈学习心得体会，一致表示要勇于创新探索，扎扎实实、聚精会神搞设计创新，一心一意谋上海创意设计业的大发展。

2．配合做好“2013上海设计之都活动周”工作。承接“2013上海设计之都活动周”年度产品申报评选工作，认真做好年度人物、年度品牌申报评选工作。经评选，指南工业设计有限公司总经理周佚获得年度“人物称号”、8号桥获得“年度品牌”称号、溯洄（上海）设计咨询有限公司的全自动钢筋捆扎机获得“年度产品”称号；上海上海兆妩贸易有限公司的“WOO妩”获得“年度品牌提名奖”、上海洛可可整合设计有限公司的“三生派炊具五件套”、华东师范大学设计学院概念作品“定时药品”、上海家化“佰草集太极系列”获得“年度产品提名奖”。

3．完成政府部门下达的《上海工业设计与新材料产业化应用以及案例分析》课题研究报告。认真学习与收集国内外新材料动态资料，深入走访调研常务理事单位德国designaffairs大略工业设计公司在广东的新材料馆等案例，召开各类访谈会听取专家及设计企业需求与意见，如期完成课题报告。

4．协助市、区政府构建创意设计业公共服务平台。通过协会网站和《动态》转登、转发，广泛宣传，召开专题政策解读会，有针对性地走访具备条件的创意设计园区和工业设计企业，解读财政扶持政策，对有需求的会员单位给予指导，对接申报项目。对获得2013年扶持资金单位，协助政府部门跟踪、督促，帮助共同完成公共服务平台建设。

二、认真配合市、区政府做好创意设计人才队伍建设工作

1．协同创意设计业园区做好设计创意人才培训。会同8号桥文化创意产业园区举办“我们创造改变”为主题的创意设计人才培训，邀请具有国际创意设计理念与背景的资深设计专家，designaffairs（德国）大略工业设计集团中国区设计总监刘力丹授课，为创意园区内设计师及上海创意设计从业人员提供不断深化设计创新再教育，提升设计创新理念，拓展设计创新视野。还配合支持黄浦区文创办举办江南智造创意发声工业设计专场讲座。

2．配合做好“2013年上海青年高端创意人才促进计划”的实施工作。会员单位中兴通讯手机产品设计中心设计总监高峰、上海M50文化创意产业发展公司总经理王艺、上海陆坤服饰有限公司法人及设计师陆坤、天与空总经理兼创意合伙人杨烨炘分别荣获“2013年度上海青年高端创意人才”称号，溯洄（上海）设计咨询有限公司设计总监徐霍成、上海岸峰市场营销策划有限公司设计总监谢春雷、上海圆周率执行创意总监倪海郡荣获“2013年度上海青年高端创意人才”入围奖。

3．配合做好“2013年度上海市巾帼建功标兵暨优秀女设计师”的实施工作。上海中兴软件有限公司中兴通讯手机产品设计中心设计规划经理陈枫、泛亚汽车技术中心有限公司外饰车型主设计邹华、上海素原首饰有限公司副总经理方海燕荣获“2013年度上海市巾帼建功标兵暨优秀女设计师候选人”称号。

三、认真举办创意设计论坛、创意设计展和创意设计大赛

1．承办“2013年中国国际工业博览会——消费品设计与设计之都”发展论坛。论坛邀请上海三枪集团公司常务副总经理兼总设计师曹春祥，松果设计公司、原创家居品牌YAANG的创始人设计总监、旅德设计师王杨，德国Designaffairs（大略）工业设计有限公司、亚洲区设计兼运营总监刘力丹，全球最大的3D打印解决方案供应商Stratasys中国区总经理汪祥艮等相关专家作演讲；分别从不同视角提出上海未来消费品设计发展的战略与路径。大会取得圆满成功。

2．举办2013年上海高校设计创意优秀作品展。上海16所高校设计学院参加作品展，历时10天的“作品展”第一展在8号桥1期创意产业园区中展示，并在上两年基础上，增加校企合作、成果转化签字仪式，倡导设计学院、设计企业、制造企业以及商贸企业实现在产、学、研、商上对接、协同创新。9月5—7日，在上海展览中心“设计之都活动周”中“作品展”进行第二展，获得社会各界一致好评。

3．与上海电气（集团）股份有限公司共同主办“上海电气杯”第十二届工业设计大奖赛，大赛聚焦各地工业设计师优秀创新产品和全国高校设计学院的创意概念作品，有力推动上海乃至全国的机械及装备设计产业发展。积极配合中国五金制品协会开展2013年“金勾奖”卫浴五金（水龙头、花洒类）创新设计大赛。

4．配合市经信委完成申报国家工信部评定的“2013年度国家级工业设计中心申报和认定工作”，指导相关设计企业做好申报工作，上海指南工业设计有限公司获得“国家级工业设计企业”称号、上海家化联合股份有限公司工业设计中心（技术中心）获得“国家级企业工业设计中心”称号。

四、加强与国内外设计界合作与交流活动

1．与8号桥设计创意园共同支持由丹麦王国、芬兰、挪威王国、瑞典等4国驻沪总领事馆主办的“北欧设计创意周”活动。

2．加强同深圳、重庆、浙江、江苏及甘肃等地区工业设计协会以及设计企业、设计学院、设计师的交流，参加2013年第五届重庆国际工业设计周活动。

3．对接部分副理事长单位、常务理事单位参加浙江湖州市举办的共谋中国织里童装发展系列活动；与市政府发展研究中心、社科院及会员单位专家及教授应浙江嘉兴当地政府邀请，前往嘉兴南湖就嘉兴国际创意文化产业园建设及可持续发展作深入研讨。

4．加强两岸三地设计界、设计机构的合作交流。动员和鼓励会员单位参与香港设计营商周的系列活动，秘书长王日华应邀出席在香港会展中心隆重举办的香港设计营商周，并与香港设计中心行政总裁利德裕博士就沪港两地设计产业的进一步融合发展，进行友好磋商交流。同时，加强与台湾等地设计界的合作交流。

五、认真做好会员服务工作，加强协会队伍建设

1．认真贯彻中共十八届三中全会有关激发社会组织活力的精神。顺利完成理事会增补工作。秘书处确立“为会员服务”意识，坚持每月深入走访会员单位，倾听设计企业、设计学院和设计师以及市、区相关政府部门的意见，加强与政府、企业、院校及相关行业、专业机构等方面的沟通与联系，帮助困难设计企业排忧解难。

2．充分发挥会员作用，改革和完善会员活动形式。秘书处运用现代信息网络的手段，设立网络审议、网上交流等创新活动方式，还创立适合设计师活跃创新思维的会员沙龙。协会电子版《动态》和上海工业设计网站及公众微信平台的内容与形式，得到国家工信部、市政府分管秘书长和市经信委肯定，并得到会员单位认同与赞扬。

3．充分发挥各专业委员会的作用。协会青年设计师专委会和家具设计专委会承办的“晒上海5——虚构impossible”活动，在上海设计之都活动周、国际家具展大放异彩，晒出上海设计的原创品牌。建立“上海工业设计协会交互设计专业委员会”，以促进交互设计行业交流，分享最新趋势、理念，扩大上海工业设计及创意设计业影响力，促进从中国制造到中国创造与中国设计转变的发展变化。

（陈建萍）

上海市会展行业协会

上海市会展行业协会成立于2002年4月，是由上海市从事会议、展览及相关业务的企事业单位自愿组成的跨部门、跨所有制、非营利性的行业性社会团体法人。现有会员单位450户。

2013年主要工作：

一、积极探索承接政府职能转移

1．积极反映行业和协会发展中的问题。派员积极参加中组部、国务委员王勇、国家民政部部长李立国以及市委组织部、市商务委、市社工委、市社团局等部门召开的关于“社会组织建设和政府职能转变”系列课题调研座谈会，并将行业发展情况、当前存在问题如实汇报，递交书面材料。吴承璘会长亲自给周波副市长、徐逸波副秘书长、商务委尚玉英主任写信，希望相关领导支持行业发展，关心协会工作。

2．积极反映企业诉求，不断向政府建言，推进上海会展业健康有序发展。根据企业反映，赴境外办展、办会根本不可能取得增值税发票的现状，在与相关部门共同努力下，国家税务总局发布2013年第52号公告，实行《营业税改征增值税跨境应税服务增值税免税管理办法（试行）》，解决了企业赴境外办展、办会税负问题。为此，上海国际服务贸易（集团）特致谢协会，感谢我会急企业所急，为企业排忧解难。

3．承接政府项目《会展管理》系列专业技术水平认证。为落实政府职能转变，上海市职业能力考试院于4月，将全市18个项目下放给11个单位，其中“会展管理”系列专业技术水平认证交给协会主管负责组织。8月24日，业内有55人参加2013年度上海市会展管理（中级）专业技术水平认证考试。11月24日，包括长三角地区102名业内人士参加会展管理（高级）专业技术水平认证考试，其中45名同志获得本市会展管理（中级）专业技术水平认证证书。5月，开办第一期高级展示设计师培训和认证，通过考试、论文答辩，有30名学员获得协会颁发的高级展示设计师证书。协会向市职业能力考试院提出申请，将“展示设计”、“会展活动策划”纳入“会展管理”系列专业技术水平认证，并获通过。

二、积极参与上海“设计之都”活动周

2013上海会展论坛被纳入上海“设计之都”活动周内容之一。受“2013上海设计之都活动周组委会办公室”邀请，以“创意•设计•品牌——推进美丽上海建设”为主题的2013上海会展论坛与上海“设计之都”活动周同期举行。协会邀请来自美国、德国、英国、韩国、新加坡等国内外专家发表精彩演讲，来自武汉、江西、安徽等省市和上海业界同仁共300余人参加论坛。论坛开幕式上，举行2012-2013年度原创展示设计作品大赛、第一届上海市大学生展示创意设计大赛颁奖活动。“设计之都”活动周组委会特为本届论坛成功举办颁发荣誉证书。

三、推进校企合作

1．国家教育部将会展经济与管理专业由原来的目录外专业，调整目录为旅游管理类专业。从此，会展经济与管理专业成为国家教育部本科专业目录，这表明会展经济与管理专业地位的提升。为此，协会积极参与教育部高校本科会展经济与管理专业教学质量国家标准的制订。

2．与以张敏教授领衔的上海大学上海会展经济研究院合作，研制多个会展经济发展课题。

3．在业内企业资质认定、国际展览会项目评估、人才培训、政府项目招标等业务活动中，充分利用发挥高校资源，取得较好效果。

四、规范行业，促进会展市场健康发展

规范行业，促进会展市场健康发展。积极参与展览业管理办法修订；启动《展览经营与服务规范》系列地方标准制订；全面开展上海主要展馆综合服务水平评估；继续开展国际展览会项目，展示工程企业资质的初评、复评工作；按进度推进《上海会展行业主体信用体系》项目建设。

（吴星贤）

2014·上海工业年鉴

SHANGHAI INDUSTRIAL YEARBOOK

2013 年上海市经济和信息化大事记

1 月

5 日　市经信委召开年度工作会议，在回顾总结 2012 年工作的基础上进一步把握形势，明确思路，确保本市产业发展和信息化建设和谐发展。

23 日　市经信委系统精神文明建设委员会召开全体会议。会上传达学习了全国宣传部长会议精神和上海市宣传思想文化工作会议精神，审议了系统推荐第十六届上海市文明单位名单和第七届上海市文明行业名单，审议并原则同意了系统文明办 2012 年工作总结和 2013 年工作要点。

23 日　市经信委系统 2013 年党的工作会议上获悉，去年系统认真贯彻党员领导干部重大事项报告、礼品礼金购物卡登记上交以及述职述廉、诫勉谈话等制度，加大惩治违纪违法行为，全年党纪政纪立案 30 件，办结案件 26 件。会议透露，今年市经信系统还将进一步完善惩防体系，运用“制度加科技”手段，把重点岗位、关键环节和重大项目纳入廉政风险防控体系。市委常委、副市长艾宝俊出席会议。

2 月

22 日　周波副市长赴市经信委调研，对市经信委工作给予充分肯定，并对下一步工作提出要求。

25 日　市经信委召开推进战略性新兴产业工作会议，戴海波主任出席会议并讲话。

27 日　市经信委召集区县经委部署 2013 年战略性新兴绿色通道工作。

28 日　周波副市长召开市政府专题会议研究《关于支持本市老工业企业和工业区改造升级的若干意见》。

3 月

1 日　市政府副秘书长徐逸波赴市经信委调研。

6 日　市经信委会同市发改委、市规土局，就上海国家民用航天产业基地工业用地前期开发主体认定事宜召开专题会。

7 日　市经信委工作党委书记周国雄、市经信委副主任刘健前往静安区石门二路街道调研智慧社区建设。

7 日　周波副市长召开市政府专题会议，启动 2013 年市委“深化本市国资国企改革”重点调研课题。

7-8 日　工信部产业政策司苗长兴副司长带队赴本市调研企业兼并重组工作，市经信委刘健副主任、史文军副巡视员参与调研。调研组实地调研了上海华谊集团和天马微电子公司。

13 日　周波副市长、徐逸波副秘书长赴上海化工区、长兴岛调研化工产业和海洋工程装备产业发展工作。

17 日　“上海佛罗伦萨－中意设计交流中心”佛罗伦萨基地租赁框架协议签署仪式举行。

18 日　市政府副秘书长、市经信委主任戴海波赴信博会现场检查布展等相关工作。

20 日　上海超算船舶动力研发分中心成立仪式在上海超级计算中心举行。

21 日　市经信委系统部分行业协会与金山区山阳镇召开结对共建座谈会。市经济团体联合会会长蒋以任，市经信工作党委书记周国雄，金山区委副书记、区长李跃旗，区委副书记祝学军等领导出席。

22-24 日　隶属“国家企业经营管理人才素质提升工程”的“工业和信息化部中小企业经营管理领军人才工业设计高级研修班”在上海开班并圆满完成首期培训。

25 日　市经信委、市食药监局就加快生物医药企业技术改造和技术进步工作召开座谈会，会议旨在加强对 GMP 改造企业的引导和服务，进一步提升生物医药企业的能级水平并实现新发展。

4 月

8 日　市经信委联合浦东新区世博办、世博发展集团等相关部门，组织召开入驻世博 B 片区 13 家央企联络工作负责人座谈会，传达市主要领导调研世博园区开发工作时的讲话精神和要求

15 日　周波副市长、徐逸波副秘书长赴中国电信南汇信息园调研，充分肯定上海电信参与推动本市智慧城市建设的工作并提出要求。

15 日　市经信委与闵行区研究推进闵北工业区转型发展相关问题。

16 日 市人大财经委、市经信委研究《上海市促进中小企业发展条例》实施情况后评估及执法检查开展相关事宜。

16 日 42 名新疆喀什地区党政机关干部抵沪并举行“2013 新疆喀什地区信息化管理人员培训班”开班仪式。

17 日晚 2013 上海国际服装文化节国际时尚论坛暨“环东华时尚周”开幕，李耀新主任出席开幕式并致辞。

18 日 杨雄市长带队赴京拜会国家工信部苗圩部长。工信部苏波副部长、上海市政府副市长周波出席座谈。工信部办公厅莫玮主任、装备工业司张相木司长、软件服务业司陈伟司长、电信管理局韩夏局长、信息化推进司徐愈司长，上海市政府蒋卓庆秘书长以及上海市经信委李耀新主任等参加。

18 日 市经信委与上海医药行业协会联合召开政企对话沟通会，围绕本市医药行业如何做强做大、企业在创新发展中遇到的瓶颈问题等展开讨论，并解读相关产业政策。

19 日 市经信委会同化工区管委会召开炼化一体化项目舆情跟踪交流工作例会，听取金山区、奉贤区负责的化工区一公里动迁进展情况。

20 日 工信部苏波副部长一行参观第十五届上海国际汽车工业展览会，重点考察包括上汽集团在内的我国自主品牌汽车和新能源汽车情况，并对汽车产业的自主创新和新能源汽车的产业化提出期望。

20 日 周波副市长、徐逸波副秘书长出席上海市合同能源管理未来收益权质押百亿绿色融资银企对接活动，李耀新主任主持。周波副市长为“上海市节能服务业协会”和“上海市合同能源管理信用评价融资服务平台”揭牌；戎之勤秘书长代表市经信委与 13 家银行签署百亿授信合作备忘录。

23 日 周波副市长分别会见德国西门子公司能源业务领域首席执行官苏思一行、日本纳博特斯克株式会社总裁、首席执行官和法人代表小谷和朗一行以及德国巴斯夫公司亚太区总裁兼大中华区总裁、董事长侯宇哲一行。李耀新主任陪同会见。

25 日 杨雄市长赴市经信委调研。市政府蒋卓庆秘书长陪同调研。市经济信息化工作党委周国雄书记、市经信委李耀新主任分别汇报两委有关工作情况。市政府办公厅盖国平副主任、市政府研究室王德忠副主任、市政府法制办副主任张忠玉以及市经信委两委有关领导、两委处室负责同志等参加调研座谈。

26 日 本市召开 2013 年社会信用体系建设工作推进会议。艾宝俊副市长出席会议并讲话，周波副市长主持会议，徐逸波副秘书长、戴海波副秘书长以及市经信委李耀新主任等出席会议，李耀新主任在会上作“关于 2012 年社会信用体系建设主要推进情况和 2013 年社会信用体系建设工作重点”的工作报告。

27 日 市经信委召开二季度行政工作例会。李耀新主任主持会议，总结我委一季度工作并部署二季度各项重点工作。陈跃华、刘健、傅新华、周敏浩副主任通报有关工作情况。市经信委以及国防科工办相关领导以及处室负责同志参加会议。

28 日 工信部杨学山副部长、周波副市长出席上海市中国软件名城创建试点工作总结会暨上海临港软件园开园仪式。徐逸波副秘书长主持会议，李耀新主任介绍上海市中国软件名城创建工作情况。

5 月

6 日 本市召开信息安全保障工作会议。周波副市长出席会议并讲话。徐逸波副秘书长主持会议。市经信委李耀新主任通报近期本市信息安全工作情况和下一步工作安排，工信部信息安全协调司司长赵泽良传达近期国家网络与信息安全工作的部署和要求，市信息化专家委信息安全组组长、中国电子科技集团信息安全首席专家张建军研究员作了题为“当前信息安全形势与建议”的专题报告。

7 日 市光电子行业协会举办重点技术改造专项资金项目宣讲会，市经信委介绍技改资金的支持范围、申报条件及流程，上海光大银行介绍了中小企业融资解决方案，26 家会员单位听取介绍并进行对接交流。

8 日 周波副市长会见惠普公司全球高级副总裁 Tony Prophet 一行，傅新华副主任参加。双方就上交会、自由贸易试验区等议题进行交流。

9 日 市经信委和美中贸易全国委员会共同举办服务美资企业发展工作座谈会。

10 日 市经信委和上海海关签署全面合作机制框架协议。李耀新主任、上海海关关长黄胜强等领导参加会议。

10 日 主题为“品牌发展与知识产权”的上海品牌发展论坛举行。

14 日 周波副市长带队赴中石化上海高桥分公司调研，李耀新主任参加。

16 日 李耀新主任、傅新华副主任与黄浦区代区长彭崧、副区长吴成赴工信部电信研究院华东分院（上海华东电信研究院）调研。

16 日 工博会组委会办公室召开第十五届中国国际工业博览会招展工作第一次动员会。

16 日 “2013 年上海电子商务‘双推’工程启动发布会暨电子商务与产业融合创新发展论坛”在花园坊节能环保产业园举行。

20 日 市人大财经委、市经信委共同召开了《上海市促进中小企业发展条例》实施情况后评估课题启动会。

22 日 韩正书记会见微软公司首席执行官史蒂夫 · 鲍尔默一行，外方介绍微软在中国，特别是在本市的发展情况，双方就智慧城市、云计算等领域进行交流。傅新华副主任陪同会见。

22 日 美国驻华大使骆家辉率领由微软、思科、英特尔等 12 家美国云计算公司和机构组成的云计算贸易代表团访沪。傅新华副主任应邀与骆家辉大使会面，并向与会企业介绍上海在云计算领域的产业现状和发展规划。

22 日晚 工信部在杭州召开扩大信息消费座谈会，苗圩部长出席会议并讲话，李耀新主任作交流发言。

22 日 工信部在北京召开电机能效提升计划培训交流会议，市经信委进行交流发言。

24 日 李耀新主任赴上海人民广播电台参加由新华社长三角新闻采编中心、《文汇报》、上海广播电视台广播新闻中心、《新闻晚报》、东方网主办的“2013 年民生访谈”活动。

24 日 上海市品牌管理人才培训班开班仪式在上海交大举行。周波副市长出席培训班开班仪式并为联席会议专家代表颁发聘书，李耀新主任作 2013 年全市品牌建设推进工作部署，上海交通大学副校长徐飞作开班动员。

24 日 上海市 2012 年度清洁生产企业内审员培训启动，本次培训由市推进清洁生产办公室、市能效中心及市资源综合利用协会联合举办，共分五期推进，主要就清洁生产的相关知识、审核流程、典型案例等内容开展培训。

27 日 市经信工作党委周国雄书记，市经信委戎之勤秘书长一行赴深圳蛇口工业园区，就招商局在世博 B 片区总部建设推进、在上海进行新增业务拓展，政企合作等问题进行磋商。

28 日 工信部在京召开 2013 年度国家新型工业化产业示范基地创建工作会议，苏波副部长对下一步示范基地创建工作进行部署，并为第四批 46 家“国家新型工业化产业示范基地”授牌（上海 2 家）。会上，马静总工程师就上海推进“国家新型工业化产业示范基地”创建工作作交流发言。

28 日 市经信工作党委周国雄书记，市经信委戎之勤秘书长一行赴深圳前海新区考察。了解前海深港现代服务业合作区总体规划并进行座谈交流。

29 日 周波副市长、徐逸波副秘书长、李耀新主任出席全市军民结合产业体系建设推进动员大会。

30 日 工博会组委会办公室召开第十五届中国国际工业博览会招展工作第二次动员会。

31 日 杨雄市长会见西门子全球管理委员会成员、西门子股份公司亚太区总裁博乐仁博士一行，李耀新主任参加会见。双方就城市基础设施、新能源等领域进行交流。

31 日 工博会组委会副主任兼秘书长、副市长周波主持召开市政府专题会议听取第十五届中国工博会筹备情况汇报。组委会常务副秘书长、市政府副秘书长徐逸波出席会议。

6 月

3 日 杨雄市长会见台湾云端运算产业协会理事长李诗钦一行，就云计算、智慧城市、光伏产业等领域进行交流。李耀新主任参加会见。

3 日 上海市公共信用信息服务平台面向政府部门开通试运行。市委常委、副市长艾宝俊出席开通仪式并讲话，副市长周波启动服务平台，开通仪式由市政府副秘书长徐逸波主持，市政府副秘书长戴海波，李耀新主任出席。

3 日 国家金卡工程办公室在北京人民大会堂召开“国家金卡工程 20 年应用成果报告会”。

5 日 第一届上海（国际）中小企业精品展在上海世贸商城开幕。工信部总工程师朱宏任、周波副市长、徐逸波副秘书长、李耀新主任出席开幕式。

6 日 李耀新主任、傅新华副主任出席新经济企业座谈会，与信息服务业领域 10 家具有代表性的新业态新模式企业，围绕上海信息服务业提升发展进行座谈交流。

7 日 本市召开文化创意产业工作推进会议。市委常委、宣传部部长、市文化创意产业推进领导小组组长徐麟，副市长、市文化创意产业推进领导小组副组长周波、翁铁慧出席会议并讲话。李耀新主任等参加会议。

8 日 市政府召开 2013 年全国电力迎峰度夏电视电话会议上海分会场暨 2013 年上海电力迎峰度夏工作动员大会。会议由市政府副秘书长徐逸波主持，周波副市长出席会议并讲话。市经信委副主任周敏浩通报 2013 年电力迎峰度夏工作安排。市电力公司总经理冯军介绍本市电力供需情况。

8 日 市人大常委会预算工委张耀伦主任带队赴市经信委调研 2013 年上半年预算执行情况和国家、本市财政科技资金分配和使用情况。李耀新主任等参加会议。

9 日 翁铁慧副市长、宗明副秘书长、李耀新主任前往东华大学，就环东华时尚创意产业集聚区的建设情况进行调研。

11 日 中国载人航天工程神舟十号在酒泉卫星发射中心发射，上海数字电视国家工程研究中心有限公司、上海交通大学数字电视团队承担采用超高清晰度电视设备记录神舟十号发射起飞壮观场景的任务。

13 日 李耀新主任会见印度驻沪总领事史耐恩先生一行。史耐恩介绍印度企业在上海的发展情况，希望双方在信息技术等领域加强合作。李耀新主任介绍上海软件名城、智慧城市、自由贸易试验区等政策，希望双方企业能抓住机遇，实现共同发展。

13 日 市经信委会同市公安局、市交通港口局、市民政局、东方网召开本市设立失物招领政府网站推进会，与会单位就失物招领工作现状进行交流。

14 日 杨雄市长会见康宁公司董事会主席兼首席执行官魏文德先生一行，李耀新主任参加。

14 日 市经信委召开智慧新城试点工作企业对接会，近30家企业参加。嘉定区、奉贤区分别介绍嘉定新城、南桥新城智慧新城试点方案，企业围绕试点方案作交流发言。

15 日 “2013 年上海市节能宣传周”在花园坊节能环保产业园开幕。市人大常委会副主任洪浩宣布节能周开幕，副市长周波致辞，市政协副主席蔡威、市政府副秘书长徐逸波出席开幕式并向荣获国家和本市“十一五”节能减排先进集体和先进个人代表颁发荣誉证书，李耀新主任主持开幕式。

14 日、17 日 市经信委与本市相关部门组成调研组，分别在浦东、杨浦、青浦等区召开促进本市中小企业转型升级工作座谈会，听取个体工商户及小微企业对本市推进“个转企、企做大”工作的意见和建议。

18 日 市经信委会同市发改委召开 104 区块外重点工业企业目录管理工作布置会。

18 日 周波副市长会见英威达公司董事长兼首席执行官 Jeff Gentry 一行，傅新华副主任陪同。

18 日 第十五届中国国际工业博览会组委会第一次秘书长工作会议在北京召开。工信部装备司司长张相木，工博会组委会常务副秘书长、组委会办公室主任、市政府副秘书长徐逸波出席会议。李耀新主任主持会议。周敏浩副主任汇报第十五届工博会总体方案、筹备工作等情况，马静总工程师、市政府发展研究中心和市政府新闻办分别汇报评奖、论坛和宣传工作筹备情况。

18 日 市经信委联合市审改办在市北高新园区召开上海市产业项目评审准入工作专题会，部署评审准入制度行政审批同步办理相关工作并进行了产业项目评审准入系统操作培训。

21 日 为进一步推进实施《上海市节能环保产业发展“十二五”规划》，市经信委举办本市节能环保产业发展报告交流会，阐述目前节能环保产业国内外形势，解读本市节能环保产业“十二五”规划、政策及发展思路。

26-28 日 2013 亚洲移动通信博览会在上海新国际博览中心举行。工信部尚冰副部长、周波副市长出席 26 日上午的开幕式并分别致辞。刘健副主任出席开幕式并演讲。

27 日 李耀新主任出席市政府新闻发布会，发布 2012 年上海文化创意产业统计数据、《2013 年上海市文化创意产业发展报告》和《2013 年上海市文化创意产业工作要点》。

27 日 李耀新主任、刘健副主任、市文创办副主任贺寿昌赴环同济创意产业集聚区、联合国教科文组织“创意城市”（上海）推进工作办公室调研本市设计之都建设工作。

27 日 市文化创意产业统计新闻发布会举行。李耀新主任介绍《2013 年上海市文化创意产业发展报告》及 2013 年上海市文化创意产业工作要点。

28 日 上海移动互联网产业发展联盟成立大会暨上海宝山移动互联网产业基地开园仪式在宝山博济智汇园举行。

30 日 中国信息化百人会在上海召开“大数据：挑战与机遇”专题研讨会。周波副市长、工信部周子学总经济师出席会议并致辞，李耀新主任作主题演讲。

7 月

4 日 周波副市长、徐逸波副秘书长赴世博发展集团调研世博园区开发建设情况，察看了实践区北部街区、B 片区央企总部基地和 A 片区绿谷工地并听取有关情况汇报。吴磊副主任陪同调研。

4 日 艾宝俊副市长、戴海波副秘书长召集市经信委、市公安局、市发改委、市人保局等部门专题研究本市实有人口信息管理系统建设有关情况。刘健副主任汇报实有人口信息管理系统建设和应用情况。

4-5 日 李耀新主任、戎之勤秘书长、史文军副巡视员赴深圳考察学习产业发展和信息化建设工作。

5 日 市经信委召开智慧新城试点示范工作暨便民信息服务体系建设政府部门对接会，市发改委、市建设交通委、市卫计委等部门参加对接会。

5 日 市经信委会同 NEC 公司在上海联合举办“21 世纪国际企业家上海论坛 NEC 专场暨 2013 NEC 创新解决方案展”，主题为“智慧城市、近在咫尺—C&C 融合创新、共建和谐社会”，同时还举办城市管理、民生服务等领域的解决方案展。

5 日 市经信委与部分区县信息化主管部门就信息基础设施建设推进工作进行专题座谈。

10 日 松江工业区改名为松江经济技术开发区并正式挂牌。周波副市长揭牌并讲话。

11 日 周波副市长会见德国瑞曼迪斯工业服务集团首席执行官 Georg Rethmann 一行，周敏浩副主任陪同会见。

12 日 市经信委与宝山区政府共同举行学习贯彻市委全会精神推进宝山产业转型升级和智慧城市建设恳谈会。会议由刘健副主任主持，李耀新主任、宝山区汪泓区长等出席。

15-19 日 市经信委组织对全市 380 余家规模以上食品工业企业进行诚信管理体系培训全覆盖，培训企业中高级管理人员近 800 人。

22 日 李耀新主任和上海市信息化专家委吴启迪主任参加市信息化专家委员会和国际顶级 IT 研究咨询公司 Gartner

举办的国际高端智库沙龙，与Gartner国际专家进行深入交流。

23日 李耀新主任会见Infosys技术（中国）有限公司首席执行官Rangarajan Vellemore一行。李耀新主任表示将关注在沪印度软件企业，做好协调和服务工作，推动其在上海的发展。

24日 李耀新主任出席工业区转型发展与管理创新现场座谈会。此次会议旨在落实市政府《关于统筹优化全市工业区块布局的若干意见》，总结、推广工业区转型发展与管理创新方面的成功经验和做法，加快园区二次开发，突破瓶颈制约，推进本市乡镇工业区转型升级。

25日 以“智慧城市和城镇信息化发展”为主题的2013年中国信息化进程报告会在京举行。刘健副主任在会上作题为“创建面向未来的智慧城市”的专题报告，介绍本市创建智慧城市的主要做法和建设成果。

25日 市经信委与市公安局在静安寺下沉式广场联合举办以“平安上海和谐网络你我共建”为主题的网络安全宣传日暨保护千万人上网安全活动启动仪式。

29日 上海交大燃气轮机研究院揭牌仪式以及上海交大和三大动力集团（东方电气、哈电集团和上海电气）战略合作签约仪式在上海交大举行。李耀新主任出席并致辞。市科委寿子琪主任、三大动力集团的主要领导，上海交大马德秀书记、张杰校长、原校长翁史烈院士等出席仪式。

31日 李耀新主任赴上海市电力供电服务中心慰问奋战在电力抢修一线的电力干部职工，并认真听取电力一线干部职工对我委开展群众路线教育实践活动的意见。

8月

5-7日 李耀新主任带队赴湖南省考察学习产业发展和信息化建设工作。实地调研湖南省广播电视台、中联重科、华自科技、华曙高科公司等单位，分别与湖南省政府、省经信委以及长沙市高新区等座谈交流湘沪两地产业发展和信息化建设工作经验。

7日 艾宝俊副市长和戴海波副秘书长主持召开市政府专题会议，听取市委重点课题“合理控制本市人口规模、优化人口结构”调研报告的汇报。刘健副主任汇报产业结构专题分报告。

9日 李耀新主任会见微软公司全球副总裁、微软大中华区法律及公司事务总经理陈实一行。

20日 市经信委组织召开云计算安全保障专家咨询会，就云计算安全风险，以及工信部《基于云计算的电子政务公共平台安全规范》国家标准征求意见稿进行探讨。

21日 市经信委组织召开2013智慧城市宣传周活动方案研讨会。

21日 市经信委召开市法人信息共享与应用系统二期项目建设启动会。启动第二批17家单位的改造建设和接入工作。

21-23日 市经信委和市合作交流办共同主办的2013年国内优势企业“看上海，促转型，谋发展”主题活动在沪举行，包括多家央企在内的127家企业应邀考察上海投资环境，对接合作意向。吴磊副主任作题为“上海创新转型与企业发展机遇”的主旨发言。

22日 “市工业区转型升级试点推进会暨松江区与漕河泾开发区‘区区合作、品牌联动’签约仪式”在漕河泾新兴技术开发区举行。周波副市长出席会议并作重要讲话，徐逸波副秘书长为“上海漕河泾开发区松江新兴产业园”揭牌，李耀新主任、松江区委书记盛亚飞分别致辞，马静总工程师主持会议。

23日 市经信委召开上半年区县智慧城市推进工作交流会，并对各区县的智慧城市推进工作提出建议。

27日 周波副市长、徐逸波副秘书长带队赴国际旅游度假区项目现场工作调研，察看园区基础设施建设情况、迪士尼项目虚拟体验室和布景制作中心，听取了度假区建设指挥部的工作汇报。刘健副主任就度假区信息基础设施规划建设情况作汇报。

29日 市经信委召开推进战略性新兴产业工作会议。李耀新主任作重要讲话，马静总工程师总结推进战略性新兴产业工作并部署近期重点工作，沈庭忠巡视员宣读嘉定区新能源汽车与关键零部件基地等第一批6家上海市战略性新兴产业示范基地名单。

30日 市经信委会同市环保局、市发改委（市物价局）、高桥石化、上海石化、中石化上海石油分公司、中石化销售华东分公司、中石油上海销售分公司、中海油销售上海分公司、中化道达尔油品有限公司、上海燃料有限公司召开紧急会议，研究部署沪V标准汽柴油提前实施方案，特别是柴油提前升级置换的推进工作。

30日 李耀新主任、史文军副巡视员出席市质量协会等11家行业协会负责人座谈会，就与国家级行业协会开展合作及政府职能转变中发挥协会承接政府职能等作用交换意见。

30日 市经信委组织市卫生计生委、市教委、市建设交通委、市电子政务办等单位信息化部门，共同商讨“2013智慧城市宣传周”智慧交通、智慧医疗、智慧教育、智慧政务主题日宣传方案，沟通目前工作进展和下阶段共同推进的工作。

31日 李耀新主任参加上海人民广播电台“政风行风热线”上线直播活动，与市民群众通过电波进行交流。

9月

1日 “上海青年高端创意人才促进计划”举行终审答辩，上海M50文化创意产业发展有限公司总经理王艺等10人获“2013年度上海青年高端创意人才”称号，另有10人获得“2013年度上海青年高端创意人才入围奖”。市经信工作党委周国雄书记、黄肇达巡视员为获奖者颁奖，刘健副主任宣布获奖结果。

5–11日 2013上海设计之都活动周举行，以“设计智造梦想”为主题，以“创新·开放·可持续”为关键词。5日在上海展览中心拉开帷幕。启动仪式由市政府徐逸波副秘书长主持，市人大常委会副主任郑惠强、工信部产业政策司副司长辛仁周、联合国教科文组织助理总干事Hans d'Orville分别致辞。两院院士、十一届全国人大常委会副委员长、原中国科学院院长路甬祥作了题为“设计的价值与未来”的主旨演讲。

6日 本市智慧园区建设专题研讨会在上海纺织科学研究院召开。会议解读《上海市经信委关于加快推进本市智慧园区建设的指导意见》、上海市地方标准《智慧园区建设和管理通用规范（草案）》等政策法规文件，分享宝信软件、杨浦科创等单位的智慧园区建设经验。

11日 市经信委会同市科委共同主办的首届“上海国际导航产业和科技发展论坛暨展览会”开幕。市政府徐逸波副秘书长，工信部电子信息司副司长刁石京，周国雄书记，李耀新主任，市科委陈鸣波副主任，青浦区区长赵惠琴，杨浦区区长诸葛宇杰，宝山区区长方世忠，闵行区副区长蔡小庆等出席展会。

12日 市人大财经委会同市经信委共同召开《上海市促进中小企业发展条例》实施情况后评估课题汇报会。

13日 2013汽车电子产业发展（上海）国际高峰论坛举行。

16日 李耀新主任赴联想集团调研，了解联想集团的发展历史、最新产品等，并与联想集团CTO贺志强进行座谈。

16日 市经信委召开本市失物招领服务平台培训交流会，东方网进行本市失物招领服务平台的培训介绍并作现场演示。

17日 李耀新主任带队赴中国工艺美术协会，与协会常务副理事长张红、秘书长王山进行交流，希望加强国家级行业协会与上海的合作，在上海城市转型中发挥文化创意产业的创造力，并讨论工艺美术国际交流合作等事宜。

18日 由市经信委和市公务员局、市委党校共同举办的处级领导职务公务员信息化与智慧城市建设专题培训班结业仪式在市委党校举行。

22日 由市经信委指导，徐汇区政府和中国联通上海分公司主办，创业公社和市信息服务业行业协会具体承办的“徐汇－联通”杯移动互联网应用大赛决赛暨闭幕式举行。

23日 本市“诚信活动月”首日活动在徐汇区光启城举行。周波副市长、徐逸波副秘书长、市经信委李耀新主任、市委宣传部副部长、市文明办主任燕爽等，市社会信用体系建设联席会议各成员单位以及现场群众近千人参加首日活动。

24日 周波副市长，李耀新主任到市无线电管理局调研工作。

24日 由市经信委指导、上海移动承办、上海市智慧园区发展促进会协办的“我为智慧城市献一计”园区论坛举办。

25日 由市经信委和人民银行上海分行主办，上海银行承办的再贷款支持中小微企业转型发展政策通报会举行。李耀新主任、吴磊副主任、人民银行上海总部调查统计研究部顾铭德副主任、上海银行金煜行长、贺青副行长出席会议。

27日 市人大常委会副主任、复旦大学副校长蔡达峰，李耀新主任，傅新华副主任出席第九期“专、精、特、新”中小企业领军人才培训班开学典礼。

30日 中国（上海）自由贸易试验区推进工作领导小组办公室致信李耀新主任，对市经信委在制定和实施《中国（上海）自由贸易试验区总体方案》过程中全程参与、全力推进，做出的大量工作付出的努力表示感谢。

10月

19日下午 市人大常委会召开“信息化建设”专题代表书面意见督办座谈会。市人大常委会副主任郑惠强、洪浩，市政府副秘书长徐逸波，李耀新主任、刘健副主任、戎之勤秘书长出席会议。

10日 上海电子信息制造业产业发展座谈会召开。集成电路等十家行业协会参加会议，并分别就所在行业今年的产业发展状况、特点、面临的瓶颈进行了交流。

11日 “沪禾两地电子信息产业交流会”在嘉兴召开。

11日 市经信委在花园坊举办“合同能源管理银企对接活动”，中国银行上海分行、浦发银行和上海银行等13家银行和30家节能服务公司参加对接活动。

11日 市经信委与虹桥商务区管委会、申虹集团就虹桥商务区信息基础设施配套建设和智慧虹桥等工作进行交流研究。

12日 市经信委和市发展改革委联合组成的答辩组，赴京参加国家发展改革委组织的“国家下一代互联网示范城市”答辩评审会，从“基础设施、业务应用、产业化、政策环境”等方面介绍本市下一代互联网工作的基础与瓶颈、工作目标与内容、保障措施。

15日 工博会组委会副主任兼秘书长、副市长周波主持召开第十五届工博会市府专题会议。组委会常务副秘书长、市政府副秘书长徐逸波，组委会办公室常务副主任、李耀新主任出席会议。

16日 市人大财经委和市经信委召开《上海市促进中小企业发展条例》实施情况后评估调研课题专家评审会。

16日 艾宝俊副市长主持召开本市"十二五"规划纲要中期评估专题会，要求各单位对各自领域评估内容进行修改完善，充分反映近两年多来本领域发展的亮点、特点，不回避规划实施中存在的矛盾和问题，要做到客观分析。刘健副主任参加会议，并对产业发展和信息化建设领域评估提出意见和建议。

16日 市征信办组织重点领域专项试点牵头部门、行政审批领域使用信用记录试点相关部门、区县信用体系建设牵头部门代表召开推进信用记录使用、加强信用联动奖惩交流研讨会。市征信办常务副主任陈跃华出席会议并讲话。

16日 上海电子信息制造业重点企业经济运行座谈会召开。

18日 第十一期"专、精、特、新"中小企业领军人才培训班开学典礼在上海交大安泰经管学院举行，周国雄书记，上海交大党委副书记、副校长张安胜出席并致辞。

18日 市经信委与银监会上海监管局召开会议，围绕发挥市公共信用信息服务平台作用，运用跨领域信息加强银行从业人员、高管人员和银行信用监管，进一步建立金融行业从业人员失信联动惩戒机制等问题进行探讨。

19日 上海天马有机发光显示技术有限公司AM-OLED项目一期启动仪式在浦东新区举行。周波副市长、徐逸波副秘书长，中航工业谭瑞松总经理、中航国际吴光权总经理，周国雄书记、吴磊副主任出席启动仪式。

19日 市委统战部召开上海市"专、精、特、新"企业家座谈会。市委常委、市委统战部部长沙海林，市委统战部副部长吴捷，周国雄书记、傅新华副主任等出席座谈会。

21日 第十五届中国国际工业博览会组委会第二次秘书长工作会议在北京召开。工博会组委会常务副秘书长、组委会办公室主任、市政府副秘书长徐逸波主持会议。组委会办公室副主任、周敏浩副主任汇报第十五届工博会筹备工作进展情况，东浩集团董事长戴柳汇报招展招商工作进展情况，马静总工程师汇报评奖工作筹备情况、市政府发展研究中心和市政府新闻办分别汇报论坛和新闻工作筹备情况。

22日 周波副市长召开专题会议，听取本市物流业有关工作。史文军副巡视员汇报在推进物流业发展中的做法和相关建议。

22日 市经信委召开功能性机构（招商引资）联络员会议，交流工作进展、项目推进中遇到的问题，以及下一步工作计划。

23日 李耀新主任在上海电视台接受第一财经《财经关键词》节目智慧城市专题访谈，围绕本市智慧城市在信息基础设施建设、信息化应用和新兴信息技术产业发展等方面的进展情况、未来展望，以及2013年智慧城市体验周活动与主持人进行交流。

25日 李耀新主任陪同杨雄市长会见美国惠普公司（HP）全球高级副总裁、中国区董事长毛渝南先生一行。

25日 市政府副秘书长徐逸波、李耀新主任、傅新华副主任出席"上海市小额票据贴现中心"揭牌成立仪式。会上，市经信委与上海农商银行、浦发银行上海分行签订《支持"上海市小额票据贴现中心"建设合作协议》。

25日 周国雄书记、刘健副主任前往浦东新区陆家嘴街道调研智慧社区建设，参观本市智慧社区试点示范成果展示，到独居老人家庭察看生活预约服务、食品安全追溯、远程医疗咨询等应用，并到社区活动室察看IPTV社区频道、远程心电监护、医疗预约服务、陆家嘴区域停车实时信息等应用。

26日 李耀新主任陪同杨雄市长会见美国美铝公司董事长兼首席执行官柯菲德博士。杨雄市长表示欢迎和支持美铝公司继续在上海投资发展。

26日 市经信委领导参加由上海财经大学、对外经济贸易大学、华东政法大学、上海对外贸易大学等高校共同举办的中国（上海）自由贸易试验区协同创新中心签约仪式暨首届申江论坛。

28日 杨雄市长主持召开市政府常务会议。会上，李耀新主任汇报了第十五届中国国际工业博览会筹备工作进展情况。

28日 周波副市长参加2013上海智慧城市体验周活动，前往浦东新区陆家嘴街道调研智慧社区建设。李耀新主任陪同调研。

28日 市信息化专家委举办促进政府数据服务开放研讨会，会议由专家委主任吴启迪主持，刘健副主任、马静总工程师、市政府法制办张忠玉副主任、市申康医疗中心高解春副主任和上海联通蔡全根总经理参加会议。

29日 市经信委会同市科协共同主办"上海市智慧城市大讲坛"活动，邀请国家信息化专家咨询委常务副主任周宏仁作主题演讲。

30日 2013上海市智慧园区创新发展研讨会在漕河泾松江园区召开，本市各区县经（商）委、信息化委、产业园区、有关企业代表参加会议。

31日 市人大召开了《上海市促进中小企业发展条例》执法检查启动会议。市人大常委会副主任洪浩出席会议并讲话。会上，李耀新主任汇报了《条例》贯彻实施情况。

31日 2013信息安全技能竞赛个人技能赛总决赛开赛。经过激烈角逐，来自上海的选手朱家恺获得第一名。

31日 工信部电子信息制造业“十二五”发展规划中期评估座谈会在上海召开。上海、浙江、江苏、福建、广东、山东等省市相关主管部门就各地电子信息制造业“十二五”规划的实施情况，国际国内形势对规划实施产生的影响及相关对策、建议进行了交流。

11月

1日 2013上海设计之都活动周重要系列活动之2013上海创意产业博览会在上海国际展览中心开幕。

1日 作为第三届上海市信息安全活动周重点行业信息安全大讲堂的首场行业讲堂——银行业信息安全大讲堂开讲。工信部信息安全协调司司长赵泽良，上海市网络与信息安全协调小组副组长、市经信委主任李耀新，中国人民银行上海总部金融服务二部副主任姜威分别发言。

1-7日 以“我身边的信息安全”为主题的第三届上海市信息安全活动周圆满结束。

5日 第十五届中国国际工业博览会在沪开幕。中共中央政治局委员、上海市委书记韩正参加巡馆活动，工博会组委会主任、上海市市长杨雄，工博会组委会副主任、工信部副部长苏波，工博会组委会副主任、中国贸促会副会长王锦珍出席巡馆活动和开幕论坛，并共同启动开幕按钮。杨雄市长致欢迎辞，苏波副部长作开幕论坛主题演讲。

5日 周波副市长会见横滨市副市长铃木隆一行。李耀新主任、市外办副主任祝伟敏、友协副会长周亚军等陪同参加会见。会后，双方签署了《上海－横滨友好交流协议书(2014—2018年)》。

5日 第十五届国际工业博览会首场发展论坛——“消费品设计与设计之都”举行。论坛组委会主席、上海现代服务业联合会会长周禹鹏致欢迎词，市经信委主任、市文创办副主任李耀新，黄浦区李忠民副区长出席论坛并致辞。

5日 智能终端与新型显示企业交流对接会召开。

7日 上海市中小企业服务热线与“12345”上海市民服务热线并线签约暨上海中小企业服务互动平台开通仪式举行，市政府副秘书长徐逸波，傅新华副主任出席仪式。

11日 周波副市长会见意大利战略基金首席执行官塔玛格尼尼一行，戎之勤秘书长陪同会见。

12日 市人大常委会《上海市促进中小企业发展条例》执法检查组召开区县中小企业工作主管部门座谈会，宝山、徐汇、长宁、普陀、松江、奉贤、闸北、闵行等8个区汇报了贯彻落实《条例》情况及问题建议，与会市人大代表发表了意见。傅新华副主任参加座谈会并作回应交流。

14日 市文创领导小组副组长、副市长周波，市文创办主任、市政府副秘书长徐逸波，李耀新主任，陈跃华巡视员调研文化创意产业和设计之都建设工作。

15日 市政府徐逸波副秘书长、工信部节能与综合利用司周长益司长出席国际再制造产业（上海）高峰论坛，并共同为工信部批复临港产业园区的“国家机电产品再制造产业示范园”揭牌。李耀新主任出席了论坛开幕式并致辞。

17日 “2013上海当代工艺美术精品展”在上海工艺美术博物馆开幕。中国工艺美术馆馆长高显莉，市文创办副主任、陈跃华巡视员出席开幕仪式并为展览揭牌。

20日 周波副市长、白少康副市长和徐逸波副秘书长召开市政府专题会议，研究本市“恶意呼叫拦截平台”建设工作。刘健副主任参加会议。

20日 李耀新主任带队赴中国电子信息产业研究院（赛迪研究院）调研，学习考察该院在事业单位机制体制改革创新方面的探索经验，以及在产业经济和信息化建设领域开展研究、咨询和评测等发展信息服务业方面的经验。戎之勤秘书长、史文军副巡视员参加调研。中国电子信息产业研究院院长罗文介绍了相关情况。

21日 李耀新主任会见印度驻沪总领事史耐恩及塔塔、印孚瑟斯、HCL等在沪印度软件企业高管。

21日 本年度第二期“花园坊下午茶”活动——“走向新经济分享新案例”专场举行，李耀新主任等出席。活动邀请市发改委、科委、商务委和金融办等委办参加，来自投资界、各区经（商）委、“新技术、新业态、新模式、新经济”企业、工业园区和委内处室代表共议“投時问路—从资本足迹探寻IT驱动的新经济发展”主题。

22日 由市经信委指导，上海市电子商务行业协会电子支付专委会主办的2013上海互联网金融创新论坛顺利召开。

12月

2日 市经信委召开会议传达学习市委务虚会精神，研究细化2014年产业发展和信息化建设工作思路。李耀新主任在会上发言。

3日 2013上海国际“3D打印技术与未来”高峰论坛暨快速成型展览会在上海开幕。市政协副主席、市工商联主席王志雄出席论坛，工信部软件服务业司巡视员李颖、傅新华副主任分别致辞，中国工程院院士卢秉恒等作主题演讲。

4日 上海市社会信用体系建设督导反馈会议在市政府召开。副市长周波在听取督导组组长、公安部科技信息化局局长厉剑的反馈意见后提出意见。

4日 市政府召开上海市央企服务工作会议暨市服务中

央在沪企业联席会议第一次会议，标志着市服务中央在沪企业联席会议制度正式建立。周波副市长，徐逸波副秘书长，市经信委李耀新主任、吴磊副主任出席会议。

6日 工信部中小企业司在本市举办“全国中小企业运行监测培训班”。中小企业司司长郑昕出席培训班并作讲话，傅新华副主任到会并致辞。

9-10日 工信部规划司韦俊副司长带队赴上汽集团股份有限公司调研，先后考察延锋伟世通汽车饰件系统有限公司、上海通用汽车有限公司、泛亚汽车技术中心、上汽自主品牌研发中心、上海大众汽车有限公司等单位，并与市经信委和上汽集团进行座谈，就上海汽车产业发展情况、“十二五”规划发展目标、技术改造实施情况、自主研发能力建设及存在问题等进行深入交流。

10日 周波副市长出席市工业区发展联席会议第一次全体会议，要求统一思想，下定决心，引逼结合，分类施策，协力推进工业区转型升级发展工作。徐逸波副秘书长主持会议。李耀新主任作了关于推进本市工业区转型升级相关工作的情况汇报，徐子瑛副主任通报“上海市工业区发展联席会议”工作规则。会议审议通过市工业区转型升级三年行动计划重点工作分工表、市首批乡镇工业区转型升级试点建议名单等文件。

10日 市经信委会同市政府合作交流办组织召开上海市产业合作对接座谈会，12个省、市驻沪办事机构，9个市、县经信委和开发园区代表，11家本市国有或民营企业代表及部分区县经委参加座谈。

11日 李耀新主任陪同周波副市长会见微软公司全球资深副总裁、微软亚太研发集团主席张亚勤博士一行。

12日 李耀新主任应邀出席第13届美国在沪企业联合答谢活动，并在活动前参加周波副市长与美国驻华大使骆家辉先生的会面。

12日 市人大财经委主任委员潘志纯率部分市人大代表赴上海飞机制造厂考察调研。吴磊副主任介绍本市先进制造业的发展情况和大型客机项目服务保障工作。中国商用飞机有限责任公司工会主席刘林宗介绍公司型号研制和建设发展情况。

13日 李耀新主任会见西门子（中国）有限公司高级副总裁、华东地区和上海分公司总经理沈学军一行，双方就自贸区建设、节能减排、LED产业等领域进行沟通。

13日 周波副市长、徐逸波副秘书长赴上海超级计算中心调研，参观中心主机房和计算机科技馆，听取关于中心发展情况及四期建设计划的汇报。李耀新主任及市发展改革委、财政局等相关领导陪同调研。

15日 “2013全球（上海）低碳创意大赛”正式启动。

18日 主题为“网罗天下贷动未来”的上海金融信息服务业年度峰会暨上海互联网金融高峰论坛举行。李耀新主任参加论坛并致辞。

19-20日 2013年度华东六省一市无线电管理工作研讨座谈会在沪召开。刘健副主任出席会议并致辞，市发展改革委王思政副主任作上海自由贸易试验区的辅导报告。

20日 由江苏省经信委主办、市经信委协办的“江苏产品万里行上海展销会－苏沪工业设计对接会”在上海展览中心举行。

25日 市政府与中国长江三峡集团公司举行《战略合作框架协议》签字仪式，双方就进一步加强在清洁能源产业、战略性新兴产业、总部经济、企业重组等方面的战略合作达成共识。

26日 市十四届人大常委会第十次会议听取并审议了市政府关于本市贯彻实施《上海市促进中小企业发展条例》情况的报告，及市人大常委会执法检查组关于检查本市贯彻实施《上海市促进中小企业发展条例》情况的报告。市人大常委会主任殷一璀出席，周波副市长，徐逸波副秘书长列席。市经信委主任李耀新参加会议。

31日 上海市公共信用信息服务平台面向信息主体开通试运行。

2013年，全市工业企业完成工业总产值32089亿元，可比增长4.4%；完成工业增加值6770亿元，可比增长6.6%；主营业务收入为34534亿元，同比增长2.9%；实现工业利润2415亿元，同比增长13.1%；完成出口交货值7728亿元，同比下降3.5%；工业投资额1236亿元。

（李　白）

2014·上海工业年鉴

SHANGHAI
INDUSTRIAL
YEARBOOK

2013 年部分法律法规目录

征信业管理条例

（2013 年 1 月 21 日　国务院令第 631 号公布）

政府核准的投资项目目录（2013 年本）

（国发〔2013〕47 号，国务院 213 年 12 月 2 日发布）

关于金融支持小微企业发展的实施意见

（国办发〔2013〕87 号，国务院办公厅 2013 年 8 月 8 日发布）

关于金融支持经济结构调整和转型升级的指导意见

（国办发〔2013〕67 号，国务院办公厅 2013 年 7 月 1 日发布）

关于统筹优化全市工业区块布局的若干意见

（沪府发〔2013〕33 号，上海市人民政府 2013 年 5 月 14 日发布）

关于进一步促进本市企业技术改造的实施意见

（沪府发〔2013〕59 号，上海市人民政府 2013 年 8 月 5 日发布）

上海市企业失信信息查询与使用办法

（沪府办发〔2013〕7 号，上海市人民政府办公厅 2013 年 2 月 16 日转发）

上海市无线电管理办法实施细则

（沪经信法〔2013〕35 号，上海市经济和信息化委员会、上海市无线电管理局 2013 年 1 月 21 日发布）

上海市集成电路高端装备制造企业认定管理办法

（沪经信法〔2013〕878 号，上海市经济和信息化委员会、上海市财政局、上海市发展和改革委员会 2013 年 12 月 30 日发布）

征信业管理条例

（2013年1月21日　国务院令第631号公布）

第一章　总则

第一条　为了规范征信活动，保护当事人合法权益，引导、促进征信业健康发展，推进社会信用体系建设，制定本条例。

第二条　在中国境内从事征信业务及相关活动，适用本条例。

本条例所称征信业务，是指对企业、事业单位等组织（以下统称企业）的信用信息和个人的信用信息进行采集、整理、保存、加工，并向信息使用者提供的活动。

国家设立的金融信用信息基础数据库进行信息的采集、整理、保存、加工和提供，适用本条例第五章规定。

国家机关以及法律、法规授权的具有管理公共事务职能的组织依照法律、行政法规和国务院的规定，为履行职责进行的企业和个人信息的采集、整理、保存、加工和公布，不适用本条例。

第三条　从事征信业务及相关活动，应当遵守法律法规，诚实守信，不得危害国家秘密，不得侵犯商业秘密和个人隐私。

第四条　中国人民银行（以下称国务院征信业监督管理部门）及其派出机构依法对征信业进行监督管理。

县级以上地方人民政府和国务院有关部门依法推进本地区、本行业的社会信用体系建设，培育征信市场，推动征信业发展。

第二章　征信机构

第五条　本条例所称征信机构，是指依法设立，主要经营征信业务的机构。

第六条　设立经营个人征信业务的征信机构，应当符合《中华人民共和国公司法》规定的公司设立条件和下列条件，并经国务院征信业监督管理部门批准：

（一）主要股东信誉良好，最近3年无重大违法违规记录；

（二）注册资本不少于人民币5000万元；

（三）有符合国务院征信业监督管理部门规定的保障信息安全的设施、设备和制度、措施；

（四）拟任董事、监事和高级管理人员符合本条例第八条规定的任职条件；

（五）国务院征信业监督管理部门规定的其他审慎性条件。

第七条　申请设立经营个人征信业务的征信机构，应当向国务院征信业监督管理部门提交申请书和证明其符合本条例第六条规定条件的材料。

国务院征信业监督管理部门应当依法进行审查，自受理申请之日起60日内作出批准或者不予批准的决定。决定批准的，颁发个人征信业务经营许可证；不予批准的，应当书面说明理由。

经批准设立的经营个人征信业务的征信机构，凭个人征信业务经营许可证向公司登记机关办理登记。

未经国务院征信业监督管理部门批准，任何单位和个人不得经营个人征信业务。

第八条　经营个人征信业务的征信机构的董事、监事和高级管理人员，应当熟悉与征信业务相关的法律法规，具有履行职责所需的征信业从业经验和管理能力，最近3年无重大违法违规记录，并取得国务院征信业监督管理部门核准的任职资格。

第九条　经营个人征信业务的征信机构设立分支机构、合并或者分立、变更注册资本、变更出资额占公司资本总额5%以上或者持股占公司股份5%以上的股东的，应当经国务院征信业监督管理部门批准。

经营个人征信业务的征信机构变更名称的，应当向国务院征信业监督管理部门办理备案。

第十条　设立经营企业征信业务的征信机构，应当符合《中华人民共和国公司法》规定的设立条件，并自公司登记机关准予登记之日起30日内向所在地的国务院征信业监督管理部门派出机构办理备案，并提供下列材料：

（一）营业执照；

（二）股权结构、组织机构说明；

（三）业务范围、业务规则、业务系统的基本情况；

（四）信息安全和风险防范措施。

备案事项发生变更的，应当自变更之日起30日内向原备案机构办理变更备案。

第十一条 征信机构应当按照国务院征信业监督管理部门的规定，报告上一年度开展征信业务的情况。

国务院征信业监督管理部门应当向社会公告经营个人征信业务和企业征信业务的征信机构名单，并及时更新。

第十二条 征信机构解散或者被依法宣告破产的，应当向国务院征信业监督管理部门报告，并按照下列方式处理信息数据库：

（一）与其他征信机构约定并经国务院征信业监督管理部门同意，转让给其他征信机构；

（二）不能依照前项规定转让的，移交给国务院征信业监督管理部门指定的征信机构；

（三）不能依照前两项规定转让、移交的，在国务院征信业监督管理部门的监督下销毁。

经营个人征信业务的征信机构解散或者被依法宣告破产的，还应当在国务院征信业监督管理部门指定的媒体上公告，并将个人征信业务经营许可证交国务院征信业监督管理部门注销。

第三章 征信业务规则

第十三条 采集个人信息应当经信息主体本人同意，未经本人同意不得采集。但是，依照法律、行政法规规定公开的信息除外。

企业的董事、监事、高级管理人员与其履行职务相关的信息，不作为个人信息。

第十四条 禁止征信机构采集个人的宗教信仰、基因、指纹、血型、疾病和病史信息以及法律、行政法规规定禁止采集的其他个人信息。

征信机构不得采集个人的收入、存款、有价证券、商业保险、不动产的信息和纳税数额信息。但是，征信机构明确告知信息主体提供该信息可能产生的不利后果，并取得其书面同意的除外。

第十五条 信息提供者向征信机构提供个人不良信息，应当事先告知信息主体本人。但是，依照法律、行政法规规定公开的不良信息除外。

第十六条 征信机构对个人不良信息的保存期限，自不良行为或者事件终止之日起为5年；超过5年的，应当予以删除。

在不良信息保存期限内，信息主体可以对不良信息作出说明，征信机构应当予以记载。

第十七条 信息主体可以向征信机构查询自身信息。个人信息主体有权每年两次免费获取本人的信用报告。

第十八条 向征信机构查询个人信息的，应当取得信息主体本人的书面同意并约定用途。但是，法律规定可以不经同意查询的除外。

征信机构不得违反前款规定提供个人信息。

第十九条 征信机构或者信息提供者、信息使用者采用格式合同条款取得个人信息主体同意的，应当在合同中作出足以引起信息主体注意的提示，并按照信息主体的要求作出明确说明。

第二十条 信息使用者应当按照与个人信息主体约定的用途使用个人信息，不得用作约定以外的用途，不得未经个人信息主体同意向第三方提供。

第二十一条 征信机构可以通过信息主体、企业交易对方、行业协会提供信息，政府有关部门依法已公开的信息，人民法院依法公布的判决、裁定等渠道，采集企业信息。

征信机构不得采集法律、行政法规禁止采集的企业信息。

第二十二条 征信机构应当按照国务院征信业监督管理部门的规定，建立健全和严格执行保障信息安全的规章制度，并采取有效技术措施保障信息安全。

经营个人征信业务的征信机构应当对其工作人员查询个人信息的权限和程序作出明确规定，对工作人员查询个人信息的情况进行登记，如实记载查询工作人员的姓名，查询的时间、内容及用途。工作人员不得违反规定的权限和程序查询信息，不得泄露工作中获取的信息。

第二十三条 征信机构应当采取合理措施，保障其提供信息的准确性。

征信机构提供的信息供信息使用者参考。

第二十四条 征信机构在中国境内采集的信息的整理、保存和加工，应当在中国境内进行。

征信机构向境外组织或者个人提供信息，应当遵守法律、行政法规和国务院征信业监督管理部门的有关规定。

第四章 异议和投诉

第二十五条 信息主体认为征信机构采集、保存、提供的信息存在错误、遗漏的，有权向征信机构或者信息提供者提出异议，要求更正。

征信机构或者信息提供者收到异议，应当按照国务院征信业监督管理部门的规定对相关信息作出存在异议的标注，自收到异议之日起20日内进行核查和处理，并将结果书面答复异议人。

经核查，确认相关信息确有错误、遗漏的，信息提供者、征信机构应当予以更正；确认不存在错误、遗漏的，应当取消异议标注；经核查仍不能确认的，对核查情况和异议内容应当予以记载。

第二十六条 信息主体认为征信机构或者信息提供者、信息使用者侵害其合法权益的，可以向所在地的国务院征信业监督管理部门派出机构投诉。

受理投诉的机构应当及时进行核查和处理，自受理之日起 30 日内书面答复投诉人。

信息主体认为征信机构或者信息提供者、信息使用者侵害其合法权益的，可以直接向人民法院起诉。

第五章 金融信用信息基础数据库

第二十七条 国家设立金融信用信息基础数据库，为防范金融风险、促进金融业发展提供相关信息服务。

金融信用信息基础数据库由专业运行机构建设、运行和维护。该运行机构不以营利为目的，由国务院征信业监督管理部门监督管理。

第二十八条 金融信用信息基础数据库接收从事信贷业务的机构按照规定提供的信贷信息。

金融信用信息基础数据库为信息主体和取得信息主体本人书面同意的信息使用者提供查询服务。国家机关可以依法查询金融信用信息基础数据库的信息。

第二十九条 从事信贷业务的机构应当按照规定向金融信用信息基础数据库提供信贷信息。

从事信贷业务的机构向金融信用信息基础数据库或者其他主体提供信贷信息，应当事先取得信息主体的书面同意，并适用本条例关于信息提供者的规定。

第三十条 不从事信贷业务的金融机构向金融信用信息基础数据库提供、查询信用信息以及金融信用信息基础数据库接收其提供的信用信息的具体办法，由国务院征信业监督管理部门会同国务院有关金融监督管理机构依法制定。

第三十一条 金融信用信息基础数据库运行机构可以按照补偿成本原则收取查询服务费用，收费标准由国务院价格主管部门规定。

第三十二条 本条例第十四条、第十六条、第十七条、第十八条、第二十二条、第二十三条、第二十四条、第二十五条、第二十六条适用于金融信用信息基础数据库运行机构。

第六章 监督管理

第三十三条 国务院征信业监督管理部门及其派出机构依照法律、行政法规和国务院的规定，履行对征信业和金融信用信息基础数据库运行机构的监督管理职责，可以采取下列监督检查措施：

（一）进入征信机构、金融信用信息基础数据库运行机构进行现场检查，对向金融信用信息基础数据库提供或者查询信息的机构遵守本条例有关规定的情况进行检查；

（二）询问当事人和与被调查事件有关的单位和个人，要求其对与被调查事件有关的事项作出说明；

（三）查阅、复制与被调查事件有关的文件、资料，对可能被转移、销毁、隐匿或者篡改的文件、资料予以封存；

（四）检查相关信息系统。

进行现场检查或者调查的人员不得少于 2 人，并应当出示合法证件和检查、调查通知书。

被检查、调查的单位和个人应当配合，如实提供有关文件、资料，不得隐瞒、拒绝和阻碍。

第三十四条 经营个人征信业务的征信机构、金融信用信息基础数据库、向金融信用信息基础数据库提供或者查询信息的机构发生重大信息泄露等事件的，国务院征信业监督管理部门可以采取临时接管相关信息系统等必要措施，避免损害扩大。

第三十五条 国务院征信业监督管理部门及其派出机构的工作人员对在工作中知悉的国家秘密和信息主体的信息，应当依法保密。

第七章 法律责任

第三十六条 未经国务院征信业监督管理部门批准，擅自设立经营个人征信业务的征信机构或者从事个人征信业务活动的，由国务院征信业监督管理部门予以取缔，没收违法所得，并处 5 万元以上 50 万元以下的罚款；构成犯罪的，依法追究刑事责任。

第三十七条 经营个人征信业务的征信机构违反本条例第九条规定的，由国务院征信业监督管理部门责令限期改正，对单位处 2 万元以上 20 万元以下的罚款；对直接负责的主管人员和其他直接责任人员给予警告，处 1 万元以下的罚款。

经营企业征信业务的征信机构未按照本条例第十条规定办理备案的，由其所在地的国务院征信业监督管理部门派出机构责令限期改正；逾期不改正的，依照前款规定处罚。

第三十八条 征信机构、金融信用信息基础数据库运行机构违反本条例规定，有下列行为之一的，由国务院征信业监督管理部门或者其派出机构责令限期改正，对单位处5万元以上50万元以下的罚款；对直接负责的主管人员和其他直接责任人员处1万元以上10万元以下的罚款；有违法所得的，没收违法所得。给信息主体造成损失的，依法承担民事责任；构成犯罪的，依法追究刑事责任：

（一）窃取或者以其他方式非法获取信息；

（二）采集禁止采集的个人信息或者未经同意采集个人信息；

（三）违法提供或者出售信息；

（四）因过失泄露信息；

（五）逾期不删除个人不良信息；

（六）未按照规定对异议信息进行核查和处理；

（七）拒绝、阻碍国务院征信业监督管理部门或者其派出机构检查、调查或者不如实提供有关文件、资料；

（八）违反征信业务规则，侵害信息主体合法权益的其他行为。

经营个人征信业务的征信机构有前款所列行为之一，情节严重或者造成严重后果的，由国务院征信业监督管理部门吊销其个人征信业务经营许可证。

第三十九条 征信机构违反本条例规定，未按照规定报告其上一年度开展征信业务情况的，由国务院征信业监督管理部门或者其派出机构责令限期改正；逾期不改正的，对单位处2万元以上10万元以下的罚款；对直接负责的主管人员和其他直接责任人员给予警告，处1万元以下的罚款。

第四十条 向金融信用信息基础数据库提供或者查询信息的机构违反本条例规定，有下列行为之一的，由国务院征信业监督管理部门或者其派出机构责令限期改正，对单位处5万元以上50万元以下的罚款；对直接负责的主管人员和其他直接责任人员处1万元以上10万元以下的罚款；有违法所得的，没收违法所得。给信息主体造成损失的，依法承担民事责任；构成犯罪的，依法追究刑事责任：

（一）违法提供或者出售信息；

（二）因过失泄露信息；

（三）未经同意查询个人信息或者企业的信贷信息；

（四）未按照规定处理异议或者对确有错误、遗漏的信息不予更正；

（五）拒绝、阻碍国务院征信业监督管理部门或者其派出机构检查、调查或者不如实提供有关文件、资料。

第四十一条 信息提供者违反本条例规定，向征信机构、金融信用信息基础数据库提供非依法公开的个人不良信息，未事先告知信息主体本人，情节严重或者造成严重后果的，由国务院征信业监督管理部门或者其派出机构对单位处2万元以上20万元以下的罚款；对个人处1万元以上5万元以下的罚款。

第四十二条 信息使用者违反本条例规定，未按照与个人信息主体约定的用途使用个人信息或者未经个人信息主体同意向第三方提供个人信息，情节严重或者造成严重后果的，由国务院征信业监督管理部门或者其派出机构对单位处2万元以上20万元以下的罚款；对个人处1万元以上5万元以下的罚款；有违法所得的，没收违法所得。给信息主体造成损失的，依法承担民事责任；构成犯罪的，依法追究刑事责任。

第四十三条 国务院征信业监督管理部门及其派出机构的工作人员滥用职权、玩忽职守、徇私舞弊，不依法履行监督管理职责，或者泄露国家秘密、信息主体信息的，依法给予处分。给信息主体造成损失的，依法承担民事责任；构成犯罪的，依法追究刑事责任。

第八章 附则

第四十四条 本条例下列用语的含义：

（一）信息提供者，是指向征信机构提供信息的单位和个人，以及向金融信用信息基础数据库提供信息的单位；

（二）信息使用者，是指从征信机构和金融信用信息基础数据库获取信息的单位和个人；

（三）不良信息，是指对信息主体信用状况构成负面影响的下列信息：信息主体在借贷、赊购、担保、租赁、保险、使用信用卡等活动中未按照合同履行义务的信息，对信息主体的行政处罚信息，人民法院判决或者裁定信息主体履行义务以及强制执行的信息，以及国务院征信业监督管理部门规定的其他不良信息。

第四十五条 外商投资征信机构的设立条件，由国务院征信业监督管理部门会同国务院有关部门制定，报国务院批准。

境外征信机构在境内经营征信业务，应当经国务院征信业监督管理部门批准。

第四十六条 本条例施行前已经经营个人征信业务的机构，应当自本条例施行之日起6个月内，依照本条例的规定申请个人征信业务经营许可证。

本条例施行前已经经营企业征信业务的机构，应当自本条例施行之日起3个月内，依照本条例的规定办理备案。

第四十七条 本条例自2013年3月15日起施行。

国务院关于发布政府核准的投资项目目录（2013 年本）的通知

国发〔2013〕47 号

各省、自治区、直辖市人民政府，国务院各部委、各直属机构：

为进一步深化投资体制改革和行政审批制度改革，加大简政放权力度，切实转变政府投资管理职能，使市场在资源配置中起决定性作用，确立企业投资主体地位，更好发挥政府作用，加强和改进宏观调控，现发布《政府核准的投资项目目录（2013 年本）》，并就有关事项通知如下：

一、企业投资建设本目录内的固定资产投资项目，须按照规定报送有关项目核准机关核准。企业投资建设本目录外的项目，实行备案管理。事业单位、社会团体等投资建设的项目，按照本目录执行。

二、法律、行政法规和国家制定的发展规划、产业政策、总量控制目标、技术政策、准入标准、用地政策、环保政策、信贷政策等是企业开展项目前期工作的重要依据，是项目核准机关和国土资源、环境保护、城乡规划、行业管理等部门以及金融机构对项目进行审查的依据。

对于钢铁、电解铝、水泥、平板玻璃、船舶等产能严重过剩行业的项目，国务院有关部门和地方政府要按照国务院关于化解产能严重过剩矛盾指导意见的要求，严格控制新增产能。

三、项目核准机关要改进完善管理办法，提高工作效能，认真履行核准职责，严格按照规定权限、程序和时限等要求进行审查。有关部门要密切配合，按照职责分工，相应改进管理办法，依法加强对投资活动的监管。对不符合法律法规规定以及未按规定权限和程序核准或者备案的项目，有关部门不得办理相关手续，金融机构不得提供信贷支持。

四、按照规定由国务院核准的项目，由发展改革委审核后报国务院核准。核报国务院核准的项目、国务院投资主管部门核准的项目，事前必须征求国务院行业管理部门的意见。由地方政府核准的项目，省级政府可以根据本地实际情况具体划分地方各级政府的核准权限。由省级政府核准的项目，核准权限不得下放。

五、法律、行政法规和国家有专门规定的，按照有关规定执行。

六、本目录自发布之日起执行，《政府核准的投资项目目录（2004 年本）》即行废止。

国务院

2013 年 12 月 2 日

政府核准的投资项目目录（2013 年本）

一、农业水利

农业：涉及开荒的项目由省级政府核准。

水库：在跨界河流、跨省（区、市）河流上建设的项目由国务院投资主管部门核准，其余项目由地方政府核准。

其他水事工程：涉及跨界河流、跨省（区、市）水资源配置调整的项目由国务院投资主管部门核准，其余项目由地方政府核准。

二、能源

水电站：在主要河流上建设的项目由国务院投资主管部门核准，其余项目由地方政府核准。

抽水蓄能电站：由国务院行业管理部门核准。

火电站：分布式燃气发电项目由省级政府核准，其余项目由国务院投资主管部门核准。

热电站：燃煤背压热电项目由省级政府核准，其余燃煤热电项目由国务院投资主管部门核准；其余热电项目由地方政府核准。

风电站：由地方政府核准。

核电站：由国务院核准。

电网工程：跨境、跨省（区、市）±400 千伏及以上直流项目，跨境、跨省（区、市）500 千伏、750 千伏、1000 千伏交流项目，由国务院投资主管部门核准；非跨境、跨省（区、市）±400 千伏及以上直流项目，非跨境、跨省（区、市）750 千伏、1000 千伏交流项目，由国务院行业管理部门核准；其余项目由地方政府核准。

煤矿：国家规划矿区内新增年生产能力 120 万吨及以上煤炭开发项目由国务院行业管理部门核准，国家规划矿区内的其余煤炭开发项目由省级政府核准；其余一般煤炭开发项目由地方政府核准。国家规定禁止新建的煤与瓦斯突出、高瓦斯和中小型煤炭开发项目，不得核准。

煤制燃料：年产超过 20 亿立方米的煤制天然气项目，年产超过 100 万吨的煤制油项目由国务院投资主管部门核准。

原油：油田开发项目由具有石油开采权的企业自行决定，报国务院行业管理部门备案。

天然气：气田开发项目由具有天然气开采权的企业自行决定，报国务院行业管理部门备案。

液化石油气接收、存储设施（不含油气田、炼油厂的配套项目）：由省级政府核准。

进口液化天然气接收、储运设施：由国务院行业管理部门核准。

输油管网（不含油田集输管网）：跨境、跨省（区、市）干线管网项目由国务院投资主管部门核准，其余项目由省级政府核准。

输气管网（不含油气田集输管网）：跨境、跨省（区、市）干线管网项目由国务院投资主管部门核准，其余项目由省级政府核准。

炼油：新建炼油及扩建一次炼油项目由国务院投资主管部门核准。

变性燃料乙醇：由省级政府核准。

三、交通运输

新建（含增建）铁路：跨省（区、市）项目和国家铁路网中的干线项目由国务院投资主管部门核准，国家铁路网中的其余项目由中国铁路总公司自行决定并报国务院投资主管部门备案；其余地方铁路项目由省级政府按照国家批准的规划核准。

公路：国家高速公路网项目由国务院投资主管部门核准，国家高速公路网外的干线项目由省级政府核准；地方高速公路项目由省级政府按照国家批准的规划核准，其余项目由地方政府核准。

独立公路桥梁、隧道：跨境、跨重要海湾、跨大江大河（三级及以上通航段）的项目由国务院投资主管部门核准，其余项目由地方政府核准。

煤炭、矿石、油气专用泊位：在沿海（含长江南京及以下）新建港区和年吞吐能力 1000 万吨及以上项目由国务院投资主管部门核准，其余项目由省级政府核准。

集装箱专用码头：在沿海（含长江南京及以下）建设的项目由国务院投资主管部门核准，其余项目由省级政府核准。

内河航运：千吨级及以上通航建筑物项目由国务院投资主管部门核准，其余项目由地方政府核准。

民航：新建机场项目由国务院核准，扩建军民合用机场项目由国务院投资主管部门会商军队有关部门核准。

四、信息产业

电信：国际通信基础设施项目由国务院投资主管部门核准；国内干线传输网（含广播电视网）以及其他涉及信息安全的电信基础设施项目，由国务院行业管理部门核准。

五、原材料

稀土、铁矿、有色矿山开发：已查明资源储量 5000 万吨及以上规模的铁矿开发项目，由国务院投资主管部门核准；稀土矿山开发项目，由国务院行业管理部门核准；其余项目由省级政府核准。

钢铁：新增生产能力的炼铁、炼钢、热轧项目由国务院投资主管部门核准。

有色：新增生产能力的电解铝项目，新建氧化铝项目，由国务院投资主管部门核准。

石化：新建乙烯项目由国务院投资主管部门核准。

化工：年产超过 50 万吨的煤经甲醇制烯烃项目，年产超过 100 万吨的煤制甲醇项目，新建对二甲苯（PX）项目，由国务院投资主管部门核准；新建二苯基甲烷二异氰酸酯（MDI）项目由国务院行业管理部门核准。

化肥：钾矿肥、磷矿肥项目由省级政府核准。

水泥：由省级政府核准。

稀土：冶炼分离项目由国务院行业管理部门核准，稀土深加工项目由省级政府核准。

黄金：采选矿项目由省级政府核准。

六、机械制造

汽车：按照国务院批准的《汽车产业发展政策》执行。

船舶：新建 10 万吨级及以上造船设施（船台、船坞）项目由国务院投资主管部门核准。

七、轻工

烟草：卷烟、烟用二醋酸纤维素及丝束项目由国务院行业管理部门核准。

八、高新技术

民用航空航天：民用飞机（含直升机）制造、民用卫星制造、民用遥感卫星地面站建设项目，由国务院投资主管部门核准。

九、城建

城市快速轨道交通项目：由省级政府按照国家批准的规划核准。

城市供水：跨省（区、市）日调水 50 万吨及以上项目由国务院投资主管部门核准。

城市道路桥梁、隧道：跨重要海湾、跨大江大河（三级及以上通航段）的项目由国务院投资主管部门核准。

其他城建项目：由地方政府核准。

十、社会事业

主题公园：特大型项目由国务院核准，大型项目由国务院投资主管部门核准，中小型项目由省级政府核准。

旅游：国家级风景名胜区、国家自然保护区、全国重点文物保护单位区域内总投资 5000 万元及以上旅游开发和资源保护项目，世界自然和文化遗产保护区内总投资 3000 万元及以上项目，由省级政府核准。

其他社会事业项目：除国务院已明确改为备案管理的项目外，按照隶属关系由国务院行业管理部门、地方政府自行确定实行核准或者备案。

十一、金融

印钞、造币、钞票纸项目：由中国人民银行核准。

十二、外商投资

《外商投资产业指导目录》中有中方控股（含相对控股）要求的总投资（含增资）3 亿美元及以上鼓励类项目，总投资（含增资）5000 万美元及以上限制类（不含房地产）项目，由国务院投资主管部门核准。《外商投资产业指导目录》限制类中的房地产项目和总投资（含增资）小于 5000 万美元的其他限制类项目，由省级政府核准。《外商投资产业指导目录》中有中方控股（含相对控股）要求的总投资（含增资）小于 3 亿美元的鼓励类项目，由地方政府核准。

前款规定之外的属于本目录第一至十一条所列项目，按照本目录第一至十一条的规定核准。

外商投资企业的设立及变更事项，按现行有关规定由商务部和地方政府核准。

十三、境外投资

中方投资 10 亿美元及以上项目，涉及敏感国家和地区、敏感行业的项目，由国务院投资主管部门核准。

前款规定之外的中央管理企业投资项目和地方企业投资 3 亿美元及以上项目报国务院投资主管部门备案。

国内企业在境外投资开办企业（金融企业除外）事项，涉及敏感国家和地区、敏感行业的，由商务部核准；其他情形的，中央管理企业报商务部备案，地方企业报省级政府备案。

国务院办公厅关于金融支持小微企业发展的实施意见

国办发〔2013〕87 号

各省、自治区、直辖市人民政府，国务院各部委、各直属机构：

小微企业是国民经济发展的生力军，在稳定增长、扩大就业、促进创新、繁荣市场和满足人民群众需求等方面，发挥着极为重要的作用。加强小微企业金融服务，是金融支持实体经济和稳定就业、鼓励创业的重要内容，事关经济社会发展全局，具有十分重要的战略意义。为进一步做好小微企业金融服务工作，全力支持小微企业良性发展，经国务院同意，现提出以下意见。

一、确保实现小微企业贷款增速和增量“两个不低于”的目标

继续坚持“两个不低于”的小微企业金融服务目标，在风险总体可控的前提下，确保小微企业贷款增速不低于各项贷款平均水平、增量不低于上年同期水平。在继续实施稳健的货币政策、合理保持全年货币信贷总量的前提下，优化信贷结构，腾挪信贷资源，在盘活存量中扩大小微企业融资增量，在新增信贷中增加小微企业贷款份额。充分发挥再贷款、再贴现和差别准备金动态调整机制的引导作用，对中小金融机构继续实施较低的存款准备金率。进一步细化“两个不低于”的考核措施，对银行业金融机构的小微企业贷款比例、贷款覆盖率、服务覆盖率和申贷获得率等指标，定期考核，按月通报。要求各银行业金融机构在商业可持续和有效控制风险的前提下，单列小微企业信贷计划，合理分解任务，优化绩效考核机制，并由主要负责人推动层层落实（人民银行、银监会按职责分工负责）。

二、加快丰富和创新小微企业金融服务方式

增强服务功能、转变服务方式、创新服务产品，是丰富和创新小微企业金融服务方式的重点内容。进一步引导金融机构增强支小助微的服务理念，动员更多营业网点参与小微企业金融服务，扩大业务范围，加大创新力度，增强服务功能；牢固树立以客户为中心的经营理念，针对不同类型、不同发展阶段小微企业的特点，不断开发特色产品，为小微企业提供量身定做的金融产品和服务。积极鼓励金融机构为小微企业全面提供开户、结算、理财、咨询等基础性、综合性金融服务；大力发展产业链融资、商业圈融资和企业群融资，积极开展知识产权质押、应收账款质押、动产质押、股权质押、订单质押、仓单质押、保单质押等抵质押贷款业务；推动开办商业保理、金融租赁和定向信托等融资服务。鼓励保险机构创新资金运用安排，通过投资企业股权、基金、债权、资产支持计划等多种形式，为小微企业发展提供资金支持。充分利用互联网等新技术、新工具，不断创新网络金融服务模式（人民银行、银监会、证监会、保监会按职责分工负责）。

三、着力强化对小微企业的增信服务和信息服务

加快建立“小微企业－信息和增信服务机构－商业银行”利益共享、风险共担新机制，是破解小微企业缺信息、缺信用导致融资难的关键举措。积极搭建小微企业综合信息共享平台，整合注册登记、生产经营、人才及技术、纳税缴费、劳动用工、用水用电、节能环保等信息资源。加快建立小微企业信用征集体系、评级发布制度和信息通报制度，引导银行业金融机构注重用好人才、技术等“软信息”，建立针对小微企业的信用评审机制。建立健全主要为小微企业服务的融资担保体系，由地方人民政府参股和控股部分担保公司，以省（区、市）为单位建立政府主导的再担保公司，创设小微企业信贷风险补偿基金。指导相关行业协会推进联合增信，加强本行业小微企业的合作互助。充分挖掘保险工具的增信作用，大力发展贷款保证保险和信用保险业务，稳步扩大出口信用保险对小微企业的服务范围（发展改革委、工业和信息化部、财政部、商务部、人民银行、工商总局、银监会、证监会、保监会等按职责分工负责）。

四、积极发展小型金融机构

积极发展小型金融机构，打通民间资本进入金融业的通道，建立广覆盖、差异化、高效率的小微企业金融服务机构体系，是增加小微企业金融服务有效供给、促进竞争的有效途径。进一步丰富小微企业金融服务机构种类，支持在小微企业集中的地区设立村镇银行、贷款公司等小型金融机构，推动尝试由民间资本发起设立自担风险的民营银行、金融租赁公司和消费金融公司等金融机构。引导地方金融机构坚持立足当地、服务小微的市场定位，向县域和乡镇等小微企业集中的地区延伸网点和业务，进一步做深、做实小微企业金融服务。鼓励大中型银行加快小微企业专营机构建设和向下延伸服务网点，提高小微企业金融服务的批量化、规模化、标准化水平（银监会牵头）。

五、大力拓展小微企业直接融资渠道

加快发展多层次资本市场，是解决小微企业直接融资比例过低、渠道过窄的必由之路。进一步优化中小企业板、创业板市场的制度安排，完善发行、定价、并购重组等方面的政策和措施。适当放宽创业板市场对创新型、成长型企业的财务准入标准，尽快启动上市小微企业再融资。建立完善全国中小企业股份转让系统（以下称“新三板”），加大产品创新力度，增加适合小微企业的融资品种。进一步扩大中小企业私募债券试点，逐步扩大中小企业集合债券和小微企业增信集合债券发行规模，在创业板、“新三板”、公司债、私募债等市场建立服务小微企业的小额、快速、灵活的融资机制。在清理整顿各类交易场所基础上，将区域性股权市场纳入多层次资本市场体系，促进小微企业改制、挂牌、定向转让股份和融资，支持证券公司通过区域性股权市场为小微企业提供挂牌公司推荐、股权代理买卖等服务。进一步建立健全非上市公众公司监管制度，适时出台定向发行、并购重组等具体规定，支持小微企业股本融资、股份转让、资产重组等活动。探索发展并购投资基金，积极引导私募股权投资基金、创业投资企业投资于小微企业，支持符合条件的创业投资企业、股权投资企业等发行企业债券，专项用于投资小微企业，促进创新型、创业型小微企业融资发展（证监会、发展改革委、科技部等按职责分工负责）。

六、切实降低小微企业融资成本

进一步清理规范各类不合理收费，是切实降低小微企业综合融资成本的必然要求。继续对小微企业免征管理类、登记类、证照类行政事业性收费。规范担保公司等中介机构的收费定价行为，通过财政补贴和风险补偿等方式合理降低费率。继续治理金融机构不合理收费和高收费行为，开展对金融机构落实收费政策情况的专项检查，对落实不到位的金融机构要严肃处理（发展改革委、工业和信息化部、财政部、人民银行、银监会等按职责分工负责）。

七、加大对小微企业金融服务的政策支持力度

对小微企业金融服务予以政策倾斜，是做好小微企业金融服务、防范金融风险的必要条件。进一步完善和细化小微企业划型标准，引导各类金融机构和支持政策更好地聚焦小微企业。充分发挥支持性财税政策的引导作用，强化对小微企业金融服务的正向激励；在简化程序、扩大金融机构自主核销权等方面，对小微企业不良贷款核销给予支持。建立科技金融服务体系，进一步细化科技型小微企业标准，完善对各类科技成果的评价机制。在银行业金融机构的业务准入、风险资产权重、存贷比考核等方面实施差异化监管。继续支持符合条件的银行发行小微企业专项金融债，用所募集资金发放的小微企业贷款不纳入存贷比考核。逐步推进信贷资产证券化常规化发展，引导金融机构将盘活的资金主要用于小微企业贷款。鼓励银行业金融机构适度提高小微企业不良贷款容忍度，相应调整绩效考核机制。继续鼓励担保机构加大对小微企业的服务力度，推进完善有关扶持政策。积极争取将保险服务纳入小微企业产业引导政策，不断完善小微企业风险补偿机制（发展改革委、科技部、工业和信息化部、财政部、人民银行、税务总局、统计局、银监会、证监会、保监会等按职责分工负责）。

八、全面营造良好的小微金融发展环境

推进金融环境建设，营造良好的金融环境，是促进小微金融发展的重要基础。地方人民政府要在健全法治、改善公共服务、预警提示风险、完善抵质押登记、宣传普及金融知识等方面，抓紧研究制定支持小微企业金融服务的政策措施；切实落实融资性担保公司、小额贷款公司、典当行、投资（咨询）公司、股权投资企业等机构的监管和风险处置责任，加大对非法集资等非法金融活动的打击惩处力度；减少对金融机构正常经营活动的干预，帮助维护银行债权，打击逃废银行债务行为；化解金融风险，切实维护地方金融市场秩序。有关部门要研究采取有效措施，积极引导小微企业提高自身素质，改善经营管理，健全财务制度，增强信用意识（发展改革委、工业和信息化部、公安部、财政部、商务部、人民银行、税务总局、工商总局、银监会、证监会、保监会等按职责分工负责）。

各地区、各有关部门和各金融机构要按照国务院的统一部署，进一步提高对小微企业金融服务重要性的认识，明确分工，落实责任，形成合力，真正帮助小微企业解决现实难题。银监会要牵头组织实施督促检查工作，确保各项政策措施落实到位。从2014年开始，各省级人民政府、人民银行、银监会、证监会和保监会要将本地区或本领域上一年度小微企业金融服务的情况、成效、问题、下一步打算及政策建议，于每年1月底前专题报告国务院。各银行业金融机构有关落实情况及下一步工作和建议，由银监会汇总后报国务院。

国务院办公厅

2013年8月8日

国务院办公厅关于金融支持经济结构调整和转型升级的指导意见

国办发〔2013〕67号

各省、自治区、直辖市人民政府，国务院各部委、各直属机构：

当前，我国经济运行总体平稳，但结构性矛盾依然突出。金融运行总体是稳健的，但资金分布不合理问题仍然存在，与经济结构调整和转型升级的要求不相适应。为深入贯彻党的十八大、中央经济工作会议和国务院常务会议精神，更好地发挥金融对经济结构调整和转型升级的支持作用，更好地发挥市场配置资源的基础性作用，更好地发挥金融政策、财政政策和产业政策的协同作用，优化社会融资结构，持续加强对重点领域和薄弱环节的金融支持，切实防范化解金融风险，经国务院同意，现提出以下指导意见。

一、继续执行稳健的货币政策，合理保持货币信贷总量

统筹兼顾稳增长、调结构、控通胀、防风险，合理保持货币总量。综合运用数量、价格等多种货币政策工具组合，充分发挥再贷款、再贴现和差别存款准备金动态调整机制的引导作用，盘活存量资金，用好增量资金，加快资金周转速度，提高资金使用效率。对中小金融机构继续实施较低的存款准备金率，增加“三农”、小微企业等薄弱环节的信贷资金来源。稳步推进利率市场化改革，更大程度发挥市场在资金配置中的基础性作用，促进企业根据自身条件选择融资渠道、优化融资结构，提高实体经济特别是小微企业的信贷可获得性，进一步加大金融对实体经济的支持力度（人民银行牵头，发展改革委、工业和信息化部、财政部、银监会、证监会、保监会、外汇局等参加）。

二、引导、推动重点领域与行业转型和调整

坚持有扶有控、有保有压原则，增强资金支持的针对性和有效性。大力支持实施创新驱动发展战略。加大对有市场发展前景的先进制造业、战略性新兴产业、现代信息技术产业和信息消费、劳动密集型产业、服务业、传统产业改造升级以及绿色环保等领域的资金支持力度。保证重点在建续建工程和项目的合理资金需求，积极支持铁路等重大基础设施、城市基础设施、保障性安居工程等民生工程建设，培育新的产业增长点。按照“消化一批、转移一批、整合一批、淘汰一批”的要求，对产能过剩行业区分不同情况实施差别化政策。对产品有竞争力、有市场、有效益的企业，要继续给予资金支持；对合理向境外转移产能的企业，要通过内保外贷、外汇及人民币贷款、债权融资、股权融资等方式，积极支持增强跨境投资经营能力；对实施产能整合的企业，要通过探索发行优先股、定向开展并购贷款、适当延长贷款期限等方式，支持企业兼并重组；对属于淘汰落后产能的企业，要通过保全资产和不良贷款转让、贷款损失核销等方式支持压产退市。严禁对产能严重过剩行业违规建设项目提供任何形式的新增授信和直接融资，防止盲目投资加剧产能过剩（发展改革委、工业和信息化部、财政部、商务部、人民银行、国资委、银监会、证监会、保监会、外汇局等按职责分工负责）。

三、整合金融资源支持小微企业发展

优化小微企业金融服务。支持金融机构向小微企业集中的区域延伸服务网点。根据小微企业不同发展阶段的金融需求特点，支持金融机构向小微企业提供融资、结算、理财、咨询等综合性金融服务。继续支持符合条件的银行发行小微企业专项金融债，所募集资金发放的小微企业贷款不纳入存贷比考核。逐步推进信贷资产证券化常规化发展，盘活资金支持小微企业发展和经济结构调整。适度放开小额外保内贷业务，扩大小微企业境内融资来源。适当提高对小微企业贷款的不良贷款容忍度。加强对科技型、创新型、创业型小微企业的金融支持力度。力争全年小微企业贷款增速不低于当年各项贷款平均增速，贷款增量不低于上年同期水平。鼓励地方人民政府建立小微企业信贷风险补偿基金，支持小微企业信息整合，加快推进中小企业信用体系建设。支持地方人民政府加强对小额贷款公司、融资性担保公司的监管，对非融资性担保公司进行清理规范。鼓励地方人民政府出资设立或参股融资性担保公司，以及通过奖励、风险补偿等多种方式引导融资性担保公司健康发展，帮助小微企业增信融资，降低小微企业融资成本，提高小微企业贷款覆盖面。推动金融机构完善服务定价管理机制，严格规范收费行为，严格执行不得以贷转存、不得存贷挂钩、不得以贷收费、不得浮利分费、不得借贷搭售、不得一浮到顶、不得转嫁成本，公开收费项目、服务质价、效用功能、优惠政策等规定，切实降低企业融资成本（发展改革委、科技部、工业和信息化部、财政部、人民银行、工商总局、银监会、证监会、保监会、外汇局等按职责分工负责）。

四、加大对“三农”领域的信贷支持力度

优化“三农”金融服务，统筹发挥政策性金融、商业性金融和合作性金融的协同作用，发挥直接融资优势，推动加快农业现代化步伐。鼓励涉农金融机构在金融服务空白乡镇设立服务网点，创新服务方式，努力实现农村基础金融服务全覆盖。支持金融机构开发符合农业农村新型经营主体和农产品批发商特点的金融产品和服务，加大信贷支持力度，力争全年“三农”贷款增速不低于当年各项贷款平均增速，贷款增量不低于上年同期水平。支持符合条件的银行发行“三农”专项金融债。鼓励银行业金融机构扩大林权抵押贷款，探索开展大中型农机具、农村土地承包经营权和宅基地使用权抵押贷款试点。支持农业银行在总结试点经验的基础上，逐步扩大县域“三农金融事业部”试点省份范围。支持经中央批准的农村金融改革试点地区创新农村金融产品和服务（财政部、国土资源部、农业部、商务部、人民银行、林业局、法制办、银监会等按职责分工负责）。

五、进一步发展消费金融促进消费升级

加快完善银行卡消费服务功能，优化刷卡消费环境，扩大城乡居民用卡范围。积极满足居民家庭首套自住购房、大宗耐用消费品、新型消费品以及教育、旅游等服务消费领域的合理信贷需求。逐步扩大消费金融公司的试点城市范围，培育和壮大新的消费增长点。加强个人信用管理。根据城镇化过程中进城务工人员等群体的消费特点，提高金融服务的匹配度和适应性，促进消费升级（人民银行牵头，发展改革委、工业和信息化部、商务部、银监会等参加）。

六、支持企业“走出去”

鼓励政策性银行、商业银行等金融机构大力支持企业“走出去”。以推进贸易投资便利化为重点，进一步推动人民币跨境使用，推进外汇管理简政放权，完善货物贸易和服务贸易外汇管理制度。逐步开展个人境外直接投资试点，进一步推动资本市场对外开放。改进外债管理方式，完善全口径外债管理制度。加强银行间外汇市场净额清算等基础设施建设。创新外汇储备运用，拓展外汇储备委托贷款平台和商业银行转贷款渠道，综合运用多种方式为用汇主体提供融资支持（人民银行牵头，外交部、发展改革委、财政部、商务部、海关总署、银监会、证监会、保监会、外汇局等参加）。

七、加快发展多层次资本市场

进一步优化主板、中小企业板、创业板市场的制度安排，完善发行、定价、并购重组等方面的各项制度。适当放宽创业板对创新型、成长型企业的财务准入标准。将中小企业股份转让系统试点扩大至全国。规范非上市公众公司管理。稳步扩大公司（企业）债、中期票据和中小企业私募债券发行，促进债券市场互联互通。规范发展各类机构投资者，探索发展并购投资基金，鼓励私募股权投资基金、风险投资基金产品创新，促进创新型、创业型中小企业融资发展。加快完善期货市场建设，稳步推进期货市场品种创新，进一步发挥期货市场的定价、分散风险、套期保值和推进经济转型升级的作用（证监会牵头，发展改革委、科技部、工业和信息化部、财政部、人民银行、工商总局、法制办等参加）。

八、进一步发挥保险的保障作用

扩大农业保险覆盖范围，推广菜篮子工程保险、渔业保险、农产品质量保证保险、农房保险等新型险种。建立完善财政支持的农业保险大灾风险分散机制。大力发展出口信用保险，鼓励为企业开展对外贸易和“走出去”提供投资、运营、劳动用工等方面的一揽子保险服务。深入推进科技保险工作。试点推广小额信贷保证保险，推动发展国内贸易信用保险。拓宽保险覆盖面和保险资金运用范围，进一步发挥保险对经济结构调整和转型升级的积极作用（保监会牵头，发展改革委、科技部、工业和信息化部、财政部、农业部、商务部、人民银行、林业局、银监会、外汇局等参加）。

九、扩大民间资本进入金融业

鼓励民间资本投资入股金融机构和参与金融机构重组改造。允许发展成熟、经营稳健的村镇银行在最低股比要求内，调整主发起行与其他股东持股比例。尝试由民间资本发起设立自担风险的民营银行、金融租赁公司和消费金融公司等金融机构。探索优化银行业分类监管机制，对不同类型银行业金融机构在经营地域和业务范围上实行差异化准入管理，建立相应的考核和评估体系，为实体经济发展提供广覆盖、差异化、高效率的金融服务（银监会牵头，人民银行、工商总局、法制办等参加）。

十、严密防范金融风险

深入排查各类金融风险隐患，适时开展压力测试，动态分析可能存在的风险触点，及时锁定、防控和化解风险，严守不发生系统性区域性金融风险的底线。继续按照总量控制、分类管理、区别对待、逐步化解的原则，防范化解地方政府融资平台贷款等风险。认真执行房地产调控政策，落实差别化住房信贷政策，加强名单制管理，严格防控房地产融资风险。按照理财与信贷业务分离、产品与项目逐一对应、单独建账管理、信息公开透明的原则，规范商业银行理财产品，加强行为监管，严格风险管控。密切关注并积极化解“两高一剩”（高耗能、高污染、产能过剩）行业结构调整时暴露的金融风险。防范跨市场、跨行业经营带来的交叉金融风险，防止民间融资、非法集资、国际资本流动等风险向金融系统传染渗透。支持银行开展不良贷款转让，扩大银行不良贷款自主核销权，及时主动消化吸收风险。稳妥有序处置风险，加强疏导，防止因处置不当等引发新的风险。加快信用立法和社会信用体系建设，培育社会诚信文化，为金融支持经济结构调整和转型升级营造良好环境（人民银行牵头，发展改革委、工业和信息化部、财政部、住房城乡建设部、法制办、银监会、证监会、保监会、外汇局等参加）。

国务院办公厅

2013 年 7 月 1 日

上海市人民政府印发关于统筹优化全市工业区块布局若干意见的通知

沪府发〔2013〕33 号

各区、县人民政府，市政府各委、办、局：

现将《关于统筹优化全市工业区块布局的若干意见》印发给你们，请认真按照执行。

上海市人民政府

2013 年 5 月 14 日

关于统筹优化全市工业区块布局的若干意见

统筹优化全市工业区块布局，提升产业发展能级，关系到上海经济社会与人口资源环境的协调发展，对推进“创新驱动、转型发展”具有重要意义。为加强对工业企业的分类指导，统筹工业区块发展资源，提升工业区整体发展水平，推进工业用地节约集约利用，现就统筹优化全市工业区块布局提出如下若干意见。

一、明确指导思想

按照“规划导向、分类指导、资源集约、统筹优化”的原则，尊重历史，实事求是，坚持“两规合一”总体目标，支持实体经济发展，增强改革创新活力。在城市总体规划和土地利用规划的总体框架指导下，统筹优化全市工业区块布局，完善产业规划，推进工业集中、集聚、集约发展。

规划工业区块以升级为导向，重点发展战略性新兴产业和先进制造业，实施高端发展；规划工业区块外、集中建设区内的现状工业用地以转型为导向，重点发展与新城建设相融合、与产业链相配套的生产性服务业，积极引导向城市生活功能转变，实施转型发展；集中建设区外的现状工业用地以复垦为导向，重点实施生态修复和整理复垦。

二、对规划工业区块实施动态管理，统筹优化产业空间布局

按照规划工业区块的规划面积、功能定位和发展阶段等，实施分类指导，进一步优化用地结构。规划工业区块应以工业用地为主导，着力保障战略性新兴产业和先进制造业的发展空间。

根据上海城市发展战略和规划布局要求，结合各区块产业定位和结构变化趋势，以城市集中建设区为底线，按照土地分类管控的区域规划原则，统筹优化全市产业空间布局，推进规划工业区块有进有出、动态管理，近期总量保持稳定平衡，中长期总量规模稳中有降。

建立规划工业区块规划实施评估工作机制，由市经济信息化、规划国土资源部门会同相关部门定期对全市规划工业区块的规划实施情况进行评估。各区县要根据本地区经济社会发展现状、趋势和目标，对规划工业区块的空间布局、开发建设、土地利用、综合配套等进行分析评估，编制区县工业区块规划实施评估报告。工业区块规划实施评估报告经审定后，作为下一阶段规划编制或修编的依据，并依照相关规定开展规划调整和更新。

三、加快推进工业区二次开发，实施整体提升、高端发展

进一步强化规划引领，完善政策配套，调动各类主体的积极性，以先进制造业和战略性新兴产业为重点，制定行动计划，加快推进工业区整体提升和高端发展。各区县要进一步加强工业区的统筹管理，探索有利于园区二次开发的体制机制和开发模式。

支持经市政府批复同意的工业用地前期开发主体（以下简称“开发主体”）开展园区新增用地的前期开发和存量用地的二次开发。相关主管部门要定期对开发主体进行后评估，不断完善相关支持政策。鼓励本市工业区实施联动发展，试点推进国家级、市级开发区与城镇工业地块、老工业点实施品牌联动。

按照国家和本市土地出让金支出管理相关办法，将开发主体实施的土地前期开发列入土地出让金支持范围。对本市规划工业区块内的工业土地由区县出资收储并实施出让的，出让收入按照规定扣除国家和本市各项计提基（资）金后，全部由区县统筹安排使用。对开发主体回购存量工业用地、实施园区联动发展的，区县可结合实际，给予一定的专项补贴。深化研究制订支持工业区二次开发的财政政策。

针对存量用地二次开发过程中的涉税事项，税务部门要搞好政策解读。土地使用者将土地使用权归还给土地所有者，经市、区县政府及规划土地主管部门出具收回土地使用权的正式文件，并加盖土地管理专用章后，税务部门可按相关规定，不征收营业税。

在规划、土地、建设等方面，支持开发主体建设高标准、专业化的定制厂房或研发楼宇。确有需要的，可通过认定开发主体、认定建设项目、认定转让对象的“三认定”程序，分割转让给战略性新兴产业、先进制造业等重点项目或相关动迁企业。

各区县可通过货币、实物、股权等不同补偿方式，积极稳妥推进企业关停退出，相关部门要在资产转让、土地供应等方面给予政策支持。环保、安全监管、规划国土资源、建设、工商、税务等部门要加强综合执法，强化业态管理，加大企业调整转型的推进力度。修订完善《上海产业用地指

南》，发布容积率、固定资产投资强度、土地产出率和土地税收产出率等指导性标准。

四、加强对规划工业区块外工业企业的分类指导，实施目录管理，支持重点企业改造升级

加强对老工业企业关停、转移、稳定、转型、改造和土地复垦的分类指导。编制《规划工业区块外重点企业支持目录》（以下简称《目录》），并定期实施跟踪评估和动态更新。对集中建设区内列入《目录》的重点企业以及集中建设区外通过更严格标准列入《目录》的特殊企业，参照规划工业区块内的企业实施管理，可保留原工业用地性质或转为研发总部类用地，并纳入地区规划。

支持列入《目录》的重点企业向规划工业区块转移集中。充分发挥市统筹土地指标的支持引导作用，支持规划工业区块外符合产业导向、成长性好、需要快速扩张的重点工业企业转移至规划工业区块发展。

支持列入《目录》的重点企业实施技术改造。在环保基础设施完善和污染物排放总量控制的前提下，相关部门要强化政策落实，加快项目的规划土地、环境评价、工程建设等审批，积极支持企业利用自有土地实施技术改造，并保留原工业用地性质，纳入地区规划，优化容积率和建筑高度等规划参数，促进其发展为环境友好、能源节约、产出高效的企业。

支持列入《目录》的重点企业加快转型升级，培育发展总部、研发、销售等功能。优先支持“两头在沪”企业享受本市扶持品牌企业发展的相关政策，并可保留原工业用地性质或转为研发总部类用地，纳入地区规划，优化容积率和建筑高度等规划参数，支持企业转型发展生产性服务业。

支持列入《目录》的重点企业改制上市和进行资产重组，依法稳妥处置相关土地划拨转出让、集体土地使用转征用等企业土地资产问题。

五、支持利用规划工业区块外、集中建设区内的现状工业用地转型发展生产性服务业

适应本市产业转型发展的需要，根据地区发展战略和功能定位，推进规划工业区块外、集中建设区内的现状工业用地向生产性服务业及城市生活功能转变，促进地区整体功能提升。

各区县要结合实际，在编制或修编相关控制性详细规划时，规划适当比例的研发总部类用地，不断创新和完善研发总部类用地的利用和管理方式，支持生产性服务业发展，大力引进“两头在沪”企业。

支持工业企业相对集中、具有一定规模的工业点，结合地区规划编制或修编，开展区域整体转型试点，发展生产性服务业。

对规划工业区块外、集中建设区内的现状工业用地符合产业发展导向和地区规划的，可予保留。对需要提高容积率的项目，在明确企业自用并符合产业发展导向、地区规划和环境保护要求且不影响相邻基地合法权益的前提下，可经相关程序认定后予以确认。

各区县要加强对利用工业用地转型发展生产性服务业的准入和业态管理，禁止利用工业用地变相发展商业及住宅房地产项目。

六、强化集中建设区外现状工业用地的业态管理和综合治理，加大土地整理复垦力度

各区县要根据规划要求，逐步推进现状工业用地减量化。以区县为单位，以基本农田保护区、水源保护区、城市生态网络空间以及规划郊野公园为重点，编制集中建设区外现状建设用地年度整治和复垦计划，落实减量化目标。

加大财政资金对工业用地整理复垦的支持力度，研究相关财政转移支付政策，并对工业土地整理复垦，在污染物排放总量控制指标、耕地占补平衡指标等方面给予奖励，提高区县、村镇、企业的积极性。

进一步加强对现状工业用地减量化的政策引导和支持，落实区县责任，严格加强考核，强化综合执法和业态管理，加强对集中建设区外现状工业用地的整治。

七、建立统筹推进工业区发展的工作机制

建立本市工业区发展联席会议（以下简称“联席会议”），研究统筹优化全市工业区块布局、推进工业区二次开发、加强工业用地节约集约利用等方面的重大问题，推进工业集中、集聚、集约发展。联席会议由市政府分管领导担任召集人，市经济信息化委、市发展改革委、市建设交通委、市国资委、市财政局、市规划国土资源局、市环保局、市住房保障房屋管理局、市地税局、市统计局等部门和相关区县政府为成员单位。联席会议下设办公室（设在市经济信息化委）。

各区县要建立相应的工业区发展推进机制，促进区县工业区块统筹开发，优化产业空间布局，落实产业发展责任，开展园区评估考核，提高工业集中度、产业集聚度和土地集约利用水平。

建立市、区县两级工业区块外项目联合会审机制。经济信息化、发展改革、规划国土资源、环保等部门对列入《目录》的重点企业实施技术改造、转移集中、转型发展、土地划拨转出让、集体土地使用转征用等事项进行联合会审，支持企业改造升级、加快发展。

本意见自印发之日起实施，有效期至2018年3月31日。

上海市人民政府印发关于进一步促进本市企业技术改造实施意见的通知

沪府发〔2013〕59号

各区、县人民政府，市政府各委、办、局：

现将《关于进一步促进本市企业技术改造的实施意见》印发给你们，请认真按照执行。

上海市人民政府

2013年8月5日

关于进一步促进本市企业技术改造的实施意见

技术改造具有投资小、用地少、消耗低、工期短、见效快、效益好的特点。利用新技术、新工艺、新设备、新材料改造提升现有产业，既是促进产业能级提升、实现内涵式发展的重要手段，更是本市加快转变经济发展方式，实现“创新驱动、转型发展”的重要途径。为深入贯彻《国务院关于促进企业技术改造的指导意见》(国发〔2012〕44号)，提升产业综合竞争力，现就进一步促进本市企业技术改造，提出如下实施意见：

一、指导思想、基本原则和主要目标

（一）指导思想

以邓小平理论、“三个代表”重要思想和科学发展观为指导，坚持“创新驱动、转型发展”，坚持以企业为主体、市场为导向、创新为动力、政策为保障，加大企业技术改造力度，推动产业创新发展、集聚发展、高端发展，全面优化产业结构，提升发展质量和效益，加快构建现代工业体系。

（二）基本原则

1. 坚持对接国家战略和构建上海现代工业体系相结合。对接服务国家战略，积极承担国家技术改造重大专项和重大工程，培育发展战略性新兴产业，大力发展先进制造业，优化提升传统优势产业，加快发展生产性服务业，实现产业结构战略性调整。

2. 坚持市场主导与政府引导相结合。充分发挥市场配置资源的基础性作用，以市场需求为导向，强化企业投资主体地位。加大服务企业的力度，发挥政策的引导和支持作用，增强技术改造的针对性和有效性。

3. 坚持技术创新与技术改造相结合。支持企业技术创新体系建设，增强企业自主创新能力，鼓励和支持企业应用技术创新成果和先进适用技术改造提升产业能级，加强技术创新成果的推广和产业化，扩大创新产品的开发和应用，推动技术改造与技术创新良性互动。

4. 坚持突出重点与全面提升相结合。聚焦装备升级换代、制造流程再造、优化产品结构、提高质量效率、促进节能减排、加强安全生产等重点环节，着力推进重点产业、重点企业和重点产品实施技术改造。推动技术改造向制造全过程改造转变，增强产业的整体竞争力。

（三）主要目标

从2013年起，每年安排实施一批重点技术改造项目，确保技术改造投资规模持续增长，推动企业由引进使用新技术向自主研发和掌握核心技术转变，由单纯生产制造环节改造向研发、设计、营销等服务领域延伸。到2020年，全市技术改造投资占工业投资的比重明显加大，企业自主创新能力明显提升，工业新产品产值率、技术改造投入产出水平、资源能源利用效率明显提高，企业技术装备水平、节能减排水平和企业信息化水平稳步提升，企业综合竞争力显著增强，从而加快上海先进制造业改造提升、转型升级的步伐，进一步提高产业国际竞争力。

二、主要任务

（一）提高企业自主创新能力，优化产品结构

鼓励和支持企业技术中心、工程实验室等创新载体改造升级，增强企业原始创新、集成创新、引进消化吸收再创新能力。聚焦关键领域和薄弱环节，实施一批重大科技成果产业化技术改造项目，突破一批共性关键技术。鼓励和支持企业加快自主创新成果应用，加速产品升级换代，提升产品质量、技术含量和附加值，提高市场占有率。推动政府投资建立的科研基地、高校和科研基础设施向企业开放，积极为企业提供服务，支持“产学研”相结合，加快推进国内外先进成果转化。

（二）提高装备水平，促进绿色发展和安全生产

支持重点企业瞄准世界前沿技术和装备，加快装备升级改造，提升工艺水平，提高生产效率。加快淘汰落后工艺技术和设备，推广应用自动化、数字化、网络化、智能化的先进制造系统、智能化设备及大型成套技术装备。建设数字化工厂，大力发展先进制造业，改造提升传统产业。推广运用国内外先进节能、节水、节材设备及工艺和工业产品绿色设计研发系统，支持工业废弃物、废旧产品和材料回收再利用，加强重金属和危险化学品等的污染防治，提升资源能源综合利用水平，推动产业发展与环境建设相适应。引导企业加大安全生产技术改造力度，优先安排技术工艺先进、有效消除重大安全隐患的技术改造项目。积极推进食品加工安全检测能力建设，加快安全生产管理和监测预警系统、应急处理系统、危险品运输系统设施的推广与应用，全方位提高工业企业安全生产水平。

（三）推动制造信息化服务化，促进产业融合发展

支持发展以现代传感技术、网络技术、自动化技术等为主的信息技术。深化信息技术在研发设计、生产制造、营销管理等环节的应用，加大对产品创新开发、全生命周期管理与服务等核心业务信息化平台建设的支持力度，提高企业精细化管控能力和全球化协作能力，提升本市制造业智能化、数字化、网络化水平。推动制造业向产业链两端延伸，鼓励和支持制造企业发展生产性服务业，提高本市生产性服务业的专业化、社会化、国际化水平。

（四）推动军民结合产业发展，促进资源共享

结合本市战略性新兴产业发展重点领域，聚焦推进航天、航空、船舶与海洋工程、高端装备、电子信息、新材料、新能源等领域的军民结合产业发展。鼓励和支持军工单位以市场为导向，以成熟技术和产品为支撑，通过多种方式推进军工技术向民用产品转化。鼓励和支持国防科技工业企业应用先进成熟的民用技术装备，实现军民两用技术产业化和相互转化。

（五）推进产业集聚发展，优化产业结构布局

围绕本市发展格局，鼓励和支持企业、项目、要素向园区和基地集中，推动龙头企业及配套企业产业链协同改造，优化产业布局。支持引导工业园区和新型工业化产业示范基地主导产业发展壮大，推动形成一批要素集约高效、产业特色鲜明、生态环境良好的产业集聚区。支持重点产业集聚区的研发设计、质量认证、试验检测、信息服务、综合利用等公共服务平台的升级改造。整合相关资源，面向重点行业建设一批产业技术创新和服务平台、质量安全技术示范平台、企业诚信信息管理平台、综合信息服务平台。支持中小企业实施技术改造。

三、保障措施

（一）加强政策规划引导

加强本市发展规划和产业政策对技术改造工作的引导，定期制定和发布《上海市重点技术改造支持目录》，明确本市技术改造重点支持方向。鼓励企业参与制订行业技术标准，在重点行业、重点领域积极开展产品安全、能效、环保、卫生和可靠性达标等改造行动，健全本市促进企业技术改造的引导和激励机制。

（二）加大财政支持力度

发挥政府扶持资金对社会投资的引导和带动作用，市、区县两级财政安排专项资金，支持本市重点技术改造项目。对获得中央支持并列入本市重点技术改造项目及资金计划范围的国家重点技术改造项目，由市级财政按照有关规定予以配套支持；对纳入本市重点技术改造计划的项目，按照属地原则，由市、区县两级财政给予支持。

（三）落实配套支持政策

切实落实企业所得税法中技术转让减免企业所得税、高新技术企业所得税减免等各项优惠政策，鼓励企业实施技术改造。对符合本市城市总体规划、土地利用总体规划、产业发展规划、生态保护规划的重点技术改造项目，在用地、审批、报建等方面予以适当倾斜。对规划产业区块外的符合各类规划的技术改造项目，在环保基础设施完善和污染物总量控制前提下，实施目录管理，支持企业利用自有土地进行技术改造。对企业实施技术改造过程中引进的高级管理人员、高级技工，予以同等享受本市人才引进的相关政策。

（四）拓宽投资融资渠道

围绕国家重点产业振兴规划和技术改造重点产业领域，引导银行、股权投资企业等金融机构加大对企业技术改造的

融资支持力度。探索制定支持企业通过融资租赁等方式开展技术改造的相关政策，引导和支持企业通过上市融资、发行公司债券等方式，扩大技术改造直接融资规模。积极探索引导民间资本支持企业技术改造的有效方式和政策措施。

（五）健全协调推进机制

进一步完善重点技术改造项目的协调推进机制。市经济信息化委负责本市重点技术改造项目的组织申报，会同市财政局下达专项资金计划，会同市发展改革委等相关部门做好项目的协调推进工作。区县政府根据本实施意见，制定具体实施细则，进一步加大对企业技术改造的支持力度，完善对技术改造企业的服务。

（六）强化项目监督管理

加强对技术改造项目的监督管理，优化工作流程，建立职责明确、科学高效的企业技术改造工作管理体系，提高技术改造工作管理水平。完善技术改造投资统计工作，加强对企业技术改造投资的监测、分析和信息发布。开展技术改造专项资金绩效评价，加强投资效益分析评价和政府投资项目的监督检查。

上海市人民政府办公厅关于转发市经济信息化委制订的《上海市企业失信信息查询与使用办法》的通知

沪府办发〔2013〕7号

各区、县人民政府，市政府各委、办、局，各有关单位：

市经济信息化委制订的《上海市企业失信信息查询与使用办法》已经市政府同意，现转发给你们，请认真按照执行。

上海市人民政府办公厅

2013年2月16日

上海市企业失信信息查询与使用办法

第一条（目的和依据）

为了加快推进本市社会信用体系建设，建立健全企业失信信息记录、共享、使用机制，营造守信受益、失信惩戒的社会信用环境，推动经济社会规范发展，根据《关于进一步加强上海市社会信用体系建设的意见》、《上海市社会信用体系建设2013-2015年行动计划》，制定本办法。

第二条（适用范围）

本办法适用于本市行政区域内对企业失信信息的记录、共享、使用。

本办法所称的企业，是指在本市行政区域内从事生产经营活动的法人企业和非法人企业。

本办法所称的企业失信信息，是指本市各级行政机关和依法具有管理社会公共事务职能的组织（以下统称“行政管理部门”）在依法履职过程中产生或者获取、可能对企业信用状况有负面影响、涉及企业生产经营活动中违法违规等行为的信息。

第三条（管理职责）

市征信管理部门负责组织推动本市企业失信信息记录、共享、使用机制的建设，并对市各有关部门和各区县政府记录、共享、使用企业失信信息的工作开展考核监督。

行政管理部门负责在本部门职责范围内记录、共享、使用企业失信信息。

第四条（系统运行维护）

市法人信息共享和应用系统（以下称“市法人库”）管理和运行维护主体负责归集企业失信信息和系统维护。信息归集和系统维护的具体办法，由市经济信息化委会同相关部门另行确定。

市公共信用信息服务平台运行维护主体负责面向社会提供企业失信信息查询服务，按照规定程序，受理异议申请并反馈处理意见。

第五条（失信信息归集）

出现下列情形之一时，行政管理部门应当将相关信息作为企业失信信息向市法人库归集：

（一）企业受到行政处罚；

（二）企业违反行政审批告知承诺或者隐瞒有关情况、提供虚假材料申请行政审批；

（三）企业在建筑工程、食品安全、医药安全、交通运输、安全生产、消防安全、工商管理、产品质量、社团民政、政府采购、环境保护等领域受到行政管理部门禁入限制；

（四）企业在安全生产、食品安全、医药安全、产品质量、建筑工程、交通运输、消防安全、环境保护等领域发生责任事故；

（五）企业被追究刑事责任；

（六）根据法律法规和有关规定，行政管理部门认为有必要归集信息的其他情形。

第六条（企业失信信息与个人关联）

行政管理部门可以根据国家和本市有关规定，将企业失信信息纳入企业主要负责人和失信行为直接责任人的个人信用记录，并向市实有人口服务和管理信息系统归集。

第七条（失信信息查询）

行政管理部门应当在日常监管、行政审批、政府采购、招标投标、表彰奖励、政策扶持、绩效评价、财政资助等工作中，主动查询企业失信信息。

第八条（失信信息使用）

行政管理部门在依法履职过程中，可以依法对有失信信息记录的企业采取下列措施：

（一）在日常监管中列为重点监管对象，增加检查频次，加强现场核查；

（二）在行政审批、年检验证等工作中，列为重点核查对象；

（三）限制获取财政资助和政策扶持，有严重失信记录的企业，一律不得获取财政资助和政策扶持；

（四）限制参加政府采购活动；

（五）限制参加医药采购和政府项目投标活动；

（六）限制参加政府组织的各类表彰奖励活动，对有严重失信记录的企业，在一定期限内禁止参加政府组织的各类表彰奖励活动；

（七）在行政处罚自由裁量范围内，加大处罚力度；

（八）根据法律、法规、规章和有关规定可以采取的其他措施。

行政管理部门根据工作需要，可以自行或者委托第三方专业机构评估企业信用状况。

第九条（信息使用告知）

行政管理部门根据来源于其他行政管理部门的企业失信信息采取第八条所列措施的，应当向市法人库归集信息使用情况；采取除第八条第一款第（一）项之外措施的，还应当向企业书面告知失信信息的来源和内容。

第十条（公共查询）

企业有权按照规定程序，通过市公共信用信息服务平台查询本企业的失信信息。符合条件的信用服务机构可以按照规定程序，通过市公共信用信息服务平台查询企业失信信息。相关办法，由市征信管理部门另行制定。

第十一条（异议处理）

企业对本企业失信信息的真实性、准确性有异议的，可以向市公共信用信息服务平台提出书面核实申请。

市公共信用信息服务平台运行维护主体应当在收到企业核实申请之日起2个工作日内，书面通知向市法人库归集有关失信信息的行政管理部门。行政管理部门应当对有关信息进行核实，在收到通知之日起20个工作日内，做出是否删除或者更正的处理意见，根据市法人库有关规定做出相应处理，并书面告知市公共信用信息服务平台运行维护主体。市公共信用信息服务平台运行维护主体应当在收到告知之日起5个工作日内，将处理结果反馈给企业。

第十二条（信息有效期）

企业失信信息有效期自信息产生之日起最长不超过5年。行政管理部门可以确定企业失信信息有效期，并在归集信息时注明。

对超过有效期的企业失信信息，不得继续使用，并不再提供查询和共享。

法律、法规和规章对信息有效期作出规定的，从其规定。

第十三条（制度建设和公开）

行政管理部门应当建立健全记录、共享、使用企业失信信息的标准和制度，并按照政府信息公开的有关规定，向社会公开。

鼓励支持行业组织建立本行业企业失信信息记录、共享和使用的标准和制度。

第十四条（督查考评）

企业失信信息记录、共享、使用工作的考核情况，纳入市各有关部门和各区县政府绩效考核体系。

市征信管理部门会同市监察等部门对市各有关部门和各区县政府记录、共享、使用企业失信信息的工作进行定期督查和指导，并对其执行本办法的情况进行考核和通报。

第十五条（参照适用）

对社会组织、非法人经济组织、事业单位失信信息的记录、共享、使用，可以参照实施企业失信信息的相关标准和制度。

第十六条（实施日期）

本办法自 2013 年 4 月 1 日起施行，有效期至 2018 年 3 月 31 日。

上海市经济和信息化委员会

2013 年 2 月 6 日

上海市经济信息化委、市无线电管理局关于印发《上海市无线电管理办法实施细则》的通知

沪经信法（2013）35 号

各有关单位：

为了加强本市无线电管理，规范无线电波秩序，我们制定了《上海市无线电管理办法实施细则》。现印发给你们，请按照执行。

上海市经济和信息化委员会

上海市无线电管理局

2013 年 1 月 21 日

上海市无线电管理办法实施细则

第一条（目的依据）

为了加强本市无线电管理，有效利用无线电频谱资源，维护无线电波秩序，依据《中华人民共和国无线电管理条例》和《上海市无线电管理办法》等法规、规章，结合本市实际，制定本细则。

第二条（适用范围）

在本市行政区域内设置、使用无线电台（站），研制、生产、销售无线电发射设备，使用辐射无线电波的非无线电设备，应当遵守本细则；国家另有规定的，从其规定。

第三条（管理部门）

上海市经济和信息化委员会负责本市无线电管理工作。上海市无线电管理局（以下简称市无线电管理局）具体负责下列无线电管理的日常工作：

（一）编制本市无线电频率使用方案，负责本市无线电频谱资源、呼号的分配、指配并依法实施监管；

（二）编制本市涉及公共安全和公共利益的固定无线电台（站）的布局规划；组织实施本市重点无线电台（站）的电磁环境保护；负责本市无线电台（站）设置的行政审批并依法实施监管；

（三）负责本市无线电监测、检测、干扰查处，协调处理电磁干扰事宜，维护空中电波秩序；

（四）依法在本市组织实施无线电管制，划定电磁环境特殊保护区，组织实施重大活动的无线电安全保障工作；

（五）按照职责分工，负责本市涉外无线电管理工作；协调处理有关省市间、军地间无线电管理事宜。

第四条（无线电频率使用方案）

市无线电管理局根据《中华人民共和国无线电频率划分规定》等规定，结合本市实际，编制区域、行业及公众的无线电频率使用方案，制定相应的技术规范，并向社会公布。

无线电频率使用方案应当优先保障涉及重大公共安全和

公共利益的无线电频率需求。

第五条（无线电频率使用的评估）

市无线电管理局应当定期对本市无线电频率的使用状况进行综合评估，建立相应的通报机制，按年度发布综合评估报告，并根据综合评估结果，完善无线电频率使用方案，提高无线电频谱资源使用效率。

无线电频率的使用者应当主动配合综合评估工作。

第六条（固定无线电台站布局规划的编制）

市无线电管理局应当根据本市城市总体规划的要求和信息基础设施集约化建设的原则，重点组织编制下列涉及本市公共安全和公共利益的固定无线电台（站）布局规划：

（一）对电磁环境实行重点保护的固定无线电台（站），包括民用航空地面无线电导航台（站）、水上无线电导航台（站）、水上交通管理和调度台（站）、铁路和轨道交通调度台（站）、广播电视发射台（站）、气象观测台（站）、大型卫星地球站、射电天文台、海岸电台、无线电监测和测向台（站）、一级干线微波路由及接力站等；

（二）公用移动通信基站。

固定无线电台（站）布局规划经市规划管理部门综合平衡并报市政府批准后，纳入相应的城乡规划。

第七条（固定无线电台站布局规划的实施）

市无线电管理局应当按照固定无线电台（站）布局规划的要求，进行无线电台（站）的设置审批和使用管理。

纳入布局规划的固定无线电台（站），应当建立固定无线电台（站）运行报告制度，每年2月底前就上一年度频率使用、台（站）和设备运行、发展需求等情况向市无线电管理局报告。

第八条（固定无线电台站例会制度）

市无线电管理局应当定期组织召开年度例会，对纳入布局规划的固定无线电台（站）的运行情况进行年度检查，优化固定无线电台（站）的管理，提升运行安全等级。

第九条（固定无线电台站布局规划实施情况的评估）

市无线电管理局应当组织有关部门和专家对固定无线电台（站）布局规划的实施情况进行评估。评估工作每5年至少进行一次，并采取论证会、听证会或者其他方式征求意见。

第十条（固定无线电台站布局规划的修编）

有下列情形之一的，市无线电管理局应当组织固定无线电台（站）布局规划的修编：

（一）因相应的城乡规划发生变更确需修编布局规划的；

（二）因本市行政区划调整确需修编布局规划的；

（三）因无线电技术发展确需修编布局规划的；

（四）经评估认为应当修编布局规划的；

（五）其他经市政府同意的应当修编布局规划的情形。

第十一条（无线电台站设置条件）

设置无线电台（站），应当符合下列条件：

（一）拟使用的无线电频率符合国家无线电频率划分规定和本市无线电频率使用方案；

（二）拟使用的无线电发射设备技术参数符合相关标准；

（三）有明确、合理的用途以及切实可行的技术方案，工作环境安全可靠；

（四）有相应的管理制度和措施；

（五）操作人员熟悉无线电管理的有关规定，并具有相应的业务技能和操作资格；

（六）涉及公共安全和公共利益的固定无线电台（站），应当符合固定无线电台（站）布局规划；

（七）法律、法规规定的其他条件。

设置个人业余无线电台（站），应当符合国家有关规定。

遇有危及国家安全和人民生命财产安全等紧急情况时，需要临时设置、使用无线电台（站）的，可以不受本条第一款所列条件的限制，但是应当及时报市无线电管理局备案。紧急情况解除后，应当立即停用并撤销临时设置的无线电台（站）。

第十二条（无线电频率的使用申请）

为设置无线电台（站）申请使用无线电频率的，应当向市无线电管理局提交下列材料：

（一）无线电频率使用申请文件（内容包括申请单位概况、申请理由、业务用途、工作频段、通信范围、所需频点数量、其他与使用频率有关的内容）；

（二）无线电频率使用申请表；

（三）组织机构代码证复印件；

（四）无线网络设计方案。

申请使用临时频率的，市无线电管理局应当简化办理程序。

第十三条（无线电频率的续用）

申请续用无线电频率的，应当提交无线电频率使用申请表和申请文件，申请文件的内容包括申请单位概况、在用系统状况、所需频点数量、其他与续用频率有关的内容。

申请续用无线电频率，涉及增加使用频率、提高发射功率、扩大覆盖范围等变更事项的，应当按照第十二条的规定重新提出无线电频率使用申请。

第十四条（无线电频率使用申请的审批）

市无线电管理局对受理的申请材料进行审查，对属于本市审批且符合条件的，在10个工作日内指配频率；对属于国家无线电管理机构审批的，由市无线电管理局提出初步审查意见，报国家无线电管理机构审批。

第十五条（无线电频率的使用期限）

无线电频率使用期限为3年，国家另有规定或者特批的除外。频率使用期满，需要继续使用的，须提前3个月办理续用手续。

第十六条（无线电频率指配的有效期限）

申请人在取得无线电频率批复文件后6个月内无正当理由未申请办理无线电台（站）设置手续的，本次无线电频率指配失效。

第十七条（申请设置无线电台站的基本材料）

申请设置无线电台（站）的，应当提交下列基本材料：

（一）无线电台（站）设置申请表；

（二）组织机构代码证复印件；

（三）无线电频率批复文件（根据规定不需要申请无线电频率的除外）；

（四）相应的技术资料申报表；

（五）通过省级以上计量认证的无线电检测机构出具的无线电发射设备检测合格报告。

第十八条（申请设置固定无线电台站的附加材料）

申请设置固定无线电台（站）的，应当提交第十七条规定的材料，以及设置固定无线电台（站）的可行性研究报告、通过省级以上计量认证的无线电检测机构出具的无线电台站址电磁环境测试报告、由市无线电管理局组织的现场验收的验收报告。

其中，申请设置卫星地球站的，还应当提交国家无线电管理机构同意的组网批复复印件、通过省级以上计量认证的无线电检测机构出具的地球站站址电磁环境测试报告、主站批复复印件；申请设置雷达台（站）的，还应当提交申请单位主体资格证明、申请单位基本情况说明、与雷达台（站）建设及运行相适应的资金和专业技术人员报告、雷达设备技术说明书、雷达天线方向性图、雷达服务区和协调区服务半径的说明、有关国内协调或者国际协调材料；申请设置微波通信电台（站）的，还应当提交申请单位主体资格证明、申请单位基本情况说明、与微波通信电台（站）建设及运行相适应的资金和专业技术人员报告、有关环保部门出具的环评报告或者申请单位承诺对人体或者环境不造成有害干扰的材料、有关国内协调或者国际协调材料。

第十九条（无线电台站设置申请的特殊情形）

设置、使用公用移动通信基站的，应当按照《上海市公用移动通信基站设置管理办法》等规定办理申请手续。

在船舶、机车、航空器上配置制式无线电台（站）的，应当按照规定申领无线电台执照并报国家无线电管理机构或者市无线电管理局备案。

申请设置通信范围或者服务区域涉及两个以上省（自治区、直辖市）以及境外无线电台（站）的，因其他特殊需要申请设置无线电台（站）的，由市无线电管理局按照国家规定报国家无线电管理机构审批。

第二十条（无线电频率使用及台站设置申请的受理）

申请使用无线电频率和设置无线电台（站），申请材料齐全并符合受理条件的，市无线电管理局应当予以受理，并出具受理凭证；申请材料不齐全或者不符合受理条件的，市无线电管理局不予受理，但应当当场或者在5个工作日内一次告知申请人需要补正的全部内容。

第二十一条（不需要申请无线电台执照的情形）

设置、使用下列无线电台（站）不需要申领无线电台执照：

（一）公用移动通信系统的终端设备；

（二）微功率（短距离）无线电发射设备（国家另有规定的除外）；

（三）国家规定不需要申领执照的其他无线电台（站）。

第二十二条（无线电台执照的续期）

无线电台执照有效期届满需要继续使用无线电台（站）的，应当在期满30日前，向市无线电管理局申请办理无线电台执照续期手续。申请办理无线电台执照续期手续的，应当提交下列材料：

（一）无线电台执照原件；

（二）无线电台（站）设置申请表；

（三）相应的技术资料申报表；

（四）专用频率的无线电频率批复文件；

（五）组织机构代码证复印件；

（六）通过省级以上计量认证的无线电检测机构出具的无线电发射设备年检合格证明。

使用专用频率的无线电台（站）发生地址变更或者设备变化的，申请无线电台执照续期时，除了应当提交本条第一款规定的材料外，还应当提交通过省级以上计量认证的无线电检测机构出具的无线电台站址电磁环境测试报告、由市无线电管理局组织的现场验收的验收报告。

无线电台（站）在执照有效期内有违反国家和本市无线电管理规定的重大违法纪录的，不得续期。

第二十三条（无线电台执照的变更）

设置、使用无线电台（站）的单位或者个人不得擅自变更发射功率、天线高度、站址等无线电台执照核定的事项；确需变更核定事项的，应当按照第十七条、第十八条的规定向市无线电管理局重新提出台（站）设置申请，经审核批准后换发无线电台执照。

第二十四条（无线电台执照的停用和注销）

无线电台执照有效期届满未续期的，持照者应当立即停用无线电台（站），市无线电管理局应当及时注销该无线电台执照。

持照者应当自停用或者注销之日起1个月内向市无线电管理局交回无线电台执照，并报告设备处理情况。

第二十五条（公用移动通信基站的共建共享）

设置公用移动通信基站的，应当符合基站资源共建共享的要求，并采用小型化、景观化的建设方案。基站资源包括下列内容：

（一）已有铁塔、杆路；

（二）新建铁塔、杆路；

（三）管道、杆路、光缆等传输线路；

（四）基站支撑设施、天面、机房、室内分布系统、基站专用的传输线路、电源等其他基站配套设施。

经营单位在设置公用移动通信基站前，应当经市无线电管理局就共建共享征询各方意见并取得同意后方可设置。未经共建共享意见征询而擅自建造的，或者具备基站资源共建共享条件而不落实的，市无线电管理局不予核发无线电台执照，并责令整改。

市无线电管理局应当每年组织专项检查，对本市公用移动通信基站资源共建共享情况进行统计、分析并建立相应的通报机制。

第二十六条（无线电频率占用费）

设置、使用无线电台（站），应当按照规定缴纳无线电频率占用费。市无线电管理局根据国家及本市财政、物价主管部门规定的收费标准收取频率占用费。

频率占用费自频率分配或者指配之日起按年度计收。不足3个月的按1/4年计收，超过3个月不足半年的按半年计收，超过半年不足一年的按一年计收。

频率占用费应当在市无线电管理局规定的期限内缴纳，逾期不缴纳的，按照国家和本市的有关规定执行。逾期半年不缴的，市无线电管理局可以收回所指配的频率，追缴其应当缴纳的频率占用费，注销其无线电台执照，并不再受理其使用无线电频率和设置无线电台（站）的申请。

第二十七条（研制生产无线电发射设备）

研制、生产无线电发射设备（含无线电发射模块）应当向国家无线电管理机构办理无线电发射设备型号核准证，并根据国家规定标注型号核准代码。

有下列情形之一的，市无线电管理局可以提请国家无线电管理机构收回型号核准证并撤销型号核准代码：

（一）在型号核准证有效期内，设备抽检不合格的；

（二）经核准的生产厂商名称、主要技术参数、技术性能及功能已更改但未重新办理型号核准证的；

（三）转让、质押、出租、出借、涂改型号核准证的。

进行无线电设备实效发射试验应当向国家无线电管理机构或者市无线电管理局申请办理临时频率使用和无线电台（站）设置手续。

第二十八条（销售无线电发射设备）

销售无线电发射设备，应当查验其型号核准代码，并建立进货台账。禁止销售无型号核准代码的无线电发射设备。

无线电发射设备进货台账，应当至少保存1年。

销售无线电发射设备的单位或者个人，应当积极配合市无线电管理局等部门进行进货台账检查以及设备抽检。

第二十九条（境外无线电发射设备）

从境外携带或者运载无线电发射设备进入本市的自然人、法人或者其他组织，应当依照国家有关规定办理入境手续；需要在本市使用的，应当按照国家及本市有关规定办理有关手续。

第三十条（干扰的处理）

对依法设置、使用的无线电台（站），市无线电管理局应当保护其使用的无线电频率免受有害干扰，在接到有害干扰的报告后应当及时进行处理，一般应当在5个工作日内将处理结果通知报告人；因情况复杂需要延长处理期限的，最长不超过15个工作日。

对涉及重大公共安全和公共利益的有害干扰报告，市无线电管理局应当立即进行处理。

第三十一条（施行日期）

本细则自2013年2月1日起施行，有效期至2018年1月31日。

上海市经济信息化委、市财政局、市发展改革委关于印发《上海市集成电路高端装备制造企业认定管理办法》的通知

沪经信法〔2013〕878号

各有关单位：

为了加快培育战略性新兴产业，促进上海集成电路高端装备制造业的发展，按照《关于本市进一步鼓励软件产业和集成电路产业发展的若干政策》（沪府发〔2012〕26号）的规定，为落实《上海市软件和集成电路企业设计人员专项奖励办法》（沪经信法〔2012〕557号）的奖励政策，我们制定了《上海市集成电路高端装备制造企业认定管理办法》。现印发给你们，请按照执行。

上海市经济和信息化委员会

上海市财政局

上海市发展和改革委员会

2013年12月30日

上海市集成电路高端装备制造企业认定管理办法

第一条（目的和依据）

为了加快培育战略性新兴产业，促进上海集成电路高端装备制造业的发展，按照《关于本市进一步鼓励软件产业和集成电路产业发展的若干政策》（沪府发〔2012〕26号）的规定，为落实《上海市软件和集成电路企业设计人员专项奖励办法》（沪经信法〔2012〕557号）的奖励政策，制定本办法。

第二条（管理部门）

市经济信息化委是本市集成电路高端装备制造企业认定工作的主管部门，负责会同市发展改革委、市财政局开展认定工作，受理申报、审核、处理异议申诉等事项。

第三条（申报原则）

企业依据自主自愿的原则，申报集成电路高端装备制造企业认定。

第四条（申报条件）

申报认定集成电路高端装备制造企业，应当满足以下条件：

（一）依法在上海市注册登记，具有独立法人资格；

（二）企业信用信息记录良好；

（三）主要从事光刻机、刻蚀机、离子注入机、薄膜沉积系统、硅片清洗机、集成电路工艺检测系统等的研发和制造，主要从事0.18微米及以下数字芯片、0.6微米及以下模拟芯片工艺研发和制造；

（四）上一年度企业销售（营业）收入达到500万元以上，其中自主设计制造的产品销售（营业）收入占企业销售（营业）收入总额的50%以上；

（五）具有大学专科以上学历的职工人数占企业当年月平均职工总数的40%以上，其中研究开发人员占企业当年月平均职工总数的20%以上；

（六）拥有核心技术及自主知识产权，上一年度研究开发费用总额占企业营业收入总额的5%以上，其中在中国境内发生的研究开发费用金额占企业研究开发费用总额的60%以上。

第五条（申报时间）

集成电路高端装备制造企业每两年认定一次，认定资格有效期为两年。市经济信息化委应当于认定当年的1月底前发布认定通知。符合认定条件的企业，应当于认定当年的2月底前向市经济信息化委员提交申报材料。

第六条（申报材料）

申报认定集成电路高端装备制造企业，应当提交以下材料：

（一）集成电路高端装备制造企业认定申请表；

（二）企业营业执照副本、税务登记证以及其他相关资质证书复印件；

（三）当年企业职工人数、具有大专以上学历的职工人数、研究开发人员情况说明；

（四）经审计的上一会计年度的财务报表（含资产负债表、损益表、现金流量表）。

第七条（审核时间）

市经济信息化委可以委托行业专门机构对申报材料进行核实并组织专家进行初审。

市经济信息化委组织审查会议进行复审，并于当年3月底前，将认定企业名单向社会公示。

市经济信息化委应当于当年4月15日前公布认定企业名单。

第八条（异议处理）

企业对认定结果有异议的，可以在收到认定结果后的20个工作日内，向市经济信息化委提出申诉。

第九条（企业变更）

经认定的集成电路高端装备制造企业发生更名、分立、合并、重组以及经营业务重大变化等情况时，应当在发生之日起的20个工作日内，向市经济信息化委申请办理变更申报手续。

第十条（工作要求）

市经济信息化委在认定工作中遵循公平、公正、科学、高效的原则，并为申请企业保守商业秘密。

第十一条（诚信原则）

申报企业应当对申报材料的真实性负责，并接受审计、财税等部门的监督检查。

第十二条（行政措施）

市经济信息化委应当会同有关部门，对经认定的集成电路高端装备制造企业进行抽查，有下述情况之一的，取消其认定资格，并视情取消其下一次申请资格。

（一）因骗取财政资金补助、逃避缴纳税款或帮助他人逃避缴纳税款等，或因违反《中华人民共和国税收征收管理法》及其实施细则受到税务机关处罚；

（二）在安全、质量、公司管理等方面有重大违法违规行为，受到有关部门处罚；

（三）未及时报告企业更名、分立、合并、重组以及经营业务重大变化等事项。

第十三条（监督检查）

市经济信息化委受理对认定工作中违法违规行为的举报，并接受社会监督。

第十四条（申报条件调整）

市经济信息化委可根据产业发展情况，对本办法第四条规定的申报条件进行调整。

第十五条（政策享受）

经认定的集成电路高端装备制造企业，可按照《上海市软件和集成电路企业设计人员专项奖励办法》的规定，申请相关专项奖励。

第十六条（数字说明）

本办法所称“以上”包含本数。

第十七条（应用解释）

本办法由市经济信息化委会同市发展改革委、市财政局负责解释。

第十八条（实施日期）

本办法自发布之日起30日以后施行，有效期至2017年12月31日。

2014·上海工业年鉴

SHANGHAI INDUSTRIAL YEARBOOK

历年工业总产值及指数

（单位：亿元）

年份	工业总产值（亿元）	工业总产值指数（以1978年为100）	工业总产值指数（以上年为100）
1978	514.01	100.0	
1979	556.30	108.6	108.6
1980	598.75	115.7	106.5
1981	620.12	120.0	103.7
1982	634.65	125.6	104.7
1983	663.53	134.4	107.0
1984	728.12	147.7	109.9
1985	862.73	167.7	113.5
1986	952.21	177.0	105.5
1987	1073.84	188.9	106.7
1988	1304.66	208.8	110.5
1989	1524.67	215.0	103.0
1990	1642.75	223.6	104.0
1991	1947.18	255.2	114.1
1992	2429.96	306.7	120.2
1993	3327.04	368.2	120.1
1994	4255.19	435.3	118.2
1995	5349.53	510.9	117.4
(1995)	(4547.47)		
1996	5126.22	590.1	115.5
1997	5649.93	675.7	114.5
1998	5763.67	728.5	107.8
1999	6213.24	805.1	110.5
2000	7022.98	913.7	113.5
2001	7806.18	1063.8	116.4
2002	8730.00	1219.1	114.6
2003	11708.49	1601.9	131.4
2004	14595.29	1927.1	120.3
2005	16876.78	2195.0	113.9
2006	19631.23	2500.1	113.9
2007	23108.63	2892.6	115.7
2008	25968.38	3126.9	108.1
2009	24888.08	3227.0	103.2
2010	31038.57	3966.0	122.9
2011	33834.44	4227.8	106.6
2012	33186.41	4215.1	99.7
2013	33899.38	4396.3	104.3

注：从1996年开始，工业总产值按新规定计算，括号内数为1995年新规定数。以下同。

资料来源：上海市统计局。

2013年上海规模以上工业企业主要经济指标（一）

（单位：万元）

类别	单位数	从业人员年平均人数	工业总产值现价	工业销售产值	出口交货值
总计	**9782**	**2576668**	**320888779**	**317864724**	**77276028**
按登记注册类型分					
内资	5413	1051244	120333723	119293492	9950191
国有	175	80626	13462396	13446874	269726
集体	157	23727	1680230	1629486	19163
股份合作	101	12391	570804	555197	39276
国有联营	5	1068	127361	125033	
集体联营	8	1434	145406	150618	
国有与集体联营	26	4846	397921	403539	3059
其他联营	7	911	66100	64100	14108
国有独资公司	55	50392	14394212	14289963	2112801
其他有限责任公司	862	230286	28478223	28301025	2157540
股份有限公司	151	99496	24277654	24109669	2303792
私营独资	243	29416	2204317	2243020	140935
私营合伙	66	7594	548053	541986	23948
私营有限责任公司	3240	436060	28695150	28199462	2476385
私营股份有限公司	165	41934	2371393	2315898	215167
其他内资	152	31063	2914505	2917623	174291
港澳台商投资	1209	398081	50535939	50216777	22219958
合资经营（港或澳、台资）	327	100443	7503338	7500597	2138288
合作经营（港或澳、台资）	103	21041	1482712	1455385	499664
港澳台商独资	740	246976	29699047	29445391	18808132
港澳台商投资股份有限公司	34	28507	11808576	11773479	753694
其他港澳台商投资	5	1114	42265	41925	20180
外商投资	3160	1127343	150019117	148354454	45105879
中外合资经营	807	316644	67215606	66396502	6986171
中外合作经营	148	43830	3486440	3451551	772007
外商独资企业	2151	736864	73914134	73441845	35318629
外商投资股份有限公司	39	27472	5112907	4771422	2007738
其他外商投资	15	2533	290031	293134	21334
按控股情况分					
国有控股	777	453111	119701838	119116917	7540266
集体控股	375	74501	5208304	5126902	200661
私人控股	4395	646124	43956917	43347460	4170691
港澳台控股	1067	330536	36203363	35889089	21232587
外商控股	2821	970842	104655890	103398180	42955476
其他控股	347	101554	11162465	10986176	1176347
按企业规模分					
大型企业	325	921392	177222416	175514690	53462873
中型企业	1497	777923	68179151	67521113	13268475
小型企业	7960	877353	75487211	74828921	10544680

资料来源：上海市统计局。

2013 年上海规模以上工业企业主要经济指标（二）

（单位：万元）

类　别	主营业务收入	主营业务成本	销售费用	主营业务税金及附加	利润总额
总计	**345335260**	**285689972**	**12637058**	**9106609**	**24152004**
按登记注册类型分					
内资	130683451	106902430	3735972	6422199	9537604
国有	14717507	13567460	181238	55018	568991
集体	1770684	1628622	24867	4910	54910
股份合作	577679	505389	15104	2270	21914
国有联营	124035	108823	3137	290	5964
集体联营	149207	137926	745	394	7037
国有与集体联营	413369	371182	7088	807	13742
其他联营	67247	52570	3623	73	3971
国有独资公司	13988869	5674149	119889	5362948	2172853
其他有限责任公司	31585797	27884902	864249	92007	1126469
股份有限公司	29617793	25281871	1131033	801234	3754017
私营独资	2323960	1926429	88043	7537	144630
私营合伙	554493	486384	17220	1028	20896
私营有限责任公司	29511825	24978996	1029404	76069	1323499
私营股份有限公司	2349031	1763041	143824	7900	172269
其他内资	2931956	2534687	106507	9716	146443
港澳台商投资	50628551	44240094	1406972	1051639	2386350
合资经营（港或澳、台资）	7560418	6193411	300361	17199	639318
合作经营（港或澳、台资）	1465930	1233404	53603	2329	86813
港澳台商独资	29800585	26772004	930341	29420	1181653
港澳台商投资股份有限公司	11753725	10007062	119398	1002546	474884
其他港澳台商投资	47892	34213	3269	145	3681
外商投资	164023258	134547448	7494114	1632771	12228050
中外合资经营	77622769	62098501	2369203	1468617	8387195
中外合作经营	3700738	3026976	230547	18510	217033
外商独资企业	77199205	64513752	4657586	132762	3496746
外商投资股份有限公司	5207376	4673112	233013	12310	98667
其他外商投资	293169	235107	3764	572	28410
按控股情况分					
国有控股	138223456	111765367	2338723	8663216	13139057
集体控股	5392328	4795321	115636	14885	223507
私人控股	45150655	37443203	1968193	124809	2371455
港澳台控股	36462447	32242921	1229209	40097	1685286
外商控股	108810924	90303897	6403789	227922	5815591
其他控股	11295450	9139263	581507	35680	917110
按企业规模分					
大型企业	194212280	160611506	5695393	8683438	15217026
中型企业	71381798	58137560	3913577	200660	4763269
小型企业	79741183	66940906	3028087	222511	4171709

资料来源：上海市统计局。

2013年上海规模以上工业企业主要经济指标（三）

（单位：万元）

类别	税金总额	亏损企业亏损额	流动资产合计	存货	其中：产成品
总计	**18159439**	**2811786**	**196981952**	**44751080**	**13641970**
按登记注册类型分					
内资	10774797	1341066	88302620	20189981	5735275
国有	589879	211340	6992522	988138	285230
集体	53217	8905	884694	213946	100189
股份合作	19346	2406	362868	77710	34632
国有联营	3928		63525	13231	3465
集体联营	5088	319	81223	28359	15620
国有与集体联营	10789	1807	202550	68534	19876
其他联营	905	339	46964	14559	4835
国有独资公司	6658609	197298	14937476	3714649	260246
其他有限责任公司	767295	469140	19503841	5029037	1567805
股份有限公司	1605477	157052	19522894	3678599	998928
私营独资	64382	9274	1464502	377634	106191
私营合伙	13907	758	352816	94246	56799
私营有限责任公司	780610	169681	19576809	5122247	2063750
私营股份有限公司	94227	94526	2110574	430388	150808
其他内资	107140	18222	2199363	338704	66901
港澳台商投资	1973064	264519	24469983	5558972	1946025
合资经营（港或澳、台资）	192237	63309	4824875	1169832	449685
合作经营（港或澳、台资）	34686	13175	849320	222755	100146
港澳台商独资	365217	180635	15998477	3018091	1188673
港澳台商投资股份有限公司	1379521	7399	2736152	1121077	193839
其他港澳台商投资	1404		61159	27217	13683
外商投资	5411577	1206201	84209349	19002128	5960670
中外合资经营	3861077	170274	34455640	6451652	2344268
中外合作经营	92662	22627	2248708	510828	138673
外商独资企业	1381727	960094	40952270	9997192	3295559
外商投资股份有限公司	65162	53145	6453221	2019641	178757
其他外商投资	10949	62	99510	22814	3413
按控股情况分					
国有控股	13611689	1037583	70521771	14815570	3249423
集体控股	172784	35186	3065936	710885	347502
私人控股	1294544	338966	32290997	7919860	3170596
港澳台控股	512425	225796	20671353	4124392	1656715
外商控股	2223513	1131453	61902023	15388525	4736457
其他控股	344485	42802	8529873	1791849	481275
按企业规模分					
大型企业	13940984	925715	96999188	20456739	4754278
中型企业	2078350	757665	45593357	10624090	3863026
小型企业	2140105	1128407	54389408	13670251	5024665

资料来源：上海市统计局。

2013 年上海规模以上工业企业主要经济指标（四）

（单位：万元）

类　别	资产总计	负债合计	所有者权益	成本费用总额	管理费用	财务费用
总计	**335382561**	**168857693**	**166524869**	**318360261**	**19277920**	**755312**
按登记注册类型分						
内资	169215603	75824396	93391207	118728607	7523748	566457
国有	26724011	10089269	16634742	14430088	623258	58133
集体	1220295	660882	559413	1749021	86740	8792
股份合作	533638	241895	291743	566698	43707	2499
国有联营	84174	50543	33632	118412	5749	704
集体联营	107254	62396	44858	146952	7639	642
国有与集体联营	297192	186651	110540	406022	26005	1747
其他联营	62138	33943	28195	63789	6827	769
国有独资公司	22971789	9135496	13836293	6492721	816558	-117875
其他有限责任公司	33773353	19438250	14335103	30775403	1747689	278564
股份有限公司	46973176	15274698	31698478	27956431	1620150	-76623
私营独资	1995504	1169849	825655	2186565	149804	22289
私营合伙	492143	316270	175873	534419	27063	3753
私营有限责任公司	27859517	16510319	11349198	28355894	2005487	342006
私营股份有限公司	3343433	1577223	1766209	2141579	196538	38176
其他内资	2777988	1076713	1701275	2804612	160535	2883
港澳台商投资	39385238	22076392	17308846	47818060	2110361	60634
合资经营（港或澳、台资）	8464233	4387361	4076872	7094526	530897	69857
合作经营（港或澳、台资）	1141660	616695	524965	1386165	92084	7073
港澳台商独资	22067052	13428688	8638365	28772874	1120183	-49653
港澳台商投资股份有限公司	7642002	3603852	4038150	10520256	361328	32469
其他港澳台商投资	70290	39796	30493	44238	5869	888
外商投资	126781721	70956905	55824816	151813594	9643811	128221
中外合资经营	52940912	29607452	23333460	68864725	4439679	-42659
中外合作经营	3024365	1442312	1582053	3487122	228670	929
外商独资企业	60777144	33558964	27218180	73979987	4715644	93005
外商投资股份有限公司	9900090	6278388	3621702	5222751	239869	76758
其他外商投资	139210	69788	69421	259008	19948	189
按控股情况分						
国有控股	151672891	67550931	84121960	120927895	6882287	-58482
集体控股	4586717	2322329	2264388	5255554	316749	27849
私人控股	46811810	26383690	20428120	43129138	3166119	551623
港澳台控股	29247984	16459118	12788866	35021988	1573476	-23618
外商控股	90749520	49756252	40993268	103539837	6607388	224762
其他控股	12313640	6385373	5928267	10485849	731900	33178
按企业规模分						
大型企业	182444768	88461355	93983413	174765590	8781123	-322432
中型企业	70460165	36758625	33701540	67339717	4824517	464064
小型企业	82477629	43637713	38839916	76254953	5672280	613680

资料来源：上海市统计局。

2013年上海国有控股工业企业主要指标

(单位：万元)

指 标	国有控股企业	其 中	
		大型企业	中型企业
单位数(个)	777	96	209
#亏损企业单位数	182	19	48
工业总产值	119701838	94826370	15192211
工业销售产值	119116917	94340764	15174778
#出口交货值	7540266	6190831	838430
从业人员年平均人数(人)	453111	278720	111457
年末资产总计	151672891	119898668	18559062
流动资产合计	70521771	54352149	10031367
#存货	14815570	10864780	2417612
#产成品存货	3249423	1881088	813928
年末负债合计	67550931	49925700	10178628
年末所有者权益	84121960	69972968	8380434
主营业务收入	138223456	110139519	16642487
主营业务成本	111765367	86960984	14544730
销售费用	2338723	1692265	440321
主营业务税金及附加	8663216	8565131	56894
管理费用	6882287	5376500	945457
财务费用	-58482	-344694	165420
营业利润	12620876	11543224	673446
利润总额	13139057	11882281	766867
税金总额	13611689	12762161	515604
亏损企业亏损总额	1037583	528313	278984
本年应交增值税	4948472	4197030	458710

资料来源：上海市统计局。

2013 年上海工业企业经济效益指数

类别	总资产贡献率(%)	资本保值增值率(%)	资产负债率(%)	流动资产周转率(次)	成本费用利润率(%)	工业产品销售率(%)
总计	**13.32**	**108.95**	**50.35**	**1.82**	**7.59**	**99.06**
国有控股	18.20	109.17	44.54	1.99	10.87	99.51
按隶属关系分						
中央工业	17.12	108.13	41.42	1.95	7.06	99.38
地方工业	12.04	109.31	53.32	1.79	7.70	98.98
大型	16.41	110.47	48.49	2.05	8.71	99.04
中型	10.60	107.34	52.17	1.64	7.07	99.03
小型	8.67	106.83	52.91	1.55	5.47	99.13

资料来源：上海市统计局。

2013 年上海六个重点发展工业行业主要指标

（单位：万元）

行业	单位数(个)	从业人员年平均人数(人)	工业总产值	工业销售产值	其中：出口交货值	年末资产总计	主营业务收入	利润总额	税金总额
总计	**4117**	**1403690**	**215859143**	**213686341**	**60882202**	**211431405**	**234751622**	**16124025**	**8274036**
占全市比重(%)	42.7	54.5	67.2	67.2	78.8	63.0	68.0	66.8	45.6
电子信息产品制造业	1042	580420	64863503	63874275	44052261	45021085	65605156	1816699	350749
汽车制造业	550	233618	48840781	48522263	2213506	51721680	60555229	9133753	3255202
石油化工及精细化工制造业	676	122473	41482212	41258812	3130140	27044573	42780238	1536871	2973899
精品钢材制造业	98	37665	15170734	15099649	1264452	21967451	19386171	684244	275307
成套设备制造业	1390	333264	37133958	36983612	9039983	54826401	38132485	1900770	965480
生物医药制造业	361	96250	8367955	7947731	1181859	10850215	8292344	1051689	453399
在总计中：信息产品制造业	1042	580420	64863503	63874275	44052261	45021085	65605156	1816699	350749
通信设备制造	63	53715	6509784	6195254	3095779	5620672	6290565	59837	24364
雷达制造业	1	276	13946	13946	0	13831	13946	1496	1576
广播电视设备制造	11	2451	154382	152684	47694	116177	152429	4914	2373
电子计算机制造	43	186199	33359136	32902249	28998987	13450377	33894206	197739	6523
家用视听设备制造	19	11342	1640393	1629165	966838	796986	1651687	22656	8155
电子测量仪器制造	107	19986	1652910	1667888	657138	1600878	1776568	219118	45849
电子专用设备制造	145	40585	2549504	2526544	1360485	2545641	2577588	160897	48794
电子元件制造	283	123744	6232020	6186546	3324471	6089530	6341485	361778	86945
电子器件制造	126	83464	6628618	6568133	4532231	9566712	6794599	446495	43269
电子机电产品制造	228	56317	5840689	5758946	945306	4823398	5833109	329833	78290
电子专用材料制造	16	2341	282121	272920	123332	396885	278976	11938	4611

资料来源：上海市统计局。

上海市高技术产业主要情况（2012—2013年）

（单位：万元）

类别	单位数（个）	从业人员年平均人数（人）	工业总产值	工业销售产值	年末资产总计	主营业务收入	利润总额	税金总额
2013年总计	**979**	**584311**	**66310335**	**64999897**	**49854549**	**66928107**	**2363255**	**645613**
占全市比重(%)	**10.0**	**22.7**	**20.7**	**20.4**	**14.9**	**19.4**	**9.8**	**3.6**
按登记注册类型分								
国有经济	19	14232	795096	787701	1230666	778239	92726	22316
集体经济	3	649	33532	32220	66541	34139	4761	11304
股份合作企业	6	891	30021	32072	42156	38107	4790	2428
股份制经济	333	84793	5580125	5432681	8165091	5761390	548596	242134
外商及港澳台投资	584	477705	59415183	58262480	39851077	59872646	1670848	348555
其他经济	34	6041	456379	452743	499018	443586	41534	18876
按技术领域分								
#信息化学品制造	12	2120	265014	255979	388855	261977	11458	4358
医药制造业	201	64182	5961192	5552407	7571104	5810629	743649	367533
航空航天器制造	16	12431	955478	948793	1867900	889489	38927	6625
电子及通信设备制造业	446	260694	21084268	20680302	21882141	21147284	857513	144863
电子计算机及办公设备制造业	51	190174	33928945	33466190	13786679	34504949	230168	11699
医疗设备及仪器仪表制造业	253	54710	4115439	4096227	4357870	4313779	481540	110535
2012年总计	**996**	**582325**	**68249911**	**67142312**	**46573903**	**69416513**	**2120680**	**727689**
占全市比重(%)	**10.2**	**21.8**	**21.4**	**21.3**	**14.9**	**20.4**	**9.9**	**4.4**
按登记注册类型分								
国有经济	19	12623	735452	727144	1129515	702814	70276	19173
集体经济	3	648	24763	24256	58972	23247	3242	2180
股份合作企业	7	855	33982	38725	45604	39587	4719	3000
股份制经济	338	86449	4949670	4823301	7380993	5106727	451745	217222
外商及港澳台投资	595	476098	62032322	61080796	37522714	63074523	1572156	465839
其他经济	34	5652	473722	448090	436106	469614	18541	20274
按技术领域分								
#信息化学品制造	12	2175	271574	264772	400323	264666	9068	4204
医药制造业	205	61919	5132221	4913624	6372749	5170352	676836	363220
航空航天器制造	16	12207	910889	887323	1642845	895817	15844	7566
电子及通信设备制造业	455	283107	22318047	21954130	21444918	22347758	795270	147559
电子计算机及办公设备制造业	53	167421	35756463	35245615	12817939	36685121	216082	90935
医疗设备及仪器仪表制造业	255	55496	3860716	3876848	3895130	4052800	407580	114206

资料来源：上海市统计局。

2013 年上海市各区、县工业企业主要指标

（单位：万元）

地　区	单位数（个）	从业人员（万人）	工业总产值	出口交货值	年末资产总计	主营业务收入	利润总额	税金总额
总计	**9782**	**254.00**	**320888779**	**77276028**	**335382561**	**345335260**	**24152004**	**18159439**
浦东新区	1876	64.88	90666959	24600806	107727474	103537454	7744164	3415338
黄浦区	28	1.40	2025368	337669	2772371	2773478	69010	57880
徐汇区	160	4.26	6324401	1343293	5357535	7361841	589377	147099
长宁区	44	1.05	594413	109441	1151002	635989	50419	20034
静安区	7	0.13	152271	13890	391995	150817	18671	18090
普陀区	125	2.94	2084566	200415	3014950	2505849	227936	129465
闸北区	69	2.01	1764769	171274	3266793	1883834	1548	62601
虹口区	26	0.48	397690	49931	1016019	517524	100628	29946
杨浦区	88	2.67	10852762	587106	14934692	10929578	2014059	6660796
闵行区	1154	31.47	36264080	11512965	37528997	38253120	2716799	1293034
宝山区	565	12.52	23177006	2315513	31341114	27919114	1512974	604607
嘉定区	1308	32.74	47430884	4961508	34644250	48864886	5396828	2548854
金山区	733	14.49	20053773	1759439	13176461	20241448	765337	1551348
奉贤区	1101	18.42	15683456	3114214	16475982	15407272	608482	377673
松江区	1378	38.27	35904266	20711485	29932362	36409844	1239814	489954
青浦区	941	20.00	15171005	3757478	14685321	15281668	828486	470208
崇明县	138	4.51	3185970	1077387	5251559	3000625	15513	63140
其他	41	1.75	9155140	652215	12713682	9660919	251960	219372

资料来源：上海市统计局。

2013年上海市都市型工业基本情况

（单位：万元）

类别	单位数（个）	从业人员年平均人数（人）	工业总产值	工业销售产值	其中：出口交货值	年末资产总计	主营业务收入	利润总额	税金总额
总计	**2035**	**532522**	**36332060**	**35844805**	**7126798**	**33172766**	**39514431**	**2416604**	**1279429**
按登记注册类型分									
内资	1047	203749	14190902	14007999	1056110	12516820	16130215	964651	507027
国有	26	6989	285692	282693	15050	343706	358559	16916	13346
集体	16	1707	57295	57536	759	65771	66937	3785	2903
股份合作	22	2489	118223	112025	5118	103418	112027	3657	3742
国有与集体联营	7	907	65890	67467	0	65532	69873	2211	1685
其他联营	2	100	3848	3839	0	2095	3839	-339	4
国有独资公司	5	2766	304947	305672	6299	295879	325376	46301	23527
其他有限责任公司	165	40205	4721680	4709155	199613	2997105	5844773	246125	110935
股份有限公司	30	20226	2563715	2497041	36758	3562657	3353475	366987	169637
私营独资	52	8393	317938	311314	29069	253293	330797	18259	13254
私营合伙	10	699	30945	28653	7319	24298	27787	444	536
私营有限责任公司	654	100249	4594882	4524773	660408	3889063	4537674	160174	129001
私营股份有限公司	30	13618	601678	577722	43373	640209	562801	70994	27734
其他内资	28	5401	524170	530111	52346	273795	536296	29139	10724
港澳台商投资	313	99151	5774445	5791953	2141185	5931402	5975964	487785	169886
与港澳台商合资经营	84	33741	1918219	1892815	495785	1993374	1953928	222569	55660
与港澳台商合作经营	27	7089	288349	280488	79549	303813	296507	13362	9043
港澳台商独资	190	51426	2686366	2744535	912082	2756825	2822915	188494	91454
港澳台商投资股份有限公司	10	6150	854801	849893	636334	820094	872423	60471	13396
其他港澳台商投资	2	745	26710	24224	17435	57297	30191	2889	332
外商投资	675	229622	16366713	16044853	3929503	14724545	17408252	964168	602517
中外合资经营	169	48524	3670148	3605743	924357	3252376	3892959	246068	83519
中外合作经营	46	18254	1047969	1028342	307221	930642	1120287	76149	36548
外资企业	449	160079	11513333	11286151	2687610	10360842	12204551	631568	471619
外商投资股份有限公司	5	1929	114896	101962	1789	158609	167080	9237	7947
其他外商投资	6	836	20367	22656	8525	22076	23375	1147	2884
按企业规模分									
大型企业	70	150743	10418520	10195958	2941486	9537507	11294511	770856	426821
中型企业	377	193424	13521516	13428314	2056092	12046212	14745879	950912	517145
小型企业	1588	188355	12392024	12220534	2129219	11589047	13474041	694837	335464
按行业分									
服装服饰业	517	121150	4482834	4511176	1387722	4358408	4660770	136984	123922
食品加工制造业	369	115782	10253062	10039869	333644	9406961	11735632	593077	508506
包装、印刷业	260	48627	2738778	2687380	295225	3133712	2791779	219493	119356
室内装饰用品制造业	397	86693	6092540	6049535	1602638	5298110	6287391	499472	152515
化妆品及清洁洗涤用品制造业	132	28823	3299611	3204299	308423	4025011	3480419	416172	233917
工艺美术品、旅游用品制造业	178	51978	4994612	4907817	946332	2854507	5993912	267195	78049
小型电子信息产品制造业	182	79469	4470621	4444729	2252814	4096060	4564528	284211	63164

(续表)

类 别	单位数(个)	从业人员年平均人数(人)	工业总产值	工业销售产值	其中：出口交货值	年末资产总计	主营业务收入	利润总额	税金总额
按地区分：									
浦东新区	334	114304	8882696	8777645	1860687	8589733	9642678	655427	264796
黄浦区	13	3738	729683	665287	20406	298109	1201024	29141	22448
徐汇区	41	9828	2742729	2788291	141354	1122461	3303679	126206	36930
长宁区	14	4945	176190	184495	88525	216620	175782	743	2320
静安区	2	872	38615	39072	12410	15766	39073	3781	2534
普陀区	37	11271	674112	669323	55094	1025013	809036	93872	50602
闸北区	16	1875	115736	119603	10637	116826	126870	8670	2382
虹口区	7	2460	260555	260621	37304	491184	310513	91229	21568
杨浦区	21	3676	234671	239614	18433	253976	256526	9209	9290
闵行区	276	75937	5326585	5184134	823383	5163696	6006281	405923	310332
宝山区	94	15918	907191	884241	163374	974169	923376	97243	54584
嘉定区	238	67795	5069856	5012421	1272669	3892577	5265704	342363	117364
金山区	161	39492	1852306	1855134	390381	1634923	1837975	156744	58415
奉贤区	226	53278	2608587	2527181	423212	2632097	2655565	137262	118680
松江区	337	71418	4288475	4262602	1043577	4459544	4564079	186014	123743
青浦区	204	53946	2321214	2270693	747172	2186094	2293516	65152	78635
崇明县	10	1697	65498	66771	18182	68288	65176	2730	1938

资料来源：上海市统计局。

2013 年上海市主要工业产品生产、销售和库存

产品名称	年初库存	生产量	销售量	年末库存
天然原油（吨）	10270	72377	65478	17170
饲料（吨）	21312	1454973	1450272	27209
#配合饲料（吨）	5938	778264	775206	7320
混合饲料（吨）	6739	147392	147226	6742
精制食用植物油（吨）	62465	1042445	910157	193334
乳制品（吨）	3273	489193	489948	2518
罐头（吨）	5009	42741	43377	4353
啤酒（千升）	16919	492425	495315	13837
黄酒（千升）	9849	108177	105447	12579
软饮料（吨）	66458	2804920	2737263	124104
卷烟（万支）	230126	9341664	9166098	404328
纱（吨）	3560	32246	30426	2964
布（万米）	989	14446	12314	1027
#棉布（万米）	58	2830	2791	96
棉混纺布（混纺交织布）（万米）	8	119	117	10
化学纤维布（纯化纤布）（万米）	924	11498	9406	921
毛机织物（呢绒）（万米）	204	495	512	187
服装（万件）	8155	47761	48304	7445
皮鞋（万双）	96	2200	2110	186
人造板（立方米）	4112	199656	194731	6756
实木木地板（万平方米）	167	669	677	162
复合木地板（万平方米）	184	2574	2587	172
机制纸及纸板（吨）	39658	853025	777505	35042
#新闻纸（吨）	3101	128091	127733	3339
汽油（吨）	26441	4992416	4953521	63560
煤油（吨）	45394	2226885	2229821	41116
柴油（吨）	55292	8592475	8592769	49454
润滑油（吨）	38995	523295	551846	31690
燃料油（吨）	0	407865	393343	0
焦炭（吨）	262986	5394835	18550	418540
硫酸（折 100%）（吨）	5864	194748	162729	2389
氢氧化钠（烧碱）（折 100%）（吨）	16804	711903	721199	10313
乙烯（吨）	12748	2120035	376691	10842
纯苯（吨）	11105	933925	582752	17758
冰醋酸（吨）	23756	534447	549718	7879
农用氮、磷、钾化学肥料总计（吨）	855	21130	21259	726
#氮肥（折含 N 100%）（吨）	34	16052	15968	118
磷肥（折合 P2O5 100%）（吨）	821	5078	5290	608
化学农药原药（折有效成分 100%）（吨）	1093	9557	9884	766
涂料（吨）	100535	1516388	1500164	113463

（续表）

产 品 名 称	年初库存	生产量	销售量	年末库存
染料（吨）	6341	78007	73991	10074
初级形态的塑料（塑料树脂及共聚物）（吨）	95078	3348084	3341831	95172
合成橡胶（吨）	2997	235875	218517	1753
合成纤维单体（吨）	30219	1622679	990650	22339
合成纤维聚合物（吨）	79558	1247079	1146563	80503
合成洗涤剂（吨）	14352	336850	332206	18996
化学药品原药（化学原料药）（吨）	1973	28958	25665	3007
中成药（吨）	911	6928	5555	947
化学纤维（吨）	45326	479954	479312	42640
#合成纤维（吨）	45326	479954	479312	42640
橡胶轮胎外胎（轮胎外胎）（条）	1302987	10795744	10966420	1129523
塑料制品（吨）	129011	1655020	1636275	128255
#农用薄膜（吨）	2502	39541	38681	2568
水泥（吨）	186756	7503071	7540374	99964
生铁（吨）	0	16375772	8700	0
粗钢（吨）	1773	18110811	323961	3572
钢材（吨）	501801	23227649	23135530	573340
#中板（吨）	48815	976460	980303	44972
冷轧薄板（吨）	10616	390856	392792	8661
中厚宽钢带（吨）	25039	4045046	4038238	31847
热轧薄宽钢带（吨）	10252	1021385	1022370	9267
冷轧薄宽钢带（吨）	75107	5245881	5255488	65501
镀层板（带）（吨）	78627	4622989	4610102	91514
涂层板（吨）	5117	609097	608711	5503
电工钢板（带）（吨）	35887	1330597	1323911	42573
无缝钢管（吨）	31897	719768	683895	67770
十种有色金属（吨）	394	87952	86862	1484
#精炼铜（铜）（吨）	394	87952	86862	1484
铜材（铜加工材）（吨）	8060	295651	288080	10907
铝材（吨）	18459	377024	375943	20968
日用不锈钢制品（吨）	1278	13506	13949	836
电站锅炉（蒸发量吨）	31972	61922	60980	32913
发动机（千瓦）	4899231	225895018	121543739	8168357
金属切削机床（台）	3133	19051	19915	2203
#数控金属切削机床（台）	617	2689	2784	462
缝纫机（台）	112642	871172	851693	131166
大型拖拉机（台）	213	941	1161	0
中型拖拉机（台）	224	3342	3606	1
汽车（辆）	8020	2268857	2267421	9059
#基本型乘用车（轿车）（辆）	6319	2010312	2009068	7236

（续表）

产品名称	年初库存	生产量	销售量	年末库存
客车（辆）	1646	15807	15644	1807
民用钢质船舶（载重吨）	0	8520047	8520047	0
摩托车（辆）	87065	892928	899447	80546
两轮脚踏自行车（辆）	112736	3873293	3894325	91352
发电设备（千瓦）	12008300	25388360	31012223	6441160
交流电动机（千瓦）	3113464	18850682	16957580	5006468
电力电缆（千米）	94971	1547966	1298719	339739
光缆（芯千米）	16206	4643355	4172003	229400
家用电冰箱（台）	147418	1539290	1568265	117289
房间空气调节器（台）	126047	4100049	4043896	181276
家用电风扇（台）	132898	744403	737963	139338
吸排油烟机（台）	5127	67209	61112	11194
电饭锅（个）	735494	5061230	5318718	477992
微波炉（台）	29755	3556806	3568980	15926
家用洗衣机（台）	63546	1842327	1859292	46581
家用吸尘器（台）	5580	431496	433654	3422
家用燃气热水器（台）	65962	1262228	1212579	114329
微型电子计算机（台）	6005014	81012968	79974444	6607463
显示器（台）	0	1019470	1019470	0
程控交换机（万线）	9	127	122	14
#数字程控交换机（万线）	0	47	47	0
移动通信基站设备（信道）	1866	897294	897294	1866
移动通信手持机（手机）（台）	1100166	43848554	42797683	2093753
彩色电视机（台）	2806	993839	984382	12149
#液晶电视机（台）	2806	993839	984382	12149
组合音箱（台）	31240	4380471	4375641	36070
集成电路（万块）	93241	1613762	1595521	110213
集成电路圆片（万片）	10	362	358	9
表（万只）	0	44	44	0
光学仪器（台）	62	100068	84824	15306
发电量（万千瓦小时）		9595128		

注：2013 年发电量的年初库存、销售量、年末库存无统计
资料来源：上海市统计局。

2013 年度上海名牌产品 / 服务 / 明日之星（试点）推荐名单

序号	品牌	推荐产品	企业
		一、产品类——生产资料类	
1	图案	微机网络控制变压变频调速电梯、自动扶梯及自动人行道	上海三菱电梯有限公司
2	置信、图案	非晶合金变压器	上海置信电气股份有限公司
3	外高桥造船	好望角型散货船	上海外高桥造船有限公司
4	图案（上海电气）	Y 系列异步电机、Z 系列直流电机、TDZBS 交流调速同步电动机	上海电气集团上海电机厂有限公司
5	上工	麻花钻、丝锥、硬质刀具	上海工具厂有限公司
6	正泰 CHNT（图案）	40.5kV 及以下高低压成套开关设备	正泰电气股份有限公司
7	海隆（图案）	超高抗扭钻杆	上海海隆石油钻具有限公司
8	新昕	采煤机低烟低卤屏蔽橡套软电缆、塑料绝缘安全清洁电缆	上海胜华电缆（集团）有限公司
9	正泰 CHNT（图案）	40.5kV 及以下高压交流真空断路器	正泰电气股份有限公司
10	正泰 CHNT（图案）	500kV 及以下金属氧化物避雷器	正泰电气股份有限公司
11	正泰 CHNT（图案）	500kV 及以下电力变压器	正泰电气股份有限公司
12	正泰 CHNT（图案）	252kV 及以下气体绝缘金属封闭开关设备	正泰电气股份有限公司
13	图案 HANBELL	制冷设备、空气压缩机	上海汉钟精机股份有限公司
14	SOCO 索谷	电线电缆	上海索谷电缆集团有限公司
15	图案	工业阀门	上海开维喜阀门集团有限公司
16	Sieyuan	6kV~66kV 级铁心电抗器	思源电气股份有限公司
17	图案（NANDA）	电线电缆	上海南大集团有限公司
18	图案	12-40.5KV 高压开关成套设备	人民电器集团上海有限公司
19	南缆	电线电缆	南洋电缆集团有限公司
20	EAST	离心泵	上海东方泵业（集团）有限公司
21	EAST	成套供水设备	上海东方泵业（集团）有限公司
22	长顺（图案）	电梯电缆及配件	上海长顺电梯电缆有限公司
23	图案	聚氯乙烯绝缘电力电缆交联聚氯乙烯绝缘电力电缆	人民电器集团上海有限公司
24	熊猫	环保型建筑用电线电缆	上海熊猫线缆股份有限公司
25	爱登堡	乘客客梯	上海爱登堡电梯股份有限公司
26	SMC 实迈	35kv 及以下交联聚乙烯绝缘电力电缆	上海华普电缆有限公司
27	图案（上华）	高低压开关设备	上海大华电器设备有限公司
28	STEP 新时达	电梯控制系统	上海新时达电气股份有限公司
29	熊猫（图案）	离心泵	上海熊猫机械（集团）有限公司
30	南变	110kV 等级以下电力变压器	上海南桥变压器有限责任公司
31	SGOV 双高（图案）	金属阀门	上海双高阀门（集团）有限公司
32	ZONFA（中发）	高低压开关成套装置	上海中发电气（集团）股份有限公司
33	东富龙	真空冷冻干燥机	上海东富龙科技股份有限公司
34	上机牌	磨床	上海机床厂有限公司
35	上联牌（图案）	万能式断路器、塑料外壳式断路器	上海电器股份有限公司人民电器厂
36	图案（快鹿）	聚氯乙烯绝缘护套阻燃动力电缆	上海快鹿电线电缆有限公司
37	沪工 HG	电焊机	上海沪工焊接集团股份有限公司

（续表）

序号	品牌	推荐产品	企业
38	裕生	漆包圆绕组线，聚氯乙烯绝缘电缆（电线）、不可拆线插头电源线	上海裕生企业发展有限公司
39	锐奇 KEN	电动工具	上海锐奇工具股份有限公司
40	Saf Bon	凝结水精处理系统	上海巴安水务股份有限公司
41	图案（精星）	自动化立体仓库系统	上海精星仓储设备工程有限公司
42	图案	10kV 及以下电气装备用电缆	上海南洋电材有限公司
43	SHQC	电线电缆	上海红旗电缆（集团）有限公司
44	BST	升降机操作设备	上海贝思特电气有限公司
45	图案	单螺杆空气压缩机	上海飞和压缩机制造有限公司
46	图案	储气罐	上海申江压力容器有限公司
47	Sieyuan	电力电容器及其成套装置	上海思源电力电容器有限公司
48	图案	水泵、阀门、环保设备	上海康大泵业制造有限公司
49	DONSUN（图案）	电焊机	上海东升焊接集团有限公司
50	图案（上重）	大重型系列数控卧式车床	上海重型机床厂有限公司
51	（图案）UNITY	数控激光切割机	上海团结普瑞玛激光设备有限公司
52	追日	电动机软起动控制产品	上海追日电气有限公司
53	浦大	交联聚乙烯绝缘电力电缆	浦大电缆集团有限公司
54	图案（南华兰陵）	高、低压成套开关设备	上海南华兰陵电气有限公司
55	（上一）图案	带式输送机	上海科大重工集团有限公司
56	图案冠龙	给排水阀门	上海冠龙阀门机械有限公司
57	HD（图案）	工业阀门	上海华电阀门集团有限公司
58	大速（图案）	高效率电动机	上海大速电机有限公司
59	图案（科油）	综合录井仪	上海科油石油仪器制造有限公司
60	东风、上柴动力	D113、C121、135/G128、R 系列柴油机	上海柴油机股份有限公司
61	ECC	高、低压开关柜、智能开关柜	上海中科电气（集团）有限公司
62	图案（上海电气）	1000MW、600MW、300MW 级高、低压加热器、低压加热器	上海电气电站设备有限公司
63	图案	换热器系列产品	上海南华换热器制造有限公司
64	上城	高强度螺栓连接副	上海申光高强度螺栓有限公司
65	图案（HT）	信息安防线缆	上海新海腾电缆有限公司
66	图案	MG 系列电牵引采煤机	天地上海采掘装备科技有限公司
67	图案（上海电气）	风力发电机组	上海电气风电设备有限公司
68	图案上探	液压连续墙抓斗	上海金泰工程机械有限公司
69	图案（上海电气）	1000MW、600MW、300MW 凝汽器	上海电气电站设备有限公司
70	图案上探	多功能钻机	上海金泰工程机械有限公司
71	RMM	瓦楞辊	上海大松瓦楞辊有限公司
72	ROXZ	中高压电气绝缘件	上海雷博司电气股份有限公司
73	四通（图案）	高低压开关柜	上海四通电力设备（集团）有限公司
74	申光	工业洗涤设备	上海申光洗涤机械集团有限公司
75	上鼓	电站轴流式、离心式风机组	上海鼓风机厂有限公司
76	图案（南洋）	电线电缆	上海南洋电缆有限公司

（续表）

序号	品牌	推荐产品	企业
77	唯赛勃、图案、WAVECYBER	水处理器材及部件	上海唯赛勃环保科技股份有限公司
78	图案	连铸机	上海亚新连铸技术工程有限公司
79	图案、斯可络	双螺杆空气压缩机	上海斯可络压缩机有限公司
80	图案	电缆，电线	上海爱谱华顿电子工业有限公司
81	Purlux	圆盘包本机、骑马装订联动机、平装胶订自动线、商用表格印刷机	上海紫光机械有限公司
82	李尤	调节阀	上海平安高压调节阀门有限公司
83	神农机械（图案）	蒸发设备	上海神农机械有限公司
84	图案（上海电气）	1000MW、600MW、300MW 级汽轮发电机	上海电气电站设备有限公司
85	Snaiji	高低压成套开关设备	上海耐吉输配电设备有限公司
86	图案	小型机床	上海西马特机械制造有限公司
87	图案（金峰）	液压柱塞泵、液压柱塞马达	上海电气液压气动有限公司
88	图案	特种风机	上海德惠特种风机有限公司
89	POWERLINK	柴油发电机组	威迩徕德电力设备（上海）有限公司
90	图案	混合机	双龙集团有限公司
91	图案（上海电气）	1000MW、600MW、300MW 级以下系列汽轮机	上海电气电站设备有限公司
92	图案	不干胶轮转印刷机	太阳机械股份有限公司
93	图案（上海电气）	400MW 级燃气轮机发电机	上海电气电站设备有限公司
94	CNEKE（图案）	高低压输配电开关设备	上海一开投资（集团）有限公司
95	图案（合丰）	离心式风叶轮	上海合丰电器有限公司
96	图案	阀门	上海正丰阀门制造有限公司
97	图案“工”字牌	闸阀、截止阀、止回阀、球阀	上海良工阀门厂有限公司
98	DESRAN	500KW 以下压缩机	德斯兰压缩机（上海）有限公司
99	图案（上微牌）	精密微型深沟球轴承，角接触球轴承	上海天安轴承有限公司
100	三荣图案	电梯	上海三荣电梯制造有限公司
101	SPG	泵	上海水泵集团有限公司
102	品星	电动机	上海品星防爆电机有限公司
103	摩恩	电线电缆	上海摩恩电气股份有限公司
104	黑猫	HA、DW17B、DW15 系列万能式断路器，HM3-R 系列剩余电流断路器，小型断路器，DZ20、HM3 系列塑料外壳式断路器	上海精益电器厂有限公司
105	图案	卫生级不锈钢泵、阀门	上海远安流体设备有限公司
106	HG（图案）	阀门	上海沪工阀门厂（集团）有限公司
107	SGEG（图案）	高低压成套开关设备	上海广电电气（集团）股份有限公司
108	图案（上海电气）	F、E 级燃气轮机	上海电气电站设备有限公司
109	DELIXI 德力西	电力变压器、预装式变电站；交流低压成套开关设备、户内交流金属铠装中置式开关设备、户外交流高压真空断路器；电线电缆	上海德力西集团有限公司
110	海立 HIGHLY	空调压缩机	上海日立电器有限公司
111	柘中（图案）	40.5kV 及以下高低压开关柜	上海柘中（集团）有限公司
112	图案	40.5kV 及以下智能化成套配电设备	上海航星通用电器有限公司

（续表）

序号	品牌	推荐产品	企业
113	鼎龙（图案）	INOVA 系列全自动高速印刷开槽模切机、FFG 自动折叠粘箱机（连线型）、FG 自动折叠粘箱机	上海鼎龙机械有限公司
114	MECO	连铸自动火焰切割机	上海新中冶金设备厂
115	图案	起重设备	上海雄风起重设备厂有限公司
116	图案	施工升降机	上海宝达工程机械有限公司
117	上海牌	Ø200 规格系列外圆磨床	上海第三机床厂
118	连成	SLZ 低噪音系列离心泵	上海连成（集团）有限公司
119	CGD	高低压成套开关柜	上海光大科技（集团）有限公司
120	天正（图案）	智能箱式变电站，高、低压成套开关设备	上海天正机电（集团）有限公司
121	图案	电梯	上海富士电梯有限公司
122	GAIRS 佳力士	单螺杆空气压缩机	上海佳力士机械有限公司
123	飞达	QZK 系列微机控制切纸机	上海申威达机械有限公司
124	新业	锅炉	上海新业锅炉高科技有限公司
125	图案	电气冷却自动化控制装置	上海海鼎实业发展有限公司
126	南洋	电动机	上海南洋电机有限公司
127	ZBB	变压器	中变集团上海变压器有限公司
128	KALEE	离心泵	开利泵业（集团）有限公司
129	SPMC	水泵	上海水泵制造有限公司
130	翼鹰	单张纸平版印刷机	上海光华印刷机械有限公司
131	图案（固）	电力金具	上海永固电力器材有限公司
132	崇磁	漆包圆绕组线	上海崇明特种电磁线厂
133	TATUNG（图案）	三相异步电动机、变压器	大同（上海）有限公司
134	SOONTRUE（松川）	食品、包装机械	上海松川远亿机械设备有限公司
135	华垒（图案）	天然石材制品及应用服务	上海华垒石材有限公司
136	ERA 公元	埋地排水用硬聚氯乙烯管材、聚乙烯管材	上海公元建材发展有限公司
137	建华	预应力混凝土管桩	上海汤始建华管桩有限公司
138	金博＋图案	饰面石材	金博（上海）建工集团有限公司
139	南方、崛荣	42.5 通用硅酸盐水泥 P.O 42.5	上海金山南方水泥有限公司
140	图案	高强混凝土管桩	上海建华管桩有限公司
141	瑞斯乐图案	铝合金多孔微通道扁管	上海瑞斯乐复合金属材料有限公司
142	图案	外墙保温材料	上海英硕聚合材料股份有限公司
143	吉祥 SHJIX	铝塑复合板、建筑装饰用铝单板	上海吉祥科技（集团）有限公司
144	图案	混凝土	上海城建物资有限公司
145	JIANGHE	建筑幕墙	上海江河幕墙系统工程有限公司
146	亚士创能	热固型改性聚苯板、保温装饰一体化成品板	亚士创能科技（上海）股份有限公司
147	FORCHN 富春（图案）	混凝土、加气混凝土砌块、加气混凝土板材	富春控股集团有限公司
148	图案（中桩）	离心法预应力混凝土空心方桩	上海中技桩业股份有限公司
149	浙东	铝合金建筑型材	上海浙东建材有限公司
150	图案	铝塑复合板	上海吉祥建材集团有限公司
151	SDS	汽车传动轴总成	上海纳铁福传动轴有限公司

（续表）

序号	品牌	推荐产品	企业
152	延锋	汽车饰件产品	延锋伟世通汽车饰件系统有限公司
153	普利特（图案）	汽车用塑料复合材料	上海普利特复合材料股份有限公司
154	SSB、易通	汽车空调压缩机	上海三电贝洱汽车空调有限公司
155	申雅（图案）	车用橡胶密封件	申雅密封件有限公司
156	TPPSEAL	汽车轮胎气门嘴	上海保隆汽车科技股份有限公司
157	图案（Greatway）	汽车应急启动线	上海广为电器工具有限公司
158	图案	高精度轿车保安杆件	上海北特科技股份有限公司
159	图案	汽车换挡变速器	德韧干巷汽车系统（上海）有限公司
160	图案	汽车隔音隔振产品（NVH 系列）	上海华特汽车配件有限公司
161	上齿牌	汽车变速器总成	上海汽车变速器有限公司
162	骆驼牌（图案）	离合器总成	上海萨克斯动力总成部件系统有限公司
163	KF（坤孚）	化油器、汽化器供油装置	上海坤孚企业（集团）有限公司
164	顺达图案	轿（汽）车用 QF 系列散热器风扇	上海马陆日用友捷汽车电气有限公司
165	骆氏	发动机悬置	上海骆氏减震件有限公司
166	瀚氏	汽车零部件	上海瀚氏模具成型有限公司
167	郎特（图案）	催化转化器	上海郎特汽车净化器有限公司
168	沪工	汽车车身电子控制器	上海沪工汽车电器有限公司
169	图案	发动机罩盖、车轮饰盖、内饰件产品、外饰件产品、堵件	上海浦泰汽配有限公司
170	嘉仕久	汽车转向节	上海嘉仕久企业发展有限公司
171	上工	工业缝纫机	上工申贝（集团）股份有限公司
172	Bestway	夹网水池	上海荣威塑胶工业有限公司
173	贵衣	工业缝纫机	上海贵衣缝纫设备有限公司
174	图案（永冠）	高环保、易降解胶粘带	上海永冠胶粘制品有限公司
175	奥达科	螺栓、螺钉等紧固件	上海奥达科股份有限公司
176	盾牌	金属、非金属筛网	上海盾牌矿筛有限公司
177	图案	工业脚轮	上海林春企业发展（集团）有限公司
178	欧本	钢桁架	上海欧本钢结构有限公司
179	ZHONGDA+ 图案	圆平网感光制版材料	上海洁润丝新材料股份有限公司
180	金杨	电池钢壳、配件及电池材料	上海金杨金属表面处理有限公司
181	图案	金属包装桶	上海新树金属制品有限公司
182	安字牌＋图案	抽芯铆钉	上海安字实业有限公司
183	界龙	平版印刷工艺制品	上海界龙实业集团股份有限公司
184	图案	聚酯筛网	上海华印筛网制造有限公司
185	图案世仓	金属支架、装卸货用金属支架、金属登梯等 10 项	世仓物流设备（上海）有限公司
186	图案	采油筛管	思达斯易能源技术（集团）有限公司
187	海菱牌	工业用缝纫机	上海标准海菱缝制机械有限公司
188	申安纺织	特殊再生纤维素纤维混纺纱	上海申安纺织有限公司
189	恒大牌	涤纶短纤维	上海德福伦化纤有限公司
190	everstex	热熔粘合衬布	上海天强纺织有限公司
191	图案（申峰）	聚氯乙烯全系列	上海氯碱化工股份有限公司

（续表）

序号	品牌	推荐产品	企业
192	图案（申峰）	烧碱全系列	上海氯碱化工股份有限公司
193	爱普	香精香料	爱普香料集团股份有限公司
194	华峰超纤	聚氨酯超细纤维合成革	上海华峰超纤材料股份有限公司
195	喜登	烟用香精	华宝食用香精香料（上海）有限公司
196	图案	分子筛	上海恒业化工有限公司
197	雅格素	雅格素活性染料	上海雅运纺织化工股份有限公司
198	匀可灵（Inkkol）	染色助剂	上海雅运纺织助剂有限公司
199	WENLONG	涤纶工业长丝	上海温龙化纤有限公司
200	亚虹模具	塑料模具	上海亚虹模具股份有限公司
201	图案	ECH 工业循环冷却水复合水处理剂	上海洗霸科技股份有限公司
202	网讯	通信电缆光缆用金属塑料复合带	上海网讯新材料科技股份有限公司
203	百润 bairun	香精香料	上海百润香精香料股份有限公司
204	JCC	纺织品用共聚酰胺（PA）热熔胶	上海天洋热熔胶有限公司
205	HUIDE	聚氨酯树脂系列	上海汇得化工有限公司
206	图案	杀菌剂戊唑醇	上海生农生化制品有限公司
207	申泰	JCTA 系列粘合剂	上海曹杨建筑粘合剂厂
208	光明	船舶漆、重防腐蚀涂料	上海开林造漆厂
209	ANOKY+ 图案	安诺其纺织用染料	上海安诺其纺织化工股份有限公司
210	图案（吴泾）	工业冰乙酸、高纯度乙酸乙酯、工业硫酸	上海吴泾化工有限公司
211	牡丹牌	印刷油墨	上海牡丹油墨有限公司
212	三人牌	工业用乙烯等 24 项产品	中国石化上海石油化工股份有限公司
213	天助	乳化剂系列、匀染系列、分散剂系列	上海天坛助剂有限公司
214	泗联（图案）	印刷油墨、着色剂（有机颜料、印花涂料色浆）	上海泗联实业有限公司
215	一品（图案）	氧化铁系颜料	上海一品颜料有限公司
216	奔驰	焦亚硫酸钠	上海嘉定马陆化工厂有限公司
217	铁锚	胶粘剂	上海新光化工有限公司
218	振泰牌	特种氧化镁	上海实业振泰化工有限公司
219	瑞	SD-600P 聚羧酸超分散剂	上海三瑞高分子材料有限公司
220	VIVID	VIVID-500 聚羧酸高性能减水剂	上海三瑞高分子材料有限公司
221	馨源	软质聚氨酯泡沫塑料（海绵）	上海馨源海绵有限公司
222	图案（SUNNY）	PP 改性专用料	上海日之升新技术发展有限公司
223	SJ	邻苯二甲酸酐	上海焦化有限公司
224	SJ	甲醇	上海焦化有限公司
225	飞铃	40% 乙烯利	上海华谊集团华原化工有限公司
226	图案（佳艺）	结构用冷弯型钢	上海佳艺冷弯型钢厂
227	图案（宝田）	矿渣微粉	上海宝田新型建材有限公司
228	申花	异形高频焊管	上海申花钢管有限公司
229	亚泰（图案）	不锈钢圆钢	亚泰特钢集团有限公司
230	Tianyang	精密无缝钢管	上海天阳钢管有限公司
231	奉钢（图案）	精密无缝钢管	上海奉贤钢管厂
232	YADELIN（图案）	铝合金锭、铝合金铸件	上海亚德林有色金属有限公司

（续表）

序号	品牌	推荐产品	企业
233	图案（南亚）	覆铜箔板	上海南亚覆铜箔板有限公司
234	图案	大口径双面埋弧焊直缝钢管	上海月月潮集团有限公司
235	JISHUN 继顺	软磁铁氧体磁芯	上海继顺磁性材料有限公司
236	飞机	有色金属焊接材料	上海斯米克焊材有限公司
237	图案	铜锭、铜棒	上海天申铜业集团有限公司
238	上上	流体输送用不锈钢无缝钢管	上海上上不锈钢管有限公司
239	RENLE 雷诺尔	变频调速器	上海雷诺尔科技股份有限公司
240	图案	电机软起动器	上海雷诺尔科技股份有限公司
241	声佳牌	电动玻璃升降器	上海实业交通电器有限公司
242	WAY-ON 维安	高分子 PTC 热敏电阻	上海长园维安电子线路保护有限公司
243	图案鸿辉	光缆阻水填充膏	上海鸿辉光通科技股份有限公司
244	晓宝（图案）XIAOBAO	FRP 光缆加强芯、KFRP 光缆加强芯	上海晓宝增强塑料有限公司
245	光维图案	光通信仪器仪表及设备	上海光维通信技术股份有限公司
246	shanshantech	锂离子电池负极材料——复合人造石墨（FSN）	上海杉杉科技有限公司
247	图案	XK3190 系列称重指示器	上海耀华称重系统有限公司
248	SEARI 上電科	3S-Net 智能网络配电与控制系统	上海电器科学研究所（集团）有限公司
249	图案（上仪）	自动化仪表及控制系统	上海自动化仪表股份有限公司
250	雷磁	电化学仪器	上海仪电科学仪器股份有限公司
251	华建 HUAJIAN	微机型综合保护监控装置、微机型低压电动机保护监控装置	上海华建电力设备股份有限公司
252	letel	通信配线、配套设备	上海乐通通信设备（集团）股份有限公司
253	三信 SASSIN	漏电断路器，交流接触器、小型断路器	三信国际电器上海有限公司
254	飞鸽	高低速离心机	上海安亭科学仪器厂
255	SDE	轿车组合仪表	上海德科电子仪表有限公司
256	贝岭	集成电路芯片	上海贝岭股份有限公司
257	图案	电子变压器	上海埃斯凯变压器有限公司
258	棱光上分	可见分光光度计等	上海仪电分析仪器有限公司
259	力康 Heal Force	生物安全柜、高频电刀	上海力申科学仪器有限公司
260	吴淞电气（图案）	互感器	上海吴淞电气实业有限公司
261	PHICO 慧高	导线、引线	上海慧高精密电子工业有限公司
262	申和	N 型单晶硅棒	上海申和热磁电子有限公司
263	UPUN	电气连接模块、电度表接线盒、开关信号灯	上海友邦电气（集团）股份有限公司
264	图案	EEPROM、智能卡	聚辰半导体（上海）有限公司
265	图案	舌面脉信息采集体质辨识系统、舌面诊测信息采集系统、脉象诊测信息采集系统	上海道生医疗科技有限公司
266	Primo D-RIE	等离子体刻蚀机	中微半导体设备（上海）有限公司
		二、产品类——日用消费类	
1	水星	床上用品	上海水星家用纺织品股份有限公司
2	恒源祥	绒线、羊毛衫、羊绒衫、内衣、床上用品、衬衫、西服、西裤、茄克衫、童装、袜子、羊毛裤	恒源祥（集团）有限公司
3	恐龙	床上用品	上海恐龙纺织装饰品有限公司

（续表）

序号	品牌	推荐产品	企业
4	图案	被子、套件	上海南方寝饰用品有限公司
5	图案	汽车地毯	上海汽车地毯总厂有限公司
6	春竹	羊毛、羊绒衫裤	上海春竹企业发展有限公司
7	罗莱	床上用品	上海罗莱家用纺织品有限公司
8	福沁	床上用品	上海福沁卧室用品制造有限公司
9	金兔	羊毛衫、羊绒衫	上海金兔企业发展有限公司
10	民光	床上用品	上海龙头家纺有限公司
11	上卧	床上用品	上海卧室用品有限公司
12	菊花	针织内衣	上海龙头（集团）股份有限公司
13	风雪	PP 纺粘无纺布	上海枫围服装辅料有限公司
14	海欣	针织人造毛皮、毛绒玩具、经编拉舍尔毛毯、涤纶高强度丝	上海海欣集团股份有限公司
15	劲霸	服装	劲霸男装（上海）有限公司
16	古今	文胸内衣系列产品	上海古今内衣有限公司
17	LILY	女装	上海丝绸集团股份有限公司
18	开开	衬衫、西服、西裤、羊毛衫、针织内衣	上海开开实业股份有限公司
19	博士蛙	童装	上海荣臣博士蛙（集团）有限公司
20	YESHON、雁皇	羽绒服装	上海雁皇羽绒制品有限公司
21	BAIAISHEN（百爱神）	衬衫	上海开开实业股份有限公司
22	图案	女装	裘格（上海）服饰有限公司
23	亦谷 yigue	女装	上海索雅时装有限公司
24	宝鸟 BONO	西服、衬衫	上海宝鸟服饰有限公司
25	人立牌	男茄克、休闲服	上海人立服饰有限公司
26	一见棒	西裤	上海华日服装有限公司
27	笑咪咪	童装	上海良友服饰有限公司
28	图案	针织服装	上海塔汇针织厂
29	健生	学生服	上海健生实业股份有限公司
30	斯尔丽	女装	上海斯尔丽服饰有限公司
31	培罗蒙	西服	上海培罗蒙西服公司
32	太阳谷	羽绒服	上海君良贸易发展有限公司
33	福太太	中老年女装	上海浦东嘉事达制衣有限公司
34	海螺	衬衫、西服	上海海螺服饰有限公司
35	全泰	中老年女上衣	上海全泰服饰鞋业有限公司
36	图案（巴布豆）	童装	巴布豆（中国）儿童用品有限公司
37	力卡	塑料托盘	上海力卡塑料托盘制造有限公司
38	富臣	墙面涂料、木器涂料	上海富臣化工有限公司
39	经典	木器涂料	上海富臣化工有限公司
40	图案	墙面涂料、木器涂料	上海三银制漆有限公司
41	图案（乘鹰）	专用外包装涂料	上海维凯化学品有限公司
42	IVY 长春藤	油漆、水性涂料	庞贝捷涂料（上海）有限公司
43	孔雀	食用香精	上海华宝孔雀香精香料有限公司

（续表）

序号	品牌	推荐产品	企业
44	回天（图案）	有机硅胶粘剂	上海回天新材料有限公司
45	图案	染料、灭火剂	上海汇友精密化学品有限公司
46	鳄鱼 ALLIGATOR	内外墙涂料	鳄鱼制漆（上海）有限公司
47	眼睛	聚氨酯类漆、丙烯酸类漆、过氯乙烯类漆	上海造漆厂
48	飞机	还原染料系列	上海华元实业总公司
49	派瑞特	塑料托盘	上海派瑞特塑业有限公司
50	飞虎	聚酯型漆、卷材涂料系列、苯丙乳胶漆	上海涂料有限公司振华造漆厂
51	百富勤	风机盘管空调机组、组合式空调机组、柜式风机盘管机组（变风量空调机组）、大温差风机盘管机组	上海百富勤空调制造有限公司
52	耀皮	浮法、彩釉、中空、钢化、镀膜、夹层	上海耀皮玻璃集团股份有限公司
53	华源	铝塑复合板	上海华源复合新材料有限公司
54	SHRH、瑞河	塑料管材、管件	上海瑞河企业集团有限公司
55	菲林格尔（图案）	强化地板、实木复合地板	上海菲林格尔木业股份有限公司
56	LOYOYO 乐洋羊（图案）	实木复合地板	上海黎众木业有限公司
57	天力	建筑用聚丙烯、耐热聚乙烯管道系统	上海天力实业（集团）有限公司
58	上丰	塑料管道	上海上丰集团有限公司
59	伟星	新型塑料管道	上海伟星新型建材有限公司
60	图案	燃气用埋地聚乙烯（PE）管材	上海亚大塑料制品有限公司
61	誉丰	木地板	上海誉丰实业（集团）有限公司
62	肯诺（图案）	人造板（实木地板）	上海肯诺木业有限公司
63	绿林（图案）	PS 塑料艺术仿木框类产品	上海英科实业有限公司
64	欣旺	壁纸	上海欣旺壁纸有限公司
65	泛美	实木地板	上海泛美木业有限公司
66	索邦	塑料管道	上海皮尔萨管业有限公司
67	林＋图案	实木地板	上海昆昊木业有限公司
68	图案	铝合金门窗	上海振兴铝业有限公司
69	R&F	燃气用聚乙烯（PE）管材管件	上海日高科技集团有限公司
70	好力家	地板	上海好力家木业有限公司
71	图案（GH）	塑料管材管件	上海新光华塑胶有限公司
72	天净	PE、PVC 管材管件，PE-RT 管材	上海天净管业有限公司
73	DEGAO（图案）	铝合金门窗	上海德高门窗有限公司
74	颖创 YINCAN	实木地板	上海颖创木业有限公司
75	汇丽（图案）	防火涂料、木器涂料、地坪涂料、内（外）墙乳胶漆、聚氨酯防水材料、木门、阳光板	上海汇丽集团有限公司
76	宏星 HONGXING	实木地板	上海宏星建材有限公司
77	骏雄 junxiong	装饰贴面板、细木工板、胶合板	上海骏雄实业发展有限公司
78	杰佳	人造板	上海杰天装饰材料有限公司
79	图案	高档实木门及木制品	上海麦威迪实业有限公司
80	图案	铝合金门窗、塑料门窗	上海平安门窗有限公司
81	CIMIC（斯米克）	瓷砖	上海斯米克控股股份有限公司
82	HU[1] Made 华明地板	实木地板	上海益明木业有限公司

（续表）

序号	品牌	推荐产品	企业
83	多利农庄（图案）	有机蔬菜	上海多利农业发展有限公司
84	联蜂（图案）	蜂产品（含蜂蜜、蜂王浆及其冻干粉、蜂花粉、蜂胶）	上海沪郊蜂业联合社有限公司
85	田野菜篮子（图案）	新鲜蔬菜	上海田野农副产品配送服务有限公司
86	图案（谷霖）	微生物腐秆剂、生物有机肥	上海联业农业科技有限公司
87	茸城（图案）	鸡、鸡蛋	上海太平洋禽蛋专业合作社
88	海天下	水产品	上海海天下冷冻食品有限公司
89	明珠湖	冷鲜肉（猪肉）	上海明珠湖肉食品有限公司
90	森鲜馆	新鲜蔬菜	上海瀛久农业科技发展有限公司
91	光明瑞华	黄桃、葡萄	上海市瑞华实业公司
92	（鼎顶佳）图案	鲜食用菌	上海佳丰生物科技有限公司
93	图案（大众）	帕萨特、朗逸、桑塔纳、途观、波罗、途安	上海大众汽车有限公司
94	雪佛兰（上海）	迈锐宝、景程、科鲁兹、爱唯欧、赛欧、科帕奇	上海通用汽车有限公司
95	别克（上海）	昂科拉，君威、君越，凯越，英朗 XT，英朗 GT，GL8 豪华商务车，GL8 商务车	上海通用汽车有限公司
96	荣威	系列轿车	上海汽车集团股份有限公司
97	MG	系列轿车	上海汽车集团股份有限公司
98	斯柯达图案	昊锐、明锐、晶锐、昕锐轿车	上海大众汽车有限公司
99	SK	汽车灯具	上海小糸车灯有限公司
100	JTD 坦达	高速列车座椅	上海坦达轨道车辆座椅系统有限公司
101	SONGZ	客车空调	上海加冷松芝汽车空调股份有限公司
102	申豪 / 申沃	城市客车、旅游客车	上海申沃客车有限公司
103	通领	汽车饰件	上海通领汽车饰件有限公司
104	onwings 图案	汽车修补漆	上海东来科技有限公司
105	双钱回力	汽车轮胎	双钱集团股份有限公司
106	安途宝	车载终端	上海航盛实业有限公司
107	图案	汽车制动系统铸件	上海圣德曼铸造有限公司
108	熊猫	熊猫卷烟	上海烟草集团有限责任公司
109	中华	中华卷烟	上海烟草集团有限责任公司
110	高夫	高夫系列产品	上海家化联合股份有限公司
111	佰草集	佰草集系列产品	上海家化联合股份有限公司
112	牡丹	牡丹牌卷烟	上海烟草集团有限责任公司
113	六神	六神系列产品	上海家化联合股份有限公司
114	红双喜	红双喜卷烟	上海烟草集团有限责任公司
115	美加净	美加净系列产品	上海家化联合股份有限公司
116	老凤祥	金银铂饰品、钻、翠、珠、玉、石等珠宝首饰及工艺品摆件	上海老凤祥有限公司
117	红双喜	乒乓器材	上海红双喜股份有限公司
118	MAYSU 美素	化妆品	伽蓝（集团）股份有限公司
119	亚振（图案）	家具	上海亚振家具有限公司
120	晨光（图案）	中性笔	上海晨光文具股份有限公司
121	AURORA 震旦	办公家具	震旦（中国）有限公司

（续表）

序号	品牌	推荐产品	企业
122	老庙	黄金、铂金、钻石镶嵌、翡翠、玉器等首饰	上海老庙黄金有限公司
123	图案（紫泉）	高透明聚乙烯热收缩印刷膜	上海紫泉标签有限公司
124	飞鹰牌	碳钢双面刀片、不锈钢双面刀片、单面刀片、FII 双层刀架、ER21D 双面刀架	上海刀片厂有限公司
125	图案（紫泉）	OPP 绕贴标签	上海紫泉标签有限公司
126	FLYCO 飞科	电动剃须刀	上海飞科电器股份有限公司
127	图案（紫泉）	PVC 聚氯乙烯热收缩薄膜标签	上海紫泉标签有限公司
128	纳尔	车身贴、单透膜、网格布、刀刮布	上海纳尔数码喷印材料股份有限公司
129	图案（蜂花）	洗发精、护发素系列产品	上海华银日用品有限公司
130	真彩 TRUECOLOR	文具	上海乐美文具有限公司
131	Robello 罗贝洛	燃气采暖热水炉	罗贝洛（上海）热能技术有限公司
132	亚一	黄金、铂金、钻石饰品	上海亚一金店有限公司
133	图案	充气塑胶休闲产品	上海吉龙经济发展有限公司
134	LX	真空镀铝纸	上海绿新包装材料科技股份有限公司
135	HAOBO	体育场馆座椅	上海浩博椅业有限公司
136	马利 Marie's	美术颜料	上海实业马利画材有限公司
137	图案（爱舒）	床垫产品	上海爱舒床垫有限公司
138	图案（科邦）	医用手套系列	上海科邦医用乳胶器材有限公司
139	图案（城隍珠宝）	黄金、铂金首饰，翡翠、白玉饰品	上海城隍珠宝有限公司
140	迪堡	保险箱、保管箱	上海迪堡安防设备有限公司
141	英雄	墨水	上海英雄（集团）有限公司
142	英雄	自来水笔	上海英雄（集团）有限公司
143	图案（沃施）	园艺工具、园艺产品	上海益森园艺用品有限公司
144	VANCOM（万虹）	自行车内外胎	上海天马万虹胶制品有限公司
145	白象牌	电池	上海白象天鹅电池有限公司
146	思乐得	不锈钢真空保温产品	上海思乐得不锈钢制品有限公司
147	图案（绿亮）	电动自行车	上海绿亮电动车有限公司
148	双鹿牌（图案）	家用冰箱	上海双鹿上菱企业集团有限公司
149	红心	电熨斗、挂烫机、电饭煲	上海红心器具有限公司
150	正章	日用洗涤剂产品	上海正章洗染有限公司
151	图案	候车亭（自动指示牌）	上海帝邦智能化交通设施有限公司
152	雪豹	皮夹克油、鞋油	上海雪豹日用化学有限公司
153	小绵羊	电热毯、电热垫	上海小绵羊电器有限公司
154	优生	奶瓶系列	上海优生婴儿用品有限公司
155	文正	圆珠笔	上海文正笔业有限公司
156	图案（物豪）	塑料周转箱	上海物豪塑料有限公司
157	兄妹猫 Xiong Mei Mao（图案）	童鞋	上海兄妹猫儿童用品有限公司
158	图案（回力）	运动鞋、休闲鞋	上海回力鞋业有限公司
159	永冠	超市货架	上海永冠商业设备有限公司
160	bolo 宝路	卫生洁具	上海宝路卫浴陶瓷有限公司
161	奇美牌	女鞋	上海淮海企业发展有限公司

（续表）

序号	品牌	推荐产品	企业
162	白猫	洗衣粉、洗洁精、洗涤用品、佳美洗衣粉	上海和黄白猫有限公司
163	紫日	激光模压防伪喷铝纸及纸板	上海紫江喷铝包装材料有限公司
164	杰宝 · 大王	保险箱 / 柜	上海杰宝大王企业发展有限公司
165	凤凰	自行车、电动自行车	金山开发建设股份有限公司
166	兴尔达	女皮鞋	上海浦东新区兴尔达皮鞋厂
167	达芙妮 DAPHNE	达芙妮女鞋	永恩实业（上海）有限公司
168	花牌	女皮鞋	上海皮鞋厂
169	健生	学生簿册	上海健生实业股份有限公司
170	环球牌 + 图案	BOPP 封箱胶粘带	上海环城包装制品有限公司
171	天宝龙凤	金银珠宝	上海天宝龙凤金银珠宝有限公司
172	图案（倩女）	女皮鞋	上海倩女鞋业有限公司
173	图案（美家生活）	晾衣架	嘉华金属（上海）有限公司
174	图案（KunJEK	扳手、钳子、裁切刀	上海昆杰五金工具有限公司
175	美加净 MAXAM 上海	美加净植尚牙膏、上海防酸牙膏	上海美加净日化有限公司
176	中华	中华牙膏	上海美加净日化有限公司
177	火车牌	篮球、排球、足球	上海皮革有限公司
178	海克 HECMAC	厨房设备	上海酒店设备股份有限公司
179	图案	桌面	上海文信家具有限公司
180	YCC	金属拉链、注塑拉链、尼龙拉链	上海东龙服饰有限公司
181	蓝棠——博步	皮鞋	上海蓝棠 - 博步皮鞋有限公司
182	万象牌	日用容器系列	上海宏晨家庭用品有限公司
183	图案（日加满）	日加满饮料	日加满饮品（上海）有限公司
184	恒寿堂	蜜炼果蔬制品	上海恒寿堂健康食品股份有限公司
185	图案（好成）	麦芽糖	上海好成食品发展有限公司
186	来伊份图案	休闲食品（炒货类、蜜饯类、水产品类、肉制品类、糕点类、糖果果冻类、膨化类、豆制品类、果蔬类）	上海来伊份股份有限公司
187	天容皇	腌腊肉制品	上海天容肉制品集团有限公司
188	百味林	炒货、鱼制品、肉制品、南北货、蜜饯、麦片	上海百味林实业有限公司
189	图案	豆制品	上海艺杏食品有限公司
190	图案	饼干	上海三牛食品有限公司
191	上生	上生人血白蛋白，上生静注人免疫球蛋白（pH4），上生水痘减毒活疫苗，上生流感病毒裂解疫苗，上生麻腮风联合减毒活疫苗	上海生物制品研究所有限责任公司
192	安普莱士	人血白蛋白	上海莱士血液制品股份有限公司
193	沪药	丹参酮 IIA 磺酸钠注射液	上海第一生化药业有限公司
194	生物	脏器生化类注射剂系列（胰岛素注射液、注射用糜蛋白酶、注射用二丁酰环磷腺苷钙、注射用三磷酸腺苷辅酶胰岛素、肝素钠注射液）	上海第一生化药业有限公司
195	伽玛莱士	静注人免疫球蛋白（pH4）	上海莱士血液制品股份有限公司
196	神象	参茸产品	上海雷允上药业有限公司神象参茸分公司
197	佰备	玻璃酸钠注射液	上海景峰制药股份有限公司

（续表）

序号	品牌	推荐产品	企业
198	上药牌	麝香保心丸、胆宁片、生脉注射液、首乌延寿片、消肿片	上海和黄药业有限公司
199	图案（中西）纷乐	硫酸羟氯喹片	上海中西制药有限公司
200	图案（中西）奥派、奥思平、奥麦伦	精神类系列药品：阿立哌唑片（奥派）、盐酸度络西汀肠溶片（奥思平）、盐酸氟西汀胶囊（奥麦伦）	上海中西制药有限公司
201	图案（中西）	丹参类注射液：丹香冠心注射液、丹参注射液	上海中西制药有限公司
202	图案（双益）	注射用还原型谷胱甘肽	上海复旦复华药业有限公司
203	龙虎、天坛	清凉油、龙虎人丹、龙虎花露水、风油精、清凉工坊（怡神露、沁肤膏）	上海中华药业有限公司
204	图案（上虹）	中药饮片、参茸制品	上海虹桥中药饮片有限公司
205	杏灵、斯泰隆	银杏叶片、银杏酮酯片（胶囊、颗粒）	上海杏灵科技药业股份有限公司
206	童涵春堂	中药	上海童涵春堂中药饮片有限公司
207	信谊	双歧杆菌三联活菌系列（培菲康）、雷贝拉唑钠肠溶片、辅酶 Q10 胶囊、格列吡嗪片、地高辛片、法莫替丁片、利巴韦林气雾剂、盐酸二甲双胍片、氨麻美敏片（Ⅲ）、华法林钠片、氯氮平片、盐酸胺碘酮片、枸橼酸莫沙必利胶囊、双氯芬酸钠缓释片（Ⅰ）、氯化钾注射液、法莫替丁注射液、甲硫酸新斯的明注射液、N（2）-L- 丙氨酰 -L- 谷氨酰胺注射液、硫酸沙丁胺醇雾化吸入溶液、银黄含片、替米沙坦片、柳氮磺吡啶肠溶片、厄贝沙坦胶囊、多潘立酮片、硝苯地平缓释片（Ⅱ）、盐酸地尔硫卓（缓释）片、盐酸地尔硫卓片、异维 A 酸软胶囊、维生素 E 软胶囊、陈香露白露片、赖诺普利片、奥美拉唑肠溶胶囊、红霉素肠溶胶囊、阿法骨化醇软胶囊、辛伐他汀片、复方亚油酸乙脂软胶囊、别嘌醇片	上海信谊药厂有限公司
208	双鸽	一次性使用无菌注射器、一次性使用输液器	上海双鸽实业有限公司
209	公谊	兽药	上海公谊兽药厂
210	上雷	中药滋补品	上海雷允上药业西区有限公司
211	沪光牌	中药材、饮片及相关的复制品、加工品	上海华宇药业有限公司
212	亚牌	注射用头孢曲松钠、注射用头孢噻肟钠、注射用头孢呋辛钠、注射用果糖二磷酸钠、复方酮康唑软膏、林可霉素利多卡因凝胶	上海新亚药业有限公司
213	雷氏	六神丸、珍菊降压片、藿胆滴丸、丹参片、复方紫荆消伤巴布膏、左归丸、萆薢分清丸、复方丹参片、强力天麻杜仲胶囊、猴头菌片、乌鸡白凤丸、珍珠粉、杞菊地黄胶囊、柘木糖浆、金果饮、半夏糖浆、板蓝根颗粒、三七伤药片、感冒退热颗粒、牛黄解毒片、珍合灵片、金胆片、银翘片、补肾强身胶囊、苏冰滴丸、龙荟丸、蟾乌凝胶膏、贝羚胶囊	上海雷允上药业有限公司
214	百路达	银杏叶胶囊	上海信谊百路达药业有限公司
215	三花牌	注射用头孢曲松钠、注射用头孢噻肟钠、注射用头孢哌酮钠、注射用头孢哌酮舒巴坦钠、注射用头孢他啶	上海新亚药业有限公司
216	古华	中药饮片系列	上海古华药业有限公司
217	图案（玉兔）	血压计、表，益生系列治疗和抢救设备	上海医疗器械股份有限公司
218	四星牌	注射用盐酸头孢替安	上海新亚药业有限公司
219	声佳牌	电喇叭	上海实业交通电器有限公司

(续表)

序号	品牌	推荐产品	企业
220	斐讯通讯（图案） FEIXUN（图案）	调制解调器	上海斐讯数据通信技术有限公司
221	声佳牌	电子电器	上海实业交通电器有限公司
222	1923	金属卤化物灯、高压钠灯、荧光高压汞灯、陶瓷金卤灯	上海亚明照明有限公司
223	亚	金属卤化物灯、高压钠灯、荧光高压汞灯、陶瓷金卤灯、荧光灯、电感镇流器、电子镇流器、电子触发器、灯具、LED 光源、LED 灯具	上海亚明照明有限公司
224	Feidiao 飞雕	开关、插座	飞雕电器集团有限公司
225	三思	LED 显示屏	上海三思电子工程有限公司
226	TAYEE 天逸	信号灯、电开关	上海天逸电器有限公司
227	和成牌（HC） 国盾（GD）	单、三相电能表	上海金陵智能电表有限公司
228	BINY	灯	上海博昂电气有限公司
229	MicroPort、微创	冠脉雷帕霉素洗脱钴基合金支架系统	上海微创医疗器械（集团）有限公司
230	绿谷 GREEN VALLEY	注射用丹参多酚酸盐	上海绿谷制药有限公司
231	图案	注射用重组人尿激酶原（商品名：普佑克）	上海天士力药业有限公司

三、服务类

序号	品牌	推荐服务领域	企业
1	杏花楼	餐饮服务	杏花楼食品餐饮股份有限公司
2	丰收日	餐饮服务	上海丰收日餐饮发展有限公司
3	新雅	餐饮服务	上海杏花楼（集团）股份有限公司 新雅粤菜馆
4	绿波廊	餐饮服务	上海豫园旅游商城股份有限公司 绿波廊酒楼
5	图案	餐饮（大众小吃）服务	上海大富贵酒楼有限公司
6	凯司令	餐饮服务	上海凯司令食品股份有限公司
7	麦金地（图案）	热链桶饭、热链盒饭、餐厅托管服务	上海麦金地餐饮管理服务有限公司
8	小绍兴	餐饮服务	上海小绍兴餐饮连锁有限公司
9	珍鼎（图案）	餐饮配送、餐厅托管服务	上海珍鼎餐饮服务有限公司
10	红房子	西餐服务	上海新亚富丽华餐饮股份有限公司
11	图案	餐饮服务	上海博海餐饮有限公司
12	梅龙镇	餐饮服务	上海梅龙镇酒家股份有限公司
13	上海人家	餐饮服务	上海人家餐饮管理有限公司
14	璞缇客	餐饮服务	上海天禧嘉福璞缇客酒店有限公司
15	小杨生煎（图案）	餐饮服务	上海杨利朋生煎餐饮管理有限公司
16	大众	客运出租汽车服务	大众交通（集团）股份有限公司
17	强生	客运出租汽车服务	上海强生出租汽车有限公司
18	图案（南站长途）	城市交通服务	上海南站长途客运有限公司
19	万兴汽车	机动车维修服务	上海万兴汽车实业有限公司
20	图案	机动车维修服务	上海南空汽车修理厂
21	星杰设计装潢（图案）	家居装饰服务	上海星杰设计装饰工程有限公司

（续表）

序号	品牌	推荐服务领域	企业
22	正飞	家居装饰服务	上海正飞装饰工程有限公司
23	欧坊	家居装饰服务	上海欧坊装饰设计有限公司
24	嘉春	家居装饰服务	上海嘉春装饰设计工程有限公司
25	JM	家居装饰服务	上海吉美建筑装饰工程有限公司
26	图案	认证服务	上海质量体系审核中心
27	图案 DENO	检测服务（食品检测、检验）	上海德诺产品检测有限公司
28	春秋假期	文化休闲系列：都市观光巴士游，尽情香港迪士尼 4 日纯玩团，台湾环岛 8 日 7 晚全景文化游，台北、日月潭、阿里山、高雄、垦丁 6 日 5 晚纯玩团，东京、大阪、京都、长野、富士山 6 日深度游，福冈、别府、佐贺、鹿儿岛 6 日 5 晚温泉美食环岛游，首尔 4 日周末美容体验游，柬埔寨吴哥窟全景纵览之旅，“萤之光”新马 5 日 4 晚纯玩团，曼谷、芭提雅、沙美岛 6 日 5 晚纯玩团，尼泊尔 7 日全景纵览之旅，【尊爵】法国、瑞士、意大利、深度瑞士金色环游 12 日，美国东西海岸 12 日城市游，美国东西海岸黄石公园羚羊峡谷大瀑布 17 日穿越之旅；海岛度假系列：首尔济州岛 5 日 4 晚品质游，普吉岛 6 日 4 晚纯玩团，巴厘岛 6 日 4 晚尊爵游 & 蜜月游	上海春秋国际旅行社（集团）有限公司
29	春秋之旅	北京长城五星 5 日贵族之旅，海南雨林海洋四星纯玩双飞 5 日贵族之旅，重庆大足石刻、武隆仙女山、天生三硚双飞 4 日游，张家界天子山、袁家界、凤凰古城纯玩双飞 5 日贵族之旅，长白山北坡、聚龙温泉、白山湖、万达度假小镇双飞 4 日半自由行，溧阳天目湖御水温泉汽车 2 日游，桂林、漓江、阳朔纯玩双飞 4 日贵族之旅，桂林、漓江、阳朔、龙胜纯玩双飞 5 日贵族之旅，华东六市——扬州、南京、无锡、苏州、杭州、上海 6 日四星贵族之旅，新华东六市 + 水乡乌镇 6 日纯玩游，乌镇西栅 + 民宿 2 日自由行，南京、黄山、千岛湖、杭州、乌镇、上海 6 日游	上海春秋国际旅行社（集团）有限公司
30	Oriental Land+ 图案	景区服务	上海市青少年校外活动营地——东方绿舟
31	上海古猗园	上海古猗园景区服务	上海古猗园
32	走天下	妈咪宝贝游澳洲——澳大利亚海豚岛 8 日游，多瑙河名城之旅——奥地利、捷克、匈牙利 10 天，“青”近自然，“爱”美之旅旧金山、洛杉矶、拉斯维加斯、黄石公园、盐湖城 14 天，“青”新假日，惊喜之旅——迪拜 5 天品质游，动感之旅——韩国首尔济州 5 日游，纯粹台湾 8 日游，加拿大金秋赏枫（含翠湖山庄）12 日，斯里兰卡全景 8 日游，青旅开元之旅宁波五星品质 2 日游，青旅开元之旅绍兴五星品质 2 日游，探秘神农架 · 问道武当山三星品质五日游，青旅吉祥航空 + 五星酒店 3 天 2 晚自由行，青旅吉祥机 + 酒 3 天 2 晚自由行	上海中国青年旅行社
33	锦粹	锦粹系列产品：放眼看台湾一净享纯玩之旅，巴厘甜蜜蜜，韩国白金之旅，港澳全新体验之旅，花色夏威夷浪漫假期之旅，星享受——新西兰南北岛品味之旅，“御享温泉 · 饕餮盛宴”日本九州大纵段 5 日游	上海锦江旅游有限公司
34	锦悦	锦悦系列产品：情忆台湾夕阳红之旅，香港快乐游，韩国新发现 5 日游，爱尔兰英国风情之旅，奥德瑞金色列车童话城堡之旅，穿越经典美国东西海岸大瀑布黄石公园之旅，阳光假期——澳洲大堡礁特惠之旅	上海锦江旅游有限公司

(续表)

序号	品牌	推荐服务领域	企业
35	润航之旅	日本本州精华6日游、文莱沙巴6日游	上海航空国际旅游（集团）有限公司
36	博航之旅	尊享泰国6日游，泰国普吉甲米6日游，英国爱尔兰精彩12日，俄罗斯莫斯科圣彼得堡金环7日游，法瑞意经典10日游，马来西亚槟城、兰卡威、吉隆坡6日游，西班牙葡萄牙精彩10日游，美国加拿大东海岸14日游，美国西海岸精华9日游，美国东海岸精华9日游，新西兰南北岛8日，澳大利亚8日逍遥游，韩国首尔釜山济州5日游	上海航空国际旅游（集团）有限公司
37	上航假期	上航假期金燕纯玩游产品：金燕（联）——“阳光纯玩”“游暇时光”北京乘三轮、逛胡同、看堂会、品全聚德烤鸭纯玩双飞5日等35条线路（详见附注）	上海航空假期旅行社有限公司
38	鹰之旅	鹰之旅高尔夫产品：鹰之旅高尔夫千岛湖2天1晚2场球，鹰之旅高尔夫黄山松柏2天1晚2场球，鹰之旅高尔夫海宁尖山2天1晚2场球，鹰之旅高尔夫昆明春城3天2晚2场球	上海航空假期旅行社有限公司
39	同行江南	同行江南产品：华东三市、无锡、夜宿乌镇西栅精品纯玩4日，华东三市、无锡、夜宿乌镇西栅精品纯玩6日，华东五市、双水乡（甪直、锦溪）4日，华东五市双水乡6日，摩登上海汽车1日	上海航空假期旅行社有限公司
40	乐趣	世界游系列旅游服务：舌尖上澳洲——澳洲大堡礁纯玩团，日本经典山水7日游，皇家加勒比“海洋航行者”号——上海——济州——上海4天3晚，乐活新马2+2纯玩之旅——4晚6天，长白云之乡——纯净新西兰南岛纯玩8日，台湾5日乐悠游（直飞含台北2日自由活动），“醉美田园”英国10日文化之旅，北欧四国（峡湾火车+冰川）10日游，“玩乐一夏”夏威夷浪漫6日半自助游，迪拜“金樽”6日游——享6、7、8星	上海国旅国际旅行社有限公司
41	红苹果公益旅行	红苹果公益旅行产品：贵州贵阳·西江千户苗寨·三棵树鱼寨小学公益旅行双飞4日，贵州贵阳·西江千户苗寨·凯里腰落小学公益旅行双飞4日，贵州观堂安梯田·游肇兴侗寨·黎平岑引小学公益旅行双飞4日	上海航空假期旅行社有限公司
42	图案	旅游景区服务	上海野生动物园发展有限责任公司
43	旅	古镇1日游：周庄1日游，乌镇1日游，嘉善西塘、孙道临电影艺术馆1日游，锦溪1日游，枫泾1日游	上海旅游集散中心
44	M50	景区服务	上海M50文化创意产业发展有限公司
45	时空之旅	时空之旅演出服务	上海时空之旅文化发展有限公司
46	united1993及图形	联航之旅——三色青浦：福泉山遗址、陈云故居、练塘古镇红色之旅1日，陈云故居、太阳岛俱乐部、青浦博物馆红色之旅2日，东方绿舟、水果采摘绿色之旅1日，朱家角、淀山湖、大观园、东方绿舟绿色之旅2日，朱家角、大观园古色之旅1日，福泉山遗址、曲水园、大观园、报国寺古色之旅2日，三色青浦朱家角、东方绿舟、大观园1日游，三色青浦陈云纪念馆、练塘古镇、东方绿舟1日游，三色青浦青浦博物馆、曲水园、朱家角古镇1日游，三色青浦金泽古镇、大观园、朱家角王金村1日游，三色青浦朱家角、青龙古寺、水果采摘1日游，三色青浦陈云故居、太阳岛、朱家角、青浦博物馆、奥特莱斯2日游，三色青浦朱家角、太阳岛、大观园、东方绿舟2日游，三色青浦福泉山遗址、曲水园、朱家角、大观园、报国寺2日游；联航杭州空疗——疗养健康之旅	上海联航国际旅行社有限公司

（续表）

序号	品牌	推荐服务领域	企业
47	炫游大通	炫游大通·年夜饭系列产品：印象浙江·宁波过大年余姚阳明温泉乌镇西栅五星 3 日，印象浙江·宁波过大年石浦古城海鲜美食开元全景房超白金五星尊贵 3 日，品味江苏·环线串游天目湖南京汤山一号温泉句容茅山品质纯玩年夜饭 3 日，品味江苏·魅力泰州溱湖湿地凤城河扬州瘦西湖希尔顿酒店超白金纯玩年夜饭 3 日	上海大通之旅旅行社有限公司
48	强生旅游	西南旅游系列：昆明、大理、丽江五星美食温泉 6 日三飞游，贵州、黄果树、大小七孔、凯里苗寨六日游，经典桂林纯玩品质四日游，成都、九寨、黄龙、青城山四飞 5 日游	上海强生国际旅行社有限责任公司
49	全线旅游	全线旅游系列产品：皇城北京·故宫长城颐和园三星纯玩高铁往返四日，壮丽湖北·长江三峡涉外游船纯玩动去飞回 5 日（上水），直通车系列："飞瀑仙境"绍兴五泄直通车休闲 2 日，直通车系列："皖美之旅"天柱山直通车 3 日，直通车系列："中国丹霞"龙虎山龟峰直通车 3 日，动感厦门系列：鼓浪屿、永定土楼动车 4 日	上海大通之旅旅行社有限公司
50	图案	会务旅游系列：平湖农业生态游，苏州工业园区考察游，井冈山革命圣地游，安徽金寨、大别山地区红色之旅动车往返 3 日游，山东济南、蒙阴孟良崮地区动车往返 4 日游，湖北武汉、恩施地区双动双飞 5 日游；纯玩无购物精品游系列：宁海、象山——山海田园 3 日家庭游，重庆武隆、蜀南竹海地区巴蜀文化游	上海江南旅游服务有限公司
51	图案	会展服务	上海百文会展有限公司
52	NCG	文化传媒创意服务	上海新文化传媒集团股份有限公司
53	杨艺园林（图案）	园林创意设计及配套服务	上海杨艺园林工程有限公司
54	图案	展览展示服务	上海国际展览中心有限公司
55	图案	创意服务	上海恺达广告有限公司
56	图案（正章）	洗、烫、织补、皮革保养服务	上海正章实业有限公司
57	华联家维	家电服务	上海百联电器科技服务有限公司
58	图案	书刊、商业、包装印刷及服务	上海中华商务联合印刷有限公司
59	申申江服务	报刊广告（周报类）服务	上海申报传媒经营有限公司
60	杨浦创业	科技企业孵化服务	上海杨浦科技创业中心有限公司
61	图案（800 SHOW）	提供创意空间及展览展示服务	上海八佰秀企业管理有限公司
62	唐神（图案）	广告传媒服务	上海唐神广告传播有限公司
63	图案	园区服务	上海希望城经济发展有限公司
64	图案（宝信）	汽车销售服务	上海开隆汽车贸易有限公司
65	永达（图案）	汽车销售服务	上海宝诚汽车销售服务有限公司
66	图案（大众交通）	汽车销售服务	上海大众交通汽车销售有限公司
67	中进汽贸 CTCAI	汽车销售服务	中进汽贸上海进口汽车贸易有限公司
68	安吉及图案	汽车销售服务	上海汽车工业销售有限公司
69	图案（SCTG）	汽车销售服务	上海华星众捷汽车销售有限公司
70	图案（怡通）	汽车销售服务	上海怡通汽车服务有限公司
71	协通集团	汽车销售服务	上海协通集团汽车管理有限公司
72	图案	汽车销售服务	上海百联汽车服务贸易有限公司

（续表）

序号	品牌	推荐服务领域	企业
73	外服	人力资源服务	上海市对外服务有限公司
74	中智 CIIC	人力资源服务	中智上海经济技术合作公司
75	东浩人力资源（图案）	人力资源服务	上海东浩人力资源有限公司
76	FESCO	人力资源服务	北京外企德科人力资源服务上海有限公司
77	中企人力图案 HR-CHANNEL	人力资源服务	上海中企人力资源咨询有限公司
78	巾帼园	人力资源服务	巾帼园
79	人才（图案）	人力资源服务	上海浦东新区人才市场
80	东方国际（图案）	人力资源服务	上海国际服务贸易（集团）有限公司
81	老庙	黄金、铂金、钻石镶嵌、翡翠、玉器等首饰等商业零售服务	上海老庙黄金有限公司
82	恒隆（PLAZA66）	商业零售服务	上海恒邦房地产开发有限公司
83	东方爵士	商业零售服务	东方商厦有限公司
84	五番街	商业零售服务	上海美罗城文化娱乐有限公司
85	茂昌	眼镜零售服务	上海三联（集团）有限公司
86	童涵春堂	医药零售服务	上海童涵春堂药业连锁经营有限公司
87	舒馨	服装零售服务	上海百联百货经营有限公司上海时装商店
88	来伊份图案	休闲食品连锁零售服务	上海来伊份股份有限公司
89	聲達	木板零售服务	上海声达木业有限公司
90	群力	中药零售服务	上海群力草药店
91	图形（新世界）	商业零售服务	上海新世界股份有限公司
92	图案	商业零售服务	上海亚细亚食品（集团）公司
93	邵万生	食品零售服务	上海邵万生食品公司
94	图案 CITYSHOP	超市零售服务	上海城市超市有限公司
95	图案（宝岛）	眼镜零售服务	上海小林眼镜有限公司
96	图案（NGS）	超市零售服务	农工商超市（集团）有限公司
97	徐重道	药品零售服务	上海药房股份有限公司
98	图案（第一食品）	食品零售服务	上海第一食品连锁发展有限公司第一食品商店
99	华氏	商业零售服务	上海华氏大药房有限公司
100	百联中环购物广场	商业零售服务	上海百联中环购物广场有限公司
101	安吉	现代物流服务	安吉汽车物流有限公司
102	SPDC	现代物流服务	上海医药物流中心有限公司
103	远成集团 YUAN CHENG GROUP	现代物流服务	远成物流股份有限公司
104	图案	现代物流服务	上海东方久信集团有限公司
105	图案	现代物流服务	上海虹迪物流科技有限公司
106	顺丰	现代物流服务	顺丰速运集团（上海）速运有限公司
107	新大洲 SUNDIRO+ 图案	现代物流服务	上海新大洲物流有限公司
108	图案	现代物流服务	上海青旅国际货运有限公司
109	图案	现代物流服务	上海锦江国际低温物流发展有限公司

（续表）

序号	品牌	推荐服务领域	企业
110	图案	现代物流服务	上海会成物流有限公司
111	图案	现代物流服务	上海乾通投资发展有限公司
112	精裕捷星 LINKSTAR	现代物流服务	上海精裕捷星物流有限公司
113	图案（99+1）	物业服务	上海上房物业管理有限公司
114	图案（上实）	物业服务	上海上实物业管理有限公司
115	图案	物业服务	上海陆家嘴物业管理有限公司
116	图案	物业服务	上海中企物业管理有限公司
117	图案	物业服务	上海科瑞物业管理发展有限公司
118	漕河泾	物业服务	上海漕河泾开发区物业管理有限公司
119	图案新市北	物业服务	上海新市北企业管理服务有限公司
120	上海古北物业管理有限公司	物业服务	上海古北物业管理有限公司
121	联源物业 LIAN YUAN PROPERTY 图案	物业服务	上海联源物业发展有限公司
122	图案	物业服务	上海中远物业管理发展有限公司
123	东方 CJ 图案	电子商务信息服务	上海东方希杰商务有限公司
124	WONDERS	信息服务	万达信息股份有限公司
125	图案	IT 技术服务	上海天玑科技股份有限公司
126	希姆通	信息技术服务外包	希姆通信息技术（上海）有限公司
127	AMT	信息服务	上海企源科技股份有限公司
128	信令引擎 Sig Engine	通信网信息安全与网络安全综合管控服务	上海粱江通信系统股份有限公司
129	上农信	信息服务	上海农业信息有限公司
130	科旭	信息通信解决方案服务	上海科旭网络技术有限公司
131	众恒科技 TRIMAN	信息服务	上海众恒信息产业股份有限公司
132	林果	信息服务	上海林果实业有限公司
133	启明软件	信息服务	上海启明软件股份有限公司
134	我爱我家	信息服务	上海鸿洋电子商务有限公司
135	东方社区信息苑	信息服务	上海东方数字社区发展有限公司
136	图案 (WICRESOFT)	信息技术外包服务	上海微创软件股份有限公司
137	图案	天然气供应保障及高效利用解决方案提供服务	上海航天能源股份有限公司
138	远东资信	信息服务	上海远东资信评估有限公司
139	CHUWA	信息服务	上海中和软件有限公司
140	爱姆意在线 ME	信息服务	上海爱姆意机电设备连锁有限公司
141	延华	信息服务	上海延华智能科技（集团）股份有限公司
142	浦软	信息技术服务	上海浦东软件园股份有限公司
143	宝信	信息技术服务	上海宝信软件股份有限公司
144	图案	信息技术服务	上海亿通国际股份有限公司
145	Beyondbit/必优必达	电子政务信息技术服务	上海互联网软件有限公司

（续表）

序号	品牌	推荐项目	企业
		四、明日之星（试点）	
1	图案	出租汽车计价器	上海大众科技有限公司
2	FINEKITE	展馆、展厅的设计、布展服务	上海华凯展览展示工程有限公司
3	法兰诗顿（Fransition）	男士服装及系列产品	上海美格服饰有限公司
4	老大房	糕点及熟食产品	上海西区老大房实业公司
5	图案	分布式光纤测温系统	上海波汇通信科技有限公司
6	富宝	大宗商品移动电子商务平台	上海昊钰软件信息技术有限公司
7	YUKING	新型缓控剂——均聚N——乙烯基丁内酰胺超高分子链保护性干燥办法及其产品	上海宇昂水性新材料科技股份有限公司
8	复展	照明及燃气产品研发测试服务	上海复展智能科技有限公司

2014·上海工业年鉴

SHANGHAI
INDUSTRIAL
YEARBOOK

企 业 形 象

（排列不分先后）

68 上海康达化工新材料股份有限公司
69 东昊石油集团有限公司
70 中海石油（中国）有限公司上海分公司
71 上海蓝滨石化设备有限责任公司
72 美钻能源科技（上海）有限公司
73 铃鹿复合建材（上海）有限公司
74 上海金力泰化工股份有限公司
75 上海中镭新材料科技有限公司
76 国核自仪系统工程有限公司
77 上海正欧实业有限公司
78 上海绿强新材料有限公司
79 上海杰富石油机械有限公司
80 庄信万丰（上海）化工有限公司
81 挪信能源技术（上海）有限公司
82 吉富（中国）投资有限公司
83 上海浦城热电能源有限公司
84 上海华晖新材料科技有限公司
85 上海巴安水务股份有限公司
86 映瑞光电科技（上海）有限公司
87 百视通新媒体股份有限公司
88-89 上海矽感信息科技有限公司
90-91 上海斐讯数据通信技术有限公司
92 上海众人网络安全技术有限公司
93 中国联合网络通信有限公司上海市分公司
94 上海质尊溯源电子科技有限公司
95 上海奕瑞光电子科技有限公司
96 上海祥羚光电科技发展有限公司
97 上海华腾软件系统有限公司
98 上海爱可生信息技术有限公司
99 上海市信息管线有限公司
100 光驰科技（上海）有限公司
101 上海无委无线电检测实验室有限公司
102-103 中兴通讯股份有限公司
104-105 公安部第三研究所
106 上海和辉光电有限公司
107 上海华勤通讯技术有限公司
108 上海麦杰科技股份有限公司
109 上海思华科技股份有限公司
110 鼎捷软件股份有限公司
111 上海信耀电子有限公司
112 中国电信股份有限公司上海分公司
113 上海中移通信技术工程有限公司
114 上海安吉星信息服务有限公司
115 上海沃迪自动化装备股份有限公司
116 日一新国际物流（上海）有限公司
116 紘华电子科技（上海）有限公司
117 上海卫星装备研究所
118 中国人民解放军第四七二四工厂
119 中航工业上海航空电器有限公司
120 中国航空无线电电子研究所
121 上海航天汽车机电股份有限公司
121 上海东华凯利新材料科技有限公司
122 上海信谊药厂有限公司
123 上海联影医疗科技有限公司
124 上海海利生物技术股份有限公司
125 上海睿智化学研究有限公司
126 上海第一生化药业有限公司
127 上海昊海生物科技股份有限公司
128 上海外高桥造船有限公司
129 中船第九设计研究院工程有限公司
130 中船勘察设计研究院有限公司
131 沪东中华造船（集团）有限公司
132 上海船舶研究设计院
133 申佳船厂

134-135 国网上海市电力公司
136-137 上海电力股份有限公司
138 国网上海市电力公司浦东供电公司
139 上海上电漕泾发电有限公司
140 上海上电电力工程有限公司
140 上海运安制版有限公司
141 上海华明电力设备集团有限公司
142 上海电力修造总厂有限公司
143 上海电力电缆工程有限公司
144 上海市纺织科学研究院
144 远纺工业（上海）有限公司
144 中储粮（上海）米业有限责任公司
145 上海大胜卫生用品制造有限公司
146 上海福沁高科技企业发展有限公司
147 上海华峰超纤材料股份有限公司
148 上海老凤祥有限公司
149 上海 M50 文化创意产业发展有限公司
150 上海远中实业有限公司
151 溯洄（上海）设计咨询有限公司
152-153 上海东浩兰生国际服务贸易（集团）有限公司
154 银联国际
155 亿森（上海）模具有限公司
156 申通快递有限公司
157 上海农村商业银行股份有限公司
158-159 上海圆通速递有限公司
160-161 上海市浦东新区保安服务总公司
162 上海宝山经济发展区
163 上海宝山城市工业园区管理委员会
164 上海新金山工业投资发展有限公司
165 上海金桥出口加工区开发股份有限公司
166 上海嘉定出口加工区发展有限公司
167 上海嘉定工业区开发（集团）有限公司
168-169 上海青浦工业园区发展（集团）有限公司
170-171 上海金桥经济技术开发区管委会
172-173 上海莘庄工业区
174-175 上海市工业综合开发区有限公司
176 上海南汇老港化工工业区经济发展有限公司
177 上海市宝山区顾村工业公司
178-179 上海市资源综合利用协会
180-181 上海市城镇工业合作联社
182-183 上海质量教育培训中心
184 上海临港地区开发建设管理委员会

上海仪电控股（集团）公司（简称“ 仪电控股 ”）是上海市国有资产监督管理委员会所属、具有独立法人资格的国有独资控股集团公司。

仪电控股目前正处在一个新的发展时期，致力于从传统的电子制造商向物联网方案提供商转型，以信息服务业和电子制造业为核心，以商务不动产业和非银行金融服务业为支撑，大力发展智能安防、智能照明、智能食品安全溯源、智能视频会议系统、智能远程医疗和远程教育、合同能源管理、车联网、云计算和云安全产业，为客户提供信息化、智能化、网络化、节能型、环保型的产品和系统解决方案，打造“ 产业清晰、创新发展、经营稳健、富有社会责任感的国内一流企业集团 ”。

上海仪电控股（集团）公司

BAOSTEEL
构 筑 共 享 价 值

美好的家，不是多么富有，而是多么有爱。
境经营，绿色的理念和实践，宝钢努力让今天的钢铁成就，与孩子们和未来世界共享。

上海汽车集团股份有限公司
SAIC MOTOR CORPORATION LIMITED

上海汽车集团股份有限公司（简称“上汽集团”，股票代码“600104”）是国内A股市场最大的整车上市公司。目前，上汽集团主要业务包括整车、零部件的研发、生产、销售，物流、车载信息、二手车等汽车服务贸易业务，以及汽车金融。

2013 年，上汽集团实现国产整车销售 510.6 万辆，同比增长 13.7%，国内市场占有率 22.5%，继续保持国内汽车市场领先优势。同时，上汽集团以 2012 年度合并销售收入 762.3 亿美元，第 9 次跻身《财富》杂志世界 500 强企业行列，排名第 103 位，较前一年上升 27 位。

上汽集团的愿景是：为了用户满意，为了股东利益，为了社会和谐，上汽要建设成为品牌卓越、员工优秀，具有核心竞争能力和国际经营能力的汽车集团。

地址：上海市威海路489号　邮编：200041
总机：021-22011888　　传真：021-22011777

“超仿棉”聚酯纤维生产线

调度中心新貌

中国石化上海石油化工股份有限公司(简称上海石化)位于上海市金山区，占地面积9.40平方千米，是中国大型的炼油化工一体化综合性石油化工企业，是中国重要的成品油、中间石化产品、合成树脂和合成纤维的生产企业。

上海石化前身是创建于1972年的上海石油化工总厂。1993年作为中国第一批股份制改制试点企业之一，改制为上海石油化工股份有限公司，是中国第一家股票在上海、香港和纽约三地同时上市的股份制企业。2000年10月，更名为现名。

截至2013年底，上海石化具有1600万吨/年综合加工原油能力和乙烯70万吨/年、

碳纤维装置外景

年产 3800 吨异戊烯装置

塑料树脂 100 万吨／年、合纤原料 109 万吨／年、合纤聚合物 59 万吨／年、合成纤维 28 万吨／年的生产能力，并拥有独立的公用工程、环境保护系统，及海运、内河航运、铁路及公路运输配套设施。

2013 年，上海石化共有工业用乙烯、石油对二甲苯、碳五化学品等 24 个产品被评为上海市名牌产品；车用汽油、腈纶丝束（金阳牌和三人牌）、纤维级聚酯切片等 16 个产品被评为上海市用户满意产品，其中车用柴油、聚丙烯树脂等 5 个产品同时被评为全国用户满意产品。在上海 2013 年工业税收排名前 100 位企业中位列第 3 位。

高桥石化成立于1981年11月，是我国第一个跨行业、跨部门的特大型经济联合体，隶属于中国石油化工集团公司。

公司位于浦东新区，占地面积4.2平方公里，共有76套生产装置，主要产品有汽油、航空煤油、柴油、润滑油基础油、石蜡、合成橡胶、有机化工原料、合成塑料以及精细化工产品等，公司拥有炼油能力1250万吨/年、化工产品生产能力100万吨/年，自备电厂具有装机容量17.5万千瓦。2013年底，公司资产总额为200亿元，年销售收入超过660亿元。

公司积极开展对外合作交流，分别与德国巴斯夫公司、美国加德士公司、韩国SK公司、日本三井石化株式会社等世界著名企业合作，成立合资公司。

公司加大对上海化学工业区的投资力度，已建成20万吨/年苯酚丙酮、10万吨/年丁苯橡胶、20万吨/年ABS装置以及合资12万吨/年双酚-A、40万吨/年苯酚丙酮等项目。

中国石油化工股份有
中国石化集团资产经营管

限公司上海高桥分公司

理有限公司上海高桥分公司

上海化学工业区
化工区管理中心
赢创德固赛多用户基地

上海化学工业区

工业气体

拜耳一体化化工生产基地

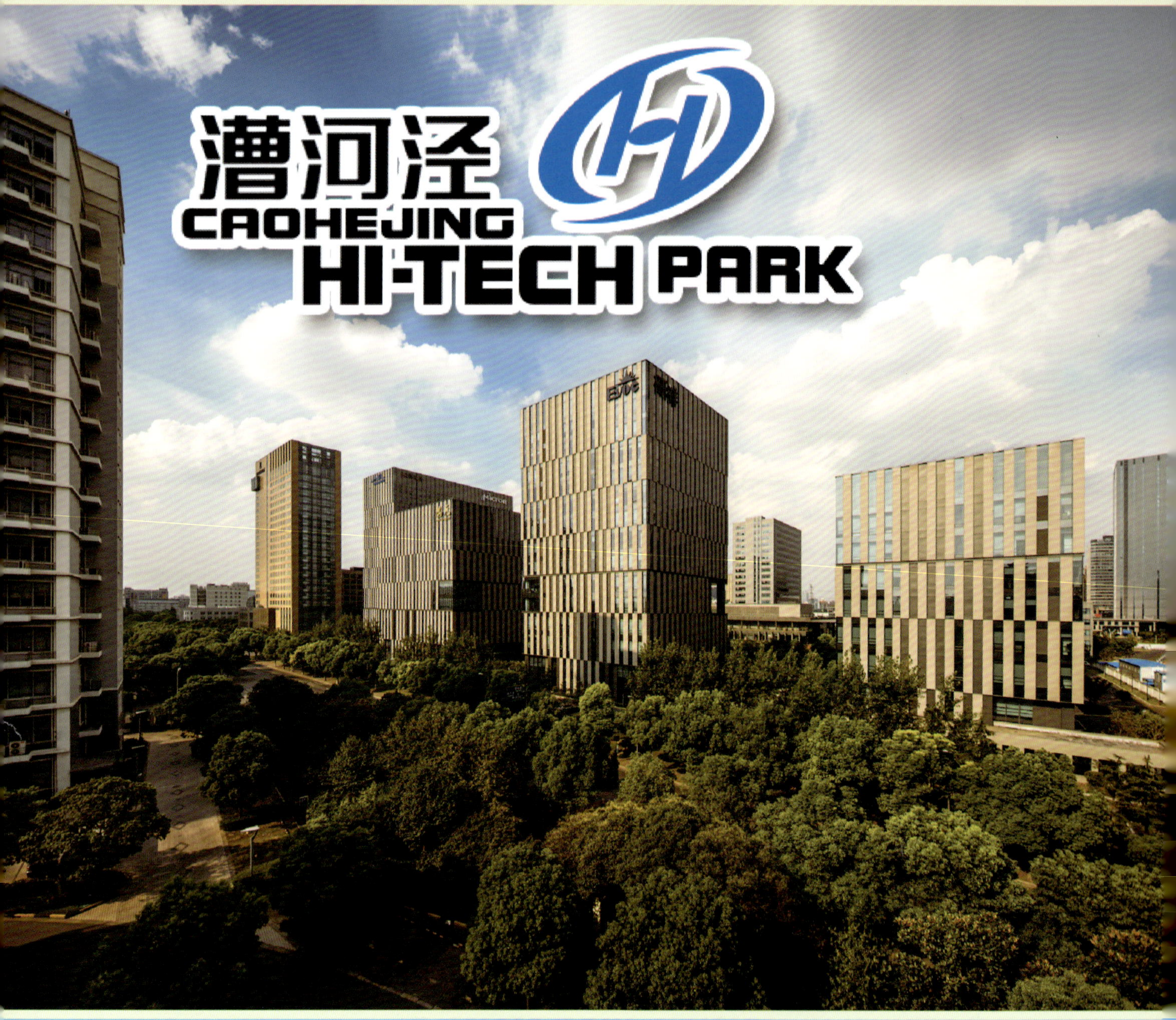
漕河泾
CAOHEJING
HI-TECH PARK

研祥

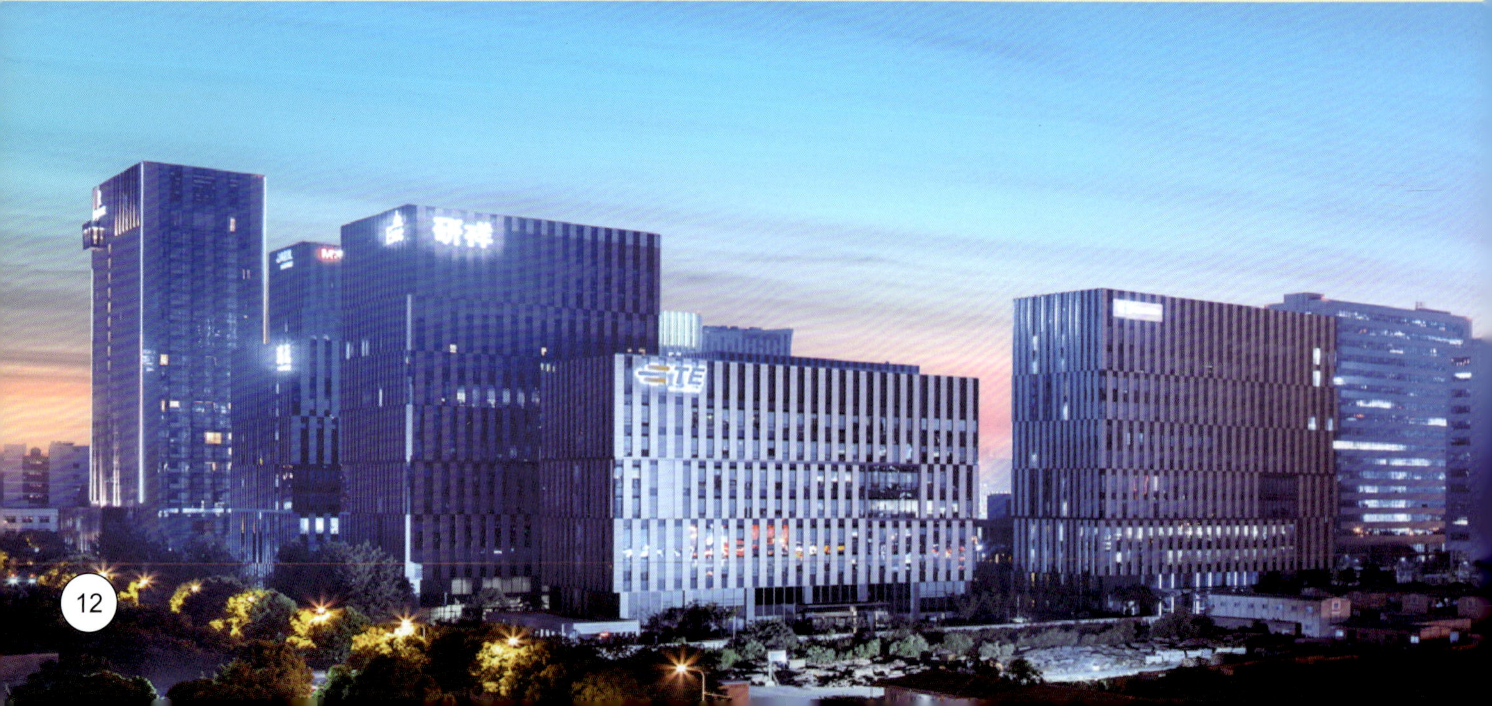

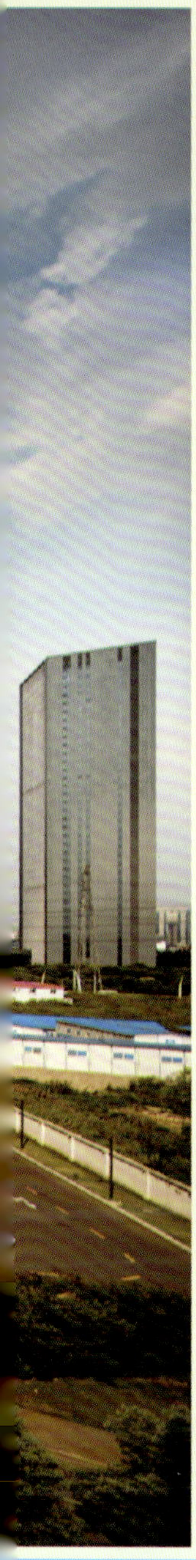

做中国人自己最好的香烟

中国烟草 CHINA TOBACCO
上海市烟草专卖局
上海烟草集团有限责任公司
SHANGHAI TOBACCO MONOPOLY BUREAU
SHANGHAI TOBACCO GROUP CO.,LTD.

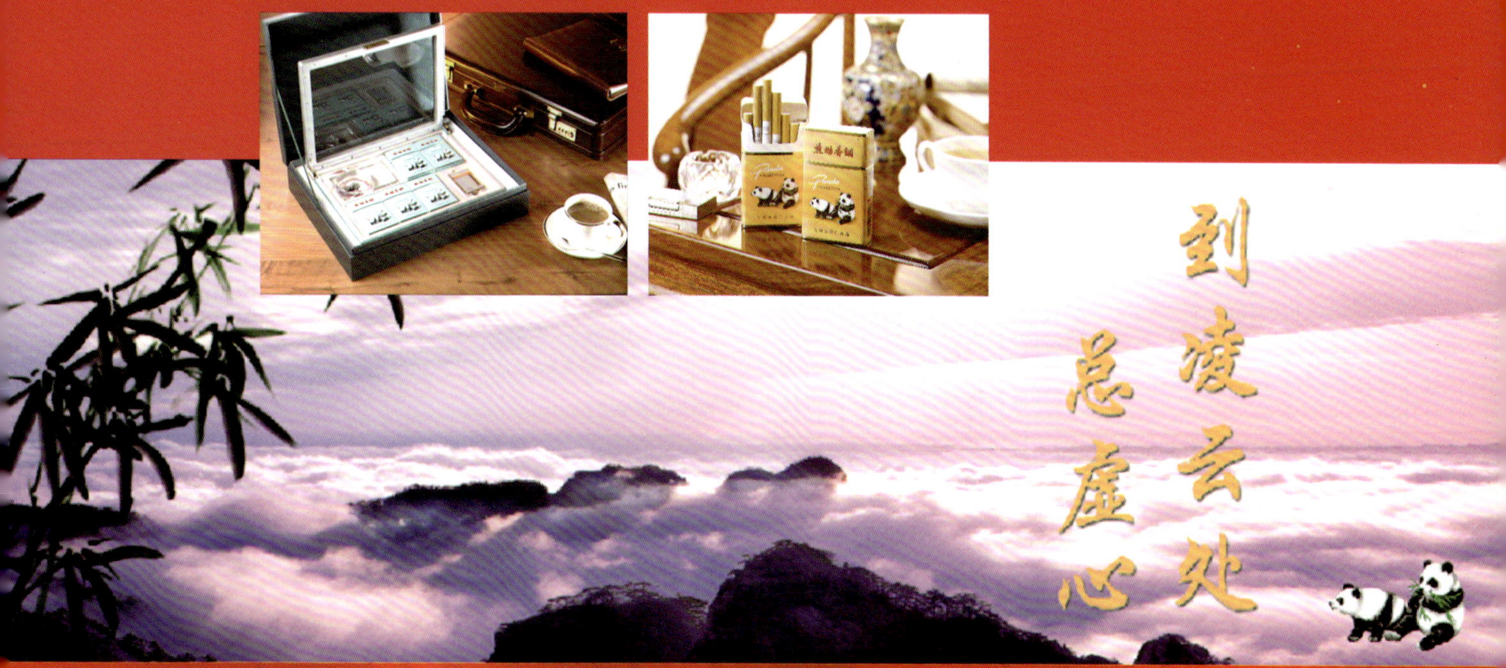

到凌云处
总虚心

快乐一起来

红双喜品派
品于心·派于形

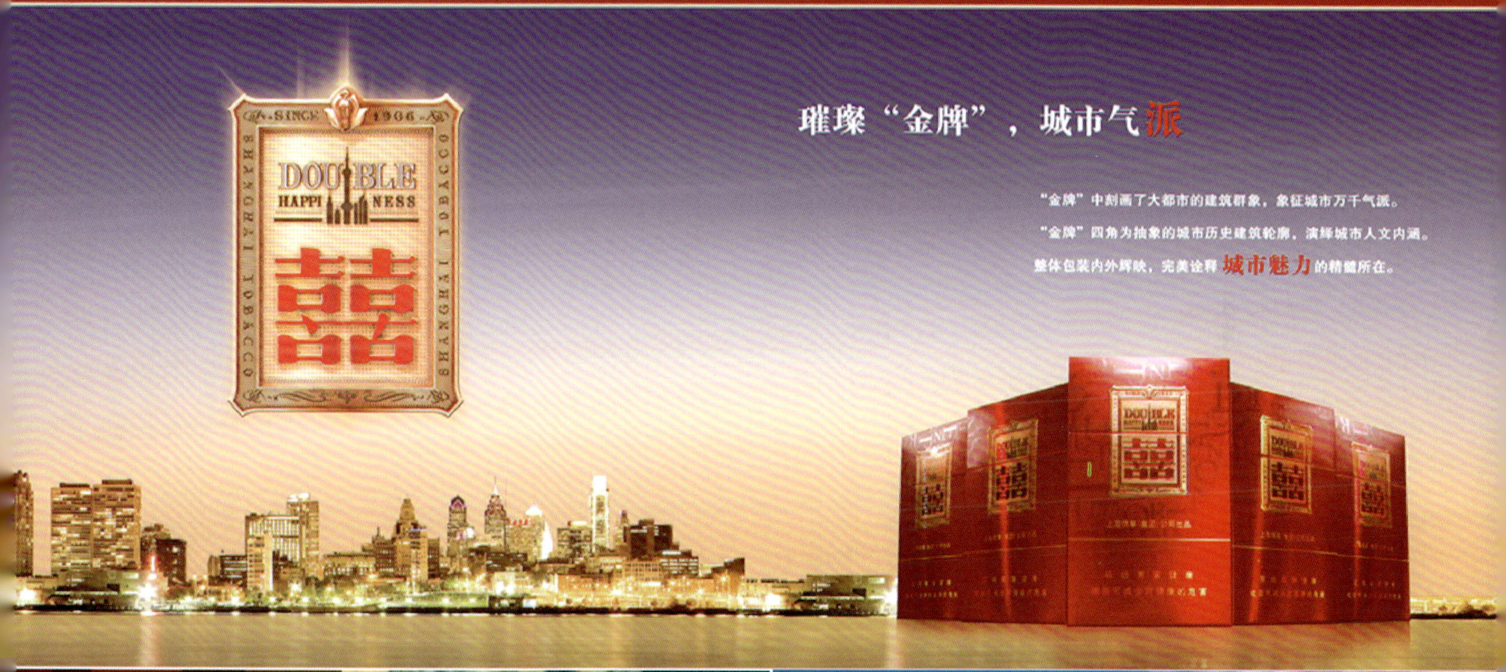

璀璨“金牌”，城市气派

“金牌”中刻画了大都市的建筑群象，象征城市万千气派。

“金牌”四角为抽象的城市历史建筑轮廓，演绎城市人文内涵。

整体包装内外辉映，完美诠释城市魅力的精髓所在。

上海市中小企业发展服

上海市中小企业发展服务中心是经市人民政府依法批准设立的、专司本市中小企业发展的非营利性的具有公共事务管理职能的综合服务机构。中心是市财政全额拨款的公益性事业单位，是中小企业与政府之间的桥梁，是国家工信部认定的首批国家级中小企业公共服务示范平台

中心作为落实中小企业政策的第一窗口和责任主体，协助政府部门贯彻落实国家和本市有关中小企法规和方针政策，协助推进中小企业服务体系建设，协调和组织中小企业跨行业、跨地区活动等。

务中心

关注小微企业 发展专精特新

展的法律

上海高校与中小企业技术需求对接会(奉贤、金山专场)

中国华信能源有限公司

Corporate Profile

中国华信能源有限公司是集体制民营企业，由上海能源基金投资有限公司和上海中安基金有限公司联合成立。

公司以拓展海外能源经济利益为战略，主营石油、天然气、化工业务，集全球能源贸易、能源生产、金融服务为一体，在海内外拥有3大集团公司，5家一级公司，6家上市公司，拥有各类人才2万余人。

2013年，公司实现营业收入2090.3亿元。目前，已在美国、英国、加拿大、墨西哥、俄罗斯、以色列、阿联酋、印度尼西亚、新加坡、阿尔巴尼亚、韩国、日本、中国台湾和中国香港等国家和地区分别设有子公司或办事处，拥有覆盖拉美、中亚、南欧和国内的石油化工行业上下游一体的商业体系与产业体系，并参股或控股信托、银行、证券、保险等金融机构，拥有基金与财务公司。旗下上海华信石油集团是上海民营企业百强第2位、中国企业500强，先后获得"中国最具影响力企业"、"中国十大慈善企业"等称号。

中国华信以人为本，通过自主研发与自主创新的经营模式，构建有组织的共同经济体。公司实行董事局领导下的总经理负责制，形成了商人经济、儒家主义、军事化管理三位一体的管理模式。公司实施"一企两制"的分配制度，采用"大集体，小核算"的内部管控及考核机制，推行"总经理负责"的行政管理制度，不断推进业务专注化、人才专业化、资产证券化和管理精细化。

中国华信始终秉承"由力而起，由善而终"的为商之道，设立了中华能源基金委员会、中国文化院、上海华信公益基金会，推动能源战略研究，弘扬中华文化，助力公益慈善，实现企业和社会的可持续发展，努力打造人的华信、家的华信、国家的华信。

企业文化

为商之道：

由力而起，由善而终

企业使命：

拓展国家海外能源经济利益，做民族企业，实现产业报国。

企业精神：

忠诚 团结 严谨 奉献

企业价值观：

天合：把握天机 顺势而为

地合：海纳百川 博学包容

人合：平等相待 正直友善

己合：勇敢担当 勇于奉献

品牌文化：

中国华信：华夏魂，信用本，打造永续经营的标志性公司。

企业标识

圆形，体现了中国道、儒两家的宇宙观：

无端无极，始终如一，周而复始，事事圆融，处处平等。

中心经纬球形，喻意中国华信的全球发展战略。

三星，寓"道生一，一生二，二生三，三生万物"，生生不息；

"三星"亦"心宿"的别名，每当春秋两季始见于东方，冉冉升起。

《诗经》："三星在天"，佳时也。

"三星"高踞清天，象征中国华信共同经济体持续升腾，虽不耀目，但却永远美轮美奂。

中国华信总部大院 办公楼

CEFC Mansion, the office building of CEFC China Headquarter

中国华信上海石油集团办公楼

Office building of CEFC Shanghai Petroleum Group Limited.

CEFC China Energy Company Limited is a private collective enterprise co-founded by both Shanghai Energy Fund Investment Co., Ltd. and China Safety (Shanghai) Fund Co., Ltd.

Adhering to the strategy of expanding the nation' s energy and economic interests overseas, CEFC China specializes in oil, natural gas and petrochemical business, integrating global energy trade, energy production and financial services. With a total workforce of 20,000 professionals, the company owns three group companies, five tier-1 companies, and six listed companies at home and abroad. In 2013, CEFC China' s revenue reached 209.03 billion. So far, it has set up subsidiaries and offices in countries and regions, such as the U.S., the U.K., Canada, Mexico, Russia, Israel, the UAE, Indonesia, Singapore, Albania, South Korea, Japan, Taiwan and Hong Kong. The company is well equipped with a comprehensive business and industrial system across upstream and downstream sectors in oil and petrochemical industries, spanning over Latin America, Central Asia and Southern Europe. Besides holding shares in or controlling trust, securities, insurance companies as well as banks, the company owns fund and finance companies. CEFC subsidiaries have been awarded with the Most Influential Enterprises and Top Ten Philanthropic Enterprises and ranked No. 337 among Top 500 Chinese Enterprises and No.2 among Top 100 Shanghai Private Enterprises.

Insisting on people-oriented principles, CEFC constructs an organized common economic community through an innovated business operation model. The company implements General Manager Accountability System under the leadership of the Board of Directors and establishes a "three-in-one" management model incorporating business economics, Confucianism and military management. The company has implemented the distribution method of "One Company, Two Systems", an internal control and assessment mechanism characterized by "large enterprise and small accounting" and the administrative management system of General Manager taking charge, and constantly propels business centralization, talents specialization, asset securitization, management refinement.

Upholding the business philosophy of "Arising with strength and achieving with goodness", CEFC China sets up CEFC Shanghai Charity Fund, China Energy Fund Committee and China Institute of Culture. Engaged in energy and strategy research, the company is also dedicated to fostering philanthropy, promoting Chinese culture and realizing sustainable development of the company and the society, forging a company of the people, families and the nation.

Corporate Culture

Business Philosophy:
Arising with strength and achieving with goodness
Corporate Mission:
Expand the nation's energy and economic interests overseas and forge an enterprise of the people
Corporate Spirit:
Loyalty, unity, prudence and dedication
Corporate Value:
In harmony with heaven: Penetrate the nature's mystery and follow it
In harmony with earth: Inclusiveness, erudition and tolerance
In harmony with people: Equality, integrity and friendliness
In harmony with ourselves: Bravery, responsibility and dedication
Brand Culture:
CEFC China: Spirit of the Chinese and credibility as the fundament, forging a symbolic enterprise of sustained development

Corporate Logo

Without any defined starting or finishing point, the circles represent consistency, continuity, harmony and equality, illustrating the cosmology of Taoism and Confucianism.

The globe at the center indicates the global development strategies of CEFC China.

The Three Stars embodies an endless circle of life: Tao begets one; one begets two; two begets three; three begets all things in the universe. In Chinese constellations, the Three Stars arise in the eastern sky in both spring and summer. According to the Classic of Poetry (also known as the Book of Songs), it is a perfect timing when the Three Stars arise in the sky. The Three Stars hanging above the sky symbolizes that CEFC China common economic community enjoys a long-lasting rise as the stars, not dazzling, but shining and splendid.

上海建筑材料（集团）总公司

Shanghai Building Materials Group Corporation

上海建材集团是国有独资的产业集团，被列为上海 100 强企业集团。集团直接投资并列为合并报表范围的企业 59 户，年实现销售收入约 50 亿元。

上海建材集团核心业务主要是玻璃、水泥及以风力机叶片、岩棉为主的新材料。主营业务还涉及复合材料、墙体材料、防水材料、化学管材的生产经营以及建材贸易、装饰装潢施工等。集团下有耀皮玻璃（600819）、棱光实业（600629）两个上市公司。此外，集团与美国欧文斯科宁及德国伊通等世界著名跨国公司合资建立工厂，专业生产驰名全球的玻璃棉制品、加气混凝土等。

上海耀皮玻璃集团股份有限公司玻璃生产线

上海建材集团江苏仪征经济开发区建成汽车玻璃生产基地

上海建材集团江苏大丰经济开发区建成岩棉生产基地

上海洋山港基混凝土有限公司为本市重大工程提供混凝土

上海玻璃钢研究院有限公司开发生产的兆瓦级风力机叶片

上海建筑防水材料总公司生产的彩色沥青瓦应用于“平改坡”工

集团地址：上海市大木桥路 588 号　邮编：200032　电话：（021）63217238　传真：（021）6321325

HUAYI 华谊集团

安徽无为一期项目恢弘壮观厂区远眺

上海华谊(集团)公司，能源化工、绿色轮胎、先进材料、精细化工4大化工业务板块和集团第五大业务化工服务(物流、工程、信息、投资)协同发展，形成了"双核驱动"(化工制造和化工服务)的业务新模式。华谊集团产品涉及基础化学品、清洁能源、轮胎、塑料、涂料、染料和颜料、氟化工、试剂、助剂、化工设备等。

华胜码头在杭州湾畔的上海化学工业区伸向大海

吴泾基地黄浦江沿岸新景观

江苏常熟氟化工基地

华谊集团所属全资和控股企业有双钱集团股份有限公司、上海氯碱化工股份有限公司、上海焦化有限公司、上海吴泾化工有限公司、上海三爱富新材料股份有限公司、上海华谊丙烯酸有限公司、上海涂料有限公司、上海天原(集团)有限公司、上海华谊集团投资有限公司等22家二级单位，拥有8家设计、研究院所，3家国家级企业技术中心、5家市级企业技术中心，2家上海市工程研究中心，并设有博士后科研工作站。

集团名列2013年中国企业500强年度排行榜第231位，2013中国制造业企业500强第111位，2013上海企业100强第22位，2013上海制造业企业50强第10位。

重庆双桥轮胎制造基地

集团通过加快产业结构调整，实施"一个华谊、全国业务"的产业布局，坚定不移地实施"走出去"战略，向"有资源、有市场、有效益"的地区拓展，发挥集团品牌、技术、管理、人才等优势，在江苏如皋建设了全钢子午胎项目，在重庆双桥建设了全钢载重轮胎及橡胶制品生产基地，在江苏常熟建立了氟化学品生产基地，在安徽无为建立了煤基多联产精细化工生产基地和轮胎制造基地，在内蒙古建立了氟化工生产基地，在新疆乌鲁木齐收购建立了双钱集团(新疆)昆仑轮胎有限公司，在山东烟台建立了山东烟台天原胜德材料科技有限公司等。

华谊集团奋斗目标("1350"): 销售收入突破1000亿元，名列全国化工前三位，成为中国制造50强，世界化工50强，逐步实现"全球化华谊"的美丽梦想。

在实现"华谊梦"的转型升级实践中，华谊集团加大从化工制造到"制造+服务"的转型，开创并初具"一个华谊，全国业务"的发展格局。

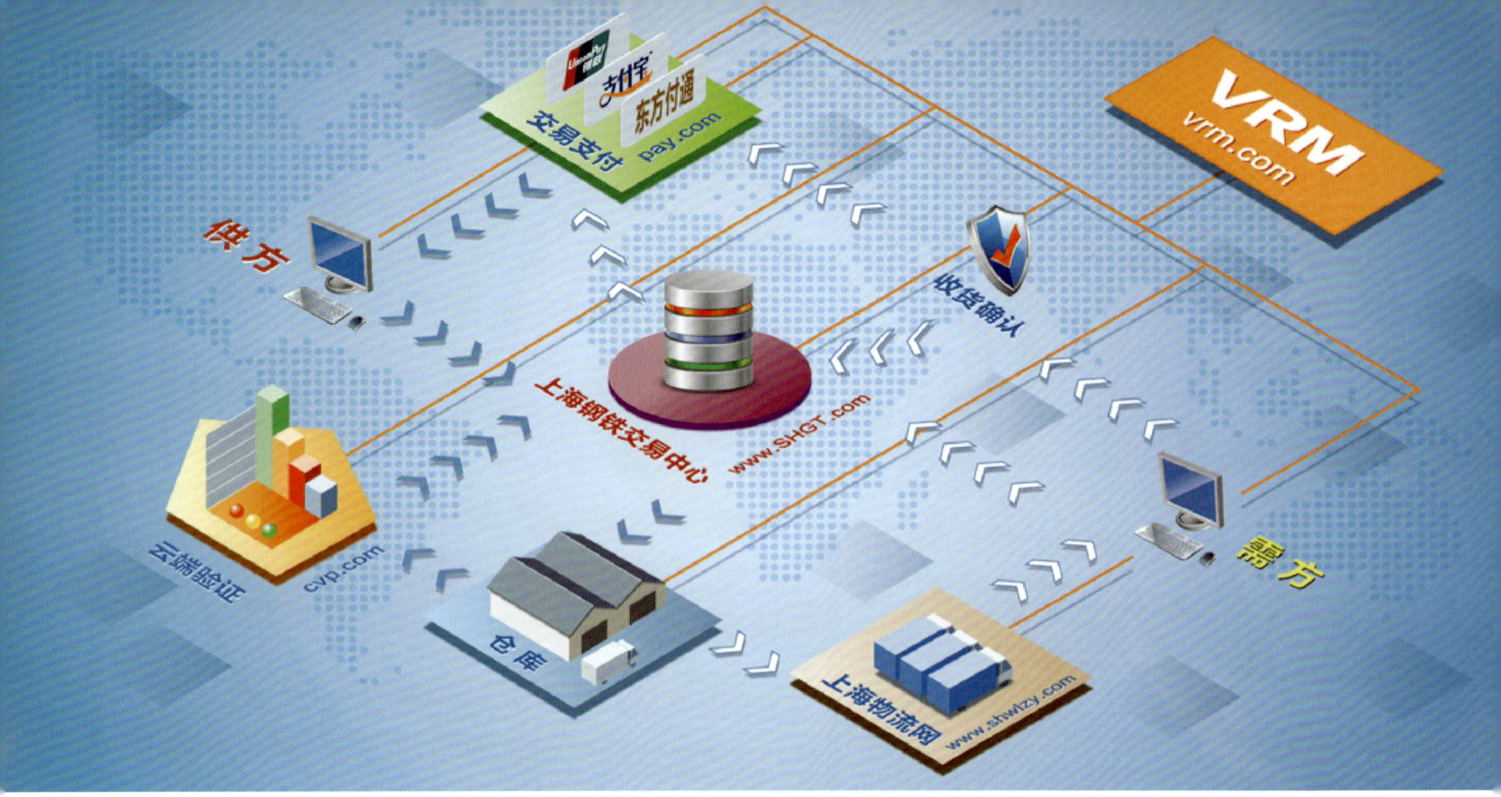
VRM
vrm.com
支付宝
东方付通
交易支付
pay.com
供方
收货确认
上海钢铁交易中心
www.SHGT.com
云端验证
cvp.com
仓库
上海物流网
www.shwlzy.com
需方

上海钢铁交易中心由宝钢集团牵头组建，按照“政府推动、社会参与、企业运营、多元合作”的原则，为钢铁行业上下游客户提供在线交易、资金、物流、加工、技术、信息等全流程、一站式的服务，力争成为国内领先的第三方钢铁 B2B 电子商务平台，助力中国钢铁流通行业通过电子商务实现产业升级。

上海钢铁交易中心致力于打造一个钢材现货交易的网上 CBD，为行业供应链上下游客户提供一站式的服务，服务产品主要包括智能化电子交易服务，面向中小企业的供应链融资服务、以交易价格指数为核心的信息咨询服务、一站式仓储、运输及加工服务。

上海钢铁交易中心于 2013 年 5 月 31 日正式揭牌。经过半年多的运营，交易中心平台成交量突破 100 万吨，吸引客户 26300 余家，入驻供应商 523 家，其中钢厂 32 家。

上海钢铁交易中心以高效的运营机制助力宝钢转型升级。作为宝钢新一轮规划发展战略“一体两翼”中的“电子商务”一翼，上海钢铁交易中心聚合了宝钢的电子商务体系，与物流、加工、金融等配套服务相结合，实现了制造业与服务业的融合。以大力发展行业平台经济助推宝钢实现产业升级，践行数字化宝钢、绿色宝钢。

上海钢铁交易中心将基于规模化的实盘交易形成钢铁交易和服务的“上海价格”和“上海标准”，构建了现代化钢铁供应链服务体系，引领钢铁流通变革，提高钢铁流通效率，提升钢铁服务业水平，更好地集聚产业优势、资源优势和区位优势，充分发挥示范带动作用，以创新的商业模式拉动制造与服务的结合，实现“二三产业联动”，引领中国钢铁工业转型升级。

11773
7131

上海钢铁交易中心有限公司揭牌仪式
Plaque Unveiling Ceremony of Shanghai Steel Trading Center Co., Ltd.
2013.5.31

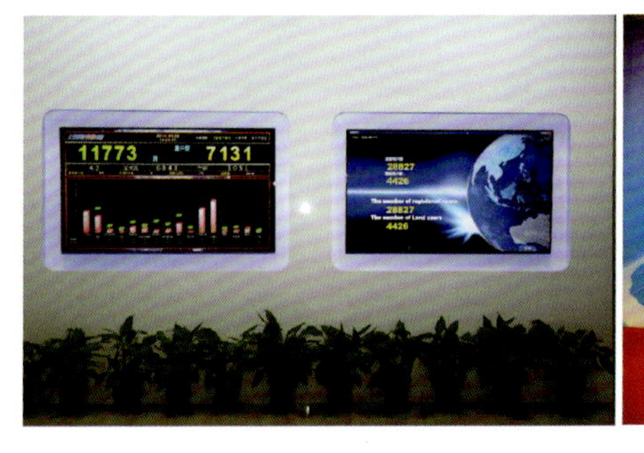

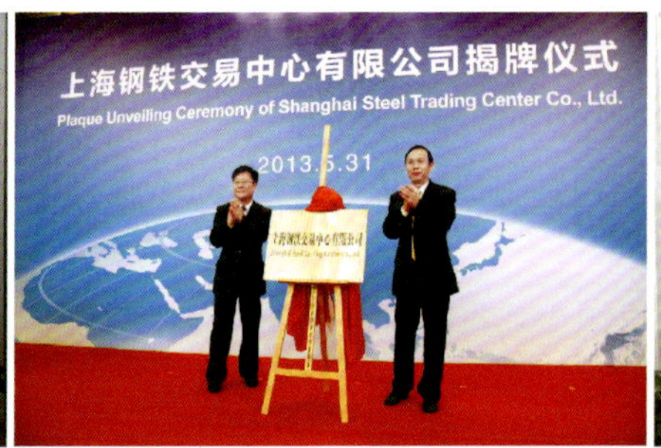

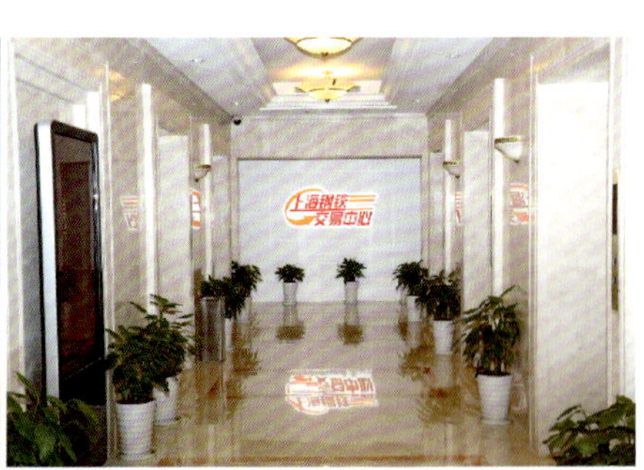

上海钢铁交易中心

上海钢联电子商务股份有限公司

上海钢联电子商务股份有限公司(SZ300226)是我国领先的大宗商品行业商业信息、数据研究及电子商务服务提供商，截至2013年底，公司注册会员有70多万。

公司自2000年成立之初就致力于促进大宗商品市场透明、高效地运作。作为独立的、第三方的市场观察者、数据采集者，公司面向市场直接采集一手的信息，依托遍布全国的信息采集网络，建立起了完善的信息采集体系。公司目前提供钢铁、有色金属、矿石、煤炭、建材、石油以及化工等工业原材料类大宗商品的基准交易报价、产能产线数据、消费需求数据、社会库存数据等信息资讯，以客观、公正、及时享誉业界。公司所发布的价格行情已经成为行业内企业决策参考、上下游价格结算参考的重要依据。

在基准报价基础上，公司编制了各类商品价格指数，被国内外的商品交易所、银行、证券基金、投行、相关媒体、相关研究机构广泛使用。公司与全球最大衍生品交易所芝加哥商品交易所集团(CME Group)的合作诞生了全球首个以中国钢铁价格指数为交割基准价的期货合约。

公司正在建立多层次的电子商务服务体系，以满足具有多样性和复杂性特征的大宗商品现货交易的需要。钢银钢铁现货网上交易平台(www.banksteel.com)推出了钢厂专卖店、钢贸商专卖店模式，已有多家钢厂、钢贸商入驻钢银平台开设专卖场，钢银平台的挂牌资源量、成交量呈快速上升态势。除了在线交易环节，针对大宗商品贸易的特点，公司正致力于通过线上与线下相结合，虚拟经济与实体经济相结合，形成规模化、立体化、多样化的服务体系，促进产业链的资源整合，提升产业链效率。

交易平台
第三方支付平台（钢联宝）
在线金融平台（随借随还）
云仓储物流平台（高效便捷）
云数据平台（精准实时）

公司被上海市商务委员会列为“上海大宗商品信息中心”的牵头实施单位；国家统计局授予公司“国家统计局大数据合作平台企业”称号；商务部把公司列为“典型统计调查企业”。

宝钢建材是全国领先的冶金固废综合利用企业，在上海乃至全国享有盛誉。主要业务涵盖新型建材生产加工及技术服务、废油再生、用后耐材加工、冷拔钢管制品加工等业务。

致力于为冶金行业和城市系统资源再生综合利用提供配套服务，创造与客户共享的绿色服务价值，成为再生资源综合利用产品、技术、服务优秀供应商。

荣誉 >>

- 2011 纽伦堡国际发明展
金奖、环保奖：一种 COREX 熔融还原法非高炉炼铁炉渣回收处理方法
- 2011 华沙国际发明展
金奖：一种 COREX 熔融还原法非高炉炼铁炉渣回收处理方法
- 2013 巴黎国际发明展
铜奖：电厂干法脱硫灰资源化利用技术
- 第七届国际发明展
金奖、中科招商发明奖：电厂干法脱硫灰资源化利用技术
银奖：一种热风炉炉型节能装置
铜奖：一种将高钙粉煤灰用于制备商品二级粉煤灰的方法

- 历届全国发明展
3 项金奖：
一种 COREX 熔融还原法非高炉炼铁炉渣回收处理方法
一种高炉矿渣微粉 / 不饱和聚酯树脂复合材料的制备方法
一种脱硫石膏制取粉刷石膏的方法
4 项银奖
6 项铜奖

- 2010 年中国资源综合利用协会“科学技术奖”二等奖：
《COREX 渣在水泥和混凝土中的应用研究》
- 2010 年上海市建材行业技术革新三等奖 2 项
- 2011 年度上海市科学技术二等奖：
“高炉及 COREX 渣粉磨生产线成套技术装备开发和 COREX 渣应用研究”
- 2012 年度上海市建材行业技术革新奖一等奖：
“钢渣用于混凝土路面砖的资源化利用研究”
- 2012 年度上海市建材行业技术革新奖三等奖 2 项

公司产品介绍 >>

序号	产品系列	主要产品名称
1	粉类	矿渣微粉(S95)
		BL-II型矿物外加剂
		粉煤灰
		钢渣微粉
		钢铁渣粉
2	浆类	干粉砂浆
3	砖类	钢渣耐磨透水砖
4	板类	矿棉板
		石膏板
5	饰类	微晶玻璃
6	环保技术和成套设备	自主集成的矿粉、钢渣粉、超细矿粉、矿棉制品、微晶玻璃、脱硫石膏生产线

上海宝钢新型建材科技有限公司

SHANGHAI BAOSTEEL NEW BUILDING MATERIALS TECHNOLOGY CO., LTD.

上海桦厦实业有限公司，成立于 2003 年 7 月，注册资本人民币 8000 万元。主要从事钛、钛合金和镍基合金板材的生产、加工和销售，是世界上少数能生产钛及钛合金材料的公司之一。主体生产设备和生产人员前身属于上海三钢有限公司薄板分厂（军工）。目前公司已通过 ISO9001 认证，ISO9002 劳氏认证，欧盟 PED 认证，APV、阿法拉伐等多家世界 500 强企业认证；并且是世界钛协会（ITA）中国地区唯一会员单位。国家质检监督局颁发的工业产品生产许可证，中国机械工程学会塑性工程分会理事单位，上海市高新技术企业。

钛在发展经济和国家安全中具有战略意义的金属，被称为“太空金属”、“海洋金属”、“钛时代”。它具有中低温性能优异，耐腐蚀，尤其耐海水腐蚀，比强度高，超过不锈钢和高温合金，钛合金的这些特性正在一些领域替代不锈钢和高温合金等材料。

公司已获得市科委上海市小巨人企业（培育）项目验收；年产 2000 吨大飞机支线飞机钛合金板材深加工生产线建设项目，获得上海市中小企业发展专项资金产业升级配套项目验收；公司节能技改项目获得市多次奖励。公司拥有授权和受理专利 14 项，其中授权发明专利 5 项。

公司 2013 年度钛及其合金板材产量达到 2640 吨，比 2012 年增加了 32%。公司生产的钛及钛合金产品，主要用于板式换热器、普通钛制品、医用、休闲、军工产品等。厚度从 0.5mm 到 30mm 的各种规格的钛薄板和中厚板，其中中高端用途的板式热交换器和电化学用钛板及钛合金板，技术水平在国内处于领先地位，国际市场处于前列。面对航空工业巨大的市场机遇，公司克服种种困难，已成功完成对 TC4(Ti–6Al–4V) 合金热叠轧工艺生产及 TC4 合金超塑性专用钛板的生产；公司研制的超细晶粒合金板材，其力学性能较国标和美标几乎翻了一番，已具备了生产高性能合金板材的能力。

公司正在积极为大飞机、高铁、军工项目提供优质的钛产品，积极溶入国家发展新材料战略的研发和制造，成为中国钛产品生产基地，取得较高的品牌影响力。通过提供有竞争力的价格，高标准的客户服务，成为客户首选的钛及钛合金产品供应企业。

上海桦厦实业有限公司

上海再生资源科技发展有限公司

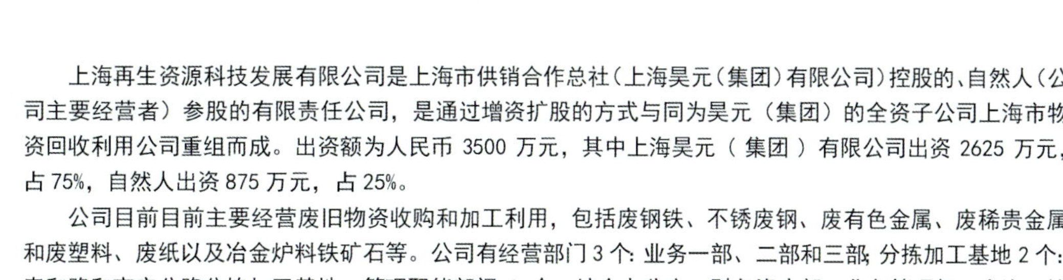

上海再生资源科技发展有限公司是上海市供销合作总社（上海昊元（集团）有限公司）控股的、自然人（公司主要经营者）参股的有限责任公司，是通过增资扩股的方式与同为昊元（集团）的全资子公司上海市物资回收利用公司重组而成。出资额为人民币 3500 万元，其中上海昊元（集团）有限公司出资 2625 万元，占 75%，自然人出资 875 万元，占 25%。

公司目前目前主要经营废旧物资收购和加工利用，包括废钢铁、不锈废钢、废有色金属、废稀贵金属和废塑料、废纸以及冶金炉料铁矿石等。公司有经营部门 3 个：业务一部、二部和三部；分拣加工基地 2 个：泰和路和宝安公路分拣加工基地；管理职能部门 3 个：综合办公室、财务资产部、业务管理部；全资、控股公司 3 个：上海昊元不锈钢材料有限公司（全资）（原上海光大不锈钢材料总公司北京路商店）、上海上再汽车拆旧有限公司（全资）（原上海市物资回收利用公司汽车拆旧站）和上海莘庄拆车有限公司（控股 33%），在册员工 876 人。

公司的前身上海市物资回收利用公司，始建于 1956 年，是上海市供销合作总社的全资企业，是从事废旧物资回收利用的专业性公司，是上海市再生资源回收利用行业协会副会长单位、中国再生资源回收利用协会副会长单位。公司经营范围涵盖废旧物资经销和报废车辆的拆解，主营商品有各类废旧金属和废塑料、废纸的经营。五十多年来，公司为推动上海经济发展和环境保护作出了重要贡献，成绩斐然，曾多次荣获商业部、市政府授予先进单位的称号。随着改革开放和社会主义市场经济的深入发展，国家高度重视资源节约型社会的建设和循环经济的发展，为废旧物资回收行业的发展注入了新的活力。近几年来，公司不断挖掘社会资源，拓展购销领域，在传统优势业务基础上形成多元化格局，建立了比较稳定的收购基地和销售渠道，取得了较好的经济效益。自 2004 至 2011 年收购各类废旧物资共计 166.64 万吨，其中：废钢 74.99 万吨，废有色金属 7.57 万吨，废不锈钢 72.74 万吨，废塑料 3.15 万吨，拆解报废汽车（仅限 2 吨以下）3 万多辆，摩托车 6 万多辆，折合吨位近 4 万吨。销售收入累计 121.63 亿元，其中废旧物资销售额累计 87.51 亿元，各类金属材料、塑料等新品销售累计 34.12 亿元，经营毛利收入 18，146.55 万元，各类物品拍卖成交额 46.75 亿元，佣金收入 15，952.09 万元。净利润：8，205.25 万元。

原上海再生资源科技发展有限公司，是由上海市供销合作总社为响应上海市政府环保行动计划而出资创办的专业从事废弃物资源化和再生资源利用技术研发推广的科技型环保企业。业务范围涵盖再生资源的提取、归集、分选和销售；再生资源利用项目的开发和经营；再生资源产业园区的开发经营；再生资源利用技术的研发、引进、投资和推广；环保技术的推广和应用；环保工程及环保产品的销售等。

合并重组后上海再生资源科技发展有限公司，将在国家循环经济政策指导下，坚持节约资源和保护环境基本国策，秉承公司“变废为宝、变废为新、变无用为有用”的经营理念，继续抓住再生资源发展的重要机遇，积极参与建设上海市完整的、先进的废旧商品回收体系，充分利用上海国际大都市的区位优势，继续致力于“二次资源”的推进和开发利用，优化环境、服务社会、造福人类。

公司的近期目标是在国家循环经济政策引导下，围绕生态文明建设的主题，在上海市供销合作总社的领导下，通过合并重组，突出优势，抢抓再生资源发展的重要机遇，转变发展理念，创新发展模式，力争建设成为上海再生资源回收行业的龙头企业。在经营规模上，努力创市供销社系统内的行业之首，三年内名列上海市再生资源行业前三名。同时利用三到五年时间，在分拣加工基地建设、回收网点建设以及再生资源综合利用方面深度开拓，跨越发展，并在经营规模和品种类别上有新的突破和拓展；在资源掌控、企业管理水平、盈利能力、资产保值升值方面有明显的提高和发展；在创新驱动、转型发展中努力探索新的举措，为建设资源节约型的生态文明城市和美丽中国，实现人和自然和谐发展作出新贡献。

上海石洞口冶金设备修造有限公司

Shanghai Shidongkou Metallurgy Equipment Repairing & Manufacturing CO.,LTD

上海石洞口冶金设备修造有限公司于 2005 年 8 月由上海宝山石洞口设备修造厂转制而成，是上海市新材料协会硬面行业分会理事及市焊接学会团体会员单位、上海市高新技术企业。公司创建于 1995 年 5 月，地处上海宝钢六号门西侧，占地面积 65 亩，厂房面积 10000 多平方米。固定资产 5000 余万元，年产值超过 7000 万元，且以每年大于 25% 的速度增长。

公司拥有各类堆焊、喷涂、喷焊设备及专用工装二十多套，以及以 5M 数显立车、CW61160*9000 卧车、Φ1000*12000 深孔镗床、Φ800*5000 外圆磨床为代表的二十多台金属切削机床形成了强大的机械加工能力。从美国林肯公司购置的明弧摆动焊机，氩弧焊机，以及引进的国家专利技术电熔爆机床均已吸收消化，成为不可或缺的重要设备。

十多年来，公司通过高层次专业技术人才的引进，不断引进新技术、新设备，不断研制具有自主知识产权的新材料、新工艺，使企业硬面技术的综合开发达到了新的层次。所从事的业务覆盖面不断扩展，主要产品从磨煤辊、耐磨衬板、导料板发展到热轧支承辊、托辊、助卷辊、穿孔机硬面精密衬板等，尤其是自主研制的 HRC62 的堆焊材料取得国家发明专利，走出高硬度辊类堆焊、修复的新路。在产品中，大型风机叶轮的堆焊修复，大型液压缸内孔堆焊修复，都取得了良好效果，建材行业的水泥挤压辊堆焊修复使用寿命达到国内领先水平。几年来公司对电力、冶金、建材、化工及铸管等各个行业的设备、零部件的技术开发和制作修复进行了开拓和发展都达到了预期目标。

公司作为宝钢无库存备件供应单位，先后通过了 ISO9001：94 版及 ISO9001：2000 版的国际质量体系认证。

近年来公司在大型热轧支承辊的堆焊修复工作中取得了工艺、材料、工装设备、操作技能上的重大突破。产品已形成单重 30T、40T、52T、72T、78T、108T 的系列化。由此，无论在数量上、规模上、辊子的吨位上及加工的能力上均在国内处于领先地位。在取得社会效益的同时创造了良好的经济效益。

2004 年度《堆焊修复大型支承辊》和《高硬度焊丝修复硬面辊》被评为“上海市新材料优秀产品”。

本公司技术力量雄厚、服务周到、管理科学、质量一流、工艺先进、装备精良，愿与社会各界有识之士真诚合作，共同努力推进硬面、耐磨、耐蚀、耐热、抗粘技术的发展，为我国的各行各业更好地服务。

油缸内孔堆焊修复

油缸缸筒内孔磨损失效，采用内孔堆焊 + 镀铬工艺修复，达到新品的使用性能

层流冷却辊校正修复

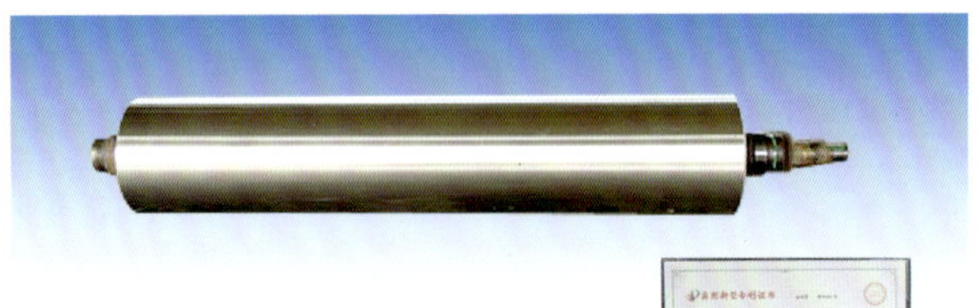

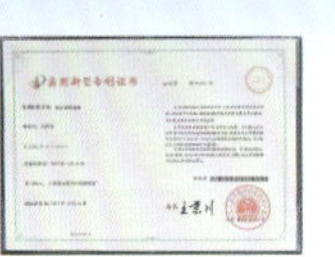

使用我公司专利校正喷焊设备，可以校正修复层流冷却辊，也可制造新品辊。（专利号 ZL03228200.1）

高硬度轧辊修复

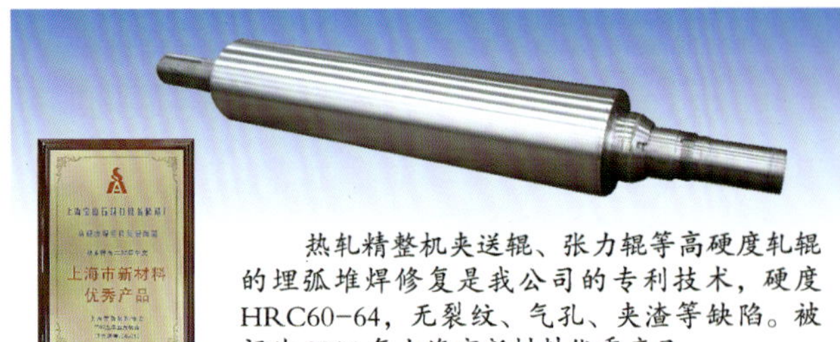

热轧精整机夹送辊、张力辊等高硬度轧辊的埋弧堆焊修复是我公司的专利技术，硬度 HRC60-64，无裂纹、气孔、夹渣等缺陷。被评为 2004 年上海市新材料优秀产品

热轧冷轧支承辊堆焊修复

堆焊修复冷、热轧支承辊系列，被评为 2004 年上海市新材料优秀产品。以浦钢厚板厂Φ2000?3400 精整机支承辊为例，辊重 107.7T，辊面剥落、磨损、裂纹失效，采用堆焊修复辊面，并已上机正常使用，得到用户认可。目前该大型轧辊的辊面堆焊修复为世界之首，已刊登在《宝钢日报》。我厂承修的同类产品还有安阳钢厂 78T、柳州钢厂 72T、新余钢厂 56T、无锡兆顺 40T 等不同规格的支承辊

风机叶轮修复

炼钢、高炉、煤焦除尘风机，主要失效形式为叶片磨损严重导致动平衡破坏，引起震动。更换堆焊耐磨叶片，使用寿命是超音速喷涂的 3 倍，粘陶瓷片的 2 倍以上，有效地改善平衡状态

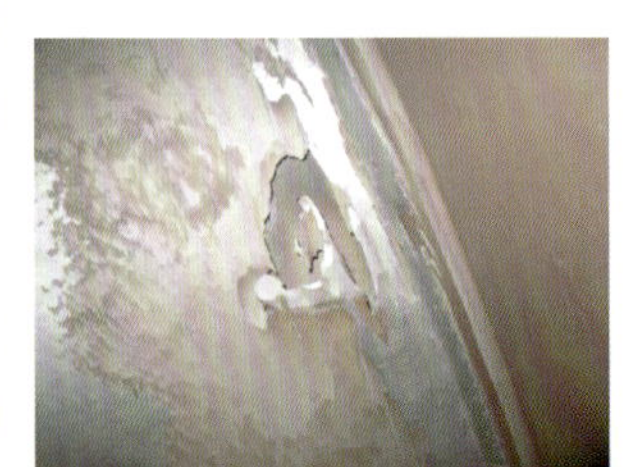

上海浙东铝业有限公司

上海浙东铝业有限公司是浙东建材集团下属企业之一，依托集团资源优势，投资5亿元人民币组建而成。公司引进日本、意大利、瑞士、台湾等国家和地区的先进设备和技术，年产高档铝合金型材4万吨，是目前华东地区投资规模最大，设备最先进，品种最齐全，环保设施最科学的铝合金生产企业之一。公司率先通过ISO9001国际质量认证，通过标准化、系统化、规范化和科学化的质量管理，全面保障产品和客户的利益。凭借先进的设备，科学的工艺，一流的技术，生产出完美的产品，远销欧美、日本、韩国、加拿大等国家和地区。

创新“O”型隔热条

结构装配简图－中空玻璃（5+9A+5）

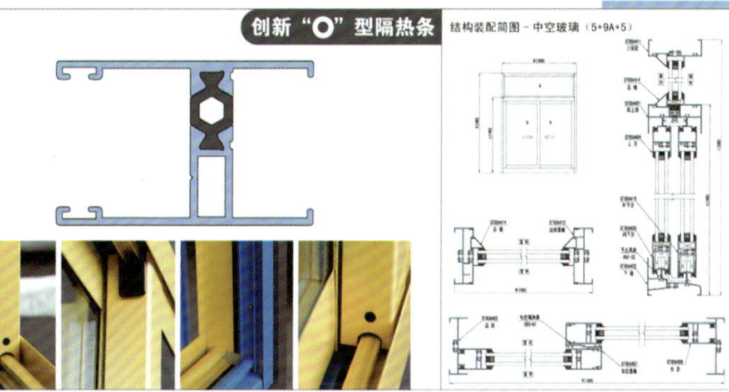

1. **精良的穿条加工工艺：**精致的隔条槽口设计，在精良的加工设备及配套的专业工装夹具，大大提高抗拉抗剪强度。
2. **高强度的合金：**型材采用6105合金生产，比普通的6063合金型材强度提高了1.8倍，冲压、锯切加工不粘性能更优越。
3. **高耐腐蚀耐热性粉末涂层：**型材表面粉末采用进口阿克苏、杜邦等高品质的品牌厂家，极大增强型材表面的耐腐蚀及耐热性，且光洁度好，大大提高了门窗的品质。
4. **创新的"O"型隔热条：**高强度的PA66+GF25玻璃纤维隔热条，改变了传统的双穿条工艺；提高了保温性能；集穿条与注胶优点于一体的创新设计。

主要性能特征

设计简洁，外形美观

双边包覆式设计，纯平外观，创新0型隔热条，内置纱窗，引领建筑装饰新潮流，断面简洁，冲压加工方便，内外双色，美化家居环境。

应用广泛，优质服务

产品应用广泛，成熟应用于家居住宅、商用办公、企业厂房等建筑物。公司成立专业设计和销售服务团队，全程为客户提供星级服务，确保称心满意。

中国上海金山区漕廊公路1559号
Tel：+86-21-67251723 21-67252950
Fax：+86-21-67252088
Http://www.ZDOON.com

85系列隔热推拉窗特点

精良的穿条加工工艺、创新0型隔热条，高强度6105合金挤压铝型材、高耐腐蚀耐热粉末涂层

丽清汽车科技（上海）有限公司

丽清汽车科技(上海)有限公司，是丽清科技股份有限公司上海分公司之一。总公司位于台湾省台北县，成立于1999年，目前已在上海、深圳、东莞、台湾共设有五家子公司。公司主要以高亮度之led产品应用为主，藉由建立尖端之开发及设计能力，积极投入led新产品事业；并经由策略联盟及上中下游之整合，使产品之应用面在质及量上均能大幅提升。总公司目前正在申请在台北上市。

丽清汽车科技(上海)有限公司，2008年初在上海市闵行区莘庄工业区设立建厂，公司主要致力于汽车级led车灯模组的设计及量产，公司产品现已经应用的车型有：上海大众新帕萨特－前位置(modell-z)、上海通用新gl8－尾灯(sgm258)、上海通用凯迪拉克sls－前转灯及倒车灯(sgm985ft及sgm985bk)、上海通用君越－尾灯(sgm353)、上海通用雪佛兰－科鲁兹－刹车灯(d11)、新马自达3星驰－尾灯(j68cc)、海马骑士－尾灯(s3)、广汽传祺－尾灯(ac)、长城汽车suv h5－尾灯(k5)、比亚迪l3－尾灯(l3)、福特蒙迪欧致胜－尾灯(cd345)等等。

- 地址：上海市嘉定区汇旺东路666号
- 电话：51688820
- 传真：54423396

上海电气海水淡化技术产业

上海电气集团股份有限公司是中国规模最大，实力最强的综合性装备制造企业之一，其核心板块——上海电气电站集团是一个资产和年销售双超百亿的专业从事发电设备制造和电站工程建设的大型产业集团，在电力市场上建立了良好的商誉。2012年3月28日，上海电气海水淡化工程技术公司由上海电气集团股份有限公司出资成立，隶属于上海电气电站集团，公司致力于先进高效脱盐技术的开发和运用，主要业务为海水淡化和锅炉水处理项目的工程设计、设备成套和工程服务等。

主要技术：

低温多效技术（MED）

我公司长期致力于低温多效海水淡化技术和产品的开发，通过不断自主技术研发和技术创新，在系统设计、工艺计算、设备设计制造和工程服务等方面处于国内外领先地位，目前公司具备单机 2.5 万吨 / 天 MED 设备成套供应和海水淡化岛工程总包能力。

反渗透技术（RO）

我公司经过持续研发和工程经验积累，在系统设计、设备集成、安装调试和运行维护等方面处于国内领先水平，目前已具备万吨级单膜堆系统设计、工程配套和工程总承包能力。公司能够为市政、电力、化工和钢铁等领域客户提供完整的个性化系统解决方案。

主要业绩：

1、黄骅二期低温多效海水淡化项目

业主：河北国华沧东发电有限责任公司
容量：12500m3/d
技术方法：低温多效蒸馏(MED-TVC)
项目所在地：河北沧州黄骅港

2、黄骅三期低温多效海水淡化项目

业主：河北国华沧东发电有限责任公司
容量：25000m3/d
技术方法：低温多效蒸馏(MED-TVC)
项目所在地：河北沧州黄骅港

3、印尼公主港电厂膜法项目

业主：印尼国家电力公司
容量：2x3840 m3/d
技术方法：反渗透(UF+RO)
项目所在地：印尼公主港

4、广东惠来电厂膜法项目

业主：广东粤电
容量：10000 m3/d
技术方法：反渗透
项目所在地：广东惠来电厂

5、越南永新电厂膜法项目

业主：越南国家电力
容量：9600 m3/d
技术方法：反渗透(UF+RO)
项目所在地：越南永新

SEC-KSB Pumps and Valves Co., Ltd.,
上海电气凯士比核电泵阀有限公司

KSB

为了在国家核电发展新形势下作出更大的贡献，更好地贯彻民用核安全设备“安全第一、质量第一”的方针，为了积极响应中国核电的快速发展，实现核电站用泵、阀设备的国产化，提供中国生产的技术先进、质量可靠的核电站用泵阀设备，在国家发改委的关心支持下，经上海电气集团股份有限公司与德国KSB股份有限公司磋商和决策，双方在上海签署了合资合同，成立了上海电气凯士比核电泵阀有限公司(以下简称“SEC-KSB”)，以专门从事核电泵阀的设计、制造和销售。SEC-KSB为国有控股企业，定位为专业的核电泵阀制造商．其中上海电气占55%股份，KSB AG占45%，注册资本4055万欧元；技术来源于KSB AG。

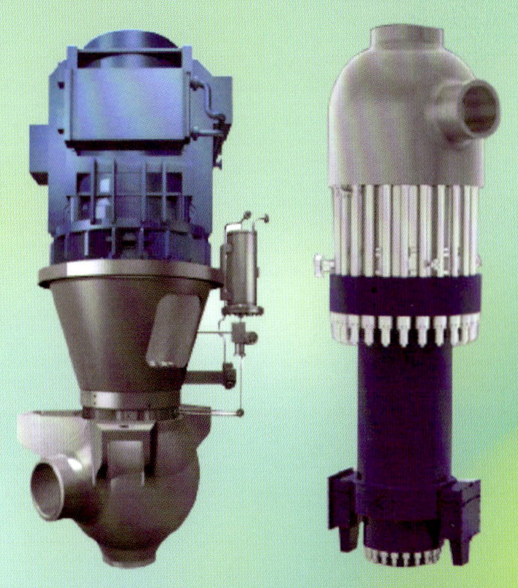
反应堆冷却剂主泵　反应堆冷却剂主泵（3代反应堆）

公司要求每一件产品均按照核电的质保体系制造、生产，每一个SEC-KSB的员工均遵守“四个凡是”的核电工作程序，公司的目标是成为中国核级泵和阀的一流供应商。

SEC-KSB建有先进的反应堆冷却剂泵的全流量试验台，其中主泵试验台能对二代、二代改进型和三代核泵主泵进行产品性能测试，还包括轴封型主泵和非轴封型主泵的全流量试验，从而有效保证核泵出厂的可靠性和安全性，为全面提升我国第二代和第三代核电站的安全性提供可靠的设备性能保证。

目前，SEC-KSB已成功国产化上充泵、低压安注/安全壳喷淋泵、电动辅助给水泵等核级泵，并已启动CAP1400核主泵样机制造，试验测试完成后将立即开展产品泵的国产化制造工作。

全流量试验台

上海振华重工机械配套有限公司

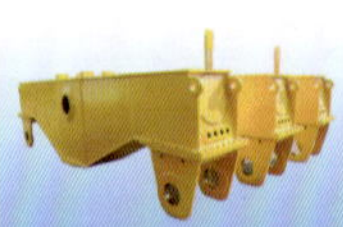

上海振华重工机械配套有限公司为上海振华重工(集团)股份有限公司全资子公司，是集团公司八大生产基地之一。公司位于长江入海口的上海长兴岛，占地面积400余亩，下设行走配套部、小件配套部和生产综合部三个综合性生产车间，专业生产各类港机、海工机构配套部件，拥有焊接、机械加工、热处理和安装等一条龙生产能力。

行走配套部具有年产500台岸边集装箱起重机、轨道吊和散货机械的大车行走机构的能力，拥有高水平的焊工队伍、高效的专机设备和专业化生产管理模式，保证行走机构质量稳定可靠。

小件配套部提供集装箱起重机、散货机械、大型浮吊和铺管船等海工设备的各类机构部件，是ZPMC产品的机构部件和备品配件专业制造厂。

生产综合部具有强大的机械加工与热处理生产能力，拥用国内外先进热处理设备，可向用户提供各类铸、锻、焊滑轮、车轮和其他非标零配件。

公司拥有雄厚实力，冷、热加工设备齐全，技术力量精干，生产能力强大，每年可制造各类非标钢结构5万吨，机加工200万工时，热处理能力3万吨。

上海市商业学校

上海市商业学校创办于1960年，是首批国家级重点中专。学校坚以创建现代化、国际化的品牌职业学校为目标，坚持以学生为本，倡导学生提供完美教学、管理、服务的理念，坚持“诚信、沟通、合作、双赢”校园文化。学校中高级职称教师占专职教师总数的90.48%，拥有2名家级学科专家、1名中国职业院校教学名师、3名上海市职教名师，以10多名市级学科带头人。学校会计、商务英语、美发与形象设计被列上海市重点专业。并瞄准国际职业教育的前沿，开设中澳合作国际商专业、中加合作珠宝玉石加工与营销专业、中韩合作美发与形象设计业。学校根据社会需要，还开设了国际商务、商务日语、动漫设计与制作商务多媒体、旅游服务与管理、酒店服务与管理、室内艺术设计与制作社会文化艺术等多个专业。校内建有设施先进、设备完善的“上海职业育美容美发与形象设计开放实训中心”、“现代商贸实训中心”等10多设施一流的实训室；学校在崇明设有德育教育活动基地。学校为国家养了大批应用型技能人才，就业渠道畅通，在社会上形成了较高的知度和美誉度。

上海大唐移动通信设备有限公司

上海大唐移动通信设备有限公司(以下简称“上海大唐移动”)成立于1998年，位于上海市漕河泾高新技术开发区，是大唐移动通信设备有限公司的子公司，同时也是国家大型高科技央企——大唐电信科技产业集团的核心企业，秉承“以先进的技术、优良的服务为客户创造价值”的宗旨，以市场需求为导向，用创新专业的高品质服务和智能高效的工具，为国内外客户提供最优秀的服务解决方案，其业务方向包括主设备原厂服务、通信集成与服务、软件产品与应用等。

2011年，大唐电信集团提出“十二五”发展战略，一个中心：增强集团核心竞争力和盈利能力。两大产业板块：无线移动通信、集成电路设计与制造、特种通信为主导产业，战略新兴产业为先导产业。三个体系建设：技术创新体系、资本运作体系、软实力建设体系。三大市场突破：国内外市场均衡发展，产业与资本市场协调发展。上海大唐移动按照集团“十二五”战略规划的统一部署，与集团内部兄弟公司紧密合作，协同发展。

我司自主开发的软件产品获得了多项重点奖项，其中室内外自动路测AUTO-SPAN获得了2011年度国家重点新产品；上海大唐移动自动路测前台测试软件【简称：AutoSPAN TE】V1.1被评为2012年度上海市优秀软件产品；上海大唐移动EXPT CDG产品荣获“2012中国通信网络规划优化最佳产品和解决方案奖项”。iNOMS EXPT分析软件【简称：iNOMS EXPT】被评为2013年度优秀软件产品。路测SPAN OUTUM 2013中国通信网络规划优化最佳产品和解决方案TD-SCDMA/TD-LTE路测系统获得TD产业十五年最具市场竞争力产品大奖

基于在软件产品方向的优异表现，我司连续两年(2011-2012，2013-2014年度)评为国家规划布局内重点软件企业；并且作为国家重点软件企业，上海大唐积极参加上海市的各项软件工作。在“2013年度上海明星软件企业、优秀软件产品、优秀软件企业家的评选”中，上海大唐荣获2013年度上海明星软件企业；上海大唐自主软件产品“大唐移动iNOMS EXPT分析软件【简称：iNOMS EXPT】”被评为2013年度优秀软件产品。2013年度，获得上海市知识产权优势企业荣誉称号。

在不断推进公司管理体系建设的同时，我们积极筹备其他各类资质认证：2006年6月，获得软件企业认定称号；2008年10月，我司获得了工信部核发的通信信息系统集成甲级资质；2008年11月与2011年11月，两次获得了上海市高新技术企业称号；2011年7月，获得对外承包工程资格证书；2011年8月，获得2009-2010年度合同信用等级为AAA级 2011年9月，获得2009-2010年度上海市守合同重信用企业。2012年被评为上海市创新型企业；2013年1月，获得上海市建委核发的通信工程施工总承包资质、电子工程专业承包资质及建筑智能化专业承包资质；2013年3月，获评2011-2012年度国家规划布局内重点软件企业；2013年4月，获得上海市建委核发的安全生产许可证资质；2013年5月，获得工信部核发的计算机信息系统集成资质。2013年5月，再次获得了工信部核发的通信信息系统集成甲级资质。

下一阶段，公司将继续围绕公司大服务体系中的所有经营活动，进行软件产品开发设计，积极拓展TD-SCDMA/TD-LTE在物联网、三网融合以及行业信息化等多方面的应用，开发出市场需要的测试优化系统，推出多个行业信息化应用解决方案和产品，成为国家新兴战略产业推广应用的积极推动者。

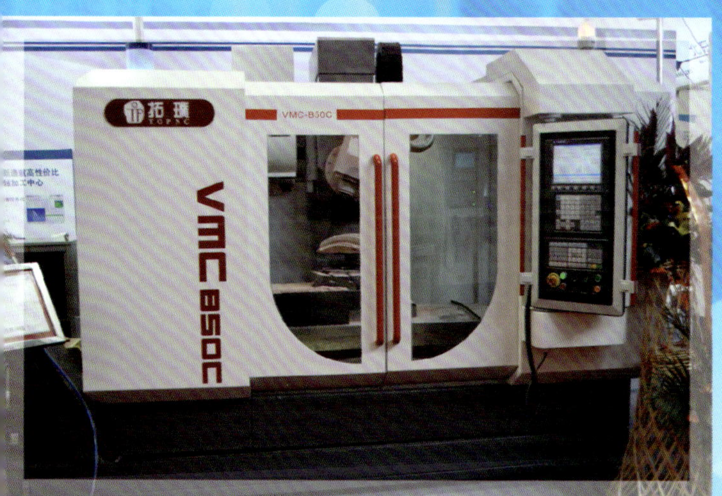

上海拓璞数控科技有限公司

上海拓璞数控科技有限公司是一家五轴机床的专业制造商。自创立以来，始终致力于走自主研发的开拓之路，经过多年的发展，上海拓璞已经在机床设计、制造、应用积累了丰富的经验，并为用户提供全面的五轴加工解决方案，涵盖机床、工艺、软件等全方面内容。产品被广泛应用在军工、航空航天、模具、能源等行业。上海拓璞始终和最先进的行业领先技术保持同步，不断满足市场需求和专业挑战，我们的专业技术团队可以提供最优最便捷的技术服务。

上海拓璞致力于生产中国企业用的起用得好的五轴设备，并根据客户的特殊需求定制开发专用设备，以满足客户对产品柔性设计要求的不断提高，我们坚持为行业用户提供性价比最高的五轴解决方案。

www.yusheng.net.cn

上海裕生特种线材有限公司

SHGNHAI YUSHENG SPECIAL WINE CO.,LTD.

上海裕生特种线材有限公司，创始于 1986 年，通过近二十年的创业发展，兼收并蓄，容纳百川，从一家普通的电磁线加工企业，一跃发展成为拥有两个制造工厂，年生产能力 40000 吨各类电磁线的现代化大型制造企业。

公司厂区总面积达 17 万平方米，固定资产投资 2.5 亿元人民币，已经发展成为在国内外电机电器行业中享有良好声誉，集科研、生产、销售为一体的中国最大的电磁线生产基地之一。

公司引进当代国际最先进的德国 NIEHOFF MM85 高速连续退火大拉机，意大利 SICME 公司提供的在线拉丝、模具涂漆生产流水线设备和技术，并从丹麦 DANSK 公司引进了在线测试仪、TD300 和 TD9000 介质损耗测试仪等具备世界先进科技水平的测试仪器。

今天的裕生已成为 ABB, panasonic, LG, SAMSUNG, SANYO, Makita, FUJI 等一大批全球知名企业的合作伙伴和产品供应商。上海裕生心怀跻身于世界电磁线制造行业领先企业之雄心和气概，正在成为一个走向全球市场的中国企业。

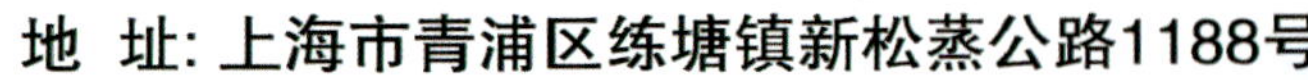

地 址：上海市青浦区练塘镇新松蒸公路1188号
邮 编：201716
电 话：86-21-59815432
传 真：86-21-59815055
Email：yuke@yuke.cn

HIGHLY 海立

精心动动力

改善人们的居住环境
保护人类的生存环境

舒适的春夏秋冬，是海立追求的"境界"
全球第二的海立压缩机，从空调到睿能热泵的丰富性能，提升人类生活品质；从环保冷媒应用到能效提升的领先技术，实践节能减排。
海立对环境的用心不遗余力，还在继续努力……

总部位于国际大都市——上海松江科技园区的飞雕集团，始创于1987年。公司秉持“同心多元化”的战略理念，历经二十多年的发展现已成为建筑水电集成供应商，为消费者提供一站式采购和服务平台，在全国已拥有千余家代理商，三十多万家销售网点。产品涉足墙壁开关插座、室内加热器（浴霸）、电源转换器、工业电气、灯饰照明、家用电器、厨卫、PPR管道、太阳能热水器、电线电缆、综合布线、集成吊顶、智能家居、五金水暖、涂料、移动照明、五金工具等领域.

公司致力于研发，与法拉利首席设计师——汤姆特嘉达等国际知名设计师的合作，创作出了备受瞩目的飞雕产品。公司凭借强大的技术研发实力和人性化的管理理念，全力为消费者提供个性化、 高品质的生活享受。

近年来，公司先后荣获“中国电开关行业标志性品牌”、“上海市名牌产品” “上海市著名商标”、 “上海市高新技术企业”、 “上海市企业技术中心”， “上海市文明单位” 等荣誉称号，以高质量的产品和高品质的服务不断提升“飞雕”品牌知名度和美誉度。

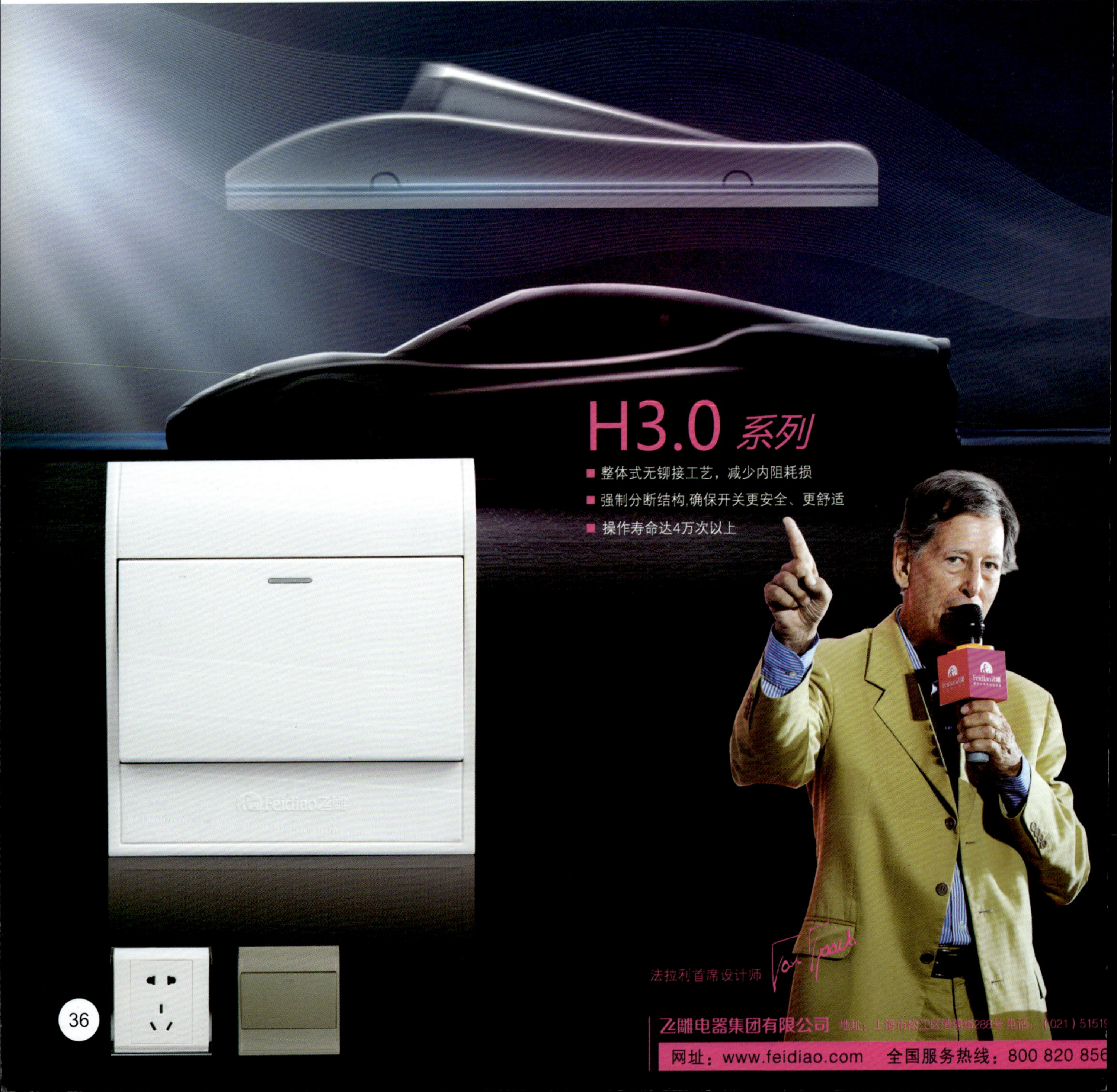

上海三洋电梯有限公司

上海三洋电梯有限公司是国际电梯业享有盛誉的日本三洋输送机株式会社在中国唯一的合资企业。公司坐落于美丽的上海市浦东新区新场镇工业区，与即将开业的上海迪士尼相毗邻，占地面积三万余平方米。

作为一家集电梯开发、生产、销售、安装、改造及维修服务于一体的电梯专业公司，上海三洋电梯潜心经营客梯、货梯、观光梯、医用梯、别墅梯、自动扶梯、自动人行道等各种电梯和配件，以供住宅、商务、厂矿、商场、机场、车站等客户选用。公司秉持“以中低档的价格，提供中高档的品质”的经营思想，以服务现代生活为己任，为市场提供高性价比的电梯产品；公司致力于培养员工“全面、细致、优质、周到”的服务意识、做事到位的职业道德和追求完美的职业修养，以科学的设计、生产、检验和服务流程作为保障，提供安全、舒适、快捷、环保的高品质电梯；追求“建高效团队、造完美产品、供精心服务、创一流品牌”的企业目标，真正与和谐社会融为一体，为更多的消费者创造便利生活。

“热心、爱心”是企业生存的根本；“自信、自强”是企业发展的动力；“拼搏、顽强”是企业强大的保障。上海三洋电梯有限公司尽管是一个年轻的企业，但是她既有开疆拓土的雄心胆略也有造福社会的赤子爱心。公司愿携手业界同仁，提高品质、服务百姓，为中国电梯行业的辉煌明天共谱篇章。

永大电梯　专利

以人性化的理念，奉献更放心的电梯，
安全随行，平安相伴。
选择永大电梯，选择更安全、更放心的电梯。

抱闸力侦测发明专利*

在电梯抱闸维持抱住的情况下，由主机输出转矩、模拟加载，通过主机曳引轮微量旋转分析抱闸力的大小，确保电梯抱闸可靠有效。

发明专利号：ZL 2008 1 0037218.9

溜梯自救发明专利*

在电梯开门区、电梯停止时，是最危险的时候，一旦系统侦测到电梯抱闸力不足、即将溜梯，主机就自动输出一个与溜梯方向相反的反作用力，使轿厢维持在门区平层不动，避免电梯出现冲顶或蹲底等溜梯事故，在最关键的十五秒内快速疏散乘客，当乘客离开后，电梯关梯。

发明专利号：ZL 2008 1 0037219.3

电话/TEL：021-57633888
邮编/P.C.：201615

守护 安全到家

远端监控系统*

永大电梯远端监控报警系统，针对电梯异常与故障，结合最新无线通信技术和信息处理技术，实现系统对电梯状态资料的实时掌控和分析，大幅度地提高电梯维保效率，降低事故发生率。

友情提示：请选择永大电梯原厂优质保养，确保电梯优质安全运转。

上菱冰箱 上品生活

节能/时尚/无边、引领冰箱新时代

采用无边框彩晶玻璃面板外观、冷藏门对开、
变温室推拉抽屉设计，
既体现了欧洲极简主义的风格，
也展示了当代人崇尚自由、奔放的时代特征。

她不仅感官时尚，
如同一幅精雕细琢的艺术品，
更集科技智能、节能保鲜、人性化设计于一身，
她是你真正的选择。

1. 29年专业制冷、品质更高一筹。
2. 1985年上海电冰箱二厂成立。
3. 1998年获得中国冰箱行业史上第一枚国家质量金奖。
4. 2009年获得国家高新技术企业。
5. 2011 年被评为省部级技术中心。

堆内构件二次支承部件

上海第一机床厂有限公司（以下简称一机床公司）是中国最早的核电制造企业之一，隶属于上海电气集团股份有限公司，是国内领先的核电堆内构件和控制棒驱动机构专业制造企业。

一机床公司拥有一批国际先进的大型精密加工、精密焊接和精密测量等大型机电一体化精密设备。聚集了一支具有技术精湛、经验丰富核设备“心脏”部件的制造专业工程技术人员和技术工人队伍。

翻开历史新的一页，一机床公司已陪伴中国核电悄然走过了近四十年的历程。实现了从机床、电机企业到涉核企业再到全核企业的成功转型，谱写了一曲“创新驱动，转型发展”的激昂旋律。

一机床公司目前拥有年产 8—10 套堆内构件和控制棒驱动机构的制造能力，产能居世界第一；产品涵盖 300MW、600MW、1000MW 等多种机组；制造技术覆盖二代改进型、第三代、第四代所有技术路线，技术能级引领国内前沿，同步国际水平；M310、CPR1000、AP1000、EPR 堆型实现批量生产。高温气冷堆、CAP1400 和钍基熔盐堆已开始进入实质性研制阶段；承接合同订单几乎囊括国内所有机组，国内市场占有率处于领先地位。

一机床公司以合作共赢的宗旨为目标，以科技为先的理念，坚实的品质和诚信的服务，致力成为客户可信赖的“第一”选择。传承和发扬公司“永争第一，争创一流”、上海电气“首创精神”企业文化理念，遵循“四个凡事”核文化理念，全心全力打造中国核电装备一流品牌。

一机床公司先后获得“百万千瓦级核电堆内构件和控制棒驱动机构项目”国家能源局科技进步一等奖及第十四届中国国际工业博览会银奖；“我国首台国产化百万千瓦级核电堆内构件、控制棒驱动机构制造技术项目”中国核能行业协会颁发科技进步一、二等奖；公司同时被授予“国家火炬计划重点高新技术企业”、“全国五一劳动奖状”、“上海市质量金奖”、“上海市第十五、十六届文明单位”等荣誉。

面向未来，放眼世界。一机床公司立志成为掌握核心技术和关键加工工艺，专业化、规模化的世界级核电设备制造企业，矢志打造一颗核电制造的“中国芯”，为实现美丽的中国梦奉献一颗澎湃的绿色之“芯”！

核电 300MW 600MW 900MW 堆内构件竣工

上海玖开电线电缆(集团)有限公司成立于 2005 年，是国内最专业的高低压电缆、弱电线缆、安防线缆的高新技术企业之一，公司以高低压电缆和弱电安防线缆为核心业务，并大力拓展通信网络工程和特种拖链电缆等尖端领域，已成为具有自主进出口权的大型综合性企业集团。总部设立于上海奉贤区，在上海奉贤庄行工业园区和江苏无锡官林工业园区共建有占地达 200 余亩的两大生产基地，拥有多达 50 余条国际先进技术的自动化生产流水线及满足十几个国家各项标准的检测检验设备，在国内设有 200 多家销售公司和办事机构，产品被广泛用于机场、地铁、电网、奥运会馆、世博会馆、南水北调、二炮军事基地等国家重点工程，并远销亚、非、欧、美等国际市场。

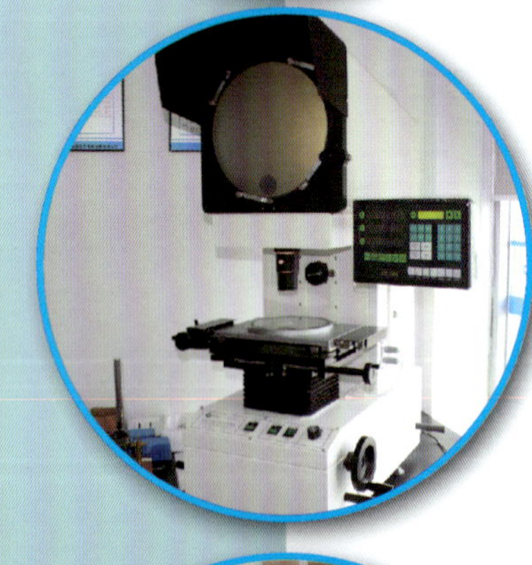

创业 9 年来，上海玖开电线电缆（集团）有限公司一直注重信息化建设 、规模化生产保持了稳定快速的发展。公司先后荣获中国著名品牌、绿色环保首选品牌、中国安全防范产品行业协会会员、中国电线 100 强、计量合格企业、“重合同守信用”单位等荣誉称号，依次通过了 ISO9001 质量管理体系认证、国家强制性产品 CCC 认证、美国 UL 认证、欧盟 CE 认证、德国 VDE 认证、“上海市高新技术企业”认定，并正在认定“上海市科技小巨人企业”进程中。

开拓创新是玖开人创业的永恒主题，科技升级是玖开持续发展的源动力。

公司创立伊始，就把国内、国际优秀同行作为学习目标。为此，公司招纳贤才，汇集来自国内外的专家和优秀人才，与多家国内高等院校、科研机构成建立了战略合作关系与科研基地，与多家跨国公司开展技术合作，在科技领先中不断自我突破与超越。

以董事会为核心的管理团队，秉承以“创新促进发展，服务赢得市场，卓越铸就品牌”的企业方针，推动上海玖开电线电缆(集团)有限公司朝着“管理科学化、产业多元化、品牌国际化、市场全球化”的大型企业的宏伟目标奋力前进。玖开人决心凝聚团队的力量竭力使上海玖开电线电缆(集团)有限公司成长为科技领先、管理精益、诚实守信、崇尚学习、极富社会责任感的现代企业，我们坚信在不久的将来，玖开集团必将不断实现新的跨越与腾飞。

未来，上海玖开电线电缆(集团)有限公司将坚持不懈地本着让顾客满意的宗旨，以“建一流企业、树一流品牌、创一流服务”为企业发展的方针和目标，维护品牌信誉，追求品质卓越、不断完善服务，强化国内市场地位，发展国际市场，逐步建设成为具备较强的国际竞争能力、持续健康发展的高新技术企业，与广大客户携手共进，共创辉煌！

上海华东电器（集团）有限公司

上海华东电器（集团）有限公司（以下简称“华东电器”）创始于1997年，是国内规模较大的超高压电气设备研发及生产企业。集团以超特高压和中低压电气设备为核心业务，并涉及能源开发、商业房产、高新技术、文化传播、农业开发、金融理财等多元产业，已发展成为具有自主进出口权的大型综合性企业集团。华东电器总部设在上海黄浦区，现辖8大专业公司，现有员工5000余人，在全国各重点省市设有300多家销售公司和办事机构，营销及服务网络遍及全国，致力于为客户提供可靠安全的优质产品和专业的服务。

华东电器始终坚持“电器产业为基础，商业地产为支柱，能源开发为中心，高新技术为方向”的多元化发展战略，经过十多年的拼搏努力，企业知名度和美誉度不断扩大。

以上海金山电气产业基地为研发生产中心，并在温州乐清设有电器元件生产基地，同时还与俄罗斯全俄列宁电工研究院、维依埃龙源电工研究院等50余家国内外重点科研机构、大型知名企业建立了战略合作伙伴关系。产品拓展到电气设备的高中低压全方位，广泛应用于电力、冶金、机械、石化和民用建筑等国家重点建设领域，并远销全球30多个国家和地区。

上海圣德娜商厦、上海名品商厦、西安西北商贸中心等商业地产，实现了华东电器商业运营模式从单一性向多元化的跨越式发展，产生了巨大的经济效益和市场影响力；斥资数亿元开发的青海焦煤产业，是华东电器进军能源领域支援中西部建设，助推中西部发展，实现与中西部地区的合作双赢的重要举措。严格的管理，良好的效益，积极的履行社会责任，自觉无私的支援当地的经济建设和文化事业，受到政府的高度评价和人民群众的广泛赞扬。

华东电器致力于开发绿色新能源，进入了LED照明、风力发电、太阳能电站等领域，通过并购重组，整合形成了新能源产业链布局。旗下新能源科技有限公司秉承低碳、环保、节能的理念，依托多年产业经验和研发生产团队，拥有上海及温州两大产业基地，从事LED照明产品的设计、研发和生产，提供完美的照明解决方案。未来华东电器将继续引领全球新能源变革，在即将到来的“新能源时代”中，担当企业责任，造福社会！

“十年开拓进取，成就华东辉煌”。华东凭借雄厚的实力、先进的管理、可靠的质量和优质的服务连续多年进入上海100强企业和上海民营50强企业行列，赢得了社会各界同仁和客户的普遍赞赏。华东先后荣膺“上海市大型企业”、“上海市AAA级资信企业”、“上海市优秀企业”、“上海市高新技术企业”、“制造业50强”、“上海市文明单位”等称号，产品多次荣获“上海市名牌产品”、“上海市品牌产品100强”等荣誉。2001年以来，“KIRTUN（科腾）”商标在海外十多个国家注册，并连续被评为上海市著名商标。

华东电器秉承“第二就是落后”的企业管理理念，以“集华东电器精华，创民族工业品牌”为己任，用强大的研发能力及优质的产品质量，全身心地打造高新电器产品，竭诚为广大客户服务，努力为振兴中国制造和民族电器品牌而贡献力量！

上海纳杰电气成套有限公司

地址：上海市闵行区光华路 2000 路　　电话：021-54982864

上海电气输配电集团有限公司下属的上海纳杰电气成套有限公司成立于 2002 年 6 月，是一家专业生产高低压成套电气、智能化配电系统、智能化新能源管理系统、智能化楼宇节能管理系统的集成服务商。

上海市高新技术企业——纳杰电气建立了严格完善的企业管理体系，先后通过了 ISO9001：2008 质量管理体系认证、ISO14001：2004 环境管理体系认证、GB/T28001-2001 职业健康安全管理体系认证、“3C”低压产品认证、“PCCC”高压产品认证以及出口产品标准认证，产品达到国际领先水平。2005 年公司被认定为上海市高新技术企业。

上海市知识产权示范企业——近年来公司坚持走高新化、智能化、小型化、节能化、成套化的创新之路，先后申报了 285 项专利，其中授权发明专利 7 项，实现了自主知识产权飞跃性的发展。由于在自主创新和知识产权工作方面的显著成效，2009 年公司被授予上海市知识产权示范企业和上海市科技小巨人企业称号。

上海市创新型企业——公司主要产品分别被评为国家重点新产品、上海名牌产品、上海市自主创新产品、上海市节能产品称号。2006、2009、2012 年，在中国国际工业博览会上，公司参展的 E-1 智能配电系统、智能化配电站、新能源智能化管理系统由于采用了先进的智能化、数字化技术以及太阳能绿电理念，更是取得了工博会银奖和铜奖的殊荣。2011 年公司被评为上海市创新型企业，“纳杰电气”也先后被认定为上海市著名商标和中国驰名商标。

“学习、创新、超越”是纳杰电气的发展理念，秉承“精心制造、诚信服务、团队协作、创新奉献”的企业精神，纳杰电气将不断努力，为用户提供更优质的产品和满意的服务。

智能化配电站

智能化产品自动生产流水线

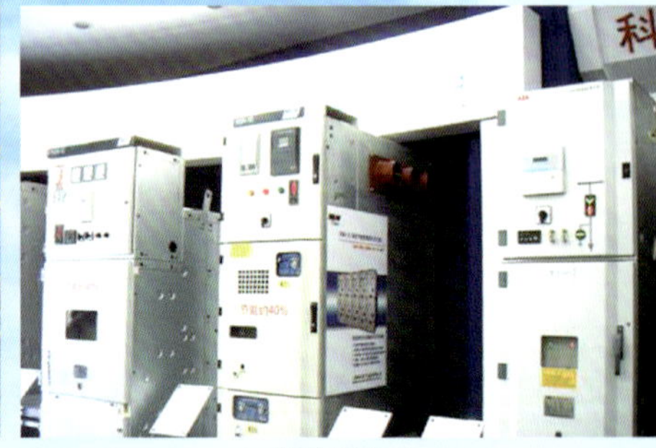
节能新产品

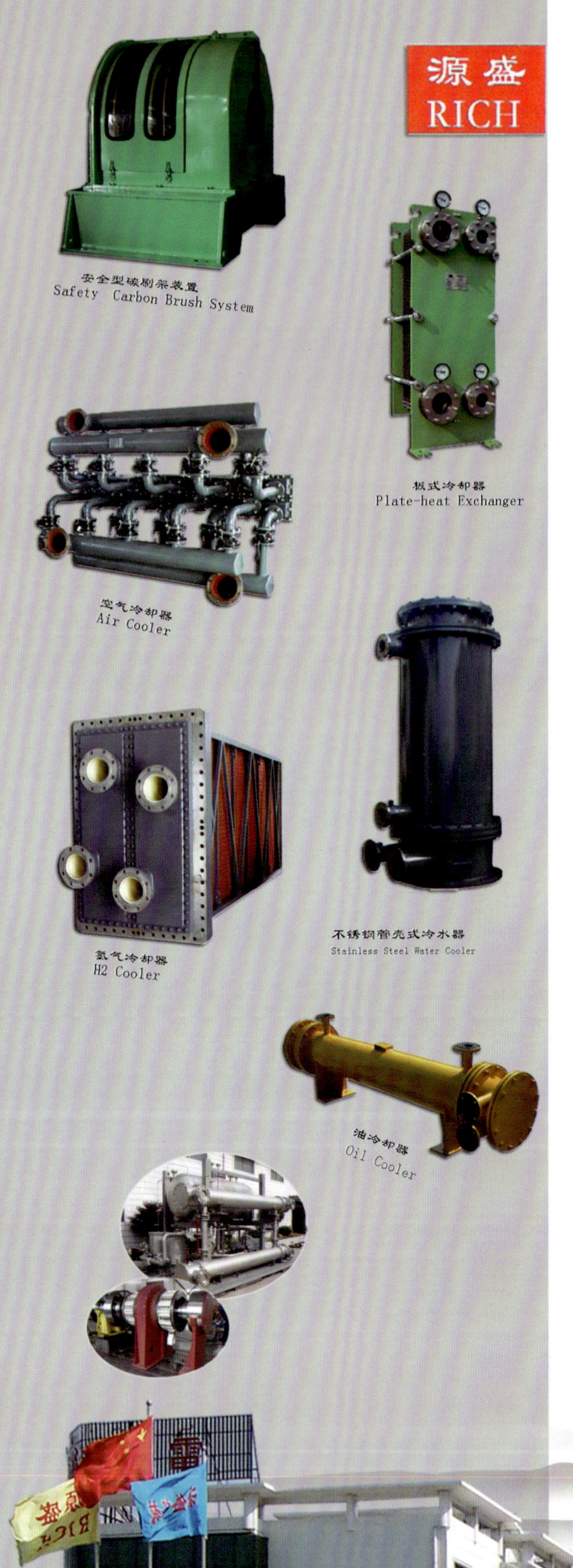

上海源盛机械电气制造有限公司

Shanghai Rich M&E Manufacturing Ltd.

上海源盛机械电气制造有限公司是电厂辅机设备的专业生产厂，产品包括各种类型的大型发电机用换热器，集电环装置，氢油水系统，安全型碳刷架，发电机轴瓦等．

作为电力主机设备的专业配套企业，我公司配备精良的生产设备，精密的检测设备。采用先进的设计和制造工艺，完备的检测手段，制造出一流的产品。公司建立了完善的产品质量保证体系，通过了 ISO9001 质量管理认证。产品从设计到售后服务完全遵照管理体系的要求执行，保证了产品的安全性和可靠性。

为了赶超世界先进水平，满足国内电力行业安全、可靠的要求，公司坚持“科技兴厂”的原则，与上海理工大学、上海电气集团发电机有限公司和上海电机厂等单位在新产品开发等领域建立了长期的技术合作关系。通过技术合作开发的多个项目被列为上海市重点攻关课题成果，并已经在国内外电力行业广泛使用，为 600MW、1000MW 等级大型火力发电机和核电站的配套辅机研制开发攻克了难关。

近年来，我们与国际能源巨头西门子公司和 GE 在发电机冷却器、集电环装置和碳刷装置等辅机领域开展了全面的合作，产品已经出口到世界各地。并获得了客户的好评。

作为上海市高新技术企业，“质量第一，用户至上”是我们企业的工作准则，我们愿与国内外各行业通力合作，提供性能优良、质量可靠、用户满意的产品。

地址：上海松江区北松公路7201号(201611)
电话：+86-21-57775559
传真：+86-21-57775813
网址：www.rich-sh.com.cn

中联重科股份有限公司基础施工机械公司成立于2005年，为中联重科旗下最具发展潜力的主机事业部之一，专业从事基础施工工艺工法、基础施工方案解决以及基础施工设备的研发、制造与营销。公司坐落于上海市松江区茸北工业园，是一家年产桩工设备千余台的现代化生产型企业。

公司继承了原建设部长沙建设机械研究院一贯卓越的技术实力，对基础施工工艺工法进行深入研究和积极探索，以经济、高效、可靠和智能为设计理念，精选国际知名品牌的液压、动力传动系统及控制元器件等，采用多项专利技术，研发出多种具有作业范围广、施工效率高、动力强劲、性能稳定、可靠性高、安装简便等特点的基础工程理想施工设备。代表产品有ZR系列旋挖钻机、ZDG系列地下连续墙液压抓斗等系列基础施工产品。旋挖钻机有ZR120系列、ZR150系列、ZR160系列、ZR180系列、ZR220系列、ZR250系列、ZR280系列、ZR360系列等，ZDG系列地下连续墙液压抓斗有ZDG360、ZDG450、ZDG550等。

中联重科股份有限公司基础施工机械公司将专注于基础施工研究与设备制造，以强劲的辐射力和影响力带动国内桩工机械的发展，矢志成为国内桩工机械行业产品系列最全、规模最大的成套设备方案解决商和基础施工机械行业专家。

地址：上海市松江区缤纷路297号　邮编：201613
销售电话：021-67668991　服务热线：4001-157-157　传真：021-67668910

上海电机系统节能工程技术研究中心有限公司

本公司是由上海电器科学研究所（集团）有限公司下属电机分所（成立于 1953 年）整体转制而组建的独立法人企业，长期从事各种高效率、节能型电机研发，电机变频控制装置销售，电机检测设备系统开发及工程实施，电机系统节能工程实施，用能企业能效测试、评估及诊断等，集研发、测试、生产、工程示范于一体，范围覆盖电机系统节能产业链的上下游。

本公司是全国旋转电机标准化技术委员会（IEC/TC2、TC70、TC112 国内归口工作）、中国电器工业协会中小型电机分会、“国家中小型电机及系统工程技术研究中心”、“上海电机系统节能工程技术研究中心”、“中小型电机及系统技术创新服务平台”等挂靠单位。先后被认定为国家科技部“第三批技术转移示范机构”、“国家中小企业公共服务示范平台”、“国家高效电机再制造示范工程”、国家发改委、财政部认定的节能服务机构、“上海市中小企业公共服务示范平台”、“上海高效电机系统节能培训中心”、“上海高效电机节能展示馆”等，已发展为本领域技术创新领军机构及全国技术创新及服务集散地。

公司具有较强的技术创新能力和丰富的产业化经验，现有大专及以上学历和中级及以上技术职称的专业服务人员的比例占员工总数的 97%，中高级以上职称占员工总数 50%。团队获上海市工人先锋号、上海市青年突击队等荣誉称号。先后承担了国家科技部、上海市科委、上海市经委等纵向课题百余项，多个产品通过行业专家的鉴定“处于国际先进和国内领先水平”，产品具有较强的市场竞争力，负责起草了国标和行标 40 余项，多项技术填补了国内空白，持续保持了技术创新的领先地位。

本公司始终将“技术先导、产业先导、服务先导”作为公司发展的战略使命，本着“高科技产业先导”的创新发展理念，积极推进电机及系统技术创新成果的产业化，服务行业发展，促进行业产品的更新换代及产业化升级，引领行业的技术进步，为国家的节能减排实施和装备制造业振兴作出重要贡献。

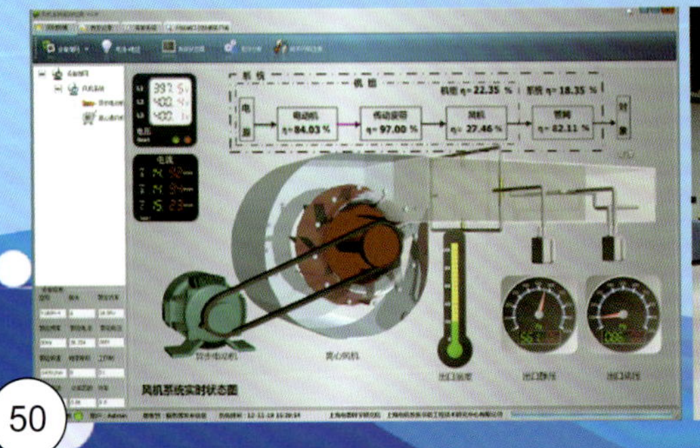

思达斯易能源技术(集团)有限公司是一家集采油机械装备、石油工具、流量计量仪表研发与制造、技术服务、资源投资为一体的综合性国际化公司。注册于上海，总部设在北京，全面统筹管理整体运营。

集团公司由苍南众星实业有限公司、上海思达斯易石油设备有限公司、上海思达斯易仪器仪表有限公司、思达斯易(北京)油田技术服务有限公司、思达斯易(北京)能源技术服务有限公司组成；主要经营石油机械设备、井下工具、仪器仪表、钻完井工程、油田技术服务、资本运作和国际贸易等的集团企业。

我们秉承企业“创一流产品，行优质服务”的一贯宗旨，发扬“团结、拼搏、创新、图强、开拓、进取”的企业精神，执行“追求创新、打造优质产品，持续发展、提供高效服务，提高意识、强化保护环境，以人为本、保障健康安全”的管理方针，奉行“以诚信为本、以效益为中心”的经营理念，不断去迎接新的挑战，全体员工上下一心、团结一致共同推动思达斯易集团走向一个更加辉煌的明天。

■公司产品

筛管类产品：

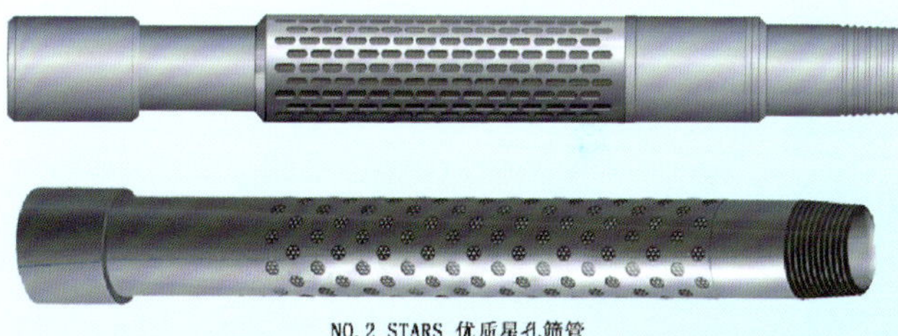

NO.2 STARS 优质星孔筛管

井下工具类产品：

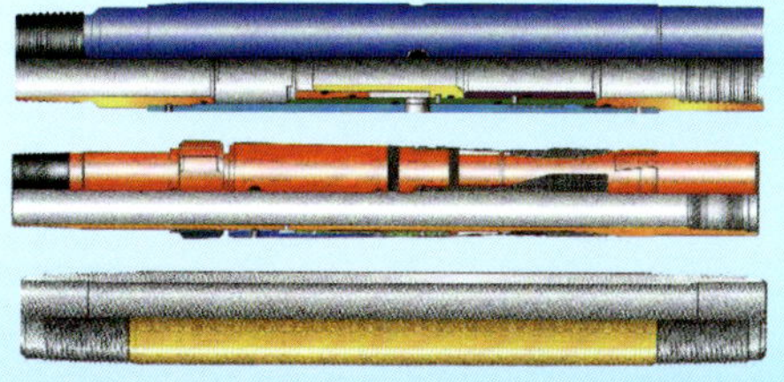

仪表类产品：

思达斯易能源技术(集团)有限公司

地址：上海市松江区车墩镇香闵路 509 号　邮编：201611

电话：021-57775926/57776622/57776655　传真：021-37837233

网址：www.starse.com.cn

公司简介

上海赛特康新能源科技有限公司是一家有着日系背景的中德合资公司，在吸收合并了原日本铃木的主要管理团队基础上，融合日本长野电容器设计公司的技术和独特工艺，结合最新的德国顶级化学材料技术，成为一家专业高端工业铝电解电容器和薄膜电容器的研发及制造企业。

在使用的新材料铝箔、电解液和化学药品及工艺制造方面，都有全球领先的技术和专利，利用我们在电器领域的行业积累和在全球高端工业客户的大量使用，我们的产品为大量工业变频和新能源等领域高端客户认可。

公司现有业务领域包括铝电解电容器、薄膜电容器、超级电容器、太阳能充电桩及太阳能车顶。

质量管理体系认证证书

上海赛特康新能源科技有限公司

SGS

SGS

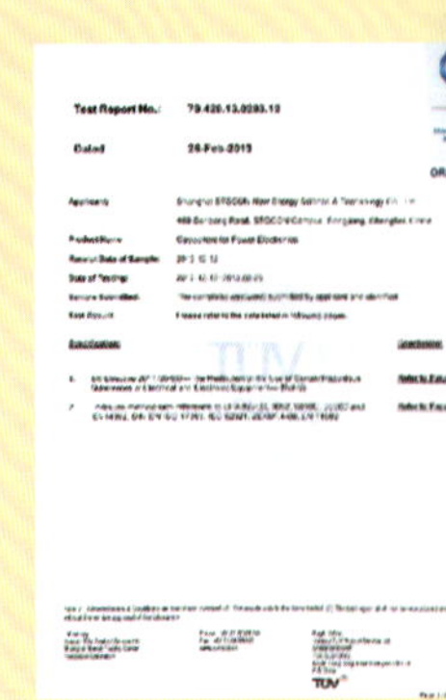

实用新型专利证书

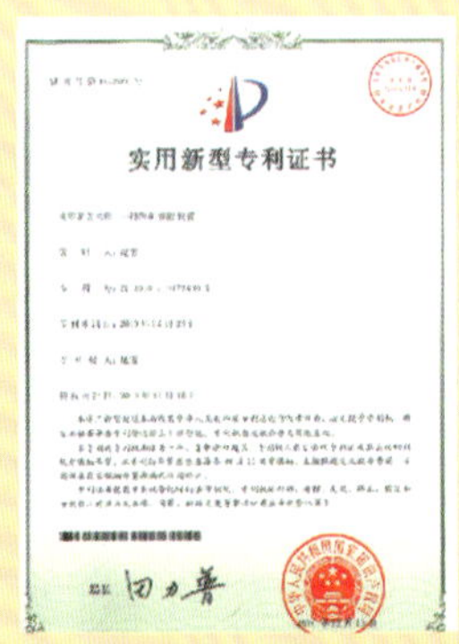
实用新型专利证书

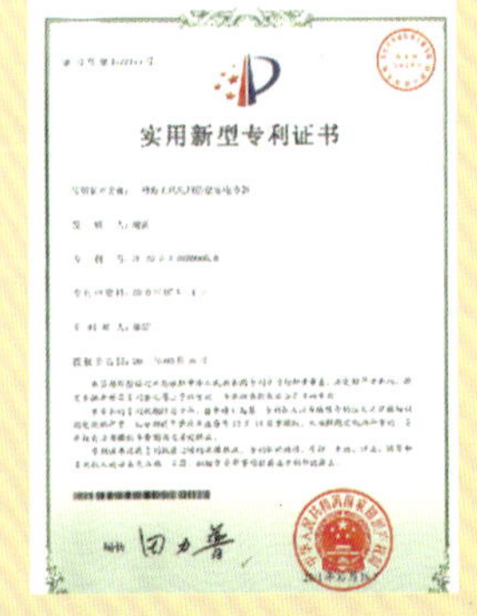
实用新型专利证书

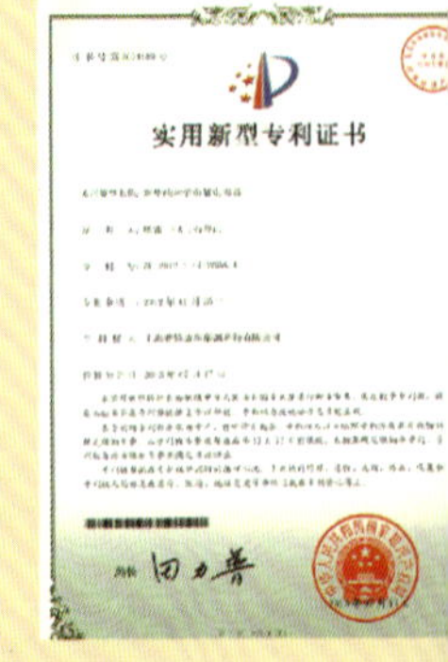
实用新型专利证书

上海科大重工集团有限公司

上海科大重工集团有限公司成立于1993年，注册资本人民币一亿元，是集设计开发、生产制造于一体的科技型实体民营企业，公司现有员工总数435名，工程技术人员近80名，技术开发能力及生产制造实力均相当雄厚。在青浦工业园区拥有华青路、盈港路、汇联路三个厂区，总占地面积115500m²，总建筑面积75600m²。主要产品为各类高规格带式输送机及圆管输送机，产品产量多年来位列行业第二位，连续10年被评为上海市“名牌”产品，并多次获得“科技进步奖”，公司申请专利92项，其中发明专利23项授权1项，实用新型专利申请及授权69项，依靠科技创新为企业发展突破瓶颈，实现向科技型企业的成功转型。

公司于2001年通过ISO9001：2000国际质量体系认证及上海市计量合格认证，2010年顺利通过ISO14001：2004环境质量体系及OHSAS18001：1999职业健康安全管理体系认证，曾先后被认定为：全国守合同重信用企业、上海市科技小巨人企业、上海市高新技术企业、上海市著名商标、上海市“名牌”产品、上海市百强私营企业、上海市先进企业、上海市文明单位等等。

本公司产品主要服务于国内各大中型企业，为其产品升级换代及大规模技术改造实施配套生产：如宝钢集团、中煤科工集团上海研究院、神华集团、振华港机、外高桥电厂、沙钢集团、江阴兴澄钢厂、吴泾电厂、中冶公司、中交建设集团、海螺水泥等单位。部分产品远销巴西、法国、日本、摩洛哥、澳大利亚、冰岛、越南、伊朗、阿联酋、印度尼西亚等国家。先后承接了罗泾矿石码头二期改造工程、宝钢马迹山码头项目、福建可门港码头项目、江苏大丰港码头项目、徐州亿吨大港项目、江南造船厂世博会搬迁工程、贵州纳雍电厂亚洲最长管带机、巴西淡水河谷CLN项目，其中CLN项目为全球最大铁矿石供应商巴西淡水河谷与中国公司签订的第一个整机供货合同，运量20000t/h为中国之最。多年来，公司开发的超长运距智能化带式输送机在钢铁、码头、矿山、电力、水泥等行业有相当高的市场占有率，并受到顾客的一致好评。

目前，在国内市场份额保证的情况下，公司将战略重点转向更为广阔的海外市场，已经跨出了相当成功的第一步，争取新一轮突破性发展，为提升行业整体技术水平作出不懈努力。

▲纳雍管带机项目

▲上海港罗泾二期矿石码头带式输送机

▼巴西CLN淡水河谷项目

品星® 上海品星防爆电机有限公司

上海品星防爆电机有限公司是一家专业从事电机及电机控制产品的设计、研发、制造、服务的大型高新技术企业，总部位于上海奉贤青港工业园区品星路，占地面积达 70000 平方米，年生产能力 700 万千瓦，公司现有员工约 500 人，拥有专业技术人员 20 多人，中、高级职称者 10 人，其中高级工程师 5 名，享受国务院津贴、荣获国家突出贡献专家称号的有名。上海品星先后参与国家标准和行业标准的制修订工作，与南阳防爆电气研究所，佳木斯电机研究所等国内著名科研院所建立了长期合作关系并保持广泛地技术交流。经过十多年的发展，现拥有 2 个全资子公司，生产基地分布于上海奉贤、浙江台州。

上海品星是上海市高新技术企业、中国电机设备 AAA 级制造企业。专业生产：大中型高压隔爆型、增安型防爆电机，大中型高压交流电动机（含异步、同步、变频、绕线），各类中小型低压防爆电机，各类中小型低压交流电机等 1000 多个品种，产品广泛应用于煤矿、冶金、水泥、造纸、环保、石油、化工、纺织、轨道交通、水利、电力、船舶等厂矿企业领域，品星产品远销海外四十多个国家和地区。我公司产品正在向节能、高效、环保、集成型自动化、国际化方向前进。上海品星电机旨在为全球工业企业及各种应用领域提供最优的电机产品和电机技术解决方案，使“品星”电机成为全球电机行业的电机技术解决方案提供商和电机制造商。

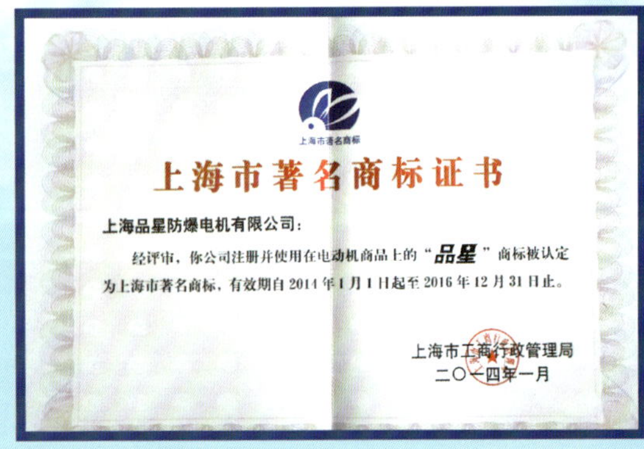

上海卓然工程技术有限公司

上海卓然工程技术有限公司(简称卓然)成立于2003年，坐落于上海市长宁区临空园区内，目前拥有员工60余人，主要负责公司整体的运作策划、市场营销和国内外项目的管理协作。与此同时，成立的卓然(靖江)设备制造有限公司，位于江苏省靖江市经济开发区内，总用地面积160亩，建筑面积60000平米，主要负责公司国内外订单产品的制造。目前拥有员工460余人，其中包括各类技术人员(工程/QA/QC)70余人。同样由卓然投资控股的江苏卓然扬子江新能源装备有限公司，则位于江苏省江阴经济开发区靖江园区内，总用地面积120亩，拥有长江深水码头和自动化喷砂油漆车间，主要负责公司国内外钢结构订单产品的制造，以及大型工业炉整体装备和移动装置的制造。目前拥有员工150余人，其中包括各类技术人员(工程/QA/QC)30余人。 卓然是一家以工业炉及大型装备模块化整体制造为主导，同时提供工程咨询、工程管理服务及相关装备的技术开发、设计、制造和安装的专业公司。为国内外石化、冶金、电力和石油天然气等行业的客户提供产品和服务。

随着企业的快速成长，为了向客户提供更好的服务，同时全面提升企业的管理水平。卓然联合著名ERP供应商SAP，为企业量身定做了一整套的面向制造业的信息化解决方案。旨在用先进的企业信息化管理平台，提升企业核心竞争力。同时，卓然深知项目管理对于国内外项目合同的重要性，邀请了国外专家顾问的介入，每个项目都将任命一名有经验的项目经理带领项目团队，并负责与客户的沟通。正因如此，我们通过执行项目管理流程和体系取得了优异的成绩。

在生产技术上，卓然为了打破工业炉传统的散件供货模式，也进一步提高装备整体制造质量、缩短建设周期、减少项目投资，卓然引进了国际先进管理理念和制造技术，并与国内外专家建立广泛的合作渠道，成功地将工业炉模块化制造理念应用于国内外大型项目上。同时结合卓然提出的集“采购、施工、制造、验收和服务”为一体的“一站式服务”理念以及我们对于客户满意的承诺，为每一位卓然的客户顺利到达卓越目标提供了保证。

卓然旨在：为卓越的客户提供“卓然”的服务。

上海金研机械制造有限公司

上海金研机械制造有限公司成立于2007年。公司隶属于浙江信谊控股有限公司，是专业为工程机械提供底盘件配套服务的生产企业。主要产品包括：履带总成、履带梁、链轨、销轴、销套、履带板等。

公司坐落于上海宝山工业园区金石路163号，占地57,000平方米，拥有职工370人，其中专业技术人员有40余人。公司产品的销售，国外市场主要与美国、英国、意大利、韩国、新加坡等国的客户建立了长期良好的合作；国内市场主要是针对大型的工程机械生产厂商，如三一重机、徐工、龙工、中联重科等。

公司目前已具备年生产履带板7.2万吨、链轨年产4万余条的生产能力。公司以优质的原材料、先进的生产设备、科学的生产工艺及严格的质量检测手段来生产高品质的产品，顺利通过ISO9001和ISO14001的认证；并设立了经认证的实验室，对原材料、半成品及成品均进行严格的检查和管控，并已通过国际知名主机厂商的质量检测，与各大主机厂商及OEM企业建立了良好的长期合作关系。

树立国际一流品牌，为客户提供有价值的服务是公司一直坚持的发展目标和方向！

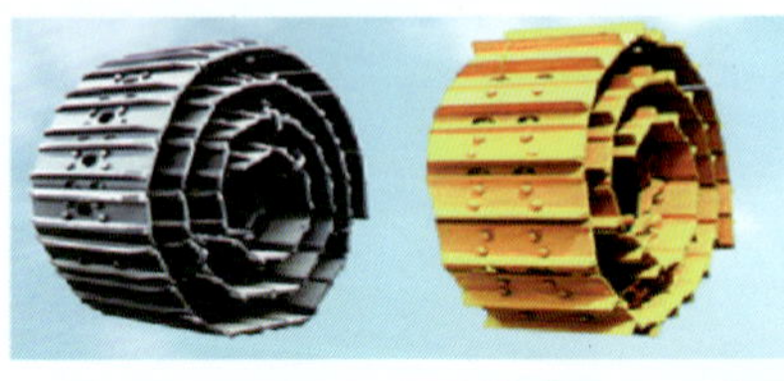
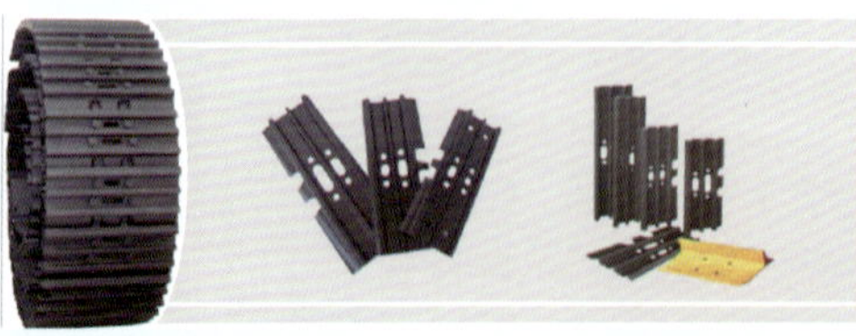

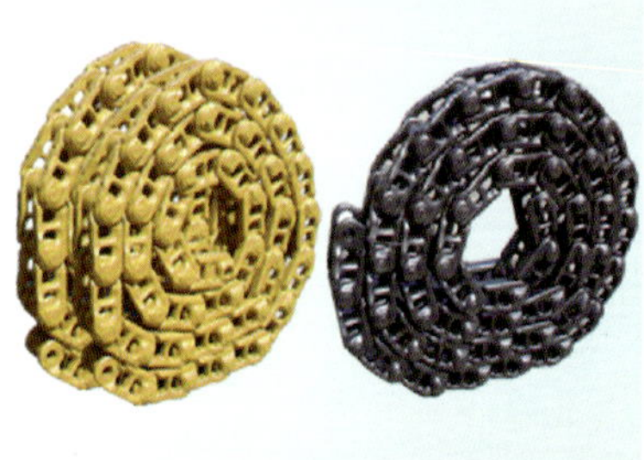

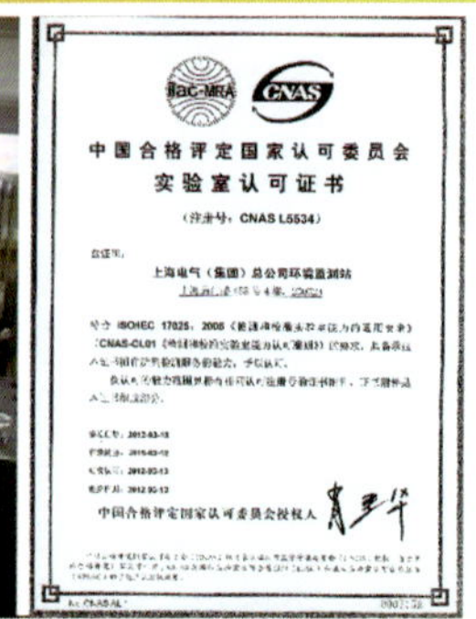

上海电气(集团)总公司环境监测站

上海电气(集团)总公司环境监测站经【市编委(87)184号】文批准，成立于1987年，隶属上海电气(集团)总公司，为独立法人，市级财政差额拨款事业单位。

环境监测站内设机构5个，分别为：站长室、综合办公室、业务室、现场监测室、监测实验室。核定编制人数25人，目前在岗从业人员20人，平均年龄37岁。

环境监测站已通过上海市质量技术监督局组织的计量认证评审，确认具备向社会提供公正监测数据的资格，并取得中国合格评定国家认可委员会“CNAS”认证资格，是“国家实验室”挂牌机构，在废水、废气、噪声、烟尘、漆雾等方面的具有较强的监测技术力量。其主要职责是对电气集团所属各单位的环境污染情况进行监测和管理，并为社会各企业提供环境检测及环保咨询服务。

自2008年开始，环境监测站与专业咨询机构合作，为企业提供“清洁生产审核”咨询服务，该项业务的开展旨在改变被动的、事后污染控制手段，强调在污染产生之前就予以削减，即在产品及其生产过程和服务中减少污染物的产生和对环境的不利影响。截止2013年年底，环境监测站共推进75家企业完成清洁生产审核工作。

上海电气(集团)总公司环境监测站除了为电气集团下属企业提供环境监测及咨询服务外，还积极参与上海市环境监测中心开展的重点企业国控污染源监测与在线比对监测，以实际行动承担一定的社会责任。

综上所述，上海电气(集团)总公司环境监测站是一家在立足于电气集团，于系统内开展环境监测，在为集团环保管理提供技术支持及保障的同时，为上海市工业污染物排放监测、监控提供公益性服务的专业监测机构。

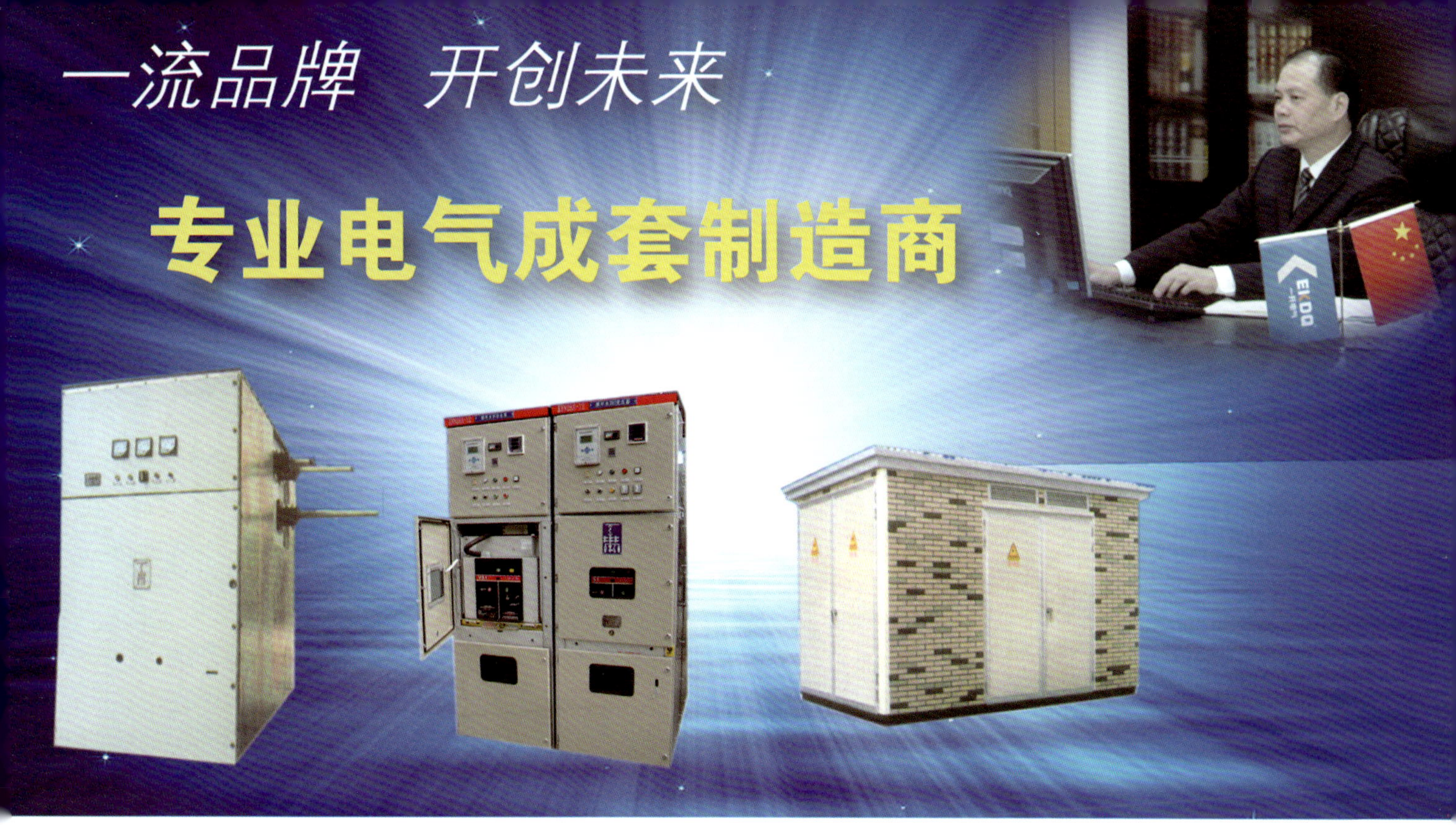

KOSTAL 科世达（上海）管理有限公司

科世达(上海)管理有限公司成立于2011年1月6日，为科世达集团亚太区总部。其管理的公司包括中国区三家工厂和一家贸易公司，即上海科世达－华阳汽车电器有限公司、科世达(上海)机电有限公司、科世达(长春)汽车电器有限公司以及科世达(上海)连接器有限公司；亚太区其他三家公司：科世达韩国公司、科世达日本公司及科世达印度公司。

公司经营范围为：汽车零部件、汽车电子电器、太阳能电子电器、模具与生产设备的研究设计、技术转让及技术咨询服务；从事上述商品及其零部件的批发、进出口、佣金代理(拍卖除外)，并提供相关配套服务；受母公司及其关联公司和授权管理的中国境内外企业的委托，为其提供投资经营决策、资金运作和财务管理、研究开发和技术支持、服务外包、员工培训与管理、供应链管理等。

公司融中德文化之精华，踏实创新，诚信为本，突破极限，追求卓越，形成了公司在团队、技术、标准和效率四个方面特有的核心竞争力，在汽车零部件行业开关电子电器领域处于技术领先水平。

联系地址：上海市嘉定区安亭镇园高路77号

电话：021-59570077　　传真：021-59578294　网址：www.kostal.com

SHJZ 上海捷众汽车冲压件有限公司

上海捷众汽车冲压件有限公司是上海汽车工业(集团)总公司下属的上海拖拉机内燃机有限公司与上海安亭实业发展有限公司共同投资的国内合资企业。

该公司主要为上海大众、上海汽车等全国著名汽车整车厂提供汽车冲压件和焊接总成件的 OEM 服务，主要生产汽车车身冲压件及焊接件、汽车底盘类副车架及控制臂的冲压件、汽车消声器总成等，是一家集汽车零部件设计研发、生产、销售、服务于一体的企业。

公司通过了 ISO/TS 和 VDA 质量体系认证及 ISO 环境体系认证，2010 年荣获了“高新技术企业”的称号。

公司立足于创新发展，持续加大对研发的投入，并建立新产品研发项目流程，公司还与上海交通大学建立了产学研基地，为公司的技术创新提供了强有力的技术支撑，使公司每年不断有新产品研发项目转化为成果，为公司的可持续发展提供源源不断的动力。

上海汽车制动系统有限公司（SABS）系华域汽车系统股份有限公司（HASCO）与德国大陆股份公司（Continental AG）共同设立的一家合资企业，公司成立于 1995 年 7 月，位于上海嘉定。经过近 20 年的发展，公司已成为国内领先的乘用车底盘制动系统产品和解决方案的提供者，是知名整车企业：大众、通用、奔驰、宝马、福特等公司的核心供应商。

公司愿景：依靠技术进步和富有责任使命的员工队伍，以更具安全可靠的产品，把 SABS 打造和提升为全球汽车零部件供应的一流品牌。

公司核心价值观：成功源于对责任的庄严承诺。

公司的人才观：“造车育人，‘智’动未来”，追求个人与企业共同协调发展，实现员工与企业的双赢。

地址：上海嘉定区叶城路 915 号
传真：39163333

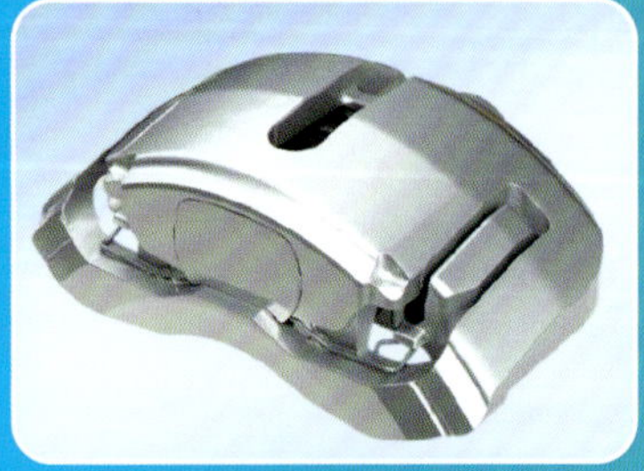

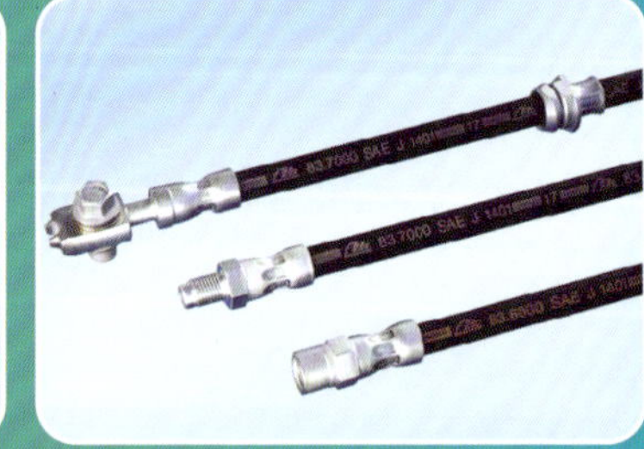

上海汽车制动系统有限公司

上海菲格瑞特汽车工程科技有限公司

Feige

上海菲格瑞特汽车工程科技有限公司成立于2009年，注册资金1500万元人民币，占地17000平方米。现有员工186名，其中高级工程师19人，外籍专家8人。公司连续5年通过ISO 9001 质量管理体系认证，具有完善的产品开发流程。主要服务企业包括上海大众、上海通用、上汽、一汽、东风集团以及国内主要汽车自主品牌等。通过多年的发展，公司已在**汽车设计开发、模型和展车制作、设计验证和试制、汽车前后装产品开发**等领域具有很强的行业竞争力，是一家富有特色的全面汽车设计服务提供商。

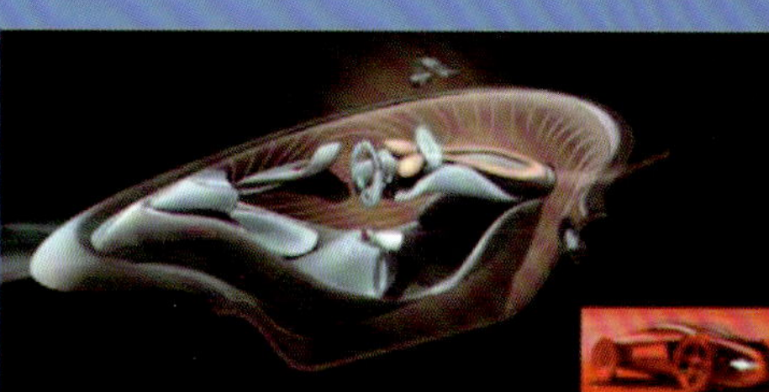

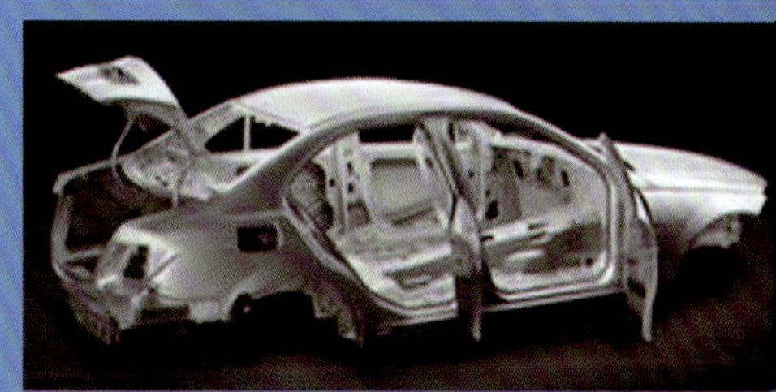

前沿设计和工程

设计策略和市场研究
产品规划和设计定义
造型设计
数字化设计和服务
整车集成
车身和内外饰工程

模型和试制

造型油泥模型
数据验证模型
展车制作
软模和钣金试制
工程样车

利基产品

后装产品
汽车精品辅件
汽车高端定制

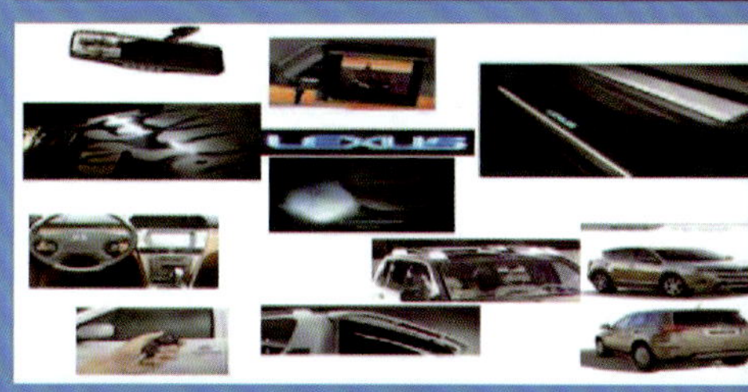

地址：上海青浦区华新镇华丹路888号　联系人：王立志　电话：13611738499

延锋彼欧汽车外饰系统有限公司

延锋彼欧汽车外饰系统有限公司（以下简称：延锋彼欧），是由延锋汽车饰件系统有限公司和法国彼欧公司共同投资组建。公司成立于 2007 年 3 月，总投资 7.6 亿人民币。公司注册在上海嘉定工业园区，公司总部及技术中心设在嘉定区安亭镇墨玉路 540 号。是上海市外商投资先进企业以及国家级高新技术企业。2013 年公司现有约 3000 名员工。

延锋彼欧致力于生产保险杠、保险杠总成模块、塑料尾门、防擦条、门槛、塑料翼子板以及其他汽车外饰零部件，为世界各地的汽车制造商提供从设计开发到产品生产及供货的全套服务，延锋彼欧自成立以来一直以“追求卓越”为导向，致力于为客户提供全方位的满意。目前公司已经成功地与众多国内外知名整车厂商建立了长期合作关系，2013 年市场占有率 20.3%，稳居行业内第一。

为了不断完善开发工艺，攻克技术难关，为客户提供更全面的服务，公司于 2012 年 4 月建立了技术研发中心。总投资约 1.6 亿元，其中高端实验设备投资约 3000 万。总面积为 21100 平方米，可容纳 750 名员工。行人保护试验、低速碰撞试验、尺寸测量、材料试验都已达国际领先水平。

在技术方面，目前公司已拥有一支 300 多人高素质的工程技术开发团队，公司不断提升传统外饰件保险杠的设计、开发能力。同时，结合法国彼欧先进技术能力，研发轻量化产品，诸如薄壁技术、轻量化材料、行人保护等先进工艺技术，以降低整车重量，降低汽车油耗。公司不断进步，集成客户需求、完善保险杠开发工艺，提供前期设计、开发、制造全套设计、供货服务。截止至 2013 年底，公司共获授权 72 个专利项。

在制造生产方面，现全国拥有注塑机 41 台，涂装线 12 条。涂装离线编程、静电悬杯喷涂等工艺技术已达国际先进水平。为了深化传统的注塑能力、喷涂能力以及装配能力，持续降低注塑节拍及提升注塑区域自动化程度，提升油漆上漆率及节拍降低，调整装配布局优化资源配置。

在生产物流方面，公司拥有先进的生产流水线布局，精确的过程控制程序，可靠的产品测试设备，通过拓展配套车型平台来提升公司的生产效率，满足客户需求。

公司目前在上海安亭、上海浦东、南京、沈阳铁西、沈阳大东、成都、重庆、广州、仪征、深圳、宁波和武汉沌口、武汉江夏建有强大生产基地。公司全体员工将以奋进的精神风貌努力建造国内外饰行业一流的技术、生产和服务的平台，为客户提供更高质量的产品和服务。致力于"成为世界上最好的汽车外饰系统供应商"。

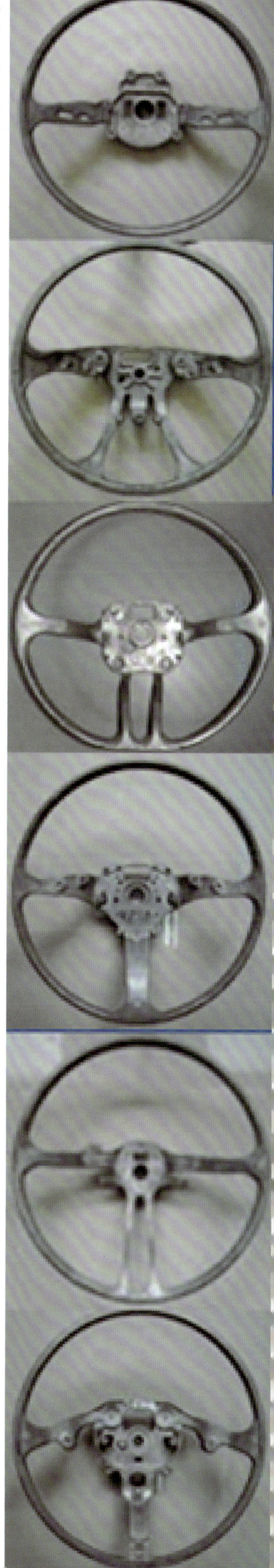

上海方科汽车部件有限公司

上海方科汽车部件有限公司成立于 2004 年，公司注册资金 4000 万元，坐落在上海金山工业开发区内，占地近 80，000 平方米，新建厂房 58000 平方米，下设 7 个部门，5 个车间，3 个实验室及 6 个测试研发部，是上海通用汽车公司一级供应商，同时为国内外 20 多家主机厂和集成供应商配套。公司除研发和制造方向盘的 OEM 业务外。公司的产品线包括方向盘、换档手柄、中央扶手箱、镁合金压铸产品、铝合金压铸产品、组合仪表、电子开关及相关的非汽车类产品。

方科公司的经营目标是成为汽车内饰的专业制造商，为主机厂、集成供应商和其他客户提供最具竞争力的优质产品和服务；通过持续创新，不断地为顾客创造价值。上海方科每年开发 20 余种新产品，拥有国家发明专利 2 件，实用新型专利 17 件，10 项专利正在申请中；公司通过德国 TUV 公司的 TS16949/ISO9000 全球质量体系认证。由我公司作为第二起草单位制定的《镁合金铸件 X 射线实时成像检测方法》于 2010 年 2 月 1 日被国家标准化管理委员会制定为国家标准（GB/T23600-2009），该标准是压铸件产品的重要检测方法。由我公司作为第二起草单位制定的《镁及镁合金压铸缺陷术语》于 2012 年 12 月 31 日被国家标准化管理委员会制定的国家标准（GB/T1.1-2009），该标准规定了镁及镁合金压铸产品中常见缺陷的定义、特征。公司的汽车方向盘产品被上海市中小企业品牌建设推进委员会推荐为品牌产品。

上海方科汽车部件有限公司

地址：上海市金山区亭卫公路－平业路 99 号
联系电话：67256611

上海太阳能科技有限公司（HT-Shanghai Solar）是由上海航天汽车机电股份有限公司（沪市代码：600151）、上海申能新能源投资有限公司、上海空间电源研究所合资成立的股份公司，正式注册成立于2000年元月，注册资金2亿元，拥有一流的技术人才，是中国最早从事光伏相关业务的企业之一。

公司主要从事国内外独立和大型并网光伏电站、BIPV独立光伏系统工程及相关系统产品的设计研制、开发、销售、施工和服务。先后承建了上海世博中心光伏兆瓦级电站、国内首个兆瓦级BIPV电站——上海太阳能工程技术中心、中国西部首个百兆瓦级大型荒漠光伏电站——嘉峪关130MW光伏电站等项目。目前，公司已在中国西部地区甘肃、宁夏、新疆等地建设了数十个大型地面光伏电站，成功并网电站达到284MW，到2015年，公司计划建成光伏电站项目1.5GW。2012年，公司被国际权威光伏市场调研机构IMS Research评选为全球光伏EPC企业第15名，中国第6名。

公司以“展航天精神 建精品工程”为企业精神，以“技术先进 成本领先 质量可靠 创造价值”为经营理念，以“进入光伏系统应用前三甲，成为行业内受尊敬的企业”为愿景，公司将致力于光伏系统应用开发，为客户、股东创造可持续的价值，实现员工和企业的同步发展。

上海太阳能科技有限公司

地址：上海市闵行区申南路555号 电话：64895099 传真：64898715 邮编：201108

企业精神：展航天精神　建精品工程

经营理念：技术先进　成本领先　质量可靠　创造价值

上海华谊工程有限公司

Shanghai HuaYi Engineering Co., Ltd.

公司地址：上海市徐汇区田东路88号　邮编：200235　总机：86-21-64705888　传真：86-21-64828973

上海华谊工程有限公司（HYEC，原上海工程化学设计院有限公司）创建于1985年，是上海华谊（集团）公司旗下集化工、石化、医药工程、建筑行业、建筑工程的咨询、设计、技术开发和许可、项目管理和总承包等服务为一体的上海市高新技术企业，本行业信用等级AAA级，并拥有承揽境外工程项目的资格。

至今，完成1300多项工程，跨涉石油化工、氯碱化工、石油天然气和有机化工、无机化工、煤化工、新材料及加工、精细化工、橡胶轮胎、轻工、医药、纺织、合成纤维、环保与民用建筑等行业。

在能源化工、先进材料、精细化工等化工领域具有独特的专有和专利技术。

HYEC拥有上海市工业用水技术中心、上海华谊工程技术有限公司、上海华谊工程服务有限公司、上海华谊集团装备工程有限公司、上海华谊集团建设有限公司。

荣誉

- 上海氯碱聚氯乙烯装置10万吨/年项目
- 获国家优秀设计奖银奖、化工行业优秀工程设计一等奖
- 安徽华谊50万吨/年醋酸项目
- 获化工行业优秀工程设计奖二等奖
- 河北忠信化工有限公司40万吨/年醋酸项目
- 获化工行业优秀工程设计奖二等奖

企业资质

- 工程咨询甲级；
- 化工、石化、医药行业设计甲级；
- 建筑行业建筑工程设计甲级；
- 化工石油工程施工总承包二级；
- 压力管道设计资格；
- 压力容器设计资格（A1、A2、A3）

标准

国标、行业标准、地方标准编制

- 受国家建设部委托参编《化工企业总图运输设计规范》GB50489-2009，2009年10月1日起已正式实施。
- 受中国石油和化工勘察设计协会委托参编《钢制化工容器结构设计规定》HG20583-2011，2011年6月1日起已正式实施。
- 受上海市城乡建设和交通委员会委托主编《精细化工企业防火设计规范》。

项目业绩

（一）、先进材料

1、山东茌平信发聚氯乙烯有限公司40万吨/年聚氯乙烯项目　E

2、青海盐湖镁业有限公司35万吨/年乙烯法聚氯乙烯项目　E

3、内蒙古亿利化学工业有限公司40万吨/年聚氯乙烯生产装置扩产项目　EPC

……

（二）、能源化工

1、安徽华谊化工有限公司50万吨/年醋酸及醋酸乙酯项目　EPC

2、河南龙宇煤化工有限公司40万吨/年醋酸项目　E

3、安徽华谊化工有限公司60万吨/年甲醇项目　E

……

（三）、氯碱化工

1、山西信发化工有限公司60万吨/年离子膜烧碱项目　E

2、上海氯碱化工股份有限公司36万吨/年烧碱、36万吨/年二氯乙烷项目　E/EPCM

3、长春化工（盘锦）有限公司10万吨/年离子膜烧碱项目　EPC

……

（四）、精细化工

1、上海三爱富新材料股份有限公司常熟四氟分厂新建1万吨含氟聚合物项目　EPC

2、上海华谊涂料有限公司年产10万吨功能性车辆及预涂卷材系列涂装材料项目　EPC

3、上海华谊集团华原化工有限公司1.2万吨/年环保型涂料添加剂生产装置技术改造项目　EPC

……

（五）、规划

1、新浦化学（泰兴）有限公司新浦化学（湛江）油气综合利用项目

2、徐圩新区石化产业园公共管廊规划

3、枣庄中泰化工园园区产业规划

……

（六）、民用建筑

1、中国化学工程第六建设有限公司办公大楼

2、青岛海晶化工集团有限公司40万吨/年聚氯乙烯搬迁项目厂前区

3、上海金巢国际物流交易服务中心

……

公司取得了质量、环境和职业健康安全管理（QHSE）三体系认证证书，是上海同行业中第一家通过质量管理体系认证的企业。

技术许可、工程咨询、工程设计、项目管理及工程总承包、水处理、检维修与运保、开车培训与指导、工程施工、装备制造、审图。

康达新材
Kangda New Materials

上海康达化工新材料股份有限公司

上海康达化工新材料股份有限公司(以下简称“康达新材”或“公司”)成立于1988年，公司是国内胶粘剂行业中专注于中、高端胶粘剂产品研发、生产和销售的领先企业之一。

康达新材秉承“开拓新兴领域,发展高端产品,服务大客户,延伸产业链”的发展思路,努力为装备制造业、新能源产业、新能源汽车、航空航天、电子信息、国防事业以及低碳环保等新兴产业提供胶粘剂新产品和新材料。

康达新材一贯视新技术和新产品的研发为企业的生命。公司是首批“上海市创新型企业”，公司所拥有的上海康达化工技术研究所是上海市认定的企业技术开发机构和浦东新区企业博士后科研工作站，研究所下设的检测中心获得“国家实验室认可委”的国家资质CNAS认证。

公司于2012年4月成功登陆A股市场,股票简称：康达新材,股票代码：002669。

2014年3月，公司“舰艇用聚酰亚胺绝热材料”通过军方工业化生产鉴定审查，该材料不仅具有优异的耐温、阻燃等性能，还具有突出的耐辐射性、重量轻、柔性回弹好、便于施工等性能。尤其是在舰艇减重方面，采用低密度聚酰亚胺泡沫后，能大大减轻舰艇的重量，填补了国内空白。

我们一直在努力,为用户创造价值,感动用户。

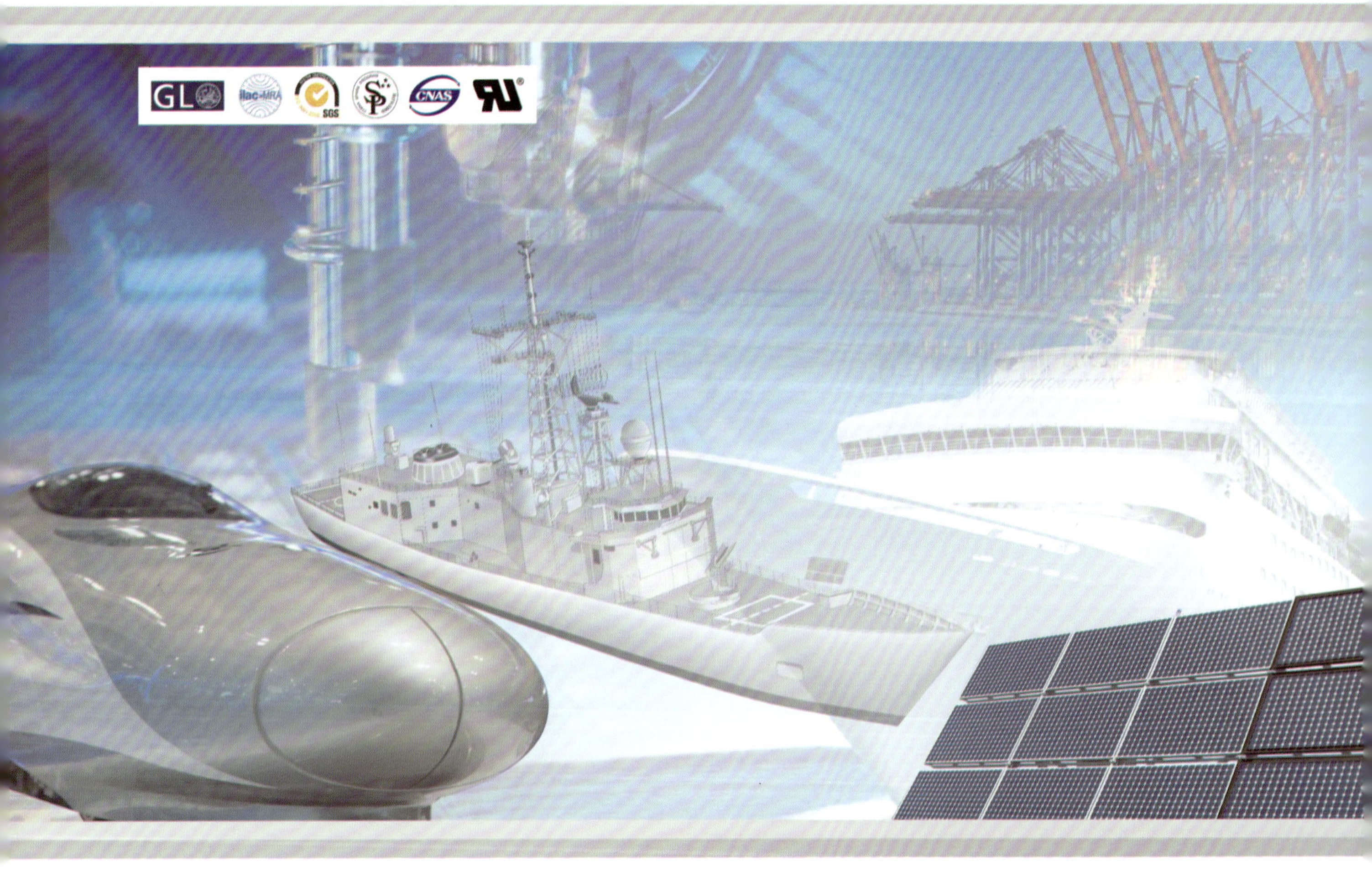

365D/24H 全心全意为客户提供专业用胶一体化系统解决方案为客户创造价值

www.shkdchem.com

上海康达化工新材料股份有限公司
SHANGHAI KANGDA NEW MATERIALS CO.,LTD.

中国 上海市 浦东新区庆达路655号 邮编:201201
Add:No.655 Qingda Road,Pudong New Area,Shanghai,China,PC:201201
电话(Tel):021-6891 8998 传真(Fax):021-5838 3632
网址:http://www.shkdchem.com
邮箱(Email):kdxc@shkdchem.com

东昊石油集团有限公司

公司介绍

东昊石油集团是一家集润滑油生产研发、汽车用品生产、汽车养护服务以及多种进出口贸易为一体的集团化企业，旗下拥有东昊石油集团有限公司、上海东昊汽车服务有限公司、上海东昊进出口有限公司、上海明旺汽车修理有限公司、上海念然汽车用品有限公司、上海骋隆贸易有限公司等多个产业板块。

以汽车后服务市场为着眼点，东昊石油集团立足近十年的油品产业基础，通过不断优化内部资源配置、调整产业结构发展，使企业逐步释放出了巨大的发展潜力。在集团化运作下，东昊始终坚持打造产业链的战略构想，通过提升产品服务价值、完善企业服务理念，东昊已成为了国内首家集研发生产、物流配送、养护服务为一体的专业汽车服务企业。

作为集团的核心产业，东昊石油集团有限公司（原上海东昊油品有限公司）成立于2003年5月30日，是一家专业生产润滑油和燃料油的石油化工类的民营企业，工厂坐落于上海市上海市嘉定工业园区嘉唐公路980号，距沿江高速仅2公里，水陆交通十分便捷。厂区拥有生产基地4.3万余平米，千吨级油罐24座，罐容量达到5万吨，另有自建船运码头和车辆装卸平台，基础油的精炼生产加工达到年产量50万吨。

在发展中，东昊始终以市场为导向，以品质为保障，通过引进德国原装脉冲调和设备以及灌装生产流水线，提高了产品含金量，确保了生产效率。此外，公司严格把控原料渠道，与中石化、台湾中油、路博润、雪佛龙、润英联、雅富顿等公司建立了长久稳固的合作关系，目前可为汽车、工业机械、船舶、特种行业提供130种以上不同类型的润滑油产品。

从2003年成立至今，东昊始终紧随市场脉搏，适时调整战略方向。在员工的努力拼搏和客户的信任支持之下，东昊在近几年取得了长足、深远的发展，先后通过ISO9001质量管理体系认证和ISO14001环境管理体系认证，成为了全国重质量、守信誉诚信联盟单位、上海市润滑油品行业协会理事单位、央视网企业频道黄金展位合作单位，其产品也得到了上海市润滑油品行业协会推荐应用，成为财富论坛会议车辆指定专用品牌。

为了打造出一个具有影响力的民族品牌或国际品牌，东昊于2010年又将东昊油品营运中心迁至上海市陆家嘴国际金融区，集结了财务、行政、企划、战略投资等各大部门，建立起了以浦东为中心辐射全国的销售网络，通过在全国二、三线城市建立了经销分部，使东昊品牌能够以高品质的产品和服务走进千家万户，为国产品牌的新腾飞奠定了坚实的基础。

中海石油（中国）有限公司上海分公司

关于我们

中海石油（中国）有限公司上海分公司，作为中国海洋石油有限公司的分支机构，主要以对外合作和自营方式，在东海、黄海从事石油、天然气的勘探、开发和生产。

资源潜力

早在上世纪50年代，国家科委等单位在包括黄海、东海在内的各大海域陆续开展了地质调查。调查结果所揭示的巨大资源潜力引起了全国地质界的高度关注，也开启了海洋石油工业“兴海强国”之梦。

改革东风

海洋石油是中国改革开放后第一个全方位对外开放的工业行业。乘着改革开放的东风，东海、黄海海域也吹响了油气勘探开发的号角。

1983年，中国海洋石油总公司在组建后的次年，成立了南黄海石油公司，即今日的中海石油（中国）有限公司上海分公司的前身。

对外合作

上世纪80年代至90年代，中国海洋石油总公司在黄海、东海地区开展了多轮国际合作。其中，1992年至1997年的第四轮招标掀起了东海对外合作的高潮，先后与德士古、壳牌等7个国家的9个集团签订合同18个，钻探井15口，但仅有一口获油气发现。海域地质条件的复杂性由此可见一斑。

艰苦自营

国际招标的失利，并没能阻挡海洋石油人探海的步伐。面对海上的台风和湍流，面对地下复杂的地质条件，海洋石油人坚持不懈地开展自营勘探开发，持续加强国内同业合作，至2005年末，共钻获9个油气新发现，并实现两大开发项目的投产，开启了油气事业扬帆破浪的新纪元。

油气勘探

2006年至2010年期间，东海的油气勘探始终保持了良好的势头，单井探明地质储量屡创历史新高，新发现储量规模持续攀升；2011年至2015年开局更是连续创下了商业勘探成功率100%的佳绩，为海域油气事业发展和保障地方能源供给进一步奠定了基础。

开发生产

目前，东海的油气开发项目正向上海及长三角地区源源不断地输送着优质天然气；与此同时，面向江浙等地的新开发项目建设也进入了关键阶段。

平湖开发项目作为上海市的重要气源，自1998年投产以来，已向浦东地区平稳供气15年。

天外天开发项目是东海重要的油气项目，拥有目前位于我国最东端的海上油气平台。

丽水等新开发项目均计划于2015年前投产，将为地方经济发展、环境改善和生活质量的提高进一步发挥积极作用。

钻井工程

近年来，随着对海域油气资源认识的不断加深和钻井工程作业量的集中投入，一系列针对低孔低渗、高温高压等特殊地质条件的钻井工程技术已日臻完善，为商业性油气发现向商业性产能的转化进一步扫除了障碍。

科技创新

“科技是第一生产力”。近年来，我们坚持致力于科研队伍的建设和科研水平的提升，承担了中国多项国家级、省部级重点科研项目，取得的科技创新成果强有力的推动了海域油气的增储上产，也为其他海域乃至陆上油气的利用提供了有益的借鉴。

企业文化

在追求油气产量和储量持续增长的同时，我们同样注重经济效益与社会效益、油气生产与环境保护之间的和谐、可持续发展。

跨越未来

中海油擂响了“二次跨越”的战鼓，我们又一次迎来了发展的良机。随着新油气田的陆续投产，至2020年，有望在东海、黄海建成新的大气区。

上海蓝滨石化设备有限责任公司

Shanghai Lanbin Petrochemical Equipment Co.,Ltd.

上海蓝滨石化设备有限责任公司（简称：上海蓝滨）是甘肃蓝科石化高新装备股份有限公司(证券名称：蓝科高新，证券代码：601798）的全资子公司，创建于 2002 年 5 月，现有注册资金 29800 万元，属中央在沪企业，主要从事炼油化工设备、石油钻采机械、海洋石油装备和轻工食品机械的研究开发、设计制造及销售服务，产品涉及石油、化工、冶金、电力、食品等行业，核心产品技术处国内外领先水平。

上海蓝滨三期 500 吨专用码头

上海蓝滨目前拥有 A1、A2、A3 级压力容器制造许可证；2006 年取得 ASME U 钢印制造许可证书，2013 年取得 ASME U+U2 制造许可证书；2011 年取得 API（4F-0270、7K-0306、8A-0102）产品认证证书；2007 年通过“三标合一”管理体系认证（ISO9001 质量管理体系、ISO14001 环境管理体系、OHSAS18001 职业健康安全管理体系）。上海蓝滨现为国家高新技术企业、中国化工最具成长性企业(第十四位)、上海市九大重点支持高新技术领域之一的海洋工程装备产业化基地。

尼加拉瓜米拉玛尔油料分配厂
ASME 规范 U2 钢印球罐产品启运

作为国家第一批 242 家转制科研院所创办的高新技术企业，经过多年的努力，上海蓝滨实现了自身的发展壮大，研发制造能力大大提高，上海蓝滨已成为实现高新技术专利产品化、科技成果产业化的重要基地，已成为产学研相结合、科工贸一体化的新型科技型企业。

上海蓝滨现有西区(钻采机械基地)、东区(石油化工装备基地)和上海蓝滨三期(海洋、电力工程装备基地)三处产业化基地，总占地面积约 650 亩。建设项目全部完成后，上海蓝滨将成为世界一流的炼油化工设备、石油钻采机械、海洋石油装备和轻工食品机械的研发、制造及检验检测基地，上海蓝滨将为行业技术进步和地方经济建设做出更大的贡献。

上海蓝滨三期研发大楼效果图

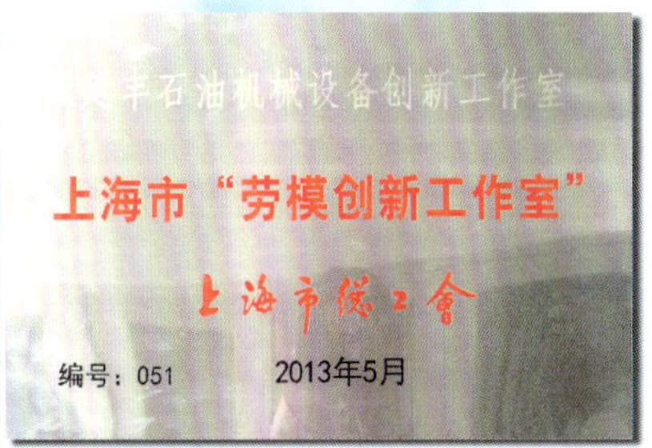

地址：上海市金山区吕巷镇干巷荣昌路505号　邮编：201518
电话：021-57208087　传真：021-57208182
网址：www.shlanbin.com

光荣与梦想，走向深深的海洋

——美钻集团振兴国家海洋工程装备民族产业记

一. 美钻集团简介

集团简介

美钻集团（下称集团）总部坐落于上海市，专业从事陆地和海洋高端石油天然气钻采设备（属于国家能源产业和海洋安全等急需的关键设备）的研发设计、生产制造、销售租赁和工程技术服务。集团在国内外共有 8 个制造企业，24 个直属销售服务机构，员工 1000 多人，并拥有一支以上百名潜艇部队复转军人（潜艇艇长及政委以上 8 人）为主体的管理团队。

美钻能源科技（上海）有限公司简介

美钻能源科技（上海）有限公司（下称公司）为美钻集团旗下专业从事深海水下石油天然气开采系统设备、自动化控制系统设备的研发设计、生产制造和工程技术服务的全资内资企业。是国内第一家获得了水下井口采油树系统设备制造 API 17D 国际资质证书的生产厂家。公司坚持“科学发展观”为核心指导思想，坚持科学自主的创新精神和“国际化”、“标准化”的经营管理模式，先后主持了“十一五”国家科技重大专项、“十二五”国家科技重大专项，建成了“南海深水油气勘探开发示范工程水下生产系统单元测试基地项目”；完成了中国首套自主知识产权深海水下连接器、深海水下采油树的研发制造，并投入中国南海运行使用，为打破外国垄断、填补国家空白和振兴民族工业做出了应有的贡献。

二. 填补国家空白，振兴民族工业

在我国海洋深水油气开采中，由于技术和设备水平的限制，被迫长期依赖于国外进口设备，在技术受制于人的同时，我国海洋安全、海军的安全、国防安全也都受到了长期严重的威胁。在国家允许、提倡和大力扶持民族工业的契机下，为了改变海洋能源开采受制于外国公司的现状，美钻能源科技（上海）有限公司响应习总书记“全面开发海洋经济，提高海洋能源开发能力”的号召，以打破外国垄断和振兴民族工业为使命，先后取得了一系列填补国家空白的成果：

2011 年 5 月，启动“十一五”国家科技重大专项，建成中国首个“水下生产系统单元测试基地”；

2011 年 11 月，完成中国首套水下自动对接管道连接器，并投入中海油南海“崖城 13-1 项目”使用；

2012 年 1 月，启动“十二五”国家科技重大专项“荔湾 3-1 及周边油气田水下生产系统测试系统完善项目”，目前已通过中期验收并在顺利进行中；

2012 年 12 月，与中海油签订“番禺备用水下采油树合同书”，启动中国首套海洋高端深水采油树的研制工作，目前已完成设计，并全面启动建造；

2013 年 5 月，完成中国首套海洋水下采油树的研发设计和工程技术安装服务，顺利投产并安全运行至今（后又陆续投入生产运行 2 台）；

2013 年 12 月，与中海油签订“水下采油树国产化技术研究”合同；

美钻能源科技（上海）有限公司将进一步设立国家级水下能源技术研发中心，继续加大对于海洋能源开发设备的科技研发与实验制造工作。同时携手中海油、中石油、中石化共同壮大中国海洋能源开采民族工业的实力和独立自主权，使我国的海洋能源开发不再受制于国外。

“十一五”国家科技重大专项揭牌仪式

美钻能源科技（上海）有限公司研制的水下连接器作业安装

上海中镭新材料科技有限公司

中镭科技成立于2009年6月18日，是一家具有自主知识产权的高端改性工程塑料研发、生产以及销售的高新技术企业，是一家全球技术领先的科技型公司，是一家逐渐面对全球市场的拥有国际视野的现代化企业。企业的核心竞争力是其持续的创新能力、形成的独创的创新体系以及追求全球领先的价值理念。

公司已成功开发出8个系列的改性工程塑料：改性PC系列、改性PBT系列、改性PET系列、PBT/PET合金系列、PC/ABS合金系列、PC/PBT和PC/PET合金系列、ABS/PBT合金系列、PLA/PC合金。产品各方面性能指标均达到国际先进水平，已经完全可替代SABIC(原GE塑料)、拜耳等公司的同类高端产品，打破了长期以来跨国巨头公司在高性能工程塑料产品领域的垄断。

产品已成功打入汽车、IT通讯、电子电气等行业，打破了长期以来跨国巨头公司在高性能工程塑料产品领域的垄断，客户包括一汽大众、上海大众、上海通用、华为、西门子等。公司产品已获得一汽大众、德国大众、上海大众、上海通用、华为等多项认证。公司已在世界工程塑料领域崭露头角，正处于高速发展期。

公司成立5年来，取得以下荣誉及资质：

- 三项发明专利、两项实用新型专利及一项外观专利已获授权。
- 获高新技术企业认定。
- 电镀级PC/ABS获科学技术部颁发的国家火炬计划证书。
- 中镭科技技术中心获浦东新区研发机构认定。
- 2012年中国最具投资价值新材料企业十强。
- PC/PBT(PET)产品获上海市科委高新技术成果转化认定。
- 电镀级PC/ABS合金获上海市科委高新技术成果转化认定。
- 公司产品通过SGS环保认证及UL产品安全认证。
- 通过汽车行业TS16949质量体系认证。
- 获国家工信部中小企业发展专项资金支持。
- 生物降解塑料合金获经信委技术改造专项资金支持。
- 生物降解塑料PLA/PC项目获上海市创新基金。
- 获上海市经委“购买国际先进研发仪器设备”资金资助。
- 上海市引进技术的吸收与创新计划项目资助。

公司定位在高端改性工程塑料，坚持自主创新，加大研发投入，立志在三年内成为国内改性工程塑料行业的名牌企业，以领先的技术和宽广的视野及丰富的企业经营经验，成为行业标准制定者。

世界先进的核电站数字化仪控系统

国核自仪系统工程有限公司是仪控领域专业化和综合性解决方案供应商，从事核电站及相关工业领域仪控系统研发、设计、生产、集成、调试以及全寿期服务。

★EPC 工程项目

1) 三门核电项目 1&2 号机组
2) 海阳核电项目 1&2 号机组
3) 陆丰核电项目 1&2 号机组
4) 三门核电项目 3&4 号机组
5) 海阳核电项目 3&4 号机组
6) 山东荣成 CAP1400 示范工程 1&2 号机组

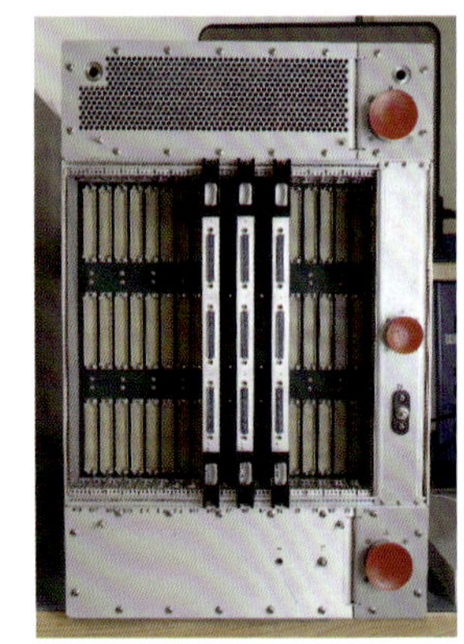

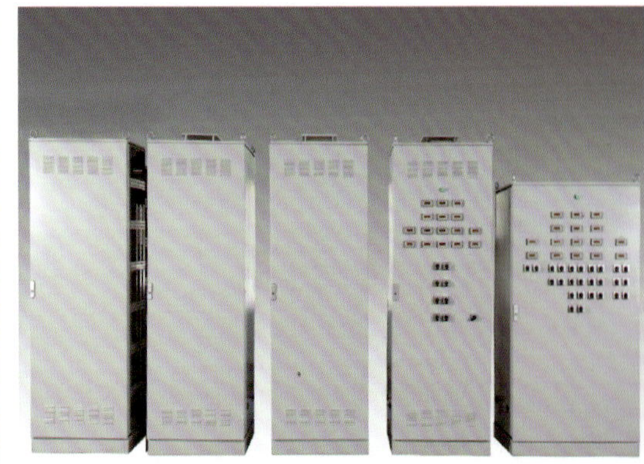

★核安全评审

CAP1400 仪控系统由中国国家核安全局审查
AP1000 仪控系统由美国核管会审查
NuPAC 平台由美国核管会和中国核安全局审查

★公司产品

安全级反应堆保护系统平台 NuPAC
核电站数字化控制系统平台 NuCON
核电站多样性驱动系统 NuBAC
数字化控制棒控制和棒位指示设备 NuRIC
辐射监测系统 NuRAD
反应堆堆内测量和堆外核测系统 NuNIS
主控室设备及模拟机

★科研项目

国家科技重大专项 -- 大型先进压水堆核电站专项：
AP1000 核电站数字化仪控系统技术研究
CAP1400 核电站数字化仪控系统研制
非能动安全型核电站数字化仪控系统验证平台

公司简介

上海正欧系列企业，是研制和生产新型化学建材并提供相应工程服务的专业公司。并通过了ISO9001质量管理体系认证及ISO14001环境管理体系认证。公司被评为“国家建材AAA级质量服务信用”企业，并荣获国家轻工部"质量、信誉双保障示范单位"证书，是中国质量检测协会会员单位。

公司注册资金为4500万元，建有先进的生产基地和设施完备的实验中心。主要产品有地坪材料、建筑涂料、无机保温材料等系列产品。公司施工人员多，机械设备先进，尤其善于大项目突击作业。公司生产的地坪性能优良，品种全。完成的产品表现效果好，在广大客户中有良好的口碑。曾施工过的一些知名客户：如比亚迪、富士康、施耐德、上汽集团、广电股份、电气集团、宝钢集团、海尔集团等。

公司努力传播先进涂装理念，为客户创造价值，引领行业健康发展。公司有施工资质，具有一批施工经验丰富的专业人员，以保障产品的成功应用，用较少的代价获得理想的效果。

公司和一些科研院所有合作关系，及时吸收先进的研发成果。并将不断增加研发投入，寻求能提供超级技术的合作者，一如既往的诚实守信，和用户保持密切联系，服务好每位客户。努力使“正欧”成为国际品质商标的象征。

公司主要产品：

混凝土液态硬化剂、氟硅地坪漆、水性环氧地坪漆、水性聚氨酯地坪漆、无溶剂聚氨酯自流平地坪漆

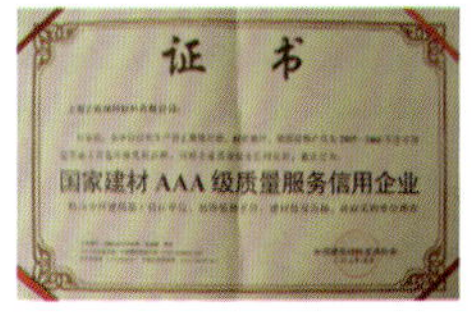

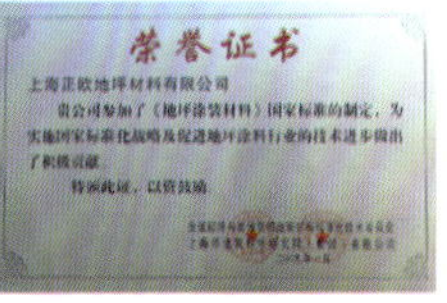

混凝土渗透染色地坪：

我们致力于混凝土地坪固化剂，地坪染色系列产品的开发和应用。

成品染色剂有20多种，用专用密封剂作保护配合使用，能有效地加重、提高和保护颜色，使之不褪色，有效减弱自然界的长久日晒，风吹雨淋以及酸雨等的侵蚀，是颜色丰富绚丽，纹路天然的彩色混凝土染色地坪。是采用了第三代锂基水溶液为基本原料，并使之纳米化的先进技术，与地面机械抛光工艺相结合，能够创出坚固、耐磨、持久、光鉴照人的染色混凝土。可以说是时尚美观，古朴自然，经久弥新的新潮地坪。

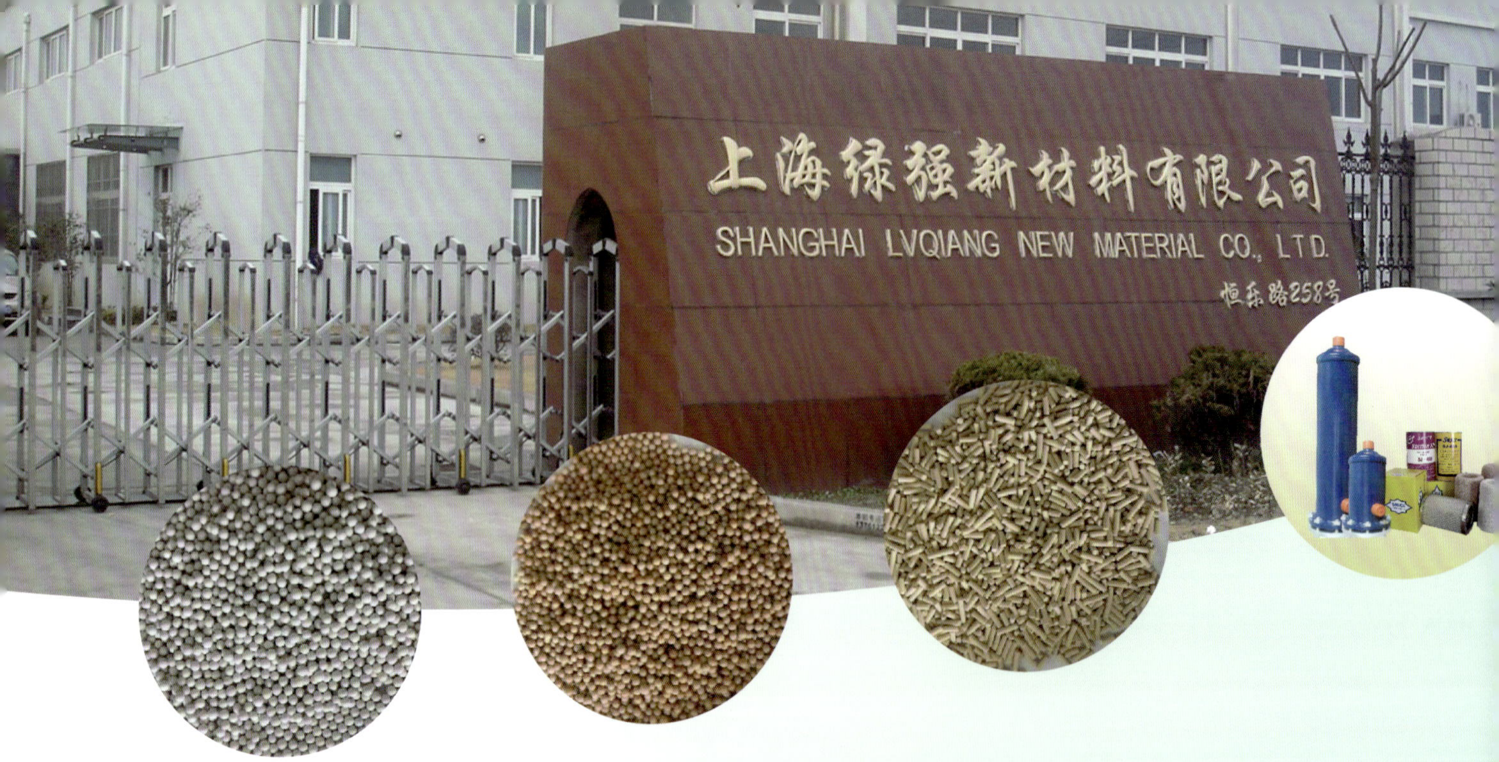

上海绿强新材料有限公司
SHANGHAI LVQIANG NEW MATERIAL CO., LTD.
恒乐路258号

上海绿强新材料有限公司

上海绿强新材料有限公司位于上海市嘉定区外冈工业区二区，由上海化工研究院投资兴建，是集研发、设计和生产于一体的高新技术企业。

公司承担过国家科技部863项目和省市级科技项目十余项，省部级奖励3项，国家重点新产品2项，发明专利20项，起草国家标准、行业标准6项。

主营产品为不同类型的分子筛、氧化铝、催化剂，承接特种用途的分子筛、催化剂装置的设计、安装、培训和售后服务。

典型产品

产品类型		应用领域或装置
分子筛	颗粒状分子筛	用于制冷、气动刹车、空分、石油裂解气和天然气干燥等
	干燥过滤芯	用于空调、制冷行业等领域等
	活化粉	用于涂料、有机溶剂脱水、建材等领域
催化剂	SAPO-34（ZSM-5）	用于流化床甲醇制烯烃（MTO、MTP）等装置
	ZSM-5	用于移动床催化剂或催化剂载体（1.4~2.0mm 球形）
氧化铝基吸附剂		用于脱除烯烃中 CO_2、脱除烯烃中醇醚等含氧有机化合物、脱除石油气中有机硫化合物等

地　址：上海市嘉定区外冈镇恒乐路258号　　邮编：201806
电　话：021-69577696-8005　　传真：021-69577870
联系人：周永贤　　手机：13917809691
网　址：www.sh-lq.com　　邮箱：sale@sh-lq.com

全国肥料和土壤调理剂标准化技术委员会分子筛分技术委员会

全国肥料和土壤调理剂标准化技术委员会分子筛分技术委员会（以下简称“分子筛标委会”）成立于2009年12月，是国家标准化管理委员会批准的标准化专业技术机构，国内编号：SAC/TC105/SC6。

分子筛标委会是国内唯一的全国性分子筛标准化归口和技术工作的组织机构，负责提出分子筛标准的体系框架、发展规划；组织分子筛国家标准、行业标准的制定、修订，并宣传、贯彻实施；提供分子筛产品和技术的咨询服务等。

秘书处为分子筛标委会的常设办事机构。标委会委员由分子筛的研究机构、检测机构、生产厂家、使用单位等组成。欢迎关心分子筛标准化工作的行业专家、学者加入分子筛标委会。

地　址：上海市云岭东路345号2号楼207室　　邮编：200062
电　话：021-52815377-0101　　传真：021-52802532
秘书长：王鹏飞　　秘书：朱琳
网　址：www.sricims.com　　邮箱：zhulin-z@126.com

上海杰富石油机械有限公司创建于 2003 年 1 月，是集设计、制造、销售服务为一体的现代化专业石油设备和阀门制造企业，是“闵行区科技小巨人培育企业”、“上海市科技小巨人培育企业”、“上海市‘专精特新’中小企业”。

公司拥有机加工、装配和压力测试、油漆流水线等先进设备以及现代化的检测、试验设施，并使用先进的设计开发管理软件，包括：CAD、Solid-works、ERP 等。其中研发、生产基地位于上海市闵行区浦江镇闵东工业区竹园路 128 弄 86 号，占地面积 7600m^2，总建筑面积 3500m^2。除此，公司在奉贤区胡桥镇租有 3000m^2 厂房作为装配车间。

公司主要产品和技术属于国家战略性新兴产业（高端装备制造）重点关注的领域。主要有阀门类、水下井口装置类、防喷器类及其它零配件类，共四大类产品的研究开发和生产。广泛应用于陆地、海洋石油开采，化工等工业领域。公司自成立即建立了完善的销售服务系统，尤其重视产品的售后服务。目前，公司已拥有自营进出口权，产品远销西半球：美国、加拿大、墨西哥、南美；东半球：欧洲、非洲、中东、亚太地区等 35 个国家和地区。

公司技术开发力量雄厚，核心技术团队既有从当时石油钻采机械行业的龙头企业——上海第二石油机械厂转来的老技术人员，又有年富力强的中年骨干，还有近几年进公司的年轻的工程技术人员，形成了由高级工程师、工程师及助理工程师组成的老、中、青结合的设计、工艺和制造队伍。主要来自于上海机电职工大学、哈尔滨军事工程学院等，形成了具有一定层次性的技术知识体系，持续开发能力强劲。

公司具有完善的质量管理体系，已获得美国石油学会颁发的 API 6A、API 6D 和 ISO9001：2008 等资质证书。产品设计采用 API、ASME、MSS 等标准，可以制造加工 PSL1-3 各种规范等级的石油设备，能满足对材料的多种需求：AA、BB、CC、DD、EE、FF、HH。

公司坚持科技进步，以质量求生存，以品质求发展，致力成为井口设备龙头制造商。

上海杰富石油机械有限公司

地址：上海市闵行区浦江镇竹园路 128 弄 86 号　电话：021-51096697, 021-54311730
传真：021-54311729　邮编：201112　电子邮件：fangsy@jfpv.com　网址：www.shjfpm.com

庄信万丰(上海)化工有限公司

庄信万丰成立于1817年,是一家全球性专用化学品公司,致力于发展催化剂、贵金属和专用化学品。作为世界先进催化剂生产技术的领导者,目前庄信万丰在30多个国家拥有近万名员工。

自1974年首次生产控制车辆尾气污染的催化剂至今,庄信万丰提供了占全球1/3的汽车催化剂。庄信万丰(上海)化工有限公司于2000年7月在上海松江建立,2001年6月启动生产,分别在北京、广州及重庆设有办事处。公司产品覆盖轿车尾气净化催化剂,轻型汽油及柴油车尾气净化催化剂,以及摩托车尾气净化催化剂。

在"客户满意 预防为主 零缺陷 持续改进"的质量方针下,公司拥有严格的尾气排放标准的生产技术,精确的涂覆生产工艺过程和产品技术,以及不断优化的工艺技术,一直为客户提供全球领先的排放控制技术及其改造和售后服务。

2002年6月,公司被TUV授予QS9000和VDA6.1认证证书,2004年5月获得TS16949认证证书。庄信万丰致力于提供最高质量的产品和服务,满足中国市场客户要求,以防止缺陷产生而不是检查已产生的缺陷的方式,达到一定的质量水准。公司遵循在系统、工艺和产品质量方面进行持续改进的思想,建立并控制质量标准,达到产品最高质量及零缺陷的工作要求。

公司不仅在产量上取得了不俗的成绩,同时还被客户评选为最佳供应商和最佳企业,被松江政府评为先进集体。庄信万丰走过了第一个十年,这十年,公司在开拓中壮大,在拼搏中进取,在创新中发展。这十年,闪耀的是全体员工的热情和智慧,注入的是全体员工的努力和奉献。

2007年,集团CEO Neil Carson先生提出"可持续发展是我们未来业务战略的关键"。

作为一家拥有近200年发展历史的跨国公司,"2017可持续发展目标",正是公司对科技的投入、对市场环境的认知、对环保产品的开发,以及采用高价值材料的责任管理。

庄信万丰(上海)化工有限公司以"2017可持续发展目标"为导向,努力创造更美好的生活环境,为提高人们生活质量,让我们携手迈向更加绿色的未来做出巨大贡献。

睿智稳健 追求卓越

——中国企业家·挪宝新能源集团董事长孙国平先生

孙国平，男，1964年出生于江苏张家港市，挪宝新能源集团创始人，现任挪宝新能源集团董事长兼首席执行官。

上世纪90年代，孙国平曾在国内担任一家电脑公司的董事长，在长期与外商进行商务往来中，积累了丰富宝贵的营销经验。1996年，他移居丹麦生活并把经营业务的主战场移至欧洲。在此期间，他敏锐地注意到丹麦是一个六成能源来自风能、太阳能等新能源的注重节能环保和科技创新的国家，这让他对新能源产生了浓厚的兴趣，尤其是当地已在运用的一种地源热泵技术。这种技术是利用浅层地热能，以土壤（地下水、地表水等）作为冬季热源和夏季冷源，并通过地源热泵机组向建筑物提供热量和冷量，并同时制备生活热水的新型中央空调技术。此后，他花数年时间开始潜心钻研国外先进的地源热泵技术及地源热泵设备原理，走访了欧洲知名地源热泵公司，并与他们建立了合作关系。

2003年孙国平回国后，发现国内报纸媒体都在倡导节能环保，党和政府对环境保护和节约能源方面给予的高度重视使他深受鼓舞，他看到了国内巨大的市场潜力，感到大力推广地源热泵技术的时机到了。他将在欧洲学到的地源热泵技术与中国的地质、环境等实际情况相结合，研究并改进欧洲地源热泵产品在国内商业领域的应用，创立了在地源热泵清洁能源领域集研发、咨询、设计、生产、销售、安装及能源服务于一体的挪宝新能源集团公司，大力实施低碳节能环保的挪宝品牌地源热泵中央空调系统的合同能源管理，迅速扩大国内市场份额，其核心竞争力和研发、管理水平迅速走在全国同行前列。他自主研发的模块化并联系统主机、无缝切换衔接技术、基坑埋管技术、多种节能技术的整合利用等，在实际运用中取得明显成效，被认为是在地源热泵技术领域的突破性成果，引起同行业专家学者的广泛关注。

2005年，孙国平先生创立了挪宝新能源集团，旗下包括江西挪宝电器有限公司、挪信能源技术（上海）有限公司、挪宝能源（南通）有限公司三家外商投资企业。

2005年5月，孙国平在江西共青城创建了挪宝品牌地源热泵主机研发生产基地。2009年9月生产基地转入小批量试生产。2010年3月，生产基地取得国家生产许可证，开始大批量生产。2010年5月挪宝产品顺利通过国家ISO9001－2008质量体系认证。目前，挪宝地源热泵空调系统已入选由建设部工程质量安全监督与行业发展司组织撰写的《建筑产品选用技术》暖通空调类目录，为国家推荐产品。挪信能源技术（上海）有限公司在上海市闸北区注册成立。2010年08月，国家发展改革委、财政部组织公布全国节能服务公司第一批清单，挪宝新能源集团公司旗下的挪信能源技术（上海）有限公司名列上海节能服务公司名单之首。

挪宝能源（南通）有限公司在江苏省南通市注册成立。2010年11月，挪宝新能源集团与苏通科技产业园综合管理办公室签订战略框架协议，由挪宝能源（南通）有限公司投资人民币325亿元，采用合同能源管理模式，为南通苏通科技产业园内5000万平方米建筑面积的各类建筑实施挪宝品牌地源热泵中央空调及生活热水集中供能，向园区内用户集中统一提供绿色环保、高效节能的能源服务，从而降低建筑能耗，减少环境污染。项目建成后，将取得巨大的经济效益，按5000万平方米建筑面积计算，预计每年为园区节能至少150万吨标准煤，减排350-400万吨二氧化碳，节省自来水费用1.5亿元人民币。

孙国平把国家和政府大力提倡的降低建筑能耗、实现低碳经济的历史重任视为己任，带领企业团队先后实施了以及正在实施多项大型地源热泵合同能源管理项目。上海地区项目包括东郊宾馆、东湖宾馆、龙柏饭店、新苑宾馆、闵行饭店、金沙江大酒店、天马俱乐部、达华宾馆、创意大院居泰隆家居体验馆、东方环球总部118号、318号、意邦国际建材品牌家居中心一期、二期、三期、上海三晗投资管理公司等；外地项目包括昆明上海东盟大厦、昆山港龙喜临门、淮安港龙置业项目、江苏泗阳医院、江苏低碳经济产业园、江阴金三角广场、青岛月星环球家居生活广场、南通台商城、江西共青开放开发区、张家港澳洋医院、江苏益兴大厦、苏通科技产业园研发中心、便利中心、人才公寓等，同时坚持以质量和服务取胜，赢得了广大客户的普遍赞誉。大部分项目已经完成并投入运营，综合节能效果十分理想。例如，上海东湖宾馆的合同能源管理项目中，原中央空调系统采用的是冬季柴油锅炉供应暖气，夏季冷水机组和冷却塔供应冷气，柴油锅炉供应全年生活热水的方式。经挪宝新能源集团公司对东湖宾馆采取地源热泵空调系统进行改造后，全年共节省锅炉燃油300吨、节省冷却塔用水量2万立方米、减少机房运行管理人员14人、节约设备维修费约人民币20万元、节省机房使用面积300平方米，避免了燃油对大气的污染，社会经济效益十分明显。

2009年底温家宝总理在哥本哈根全球气候变化大会上代表中国政府承诺，到2020年单位GDP碳排放量减少40%-45%。对于碳排放量几乎占全国碳排放总量50%的建筑业而言，大力建设绿色低碳建筑势在必行，其中又以中央空调系统的能耗为最大，节能减排迫在眉睫。孙国平创建的致力于节能环保地源热泵技术推广和应用的挪宝新能源集团，积极主动地承担起了降低建筑能耗、实现低碳经济的社会责任，必将为早日实现我国政府作出的节能减排承诺作出重要贡献。

在这一历史进程中，孙国平带领的挪宝新能源集团也将日益发展壮大，为我国节能减排事业持续向前发展发挥重要的领军作用。

吉富（中国）投资有限公司

吉富集团由刘吉人先生于 1998 年创立。

总部是一家跨国投资控股公司，业务涉及金融、地产、新能源和文创产业等四大领域。

集团资产总值约 150 亿人民币。

上海市委书记韩正调研吉富新能源公司。吉富集团董事长刘吉人介绍了集团发展规划及吉富新能源总经理刘幼海介绍高效光伏电池关键设备推动进度。

吉富集团总部大厦位于上海市黄浦江畔世博企业总部园区的 A09A02 地块。集团业务涉及金融、地产、新能源和文创产业等四大领域。

吉富新能源科技(上海)有限公司

JIFU NEW ENERGY TECHNOLOGY (SHANGHAI) CO.,LTD

设立于 2010 年 11 月，投资总额为七千万美元，位于上海市青浦出口加工区；已在上海市成功取得专利授权 70 件，并于 2011 和 2012 年获得科委专利优胜奖；2013 年加盟上海市研发公共服务平台；2014 年获国家科技部颁发《科学技术成果证书》；公司在上海市政府创新产业政策大力支持下，推动十二五高新技术战略新兴产业重大项目，专注于为客户提供高效光伏电池整体解决方案。

上海浦城热电能源有限公司

上海浦城热电能源有限公司是一家垃圾资源化的综合运营企业，管理国内首座千吨级生活垃圾焚烧发电厂——御桥生活垃圾发电厂和负责浦东城区垃圾收集与清运的上海浦发环境服务有限公司，实现了浦东生活垃圾收集、清运、焚烧和发电的产业链管理。

上海浦城热电能源有限公司为上海浦东发展（集团）有限公司和德国费赛亚巴高克环境工程公司共同出资经营管理的一家环保能源企业。该合作开拓了在城市基础设施领域的跨国合作先例，为开拓环保产业市场化道路进行了有益的探索。

主控室

公司依靠完善的管理和现代化的流程，实现了垃圾处理的减量化、资源化和无害化操作。2003 年－2006 年年均处理垃圾约 45 万吨，售电约 8680 万度。

采用拥有专利技术的炉排，通过使垃圾沿炉排表面向前移动、翻转、混合，使垃圾充分燃烧。

垃圾焚烧产生的热能通过加热余热锅炉中的水，并将水转化为水蒸汽，由水蒸汽推动汽轮机叶片，快速旋转的汽轮机带动发电机进行电磁转化，产生电能。

拥有一套先进的环保控制设备，确保生产的无害化和排放达标。

建成日处理能力 300 吨的渗沥水处理站，采用国际先进的专业渗沥水处理工艺，处理后达到上海市《污水综合排放标准》中三级标准排放，进一步改善环境质量体现，为中国生活垃圾发电厂的渗沥水就地处理树立了典范，也为同类项目再建提供良好的借鉴作用。

垃圾焚烧炉炉排

2006 年，通过 ISO9001 质量管理体系和 ISO14001 环境管理体系认证，进一步完善了标准化管理体系的建设，确立了绿色浦城的发展目标。

作为环保示范型工程和环保教育实践基地，我们积极承担起环保宣传和先进工艺展示的社会责任。每年接待约 2000 人次的参观访问。

伴随着浦东环保事业的发展，我们将继续为建设更美好的环境而努力。

主厂房

地址：浦东北蔡御桥路 869 号　　邮编：201204　　电话：68931581

上海华晖新材料科技有限公司

企业简介

高铁 南京南站

上海华晖新材料科技有限公司（前身上海华晖幕墙制作工程有限公司）成立于2002年，是由上海华旭幕墙制作有限公司和上海凌旺实业有限公司强强组合而成。公司业务范围涵盖幕墙材料——烤瓷铝板、氟碳板、蜂窝板、仿木纹板、仿大理石板等的制作及安装等领域；室内外各类装饰工程的施工；铝合金及塑钢门窗的制作及安装；金属制品加工及安装等。公司以“美即质量、美的实践者”为企业文化理念，自成立以来一直实施严格的质量控制和管理制度，致力于品牌建设，本着以人为本、科技兴业的理念，十分重视人才的培养和科技进步，已经在国内外树立起良好的公司形象和产品品牌。为了掌握核心技术，保证自己的研发能力，我公司建立了自己的研发中心，并与国内部分高校和科研机构建立了长期合作关系。

地铁 中华艺术馆站

作为我国较早生产烤瓷板的企业，我公司自主研制的“lingwang（凌旺）”牌烤瓷板（2004年获国家发明专利）凭借技术优势和品牌知名度，在高端产品应用领域具有较强的市场竞争力和较高的市场占有率，已在国内外享有崇高的声誉，并在诸多大型标志性工程项目竞标中脱颖而出，承担了北京奥运会倒计时牌、世博中国馆、上海中心、上海地铁九号十二十三号等线、高铁南京南站、济南西站、苏州地铁、新加坡航运大厦、越南体育馆、罗马地铁、缅甸机场等一系列重点建设项目，并获得用户的一致好评。我公司还从法国和日本引进的国际一流的自动化涂装生产线和数控设备，形成了年生产烤瓷板60万平方米的生产能力。随着我国全面启动各大城市地铁及高铁建设工程，烤瓷板作为低碳、环保、安全、美观的新一代装饰材料，在我国地铁领域应用快速扩张，且与我国地铁建设同步，必将拥有广阔的市场前景。未来的时间里，我们华晖将秉承“环保、低碳”等社会理念，全面推出我公司的自主产品——凌旺牌烤瓷板，并进一步加大技术研发的投入力度，以市场需求和行业发展为导向进行高效的产品研发，强化技术研发、市场营销、生产制造三大重要支柱建设，“凌旺牌”烤瓷板将领跑行业及生产的科技革命。

地铁 松江南站

上海华晖新材料科技有限公司经过多年的奋斗和创造，正迈进崭新的发展阶段。面对新的市场形势和未来挑战，公司以“客户第一、质量第一、信誉第一”为服务宗旨，将依托科技，用于创新，以市场为导向，以一流的质量保证和全方位的服务为保障，为广大用户提供更多更新的高品质产品。上海华晖新材料科技有限公司将立足国内、服务全球，立志成为世界一流的研发、生产企业，为社会做出更大的贡献。

地址：上海市松江区陶干路1228号　电话：021-57793232　传真：021-57792727

上海巴安水务股份有限公司

上海巴安水务股份有限公司是深交所上市公司(股票代码：300262)，公司主营业务涵盖工业水处理、市政水处理、固体废弃物处理、天然气调压站与分布式能源四大板块，是一家专业从事环保能源领域的智能化、全方位技术解决方案服务商。公司秉承以市政板块为基础，以工业和固废为两翼的一体化战略指针，具体体现为环保能源领域技术研发、系统设计、系统集成、系统安装、调试、EPC交钥匙工程和BT、BOT工程项目等。在十多年来形成的“多技术路线、多产品类型、多行业应用”的巴安经营模式下，公司坚持“在发展中聚焦，在守成中创新”的发展原则，秉持“深耕水务事业，改善我们的环境”的理念。在党的十八大三中全会所带来的重大机遇下，公司更以建设美丽中国为己任，充分发挥自身优势，在中心城区分质供水直饮水，污泥干化协同发电，危废处理等新兴领域均有所突破，为祖国生态文明建设贡献着自己的力量。

上海巴安公司拥有一批优质客户，分布在全国27个省市，涉及市政污水、市政自来水、电力、石化、天然气、冶金、钢铁、煤化工以及天然气分布式能源等行业，同时系统整体出口到东南亚国家和中东地区。公司拥有一批专利技术，在数个细分市场领域具有行业领导地位，拥有良好的成长业绩，是我国污水资源化和节能减排技术的开拓者和实践者。

公司是上海市院士工作站和国家人力资源和社会保障部颁发的博士后企业工作站，承担公司的研发任务和解决纵向技术课题。科技创新是推动公司发展的主要动力。公司是《石灰乳液自动配制成套装置》的国家化工业标准的制定者，也是《电去离子纯水制配装置》的国家标准制定者之一。

上海巴安水务股份有限公司一直坚持以技术创新为核心发展战略，并致力于新技术和升级替代型技术的产业化推广和应用。公司通过独立自主研发已经形成了饮用水深度处理技术、污泥薄层干化技术、污水深度处理技术、高浓度难降解有机废水处理技术、天然气调压站技术、分布式能源、油水分离技术、粉末树脂技术、污水深度处理及会用的石灰配制技术、微滤成膜技术等创新性水处理技术，且每一次新技术的推广都带动了公司业务的快速增长：凭借技术创新优势，公司目前在多项领域处于行业领先水平。

映瑞光电科技(上海)有限公司

——照亮世界 点亮生活

映瑞光电科技(上海)有限公司(以下简称"映瑞光电")成立于2010年7月,坐落于美丽的上海市临港产业区,是一家从事LED及相关产业链设计、研发与制造的中外合作的高科技企业。目前,映瑞光电股东包括香港皓腾有限公司、东莞康佳电子有限公司、北大青鸟集团旗下青鸟环宇及思倍科技以及上海盛今创业投资有限公司。2010年7月29日,映瑞光电与上海临港集团签约LED光电项目,项目规划在浦东临港产业区打造国家级LED产业化示范基地。时任中共中央政治局委员、上海市委书记俞正声出席项目签约仪式,并在项目建设过程中两次莅临现场考察、指导。2011年1月,映瑞光电LED产业化项目正式动工,项目开工建设及投产以来,市区各级主管部门高度重视本项目的进展,并给予了大力支持。

公司主要产品为高亮度LED外延片及LED芯片,垂直结构、倒装结构LED芯片是映瑞光电最具特色及核心竞争力的产品。2013年3月,蔡为民先生担任映瑞光电董事长,公司的核心产品、市场地位、销售规模及内部营运管理水平等指标大幅攀升,公司走上良性发展道路。2013年4月,映瑞光电引进以美国Sandia国家实验室终身资深科学家李起鸣博士为首的国际顶尖技术团队。该团队成功解决了在产品发光效率保持稳步提升的前提下,芯片尺寸逐步缩小的行业难题。目前,公司已成功量产国际先进的小型化芯片,研发出垂直结构、倒装结构LED芯片,这不仅带来产能提升和成本下降,同时大大提升了产品核心竞争力。

2013年四季度,随着LED背光和LED照明市场的快速启动,行业发展得以复苏。为了充分发挥映瑞光电产品技术优势,抓住当前产业发展的有利时机,公司正积极扩充产能,扩大销售规模。公司计划未来两年,持续增加对技术创新的资金投入,加快技术创新步伐,通过技术优势结合产能规模优势,尽快做强做大,实现公司的长远发展目标。

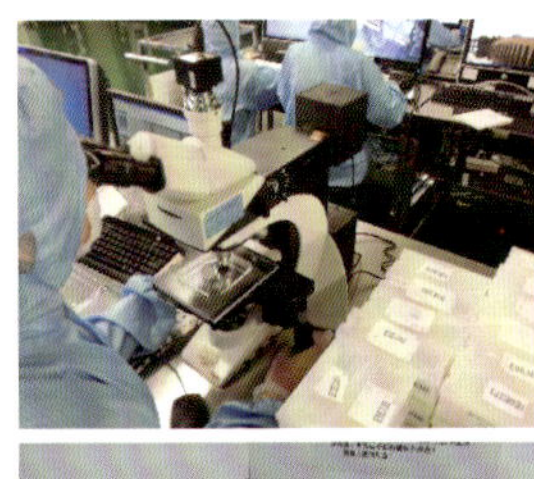

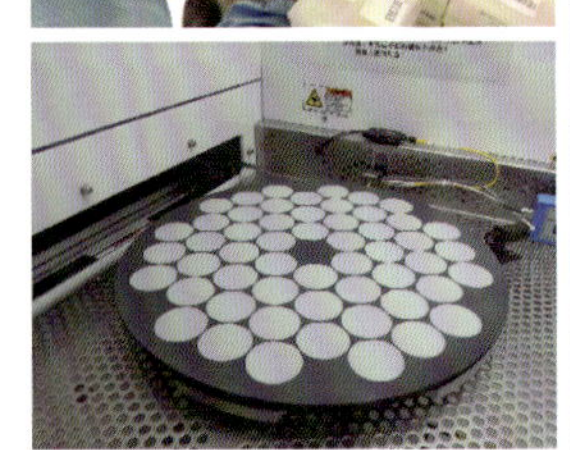

中国联合网络通信有限公司上海市分公司

中国联合网络通信集团有限公司(简称“中国联通”)于2009年1月6日在原中国网通和原中国联通的基础上合并组建而成，在国内31个省(自治区、直辖市)和境外多个国家和地区设有分支机构，是一家在纽约、香港、上海三地同时上市的电信运营企业，连续多年入选“世界500强企业”。

中国联通主要经营固定通信业务，移动通信业务，国内、国际通信设施服务业务，卫星国际专线业务，数据通信业务，网络接入业务和各类电信增值业务，与通信信息业务相关的系统集成业务等。中国联通于2009年4月28日，推出全新的全业务品牌“沃”，承载了联通始终如一坚持创新的服务理念，为个人客户、家庭客户、集团客户提供全面支持。

中国联合网络通信有限公司上海市分公司（简称上海联通）是中国联通在上海的重要分支机构，拥有包括移动和固定通信业务在内的全业务经营能力。自融合重组以来，上海联通以全业务经营和“沃3G”发展为创新引擎，用五年时间实现了经营业绩的稳步提升，主营收入从融合之时的39.12亿元增长到目前的83.6亿元，在中国联通集团公司的综合业绩考核中，连续五年名列前茅。截至2013年底，上海联通资产规模达到150亿元人民币，用户总数701万户，其中移动电话用户624万户，3G用户342万户。

上海联通还积极参与上海“智慧城市”建设，五年来累计投入160多亿资金，主要用于光网络、3G移动通信网络及信息化的建设，网络质量和覆盖范围得到了明显的改善。未来三年，上海联通将继续投资100亿，构建第四代宽带无线移动通信网，提升城市光纤宽带网络能级，推进中国(上海)自由贸易试验区、上海国际旅游度假区等重点区域基础建设，为“智慧城市”海量信息的数据传输提供更高能级的网络保障。

同时，作为上海市信息化建设的主力军，上海联通依托先进的信息技术和强大的网络能力，开发了涉及多个行业的几千种信息化的智能应用，形成了独具特色的信息化产品和服务。今后，还将在上海市委、市政府和中国联通集团公司的领导下，围绕“全面建成小康社会”的宏伟目标，严格履行对社会的承诺，不断提升服务水平。为中国电信业的改革发展，为上海城市建设和经济发展做出应有的贡献。

hina
nicom中国联通

上海质尊溯源电子科技有限公司

上海质尊溯源电子科技有限公司，作为质溯集团的核心成员公司，是集科研、生产、系统集成为一体，以科研为先导，具有较强技术实力和现代化经营管理水平的高科技公司。综合运用无线射频识别(RFID)技术、移动通讯技术、物联网信息服务及信息安全技术，专注于产品质量追溯和防伪领域网络智能化管理。公司拥有百余高学历、经验丰富的研发和业务团队，为国家双软企业，拥有 8 项国家专利技术、10 项软件著作权、5 项集成电路、国密产品销售和生产许可证。

2010 年国家金卡办发函(金卡办函 [2010]16 号)委托 RFID 产业联盟与公司合作，筹建《国家质量追溯和防伪数据中心》，致力于打造通用的产品信息追溯与防伪的大数据平台，支持智慧城市建设。

公司为中国 RFID 产业联盟副理事长单位、中国防伪技术协会副理事长单位、上海新一代视频监控产业技术创新联盟秘书长单位、中国防伪行业协会理事单位、高新技术企业、双软企业，致力于物联网技术在中国的普及推广和应用。

2013 年 12 月 28 日以《国家质量追溯和防伪数据中心》为中心的“质量追溯和防伪产业园”在普陀区桃浦安防智慧谷举行开工典礼开始动工建设。

主要产品：

- ZTrace 质量追溯与防伪系统及解决方案
- 专用 RFID 芯片、标签与终端设备
- 国家质量追溯与防伪数据中心平台

联系方式：

- WEB:http://www.rfidcer.cn
- TEL:021-61959199
- FAX:021-61959100

解决方案

应用解决方案设计和建设

公众服务

国家质量追溯与防伪数据中心

上海奕瑞光电子科技有限公司

上海奕瑞光电子科技有限公司（以下简称为“奕瑞”）为高新技术企业，于2011年3月7日注册成立，坐落于上海浦东张江高科技园区内，专注于国际前沿的非晶硅数字X射线探测器的研发及生产，向客户提供优质的平板探测器及DR解决方案，注册资金为5000万元人民币。奕瑞现有办公区及厂房4000平米，配备有十万级及万级无尘室两处、高配置的硬件实验室四处、设备完善的X线室三处，并针对研发及生产需要，配置有其它专业的研发及生产设备。

公司前台

奕瑞的主要产品是非晶硅X射线探测器，是数字X线成像设备的关键部件，被广泛用于人体及兽用医疗诊断、发现材料或工件内部和表面所存在的缺陷、测量工件的几何特征和尺寸、测定材料或工件的内部组成、结构、物理性能和状态等。

通过技术吸收和自主创新，奕瑞掌握了大面阵高灵敏度非晶硅平板设计和制备、闪烁体贴合技术、内置自动曝光控制（AEC）技术、低噪声成像电子学等关键技术，具备了非晶硅X射线探测器的研制能力，目前已实现了静态系列平板Venu1717M，Venu1417P的商业销售，其性能指标直达到国际先进水平。

办公室环境

同时，奕瑞已经取得ISO9001、ISO13485质量管理体系认证证书、医疗器械生产经营许可证、医疗器械注册证、辐射安全许可证、高新技术企业证书、浦东新区企业研发机构、平板探测器系列产品CE认证、平板探测器NDT1717产品北美NRTL认证证书、平板探测器上海市高新技术成果转化认定证书、平板探测器Venu1717M上海市专利新产品证书等证书。

公司十分重视国际市场的开拓，每年均派人分别到欧洲、美洲、东南亚等地开展市场实地考察，同时应邀参加了行业内著名展会如欧洲放射学展览会、北美放射学展览会、美国迈阿密国际医疗设备展览会、阿拉伯国际医疗设备展览会、南非国际医疗器械展览会，均取得良好的反应。2013年11月，为进一步加强奕瑞在欧洲的市场地位，奕瑞第一家子公司在德国正式成立。目前，奕瑞已迈入全球同行业前十，与法国、美国、日本等地的跨国企业共同竞争。具备年产2000台非晶硅平板探测器和1000片碘化铯闪烁屏（产值4个亿）的生产规模。其销售的所有产品均拥有自主知识产权。

净化室实景

根据国际医疗器械市场对X线机尤其是平板探测器的需求及我司良好的成长态势，奕瑞将进一步扩大再生长，将为当地增加就业机会，推动区域经济增长。

证　书

项目编号:201401007　项目等级:A　技术贡献系数:0.90

项目名称:高亮度防蓝光LED球泡灯(XL-CX)

项目单位:上海祥羚光电科技发展有限公司

该项目经审定，认定为上海市高新技术成果转化项目，

有效期至2019年2月。

上海市高新技术成果转化项目认定办公室

2014年2月21日

证　书

项目编号:201111517　项目等级:B　技术贡献系数:0.86

项目名称:YAG高效环保型LED专用黄色荧光粉(XLY555)

项目单位:上海祥羚光电科技发展有限公司

该项目经审定，认定为上海市高新技术成果转化项目，

有效期至2016年11月。

上海市高新技术成果转化项目认定办公室

2011年11月28日

上海祥羚光电科技发展有限公司，是集研发、生产、销售为一体的高科技企业，注册资金2000万元。主要从事新型光电材料技术的研究及其开发应用，产品包括LED用各类荧光粉，LED球泡灯、日光灯、射灯、筒灯、工矿灯、路灯等。2012年获市高新技术企业认定，现有21项专利。公司现有研发技术人员15人，占员工总数30%，分别来自湖北大学、南京工业大学、温州大学、厦门大学、桂林电子科技大学等知名高校。公司LED研发中心占地10亩，新建LED研发大楼(含办公楼和员工宿舍)、热处理车间、四层生产车间及成品、原料、厂库，总建筑面积6500平米，实际使用面积约3500平方米，其余面积用于企业日后扩建。

2009年起祥羚光电自主研发近／远程荧光体材料，公司生产的YAG黄色荧光粉，通过配方改进和工艺创新，大幅提高了不同主波长荧光粉的发光强度。2013年祥羚光电研发生产的“XL-CX系列”高亮度防蓝光LED照明绿色光源产品，产品是在蓝色LED芯片激发YAG黄色荧光粉复合产生白光的基础上，通过荧光罩二次激发产生白光，比普通白光LED产品的光色更均匀柔和，颜色更协调，消减眩光，有效降低光生物危害性，成为实际意义上的面光源。祥羚新技术成果实现了LED照明的真正绿色化、安全化，通过降低蓝色比来实现保护生物体尤其是人眼视网膜不被过强蓝光伤害，是值得信赖的LED照明产品。2013年8月，公司联合上海照明电器行业协会，于上海灯具城举办新型LED(低蓝光)照明技术成果发布会，吸引了来自全国各地的近百名照明业内人士。祥羚光电依靠新技术走品牌化战略，承载着研发安全的新型LED照明技术成果及中国LED照明产品低蓝光化的重要使命。

目前，祥羚光电新型LED照明技术在国内、国际上均属于领先水平，新技术成果被认定为“上海市高新技术成果转化项目”。2013年上海祥羚光电科技发展有限公司成为“国家节能服务机构（上海）备案企业”。公司秉承节能减排的理念为各类企事业单位提供专业化的工程改造和合同能源管理服务，目前已和多家大型企业建立了长期战略合作。

上海祥羚光电科技发展有限公司

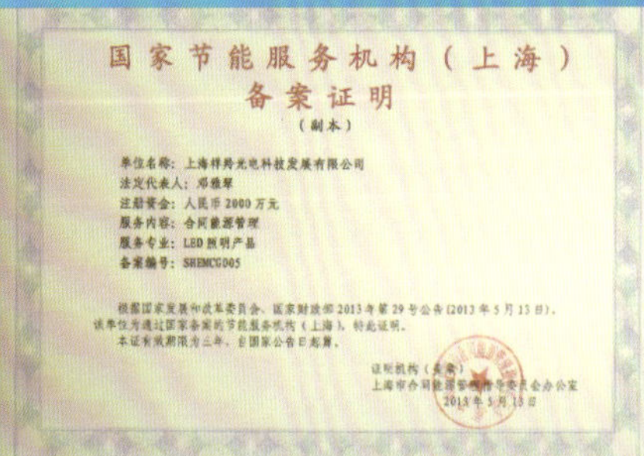

国家节能服务机构（上海）

备案证明

（副本）

单位名称：上海祥羚光电科技发展有限公司

法定代表人：邓雅琴

注册资金：人民币2000万元

服务内容：合同能源管理

服务专业：LED照明产品

备案编号：SHEMCG005

根据国家发展和改革委员会、国家财政部2013年第29号公告(2013年5月15日)，该单位为通过国家备案的节能服务机构（上海），特此证明。

本证有效期限为三年，自国家公告日起算。

证明机构（盖章）

上海市合同能源管理指导委员会办公室

2013年5月15日

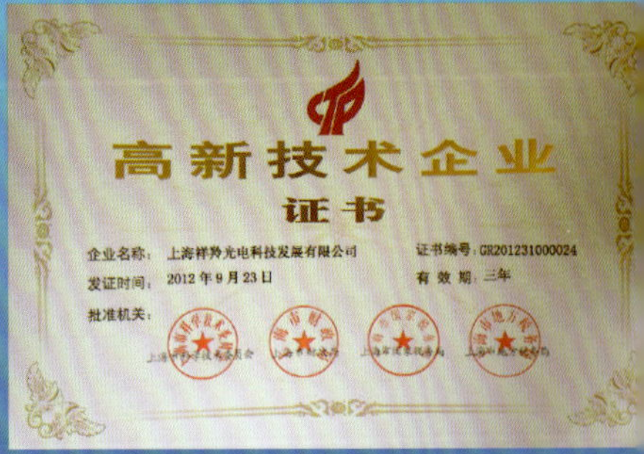

高新技术企业

证书

企业名称：上海祥羚光电科技发展有限公司　证书编号：GR201231000024

发证时间：2012年9月23日　有效期：三年

批准机关：

上海华腾软件系统有限公司

上海华腾软件系统有限公司是一家专业从事大型应用软件系统开发和集成的高新技术企业。公司成立于1993年，总部设在上海，在北京、广州、重庆、苏州均设立分支机构，员工总数超过2700人，用户遍及全球。

基于"支付清算"和"消息交换"两大核心技术，华腾软件在银行交易信息交换及资金清分清算、信用卡业务、贷款管理、票据管理、移动支付、电子商务、城市公交"一卡通"、轨道交通自动售检票、场馆展览票务、社保与征信等行业领域拥有一流技术和成功案例；公司集行业知识、软件开发、系统集成、运营维护、商业策划、项目管理为一体，坚持"自主创新、自有品牌、立足上海、服务全国"的发展战略，在金融电子化、社会信息化、电子商务等领域，为海内外数百家客户提供了行业解决方案和系统集成服务；近年来，公司还开展了基于云计算的金融数据处理托管服务，开发基于嵌入式软件的智能终端设备的研发与监造，致力于提供端到端的支付解决方案，以成为中国支付领域行业解决方案服务商的领先者为使命。

公司注重核心技术的发展和积累，形成了一批具有自主知识产权的软件产品，拥有软件著作权106项，完成软件产品登记86项，以及2项实用新型专利；其中两项产品获上海市科技进步一等奖，产品和解决方案屡次获得国家及市级优秀产品等荣誉称号。公司全面通过ISO 9001:2008质量管理体系认证和CMMI三级评估，拥有国家计算机系统集成一级资质，是国家四部委联合认定的国家规划布局内重点软件企业，也是上海市政府认定的上海市软件企业、上海市高新技术企业和上海市科技小巨人企业。

上海华腾软件系统有限公司将与海内外客户朋友和行业合作伙伴共同发展，多元共赢，让人们全面享受进入信息社会所带来的价值。

地址：上海市虹漕路448号11楼
邮编：200233
电话：(86-21)6191-1800
传真：(86-21)6191-1801

上海爱可生信息技术有限公司

最领先的高性价比企业整体数据库平台解决方案提供商

随着信息化的发展，许多企业面临着当数据量、查询量急剧增加时而导致后台数据库服务器负载过大并成为其业务主要瓶颈的问题。而现有的数据库集群系统很难满足海量数据存储和检索的性能要求，也需要付出昂贵的成本代价。如何应对高并发访问、海量数据处理和严格的实时业务需求，同时提升企业内部IT系统性能、可靠性、扩展性和效率成为众多企业关注的核心。

爱可生™MySQL数据库分布式集群解决方案能使MySQL等开源数据库组成大规模的分布式集群，可承载海量数据的在线交易处理等业务系统，帮助企业应对不断变化的业务需求及挑战。

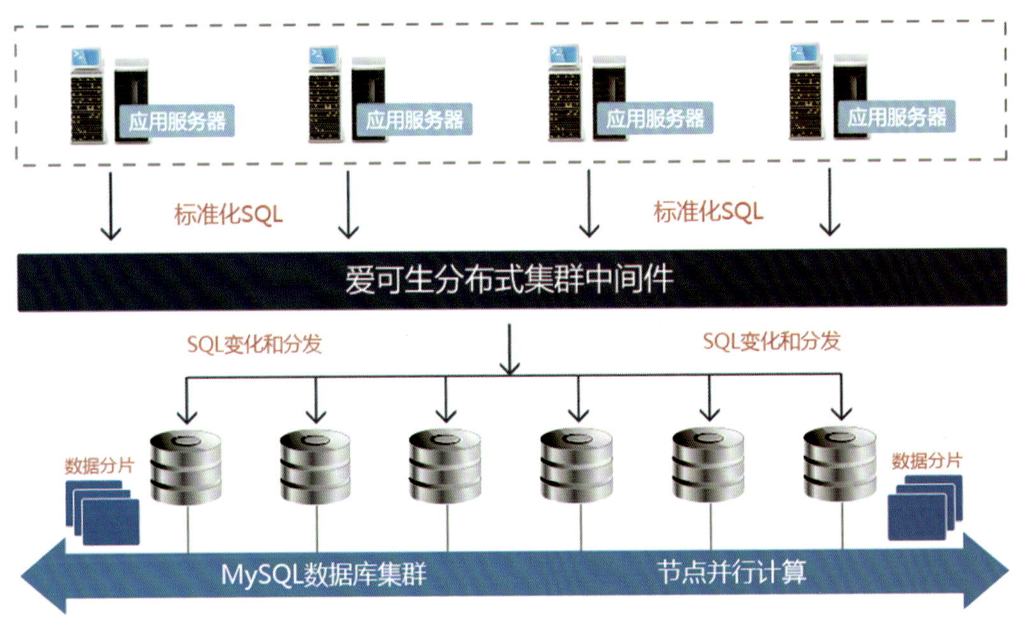

信息·管线

上海市信息管线有限公司是上海市信息投资股份有限公司的全资子公司，公司成立于2000年9月，注册资本2.1818亿元。

根据上海市人大常委会2000年8月颁布的《关于加强本市基础通信管线管理的决定》，经市信息办批准，由管线公司专业从事上海集约化信息通信管线建设与运营，对本市基础通信管线建设实行统一规划、统一建设、统一管理。

截止2011年底，公司总资产规模为19.5亿元，净资产为10.9亿元。

公司主要经营范围包括通信管道、通信机房和光纤线路的建设、销售和出租、运营维护及工程抢修、集约化信息管线专业领域的工程设计，技术承包、开发、咨询。

经过13年建设发展，公司累计建成信息通信管道7191沟公里，集约化管道已到达市域所有行政区县，在中心城区的覆盖率达到85%以上，同时完成了各类商业楼宇、居住小区、移动基站和各企事业单位的信息通信管道接入4416处。

近年来，公司为配合智慧城市的信息基础设施发展需求，启动了“上海城市公共光纤网”的建设。现利用上海地铁1、2、7、9号线和多处黄浦江越江隧道、大桥敷设光缆已达2200多皮长公里，光纤网络已初现雏形。并向公安、交警、部队、政府部门和大型企事业集团、教育、文化、科研单位提供光纤业务服务。

公司通过了ISO9001：2008标准质量管理体系认证，获得了《通信网络代维（外包）企业资质等级证书》，拥有一支管理规范、训练有素、装备齐全的管道光缆运维抢修队伍。公司的《上海城市集约化信息基础设施资源综合管理平台》和GPS人、车实时监控和动态调度系统为管线运维提供了有效支撑，使公司的管线运维保障工作更为有序高效。确保党的“十八大”期间，全市管网的安全运营

上海无委无线电检测实验室有限公司

上海无委无线电检测实验室有限公司成立于2006年8月18日。2012年1月8日，在上海市经济和信息化委员会、工业和信息化部无线电管理局、国家无线电监测中心和上海市无线电管理局的指导下，按照服务产业、开放融合方式组建的公共服务平台——上海市无线电检测中心正式揭牌，中心以上海无委无线电检测实验室为主体，以国家无线电监测中心检测中心上海工作站、国家无线电产品质量监督检验中心上海工作站为支撑，全面推进面向国际国内的全业务测试能力建设。

资质认定

计量认证证书

ilac-MRA CNAS

中国合格评定国家认可委员会

实验室认可证书

（注册号：CNAS L3422）

上海无委无线电检测实验室有限公司

中国合格评定国家认可委员会授权人

中华人民共和国国家版权局

计算机软件著作权登记证书

主要从事：

1、无线电发射设备型号核准检测；

2、CCC认证；

3、CE认证；

4、FCC认证；

5、IC认证；

6、GCF/PTCRB认证；

中兴通讯股份有限公司

中兴通讯及接入产品

中兴通讯是全球领先的综合通信解决方案提供商。公司通过为全球160多个国家和地区的电信运营商和企业网客户提供创新技术与产品解决方案，让全世界用户享有语音、数据、多媒体、无线宽带等全方位沟通。公司成立于1985年，在香港和深圳两地上市，是中国最大的通信设备上市公司。

中兴通讯拥有通信业界最完整的、端到端的产品线和融合解决方案，通过全系列的无线、有线、业务、终端产品和专业通信服务，灵活满足全球不同运营商和企业网客户的差异化需求以及快速创新的追求。2013年中兴通讯实现营业收入752.3亿元人民币，净利润13.6亿元人民币，同比增长148%。目前，中兴通讯已全面服务于全球主流运营商及企业网客户，智能终端发货量位居全球第六及美国前四，并被誉为“智慧城市的标杆企业”。

从1986年中兴通讯果断决策自行研发交换机、1987年第一台交换机通过技术鉴定并取得邮电部颁发的入网许可证开始，中兴通讯有线产品走过了一条自主创新、不断超越的发展历程，20多年的有线产品发展也体现了整个行业的通信网络发展轨迹。作为DSL Forum、FSAN等国际标准组织的成员，中兴通讯在有线产品创新方面保持业界领先地位。目前，中兴通讯固网产品已规模服务于100多个国家150多家运营商。

为了满足全球运营商不断增长的业务发展和网络建设需要，把握行业整合的机遇，实现公司有线产品保持行业领先水平，不断和高端主流运营商拓展合作，中兴通讯将坚持和强化持续创新、成本领先、快速定制的发展策略，为全球运营商用户提供融合、创新、面向下一代的有线解决方案；并持续推进管理组织变革和项目化运作，使卓越的工程交付与服务成为公司重要的竞争力之一。中国资本的支持及稳健的财务状况以使得公司能够通过融资为客户在业务拓展和网络建设上提供有力的财务服务支持。从而，中兴通讯能够从综合解决方案提供、网络建设交付和工程、融资与财务等方面，为客户提供全面和满意的产品／方案与服务，帮助客户更好地成长和发展。

宽带接入创新与规划

中兴通讯固网接入包括MSAN、xPON、xDSL、Cable、终端、家庭网络、专业服务全系列产品，并提供了完整的FTTx、光铜合一、家庭互连、智能家居、智能ODN、宽带运维、网络优化等解决方案。

近期规划FTTM解决方案，规划新一代CBU产品，支持IEEE 1588时钟传递，支持以太网OAM及MPLS功能，支持便捷的业务开通及层次化QoS，支持10G PON上联提升带宽，规划SFP ONU方便和4G LTE微站集成，满足4G LTE微站承载需求。

规划FTTdp解决方案，规划单端口和多端口DPU产品，支持DSL、Cable、以太网接入，支持反向供电，并采用FTTH的业务开通模式，解决FTTH部署过程中入户困难问题，并实现按需部署；对于DSL接入，除了规划VD2还规划满足千兆入户的G.fast，对于多端口DPU同时规划支持Vectoring功能，提升用户接入带宽。

规划支持面向下一代的满足NGPON2应用的PON OLT软硬件架构，支持更大的槽位带宽，支持更大的背板交换能力，提供40G速率接入，支持上联100G速率接口，支持IPv6路由协议，并支持SDN架构，满足未来业务及技术演进需求。

光接入领域最优方案和产品系列

作为FTTx领域的领导者，中兴通讯提供系列化的解决方案和产品助力宽带中国的有效实施和各大运营商的光进铜退、带宽提速建设。解决方案涵盖FTTH、FTTO、FTTB、FTTN、FTTM、FTTdp等不同应用场景，持续有效地建设经济、高效、弹性的宽带接入网，满足不断发展的业务需求，提升价值。

中兴通讯提供包括OLT、MDU/ONU/ONT、ODN/智能ODN、网络管理和运维等一揽子解决方案，提供业界最齐全的产品系列和灵活的设备形态，支持EPON、GPON、10G PON和NG PON2的统一平台。适配全业务应用和差异化部署；多种措施保证QoS和系统安全可靠性；绿色节能，有效实现前向兼容和后向的平滑演进；高效、统一的管理和轻松运维有助于快速部署、简化管理并节省投资。

根据OVUM的报告，2013年中兴通讯FTTx市场份额全球前二，10G PON市场份额第一。第四季度GPON市场增速第一。夯实行业领导者地位。

中兴通讯在FTTx标准推动与跟踪、新技术产品研究开发，网络规划设计、管理和检测等领域积极探索，为FTTx的部署提供端到端的科学解决方案。并致力于以专业品质提供客户满意的服务。

中兴通讯与上海

上海在“十二五”规划中制定了“智慧城市”的宏伟目标，并正式发布了《智慧城市上海发展报告(2012)》。报告指出，作为一个拥有2400万人口的国际特大型城市，智慧城市是上海城市建设与社会发展的必然趋势，而高速宽带网络是“智慧城市”最重要的基础设施。上海几个运营商在国家宽带战略的旗帜下，苦心耕耘，取得了骄人的成绩，而中兴通讯作为上海电信、上海联通、上海移动的战略合作伙伴，也给予了最大程度的支持；

在上海电信市场，中兴通讯一直是固网最大的现网厂家，特别随着上海电信“城市光网”的建设，中国电信上海公司公司光网覆盖能力将达到780万户；光网用户达将达到360万户；中兴通讯完成现网OLT部署近90000个PON口，市场份额超50%，光网终端发货量近150万，成为现网最大的终端设备提供商；随着合作的深入，中兴通讯配合上海电信做了后续技术的演进工作，完成了非对称10GEPON的试点工作，近期正在启动对称10GEPON的测试工作，为上海电信后续的带宽升级解决了后顾之忧。

中兴通讯也是上海联通的长期合作伙伴，随着带宽的逐步提升，上海联通也启动了PON建设，中兴通讯截至目前完成OLT部署近8000个PON口，终端完成发货8万多台，市场份额达到40%，给上海联通网络建设提供了强有力的支持。

在上海移动(铁通)市场，中兴通讯凭借强有力的技术实力，中标上海铁通GPON项目，截至部署OLT共36套，终端近15000线，市场占有率达到65%，在技术上，中兴通讯独家协助上海移动完成集团GPON时间同步子项目测试，性能指标优异。

2013年中国电信集团上海市电信公司与上海中兴软件有限公司(中兴通讯子公司)联合申请上海市战略性新兴产业发展专项资金技术创新项目“40Gbps TWDM PON关键技术攻关与产业化”。

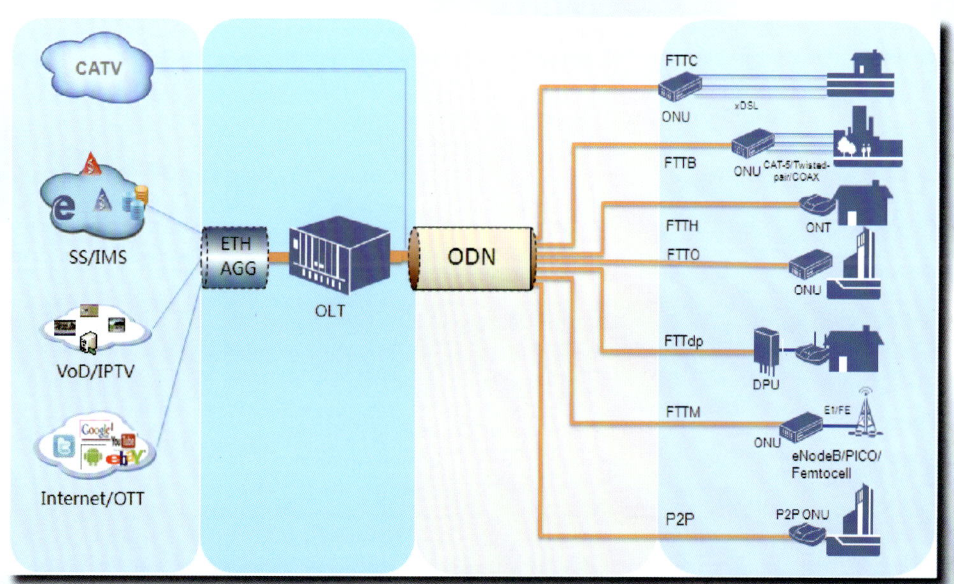

公安部第三研究所

公安部第三研究所创建于 1978 年，是公安部直属科研单位，肩负着科技强警重任，为公安一线提供技术支撑与服务。所本部位于上海市岳阳路 76 号，在浦东张江高科技园区及北京市区分别设有研究基地、业务机构。现有干部职工 1700 余人，其中科研人员 1300 余人，具有博士、硕士研究生以上学历人员 520 余人。

三所主要研究领域包括信息网络安全、物联网、特种通讯、禁毒、反恐防爆、图像处理和传输以及社会公共安全防范技术等。拥有博士后科研工作站、国家反计算机入侵和防病毒研究中心、信息网络安全公安部重点实验室、电子数据司法鉴定实验室等一批国家级、部级专业技术实验室。先后承担了国家科技支撑计划、“863”、高新技术产业化项目和发改委、科技部、公安部、上海市等国家级、省部级重要课题的研究任务，在网络电子身份认证（eID）、视频结构化描述（VSD）、射频识别（RFID）、警用数字化单兵（PDD）等领域取得显著成绩，多次获得国家级、省部级科学技术奖励。自 1995 年至今，连续被上海市科委认定为高新技术单位。2005 年通过了 ISO9001 质量管理体系认证。

三所将以创建公安科技领域一流研究所为战略目标，以服务公安实战为使命，以“敢为人先，引领发展，科技强警，励志报国”的核心价值观为引领，按照“科研与实战一体化、科研与产业一体化、科研与检测服务一体化、科研与教育培训一体化”的工作布局，“苦干加巧干”的发展思路，坚持与时俱进、开拓创新，热情服务，不断破解公安实战中的关键技术难题，为科技强警做出新的贡献。

荣誉及资质等：

1、高新技术企业

2、涉密计算机系统甲级集成资质单位

3、博士后科研工作站

4、信息安全等级保护关键技术国家工程实验室

5、信息网络安全公安部重点实验室

6、国家专业技术人员继续教育基地

7、上海辰星电子数据司法鉴定中心

8、公安部信息安全等级保护评估中心

9、国家安全防范报警系统产品质量监督检验中心（上海）

10、公安部计算机信息系统产品质量监督检验中心

11、公安部网络侦察技术研发中心电子数据勘查取证分析实验室

12、安全防范与信息安全产品及系统检验实验室

13、公安部信息安全产品检测中心

14、公安部安全防范报警系统产品质量监督检验测试中心

15、上海市安全防范产品质量监督检验站

16、与上海交通大学智能视频评测联合实验室

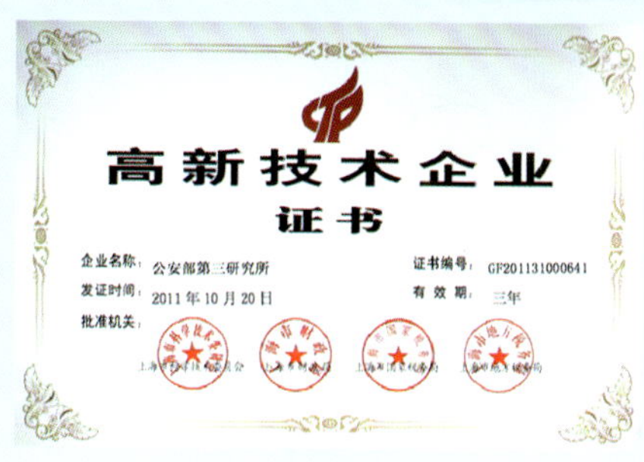

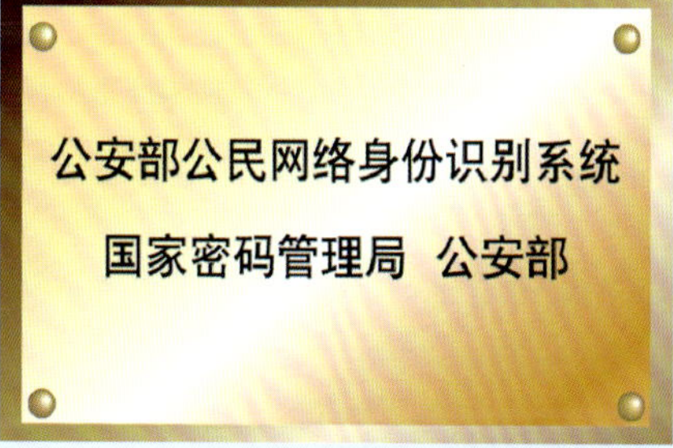

公安部信息安全
等级保护评估中心
中国国家认证认可监督管理委员会

国家安全防范报警系统
产品质量监督检验中心
（上海）
中国国家认证认可监督管理委员会

公安部计算机信息系统
产品质量监督检验中心
中国国家认证认可监督管理委员会

上海和辉光电有限公司

量产线首片产品提前点亮

可行性原型机2013.01
6" VGA(133PPI)

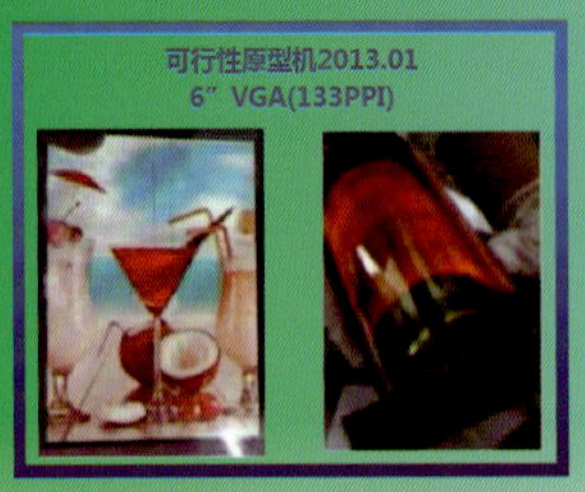

设计原型机2013.06
4" HVGA(150PPI)

量产原型机2013.12
5" HD(294PPI)

量产首片产品2014.03.12
6" HD(245PPI)

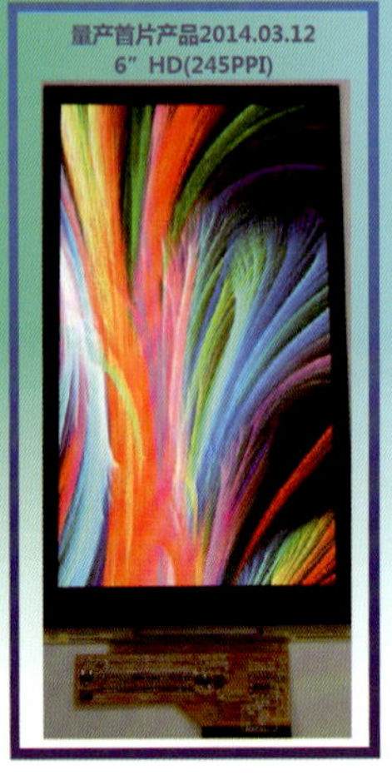

量产首片点亮
2014.03.12
6" HD(245PPI)

和辉光电经过一年半时间的努力，相继完成可行性原型机（左上图）、设计原型机及量产原型机（左下图）的点亮，验证了技术团队的设计能力，最终于2014年3月12日点亮了量产线首片产品（右图）。

专注的发展战略

- 专注AMOLED领先技术
- 专注中小尺寸显示屏
- 专注中国广阔市场

AMOLED：
优势：出众视觉表现、绿色健康、轻薄柔性
性能表现全面超越LCD

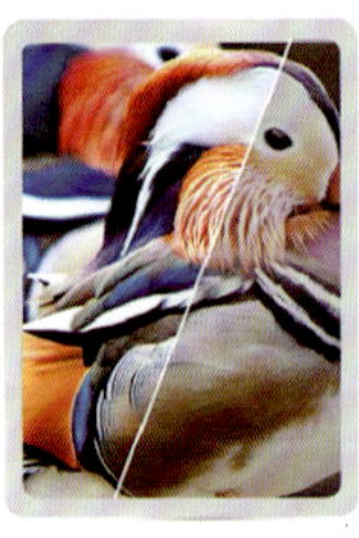

中小尺寸：
应用：智能手机、平板电脑、游戏机、车载、工业应用等
市场成长快、附加值高

中国市场：
总人口：13.4亿
手机用户：10.9亿
3G/4G用户：2.1亿
（截止2012年11月）

Source: www.mobithinking.com/mobile-marketing-tools/latest-mobile-stats/#chinasubs

公司专注的发展战略：

o 专注 AMOLED 领先技术

作为新一代显示屏技术，AMOLED 相较于 LCD，不仅能够提供更加亮丽的视觉效果，更有开发柔性显示屏的潜力，符合下一代移动终端的需求。和辉光电汇聚大量行业内专家，将成为国内首家量产 AMOLED 显示屏的厂商。

o 专注中小尺寸显示屏

中小尺寸显示屏是发展最迅速，附加值最高的市场区块。聚焦中小尺寸屏幕，可为企业创造更大价值。和辉引进全球最先进的中小尺寸显示屏生产线，集中力量，做强企业。

o 专注中国广阔市场

随着智能手机、平板电脑等数码产品在中国市场的不断普及，未来中国将成为全球最大、最主要的显示屏需求市场。和辉光电立足中国市场，就意味着在未来竞争中占得先机。

上海和辉光电有限公司成立于 2012 年 10 月，是一家专注于中小尺寸 AMOLED 显示屏量产和下一代显示技术研发的高科技公司。公司是上海市政府、金山区政府和国家开发银行等共同投资的上海市战略性新兴产业重点项目，首期项目于 2012 年 11 月破土动工，建成后将成为国内第一条、设备最完善、技术最先进的第 4.5 代低温多晶硅(LTPS)AMOLED 量产线，率先在 AMOLED 量产工艺领域取得突破。

和辉光电汇集了全球的优秀人才超过 500 人，包括在 LTPS 量产方面有着丰富经验的台湾团队，其拥有各个主要厂商、研究所的相关工作经验，工作领域包括：有机发光材料开发、有机发光二极管蒸镀、有机发光二极管元件设计、薄膜封装、低温多晶硅画素设计、画素补偿电路设计等几十个方面，其中 50% 以上人才皆是业界的代表。在整个技术团队中，拥有硕士及博士学位的员工占 45% 左右，在相关领域拥有超过 8 年以上工作经验的员工超过 75%。

和辉光电专注于 AMOLED 中小尺寸显示器的量产，同时还将关注柔性显示器等下一代显示技术的研发，项目的顺利开展将带动上游材料和设备供货商在相关领域的开发，促进产业结构的调整，带动中国平板显示产业链的整体提升。

愿景	使命	核心价值
以颠覆性技术，让所有人都能享受更真实、亮丽、健康的AMOLED显示屏	专注打造中国最好的AMOLED显示屏	敬业为本 创新为翼 廉洁为心 安全为体 共赢之志

上海华勤通讯技术有限公司

上海华勤通讯技术有限公司（简称“公司”）是国家规划布局内重点软件企业，是国内领先的移动通信设计、制造的科技型企业。公司成立于 2005 年 8 月，总部位于上海，下设香港、深圳及海外办事处，并在东莞设立制备基地，主要致力于 GSM/GPRS/EVDO/TD-SCDMA/WCDMA 以及 4G 移动设备的研发和制备，提供软件设计（SW）、硬件设计（HW）、结构设计（ME）、3G 应用开发平台和设备业务开发平台、工业设计（ID）、测试（TE）等整体移动设备解决方案及个性化的服务。经近 8 年的飞速发展，公司的创利能力不断提升，具备独立的手机研发能力，已成为国内最具竞争力的移动设备提供商。

公司在成立一周年时，就取得了软件企业认定证书，2008 年 11 月获得高新技术企业称号，2011 年通过了高新企业的复审，同年取得浦东新区研发机构认定资质。2008 年通过 ISO9001 国际质量管理体系认证，2011 年通过 ISO9001、QC080000、ISO14001、OHSAS18001 四项体系认证。2013 年公司获得了“上海市科技小巨人企业”、“国家重点软件企业”、“上海市专利工作试点企业”。此外，公司还拥有“中国手机方案设计十佳企业”、“上海市创新型企业”、“上海市明星软件企业”、“上海市专利工作培育企业”等一系列荣誉称号，并先后获得 13 项高新技术成果转化项目，已拥有的自主知识产权过千项。2007 年和 2011 年，在德国国际红点设计大赛先后分别获得设计概念类“红点大奖”、“红点至尊大奖”。在近 8 年的企业发展进程中，公司的多项研发成果、核心技术均达到国际先进，国内领先水平。2011 年公司凭借突出的设计和优质的服务跻身中国移动通信设计制造供应商前三甲。2008-2011 年连续四年获得联想“年度优秀供应商”称号。2010 年获得华为“年度快速响应合作伙伴”称号。

公司秉承“诚信、勤奋、专注、创新”的文化理念，面向市场，积极开拓、不断创新，锲而不舍的拼搏和追求，打造了一支年轻、高效、优秀的研发团队。公司核心经营理念可以概括为“以客户需求为中心，以产品创新、提高质量、降低成本为基本点”。在此理念指引下，公司专注于 3G、4G 新技术的研发，始终保持核心技术的竞争力，一贯坚持向客户提供最优秀的技术解决方案、全力支持客户取得双赢的理念，向客户提供全面服务，以高效、优质的服务为客户的成功提供强劲的技术支持。公司坚持质量第一，服务创新，根据客户的需求设计适应市场的产品，在这个过程中，公司在技术能力、研发管理、流程控制等诸多方面得到了长足的进步。目前，公司的客户遍布世界各地，通过参与国际竞争加强企业核心竞争力，使公司以中国为研发基地，设计方案实现的产品已经覆盖中国各地及海外 20 余个国家和地区。

国产实时数据库的开拓者

——上海麦杰科技股份有限公司

上海麦杰科技股份有限公司是一家专注于实时数据库研发与应用推广的高科技软件企业。当今，信息化已经深入到国民经济运行的各个角落。从工业企业生产管理到环保数据监测再到物联网建设，实时数据库都成为其中的核心基础。实时数据库实时存储、高效、量大的特点，使其应用领域不断扩展。

长期以来，我国的实时数据库领域一直被外资企业所垄断，对国家的信息安全构成了一定的隐患。为打破国外企业对我国实时数据库的垄断地位，上海麦杰科技股份有限公司自成立之初就一直全力推行自主研发，公司的实时数据库的整个架构设计和内部算法函数全部由公司自主设计和研发而成。通过自主设计实时数据库处理引擎，自主研发数据储存技术核心，建立自主知识产权的实时数据库分析标准，保证了用户数据和信息的安全传递和使用。

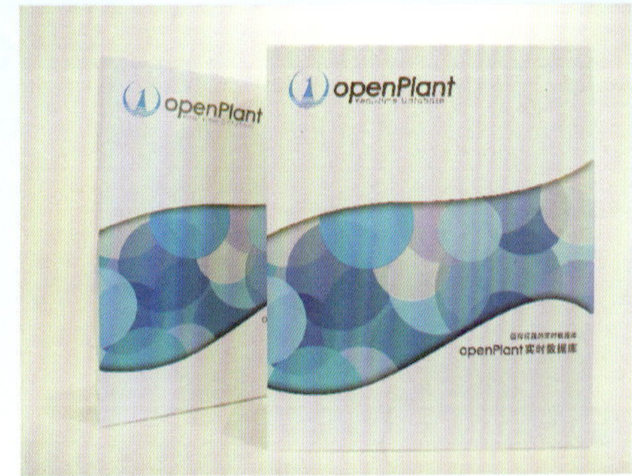

由公司自主研发的“openPlant”系列软件凭借先进的技术、卓越的性能，在国内数百家大型的火力发电厂、化工厂得到长期广泛应用，并获得了用户单位的认可和好评，打破了进口实时数据库产品的垄断，为民族软件在与跨国企业巨头的竞争中赢得了自信和尊严。在核电、航空等涉及国家重大信息安全领域的推广应用，公司作为拥有自主知识产权的国产实时数据库产品服务商，优势地位明显。作为国内实时数据库行业的开拓者，公司最早将实时数据库引入环境在线监测领域并提供整体解决方案。以麦杰“openPlant”实时数据库为核心基础平台开发的“工况在线监测及分析系统”使环境监管实现由检测末端排放向生产流程全过程监测的转变，能提高污染源自动监控结果的准确性、科学性及公信力，得到了环境监管部门的认可并已处于大规模市场推广阶段，在该领域取得先发优势。

专注于实时数据库领域，不懈的创新和突破，致力于打造自主知识产权的系统，目前麦杰科技在实时数据库某些领域已经达到了国际先进水平。麦杰科技将继续保持专业、专注的状态，力争早日实现实时数据库领域的民族品牌崛起，为保障国民经济的信息安全做出更大的贡献。

上海思华科技股份有限公司

上海思华科技股份有限公司于2000年在上海成立，是一家长期专注于互动媒体平台解决方案的设计、开发、实施和技术服务的高新技术企业。公司现有员工300多人，总部位于上海张江,并在北京、杭州、广州、成都、西安、南京、济南、沈阳设有营销和技术服务中心。

思华科技是上海市高新技术企业和软件企业，是国家发展和改革委员会、工业和信息化部、商务部、国家税务总局联合审核认定的2010年国家规划布局内重点软件企业。

思华科技汇聚了来自海内外和全球知名企业的技术及管理精英，构建了一支结构合理、专业能力强、具有团队协作精神的产品研发和技术服务队伍。公司目前拥有200多人的技术团队，78.9%为本科以上学历。核心研发和技术人员有着雄厚的技术实力，具有良好的知识背景、创新的方案整合能力、扎实的研发和技术服务技能以及丰富的内容运营产品研发经验。

思华科技始终以行业技术发展趋势和客户需求为导向，持续不断推出新技术和新产品，经过十几年的不断技术研发和积累，在互动媒体平台领域，已经拥有68项软件著作权、22项经登记的软件产品，以及6项技术发明专利。

思华科技是国内少数能够提供跨广电和通信运营商互动媒体平台解决方案的供应商之一，公司的互动媒体平台解决方案是广电运营商、通信运营商和其他行业用户开展以互动电视、互联网电视、IPTV、手机电视为主的互动媒体业务所必需的业务运营平台软件，在国内众多通信运营商和广电运营商得到应用，获得广泛好评。

思华科技凭借持续专注的行业经验积累，持续创新的软件产品和全面的平台解决方案，已与华数集团、东方有线、陕西广电网络、重庆广电、河北广电、广东有线、天威视讯、中国电信、中国联通、中国移动等众多行业领先的广电运营商和大型通信运营商建立了长期稳定的合作关系，并建立了良好的品牌知名度。公司亦多次受邀参与国家新闻出版广电总局以及核心客户的技术规范和标准制订，公司产品的技术水平和研发能力得到了业界的充分认可。

上海信耀电子有限公司

Shanghai Seeyao Electronics Co., Ltd.

公司简介 About SEEYAO

上海信耀电子有限公司成立于 2002 年 4 月，是在中国科学院上海冶金研究所（现上海微系统与信息技术研究所）与上海汽车工业（集团）总公司联合共建的上海汽车电子工程中心的基础上转制而成，是一家由杨晓锋(总经理)带领的集机械、光学、电子信息领域人才的专业技术团队，是集专业研发、生产与销售汽车 LED 车灯照明、汽车电子模块、汽车传感器、汽车专用集成电路等电子产品为一体的高新技术企业；是上海最早的产学研试点单位。公司严格按照 IS09001、ISO/TS16949 质量体系流程作业，产品广泛应用于上海通用、一汽轿车、上海汽车、上海大众、日本丰田等汽车。基于公司雄厚的研发技术实力，同时承担、完成了国家科技部、上市科委、上海汽车科技发展基金等多项汽车电子科研任务。

质量方针

诚信：以诚待客，诚信经营

创新：技术创新，管理创新，以满足客户不断变化的潜在需求

优质：以优质的技术服务和高质量的产品确保广大客户的满意

高效：高效率的服务，及时处理客户提出的要求

服务宗旨

以专业为核心，以顾客满意度为宗旨，做行业里的佼佼者

主要产品 Main products

■汽车控制器

AFS(智能前照灯系统)、LDM(LED 驱动模块)、HID Ballast(HID 镇流器)、马达控制器、座椅控制器。

■汽车传感器

汽车高度传感器、位置传感器、压力传感器、角度传感器。

■汽车执行器

直流调光执行器、永进电机调光执行器、电磁阀。

■汽车灯具

LED 汽车灯具、PES(投射灯单元)、大灯清洗器。

联系我们 Contact information

地址：上海市嘉定工业区招贤路 928 号 Add: No.928 zhaoxian Rd

邮编：201821 Zip code: 201821

电话：+86-021-6952 8633 Tel: +86-021-6952 8633

传真：+86-021-6952 8631 Fax: +86-021-6952 8631

邮箱：gangh@scae-sh.com E-mail: gangh@scae-sh.com

网址：www.seeyao.cn Website: www.seeyao.cn

2013 年，中国电信上海公司勇挑重担，敢于创新，努力践行需求导向化，将基础网络与应用开发双轨并行同步推进，续保持本地通信市场领先地位。三年来连续六次实施“智慧城市宽带大提速”活动，把百兆宽带送进千家万户。338 万光网用户，宽带用户占比超过 72%，电信用户平均带宽 32M，领先全国。测速达标率提升至 99.6%，下载速率持续保持国内第一。3G 网络持续优化和提升，252 个市级公共场点实现 i-Shanghai 覆盖，倾力打造上海无线城市。184 个社会信息化项目，聚焦民生服务、产业经济和城市管理，惠及广大企业和百万市民。

关注关键服务接触点，持续提升客户感知。中国电信上海公司连续五年在上海市文明办公布的 41 个窗口公众满意度测评结果中保持逐年上升趋势，并位列通信企业第一；三次蝉联“全国实施用户满意工程先进单位和用户满意企业”和“全国通信行业用户满意企业”荣誉称号；连续三年共四个营业厅获得国家服务业现场管理五星级荣誉；2013 年，被上海市委市政府授予“2011-2012 年度（第七届）上海市文明行业”的荣誉。

中国电信上海公司将秉承企业精神，勇担社会责任，乘势而上，为提升服务品质注入扎实的能量，为促进信息消费增添强劲的动力，为智慧城市的发展插上腾飞的翅膀。

正德厚生 臻于至善

上海中移通信技术工程有限公司

第十四届世界游泳锦标赛荣誉单位
上海市通信建设市场管理先进单位
上海市青年安全生产示范岗
上海市优秀青年突击队
TD 施工项目组优秀团队
迎奥运基础网络整治工程优秀团队
上海移动工程建设优秀施工合作方
2008 年接入网工程建设优胜奖

上海中移通信技术工程有限公司是中国移动通信集团上海有限公司全资子公司，于2010年4月正式完成注册，注册资金9000万，肩负突破上海公司现有业务领域，拓展创新综合信息服务，成为上海公司全面通信业务能力和用户个性化信息需求集成商的重任。公司对内是上海公司系统集成部，对外承担独立法人责任。公司具备通信信息网络系统集成企业（乙级）、通信工程施工总承包三级、建筑智能化工程专业承包三级、第二类电信增值业务、计算机信息系统集成（四级）等资质，通过 ISO9001 质量管理体系认证，主攻系统集成、软硬件开发、信息服务、通信工程四大业务板块，专业从事通信工程专业承包及通信设备和铁塔、天馈系统维护；通信网络系统集成、计算机信息系统集成及工程设计、技术咨询、技术开发、技术服务；传输带系统工程、空调、电源、设备安装，为工程配套金属件装潢；设计、制作、发布广告；电子、通信、信息技术及软件的研制、开发；通讯器材和产品的批发。

上海中移通信技术工程有限公司现有自有员工 149 位，技术合作人员 260 余人，项目管理团队规模达百人，联合施工班组规模达 300 余人，全业务支撑人员近 200 人。公司内设综合部、财务部、市场业务部、项目管理部、工程施工部、信息集成部 6 个职能部门，并结合上海公司深化属地经营的战略指导，设立浦东、南区、西区、北区、核心网与重大工程五处区域项目部，贴近服务，支撑属地。通过不懈努力，上海中移通信技术工程有限公司目前已成为上海通信建设领域中的重要力量。

公司曾多次被上海通信管理局、团市委、市安监局、中国移动上海公司、中国网通集团上海市分公司评为或授予“上海市通信建设市场管理先进单位”、“上海市青年安全生产示范岗”、“上海市优秀青年突击队”、“TD 施工项目组优秀团队”、“迎奥运基础网络整治工程优秀团队”、“上海移动工程建设优秀施工合作方”、“2008 年接入网工程建设优胜奖”等。公司所承担施工的工程项目有多项被原上海邮电管理局、上海通管局、中国移动公司评为优质工程。

自成立以来，公司先后研发了无线视频监控系统、ATM 防诈骗干扰器、WLAN 业务自动拨测系统等多项适应市场需求的信息化产品，其中部分产品已成功商用。2011 年，公司成功夺标第 14 届国际泳联世界锦标赛新闻中心网络及通信工程、大师杯赛通信及报障工程等国家重点项目，在世游赛各大新闻中心、大师杯赛现场成功打造集 WLAN、有线宽带、IMS 多功能语音业务、传真等在内的全业务通信网络，并出色完成世游赛、大师杯赛通信保障工作，赢得了世游赛组委会、大师杯赛组委会及各大媒体记者的一致好评，荣获由第十四届世游赛组委会颁发的荣誉证书。

公司近年参与建设的重大工程包括：中国移动扩大的 TD-SCDMA 试验网核心网工程、中国移动长途 7 号信令网工程、京沪高铁 DK1282.115 段移动光缆搬迁、浙江移动 G14 期设备安装工程、中国网通集团上海申环大厦 CNCC 工程、上海世博园区高架布道移动通信覆盖工程、中国网通闵行区 D 环管线优化工程、环球金融中心大厦室内覆盖设备安装工程、上海移动世博 TD-LTE 演示网核心网建设工程、上海移动垃圾短信监控平台扩容工程、上海移动世博园区传输汇聚环配套光缆新建工程、上海移动长江隧道过江光缆新建工程、上海移动钦册 93 号七楼局房开局建设工程、虹桥枢纽西航站楼室内覆盖 GSM 主设备工程、M7 线祁连山路站光缆搬迁工程、上海市西藏南路隧道集约化光缆工程、中国移动上海有限公司 09 年抗灾超级基站工程、上海市公安局专线工程等。公司曾先后承建中国移动集团一级干线、南沿海光缆、京津沪一级干线、上海移动本地通信、浦东国际机场、金茂大厦、浦东国际会议中心等标志性通信信息网络工程。

历年来，公司还承接了如上海奥运场馆通信建设工程、2010 年上海世博会通信网络建设、第十四届世游赛通信建设等重大国际活动的通信建设及保障工程。同时，公司与中国电信、中国移动、中国联通、中国网通等多家大型通信运营商，以及上海贝尔阿尔卡特、中兴公司、华为公司、大唐、诺基亚、西门子、爱立信等企业合作开展工程建设。

上海中移通信技术工程有限公司以“成为卓越的全业务集成与用户个性化信息集成的企业”为战略指引，以成为上海首屈一指的、具备超强社会化服务能力的信息服务企业为目标，全面培育全国化和国际化运作能力，为有力支撑上海移动全业务发展，全面助力上海“两个中心”建设积极贡献力量。

食品装备

食品智能装备事业部专注于果蔬加工装备、实验装备及乳品装备的研发制造及整厂安装调试交钥匙工程系列服务.

工业机器人

沃迪机器人智能装备事业部源于智能食品装备发展趋势的推动，专注于国产工业搬运机器人的研发及产业化。

上海沃迪自动化装备股份有限公司成立于1999年，现注册资本3600万元，在册员工331人。金山新工厂占地80.5亩，建筑面积33000平方米，总共投资超过1.8亿元人民币。沃迪装备先后承担国家科技部、863国家重点装备攻关课题、上海市科委、上海市机器人产业十二五规划纲要等重大项目。

沃迪装备注重技术研发及拥有全部自主知识产权，申请各项实用新型及发明专利已超过100项。具有研发技术工程师66名，其中多位具有硕士和博士学位，现公司联合多所国内著名高校共建硕士/博士研究生培养点及博士后工作流动站(上海交通大学, 上海理工大学，上海海洋大学, 江南大学, 华中农业大学等)。沃迪装备在立足自主创新的基础上，同时通过整合吸收欧美先进的机械设计理念以及自动化控制技术，现在食品加工特别是果蔬加工包装整厂装备交钥匙工程输出以及机器人自动化搬运包装系统领域已经成为世界范围内的行业领导者之一

沃迪装备下设立两大事业部：食品装备事业部机器人装备事业部。

其中，食品装备事业部又包含三大块：果蔬装备事业部、实验设备事业部、乳品装备事业部；

果蔬装备事业部专业从事果蔬浓缩及非浓缩汁/浆，热灌装茶饮料、果汁饮料设备生产制作及整厂安装工程交钥匙系列服务，具备整体项目的开发设计、生产制作、安装调试、技术培训、售后服务诸多方面的综合能力。以“融合世界现金科技、造福民族饮料工业”为己任，致力于消化、吸收并掌握国际先进的果蔬深加工及饮料加工工艺的前沿科技，曾先后与德国、意大利、美国、英国等诸多公司联手合作，并代理国外著名的加工机械品牌，对番茄、芒果、菠萝、橙、葡萄、蓝莓、草莓、桃、杏、枣、胡萝卜等果蔬品种的加工有着丰富的认识和深刻了解，具备根据客户的不同要求提供个案化的精辟解决方案的能力。

实验设备事业部致力于消化、吸收并掌握国际新进的饮料加工工艺与包装机械的前沿科技，推出实验室小试与中试生产线及先进的仪器设备，架设由实验室通向工业化生产的桥梁，加速科研成果转化为生产力。与日本POWER-POINT公司联合开发，建立了国内首条产能20~40升/小时的饮料超高温杀菌(UHT)、在线均质及充填系统实验室微型移动生产线。与此同时沃迪装备提供各种研究院所及企业研发中心成套中试生产线设备（50升/小时~500升/小时）及先进的实验室设备，广泛应用于牛奶、果汁、茶饮料、含乳饮料、植物蛋白饮料、番茄酱、调味品、啤酒、奶油、冰淇淋、蛋制品、固体粉末等产品的新品研发与样品制作。

乳品装备事业部致力于乳品生产设备的制造和乳品生产交钥匙工程的实施。通过消化吸收世界最新的乳品技术，我们能生产现代的乳品加工设备，并能提供个性化的乳品项目的整体方案，包括设计、安装、调试、培训以及售后服务等。提供的生产线项目包括消毒奶（保险奶），ESL奶（延长保质期牛奶），UHT（常温奶），酸奶和发酵奶，含乳饮料，再制奶，豆奶，植物蛋白奶，炼乳，稀奶油，植物奶油，奶油，无水奶油，奶粉，婴儿奶粉，奶酪，冰淇淋等。

机器人包装事业部目前为国内唯一一家全面实现工业化批量生产机器人企业，新工厂产能设计年产量2000台套搬运机器人产品，5年时间内产值超过10亿元人民币。主要竞争对手为日本、德国及瑞典等国际行业巨头。机器人取得CE认证、产品远销欧洲及北美等发达国家，为惟一一家参与国际竞争的中国企业。

沃迪装备于2010年引进战略投资者，2011年06月改制为股份公司。现在已进入上市辅导期并在上海证监局备案。沃迪装备出口产品超过50%销售欧盟、美国、加拿大、新加坡、澳大利亚、日本、英国等发达国家和地区，倡导提升打造中国装备在世界舞台上的全新形象。

“变。渐进、学习力”，完美注释了沃迪装备积极进取、锐意创新、“不已一日造罗马、矢志百年铸沃迪”的企业精神。“日本式管理、德国式技术、中国式人文”体现了沃迪人集众家之长，以人为本，力求在国际舞台发中国声音的匠心文化。全体沃迪人秉持尽心尽力、尽善尽美，精益求精造精机的理念，争做精品民族机械的领导者。

日一新国际物流(上海)有限公司

日一新国际物流（上海）有限公司是日本日立集团旗下日立物流公司的子公司日新运输株式会社于 2006 年 11 月中国物流独资企业政策开放后设立的首批独资物流公司。日一新是集海空运一体的国际货运代理、报关、报检、仓储以及综合物流加工和贸易代理为一体的现代国际物流公司。特别中日航线的一贯多式联运、服装整理等流通加工业务和保税物流业务是公司的推介项目。结合母公司的优势，公司的服务网点遍布日本各大港口及宁波、南通、深圳、香港、苏州、青岛、烟台、大连、广州、武汉、成都、天津、北京等中国各大沿海城市。

■ **资格证书**

商务部批准的一级货运代理企业
交通部批准的无船承运人：MOC-NV02169
2009 国家质量管理体系认证：
GB/T19001-2008 —ISO9001:2008
上海市国际货运代理行业协会：常务理事单位
上海市国际物流（货代）行业重点企业
上海国际货运代理企业信用等级 AAA 企业
QTEC 检品技术指导工厂 NO:QK-SC1308-121
交通运输部批准的道路运输经营许可证

地址：上海市浦东新区东方路 710 号汤臣金融大厦 1106-1109 室（200122）
公司电话：021-58303208　公司传真：021-50812519　邮箱：zongwu@nisshin-china.com

AzureWave

纮华电子科技是大型外商独资企业，在上海设立生产研发基地。公司现有员工600多名，其中中国大陆分支机构遍及北京、上海、深圳及南京，投资总额超过3千万美元。

公司自主研发生产半导体系统集成电路芯片及模块的产品，产品含括先进无线通信、蓝牙、摄像头、全球定位系统、移动电视，并提供完整配套的产品售后应用服务。在专业领域方面，公司处于全世界前三名领先地位。

公司管理及研发技术团队均来自业界顶级企业，有着丰富的业界经验及实践成果，其它公司员工也具备在相关产业工作的经验，为企业的健康及高速成长打下了良好的基础。

Customized Add-on Card　SiP module

USB Dongle

Stamp module

Azurewave Technologies is a large firm foreign-owned company and have setup both R&D center and production facility in Shanghai China. Employee is now up to 600, including the other branch offices in Beijing, Shenzhen and Nanjing. Company total investment is more than 30 million U.S. dollars worldwide.

AzureWave self designed and produced the world smallest SiP IC, mini module cards which aims to the main stream market in Wireless communication, Bluetooth, Camera module, GPS, DVB and so on. AzureWave also deliver comprehensive service and application support to their entire customer. At this high-end industry, AzureWave is now being ranked as one of the top three leading companies position.

The company whole management and R&D teams were all coming from the worldwide leading companies, has extensive industry experience with excellent results of performance. The other employees are all having fruitful experience in the same industry and laid a good foundation for company to a healthy and rapid growth.

纮华电子科技（上海）有限公司
地址：上海市嘉定区马陆镇陈宝路66弄8号
邮编：201801
电话：86-21-39156666　传真：86-21-69151580
www.azurewave.com

上海空间环境模拟与验证工程技术研究中心隶属于上海市科学技术委员会，依托单位为上海航天技术研究院卫星装备研究所，是我国南方地区唯一的大型系统级空间环境模拟与验证基地。

“中心”配备有多台套大、中、小系列环模设备，设备水平国内领先。其中，350KN 推力振动试验台是我国最大的单台振动设备，并可实现双台并推；噪声混响室容积达 1100m^3；空间环模设备最大包络尺寸达到 10×12m，可实现对超大尺寸航天器的整星级验证试验；自主开发的深冷环境模拟验证装置在国内首次实现了对 3 吨级整机的 20K 温度的深低温验证试验。

为适应国家航天技术领域发展的战略需求，“中心”依托环境模拟设备条件，从建立试验标准，研究试验方法、试验技术、试验仿真、条件预示与评估、试验设备研发等方面入手，逐步完善并形成了空间环境模拟技术体系、仿真评估体系和试验标准体系，显著提升了空间热环境、低温环境、极端振动环境等环境模拟验证能力。

“中心”在为航天器工程实施及未来深空探测、小行星及其他行星探测提供复杂空间环境模拟与试验验证平台及评估技术的同时，还致力于发挥开放性公共平台的作用，为上海市乃至全国的相关领域提供测试技术和环境试验技术等方面的服务；为船舶、汽车、飞机、重工等行业产品在极端环境、多因素耦合环境下的工作或工程实施提供环境模拟技术和试验验证平台；为新材料、新器件、新技术向空间应用转化提供试验验证平台，为上海市的科技发展和经济建设做出积极贡献。

上海空间环境模拟与验证工程技术研究中心

地址：上海市闵行区华宁路 251 号　邮编：200240　电话：021-54759800　传真：021-64620812　邮箱：shh812@126.com

中国人民解放军第四七二四工厂

中国人民解放军第四七二四工厂，又名上海海鹰机械厂，是海军装备部直属的航空装备保障性企业，组建于1958年4月，地处上海市闸北区场中路3127号，占地面积450亩，现有职工1369名，固定资产4.65亿元。

建厂五十多年来，在上级党委的正确领导下，经过几代海鹰人的不懈努力，尤其是"十五"、"十一五"期间专项建设，工厂已经从小到大、由弱变强，现已形成专业齐全、设备精良、技术全面、管理科学、质量可靠、环境整洁等众多优势，是一家具有一定生产规模和实力的军队装备保障性企业。

在企业经济建设发展中，工厂始终坚持以党的方针、政策指导改革、发展工作，以军队保障性企业的使命、任务为立足点，以狠抓技术、质量和基础管理为动力，以全面提升企业综合维修保障能力为目标，全面规划、周密部署、精心组织、合理安排，促进了生产、建设的快速发展，取得了良好的军事效益和经济效益。连续被评为海军优秀企业、海军思想政治工作优秀企业、全军思想政治工作优秀企业。先后被授予全军"十五"专项建设先进单位、上海市"文明单位"、全国"守合同、重信用"单位和全国企业文化建设先进单位荣誉称号。

中航工业上海航空电器有限公司

概况

中航工业上海航空电器有限公司隶属于中国航空工业集团公司，是中航航空电子设备股份有限公司（上市公司）全资子公司。现有闵行、金山两个厂区，占地面积近12万平方米，拥有6家控股子公司，在册员工1000余人。

公司业务分为航空业务（含航空防务业务和民用航空业务）与非航空业务（含非航空防务业务和非航空民品业务）两大板块。航空业务聚焦照明系统、操控板组件及调光控制系统、告警系统、智能配电系统四大类专业系统产品，遍布于国家各重点防务型号以及C919、ARJ21、新舟系列等民机项目，跻身系统级供应商；非航空防务业务基于航空业务先进技术，逐步用于航天、船舶、兵器等领域；非航空民品业务覆盖精密控制组件、太阳能光伏逆变器、高压清洗机、胎压监测系统和通用继电器等领域，产品远销欧美、澳洲与东南亚等地区。

2013年经济工作情况

一、经济效益

公司在2008年至2013年6年间，总收入年均增长率超过20%。利润与EVA同步增长。同时，及时加强五项主要财务运行质量指标管控，进一步完善公司经济质量效益，实现了国有资产的保值增值。

二、技术创新

公司共完成数百项防务任务科研评审，数千项防务研制任务；开展了 6 项公司级预研项目，51 项部门级预研和模块化研发任务；专利申请 58 件，专利申请数量持续保持年增长率 20%；完成《飞机照明设备亮度值试验方法》集团标准工作，实现了占位；作为 C919 项目国内唯一系统级供应商，独立承担了 CPA&DCS 项目的研制工作，顺利通过了中国商飞的初步设计评审（PDR），进入到关键设计（CDR）的工作阶段；成为 2 家航空公司合格供应商，先后完成了产品修理和交付任务；持续供应汽车精密控制组件 EA211 轴管与末端件等产品，开拓高铁等发动机精密控制组件项目；汽车胎压监测系统业务完成了符合产品国家标准的各项测试和目标客户的特殊测试要求；参与强制国标的编制，开拓国内后装市场。

三、管理创新

公司积极履行社会责任，再次系统编制并发布了《年度社会责任报告》，获得上海市文明单位称号；通过中国合格评定国家认可委员会和国防科技工业实验室认可委员会联合进行的评审，获得资质；通过“6S”铜牌转换国家二级安全生产标准化企业达标审核；通过武器装备质量管理体系第二次监督审核。

公司党委贯彻党的“十八大”精神，争创“四好领导班子”，推进学习型党组织建设，荣获中国航空工业集团三星级党组织称号，创建党政工团“四位一体”的宣传工作体系，决定 2013 年为“企业文化建设深化年”，提炼企业理念识别系统，获得了航电系统公司优秀文化案例二等奖，制定并出版公司文化手册，组织主题讨论活动，提升文化软实力，支撑公司战略发展。

四、2014年发展趋势

公司将深入学习领会党的十八届三中全会“全面深化改革”的决定精神，落实集团峰会和“改革管理年”要求，统一认识、和衷共济、共谋发展、激情进取，贯彻“系统化策划、体系化建设、制度化推进、常态化管理”总要求，系统持续地推进管理变革，克服“选择性、碎片化推进改革”的功利倾向。

聚焦公司发展目标，增强进取意识、机遇意识、问题意识和责任意识，战略引领，牢牢把握方向；改革管理，大胆实践探索，文化聚力，化解难题；加强能力基础建设，夯实基础，再创辉煌，实现公司“裂变式增长，再造一个上电”的战略目标。

中国航空无线电电子研究所

中国航空无线电电子研究所创建于1957年，是中国航空工业集团公司的成员单位，本部位于上海市紫竹高新区。长期从事军民机航空电子系统总体与综合、航电核心处理与信息综合应用、航空无线电通信导航等方面技术研究和系统产品研制，同时从事民用相关电子技术及产品研制，是集科研、生产、服务和经营于一体的高新技术企业。该所建有航空电子系统综合技术国家级重点实验室，设有博士后科研工作站，具备航空电子系统的自主研发能力，形成了先进的航空电子系统和核心产品软硬件研究、开发、仿真、实验、测试、验证手段。建有电装生产线、机械加工生产线和系统集成与测试中心，具备航空产品多品种小批量的试验、生产、集成测试能力。通过了GJB9001B、GJB5000A三级和AS9100C认证，形成满足军机、民机航空产品科研生产服务的质量控制体系。

该所深入推进市场化改革，推行多项有效变革措施，密切跟踪航电技术前沿，圆满完成型号攻坚任务，落实了C919显示系统、国家科技部973等一批重大研制项目，并在非航空民品、非航空防务等板块取得了不俗的经营业绩。作为国内航电企业的代表，该所在巴黎航展、第15届中国国际工博会上成功亮相，展示了国内航空电子领域的技术能力和研究成果，持续扩大了海内外影响。

"AVIC"　　2013年民用飞机航电国际论坛　　非洲军官来访　　巴黎航展

上海信谊药厂有限公司

Shanghai Sine Pharmaceutical Laboratories Co.,Ltd.

信谊品牌，始创于1916年。历经百年传承，不断发展壮大，成为集制造、销售、研发为一体的大型民族医药企业，旗下拥有九大工业企业、四大销售公司、一家市级研发中心。

传承百年积淀，品牌历久弥新

信谊是国内产品品种和剂型最齐全的产业实体之一，拥有产品批文1031个，涉及14大治疗领域，覆盖16种剂型，有3个国家一类新药品种。近两年，信谊在保持化学制剂竞争优势的基础上，又确立了微生态制剂在全国的领先地位，以及气雾剂、滴眼液、软胶囊、缓控释制剂四大特色剂型的辐射发展，同时确立以消化道、心血管、儿科、眼科为主要治疗领域的聚焦品类战略。

科技品质领先，锻造品牌根基

信谊长期坚持开发化药和生物药制剂。90年代研发的生物制剂培菲康，先后取得中国、英国、澳大利亚等多国专利证书，在中国的新药研制历上书写了浓墨重彩的一笔。信谊坚持仿创结合以仿为主，塑造仿制药品牌企业，发展创新药物和创新制剂。在研品种有2个一类新药，2个二类新药，5个六类新药，以品类发展为核心，形成研发一代，生产一代，营销一代的良性大循环。

品种带动领域，联动品牌营销

信谊具有强大的销售渠道和终端覆盖能力，以品类划分为主导，建立"五部一区域"的营销体制，销售网络辐射全国30多个省、市、自治区300多个地级市，与国内800余家重点销售客户建立了合作伙伴关系，药品终端延伸至超越25000家医院和100000万家药店，涉及各级别医院和主流连锁，拥有一支1400多人的高素质、专业化的终端销售队伍。

屡获品牌殊荣，传播良药品质

信谊先后荣获上海市高新技术企业、上海市知识产权示范企业、上海市著名商标等多项荣誉称号，2008年信谊品牌被成功认定为"中国驰名商标"。旗下产品培菲康作为微生态制品的领导者，市场占有率遥遥领先，连续十年获上海市名牌产品百强，培菲康获得"上海市著名商标"和"上海名牌"等诸多殊荣。

信谊是上海医药集团下属子公司，同时承载了集团营销二部的很多工作。未来信谊将立足于品类发展、产业整合、品质提升、职能管控四大创新，切实提高企业的核心竞争力，落实战略目标。

至2021年，培菲康将完成十亿大产品，实现

"百年信谊，百亿规模"的信谊梦！

信谊良药 百年传承

欢迎关注"信谊健康"官方微信订阅号

上海联影医疗科技有限公司介绍

打造世界级的中国医疗设备公司 变“中国制造”为“中国创造”

自主创新，高起点布局

上海联影医疗科技有限公司是从事高端医疗设备和医疗信息化解决方案研发、生产、销售的高新技术企业，通过自主创新为医疗机构提供涵盖影像诊断设备、放疗设备、服务培训、医疗 IT 在内的全方位医疗解决方案，普及高端医疗，提升服务价值。

联影于 2011 年正式成立，现已搭建起部件(CO)、计算机断层扫描(CT)、分子影像(MI)、磁共振(MR)、放疗(RT)、医疗软件(HSW)、X 射线(XR)七大产品事业部、联影研究院(CRC)、联影美国子公司、联影武汉子公司和辐射全球的联影研发中心。凝聚全球精英人才，联影矢志通过当前市场主流产品的自主研发和行业未来 5-8 年前瞻性技术研发“两条腿”走路，逐步填补国内空白、赶超国际先进，打造世界级的中国医疗设备公司。2012 年，联影荣获首批“上海市产学研合作创新示范基地”、首批“海外高层次人才创新创业基地”称号。2013 年，联影落成一期总建筑面积达 12 万平方米的高端医疗设备产业园区。

十款产品问世，成就首创

历经多年蓄势、三年攻关，联影成功自主研发并向市场推出首批 10 款产品，涵盖 1 款 1.5T 超导 MR、1 款 16 层 CT、1 款悬吊数字 DR、2 款落地 DR、1 款 96 环 PET-CT 共计 6 款系统产品和包括 MR 图像后处理工作站、CT 图像后处理工作站、医学图像处理系统软件及远程医疗信息系统软件在内的 4 款软件产品。累计提交专利申请逾千项，其中半数以上为发明专利，填补多项科研空白，成就多项国内外业界首创，在"打造世界级的中国医疗设备公司"的造梦之路上更进一步——

中国首台 3.0T 磁体，所有关键技术自主研发

联影 3.0T 磁体具备高品质零液氦挥发性能、各项参数达到并部分超越国际先进水平。其成功破冰将大幅降低中国市场上高达 1500 万 -2000 万元的 3.0T 超导磁共振成像系统采购成本，为更多普通患者享受高端磁共振诊断服务提供可能。

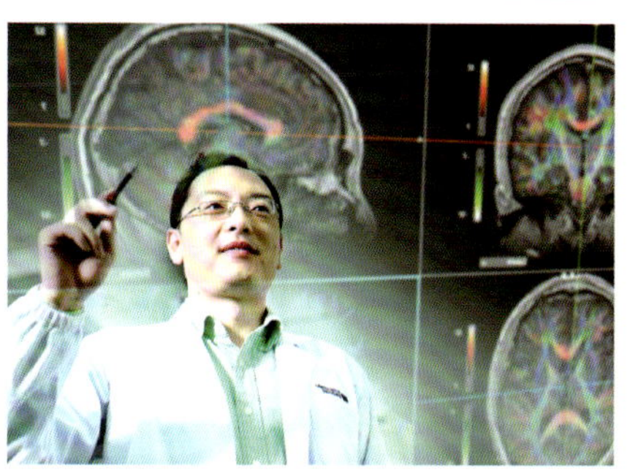

世界首台 96 环超清高速 PET-CT，以分辨率和扫描速度的双重突破赶超国际领先水平

联影 uMI S-96R 作为国内首台自主研发全身临床型 PET-CT 系统、全球首台探测器环数突破 96 环的 PET-CT 系统，配备业界最高 96 环超清全景探测器、超高空间分辨率，将全身扫描双倍提速，并进一步扩展分子影像学设备在超微病灶探测的应用。它的诞生将成为全球分子影像行业的重要里程碑，也是联影树立全球分子影像行业新标准的第一步。

为中国高端医疗产业赢得首个工业设计“奥斯卡”，以创新实力为中国设计骄傲正名

由联影设计创新中心(CDIC)自主设计的联影 uDR 770i、uDR 580i 凭借跨界创新优势、卓越工艺水平和“情感化”设计理念斩获素有工业设计“奥斯卡”之称的德国 iF 大奖，并一举囊括 DR 产品线的全部奖项。这是国产大型医疗设备首登全球最权威设计领奖台，标志中国高端医疗产业的自主创新设计正式登上世界舞台。

业内首台立体等像素 16 层 CT，以国际一流算法为精致医学图像提供技术保障

联影 uCT S-160 搭载独有 Real 3D™ 锥束重建技术实现分辨率各向同性，采用 1024X1024 矩阵高清成像技术展现微观解剖细节，借助领先 KARL 3D™迭代重建技术大幅降低辐射剂量并确保图像质量，令 uCT S-160 在“微结构成像”和“微剂量扫描”方面远远领先业内同类产品。

上海联影医疗科技有限公司将进一步创新技术、开拓市场、提升产品质量，争做中国高端医疗设备行业的排头兵，变“中国制造”为“中国创造”。

联影坚信：只要用心，就能改变。

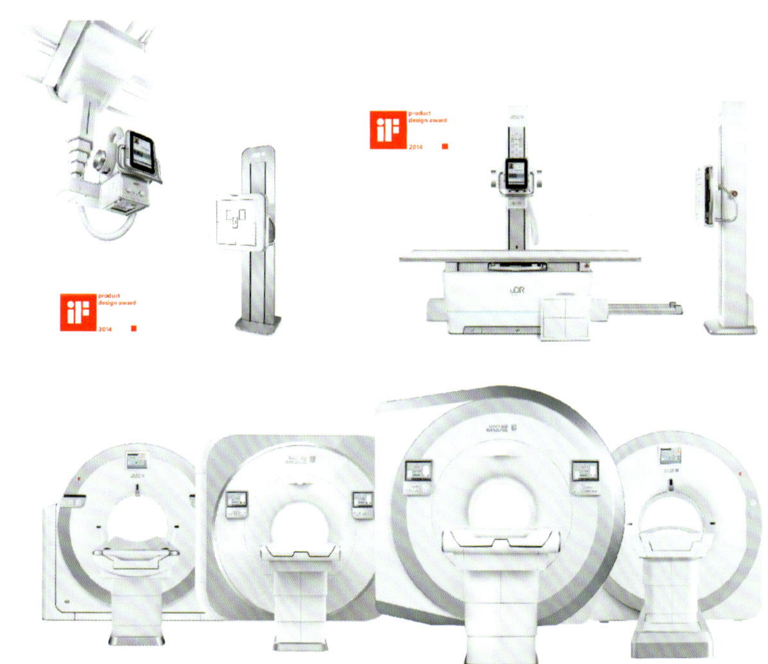

联影官方微信号：lianyingyiliao
扫一扫关注联影微信

上海市嘉定区城北路 2258 号，邮编 201807
TEL：+86(21)-67076888 FAX:+86(21)-67076889
www.united-imaging.com

上海海利生物技术股份有限公司

上海海利生物技术股份有限公司位于上海奉贤经济开发区金海公路 6720 号，其前身为上海松江生物药品厂，是农业部在上海批准生产兽用生物制品的定点企业及农业部在上海设立的动物重大疫情防治生产基地。 海利生物是上海市高新技术企业、上海市企业技术中心、上海市农业产业化重点龙头企业、上海兽用生物制品工程技术研究中心、上海市科技小巨人(培育)企业；海利生物 商标被认定为上海市著名商标，公司的疫苗产品荣获“ 上海名牌 ”称号；作为一家专业的动物保健品公司，海利生物能够为预防动物疾病、改善动物福利和提高养殖业主的生产效益提供综合解决方案。公司拥有 11 条 GMP 生产线，自主生产家畜、家禽两大系列共 40 多个产品，产品和服务涵盖了家畜、家禽以及宠物等多个领域。

海利生物多年来，坚持科技创新之路，以市场为导向、以产品为依托，销售网络遍布全国，销售业绩成倍增长。海利生物现有员工近 450 名，其中专业技术人员占 50% 以上。海利生物坚持以人为本的人才战略，已建立起经营高效的管理团队、技术精湛的研发团队以及技能娴熟的员工团队。

海利生物致力于为预防畜禽疾病、改善畜禽健康和提高养殖业主的生产效益服务，并能够提供综合解决方案和权威的兽医专家服务系统。为满足市场需求，海利生物一如既往地坚持自主创新及高新技术产业化发展的战略重点，力争跻身国内兽用生物疫苗行业前列。

上海睿智化学研究有限公司

尚华医药研发服务集团

上海睿智化学研究有限公司(简称"睿智化学")是国内规模最大、行业领先的整合一体化新药研发外包服务企业之一----尚华医药研发服务集团(简称"尚华医药")的全资子公司,注册资本1900万美元,由海外归国学子惠欣先生2003年创办于知名的中国药谷——张江高科技园区生物医药基地。

经过十年发展,睿智化学从单一化学研发服务的企业成为服务全球一大批著名药企的整合一体化新药研发服务平台,其新药研发服务业务涵盖了化学合成、药物筛选、生物制药、药理与药代动力学、毒理研究、动物实验、原料药小试中试生产与工艺优化等临床前新药研发各环节。客户涵盖了400多家国内外制药企业和生物医药技术公司,其中包括全球排名前20位的医药和生物技术企业,已累计开展新药研发项目近1000项,申报技术专利成果超过50项,以近4年来复合增长率26%的业绩实现了跨越式发展。

公司拥有超过40,000平方米的国际标准化学和生物实验室,其中逾7,000平方米的动物实验室通过了国际AAALAC认证,配备国际一流的高端研发设备。公司汇集了一支1,300余人的来自海内外的科研团队,硕士以上学历人员比例超过60%;逾百人的海归高级科研管理专家队伍,均拥有10年以上国内外知名医药企业和科研机构研发和管理的资深经验。其中包括两名中央"千人计划"专家和一名上海市"千人计划"创新人才。

睿智化学先后获得高新技术企业、上海市科技小巨人企业、技术先进型服务企业、上海市重点服务外包企业、上海市认定技术中心、上海市创新型企业等资质荣誉,并在2009、2010连续两年入围"德勤高科技、高成长亚太500强"企业,并荣膺2009年度"德勤高科技、高成长中国50强"企业第三名。尚华医药荣获国家商务部颁证的"2010年度中国服务外包十大领军企业",是入围企业中屈指可数的医药研发服务外包行业领先者。

睿智化学以其先进的技术优势、具有竞争力的人才优势、以及完善的客户服务管理体系,已经为海内外客户提供了获得一致认可的国际标准化新药研发服务。尚华医药还建立了临床前药理药效学研究、制剂研究与药物分析研究、cGMP规范药物制剂开发生产三大服务平台,帮助推动国内外创新医药公司的研究成果产业化。公司在积累经验的同时不断积极创新,热衷于为国内众多的医药公司提供高质高效的服务,致力于打造"张江创新,中国创造"的国际一流CRO品牌,睿智化学誓将成为全球医药创新事业,特别是打造中国民族品牌的卓越合作伙伴,并积极承担诚信负责、员工信赖、贡献社会的企业公民职责。

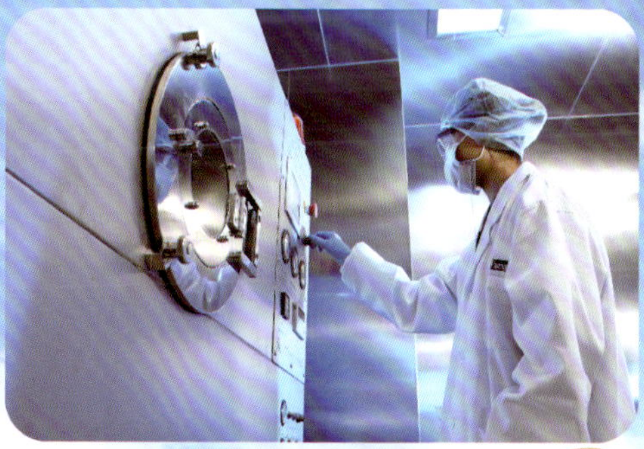

通讯地址:上海市张江高科技园区哈雷路998号5号楼
总机:51320088　　邮编:201203
电子邮箱:teinform@chempartner.cn
网址:www.chempartner.cn

上海第一生化药业有限公司

总经理致词：

天行健，君子以自强不息。作为上海医药的核心工业企业，上海第一生化药业有限公司在“稳定、完善、发展”的运行轨迹中不畏挑战，在制药领域不断求新探索，成为让患者放心的制药企业。

上海医药第一生化始终将社会责任和企业的发展密切结合，以保护环境，提供合格药品，减轻患者痛苦为使命，秉承“四好”的价值观，即“企业对员工好，员工对产品好，产品对客户好，客户才能对企业好”，坚持科技兴企，质量立市，致力于构建和谐的企业生态圈。

“针针献深情，一生可信赖！”，您的信赖，是企业的荣誉。路漫漫其修远兮，吾将上下而求索……感谢社会各界长期以来的关注和支持，上海医药第一生化将以更优质的服务和产品为您的健康提供帮助，打造药品注射剂制造业的品牌企业。

陈彬华

SBPC 第一生化 NO.1 BIOCHEMICAL

地址：闵行区剑川路 1317 号　电话：021-64300590

传真：021-64301921　网址：http://www.sbpc.cn

上海昊海生物科技股份有限公司

上海昊海生物科技股份有限公司是集生产、研发、销售、投资为一体的股份制医药企业。公司紧扣时代脉搏，探索出一条将产品经营和资本运作相结合的可持续发展之路。昊海生科兼并重组了国内多家同质型生物材料企业（上海其胜生物制剂有限公司、上海建华精细生物制品有限公司和上海利康瑞生物工程有限公司），在短短六年内，实现二十倍利税增长，成为行业领军企业，创造了上海生物医药界的“一个神话”。

海薇产品上市活动

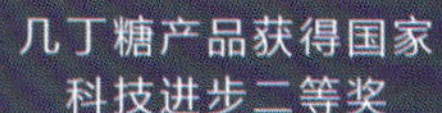
几丁糖产品获得国家科技进步二等奖

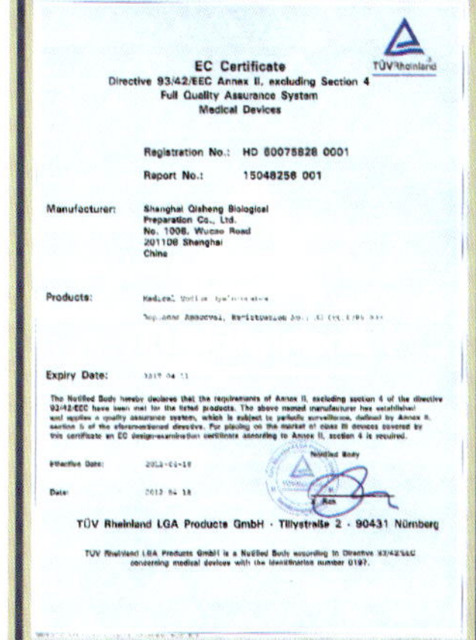
EC Certificate
Directive 93/42/EEC Annex II, excluding Section 4
Full Quality Assurance System
Medical Devices

Registration No.: HD 60075828 0001
Report No.: 15048256 001

Manufacturer: Shanghai Qisheng Biological Preparation Co., Ltd.
No. 1006, Wucao Road
201106 Shanghai
China

Products:

Expiry Date:

TÜV Rheinland LGA Products GmbH · Tillystraße 2 · 90431 Nürnberg

欧盟 CE 证书 -HA—2012

公司坚持自主创新，将产学研合作与产品引进相结合，在国际上率先实现医用几丁糖的产业化，先后获得上海市科学技术一等奖、国家科技进步二等奖、上海市发明创造专利一等奖。全序列人源性基因重组表皮生长因子产品 获得国家科技进步二等奖。现代化的研发中心设有生物材料科研究室、药物制剂研究室、质量标准研究室、现代仪器分析室等科研平台，达到国际先进水平。

昊海生科高新技术企业证书 2011

昊海生科在上海建设有多个符合国家 GMP 标准的生产基地 拥有国际最先进的预充式注射器凝胶全自动生产线，和业内产能最大的八种剂型生产车间。产品聚焦眼科、止血、防粘连、围手术期、创面护理、整形美容等领域 ,形成骨科、外科 妇产科、眼科 整形美容科等医疗市场优势品牌。部分产品已率先获得欧盟 CE 认证 远销海外。

2011 年，昊海生科发起组建上海医用可吸收生物材料产业技术创新战略联盟 集合了多家大学、医院、科研机构 ,以“十二五科技重大专项”等项目为载体 推动产业升级。

“昊天鹰击 ,海阔鱼跃”,昊海生科将不断进取 ,推进国际化发展战略。它将成长为市值超百亿、有着强势后劲和综合优势的高科技跨国集团，终将实现振兴民族生物医药产业的远大目标。

整形美容产品“海薇”新闻发布会

上海医用可吸收生物材料产业技术创新战略联盟成立大会

上海外高桥造船有限公司
SHANGHAI WAIGAOQIAO SHIPBUILDING CO.,LTD.

上海外高桥造船有限公司成立于 1999 年，地处长江之滨，是中国船舶工业集团公司旗下的上市公司——中国船舶工业股份有限公司的全资子公司。公司全资拥有上海外高桥造船海洋工程有限公司、控股上海江南长兴重工有限责任公司、上海外高桥海洋工程设计有限公司、上海中船船用锅炉有限公司、中船圣汇装备有限公司，参股上海江南长兴造船有限责任公司。

公司全年完成交船 34 艘 /565.95 万载重吨，其中外高桥造船 18 艘、长兴重工 12 艘、临港海工 2 艘、长兴造船 2 艘，生产经营任务的完成保障了 2013 年财务决算指标完成。公司 2013 年合并营业收入 141 亿元，合并利润总额 2.96 亿元。

地址：上海市浦东新区洲海路 3001 号
邮编：200137
电话：86-21-3886 4500
传真：86-21-5848 3393
邮箱：office@chinasws.com
网址：www.chinasws.com

中船第九设计研究院工程有限公司

中船第九设计研究院工程有限公司是中国船舶工业集团公司下属的大型综合性设计院工程公司，成立于 1953 年 5 月，由初建时期的第一机械工业部船舶设计室逐步发展成为六机部、中国船舶工业集团总公司、中国船舶工业集团公司的第九设计研究院工程有限公司，沿革近 60 年的发展历史，取得辉煌的业绩，为中国船舶工业建设和国防海军事业的发展做出了积极的和重要的贡献，成为中国船舶工业行业独一无二的大型综合型的骨干设计院，在船舶工业一直处于行业龙头地位。从 2001 年到 2006 年，九院公司完成了改企建制，经历了由事业单位改为企业，又改制为工程公司的重要发展阶段，明确了走国际工程公司道路的发展目标，形成了以设计咨询为龙头、做大做强工程承包的生产经营管理模式。在中国创建世界第一造船大国中，承担着践行环渤海湾地区、长三角地区、珠三角地区的船舶工业规划设计“国家队”的角色。九院公司具有适应企业发展和船舶工业建设领域新技术新工艺研发的技术创新能力，建立了较完善的创新体制和运行机制，近年来公司技术开发和科研业务建设辐射面更加宽泛，依托公司综合优势，开展多方面、多层次的技术研发。研发成果使九院公司在造船工艺规划设计、大型船坞建设、大型船厂起重机和坞门、船厂环境治理新技术等方面持续保持国内领先水平，甚至达到国际先进水平。不但为企业的发展提供技术支持，也为整个行业的发展建立了新坐标。

2007 年 1 月，九院按照现代企业制度的管理模式正式成立了“中船第九设计研究院工程有限公司”。新公司集船舶集团知名的造船企业、科研单位于一体，形成较有利的科研、建设和管理的优势。同时新组建的九院工程公司在现代企业制度建设的过程中注重生产流程的再造，注重企业组织机构的调整，不断适应新的科研、生产和管理工作的需要。九院公司已逐步形成了较为完善的工程公司管理模式和运行体系。九院公司目前除职能管理部门外，有 10 个生产所、1 个科研所和 7 家全资及控股的子公司。

九院公司主营业务是从事工程咨询、工程设计、工程项目管理和工程总承包业务，承担着船舶工业建设和国防保障工程建设的任务，具备船舶、军工、机械、水运、建筑、电子、环境、工程咨询、工程监理、工程总承包等 26 个甲级设计资质和对外工程总承包、国外设计顾问及施工图审查的资质。2009 年公司获得国家建设部颁发的工程设计综合甲级资质，取得了涉及多个行业的多领域开拓发展的资格。2010 年公司获得了由商务部颁发的承接援外工程的资格，真正跻身援外工程设计领域，为九院公司拓展海外市场提供了必备的条件。2011 年 3 月公司取得国家建筑企业房屋建筑工程施工总承包一级资质，7 月取得上海市安全生产许可证，具备独立承接施工总承包业务的能力和资质。此外公司还具备国家武器装备科研生产单位一级保密资质。公司在多年的发展和建设中积淀了雄厚的专业技术和企业文化，已获得“全国设计百强单位”、“ENR 中国承包商和工程设计企业双 60 强”（由美国《工程新闻纪录》（ENR）和中国《建筑时报》联合评选）、“全国优秀企业形象单位”、“上海市文明单位”、“上海市优秀工业企业形象单位”、“国家高新技术企业单位”、“国家认定企业技术中心”、“国家火炬计划重点高新技术企业”“上海市创新型企业”等称号。

九院公司从 1994 年开始，按照 GB/T19001 质量保证模式要求建立和实施公司的质量管理体系，并于 1998 年起获得质量管理体系认证至今。2008 年公司获方圆标志认证中心 GB/T24001-2000 环境管理体系标准认证证书、GB/T28001-2000 职业健康安全管理体系标准认证证书和国际认证联盟（IQNET）的环境管理体系认证证书及职业健康安全管理体系认证证书。九院公司目前现有职工 998 人，其中各类专业技术人员 874 人（其中研究员 98 人、高级工程师 241 人、工程师 300 人；注册建筑师、注册结构师、注册造价师、注册建造师、注册监理工程师等各类注册工程师 303 人）。公司先后有 30 多位专家荣获国家特殊贡献或者享受国家特殊津贴，相继有 4 位工程技术人员获中国工程设计大师称号，1 位获中国工程监理大师称号。

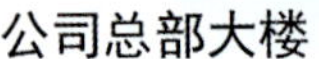

公司总部大楼

公司董事长、总经理周辉

水域静探作业平台

中船勘察设计研究院有限公司成立于1953年5月，隶属于中国船舶工业集团公司。2013年5月，公司迎来建院60周年，中船集团公司专门发来贺信表示祝贺，以院庆60周年为契机，以“隆重、俭朴、凝聚、鼓劲”为宗旨，公司广泛深入开展了建院60周年主题系列活动：认真总结公司成立60年来所走过的发展历程，组织职工积极参与评选公司60年“十大工程、十大人物、十大感人故事”活动，出版发行《中船勘察设计研究院有限公司志》、《廉洁文化手册》和公司《宣传广告图册》，举办“职工文化艺术品展”和“共铸辉煌职工文艺汇演”，通过院庆活动开展，在传承和弘扬勘院公司优良传统作风基础上，进一步增强公司广大员工的凝聚力和向心力，更好为集团公司新兴产业工程总承包业务全面发展，为中船集团公司提升战略地位和全面转型作出更大贡献。

本公司为“工程勘察综合甲级”、“工程测量甲级”、“工程咨询资格乙级”、“地基与基础工程专业承包二级”、“地质灾害危险性评估乙级”、“地质灾害治理工程勘查乙级”、“地质灾害治理工程设计乙级”、“地质灾害工程施工乙级”、“地基基础乙级”、“地基基础工程检测”、“上海安全生产许可证”、“勘察劳务资质”(钻探)。公司目前是“上海高新技术企业”;“上海市创新型企业”；2013年12月，经北京中设认证服务有限公司审核，公司继续获得“质量、环境、职业健康安全”管理体系认证证书。在2012年上海市重大工程立功竞赛中，公司被授予“优秀企业”，工程检测部被授予“优秀集体”，测量监测部被授予“优秀现场服务组”，5个个人被评为优秀建设者、优秀组织者；在2013年上海市重大工程立功竞赛活动中，有两人获得市级个人荣誉称号，两人获得设备赛区先进个人，测量监测部获得设备赛区先进集团荣誉称号。2013年初，公司通过上海市国防科技工业办公室军工涉密业务咨询服务安全保密条件审查;2013年5月，获得上海市普陀区和谐劳动关系创建活动“达标单位”；2013年9月，经中国勘察设计协会诚信建设委员会第三次复审通过，公司第三次获得“全国工程勘察与岩土行业诚信单位”，在上海市勘察设计行业申报复审的八家单位中，公司名列第一位。中船勘察设计研究院有限公司创建文明单位工作自1993年起步，20多年来，公司连续三届(六年)获得“上海船舶工业公司文明单位”，又于1999年起连续七届(14年)获得“上海市文明单位”光荣称号。

中船勘察设计研究院有限公司

沪东中华造船(集团)有限公司，是中国船舶工业集团公司旗下的特大型造船骨干企业集团，既造民用船舶、军用船舶，又造海洋工程和大型钢结构。公司具有雄厚的船舶开发、设计和建造实力，具有80多年的丰富造船经验，先后建造过LNG船、LPG船、FPSO浮式储油船、大中型集装箱船、化学品船、滚装船、油船、散货船、客货船、集装箱-滚装船、多用途船、重吊船、挖泥船、三用工作船等及军舰和军辅船等民、军用船舶共计3000多艘。近20项产品荣获国家质量金奖和银奖，产品远销亚洲、欧洲、非洲、大洋洲、南美洲等40多个国家和地区，深受国内外船东和各界好评。

沪东中华公司总部位于上海浦东新区，主要生产区域分布在浦东、浦西、崇明岛、长兴岛，拥有近300万平方米的生产和配套基地，有码头岸线3900米，系泊码头19座，30万吨VLCC级干船坞3座，5万吨级至17.5万吨级浮船坞3座，12万吨级和8万吨级船台各1座，2万吨以下船台2座，400吨和300吨龙门起重机各1座，600吨以上龙门式起重机6座等一批先进设备。

目前，沪东中华本部员工约5000名，投资企业员工15000名，劳务工13000名，年销售额达到200亿元人民币。

东华科技大厦

沪东中华造船(集团)有限公司

地址：上海市浦东大道2851号　邮编：200129　电话：+86-021-58713222　传真：+86-021-58712603

按照中船集团"统筹利用现有修造船能力资源，积极推进资源优化配置和重组，提高产能利用率和集团整体合力"的发展战略，2013年，沪东中华公司控股了上海江南长兴造船有限责任公司。包括参股的上海华润大东船务工程有限公司、上海东鼎钢结构有限公司、中国船舶电站设备公司、上海沪东三造船舶配套有限公司等，沪东中华拥有20多家船舶配套子公司。

由沪东中华建造的国内第一艘LNG船，以及公司拥有完全自主知识产权的8530箱集装箱船的建造，填补了国内空白，提高了我国造船工业的水平和国际地位。公司生产的17万吨级与20.6万吨散货船被誉为"绿色环保型散货船"，建造的31.9万吨VLCC船，是世界上载重吨最大，款式最新的超级油轮。公司建造的南浦大桥、京城大厦、上海证券大厦、大庆电视塔和干式30万立方米煤气柜等大型钢结构工程在全国有着较大的影响。

展望未来，沪东中华公司将不断提升高科技船舶的建造能力，不断探索LNG延伸产业链，以及海工产品、豪华邮轮等新产品领域，将以国际一流的产品质量和完善的售后服务与国内外客户精诚合作，共创辉煌。

液化天然气(LNG)船

8888箱集装箱船

上海船舶研究设计院

上海船舶研究设计院（SDARI）成立于1964年，隶属于中国船舶工业集团公司，是目前我国民船设计领域规模最大、船型最丰富、市场占有率最高、人才队伍最稳定的研究设计单位之一。

Green Dolphin 38800DWT 散货船

上海船舶研究设计院（SDARI）新大楼，位于浦东新区张江祖冲之路2633号，是集科研、设计、实验、办公为一体的现代化综合大楼，现已成为张江集电港地区标志性建筑。大楼总建筑面积26 917.4m²，地上建筑面积16 423.4m²，地下建筑面积10 494m²，地上15层，地下2层，建筑总高度58米。新大楼的外观以浩瀚的海洋为基调，融入水立方和船舶元素，凸显了绿色、节能、环保理念。新大楼的建成为员工提供了现代化的工作环境，更为SDARI百年大计提供了坚实的硬件保障。

SDARI现有员工500余人，各专业人才齐全，具备三维设计平台和各种先进软件。SDARI的服务范围涵盖了前期可行性论证、方案设计、基本设计、详细设计、直至生产设计的全过程。设计产品主要包括LNG船、散货船、集装箱船、液货船、矿砂船、滚装/客滚船、多用途船、特种工程船、海洋工程辅助船、海洋工程作业船、海洋平台等。自建院以来，SDARI累计开发新船型853型。多次承担并出色完成国家重大科技攻关项目和重大技术装备攻关研制任务。截至2012年底，共获得国家、省部级和学会科技成果241项。

SDARI遵循“精心设计、质量第一、讲究信誉、持续改进”的质量方针，依靠技术进步牢固确立了在船型研究设计方面的国内领先地位，鼎立支持中国成为世界第一造船大国。随着SDARI品牌价值不断凸显，务实创新的SDARI人正朝着“国内领先、国际一流”的发展目标稳步迈进。

30000m³ LNG 船

16 000 kW 多用途海洋拖船

多功能水下作业船“海洋石油286”

领衔48年船舶设计坚强基石

申佳船厂

申佳船厂位于上海市浦东新区，毗邻雄伟的杨浦大桥。工厂占地面积约 30 万平方米，主要生产设备约 2000 余台套，拥有近千米的码头岸线，万吨干船坞，国内最大的 3000 吨垂直升降船台以及 600 吨船排各一座，是黄浦江沿岸设施设备较为齐全的修造船厂。

工厂现有职工 1600 余人，各类专业人才齐全。拥有新时代质量体系和法国 BVQI 质量体系认证证书，质量保证体系覆盖各类产品。主营军民品船舶的建造、修理、改装，兼营大型钢结构制作，化工、冶金、食品、包装等行业设备制造，已具备了海军各型常规主战装备和辅助船的修理能力。具备了批量建造中小型军船的能力；具备了自行研制部分高精度备品备件的能力；具备了修理万吨级和建造 5000 吨级以上船舶的能力；具备了大型钢结构件和压力容器制造的能力。形成了化学品船、拖船、油船、消磁船和游艇的建造线。

在建设发展的征程上，工厂坚持大力弘扬全力保障，追求卓越的企业精神，坚持"诚信双赢"的经营理念，坚持客户满意为关注焦点，以合理的价格，优异的质量，周到的服务竭诚为客户服务。

上海市电力公司

上海市电力公司系国家电网公司的全资子公司，是经授权的一级法人单位。公司是负责上海电网规划、建设、运行、管理的大型电力企业，供电营业区覆盖整个上海市行政区，供电面积6340.5平方公里。公司通过所属的供电公司和专业公司，对辖区内电网进行规划、建设、运行维护，为客户供电，并提供相应的服务，对全市的安全用电、节约用电进行监督和指导。

公司拥有客户914.12万户，资产总额达1320.29亿元。全市35～500千伏变电站921座，变电容量113540.9兆伏安，10～500千伏输配电线路总长度78008.51公里。

公司以“建设世界一流电网，建设国际一流企业”作为全体员工的共同愿景，在实践“诚信、责任、创新，奉献”的核心价值观中，为客户提供高可靠性电力和优质服务。今年以来，公司深入贯彻落实国家电网公司决策部署，以卓越绩效模式为持续改进平台，全面推进“三集五大”体系建设，转变公司发展方式，实现了管理效率、效益“双提升”。公司已连续三年蝉联“全国供电可靠性金牌企业（A级）”第一名，连续十年荣获上海市政风行风测评第一名，荣获“全国安全文化建设示范企业”称号并名列国家电网公司系统第一名。公司故障抢修平均到达时间和修复效率在国家电网公司系统名列前茅，圆满完成了抗击台风“海葵”的保电任务，经营业绩创历史最好水平。

传承 创新 卓越

拥有两台百万千瓦机组的上海上电漕泾发电厂景

上海电力股份有限公司(简称“上海电力”)是世界500强企业——中国电力投资集团公司的控股企业，也是上海最主要的电力能源企业之一。早在1882年，就在黄浦江畔点亮了第一盏电弧灯，使上海成为世界上继巴黎、伦敦后第三座有电城市。因此，上海电力曾经是人类发电技术每一次进步的运行者、受益者，也曾经是双水内冷等发电技术的发明者，现在更是现代清洁火电、风电和太阳能光伏等新能源领域的参与者和传播者。

作为中国电力投资集团公司在上海最重要的企业和上市公司，截至2013年底，上海电力的控股装机容量是853.71万千瓦，同比增长了48.27%，期末管理装机容量是976.71万千瓦，同比增长了28.21%。共有5家分公司，30家子企业和3家境外子企业。

上海电力确立了“率先建成国际一流能源企业”的企业愿景，通过致力于由主要利用传统能源向能源清洁高效利用和新能源并举转变、由一般上市公司向集团公司境内最重要融资平台转变、由单一的火电企业向上下游产业延伸的转变、由基本依赖国内资源向依托统筹国内海外两个市场两种资源转变，建立了与国际接轨的现代企业管理体系，使上海电力迸发出前所未有的发展潜力、盈利能力，更强地焕发出发电“奉献绿色能源，服务社会公众”的能源企业的本质属性。

上海电力股份有限公司

海洋，是联系世界的蓝色纽带；经济，是传承文明的活力载体。上海电力正用发展的、世界的眼光真诚地寻觅长期合作伙伴。目前，上海电力在中电投集团的大力支持下，海外发展已经在坦桑尼亚、土耳其、日本、印度尼西亚、澳大利亚等国开花结果，我们希望通过真诚交流、坦诚合作，进一步加深友谊、巩固成果，并且在互利双赢的基础上，持续广泛地和世界各国能源企业全面合作。

中国的先哲孔子说“有朋自远方来，不亦乐乎。”上海电力正是这样一个有着传统东方美德的中国电力企业，并且希望在精诚合作的过程中，和我们的合作伙伴共同成为世界发电技术、管理、市场的开拓者和受益者。

上海电力，你的朋友，世界电力的朋友！

浙江上电天台山风电场

上海上电漕泾热电有限公司全貌

上海上电漕泾发电圆形煤场内景

国网上海市电力公司浦东供电公司

国网上海市电力公司浦东供电公司于 2010 年 1 月正式挂牌成立，并于 2012 年 12 月升格为国家电网公司大型重点供电企业，主要承担上海市浦东新区的电网规划、建设和供电服务任务，供电面积约 1210 平方公里，辖区内拥有各类用电客户 211 万户，最高用电负荷 664.8 万千瓦，2013 年售电量 263.67 达亿千瓦时。曾先后获得“中央企业先进集体”、“上海世博会先进集体”、上海市“五一劳动奖状”等荣誉，连年被授予“国家电网公司先进集体”、上海市文明单位、上海市重大工程立功竞赛优秀公司、上海市实施用户满意工程先进单位等荣誉称号。2013 年，公司首获国家电网公司大型重点供电企业业绩对标第三名，荣获国网上海市电力公司同业对标综合标杆、业绩标杆、管理标杆“三个第一”，连续十一年浦东新区政风行风测评排名第一。

浦东电网是上海电网的重要组成部分，位于上海东南部，分属顾路、杨高、远东和南桥分区；网内有外高桥一厂、二厂、三厂和上临燃机电厂等 4 座主力电厂，总装机容量 7781 兆瓦；拥有 4 座 500 千伏变电站、24 座 220 千伏变电站、14 座 110 千伏变电站和 159 座 35 千伏变电站，35 千伏及以上变电总容量 18990.5 兆伏安；拥有 500 余座 10 千伏开关站，各类变、配电站共计 2 万 4 千余座，架空线 10561 公里，电缆 21377 公里。

当前，上海浦东新区正全面推进二次创业，迎来了中国(上海)自由贸易试验区的战略机遇，迪士尼、商飞、后世博区域、前滩、临港以及陆家嘴金融城、张江高新区等“增长极”潜力巨大，这对供电保障提出了更高要求。面对机遇和挑战，公司重任在肩、责无旁贷。未来，公司将在国家电网公司和国网上海市电力公司的坚强领导下，以国家电网公司“两个一流”为目标，秉承“诚信、责任、创新、奉献”的核心价值观，践行“四个服务”宗旨，不断优化业务流程，完善组织结构，创新管理模式，确保浦东主网架和城市供电的安全，全面提升地区供电可靠性和优质服务水平，全力保障浦东新区经济建设，继续争当国家电网公司大型重点供电企业和国网上海市电力公司“排头兵”，为上海加快推进“四个率先”、建设“四个中心”和浦东新区“二次创业”做出新的更大的贡献。

上海上电漕泾发电有限公司

中电投集团公司 SHANGHAI SHANGDIAN-CAOJING POWER GENERATION CO., LTD.

上海上电漕泾发电有限公司作为中电投集团公司首座建成投产的百万等级燃煤电厂，是国内首个以“上大压小”核准建成的百万千瓦超超临界燃煤电厂。现有1号、2号机组分别于2010年1月、4月投产。厂区环境优美，布局科学，堪称一座现代花园式工业建筑，具有良好的生态效应。投产以来截止2012年底，累计完成发电量333.39亿千瓦时，上缴利税10.2719亿元，为上海市社会经济发展作出了积极贡献。企业相继荣获“世博保电先进单位”、“水土保持示范工程”、“国家优质工程金质奖”、“国优三十年经典工程”、“‘十一五’全国减排先进集体”、“电力安全生产标准化一级企业”、“中国美丽电厂”等称号。

展望未来，我们将努力保障安全、稳定、和谐发展，奉献绿色能源，服务社会公众。

名称：上海上电漕泾发电有限公司。

地址：上海市金山区漫华路8号。

传真：021-37996699。

上海上电电力工程有限公司

上海上电电力工程有限公司是中国电力投资集团上海电力股份有限公司下属的国有企业，注册资金1亿人民币，是一家基于工程与技术的多业务电力检修公司，具有1000MW机组电厂设备整机维护/检修资质，具备220KV输变电设备安装能力，并拥有自主知识产权的能源服务体系，在电厂给水泵、循泵、节能环保技术等差异化检修领域有强大竞争力。公司主要承接电厂整机维护及检修工程项目，可为国际国内市场提供电力成套设备及其附件的安装、运行、调试、检修，采用合同能源管理模式提供节能技术的研发、实施；同时可为电厂检修、安装、改造等建设项目提供工程监理服务、电机维修和金加工服务。并于2001年通过ISO9001质量管理体系认证，2007年通过GB/T28001及ISO14001安全、环境管理体系认证。公司宏伟且能够实现的美好愿景就是做成国内一流电力检修企业，为此，我们正不断努力着！

公司现设九个职能部门、四个生产单位、三个业务单位，其中四大生产单位有明确的终端检修市场划分，三个业务单位向四大生产单位提供支持。目前在册人数1171人，其中中高级职称96人，硕士研究生6名，本科生146名，高级技师40人，技师165人，高级工310人。为不断提高公司竞争力，进一步拓展延伸公司电力检修产业链和价值链，公司还聘请教授级高级工程师、国内知名专家王东平先生担任公司总工程师，主持开发了烟道换热器（GCH）、全负荷脱硝运行系统（GRS）等多项节能、环保新技术，在漕泾热电、长兴岛电厂、外高桥一厂等多家电厂实际应用中，节能减排效果显著。同时聘请热机专业高级技师、国内水泵及风机方面知名专家、同时担任华能、中核、长沙水泵厂等多家发电集团、企业高级技术顾问的胡大千先生，由他主持开发的给水泵、循环水泵、风机等多项节能新技术以及大型循环水泵的改造性检修工作成绩斐然。

近年来，我们的检修足迹遍布全国各地，机组类型也从单一的火电机组扩展至燃气机组、核电机组。中电投漕泾电厂（2*1000MW）、中电投外高桥一厂（4*300MW）、申能集团外高桥二厂（2*900MW）、申能集团外高桥三厂（2*1000MW），中外合资漕泾燃机电厂（2*300MW）、申能集团临港燃机电厂（4*300MW）、中电投田集电厂（2*600MW）、中电投阚山电厂（2*600MW）、新疆新沪热电厂（2*50MW）都是公司的电厂维护单位及长期合作伙伴。仅2012年，公司共检修电厂机组30台次，其中300MW以上机组19台次，检修容量10386MW。在参与中核秦山核电厂（4*700MW）常规岛、核岛检修工作的基础上，公司又把公司发展的着眼点放在了海外市场，今年公司承接了伊拉克华事德4*330MW燃油机组维护项目、印度加迪电厂135MW机组检修的现场服务项目。

对非原始设备生产商最大的挑战是服务与可靠性，为此公司结合自身特点和优势，以循泵检修为突破口，创建自己的检修品牌，目前已在检修大型泵类方面取得了不错的经营业绩。2012年为大唐吕四港电厂、福州华能电厂、广东珠海金湾电厂、香港中华电力广西防城港发电有限公司等电厂的20余台泵进行了恢复性检修，各项指数均优于设计水平，泵组振动平均在0.025mm以内（制造厂标准≤0.10mm），得到了制造厂和业主的高度评价。同时：

公司专注于内部，与关联服务单位建立长期合作伙伴，遵从客户至上的原则，在工作中相互协作，勇于接受服务单位的多元化企业文化，并从各类检修项目中获取经验。

公司注重与外部共赢，与广泛的外部市场利益相关方建立有效联系，共识共赢；并与外部客户和环境相协调；同时公司独具所长，拥有专长领域，用经验和成果树立公司信誉。

公司发展战略清晰，市场适应性强，能接受不明确的情况和不确定性的事物，能将战略与目的联系在一起，进行有激励性的沟通，同时运用知识和经验进行果断决策。

公司倡导敬业创新精神，激发员工创新想法并努力实现，从不断实践的成功/失败中总结经验，利用程序化做事取得成功，最主要的是公司崇尚敬业精神，不断自我发展并培养他人充满热情。

公司有以价值观为基础的文化及基于成长的价值观，所以公司倡导践行“劳动光荣、劳动创造价值”理念，员工努力付出，就会有相应回报，同时公司为员工职业生涯规划设计行政、技术“Y”型双轨制人才发展通道。但仅有激情的工作作风还不够，公司员工的行为受到行为规范、程序和诚信原则的约束。公司严格的要求并没有限制员工的创造力和工作激情，相反，它吸引了一大批敬业认真的员工，他们中的每一个人每一天都在为构建更加出色的公司，乃至更加美好的未来而努力。

上海运安制版有限公司

Shanghai Yunan plate-Making Co.,Ltd.

上海运安制版有限公司，是由山西运城制版集团股份有限公司控股的跨国企业。山西运城制版集团目前是全球规模最大、产品种类最全、技术含量最高、行业管理经验丰富、人才梯队齐备、专业化的凹印制版企业。

公司先后获得“上海市高新技术企业”、“上海市嘉定区科技小巨人企业”、“上海市嘉定区企业技术中心”、“上海市专利工作培育企业”、“上海市科技小巨人培育企业”等称号。

公司主要生产是凹印印刷辊筒以及辊筒印花机。辊筒系列产品广泛应用于食品、饮料、医药、日化、个人护理、服装、家纺、装饰壁纸、高档瓷砖、激光防伪等行业领域。

公司生产的激光雕刻高清三维瓷砖印刷辊筒，是国际先进的激光雕刻制版技术在瓷砖印刷辊筒领域的创新应用，拥有完全自主知识产权，技术达到国际先进水平。通过该技术激光雕刻的瓷砖印刷辊筒，实现了能够在凹凸的瓷砖表面上印刷，清晰度甚至超过了喷墨印刷技术，而且在生产应用成本上相比喷墨印刷技术大幅度降低，对高档瓷砖印刷辊筒产品的国产化和产业化产生很大的影响。

公司是目前国内在规模、客户、品牌、销售网络、技术等方面最具竞争力的专业生产高档激光雕刻瓷砖印刷辊筒的龙头企业，并在佛山、印尼、越南建立子公司，在山东、福建、四川等地建立分支机构，国内市场占有率位居第一位（50−60％左右）。客户主要面向斯米克、宏宇陶瓷、诺贝尔、东鹏、亚细亚、蒙娜丽莎、冠军、马可波罗等国内外高端瓷砖品牌企业。

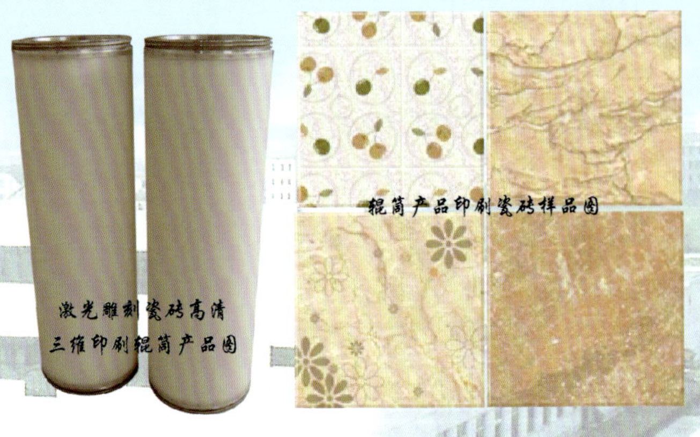

激光雕刻瓷砖高清三维印刷辊筒产品图

辊筒产品印刷瓷砖样品图

产品应用效果案例

装饰效果

上海运安制版有限公司

SHANGHAI YUNAN PLATE-MAKING CO.,LTD

上海华明电力设备集团有限公司（简称华明）是中国电力变压器分接开关领导企业。华明致力于以“中国自主科技装备电力工业”，是集变电站高压电力设备的研究、开发、生产、销售为一体的高新技术企业。主要产品为变压器有载分接开关、无励磁分接开关和高压电器等。

伴随着中国电力工业的改革和发展，在原机械工业部、原电力部、原国家电力公司及国家电网公司、南方电网公司等有关部门领导的大力支持下，依靠华明人的不懈努力，华明已经发展成为拥有1000余名员工，多家下属企业和海外分公司，2个大型现代化生产制造基地的现代化电力装备集团公司。

在“创新不止，自强不息”的企业文化感召下，华明人凭借着不断的科技创新和技术改革，使华明有载分接开关从行业内的无名小卒，成长为具有国际竞争力的中国民族品牌，华明也成为了国内第一，世界领先的分接开关全产业链自主生产企业。华明自主研发的油浸式变压器的真空有载分接开关和三相1000A大电流有载分接开关，在全球有载分接开关领域处于领先地位。华明研制、生产的500千伏系列分接开关，填补了国产超高压分接开关应用的“空白”，标志着我国变压器有载开关技术已达到国际先进水平，具备产业化生产能力，打破了跨国公司对超高压分接开关长达50年的技术垄断。

华明产品广泛应用于电力及能源工业、化工、冶炼和铁路工程等，在国内，华明有7万余套产品在国家骨干电网上运行；在海外，华明产品远销美洲、亚洲、欧洲、非洲、大洋洲的100余个国家和地区，从最低气温低至零下50摄氏度的黑河，到高海拔地区的西藏，从美国风力发电厂到挪威海上石油钻井平台，华明的产品都可靠、出色地担负着电力供应的稳压、调压使命。华明已成为多个跨国集团公司如GE和ALSTOM(原AREVA)的合格战略供应商。

华明秉持“诚信治业，仁德待人”的治企理念，引导每一位员工以认真负责、精益求精的工作态度为企业树立诚信形象，同时全力为员工营造良好的工作和生活氛围。华明出资上亿元建造单位租赁房，以解决外地员工的居住问题，大到厂区环境、小到员工用餐，近到员工保障，远到员工发展，华明都十分关注企业和员工共同成长，华明努力把公司打造成员工温暖的“家”。

二十余年来，华明先后获得上海市“品牌企业”、上海市“劳动关系和谐企业”、上海市“专利示范企业”、上海市“科技小巨人”，上海市“高新技术企业”、上海市“科技企业创新奖”、上海市“守合同、重信用”企业，华明分接开关也被评为了“上海名牌”，如今，华明已跻身上海市“百强民营企业”行列。

上海华明电力设备集团有限公司

上海电力电缆工程有限公司

上海电力电缆工程有限公司是国内最具规模的从事电力电缆设计、安装和维修的专业施工企业，具有国家“送变电工程专业承包壹级”和“电力工程施工总承包壹级”的施工资质以及国家进出口企业“资格证书”，并获得了质量、环境、职业健康安全管理体系三标合一的合格认证。近10年来，公司完成了大量的电缆工程，仅安装的110kV及以上电压等级电力电缆就达4200余公里。在安装高压、超高压电力电缆的技术力量和装备方面居全国领先地位。2009年被中国质量协会、全国用户委员会评为“用户满意企业”。

公司具备在各种复杂条件下安装维修电缆的能力，年安装量在3000千米以上。2010年公司改革后，又并入电力排管业务，年产值达8.2亿元。公司重视电缆安装新技术开发与应用。为适应大长度、高电压电缆施工安装的需要，试制成功电缆敷设专用卷扬机、电缆输送机、电缆敷设机集中控制装置，并获得了国家专利5项，部、市、局科技进步奖数十项。

公司目前与欧洲、美国和日本等十多家国际知名的大型电缆集团合作，引进消化了多项先进技术，公司自行开发的多个技术革新项目，均受到国内专家的认可。

科技纺织的先导　时尚纺织的支撑

——上海市纺织科学研究院

主要承担：

1、新型纺织纤维的开发

2、功能性面料、服装的开发

3、国家纺织产业创新支撑平台（上海）标准和检测

4、上海市纺织高性能纤维材料专业技术服务平台

5、专业建筑行业工程设计

地址：上海平凉路988 号

网址：http://www.stri.com.cn

Tel：021-55210011

Fax：021-55214191

http://www.strdsp.com.cn

E-mail：strichsh@online.sh.cn

上海市纺织科学研究院创建于 1956 年，原为中国纺织工业部纺织科学研究院上海分院，1959 年更名。2000 年由事业单位转制为科技企业，现隶属于上海纺织（集团）有限公司。全院占地 2.7 万平方米，建筑面积 6.6 万平方米，员工 700 余人，共下辖一院六所三中心：上海纺织建筑设计研究院、上海市合成纤维研究所、上海纺织工业技术监督所、上海市毛麻纺织科学技术研究所、上海市服装研究所、上海市印染技术研究所、上海市色织科学技术研究所、上海纺织节能环保中心、上海纺织新产品开发中心和上海市纺织科技发展中心。

全院秉承上海纺织“科技与时尚”的发展理念，铭记“科技纺织、绿色纺织、品牌纺织、时尚纺织”的发展目标，努力打造现代纺织科技服务业，为全行业提供技术支撑和服务。主要从事纺织科技情报信息、纺织检测、纺织产品、工艺、设备和材料的开发应用研究，并且研究领域正从纺织扩展到环保、航空航天、冶金、家电、汽车等相关行业。全院拥有 5 本公开发行的纺织科技杂志、4 个国家级纺织检测中心、4 个纺织现代科技服务网站、2 个技术服务平台以及具有第三方公正地位的专业检验机构和中国合格评定国家认可委员会（CNAS）认可的检测实验室，同时获得 ISO9001、ISO14001、GB/T28001 管理体系等认证，是目前我国规模最大，纺织专业设置最齐全的综合性纺织研发机构。

远纺工业（上海）有限公司

Far Eastern Industries (Shanghai) CO, LTD.

远纺公司是台湾远东新世纪股份有限公司在上海的子公司，创建于 1996 年，现在总投资为 5.26 亿美元。公司位于上海浦东陆家嘴金融贸易区，下属工厂坐落在奉贤区星火开发区。工厂占地面积 643，600 平方米。

制造、加工聚酯瓶级切片、高功能聚酯薄（胶）片、涤纶差别化短纤维、涤纶差别化长丝、弹力丝，并销售公司自产产品；同时从事自产产品上下游产品（如 PTA、MEG 等）的进出口业务。

2000 年被评为上海市外商投资先进技术企业。2001~2004 先后通过 DNV（挪威船级社）ISO 9001：2000 国际质量管理体系认证，ISO-14000 环境管理体系认证，ISO-CHSAS-18000 职业健康安全管理体系认证。2001-2008 年多次被评为上海市外商投资企业 50 强、100 强，上海市企业 100 强，上海市进出口企业 100 强。全国外商投资双优企业、对外贸易企业 500 强、制造业企业 500 强。

产品、产能

产品名称	产能（吨／年）
聚酯瓶级切片	500，000
聚酯薄（胶）片	36，000
涤纶短纤维	110，000
涤纶长丝	43，000

立业精神

诚、勤、朴、慎、创新

公司地址：上海市浦东东方路 800 号宝安大厦 31-33，21 楼

电话：021-68751888　传真：021-68764775　邮编：200122

工厂地址：上海市浦东星火开发区白沙路 198 号

电话：021-57501888　传真：021-57503241　邮编：201419

公司简介

中储粮（上海）米业有限责任公司注册资本 5000 万，于 2010 年 8 月
中储粮总公司同意筹建，2012 年 1 月投产试运营，公司目前拥有在岗员
32 名，平均年龄 36 岁，大专及以上学历员工 25 名，占总人数的 78%。公司
在地拥有铁路罩棚 8000 平方米、铁路专用线全长 1040 米，沿黄浦江岸
650 米，万吨级码头一座和 3.5 万吨稻谷专用立筒仓，为米业公司全天候
动化作业提供了保证。公司拥有国际一流的大米加工生产体系，2 条日产
米 600 吨加工生产线均由国内权威机构无锡科学研究设计院设计，米机、
选机等主机设备均由世界知名品牌佐竹公司提供，年产大米 15 万吨；公
依托中储粮系统庞大的粮源供给体系，拥有东三省、苏北地区高品质粳稻
供原粮基地、糙米加工生产基地，及以市场为导向的“订单农业”，为生产
品质稳定、安全可靠的大米提供强有力的支撑，公司于 2012 年先后取得
有机产品认证证书和 ISO9001 质量管理体系认证证书；公司目前以“培元
品牌为依托，主推产品包括：黑龙江五常稻米产地的稻花香、长粒香；辽
辽阳贡米产地的辽星大米；黑龙江建三江稻米产地的寒地珍禾；黑龙江
纬度地区稻米产地的寒地珍珠；辽宁东港地区优质稻源的东港晶米；江
北部优质稻田的口中玉等。

中储粮（上海）米业有限责任公

中国口罩专业制造商

professional Mask Manufacturers of China

大胜是公司和产品的共同名称，是一家小型的草根民营企业，中国口罩专业制造商。“大”是大气！具有博大的胸怀容纳全世界的朋友交往和合作。“胜”乃赢者！象征大胜口罩搏击市场无往而不胜的勇气和力量。大胜是国家级“守信用、重合同”企业，上海市合同信用 AAA 等级获得者。上海市品牌产品、品牌企业的双品牌单位，上海市高新技术企业。公司 97 年成立，位于上海市松江——美丽的江南水乡。现有生产车间 20000 平方米，高级工程师和工程师 13 名，自行设计制造的口罩机械 300 多台套，最近又研发制造了自动化口罩机械 60 多台，并申请了国家专利和拥有自主的知识产权。产品 100 多个型号远销美国、欧洲、澳洲、南非、日本等 60 多个国家和地区。大胜牌口罩经国家商标局注册，并在美国、欧洲、澳洲、南非、日本等十几个国家注册国际商标。大胜口罩以国家标准为基础，结合国际标准针对性的研制和生产了适应于各国家、各地区和各人种不同脸型佩戴的口罩。公司通过了 ISO9001 国际质量管理体系认证。到 2010 年底已经通过国际认证的产品证书总数有 222 张：

*欧　洲 EN149 证　书 133 张：FFP1NR/FFP2NR/FFP3NR 113 张，FFP1NRD/FFP2NRD/FFP3NRD 20 张；

*澳大利亚 AS/NZS1716 标准证书 36 张；

*美国 NIOSH 标准 N95、N99 证书 32 张；

*美国 NIOSH 标准 R95、R100、P95、P100 证书在认证过程中；

*美国 FDA 标准 NELSON 实验室证书 3 张(K 号：510(k)090131)；

*日本 DS-2 证书 8 张。

大胜口罩 38 各品种获国际专利，成为大胜永久性的自主知识产权。

大胜口罩适应于全世界各人种、各脸型和各年龄段的人群广泛使用。

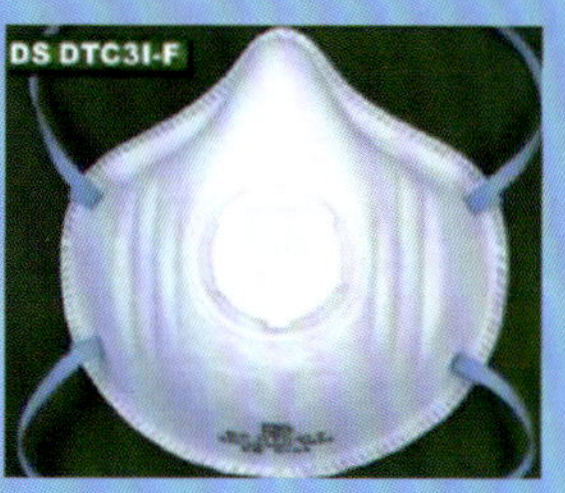

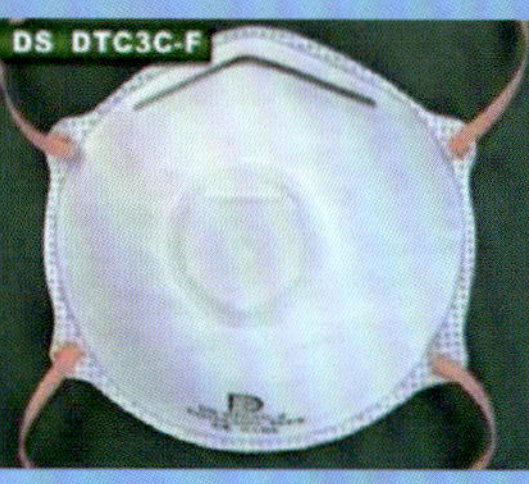

经济型呼气阀口罩

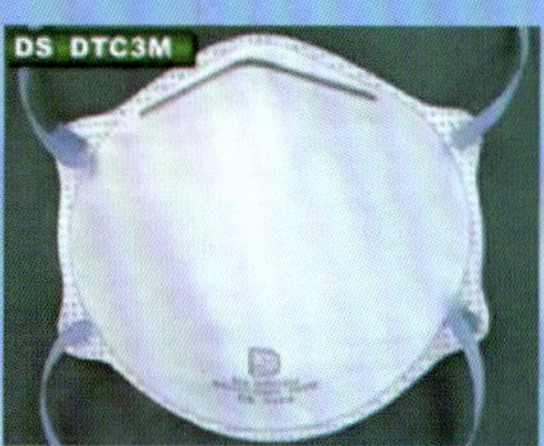

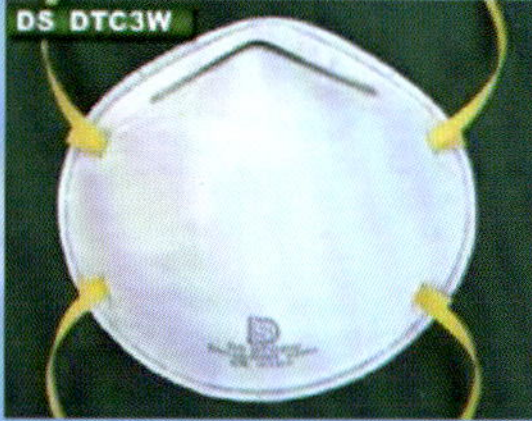

经济型口罩

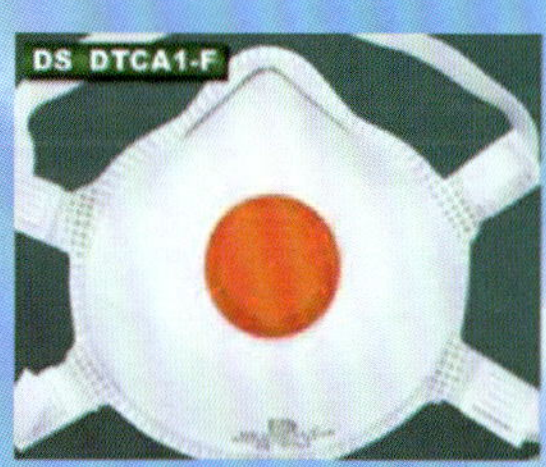

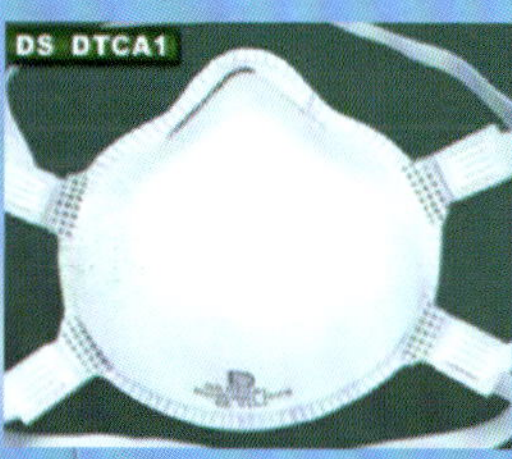

舒适型口罩

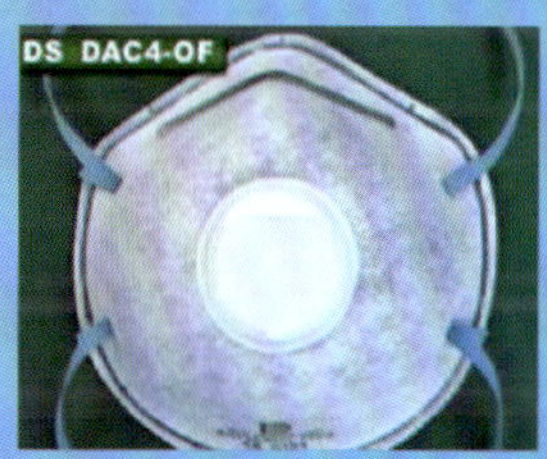

椰壳活性炭口罩

地址：上海市松江区施惠路228号
电话：+86 21 57783126
网址：www.dashengmask.com

上海福沁

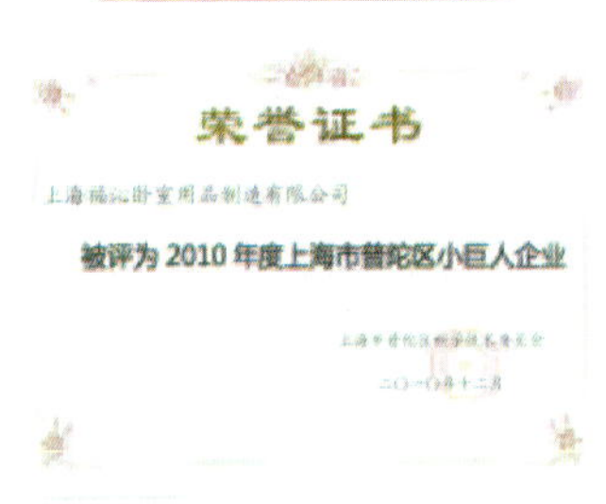

正在建设中的施工工地

2014年1月9日 上海现代服务业联合会周禹鹏会长率队视察工地

福沁企业创始于1988年，2001年企业为满足市场，开发新型的纺织纤维材料，研制高科技，高附加值的新产品及企业多元化发展的需求，成立了上海福沁高科技企业发展有限公司，与上海福沁卧室用品制造有限公司，上海福沁实业发展有限公司，海门市福沁纺织品有限公司（福沁企业投资建设的生产基地）形成一体。现企业拥有23000 m^2的生产厂房和15000 m^2的沿街商铺用房。

福沁企业一贯坚持“企业利益、消费者利益、社会责任三者兼顾的经营理念。自2002年起年年被推荐为“上海名牌产品”；2005年起“福沁”商标年年被评为“上海市著名商标”；2007年福沁床品被中华人民共和国国家质量检验检疫总局批准为国家“免检产品”（2007-2010）；国际羊毛局授予上海福沁企业为“纯羊毛标志使用特许权企业”；并将福沁连锁专卖店定为“纯羊毛标志床上用品放心购物点”。上海市商业信息中心自2001年起年年将福沁床品评为“上海市场畅销品牌”并连续6年在上海市场床上用品销售排行榜中列第一；企业通过了历年的GB/T19001-2000idt ISO9001：2008 标准质量管理体系的认证。

福沁企业一贯坚持以“科技开发为先导，品质制胜占市场“的企业发展理念。同时加强与大专院校、科研部门和大学资深专家紧密合作，联合开发了众多含有专利，高科技高附加值的新产品新品种如:一被可用四季的“天丝凤羽被”，国内首创的三重阻燃电热毯，研发了低价高性能的九孔抗菌纤维被褥，研制了符合国家生态纺织技术要求的各种床上用品。2007年福沁企业走上产，学，研相结合的科研道路与东华大学材料学院联合创办了“福沁一东华健康睡眠产品研究所”。进一步夯实了福沁企业科技开发的力量。企业拥有专利67项，2009年被上海市知识产权局评为“上海市专利工作培育企业”。2010年被上海市知识产权局评为更高一层次的“上海市专利工作试点企业”。2008年上海市质量协会将“上海市推行全面质量管理先进”的荣誉奖牌颁发给福沁企业。2010年企业被上海市普陀区科学技术委员会评为“上海市普陀区科技小巨人企业”。

2010年福沁企业购置了普陀区“671”坊北块地块，该地块占地17751m^2将建成以现代家居家饰商贸流通高端产业为导向，以知识经济，展贸经济，文化经济为支撑，大力发展展贸型经济，加快发展创意设计业态，打造知识产权为交易平台为重点，在实体商贸，电子商务，物流会展，金融保贷服务等领域力求突破，努力建设成为：一、立足上海，服务长三角，具有全国及国际辐射效应的家饰家居商贸服务平台，商贸产业发展引擎和标杆；二、电子商务应用水平领先和互联网技术示范应用（物流统和）的高端产业载体；三、上海家装家饰设计中心，创意设计及新产品研发中心，知识产权交易中心，信息中心；四、家饰家居商贸企业升级示范区及国际商贸重要载体，专项文化休闲及工艺文化载体，打造示范性商贸功能区。为企业的多种经营，转型发展打下了坚实浓重的一笔。

联系方式：

地址：上海市普陀区新村路401号 联系电话：（021）56068888

传真：（021）56079521 EMALL: FUQIN168@126.COM

上海 M50 文化创意产业发展有限公司

M50 艺术产业园位于中国民族工业的发源地之一——普陀区苏州河南岸莫干山路 50 号，园区占地面积约 41 亩，拥有自上世纪 30 年代至 90 年代各个历史时期的工业建筑 43000 平方米。莫干山路 50 号是目前苏州河畔保留最为完整的民族纺织工业建筑群，隶属于上海纺织控股集团公司的下属企业“上海春明粗纺厂”现更名为“上海 M50 文化创意产业发展有限公司”。M50 艺术产业园是上海最早的创意产业集聚区之一，也是目前上海最具规模和影响力的创意产业园区之一，曾先后获得“上海市首批创意产业集聚区”、“上海十大优秀创意产业集聚区”、“全国工业旅游示范点”、“上海首批文化产业园区”、“上海名牌”、“上海市著名商标”等称号。

近年来，M50 艺术产业园努力打造适宜于创意企业发展和吸引人才的园区环境，制订相关优惠措施鼓励，重点引进了视觉艺术设计和创作领域的创意企业。目前已有 20 个国家和地区的 140 户艺术家工作室、画廊、高等艺术教育及创意设计机构入驻园区，营造出苏州河畔浓厚的文化创意氛围，吸引了众多国内外的收藏家、媒体、知名人士和艺术爱好者。

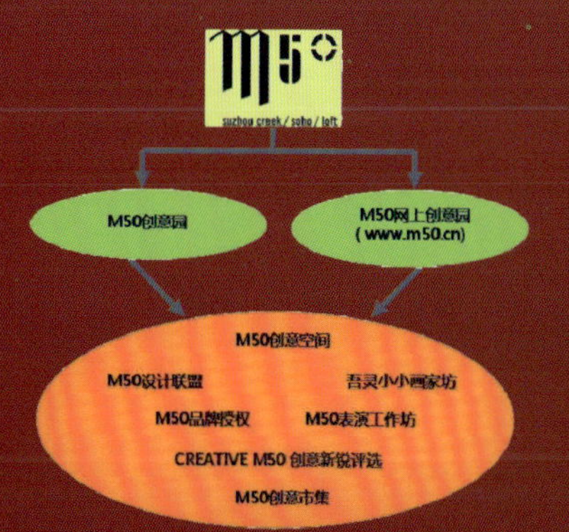

M50 艺术产业园每年推出 300 场左右的各种艺术展览，并陆续参与和举办了 2005 上海国际服装文化节、时装周、上海纺织“时尚之夜”、上海苏州河 2007 文化创意产业论坛、CREATIVE M50 年度创意新锐评选、宝马车展等文化和时尚活动，提升了文化创意产业的社会和经济价值，展现了海纳百川的国际大都市形象，成为一道独特的人文景观。

2009 年，M50 艺术产业园进行了品牌重新定位，确定 M50 品牌“艺术、创意、生活“的核心价值，并在创意园区的基础上，积极开拓衍生业务，逐步形成了 M50 品牌体系。(如下图所示)

作为一个蓬勃发展的品牌，M50 十分重视参与和推动文化公益活动。2007 年，M50 支持夏季特殊奥林匹克运动会 10000 件爱心 T 恤；2008 年 2 月 4 日，“共享奥运情、一路卓越心”——为奥运健儿壮行仪式在 M50 成功举行。由 M50 投资制作的话剧《浮生计》在 2008 年 10 月 1 日公开献演，至今演出近 30 场。在汶川地震灾害后，M50 的员工和园区内的艺术家们，以及来园区参观的中外游客自愿捐钱捐物奉献爱心。

2008 年，M50 被上海市政府确定为奥运新闻采访线的采访点；为了迎接世博，M50 积极配合各项活动。2008 年 11 月下旬，上海市委宣传部和世博会等单位共同参与的世博公益宣传片〈视觉上海〉之〈上海特色〉在 M50 取景拍摄。此片主题是上海的文化创意产业，M50 的香格纳画廊和 EPSON 画廊等知名艺术机构都在这次公益宣传片内占据主要内容。除此之外，M50 数位知名艺术家的工作室也成为本次公益宣传片的另一个亮点，艺术家丁乙，王兴伟，张恩利，陈墙，浦捷等个人艺术创作记录也成为宣传片中的一部分。M50 还积极参与“迎世博，学双语”、“纺织企业文化子理念暨世博知识培训”、“09 旅游景区导游员资格培训”等各项培训，为 2010 年世博举办打造优秀的人才队伍。M50 艺术产业园成为世博新闻采访线的采访点。

M50 艺术产业园，这个蜕变于传统工业、成长于民族工业老厂房、发展于上海新一轮产业结构调整时期的品牌，经过进 10 年的积累，正逐步成为“艺术、创意、生活”的代名词。

上海远中实业有限公司
远中产业园

上海远中实业有限公司是一家以集体所有制为主的企业，其主要经营范围：实业投资、房屋租赁、物业管理、远中产业园区开发和管理。实业投资主要包括生产销售工业缝纫机的上海标准海菱缝制机械有限公司和上海宝马缝制设备有限公司。近几年，公司及其控股的上海民润投资管理有限公司，投入大量的人力、物力新建了远中产业园区，建筑规模达到20万平方米，园区定位于以高新技术产业和现代服务业为主的高端都市型产业园区，已通过ISO9001:2008质量体系认证，成为徐汇区三星级产业园区。

园区地处虹梅路西面，宜山路两侧，东面紧贴中环线，地铁9号线漕河泾开发区站座落其中，周边分布的公交线路达10条之多，出行十分方便。目前已吸引了众多IT研发、信息科技、网络科技、设计研发、电子设备研发等现代服务业和科技类企业。

我们将竭诚为广大客户服务，为客户提供良好的办公环境，充分发挥人文资源和地域优势，不断提升客户企业形象，欢迎更多企业和个人来园区创业。

地址：上海市徐汇区虹梅路2007号　电话：021-64858074　传真：021-64959342

招商中心：上海市宜山路1388号　电话：021-64068782　传真：021-54451131

溯洄设计

SOHUI DESIGN

——工具设计领导者

THE LEADER OF TOOL DESIGN

公司简介：溯洄设计公司组建于2005年、是设计研发领域内的著名创新公司、自主研发产品获得联合国教科文组织2013年上海设计之都“年度产品”称号。是上海市设计创新示范企业、中国工业设计协会理事单位、上海工业设计协会常务理事单位、中国五金制品协会理事单位，工具设计研发公共服务平台发起单位、中国工具设计领导者、是国内目前拥有发明专利数量最多的产品设计公司、是内资设计公司中第一家在广交会出展的企业。

截止目前、国际排名前10位的工具巨头已有4家与溯洄设计建立产品设计合作，国内排名前10位的工具巨头有7家是溯洄设计的长期客户，与全球1000多家产品制造商及贸易公司建立良好的产品设计合作关系。溯洄设计公司的愿景是成为一家创新精神与自主研发完美结合的伟大创新公司。让完美的创新产品享誉世界！

Company profile:

Sohui (Shanghai) Design Consulting Co.,Ltd., founded in 2005, is a well known innovation company in the field of design and R&D. Our independent R&D product obtained “2013 Annual product” of Shanghai city of design by UNESCO.

We are demonstration enterprise for design and innovation in Shanghai;director unit of Chinese Industrial Design Association;executive director unit of Shanghai Industrial Design Association;initiating unit of a public service platform for Tool design and development;leader in tool design of China; a product design company with most invention patents in China;first Chinese domestic design company attending Canton fair.

Until now, 4 of International top 10 tool giants have established product design cooperation with SOHUI Design while 7 of Chinese domestic tool giants are SOHUI Design’s long term customer. We have built good relationship of product design cooperation with over 1000 product manufacturers and trading companies. Our vision is to become a great innovation company with perfect combination of innovation spirit and independent R&D so as to let the perfect innovation products enjoy the fame over the world.

地址：上海市宝山区逸仙路3000号上海国际工业设计中心7号楼一层　电话：+86-21-6520 5655　传真：+86-21-6520 5665　网址：www.sohuidea.com
ADD: IF,7TH BUILDING, N0.3000. YIXIAN ROAD,SHANGHAI,CHINA　TEL: +86-21-6520 5655　FAX: +86-21-6520 5665　WEB：www.sohuidea.com
SOHUI　联系人 / CONTACTS：张华/TONY（运营总监）/ (MARKETING DIRECTOR)　手机/MP：+86-136 8190 9290　邮箱 / E-MAIL：zh_sohui@126.com

上海东浩兰生国际服务

上海东浩兰生国际服务贸易（集团）有限公司（简称东浩兰生集团）是经市政府批准，由上海东浩国际服务贸易（集团）有限公司和上海兰生（集团）有限公司联合重组，于 2013 年 12 月 11 日成立的大型现代服务业国有骨干企业集团，注册资本为 22 亿元人民币。2013 年 12 月 18 日，市国资委委托东浩兰生集团管理上海外经贸投资（集团）有限公司。

东浩兰生集团的主营业务是人力资源业务、会展传播业务、贸易物流业务和置业业务。其中，从事人力资源业务的上海外服公司从 2006 年起连续在全国人力资源行业位居第一；在会展业务中，集团建成上海世博展览馆、嘉定汽车城会展中心等综合性展馆，负责承办的工博会、上交会、华交会、广印展等成为国内外知名展会；贸易业务在地方国有外贸集团中名列前茅，拥有全国第一家外贸上市公司上海兰生股份有限公司。2013 年集团完成营业收入 948 亿元。

在 2010 上海世博会筹办中，集团负责建造了中国 2010 年上海世博会世博中心、主题馆两大永久性场馆

贸易（集团）有限公司

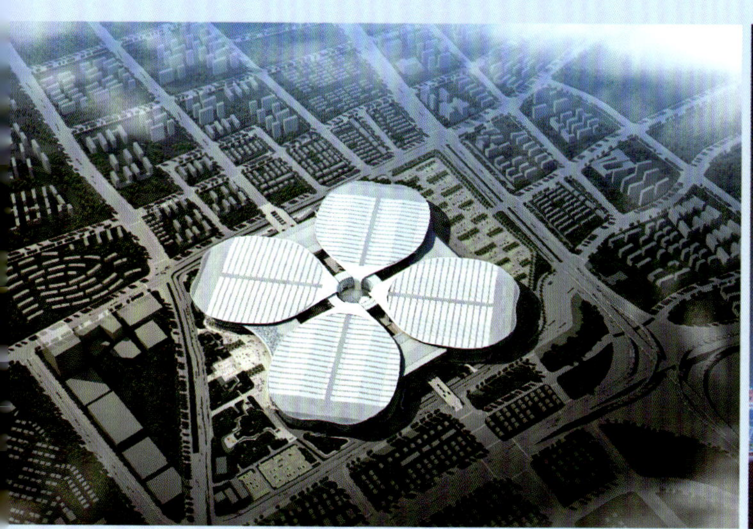

和中国馆的前期建设，负责世博中心、主题馆在世博会期间的运营管理及世博会后主题馆的后续利用，在展览展示、人力资源、贸易物流等方面为上海世博会提供了大量服务。世博会结束后，集团出资并参与商务部和上海市合作的国家重大项目——中国博览会会展综合体的建设，该项目位于虹桥商务区核心区内，将于2014年基本建成。建成后将成为最具规模、最具水平、最具竞争力的国际一流会展中心，是体现上海乃至中国会展业发展水平的地标性建筑，上海也将因此成为全世界拥有最多展馆资源的会展中心城市。

作为我国首个大型现代服务业企业集团，东浩兰生集团坚定地把“当一流的现代服务业领跑者”作为发展愿景，引导各项主营业务对标国际同行业领先企业，提升国际化竞争能力，争当新一轮国资国企改革的排头兵和科学发展的先行者，争创国内一流、国际知名的现代服务业大集团。

亿森上海模具有限公司

YESUN

亿森(上海)模具有限公司成立于2004年，位于中国上海嘉定汽车工业城北工业区。注册资本808万美元，到2011年累计总投资4500万美元，占地面积7万平方米，现有员工650人。2012年已实现模具销售4亿元人民币，是一家勇于创新，充满生机活力的，较具规模的，综合技术实力较强的汽车覆盖件专业模具设计开发制造公司。

亿森从商务洽谈到模具交模的全过程都严格遵循项目管理流程，善于与客户有效的沟通和内部各个环节把关，监控风险，有效地确保了项目周期。

◆技术设计：采用UG、CATIA、PAM-STAMP软件从工艺分析到模具结构，以及仿真模拟全部实现3D化。

◆模型制作：全部采用NC分层加工组合，通过照相扫描测量与设计比较，检测模型缺陷。

◆NC加工：模架、镶块2D全部采用三轴NC加工，3D型面高频淬火后采用高速五轴加工，确保加工精度来保证模具质量。

◆研配调试：独立组成五年以上经验较丰富的调试团队，专门进行研磨调试。

◆品质检验：从原材料、标准件进厂检查到零NC加工、钳工组立、研配调试、零件检测，模具静动态检验，品质人员始终贯穿于过程中严格控制了每道环节的质量。

◆售后服务：从模具移交客户调试验收到量产，我们始终做到服务与客户第一。

亿森几年下来，通过全体员工的不懈努力与奋斗，并得到同行和新老客户的大力支持，使技术、设备和综合实力年年不断提高改进，现已具有年产1600套(每套5吨)模具的能力。目前拥有的客户遍布全球，是国内外主机厂、零部件厂的主要模检具供应商，并得到了客户的好评，出口模具已占50%以上。

亿森始终坚持"诚信务实，求精进取"的宗旨，聚集更多的人才资源和优势，不断学习国内外的先进经验，探索创新，科学发展。努力将亿森打造成具有中国特色的汽车模具集团公司，将以更高的要求，设计制造出国际水准的高端优质的汽车模具，期待着再次为国内外新老客户服务。

申通快递品牌创立于 1993 年，经过 20 年的发展，全国独立网点 1100 余家，服务站点及门店 8000 余家，拥有员工 15 万人。2011 年业务高峰期间，日票件量突破 400 万票。2013 年“双十一”期间，申通快递最高日票件量突破 1500 万票，再次刷新历史数据。

随着中国快递市场的发展，申通快递在提供传统快递服务的同时，也在积极开拓新兴业务，为国内大型 C2C、B2C 企业提供物流配送、第三方物流和仓储、代收货款、贵重物品通道等服务，在国内建立了庞大的信息采集、市场开发、物流配送、快件收派等业务机构，同时，也积极拓展国际件服务，申通快递已经成为国内快递网络最完整、规模最大的民营快递企业。

操作场地

申通奔跑在路上

申通车

全国统一客服号“95543”客户服务中心

行無疆 心無限

世界白金鑫卡

- 全年**无限次**尊享机场贵宾厅服务[1]
- **免费**机场贵宾接/送服务各**1**次[2]
- 全年**36次**酒后代驾服务[3]
- 年度高端健康体检服务
- 高达500万交通意外保险
- 全国15家高尔夫球场果岭费3至6折[4]
- 港澳台地区刷万事达卡买名牌享5%返利[5]
- 20积分兑换1点亚洲万里通/新加坡航空公司航空里程[6]

以上服务内容请详询我行网站www.srcb.com
或致电我行24小时客户服务热线021-962999、4006962999

※ 以上服务限2014年有效

1. 无限次尊享机场贵宾厅服务限2014年有效，每次可携带三名以内亲友进入贵宾厅。
2. 机场接送服务范围为上海虹桥机场或浦东机场至上海市区范围内。
3. 36次酒后代驾服务限2014年有效，服务范围为上海及昆山地区。
4. 需拨打010-65398778预定并使用万事达卡支付。
5. 需登陆www.master5.cn注册万事达"乐游赏"计划。
6. 兑换航空里程以相关航空服务商的具体规定为准。

银联人民币尊尚白金卡

万事达美元世界卡

圆通速递：从超越迈向领先

圆通速递创建于2000年5月28日，经过近十四年的发展，已成为一家集速递、航空、电子商务等业务为一体的大型企业集团，形成了集团化、网络化、规模化、品牌化经营的新格局，为客户提供一站式服务。2010年底，成立上海圆通蛟龙投资发展（集团）有限公司，标志着圆通向集团化迈出了更加坚实的一步。公司在网络覆盖、运营能力、业务总量、公众满意度及服务质量、信息化水平、标准化等方面等均走在了行业前列，品牌价值和综合实力名列中国快递行业前三甲。

圆通愿景是打造“圆通速递——中国人的快递”，做受人尊重的百年企业，创具有国际影响力的快递品牌。

圆通的核心价值观是“领先”。“领先”的四个要素：速度、责任、诚信、共赢。“领先”的六大内涵：企业文化要领先、战略规划要领先、信息技术要领先、成本管控要领先、营销模式和市场占有率要领先、育才和团队建设要领先。

圆通的服务宗旨：客户要求，圆通使命。

大道无形，正道圆通，我们始终以感恩、谦卑之心，践行“客户要求、圆通使命”的服务宗旨，秉持“领先”的核心价值理念，为客户提供最安全、最快速、最优质、最具性价比、最便捷的快递服务和产品。

微信账号：圆通速递
易信账号：圆通速递
95554
www.yto.net.cn
圆通!
圆通速递 EXPRESS
www.yto.net.cn
26.5X24X21.5CM
95554
www.yto.net.cn
95554
圆通速递 EXPRESS
中国人的快递

浦东公安分局

浦东新区总面积约 1210 平方公里，总人口 520 万，其中常住人口 280 万，流动人员 240 万。随着改革开放的不断深入，浦东新区在上海市占有越来越重要的地位。伴随着新区的经济增长，流动人口也不断增加，如何即时、有效加强对各种人口的管理，控制好新区街面的治安形势，为新区的经济建设保驾护航，早已成为新区治安工作的重中之重。新区城市图像监控系统的建设和发展，从单一功能到多方面应用，充分发挥信息化手段在城市管理中的效能。

一、浦东城市图像监控建设总体概况

目前，浦东城市图像监控系统建设项目已建成涵盖 1 个中心、6 个分控、42 个派出所监控室为节点，外场 16000 多个监控点覆盖原浦东地区的监控体系。随着南汇区并入浦东新区，南汇地区图像监控同时并入新区图像监控系统，监控点位总数达到 17000 多个。图像监控点分布率达到核心区域（世博园区、陆家嘴周边）80 个 /km²、重要区域（城市化地区）60 个 /km²、一般区域（城镇化地区）30 个 /km²、其他区域 5 个 /km²。

二、浦东城市图像监控系统建设进程

新区城市图像监控主要有公安分局承担，具体分为三个阶段：

1994 年至 1999 年为探索期。1994 年分局开始第一批 15 个监控摄像头的建设，截止 1999 年，分局共建有中心节点一个（杨高中路）和外场监控点 31 个。监控目标为陆家嘴金融中心几个主要场所，以及世纪大道沿线各个重要路口，主要用于各类重要安保工作。

1999 年至 2008 年为发展期。乘新区发展东风，以新区城市管理和各类重大安保工作需求，先后开展浦东新区城市图像监控系统一期、二期等项目建设，建设图像监控点位 1100 多个，社会化网点图像接入 28 个。并且形成以公安分局丁香路大楼为总控、张江等五个分控中心，30 多个派出所为节点的新区图像监控体系。在此阶段，除重大安保、打击破案等作用外，以 APEC、奥运火炬跑等安保工作为契机，逐渐形成对突发事件的快速反应，提升指挥调度水平。

2009 至 2013 年为成熟期。以世博安保工作为契机，在新区财政的大力支撑下，建设世博图像监控覆盖、浦东新区城市图像监控三期、轨道六号线沿线监控、川沙新镇图像监控、道路高清卡口系统等四个项目，进一步完善浦东城市图像监控结构。

三、浦东城市图像监控系统社会应用

新区城市图像监控系统的建成和投入应用，提高了新区整体的街面治安掌控力，进一步稳固并改善浦东新区的治安环境。将在重大活动安保、打击违法犯罪、处置突发事件、城市公共管理和社会治安面控制等工作中发挥了重要作用，主要表现在：

（一）为重大活动安保工作提供有力的技术支撑。图像监控系统好比“千里眼”，在控制室就可以观察到覆盖范围内的实时情况，这些“千里眼”在重大活动安全保卫工作中起到了至关重要的作用。

（二）优化了传统的侦查办案机制，严厉打击违法犯罪。图像监控系统实行 24 小时监控，案件发生后可以通过调取附近区域录像，从中发现有价值的线索，同时有助于证据固定和侦察破案工作的开展，有力提高了公安机关快速反应得能力，不少办案民警已经养成了接报案件后首先调取案发地附近区域监控录像的习惯，大大提高了破案的效率。

（三）提升了应急指挥调度水平，有效处置突发事件。图像监控系统采取实时同步监控，通过它们对党政机关、机场、地铁、车站、广播电视等重点要害部位所发生的各类突发事件及时反应，并迅速指挥调集相关部门及时处置，有效防止事态进一步扩大。同时，通过监控系统可以突发事件的整个过程进行跟踪录像，为事后处置提供证据资料。

（四）丰富了行政管理手段。图像监控系统为新区城市公共管理如虎添翼，在空间、时间上达到管理工作的全覆盖，大大节约了人力资源和管理成本。如在交通管理方面，通过利用监控录像直观记录路口交通情况，及时进行路况流量和拥堵原因的分析，有针对性地采取排堵保畅措施，有效改善交通拥堵状况。

（五）加强了对社会治安面的控制。监控系统辅助公安进行巡逻管理，通过监控探头可以实时监控和记录，为公安机关提供了一个利用科技手段和信息控制社会治安面的平台，有力地提高了快速反应和治安防控的能力。

五、浦东城市图像监控系统应用实例

（一）张江银行抢劫案

（二）陆家嘴凶杀案

六、浦东城市图像监控系统前景展望

为了进一步扩展新区城市图像监控系统，解决原南汇地区图像监控覆盖较差的问题，新区正在积极筹建浦东新区“十二五”期间图像监控系统。目前，该项目在新区政法委的统一牵头下，由公安分局具体操作实施。项目拟在“十二五”期间在浦东新区分二期进行图像监控建设，共建设 5700 个监控点位，并已完成项目调研、论证和立项工作。

随着全区监控监控全覆盖，新区城市管理的手段和效率必将再进一步提升。

2011 年 2 月 8 日 19 时 49 分许，分局公安机关接报一男子在陆家嘴滨江大道附近的“一点红”酒吧门口时摔倒在地，其左颈耳后插有一把刀。经现场勘查，倒地男子已经死亡。经扩大搜索范围，经在附近的路面上发现滴状血迹和带血餐巾纸。经法医尸检，被害人年龄约 25 岁，身高在 1.71 米左右，头、颈、背部共 16 处刀伤，现场遗留物和 DNA 比对均未能发现嫌疑人身份。

民警随即对陆家嘴地区视频监控进行梳理比对，从中发现了重要线索，结合各种侦查手段，迅速刻画嫌疑人作案后的逃跑路线和身份，并于 2 月 9 日 22 时 30 分许，民警在山东省枣庄市峄城区人民医院附近成功抓获犯罪嫌疑人梁某。

图像监控在因果关系不明的疑难案件侦破工作中，其在弥补现场信息、刻画疑犯特征、追踪疑犯轨迹、扩挖破案线索等方面日渐显现出极其重要的作用。

2013 年 4 月 10 日，浦东张江地区工商银行发生 1 起持刀抢劫案，一戴白色口罩、黑色绒线帽的青年男子步行进入浦东张江路 639 号中国工商银行，突然窜至银行 5 号 VIP 室附近，持刀挟持 1 名正在办理业务的女客户，威胁银行工作人员并抢劫 10 万元现金。此案引起社会广泛关注。公安民警第一时间调阅案发现场周边监控资料，获取嫌疑人的体貌特征，还原其逃跑轨迹。视频资料显示，犯罪嫌疑人作案后乘坐出租车至浦东新区东方路近浦电路世纪联华超市附近下车，并在绿化带内更换上衣，在换乘另一辆出租车至本区张江镇张东路 2281 弄玉兰香苑小区下车。并通过查阅小区监控录像，锁定犯罪嫌疑人居住房间，于 4 月 11 日 0 时 10 分在其家中一举抓获，当场搜获其作案用的服装、口罩、匕首等物。

本区街面与社区图像监控系统已形成规模效应，对各类重大刑事案件侦破起到有力支撑，在部分案件侦查中起到关键作用。

上海宝山经济发展区于 1993 年 3 月经宝山区人民政府批准设立，是上海市第一个实行由区直管的民营经济发展区，现占地面积 130 公顷。园区东临长江入海口处和上海港最大散货码头——罗泾港区，西近嘉定科技城，南依宝山钢铁股份有限公司，北靠江苏省太仓市明代三宝太监郑和下西洋的浏河港。

二十一年间，上海宝山经济发展区吸纳注册、落户企业累计达到 7469 户，注册资金总计达到 64 亿元，已形成包括钢铁及其延伸业、自动化控制、环境工程、精密机床制造、机械制造、汽车配件制造、新型材料制造、玻璃制造、机电仪表、建筑与装潢、房地产、轻纺、贸易等为支持的产业构架，并且形成产业规模，形成较强的创收创税能力，二十年累计创造工贸销售额逾 2274 亿元，上缴国家税金总额达 52 亿多元，实现地方财政收入 16 亿元，为地方提供就业机会 12 余万人次，仅园区的管理实体上海飞士工贸实业总公司为各项公益事业所作的捐款就超过了 600 万元，园区企业为社会公益事业捐款、捐物总计逾 500 万元，在园区内创业、发展的拥有资产百万元以上包括数亿元的私营业主个人早已超过 1000 人。

“优质、高效、诚信”的一条龙服务体系是园区的特色，也是园区服务品牌的精髓。2003 年，上海宝山经济发展区成为上海首家导入 CIS 企业形象识别系统的经济园区，以现代化的管理为指导思想，为企业提供科学、专业、便捷的服务，更进一步提升企业的品牌形象。“宝山有宝、罗泾有金，投资罗泾，前程似锦”已是有口皆碑，享誉业界；在园区成立十周年之际，真正成为“诞生 1000 个百万富翁的摇篮”；在园区发展到十五年时，已走向“培育 1000 个千万富翁的五星之家”；在园区二十周年之际，我们将以“创建诚信和谐园区，成就企业发展梦想”为园区未来五年新的发展主题，打造园区品牌新形象。园区曾先后荣获“上海市管理规范小区、上海市模范集体、中国最具投资价值十大非公经济开发区、全国中小企业成长环境十佳园区、亚洲博鳌中国最佳投资环境开发区、世博中国年最佳民营经济示范开发区、2009-2010 年度上海市文明单位”等荣誉称号。

上海宝山城市工业园区

区委书记汪弘，区长方世忠来园区调研

园区党政班子共谋园区发展

上海钢联电子有限公司

上海相宜本草化妆品有限公司

2013年，宝山城市工业园区以“结构调整，产能提升”为主线，积极推进经济发展方式转变，确保顺利完成各项目标和任务。全年完成工业销售产值140.61亿元，同比增加3.4%；完成增加值54.12亿元，同比增加5.4%；完成税收15.8亿元，同比增加7.6%。

一是推进产业结构调整。2013年以来，园区出租厂房3.8万平方米，实现出租率40%；完成三连环交易，成功引进科勒电子、德国申克项目。推进钢联电子税务关系从浦东迁移及办理钢银电子商务公司注册关系转入工作；完成山特姆电气有限公司收购上海小银星服饰有限公司、上海电缆研究所“超导工程技术研究中心”项目收购上海沛杰过滤技术有限公司工作。

二是引进高新技术产业。积极引进优质项目，提高园区高新技术含量，以耐克森凯讯、杰宁新能源、上海申丝、相宜本草、上海云逸民航、上海优先生物等一批重大项目纷纷落户，成功引进埃梯、电池薄膜等项目，集聚效应显著增强。全年实现合同外资3140万美金；完成注册资本5000万以上项目9个。

三是加大科研创新力度。全年申报各类科技项目46个，骨干企业上海钢联电子与淮北矿业签署协议，投资亿元组建东方煤炭电子交易平台，成立园区院士服务中心。今年初，成立申和、汉虹企业博士后工作站，雄博精密机械荣获“国家重大科学仪器设备开发专项奖”；落实产学研项目，帮助企业提高创新能力，提升产业能级。已与张江、上大、工程大学等沟通联系，建立2-3家与高校、科研院所的战略合作联盟，达成与张江的高端研发等长期战略合作。

2014年，园区按照“产业能级高、生态环境美、配套设施全”的要求，以“保平安、增实力、办实事、树形象、聚合力”为主线，采取“扩笼、壮鸟、引凤、整治”的方法手段，努力实现“生态型、个性化、精品城”的目标。

一是扩笼。在加快完成对企业梳理排摸和评级的基础上，做到调整容积率，提高土地资源使用率；清理闲置土地，提高土地利用率。一方面，加大对空置厂房的盘活利用。另一方面，对落后淘汰企业，由园区出面协调，回购或直接向市场推介，导入新的项目；清退低档物流和危化企业。

二是壮鸟。按照“激励优势企业，扶持中势企业，淘汰劣势企业”的要求，加速产业结构调整。加快产业集聚。进一步夯实汽车配套、生物医药、先进制造、新能源、研发总部及其他新兴战略产业，加快传统产业调整改造，拓宽信息服务产业，尽快形成集聚效应；尽快形成个性化产业。围绕园区重点产业，积极吸引中小型跨国公司总部，打造以园区产业板块为特色的总部机构服务平台；探索新兴产业。在产业布局调整和转型中，主动探索文化、环保、新能源、新工艺等一批新兴产业落户园区。

三是引凤。尽快完善产业规划，调整土地性质；引进餐饮、超市、酒店等配套商业企业，填补园区空白点；加快交通设施建设，完善市政管网改造，起到筑巢引凤的效果。

四是整治。淘汰6-7家产能低档落后企业，把腾出的土地，重新配置，引入高端产业，既发展了经济，又消除了安全隐患；组织对低档行业出租及危化企业清理专项整治。

德国申克机械有限公司

投资环境

嘉定出口加工区处于江浙沪交通枢纽、长三角经济圈的中心地带。园区北邻江苏太仓，西接江苏昆山，东临长江口，离石洞口码头、张华浜、宝钢码头以及铁路华东最大枢纽南翔站都在30分钟车程以内，距虹桥国际机场25公里。周边路网发达，临近嘉金高速、郊环高速和204国道、宝钱公路、浏翔公路等主干道。上海11号轨道交通嘉定北站直达上海市区静安寺，全线建成后可直达浦东洋山深水港区。交通十分方便、区位优势明显。

发展状况

嘉定出口加工区以汽车零部件和电子信息等产业为主导发展方向，利用出口加工区功能拓展政策，大力发展保税物流、仓储、检测、维修等现代服务产业。为配合拓展功能和招商引资的需要，新建完成了一期23000平方米的标准厂房，随着物流企业的入驻，为周边数百家企业提供保税物流和物流仓储等服务。在功能拓展升级方面，推进电商跨境业务试点园区的申报工作，积极为开展电商跨境等业务做准备。

经济发展

2013年全年，出口加工区累计进出区货值为14.83亿美元，同比增长6.78%。海关共征收税款35183万元；上海出入境检验检疫局嘉定出口加工区办事处为区内外企业提供进出口检验放行13540批次，货值4.3亿美元。

2013年，上海嘉定出口加工区发展有限公司与上海泰士星日用制品有限公司签署了相关合约，预计在2014年开工建设。已入驻出口加工区的六家物流企业，为周边数百家企业提供便捷的保税物流业务，全年保税物流业务进出区货值总额达到10.14亿美元，同比增长14.5%。同时，仓储业务也不断发展，区内场地已不能满足仓储需求，新规划的保税仓库项目已经立项，择机开工建设。

上海嘉定出口加工区

地址：上海市嘉定区宝钱公路4500号
邮编：201815
电话：39568003　39568000
网站：www.jdepz.com

上海嘉定工业区开发（集团）有限公司是嘉定区国资委下属的国资子公司，主要负责嘉定工业区的开发和建设。其主要职能为：招商引资、土地开发、基础设施建设，目前已投入130多亿元用于道路、水、电、气等基础设施建设，并先后通过了ISO9001质量体系认证和ISO14001国际环境认证。

多年来，集团公司始终坚持以建设“先进制造业的核心区、现代服务业的集聚区、科技创新的先行区、生态和谐的示范区”为目标，致力于先进制造业、现代服务业以及战略性新兴产业的发展。招商引资保持良好态势，园区各项建设有序推进，产业发展转型升级，各项经济指标保持了平稳较快增长的良好势头。2013年，工业区完成规模以上工业总产值788.6亿元，完成商品销售总额650亿元，实现税收76.5亿元，各项经济指标均在全区名列前茅。

经过近几年的发展，国家级张江自主创新示范区嘉定园、国家级嘉定出口加工区、国家级留学人员嘉定创业园、国家级中广国际广告创意产业基地、国家级嘉定电子商务示范基地、复华高新技术园区、中科高科技工业园和上海大学科技园先后在园区挂牌成立。工业区基本形成了以汽车及其零部件、高端设备制造产业、总部经济产业、电子商务产业、文化创意产业、互联网和互联网金融产业、服务外包产业、国家重大战略产业化项目等八大支柱产业体系。

园区先后吸引了来自世界40多个国家和地区的2000多家企业入驻，其中包括50余家世界500强企业，总投资超过200亿美元。2008年起，工业区连续被市政府授予“上海市品牌工业园区”称号，目前正在积极争创“国家级高新技术产业园区”和“国家新型工业化产业示范基地。”

上海嘉定工业区开发（集团）有限公司

地址：上海市嘉定区汇源路200号　　邮编：201807　　电话：021—39966500

上海青浦工业园区发展(集团)有限公司

SHANGHAI QINGPU INDUSTRIAL ZONE DEVELOPMENT (GROUP) CO., LTD.

上海青浦工业园区是1995年11月25日，经上海市人民政府批准成立的九大市级工业开发区之一。规划面积16.1平方公里，区域范围东至油墩港、南至上达河、西至青赵路、北至北青公路。是上海通往江苏、浙江两省的交汇点，不仅位于长三角"之"字型经济圈的交接处，而且是长三角制造业产业带的中心，具有承东启西、东联西进产业带的枢纽作用和对长三角、华东地区的辐射作用。

经过18年的发展，园区基础设施配套完善，实现"九通一平"。提出大力发展以"财智集聚、功能多元、生态和谐"为目标的总部基地，重点围绕总部经济、软件信息服务业、先进制造业等开展招商引资，形成"以二促三"和"以三带二"的互动发展格局。已形成了以德国海德堡印刷设备为代表的印刷传媒产业，以日立电梯设备为代表的精密机械产业，以腾讯云计算中心、日本NEC光电为代表的电子信息产业，以高田汽配为代表的汽车零部件产业，以美国英威达、日本尤妮佳为代表的纺织新材料产业，成功引进日本尤妮佳、日本天田等2个青浦区首家中国区总部，美国派克、汉尼芬、南大苏富特等9个项目相继获得上海市高新技术产业化认定，为园区的转型发展奠定了扎实基础。园区综合实力、社会形象不断提升，连续两年被评为"上海市品牌园区"。为呼应产城联动，坚持高品质开发，引进深圳卓越集团对中央商务区进行开发，进一步完善了园区的产业发展环境和功能配套，优化了园区的投资环境。

2014年，园区将贯彻落实十八大精神，紧紧围绕创新驱动、转型发展，坚持突出重点不变调、攻克难点不懈怠、打造亮点不放松，以实干精神和认真态度，关注"三个转型"，实施"优二进三"，做到重点项目有推进，重点区域出形象，重要指标稳增长，规划"一廊"、"一片"、"一区"、"一批"，成为园区产城融合的新地标、示范区、主战区和集聚区，打造一个富有活力、拥有实力、积聚潜力、彰显魅力的"升级版"园区。

上海金桥经济技术开发区（原上海金桥出口加工区）是1990年浦东开发开放之初经国务院批准设立的国家级经济技术开发区，2012年10月国务院批复国家商务部同意更名为“上海金桥经济技术开发区”。园区规划面积27.38平方公里，分为北区（18.48平方公里）、南区（8.9平方公里）两部分。2001年9月，金桥南区2.88平方公里被国家海关总署等八部委批准设立为上海金桥出口加工区（南区）海关监管区，首期1.55平方公里于2002年6月封关运行。1998年，金桥北区被科技部命名为“金桥科技园”，并成为上海张江高新技术产业开发区首批“一区六园”的重要组成部分。

2010年1月，根据浦东新区区委、区政府关于“7+1”生产力布局的重大决策，形成了“大金桥”产业板块，金桥管委会管辖范围拓展为“一区两园”，主要包括上海金桥经济技术开发区（含北区、南区）、上海南汇工业园区和上海浦东空港工业园区（含祝桥空港工业区、老港化工工业区、机场镇临空产业区、川沙镇工业区），管辖区域面积为67.79平方公里。

经过23年的建设和发展，金桥开发区取得了丰硕的发展成果：1997年金桥北区被国家科技部命名为“上海金桥现代科技园区”；2009年被市经信委命名为“上海市生产性服务业功能区”；2010年被联合国亚太城市发展研究中心评为“亚洲十大最佳投资环境园区”；2011年经国家环保部、商务部、科技部批准为“国家级生态工业示范园区”，同年被国家商务部命名为“中国服务外包示范城市（上海）金桥示范园区”；2012年被国家工信部命名为“国家级新型工业化（电子信息）产业示范基地”，同年被市政府批准为“上海市首批服务业综合改革试点园区”，同年被市知识产权局评为“上海市知识产权示范园区”，同年又获评“上海国家高技术服务业产业园区”；2010、2012年两次分获“上海品牌园区”称号；2013年4月，金桥碧云国际社区项目被国家住建部评为“中国人居环境范例奖”。

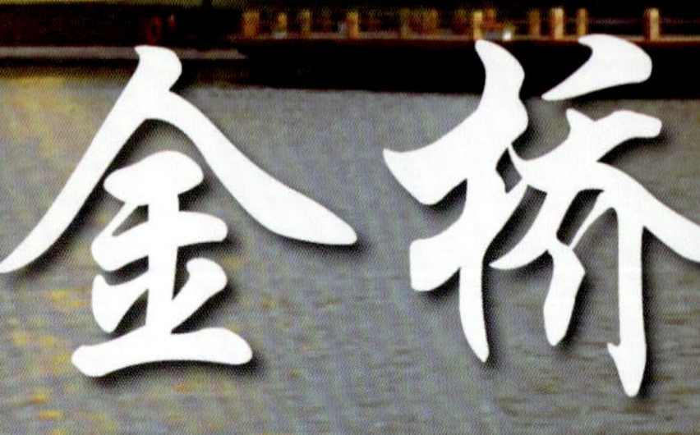

金桥

开发区

上海市莘庄工业区

Shanghai Xinzhuang Industry Park

上海莘庄高新技术产业园

Shanghai Xinzhuang High-tech Industrial Park

共融共赢·精进创新

Integrate for All-win·Innovate for Advancing

2013年，莘庄工业区秉承“引领绿色智造，实现产城融合”的园区使命，坚定不移地实施“三大转型”的战略目标。圆满完成了经济发展、城市建设、社会事业民生、党建文化等任务，各项建设均取得了显著的成绩，在闵行区全年综合考核排名中位列第一。

●经济建设

全年实现工业总产值764.1亿元，同比增7.3%；财政总收入84.5亿元，同比增长13.1%。实现合同外资2.14亿美元，到位资金1.02亿美元，内资完成注册资本22.27亿元，新批外资项目47个。改变园区原本500多家落户企业统一由商会服务的模式，通过户管调整将落户企业的管理服务职责下放到各平台公司，提升企业服务的针对性和有效性，增强服务深度，实现服务的全覆盖。

●社会事业建设

在园区申南路地块，新建7万平方米升级改造，项目建成后可新增收益约3400万元／年；瓶北路109号地块，新建1.3万平方米厂房项目，建成后可带来年租金收入约650万元。此项目完成可为股份合作社新增4000万元的年租金收入，使园区失地农民共享发展成果。年初制定的8项民生实事工程均落到实处，切实解决了居民的急、难、愁等问题，得到了广泛好评。同时为辖区内所有小区内的14153户自住居民购买了社区家庭综合财产险等 。

●城市建设

完成春中路（申南路－金都路）2.2万平方米公共绿地的休闲化改造，满足了居民、企业员工的健身需求。完成“新增机动车道路停放区域”项目，增加停车位779个，切实缓解了部分园区居民和落户企业停车难问题。在去年第一批垃圾分类减量试点工作的基础上，今年在8个居民小区和申莘小学继续开展垃圾分类减量工作，招募以居民为主的垃圾分类志愿者160名，通过宣传不断提高居民的分类意识，使垃圾分拣量达到每天7.11吨。

●文化建设

举办首届工业文化周，通过社会责任论坛、企业社区公民日、企业社会开放日、公益项目义拍等系列活动展示企业风采，拉近企业与社区关系，营造共融共赢的和谐氛围。通过赵丽宏工作室、闵行区作家协会落户工业区，推动文化名家与社区居民、企业员工的交流，营建积极向上的文化氛围。

上海市闵行区金都路3688号
NO.3688 JIN DU ROAD, MINHANG DISTRICT SHANGHAI P.R.C. 201108
TEL: 0086-021-54421111/54425442（总机SW）
邮编：201108
WWW. SHXIP. COM

上海市工业综合开发区出口加工区

SHANGHAI FENGPU INDUSTRIAL PARK EXPORT PROCESSING ZONE

上海市工业综合开发区经过20年的开发建设，园区基础设施不断完善，功能配套不断健全，产业结构不断优化，科技创新不断进步，品牌形象不断提升，综合实力不断增强，已经创建成为上海市品牌园区、上海市首批新型工业化示范基地，目前正积极创建国家级生态工业园。截止2013年，共引进实业型企业303个，涉及25个国家和地区，形成了电子信息、新能源、汽车配件、生物医药、装备制造、输配电六大产业。2013年，103家规模企业业实现工业总产值379.9亿元，税收总额28.9亿元，成为了区域经济的重要阵地，为上海“十二五”期间重点发展的三个新城之一——南桥新城的产城融合发展奠定了良好的产业支撑。

2014年，是上海市工业综合开发区全面贯彻落实党的十八届三中全会精神的重要一年。随着区域内轻轨5号线延伸段建设、虹梅路金海路越江隧道建设等大交通改善，开发区以成立20

地址：中国·上海奉贤环城西路3111号

ADD:No.3111 West Huancheng Rd.Fengxian,Shanghai,China

Tel:0086-21-33655800

周年庆典为新的起点，围绕“创新驱动、转型发展”，充分发挥“张江奉贤工业综合园”、“千人计划创业园”主体实施区域和“欧盟中小企业园”的政策优势，立足当前，着眼长远，把推进“二次创业、二次开发”作为创新转型发展的突破口，进一步加强招商引资，积极推进产业转型，大力发展现代服务业，探索实施土地“退二进三”方案，全面推动工业综合开发区实现转型升级，为区域新一轮产业发展再作贡献！

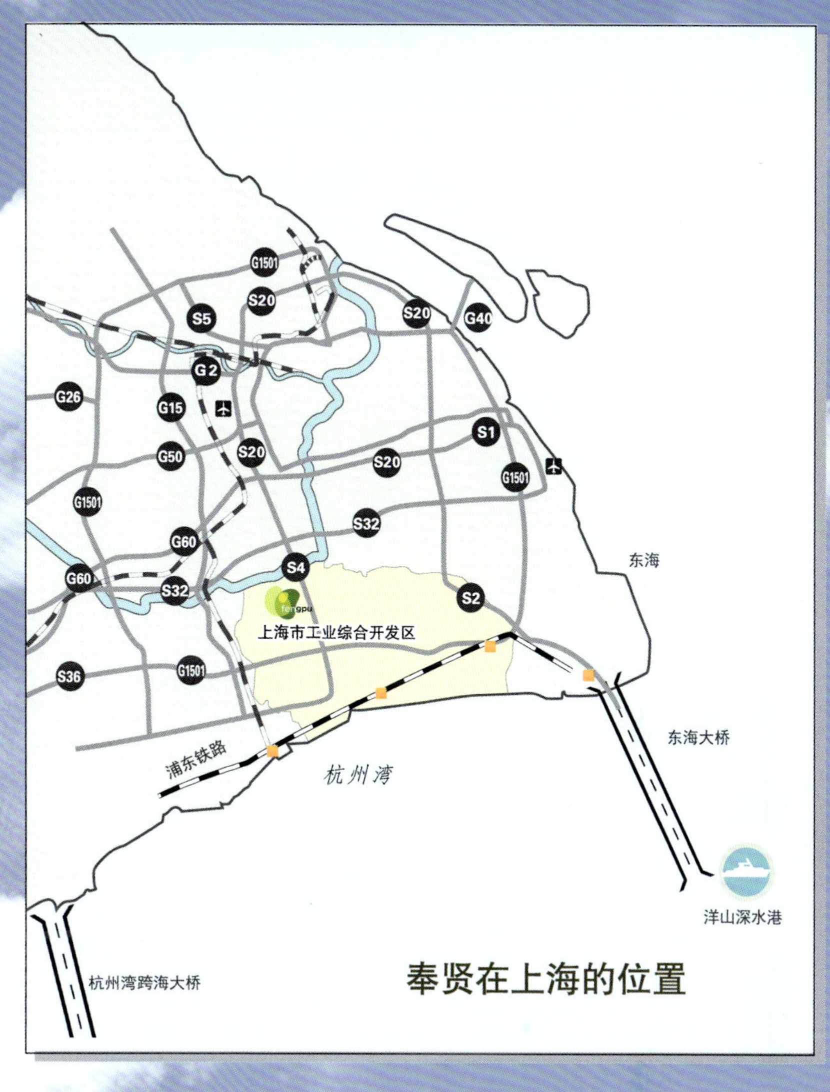

奉贤在上海的位置

上海老港工业区

老港是中国第一枚火箭升空的地方。老港工业区是 1995 年经原南汇县人民政府批准的区级工业区，占地面积 4 平方公里。经过几年的努力，园区历经了从无到有、从小到大的发展轨迹，并于 2006 年经国家发改委第 66 号公告正式成为市级工业区“浦东空港工业区”的重要板块之一。2010 年 1 月，老港工业区划入金桥出口加工区实施联动发展。2013 年 2 月，老港工业区纳入张江高新区金桥园，充分享受大张江政策。

随着两个中心建设的逐渐深入，地处两港之间的老港区位优势日益凸显：距洋山深水港 12 公里，距浦东机场 8 公里，距中国商飞总装基地仅 2 公里，与临港新城产业园隔河相望；镇工业园区主干道拱极路连接两港大道、G1501 和 S32 高速，同发路延伸至沪南公路，与园区周边的沪通铁路、轻轨 16 号线等更成了极为便捷的交通体系，而老港也成了连接两港枢纽通道上的交通要塞。再加上，金桥开发区已在临港设立了产业基地，作为同是大金桥板块的老港工业区将能更好地实施联动发展。

完善的基础设施，独特的地理位置，全程“保姆式”服务，将使老港工业区既能充分利用现有的各类资源，又能依托大金桥的平台，积极培育节能环保、大飞机项目配套产业。相信在园区上下的共同努力和社会各界的关心下，老港工业区的未来更美好。

上海机器人产业园

上海机器人产业园，是2012年9月经上海市经信委批准设立的，以顾村工业园区(顾村工业园区成立于1994年，二〇〇六年经上海市政府批准整合升级为市级工业园区，列入为上海市104产业园区，总占地面积3.09平方公里，南至宝安公路、北至湄浦河、东至富长路、西至潘泾河)产业调整地块为基地，通过园区整体转型建立以发那科机器人为基础、相关先进制造业与生产性服务业共同发展的、以机器人产业为主体的智能装备制造产业集聚区。

上海机器人产业园位坐落于人文、生态、宜居的上海北部新城一顾村镇。园区地理位置极佳，区位优势突出。东临吴淞港，南靠S20外环高速，西临上海最大的郊野森林公园一顾村公园。

上海机器人产业园以市、区"十二五"产业发展规划和宝山区顾村镇区域发展规划为引领，以机器人全产业链、智能装备制造、高端生产性服务业作为传统工业园区转型升级、产业调整的新主题方向，以机器人研发、设计、集成、展示培训、技术服务等为特色，倾力构建国际化、专业化、集约化、规范化的机器人产业应用研发设计全优服务体系，打造具有国际机器人最高端的技术、产品、应用和研发实力的机器人产业集聚基地。

目前已园区入驻的知名企业有：上海发那科机器人有限公司、上海航空工业(集团)有限公司、上海东方泵业(集团)有限公司、上海法维莱交通车辆设备有限公司、上海欧际柯特回转支承有限公司、上海柱信汽车电子燃油系统有限公司等。

上海机器人产业园初步确定"一主一辅一配套"的功能定位和"三区两轴一核心"的整体规划布局。

"一主一辅一配套"的功能定位包括："主"以建设机器人产业链为核心的产业集群；"辅"以建设相关职能装备制造基地；建设高端生产性服务业集群为"配套"。

"三区两轴一核心"的规划布局中，"三区"是指机器人研发及成果转化区、总部经济区、智能装备制造区。"两轴"指沿横贯园区、东西向的友谊西路主干道打造的现代化、多元化综合性商务轴和沿纵贯园区、南北向的富联路打造的体现工业生态和谐共融的生态景观轴。"一核"指机器人产业园公共服务核心区。

我们充分认识到，机器人产业是未来十年内成长性最快的行业之一，行业发展前景无可限量；同时我们也充分认识到，作为一个新兴产业，机器人产业目前在我国尚处于起步阶段，作为上海市首家机器人产业园区，我们未来的工作任重而道远。今后我们将以更大的力度探索和推进园区的转型建设，争取早日实现上海机器人产业园的建设目标。

上海市资源综合利用协会

上海市资源综合利用协会三届七次理事会

上海市资源综合利用协会是经上海市社会团体管理局批准的社团法人组织，成立于 1997 年 1 月 23 日。业务隶属于上海市经济和信息化委员会领导和指导，以“服务企业、规范行业、发展产业”为宗旨，发挥政府联系企业的桥梁纽带和组织协调作用，围绕国家循环经济和资源综合利用产业发展的要求，协调推进重点行业、重点领域、重点企业发展；接受政府部门和会员单位委托，开展资源综合利用认定、政策决策咨询、工业节能培训和企业专业咨询。为推进城市矿产资源的充分利用和加快上海建设资源节约型、环境友好型城市作出贡献。协会还根据上海市经济和信息化委的要求，履行对上海市清洁生产推进办、上海市燃煤（重油）锅炉和工业窑炉清洁能源替代推进办和上海市环保三年行动计划推进办的管理及工作实施。协会下设固体废弃物综合利用、再制造与再生利用、粉煤灰、冶金渣、集中供热热电联产、综合利用发电、船舶七个专业委员会。协会现有会员单位 293 家。

节能与综合利用新产品、
新材料示范推广项目验收会

南湖红色之旅

上海索纳塔新型墙体材料有限公司交流调研

节能宣传周咨询服务

协会注册地址：上海市虹口区中山北一路
121 号花园坊节能环保产业园内
联系电话：021-60805097
传真：021-60805091
网址：www.sharcu.org。

上海质量教育培训中心

上海质量教育培训中心（简称“SQTC”）隶属上海市质量协会、上海质量管理科学研究院。上海质量教育培训中心是1990年在时任上海市市长朱镕基的关心下成立的、国内最早的质量管理专门培训机构。上海质量教育培训中心在加强质量意识宣传的同时，依托丰富的质量管理专家队伍，大力开展教育培训、技术服务、体系认证、满意度测评等提升质量管理的服务。由于服务中小企业的突出贡献，2012年12月SQTC被国家工信部授予国家级中小企业公共服务示范平台的称号。

●全国最早成立的质量管理教育培训机构之一

●国家工信部认定的国家级中小企业公共服务示范平台

●国家认证认可监督管理委员会批准的认证培训机构（批准号：CNCA-P-2002-007）

●首批获得中国认证人员培训认可委员会（CNAT）批准的审核员培训机构（认可注册号：CNAT-007-2002）

* QMS 质量管理体系审核员培训机构

* EMS 环境管理体系审核员培训机构

* OHSMS 职业健康安全管理体系审核员培训机构

* HACCP 食品安全管理体系审核员培训机构

* ISMS 信息安全管理体系审核员培训机构

●国家注册审核员继续教育培训机构

●国家质量专业技术人员职业资格考试教师培训基地

●国家质量专业技术人员职业

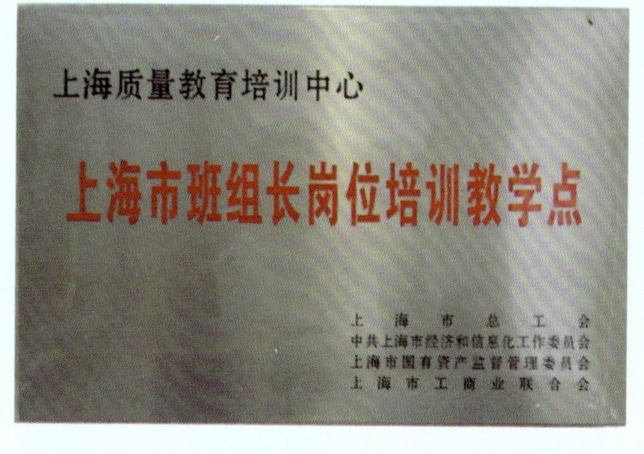

资格考试考生培训机构

●美国质量学会(ASQ)授权 CQE(质量工程师)、CMQ(质量经理)、SCMQ(服务质量经理)、CSSGB(六西格玛绿带)和 CSSBB(六西格玛黑带)考试培训

●工业工程硕士(质量方向)国内首家培训机构(与同济大学联合举办)

●上海市班组长岗位培训(受上海市总工会委托)

上海质量教育培训中心服务上海经济社会发展，结合现代企业质量管理的特点与需求，组织开展不同层次和多种形式的质量管理、质量法规、质量标准、质量认证、质量技术、质量职业资格等方面的教育培训，为 120 多万名上海企业职工培训了包括全面质量管理知识、质量管理基本工具方法等在内的质量培训课程，5 万人次的企业领导干部和管理技术人员提供 ISO 9000 标准等质量管理体系的培训，同时作为全国质量专业技术人员职业资格(质量工程师)考试的培训基地，培训质量工程师近万人；培训 9000 余名各类注册审核员。目前已开设课程管理标准类、卓越绩效和生产运作管理类、六西格玛和管理技术类、职业资格证书类等四大类 60 多门课程。

上海质量教育培训中心在武夷路拥有近 2000 平米的办公、教育和实训基地。上海质量教育培训中心拥有丰富的教师资源，教师大都来自国内外知名高等学府及著名企业，有着非常丰富的实践经验，所有授课教师均经资格认可。目前中心拥有 60 名专兼职教师，20 名国家注册高级审核员，5 名六西格玛黑带注册培训教师、2 名美国质量协会(ASQ)认证培训教师。

上海市临港地区开发建设管理委员会

临港地区北靠浦东机场，南接洋山深水港，拥有13公里海岸线，具备得天独厚的码头资源。规划面积315平方公里，由装备产业区、物流园区、主产业区、综合区、临港奉贤园区、海洋高新区和南汇新城等板块组成。

临港地区现已成为国家和上海重要的高端装备制造业基地和战略性新兴产业发展基地，形成了新能源装备、汽车整车及零部件、船舶关键件、海洋工程、工程机械、民用航空配套和战略性新兴产业的“6+1”产业格局，引进了如中船集团、上海汽车、上海电气、中航商发和西门子等国内外知名企业，并先后取得了国家新型工业化产业示范基地（装备制造、航空产业）、国家科技兴海产业示范基地、全国入境再利用产业检验检疫示范区、国家机电产品再制造产业示范园、进口废汽车压件集中拆解利用示范园区等资质。

2013年，在市政府的支持下，临港地区出台了双特30条政策及操作细则，极大地推动了开发建设进度。ARITEX C919大型客机垂尾研制线、瑞丰光电、康佳高科技照明、康宁光纤棒等一批重大项目落户或相继开工。年内，临港地区产业项目落地投资总额规模超150亿元，固定资产投资超100亿元，工业总产值突破600亿元。

上海南港作为多功能口岸码头已开港，最大泊位达5万吨级，足以满足装备产业重大件、滚装及集装箱物流需求。临港软件园作为“上海软件名城”组成园区，一期5万平米已经入驻30个项目，初步集聚航运软件以及工业嵌入式软件项目。

市级专项扶持基金中有10%专门用于临港，产业扶持专项主要包括战略性新兴产业发展专项、重点技术改造专项、节能减排专项、企业自主创新专项、科技小巨人工程专项、科技孵化器专项等。

图书在版编目（CIP）数据

上海工业年鉴．2014 / 上海市经济和信息化委员会编．——上海：上海社会科学院出版社，2014
ISBN 978-7-5520-0607-0

Ⅰ.①上… Ⅱ.①上… Ⅲ.①地方工业经济－上海市－2014－年鉴Ⅳ.① F427.51-54

中国版本图书馆 CIP 数据核字（2014）第 111889 号

上海工业年鉴（2014）

编　　者：上海市经济和信息化委员会

责任编辑：董汉玲
封面设计：上海宝舜会展服务中心
出版发行：上海社会科学院出版社
（上海市淮海中路 622 弄 7 号　电话 63875741　邮编 200020）
（http://www.sassp.org.cn　E-mail: sassp@sass.org.cn）
经　　销：新华书店
印　　刷：上海长城绘图印刷厂
开　　本：889 × 1194 毫米　1/16 开
印　　张：40
插　　页：12
字　　数：960 千字
版　　次：2014 年 7 月第 1 版　2014 年 7 月第 1 次印刷
印　　数：0001-4000

ISBN 978-7-5520-0607-0/F · 243　　定　价：350.00 元